国内外特种设备标准法规比较研究系列丛书

国内外特种设备标准法规综论

陈钢　谢铁军　宋继红　林伟明　主编

中国标准出版社

内容简介

本书对锅炉、压力容器、气瓶、压力管道、电梯、起重机械、大型游乐设施、客运索道、场(厂)内机动车辆等各类特种设备，涉及设计、制造、安装、使用、检验、监管等各个环节，采集、分析、研究了中国、美国、欧盟、日本、英国、德国、俄罗斯、ISO等10多个国家、地区、标准化组织的技术标准和法规情况，包括重要技术标准和法规的内容及其体系、管理体制、运行机制，并在重点进行国内外技术标准和法规比较分析的基础上，提出了我国特种设备法规标准体系建设中存在的突出问题和建议对策。本书还给出国内外技术标准和法规的目录。

本书适合于从事机械、材料、石油、化工、能源，尤其是特种设备相关专业的科技工作者、工程技术人员、标准化工作者参考。

图书在版编目(CIP)数据

国内外特种设备标准法规综论/陈钢、谢铁军等主编.—北京：中国标准出版社，2007
(国内外特种设备标准法规比较研究系列丛书)
ISBN 978-7-5066-4474-7

Ⅰ.国…　Ⅱ.国…　Ⅲ.设备—标准—法规—世界
Ⅳ.D912.1

中国版本图书馆CIP数据核字(2007)第052145号

中国标准出版社出版发行
北京复兴门外三里河北街16号
邮政编码：100045
网址 www.spc.net.cn
电话：68523946　68517548
中国标准出版社秦皇岛印刷厂印刷
各地新华书店经销
*
开本 880×1230 1/16　印张 54.5　字数 1688 千字
2007年4月第一版　2007年4月第一次印刷
*
定价 126.00 元

如有印装差错　由本社发行中心调换

序

安全生产，关系重大，党中央、国务院历来高度重视。党的十六届五中全会提出要坚持节约发展、清洁发展、安全发展，实现可持续发展，把安全生产作为经济社会发展的重要指标。特种设备安全工作是安全生产的重要组成部分，是实现安全发展的重要内容。特种设备安全监察工作姓“特”，要特别地重视、特别地创新、特别地抓实。特种设备安全监察工作责任重大，不仅关系到特种设备安全，而且更重要的是关系到人的安全，关系到经济发展，关系到社会和谐。我们要从贯彻落实科学发展观的高度，充分认识特种设备安全工作的特殊责任。同时要不断探索特种设备安全性与经济性的统一，发挥服务经济社会发展的作用，保障人民群众生命和财产安全，促进经济发展。

我们要改造世界就必须认识世界。辩证唯物主义特别强调把握事物的客观规律，把握了规律就把握了主动权。我国特种设备安全监察工作已经走过了半个多世纪的历程，形成了许多规律性的东西，值得我们去研究和把握。规律之一就是其技术性执法。特种设备法规标准体系是实现特种设备依法监管的基础，是完善法制建设的重要内容。由于特种设备的制造质量是靠规范和标准等技术手段来保证的，特种设备的安全运行也是需要靠一系列的技术标准和规范、操作规程和检验检测来实现，因此其安全监管需要靠大量的法律依据和技术数据来支撑。法规标准是我们的立足之本，是我们的工作准则，也是执法的依据，所以必须加强。只有建立健全法规标准体系，我们实施依法监管的基础才会牢固，才能做到心中有数、遇事不乱，才能找出症结、有的放矢。

为了充分认识和把握特种设备的基本规律，加快我国特种设备安全工作机制的创新与发展，完善特种设备安全监察法规标准体系，近年来，国家质检总局特种设备安全监察局参与、中国特种设备检测研究中心承担了“国内外特种设备法规标准比较研究”项目，组织全国特种设备行业的专家、学者，全面系统地分析比较了国内外特种设备技术标准和法规的基本情况，总结归纳了成功的做法和经验。通过比较研究，借鉴国外有益经验，总结自身成功做法，撰写了《国内外特种设备标准法规综论》及其系列丛书，这对于尽快构建以法律法规为依据、以安全技术规范为主要内容、以标准为基础的特种设备安全监察法规标准体系，实现特种设备安全监察工作有法可依、有章可循，进一步提高工作的有效性，为促进经济社会又好又快发展做出更大贡献，无疑具有重要意义。因此，我十分赞成出版这本书，并热切希望学习好、研究好、使用好这本书，以期取得更多的科研成果和实践成果。

国家质量监督检验检疫总局副局长

[签名]

2007年4月

序

特种设备这个名称，对一般人来说，可能比较生疏。其实，它与我们每个人的生活和工作都是密不可分的。家庭烧饭用的煤气罐，给千家万户供暖的锅炉，上下楼乘用的电梯，生病住院用到的氧气瓶，登山乘坐的索道车，建筑工地上的吊车，儿童乘坐的过山车，输送煤气或天然气到家里的管道，这些人们日常熟知的东西都是特种设备。无论是生活还是生产，特种设备都是不可缺少的重要设备。

说它"特"，是因为对它在质量和安全两个方面的要求特别高、特别严。质量要绝对可靠，安全要绝对保证。以电梯为例，忽然不上不下地停住，人被关在里面，这不仅是个质量问题，而且也是个安全问题，至少使人在心理上感到不安全，如果电梯一直掉下去，那就更糟了。锅炉爆炸，致人死伤；管道破裂，引起火灾；吊车翻倒，机毁人亡；索道停空，胆战心惊。这样的事故一旦发生就会立即见诸报端，足以说明人们对特种设备在质量和安全上的关注程度。

那么，怎样才能使这些特种设备在制造、安装、维修和使用中都有质量和安全上的绝对保证呢？这里就有标准的问题，也有法规的问题。标准是对特种设备的质量和安全所做的规定。这种规定既要有科学的依据，又要有国情的考虑，才能达到绝对保证的效果。当然，所谓的"绝对"不涉及到标准执行者的认真和诚信。因此，尽管有了好的标准，如果没有好的执行者，仍然做不到"绝对"保证。这就要靠执行者平日的认识和修养，甚至价值观和人生观。对这一点，个人的自觉是需要的，也是重要的。然而，有时只靠个人的自觉还是解决不了问题，因此就要制定法规，并在某种程度上促进个人的自觉。有了标准和法规，再加执行者平日的学习和实践，特种设备的质量和安全才会有绝对或近似绝对的保证。

《国内外特种设备标准法规综论》及其系列丛书全面介绍了中国和日、美、欧盟等国家和地区的标准、法规及其体系的状况，并且对中国与其他国家的异同作了比较、分析和研究。八大类、十种与经济发展和人民生活密切相关的特种设备在本书中不仅可以查到它们的标准和法规，而且在管理体制和运行机制方面也有确切的说明。最后，作者还提出了我们国家在这方面的发展建议和对策。

我之愿意为此书作序，不仅是因为作为中国标准化专家委员会主任而职责所使，更是想借此机会向本书的主编和作者他们多年的默默辛勤表示感谢。此书不但对从事特种设备相关专业的工程技术人员有重要的实用价值，而且对各领域标准化工作者也有借鉴意义。我希望从事标准化工作的专业人员，不管他是否从事特种设备专业工作，一定要读一读。他可以从这本书中了解到标准与法规的关系，我们与国外存在什么异同、有多大差距。我相信，这对制定标准的专业人员来说，会很有启发和鼓励。总之，这是一本很好的书，是每个图书馆都应该至少配备一本的工具书。

中国工程院院士

中国标准化专家委员会主任

中国科学院数学与系统科学研究院

王源张

2007 年 4 月

前　言

随着经济全球化进程的加快和我国社会主义市场经济体制的不断完善，标准化工作在国民经济和社会发展中的地位和作用越来越重要，已经成为我国经济和技术发展战略的重要组成部分。标准也已经成为我国走新型工业化道路、建设节约型社会、提升国家核心竞争力和综合国力、保障生产安全和社会稳定的技术基础。特种设备的发展和安全同样离不开技术标准的支撑，其法规标准体系的基础就是技术标准。

特种设备是指涉及生命安全、危险性较大的锅炉、压力容器、压力管道、电梯、起重机械、游乐设施、客运索道、场(厂)内机动车辆等设备设施，是国民经济和人民生活的重要基础设施。特种设备量大面广，我国有固定式特种设备348万台套、压力管道75万公里、气瓶1.2亿只，涉及国民经济、人民生活的各个领域和方方面面。特种设备主要分布在经济发达地区和旅游胜地，一旦发生事故，经济损失惨重，社会影响恶劣。由于特种设备在生产和社会生活中的重要作用及其本身所具有的危险性，世界多数国家都制定有特种设备安全管理法律法规和技术标准，对其从设计、制造到使用、报废的全过程实施严格的管理。

长期以来，我国特种设备技术标准的制定部门和安全监察的管理部门在技术标准和法规制定方面做了大量富有成效的工作。已经基本建立起特种设备的法规标准体系，在保障安全生产、促进经济建设中发挥了重要作用。但是面对国民经济、社会发展和科技进步的新形势、国际竞争的新挑战，与发达国家相比，我国特种设备技术标准和法规建设方面还存在诸多不适应。例如：技术标准的适应性差、竞争力不强、技术水平不高；技术标准和安全法规之间存在不协调；技术标准法规覆盖面不全，滞后于新技术的发展，安全性与经济性的关系处理失衡等。这些不适应已成为制约今后特种设备技术进步乃至影响经济发展的共性问题，迫切需要解决。

为了摸清我国特种设备技术标准和法规的基本情况，寻找与发达国家的差距和差异，进而针对我国国情，完善相应的法规标准体系，国家“十五”重大科技专项“重要技术标准研究”设置了“特种设备安全标准法规体系研究”专题，国家质量监督检验检疫总局也设立了“国内外特种设备标准比较研究”课题。三年来，课题专题组百余位专家团结协作，奋力拼搏，在经费紧张、时间紧迫的情况下，完成了艰苦繁重而又富有成效的研究工作。课题针对锅炉、压力容器、气瓶、压力管道、电梯、起重机械、场(厂)内机动车辆、游乐设施、客运索道等各类特种设备，及其设计、制造、安装、使用、检验、监管等各个环节，采集、分析、研究了中国、美国、欧盟、日本、英国、德国、俄罗斯、ISO等10多个国家、地区、标准化组织的技术标准和法规情况，包括重要技术标准和法规及其体系、管理体制、运行机制，并在重点进行国内外技术标准法规比较和分析国内需求的基础上，提出了我国特种设备技术标准和法规体系建设中存在的突出问题和建议对策。

《国内外特种设备标准法规比较研究》系列丛书分两大部分共13卷。其中第一部分(1卷)为《国内外特种设备标准法规综论》，集中阐述各类特种设备国内外标准和法规的重要方面；第二部分(共12卷)为各类特种设备和安全附件的国内外标准法规比较手册，分别更为详细地介绍各类特种设备国内外标准和法规的比较情况。

本书介绍该项研究的主要成果。其中第一篇重点介绍中国技术标准和法律法规的总体概况、国内外特种设备技术标准和法规的基本情况、并针对我国特种设备技术标准和法规建设中的共性问题进行分析、探讨，提出相应的建议和对策。第二篇至第十二篇分别针对不同类别的特种设备，介绍国内外技术标准和法规的管理模式、运行机制、法规标准体系、重要技术标准和法规要点、国内外比较，并给出国内外技术标准和法规的目录。为了便于读者按各类特种设备系统阅读，这十一篇每篇都是既相对独立，又与第一篇内容有密切联系的整体，因此个别带有共性的内容在不同的篇中从不同类别特种设备的角度略有重复。

在本书编著和课题研究过程中，国家质检总局特种设备安全监察局、科技司和中国特种设备检测研究中心均给予了大力的支持，中国标准化研究院于欣丽副院长、白殿一主任、国家标准化管理委员会工交部殷明汉主任对本书第一篇的编写提出了很好的意见和建议，除本书编委会之外的其他课题组成员分别在相应种类特种设备标准法规的比较研究中也作出了重要贡献，并集中体现在系列丛书的各分册之中。此外，中国特种设备检测研究中心钱剑雄同志做了大量繁杂细致并且非常重要的具体联络、协调和组织的工作。在此，对上述单位和个人一并表示由衷的谢意。本书各篇主要编写人员列于各篇“启示与建议”一章之后。

开展如此大规模的国内外特种设备技术标准和法规的比较研究，在国内外尚属首次。由于时间和资料所限，书中难免有不准确或不妥之处，诚请读者提出宝贵意见。

《国内外特种设备标准法规比较研究》系列丛书编委会

2007年3月

目　录

第一篇　国内外特种设备标准法规概述

第二篇 锅 炉

第三篇 压力容器

第四篇 气 瓶

第五篇 长输管道

第六篇　公用管道

第七篇　工业管道

第八篇　电　梯

第九篇　起重机械

第十篇　场(厂)内机动车辆

第十一篇　游乐设施

第十二篇　客运索道

第一篇

国内外特种设备标准法规概述

第一章 中国标准概况

第一节 中国标准发展简史

建国以来，我国标准和标准化工作随着国民经济的发展而逐步建立和发展起来。1949年，中央政府政务院财政经济委员会中央技术管理局设立标准规格处，专门负责工业生产和工程建设标准化工作。产品标准和工艺标准均采用前苏联的标准。1956年，在原政务院财政经济委员会中央技术管理局标准规格处基础上，成立了国家科学技术委员会标准局，统一管理全国标准化工作，并根据我国国情组织制定了一批国家标准和部标准，我国标准化工作从此走上独立自主的发展阶段。1958年以后，由于左倾错误的影响，标准化工作遭受严重挫折，直到1962年国民经济调整时期，标准化工作才得到了恢复和加强。这一年，国务院颁布了《工农业产品和工程建设技术标准管理办法》，标准化工作得到了新的发展。1963年召开了全国标准计量工作会议，制定了标准化十年发展规划，提出了国家标准、部标准和企业标准三级标准体系。1963年，指定了第一批国家标准化核心机构。到文革前，基本形成了以中央政府统一领导、各部门和地方相配合的标准化管理体制。1966年到1976年，十年动乱期间颁布的国家标准只有400项，平均每年40项，标准化工作几乎陷于完全停顿状态。1978年，随着经济工作的全面恢复，标准化工作得到了国家重视，为加强对标准化工作的管理，成立了国家标准总局；1979年，国务院颁布《中华人民共和国标准化管理条例》，规定我国标准分为国家标准、部（专业）标准和企业标准三级；国家标准、部（专业）标准必须由政府确定的标准化核心机构负责起草；三级标准必须由政府主管部门批准发布，包括企业产品标准也必须由企业主管部门批准。同时规定，标准一经发布，就是技术法规，必须严格执行。从此，全国标准化工作进入一个新的发展时期，使我国标准化工作管理体制运行机制逐步完善，标准体系初步形成。

随着我国法制建设的推进和标准化工作的发展，1988年在原国家标准局、国家计量局的基础上组建国家技术监督局，以后又改为国家质量技术监督局；1988年12月29日，全国人民代表大会通过《中华人民共和国标准化法》（以下简称《标准化法》），进一步确定了我国的标准体系、标准化管理体制和运行机制的框架。随后，国务院于1990年颁布了《中华人民共和国标准化法实施条例》，对于落实《标准化法》的实施提出了具体的规定。根据法律规定，中国的标准分为国家标准、行业标准、地方标准和企业标准四级。国家标准、行业标准又分为强制性标准和推荐性标准两类。上述法律颁布之后，原国家技术监督局颁布了一系列有关标准化工作的规章，其内容涵盖了国家标准、行业标准和地方标准的制定、标准出版、标准档案管理以及能源、农业和企业标准化管理，初步建立起了我国标准化法律法规体系。随着我国经济技术的发展和标准化工作发展的需要，国家标准化管理部门又制定了一些适应新的经济形势需要的规章，同时国务院各部门、地方人大和政府根据自身标准化工作的需要也分别制定了一批标准化部门规章、地方标准化法规和规章，使标准化工作更加规范，形成了比较完善的标准化法律法规的立法体系结构。

随着我国加入世界贸易组织，标准化工作面临新的机遇和严峻挑战。中国在入世谈判中涉及标准和标准化的承诺有13条，包括：接受《标准良好行为规范》，增加标准和技术法规制定的透明度和公开性；使所有的技术法规、标准、合格评定程序符合TBT协定要求：标准制定机构明确制定现行标准要与相关国际标准相一致；按照TBT协定的含义使用“标准”和“技术法规”，并对“技术法规”实行不少于6个月的事前通报；对拟议中的技术法规、标准和合格评定程序征求公众意见等。2001年10月

11 日，国家标准化管理委员会作为国务院授权履行行政管理职能、统一管理全国标准化工作的主管机构正式成立。

总体而言，建国以来，我国的标准化工作大体上可以分为三个阶段：20 世纪 60 年代以前，由于我国的工业体系建设是前苏联为主援建的，所以中国用的标准主要是前苏联的 ГОСТ、ОСТ 标准。第二阶段，从改革开放到 20 世纪末，我国逐渐建立起自己的国家标准体系，1989 年公布实施的《标准化法》，使我国标准化工作走上了法制管理的轨道；国家标准数量从 1978 年的 1700 多项发展到目前的 2 万多项；我国把积极采用国际标准和国外先进标准作为重要的技术经济政策加以积极推行。第三阶段，进入 21 世纪，我国加入世界贸易组织的席位，我国的标准化工作必须要以 WTO 的有关规则开展工作，逐步实现与国际接轨，我国的标准化工作迎来了一个全新的发展阶段。

第二节　标准的分类和标准化体系

一、术语和定义

1. 标准。我国国家标准 GB/T 20000.1—2002《标准化工作指南 第 1 部分：标准化和相关活动的通用词汇》中规定：标准是“为了在一定范围内获得最佳秩序，经协商一致制定并由公认机构批准，共同使用的和重复使用的一种规范性文件”。并注明：“标准宜以科学、技术和经验的综合成果为基础，以促进最佳的共同效益为目的。”这个定义也是国际标准化组织（ISO）和国际电工委员会（IEC）《ISO/IEC 导则 2：1996》中对标准的定义。对这一定义再作进一步深究，就会发现它包含了 6 大要义：

(1) 标准是以科学、技术和经验的综合成果为基础，以促进最佳的共同效益为目的；

(2) 标准是为产品或相关生产方法提供规则、指南或特性的规范性文件；

(3) 标准所研究的对象是重复性的事物；

(4) 标准是在各方协商一致的原则下开展制修订的；

(5) 标准须由公认的权威机构批准发布；

(6) 标准具有时效性，它是随着科技进步及产业结构调整来制修订或废止的。

技术性贸易壁垒协定（即 WTO/TBT 协定）对标准的定义，是由公认机构批准的、非强制性的、为了通用或反复使用的目的，为产品或相关加工和生产方法提供规则、指南或特性的文件。标准也可以包括专门规定用于产品、加工或生产方法的术语、符号、包装标志或标签要求。

2. 标准化。我国国家标准 GB/T 20000.1—2002《标准化工作指南 第 1 部分：标准化和相关活动的通用词汇》中规定：标准化是“为了在一定范围内获得最佳秩序，对现实问题或潜在问题制定共同使用和重复使用的条款的活动”。包括标准制定活动，宣传贯彻活动，检验监测活动，认证活动，监督检查活动等。并有两条注：“1. 上述活动主要包括编制、发布和实施标准的过程；2. 标准化的主要作用在于为了其预期的目的改进产品、过程或服务的适用性，防止贸易壁垒，并促进技术合作。”同样，这个定义也是国际标准化组织（ISO）和国际电工委员会（IEC）《ISO/IEC 导则 2：1996》中对标准化的定义。

综上所述，标准指的是规范性“文件”；标准化指的是一系列“活动”。

二、标准的分类

依据《中华人民共和国标准化法》，中国的标准分为国家标准、行业标准、地方标准和企业标准四级。对需要在全国范畴内统一的技术要求，应当制定国家标准。对没有国家标准而又需要在全国某个行业范围内统一的技术要求，可以制定行业标准。对没有国家标准和行业标准而又需要在省、自治区、直辖市范围内统一的工业产品的安全、卫生要求，可以制定地方标准。企业标准由企业自行制定。企业生产的产品没有国家标准、行业标准和地方标准的，应当制定相应的企业标准。对已有国家标准、行业标准或地方标准的，鼓励企业制定严于国家标准、行业标准或地方标准要求的企业标准。

国家标准、行业标准、地方标准又分为强制性标准和推荐性标准两类。强制性国家标准的代号是"GB",例如 GB 17565—1998。推荐性国家标准的代号是"GB/T"标志,例如 GB/T 19000—2000。保障人体健康、人身、财产安全的标准和法律、行政法规规定强制执行的标准是强制性标准,其他标准是推荐性标准。目前中国的强制性国家标准基本控制在 WTO/TBT 要求的范围内(即国家安全,防止欺诈,保护人身健康和安全,保护动植物生命和安全,保护环境)。强制性标准是现今中国技术法规的主要形式。

三、标准化体系

改革开放以来,我国的标准化体系逐步完善、走上了法制化的轨道,并朝着适应市场经济体制运行的方向发展。目前,我国的标准化体系大致可用图 1-1 概括。

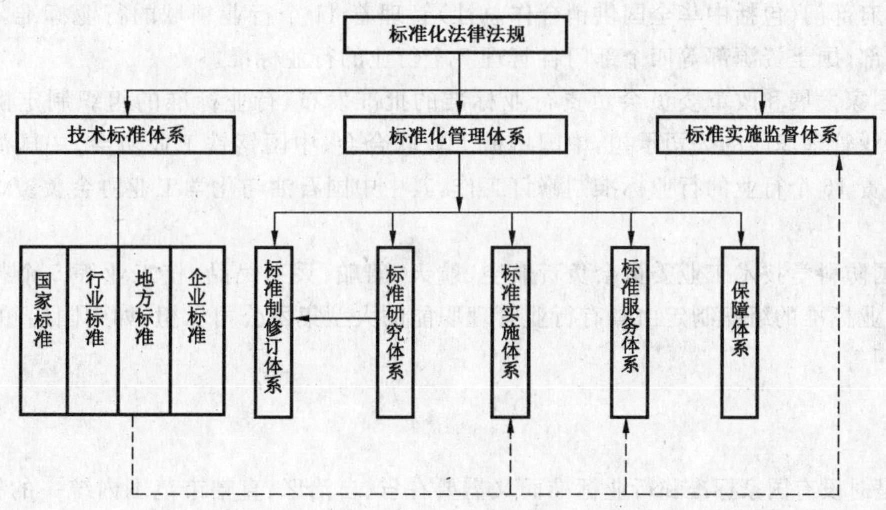

图 1-1　国家标准化体系示意图

第三节　标准化管理体制

中国的标准和标准化工作依法管理。主要依据的法律法规包括:《中华人民共和国标准化法》、《中华人民共和国标准化法实施条例》、《中华人民共和国认证认可监督条例》等。此外在建筑法、食品卫生法、环境保护法、大气污染防治法、职业病防治法等法律中也涉及标准化有关事项的规定。迄今为止涉及标准化工作的部门规章有 50 多项。上述法律法规,构成了我国的标准化法律法规体系。

中国标准化工作实行统一管理与分工负责相结合的管理体制。国家标准化管理委员会是国家质检总局领导下,由国务院授权履行统一管理全国标准化工作行政职能的唯一机构,对国家标准实行统一计划、统一编号、统一审查、统一批准发布等四个统一管理职能,对行业标准、地方标准、企业标准进行备案管理。

一、国家标准

国家标准是对需要在全国范围内统一的技术要求而制定的标准。国家标准由国家标准化管理委员会统一编制计划,协调项目分工,组织制、修订,统一审批和编号。

国家标准的制、修订工作由全国专业标准化技术委员会或专业标准化技术归口单位负责组织实施。国家标准送审稿的审查,由技术委员会或由项目主管部门或其委托的技术归口单位组织进行。

国家标准由国家质量监督检验检疫总局和国家标准化管理委员会联合发布。环境保护方面的环境质量和污染物排放国家标准由国家环境保护总局组织草拟、审批,国家环境保护总局和国家质量监督检验检疫总局联合发布。工程建设方面的国家标准由建设部组织草拟、审批，建设部和国家质量监督检验检疫总局联合发布。

二、行业标准

行业标准是对没有国家标准而又需要在全国某个行业范围内统一的技术要求所制定的标准。行业标准的审批、编号、发布由行业标准归口部门负责，并报国家标准化管理委员会备案。

截止到 2005 年底，我国有 62 个行业发布行业标准。行业标准的归口部门为国务院有关行政主管部门，如信息产业部、国家发展和改革委员会、农业部、教育部等。

截止到 2005 年底，行业标准的批准发布和组织制定有以下三种模式：

第一种是行政主管部门负责行业标准的组织制定和批准发布，建设部、交通部、国家食品药品监督管理局等 37 个政府部门(包括中华全国供销合作总社)管理着 41 个行业领域的行业标准，其中建设部、农业部、信息产业部、国土资源部等四个部门各管理 2 个行业的行业标准。

第二种是国家发展和改革委员会负责行业标准的批准发布，行业标准的组织制定由经授权的联合会、协会或有行业管理职能的公司承担，中国机械工业联合会、中国钢铁工业协会、中国海洋石油总公司等 14 个组织负责 16 个行业的行业标准制修订工作，其中中国石油与化学工业协会负责 3 个行业领域的行业标准。

第三种是国防科学技术工业委员会负责航空、航天、船舶、兵工民品、核工业等 5 个行业的行业标准的批准发布，行业标准的组织制定由具有行业管理职能的大型集团公司承担，如中国船舶工业总公司、中国核工业总公司等。

三、地方标准

地方标准是对没有国家标准和行业标准而又需要在省、自治区、直辖市范围内统一的技术要求而制定的标准。地方标准由省、自治区、直辖市的质量技术监督局统一编制计划、组织制定、审批、编号和发布。

省级的质量技术监督局根据制定地方标准的年度计划，组织起草小组或委托同级有关行政主管部门、省辖市质量技术监督局负责起草。地方标准送审稿由省级的质量技术监督局组织审查，或委托同级有关行政主管部门、省辖市的质量技术监督局组织审查。审查通过的地方标准报批稿送省级质量技术监督局审批、编号、发布。

地方标准发布后，省、自治区、直辖市的质量技术监督局在三十日内向国家标准化管理委员会备案。

四、企业标准

企业标准是对企业范围内需要协调、统一的技术要求、管理要求和工作要求所制定的标准。企业标准是企业组织生产、经营活动的依据。

企业标准由企业制定，由企业法人代表或法人代表授权的主管领导批准、发布，由企业法人代表授权的部门统一管理。

企业产品标准应在发布后三十日内报当地政府标准化行政主管部门备案。

第四节 标 准 现 状[1)]

一、标准的数量和属性

截止到 2005 年底，中国标准按国家标准、行业标准、地方标准和企业标准的分类数量以及按强制性、推荐性的属性分布详见表 1-1。

---

1)本章第四节至第九节内容和数据主要取自参考文献[1]、[2]、[3]。无特殊说明，本章所给数据截止到 2005 年底的情况。

表 1-1　中国四级标准数量和属性分布

总数(项)		国家标准	行业标准	地方标准	企业标准
		20 688	48 464	8066	1 340 000
强制性标准	数量/项	3024	16 428	1811	—
	比例/%	14.62	33.90	23.32	—
推荐性标准	数量/项	17 588	32 036	6185	—
	比例/%	85.01	66.10	76.68	—
标准化指导性技术文件	数量/项	76	—	—	—
	比例/%	0.37	—	—	—

二、标准涉及的领域

标准是各行业领域经济发展的技术基础,标准化的发展在一定程度上反映了各领域的发展状况。

1. 按国际标准分类法分类

截止到 2005 年底,按国际标准分类法(International Classification for Standards, ICS)一级类目分类,现行有效的国家标准的领域分布如表 1-2 所示。

表 1-2　国家标准按 ICS 一级类目分类后的分布情况　　单位:项

编号	名称	强制性国家标准	推荐性国家标准	指导性技术文件	合计	比例/%
01	综合、术语学、标准化、文献	29	334	0	363	1.75
03	社会学、服务、公司(企业)的组织和管理行政、运输	31	186	4	221	1.07
07	数学、自然科学	51	156	0	207	1.00
11	医药卫生技术	263	202	1	466	2.25
13	环境和保健、安全	745	855	0	1600	7.73
17	计量学和测量、物理现象	20	606	0	626	3.03
19	试验	7	239	0	246	1.19
21	机械系统和通用部件	4	848	7	859	4.15
23	流体系统和通用部件	64	514	1	579	2.80
25	机械制造	73	937	10	1020	4.93
27	能源和热传导工程	61	428	3	492	2.38
29	电气工程	296	791	8	1095	5.29
31	电子学	5	678	3	686	3.32
33	电信	53	698	15	766	3.70
35	信息技术、办公设备	41	739	19	799	3.86
37	成像技术	4	220	2	226	1.09
39	精密机械、珠宝	1	24	0	25	0.12
43	道路车辆工程	69	260	0	329	1.59
45	铁路工程	10	58	0	68	0.33
47	造船和海上建筑物	32	381	0	413	2.00
49	航空器和航天器工程	2	19	0	21	0.10
53	材料储运设备	17	203	0	220	1.06
55	货物的包装和调运	19	185	0	204	0.99
59	纺织和皮革技术	22	571	1	594	2.87

续表 1-2

编　号	名　　称	强制性国家标准	推荐性国家标准	指导性技术文件	合计	比例/%
61	服装工业	1	52	0	53	0.26
65	农业	186	910	1	1097	5.30
67	食品技术	415	787	0	1202	5.81
71	化工技术	106	964	0	1070	5.17
73	采矿和矿产品	12	607	0	619	2.99
75	石油及相关技术	53	380	0	433	2.09
77	冶金	30	1615	0	1645	7.95
79	木材技术	15	155	0	170	0.82
81	玻璃和陶瓷工业	19	250	0	269	1.30
83	橡胶和塑料工业	49	798	1	848	4.10
85	造纸技术	6	166	0	172	0.83
87	涂料和颜料工业	16	291	0	307	1.48
91	建筑材料和建筑物	91	357	0	448	2.17
93	土木工程	5	13	0	18	0.09
95	军事工程	0	1	0	1	0.00
97	家用和商用设备、文娱、体育	101	110	0	211	1.02
合　计		3024	17 588	76	20 688	100

由表 1-2 可以看出，各领域的标准数量差别相当大，有 7 个 ICS 一级类目的国家标准数量超过了 1000 项，有 6 个 ICS 一级类目的国家标准数量低于 100 项。国家标准数量最多的前 5 个类目为："冶金"、"环境和保健、安全"、"食品技术"、"农业"、"电气工程"。

2. 按中国标准文献分类法分类

按照中国标准文献分类法(简称中标分类法)的一级类目分类，截止到 2005 年底，国家标准的领域分布见表 1-3。

表 1-3　国家标准按中标分类法分类后的分布情况　　单位：项

编　号	名　　称	强制性国家标准	推荐性国家标准	指导性技术文件	合计	比例/%
A	综合	165	1106	8	1279	6.18
B	农业、林业	163	1155	1	1319	6.38
C	医药、卫生、劳动保护	935	787	1	1723	8.33
D	矿业	12	663	0	675	3.26
E	石油	47	300	0	347	1.68
F	能源、核技术	64	372	7	443	2.14
G	化工	205	1902	1	2108	10.19
H	冶金	41	1838	0	1879	9.08
J	机械	114	2487	14	2615	12.64
K	电工	369	949	8	1326	6.41
L	电子元器件与信息技术	55	1467	29	1551	7.50
M	通信、广播	37	570	1	608	2.94
N	仪器、仪表	18	523	5	546	2.64

续表 1-3

编　号	名　　称	强制性国家标准	推荐性国家标准	指导性技术文件	合计	比例/%
P	土木、建筑	28	180	0	208	1.01
Q	建材	89	586	0	675	3.26
R	公路、水路运输	42	126	0	168	0.81
S	铁路	13	95	0	108	0.52
T	车辆	66	301	0	367	1.77
U	船舶	27	393	0	420	2.03
V	航空、航天	2	26	0	28	0.14
W	纺织	20	463	1	484	2.34
X	食品	230	428	0	658	3.18
Y	轻工、文化与生活用品	141	589	0	730	3.53
Z	环境保护	141	282	0	423	2.04
总　　计		3024	17 588	76	20 688	100

由表 1-3 可以看出，按照中标分类法，“机械”类国家标准最多，占国家标准总数的 12.64%，其次是“化工”、“冶金”、“医药、卫生、劳动保护”、“电子元器件与信息技术”。

3. 按国家标准的类别分类

根据标准化对象不同，国家标准可划分为基础标准、方法标准、产品标准、管理标准、安全标准、卫生标准、环保标准、其他标准等 8 种类别。

截止到 2005 年底，现行有效的国家标准按照此类别划分，分布情况如表 1-4 所示。

表 1-4　国家标准按类别分类后的分布情况　　单位：项

类　别	强制性国家标准	推荐性国家标准	指导性技术文件	合计	比例/%
基础	230	3486	41	3757	18.16
方法	227	8310	22	8559	41.37
产品	1160	5113	10	6283	30.37
管理	68	377	3	448	2.16
安全	607	143	0	750	3.63
卫生	599	83	0	682	3.30
环保	129	33	0	162	0.78
其他	4	43	0	47	0.23
合计	3024	17 588	76	20 688	100

由表 1-4 可以看出，在全部国家标准中，方法标准最多，占国家标准总数的 41.37%，其次是产品标准、基础标准。

三、标准的发布年代

标准应适应经济与技术发展的需要，促进技术传播和便利贸易发展，标准应随着技术的进步和经济的发展而不断地修订完善。

截止到 2005 年底，国家标准最新版的发布年代分布如表 1-5 和图 1-2 所示。

表 1-5　国家标准最新版的发布年代分布　　单位:项

年　份	1963	1964	1965	1974	1975	1976	1977	1978	1979		合计	比例/%
强制性国家标准	1	0	0	0	0	0	2	0	2		5	0.02
推荐性国家标准	5	3	5	1	2	4	8	5	51		84	0.41
总　计	6	3	5	1	2	4	10	5	53		89	0.43
年　份	1980	1981	1982	1983	1984	1985	1986	1987	1988	1989	合计	比例/%
强制性国家标准	8	2	11	9	16	29	51	63	98	173	460	2.22
推荐性国家标准	44	75	101	250	243	451	570	630	964	948	4276	20.67
总　计	52	77	112	259	259	480	621	693	1062	1121	4736	22.89
年　份	1990	1991	1992	1993	1994	1995	1996	1997	1998	1999	合计	比例/%
强制性国家标准	66	71	83	124	105	139	272	183	134	159	1336	6.46
推荐性国家标准	385	580	682	1014	739	1013	834	869	765	697	7578	36.63
指导性技术文件	0	0	0	0	0	0	0	0	0	1	1	0.00
总　计	451	651	765	1138	844	1152	1106	1052	899	857	8915	43.09
年　份	2000	2001	2002	2003	2004	2005					合计	比例/%
强制性国家标准	182	199	65	346	158	273					1223	5.91
推荐性国家标准	854	814	951	1274	722	1035					5650	27.31
指导性技术文件	11	11	20	12	7	14					75	0.36
总　计	1047	1024	1036	1632	887	1322					6948	33.58

从表 1-5 和图 1-2 可以看出,截止到 2005 年底,在现行有效的国家标准中,1990 年～1999 年间发布的标准最多,有 8915 项,占国家标准总数的 43.09%,其次是 2000 年至 2005 年发布的标准,有 6948 项,占总数的 33.58%,1980 年至 1989 年间发布的标准有 4736 项,占总数的 22.89%,1980 年以前发布的标准有 89 项,占国家标准总数的 0.43%。

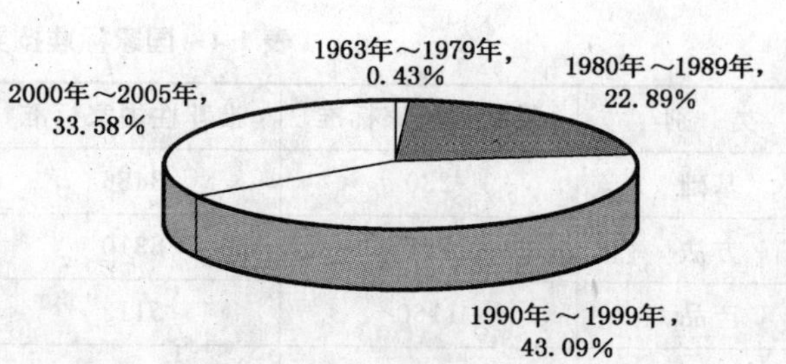

图 1-2　国家标准的发布年代区间统计

标准的发布年代分布直接影响着标准体系的平均标龄。根据中国标准的平均标龄统计,截止到 2005 年底,国家标准的平均标龄为 9.88 年,全部已出版发布的行业标准的平均标龄为 9.45 年,全部地方标准的平均标龄为 3.58 年。

从标准的发布年代分析中可以得出,近三分之二的最新版国家标准的发布年代在 2000 年以前,国家标准的平均标龄达到了 9.88 年。这反映出我国急需建立持续的标准复审机制,根据技术发展和市场需求,收集标准实施中的信息,及时对标准进行复审,加强标准的修订工作,每年都应修订或废止一批不适用的标准,以维持标准的总体适用性。

四、标准的采标情况

采用国际标准和国外先进标准是我国的一项重大技术经济政策,是促进技术进步、提高产品质量、扩大对外开放、加快与国际惯例接轨的重要措施。

国际标准是指国际标准化组织(ISO)、国际电工委员会(IEC)和国际电信联盟(ITU)制定的标准,以及国际标准化组织确认并公布的其他国际组织制定的标准。

国外先进标准是指未经ISO确认的其他国际组织的标准、发达国家的国家标准、区域性组织的标准、国际上有权威的团体标准和企业标准中的先进标准。

1. 国家标准与国际标准的一致性程度

根据国家质量监督检验检疫总局2001年11月21日发布的《采用国际标准管理办法》，国家标准与国际标准的一致性程度分为等同(IDT)、修改(MOD)和非等效(NEQ)。等同(IDT)指我国标准与国际标准在技术内容和文本结构上相同，或者与国际标准在技术内容上相同，只存在少量编辑性修改；修改(MOD)指我国标准与国际标准之间存在技术性差异，并对技术性差异进行清楚地标识和解释，允许包含编辑性修改；非等效(NEQ)指我国标准与国际标准在技术内容和文本结构上不同，它们之间的差异没有被清楚地标明。

在《采用国际标准管理办法》发布之前，我国标准采用国际标准的程度分为等同(idt)、等效(eqv)和非等效(neq)，其中等同(idt)与现在的等同(IDT)含义相同；等效(eqv)是指我国标准与国际标准主要技术内容相同，技术上只有很小差异，编写方法不完全相对应；非等效(neq)是指我国标准与国际标准技术内容有重大差异。

根据文献[1]的统计分析，截止到2005年底，与国际标准和国外先进标准有对应关系的国家标准共有9568项，占国家标准总数的46.25%。国家标准的采标率为45.52%。

2. 与国际标准有对应关系的国家标准的属性分布

与国际标准有对应关系的国家标准的属性分布如表1-6所示。

由表1-6可以看出，有1046项强制性国家标准是依据国际标准或国外先进标准转化而来的，占有国际标准或国外标准对应的国家标准总数的10.93%。

3. 国际标准的转化率

国际标准的转化率是指ISO、IEC、ITU等国际标准组织的标准转化为国家标准的比例。

以截止到2005年底ISO、IEC、ITU的国际标准数据为依据，这三大标准组织的国际标准转化率见表1-7。

表1-6　与国际标准有对应关系的国家标准的属性分布　　单位：项

组织	强制性国家标准	推荐性国家标准	指导性技术文件	合计
ISO	198	4589	23	4810
IEC	454	1502	22	1978
ISO/IEC	7	266	9	282
ITU	0	47	0	47
其他	387	2062	2	2451
总计	1046	8466	56	9568
比例/%	10.93	88.48	0.59	100

表1-7　ISO、IEC、ITU标准转化为国家标准的数量和转化率

组织	国际标准数量/项	转化为国家标准数量/项					转化率/%
		等同	修改	等效	非等效	合计	
ISO	15649	1636	482	1580	1394	5092[1)]	32.54
IEC	5454	1352	117	413	378	2260[1)]	41.44
ITU	3100[2)]	9	0	20	18	47	1.52

1)包括转化ISO/IEC标准282项。

2)截止到2005年3月ITU的标准数量。

由表 1-7 可以看出，ISO 国际标准的转化率为 32.54%，IEC 国际标准的转化率为 41.44%，ITU 国际标准的转化率为 1.52%。这三大组织的国际标准转化为中国国家标准的平均转化率为 29.75%，若不计 ITU 标准，ISO 和 IEC 国际标准的平均转化率为 33.96%。

4. 采标的时效性

采标的时效性是影响采用国际标准效果的一个重要因素，采用和转化最新版的国际标准是保障采标效果的基本条件。采标的时效性可以用采标的国家标准与相应的国际标准的发布年代比较得出，也可以从国际标准与采标的国家标准的标龄比较得出，国家标准与国际标准的发布年代相差越小，或标龄相差越小，表示采标越及时，采标的时效性越好。

在与国家标准有对应关系的国际标准或国外先进标准中，以标注发布年代的国际或国外先进标准数据为依据，这些国际或国外先进标准发布年代分布和平均标龄如表 1-8 所示。

表 1-8　与国家标准有对应关系的国际标准或国外先进标准的发布年代分布及平均标龄

组织	国际标准								对应的国家标准
	各年代的标准数量/项					合计	最早发布年代	平均标龄/年	平均标龄/年
	~1969	1970~1979	1980~1989	1990~1999	2000~2004				
ISO	10	771	1789	1806	383	4759	1961	16.75	8.50
IEC	34	165	541	971	196	1907	1925	14.80	7.70
ISO/IEC	0	0	18	246	16	280	1982	10.95	6.02
ITU	0	0	5	27	6	38	1982	10.66	6.21
其他	41	367	870	663	48	1989	1948	19.16	10.55
总计	85	1303	3223	3713	649	8973	—	16.66	8.70

由表 1-8 可以看出，与国家标准有对应关系的 ISO 标准的平均标龄为 16.75 年，依据这些 ISO 标准制定的国家标准的平均标龄为 8.5 年。这表明，与 ISO 标准有对应关系的中国国家标准的发布时间平均滞后于相应的 ISO 标准 8.25 年。

同样，与国家标准有对应关系的 IEC 标准的平均标龄为 14.8 年，依据这些 IEC 标准制定的国家标准的标龄平均为 7.7 年，这表明，与 IEC 标准有对应关系的中国国家标准的发布时间平均滞后于相应的 IEC 标准 7.1 年。

总体而言，在标注有发布年代的 8973 项与国家标准存对应关系的国际或国外先进标准中，标准的平均标龄为 16.66 年，依据这些国际或国外先进标准制定的国家标准的平均标龄为 8.7 年，这表明，与国际或国外先进标准有对应关系的中国国家标准的发布时间平均滞后于相应的国际或国外先进标准 7.96 年。

第五节　全国专业标准化技术组织

全国专业标准化技术组织是由生产、科研、教学、检验、用户等方面专家、技术人员和管理人员组成，从事全国性标准化工作的技术组织。其主要任务是组织标准制修订和维护工作。全国专业标准化技术组织包括全国专业标准化技术委员会（TC）、分技术委员会（SC）和直属工作组（直属 WG）。全国专业标准化技术组织是制定和维护国家标准的主要力量，其发展和壮大支撑着我国标准化事业的快速发展。

一、全国专业标准化技术组织的构成情况

截止到 2005 年底，我国共有全国专业标准化技术组织 655 个，其中，TC 273 个，SC378 个，直属 WG 4 个。

1. 全国专业标准化技术组织秘书处承担单位类型

全国专业标准化技术组织的秘书处负责标准化技术组织的日常管理工作，协助主任委员组织国家标准制修订工作。秘书处承担单位类型主要包括研究院所、检验检测机构、企业、行业协会、行政机构、大学等。

除了4个直属WG外，273个TC和378个SC的秘书处承担单位类型分布如表1-9所示。

表1-9 TC和SC秘书处承担单位类型分布

序号	秘书处单位类型	TC秘书处		SC秘书处	
		数量/个	比例/%	数量/个	比例/%
1	研究院所	205	75.09	241	63.76
2	检验、检测机构	24	8.79	26	6.88
3	企业、公司	19	6.96	57	15.08
4	协会、联合会	12	4.40	9	2.38
5	行政、事业单位	9	3.30	33	8.73
6	大学、出版社、图书馆	4	1.47	12	3.17
总　计		273	100	378	100

由表1-9可以看出，TC的秘书处承担单位主要由研究院所构成，研究院所占秘书处总数的75.09%。检验、检测机构承担的秘书处比例是8.79%，企业承担的秘书处为6.96%。SC的秘书处承担单位也是以研究院所为主，研究院所承担秘书处的比例为63.76%，比TC秘书处中研究院所的比例有所降低；企业承担SC秘书处的比例为15.08%，比企业承担TC秘书处的比例有了大幅度提高；行政、事业单位承担SC秘书处的比例为8.73%，比行政、事业单位承担TC秘书处比例有所上升；检验检测机构承担SC秘书处的比例是6.88%。

2. 全国专业标准化技术组织的委员所在单位类型

全国专业标准化技术组织委员所在单位的类型分布情况直接反映委员会的代表性。全国专业标准化技术组织中的委员所在单位的类型分布如表1-10所示。

由表1-10可以看出，在全国专业标准化技术组织的委员中，来自企业的委员最多，达到了51.08%，来自研究院所的委员次之，为25.07%。

表1-10 全国专业标准化技术组织中的委员所在单位类型分布

序号	单 位 类 型	全 部	
		委员/个	比例/%
1	企业、公司	9925	51.08
2	研究院所	4871	25.07
3	大专院校	1320	6.79
4	政府机构	1241	6.39
5	检验、检测机构	1127	5.80
6	协会	536	2.76
7	其他	411	2.11
总　计		19 431	100

二、中国与国际标准化组织的技术委员会对应情况

截止到2005年底，ISO共有技术委员会192个，这些技术委员会涉及12个领域：机械工程；基础化学；非金属材料；矿物和金属；信息处理、图形、摄影和服务；农业；建筑；专门技术；健康和医疗：基础学科；环境；货物包装/分发。每个领域中，ISO技术委员会的数量不尽相同，最多的为“机械工程”领域，有52个技术委员会，而最少的是“环境”领域，只有6个技术委员会。

截止到2005年底，IEC共有技术委员会92个。IEC主要负责电工、电子领域的标准化活动，工作领域包括了电力、电子、电信和原子能方面的电工技术。

1. 全国专业标准化技术委员会的国际对应情况

截止到2005年底，在273个全国专业标准化技术委员会中。有197个与国际标准化组织的技术委

员会相对应，占全国专业标准化技术委员会总数的72.16%。在有国际对应的全国专业标准化技术委员会中，131个对应ISO的技术组织，占全国专业标准化技术委员会总数的47.99%；64个对应IEC的技术组织，占全国专业标准化技术委员会总数的23.44%。

2. ISO、IEC技术委员会在中国的对应情况

截止到2005年底，ISO的12个领域的技术委员会与我国技术委员会的对应情况如表1-11所示。

表1-11　ISO技术委员会与中国技术委员会分领域对应情况

ISO领域	ISO/TC数量/个	在国内有对应		在国内无对应	
		数量/个	比例/%	数量/个	比例/%
机械工程	52	38	73.08	14	26.92
基础化学	10	6	60.00	4	40.00
非金属材料	9	7	77.78	2	22.22
矿物和金属	14	10	71.43	4	28.57
信息处理、图形、摄影和服务	15	10	66.67	5	33.33
农业	8	4	50.00	4	50.00
建筑	23	9	39.13	14	60.87
专门技术	20	15	75.00	5	25.00
健康和医疗	19	17	89.47	2	10.53
基础学科	9	8	88.89	1	11.11
环境	6	2	33.33	4	66.67
货物包装/分发	7	2	28.57	5	71.43
合计	192	128	66.67	64	33.33

由表1-11可以看出，在ISO的192个技术委员会中，有128个技术委员会与我国的技术委员会有对应关系，占ISO技术委员会总数的66.67%。在不同的领域中，ISO/TC与我国技术委员会的对应比例差别比较大，在“健康和医疗”以及“基础学科”领域，多于88%的ISO/TC与我国技术委员会有对应关系，而在“货物包装/分发”、“环境”和“建筑”领域，这一比例低于40%。

在IEC的92个技术委员会中，有68个在我国有对应的技术委员会，占IEC技术委员会总数的73.91%；有24个技术委员会在我国没有对应技术委员会，占IEC技术委员会总数的26.09%。

三、全国专业标准化技术组织维护国家标准情况

我国国家标准的制定和维护管理主要通过两种途径，一种途径是通过全国专业标准化技术委员会或工作组，另一种途径是通过国家部委、协会或集团公司。截止到2005年底，20 688项国家标准由311个组织负责维护管理。其中15 866项国家标准是由255个全国专业标准化技术委员会或工作组维护和管理，占国家标准总数的76.69%；4822项国家标准由56个相关国家部委、协会或集团公司负责维护管理，占国家标准总数的23.31%。

第六节　标准的制修订程序

中国国家标准制定程序可以划分为九个阶段：预阶段、立项阶段、起草阶段、征求意见阶段、审查阶段、批准阶段、出版阶段、复审阶段、废止阶段。

(1) 计划。技术委员会或有关单位提出国家标准制修订计划项目的建议；国务院有关行政主管部门审查协调后，提出国家标准计划项目任务书报国家标准化管理委员会，国家标准化管理委员会统一汇总、审查、协调后下达制修订国家标准计划项目。

(2) 制定。起草单位起草国家标准征求意见稿，在生产、经销、使用、科研、检验等单位中征求意见。

对征集的意见归纳整理、分析研究和处理后提出国家标准送审稿。技术委员会负责国家标准送审稿的审查，根据审查意见提出国家标准报批稿。

(3) 审批、发布。国家标准由中国国家标准化管理委员会统一计划、审批、编号、发布。

(4) 复审。国家标准实施后，根据科学技术发展和经济建设的需要，由该国家标准的主管部门组织有关单位适时进行复审。复审结果不需要修改的国家标准确认继续有效；需作修改的国家标准作为修订项目，列入计划。已无存在必要的国家标准，予以废止。

第七节　标准的出版与信息服务

标准化活动的产品是标准及相关出版物。标准的出版形式包括纸质版、电子版和网络版等形式。我国各类标准由出版社负责出版发行。标准信息服务是促进标准应用的重要环节，标准信息服务机构利用标准信息资源，为用户提供标准信息咨询、订阅、交流、信息反馈等服务，帮助用户更好地针对需求发掘和获取标准信息资源。

一、标准出版

国家标准及标准相关图书自1963年起由中国标准出版社出版。中国标准出版社出版的与标准相关的图书包括标准汇编、标准宣贯图书、标准手册、标准化培教材、标准应用丛书，以及各种管理体系标准的咨询、审核、认证、认可图书等。中国标准出版社还负责出版与标准、标准汇编、标准应用图书相关的电子音像出版物，主要有《中国国家标准全集CD—ROM光盘系统》、《国家标准目录》等产品。

截止到2005年底，中国标准出版社累计出版标准约3.5万种，图书3600余种，音像和电子出版物近300余种，总发行量2.6亿册(盘)。2003年至2005年，中国标准出版社的标准及相关出版物的出版情况见表1-12。

表1-12　2003年～2005年中国标准出版社标准及相关出版物出版情况　　单位：种

年度	国家标准	行业标准	标准目录	国家标准汇编	专业标准汇编
2003年	1112	624	8	67	139
2004年	1685	514	8	29	80
2005年	900	537	6	26	133

国家标准及相关标准图书的销售渠道有各地的标准发行站、新华书店、专业书店、网上书店等。国家标准化管理委员会主管的、中国标准出版社主办的网络信息服务平台——国家标准网络发行服务系统(网址：Http://www.standards.net.cn)已于2005年10月正式开通，实现了国家标准的网上销售。

行业标准的出版由行业标准归口部门确定。截止到2005年底，国家标准化主管部门批准了62种行业标准，中国标准出版社出版其中29种行业标准，包括包装、城镇建设、档案、地质矿产、纺织、公共安全、供销、海洋、建筑工业、旅游、粮食、林业、煤炭、农业、气象、商业、水产、石油化工、出入境检验检疫、土地管理、体育、物资管理、外经贸、卫生、稀土、黑色冶金、烟草、有色冶金、医药等。

地方标准的出版和发行由各省、自治区、直辖市标准化行政主管部门规定。

二、标准信息服务

标准信息服务涉及标准信息服务机构、标准文献资源、标准信息数据库、标准信息网络和标准信息咨询等。

1. 标准信息服务机构

随着我国标准化事业的发展，逐步形成了由国家级、省市级和行业标准信息服务机构组成的标准信息服务机构系统，这些机构专门从事标准信息管理研究和提供标准信息服务，包括收集国内外标准文献资源，进行收集、加工和服务的理论与实践研究，对标准文献资源进行整理和加工，开发建立各类标准信息数据库和服务系统，向社会各界用户提供多种方式的信息服务等。

截止到2005年底，国家级、省级(省、自治区、直辖市)的标准信息服务机构有30多家。其中，中国标准化研究院国家标准馆(简称国家标准馆)是国家级标准信息服务中心，拥有规模浩大、种类齐全的标准文献信息资源，并与30多个国家及国际标准化机构建立了长期、稳固的标准文献交换关系。

2. 标准文献资源

根据各地区经济发展的特点，各标准信息服务机构拥有品种不同和规模不等的馆藏文献资源。根据对30家标准信息服务机构的网站所公布的馆藏标准文献信息资源的归纳、统计、分析和研究，可以发现各地标准文献资源差异较大，并且具有下述特点：

(1) 国家标准馆收藏有较全面的标准文献资源，藏有60多个国家、70多个国际和区域性标准化组织、450多个国外行业学(协)会的成套标准以及全部中国国家标准和行业标准，160多种国内外标准化期刊和7000多册标准化专著。

(2) 标准文献载体向光盘版、网络版等电子型发展。各标准信息服务机构的电子型馆藏资源增长迅速，收藏的电子型标准文献越来越多。

(3) 部分省市标准信息服务机构以为本地区经济服务为目标。向建立特色化的馆藏资源发展。

3. 标准信息数据库

我国从1985年开始进行标准文献题录数据库开发工作。各标准信息服务机构开展了标准信息加工规范和加工方法的研究，开发建立采集、加工和服务的计算机管理系统，开发建立各类标准信息数据库，全面揭示标准文献信息。2002年以来，国家级和一些发达地区的标准情报机构开始了标准信息管理系统改造升级和各类标准信息数据库开发，并开始进行全文数据库的开发工作。

2005年，国家标准馆已开发建立了包括130个标准化机构的标准信息题录数据库，数据总量达60万条。其中。对ISO、IEC、ANSI、DIN、BSI、JIS、ASTM等15个现行国外标准信息题录数据库进行了题目翻译、主题词翻译、分类、标引等深加工，加工的数据项达30多个(标准编号、中英文题目、中英文主题词、ICS分类号、中国标准分类号、被代替标准、采用关系、标准状态等)。国家标准馆开发建立的数据库为各省市标准信息服务机构及其他信息服务机构提供了数据资源支撑。2005年，10个省市标准信息服务机构使用了国家标准馆的标准信息数据库。

4. 标准信息网络

随着信息化网络化的发展，用户的信息需求方式发生了变革，用户希望以网络方式获取所需的标准信息资源。国家标准馆开发建立的中国标准服务网(www. cssn. net. cn)向用户提供ISO、IEC、ANSI、DIN、BSI、AFNOR等国外标准以及国家标准和行业标准。2005年，国家标准馆的中国标准服务网注册会员67 261个。近年来，省市和行业标准信息服务机构以及民营公司开发建立的标准信息服务网站，开始向用户提供标准信息服务。

网络全文服务正在成为标准信息服务的主流。截止到2005年底，国家标准馆和上海标准化研究院得到美国ASTM授权，开发并实现了ASTM标准网络全文服务。用户订购后可以直接在本地打印ASTM标准全文，这是我国首次成功解决版权问题而进行的标准全文网络服务。ASTM网络全文服务从2004年开始，2005年国家标准馆向用户提供ASTM标准比2004年增加3倍以上。

5. 标准信息咨询

标准信息咨询服务是促进标准应用的重要环节，各级标准信息服务机构以电话、传真、电子邮件等多种形式为全国各地用户提供各类咨询服务，包括标准阅览、标准文献代查代索、标准查新和有效性确认、标准信息动态跟踪、国内外市场准入的技术法规和标准咨询、标准文献代译、标准化培训、标准化期刊检索和全文提供、标准信息数据库提供等。例如,标准查新是依据用户提出的要求,对标准的新颖性做出客观的结论。标准查新是文献检索和情报调研相结合的情报研究工作,它以标准文献为基础,以文献检索和情报调研为手段,以检出结果为依据,通过综合分析,对查新项目的新颖性进行情报学审查,写出有依据、有分析、有对比、有结论的查新报告。其作用主要是为科研立项,为科技成果的鉴定、评估、验收、转化、奖励等提供客观依据。

第八节　标准的实施应用

标准的实施应用是标准化活动的重要一环,通过标准的实施应用实现标准化的目的。标准是认证制度、工业产品生产许可证制度、产品质量国家监督抽查制度等的技术支撑和基础,这些制度以标准为依据进行检查和审查,同时也促进了标准的实施应用。

一、认证制度

认证是指由认证机构证明产品、服务、管理体系符合相关技术规范、相关技术规范的强制性要求或者标准的合格评定活动。根据《认证认可条例》的规定,我国实施的是强制性认证与自愿性认证相结合的制度。

截止到2005年底,中国的认证制度已经涵盖了质量管理体系认证、环境管理体系认证、职业健康安全管理体系认证、食品安全管理体系认证、软件过程及能力成熟度评估、产品认证等众多领域。

截止到2005年底,依据国家标准、行业标准或国际标准颁发的涉及各个领域的各类认证证书达38万多份(详见表1-13)。

表1-13　认证活动依据的标准/认证规范及证书统计

认证领域	依据的标准/认证规范	证书数	比例/%
质量管理体系认证	GB/T 19001—2000/ISO 9001:2000	143 161	36.948
	QS-9000:1998	645	0.166
	TL 9000 3.0	17	0.004
环境管理体系认证	GB/T 24001—1996/ISO 14001:1996	11 298	2.916
	GB/T 24001—2004/ISO 14001:2004	1385	0.357
职业健康安全管理体系认证	GB/T 28001—2001	5922	1.528
食品安全管理体系认证	CNAB-S I52 或 HACCP-EC	326	0.084
软件过程及能力成熟度评估	SJ/T 11234 或 SJ/T 11235	20	0.005
自愿性产品认证	—	8667	2.237
强制性产品认证	—	215 828	55.703
有机产品认证	CNAB-S I21 或 GB/T 19630—2005	192	0.050
总　计		387 461	100

由表1-13可以看出,截止到2005年底,在所有的认证证书中,产品认证证书最多,包括自愿性产品认证和强制性产品认证在内的产品认证证书达到了224 495份,占到了所有认证证书的57.94%。其次是管理体系认证证书,依据不同管理体系标准而进行的各类管理体系认证证书已经达到162 754份,占全部认证证书的42.00%。其中,依据国家标准GB/T 19001—2000/ISO 9001:2000进行的质量管理体系认证共发放证书143 161份,占到了所有认证证书的36.95%。

标准是产品认证的技术基础。以中标认证中心开展的自愿性产品认证引用标准的数据为例,分析标准在产品认证中的应用情况。

该中心开展的自愿性产品认证主要包括节能、节水和环保产品认证等。截止到2005年底，中心共向284家企业颁发节能、节水产品认证证书1826张，向165家企业颁发环保产品认证证书291张。

截止到2005年底，该中心开展认证的23类节能产品的技术要求中共引用标准81项，其中引用国家标准63项，行业标准16项，IEC国际标准2项。平均每类节能产品认证引用3.5项标准。中心开展认证的77类环保产品的技术要求中共引用标准149项，其中引用国家标准96项，行业标准53项。平均每类环保产品认证引用1.9项标准。

为了建设节约型社会，我国从1998年启动节能产品认证，2002年启动节水产品认证，2003年启动环保产品认证。标准是这些节约型产品认证得以开展的技术基础，同时，认证的开展也对标准提出更多的需求，从节能产品认证和环保产品认证中引用的标准数量可以发现，认证开展得越早，认证中引用标准的数量就越多。

二、生产许可证制度

工业产品生产许可证制度是国务院工业产品生产许可证主管部门对涉及人体健康、财产安全、金融安全、通信质量、生产安全、公共安全以及法律法规规定的其他产品的生产企业，进行实地核查和产品检验，确认其具备持续稳定生产合格产品的能力，并颁发生产许可证的一种行政许可制度。

截止到2005年底，我国共对78类产品发放生产许可证57 789张，涉及企业54 265家。

工业产品生产许可证发证产品实施细则的技术规范主要依据是标准。通过对发证产品实施细则中引用标准的统计可知，在78类发证产品实施细则中，共引用标准6357项，其中，国家标准4058项，行业标准2299项，平均每类发证产品的实施细则引用标准81.5项。有18类产品实施细则引用标准超过100项，有9类产品实施细则引用标准超过200项，引用标准超过300项的产品有3类，劳保用品类产品实施细则引用标准最多，达到511项。

三、监督抽查制度

产品质量国家监督抽查是由国务院产品质量监督部门依法组织有关省级质量技术监督部门和产品质量检验机构对生产、销售的产品，依据有关规定进行抽样、检验，并对抽查结果依法公告和处理的活动。国家监督抽查的产品主要是涉及人身健康和人身、财产安全的产品，影响国计民生的重要工业产品以及用户、消费者、有关组织反映有质量问题的产品。

国家监督抽查的质量判定依据是被检产品的国家标准、行业标准、地方标准和国家有关规定，以及企业明示的企业标准或者质量承诺。

第九节　参与国际标准化活动

长期以来，参与国际标准化活动一直是中国标准化工作走出国门与世界接轨的重要形式。随着中国在世界政治、经济舞台上所扮演角色的日益重要，中国在标准化领域也更加积极地参与国际事务。中国对国际标准化活动的实质参与不仅提升了中国标准的国际竞争力，而且对促进产业升级和经济贸易的发展起到了不可忽视的推动作用。

一、参与国际标准化活动概况

中国参与国际标准化活动主要体现在三个方面：第一，积极参与ISO、IEC等国际标准的制修订工作，即通过国内技术对口单位参与国际标准组织各个领域国际标准的制定和维护；第二，参加以国际标准化组织(ISO)、国际电工委员会(IEC)、国际电信联盟(ITU)、太平洋地区标准大会(PASC)为代表的国际和区域标准组织的活动，包括各种管理层面和技术层面的相关工作；第三，与其他国家和地区进行标准化方面的交流与合作。这些工作由相应的机构在统一的政策指导下进行。

1. 参与国际标准化活动的组织机构

国家标准化管理委员会(SAC)是国务院授权的履行行政管理职能，统一管理全国标准化工作的主管机构，由SAC代表我国参与国际标准组织(ISO、IEC)和区域标准组织(PASC等)的活动；此外，SAC还同国家质量监督检验检疫总局一同参加APEC/SCSC的活动。其他与国际标准化活动有密切关系的部门还有信息产业部和农业部等。我国参与国际范围和区域范围的标准组织与机构的活动关系如图1-3所示。

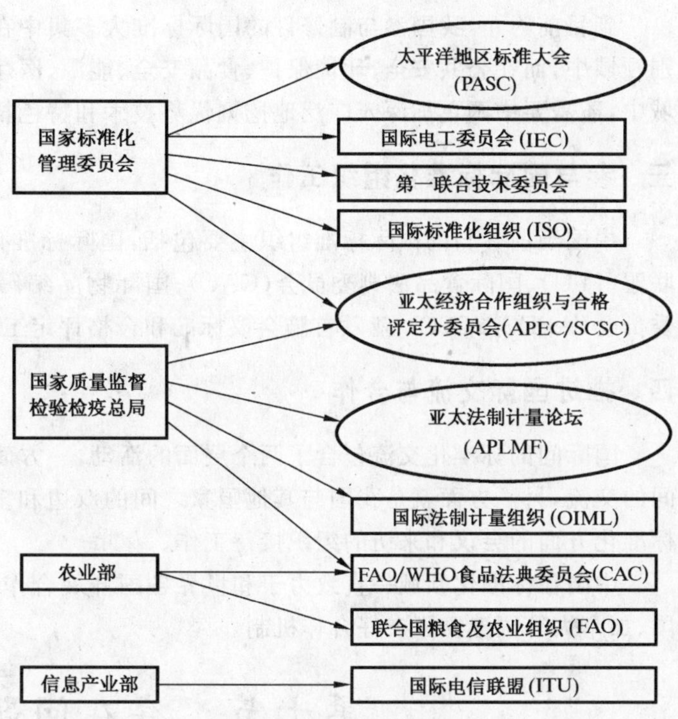

注：图中右侧，方框代表国际组织，椭圆代表地区组织。

图1-3　我国参与国际标准化活动的组织机构图

在这些机构中，由于国家标准化管理委员会是受国务院授权管理中国标准化事务的行政管理部门，因而在有关标准和标准化的国际事务中代表中国政府发挥核心作用。农业部和信息产业部由于其管理范围的专业性，也在参与国标准化活动中扮演重要的角色。

2. 参与国际标准化活动的政策

在我国参与国际标准化活动的政策，既要考虑我国现阶段的实际情况，又要符合国际标准化组织推动发展中国家参与国际标准化活动的原则和宗旨。这些政策体现在四个方面：

(1) 全面跟踪，早期介入，重点参与。在国家标准化主管部门的统一管理和推动下，国内技术对口单位、标准化专业技术委员会和相关研究机构，积极跟踪各主要国际标准组织(包括ISO、IEC、ITU等)和发达国家与发展中国家的最新标准化动向、发展战略、管理模式、理论研究情况，在积极跟踪的基础上，根据我国产业结构和经济发展的需要，早期介入、重点参与相关的国际标准化活动，并开展相关方面更加深入的比较研究，为中国提供政策依据和发展方向。

(2) 合理转化。根据我国的国情和技术、经济发展水平，积极采用国际标准和国外先进标准是中国的一项基本技术经济政策，采用国际标准对提高中国的标准水平和产品质量起到了积极的推动作用。

(3) 培养人才。积极制定相关管理政策，编写国际标准化活动培训教材，面向全国专业标准化技术委员会和企业国际标准化的工作人员开展国际标准化工作程序和外语能力教育培训，尽快培养一支具备国际标准化知识、懂专业技术、又有较高外语交流能力的队伍。

(4) 加强合作。中国加入世界贸易组织后，标准发挥的作用日益显著，中国要积极遵循世界贸易组织(WTO)的基本原则，履行义务。同时，要在ISO、IEC和ITU等国际组织的国际标准化活动的框架内开展活动，立足本国，放眼世界，与美国、欧洲、亚洲、澳洲平等相待，与地区、成员国和权威机构开展合作，进一步提高中国标准和标准化的发展水平。

二、积极参与国际标准制修订工作

积极参与国际标准的制修订工作，是将我国的优势技术转化为国际标准，并通过标准获得市场竞争优势的重要途径，也是增强我国在国际标准化领域影响力的重要方式。长期以来，我国积极参与ISO、IEC和ITU技术层面的工作，并以我国的全国专业标准化技术委员会为核心，组织相关企业、事业单位的科研力量进行了大量国际标准制修订方面的有益探索。

截止到2005年底，中国制修订的国际标准已有46项，其中ISO标准30项，IEC标准16项。另据不完全统计，中国正在制修订的国际标准有25项，其中ISO标准16项，IEC标准9项。

到目前为止，我国参与制修订的国际标准大多集中在机械工程、矿物和金属、基础科学以及电工的个别领域中，而在公共安全、环境保护、食品安全、能源、医疗卫生、信息技术、材料、建筑、服务业和农业等领域中，还需要中国更加深入广泛地挖掘优势技术和特色技术，并更加有效地参与国际标准的制修订工作。

三、参与国际标准化组织工作

中国当前参与的国际标准组织主要包括：国际标准化组织（ISO）、国际电工委员会（IEC）、国际电信联盟（ITU）、国际食品法典委员会（CAC）、国际物品编码协会（EAN）、亚太经济合作组织与合格评定分委员会（APEC/SCSC）、亚欧首脑会议标准和合格评定工作组（ASEM/SCA）等。

四、推进国际交流与合作

国际间的标准化交流包含了两个层面的活动，一方面是前一节介绍的我国与国际和区域标准组织之间的交流，另一方面就是我国与其他国家之间的双边和多边交流活动，以及我国作为东道主承担的国际标准化方面的会议和来访的组织接待工作。

中国在标准化领域一直致力于和世界各国开展合作，到目前为止，已经和德国、美国、日本、韩国、英国、加拿大等国建立了友好合作机制。

第十节　存在问题与发展趋势

一、标准化工作存在的主要问题

(1) 国家标准标龄老化。现有21 000多个国家标准平均标龄为10.2年，其中9500多项平均标龄长达12年，急需修订，而先进国家标准的标龄仅为3到5年。

(2) 标准制修订周期长。标准的研制时间平均为4.5年，而先进国家一般在2年以内。

(3) 高新技术产品标准滞后，具有自主创新、核心技术的标准严重缺乏。很多新产品投放市场以后，没有标准，没有检测方法，标准制定与科研不同步。

(4) 以我为主形成的国际标准太少。以我国国家标准为主形成的国际标准比例仅为0.2%，这与我国贸易大国的地位严重不相适应。

上述问题的存在，导致目前我国标准适应性差、竞争力不强，还不能满足国民经济和社会发展的迫切需求。

二、标准化工作发展趋势

1. 标准化工作的两阶段目标

面对国民经济与社会发展的需要，为了切实解决这些突出问题，《国家标准化发展纲要(2006～2010年)》提出了今后一个时期标准化工作的两阶段发展目标。

第一阶段目标：到2010年(即"十一五"期间)实现基本建成重点突出、结构合理、适应市场的技术标准体系，使我国标准化工作总体水平达到中等发达国家水平。具体目标为：关联的国际标准采标率由目前的44%增加到80%，标准制修订由2000项/年增加到6000项/年，标准制定周期由4.5年缩短到2年，标龄由10.2年缩短到5年以内；全国专业标准化技术委员会、分技术委员会和工作组数量(也就是TC、SC、WG的数量)达2600个，我国承担国际TC、SC的比例达到6%(这是日本目前的水平)。并在2008年之前完成9500个老化国家标准的修订。

第二阶段目标：2020年(争取提前5年)实现标准总体水平达到国际先进水平，家用电器、能源、汽车等重点领域技术标准的水平达到国际领先水平。具体目标为：我国自主创新技术的标准比例达到20%(约5000项)，以我国标准为基础制定国际标准和重点参与制定的国际标准达到2000项，相关联的国际标准采标率达到90％以上；我国承担国际TC、SC的比例达到10％，并成为国际标准化组织的常任理事成员国。

2. 基本原则

（1）坚持市场导向原则，提高标准的适用性。

（2）坚持国际化原则，提升我国的综合竞争力。

（3）坚持重点保障原则，促进经济平稳快速发展。

（4）坚持自主创新原则，提高我国的标准水平。

3. 为实现目标而采取的举措

上述目标为标准化事业发展指明了努力奋斗的方向，将用10年的时间跨越与发达国家30年的差距。但要实现这一目标，任务非常艰巨。为此，国家标准化管理委员会提出了3个方面的12项举措：

（一）突出企业主体地位（将采取5项举措）

（1）形成以企业为主体，参与国内外标准制修订的机制。

（2）形成以龙头企业为主体，承担国内TC、SC和WG的工作机制。

（3）鼓励企业申报国际标准化组织的TC、SC和WG。

通过这些举措，一方面引入竞争机制、激发活力，解决多年来存在的体制问题，提高国家标准的适应性；另一方面将广泛分布在企业的优秀人才和资金优势充分集中整合起来、形成合力，扩大国际合作，实现国际突破。

（4）建立企业标准化工程师制度，提高企业标准的水平和质量。

（5）确立团体标准（企业联盟标准）的法律地位，解决自主知识产权融入标准的难题。

（二）加强科学技术创新（将采取4项举措）

（1）以科研带动标准化工作的跨越式提升。

（2）加强国家标准化信息网络服务平台建设。

通过上述举措，确立国家重大科技项目“一个战略推进、两个层面突破、四个重点深入和整体水平提升”的龙头地位和年度标准专项“十大领域、五个重点”的带动作用，充分发挥标准网络平台“五大系统”的支撑作用，形成国家层面技术创新的源泉，加强科研成果转化为技术标准的研究，推动标准化总体水平的提升。

（3）组建并充分发挥中国标准化专家委员会这一最高咨询机构的作用。

（4）设立中国标准创新贡献奖，鼓励标准的科技创新和企业增效。

（三）强化标准化管理（将采取3项举措）

（1）形成以国家标准为基础、行业标准、地方标准、企业标准相配套的总体层次框架。

（2）改革企业标准备案制度，由目前的企业标准告知性备案改为仅对涉及人身健康、安全等方面的标准实行审查性备案。从而突出重点、明确职责、落实责任。

（3）加大国家标准制修订力度，加快采标速度，淘汰落后标准和工艺。2006年已一次性下达13 800项国家标准的制修订计划，3年内完成（重点是9500项急需修订的国家标准）。

长期以来由于体制机制不顺、经费投入严重不足，标准老化、滞后等难题一直无法得到解决。通过这些措施，在3年内将基本解决长期受困扰的由老化、滞后导致的标准不适应问题。

第二章　中国法律法规概况

第一节　中国法律简史

50 多年前，以中华人民共和国的诞生为标志，中国立法开始进入历史发展的新阶段。中国历史上第一次出现可以将人民利益、人民事业作为依归的新型立法。1949 年 9 月在共和国成立前夕召开的中国人民政治协商会议第一届全体会议，通过了《中国人民政治协商会议组织法》和《中华人民共和国中央人民政府组织法》，接着通过了起临时宪法作用的《中国人民政治协商会议共同纲领》。1954 年 9 月，一届全国人大一次会议在北京隆重召开。9 月 20 日，会议通过了《中华人民共和国宪法》，中国有史以来第一部社会主义的宪法终于诞生。这次会议还通过了《中华人民共和国全国人民代表大会组织法》、《中华人民共和国国务院组织法》、《中华人民共和国地方各级人民代表大会和地方各级人民委员会组织法》、《中华人民共和国人民法院组织法》、《中华人民共和国人民检察院组织法》等一系列重要的宪法性法律。随着全国人大的召开和宪法以及一系列重要法律的诞生，中国的立法进入一个崭新的发展过程。2000 年 3 月 15 日第九届全国人民代表大会第三次会议通过了《中华人民共和国立法法》，2000 年 3 月 15 日中华人民共和国主席令第三十一号公布，自 2000 年 7 月 1 日起施行，使立法工作更加规范和科学。

第二节　立法权限及体制

一、立法权限

在中国，法律专指由全国人民代表大会及其常委会制定的规范性文件，其地位仅次于宪法。依据制定机关的不同分为两大类，基本法律由全国人民代表大会制定，如刑法、民法等；基本法律以外的其他法律由全国人民代表大会常委会制定，如商标法、文物保护法等。

法律的立法程序根据《中华人民共和国立法法》，按照中国《宪法》的规定，由国家主席根据全国人民代表大会和全国人大常委会的决定，公布法律。

全国人民代表大会和全国人民代表大会常务委员会行使国家立法权。全国人民代表大会制定和修改刑事、民事、国家机构的和其他的基本法律；全国人民代表大会常务委员会制定和修改除应当由全国人民代表大会制定的法律以外的其他法律，在全国人民代表大会闭会期间，对全国人民代表大会制定的法律进行部分补充和修改，但是不得同该法律的基本原则相抵触。

下列事项只能制定法律：

——国家主权的事项；

——各级人民代表大会、人民政府、人民法院和人民检察院的产生、组织和职权；

——民族区域自治制度、特别行政区制度、基层群众自治制度；

——犯罪和刑罚；

——对公民政治权利的剥夺、限制人身自由的强制措施和处罚；

——对非国有财产的征收；

——民事基本制度；

——基本经济制度以及财政、税收、海关、金融和外贸的基本制度；

——诉讼和仲裁制度；

——必须由全国人民代表大会及其常务委员会制定法律的其他事项。

对于尚未制定法律的事项，全国人民代表大会及其常务委员会有权作出决定，授权国务院可以根据实际需要，对其中的部分事项先制定行政法规，但是有关犯罪和刑罚、对公民政治权利的剥夺和限制人身自由的强制措施和处罚、司法制度等事项除外。

二、立法体制

宪法和立法法根据宪法确定了“在中央的统一领导下，充分发挥地方的主动性、积极性”的原则，在这一原则下，中国实行的是统一而又分层次的立法体制。

(1) 全国人大及其常委会行使国家立法权。全国人大制定和修改刑事、民事、国家机构的和其他的基本法律。全国人大常委会制定和修改除应当由全国人大制定的法律以外的其他法律；在全国人大闭会期间，对全国人大制定的法律进行部分补充和修改，但不得同该法律的基本原则相抵触。

(2) 国务院即中央人民政府根据宪法和法律，制定行政法规。

(3) 省、自治区、直辖市的人大及其常委会根据本行政区域的具体情况和实际需要，在不同宪法、法律、行政法规相抵触的前提下，可以制定地方性法规；较大的市（包括省、自治区人民政府所在地的市、经济特区所在地的市和经国务院批准的较大的市）的人大及其常委会根据本市的具体情况和实际需要，在不同宪法、法律、行政法规和本省、自治区的地方性法规相抵触的前提下，可以制定地方性法规，报省、自治区的人大常委会批准后施行。

(4) 经济特区所在地的省、市的人大及其常委会根据全国人大的授权决定，还可以制定法规，在经济特区范围内实施。

(5) 自治区、自治州、自治县的人大还有权依照当地民族的政治、经济和文化的特点，制定自治条例和单行条例，对法律、行政法规的规定作出变通规定。自治区的自治条例和单行条例报全国人大常委会批准后生效，自治州、自治县的自治条例和单行条例报省、自治区、直辖市的人大常委会批准后生效。

(6) 国务院各部、各委员会、中国人民银行、审计署和具有行政管理职能的直属机构，可以根据法律和国务院的行政法规、决定、命令，在本部门的权限范围内，制定规章。省、自治区、直辖市和较大的市的人民政府，可以根据法律、行政法规和本省、自治区、直辖市的地方性法规，制定规章。

为保证和体现这种分层次立法体制的统一，一方面要明确不同层次法律规范的效力。宪法具有最高的法律效力，一切法律法规都不得同宪法相抵触。法律的效力高于行政法规，行政法规不得同法律相抵触。法律、行政法规的效力高于地方性法规和规章，地方性法规和规章不得同法律、行政法规相抵触。地方性法规的效力高于地方政府规章，地方政府规章不得同地方性法规相抵触。另一方面，实行立法监督制度。行政法规要向全国人大常委会备案，地方性法规要向全国人大常委会和国务院备案，规章要向国务院备案。全国人大常委会有权撤销同宪法、法律相抵触的行政法规和地方性法规，国务院有权改变或者撤销不适当的规章。

第三节　法律体系

法律体系是指由国家各法律部门构成的、具有内在联系的整体，法律体系的宏观结构是由公法、私法和社会法三方面构成；而公法、私法和社会法三方面各自又都有自己的结构体系，还可以进行更细地划分，就是将法律体系按照社会关系与调整方式两项标准分为不同的法律部门。各法律部门所有的法律规范是法律体系的微观结构要素。法律体系、法律部门和法律规范三者之间是层次从属的关系。

当代中国法律体系是在宪法的统领下，由三个结构要素（公法、私法和社会法）构成，并划分为若干个法律部门，主要包括政治法、行政法、刑法、民法、商法、亲属法、经济法、社会保障法、环境与资源法等。

政治法是指调整政治关系的法律规范的总和。它包括组织法、选举法、中央与地方关系法、立法决策法、监督法、国籍法和公民基本权利法、军事法。

行政法是调整国家行政管理活动产生的社会关系的法律规范的总和。它包括行政法总则、行政主体法、行政程序法、行政复议法、行政诉讼法以及专门行政法。由于行政法调整对象极为广泛，所以很难形成系统单一的行政法典。前述除专门行政法外均为一般行政法。专门行政法是指规定各专门行政职能部门管理活动的法律和法规。行政法的产生，改变了过去并无法律而只有法令或其他规范性法文件的状态，有了为数不少的法律，成为各个部门法中法律最多的部门法之一。行政活动的各主要领域如经济行政、文化行政、教育行政、科技行政、卫生行政、司法行政、民政行政、公安行政、军事行政、外交行政、工商行政以及其他一些领域的行政，都在不同程度上有了法律的调整，包括《行政处罚法》、《行政复议法》、《治安管理处罚条例》、《兵役法》、《国防法》、《行政监察法》、《人民警察法》、《国家安全法》、《档案法》、《保守国家秘密法》、《律师法》、《教育法》、《义务教育法》、《高等教育法》、《科学技术进步法》、《科技成果转化法》、《食品卫生法》、《药品管理法》、《献血法》、《海关法》等。

刑法是关于犯罪和刑罚的法律规范的总和。它包括刑事实体法与刑事程序法。

民法是调整作为平等主体的公民之间、法人之间以及公民与法人之间的财产与人身关系的法律规范的总和。它包括民事实体法与民事程序法。其中民事实体法包括：民法总则、物权法、合同法、债法等等。

商法是调整平等主体之间商事关系的法律规范的总和。它包括一般商事法、破产法、海商法、商标法、公司法、票据法、保险法、支票法等。民法与商法关系十分密切，民法的许多概念、规则、原则和原理也适用于商法。

亲属法是调整婚姻、家庭、亲属等方面财产与人身关系的法律规范的总和。包括：婚姻法、继承法以及其他亲属关系的法律。

经济法是调整国家宏观经济调控活动中形成的经济关系的法律规范的总和。关于经济法的调整对象历来有争议。在我国计划经济体制下，经济法被作为经济行政管理法，把计划法作为经济法的龙头。事实上经济法是与市场经济、与宏观调控密切相关的，没有市场经济宏观调控，就不存在真正的经济法。经济法还是这一阶段中国法体系建设过程中发展最快的部门法之一。自 1979 年诞生第一个经济法《中外合资经营企业法》以来，经济立法的发展一发不可收拾。现在，举凡经济法的各主要方面，都有数量不等的法律。就更为重要的一些法律来说，财政方面有《预算法》、《会计法》；税务方面有《个人所得税法》、《外商投资企业和外国企业所得税法》、《税收征收管理法》；金融方面有《人民银行法》；能源方面有《电力法》、《煤炭法》、《节约能源法》；交通、民航方面有《公路法》、《铁路法》、《海上交通安全法》、《民用航空法》；邮电、通讯方面有《邮政法》；农林牧渔方面有《农业法》、《乡镇企业法》；商业方面有《烟草专卖法》；对外贸易经济合作方面有《对外贸易法》、《外资企业法》、《中外合作经营企业法》、《台湾同胞投资保护法》、《进出口商品检验法》以及前述《中外合资经营企业法》；还有《审计法》、《统计法》、《价格法》、《计量法》、《产品质量法》、《标准化法》、《广告法》等。这些法律与大量的经济行政法规、行政规章、地方性法规相结合，形成了一个规模可观的经济法集群，在中国法治建设方面，在经济和社会发展方面，发挥着日益重要作用。但经济法部门还需要进一步发展完善，特别是要适应发展市场经济的需求，不断做好经济立法的立、改、废工作。正在起草中的《特种设备安全法》针对特种设备，纳入安全生产范畴，也定位在经济法之中，由全国人大财经委负责。

社会保障法是调整劳动关系以及社会保障与社会福利关系的法律规范的总和。它主要包括：劳动关系法、劳动保障法、社会福利法、工会法等等，包括《劳动法》、《矿山安全法》、《安全生产法》等。诚然，目前这个部门法中的绝大多数法，还是行政法规、地方性法规和行政规章，进一步制定有关作为社会法的法律，还是立法的一大任务。

环境与资源法是关于保护环境和自然资源的法律规范的总和。它主要包括两个部分，即环境保护法和自然资源保护法。环境保护法是保护环境、防治污染和其他公害的法律。自然资源保护法是指对各种自然资源的规划、合理开发、利用、治理和保护等方面的法律。

第四节　立法程序

一、全国人民代表大会立法程序

全国人民代表大会主席团可以向全国人民代表大会提出法律案，由全国人民代表大会会议审议。

全国人民代表大会常务委员会、国务院、中央军事委员会、最高人民法院、最高人民检察院、全国人民代表大会各专门委员会，可以向全国人民代表大会提出法律案，由主席团决定列入会议议程。

一个代表团或者三十名以上的代表联名，可以向全国人民代表大会提出法律案，由主席团决定是否列入会议议程，或者先交有关的专门委员会审议、提出是否列入会议议程的意见，再决定是否列入会议议程。专门委员会审议的时候，可以邀请提案人列席会议，发表意见。

向全国人民代表大会提出的法律案，在全国人民代表大会闭会期间，可以先向常务委员会提出，经常务委员会会议依照有关程序审议后，决定提请全国人民代表大会审议的，由常务委员会向大会全体会议作说明，或者由提案人向大会全体会议作说明。

列入全国人民代表大会会议议程的法律案，大会全体会议听取提案人的说明后，由各代表团进行审议。各代表团审议法律案时，提案人应当派人听取意见，回答询问。根据代表团的要求，有关机关、组织也应当派人介绍情况。代表团审议后，由有关的专门委员会进行审议，向主席团提出审议意见，并印发会议。再由法律委员会根据各代表团和有关的专门委员会的审议意见，对法律案进行统一审议，向主席团提出审议结果报告和法律草案修改稿，对重要的不同意见应当在审议结果报告中予以说明，经主席团会议审议通过后，印发会议。必要时，主席团常务主席可以召开各代表团团长会议，就法律案中的重大问题听取各代表团的审议意见，进行讨论，并将讨论的情况和意见向主席团报告。主席团常务主席也可以就法律案中的重大的专门性问题，召集代表团推选的有关代表进行讨论，并将讨论的情况和意见向主席团报告。

列入全国人民代表大会会议议程的法律案，在交付表决前，提案人要求撤回的，应当说明理由，经主席团同意，并向大会报告，对该法律案的审议即行终止。

法律案在审议中有重大问题需要进一步研究的，经主席团提出，由大会全体会议决定，可以授权常务委员会根据代表的意见进一步审议，作出决定，并将决定情况向全国人民代表大会下次会议报告；也可以授权常务委员会根据代表的意见进一步审议，提出修改方案，提请全国人民代表大会下次会议审议决定。

法律草案修改稿经各代表团审议，由法律委员会根据各代表团的审议意见进行修改，提出法律草案表决稿，由主席团提请大会全体会议表决，由全体代表的过半数通过。

全国人民代表大会通过的法律由国家主席签署主席令予以公布。

二、全国人民代表大会常务委员会立法程序

委员长会议可以向常务委员会提出法律案，由常务委员会会议审议。

国务院、中央军事委员会、最高人民法院、最高人民检察院、全国人民代表大会各专门委员会，可以向常务委员会提出法律案，由委员长会议决定列入常务委员会会议议程，或者先交有关的专门委员会审议、提出报告，再决定列入常务委员会会议议程。如果委员长会议认为法律案有重大问题需要进一步研究，可以建议提案人修改完善后再向常务委员会提出。

常务委员会组成人员十人以上联名，可以向常务委员会提出法律案，由委员长会议决定是否列入常务委员会会议议程，或者先交有关的专门委员会审议、提出是否列入会议议程的意见，再决定是否列入常务委员会会议议程。不列入常务委员会会议议程的，应当向常务委员会会议报告或者向提案人说明。

专门委员会审议的时候，可以邀请提案人列席会议，发表意见。

列入常务委员会会议议程的法律案，除特殊情况外，应当在会议举行的七日前将法律草案发给常务委员会组成人员。

列入常务委员会会议议程的法律案，一般应当经三次常务委员会会议审议后再交付表决。常务委员会会议第一次审议法律案，在全体会议上听取提案人的说明，由分组会议进行初步审议。常务委员会会议第二次审议法律案，在全体会议上听取法律委员会关于法律草案修改情况和主要问题的汇报，由分组会议进一步审议。常务委员会会议第三次审议法律案，在全体会议上听取法律委员会关于法律草案审议结果的报告，由分组会议对法律草案修改稿进行审议。

常务委员会审议法律案时，根据需要，可以召开联组会议或者全体会议，对法律草案中的主要问题进行讨论。

列入常务委员会会议议程的法律案，各方面意见比较一致的，可以经两次常务委员会会议审议后交付表决；部分修改的法律案，各方面的意见比较一致的，也可以经一次常务委员会会议审议即交付表决。

常务委员会分组会议审议法律案时，提案人应当派人听取意见，回答询问，有关机关、组织也应当派人介绍情况。

列入常务委员会会议议程的法律案，由有关的专门委员会进行审议，提出审议意见，印发常务委员会会议。有关的专门委员会审议法律案时，可以邀请其他专门委员会的成员列席会议，发表意见。专门委员会审议后，由法律委员会根据常务委员会组成人员、有关的专门委员会的审议意见和各方面提出的意见，对法律案进行统一审议，提出修改情况的汇报或者审议结果报告和法律草案修改稿，对重要的不同意见应当在汇报或者审议结果报告中予以说明。对有关的专门委员会的重要审议意见没有采纳的，应当向有关的专门委员会反馈。

专门委员会之间对法律草案的重要问题意见不一致时，应当向委员长会议报告。

列入常务委员会会议议程的法律案，法律委员会、有关的专门委员会和常务委员会工作机构应当听取各方面的意见。听取意见可以采取座谈会、论证会、听证会等多种形式。

常务委员会工作机构应当将法律草案发送有关机关、组织和专家征求意见，将意见整理后送法律委员会和有关的专门委员会，并根据需要，印发常务委员会会议。

列入常务委员会会议议程的重要的法律案，经委员长会议决定，可以将法律草案公布，征求意见。各机关、组织和公民提出的意见送常务委员会工作机构。

列入常务委员会会议议程的法律案，常务委员会工作机构应当收集整理分组审议的意见和各方面提出的意见以及其他有关资料，分送法律委员会和有关的专门委员会，并根据需要，印发常务委员会会议。

列入常务委员会会议议程的法律案，在交付表决前，提案人要求撤回的，应当说明理由，经委员长会议同意，并向常务委员会报告，对该法律案的审议即行终止。

法律案经常务委员会三次会议审议后，仍有重大问题需要进一步研究的，由委员长会议提出，经联组会议或者全体会议同意，可以暂不付表决，交法律委员会和有关的专门委员会进一步审议。

列入常务委员会会议审议的法律案，因各方面对制定该法律的必要性、可行性等重大问题存在较大意见分歧搁置审议满两年的，或者因暂不付表决经过两年没有再次列入常务委员会会议议程审议的，由委员长会议向常务委员会报告，该法律案终止审议。

法律草案修改稿经常务委员会会议审议，由法律委员会根据常务委员会组成人员的审议意见进行修改，提出法律草案表决稿，由委员长会议提请常务委员会全体会议表决，由常务委员会全体组成人员的过半数通过。

常务委员会通过的法律由国家主席签署主席令予以公布。

三、法律解释

法律解释权属于全国人民代表大会常务委员会。法律的规定需要进一步明确具体含义的，或法律制定后出现新的情况，需要明确适用法律依据的，由全国人民代表大会常务委员会解释。

国务院、中央军事委员会、最高人民法院、最高人民检察院和全国人民代表大会各专门委员会以及省、自治区、直辖市的人民代表大会常务委员会可以向全国人民代表大会常务委员会提出法律解释要求。

常务委员会工作机构研究拟订法律解释草案，由委员长会议决定列入常务委员会会议议程。法律解释草案经常务委员会会议审议，由法律委员会根据常务委员会组成人员的审议意见进行审议、修改，提出法律解释草案表决稿。法律解释草案表决稿由常务委员会全体组成人员的过半数通过，由常务委员会发布公告予以公布。全国人民代表大会常务委员会的法律解释同法律具有同等效力。

第五节　行政法规和地方性法规

除上述法律外，在中国的法律体系中，还包括行政法规、地方性法规、自治条例和单行条例。

一、行政法规

行政法规是法律效力低于宪法和法律的一种法的形式。在中国指最高行政机关，即中央人民政府——国务院根据宪法和法律或者全国人大常委会的授权决定，依照法定权限和程序，制定颁布的有关行政管理的文件。行政法规在中国立法体制中具有重要地位，是仅次于法律的重要立法层次，一般用条例、规定、规则、办法等称谓。

根据《立法法》，在下列事项上可以制定行政法规：

——按法律的规定需要制定行政法规，如某法律的实施细则、实施条例，为实施法律的某一项规定和制度而制定的专门规定，对法律实施的过渡、衔接问题和相关问题做出的规定等；

——宪法规定的国务院行政管理职权的事项；

——全国人大及其常委会授权的事项，对暂时没有法律或者制定法律的条件不成熟时，发挥行政法规的灵活、迅速的优势，全国人大及其常委会根据实际需要将其专属立法权领域的部分事项授权国务院制定行政法规。

行政法规由国务院组织起草。国务院有关部门认为需要制定行政法规的，应当向国务院报请立项。行政法规在起草过程中，应当广泛听取有关机关、组织和公民的意见。听取意见可以采取座谈会、论证会、听证会等多种形式。

行政法规起草工作完成后，起草单位应当将草案及其说明、各方面对草案主要问题的不同意见和其他有关资料送国务院法制机构进行审查。

国务院法制机构应当向国务院提出审查报告和草案修改稿，审查报告应当对草案主要问题作出说明。

行政法规的决定程序依照中华人民共和国国务院组织法的有关规定办理。行政法规由总理签署国务院令公布。

行政法规签署公布后，及时在国务院公报和在全国范围内发行的报纸上刊登。在国务院公报上刊登的行政法规文本为标准文本。

二、地方性法规

地方性法规是指省、自治区、直辖市的人民代表大会及其常务委员会根据本行政区域的具体情况和实际需要，在不同宪法、法律、行政法规相抵触的前提下，可以制定和颁布在本行政区域内实施的文件。

较大的市的人民代表大会及其常务委员会根据本市的具体情况和实际需要，在不同宪法、法律、行政法规和本省、自治区的地方性法规相抵触的前提下，可以制定地方性法规，报省、自治区的人民代表大会常务委员会批准后施行。省、自治区的人民代表大会常务委员会对报请批准的地方性法规，应当对其合法性进行审查，同宪法、法律、行政法规和本省、自治区的地方性法规不抵触的，应当在四个月内予以批准。

地方性法规可以就下列事项作出规定：

——为执行法律、行政法规的规定，需要根据本行政区域的实际情况作具体规定的事项；

——属于地方性事务需要制定地方性法规的事项；

——除《立法法》第八条规定的事项外，其他事项国家尚未制定法律或者行政法规的，省、自治区、直辖市和较大的市根据本地方的具体情况和实际需要，可以先制定地方性法规。在国家制定的法律或者行政法规生效后，地方性法规同法律或者行政法规相抵触的规定无效，制定机关应当及时予以修改或者废止。

经济特区所在地的省、市的人民代表大会及其常务委员会根据全国人民代表大会的授权决定，制定法规，在经济特区范围内实施。

规定本行政区域特别重大事项的地方性法规，应当由人民代表大会通过。

地方性法规案的提出、审议和表决程序，根据中华人民共和国地方各级人民代表大会和地方各级人民政府组织法，参照《立法法》的规定，由本级人民代表大会规定。

地方性法规草案由负责统一审议的机构提出审议结果的报告和草案修改稿。

省、自治区、直辖市的人民代表大会制定的地方性法规由大会主席团发布公告予以公布。省、自治区、直辖市的人民代表大会常务委员会制定的地方性法规由常务委员会发布公告予以公布。较大的市的人民代表大会及其常务委员会制定的地方性法规报经批准后，由较大的市的人民代表大会常务委员会发布公告予以公布。

地方性法规公布后，及时在本级人民代表大会常务委员会公报和在本行政区域范围内发行的报纸上刊登。在常务委员会公报上刊登的地方性法规、自治条例和单行条例文本为标准文本。

第六节 规　章

规章是中国法律法规体系的一个重要组成部分。规章也称行政规章，是国家行政机关依照行政职权所制定、发布的针对某事件或某一类人的一般性规定，是抽象行政行为的一种。规章包括部门规章（也称部门规章）和地方人民政府规章。部门规章是指国务院各部门（包括具有行政管理职能的直属机构）根据法律和国务院的行政规定、办法、决定、命令在本部门的权限内按照规定的程序所制定的规定、办法、细则、规则等规范性文件的总称。地方政府规章是指省、自治区、直辖市和较大的市的人民政府依照法律和法规，并按照法定的程序所制定的普遍适用于本行政区域的规定、办法、细则、规则等文件的总称。

在中国行政管理活动中，规章作为法律、法规的补充形式，发挥着重要的作用，但规章的效力同法律、法规又有明显区别。因为大量的法律、行政法规是由行政机关执行的，行政机关需要依据有关的法律、法规做出相应的具体规定。同时由于法律、法规对有些问题的规定比较原则需要通过行政规章使之进一步细化或具体化，以利于更好地贯彻实施。但行政规章的效力低于法律、法规。依照行政诉讼法的规定，人民法院审理行政案件，以法律、法规和地方性法规为依据；人民法院审理行政案件，参照国务院部委制定的规章和地方政府制定的规章。

国务院各部、委员会、中国人民银行、审计署和具有行政管理职能的直属机构，可以根据法律和国务院的行政法规、决定、命令，在本部门的权限范围内，制定规章。

部门规章规定的事项应当属于执行法律或者国务院的行政法规、决定、命令的事项。涉及两个以上国务院部门职权范围的事项，应当提请国务院制定行政法规或者由国务院有关部门联合制定规章。

省、自治区、直辖市和较大的市的人民政府，可以根据法律、行政法规和本省、自治区、直辖市的地方性法规，制定规章。

国务院部门规章和地方政府规章的制定程序，参照本法《立法法》有关行政法规的规定，由国务院规定。

部门规章应当经部务会议或者委员会会议决定。地方政府规章应当经政府常务会议或者全体会议决定。

部门规章由部门首长签署命令予以公布。地方政府规章由省长或者自治区主席或者市长签署命令予以公布。

部门规章签署公布后，及时在国务院公报或者部门公报和在全国范围内发行的报纸上刊登。地方政府规章签署公布后，及时在本级人民政府公报和在本行政区域范围内发行的报纸上刊登。在国务院公报或者部门公报和地方人民政府公报上刊登的规章文本为标准文本。

第七节　其他规范性文件

规范性文件是拥有行政立法权的行政机关(如各级政府部门)按照既有的行政职能，制定和发布的除行政法规、规章以外的具有普遍约束力的其他文件，这些文件要在同级法制机构审查备案。

“技术法规”是世界贸易组织(WTO)《技术性贸易壁垒协定》(TBT 协定)中使用的概念，用以界定对国际货物贸易产生壁垒作用的一类技术性贸易措施。TBT 协定附录Ⅰ中将技术法规定义为：“规定强制执行的产品特性或其相关工艺和生产方法、包括适用的管理规定在内的文件。该文件还可包括或专门关于适用于产品、工艺或生产方法的专门术语、符号、包装、标志和标签要求。”

在各国的法律法规体系中，都没有“技术法规”这个名词，技术法规是 WTO 的特定用语。在 WTO/TBT 协定中，标准定义为自愿性文件，技术法规定义为强制性文件。结合我国情况，TBT 协议中的“技术法规”既包括我国含有技术要求的行政法规、地方法规、规章、规范性文件(技术规范)，也包括强制性标准；而 TBT 协定中的“标准”只包括我国的推荐性标准。《特种设备安全监察条例》所规定的安全技术规范，也属于技术法规。

第三章　中国特种设备标准法规概述

特种设备是指涉及生命安全、危险性较大的锅炉、压力容器(含气瓶)、压力管道、电梯、起重机械、客运索道、大型游乐设施。

经国务院批准，国家质量监督检验检疫总局(以下简称国家质检总局)于2004年1月19日制定并公布了首批《特种设备目录》，共八大类，61个类别，301个品种。

特种设备安全监察工作始于建国初期。1955年4月25日，国营天津第一棉纺厂发生一起锅炉爆炸事故，造成8人死亡，69人受伤，引起国务院高度重视。1955年7月经国务院批准，在劳动部设立锅炉安全检查总局，开始对锅炉、压力容器、起重机械等特种设备进行专门监督管理，实行国家安全监察。1982年2月6日，国务院颁布了《锅炉压力容器安全监察暂行条例》，奠定了我国锅炉压力容器安全监察的法制基础。2003年3月，国务院颁布了《特种设备安全监察条例》，该条例规划了“企业全面负责，部门依法监管，检验技术把关，政府统一领导，社会广泛监督”的特种设备安全工作新格局，进一步确立了特种设备安全监察基本制度。

截至2005年底，全国在用特种设备共376.3万台(套、辆)，另有气瓶1.3亿只，压力管道75万公里。“十五”期间年平均增幅达到8%以上。

全国现有特种设备生产(设计、制造、安装、改造、维修)企业3.09万家。

以特种设备为基础的重大装备自主创新取得突破，60万千瓦超临界火电机组与核电机组、60～70万吨乙烯压缩机、4～6万立方米空分设备等一大批关键装备，基本实现了自主制造。2005年国产电梯产品出口首次大于进口。上海振华港机公司制造的港口起重机，占全球70%以上的市场份额。

根据国务院关于国家质检总局“三定”规定(见国办发[2001])56号之附件1)，特种设备安全监察局的职能是：

——管理锅炉、压力容器、压力管道、电梯、起重机械、客运索道、大型游乐设施、场(厂)内机动车辆等特种设备的安全监察、监督工作；

——拟订特种设备安全监察目录、有关规章和安全技术规范并组织实施和监督检查；

——对特种设备的设计、制造、安装、改造、维修、使用、检验检测等环节和进出口进行监督检查；

——调查处理特种设备事故并进行统计分析；

——负责特种设备检验检测机构的核准和特种设备检验检测人员、特种设备作业人员的资格考核工作。

职能上与国家质检总局联系紧密的部门和单位主要有，安全监管总局关于安全生产的综合监督管理，建设部在公用管道、气瓶、客运索道、游乐设施以及建筑工程工地和市政工程工地起重机械方面的使用等管理，发改委有关长输管道与动力管道的规划等管理，电监会对电力系统运营的安全管理等。

国家质检总局内部协调配合工作主要包括，检验司有关特种设备的进出口检验监督工作，监督司工业产品生产许可证和特种设备制造许可证的范围协调，标准委有关特种设备相关标准的制修订工作等。

2003年3月11日，国务院颁布《特种设备安全监察条例》，当年6月1日正式施行，这是我国特种设备安全监察工作的法规依据。

现行配套规章7件，即《小型和常压热水锅炉安全监察规定》、《特种设备质量监督与安全监察规定》、《锅炉压力容器压力管道特种设备事故处理规定》、《锅炉压力容器压力管道特种设备安全监察行政处罚规定》、《锅炉压力容器制造监督管理办法》、《气瓶安全监察规定》、《特种设备作业人员监督管理办法》。另有地方性法规、地方政府规章若干件。

特种设备安全技术规范近百个，引用标准千余个。

按照《条例》规定，特种设备安全监察制度分为行政许可制度和监督检查制度两项。

特种设备行政许可制度共8项：特种设备设计许可、特种设备制造单位资格许可、特种设备安装、改造、维修单位资格许可、罐车和气瓶充装单位资格许可、特种设备使用登记、特种设备检验检测机构核准、特种设备检验人员考核、特种设备作业人员考核。

特种设备监督检查制度共5项：强制检验制度（包括设备生产过程监督检验和在用设备定期检验）、现场安全监督检查制度、事故调查处理制度、安全责任追究制度、安全状况公布制度等。

根据《特种设备安全监察条例》的规定，国家质检总局对进出口特种设备同样实行安全准入制度。其中，对进口锅炉、压力容器（含气瓶）、压力管道元件等承压设备，实行制造许可和生产过程监督检验制度；对进口电梯、起重机械、客运索道、大型游乐设施、场（厂）内机动车辆等机电类设备，实行同类型首台（批）产品的型式试验制度。

中国的法规体系为：法律、行政法规和地方法规、部门规章和地方政府规章、规范性文件（安全技术规范）。

中国的标准体系按《标准化法》规定，中国标准分为国家标准、行业标准、地方标准和企业标准四个层次。国家标准、行业标准又分为强制性和推荐性标准两类。保障人体健康、保障人身财产安全的标准和法律、法规规定强制执行的标准是强制性标准，其他标准是推荐性标准。

特种设备法规标准体系由“法律—行政法规—行政规章（包括国务院部门规章和地方政府规章）—安全技术规范（TSG）、强制性国家标准—引用标准（GB、JB等）”五个层次构成。

目前，特种设备有关的最高法律文件是《特种设备安全监察条例》（以下简称条例），是由国务院审议通过的、用于特种设备的安全监察与管理工作。

在《条例》中规定，有关特种设备的各项工作要执行国务院特种设备安全监督管理部门制订并公布的“安全技术规范”的要求。根据《特种设备安全监察条例释义》一书的解释，特种设备安全技术规范是特种设备技术法规的重要组成部分，其作用是把法律、法规和行政规章原则规定具体化。条例所指的安全技术规范是规定特种设备的安全性能和相应的设计、制造、安装、修理、改造使用管理和检验检测方法，以及许可、考核条件、程序的一系列具有行政强制力的文件。它是由政府部门制定并颁布，具有普遍约束力，需其强制执行的规范性文件。

根据《标准化法》的规定，中国标准化工作实行统一管理与分工分级管理相结合的管理体制。这种标准化管理体制是参照前苏联和东欧国家的模式，在当时国家的经济管理体制是中央集权的计划经济体制下建立起来的。1962年国家颁布的《工农业产品和工程建设技术标准管理办法》，1979年颁布的《中华人民共和国标准化管理条例》，对各级和各类标准做了统一规定，明确“标准一经批准发布，就是技术法规”，实行强制性管理。中国标准是政府管理经济、指挥经济的行政手段，在国家、行业、地方政府这个层面上，标准一直都是以行政行为的方式出现的、是为了加强行政管理才产生的，而不是为了指导和规范生产而产生。近年来，中国的标准化工作进行了一系列的改革，成立了国家标准化管理委员会，并计划通过对《标准化法》的修订，使中国标准化从计划型向市场型的转变；逐渐形成新型的技术标准体系，从而全面提高技术标准的市场适应性和竞争力。

第一节　特种设备标准法规的发展历史

一、特种设备标准简史

1. 锅炉标准

第一机械工业部第八局于1961年批准锅炉专业标准（G）1～5册，包括标准零件、技术条件、管路附件、标准零部件等内容；又于1966年批准企业标准（Q/D）1～4册，包括锅炉通用技术条件、零部件技术条件及尺寸系列等内容。1975年第一机械工业部批准的部颁标准18项。1986年成立了全国锅炉标准化技术委员会，历年来共制订了202项有关锅炉的标准。

除亚临界以上的大型锅炉外，目前锅炉标准能够基本覆盖主要锅炉及辅机产品系列，但仍存在缺乏各方面均认可的核心的综合性锅炉建造规范；以制造类专业标准为主，缺乏政府和用户的认同；与电力等行业标准存在交叉重复，与法规不协调等问题。

2. 压力容器标准

压力容器标准化工作起步于20世纪50年代。1967年，《钢制石油化工压力容器设计规定》（试用本）试行；1977年，《钢制石油化工压力容器设计规定》（三部规定）颁布实施，1979和1980两次增加了补充规定，1982年颁布了第二版，1985年颁布了第三版。1989年，GB 150—1989《钢制压力容器》正式颁布实施，这是我国第一部完整的压力容器建造规范，1998年颁布了第二版，1990年和1999年还分别发行了英文版。1995年，JB 4732—1995《钢制压力容器 分析设计标准》正式颁布实施，并于2005年通过了复审确认。此外，作为材料、焊接工艺评定和无损检测方法标准，GB 6654、JB 4708和JB/T 4730等也分别于20世纪90年代陆续完成。

1984年，由原机械部、化工部、中国石化总公司和劳动部发起组建第一届全国压力容器标准化技术委员会，代号CSBTS/TC 40；1989年成立第二届，1996年成立第三届。2002年，经国家标准化管理委员会批准，在原全国锅炉标准化技术委员会和全国压力容器标准化技术委员会的基础上，组建了全国锅炉压力容器标准化技术委员会，代号SAC/TC 262，对口ISO/TC 11（锅炉压力容器）和ISO/TC 220（低温容器）；2004年组建了热交换器分技术委员会，2005年组建了固定式压力容器分技术委员会和移动式压力容器分技术委员会。

截止到2005年，我国已经形成了以GB 150为核心的压力容器标准体系，包含了材料、设计、制造、检验、验收等环节，并逐步拓展到移动容器、常压容器、医用氧舱、有色金属制压力容器、塔器、球罐和各种热交换器等领域，也制定了法兰、封头、补强圈和支座等零部件标准，基本上满足了国内压力容器产品建造的要求，多项技术要求接近或达到ASME等国外先进标准的水平，标准体系日趋完善。随着我国加入WTO以及应对压力容器标准国际化的发展趋势，我国现行的压力容器标准体系仍然存在一些需要解决的问题，比如体系不完整，缺乏超高压容器等标准；标准之间以及标准与法规之间存在交叉、重复、矛盾和不协调；标准技术基础研究滞后，制约了制造业的国际竞争力等。

3. 气瓶

中国气瓶标准化技术委员会成立于1983年，国家标准化管理委员会批准编号为SAC/TC 31，其秘书为常设办事机构，挂靠在北京天海工业有限公司。全国气瓶标准化技术委员会下设无缝气瓶分技术委员会、焊接气瓶分技术委员会、液化石油气瓶分技术委员会、气瓶附件分技术委员会、气瓶检验分技术委员会和气瓶充装分技术委员会等。

在1983年8月，中国尚无一项气瓶国家标准，直至1985年，中国气瓶行业的第一个国家标准GB 5099—1985《钢质无缝气瓶》才由原国家标准局批准颁布。到目前为止，已颁布和即将颁布的中国气瓶国家标准有59项，分别涉及气瓶的基础标准、材料标准、设计制造标准、检验标准、充装使用标准等，其中气瓶产品标准为17个、占24.2%，检验有关的标准为20个、占28.6%，附件标准17个、占24.2%；气瓶设计制造标准所涉及的气瓶种类覆盖了当今所制造气瓶种类的70%。在所有气瓶标准中，强制性标准占88.3%。

建国以来，中国气瓶产品标准在相当长的时间内处于空白阶段。气瓶涉及的设计、制造、使用、管理分属当时的国家八个部委管辖。气瓶的设计、制造、检验、充装、储存和使用等规定都是以部颁规程的形式出现的。1961年原劳动部、化工部、公安部联合公布了《气瓶安全管理暂行规定》，这是中国对气瓶的设计、制造、技术检验、气体充装以及气瓶使用、储运等进行管理的第一个规范性文件。为适应当时安全生产形势的需要，1965劳动部、公安部和化工部对《气瓶安全管理暂行规定》进行全面修订后改名为《气瓶安全监察规程》，由劳动部公布试行。在此确立了气瓶安全监察的主管部门和气瓶安全监察的环节。随着中国国民经济的发展和行业的技术进步，气瓶安全监察的国家行政主管部门先后于1979年、1989年和1999年对《气瓶安全监察规程》进行了修订，形成了由原国家质量技术监督局颁布的《气瓶安全监察规程》。1982 年《锅炉压力容器暂行条例》的颁布为中国锅炉压力容器(含气瓶)安全监察制度提供了法规依据。2003 年国务院颁布实施《特种设备安全监察条例》,明确气瓶作为特种设备的一种,由国务院特种设备安全监督管理部门进行安全监察,安全监察是负责特种设备安全的政府行政机关为实现安全目的而从事的决策、组织、管理、控制和监督检查等活动的总和。为了有效贯彻《特种设备安全监察条例》中有关气瓶的监管规定,国家质量监督检验检疫总局颁布了第 46 号令《气瓶安全监察规定》,对气瓶的设计与制造、制造监督检验、充装、定期检验、运输、储存、销售和使用等环节的安全监管进行了规定,并首次以法律文件的形式明确了相应的法律责任。

4. 压力管道

(1) 压力管道标准化相关组织简介。全国压力管道标准的制修订工作由全国锅炉压力容器标委会负责,具体的由 2002 年成立的管道安全分技术委员会负责。除此之外,由于历史曾经长期存在的部门多头管理原因,我国现阶段还有部分行业组织与机构参与压力管道相关标准的制修订工作。

我国油气管道(包括油气长输管道与油气集输管道)的相关技术标准主要由石油工业标准化技术委员会下属的各专业委员会制定,与油气管道相关的主要有:TC 5 石油管材专业标准化委员会;TC 2 油气田及管道建设设计专业标准化委员会;TC 8 石油工程建设施工专业标准化委员会;TC 18 油气储运专业标准化技术委员会;TC 20 石油工业安全专业标准化技术委员会等。

包括城镇燃气管道与热力管道在内的公用管道技术标准由中国工程建设标准化协会、建设部标准定额研究所负责制修订。

化工类的工业管道技术标准由化工施工标准化管理中心、中国工程建设标准化协会化工工程委员会负责制修订;而与电力系统相关的工业管道技术标准由中国电力企业联合会(标准化中心)、电力行业标准化管理委员会负责制修订。

(2) 压力管道主要标准简史介绍。长输管道的两个关键标准 GB 50251《输气管道工程设计规范》和 GB 50253《输油管道工程设计规范》在 1994 年正式颁布,并在 2003 年进一步修改颁布。1990 年颁布了 SYJ 4001《长输管道线路工程施工及验收规范》,1998 年修订为 SY 0401—1998,于 2006 年经修订上升为国家标准 GB 50369—2006《油气长输管道施工及验收规范》。

公用管道中的燃气管道部分,1978 年由原国家建委发布了我国城镇燃气第一个设计标准 TJ 28—1978《城市燃气设计规范》,1993 年经修改并更名为 GB 50028《城镇燃气设计规范》,于 1998 年、2002 年和 2005 年三次修改;1989 年颁布了 CJJ 33—89《城镇燃气输配工程施工及验收规范》,在 2005 年进行了修改颁布。公用管道中的热力管道部分,1990 年原国家建委颁布了 CJJ 34《城市热力网设计规范》,2002 年颁布了修订版;1989 年原建委颁布了 CJJ 28《城市供热管网工程施工及验收规范》,并于 2004 年颁布了修订版;1990 年颁布了《城市供热管网工程质量检验评定标准》;1995 年颁布了 CJJ 63《聚乙烯燃气管道工程技术规程》,于 2005 年颁布了修订版。

1987 年颁布 HGJ 8《化工管道设计规范》,并与此基础上 2000 年修订为 GB 50316《工业金属管道设计规范》。1982 颁布 GBJ 235《工业金属管道工程施工及验收规范》及 GBJ 236《现场设备、工业管道焊接工程施工及验收规范》,并分别于 1997 年和 1998 年修订成国家标准并颁布实施。集输管道的设计规范方面,1998 年颁布 SY/T 0004《油田油气集输设计规范》,在 2005 年又颁布国标 GB 50350《油气集输设计规范》。在标准数量方面,工业管道方面的配管元件标准总体上就占工业管道标准总数近 53%;体系内部和体系之间的标准大量重复或矛盾;配套性和通用性差;技术归口的多头管理等问题。

5. 电梯

JB 1435—1974《电梯及其井道、机房的形式、基本参数与尺寸》由原第一机械工业部发布,于 1975 年 1 月 1 日起试行。JB 816—1974《电梯技术条件》由原第一机械工业部发布,于 1975 年 6 月 1 日起试行。原国家建委施工管理局组织编审的 TJ 305—1975《建筑安装工程质量检验评定标准　通用机械设备安装工程》中增加了"电梯安装工程"质量评定的规定,原国家建委发布了试行通知,自 1975 年 12 月 1 日起试行。按原国家建委布置,由第一机械工业部组织有关单位修订《机械设备安装工程施工及验收规范》第四册《起重设备、电梯、连续运输设备安装》,编号为 TJ 231(四)—1978,原国家建委发布了试行通知,自

1978 年 12 月 1 日起试行。

按原国家建委安排，1982 年修订的 GBJ 232—1982《电气装置安装工程施工及验收规范》增加第九篇“电梯电气装置篇”，原国家建委批准自 1982 年 10 月 1 日实行。由原城乡建设环境保护部提出，制定 GB 7024.1—1986《电梯、自动扶梯、自动人行道名词术语　第 1 部分　电梯》，原国家标准局于 1986 年 11 月 24 日发布，自 1987 年 08 月 01 日起实施。由原城乡建设环境保护部提出，等效采用 ISO 4190-1:1980《乘客电梯的安装　第 1 部分：Ⅰ、Ⅱ、Ⅲ类电梯》、ISO 4190-2:1982《乘客电梯的安装　第 2 部分：Ⅳ类电梯》和 ISO 4190-3:1982《乘客电梯的安装　第 3 部分：Ⅴ类电梯》，制定 GB 7025—1986《电梯主参数及轿厢、井道、机房的型式与尺寸》，原国家标准局于 1986 年 11 月 24 日发布，自 1987 年 08 月 01 日起实施。

在国家积极采用国际或国外先进标准政策的鼓励下，由原城乡建设环境保护部提出，等同采用 EN 81-1:1985，制定产品标准 GB 7588—1987《电梯制造与安装安全规范》，原国家标准局于 1987 年 3 月 27 日发布，自 1987 年 12 月 01 日起实施。2003 年 6 月 6 日，该标准经修订后重新发布，自 2004 年 1 月 1 日实施。

1988 年 9 月原城乡建设环境保护部批准了 GB 10058—1988《电梯技术条件》，GB 10059—1988《电梯试验方法》和 GB 10060—1988《电梯安装验收规范》三项国家标准。原城乡建设环境保护部组织《建筑安装工程质量检验评定标准》6 项系列标准修订工作，该工作从 1985 年 9 月开始至 1987 年 7 月基本完成。其中之一的 GBJ 310—1988《电梯安装工程质量检验评定标准》是在 TJ 305—1975《建筑安装工程质量检验评定标准　建筑机械设备安装工程》中的“电梯安装”章节的基础上修订而成。

6. 起重机械

我国起重机械标准化管理始于 20 世纪 50 年代，当时的第一机械工业部于 1958 年 8 月在无锡市召开机械工业标准化核心机构会议，在这次会议上北京起重运输机械研究所被确定为起重机行业标准化核心机构，负责本行业标准化工作的规划、组织和科研工作。1959 年北京起重运输机械研究所组织全国部分起重机骨干企业共同对量大面广的电动桥式起重机、电动单梁起重机、钢丝绳电动葫芦和手动起重机进行了系列产品联合设计。在此基础上，1962 年北京起重运输机械研究所又负责组织各有关企业制定了上述产品的专业标准，这是我国的第一批起重机械标准。

由于长期实行计划经济、条块划分和部门分割，因此长期以来，部门各自为政，缺少全国范围的统筹安排，我国众多行业都制订起重机标准，致使起重机行业标准的构成不尽合理，甚至出现同一种起重机由不同部门按不同用途制定出不同的标准，有些内容还相互矛盾，让生产企业和用户无所适从的现象；并且出现许多企业标准低于国家标准或行业标准的反常现象。这是造成我国起重机械与国外产品差距的重要原因。

改革开放以来，为了更好地开展起重机械专业领域的标准化工作，充分发挥起重机械生产、使用、科研、教学、监督检验、认证认可等方面专家的作用，适应市场经济与国际贸易的需要，淡化归口管理，与国际接轨，按照原国家技术监督局的统一规划，由其批准组建了跨行业跨部门的全国起重机械标准化技术委员会。由国家标准化管理委员会委托中国机械工业联合会领导和管理。它是在起重机械专业领域内，从事全国性标准化工作的技术工作组织，负责起重机械专业领域的标准化技术归口工作。

第一届标委会成立于 1997 年 7 月，共有委员 41 人，其中主任委员 1 人，副主任委员 4 人，秘书长 1 人。构成情况：企业 20 人，科研院所 9 人，高等院校 5 人，行政管理机构 4 人，检验部门 1 人，使用部门 2 人。秘书处设在北京起重运输机械研究所。

第二届标委会成立于 2003 年 3 月，共有委员 40 人，其中主任委员 1 人，副主任委员 2 人，秘书长 1 人。构成情况：企业 22 人，科研院所 9 人，高等院校 4 人，行政管理机构 2 人，检验部门 1 人，使用部门 2 人。秘书处设在北京起重运输机械研究所。

7. 游乐设施标准化发展历史

中国游乐设施从 20 世纪 80 年代兴起，开始厂家不多，规模很小，没有形成行业，更没有游乐设施技术标准。直到 1986 年，游乐设施迅速发展起来，生产厂家已有几十家，一些大游乐园也相继建立，游乐设施行业逐渐形成。随着游乐产品的逐渐增多，市场产品良莠不分，游乐设施事故屡有发生。此时，从政府到民众，从厂家到用户都呼唤游乐设施规范化、标准化。在各方面的努力下，第1个游乐设施安全技术方面的国家标准，即GB 8408—1987《游艺机和游乐设施安全》于1987年12月10日颁布。这个标准规定了游乐设施的基本技术要求，对游乐设施的运行速度、坡度等都做了具体规定，对设计、制造、安装、维护及管理也提出了要求。可以说，这是游乐设施方面的一项非常重要的标准。

随着游乐设施的发展，不同结构，不同运动形式的游乐设施不断出现，标准化工作日显重要。在急需产品标准的情况下，游乐业专家和技术人员学习国外标准，并结合中国实际，认真研究，反复试验，制定出“滑行类游艺机通用技术条件”等10余类游乐设施标准。在经历了实践检验和不断完善，进一步修订后，于2000年上升为国家标准，并正式颁布实施。

8. 场(厂)内机动车辆标准化发展历史

场车标准化管理体制，在“政府主导”的前提下，先后呈现出“行业主管部门推动”和“标委会和企业推动”两种发展形态。“行业主管部门推动”指完全计划经济和准市场经济时期(1957年～1995年)，由原第一机械工业部(机械工业局)和建设部规划立项、归口研究所(天津工程机械研究所、北京起重运输机械研究所和北京建筑机械综合研究所)制定标准、全行业统一执行标准模式，呈现自上而下的形态。“标准化技术委员会和企业推动”指市场经济时期和加入WTO后(1995年～至今)，由标委会提出(设在上述归口研究所的土方机械标委会和机动工业车辆标委会)、行业管理部门(2001年2月前为机械工业部/局)和政府部门授权机构(2001年2月后为机械工业联合会)审核同意、标准化管理部门(国家标准由原国家质量技术监督局—现为国家标准委管理)或行业主管部门(行业标准由原国家经贸委、现为国家发改委管理)批准立项、相关标委会组织制定、企业等同或参照采用并在当地标准化管理部门备案的管理模式。目前工程机械行业的标准由国家标准、行业标准和企业标准三个层次组成，没有地方标准。

土方机械标准早期参照前苏联标准，1978年开始至今主要参照ISO/TC 127(秘书处设在美国ANSI)标准体系，按照基础标准、产品质量标准、方法标准、安全环卫标准等类别划分现已基本具备了多样性、全面性和一致性的特点；目前制定发布国家、行业标准共计275项，其中采用ISO标准72项，占ISO标准(107项)的67.3%；安全环境保护标准17个，仅占标准总数的6.2%，表明ISO标准的采标率尚不充分，安全环保标准尚未占据主导位置，特别是在暴露者和操作者的安全、公共安全如环保、卫生方面存在不足，与欧盟场车标准存在更大的差距。机动工业车辆标准涉及名词术语、图形符号和标记、试验规范和方法、操作与维护、机器控制系统、性能指标、质量要求、安全、环境、振动和噪声等方面的内容，早期参照前苏联标准，20世纪80年代起，在参照ISO/TC 110(秘书处设在德国DIN)主要标准的同时，重要技术指标曾阶段性地参照并转化了日本工业标准(包括日本著名企业TCM标准等)；90年代至今仍以ISO/TC 110体系为主要跟踪对象，同时也关注并吸收了部分欧盟标准(EN)的重要内容。

随着场车国际化竞争对安全技术的新要求，近些年，在政府有关部门的大力支持下，“关注高端，引入企业，开放制定”标准的探索性工作已初见端倪，正显现出既符合国情，又有利于提高国际竞争力的场车标准化工作新局面。

9. 客运索道

我国索道标准化工作始于20世纪60年代，当时我国还没有客运索道，仅有一百多条货运索道，至80年代末，标准都是货运索道的标准。共有8个，7个为推荐性标准，一个安全标准，另外还有8个行业标准，都是产品标准。索道作为连续搬运设备，由当时的第一机械工业部所属起重运输机械研究所管理。1982年我国第一条大型客运索道诞生，随着改革开放的形势发展，客运索道如雨后春笋般在我国建立起来，客运索道是运人的设备，其安全至关重要，其质量和运行急需标准来规范。

1988年劳动部和机械工业部联合成立了国家客运架空索道安全监督检验中心，挂靠在北京起重运输机械研究所，负责对新建客运索道的设计审查和在运客运索道的安全检查。中心成立后的第一件事就是编制客运索道的规范和标准。从劳动部得到编制《客运架空索道安全规范》的任务，从机械部得到编写《索道用钢丝绳检验和报废规范》、《单线循环固定抱索器客运索道设计规范》、《单线循环脱挂抱索器客运索道设计规范》和《双线往复式客运索道设计规范》的任务，1990 年这些标准相继出台，对我国今后几年的客运索道的发展起了很好的作用。

2000 年 7 月 7 日，经原国家质量技术监督局批准“全国索道、游艺机及游乐设施标准化技术委员会”(TC 250)(以下简称标委会)正式成立。该委员会业务受国家质检总局特种设备局领导，挂靠在中国特种设备检测研究中心，是从事全国索道、游艺机及游乐设施行业标准化的组织，负责管理全国索道、游艺机及游乐设施行业标准技术归口工作。

二、特种设备法规简史

中国的特种设备安全监察机构是为了防止事故的发生而设立；特种设备安全监察法规也是为了防止事故的发生而制定。

1955 年，国家设立锅炉安全检查总局，开展了对锅炉、压力容器、起重机械的监督管理工作。

1960 年制定了第一个特种设备安全监察规范，即第一版的《蒸汽锅炉安全监察规程》。以后颁布了《压力容器安全技术监察规程》等一系列安全技术规范。

1982 年 2 月 6 日国务院颁布了《锅炉压力容器安全监察暂行条例》(以下简称《暂行条例》)。为贯彻落实《暂行条例》的实施，原锅炉压力容器安全监察局根据《暂行条例》第二十三条授权规定，制定了《〈锅炉压力容器安全监察暂行条例〉实施细则》，由原劳动人事部于 1982 年 8 月 7 日颁发。以后陆续颁发了有关的部门规章、规范性文件(如 1991 年劳动部颁发《起重机械安全监察规定》等)，建立了中国的锅炉压力容器等特种设备安全监察制度。《暂行条例》的实施，对规范锅炉压力容器安全监察工作，明确锅炉压力容器企业的安全义务，降低并减少当时高发的锅炉压力容器事故，保护人民群众生命财产安全起到了非常重要的作用。但是，《暂行条例》实施 20 年来，中国经济的发展和形势发生了巨大的变化，这些变化使《暂行条例》暴露出在新形势下存在的许多方面不适应的问题。为解决这些问题，2001 年启动了对《暂行条例》的修订工作。

2003 年 3 月，国务院公布了《特种设备安全监察条例》(第 373 号国务院令)，自 2003 年 6 月 1 日起施行。《暂行条例》同时废止。

《特种设备安全监察条例》的出台，解决了《暂行条例》存在的几个方面不适应的问题：一是随着中国社会主义市场经济的建立，经济体制发生了变化，非公有制经济得到充分发展，《暂行条例》规定的监督管理制度已不能适应当前特种设备安全监察工作的复杂情况。考虑了这些情况，《特种设备安全监察条例》完善了监督管理基本制度，使之适应需要。二是针对《暂行条例》范围上的不适应，明确了“涉及生命安全、危险性较大的特种设备的范围概念”，将锅炉、压力容器(含气瓶)、压力管道、电梯、起重机械、客运索道、游乐设施等事故频发且亟需规范的特种设备纳入安全监察范围。三是解决了《暂行条例》的操作性不够明确和具体的问题，详尽规定了涉及行政许可和监督检查的行政监管措施，使行政行为更加公开、透明。四是解决了《暂行条例》法律责任方面的缺失，对有关特种设备生产、使用、检验检测过程中的各类违法行为，制定了具体的处罚规定和行政强制措施。五是对安全监督管理部门和工作人员设定了监督、约束机制。六是统一了境内外锅炉压力容器等承压类特种设备的监督管理制度。

第二节　中国特种设备法规标准体系框架

建立并完善特种设备安全监察法规标准体系，其目标是实现特种设备依法监管，反映市场经济的要求，促进资源优化配置的市场趋向；反映科学发展的要求，代表科技进步的水平；反映境内外统一的要求，与国际通行做法接轨，统一境内外许可监督管理和安全性能检验工作。在法律制度上，要解决五个方面的问题：一是以法律为总纲，调整特种设备安全各方面关系，明确各方面责任，解决安全监察工作法律地位问题；二是条例为依据，解决安全监察制度的建立问题；三是以规章为管理要求，解决安全监察工作程序问题；四是以安全技术规范为准则，解决特种设备安全性能基本要求问题；五是以标准为基础，解决特种设备安全监察技术支持问题。

借鉴国外经验，结合中国特种设备安全技术法规和标准体系的实际情况，拟建立"以法律法规为依据、以安全技术规范为主要内容、以技术标准为基础的特种设备安全监察法规标准体系"，框架如下：

在特种设备立法方面，完善的法规标准体系结构层次应该是："法律—行政法规—部门规章—安全技术规范、强制性国家标准—引用标准"五个层次的法规体系结构，如图 3-1。

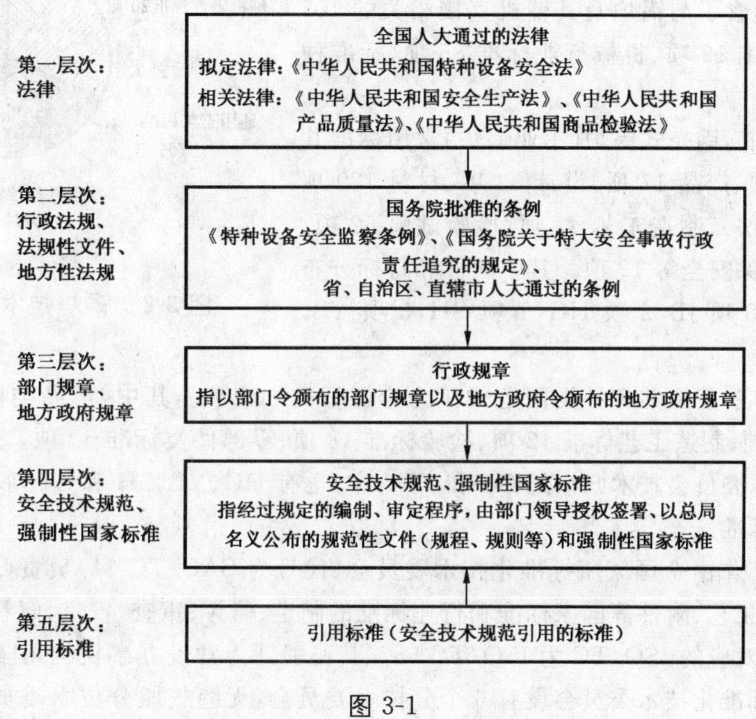

图 3-1

第三节 特种设备标准现状

一、锅炉压力容器标准

锅炉、压力容器(不含气瓶)和换热设备的标准化工作由全国锅炉压力容器标准化技术委员会负责归口管理，代号为 SAC/TC 262，英文全称为"China Standardization Committee on Boilers and Pressure Vessels"，英文缩写为"CSCBPV"。该委员会具体组织和领导锅炉、压力容器、换热设备和 50m^3 以上球形储罐等的设计、制造、检验与验收标准、型谱等国家标准和行业标准的制定、修订、审查、宣贯、解释、出版发行以及技术咨询等方面的工作。

全国锅炉压力容器标准化技术委员会是按照国家标准化管理委员会有关文件，由原全国锅炉标准化技术委员会和全国压力容器标准化技术委员会合并而成，由中国石化集团公司、原国家经贸委、国家机械工业联合会和国家质检总局锅炉和压力容器安全监察局为主组成，委员和单位委员均来自锅炉、压力容器和压力管道等压力设备的设计、制造、监督、检验、经销、使用、教学和科研等部门。第一届全国锅炉压力容器标准化技术委员会成立于 2003 年 11 月，共有委员 70 人，其中正式委员 44 人，单位委员 26 人，另有顾问 27 人。设主任委员 1 人，副主任委员 3 人，秘书长 1 人，副秘书长 8 人。

全国锅炉压力容器标准化技术委员会秘书处为常设办事机构，挂靠在中国特种设备检测研究中心。全国锅炉压力容器标准化技术委员会组织机构包括分委会、专业技术委员会、委员、顾问及通信成员，每个分委会也常设秘书处，专家组，委员，顾问和通信成员。目前，设有 5 个分技术委员会，锅炉分会(秘书处承担单位为上海发电设备成套设计研究所)、固定式压力容器分会(秘书处承担单位为合肥通用机械研究所)、压力管道分会(秘书处承担单位为全国化工设备设计技术中心站)、移动式压力容器分会(秘书处承担单位为上海化工装备总公司)和热交换器分会(秘书处承担单位为兰州石油机械研究所)。已组建材料专家委员会和设计计算方法专业委员会(秘书处承担单位为中国石化工程建设公司),焊接、无损检测专业技术委员会将另行组建。

锅炉标准体系包含了与锅炉及其辅机直接相关的105项标准,其中国家标准19项、机械行业标准86项,标准种类和分布如图3-2。

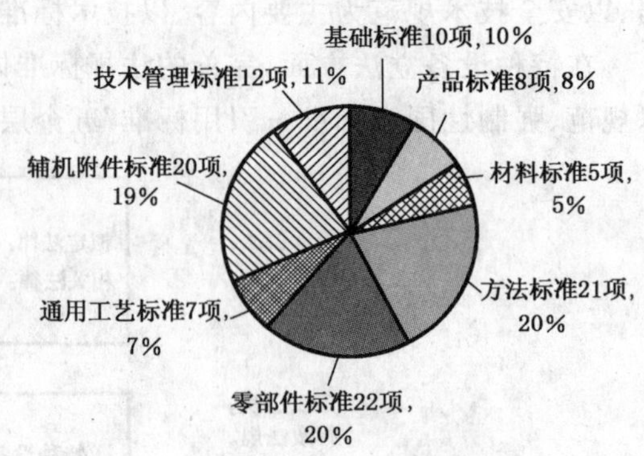

图3-2　锅炉技术标准组成比例

截止到2003年底,锅壳式锅炉(工业锅炉)常用标准共有450项,基础25项、产品17项、设计33项、材料129项(其中一半是检验方法)、制造工艺47项、检验试验52项、辅机附件135项、环保安全等12项。其中国标和行标分布如下:275项GB,168项JB,2项HG,1项SH,3项YB,1项DL。

截止到2003年底,我国共有各类固定式压力容器标准306项。其中,产品类标准59项、通用标准7项、材料标准151项、制造工艺标准12项、检验标准18项、零部件类标准59项。这些标准以全国锅炉压力容器标准化技术委员会技术归口的GB和JB为主,也有HG、YB、SH和SY等行业标准以及其他部门技术归口的国家标准。

气瓶的标准化工作由全国气瓶标准化技术委员会(代号为SAC/TC 31)负责归口管理,具体组织和领导气瓶设计、制造工艺、附件等国家标准和行业标准的制定、修订、审查、宣贯、解释、出版发行以及技术咨询等方面的工作,对应的ISO/TC为ISO/TC 58。其秘书处为常设办事机构,挂靠在北京天海工业有限公司。全国气瓶标准化技术委员会设有6个分技术委员会,无缝气瓶分技术委员会(秘书处承担单位为上海高压容器有限公司)、焊接气瓶分技术委员会(秘书处承担单位为北京金属结构厂)、液化石油气瓶分技术委员会(秘书处承担单位为中国建设机械总公司)、气瓶附件分技术委员会(秘书处承担单位为上海气体阀门总厂)、气瓶检验分技术委员会(秘书处承担单位为大连锅检所)和气瓶充装分技术委员会(秘书处承担单位为北京普莱克斯实用气体公司)。

二、压力管道标准

压力管道标准分布范围广,主要涉及电力、核电站、石油、化工、输油、输气、市政工程、建筑、制冷、料浆、矿业等。

压力管道标准数量繁多,据不完全统计,长输管道的标准约70多项,其中基础类标准7项,安全类标准8项;公用管道的标准约20项,其中基础尖标准2项,安全类标准3项。工业管道的标准约730多项。其中基础标准40项,设计标准79项,材料标准110项,配管元件标准390项,施工/安装标准44项,检验/试验标准67项。

压力管道中除长输管道有以行业标准为基础并兼有部分国家标准、有比较完整的标准体系外,公用管道与工业管道没有独立的压力管道标准体系。长输管道、公用管道与工业管道,由不同的行业标准化委员会进行管理,如:长输管道归SY,工业(工艺)管道归SH和HG,公用管道归建设部,动力管道归电力等。标准归口较为混乱的是工业管道(包括动力管道)长期依附于设备标准序列,由不同行业和部门分别管理。

三、电梯标准

全国电梯标准化技术委员会(SAC/TC 196)经原国家质量技术监督局(现为国家质量监督检验检疫总局)批准于1992年成立,由全国各部门电梯设计、制造、安装、维保、科研、教学及监督检验等方面的专家和学者组成。全国电梯标准化技术委员会承担电梯、自动扶梯和自动人行道国家标准和行业标准的制定、修订、审查、宣贯、解释、复审以及咨询等方面的工作，参与国际标准化组织 ISO/TC 178 对口的各项日常工作，负责向政府主管部门提出有关我国电梯标准化工作的建议。

全国电梯标准化技术委员会于 1998 年和 2004 年进行了两次换届调整。目前是第三届，由 33 名委员和 3 名顾问组成，其中主任委员 1 名、副主任委员 4 名、秘书长 1 名，秘书处设在中国建筑科学研究院北京建筑机械化研究院。

目前已经获得批准的有关电梯的技术标准共 24 项，其中国家强制性标准 2 项，推荐性标准 8 项，行业标准 7 项，其他有关标准 7 项。电梯的标准化工作遵循了国家确定的改革方向，坚持了市场经济原则，优先采用国际先进标准，为促进行业的技术进步和提高产品质量起了重要作用，使得国产电梯的国际竞争力大为提高。特别是 GB 7588《电梯制造与安装安全规范》（等同欧洲标准 EN 81）和 GB 16899《自动扶梯制造与安装安全规范》（等同欧洲标准 EN 115），这两项强制性标准以及一系列相关标准的制订，使我国也进入了对电梯的质量和安全要求最严的国家之列。2004 年按照 EN 81（1998 版）完成了 GB 7588 的修订工作。

四、起重机械标准

全国起重机械标准化技术委员会（CSBTS/TC 227）是由原国家技术监督局于 1997 年 6 月批准成立的一个跨部门（机械、交通、建设、质监、冶金、铁路、水利等）的专业性技术委员会。

全国起重机械标准化技术委员会负责起重机械、起重吊钩、圆环链及附件的标准化工作，对应的 ISO/TC 为 ISO/TC 96（起重机技术委员会）和 ISO/TC 111（钢制圆环链、吊链、部件及附件技术委员会）。标委会的主要任务按照国家有关的制定、修订标准的原则，以及采用国际标准和国外先进标准的方针，提出本专业制定、修订国家标准和和行业标准的规划和年度计划的建议；协助组织本专业国家标准和行业标准的制定、修订和复审工作；负责组织本专业国家标准和行业标准送审稿的审查工作，对标准中的技术内容负责，提出审查结论意见，提出强制性标准或推荐性标准的建议；统一承担国际标准化组织（ISO/TC 96、TC 111）对口的标准化技术业务工作，包括对国际标准文件的表态，审查我国提案和国际标准的中文译稿；承担起重机械产品型号的管理等工作。

目前我国起重机械国家标准共有 93 项，其中强制性标准 9 项，推荐性标准 84 项。93 项标准中，基础标准 23 项、产品标准 28 项、安全卫生标准 10 项、管理标准 8 项、方法标准 24 项。强制性标准占 9.7%，推荐性标准占 90.3%。基础标准占 24.7%，产品标准占 30.1%，安全标准占 10.8%，管理标准占 8.6%，方法标准占 25.8%。从构成上看，还是基本合理的。

起重机械行业标准共 215 项，包括机械行业标准 JB，建筑行业标准 JG，交通行业标准 JT，林业标准 LY，汽车行业标准 QC 和铁路行业标准 TB。其中，基础标准 6 项、产品标准 167 项、安全卫生标准 13 项、方法标准 29 项。强制性标准 8 项，占 0.7%，推荐性标准 207 项，占 96.3%。其中大多数标准为产品标准。标准构成情况如表 3-1。

表 3-1　按行业分类标准构成情况

行业	机械	建筑	交通	林业	汽车	铁路
数量	125	28	44	5	1	12
比例	58.1%	13%	20.5%	2.3%	0.5%	5.6%

可以看出，起重机行业标准的构成不尽合理，这是由于在制定行业标准时各部门各自为政，缺少全国范围的统筹安排所造成的。其中产品标准占了 2/3，而国外极为重视的管理标准在行业标准中居然为零，此外基础标准、安全标准和方法标准比例也偏低。

将国家标准和行业标准合并统计，共有起重机标准 308 项，其中强制性标准 17 项，占 5.5%，推荐性标准 291 项，占 94.5%。目前国际标准和国外先进标准的转化率只有 16.9%；采标率为 5.8%。标准构成情况如表 3-2。

表 3-2

标准类别	基础	产品	安全卫生	管理	方法
数量	29	195	23	8	53
比例	9.4%	63.3%	7.5%	2.6%	17.2%

众多行业都制定起重机标准是由于原先计划经济、条块分割造成的。目前国家标准委推行组建跨行业跨部门的全国起重机械标准化技术委员会，就是为了扭转这一局面。但要真正实现科学的统一的标准体系，还要有一个过程。

五、索道、游乐设施标准

全国索道、游艺机及游乐设施标准化技术委员会(CSBTS/TC 250)于 2000 年 7 月 7 日正式成立。该委员会是从事全国索道、游艺机及游乐设施行业标准化的组织，负责管理全国索道、游艺机及游乐设施行业标准技术归口工作。该委员会是国家标准化管理委员会直属的标准化技术委员会，业务工作受国家质量监督检验检疫总局特种设备安全监察局领导，挂靠在中国特种设备检测研究中心。目前，该委员会共有委员 31 名，分别来自索道及游乐设施方面的科研、设计、制造、安装、运营、检验和监察部门。

目前，以 GB 8408—2000《游艺机和游乐设施安全》为代表的游乐设施标准已有 19 项，这些标准已成为游乐设施生产、检验、运营使用和改造的依据。基本上满足了设计、制造、安装、使用和监察、检验等方面工作的需要，并且成为技术法规的重要支撑。

六、其他相关标准

与特种设备行业密切相关的还有全国无损检测标准化技术委员会(代号:SAC/TC 56)，该委员会在国家质量监督检验检疫总局/国家标准化管理委员会领导下从事无损检测领域内全国性标准化的技术工作组织，其主管部门是中国机械工业联合会，负责全国和机械行业无损检测通用技术方法、检测工艺及工艺装备等专业领域标准化工作，开展无损检测专业国家和机械行业标准的宣讲、解释、咨询等技术服务工作，对口 ISO/TC 135(国际标准化组织无损检测技术委员会)。

全国钢标准化技术委员会(代号:SAC/TC 183)成立于 1992 年，现有 5 个分技术委员会。全国钢标委的主要工作内容包括提出制定、修订钢产品国家标准和行业标准的规划和年度计划的建议，提出对钢标准体系表的调整建议；组织钢产品国家标准和行业标准的制定、修订和复审工作；组织钢产品国家标准和行业标准送审稿的审查工作，对标准的技术内容负责，提出审查结论意见；负责组织钢产品国家标准、行业标准的宣讲、解释工作，对已发布标准的实施情况进行调查分析；承担钢标准化范围内产品质量标准水平的评价工作，承担钢专业引进项目的开展与国际标准化组织相应技术委员会的有关技术业务工作；受企业的委托，承担钢产品企业标准的制定、审查，以及标准化咨询等技术服务工作等。

全国焊接标准化技术委员会成立于 1985 年 6 月，由国家技术监督局直接领导。其标准化技术委员会的代号为:SAC/TC 55，技术归口范围与 ISO/TC 44 基本对应一致。标委会由从事生产、使用、科研、管理、经销等方面的科技人员组成。标委会下设两个分技术委员会。标委会的工作任务包括制定焊接行业标准体系表，提出焊接标准制、修订及复审的规划和年度计划；组织年度计划的实施；组织开展本专业标准的技术审查工作；负责本专业标准的贯彻、实施、宣讲及解释工作；承担 ISO/TC 44 的国内归口工作，包括:对国际标准文件的表态；各类提案审查等。承担在质量监督工作中焊接标准的评价；开展行业标准化工作，为行业提供焊接标准的技术咨询和服务。

第四节　特种设备法律法规现状

对于特种设备的安全法制，中国目前主要是依据《特种设备安全监察条例》。此外省、自治区、直辖市以及较大的市人大及其常委会按照《立法法》，根据本行政区域的特种设备安全的具体情况和实际需要，在不同宪法、法律、行政法规相抵触的前提下，制定地方性特种设备安全监察法规。特种设备安全监督管理部门根据法律和国务院的行政法规、决定、命令，在本部门的权限范围内，制定规章。

目前，中国正在形成"法律—法规—部门行政规章—安全技术规范、强制性国家标准—相关的引用标准"五个层次的特种设备安全监察法规标准体系结构。

第一层次：法律——特种设备安全法（正在制定）。

第二层次：行政法规——特种设备安全监察条例（已颁布）、特种设备地方性法规。

第三层次：行政规章——事故处理规定等总局令、特种设备地方政府规章。

第四层次：安全技术规范、强制性国家标准——各项技术规程、规则，强制性国家标准。

第五层次：安全技术规范引用标准（推荐性标准）。

一、第一层次：法律

中国目前还没有专门的特种设备法律，相关法律有《中华人民共和国安全生产法》、《中华人民共和国产品质量法》、《中华人民共和国商品检验法》等。2006 年 12 月 23 日，全国人大常委会财经委召开会议，正式启动了《中华人民共和国特种设备安全法》的立法工作。从 2000 年开始，连续 7 年每年都有一批全国人大代表提出加快制定《特种设备安全法》的议案，共计 31 件，涉及近千人次。经过全国人大代表持续不断地提案呼吁，特种设备安全立法工作引起了全国人大常委会领导的高度重视，并特别批准将此项法律作为十届全国人大计划外立法项目予以立项和启动。

《特种设备安全法》的立法思想，一是坚持安全第一、预防为主、综合治理的安全工作原则；二是依法进一步加强各级政府对特种设备安全工作的领导；三是依法落实企业特种设备安全主体责任；四是依法完善特种设备安全监管体制；五是依法加大对违法行为的惩处力度和对用户、消费者的保护力度；六是依法建立健全应急救援体系；七是依法加大特种设备安全投入力度；八是在法律中体现加强对特种设备行政执法的制约和监督。为加快立法进程，全国人大财经委专门成立了 3 个工作小组。领导小组负责重大问题决策，顾问小组负责有关事项咨询，起草小组负责草案编写，并计划在 2007 年底前完成立法草案。

二、第二层次：行政法规、地方性法规

行政法规：《特种设备安全监察条例》。

地方性法规：省、自治区、直辖市以及较大的市人大通过的条例。如《浙江省特种设备安全管理条例》、《江苏省特种设备安全监察条例》、《淄博市承压设备安全监察条例》、深圳市《深圳经济特区锅炉压力容器压力管道质量监督与安全监察条例》等等。

三、第三层次：部门规章和地方政府规章

部门规章：以特种设备安全监督管理部门首长签署部门令予以公布的并经过一定方式向社会公告的"办法"、"规定"。目前以"部门令"形式发布的特种设备部门规章已有 7 个，即：

《小型和常压热水锅炉安全监察规定》(2000 年 6 月 15 日国家质量技术监督局令第 11 号发布)。

《特种设备质量监督与安全监察规定》(国家质量技术监督局令第 13 号发布)。

《锅炉压力容器压力管道特种设备事故处理规定》(2001 年 9 月 17 日国家质量监督检验检疫总局令第 2 号发布)。

《锅炉压力容器压力管道特种设备安全监察行政处罚规定》(2001 年 12 月 29 日国家质量监督检验检疫总局令第 14 号发布)。

《锅炉压力容器制造监督管理办法》(2002 年 7 月 12 日国家质量监督检验检疫总局令第 22 号发布)。

《气瓶安全监察规定》(2003 年 4 月 24 日国家质量监督检验检疫总局令第 46 号发布)。

《特种设备作业人员监督管理办法》(2005 年 1 月 10 日国家质量监督检验检疫总局令第 70 号发布)。

《起重机械安全监察规定》(2006 年 12 月 29 日国家质量监督检验检疫总局令第 92 号发布)。

地方政府规章:以省、自治区、直辖市政府行政首长签署命令予以公布的“办法”、“规定”等,如湖北省《锅炉压力容器压力管道特种设备安全监察办法》等。

四、第四层次:安全技术规范和强制性国家标准

特种设备安全技术规范是指《特种设备安全监察条例》所规定的、国务院特种设备安全监督管理部门制定并公布的安全技术规范。包括规定强制执行的特种设备安全性能和相应的设计、制造、安装、修理、改造、使用管理规定和检验检测方法,以及许可、考核条件、程序的一系列规范性文件,包括有关的管理规则、核准规则、考核规则及程序规定和有关的安全技术监察规程、技术检验规则、审查评定细则、人员考核大纲等。这部分内容是监察制度的具体操作性文件,因此,是法规标准体系中的主要内容,体现了监察制度的具体实施方式。目前已有 TSG Z7001—2004 特种设备检验检测机构核准规则、TSG R7001—2004 压力容器定期检验规则、TSG Q7001—2006 起重机械制造监督检验规则、蒸汽锅炉安全技术监察规程、压力容器安全技术监察规程等特种设备安全技术规范 80 余项。在国家质检总局特种设备安全监察局的立法规划中,近 3~5 年内,将制修订 150 项左右的特种设备安全技术规范,随着形势的发展,今后各类设备的安全技术规范将形成一个大规范(法典),目前的各技术规范将成为大规范中的一个章或节。包括综合管理类规范在内,安全技术规范的最终目标是形成约 20 个大规范(法典)。

根据国家质检总局公布的特种设备目录,安全技术规范分为综合、锅炉、压力容器、压力管道(及元件)、电梯、起重机械、游乐设施、客运索道、场(厂)内机动车辆等九大类。综合类规范以安全监察管理内容为主,并将适用于各类设备的综合性规范划入其中;其他各类设备规范以该类设备的全过程基本安全要求为主,包括管理要求和技术要求。

特种设备安全技术规范体系的特点是在单位(机构)、人员、设备、方法等方面体现管理和技术要求的全方位;在设计、制造、安装、改造维修、使用、检验、监察等环节体现管理和技术要求的全过程;在锅炉、压力容器、压力管道、电梯、起重机械、游乐设施、客运索道、场(厂)内机动车辆、材料、安全附件等设备上体现管理和技术要求的全覆盖。

表 3-3　中国特种设备法规概况

设备类型	主 要 法 规	数 量
锅炉	1. 锅炉压力容器制造监督管理办法 2. 蒸汽锅炉安全技术监察规程 3. 热水锅炉安全技术监察规程 4. 有机热载体炉安全技术监察规程 5. TSG G1001—2004 锅炉设计文件鉴定管理规则 6. TSG G3001—2004 锅炉安装改造单位监督管理规则等	约 25 项
压力容器	1. 锅炉压力容器制造监督管理办法 2. 压力容器安全技术监察规程 3. 锅炉压力容器制造许可条件 4. TSG R3001—2006 压力容器安装改造维修许可规则 5. TSG R7001—2004 压力容器定期检验规则 6. TSG R0002—2005 超高压容器安全技术监察规程等	约 23 项
气瓶	1. 气瓶安全监察规定 2. 气瓶安全监察规程 3. 溶解乙炔气瓶安全监察规程 4. TSG R1003—2006 气瓶设计文件鉴定规则 5. TSG R4001—2006 气瓶充装许可规则 6. TSG R5001—2005 气瓶使用登记管理规则等	约 10 项

续表 3-3

设备类型	主 要 法 规	数 量
压力管道	1. 压力管道安全管理与监察规定 2. 压力容器压力管道设计单位资格许可与管理规则 3. 压力管道安装单位资格认可实施细则 4. TSG D2001—2006 压力管道元件制造许可规则等	约 19 项
电梯	1. 机电类特种设备制造许可规则(试行) 2. 机电类特种设备安装改造维修许可规则(试行) 3. 电梯监督检验规程 4. 液压电梯监督检验规程(试行) 5. 自动扶梯和自动人行道监督检验规程(试行)等	约 9 项
起重机械	1.《起重机械安全监察规定》 2. 起重机械监督检验规程 3. 起重机械型式试验规程 4. 施工升降机监督检验规程 5. TSG Q7001—2006 起重机械制造监督检验规则 6. TSG Q7004—2006 塔式起重机型式试验细则等	约 12 项
场车	1. 轻小型起重机械型式试验细则 2. 轮胎式装载机型式试验细则 3. 液压挖掘机型式试验细则 4. 叉车监督检验规程(2002 版) 5. GB 10827—1999 机动工业车辆安全规范 6. GB 16710.1—1996 工程机械噪声限值 7. JB 6030—1998 工程机械通用安全技术要求等	约 10 项
游乐设施	1. 游乐设施安全技术监察规程 2. 大型游乐设施设计文件鉴定规则(试行) 3. 游乐设施监督检验规程 4. 滑索安全技术要求 5. 蹦极安全技术要求等	12 项
客运索道	1. 客运架空索道监督检验规程(试行) 2. TSG S7001—Z0004 客运拖牵索道安装监督检验与定期检验规则 3. TSG S7003—2005 客运索道型式试验细则等	约 11 项

在《特种设备安全监察条例》颁布后，国家质检总局特种设备安全监察局对特种设备的立法工作进行了改革，按条例的要求，开始特种设备安全技术规范（代号 TSG）的制修订工作，2004 年至今，以 TSG 形式颁布的特种设备安全技术规范 37 个，见表 3-4。

除上述特种设备安全技术规范（TSG）外，2004 年以前制定，目前仍然有效的特种设备规范性文件，见表 3-5。

根据中国《标准化法》中对强制性标准的定义，强制性标准具有强制执行力，与特种设备有关的强制性标准在法规标准体系中的地位相当于特种设备安全技术规范。特种设备强制性标准的数量很多，详见各类设备的标准比较的相关内容，在此不再赘述。

五、第五层次:相关的引用标准(推荐性标准)

是指一系列与特种设备安全有关的经法规、规章或安全技术规范引用的国家标准和行业标准。标准一旦被安全技术规范所引用，具有与安全技术规范同等的效力，具有强制属性，并成为安全技术规范的组成部分。标准是特种设备安全技术规范的技术基础，由标准化组织制定，通常安全监察机构派代表参与标准的制定。目前，与特种设备有关的标准，包括特种设备产品标准、材料标准、性能标准、检测方法标准等共有 1500 余项（见表 3-6）。

表 3-4 已颁布的 TSG 特种设备安全技术规范

序号	种 类	安全技术规范名称
1	综合	TSG Z0001—2004 特种设备安全技术规范制定程序导则
2		TSG Z7001—2004 特种设备检验检测机构核准规则
3		TSG Z7002—2004 特种设备检验检测机构核准鉴定评审细则
4		TSG Z7003—2004 特种设备检验检测机构质量管理体系要求
5		TSG Z0003—2004 特种设备鉴定评审人员考核大纲
6		TSG Z6001—2004 特种设备作业人员考核规则
7	锅炉	TSG G1001—2004 锅炉设计文件鉴定管理规则
8		TSG G3001—2004 锅炉安装改造单位监督管理规则
9		TSG G6001—2006 锅炉安全管理人员考核大纲
10		TSG G7001—2004 锅炉安装监督检验规则
11	压力容器	TSG R0002—2005 超高压容器安全技术监察规程
12		TSG R0001—2005 非金属压力容器安全技术监察规程
13		TSG R3001—2006 压力容器安装改造维修许可规则
14		TSG R7001—2004 压力容器定期检验规则
15		TSG R6002—2006 医用氧舱维护管理人员考核大纲
16		TSG R6003—2006 压力容器压力管道带压密封作业人员考核大纲
17		TSG R5001—2005 气瓶使用登记管理规则
18		TSG R1003—2006 气瓶设计文件鉴定规则
19		TSG R4001—2006 气瓶充装许可规则
20		TSG R6004—2006 气瓶充装人员考核大纲
21		TSG R0003—2007 简单压力容器安全技术监察规程
22	压力管道	TSG D2001—2006 压力管道元件制造许可规则
23		TSG D2002—2006 燃气用聚乙烯管道焊接技术规则
24		TSG D7001—2005 压力管道元件制造监督检验规则(埋弧焊钢管与聚乙烯管)
25		TSG D7002—2006 压力管道元件型式试验规则
26		TSG D6001—2006 压力管道安全管理人员和操作人员考核大纲
27	安全阀	TSG ZF001—2006 安全阀安全技术监察规程
28		TSG ZF002—2005 安全阀维修人员考核大纲
29	起重机械	TSG Q7001—2006 起重机械制造监督检验规则
30		TSG Q7004—2006 塔式起重机型式试验细则
31		TSG Q7011—2006 旋臂式起重机型式试验细则
32		TSG Q7013—2006 机械式停车设备型式试验细则
33	客运索道	TSG S7001—2004 客运拖牵索道安装监督检验与定期检验规则
34		TSG S7002—2005 客运缆车安装监督检验与定期检验规则
35		TSG S7003—2005 客运索道型式试验规则
36		TSG S7004—2005 客运拖牵索道型式试验细则
37		TSG S7005—2005 客运索道部件型式试验细则

表 3-5　目前有效的特种设备规范性文件

序号	种　类	规范性文件名称(安全技术规范)
1	承压类特种设备	锅炉压力容器检验单位监督考核办法
2		锅炉压力容器压力管道及特种设备检验人员资格考核规则
3		特种设备无损检测人员考核与监督管理规则
4		锅炉压力容器压力管道焊工考试与管理规则
5		蒸汽锅炉安全技术规程
6		热水锅炉安全技术规程
7		有机热载体炉安全技术规程
8		锅炉压力容器制造许可条件
9		锅炉压力容器制造许可工作程序
10		锅炉压力容器使用登记管理办法
11		锅炉房安全管理规则
12		锅炉司炉人员考核管理规定
13		锅炉压力容器产品安全性能监督检验规则
14		锅炉定期检验规则
15		工业锅炉 T 型接头对接焊缝超声波探伤规定
16		压力容器安全技术监察规程
17		液化气体汽车罐车安全监察规程
18		气瓶安全监察规程
19		压力容器压力管道设计单位资格许可与管理规则
20		医用氧舱安全管理规定
21		压力管道安全管理与监察规定
22		压力管道安装单位资格认可实施细则
23		压力管道使用登记管理规则
24		压力管道安装安全质量监督检验规则
25		在用工业管道定期检验规程
26	机电类特种设备	机电类特种设备制造许可规则
27		机电类特种设备安装改造维修许可规则
28		特种设备注册登记与使用管理规则
29		电梯监督检验规程
30		液压电梯监督检验规程
31		杂物电梯监督检验规程
32		自动扶梯和自动人行道监督检验规程
33		起重机械型式试验规程
34		起重机械监督检验规程
35		施工升降机监督检验规程
36		客运架空索道监督检验规程(试行)
37		游乐设施安全技术监察规程(试行)
38		蹦极安全技术要求(试行)
39		滑索安全技术要求(试行)
40		大型游乐设施设计文件鉴定规则(试行)
41		游乐园管理规定
42		游乐设施监督检验规程
43		特种设备作业人员培训考核管理规则
等等		

表 3-6　中国特种设备标准概况(包括强制性和推荐性标准)

设备类型	主　要　标　准	数量(所了解到的)
锅炉	1. GB 9222《水管锅炉受压元件强度计算》 2. GB 10184《电站锅炉性能试验规范》 3. GB 50273《工业锅炉安装工程施工及验收规范》 4. GB 1576《工业锅炉水质》等	约 93 项
压力容器	1. GB 150《钢制压力容器》 2. JB 4732《钢制压力容器　分析设计标准》 3. GB 151《管壳式换热器》 4. GB 6654《压力容器用钢板》 5. JB 4708《钢制压力容器焊接工艺评定》 6. JB/T 4730《承压设备无损检测》等	约 125 项
气瓶	1. GB 5099—1994《钢质无缝气瓶》 2. GB 5100—1994《钢质焊接气瓶》 3. GB 5842—1996《液化石油气钢瓶》 4. GB 19158—2003《钢质无缝气瓶定期检验与评定》 5. GB 19533—2004《汽车用压缩天然气钢瓶定期检验与评定》 6. GB 18299—2001《机动车用液化石油气钢瓶集成阀》等	约 70 项
压力管道	1. GB 50251—2003《输气管道工程设计规范》 2. GB 50253—2003《输油管道工程设计规范》 3. GB 50316—2000《工业金属管道设计规范》 4. GB 50028—2006《城镇燃气设计规范》 5. GB 50350—2005《油气集输设计规范》 6. GB 50369—2006《油气长输管道施工及验收规范》 7. GB/T 20801《压力管道规范 工业管道》等	约 830 项
电梯	1. GB 7588—2003《电梯制造与安装安全规范》 2. GB 16899—1997《自动扶梯和自动人行道的制造与安全规范》 3. JG 135—2000《杂物电梯》 4. JG 5071—1996《液压电梯》 5. GB/T 18775—2002《电梯维修规范》 6. GB/T 7024—1997《电梯、自动扶梯、自动人行道术语》	约 39 项
起重机械	1. GB 6067—1985《起重机械　安全规程》 2. GB 5144—1994《塔式起重机安全规程》 3. GB 5226.2—2002《机械安全 机械电气设备第 32 部分:起重机械技术条件》 4. GB/T 783—1987《起重机械　最大起重量系列》 5. GB/T 3811—1983《起重机设计规范》等	约 308 项
场车	GB 10827—1999《机动工业车辆安全规范》 GB 16710.1—1996《工程机械噪声限值》 JB 6030—1998《工程机械通用安全技术要求》 JB/T 2391—1994 0.5t～10t《平衡重式叉车技术条件》 JB/T 3688.2—1998《轮胎式装载机技术条件》 GB/T 9139.2—1996《液压挖掘机技术条件》等	约 10 项
游乐设施	1. GB 8408—2000《游艺机和游乐设施安全》 2. GB 18158～18170—2000《游艺机通用技术条件》等	19 项
客运索道	1. GB 12352—1990《客运架空索道安全规范》 2. GB/T 13676—1992《双线往复式客运架空索道设计规范》等	约 12 项

第五节 法规与标准间的关系

一、强制性方面

在中国，特种设备安全技术规范和有关的强制性国家标准（不管是否被安全技术规范引用），都是强制性的；但对于推荐性标准，一经安全技术规范引用，就具有强制性作用。

由于特种设备安全技术规范是按照《特种设备安全监察条例》授权制定并颁布实施，因此其要求必须强制执行。中国《标准化法》中对强制性标准的定义，使中国的强制性国家标准具有强制执行力。

二、内容方面

特种设备安全技术规范是政府对特种设备安全监察全方位、全过程的基本安全要求和管理要求，是由政府颁布的，特种设备监督管理部门为了实施法律、法规所采取的具体要求和措施，是政府管理意志的体现，是社会和大众的安全需求与经济发展、技术水平、管理成本、具有强制性、内容统一性。安全技术规范宜只提出基本安全要求（原则性），不过多涉及具体的实现方式和技术方法（这是技术标准的任务），安全技术规范可以引用技术标准，但只要能够满足安全技术规范的基本要求，任何的实现方式和技术方法都应当是可以接受的，否则将阻碍科学技术的发展；当采用非标准方法时，应当规定评审程序。

标准是产品或方法要求，是各方利益协调一致的产物，也是生产方向用户的一种承诺。标准指导产品的生产或技术方法的实现，侧重产品制品的环节控制和质量要求（细节），在中国也由政府部门发布（国外一般是由标准化技术委员会发布），是成熟技术或方法的体现。标准一般是（纯）技术上的要求，在满足法规基本要求的基础上，适当考虑先进与实用、经济成本和各方利益。标准是安全技术规范的技术支撑，标准要清晰表述如何实现及满足基本安全要求，是达到基本安全要求的重要（主要）途径，但不是唯一途径；当更新、更高的技术出现时，标准要及时反映科学技术的进步。

三、特性方面

安全技术规范规定了特种设备安全的基本要求，数量不是很多，不涉及技术细节；而标准是法规标准体系的技术支撑，数量众多，涉及特种设备产品和技术方法的方方面面；法规标准应当相互融合，协调发展，互不排斥，一起构成特种设备法规标准和谐统一的体系。

技术标准在国际上可以具有相对统一的、固定的特性，在理论上是可协调的，在实践上也能达到一定程度的一致，如欧洲协调标准、国际标准化机构和区域标准化机构的标准都是在协调一致的基础上产生的。而法规缺乏这种国际的统一的特性，常常因国家与文化特性的差异而不同，而且涉及国家主权问题，因此，追求国家之间法规的一致性难度极大，除非国家之间出于政治目的需要联合，如欧洲各国组成的欧洲联盟。

法规、强制性国家标准是没有版权的，而推荐性标准则受到版权保护。这也是为何法规、强制性国家标准可以并应该向社会公众和任何利益相关方免费提供；而推荐性标准一般要收取一定费用的原因。

标准一般只针对某种产品、某项工艺，而技术法规不仅可针对某种产品，还可覆盖某一行业和某一领域。如起重机安全技术规范涉及各种类型的起重机，而桥式起重机标准只是对特定类型的起重机而言。

四、贸易方面

在贸易方面，一般认为，法规、技术标准与合格评定程序是保证产品满足消费者需求的基本技术性措施，当其用作国际货物贸易中产品市场准入的尺度时，则构成技术性贸易措施。各国以安全、健康、环保为目标、以强制性技术要求为手段制定出形式多样的技术法规，通过一些复杂的管理程式对其他经济体的货物贸易构成壁垒已成趋势，简而言之。就是技术性贸易措施在法规中生根，在技术标准中实现。

标准对产品及其生产过程的技术要求是明确的、具体的，一般都是量化的，因此，其对进入国际贸易的货物的影响也是显而易见的。与之比较，法规的技术要求虽然明确，但通常是非量化的、宏观的，有很大的演绎和延伸的余地。因此,其对进入国际贸易的货物的壁垒作用是隐性的。标准的壁垒作用是显性的,而法规的壁垒作用往往是隐性的;推荐性标准的采用是自愿性的,而法规(和强制性标准)的实施则是强制性的。

法规(安全技术规范和强制性国家标准)、推荐性技术标准、合格评定程序(包括行政许可程序)是构成特种设备技术性贸易措施体系的基本要素。特种设备是具有一定危险性的产品,涉及公众及财产的安全,对特种设备而言,应当建立以安全技术规范为主体的法规标准体系,利用安全技术规范的强制性,辅以完善的技术标准和合格评定程序,提高我国特种设备产品的国际竞争力。

第六节 特种设备法规制定程序

一、特种设备规章制定程序

有关特种设备的政府规章由国家质量监督检验检疫总局归口管理。规章的制定程序由"国家质量监督检验检疫总局规章制定程序规定"规定,其程序包括立项、起草、审查、决定与公布、解释与备案等。

立项:根据国家质检总局的总体工作部署和实际需要,国家质检总局各司局认为需要制定规章的,应当结合本司局的职责范围,于每年1月底前提出本年度的规章立项申请。法规司对各司局提出的规章立项申请汇总研究后,拟订国家质检总局年度规章制定工作计划,报国家质检总局批准后印发执行。根据质量监督检验检疫工作的需要,未列入年度规章制定工作计划而又必须制定的规章,经法规司商有关司局并报国家质检总局批准后,可作为补充计划执行。

起草:列入年度规章制定工作计划的规章由主管司局负责起草。法规司应当对规章起草工作进行立法指导、协调。起草规章,应当深入实际调查研究,广泛听取有关单位、专家及公民的意见。听取意见可以采取书面征求意见、座谈会、论证会、听证会等多种形式。必要时,经国家质检总局同意,可以将起草的规章对外公布,征求意见。

审查:规章起草工作完成后,起草司局应当将规章草案送审稿及其起草说明、对主要问题的不同意见和其他有关材料送法规司作审查。审查后,由法规司将规章草案送审稿或者其涉及的主要问题发送有关组织和专家征求意见,并深入基层进行实际调查研究,听取基层有关机关、组织和公民的意见。对重要的规章草案送审稿以及涉及的主要问题有意见分歧的规章草案送审稿,法规司可以组织召开座谈会、论证会、听证会等,充分听取意见,研究论证。对于不同意见,要进行充分协调,力争达成一致;不能达成一致意见的,要把争议的实质要点及倾向性意见上报国家质检总局决定。法规司经认真研究有关方面的意见,并与起草司局充分协商后,对规章草案送审稿进行修改,形成规章草案和对规章草案的说明。对于已经完成的规章草案及其说明,由法规司提出提请国家质检总局局务会议审议的建议。

决定与公布:国家质检总局规章应当经国家质检总局局务会议审议决定。法规司应当根据局务会议审议时做出的决定,对规章草案进行修改后,报请局长签署命令予以公布。公布规章的命令应当载明该规章的序号、规章名称、通过日期、施行日期、局长署名以及公布日期。规章公布后,应当及时在国务院公报或者国家质检总局公报以及全国范围内发行的有关报纸上刊登。在国务院公报或者质检总局公报上刊登的规章文本为标准文本。

解释与备案:规章由国家质检总局负责解释,对规章的解释由法规司参照规章草案审查程序会商有关司局提出意见,报请国家质检总局批准后对外公布。国家质检总局的规章解释同规章具有同等效力。

规章应当在公布后30日内,由法规司按照有关规定报送国务院法制办公室备案。

二、特种设备安全技术规范制定程序

中国的特种设备安全技术规范由国家质检总局特种设备安全监察局归口管理,综合协调安全技术法规体系的建设工作,具体负责安全技术规范的立项、审查、征求意见、向WTO通报。主要涉及管理要求的安全技术规范,由国家质检总局领导签发;主要涉及技术要求的安全技术规范,由国家质检总局领导授权特种设备安全监察局局长签署。已批准的安全技术规范的目录由国家质检总局予以公布。

为充分发挥技术机构和安全技术专家的作用,体现开放立法的原则,中国特种设备检测研究中心设立法规标准部(法规室),具体承担安全技术规范的组织起草工作,起草组由安全技术规范涉及领域的技术或管理专家组成。同时,国家质检总局成立特种设备安全技术委员会,负责特种设备安全技术规范的审议。

安全技术规范的制定程序包括立项、起草、审查、征求意见、审议、批准、颁布、解释和修订。

立项:国家质检总局特种设备安全监察局负责提出特种设备安全技术规范制定工作立项计划,向中国特种设备检测研究中心下达特种设备安全技术规范起草任务书。

起草:中国特种设备检测研究中心负责按任务书的要求组织起草组进行安全技术规范的起草工作,向特种设备安全监察局提交安全技术规范征求意见稿。特种设备安全监察局对安全技术规范的起草工作进行指导、协调。

审查:特种设备安全监察局按任务书的要求对安全技术规范征求意见稿进行审查。

征求意见:安全技术规范的征求意见稿由特种设备安全监察局征求基层部门、有关单位和专家及公民的意见,由中国特种设备检测研究中心汇总征求到的意见,提交给起草组,由起草组根据汇总的意见对安全技术规范进行修改,形成送审稿。对所征求到的意见,起草组要做出采纳、部分采纳、不采纳处理,对不采纳的,还要进行说明,并将处理结果汇总,连同送审稿一起,报国家质检总局特种设备安全监察局。

审议:由特种设备安全监察局将安全技术规范送审稿提交给国家质检总局特种设备安全技术委员会审议,由中国特种设备检测研究中心统计审议结果并汇总审议意见,提交给起草组,由起草组根据汇总的意见对安全技术规范进行修改,形成报批稿。对审议意见,起草组要做出采纳、部分采纳、不采纳处理,对不采纳的,还要进行说明,并将处理结果汇总,连同报批稿一起,报国家质检总局特种设备安全监察局。

需向 WTO/TBT 通报的安全技术规范,由国家质检总局按有关规定向 WTO/TBT 通报。

批准和颁布:报批稿由国家质检总局批准,批准后颁布、实施,并采取固定的格式印制,作为正式有效文本。

解释:特种设备安全监察局负责安全技术规范的解释。

修订:由中国特种设备检测研究中心负责按特种设备安全监察局的要求组织对安全技术规范实施过程中局部内容的修订,修订的内容经国家质检总局批准后对外公布,修订部分的内容与原规范具有同等效力。

安全技术规范的制定工作由 TSG 00001—2004《特种设备安全技术规范制定程序导则》予以规范。制定工作流程如图 3-3。

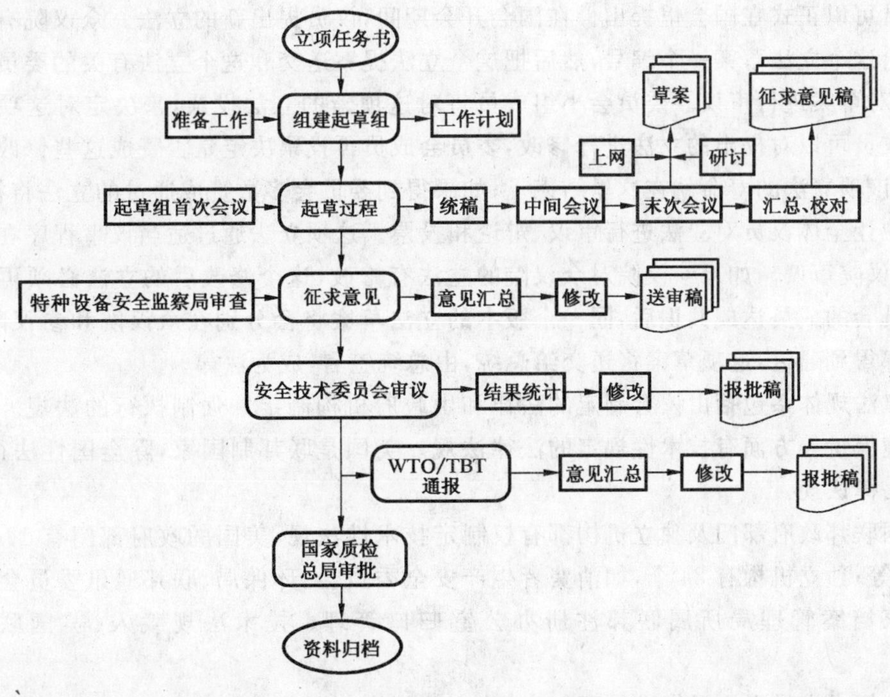

图 3-3

第四章 国外特种设备标准法规简述

第一节 美国特种设备标准法规

美国实行联邦体制,美国的法律体系不是集中统一的,是由联邦法律和各州法律组成。其立法层次分别为:联邦和州的宪法、法律、条约、法院规则、行政机关的规章和决议。虽然就法律效力而言,联邦法律高于州法律,但联邦法律并不能随意推翻或改变州的法律,而只能在联邦宪法授权的范围内规范各州的法律事务。对于联邦法没有规定的事项,优先采用州法规。国家法律没有规定的地方事务管理权均为各州所保留,各州和地方在地方事务管理上有很大自主权,州法律是美国法律体系的基础部分,在规范和管理社会生活中发挥着重要作用。美国 50 个州都有自己的宪法和法律,各州之间的法律不完全相同。这在很大程度上影响了法律的统一实施。为了减少地区之间的法律冲突和执法司法中的麻烦,美国一直在努力统一各州的法律,其做法之一是制定带有范例性质的“统一法律草案”。这些所谓的“统一法律草案”不是由立法机关颁布的,而是由“美国统一州法律全国代表大会”委托专家学者或有关协会起草,然后经过一系列听证、辩论、修改后公布于众,交给各州的立法机关。如果该“法律”获得某个州立法机关的通过,就成为该州的法律,否则在该州没有任何法律效力。各州的立法机关可以决定全部采用某个“统一法律草案”,也可以决定部分采用或变通采用该“统一法律草案”。

美国国会是美国政府的最高立法机构。国会分众议院和参议院两院。众议院议员有 435 人,每一个州众议院里议员的席次是以其人口依比例计算,任期为 2 年。参议院里总共有 100 席位,每一个州都有两名参议员,每一名参议员的任期为 6 年。参议员和众议员被选民选入国会,其主要职责之一就是制定法律。美国国会的立法程序从拟定立法草案开始。在美国,任何人都可以拟定立法草案,但是任何新立法只有国会议员可以正式在国会里提出。在国会开会期间,议员提出新的立法。众议院有关单位在收到新的立法后会给这个立法草案一个编号,然后把这个立法提案送交和这个立法有关的委员会或小组委员会,让小组成员对草案进行审议。委员会小组成员将对这项新的立法投票,来决定对这项立法采取什么行动。委员会成员可以对提出的立法进行修改,委员会成员再投票决定是否赞成这些修改。如果没有得到委员会批准,该项立法的寿命就在这里结束了;如果得到委员会多数赞成通过的立法将被送到众议院,在众议院院会中让全体议员对立法进行审议、辩论和投票。这项立法通过适当议事程序在众议院全院表决后,将送到参议院审议。如果参议院对众议院的立法有修改,这个修改后的立法必须再送回众议院审议。当议会委员会的成员达成共识后,同一个版本的立法草案将会分别在众议院和参议院表决,如果立法草案在两院都得到通过,这项草案将送交给总统,由总统签署,成为法律。

美国的法律法规体系包括由议会制定的法律和由政府机构制定并强制执行的法规。技术法规是指卫生、安全、环境保护等方面有技术性规定的法律法规。美国是联邦制国家,除全国性法律法规外,每个州还有自己的法律法规。

所有的美国联邦政府部门及独立机构都有权制定技术性法规,美国的政府部门有 17 个,如劳工部、能源部、交通部等;独立机构有 84 个,如消费者生产安全委员会、环保局、联邦通讯委员会等。美国技术法规由美国国家档案管理局所属联邦注册办公室归口管理。技术法规载入《美国联邦规章法典》(CFR)中。

美国技术法规中大量引用了标准。近年来,政府部门自行制定的标准越来越少,更多地引用非政府机构制定的标准,并鼓励政府官员参加自愿性标准的制修订工作,从而避免了重复劳动,降低了成本。美国特种设备相关法规概况如表 4-1 所示。

表 4-1　美国特种设备相关法规概况

设备类型	主要法规	数量(所了解到的)
锅炉压力容器	1.《美国职业安全卫生法》 2.《危险品运输法》等	—
气瓶	1.《危险品规程》第 178 卷 C 2.《职业安全卫生法》1910　第 H 部分等	约 34 项
压力管道	1.《美国联邦法典》第 49 部　第Ⅷ分册 管道　第 601 章 2.《美国 2002 年管道安全促进法》第 49 部运输第 Ⅶ 篇管道第 601 章安全 3.《美国联邦法》第 29 部 公共卫生　第 403 章 环境保护天然气管道的定线等	约 50 项
电梯	1.《美国职业安全卫生法》,联邦法典第 29 篇 2.《美国消费产品安全法》,联邦法典第 16 篇等 3.《加利福尼亚州劳动法》第五篇　第 3 部分:在建筑物的安全　第 1 章　第 7200～7205 节;第 2 章　建筑电梯　第 7300～7322 节 电梯 4. 加利福尼亚州《电梯法令》(Elevator Safety Orders 3000～3139) 5. 美国产品质量法及其授权制定的劳动安全卫生规章和判例等	约 12 项
起重机械	1.《美国职业安全卫生法》 2. OSHA 规章　1910.179《桥式和门式起重机》 3. OSHA 规章　1910.180《履带式、机车式和卡车式起重机》 4. OSHA 规章　1910.181《臂架式起重机》 5. OSHA 规章　1910.306《专门设备和装置》 6. 实行本州劳动安全卫生计划的各州法律法规等	约 42 项
场车	1. OSAH 规章 1915.115《起升和牵引设备》 2. OSAH 规章 1926.601《机动车辆》 3. EPA Tier1-Tier4《非道路移动设备排放技术法规》等	约 3 项
游乐设施	1.《美国消费产品安全法》 2.《游乐园运营规范》 3.《展会和嘉年华运营规范》 4.《游乐设施安全法》等	约 45 项

美国国家标准协会(ANSI)创立于 1918 年 10 月 18 日,是一私营的非营利组织,负责管理和协调自愿标准化和合格评定系统。ANSI 的使命是通过促进和协助自愿一致的标准和合格评定系统工作,并维护他们的完整性,来提高美国商业全球的竞争力和美国人民的生活质量。ANSI 一般情况下并不起草标准,只是批准经 ANSI 接受的标准制定组织起草,按照《美国的国家标准的制定和协调的 ANSI 程序》制定的标准作为美国国家标准。简单地说,ANSI 是标准起草组织组成的学会,起着协调标准的起草和制定,减少重复性工作,提高标准的权威性的作用。

美国标准体系由联邦标准体系、以美国国家标准协会(ANSI)为协调中心的国家标准体系和非政府机构(民间团体)的专业标准体系组成。美国采用自愿性标准体系,标准本身不具有强制性。美国自愿性标准由国家标准、协(学)会标准和企业(公司)标准三个层次组成。自愿性标准的特征是自愿参加制定,自愿采用。

在美国,移动式压力容器(含气瓶)以及压力管道的管理有相应的联邦法律,如《危险品运输法》、《管道安全法》、《管道安全再授权法》、《石油污染法》等以及运输部所制定的《危险品规程》。除此之外,在美国联邦政府层面上,没有针对电梯、锅炉和固定式压力容器、游乐设施的专门法律法规规定,但各州都有其相应的法律、规章，对联邦法律没有规定的事项进行规定和管理。在州法律层面，绝大多数州都有各自的电梯、锅炉与压力容器、起重机械、游乐设施等安全法规。如加州《劳动法》中的“锅炉与压力容器”；加州行政规章《工业安全法》中的“非受火压力容器安全法”和“锅炉与受火压力容器安全法”；加州为移动游乐设施而制定的《游乐设施安全法》和为固定式游乐设施而制定的《永久性游乐设施安全法》等。加州是对特种设备的管理种类最为齐全、管理最为深入的州之一，政府监督管理的特种设备包括锅炉、压力容器、电梯、起重机械、游乐设施和索道。纽约州政府劳工部监督管理的特种设备只包括锅炉、压力容器、电梯、游乐设施和索道。

另外，美国劳动部根据《职业安全卫生法》制定了《职业安全卫生规章》（录入联邦 CFR 之中），规章是授权制定、颁布并强制执行的部门规章，对涉及气瓶、电梯、起重机械、场（厂）内机动车辆等使用有关的职业安全卫生进行管理。

电梯作为消费品必须符合《消费产品安全法》。美国联邦法律和州法律涉及场车的仅有联邦环境保护署发布的《非公路用设备排放标准》，该标准对于场车的排放指标的限制具有强制法律约束力。

对于特种设备多数州在法规中采纳美国机械工程师学会的锅炉、压力容器、压力管道、电梯、起重机械、厂车标准，压力管道还采用了美国石油学会、美国防腐学会的标准；气瓶检验、使用方面的标准更多地采用了美国压缩气体协会的标准；美国游乐设施现行的安全标准大多数州采用的是美国测试和材料学会的标准。美国特种设备相关标准概况如表 4-2 所示。

表 4-2　美国特种设备相关标准概况

设备类型	主　要　标　准	数量(所了解到的)
锅炉	1. ASME《性能试验规范》(ASME PTC 规范) 2. ASME《锅炉压力容器规范》(ASME-BPV 规范) 3. ASME Ⅰ《动力锅炉建造规则》 4. ASME Ⅸ《焊接和钎焊评定》等	4 项
压力容器	1. ASME Ⅷ-1《压力容器建造规范　常规设计》 2. ASME Ⅷ-2《压力容器建造规范　分析设计》 3. ASME Ⅷ-3《压力容器建造规范　超高压容器》 4. ASME Ⅱ《材料》 5. ASME Ⅴ《无损检测》 6. ASME Ⅸ《焊接工艺评定》等	约 23 项
气瓶	1. CGA C-7:2004《压缩气体气瓶预防性标签和标记的制备指南》 2. CGA C-8:2005 DOT-3HT,CTC-3HT,TC-3HTM《钢质无缝气瓶验收标准》 3. CGA C-15:2002《气瓶设计验证和使用性能试验程序》 4. ANSI/CSA NGV2 2000《车用压缩天然气气瓶基本要求》 5. CFFC-2000《碳纤维增强铝合金内胆全缠绕气瓶》 6. CGA C-6.2:2005《高压纤维增强压缩气体气瓶宏观检查与验收指南》等	约 38 项
压力管道	1. ASTM G 20-1988《管道涂层抗化学药物腐蚀性的试验方法》 2. ASME B 31 系列《管道的安全技术规范》 3. API RP 581《基于风险的检测》 4. NACE《系列关于管道腐蚀方面的标准》等	约 290 项
电梯	1. ASME A17.1《电梯和自动扶梯安全规范》 2. ASME A17.2《电梯、自动扶梯及自动人行道检验指南》 3. ASME A17.3《在用电梯和自动扶梯安全规范》 4. ASME A17.4《紧急人员指南》 5. ASME A17.5《电梯和自动扶梯电气设备》等	约 7 项

续表 4-2

设备类型	主　要　标　准	数量(所了解到的)
起重机械	1. ASME B30.2-2001《桥式和门式起重机》 2. ASME B30.3-2004《建筑塔式起重机》等	约 55 项
场车	1. ASME B56.5-1993《工业轨道式车辆和载人工业车辆自动化功能的安全标准　附录》 2. ASME B56.6《越野叉车》 3. ASME B56.7《工业起重车》 4. ASME B56.8《载人和载货搬运车》 5. ASME /ANSIB56.9a-1992 作为 ASME B56.9-1992 的附录《机动与非机动工业车辆　司机控制的工业牵引车的安全标准》等	约 24 项
游乐设施	1. ASTM F 2291《游艺机和游乐设施设计》 2. ASTM F 1193-03《游乐设施制造质量标准惯例》等	28 项

第二节　欧盟特种设备标准法规

欧盟法规体系分为四种：条例、指令、决定、建议和意见。其中条例、指令、决定具有约束力，建议和意见没有约束力。

在欧盟，欧盟委员会、欧盟理事会和欧洲议会分享欧盟的立法权，而欧盟理事会享有决定性的权力。

欧盟法规主要是欧盟理事会和欧盟委员会依据四个基础条约(《欧洲煤钢共同体条约》、《欧洲经济共同体条约》、《欧洲原子能共同体条约》、《欧洲联盟条约》)制定的各种规范性法律文件，主要形式包括条例、指令和决定等，正式批准的文件颁布在每个工作日出刊的《欧盟官方公报》的 L 卷上。

条例：具有普遍的适用性、全面约束力和直接适用性，相当于议会通过的法令，须经欧洲议会和欧盟理事会三读批准后方能颁布实行，条例生效后各成员国必须执行，无须转化成本国立法。条例具有基础条约实施细则的性质，条例不只是规定所要达到的结果，在方式和手段上也要服从条例的规定。对成员国来说，实施条例在原则上没有自由选择的余地，在成员国国内不用制定适用条例的法律，条例本身便具有约束力，而且条例不仅仅只是约束成员国，还约束国内的个人。

指令：是对成员国具有约束力的欧洲经济共同体法律，一般给成员国一定的期限使其转化为成员国本国法律。指令对所有的成员国都有约束力。指令是对成员国发出的，而不是对个人发出的。对成员国的约束也与条例不同，只要达到指令要求的目标，成员国在具体的方式和手段方面可以自由选择。成员国在实施指令的同时必须修订或废除与指令有悖的国内法律。欧盟指令主要调整产品生产环节，对于在用设备的监察要求，欧盟没有统一要求，由各成员国自行规定。

在欧盟技术法规体系中，指令占主导地位。欧盟绝大多数产品的技术立法都是以指令的形式发布，只有很少部分是以条例或决定等形式出现的。

欧盟技术协调指令的制定有两种不同的方式，因此其技术协调指令也分为两种类型。

旧方法指令(Old Approach Directives)：1985 年前的技术协调指令通常对产品的规格和技术要求做出详细规定，要求成员国完全执行。按照这种方法制定的欧盟指令主要集中在药物、农药、食品添加剂和机动车辆等领域。

新方法指令(New Approach Directives)：1985 年，欧共体理事会颁布了《关于技术协调与标准的新方法的决议》(85/C136/01)，建立了以新方法指令为主体的较完善的技术法规体系。新方法指令的特点是只在安全、健康、环保等方面制定基本的、强制性的要求，达到指令目标要求的途径是多方面的、有选择余地的，而对指令要求的符合程度则由相应的合格评定程序予以判定。《承压设备指令》就属于新方法指令的一种。

决定(Decisions):是有明确针对对象的有约束力的法律文件,它可针对特定成员国或所有成员国发布,也可以针对特定的企业或个人发布,还可针对进口自欧盟之外经济体的具体产品。它与条例有类似的效力,但是适用的范围不同。条例具有普遍性,对所有成员国具有约束力,而决定只具有特定的适用性,是针对个别、具体、确定的群体、个人或事件。

建议和意见:不具有法律的约束力,但一经发布,对有关国家的公众舆论具有一定的影响力。建议和意见不是法律,可由理事会或委员会通过。

欧盟对于特种设备的管理涉及锅炉压力容器和压力管道等压力设备,电梯、游乐设施、起重机械和厂内机动车辆,客运索道等。相关的法规有:《承压设备指令》、《简单压力容器指令》、《电梯指令》、《通用产品安全指令》、《机械指令》、《移动承压设备指令》、《陆路危险品运输指令》、《铁路危险品运输指令》、《索道指令》、《电磁兼容指令》、《噪声指令》、《非道路用移动机械内燃机的气体和颗粒污染物排放指令》、《物理量(振动)对工人承受致险的最低健康和安全要求指令》等,涉及了锅炉、固定式压力容器、移动式压力容器(含气瓶)、电梯、起重机械、厂车等设备。目前,欧盟没有关于游乐设施方面的专门指令。欧盟成员国有关压力容器安全管理法律或法规,均采纳了欧盟有关指令要求。而本国标准体系则由转化为本国标准的 EN 标准、本国标准和本国一些协会标准构成。欧盟特种设备相关法规概况如表 4-3 所示。

表 4-3 欧盟特种设备相关法规概况

设备类型	主 要 法 规	数量(所了解到的)
锅炉压力容器	1. 97/23/EC《承压设备指令》关于统一各成员国有关承压设备的法律 2. 92/42/EEC《热水锅炉指令》 3.《简单压力容器指令》等	3 项
气瓶	1. 99/36/EC《承压移动设备指令》 2. 94/55/EC《危险品公路运输指令》 3. 96/49/EC《危险品铁路运输指令》等	3 项
压力管道	1. 97/23/EEC《压力设备指令》Pressure Equipment Directive 2.《GSG 设备安全法》等	约 10 项
电梯	1. 95/16/EC《电梯指令》 2. 89/392/EEC《机械安全指南》等	2 项
起重机械	1. 通用产品安全指令(92/95/EEC;2001/95/EC) 2. 98/37/EC《机械指令》等	约 9 项
场车	1. 98/37/EC《关于统一各成员国有关机械法律的欧洲议会和欧洲理事会指令》 2. 92/31/EEC《关于统一各成员国有关电磁兼容法律的 89/336/EC 号指令进行修改的理事会指令》。[89/336/EC《关于统一各成员国有关电磁兼容法律的欧洲议会和欧洲理事会指令》] 3. 2000/14/EC《关于统一各成员国有关噪声法律的欧洲议会和欧洲理事会指令》 4. 2004/44/EC《关于统一各成员国有关非道路用移动机械内燃机的气体和颗粒污染物排放法律的 97/68/EC 号指令进行修改的欧洲议会和欧洲理事会指令》 5. 2002/44/EC《关于统一各成员国关于物理量(振动)对工人承受致险的最低健康和安全要求的欧洲议会和欧洲联盟理事会指令》等	约 5 项
游乐设施	1. 工作场所职业健康与安全 框架 2.《产品安全指令》(在游乐设施与游乐园管理方面,欧盟还没有专门的法律法规。但其现有的一些法规规定可以适用游乐设施安全管理)等	2 项
客运索道	欧洲议会与委员会 2000/9/EC 关于客运索道设计的指令等	1 项

欧盟技术标准是欧盟委员会授权区域标准化组织(欧洲标准化委员会 CEN、欧洲电工标准化委员会 CENELEC 和欧洲电信标准学会 ETSI)制定的,也称"协调标准"(EN)。

欧盟标准体系的特点是与其技术法规紧密相连。欧盟技术法规的制定仅限于产品在欧盟统一大市场中流通时所必须符合的保证安全、健康、消费者保护与环境保护的基本要求，并不对符合要求的具体途径做出强制性规定。只有完全符合这些基本要求的产品才能在欧盟境内销售和使用，至于如何使产品符合指令中的基本要求的，并没有列出具体的技术细节，而是通过发布“协调标准”(EN)的方式为制造商和进口商提供指导。

协调标准的制定以基本健康和安全要求为基础，它是满足指令基本要求的“快速跑道”，协调标准具有“据此推断符合基本要求”的地位，是制造商证明产品符合指令要求的一种工具。目前，依据新方法指令的基本要求制定的协调标准达 2000 余项，《欧盟官方公报》不定期地公布与相关指令相适应的协调标准题录。但这些协调标准在新方法指令中仍然保留其自愿采用的性质，它为生产企业正确实施新方法指令提供了更多的选择机会。然而，指令往往又赋予协调标准特殊的地位，也就是凡符合协调标准的产品，可以被推定为符合指令的基本要求。借助协调标准，欧盟技术法规达到其既定目标。这种符合性推断，使得欧盟各成员国的生产商和拟向欧盟出口产品的其他国家的生产商以采用欧洲协调标准为达到欧盟相关指令的首选措施。否则要经过政府指定的第三方公正检验机构检验，证明符合技术法规的规定。

与以上欧盟指令相关联的欧州协调标准数量巨大，如 EN 12952《水管锅炉及其辅机安装》系列标准和 EN 13445《非直接接触火焰压力容器》系列标准，涉及锅炉、压力容器材料、部件(附件)、设计、制造、安装、使用、检验、合格评定等诸多方面，EN 286《简单压力容器通用标准》及特定用途容器标准等；管道标准：EN 13480《金属工业管道》等 100 余项标准，涉及压力管道的设计、安装、防腐、配件等标准；气瓶标准：EN 1964-1《可移动重复充装的、容积在 0.5L～150L 的气瓶 第 1 部分材料抗拉强度 R_m 小于 1100MPa 的钢制无缝气瓶的设计制造技术规范》等 70 余项，涉及气瓶的基础性要求、设计制造、检验方法、附件、充装、定期检验等标准；EN 81《电梯》系列标准、起重机械标准：EN 292《机械设计》、EN 1050《风险评估》、EN 418《紧急停止设备》、EN 574《双手控制》、EN 201《成型机械》、EN 474《推土机械》及几百项的部件标准；厂车标准：EN 1726.1《机械安全　负载量小于等于 10 000kg 的机动车辆和牵引力小于等于 20 000N 的牵引车—第 1 部分：通用技术条件》等 20 余项，涉及不同用途的厂车标准和专项安全标准；游乐设施标准：EN 13814《露天及游乐园机器与构筑物安全》、EN 13782《临时性构筑物－帐篷安全》，索道标准：EN12929-1《一般规定　第 1 部分：对所有索道的要求》、EN 12929-2《一般规定　第 2 部分：无承载索制动器的往复式索道的补充规定》、EN 12930《计算》等 23 项，涉及索道的设计、制造、安装、维护、运行和救援等全部内容。

欧盟特种设备相关标准概况如表 4-4 所示。

表 4-4　欧盟特种设备相关标准概况

设备类型	主 要 标 准	数量(所了解到的)
锅炉	1. 与 PED 配套的协调标准 2. EN 12952《水管锅炉及其辅机安装》系列标准 3. EN 12953《锅壳锅炉及其辅机安装》系列标准等	约 70 项
压力容器	1. EN13445《非直接火压力容器》 2. EN 10028《压力设备用钢板》 3. EN 10216《压力设备用无缝钢管交货技术条件》 4. EN 10217《压力设备用焊接钢管交货技术条件》 5. EN 10222《压力设备用钢锻件》 6. EN 13458《固定式真空隔热深冷容器》等	约 103 项
气瓶	1. EN 1089-2:2002《可移动气瓶　气瓶标识(LPG 除外)第 2 部分：警示标签》 2. EN 1089-3:2004《可移动气瓶　气瓶标识(LPG 除外)第 3 部分：气瓶颜色标记》 3. EN 1964-1:1999《可移动重复充装的、容积在 0.5L～150L 的气瓶　第 1 部分：材料抗拉强度 R_m 小于 1100MPa 的钢制无缝气瓶的设计制造技术规范》 4. EN 12245:2002《可移动全缠绕复合气瓶》 5. EN 12257:2002《可移动、无缝环形缠绕复合气瓶》 6. EN 1968:2002《可移动钢制无缝气瓶的定期检验与试验》等	约 71 项

续表 4-4

设备类型	主 要 标 准	数量(所了解到的)
压力管道	1. BS EN 12007《燃气供应系统最大使用压力小于等于 16bar 的管道》 2. BS EN 14163—2001《石油和天然气工业管道运输系统管道焊接》 3. EN 12007-2《聚乙烯管线应用技术标准》等	约 445 项
电梯	1. EN 81-1:1998《电梯制造与安装安全规范　曳引驱动电梯》 2. EN 81-2:1998《电梯制造与安装安全规范　液压驱动电梯》 3. EN 115:1995《自动扶梯和自动人行道制造与安装安全规范》 4. EN 81-3:2001《电梯制造与安装安全规范　杂物电梯》 5. EN 81-80:2003《电梯制造与安装安全规范》,已有电梯,已有乘客和客货电梯的安全改进规范等	约16 项
起重机械	1. EN 13135-1-2004《起重机　设备安全设计要求　第 1 部分:电气设备》 2. EN 12077-2-1999《起重机　卫生和安全设计要求　第 2 部分:限制器和指示器》 3. EN 13001-1—2005《起重机　通用设计　第 1 部分:一般原则和要求》等	约 49 项
场车	1. EN 1726.1-1999《机械安全　负载量小于等于 10 000kg 的机动车辆和牵引力小于等于 20 000N 的牵引车　第 1 部分:通用技术条件》 2. EN 1755-2000《机械安全　在有潜在的可燃性气体和粉尘环境作业的工业车辆的安全》 3. EN 474.1-1995《土方机械　安全　第 1 部分:通用要求》 4. EN 474.3-1996《土方机械　安全　第 3 部分:装载机的要求》 5. EN 474.4-1996《土方机械　安全　第 4 部分:挖掘装载机的要求》 6. EN 474.5-1996《土方机械　安全　第 5 部分:液压挖掘机的要求》等	约 23 项
游乐设施	1. PrEN 13814　Fairground and amusement park machinery and structures-Safety 2. PrEN 13782 Temporary structures-Tents-Safety 等	2 项
客运索道	客运索道安全要求等	23 项

第三节　德国特种设备标准法规

德国现行的是一个多层次的法规标准体系,分法律、法规和一般管理规定、技术规范和标准四个层次。

德国是一个联邦制国家,其立法体制主要是联邦与州的分权。在联邦与州的立法权限划分上,可以分为联邦的专有立法权,联邦和州共同享有的立法权、联邦的原则立法权。所谓联邦的专有立法权,是指在某些领域只有联邦才能行使的立法权,各州只有在法律明确授权的情况下,并且在授权范围内,才享有立法职权。共同立法权是指联邦和州都享有的立法职权,但联邦拥有优先立法权,即:如果联邦在某项事务上还没有立法,则州有权立法;如果联邦已有立法,则各州不得重复立法;如果州在这一领域中已有立法,一旦联邦就同一事项也做出立法,则以联邦立法为准。所谓原则立法权,是指在规定的立法事项领域内,联邦进行原则性立法,各州根据联邦法律所确立的立法原则,结合自己的情况和需要,规定具体的实施细则。在法律体系的位阶关系上,联邦法律超越于各州法律之上。联邦议会实行两院制,分为联邦参议院和联邦议院,联邦法律由联邦议会通过后,由联邦总统签署并颁布法律、法令,联邦总统的签署权为实质性签署权,即总统可否决违反基本法的法案。联邦政府、联邦部长或各州政府经立法授权,在联邦参议院同意下,可以颁布一般性法规、指令和具有法律效力的命令。在各州政府一级,它们可以在州立法权限范围内,自行制定颁布有关本州行政管理事务方面的大部分法令和政策。

特种设备有关的法律主要有《设备安全法》、《劳动安全法》、《产品责任法》、《能源经济法》等。《设备安全法》于 20 世纪 60 年代颁布,对危害人身与财产安全的蒸汽锅炉设备,除蒸汽锅炉设备外的压力容器设备,液化气体、压缩气体及溶解气体的充装设备,输送可燃、腐蚀性或毒性气体、蒸汽或液体的管道设备,电梯设备,在危险环境内的电器设备,饮料灌装设备和碳酸饮料生产设备,乙炔设备及硅化钙反应器,可燃性液体储存、充装和输送设备,医药技术仪器设备等10大类工业产品的设计、制造、安装、使用、检验和修理改造等环节的安全管理做出明确规定。在欧盟有关指令颁布后,德国结合欧盟有关指令修改了设备安全法中的设计、制造、检验机构等内容,保留了安装、使用、检验和修理改造等环节安全管理要求。

按照《设备安全法》的授权,德国联邦政府根据不同的设备,分别制定了若干条例,如《蒸汽锅炉条例》、《压力容器条例》、《高压气体管道条例》、《乙炔条例》、《可燃液体条例》、《饮料设备条例》、《电梯条例》、《医疗设备条例》、《危险环境电器设备条例》等法规和一般管理规定。

负责特种设备安全的劳动与社会保障部组织制定了大量的规章,如《蒸汽锅炉规章》(TRD)、《压力容器规章》(TRB)、《压力管道规章》(TRR)、《承压气体规章》(TRG)、《电梯规章》等。

法国特种设备相关法规概况如表4-5所示。

表4-5 德国特种设备相关法规概况

设备类型	主要法规	数量(所了解到的)
电梯	1.《设备和产品安全法》 2.《劳动安全法》 3.《产品责任法》等	约7项
起重机械	BGG 905《起重机检验原则》1996等	约5项
场车	同欧盟	
游乐设施	1.《建筑法》(Building Act) 2.《游乐设施运营和使用指令》(Directive for the Operation and Use of Amusement Rides)等	2项

德国涉及特种设备的相关标准包括AD规范、DIN标准、DIN EN标准和DIN ISO标准。AD 2000《压力容器规范》是德国承压设备协会颁布的一个与欧盟《承压设备指令》相配套的规范,DIN EN 81《电梯》系列标准,DIN起重机械标准共160项,主要为零部件标准,并包含少量起重机设计标准和基础标准。

德国特种设备相关标准概况如表4-6所示。

表4-6 德国特种设备相关标准概况

设备类型	主要法规	数量(所了解到的)
电梯	采用EN 81《电梯制造与安装安全规范》等	约10项
起重机械	1. DIN 15018/1—1984《起重机 钢结构 验证和分析》 2. DIN 15018/2—1984《起重机 钢结构 设计和构造原则》 3. DIN 15026—1978《起重设备 危险部位标志》等	约160项
场车	同欧盟	约23项
游乐设施	1. DIN EN 1176Bb11—2003-06《游乐场器材 安全要求和试验方法 说明》 2. DIN 4112—1983《结构设计与制造操作规范》 3. DIN 18034—1999《游乐园和露天游乐场 项目计划和运作的要求和说明》等	12项

第四节 英国特种设备标准法规

英国法规体系包括国家法律、技术规程、规程实施规则、导则以及技术标准等层次。

英国议会由上院(贵族院)、下院(贫民院)、国王共同组成,行使国家的最高立法权。议会负责制定、修改、补充、废除法律,向行政机关做出授权立法的决定。法律经议会通过后,由国王批准并颁布法律。国王批准颁布法律,是象征性的履行一下手续,但国王发布的公告具有和议会制定的法律相同的效力,以此来限制议会法律生效的权力。法律还规定议会可以授权内阁、部长或者其他权力机构的立法权,授予其制定具有法律效力的法规、条例、法令的权力。在英国授权立法必须有依据法律并且为了执行法律才制定法规,法规必须在该行政机关的权限内颁布施行。

英国特种设备方面的法律为《健康与安全工作法》,由英国国会通过颁布,具有法律地位,是英国健康与安全工作领域的基本法。

英国对特种设备的管理基本按照欧盟指令规定的范围进行。英国《承压设备规程》的制定、颁布的依据是《健康与安全工作法》,该规程由英国贸工部负责解释、执行,其要求是强制性的,凡其适用范围内、首次进入市场的承压设备(系统)都必须符合它的规定。

《电梯法规 1997》是对电梯及其安全部件的设计、制造、安装、投放市场等方面的基本健康与安全要求等作出了规定。

特种设备有关的规程实施规则由健康与安全委员会经过相关国务大臣同意后颁布,不需要国会批准。规程实施规则本身不是国家法律,但具有特殊法律地位。法庭可以将不执行规程实施规则视为违反有关法律的证据,除非当事人能够证明自己采取了同样有效的方法来满足法律有关规定。如《升降设备的安全使用实务守则和指引:升降操作和升降设备条例》、《劳动健康与安全管理实务守则和指引》等。其他"导则"由健康与安全委员会、其咨询委员会及健康与安全执行局颁布,导则不是强制性的要求,为了帮助民众理解和遵守法律法规,并提出技术性建议,类似于标准通知或解释,英国政府的相关部门还撰写了大量的指导性文件,一般作为开展监察检验工作的指导性文件,如《劳动健康与安全指南》、《电梯条例指导性说明》、《危险品货物运输建议》、《电梯全面检验和测试指导》。

英国特种设备相关法规概况如表 4-7 所示。

表 4-7 英国特种设备相关法规概况

设备类型	主要法规	数量(所了解到的)
电梯	1.《劳动健康与安全法》1974 2.《电梯条例》1997 3.《升降操作与升降设备条例》1998 4.《劳动健康与安全管理条例》1999 5.《建筑设计和管理条例》1994 等	约 20 项
起重机械	1.《劳动健康与安全法》1974 2.《升降操作与升降设备条例》1998 等	约 2 项
场车	同欧盟	约 5 项
游乐设施	1. 工作场所职业健康与安全法(Health and Safety at Work Act,1974) 2. 消费者保护法(Consumer Protection Act 1987) 3. 游乐场所安全指南(Guide to Safety at Fairs in 1976)等	7 项

英国的标准分三级:国家标准、专业标准和企业标准,也是自愿性标准体系。即:标准提出是自愿的,标准制定是从市场原则要求出发的自愿行为,标准制定过程公开、透明、利益方自愿参加,标准的实施是自愿的,除非标准被法律法规所采用。英国政府与英国标准协会(BSI)签订的备忘录中规定:今后政府各部门将不再制定标准,一律使用 BSI 制定的英国国家标准,特别是在政府采购规格及其制定的法律中要引用 BSI 的标准。

特种设备有关的标准有起重机综合设计标准 BS 2573-1《起重机设计规程　第一部分:结构》、BS 2573-2《起重机设计规程　第二部分:机构》、BS 2853《架空吊车道钢梁的设计与试验规范》,整机制造标准 BS 1757-1986《流动式动力起重机规范》、BS 2452《电驱动高架式移动基座悬臂起重机(高架式门座悬臂起重机)规范》、BS 2799《建筑与工程用动力驱动塔式起重机规范》,零部件制造类标准 BS 6210《通用钢丝绳起重吊索安全使用规范》等;但更多的英国标准大量采用了欧洲协调性标准,冠以 BS EN,如 BS EN 12205《非重复充装金属气瓶　规范和试验方法》,BS EN 1493《车辆升降机》等。

英国特种设备相关标准概况如表4-8所示。

表4-8　英国特种设备相关标准概况

设备类型	主要法规	数量(所了解到的)
锅炉压力容器	1. BS 1501《受压元件用钢　钢板》 2. BS 1113《水管式蒸汽发生器》等	约51项
电梯	1. BS 5655-1:1986,EN 81-1:1985《电梯和杂物电梯　电力驱动电梯的制造与安装安全规范》 2. BS 5655-6:2002《电梯和杂物电梯　新电梯选择和安装实务守则》 3. BS 5655-6:2002《电梯和杂物电梯　新电梯选择和安装实务守则》 4. BS 5655-10:1986《电梯和杂物电梯　电力驱动和液压驱动电梯测试与检验规范》 5. BS 5655-11:2005《电梯和杂物电梯,已有电力驱动电梯改造业务实务守则》等	约66项
起重机械	1. BS 1757:1986《流动式动力起重机规范》 2. BS 2452:1954《门座起重机(高架式门座悬臂起重机)规范》 3. BS2573:1983《起重机设计规程》等	约78项
场车	同欧盟	约23项
游乐设施	1. BS EN 1069-1:2000《2m高或更高的水滑道　第1部分:安全要求和试验方法》 2. BS EN 1069-2:2000《高度在2m以上的滑水道　说明书》 3. BS EN 1176-1:2003《游乐场地设备　第1部分:一般安全要求和试验方法》等	9项

第五节　俄罗斯特种设备标准法规

俄罗斯法律体系为联邦委员会和国家杜马的法律、决定、联邦总统的命令、其他联邦机构的文件、各共和国的宪法、联邦主体的法律、章程和其他法规、联邦内部条约和国际条约。根据宪法规定,俄罗斯联邦法律首先由国家杜马通过,经联邦委员会审议通过后总统签署和颁布。总统拥有立法实权,可以签署具有法规效力的命令。俄罗斯联邦议会是俄罗斯联邦的代表与立法机关,联邦议会由联邦委员会(上院)和国家杜马(下院)两院组成。联邦委员会由俄罗斯联邦每个联邦主体各派两名代表组成,批准联邦法律;国家杜马是俄罗斯的立法机构,负责起草和制定国家法律。联邦级宪法、法律和法令具有凌驾于州级宪法、法律和法令之上的权威性。

俄罗斯联邦标准体系包括:独联体跨国标准、独联体跨国标准化建议和独联体跨国标准化原则、俄罗斯联邦国家标准、俄罗斯联邦的其他标准化规范文件。前苏联解体后,前苏联的国家标准全部转化为独联体跨国标准。俄罗斯的国家标准体系自建立以来便由国家财政全额资助,一直为维护国家利益而服务。俄罗斯的国家标准机构是联邦技术调节和计量署,设在联邦工业与能源部下面并由其管辖。俄罗斯标准化领域最基本的法律是1993年实施的《标准化法》。《标准化法》中明文规定:标准可以含有强制性要求。这是俄罗斯国家标准与国际/欧洲标准和发达国家标准之间最大的区别。2003年7月1日俄罗斯联邦《技术调节法》正式开始实施,这是俄罗斯加入WTO、根据WTO技术性贸易壁垒(TBT)协定制定的一部法律。该法律的实施标志着俄罗斯在加入WTO进程中开始对国家标准体系进行根本性改革,逐渐与国际接轨。在《技术调节法》中提出了技术法规的概念,以取代国家标准中强制性要求,同时标准将自愿采用。

在《技术调节法》中所定义的技术法规为:采用俄联邦的国际协议,以俄联邦法典,或联邦法,或俄联邦总统令,或俄联邦政府法令规定的程序批准的文件,并规定对于采用及执行技术调整对象(产品,其中包括楼房、建筑及设施、生产过程、运营、贮存、转运、销售和回收再利用)的强制性要求。在俄罗斯标准化文件体系中,有大量政府主管部门发布的标准化技术文件,如:工矿安全委员会制定的《蒸汽与热水锅炉安装与安全操作规程》、《承压容器安装与操作安全操作规程》,国家建筑委员会发布的《建筑设计标准》

(ВСН)，俄联邦内务部消防局发布的《防火安全规范》(НПБ)，俄罗斯矿业技术监督局发布的《工业安全规范》(ПБ)和指导性文件(РД)，电梯产品的管理归口于俄罗斯矿业技术监督局。

俄罗斯特种设备相关法规概况如表4-9所示。

表4-9 俄罗斯特种设备相关法规概况

设备类型	主 要 法 规	数量(所了解到的)
压力管道	1.《俄罗斯联邦特种活动许可法》 2.《俄罗斯联邦危险生产项目工业安全法》 3.《俄罗斯联邦矿山和工业监督条例》等	约16项
电梯	1.《俄罗斯联邦技术调整法》 2.《危险生产项目工业安全法》等	2项
起重机械	1.《俄罗斯联邦技术调整法》 2.《危险生产项目工业安全法》等	2项

由强制性标准向自愿性标准体系过渡，实现与国际惯例接轨、与国际/欧洲标准趋同一致，是俄罗斯标准化的必由之路。俄罗斯尚处于技术法规的过渡期，有国外专家分析认为，由强制性向自愿性标准体系过渡，必须具备的条件之一是，建立起与市场经济相适应的、按照国际模式运作的技术法规体系，其突出特点是将基本要求，首先是有关安全、卫生、环境保护等方面的技术要求纳入其中。然后通过直接引用标准的方式，或者将标准要求直接写入法律法规正文中，赋予国家标准以强制采用的法律属性。从2003年到2010年，俄罗斯将依据《技术调节法》出台一系列配套的技术法规，而国际标准和/或跨国标准可以全部或部分用作制定技术法规草案的基础。

俄罗斯现行的锅炉、压力容器、电梯、自动扶梯等标准主要有：ГОСТ 18988《船用电梯通用技术要求》、ГОСТ 22011《乘客和载货电梯规范》、ГОСТ 22845《电力驱动乘客和载货电梯的装配和验收》、ПБ 10-558《电梯制造与安全使用规范》、РД 10-172《逐层式自动扶梯和自动人行道结构和安装建议》、ПБ 10-77《自动扶梯安装和安全使用规范》等。俄罗斯特种设备相关标准概况如表4-10所示。

表4-10 俄罗斯特种设备相关标准概况

设备类型	主 要 法 规	数量(所了解到的)
压力管道	《俄罗斯联邦国家标准 紧急情况安全 抢险救护工具和设备 一般技术要求》等	—
电梯	1. GOST(即ГОСТ,下同)18988—1990《船用电梯通用技术要求》 2. GOST 22011—1995《乘客和载货电梯规范》 3. GOST 22845—1985《电力驱动乘客和载货电梯的装配和验收》 4. GOST 26334—1984《电力驱动电梯的载荷与速度范围》 5. GOST 5746—2003《乘客电梯的基本参数和尺寸》等	约13项
起重机械	1. ГОСТ 12.2.071—1990《职业安全标准体系 起重设备 集装箱起重机 安全要求》 2. ГОСТ 13556—1991《建筑用塔式起重机 技术要求》 3. ГОСТ 29266—1992《起重机和相关设备 试验中测量参数的精度要求》等	约65项

第六节 日本特种设备标准法规

日本的法规体系为：法律、政令、省令、通知告示(通达)、条例、规则等。《日本国宪法》规定“国会是最高国家权力机关，是国家惟一的立法机关”。法律案经众议院和参议院两院通过后即成为法律。政令相当于中国的行政法规，由内阁大臣审议通过。省令相当于中国的部门规章，由部门主管大臣颁布。告示、通知在日本有一个专门的词汇“通达”，是日本政府省厅的内设局依照法律、政令或省令制定，并以局长名义公布的规范性文件(类似于中国国务院各部门下发的实施细则、规范性文件等)，也包括上级行政机关对下级行政机关的规范性答复等。之所以实行通达行政，原因在于法律一般比较抽象，不便于实际操作，因此政府部门便制定了内容详细的通达，有时一个法律条款有十几页的通达与之相对应。通达规定的是行政机关具体行政的依据，主要是约束政府行为的，但实际上对行政行为的对象也会产生影响。通达是规范性文件，人们不能直接对通达提起诉讼，只能在当事人认为具体行政行为所依据的通达违法时，才能向法院提起诉讼，请求法院判令行政机关修改或废除通达，这一点与中国政府部门的规范性文件所起的作用是一样的。条例、规则是地方自治的立法文件，条例由地方议会制定、规则由地方行政首长制定，是地方自治的自治立法。条例原则上只在本地方政府管辖范围内有效，规则的效力当然低于宪法、法律和政令，并且低于同级地方条例。

在日本，特种设备相关的法律、法规包括：《劳动安全卫生法》、《石油管道事业法》、《高压气体保安法》、《电气事业法》、《气体事业法》、《消防法》、《建设业法》、《建筑基准法》、《节约能源法》、《制造物责任法》、《耐振改造法》、《劳动安全卫生法施行令》、《建筑基准法施行令》、《劳动安全卫生规则》、《起重机等安全规则》、《锅炉及压力容器安全规则》、《建筑基准法实施规则》。告示如：《锅炉及第一种压力容器的制造许可基准》、《锅炉结构规范》、《压力容器结构规范》、《小型锅炉及小型压力容器结构规范》、《简易锅炉等结构规范》、《司炉工、锅炉焊接工及锅炉维修保养人员许可证规程》、《关于检查员资格》、《起重机等构造规格》、《起重机和移动式起重机过负荷防止装置的构造规格》、《起重机等制造许可基准》、《起重机、移动式起重机及桅杆式起重机操作人员许可考试规程》、《起重机等与操作有关的技能讲座规程》、《吊装工技能讲座规程》、《起重机操作业务等特别教育规程》、《起升吊运操作实技讲习、起重机操作实技讲习、移动式起重机操作实技讲习及桅杆起重机操作实技讲习规程》，通知如：《防止锅炉低水位事故的技术指南》、《燃油锅炉及燃气锅炉的燃烧设备结构和管理的技术指南》、《锅炉定期自主检查指南》等。涉及锅炉、压力容器、气瓶、管道、电梯、起重机械等产品。日本特种设备相关法规概况如表 4-11 所示。

表 4-11　日本特种设备相关法规概况

设备类型	主　要　法　规	数量(所了解到的)
锅炉压力容器	1.《劳动安全卫生法》 2.《锅炉压力容器安全规则》 3.《电气事业法》等	约 16 项
压力管道	1.《高压气体保安法》 2.《劳动安全卫生法》 3.《石油联合企业灾害防止法》等	约 29 项
电梯	1.《建筑基准法》、《劳动安全卫生法》 2.《建筑基准法实施令》等	2 项
起重机械	1.《劳动安全卫生法》 2.《起重机等安全规则》 3.《起重机等构造规格》 4.《起重机和移动式起重机过负荷防止装置构造规格》等	约 9 项
场车	日本建设省技术法规《工程机械排放限值及实施日期》(适用装载机、推土机、隧道机械)等	1 项

日本的标准体系由四部分组成：国家级标准，如 JIS、JSA 标准；专业团体标准；政府部门标准，如军用标准、安全标准等；企业标准。政府部门在标准化活动中扮演着重要的角色，另外充分发挥了专业团体的作用。JIS 是日本工业标准，是自愿性国家标准，它是在生产者、消费者和各有关方协调一致的基础上制修订。

1949年7月1日日本开始实施《工业标准化法》，根据该法设立的全国性标准化管理机构，日本工业标准调查会(JISC)负责日本工业标准的制定。JISC是设在日本经济产业省下的一个机构。它是经济产业省主管大臣以及厚生、农林、运输、建设、文部、邮政、劳动和自治等省的主管大臣在工业标准化方面的咨询机构，就促进工业标准化问题答复有关大臣的询问和提出的建议，经调查会审议的JIS标准和JIS标志，由主管大臣代表国家批准公布。

1997年《工业标准化法》的修改对日本标准化制度有较大的影响，《工业标准化法》修改前，JIS标准的制定，是由各主管大臣自行制定标准方案，再交由日本工业标准调查会审议通过；日本《工业标准化法》修改后，除了上述路径以外，相关利害关系人或者民间团体可以根据主管省厅的规定，以草案的形式，将应制定的工业标准向主管大臣提出申请，当主管大臣认为应制定与该申请有关的工业标准时，须将该工业标准方案交付JISC讨论，认为没有制定必要时，须将相关理由通知申请人。目前以民间标准方案作为向JISC提出的提案已经占到全部提案的80%，而且这种由民间主导标准方案制定的体制还在进一步推进之中。

涉及特种设备的相关标准包括：管道标准，JIS规定了配管材料、配管元件以及试验等相关标准，配管的设计、施工等所遵循的技术准则主要依赖于日本石油协会的标准或以美国机械工程师协会的标准。作为管道基础标准的JPI-7S《石油工业用工厂的配管基准》主要就是参考了美国的ASME B31.3；日本锅炉标准JIS B 8201，适用于陆用钢制蒸汽锅炉和热水锅炉及其附属设备，该标准是推荐性的，自愿采用，但它是政府有关锅炉方面法令及法规的技术基础；电梯标准JIS A 4301《电梯轿厢及井道尺寸标准》、JIS A 4302《升降机的检查标准》、EAS-406F《自动扶梯安全对策标准》等。日本特种设备相关标准概况如表4-12所示。

表4-12　日本特种设备相关标准概况

设备类型	主要法规	数量(所了解到的)
锅炉压力容器	1. JIS B 8201《陆用钢制锅炉结构》 2. JIS B 8203《铸铁锅炉结构》 3. JIS B 8223《锅炉给水及锅炉水的水质》 4. JIS G 3103《锅炉及压力容器用碳钢及钼钢板》 5. JIS G 3115《压力容器用钢板》 6. JIS G 3116《高压气体容器用钢板、带》等	约93项
压力管道	1. JIS B 0011—1998《技术制图．管道的简化表示法》 2. JIS G 3454—1988《压力管路用碳素钢钢管》 3. JIS G 3457—1988《管路用电弧焊接碳素钢钢管》等	约197项
电梯	1. JIS A 4301—1983《电梯轿厢及井道尺寸》 2. JIS A 4302—2006《电梯、自动扶梯、轻型运货电梯的检查标准》 3. JEA S—1996《关于电梯、自动扶梯和电动杂物电梯规范汇编》 4. JEA S—406《自动扶梯安全对策标准》 5. JIS G 3525《钢丝绳》等	约6项
起重机械	1. JIS B 8830—2001《起重机风荷载评估》 2. JIS B 8801—2003《桥式起重机》等	约42项
场车	1. JIS D 6011—1999《叉车稳定性和稳定性试验》 2. 日本工业标准JIS D 6021—1999《叉车护顶架》 3. 日本工业标准JIS D 6023—1999《叉车制动器性能和制动试验》等	约5项
游乐设施	1. JIS A 1701—1994《游乐设施(滑坡有轨车)的检查标准》 2. JIS A 1714—1995《游乐设施(观览车)的检查标准》 3. JIS A 1715—1995《游乐设施(飞行车)的检查标准》 4. JIS A 1716—1995《游乐设施(滑水撬板)的检查标准》 5. JIS A 1717—1995《游乐设施(旋转木马)的检查标准》等	5项

第五章 启示与建议

世界各国都高度重视特种设备的安全管理与监督，在标准与法规的建设中也取得了很多、很好的经验和做法。针对中国国情，通过对特种设备标准与法规的国际比较，我们可从中分析得出国际上特种设备标准与法规建设的相关经验和启示，作为我国特种设备技术标准与法规建设的借鉴与参考。

一、探索法规与标准间的关系，建立完善的标准法规体系

1. 深入探索并逐步明确法规与标准间的关系

目前，我国特种设备的法规标准体系框架已基本形成，但是，与国际先进经验比较，在这个框架中法规与技术标准之间的关系，尚需深入探索并逐步予以明确。一是在内容上，法规写什么，标准写什么，应当有一个比较明确的分工。安全技术规范应当只提出基本安全要求和管理要求，不过多涉及具体的实现方式和技术方法（这是技术标准的任务），标准用于指导产品的生产或技术方法的实现，是达到安全技术规范基本要求的重要途径，应侧重环节控制和质量要求，要清晰表述如何实现及满足规章、安全技术规范的基本安全要求。法规与标准之间在内容上应各有分工，各有侧重，相辅相成。二是在法规如何引用技术标准上，以何种方式引用技术标准，直接影响到法规的执行效果。是将标准中涉及安全的关键内容转化成规范的基本要求，还是条款引用，或者是全文引用，这是一个应当慎重考虑的问题。因为技术标准一经安全技术规范引用，其相应的内容就变成强制性的，而标准的内容很多是技术细节，并不是都与安全性能有关，且标准是不断修订变化的，而技术规范很难与技术标准同步修订。三是法规与标准间关系的具体体现。如欧盟承压类设备指令 PED 要求，其各协调标准必须在附录 Z 中明确说明该标准对 PED 的符合性，只有这样，PED 指令经审查批准，该标准才会被 PED 接受为协调标准。中国是否可以借鉴欧盟 PED 指令的做法，要求特种设备涉及安全性能的相关标准必须在附录中说明其对相应法规的符合性，才能颁布实施，以使法规标准更好地协调一致，确保按标准制造的特种设备满足法规的要求，这也不失为一种有效的途径。四是在环节的侧重方面，法规与标准应有适当的分工。在承压设备方面，我国特种设备法规标准体系现状是在产品领域以标准做出直接规定，法规引用标准（或在标准没有规定及不适之处另行规定），而在其他环节（如后续的使用管理等）以法规直接规定为主。在机电类特种设备和气瓶标准方面，由于对国际标准采纳的较多，标准通常涉及特种设备从生到死的全过程，也包括了有关单位与人员方面。国际标准或欧美标准这种全过程规范的作法与西方国家市场经济发达，政府功能弱化转由产业界自律管理，产业界发展成熟有关，或像美国那样的联邦国家需要通过标准来统一高度自治的各州安全管理方式有关，而在我国目前经济发展阶段，产业界还没有足够成熟，自律性还较差，政府应在特种设备安全管理方面继续发挥主导作用，加大法规在使用管理环节的作用。

2. 建立完善的特种设备法规标准体系

与先进国家相比，我国的特种设备法规标准体系尚不完整，没有形成一套完整的法规标准体系，而是由许多独立的规范和标准构成，每个规范和标准只能对应特定的技术问题，缺少整体性和系统性，往往出现不一致的情况。目前对于锅炉和压力容器标准现在刚刚开始考虑纳入同一标准化体系，但仍然存在相关标准之间不统一、不协调的问题（如相关的材料标准、焊接工艺评定标准及无损检测标准）。电梯、起重机械、场（厂）内机动车辆标准化工作有待进一步加强，有关标准与相应的安全技术规范有待协调一致。实际中，我国特种设备的法规标准体系框架仍不清晰，在这个框架中，每一个层次都应当有其自己的体系，特别是第三层次的规章，第四层次的安全技术规范，以及第五层次的技术标准。规章的体系目录正在讨论中，安全技术规范的体系已基本确定了包含约 150 个安全技术规范的目录，形成了一个 3 至 5 年的

立法工作指导性文件。在第五层次中，技术标准的体系更加复杂，对应八大类设备，每类设备都有自己的标准体系，在这个体系中，既有设备标准，也有相应的零部件、配件、安全保护装置的标准，还有材料、试验、检验等方面的标准，对于这样庞大复杂的体系，应当借鉴国外经验，结合实际情况，理出一个清晰的标准目录，按照轻重缓急的发展思路，明确目标，逐步建立健全各类设备的标准。只有这样，才能保证特种设备法规标准体系建设工作的顺利开展，建立起一套完备、互补的法规标准体系。

二、完善立法程序和标准化体制，提高标准与法规的适用性

1. 完善立法程序，建立"良好法规"

良好法规规范是WTO/TBT委员会和APEC积极倡导的法规（主要指技术法规、强制性标准）制定原则。包括四方面的内容：简化法规；在法规草拟过程中协调关系和利益；充分征求业界、相关利益方、第三国的意见；评价法规颁布后对市场和工业的影响。

要制定良好的技术法规（包括强制性标准），首先要严格遵守《立法法》和《标准化法》的规定，还要遵守国际上公认的制定良好法规的七项基本纪律。这些纪律包括：①广泛的代表性：法规标准的实施所影响到的所有行业，包括国内外行业，都应参与技术法规和标准的起草和修订过程。②协商一致：技术标准和法规（或其修订）不仅要经过所有有关行业的讨论，而且还需要得到这些行业的同意。如有例外情况，即如果无法就技术法规达成一致，则技术法规可以由负责制定技术法规的委员会成员以绝对多数批准，主管部门投决定票。③透明度：在技术标准和法规的整个制修订过程中，每个利益方都应能够查询最后形成的文件以及以前文件（草案等）的内容。④非歧视：技术标准和法规给予进口品或服务的待遇应不低于相同情形下给予相似国产品或服务及来自第三国产品的待遇。⑤合理性：技术法规对贸易的限制不可超出实现合法目标所必须的限度，同时要考虑无法实现该目标的风险。⑥协调性：原则上，所有的技术标准和法规都应以国际标准或国际标准的相关部分为基础。⑦复审：所有有效的技术标准和法规都必须定期（一般3至5年）复审一次，以确定其是否已经不合时宜，或者无法跟上技术发展，或者是否与国际标准一致，或者是否出于改进管理的需要对标准进行调整或者废除。

近年来，中国有关特种设备方面的规章和安全技术规范以及技术标准的制修订，已向良好法规方向迈进。在法律、行政法规方面有《立法法》，在规章、安全技术规范方面有相应的制修订程序，在技术标准方面有《标准化法》，法规标准的制修订应当广泛听取社会各方面的意见，及时对外公布有关法规标准制修订情况，不断提高法规标准制修订的透明度。但是，也应当看到，特种设备法规标准制修订过程中，征求各有关方面及社会意见的渠道还不是很畅通，安全监察部门、检验机构及其人员参与标准的制定，讨论不够，对征求意见渠道的宣传还不够；各有关方面及社会对法规标准的征求意见也不够重视，不在过程中提出意见，却在实施后反映问题；在重要法规标准制修订过程中，与重要行政相对人和利益相关方的协商机制尚不完善；法规标准的制修订只在某些环节予以公布，尚未做到全过程（包括送审稿、报批稿等）的公开公布；另外，法规标准的复审（修订）周期太长，有些法规标准甚至已10多年没有修订。虽然在很多方面还不是太完善，在一些具体问题的实施上还存在不足，但是特种设备法规标准的建设在向"良好法规"前进，情况会越来越好。

2. 加强协作，开展后评估，形成完善的制修订制度

我国目前特种设备法规与标准各自发展，缺少制修订机构之间的协调与配合，尤其体现在锅炉、压力管道、电梯等方面。至于行业性标准则协调与配合更差。建立特种设备标准制定机构（仅GB标准特种设备TC和与之密切相关的TC就有近20个）之间、标准与法规制定机构之间的协调机制，整合法规标准制定资源，是解决目前问题和推动我国法规标准体系健康可持续发展的一个重要解决方案。因此，建议由有关管理部门推动，建立特种设备相关政府部门、行业联合会（协会）和TC的常设联络机构。

为保证法规标准的质量，今后，应当建立起一套法规标准实施后评估制度和方法，对重要法规标准的质量以及科学性、有效性、经济性、竞争力进行全面评估，为这些法规标准的修订和后续法规标准的质量提高创造条件，奠定基础。借鉴目前正在开展的《特种设备安全监察条例》的实施后评估工作的经验，重要法规标准的评估应从以下方面进行：法规标准的起草过程是否充分吸取民意、是否经过专家充分论证、

是否经过充分调研、是否公开；各有关的主要部门在法规标准的实施过程中，作了哪些宣传，采取了哪些配套措施；法规标准颁布实施后取得了哪些法律效果和社会效果，特种设备安全状况、社会管理秩序是否有所改善；法规标准的有关规定和要求，与其他法规标准是否协调，是否符合科学规律，是否符合我国当前各项大政方针，是否真正有助于维护公共利益、社会公共秩序以及公民、法人和其他组织的合法权益，实现社会公正；法规标准的各项规定和要求是否切实可行，能否有效解决实际问题、实现预期的目的；法规标准的逻辑结构是否严密，表述是否清楚、准确、规范。重要法规标准的实施后评估工作，可以采用书面调查、实地调研、专家评价、工作总结的方式进行。调查要涵盖安全监察、检验检测、设计制造、安装改造维修、使用单位以及社会公众各个方面。

三、加快标准与法规的制定进程，强化特种设备安全监察

1. 加快《特种设备安全法》的立法进程

鉴于特种设备具有危险性的特点，国际上一些发达的国家对特种设备的管理均有专门的法律。纵观各国对特种设备的安全管理，都有在法律层面上的规范文件，与国际上的情况相比，中国的特种设备法规标准体系中在法律层次上存在差距，特种设备安全监察制度缺少专门法律的支撑。我国《特种设备安全法》的制定刚刚启动，亟需加快立法进程，使之早日颁布实施，并在《特种设备安全法》中，调整特种设备安全各方面关系，明确各方面责任，解决安全监察工作法律地位问题，建立特种设备安全监察各项制度，进一步加强和提高特种设备安全技术规范的法律地位。

2. 完善特种设备行政法规、部门规章

《特种设备安全监察条例》的实施，解决了《暂行条例》不适应新的管理体制和经济环境的问题、明确了各方面的法律责任、确立了安全监察的基本制度。但是，仍有诸多方面的问题需要进一步完善，例如，缺少对压力管道设计、安装、使用环节的安全监察措施规定，致使部门间责任不明确或相互交叉；缺少对场(厂)内机动车辆安全监察的规定；缺少对特种设备材料，尤其是承压元件材料的监察规定；缺少对特种设备事故处理主体的明确规定；缺少对特种设备有关保险(包括检验保险、安全责任保险等)的鼓励政策；缺少对行政许可收费的规定；缺少非法使用、擅自解封、伪造许可证书等违法行为的法律责任内容等等。在一些行政行为的设定上，如行政许可分级管理、鉴定评审、时限要求等，还有待于进一步完善。同时，某些规定存在可操作性方面的问题，如电梯制造单位对电梯安装、改造、维修工作负责的规定、特种设备报废的规定等等。

目前，作为特种设备法规标准体系重要组成部分的“部门规章”只有7个，一些重要的管理规定、办法，包括应以部门规章规定的事项(如行政程序、审批办法等等)大多是以“部门规范性文件”形式发布，而不是以“部门规章”形式由部门首长签署命令予以公布的。现行规章存在定位模糊、内容不健全、缺口较大、不成系统及可操作性不强等诸多问题。另外，由于缺少一个及时有效的规章规范修订机制(尤其是修订机制)，使规章及安全技术规范中存在的缺憾不能够及时得到补遗和修正。例如，在现行的规范性文件中执行主体有的是原劳动部(如《蒸规》等)、有的是原国家质量技术监督局(如《容规》、《13号令》等)，机构改革、职能调整后，主体关系发生了变化，应对这些规章规范进行修改，明确主体关系。这种局面必须尽快加以改变，尽快建立健全关于特种设备的部门规章体系。

3. 加快法规标准的制修订速度

现行的特种设备技术标准与法规，“老、慢、缺、散、小”等问题较为严重，一方面是法规标准制定速度慢，尤其是机电类特种设备的法规标准数量较少，难以满足政府对特种设备全方位、全过程、全覆盖安全监察的要求。另一方面，一些法规标准已使用多年，有的甚至已20多年未修订，和当前特种设备安全监察及技术发展的形势严重脱节，与现实情况相去甚远。在《特种设备安全监察条例》颁布后，政府加大了法规标准的制修订力度，但这一问题远未解决，是当前特种设备行业所面临的严峻形势之一。例如：法规缺少事故分析导则和安全评价方法等方面的规定，事故的统计范围、事故分类与国外不一致。除气瓶外，其他特种设备安全技术规范及相关标准中并没有明确规定使用年限，使条例第三十条无法完整地实施。电梯、起重机械、场(厂)内机动车辆、客运索道和游乐设施等特种设备安全技术规范存在较大缺口；现有

的安全技术规范较为分散，缺少系统性，需要归类整合。锅炉标准除亚临界以上的大型锅炉外，目前基本能够覆盖主要锅炉及辅机产品系列，但仍存在缺乏各方面均认可的核心的综合性锅炉建造规范；以制造类专业标准为主，缺乏政府和用户的认同；与电力等行业标准存在交叉重复，与法规不协调等问题。压力容器虽已形成了以 GB 150 为核心的压力容器标准体系，可满足国内压力容器产品建造的要求，多项技术要求接近或达到 ASME 等国外先进标准的水平，但仍存在着体系不完整，缺乏超高压容器等标准；标准及其法规之间交叉、重复和不协调；标准基础研究滞后，制约了制造业的国际竞争力等问题。压力管道标准化领域尚存在着公用、动力和长输管道核心建造规范等缺位；标准分布不合理，配管元件标准就占标准总数近 53%；体系内部和体系之间的标准大量重复或矛盾；配套性和通用性差；技术归口的多头管理等问题。此外，目前的法规标准新旧版本、有效与废止的情况比较混乱，突出表现在有很多已过时的法规没有明确废止，相当多十几年前的标准没有更新，政府有关部门应当对法规、规范性文件的有效性进行清理，各有关标准化技术委员会应当对技术标准的新旧替换情况进行梳理，在相应的媒体或网站上定期公布现行有效的法规标准目录，避免法规标准使用过程的混乱情况。

四、着力科技创新，提高标准和法规的技术含量

特种设备安全科研工作已取得丰硕成果。“八五”以来，通过近 20 年的攻关研究，特种设备安全科技工作在以下方面取得突出成就：一是建立了特种设备基础数据库，对压力容器和压力管道常见缺陷的分类、成因、状况进行了调研分析，收集了大量典型事故案例，分析了各种失效模式，建立了承压设备事故案例库和缺陷状况数据库；尤其是通过大量采集分析国内外现有数据和试验研究，初步建立了承压设备常用材料和典型介质、高温环境下部分材料的断裂、疲劳性能数据库，为安全评定方法的应用，提供了基础数据。二是在压力容器和工业压力管道安全评定技术方面，初步建立了承压设备安全检验与评估体系，完善了压力容器评定方法，填补了压力管道评定方法的空白。三是在压力容器和工业管道的缺陷检测、监测方面，正在缩小与发达国家的差距，其中缺陷自身高度超声波定量检测、危险性缺陷声发射检测等技术达到国际先进水平，压力容器热弹性红外图像检测理论达到国际领先水平，并针对压力容器和工业管道存在缺陷的自身特点建立了多种方法手段的优化组合模式，解决了工程检测中的瓶颈性难题。四是在埋地管道不开挖检测与风险评估方面，对国外先进的技术、手段和方法进行消化、吸收，形成了相应的检测、评价能力，并且初步积累了反映中国国情的基础数据，为缓解我国燃气行业“被动应急”的燃眉之急和进一步深入研究奠定了基础。五是在防爆抑爆技术方面，研究开发出一系列具有自主知识产权的防爆片、安全阀等产品，对实现该类产品的国产化、大幅度减少进口，并不断提高产品质量，加强使用管理，从而保障安全生产发挥了重要作用。

已有科研成果向标准与法规的转化不足。应当说，这些年来在特种设备安全科技方面取得了不少的成果，但是这些科技成果并没有被充分地纳入到法规标准中，仅有安全技术规范《压力容器定期检验规则》、《工业压力管道定期检验规程》、国家标准 GB/T 19624《在用含缺陷压力容器安全评定》、GB/T 18182《金属压力容器声发射检测及结果评价方法》和行业标准 JB 4730《承压类设备无损检测》直接或间接地引用了上述科技成果。目前成果转化存在的主要问题是：法规标准的制定过程与科技研发、成果转化过程相互脱节；法规标准与科技研发、成果转化的管理部门相互分立；法规标准的科技需求与科研立项缺少沟通渠道等等。技术标准与科技研发、成果转化处于严重的分立状态，导致技术标准的科技含量低，技术标准的水平低，技术标准严重滞后，技术标准的国际竞争力低；科技成果水平低、质量差；成果转化率低。这种情况不但已经严重影响着我国从传统产业（特别是农业、制造业、中药业）到高新技术产业（如信息产业）的国际市场竞争力，而且正在对我国企业在国内市场上的竞争力造成威胁。

1. 建立科研成果向法规标准的转化机制

将科技成果转化为法规标准，可以推动科技计划成果进行有效的扩散，从而使那些具有潜在生产力的科技成果迅速转化为现实的生产力，并有利于提升技术标准的水平，最终形成一条标准化与科技进步之间相互依存、互相促进、协调发展的最优路径，为此，国家于 1996 年还颁布了《促进科技成果转化法》，足见对这个问题的重视。保证科技成果向法规标准的转化，关键是要形成一种转化机制，即形成法规标

准、科研开发和成果转化三位一体化关系：技术标准必须以科技研发和科技成果为基础；技术标准必须在成果转化过程中接受检验并得到提高与发展；技术标准是科技研发的出发点和最终目标。具体来讲，这种机制就是要保证法规标准的制修订要向科研开发工作提出需求，提出需要解决的科技问题，两者在一开始就要沟通，某些科研项目就是为法规标准的制修订而设立的。在科研过程中，法规标准的制修订部门(或起草组)要密切关注科研工作的动态，相互交流，不断调整法规标准的思路和科研工作的方向，使之协调发展。科研工作最终向法规标准反馈其需求的技术方法、参数指标、仪器设备等，科研单位或个人要参与法规标准的起草，并将经过实践检验的科研成果工程化，使之纳入到法规标准中去。形成这样的机制是一个长期过程，对于特种设备，国家质检总局特种设备安全监察局、各级质量技术监督部门、检验检测机构、大专院校、科研院所必须协同努力，早日确立这种机制，提高特种设备法规标准的科学性、经济性、先进性，提高法规标准的竞争力。

2. 加快国家标准和法规资源服务平台的建设

“国家技术标准资源服务平台建设”是科技部重点支持的科技基础条件平台项目之一。该项目以建立和完善国家标准制修订资源系统、国际标准化资源系统、WTO/TBT、SPS资源系统、标准全文资源系统以及标准文献咨询服务信息系统等五大电子标准信息资源应用及服务系统为重点，整合国家标准化信息资源，实现国家标准化网路信息服务平台与国际、国内各行业、各地方的链接，基本解决标准信息资源分散、重复以及标准信息不畅等问题。通过平台的进一步开发，从四个方面提供科技支撑：一是通过对国内外现有标准技术水平的了解和掌握，避免重复投入，提高产业结构升级的研发水平；二是通过对国外技术标准的研究，避免或减少国外含有专利的优势产业对国家相关产业的损害；三是通过国内外技术标准的对比，为保护我国民族产业的发展设置合理的技术门槛；四是通过对国外技术标准的了解，加快我国具有自主知识产权技术的产业化，实现国际垄断。

此外，中国特种设备公众信息网集中了特种设备方面最权威、最丰富的法律法规资源。建议将该网站与国家技术标准平台互联互通，建立既全面丰富，又有专业特点的更大平台，一方面为特种设备安全科技工作提供基础技术支撑，另一方面，为科技成果快速转化为技术标准和法规搭建桥梁，促进特种设备技术法规和标准化工作又好又快的发展。

3. 加强国家科技支撑项目相关课题的研究

目前，在“十一五”国家重点科技支撑项目“生命线工程和特种设备安全保障关键技术与工程示范”中，围绕特种设备安全科技，也设立相应的课题，包括生命线工程(长输管线、城市管网以及战略储备用大型储油罐)、大型高参数高危险性成套装置和电站锅炉长周期运行以及典型机电类特种设备事故预防技术体系的建立与完善；研究开发检测监测新技术、新方法以及安全评定、风险评估、寿命预测等关键技术；围绕特种设备安全动态监管长效机制，重点研究法规标准体系、安全评价体系和动态监管体系建立的关键技术。

此外，在“十一五”国家重大科技支撑项目“技术标准推进工程”中，也安排了锅炉压力容器重点标准的研制课题。在这些课题研究中，应紧密结合社会需求(特别是企业生产和政府监察)，加强相关方面协调合作，建立科研成果转化为标准法规的机制，充分利用好技术标准法规信息平台，为快速提升我国特种设备技术标准法规整体水平发挥龙头引领作用。

五、提高国际标准的实质性参与能力，扩大在发展中国家的影响

1. 提高实质性参与国际标准制定的能力

目前，国际承压设备标准正在整合形成过程中，我国相关标准技术委员会也一直参与其间，但决定作用不大，影响力较弱。而美国 ASTM 主导成立 的 F-24 国际游乐设施标准任务组也于 1998 年开始紧锣密鼓地开展工作。这个标准起草组织成员来自澳大利亚、巴西、加拿大、法国、德国、印度、意大利、日本、俄罗斯、瑞士、荷兰、英国和美国等国家。中国作为一个无论制造还是使用游乐设施的新兴大市场，却无缘参加，甚至没有建立起获得信息的渠道。在气瓶、电梯、起重机械等特种设备国际标准制修订活动中，由于经费和其他种种原因，我国相关标准技术委员会参与程度和力度远远不能满足中国作为一个正在迅

速崛起的大国的作用和形象。因此，建议国家标准化主管部门投入资金，加强这方面的工作，以及强化相关标准技术委员此项工作的考核。

2. 不断扩大中国标准在发展中国家的影响

综观西方发达国家(尤其美国)标准发展历史不难看出，这些国家标准之所以被世界公认并被广泛采纳的原因之一是伴随着这些国家的兴起而兴起，伴随着这些国家经济向世界各国的扩张而扩张。这些国家的产品和企业到哪个国家地区，标准就跟随到哪里。我国作为一个新兴的经济强国和贸易大国，标准向外拓展的程度远远落后于经济外向程度的发展。在特种设备标准方面，应当说在发展中国家有很大的发展空间。以游乐设施为例，由于东南亚、中亚和中东、南美地区等国家缺乏相应的法规标准，当我国产品销售到这些地区后，这些国家的相关政府机构往往正式同意或默许当地使用单位按照中国的标准法规安装、检验与使用。特种设备多为劳动密集型产品，这正是我国企业和产品的竞争优势所在。2005 年我国特种设备出口已经超过 50 多亿美元，增长势头正劲，这正是我国特种设备标准借船出海的大好时机。因此，必须加强对发展中国家标准、技术法规和合格评定程序的研究与比较，积极推动我国标准法规被更多的发展中国家所认可，通过我国标准法规在这些国家的生根，进而巩固这些出口市场，促进我国经济外向发展和影响力的扩大。

六、加强人才队伍建设，推进法规标准体系建设的可持续发展

技术专家是特种设备法规标准体系建设的重要力量。在规章、安全技术规范制修订方面，有国家质检总局特种设备安全技术委员会，在各类设备标准制修订方面，有各标准化技术委员会，这些委员会的专家对法规标准的制修订起到了很好的把关作用。特种设备法规标准体系建设依然缺乏一支相对稳定的人才队伍，突出表现在各委员会专家年龄老化、转行转岗、事务繁多等问题；法规标准的组织管理人员不懂专业技术，专业技术人员又不清楚法规标准制修订程序、规则，科研人员参加法规标准制修订的渠道不畅通。对于特种设备法规标准体系建设，我们同时也急需建立一套发现、选拔、任用、培训、稳定法规标准制修订人才的机制，把法规标准组织管理人员和专业技术人才、行业管理专家结合起来，建立专家数据库，造就一批又懂法规标准制修订程序、规则，又通晓专业技术的核心专家，保证法规标准制修订的连续性，保证法规标准的质量和制修订速度，从而也就保证了特种设备法规标准体系建设的可持续发展。

本篇由陈钢、谢铁军、宋继红、林伟明、戚月娣、钱剑雄等编写。

参考文献

[1] 中国标准化院. 中国标准化发展研究报告. 北京：中国标准出版社，2006.

[2] 中国技术标准发展战略研究课题组.“十五”国家重大科技专项“中国技术标准发展战略研究”课题研究报告. 2005.

[3] 国家技术标准体系建设研究课题组.“十五”国家重大科技专项“中国技术标准体系建设研究”课题研究报告.

[4] 陈钢，李学仁. 我国特种承压设备安全科技攻关回顾与展望. 特种设备安全国际论坛论文集，2005.

[5] 陈钢. 依靠科技进步，着力自主创新，实现标准化事业的跨越式发展. 第四届中国标准化论坛论文集，深圳，2006.

[6] 《立法法》，《标准化法》，《安全生产法》，《特种设备安全监察条例》等.

[7] 黄冠胜，王力舟，杨松，刘昕，沙林. 技术性贸易措施三要素协同作用机理. 中国标准化.

[8] 黄冠胜，刘昕，王力舟，杨松，林伟. 技术法规与国际贸易. 中国标准化.

[9] 良好法规规范：墨西哥经验丰富. 国门时报.

[10] 宋继红.我国特种设备安全规范标准体系现状与发展.劳动保护,2005(10).

[11] 宋继红,石家骏,谢铁军.中国特种设备安全技术规范简介.中国特种设备安全,2005(5).

[12] 张春生主编.中华人民共和国立法法释义.北京:法律出版社,2000年8月第1版.

[13] 沈宗灵著.比较宪法——对八国宪法的比较研究.北京大学出版社,2002年1月第1版.

[14] 葛志荣主编.《技术性贸易壁垒协定》的理解.北京:中国农业出版社,2001年12月第1版.

[15] 张树义主编.行政法学.北京:北京大学出版社2005年4月第1版.

[16] 国家标准化管理委员会编著.国际标准化教程.北京:中国标准出版社,2004年11月第1版.

[17] 国家标准化管理委员会编著.标准化基础知识培训教材.北京:中国标准出版社,2004年8月第1版.

[18] 刘伟,安庆宇.欧盟标准化与合格评定的新途径.北京:中国标准出版社,2003年5月第1版.

[19] 孙黎,汤晓英编译.欧盟特种设备安全管理.北京:中国计量出版社,2005年10月第1版.

[20] 梁广炽,李家骥,胡军编译.美国特种设备安全管理.北京:中国计量出版社,2005年10月第1版.

[21] 《俄联邦技术调整法》、德国《基本法》.

[22] 陈胜.俄罗斯实施《技术调节法》推进国家标准体系改革.世界标准信息,2005年8月.

[23] 王辉.美国的"技术标准战略".世界标准信息,2005年4月.

[24] 张庆松.借鉴美国技术标准战略的利弊.世界标准信息,2005年4月.

[25] 赵朝义.国外标准化管理体制的启示.世界标准信息,2004年4月.

[26] 李林.德国的立法体制.2005年11月.

[27] 商午.日本标准化法制度的发展与走向.2005年11月.

[28] 万劲波.主要国家及地区贸易技术壁垒(TBT)研究.国际技术贸易市场信息,2002年第1期.

[29] 程光明.中国与WTO主要成员国的标准化工作比较研究.

第二篇

锅　　炉

第六章　锅炉标准法规制修订管理模式

第一节　中国锅炉标准法规制修订管理模式

一、标准法规的政府管理部门及职能

国家质量监督检验检疫总局(简称国家质检总局)是国务院主管全国质量、计量、出入境商品检验、出入境卫生检疫、出入境动植物检疫和认证认可、标准化等工作,并行使行政执法职能的直属机构。

中国国家标准化管理委员会(中华人民共和国国家标准化管理局),为国家质检总局管理的事业单位。国家标准化管理委员会是国务院授权的履行行政管理职能,统一管理、监督和综合协调全国标准化工作的主管机构。

国家质量监督检验检疫总局特种设备安全监察局负责管理锅炉、压力容器、压力管道、电梯、起重机械、客运索道、大型游乐设施、场(厂)内机动车辆等特种设备的安全监察、监督工作,拟订特种设备安全监察目录、有关安全规章和安全技术规范并组织实施和监督检查;对特种设备的设计、制造、安装、改造、维修、使用、检验检测等环节和进出口进行监督检查;调查处理特种设备事故并进行统计分析,负责特种设备检验检测机构的核准和特种设备检验检测人员、特种设备作业人员的资格考核工作。

二、标准法规制修订机构的设置及职能

国务院颁布有关特种设备安全的专门条例及有关的条例规定等,即行政法规。

原劳动部和国家质检总局颁发有关锅炉安全的规定、办法等,即行政规章。

安全监察机构发布有关锅炉安全的规则、规程、条件等,即安全技术规范。

国家标准化管理委员会直属全国锅炉压力容器标准化技术委员会(TC262)组织制定锅炉产品的技术标准。

三、标准法规制修订程序

1. 概述

国家质检总局特种设备安全监察局(以下简称特种设备局)归口管理、综合协调安全技术法规体系的建设工作,具体负责安全技术规范的立项、审查、征求意见、向 WTO 通报。涉及管理要求的安全技术规范,由国家质检总局领导签发;涉及技术要求的安全技术规范,由国家质检总局领导授权特种设备局局长签发。已批准的安全技术规范的目录由国家质检总局予以公布。

为充分发挥技术机构和专家的作用,体现开放立法的原则,中国特种设备检测研究中心(以下简称中国特检中心)的技术法规部负责组织安全技术规范的起草工作。

2. 安全技术规范制定工作程序

安全技术规范的制定程序包括立项、起草、审查、征求意见、审议、批准、颁布、解释和修订。

1) 立项:特种设备局负责提出特种设备安全技术规范制定工作立项计划,向中国特检中心下达特种设备安全技术规范起草任务书。

2) 起草:中国特检中心负责按任务书的要求组织起草组进行安全技术规范的起草工作,向特种设备局提交安全技术规范征求意见稿。特种设备局对安全技术规范的起草工作进行指导、协调。

3）审查：特种设备局负责按任务书的要求对安全技术规范征求意见稿进行审查。

4）征求意见：安全技术规范的征求意见稿由特种设备局对外征求基层部门、有关单位和专家及公民的意见，修改后形成送审稿。

5）审议：由特种设备局将安全技术规范送审稿提交给国家质检总局特种设备安全技术委员会审议，修改后形成报批稿。

6）需向 WTO/TBT 通报的安全技术，由国家质检总局按有关规定向 WTO/TBT 通报。

7）批准和颁布：报批稿由国家质检总局批准，批准后颁布、实施。

8）解释：特种设备局负责安全技术规范的解释。

9）修订：由中国特检中心负责按特种设备局的要求组织对安全技术规范实施过程中局部内容的修订，修订的内容经国家质检总局批准后对外公布，修订部分的内容与原规范具有同等效力。

安全技术规范的定期全面修订由特种设备局提出修订计划，向中国特检中心下达任务书，中国特检中心参照本导则的规定程序组织修订工作。

安全技术规范的制定工作由"TSG Z0001—2004 特种设备安全技术规范制定程序导则"予以规范。

中国国家标准制定程序划分为九个阶段：预阶段、立项阶段、起草阶段、征求意见阶段、审查阶段、批准阶段、出版阶段、复审阶段、废止阶段。

对下列情况，制定国家标准可以采用快速程序：

——对等同采用、等效采用国际标准或国外先进标准的标准制、修订项目，可直接由立项阶段进入征求意见阶段，省略起草阶段；

——对现有国家标准的修订项目或中国其他各级标准的转化项目，可直接由立项阶段进入审查阶段，省略起草阶段和征求意见阶段。

第二节　美国锅炉标准法规制修订管理模式

一、标准法规的政府管理部门及职能

美国联邦政府对锅炉没有统一的质量监督检验机构，没有管理全国锅炉标准化的专门政府机构。锅炉法规标准体系是一种以各州分散立法和标准自愿采用为特点。美国共有 23 个联邦政府部门参与标准化工作。全国大约有 3.3 万个机构与标准化工作有关。

二、标准法规制修订机构的设置及职能

1. 美国国家标准协会

美国国家标准协会（ANSI）是美国全国性的民办标准化组织。1966 年以前称美国标准协会（ASA），1966 年 8 月 24 日将 ASA 重新组建成美利坚合众国标准协会（VSASI），1969 年 10 月 6 日 VSASI 改名为美国国家标准协会 ANSI，ANSI 的成员约有 900 家公司和 400 个制定标准的团体包括专业学会、行业协会、消费者、劳工组织以及政府机构。

ANSI 的主要职能有四项：组织协调、情报交换、审核批准美国国家标准、代表美国参加国际标准化活动。

2. 美国机械工程师学会

美国机械工程师学会（ASME）成立于 1880 年，其宗旨是进行有关机械工程方面的研究与探索，制定规范和标准。

学会的工作由其会员国选举的管理委员会和它的 5 个顾问委员会，以及在世界各地 13 个区域的 44 个主要管理委员会和数以百计的专业委员会来实施，管理委员会是代表学会的最高管理层。

ASME 的最高领导层是 ASME 董事会（Board of Governors）。董事会由会员进行选举，任期 3 年。董事会主席在董事会内部每年进行选举，董事会主席任期一年，御任后仍为董事会成员。董事会由 13 名成员组成，董事会承担着决定 ASME 政策、管理协会的财政、任命领导层、发放协会奖金等重大事务。董

事会下设5个理事会，它们分别是规范和标准理事会、教育理事会、工程理事会、会员事务理事会及公共事务理事会。这些理事会负责各自领域内的政策和事务。5个理事会管理着ASME的44个主要管理委员会及几百个专业委员会。

ASME每年主持30多个技术协调会会议和200多个专业的发展报告，制定许多工业和制造业的标准。在特种设备方面，ASME制定锅炉、压力容器、电梯、起重机械、索道技术标准。ASME标准本身并没有强制性，只有当其被联邦法规（通常是规章）或各州法规指定采用时，才具有强制性。

美国国家标准协会（ANSI）的机械类的标准主要由ASME协助提出，ASME被认为是世界上较大规模的自愿的标准制定组织。目前大约4000名工程师及其他专业人员自愿参加制定或修订1300多个ASME规范标准。

3. 美国国家锅炉压力容器检验师协会

美国国家锅炉压力容器检验师协会（NB或NBBI）（The National Board of Boiler and Pressure Vessel Inspectors，NB）成立于1919年，成立的目的是通过统一的锅炉压力容器制造、安装、修理、维护和检查要求，促进生命财产的安全。NB会员监视着并依赖有关锅炉压力容器制造和修理的标准，并保证在负责贯彻和管理ASME锅炉和压力容器规范的管辖机关之间相互承认和使用。NB自己制定的锅炉压力容器检验规范（NBIC）是目前惟一被世界广泛认可用于修理和改造锅炉和压力容器的规范。这项规范已被批准为美国国家标准，并被许多州和司法管辖区的法规所采纳，也被包括美国联邦运输部政府部门的法规所采纳。

美国国家锅炉压力容器检验师协会的总部设在俄亥俄州的哥伦布，在总部设有一个由执行主席领导的常设机构，处理日常事务。

美国国家锅炉压力容器检验师协会的成员由美国阿拉斯加等45个州和芝加哥等4个城市以及加拿大的12个省的首席锅炉压力容器检查官或主任安全工程师组成，这些首席检查官或主任安全工程师负责他们行政辖区内的锅炉与压力容器安全法规的实施，并对行政辖区内锅炉与压力容器（授权保险公司检验的以及用户检验机构检验的锅炉压力容器除外）实施检查。

美国国家锅炉压力容器检验师协会组织结构如下：协会的领导层为理事会，理事会由主席、两位副主席、秘书长及三名普通成员以及上一届的主席组成，它们由协会成员在成员内进行选举。协会顾问委员会由7人组成，他们各自代表了锅炉压力容器的有关方面，参与制定NB的政策及相关事务。美国国家锅炉压力容器检验师协会还设立了检查规范委员会，该委员会由锅炉与压力容器保险公司的检查员、制造厂代表及有关州的检查员共24人组成，负责检查规范（NBIC）的制定、修改和完美工作。检查规范委员会还成立了由17人组成的超压保护分委员会。

美国国家锅炉压力容器检验师协会（NB）自1919年建立以来，一直在致力于统一的锅炉与压力容器安全法规、资格和标准。具体目标是：统一管理锅炉与压力容器的安全法规；统一锅炉与压力容器安全运行有关的特殊设计、容器结构安全、附件及装置的认可标准；制定并维持一个统一的锅炉与压力容器检验规范（NBIC）；统一执行代理检验的设备制造注册制度；统一对NB授权检验师进行资格认可和考核；编辑和分发重要信息给NB成员、NB授权检验师及有关学会、制造厂、监管机构、业主或用户等；促进和推行安全阀或压力容器附件的检测手段和结果。

美国国家锅炉压力容器检验师协会（NB）现在的主要工作内容包括制定并维持锅炉与压力容器检验规范（NBIC），修理单位的认可，制造检查机构的认可，对业主（用户）检查机构（OUIO）的认可，NB授权检验师的考试，制造厂及其设备的注册登记，向各州立法机关推荐其制定的（锅炉与压力容器安全管理法案），经营安全阀实验室，教育、培训和咨询等。

NB与ASME、美国焊接学会、美国国家标准学会以及锅炉与压力容器制造和使用单位建立了密切的联系。

4. 美国材料与试验学会

美国材料与试验学会（ASTM）（American Society for Testing and Materials）成立于1898年，是美国成立最早、规模最大、成就显著的学术团体之一。该协会主要致力于制定各种材料的性能和试验方法的标准。从 1973 年起，扩大了业务范围，开始制定关于产品、系统和服务等领域的试验方法标准。包括：标准规格、试验方法、分类定义、操作规程以及有关建议。

ASTM 董事会下设 132 个技术标准起草委员会，每个委员会又下设若干个分委员会。分委员会是 ASTM 标准编制工作的基本单位。技术委员会和其分委员会均为常设机构，它的成员必须是 ASTM 成员，由于工作量太大，分委员会下又成立工作组，工作组成员可以是非 ASTM 成员。ASTM 实行财务自给，经费的大部分来自各种出版物的销售所得。

ASTM 出版有 9100 多个标准规范，包括金属材料、可燃性材料、化学产品、润滑剂、化石燃料、纺织品、涂料、塑料、橡胶、管道、电子、能源、医学装置等等。ASTM 除了制定材料和试验的标准（包括无损探伤的标准）外，还制定特种设备之中的游乐设施标准，ASTM F24 标准委员会起草现行有效的游乐设施标准有 14 个，分别由技术方法等 6 个附属委员会负责起草和修订。

ASTM 颁布的标准有三种类型：正式标准、推荐标准和临时标准。

美国材料与试验协会 ASTM 与许多机构建立了广泛的联系和合作关系，如：美国国家标准局(BBS)、美国国家标准学会（ANSI）、美国机械工程师学会（ASME）、美国机动工程师协会（SAE）、美国土木工程师协会（ASCE）、美国铸工协会（AFS）、美国原子能委员会（AEC）、国际标准化组织（ISO）等。

5. 美国锅炉制造商协会

美国锅炉制造商协会（ABMA）(American Boiler Manufacturers Association）成立于 1888 年，原名为美国锅炉制造商协会与工业联合会（American Boiler Manufacturers' Association and Afiliated Industries, ABMAAI），1960 年改用现在名称。

美国锅炉制造商协会是全国性、非营利性行业协会，它是商业（公共机构）、工业和动力锅炉制造商、相关燃料燃烧设备、锅炉和锅炉相关设备用户，为锅炉提供产品和服务公司的行业协会。换句话说，它代表燃烧燃料产生蒸汽和热水、为美国和全世界提供电力和舒适生活的系统的设计和建造的公司。

协会主要从事于锅炉参数、煤的分析及其副产品定义等方面标准化工作，并参与美国全国防火协会(NFPA)有关锅炉安全标准方面的工作。在美国和全世界范围内，ABMA 的公司会员及其雇员每天都努力工作，不断带来产生蒸汽和热水的新技术。

出版物：工业标准与工程情报手册（Manual-Industry Standards and Engineering Information)，锅炉、过热器、自动加煤机、雾化燃烧设备、空气预热器及节煤器标准。

三、标准法规制修订程序

1. ANSI 批准美国国家标准程序

(1) 委任团体法。即由 ANSI 委任某一标准制定团体（如 ASTM 或 ASME）制定某项标准，作为国家标准，要求制定的标准必须符合 ANSI 规定的一些程序和准则，并要求与各有关方面协调一致。实际情况往往是：这些标准制定团体将自己的标准推荐给 ANSI 作为国家标准，ANSI 批准后在标准编号上冠以 ANSI 字样，例如：ANSI/ASTM××××，ANSI/ASME×××等等。目前 ANSI 批准的国家标准中，以这种方法为最多。ASTM 推荐给 ANSI 的国家标准几乎就占 ANSI 标准的半数。

(2) 美国国家标准委员会自行编制法。某项标准找不到一个合适的制定标准团体时，就由 ANSI 授权建立一个特别委员会编制该项标准，有关各方必须有代表参加，也可由一个有能力有经验的团体担任秘书工作，由 ANSI 对该委员会负责。要求按照 ANSI 规定的程序编制标准。

(3) 征集意见法。在一家标准编制团体或其他有关方面希望将一项现有的标准或标准草案经审议后批准为美国国家标准时，可使用这一方法，提出标准者向有关团体征求意见或征集通讯投票，然后将该标准连同征求意见的结果一起提交 ANSI 审议，ANSI 由标准审定部审查。是否有遗漏意见，反对意见是否已解决，然后再决定是否批准为美国国家标准。当然在征求意见过程中，还必须向公众征求意见。

ANSI 出版双周刊《The ANSI Report》(ANSI 通讯）和《Standards Action》(标准动态），报导学会的活动情况及标准的变更情况。ANSI 标准从公布之日起，一般不超过 5 年应对标准进行沿用认可、修订或撤销。

2. ASME 标准的编制或修订程序

ASME 锅炉与压力容器委员会的工作和管理程序是委员会成员与 ASME 工作人员的工作指南。当建议对一个新项目或新领域进行标准化时，ASME 规范和标准理事会首先决定协会是否要接受这项工作。如果 ASME 决定接受这项工作，则将确定这项工作的范围并将其委托给一个适当的管理部，管理部再决定此项建议能否委托一个现存的总委员会或是否成立一个新委员会，一旦此项工作委托给一个委员会，该委员会就要详细了解这个项目并确定这个项目的概念及其范围，同时确定是否需要制定标准。然后成立分技术委员会和工作组，每个技术委员会和工作组承担其中一部分的标准制定工作。

起草的这部分标准须经过多次草案形式，每次草案都要经过分技术委员会或工作组投票通过，表决的记录一直保留，总委员会始终掌握进度及表决记录。

当整个草案准备递交总委员会时，它被称之为"推荐标准"。在总委员会批准该推荐标准的技术内容之后再送管理部进行审查，以确保在其编写和表决的所有阶段都遵循 ASME"规范和标准编写委员会的程序"。

如果该 ASME 标准希望被批准为美国国家标准时，在总委员会批准该推荐标准的技术内容之后再送管理部进行审查的同时，该推荐标准也被送到美国国家标准学会(ANSI)。

ANSI 在其出版物 ANSI Reporter(ANSI 通讯)中登出征求意见通知。ASME 也在其出版物 Mechanical Engineering(机械工程)中登出征求意见。

任何人都可以对推荐标准进行评论，ASME 必须认真考虑每一种意见，如果有些意见反馈到起草的分技术委员会或工作组，则需要重新表决和再次递交总委员会、管理部和 ANSI，在 ANSI 批准为美国国家标准之前，所有的意见以及这些意见的处理必须递交 ANSI 标准审查部。

如果没有任何意见或所有意见都圆满解决，此项标准就由 ANSI 标准审查部批准，由 ASME 出版并出售给所有对此有兴趣的人。

ASME 规范和标准定期进行审查，根据需要进行修订，修订工作仍然委托给最初起草的总委员会并按照制定新标准的同样程序进行。ASME 还经常出版一些 ASME 规范和标准和增补篇，使在重新出版之前的标准版本的内容最新，这样就可以使使用者及时了解到标准的变化。

第三节　欧盟锅炉标准法规制修订管理模式

一、标准法规的政府管理部门及职能

欧盟最重要的法律是欧盟条约，在此基础上进行立法，它相当于欧盟的宪法。目前正在起草宪法。

欧盟委员会是立法的起草机构。欧盟法规分为：条例、指令、决定、建议和意见。其中条例、指令、决定具有约束力，建议和意见没有约束力。

欧洲标准化组织(CEN)等技术组织制定协调标准，作为支持指令的技术文件。协调标准前标有"EN"，这些标准贯彻欧盟指令中规定的基本安全要求，制定具体的技术要求。欧洲协调标准由企业自愿采取，若采用了协调标准，则被认为满足了指令的基本安全要求。在欧洲共同体的官方公报上，公布支持相应指令的协调标准的编号。

二、标准法规制修订机构的设置及职能

1. 欧盟委员会企业总司法规标准司

欧盟负责安全监察机构主要是欧盟委员会领导的企业总司下属的法规标准司(G-Single Market：Regulatory Environment，Standardization and New Approach)。该司中的 G/4 处(G/4 Pressure Equipment，Medical Devices，Metrology)负责承压设备。

法规标准司的主要职责：通过研究和创新、培训，促进投资和简化法规，调整贸易、健康、安全和竞争力等方面的政策，增强企业的竞争力；通过实施一些行政措施，促进法规的统一，形成欧盟统一市场，同时

寻求在欧盟以外扩大市场份额的途径；核心职能是保证劳动者和消费者的安全。

该司的主要工作：通过与各工业协会、研究机构、成员国政府管理机构以及其他相关人员、团体的协商、对话和调研，组织制定有关欧盟指令，并根据指令的要求，组织有关标准化机构制定相关欧洲统一标准。

2. 欧洲标准化协会

欧洲标准化协会(CEN)的英文全称为 European Committee for Standardization，按照法语缩写为 CEN。欧洲标准化协会由欧盟(EU)25 个成员国各自的国家标准化组织(The National Standards Organizations)和欧洲自由贸易联盟(EFTA)的 3 个成员国组成。为支持欧盟的技术法规，欧盟标准化协会制定了约 13000 项满足技术法规基本要求的技术标准。

欧洲标准化协会的主要任务是编写欧洲标准(European Standards, EN)。正式文本为英文、法文和德文。

欧洲标准化协会主要的机构——标准化技术委员会总共有 300 多个，每个委员会由某个成员国的标准化组织负责。其中锅炉标准化技术委员会代号为 CEN/TC 269。秘书处为德国标准化协会。下设分委会/工作组。如 CEN/TC 269/WG1，水管锅炉；如 CEN/TC 269/WG2，锅壳锅炉。

三、标准法规制修订程序

欧盟委员会可以委托欧洲标准化组织制定相应的标准，并在规定的时间内完成。标准颁布前，应征得委员会的同意。有些欧盟成员国也把一些法规的起草工作交给标准化组织，或在法规编制过程中吸收标准化组织参加。技术法规公布执行的期限规定为：对无任何意见的，自草案被欧盟委员会收到之日起 3 个月后即可颁布执行；对有意见的，可在草案自欧盟委员会收到之日起 6 个月后即可颁布执行；当欧盟委员会发现技术法规与已经上报部长理事会或有拟订意向的指令、规章或决定有关时，则在 12 个月后执行。

第四节　日本锅炉标准法规制修订管理模式

一、标准法规的政府管理部门及职能

日本工业标准调查会是由经济产业省设置的审议会，根据工业标准化法的规定，对有关工业标准化进行调查审议。它具体负责组织制定和审议日本工业标准(JIS)，它是经济产业省大臣、国土交通大臣、厚生劳动大臣、农林水产大臣、文部科学大臣、总务大臣、环境大臣在工业标准、JIS 标志制度、试验所登录制度等工业标准化方面的咨询机构。同时作为日本唯一的国际标准化组织(ISO)和国际电工委员会(IEC)的会员参加国际标准化工作。

它主要是由具有 JISC 的最高议决权的总会来运营，总会下设标准部会和适合性评价部会；同时各部会又下设执行 JIS 审议的技术专门委员会。而且，总会还下设两个特别委员会负责特别事项的调查审议。

二、标准法规制修订机构的设置及职能

法令是由国会表决制定。政令由内阁大臣制定。省令和告示由所管辖国务大臣制定。通知(包括法令、省令及告示的解释和细则)由副部长、局长制定，并登载在官报上。

已被颁布并列入强制性的政令、省令和告示，均作为相关法令的基础。锅炉技术规程已被列入工业标准法制中的，均称为日本工业标准(简称 JIS)。

日本工业标准调查会负责组织制定和审议日本工业标准(JIS)，它是经济产业省大臣、国土交通大臣、厚生劳动大臣、农林水产大臣、文部科学大臣、总务大臣、环境大臣在工业标准、JIS 标志制度、试验所登录制度等工业标准化方面的咨询机构。

三、标准法规制修订程序

日本的法律及工业标准为了适应新技术的发展，使其内容更加合理充实，原规定每三年修订和复审一次；1980 年以后根据日本工业标准化法第 15 条的规定，改为每 5 年之内要复查(修订或废止)一次，若无问题，即作为“确认”继续使用。

首先，JIS 的原稿由国家根据调查研究、或委托、或行业界等自主制定；将制定好的原稿由主管大臣(经济产业大臣等) 提交日本工业标准调查会讨论；经日本工业标准调查会审议过的 JIS 原稿向主管大臣报告，被报告的 JIS 原稿经主管大臣同意后，由官报公布于众。为了确保各工作环节的透明性，也采取了一些诸如让国内外有关人员参加的措施。

有关以上各阶段的 JIS 制定及修订情况，可参考日本工业标准调查会发行的月刊杂志《标准化杂志》或经济产业调查会发行的《经济产业公报》。

日本锅炉法规标准也不例外，以省令为例，有关制定、修订和废止的程序介绍如下：

1) 在制定、修订或废止每一个省令时，都要在技术委员会上讨论，由有理论和实践经验的技术人员参加；

2) 根据讨论结果，由主管省组织起草修订草案；

3) 由劳动、管理和公益事业代表组成的中央劳动标准委员会通过；

4) 召开公众听证会，由劳动、管理和公益事业的代表团发表声明；

5) 广泛征求相关部门的意见；

6) 最终检查(包括规范方面的检查)，定稿；

7) 颁布(在官方报纸或公报上登载)；

8) 实施。

第七章　锅炉法规标准体系介绍

第一节　中国锅炉法规标准体系

一、法规标准体系框架、层次

锅炉安全法规是保证锅炉安全使用的法律保障。各级政府锅炉安全监督管理部门要加强监管、依法行政，就必须有完善的法规体系予以保证。

自 1960 年原劳动部颁发第一版《蒸汽锅炉安全技术监察规程》的部颁规章以来，历届国务院锅炉安全监督管理部门都十分重视法规建设。特别是 1982 年国务院发布了《锅炉压力容器安全监察暂行条件》，为中国锅炉安全监察制度提供了法律依据，为安全监察工作的法制化，规范化奠定了坚实基础。《暂行条例》赋以锅炉安全监督管理部门"制定或参与制定有关锅炉压力容器安全技术规程、标准"的职权，大大促进了锅炉安全法规的建设。2003 年国务院新颁布的《特种设备安全监察条例》是一部全面规范锅炉等特种设备的生产（含设计、制造、安装、改造、维修）、使用、检验检测及其安全监察的专门法规，是锅炉生产、使用单位及其作业人员。各级锅炉安全监督管理部门及其安全监察人员必须遵循的行为准则，是各级锅炉安全监督管理部门进行安全监察和行政执法的依据，是制裁锅炉生产，使用中违法行为的有力武器。也对锅炉安全法规的建设和完善起了积极的推动作用。

除上述专门法规外，2001 年国务院发布的《国务院关于特大安全事故行政责任追究的规定》，锅炉特大安全事故也列在其中，即《规定》也是锅炉安全监督管理应遵循的一部法规。

经过几十年的努力，一个较为完善的锅炉安全法规体系基本形成，其结构由国务院颁发的行政法规—国务院锅炉安全监督管理部门颁发的行政规章—锅炉安全监督管理部门的安全监察机构颁发的锅炉安全技术规范三个层次的法规构成，即：

行政法规：国务院颁布的锅炉安全的专门条例及有关的条例规定等；

行政规章：原劳动部和国家质检总局以部令或总局令形式颁发的规定、规程、办法等；

安全规范：国家质检总局按照《特种设备安全监察条例》规定发布的规则、规程、办法、规定、条件等。

我国标准在标准化法颁布以前，都为强制性标准。在 1989 年 4 月 1 日标准化法实施以后，将标准分为强制性和推荐性两类。强制性标准，必须采用。推荐性标准，国家鼓励企业自愿采用。

我国锅炉标准主要是针对钢制、承压、以水为介质的固定式蒸汽锅炉和热水锅炉。对蒸汽锅炉，其额定蒸汽压力小于或等于 13.7MPa 及额定蒸汽温度小于或等于 540℃；对热水锅炉，其额定热功率大于或等于 0.1MW 及额定出水压力（允许工作压力）大于或等于 0.1MPa。20 世纪 90 年代，铸铁锅炉和电加热锅炉的标准相继得到补充，不适用于交通运输车、船上的锅炉和核能蒸汽发生器。

我国锅炉标准门类齐全，由产品标准、设计计算标准、材料标准、焊接标准、零部件制造及工艺标准、检验和试验方法标准、辅机和附件标准、安装标准、水质标准、环保标准、质量管理标准等方面组成。标准包含的范畴较广，但较为分散，且这些标准分属于不同的部门和行业，给标准的贯彻带来了一定的困难。为改善这一状况，由全国锅炉标准化技术委员会负责组织制定国家技术监督局以 GB/T 16507—1996 发布的《固定式锅炉建造规程》于 1996 年 12 月 1 日实施，其内容包括主题内容与适用范围、引用标准、术语和符号、材料、设计、焊接、其他制造方法、安全附件、检查和检验、水管锅炉、锅壳锅炉和附录 A 许用应力。该标准非等效采用 ISO 5730：1992《固定式焊接结构锅壳锅炉》及

ASME 锅炉和压力容器规范第Ⅰ卷《动力锅炉建造规程》(1992),并结合我国锅炉法规和技术条件综合而成。标准是推荐性的。

二、法规标准发展历史、趋势

锅炉是一种广泛用于生产和生活的承压设备,一旦发生汽水系统或燃烧系统的物理或化学爆炸,就会造成生命财产的巨大损失。所以,在 1950 年 10 月批准的《中央人民政府劳动部试行组织条例》中,锅炉被划入劳动部的劳动安全保护工作范围,并由其劳动保护局具体负责管理。

1955 年 4 月 25 日,天津市第一棉纺厂发生锅炉爆炸,造成 8 人死亡,69 人受伤。事故引起国务院高度重视。事故调查查明:该锅炉爆炸前已漏水两个多月,而漏水是因其下锅筒产生穿透性裂纹,爆炸正是此裂纹导致的下锅筒破裂。更主要的是因该厂对锅炉漏水没有进行认真检查:使隐患最终转化成了事故。

在经过一些调查研究之后,劳动部认为锅炉安全应从一般性的劳动保护管理转为专业性管理,为此提出应在劳动部设立锅炉局,专门负责锅炉安全检查工作,并向国务院上报了建局方案。1955 年 6 月 11 日,国务院批复:在劳动部建立锅炉安全检查总局,负责全国锅炉安全检查工作。中国由政府组织进行的锅炉安全检查由此产生。

1958 年 9 月,国家机关精简机构,锅炉安全检查总局被撤销,其工作并入当时的劳动保护局,由其锅炉安全检查处负责。

1963 年初,劳动部向国务院上报了《关于加强各地锅炉和受压容器安全监察机构的报告》,经国务院批准,11 月,劳动部重新组建了锅炉压力容器安全监察局。此次组建,首次将政府负责的锅炉压力容器安全的行政管理称为"安全监察",其职责范围扩展了对压力容器的管理。工作中,逐渐探索出对锅炉压力容器的设计、制造、安装、使用和修理五个环节进行安全监察的模式。

1966 年开始"文化大革命",锅炉压力容器安全监察局被完全撤销。

随着"文化大革命"结束和改革开放,1978 年 9 月,国务院批准当时的国家劳动总局恢复设立锅炉安全监察局,负责锅炉压力容器的安全监察,全国新增安全监察人员 800 人。恢复后的锅炉安全监察局,在总结 20 多年经验教训的基础上,加强了立法工作,并将管理模式从五个环节完善为对锅炉压力容器进行设计、制造、安装、使用、检验、修理和改造七个环节的监察模式;在机制上则实行"监察行政机构"加"检验事业单位",劳动总局的锅炉压力容器检测中心和地方锅炉压力容器检验所随之相适建立。

1982 年 2 月,国务院颁布了《锅炉压力容器安全监察暂行条例》(以下简称《暂行条例》),"安全监察"由此在法规中正式使用。《暂行条例》为中国建立锅炉压力容器安全监察制度提供了法律依据,确立了安全监察工作的性质、方针、内容和方法,明确了安全监察机构的设置和其职权等,这就为锅炉压力容器安全监察体制的建立指明了方向,奠定了基础。

1993 年,原劳动部根据对锅炉压力容器压力管道进行的安全监察与对电梯、起重机械和游乐设施进行的安全监察,二者监察模式相近的情况,将锅炉压力容器安全监察局与职业安全卫生安全监察局两局合并,成立职锅局,负责对上述设备的安全监察。

1998 年,国务院将劳动部职锅局负责的安全监察职能划转到国家质量技术监督局,随后各地方政府也进行了相应的划转。

2001 年,国务院成立国家质量监督检验检疫总局,内设锅炉压力容器安全监察局,负责锅炉等承压设备和电梯等机电设备的安全监察。

2003 年 3 月 11 日,国务院颁布了《特种设备安全监察条例》(《暂行条例》同时废止),由此确立了中国新的对锅炉、压力容器、压力管道、电梯、起重机械、客运索道、大型游乐设施和场(厂)内机动车辆等特种设备安全监察的法律制度,原锅炉压力容器安全监察局随之更名为特种设备安全监察局,地方政府质量技术监督局的锅炉安全监察机构和各级检验检测机构也相应进行了更名。

经过 50 年探索发展,一个适合中国国情的特种设备(含锅炉)安全监察体制基本形成。

第二节　美国锅炉法规标准体系

一、法规标准体系框架、层次

1. 概述

美国除对移动式压力容器由美国运输部的专门机构进行监察管理外，对锅炉和固定式压力容器都没有统一的质量监督检验机构，也没有统一的法规体系。

2. 加州锅炉管理主要法规

美国联邦政府没有统一的锅炉法规体系，下面以加州为例说明美国各州锅炉安全管理的法规体系。

(1) 加州劳动法第 5 篇 第 6 部分：锅炉与压力容器

第 1 章 第 7620～7626 节 总述；第 2 章 第 7650～7655 节 行政管理；第 3 章 第 7680～7692 节 锅炉与压力容器操作；第 4 章 第 7720～7728 节 检查费用；第 5 章 第 7750 节 犯罪；第 6 章 第 7770～7771 节 蒸汽锅炉不适当管理。

(2) 加州行政规章：工业安全法令

第 1 分章：非受火压力容器安全法令；第 2 分章：锅炉与受火压力容器安全法令。

3. 美国锅炉标准体系

美国锅炉标准体系由美国政府机关颁布的有关法令、标准；ANSI 美国国家标准，如 ASNI B36.10 焊接和无缝锻钢管道等；美国学会、协会标准三个层面组成。

美国锅炉学会、协会标准有：ASME 美国机械工程师学会标准，如 ASME 锅炉压力容器规范(ASME-BPV 规范)、ASME 性能试验规范(ASME PTC 规范)；ASTM 美国材料试验学会标准；ASNT 美国无损检测学会标准，如 SNT-TC)1A 无损检测人员资格评定和取证推荐规程；CP-189 无损检测人员资格评定和取证的 ASNT 标准等；ABMA 美国锅炉制造商协会标准。

有些技术法规虽也称为“标准”，但却是按照立法程序制定的，有强制力的技术法规，如 OSHA 规章(Regulation)也称 OSHA 标准(Standards)。美国所有民间机构标准都是自愿性的，包括经国家标准协会 ANSI 批准的美国国家标准。标准只有经法规指定才具有强制性。美国机械工程师学会(ASME)锅炉系列标准等是美国各州通用标准，被大多数州部分或全部采用，或作为参考标准。

二、法规标准发展历史、趋势

美国除对移动式压力容器由美国运输部的专门机构进行监察管理外，对锅炉和固定式压力容器都没有统一的质量监督检验机构。因此美国的锅炉压力容器标准规范体系可以说是一种以分散和自愿为特点的标准规范体系。

美国是一个科学技术与工农业生产都很发达的国家，工业化已有 100 多年的历史，随着工业化发展的需要，标准化已成为提高合理化生产和现代化管理水平的主要手段之一。美国现在负责编制标准的学会、协会已达 400 多个，下设几千个技术委员会。这些组织与各联邦机构一起制定了 8 万多个标准。

美国的自愿标准体系具有以下三个特点。

1) 科学性。标准的编写、审批必须经过严格的程序和技术委员会的通过。技术委员会由一批有才干、有知识和实际经验的专家组成。没有“最高”权威、没有政府法令、也没有任何利益或利益集团处于支配地位，只有本着科学精神的“协商一致”和“同等接受”。标准的内容必须经过科学试验，必须有充足的测试数据。一个草案出来后，技术委员会首先要做大量测试，进行研究比较。

2) 民主性。标准草案必须经过民主讨论，广泛征求意见，对反对的意见必须慎重考虑(对重要的标准如锅炉标准，只要有一人反对，就要回到技术委员会中重新讨论)。在技术委员会中，非生产者代表占多数，并由非生产者当主席。标准注意消费者的利益。技术委员会中一定要有消费者(或使用者)代表参加。

3) 分散性。美国没有主管全国标准化工作的专门机构，许多政府部门和民间团体都从事各自领域内的标准化工作。虽然美国国家标准协会(ANSI)在美国的标准体系中起着自愿协调作用和标准情报交流作用,但在标准化方面不具有法律权威。

美国的标准体系虽然是分散的、自愿的,但所有的企业、公司都十分重视标准化工作。各企业、公司除了贯彻政府规定的某些有关安全、卫生、环境保护、节能等强制性标准外,都有自己的一整套技术标准。

美国对于整个国家而言,仅有的统一标志是 UL(电工安全)和 ASME 用于锅炉压力容器的安全标志,除此之外,没有统一的质量监督检验机构和统一的标志制度。由于产品质量是企业的生命,企业之间竞争激烈,因此质量完全由企业自行负责。美国的标准分为以下四种。

1) 国家标准。经各方面协商一致的标准作为美国国家标准。约有 8000 多个,涉及面很广。此类标准由美国国家标准协会(ANSI)会同有关部门共同协商,大体上是把各学会、协会编制的对全国具有普遍意义的标准审批为"美国国家标准"。由于这类标准是全国统一的标准,所以对品种繁多的各专业产品的质量指标无法作出统一规定,因而仅对试验、检验方法、安全规程、部分原材料和公共设备的质量及一些量值术语符号作了统一的规定。

2) 政府标准。由政府各部门特别是在卫生、安全和环境保护方面发布的标准,以及政府为采购而制定的标准。如国防部制定的军用标准,农业部制定的农业标准,环境保护局制定的环保标准;食品与药物管理局制定的食品、药物标准,消费安全委员会制定的日用消费品标准以及美国国家标准局制定的部分标准。此类标准大都涉及人民群众的人身安全,必须由政府部门作出统一规定。政府各部门在卫生、安全、环境保护方面的标准是以法规的形式发布,在《联邦公告》或《州政府公告》中刊登,收录到《联邦规章》(CFR)或州规章集之中,这类标准是强制性的。

3) 专业标准(或行业标准)。为各专业学会或行业协会所编制的适用于本专业或行业的标准。此类标准只涉及名词术语、图形符号、安全、互换性、测试方法以及涉及产品性能指标等需要从技术上加以标准化的内容,美国这类学会和协会很多,制定的标准数量也很大。如美国材料与试验学会(ASTM)、美国机械工程师学会(ASME)、美国电气及电子工程师协会(IEEE)、美国汽车工程师学会(SAE)和美国石油学会(API)等。

4) 公司标准。用于公司内部设计、制造、采购和货量控制的标准。此类标准在美国最多,涉及的范围也最广,包括各种类型产品标准。各企业为了竞争的需要,竞相采用新技术,纷纷制定本公司的标准以获得更大的利润。有些公司标准因涉及本公司的特有技术,对外是绝对保密的。美国的生产已从专业化发展到垄断性生产。一种类型的产品只由一个公司生产,这是其公司标准远较国家标准为多的主要原因之一。可以说公司标准是美国标准化的基础。

美国政府虽然没有主管全国标准化工作的专门机构,但是多年来许多政府部门一直从事着某一方面的标准化工作或者参与自愿标准体系的工作。这是因为:

1) 美国政府包揽着极大的采购任务,每年采购商品额在全国贸易中占有相当比重。需要制定采购标准;

2) 美国一些政府机构直辖着相当多的产品生产和研制机构,有时要自定标准;

3) 根据美国国会通过的法律,为了保证人民生命财产的安全,政府部门需要颁布一些强制性标准,这些标准多是政府部门自己起草制定的;

4) 美国政府为了保障本国在对外贸易中的利益,特别注意与外贸有关的标准化工作。

美国共有 23 个联邦政府部门从事标准化工作。州及州以下的许多政府部门也从事标准化工作,全国上下大约有 3.3 万个机构与标准化工作有关。美国的许多标准,如 MIL 标准、ASTM 标准、UL 标准以及锅炉与压力容器规范等在世界范围内都是很有影响的,这些标准通过经济、安全、产品质量及其社会效果,很好的服务于工业及公众事务。

第三节　欧盟锅炉法规标准体系

一、法规标准体系框架、层次

欧盟最重要的法律是欧盟条约,欧盟委员会是立法的起草机构。欧盟法规分为四种:条例、指令、决定、建议和意见。其中条例、指令、决定具有约束力,建议和意见没有约束力。

条例:相当于议会通过的法令,一经通过立即生效,各成员国必须执行,无需变成本国立法。它具有普遍的适用性和总体的约束力,对所有成员国直接适用。条例规定现在和将来的所有事情,不只是规定所要达到的结果,在方式和手段上也要服从条例的规定。对成员国来说,实施条例在原则上没有自由选择的余地,在成员国国内不用制定适用条例的法律,条例本身便具有约束力,而且条例不仅仅只是约束成员国,还约束国内的个人。

指令:是对成员国要达到的目的具有约束力的欧洲经济共同体法律。一般给成员国一定的时间执行,使其转化为成员国本国法律。指令对所有的成员国都有约束力。指令是对成员国发出的,而不是对个人发出的。对成员国的约束也与条例不同,只要达到指令要求的目标,成员国在具体的方式和手段方面可以自由选择。

决定:对其涉及者具有绝对的约束力,必须执行。决定可以向个人发出,也可以向成员国发出。其约束力的方式同法规一样,对所有条文具有实施义务,特别是对成员国发出的决定,其实施的方式和手段同指令不同,成员国没有自由选择的余地。

建议和意见:不具有法律的约束力,但一经发布,对有关国家的公众舆论具有一定的影响力。建议和意见不是法律,可由理事会或委员会通过。

欧盟已逐渐形成上层为欧盟指令、下层为包含具体技术内容的协调标准组成的两层结构的法规标准体系。该体系的建立有效地消除了欧盟内部市场的贸易障碍。指令将变得简单,但有关安全、卫生、消费者权益保护的要求将更严格,同时,按照指令制定的技术标准将复杂。

欧洲议会和欧盟理事会指令 97/23/EG 关于统一各成员国有关承压设备的法律于 1997 年 5 月 29 日通过。本指令适用于最大许用压力大于 0.5bar 承压设备及其部件的设计、制造和合格评价。

为使指令得到有效实施,欧盟委员会委托欧洲标准化组织(CEN)等技术组织,制定协调标准,作为支持指令的技术文件。协调标准前标有“EN”,这些标准贯彻欧盟指令中规定的基本安全要求,制定具体的技术要求。欧洲协调标准由企业自愿采取,若采用了协调标准,则被认为满足了指令的基本安全要求。在欧洲共同体的官方公报上,公布支持相应指令的协调标准的编号。

为了提高法规的质量,防止各国用法规或技术标准设置技术壁垒,欧盟于 1998 年 6 月 22 日颁布了“技术标准和技术法规制定程序指令”(Directive 98/34/EC of A Procedure for the Provision of Information in the Field of Technical Standards and Regulations)。规定了成员国制定技术法规的领域和程序,防止设置没有必要的技术壁垒。在该指令中规定了以下概念:

1) 技术要求(Technical Specification)。一种包括有关产品质量水平、性能、安全要求、几何尺寸等内容的规范。在技术规范中还应包括:产品名称、符号、标志、包装和检测方法等内容。

2) 其他要求(Other Requirements)。技术要求以外涉及环境或消费者保护的要求,一般包括产品的使用条件、回收、回用、处置等内容。这些要求会影响产品的成分或性质。

3) 技术法规(Technical Regulations)。包含相关管理规定的技术要求或其他要求。这些要求必须强制遵守。技术法规还指某些成员国关于某些产品制造、进口、销售和使用的禁止性规定的法律、规章或管理规定。各成员国应向欧盟委员会提供一份本国有权制定技术法规的机构名单(这些机构都是政府行政机构)。

4) 标准(Standards)。由公认的标准化组织批准的技术要求。其执行是非强制性的。技术标准应是国际标准、欧洲标准或国家标准。

欧盟 CEN 批准通过了 EN12952《水管锅炉及其辅机安装》系列标准。由 CEN/TC269 锅壳和水管锅炉技术委员会制定这些标准。

该标准适用于 2L 蒸汽和/或热水、允许压力大于 0.5bar、温度大于 110℃ 加热的水管锅炉。不适用于非陆用固定锅炉、锅壳锅炉(包括电加热锅炉)、核一次回路。其第 4 部分不适用于设计、制造、安装阶段。系列标准包括 17 个部分,具体如下:

EN12952-1 总则;EN12952-2 锅炉及附件的受压部件的材料;EN12952-3 受压部件的设计和计算;

EN12952-4 在役锅炉寿命计算;EN12952-5 锅炉受压部件的制造工艺和结构;EN12952-6 施工检验及锅炉受压部件的文件编制和标志;EN12952-7 锅炉设备要求;EN12952-8 锅炉液气燃料点燃系统的要求;EN12952-9 锅炉粉状固体燃料的点燃系统要求;EN12952-10 超压防护要求;EN12952-11 锅炉和附件的限制设施和安全电流的要求;EN12952-12 锅炉给水和炉水品质的要求;EN12952-13 烟气净化系统的要求;EN12952-14 烟气除 NO_x 系统的要求;EN12952-15 验收试验;EN12952-16 锅炉固体燃料炉排和流化床点燃系统的要求;EN12952-17 独立于制造商的检验方导则。

欧盟要求各成员国必须采用此标准,与该标准相矛盾的国家标准应废弃。

欧盟 CEN 批准通过了 EN12953《锅壳式锅炉》系列标准。由 CEN/TC269 锅壳和水管锅炉技术委员会制定这些标准。

该标准适用于 2L 以上蒸汽和/或热水、最大允许压力大于 0.5bar、最大设计温度大于 110℃的锅炉。不适用于水管锅炉、铁路机车锅炉、船用锅炉。该标准不包括砖墙和保温部分。该系列标准共由 14 个部分组成,具体如下:

EN12953-1 总则;EN12953-2 锅炉及其附件的受压部件的材料;EN12953-3 受压部件的设计和计算;EN12953-4 锅炉受压部件的制造工艺和结构;EN12953-5 施工检验及锅炉受压部件的文件编制和标志;EN12953-6 锅炉设备要求;EN12953-7 锅炉液气燃料点燃系统的要求;EN12953-8 超压防护要求;EN12953-9 锅炉和附件的限制设施和安全电流的要求;EN12953-10 锅炉给水和炉水品质的要求;EN12953-11 验收试验;EN12953-12 锅炉固体燃料燃烧系统的要求;EN12953-13 运行指导书;EN12953-14 独立于制造商的检验方介入导则。

EN12953《锅壳式锅炉》系列标准属于欧盟标准。欧盟要求各成员国必须采用此标准,与该标准相矛盾的国家标准应废弃。

与 PED 配套的协调标准大体分为三类:一是产品类协调标准(Harmonized Product Standards),二是支持性协调标准(Harmonized Supporting Standards),三是材料协调标准(Harmonized Material Standards)。

欧盟《承压设备指令》(Pressure Equipment Directive,PED)是政府制定的行政法规,EN 是欧洲标准化委员会编制的技术标准[也叫做协调标准(Hormonized Standards)]。行政法规具有强制性,技术标准具有选择性的。强制性行政法规与选择性技术标准的结合点是 PED 中的安全基本要求(Essential Safety Requirements,简称 ESR)。行政法规对安全基本要求的描述采用原则性很强、要求明确、语言精确的定性语言,技术标准实现安全基本要求的手段是把定性的要求进行量化。

PED-EN 体系是"一与多"的结合,PED 是行政法规,只有 1 个,而与之配套的协调标准(技术标准)则有很多个。PED 中的许多要求,例如:"承压设备采用的建造方式必须保证在可推知、可预见工况条件下的安全性",这一原则永远适用。

标准是欧盟指令的基本安全要求的具体化。符合标准,就符合指令要求。欧盟委员会对标准制定参与程度较深。欧盟委员会可以委托欧洲标准化组织制定相应的标准,并在规定的期限内完成。标准颁布前,应征得委员会的同意。有些成员国还把一些法规的起草工作交给标准化组织,或在法规编制过程中吸收标准化组织参加。

二、法规标准发展历史、趋势

欧洲联盟(简称欧盟,European Union,EU)是由欧洲共同体 (European Communities) 发展而来的,是一个集政治实体和经济实体于一身、在世界上具有重要影响的区域一体化组织。1991 年 12 月,欧洲共同体马斯特里赫特首脑会议通过《欧洲联盟条约》,通称《马斯特里赫特条约》(简称《马约》)。1993 年 11 月 1 日,《马约》正式生效,原欧共体更名为欧盟,欧盟正式诞生。欧盟现有 25 个成员国和 4.56 亿人口(2004 年 1 月),总部设在比利时首都布鲁塞尔。

欧盟委员会 (Commission of European Union),是欧洲联盟的常设机构和执行机构,负责实施欧洲联盟条约和欧盟理事会作出的决定，向理事会和欧洲议会提出报告和立法动议，处理联盟的日常事务，代表欧盟对外联系和进行贸易等方面的谈判等。在欧盟实施共同外交和安全政策范围内，只有建议权和参与权。总部设在比利时首都布鲁塞尔法律大街200号一座十字形的大厦内。根据《马约》，自1995年起，欧盟委员会任期为5年，设主席1人、副主席2人。该委员会由来自不同成员国的25名代表组成。现任欧盟委员会主席巴罗佐，2004年11月上任；欧盟负责外交和安全政策的高级代表索拉纳，1999年任职。

欧盟委员会，欧盟标准化委员会由欧供体国家标准团体于1961年成立。

第四节　日本锅炉法规标准体系

一、法规标准体系框架、层次

法规标准体系框架、层次为：法律（法令）—政令（大臣令）—省令—告示—通知。

1. 法令

法令是由国会表决制定，政令由内阁大臣制定，省令和告示由所管辖国务大臣制定，通知（包括法令、省令及告示的解释和细则）由副部长、局长制定，并登载在官报上。已被颁布并列入强制性的政令，省令和告示，均作为相关法令的基础。锅炉技术规程已被列入工业标准法制中的，称为日本工业标准（简称为“JIS”）。

日本的法律及工业标准为适应新技术的发展，内容更加合理充实，原规定每三年修订和复审一次，1980年以后根据日本工业标准化法第15条的规定，改为每五年之内要复查（修订或废止）一次，若无问题。即作为“确认”继续使用。

《劳动安全卫生法》（1972年法律第57号）包括了有关防止锅炉压力容器灾害的必要产业安全及劳动卫生事项。

2. 政令

《劳动安全卫生法施行令》（1972年政令第318号）规定了法令所适用的锅炉范围及种种手续。

《劳动安全卫生法有关手续费令》（1972年政令第345号）规定了法令所适用的许可、许可证及检查等手续费。

3. 省令

劳动安全卫生规则（1972年劳动省令第32号）规定了有关防止灾害的一般事项。

锅炉及压力容器安全规则（1972年劳动省令第33号）规定了有关制造时等检查代行机构等规则和具体实施事项等。

4. 告示

锅炉及第一种压力容器的制造许可基准、锅炉结构规范、压力容器结构规范、小型锅炉及小型压力容器结构规范、简易锅炉等结构规范。

司炉工和锅炉焊接工及锅炉维修保养人员许可证规程、锅炉安装工程作业主任技能讲习、锅炉操作技能讲习、化工设备用第一种压力容器操作主任技能讲习及普通第一种压力容器操作主任技能讲习规程、小型锅炉操作管理业务特别教育规程、关于检查员资格等规程。

有关指定的性能检查代行机构的告示、指定的个别检定代行机构及型式检定代行机构等的告示、指定的试验机构的告示、指定的试验机构所做试验实务的告示。

5. 通知（技术指南）

防止锅炉低水位事故的技术指南、燃油锅炉及燃气锅炉的燃烧设备结构和管理的技术指南、锅炉定期自主检查指南、提高技能教育指南、安全卫生的教育指南。

6. 有关锅炉的法规（法令）（如表7-1）

表 7-1

<table>
<tr><th colspan="2">名　称</th><th>批准机关</th></tr>
<tr><td colspan="2">劳动安全卫生法</td><td>劳动省(厚生劳动省)</td></tr>
<tr><td rowspan="3">锅炉压力容器安全规则</td><td>锅炉结构规范</td><td>劳动省(厚生劳动省)</td></tr>
<tr><td>小型锅炉及小型压力容器结构规范</td><td>劳动省(厚生劳动省)</td></tr>
<tr><td>简易锅炉等结构规范</td><td>劳动省(厚生劳动省)</td></tr>
<tr><td colspan="2">电气事业法</td><td>通产省(经济产业省)</td></tr>
<tr><td rowspan="3">电气事业法施行规则</td><td>有关火力发电设备的技术标准</td><td>通产省(经济产业省)</td></tr>
<tr><td>发电用原子力技术标准</td><td>通产省(经济产业省)</td></tr>
<tr><td>电气零件(工件)焊接的技术标准</td><td>通产省(经济产业省)</td></tr>
<tr><td colspan="2">关于能源合理利用化的法律(省能源法)</td><td>通产省(经济产业省)</td></tr>
<tr><td colspan="2">关于促进代替石油能源开发及引进的法律(代替能源法)</td><td>通产省(经济产业省)</td></tr>
<tr><td colspan="2">公害对策基本法</td><td>环境厅(环境省)</td></tr>
<tr><td colspan="2">消防法</td><td>总理府(内阁府)</td></tr>
<tr><td>船舶安全法</td><td>船舶发动机(内燃机)规则</td><td>运输省(国土交通省)</td></tr>
<tr><td colspan="2">矿山安全法</td><td>通产省(经济产业省)</td></tr>
<tr><td colspan="2">建筑标准法</td><td>通产省(经济产业省)</td></tr>
<tr><td colspan="2">工业标准法</td><td>通产省(经济产业省)</td></tr>
</table>

二、法规标准发展历史、趋势

日本政府早在1889年对锅炉进行了一次全国性调查。1900年制定出《行政执行法》,其中明确规定“对具有极大危险性的锅炉,蒸汽和及其附属设备,行政机关有权限制使用”。1903年日本内务省下达了《关于蒸汽机技术人员管理》的命令。各府县也可以制定各自的锅炉管理条例。1911年制定出《工厂法》,其中明确规定“工厂负责人对认为具有发生危险可能性的工厂,附属建筑及设备,必须采取切实可行的预防措施,必要时也可以停止其部分设备或全部设备的使用”。1935年国家统一了各地方行政官厅所施行的锅炉管理规则,并以内务省令第20号公布了《锅炉管理令》,其中明确规定了“锅炉设置的主要条件”,同时建立了锅炉工制度,1947年制定出《劳动基准法》,基于该法又制定出《劳动安全卫生规则》,并把有关锅炉压力容器规程也都列入到此规则内。同年还规定用焊接方法制造锅炉,首先要得到劳动省劳动基准局长的制造许可,其后还必须接受焊接检查。对于安全阀,规定其性能得到劳动省劳动基准局长的认可后,才能转让或出租其技术。

另外,除锅炉及蒸煮器以外,对蒸发器、蓄热器、贮罐及压缩空气瓶等也规定了其适用对象。同时按其危险性把上述锅炉和容器大致分为锅炉、特殊锅炉和内压容器三大类。并对锅炉和特殊锅炉重新制定了电弧焊标准和建立了锅炉焊工制度。

1959年锅炉压力容器又从劳动安全卫生规则中独立出来,制定出《锅炉压力容器安全规则》。其中对锅炉压力容器的制造做出了明确规定,无论是焊接制造的锅炉和压力容器,还是采用其他方法制造的锅炉压力容器,都必须得到都道府县劳动基准局长的认可。此外,还修订了《锅炉及压力容器安全规则》,其主要修订内容有压力容器的定义、司炉工考试制度和锅炉操作主任职责范围等。

1972年安全卫生又作为一个独立法制从劳动基准中分离出来,制定出《劳动安全卫生法》,并建立了一个完整的锅炉压力容器法规标准体系,促使定期自主检查及对小型锅炉操作管理人员的特殊培训教育制度等逐步走向标准化。同年还开展了锅炉技师等级资格考试工作,并设立了一个指定的考试机关。

1999年9月,随着劳动安全卫生法相关政令省令的修改,根据1999年劳动省告示第120号的要求对锅炉结构规范也进行了修订，并规定使用 SI 单位。

近年锅炉压力容器越发趋向高性能化，自动控制系统也更加完善，新材料的不断涌现和技术的进步使锅炉压力容器结构越来越复杂化多样化。鉴于以下几点，(1)为了适应最近的技术发展和进步，力图实现从以前对形状规格的要求到对性能要求的改变；(2)使材料，机械性能试验方法，非破坏检查方法等也能与新改订的日本工业标准相吻合；(3)为了适应标准许可制度国际化发展的要求，力图实现同美国的相关法规之间的调整。在对过去的结构规范内容进行全面审查的基础上，2003 年 4 月对锅炉结构规范及相关标准等再次进行了修订，从而使相关的锅炉法规标准更加合理充实。

第五节　国际及各国标准相互采用情况

目前世界上锅炉法规标准主要有以下几大体系：

(1) 美国的 ASME 体系，覆盖于美洲、亚洲以至于世界范围内；

(2) 欧盟的法规标准体系，目前已经形成一定规模，应用于欧洲及个别其他国家和地区，并且影响日益扩大；

(3) 中国的锅炉法规标准体系，目前应用还主要局限在中国境内和国外厂商对中国客户出口的产品和承担的工程项目中，尚不十分完善；

(4) 日本的锅炉法规标准体系，目前应用主要局限在日本境内和日本出口的一些产品和承担的工程项目中；

(5) 其他国家的锅炉法规标准体系，目前由于市场需求的因素及其锅炉法规标准体系自身的完整与完善程度的原因，在世界上影响还不是很大。

对于锅炉标准，世界上各国相互认可或等效、等同采用的还基本没有，只有欧盟针对其成员国在近几年颁布了 EN 12952《水管锅炉及其辅助装置安装》和 EN 12953《锅壳式锅炉》等标准，要求其成员国转换成各国标准使用。

国际标准化组织 ISO/TC11《锅炉和压力容器技术委员会》力图制定国际统一的承压设备标准 ISO 16528《锅炉和压力容器》。该标准并非完整意义上的产品标准，只是对世界不同的锅炉和压力容器产品标准的统一要求，类似于商务标准。该标准由两部分组成，第 1 部分为“性能要求”，提出了锅炉和压力容器产品的安全性能原则；第 2 部分为“满足第 1 部分要求的标准”，提出了对世界各国技术标准的认可模式和内容。

第八章　锅炉主要标准法规简介

第一节　中国锅炉标准法规

一、通用要求

1. 标准的性质、适用范围及构成

(1) 性质:GB/T 16507—1996《固定式锅炉建造规程》于 1996 年 12 月 1 日实施。标准是推荐性的。

(2) 适用范围:对蒸汽锅炉,其额定蒸汽压力小于或等于 13.7MPa 及额定蒸汽温度小于或等于 540℃;对热水锅炉,其额定热功率大于或等于 0.1MW 及额定出水压力(允许工作压力)大于或等于 0.1MPa。

(3) 标准构成:主题内容与适用范围、引用标准、术语和符号、材料、设计、焊接、其他制造方法、安全附件、检查和检验、水管锅炉、锅壳锅炉等十一章和一个附录 A 许用应力。

2. 材料

(1) 入厂检验。JB/T 3375—2002《锅炉用材料入厂检验规则》标准是我国锅炉用材料入厂检验的专用标准,锅炉用主要材料入厂检验必须按其规定进行。

材料是受压元件的基础,制造厂对于受压元件材料必须建立严格的管理制度,并进行标识和标记移植,使之在元件上永久保留,具有可追踪性。

(2) 质量要求。制造锅炉受压元件的材料必须是镇静钢,并应根据使用条件和加工要求选用。国内制造锅炉受压元件的材料主要是低碳钢、低碳锰钢和低合金钢。

(3) 新材料的使用。采用新研制的钢材试制锅炉受压元件之前,钢材制造厂必须对此材料的试验工作进行技术评定。参加评定的单位应包括冶金、制造、使用、安全监察机构、标准等有关部门和单位。

(4) 国外材料的使用。《蒸汽锅炉安全技术监察规程》(以下简称《蒸规》)对使用国外钢材制造锅炉受压元件作了规定。

钢号应是国外锅炉用钢标准所列的钢号或者化学成分、力学性能、焊接性能与国内允许用于锅炉的钢材相类似,并列入钢材标准的钢号或成熟的锅炉用钢钢号。

(5) 材料代用。《蒸规》规定:材料代用应采用化学成分和力学性能相近的锅炉用钢材。对不列入国家标准、行业标准的钢材进行代用时,代用单位应提出技术依据,报省级安全监察机构审批。

3. 失效模式

控制锅炉受压元件的失效准则有极限应力法和极限载荷法两种。极限应力法是控制元件的最大应力不达到钢材的屈服限。极限载荷法是控制元件的整个壁厚都达到钢材的屈服限。我国锅炉受压元件强度计算标准控制锅炉受压元件的失效准则为极限载荷法。

二、设计

1. 基本准则与强度理论

(1) 设计准则。控制元件在承受介质压力及附加载荷作用下,且在预定的工作期限内,元件不失效是我国锅炉受压元件强度的设计准则。介质压力包括正常运行条件下的稳定不变压力、起动停运过程中的压力升降以及水压试验过程中的压力变化等。附加载荷包括由元件的自重、内部介质重量等构成的均匀外载以及因支承、悬吊引起的局部集中外载等。另外，还有在正常运行条件下，元件壁的温差应力以及变工况应受负荷变动条件下的疲劳应力等。

(2) 强度理论及强度条件。我国锅炉受压元件的强度计算采用最大剪应力强度理论，即第三强度理论(H. Tresca 塑性条件)。其强度条件为$\sigma_1-\sigma_3\leqslant[\sigma]$。

(3) 安全系数。我国 GB/T 9222—1988《水管锅炉受压元件强度计算》和 GB/T 16508—1996《锅壳锅炉受压元件强度计算》标准中，钢材的安全系数有三个，即：

1) 钢材在常温时抗拉强度的安全系数 $n_b=2.7$；

2) 钢材在计算壁温时屈服限或条件屈服限(残余变形为 0.2%)的安全系数 $n_s=1.5$；

3) 钢材在计算壁温 10^5h 持久强度的安全系数 $n_D=1.5$。

(4) 载荷。在我国锅炉受压元件强度计算标准中，对元件承受的载荷，仅考虑了元件承受的介质压力。其他载荷对元件的强度的影响，用安全系数、校核计算、结构限制加以控制。

2. 计算公式

(1) 计算压力。在我国锅炉受压元件强度计算标准中，对受压元件的计算压力规定为锅炉额定工作压力(表压)、最大流量时元件至锅炉出口之间的压力降、元件所受水柱静压力、锅炉出口安全阀较低的启始压力与额定工作压力之差值四项之和。

(2) 许用应力。我国锅炉受压元件强度计算标准中，元件的许用应力$[\sigma]$为元件钢材的基本许用应力$[\sigma]_J$与元件结构特点和工作条件的修正系数 η 的乘积，即$[\sigma]=\eta[\sigma]_J$。

(3) 计算壁温

1) 水管锅炉。不受热锅筒的计算壁温为介质的饱和温度。其他受压元件的计算壁温见 GB/T 9222—1998《水管锅炉受压元件强度计算》。

2)锅壳锅炉。直接受火焰辐射的元件的计算壁温为饱和温度加上 90℃。与烟温超过 900℃的烟气接触的元件的计算壁温为饱和温度加上 70℃。其他受压元件的计算壁温见 GB/T 16508—1996《锅壳锅炉受压元件强度计算》。

(4) 减弱系数。承受内压力圆筒形元件的最小减弱系数 φ_{min} 取纵向焊缝减弱系数 φ_h、纵向孔桥减弱系数 φ、两倍横向孔桥减弱系数 $2\varphi'$、斜向孔桥当量减弱系数 φ_d 中的最小值。

(5) 附加厚度。锅筒筒体和锅壳筒体附加厚度 C 为腐蚀减薄量 C_1 与钢板下偏差的负值及工艺减薄附加厚度 C_2 之和。

(6)锅筒筒体和锅壳筒体最小需要厚度。计算公式略。任何情况下，筒体的厚度不应小于 6mm。锅壳筒体的内径小于等于 1000mm 时，其厚度不应小于 4mm。

3. 孔的加强

承受内压圆筒体上的开孔直径 d 大于未加强孔的最大允许直径$[d]$时，必须对开孔进行加强，加强件与被加强件的连接应采用整体焊的连接型式。最大允许开孔直径可按线算图查取(线算图列在 GB/T 9222—1988 和 GB/T 16508—1996 标准中)，且最大为 200mm。

我国 GB/T 9222—1988 和 GB/T 16508—1996 标准对孔的加强计算方法采用等面积加强法。

三、制造

1. 制造资格与责任

(1) 制造资格。制造锅炉的单位必须持有国务院特种设备安全监督管理部门颁发的制造许可证，才可制造锅炉，且只准制造许可证级别范围内的锅炉。

根据《锅炉压力容器制造监督管理办法》的规定，锅炉制造许可证按额定蒸汽压力的高低分 A 级、B 级、C 级、D 级四个等级。除 D 级锅炉制造许可证由省级质量技术监督部门颁发外，其余各级锅炉制造许可证均由国家质检总局颁发。锅炉制造许可证的有效期为四年。

(2) 制造责任。锅炉制造单位应对其生产的锅炉的安全性能负责。工业锅炉产品在用户遵守 JB/T 10094《工业锅炉通用技术条件》标准及有关技术文件的条件下，在出厂期 18 个月内或运行期 12 个月内

(出厂期超过 18 个月,运行期不足 12 个月,以出厂期为准,出厂期不足 18 个月,运行期超过 12 个月,以运行期为准),如确因设计和制造质量不良而发生损坏或并非因安装质量,运行条件和操作水平的原因,不能按额定参数正常运行或达不到规定的性能要求时,制造单位应承担相应的责任。

2. 主要受压元件的几何形状和尺寸偏差

(1) 锅筒筒体和锅壳筒体

1) 总长度偏差。筒体全长 L 的偏差 ΔL,当 $L \leqslant 5$m 时,ΔL 不超过 $^{+10}_{-5}$ mm;当 5m$<L\leqslant$10m 时,ΔL 不超过 $^{+20}_{-10}$ mm;当 $L>10$m 时,ΔL 不超过 $^{+30}_{-15}$ mm。

2) 内径偏差。额定蒸汽压力大于 3.8MPa 的蒸汽锅炉,当筒体内径 DN$\leqslant$1500mm 时,内径偏差 ΔDN 为±5mm;当 DN$>$1500mm 时,ΔDN 为±7mm。热水锅炉和额定蒸汽压力小于或等于 3.8MPa 的蒸汽锅炉,当筒体内径 DN$\leqslant$1000mm 时,冷卷时的内径偏差 ΔDN 为 $^{+3}_{-2}$ mm,热卷时的内径偏差 ΔDN 为±5mm;当 1000mm$<$DN$\leqslant$1500mm 时,冷卷时的 ΔDN 为 $^{+3}_{-2}$ mm,热卷时的 ΔDN 为±7mm,当 DN$>$1500mm 时,冷卷时 ΔDN 为 $^{+7}_{-5}$ mm,热卷时的 ΔDN 为±8mm。

3) 热卷筒体减薄量。额定蒸汽压力大于 3.8MPa 的蒸汽锅炉,热卷筒体的减薄量 $\Delta t \leqslant 4$mm;热水锅炉和额定蒸汽压力小于或等于 3.8MPa 的蒸汽锅炉,热卷筒体的减薄量 $\Delta t \leqslant 3$mm。

(2) 封头

1) 内径偏差。锅筒封头内径偏差 ΔDN,当 DN$\leqslant$1000mm 时,ΔDN 为 $^{+3}_{-2}$ mm;当 1000mm$<$DN$\leqslant$1500mm 时,ΔDN 为 $^{+5}_{-3}$ mm;当 DN$>$1500mm 时,ΔDN 为 $^{+7}_{-4}$ mm。

2) 总高度偏差。封头总高度偏差 ΔH 为 $^{+10}_{-3}$ mm。

3. 焊接

(1) 焊工。焊接锅炉受压元件的焊工,必须按《锅炉压力容器压力管道焊工考试与管理规则》进行考试,取得合格证,且只能在合格证有效期内担任考试合格范围内的产品焊接工作。

焊工应按焊接工艺指导书或焊接工艺卡施焊,焊缝附近应打上低应力焊工代号钢印。

(2) 焊接材料。焊接材料包括焊条、焊丝、焊剂、保护气体等,其选用应按图样和工艺文件的规定。

焊接材料应按 JB/T 3375—2002《锅炉用材料入厂验收规则》进行检验,未经检验或检验不合格者不得投入生产。对受压元件用的焊接材料必须有严格的存放、烘干、发放、回收和回用管理。

(3) 焊接接头设计。焊接接头的坡口型式、尺寸和装配间隙可根据 GB/T 985《气焊、手工电弧焊及气体保护焊焊缝坡口的基本型式与尺寸》和 GB/T 986《埋弧焊焊缝坡口的基本型式与尺寸》的要求或企业标准的具体规定进行。

(4) 焊接工艺评定。焊接工艺评定的目的在于确定焊接接头的性能能否满足产品设计的要求,以此评定所确定的焊接工艺指导书是否合适。锅炉各受压元件的对接接头、锅炉各受压元件之间或受压元件与承载的非受压元件之间要求全焊透连接的 T 型接头或角接接头应进行焊接工艺评定。焊接工艺评定的方法和要求应符合 JB/T 4420《锅炉焊接工艺评定》和《蒸汽锅炉安全技术监察规程》附录 1 的规定。

(5) 焊前准备和焊接要求。焊接坡口应整齐光洁,无锈皮和残渣。坡口和施焊表面在焊前应将影响焊接质量的杂物清理干净,清理宽度按焊接方法而定。

对厚板或高强度钢在气割前应考虑预热。对轧制状态供货的高强度钢在气割前应考虑退火处理。必要时应对坡口作磁粉探伤。

焊件焊前若需预热,应按施焊单位工艺规程规定。

焊接受压元件时,环境温度低于 0℃,无预热措施,不得进行焊接。不允许在非焊表面引弧,如发生引弧,应将弧坑磨平或补焊。焊件两端的引、熄弧板或试件,焊后应用气割割下,不宜锤击打落。

(6) 焊后热处理。焊后热处理的目的是为了消除焊接应力,提高焊缝塑性,避免裂纹产生,改善接头组织。

焊后热处理宜采用整体热处理,当条件不允许或不需作整体热处理时,允许采用分段或局部热处理,但必须遵守相应的热处理工艺。

(7) 焊缝返修。焊缝上存有不允许的缺陷,应找出原因,制订可行的返修方案后方可返修。焊缝返修所用的焊接工艺也应经评定合格。焊缝返修前,缺陷应彻底清除。焊缝返修禁止在与水接触的情况下进行。要求焊后热处理的焊件,焊缝返修后应重做热处理。焊缝返修后,应按原焊缝的质量要求进行外观和无损探伤检查及制造单位检查部门认为需要补充的其他检查项目。同一位置上的焊缝返修不得超过三次。

4. 安装维修改造

锅炉安装质量的分段验收和水压试验,由锅炉安装单位和使用单位共同进行。总体验收时,除锅炉安装单位和使用单位外,一般还应有安全监察机构派员参加。锅炉安装验收合格后,安装单位应将安装锅炉的技术文件和施工质量证明资料等,移交使用单位存入锅炉技术档案。

锅炉受压元件的重大修理,应有图留样和施工技术方案。修理的技术要求可参照锅炉专业技术标准和有关技术规定。修理完工后,锅炉的使用单位应将图样、材料质量证明书、修理质量检验证明书等技术资料存入锅炉技术档案内。

在用锅炉修理时,严禁在承压或锅炉温度较高的情况下修理受压元件。采用焊接方法修理受压元件时,禁止带水焊接。

锅炉及其受压元件的改造,施工技术要求可参照锅炉专业技术标准和有关技术规定。提高锅炉运行参数的改造,在改造方案中必须包括必要的计算资料。

四、使用

锅炉的使用单位应按照原劳动人事部颁发的《锅炉压力容器使用登记办法》逐台办理登记手续,未办理登记手续的锅炉,不得投大使用。

锅炉的使用单位应按照原劳动人事部颁发的《锅炉司炉人员考核管理规定》对司炉工人进行管理。

锅炉的使用单位及其主管部门,应指定专职或兼职人员负责锅炉设备的安全管理,按照本规程的要求做好锅炉的使用管理工作。

五、定期检验

1. 焊接接头外观检查

(1) 焊缝外形尺寸应符合设计图样和工艺文件的规定,焊缝高度应不低于母材,且与母材应圆滑过渡。

(2) 焊缝和热影响区表面不得有裂纹、未熔合、夹渣、弧坑和气孔。

(3) 锅筒、管道、集箱的纵缝和环缝及封头、管板、下脚圈的拼接焊缝无咬边,其余焊缝咬边深度不大于0.5mm,且两侧咬边总长度不大于管子周长的20%,并不大于40mm。

2. 无损检验

无损检验人员必须按国家质检总局颁发的《特种设备无损检验人员资格考核与监督管理规则》进行考核,取得资格证书,且只能承担与考核合格的种类和技术等级相应的无损检验工作。

锅炉承压件和支吊件的无损探伤应符合 JB/T 4730—2005《压力容器无损检测》的要求。

焊缝的返修应符合《蒸规》的要求。

3. 力学性能检验项目

力学性能检验项目有常温拉伸试验、全焊缝金属拉伸试验、高温拉伸试验、弯曲试验、常温冲出试验。试验项目的内容按锅炉压力和厚度而定。

试样应在检查试件合格的部位上切取。试样的切割宜采用机械方法。

试样的取样部位和形状、尺寸及其加工精度按 JB/T 1614—1991《锅炉受压元件焊接接头机械性能试验方法》和《蒸汽锅炉安全技术监察规程》的规定。

试样加工完毕,应打上钢印或永久性标志。

4. 水压试验

(1) 一般要求。受压焊件应在无损探伤和热处理后进行水压试验。

水压试验时，应装两只定期检验合格的压力表。压力表表盘的量程应为试验压力的1.5～3倍，最好选用2倍。水压试验时，周围空气温度高于5℃，否则应有防冻措施。

试验水温应适合受压元件材料的要求，且不低于露点温度并不高于70℃。对合金钢材料，还应高于该钢种的脆性转变温度，以防脆性破裂。

(2) 试验压力

1) 锅炉总体水压试验压力

① 热水锅炉：额定出水压力小于0.8MPa时，水压试验压力为1.5倍额定出水压力，且不小于0.2MPa。额定出水压力为0.8～1.6MPa时，水压试验压力为额定出水压力加0.4MPa。额定出水压力大于1.6MPa时，水压试验压力为1.25倍额定出水压力。

② 铸铁锅炉：水压试验压力为1.5倍额定出水压力，且不小于0.2MPa，在试验压力下保持30min。

③ 自然循环或强制循环蒸汽锅炉：锅筒工作压力小于0.8MPa时，水压试验压力为1.5倍锅筒工作压力，且不小于0.2MPa。锅筒工作压力为0.5～1.16MPa时，水压试验压力为锅筒工作压力加0.4MPa。锅筒工作压力大于1.6MPa时，水压试验压力为1.25倍锅筒工作压力。

④ 直流锅炉：水压试验压力为锅炉额定蒸汽压力的1.25倍，且不小于额定蒸汽压力时的省煤器进口水压力1.1倍。

2) 部件水压试验压力

① 热水锅炉：锅筒水压试验压力与锅炉总体的水压试验压力相同。钢管省煤器的水压试验压力为1.5倍额定出水压力，铸铁省煤器的水压试验压力为1.25倍额定出水压力加0.5MPa。

② 铸铁锅炉：受压铸件水压试验压力为额定出水压力的2倍，且不小于0.4MPa，在试验压力下保持15min。

③ 自然循环或强制循环蒸汽锅炉：锅筒水压试验压力与锅炉总体的水压试验压力相同。过热器和钢管省煤器的水压试验压力为额定蒸汽压力时的锅筒工作压力的1.5倍。铸铁省煤器水压试验压力为额定蒸汽压力时的锅筒工作压力的1.25倍加0.5MPa。再热器的水压试验压力为额定蒸汽压力时的再热器工作压力的1.5倍。

④ 直流锅炉：直流锅炉各部件的水压试验压力与自然循环或强制循环蒸汽锅炉相同，但需以直流锅炉中的省煤器进口水压力代替自然循环或强制循环蒸汽锅炉中的锅筒工作压力。

3) 元件水压试验压力

集箱水压试验压力为其工作压力的1.5倍。管子和其他受压元件的水压试验压力为其工作压力的2倍。对于额定蒸汽压力大于或等于13.7MPa的蒸汽锅炉，管子的水压试验压力允许采用其工作压力的1.5倍。省煤器铸件的水压试验压力为其工作压力的2.5倍。

组合出厂的受压元件，允许以组合件中试验压力较低的元件的试验压力作为组合件的试验压力。

钢制锅炉的水压试验压力还应满足按GB/T 9222—1988算得的最高允许水压试验压力的要求和GB/T 16508—1996中的相应要求。

4) 水压试验的合格标准

① 钢制锅炉：受压元件的金属壁面和焊缝上无水珠和水雾；胀口处在降到工作压力后不滴水珠；水压试验后无可见的残余变形。

② 铸铁锅炉：锅片密封处在试验压力降到额定出力压力后不滴水珠。水压试验不合格允许返修，返修后应重作水压试验。

六、各环节涉及的单位人员资格

锅炉的使用单位应按照《锅炉司炉人员考核管理规定》对司炉工人进行管理。

焊接锅炉受压元件的焊工，必须按照《锅炉压力容器压力管道焊工考试与管理规则》进行考试，取得焊工合格证后，可从事考试合格项目范围内的焊接工作。

无损探伤人员应按照《特种设备无损检测人员考核与监督管理规则》考核，取得资格证书，可承担与考试合格的种类和技术等级相应的无损探伤工作。

七、事故与应急救援

锅炉运行中遇有下列情况之一时应立即停炉：

(1) 锅炉水位低于水位表最低可见边缘；

(2) 不断加大比给水及采取其他措施，但水仍不能见到水位；

(3) 锅炉水位超过最高可见水位(满水)，经放水仍不能见到水位；

(4) 给水泵全部失效或给水系统故障，不能向锅炉进水；

(5) 水位表或安全阀个部失效；

(6) 设置在汽空间的压力表全部失效；

(7) 锅炉元件损坏且危及运行人员安全；

(8) 燃烧设备损坏，炉墙倒塌或锅炉构架被烧红等严重威胁锅炉安全运行；

(9) 其他导常情况危及锅炉安全运行。

当锅炉运行中发现受压元件泄漏、炉膛严重结焦、受热面金属超温又无法恢复正常以及其他重大问题时，应停止锅炉运行。

八、阀门和仪表

1. 安全阀

额定蒸发量大于0.5t/h和额定热功率大于1.4MW的锅炉，至少应装2个安全阀(不包括可分式省煤器安全阀)。

蒸汽锅炉安全阀的总泄放能力应大于锅炉额定蒸发量，且在锅筒和过热器上所有安全阀开启后，锅筒(锅壳)内的蒸汽压力不得超过设计压力的1.1倍。热水锅炉安全阀的总泄放能力应能保证锅炉内所有安全阀开启后，锅炉压力不超过设计压力的1.1倍。

2. 压力表

蒸汽锅炉除必须装有与锅筒(锅壳)蒸汽空间直接相连接的压力表外，还应在给水调节阀前、可分式省煤器出口、过热器出口和主汽阀之间、再热器入口和出口、直流锅炉的启动分离器上、直流锅炉的一次汽水系统阀门前、强制循环锅炉锅水循环泵出口和入口、燃油锅炉油泵出口和进口以及燃气锅炉的气源入口等部位装设压力表。热水锅炉应在进水阀出口、出水阀入口、循环水泵的进水管和出水管上装压力表。

压力表的装置、校难和维护应符合国家计量部门的规定。压力表装用前应进行校验并注明下次校验日期。压力表校验后应铅封，并在刻度盘划出指示工作压力的红线。

3. 水位计

蒸汽锅炉至少应装2个彼此独立的水位计。但额定蒸发量小于或等于0.5t/h的锅炉，电加热锅炉、额定蒸发量不大于2t/h且装有一套可靠的水位示控装置的锅炉以及装有两套各自独立的远程水位显示装置的锅炉可装1个水位计。

水位计应有最高、最低安全水位和正常水位明显的指示标志。水位计玻璃板(管)的下部可见边缘至少高于最高火界500mm应比最低安全水位至少低25mm。水位计玻璃板(管)上部可见边缘应至少高于最高安全水位25mm。玻璃管式水位计应有防护装置，防护装置不得妨碍观察真实水位。水位计应有放水阀或放水旋塞和接到安全地点的放水管。

九、水质要求

1. 热水锅炉

(1) 采用锅内加药处理。额定热功率不大于4.2MW的锅炉，方可采用锅内加药处理的方法。

1) 补给水：悬浮物应小于或等于20mg/L；总硬度应小于或等于6mmol/25L；25℃时的pH值应大于

或等于 7；含油量小于或等于 2mg/L。

2）循环水：25℃时的 pH 值应为 10～20。

（2）采用锅外化学处理

1）补给水：悬浮物应小于或等于 5mg/L；总硬度应小于或等于 0.6mmol/L；25℃时的 pH 值应大于或等于 7；溶解氧应小于或等于 0.1mg/L；含油量应小于或等于 2mg/L。额定热功率大于或等于 4.2MW 的补给水应除氧。

2）循环水：25℃时的 pH 值应为 10～12。

2. 额定蒸汽压力小于或等于 2.5MPa 的蒸汽锅炉

（1）额定蒸发量小于等于 2t/h，且额定蒸汽压力小于等于 1.0MPa 的锅炉可采用锅内加药处理，其水质要求如下：

1）给水：悬浮物应小于或等于 20mg/L；总硬度应小于或等于 4mmol/L；25℃时的 pH 值应大于或等于 7。

2）锅水：总碱度为 8～26mmol/L；25℃时的 pH 值应为 10～12；溶解固形物应小于 5000mg/L。

（2）蒸汽锅炉给水采用锅外化学处理时，其水质要求如下：

1）给水：悬浮物应小于或等于 5mg/L；总硬度应小于或等于 0.03mmol/L；25℃时的 pH 值应大于或等于 7；含油量应小于或等于 2mg/L；含铁量小于等于 0.3mg/L；额定蒸汽压力小于或等于 1.6MPa 时的溶解氧应小于或等于 0.1mg/L，额定蒸汽压力大于 1.6MPa 时的溶解氧应小于或等于 0.05mg/L。

2）锅水

a）额定蒸汽压力小于或等于 1.0MPa 且无过热器的锅炉：25℃时的 pH 值应为 10～12；溶解固形物应小于 4000mg/L。

b）额定蒸汽压力大于 1.0MPa 至等于 1.6MPa 无过热器的锅炉：总碱度应为 6～24mmol/L；25℃时的 pH 值应为 10～12；溶解固形物应小于 3500mg/L；硫酸根和磷酸根应为 10～30mg/L；相对碱度应小于 0.2。

c）额定蒸汽压力大于 1.0MPa 至等于 1.6MPa 有过热器的锅炉：总碱度应小于或等于 14mmol/L；25℃时的 pH 值应为 10～12；溶解固形物应小于 3000mg/L；硫酸根和磷酸根应为 10～30mg/L（除额定蒸汽压力大于 1.6MPa 的锅炉外，仅适用于供汽轮机用汽的锅炉）；相对碱度应小于 0.2。

d）额定蒸汽压力大于 1.6MPa 无过热器的锅炉：总碱度应为 6～16mmol/L；25℃时的 pH 值应为 10～12；溶解图形物应小于 0.2。

e）额定蒸汽压力大于 1.6MPa 且有过热器的锅炉：总碱度应小于或等于 12mmol/L 时的 pH 值应为 10～12；溶解固形物应小于 2500mmg/L；磷酸根和硫酸根应为 10～30mg/L；相对碱度应小于 0.2。

3. 额定蒸汽压力大于或等于 3.8MPa 的蒸汽锅炉

锅炉的水质应符合 GB/T 12145《火力发电机组及蒸汽动力设备水汽质量》的规定，其主要指标是：

（1）汽包锅炉

1）给水：过热蒸汽压力为 3.8～12.6MPa 时，其硬度应小于或等于 2.0μmol/L；25℃时的 pH 值为 8.8～9.2；含油量应小于 1.0mg/L。过热蒸汽压力为 12.7～15.6MPa 时，其硬度应小于或等于 1.0μmol/L；25℃时的 pH 值为 8.8～9.5；含油量应小于或等于 0.3mg/L。过热蒸汽压力为 15.7～18.3MPa 时，其硬度应为 0；25℃时的 pH 值为 8.8～9.5；含油量应小于或等于 0.3mg/L。溶解氧除过热蒸汽压力为 3.8～5.8MPa 含量应小于或等于 15μg/L 外，其余均应小于或等于 7μg/L。

2）锅水：总含盐量、二氧化硅和氯离子的含量以及 25℃时的 pH 值随过热蒸汽压力和水处理方式不同而有所不同，但其最大值分别不得超过 100mg/L、2.0mg/L 和 4mg/L，pH 值在 9.0～11.0 区间。

（2）直流锅炉。给水硬度均为 0；溶解氧含量均应小于或等于 7μg/L；25℃时的 pH 值应为 8.8～9.5；含油量对过热蒸汽压力为 5.9～18.3MPa 和 18.4～25.0Mpa 的，分别不得超过 0.3mg/L 和 0.1mg/L。

汽包锅炉和直流锅炉给水的铁、铜、钠、联氨含量和电导率也应符合标准规定。

第二节　美国锅炉标准法规

一、通用要求

1. 标准的性质、适用范围及构成

(1) 性质:美国现行锅炉标准是自愿性采用标准。ASME 标准已被绝大多数州和市的法律引用而成为具有法律效力的强制性标准。

制造厂申请 ASME 认证钢印标志,如“A”、“PP”、“S”、“V”。ASME Ⅰ是强制性标准,而 ASME Ⅱ、ASME Ⅴ、ASME Ⅸ是参考引用标准。

(2) ASME Ⅰ适用范围:锅炉本体,直接与锅炉连接没有调节阀的外部管道和其他受压部件;出口压力大于 15psi 表压的蒸汽锅炉;出口压力大于 160 psi 表压和/或出口水温度大于 250℉ 的高温热水锅炉。

(3) ASME Ⅰ构成:ASME 第Ⅰ卷由以下部分组成。

1) 前言,声明和序言。

2) PG 篇——所有建造方法的共同要求。它包括:总则、材料、设计、开孔和补强,锅炉本体与锅炉外部管道的连接,管道和附件的设计、安全阀和安全泄放阀、制造、检验和试验。按钢印标志和数据报告进行验证各环节内容。

3) PW 篇——焊接制造锅炉的要求。它包括:总则、材料、设计、制造检验和试验各环节内容。

4) PB 篇——钎焊制造锅炉的要求。它包括:总则、设计、制造、检验和试验、标志和报告各环节内容。

5) PWT 篇——水管锅炉的要求。它包括:总则、材料、设计各环节内容。

6) PFT 篇——锅壳式锅炉的要求。它包括:总则、材料、设计、火箱、有拉撑的表面,门和孔、干汽室、炉墙、管道和附件各环节内容。

7) PFH 篇——给水加热器的非强制性要求(仅适用于布置在第Ⅰ卷范围内)。

8) PMB 篇——特小型锅炉的要求。它包括:总则、材料、设计各环节内容。

9) PEB 篇——电热锅炉的要求。它包括:总则、材料、设计各环节内容。

10) PVG 篇——有机液体蒸发器的要求。它包括:总则、材料、设计各环节内容。

11) 附录Ⅰ——强制性要求。向锅炉压力容器委员会提出技术咨询函的规定。

12) 附录 A——本标准的说明。除标准中另有说明外,所包括内容都是非强制性的。

2. 材料

(1) 材料选用的一般要求。ASME 第Ⅱ卷材料共包括了 A～D 四篇,其中 A 篇是铁基材料标准;B 篇是非铁基材料标准;C 篇是焊条、焊丝及填充金属材料标准;D 篇是材料性能标准,该篇规定了不同温度下的材料许用应力。

ASME 第Ⅰ卷 PG-5.1 规定:因承压而产生应力的材料除了在 PG-8.2、PG-8.3、PG-10 和 PG-11 中另有规定允许使用外,均应符合第Ⅱ卷中对某一材料标准的要求,不得采用第Ⅱ卷 D 篇各表以外的其他材料,材料的使用温度不得大于第Ⅱ卷 D 篇各表中对第Ⅰ卷结构列出应力限制值的温度。此外,还应满足 PG-5～PG-13 所描述的具体的附加要求。

(2)材料验收。凡按 ASME 第Ⅱ卷材料标准供货的材料入厂验收时,锅炉制造厂只需要核对材料质量证明书正确与否和材料上的标记,并对尺寸作出检查。

(3) 使用新材料的要求(ASME 第Ⅱ卷 D 篇强制性附录 5)。

1) 新材料的申请。申请者给委员会标明新材料编入标准的哪一卷或哪些卷和分册,使用温度范围,是否考虑循环运行,是否考虑外压运行。申请者应标明所有的产品型式,尺寸范围和想要引用的标准。

2) 力学性能。与材料标准一起,申请者应向委员会提供足够的供基础设计使用的数据。

二、设计

1. 专用名词

(1) 计算公式中的许用应力(PG-23)

1) 计算受压件最小要求的壁厚或最高允许工作压力，其公式中所采用的单位应力为第Ⅱ卷 D 篇和表 1B 中的最大许用应力值。

2) 火管锅炉所用钢铁材料的屈服强度由第Ⅱ卷 D 篇表 Y-1 查得。

(2) 金属壁温(PG-27.4)

1) 管子的金属温度不得小于管壁预期的最高平均温度(内、外壁温度之和除以 2)。对于不受热管子，其金属温度可以取管内流体的温度，但不得小于饱和温度。

2) 对于管道、锅筒和集箱，在强度计算中采用温度修正系数 Y。

(3) 设计载荷(PG-22)

1) 确定受压件最小壁厚时应计入水柱静压力所产生的应力，若另有注明则不受此限。

2) 除由工作压力或水柱静压所产生的应力以外，其他因素所产生的附加应力若使平均应力增加的数值大于许用工作应力的 10%，也应计入载荷。

2. 强度计算的基本理论

(1) 准则。分析准则采用极限应力法，失效准则采用弹性失效性。

(2) 强度理论和强度条件。强度理论采用最大拉应力理论，即第一强度理论。

3. 最小壁厚(PG-16.3)

凡承受压力的任何锅炉钢板，其厚度不得小于 6mm，但按 PEB 要求建造的电热锅炉除外。对允许在其圆筒形外壳以外的其他部位装设拉撑件的受压件，其厚度不得小于 8mm，当采用 $D_N=125$mm 的管道代替用钢板制造的圆形受压件时，其壁厚不得小于 6mm。

三、制造

1. 制造厂资格与责任

(1) 制造资格。凡打上该标准认证标志钢印的每台锅炉、过热器、水冷壁和钢管式省煤器，均应由持有相应的该规范认证标志钢印和有效授权证书的锅炉、过热器、水冷壁或钢管式省煤器制造厂进行制造。授权证书的有效期为 3 年。

(2) 责任。任何一台打上该标准标志钢印的锅炉机组，其制造厂有责任以按该标准规定取得合格认证的形式，保证该厂或对其负责单位所制造的产品或完成的工作，均符合标准中规定的设计、结构、材料和工艺等全部要求。

2. 板材的切割

板材的切割可采用机械方法如切削、冲压或剪切，也可采用电弧或气割的方法，但任何切割边缘均应留有足够裕量，使端面符合 PG-79 的要求(PG-77.9)。

当已制造完成的容器上有待焊接的管接头或人孔加强圈端面时，其端面不能用剪切方法切割，除非至少留有 3mm 金属裕量，可采用其他方法去除，使其具有平滑的加工面(PG-76)。

3. 板材的识别标志(PG-77)

锅炉制造完成后，在筒体、炉胆和封头的钢板上应留有钢板生产厂所打的一组清晰可见的钢印标志，包括生产厂名称，钢板识别标志编号，材料标准号及其级别和类别或型号。对开有管孔或用搭接方法拼接的封头，至少应留有此钢印足以清晰识别的部分。

4. 制造偏差

(1) 筒体圆度。承受内压的圆筒形锅筒或锅壳筒体的任何截面均应为圆形，最大平均直径与最小平均直径之差不得大于平均直径的 1%。

对于不等厚的圆筒体，锅筒或锅壳筒体应按所用钢板的厚度对测量结果进行修正，以确定钢板厚度中线处的直径(PG-80.1)。

(2) 成型封头的偏差。如果所制造的封头形状接近于椭圆,其内壁必须在几何椭圆的外侧,不得在其内侧。几何椭圆的长轴等于封头的内直径,短轴的1/2等于封头的内高度。与几何椭圆的最大偏差不得大于封头内直径的1.25%(PG-81)。

(3) 承受外压的圆筒形炉胆偏差。焊接式承受外压的圆筒形炉胆或其他圆筒形元件应卷制轧至基本上为几何圆形的形状,其上、下偏差的最大值不得超过图PG-80的规定。

5. 焊接

(1) 对焊接材料的要求。焊条和填充金属应选用化学成分和力学性能与被连接材料和预期的使用条件相适应的熔敷金属材料(PW-5.4)。

(2) 焊工资格。焊接受压件和与受压件上连接承载的非受压件(如永久或临时夹头、吊耳)及与受压件上焊接基本上不起承载作用的非受压附件(如扩展的受热面绝热层支承销钉等)所采用的焊接工艺规程,焊工和焊接操作工应按照第Ⅸ卷进行评定(PW-28.1)。

焊工依照ASME第Ⅸ卷QW-201,焊接操作工依照QW-305用射线照相来评定技能的,可在首条焊缝的1m长度上进行评定(PW-28.2),焊工和焊接操作工评定合格之前不得从事产品的焊接工作。

(3) 焊工标识。焊工或焊接操作工可以在由他制作的所有焊接接头上或其附近打上自己的识别钢印,也可在由该焊工制作的连续焊缝或一系列类似接头上或其附近在不大于1m的每个区间上打上钢印或作出记录,制造厂可以保存一份制作焊接接头时所用的焊工或焊接操作工的记录(PW-28.4.1)。

(4) 焊接工艺评定

1) 按照ASME第Ⅸ卷QW的要求,制造厂应保存焊接工艺规程、焊工和焊接操作工的评定记录,记录应指出日期、试验结果和每个焊工指定的识别标志,这些记录应由制造厂登记并供授权检验师查阅(PW-28.4)。

2) 当管子或管道的焊接接头不要求进行焊后热处理时,工艺评定试验应按同样条件进行,但技能评定试验可以采用焊后热处理的或不焊后热处理的试样进行(PW-14.2.3)。

6. 无损检测

需进行射线照相和超声波检验的焊接接头按ASME第Ⅰ卷表PW-11规定。

7. 焊后热处理

二种不同组别的受压件用焊接方法连接时,其焊后热处理应按PW-39和有关注解中对要求较高的焊后热处理温度的材料进行热处理。若受压件上焊有非受压件时,应按受压件的焊后热处理进行控制。保温时间不必是连续的,可以是多次焊后热处理保温时间之和(PW-39)。

8. 焊缝缺陷的返修

应采用机械方法或电弧气刨的方法去除缺陷,并用磁粉或液体渗透检验方法对坡口进行检查证实缺陷已经被去除,方可重新焊接并检查(PW-40.1、40.3.1)。

总的返修深度不得大于母材厚度的10%,补焊的总深度应是该部位焊缝两面修补深度之和,此类返修的总面积不得大于0.065m²(PW-40.3)。

返修工作除需按ASME第Ⅸ卷要求对坡口焊缝进行焊接工艺评定外,还应附合PW-40.3.4的附加要求。

四、检验和试验

检验和试验应满足ASME第Ⅰ卷PG篇的通用要求及ASME第Ⅰ卷PW篇中的相关要求,制造厂在制造阶段,应将由授权检验师指定的工作阶段的容器或其他受压件交付检验。

1. 授权检验师的资格和责任

ASME第Ⅰ卷中规定的检验工作应由美国的州、市或加拿大的省所雇用的检验师,或由保险公司定期雇用授权签发锅炉和压力容器保险单的检验师执行。检验师的资格应符合美国或加拿大州或省的规定,并通过书面考试评定合格。

授权检验师虽在检验证书上签字,如果以后锅炉发生事故,造成人身伤亡和财产损失,该授权检验师及其雇用单位均不负任何责任,该锅炉的责任保险另由保险公司承担。

2. 检验内容

检验的主要内容包括焊接工艺的核对(PW-47)、焊工和焊接操作工技能评定的核对(PW-48)、热处理操作的核对(PW-49)。

3. 试验

(1) 焊接试板。除 P-NO.1 材料建造的圆形受压件外,所有用熔化焊方法制造的承受内压的圆形受压件如锅筒、锅壳均应制作焊接试板,但不包括管子、管道和集箱(PW-53.1)。

(2) 复验应符合 PW-53.10 的规定。

(3) 整台锅炉应在完工后进行水压试验,应符合如下要求:

1) 水温不低于环境温度,且在任何情况下不低于 20℃,金属温度≤50℃,压力表量程为最高预期试验压力二倍,但不得小于 1.5 倍。

2) 试验压力系指锅炉系统最高点的压力,该压力为标志在锅炉最高允许工作压力的 1.5 倍,任何锅炉部件不得大于承受大于试验温度下 90%屈服强度的总体一次薄膜应力。

第三节　欧盟水管锅炉标准(EN 12952)

1. 标准的性质、范围和组成

(1) 性质。欧盟 CEN 批准通过了 EN 12952《水管锅炉及其辅机安装》系列标准。CEN/TC 269 锅壳和水管锅炉技术委员会制定这些标准。EN 12952《水管锅炉及其辅机安装》系列标准属于欧盟标准,欧盟各成员国必须执行,与该标准相矛盾的国家标准应废弃。

(2) 范围。该标准适用于 2L 蒸汽和/或热水、压力为 0.5bar、温度大于 110℃的水管锅炉。不适用于非固定锅炉、锅壳(包括电炉)、核一次回路。该系列标准的第 4 部分不适用于设计、制造、安装阶段。

(3) 组成。该系列标准共由 17 个部分组成,具体如下:

EN 12952-1　总则

EN 12952-2　锅炉及附件的受压部件的材料

EN 12952-3　受压部件的设计和计算

EN 12952-4　在役锅炉寿命计算

EN 12952-5　锅炉受压部件的工艺和制造

EN 12952-6　施工检验、锅炉受压部件的文件和标志

EN 12952-7　锅炉设备要求

EN 12952-8　锅炉液气燃料点燃系统的要求

EN 12952-9　锅炉制粉燃料的点燃系统要求

EN 12952-10　超压防护要求

EN 12952-11　锅炉和附件的限制设施和安全电流的要求

EN 12952-12　锅炉给水和锅炉水质的要求

EN 12952-13　烟气净化系统的要求

EN 12952-14　烟气除 NO_x 系统的要求

EN 12952-15　验收试验

EN 12952-16　锅炉固体燃料炉排和流化床点燃系统的要求

EN 12952-17　独立于制造商的检验单位的导则

2. 锅炉及附件的受压部件的材料

(1) 制造商在制造锅炉时,应选择满足订货中规定要求的材料(包括焊接材料),并遵守 EN 12952-3 的设计准则以及 EN 12952-5 和 EN 12952-6 有关锅炉制造、检验和测试的准则,以确保锅炉在运行工况下安全运行,达到规定的寿命。

(2) 承压部件和与承压部件焊接的零件的施工材料的选择,应考虑材料是否适合于制造,如冷加工、

热加工、可焊接性，膨胀和热处理等。

(3) 承压部件材料的选择和订购应以①协调的欧洲材料标准；②欧洲材料数据表(EMDS)；③特殊材料鉴定来表示材料的标准。

3. 设计和计算

(1) 周期负荷。锅炉设计的冷态启动次数超过 500 次。开孔的圆柱或球型受压元件，属于周期负荷，计算公式略。

(2) 设计压力应等于或大于最大允许压力 p_s。每个部件设计压力至少应高于该部件安全阀的设定压力。

(3) 水压试验压力的计算。对于部件或组装完成的锅炉的水压试验压力为：

$$p_t = 1.43 \times p_s \text{ 或 } p_t = 1.25 \times p_c \times R_{p0.2,20}/K$$

式中：p_t 为试验压力；p_s 为最大允许压力；p_c 为计算压力；$R_{p0.2,20}/K$ 比值不小于 1，其中 $R_{p0.2,20}$ 为 20℃时材料最小屈服强度；K 为设计强度值。

(4) 计算温度为介质温度和温度偏差之和。表 8-1 给出了介质温度和温度偏差。

表 8-1　介质温度和温度偏差 ℃

物理状态	介质温度	温度偏差			
		未受热	辐射加热	对流加热	辐射保护
水或水/汽混合	许用压力下饱和温度	0	50	≤50	20
过热蒸汽	过热蒸汽温度	15	50	35	20

(5) 设计应力。当焊缝的蠕变特性已知时，焊缝法线方向上的载荷取两种相连材料的设计强度中的较小值。当焊缝的蠕变特性未知时，若填充材料的蠕变特性已知，设计载荷的强度应比两种相连材料的设计强度中的较小值低 20%；若填充材料的蠕变特性未知，设计载荷的强度应进一步减少 20%。

(6) 内压锅筒和集箱壁厚。不含裕量的计算壁厚公式为：

$$e_{cs} = \frac{p_c d_{is}}{(2f_s - p_c)\nu}$$

式中：p_c 为计算压力；d_{is} 为母材内径；f_s 为母材设计应力；ν 为独立或临近支管或开孔的最小系数。

对于外径≥300mm 的集箱，壳体壁厚最小值为 9.5mm；对于外径＜300mm 的集箱，壳体壁厚最小值为 6mm。上述壁厚不包括裕量。

(7) 疲劳。直径不大于 20mm 的孤立开孔不必进行疲劳分析。对于具有类似的膨胀系数的材料之间的焊接连接不要求进行疲劳分析。锅炉制造厂应规定锅炉在其设计寿命中要经历的瞬态事件的数量和类型，例如启动和载荷变化。如果载荷符合 EN12952-3 中 13.3.4 条 a)～f)的规定，则不要求进行疲劳分析。

周期性负荷的温度公式为：

$$t = 0.75 \times t_{max} + 0.25 \times t_{min}$$

式中：t_{max} 为经常出现周期性负荷的最大应力时的金属温度；t_{min} 为最低应力时的金属温度。

4. 在役锅炉寿命计算

(1) 总则。可采用设计方程进行计算。通常保守的做法是通过加上一个计算出来的利用系数，将蠕变和疲劳机理结合在一起。如果利用系数超过 1，则不必要更换部件。应选择承受最高载荷的部件来监测疲劳和蠕变。

(2) 在役破坏的计算。在测量得到的压力和温度值的基础上，确定这些条件下的实际主应力和预期寿命。在锅炉运行寿命的各个阶段进行预测，以确定锅炉的预期寿命。

蠕变利用系数的计算应考虑以前的运行数据，包括运行模式，在测量得到的运行温度和表计压力的基础上针对承受最高载荷的部件进行计算。

每个温度/压力增量下的蠕变破坏 $\Delta D_{cik}=T_{op}/T_{al}$，式中 T_{op} 为该增量下的运行时间，T_{al} 为相同增量下的理论寿命。

在评估阶段的蠕变破坏 D_c 应将所有温度增量和压力增量（如果存在）下 ΔD_{cik} 的累加，按线性损害规律获取 $D_c=\sum\sum\Delta D_{cik}$。

（3）在役寿命和蠕变破坏的计算。疲劳是材料失效的一种现象，是由应力重复变化而产生的结果。在锅炉部件承受最高载荷的点上、在预计会发生疲劳破坏的地方，应在较短的时间步长内，根据实际测量的压力 p 和温差 Δt 值，连续地确定其上的实际应力，以及相对的最大值和最小值。

当应力-应变图中的滞后回路封闭时产生了一周期性负荷。可从所有相对极值的序列中检测到是否发生了周期性负荷的变化。

不包含闭合的周期性负荷的序列为剩余的相对极值序列（RSE）。实际经验表明，剩余极值数通常为10左右。

5. 工艺和制造

（1）受压部件。制造商应为所有的承压部件和锅筒吊挂件提供一个材料鉴别系统。通常材料标记由具有低应力的钢印或蚀刻制作。

（2）壳体的直径偏差。锅筒直径与公称直径的偏差应不超过±1%。在任一横截面上的最大内径与最小内径之差应不超过公称内径的1%。

（3）焊接

1）焊接设计和其他要求是指焊材、焊接工艺评定、焊接制造要求、焊缝修补、预热、焊后热处理、焊后热处理后的局部焊接、焊接试板、非压力件与锅筒或集箱的焊接、管子焊接等。

2）连接到主要承压部件上的附件的焊缝，其趾部离开主要连接焊缝的距离宜不小于40mm。

3）对于管径小于等于250mm的管子，对接焊缝间的距离应不小于管径的两倍。对于管径大于250mm的管子，对接焊缝间的距离应不小于500mm。

4）当焊接或切割区域温度低于5℃，不应在锅炉部件上进行焊接或热切割操作。当距离接头150mm范围内的母材金属温度低于50℃，不应进行焊接或定位焊接。

6. 施工检验、锅炉受压部件的文件和标志

（1）总体组织。制造商应负责确保锅炉满足本欧洲标准的要求。制造商主要工作为：设计和一般文件（4项）、材料（5项）、制造和焊接（9项）、焊缝的无损检查（4项）、焊后热处理（2项）、最终检验和标记（5项），总计29项。

（2）工艺评定。对承压零部件的所有焊接应进行焊接工艺评定。制造商应提供水管锅炉制造所需的所有焊接工艺标准的目录。焊接工艺评定试验应符合EN 288-3的要求。

（3）焊接操作人员的评定。所有从事按照本标准制造水管锅炉承压部件的焊接工作的焊工和焊接操作工应通过焊接技能测试。制造商应保存焊工和焊接操作工评定记录。

（4）锅筒焊接试板。锅筒焊接试板材料应与筒体材料相同，并具有相同的公称厚度。长度不应小于350mm。试验项目包括破坏性试验（横向抗拉试验、焊缝金属纵向抗拉试验、面弯、背弯、侧弯的弯曲试验、冲击试验、宏观检查和硬度检查）。

（5）焊缝的无损检测。包括无损检测的类型和范围、无损检测人员的资格、无损检测报告等。

（6）产品终检。应避免在结冻危险的水温下进行水压试验，但不应超过50℃。对已完工的水管锅炉极其大的部件，应在试验压力下保持30min。

（7）文件化。制造厂应制作一个设计和制造的数据文件，并在完成合同后提供给买方。数据文件至少含有下列内容：①水管锅炉的使用说明；②识别标记的位置；③总体布置图；④承压部件总图；⑤不同的承压部件厚度和腐蚀/侵蚀裕量的摘要；⑥母材清单，材料证书的复印件；⑦焊接材料清单；⑧使用的焊接工艺规程清单；⑨焊工清单及证书号；⑩无损检测的范围和位置以及无损检测报告和无损检测人员资格证书；⑪设计修改/让步接收的详细内容；⑫水压试验证书。

（8）标志。每台锅炉或部件，应作永久且易读的标志。标志应固定在主蒸汽管道和锅筒的人孔上方，或可固定在一个永久连接到锅炉主要承压部件的板上。

7. 锅炉设备要求

(1) 蒸汽锅炉和热水发生器的一般要求。每台蒸汽锅炉和热水锅炉应配有防超压安全装置。

(2) 蒸汽锅炉的特殊要求。给水泵的供水能力至少为锅炉允许蒸汽出力的1.25倍。考虑到安全因素，供水能力至少为最大连续出力的1.15倍。对于直流蒸汽锅炉，给水泵的供水能力至少为最大连续出力的1.0倍。除直流蒸汽锅炉外，所有的蒸汽锅炉应至少配备2个水位装置。

8. 锅炉液气燃料点燃系统的要求

(1) 燃料供应。对燃料输送与准备、燃料管路、安全切断设备等规定了具体要求。在非受压条件下，燃料油温不应达到燃料油闪点，且不超过90℃。最高燃料油温应低于油中的水在承受压力下沸腾温度5℃。在燃烧器与固定管路之间应采用软关管连接。设计压力应至少为最大允许压力的1.5倍。燃料供应管道应装2套安全切断装置。

(2) 空气供应和烟气排放的设备。应监测并在允许的范围内调节空气/燃料比。应对排烟、引风机的运行情况和燃烧室的压力进行监测。

(3) 点燃系统。对燃烧器、烟气再循环、控制和监测、电气设备、安全防护措施和几个燃烧器公用的烟囱等给出了详细规定。在投运验收后期，应对各个燃烧器单独进行测试，如功能测试、燃烧器最高和最低燃烧速率的测试、达到烟气吹扫要求且满足安全时间等测试内容。

当烟气再循环流量作为燃烧速率的函数进行控制时，应监测烟气再循环流量和燃烧器燃烧速率的比值。

主燃烧器点火安全时间5s、灭火安全时间1s；点火燃烧器点火安全时间10s、灭火安全时间1s。对于由多级功率大于3MW的燃烧器组成的点燃系统，每个燃烧器的灭火安全时间可以增加到3s。

完成吹扫后，第1台燃烧器应在10min内开始点火。如果吹扫完成，保持至少总燃烧空气流量的20%的空气流动，则此期间可以延长至30min。

9. 锅炉制粉燃料的点燃系统要求

(1) 具有输送设施的燃料仓。为防止人员受移动部件的伤害，应采取必须的预防措施。应监测煤仓最小填充量，当低于预定量应报警。

(2) 制粉系统和制粉燃料系统。粉状燃料仓应配有保护接头，如引入惰性气体或灭火泡沫。

(3) 制粉系统和粉状燃料系统的防爆措施。如果粉状燃料与空气的混合物不能点燃，则此大气环境可以作为惰性环境。

10. 超压防护要求

(1) 每台蒸汽锅炉和每个独立的受热部件(如再热器，过热器，省煤器)至少应安装一套适合的防超压安全装置。安全设施的排放能力应至少等于锅炉的最大连续出力(MCR)。

(2) 每台热水锅炉至少应安装一套适合的防超压安全装置。

(3) 安全设施应安装在锅炉或受热部件的最高点。

11. 锅炉和附件的限制设施和安全电流的要求

(1) 限位器的要求

1) 导体对导体短路故障：主要部件的间隙应按Ⅲ类过电压和3级污染进行设计，爬步距离根据3级污染来设计，但设计电压至少为63V。

2) 开关设施的机械故障：开关设施应进行型式试验，以证实在类似运行条件下至少能操作25万开关次数。接触器和继电器至少能承受30万开关次数。

(2) 水限位的特殊要求

1) 与外室相连的连接管的开孔应不小于25mm。外室和连接管24h内至少排污一次。

2) 悬浮设施材料的磁特性在10年内不能减少3%。受压元件内测量电极与另一端的空气距离至少为14mm。

(3) 压力限位器应能承受最大调节压力的1.5倍，且无精度偏移。

(4) 温度限位器的时间常数在水侧不超过 45s，在蒸汽侧不超过 120s。

12. 锅炉给水和锅炉水质的要求

(1) 调节。应采用化学处理方法改善给水和炉水的质量特性。水质调节有利于：支持形成磁性层或其他氧化物保护层、优化 pH 值使腐蚀最小、稳定水质硬度并避免结垢或使结垢最小、排除化学氧、在金属表面形成具有保护效果的特殊涂层。

(2) 要求。在 EN 12952-12 表 5.1～表 5.3 分别给出了自然循环或辅助循环蒸汽锅炉和热水锅炉的给水、自然循环或辅助循环蒸汽锅炉和热水锅炉炉水、直流锅炉给水和减温喷水水质要求；图 5.1～图 5.5中分别给出了与压力有关的锅炉水最大可接受直接电导率（给水直接电导率＞30μS/cm）、与压力有关的锅炉水最大可接受直接电导率（给水直接电导率≤30μS/cm）、与压力（0.5bar～60bar）有关的锅炉水最大可接受硅含量（SiO_2）、与压力（60bar～180bar）有关的锅炉水最大可接受硅含量（SiO_2）、直流锅炉给水 pH 值与氧含量之间的修正。

13. 烟气净化系统的要求

(1) 工艺检验和渗漏检验。装有污染物质的所有部件应由制造商进行工艺检验以及渗漏检验。壁厚的工艺检验包括被衬的壁厚、橡胶衬和涂层等。渗漏检验可采用水压、风压或真空试验或其他方法。

(2) 投运前最终检验包括与安全有关的设备部件的功能试验。

14. 烟气除 NO_x 系统的要求

(1) 设备设计。氨储存容器应是单层壁的。液态氨储存容器的板材和无缝管材在室温下最小屈服强度为 355MPa。

(2) 设备部件。材料应采用 EN 12952-2 规定的材料。液态氨容器的焊接用 TIG 焊、手工电弧焊或埋弧焊方法，适当的加热，以获得尽可能低的硬度。液态氨容器焊接质量按 EN 25817 的 B 级水平。

(3) 容器应进行水压试验。在容器的最高点，最小试验压力为设计压力的 1.3 倍。水压试验应在机械加工后和热处理后进行。作为气密性试验，空气或惰性气体压力试验压力为允许工作压力的 1.1 倍。渗漏试验的最小压力为 1bar。

(4) 携带氨气混合物的管道系统应做渗漏试验，氨气体积份额小于 10%，工作压力小于 1bar。

15. 验收试验

(1) 保证参数。最大连续出力（MCR）、主蒸汽和再热蒸汽压力和温度、效率或损失、烟气温度。

(2) 基本试验条件。蒸汽发生器热效率的确定方法为直接法或间接法。EN 12952-15 表 6.6.1 给出了建议的试验期间。

(3) 热平衡和热效率。参考温度为 25℃。选择其他参考温度时，应对烟气热值进行修正。锅炉热效率是所选参考温度的函数，制造商应指明参考温度。只有在边界条件满足的情况下，保证值才是有效的。

(4) 均值和测量不确定性。为了评价试验结果，在试验期间所取的每个量的读数应进行平均。对于或多或少线性影响评估的量值，测量值算术平均建立在每个仪器上。

16. 锅炉固体燃料炉排和流化床点燃系统的要求

(1) 具有输送设备的燃料储存设施。燃料仓填充口应有保护，以防人员掉入。对于每种燃料和燃料混合物的最大允许储存温度作出了规定，当有自燃危险时，对温度进行监测。

(2) 燃料处理。该系统应包括指示器和电铃讯号，为操作者提供适当的正常和异常的操作状态信息。为避免产生静电，全部部件应接地，除非设计中已有强制和事故接地。

(3) 燃料供给。应在燃料供给系统内装备关闭设施。此设施能够自动关闭。根据燃料的类型，安装消防设备。

(4) 防爆措施。点燃系统的单独部件需要有特殊的保护措施。

17. 独立于制造商的检验单位的导则

(1) 导则。水管锅炉管理模式为：B＋D 或 B＋F 或 G＋H_1 等（B、D、F、G、H_1 为管理模式分类）。

(2) 评定要求。RA（责任授权单位）参与的程度取决于制造商采用的合格评定程序。EN 12952-17 列出了对 RA 的评定要求。

(3) B+D 和 B+F 模式中设计和制造计划应包括锅炉部件制造商的名称、给出类型的技术资料、使用的材料、焊缝检验的资料、有关锅炉部件设计的细节以及特殊情况需要的数据、强度计算的资料、安全设备的资料、法规要求的有关保护工作人员的资料。

(4) G+H_1 模式中 RA(责任授权单位)的检查项目包括水管锅炉、省煤器、过热器、再热器、扩容器、减温器和中间连接管。

第四节　欧盟锅壳锅炉标准(EN 12953)

1. 概述

EN 12953 是由 CEN 受欧洲委员会和欧洲自由贸易协会委托，由 CEN/TC 269(锅壳和水管锅炉技术委员会)负责编制，经 CEN 批准通过。

按照 CEN/CENELEC 内部条例规定，奥地利、比利时、捷克共和国、丹麦、芬兰、法国、德国、希腊、冰岛、以色列、意大利、卢森堡、马耳他、荷兰、挪威、葡萄牙、西班牙、瑞典、瑞士和英国等 20 个国家必须执行本欧洲标准。

本标准的官方版本为英文、法文、德文。任何其他语言的版本，只要是 CEN 成员负责翻译的，并向管理中心通报过，均具有和官方版本相同的地位。

本标准的解释权在 CEN/TC 269。

2. 标准的性质、管辖范围和组成

(1) 标准性质：属推荐性标准。

(2) 管辖范围：适用于烟气侧压力不超过 0.5bar 的圆筒形设计，采用碳钢或碳锰钢以熔焊方式焊接成的且设计压力不超过 40bar 的固定式蒸汽锅炉和热水锅炉。包括直接燃烧锅炉、电加热锅炉、余热锅炉。适用于锅炉本体，从给水入口连接管到蒸汽出口连接管及锅炉范围内的管道，包括阀门和蒸汽、给水配件。

不适用于蒸发量不大于 2L、最大允许压力不大于 0.5 bar、最大设计温度不大于 110℃的锅壳锅炉。

(3) 标准的组成：本标准有下列部分组成：

第 1 部分：总则

第 2 部分：锅炉及其附件的承压部件的材料

第 3 部分：承压部件设计和计算

第 4 部分：锅炉部件的制造工艺和结构

第 5 部分：施工过程的检验、锅炉承压部件文件编制和标记

第 6 部分：锅炉设备的要求

第 7 部分：锅炉液体和气体燃料的燃烧系统的要求

第 8 部分：超压保护装置的要求

第 9 部分：锅炉及其附件限位装置和安全回路的要求

第 10 部分：锅炉给水和锅水品质的要求

第 11 部分：验收试验

第 12 部分：锅炉固体燃料燃烧系统的要求

第 13 部分：操作规程

第 14 部分：第三方检验的介入导则

3. 锅炉及附件的受压部件的材料

(1) 总体要求。锅炉制造商在制造锅炉时应选择材料，使材料能满足锅炉定货中规定的要求以及本标准中各部分的要求。

(2) 受压部件的材料。平板制品、管子和锻件应按 EN 12953-1 表 3.2-1 所列的相关欧洲标准、EMDS 或 PMA 来定购材料和交货。

(3)焊接材料(包括焊丝、焊条、焊剂或焊药)的选择,应使焊接金属的力学性能和抗腐蚀性能与母材相匹配。焊接材料应按 EN 12074 和 prEN 13479-1 来定购和交货。

4. 受压部件的设计和计算

(1) 一般要求。锅炉应在正常工作条件及适当的监控下进行,锅炉的水质应符合 EN 12953-10 的规定。

热水锅炉的出水温度与进口水温之差不宜大于 50℃。如大于 50℃,应采用内部或外部混合装置以使温差控制在 50℃内。热水锅炉的最大工作压力下的饱和温度与进口水温(原文为出口水温)之差不宜大于 80℃。如大于 80℃,呼吸空位应增加 50%,最大净热量输入应减少 20%。

锅炉设计的主要焊缝类型应符合 EN 12953-4 的规定。根据焊缝无损检测要求,决定锅壳的焊缝系数 ν 取 0.85 或 1.0。锅炉的有关压力应符合如下规定:

1) 最大允许压力应是锅炉的设计压力。安全阀的设定压力不应大于最大允许压力。

2) 计算压力应不小于最大允许压力与液柱静压力之和。如液柱静压力小于最大允许压力的 3%,可不计入液柱静压力。

3) 对于壁厚大于 30mm 的元件及所有平直部件,腐蚀余量取 0mm。对于壁厚不大于 30mm 的元件,最小腐蚀余量应取 0.75mm。

(2) 计算温度和名义设计应力

1) 计算温度。计算温度取金属平均温度,并应根据下述的规定来确定。

① 对于锅壳和其他未用作传热目的的元件,计算温度应不低于最大允许压力相对应的饱和温度或最大允许温度。

② 对于烟管计算温度取下列两式计算的较大值。

$$t_c = t_s + 2e_t; \quad t_c = t_s + 25$$

式中:t_c 为计算温度;t_s 为设计压力下的饱和温度;e_t 为定货时管壁厚;25 为 25℃。

③ 对于不受火焰冲刷的平板区域或烟气入口温度不超过 800℃的管束区域,取下列两式计算的较大值。

$$t_c = t_s + 2e_h; \quad t_c = t_s + 50$$

式中:e_h 为平封头定货时的壁厚;50 为 50℃。

对于烟道中烟气温度小于 400℃的包墙管(炉墙),其计算温度 $t_c = t_s + 20$。

2) 名义设计应力。除本标准中另有说明外,名义设计应力取 $R_{p\,0.2tc}/1.5$ 和 $R_m/2.4$ 的较小值(R_m 为室温下材料的最小拉伸强度;$R_{p\,0.2\,tc}$为材料在温度 t_c下的最小屈服强度)。

(3) 内压圆筒形锅壳

1) 基本计算公式

$$e_{cs} = p_c d_{is}/(2f_s - p_c)\nu; \quad e_{sa} = e_{cs} + c_1 + c_2$$

式中:e_{cs}为不计裕量时主体所需壁厚;e_{sa}为计裕量时主体所需壁厚;p_c 为计算压力;d_{is}为不计裕量时主体内径;f_s 为主体材料的设计应力;ν 为焊缝系数;c_1为给定公称壁厚的负偏差;c_2 为金属损耗裕量。

2) 最小壁厚。外径不小于 1000mm 的圆筒形锅壳,其最小壁厚为 6mm;外径小于 1000mm 及低压锅炉的圆筒形锅壳,其最小壁厚为 4mm。

5. 工艺和制造

(1) 主要受压元件的制造

1) 材料标志。在排料和切割时,应将材料标志放在受压部件制成后明显可见的位置。如材料标志在制造过程中要被切割掉,应将其移植到其他位置上。

2) 圆筒形锅壳。圆筒形锅壳应采用机械方法完成卷制工作,不应使用局部加热或锤击的方法完成卷制工作。已完工的圆筒形锅壳,其制造偏差应符合下列规定:

① 直线度不大于锅壳总长度的 0.3%及任意 5m 长度内不大于总长度的 0.3%。

② 圆度的渐变局部外形弧面偏差不应大于测量长度的 20%。

③ 纵向焊接的锅壳上任一断面的最大内径与最小内径之差不应大于(D+1250)/200,D 为公称内径。

④ 用冷校方法校正锅壳圆度后应按规定进行正火处理。

(2) 封头和管板

1) 凸形封头和平封头应采用冲压或扳边方法制造。

2) 对凸形封头和平封头进行冷加工时,其工艺应评定合格。如有要求,则应包括正火。

3) 对在不均匀温度下被弯曲或扳边的钢板或局部加热的钢板进行热加工时,一般应进行正火。

4) 半球形锅壳的封头用钢板冲压而成时,应用机械方法逐步加工完成。如加热温度在正火温度范围以外,应进行正火处理。

(3) 筒形炉胆。炉胆不允许用多于两块钢板制成,两纵缝间角度应不小于120°,且应采用全焊透焊缝。

平炉胆的直径制造偏差应不大于±5mm。波形炉胆的制造偏差不应大于EN 12953的规定。

波形炉胆和膨胀环应用机械方法制造。当制造温度不在正火温度以上时,应进行正火。波形炉胆与加强筋的连接,应采用全焊透焊缝。

(4) 拉撑杆。应采用无拼接焊缝的实心轧制圆钢制成。热加工后拉撑杆应进行正火。其端部应开直径不大于5mm,深度不小于15mm的警报孔。

(5) 管子与管板的连接。管子应采用胀接或/和焊接方法与管板连接。如管子与管板仅采用胀接连接,则胀接工作应采用胀管器完成。管子与管板的连接,除胀管外,还可采用管端扩口,扳成喇叭口或卷边。如管子与管板采用非全焊透焊缝连接时,还应消除管子与管板的连接间隙。如管束中未装拉撑管,则管子的进口端应进行焊接或胀接加卷边,而管子的出口端可采用焊接或胀接。

(6) 焊接。主焊缝应为全焊透焊缝。

1) 焊接接头的设计规定。受压元件不允许有两条焊缝交叉。相邻两条纵向焊缝至少应错开100mm。非受压元件的连接焊缝不应与主焊缝和连接管焊缝交叉,且其焊缝边缘与主焊缝或连接管焊缝边缘的距离不应小于受压部件板厚的2倍和40mm的较小值。如上述条件不能满足,则连接焊缝应完全穿过主焊缝。

应避免在焊缝上或焊缝附近开孔,尤其是该焊缝还未消除应力时,从焊缝中心到孔边缘的距离不应小于60mm和4倍板厚的较大值。开孔横穿焊缝时,应对焊缝进行无损检测,检测长度为孔两侧各60mm和4倍板厚的较大值。

2) 焊接评定要求。除Ⅰ类锅炉外,焊接应按EN 288进行焊接工艺评定。评定时制造单位应事先指定所要评定的焊接工序。冲击试验的要求和条件应符合母材的规定。焊工应按EN 287-1进行资格评定。除Ⅰ类锅炉外,自动焊工应按EN 1418进行资格评定。

3) 焊缝缺陷的修补。对焊缝的任何修补都应作出记录。焊缝修补所采取焊接工艺应进行焊接工艺评定。对重复出现的焊缝缺陷,应查明原因,采取措施予以消除。所有这些情况都应进行记录。

(7) 热处理。厚度大于35mm的焊缝应进行焊后热处理,当材料冲击韧性不小于50J时,焊后热处理的厚度可提高至40mm。EN 12953对热处理的入炉温度、加热温度、升温速率、保温时间、冷却速率、出炉时间、温度测量等都有明确的规定。原则上,热处理后不应再焊接零件。若在最终热处理后需焊接零件,可以进行局部热处理。热处理后进行焊缝返修,有必要考虑再次焊后热处理。

6. 施工检验、锅炉受压部件的文件和标志

(1) 焊缝外观检查。焊缝外观检查按EN 970的要求进行。焊缝外观检查人员应有丰富的焊接知识和检查经验,对焊缝表面和热影响区内所产生的焊接缺陷具有判别能力。

(2) 无损检测。无损检测应在焊后热处理结束后进行。修补焊缝应按原焊缝的无损检测要求,对其进行无损检测。无损检测人员资格。负责无损检测的人员,应按EN 473的要求取得资格证书。射线探伤的评片工作,应由取得EN 473 Ⅱ级以上的射线探伤资格证书的人员担任。

超声波探伤、磁粉探伤、渗透探伤也应由获得相应资格证书的人员进行。

(3) 力学性能试验

1) 板厚不大于12mm时,面弯和背弯试样各1个,宏观检查试样1个。

2) 板厚大于12mm,且不大于35mm时,冲击试样3个,宏观检查试样1个。

3）板厚大于35mm时，冲击试样3个，横向拉伸试样1个，纵向焊缝拉伸试样1个，宏观检查试样1个。

4）试样应从无损探伤合格的部位制取。

（4）水压试验。水压试验压力应按EN 12953-3的规定。在试验压力下至少保持30min。试验压力降到最大允许压力的1.1倍，且不大于试验压力的0.9倍时进行检查。当有必要做高于EN 12953-3规定的水压试验压力的水压试验时，锅炉任何部件的膜应力不应大于室温下材料$R_{p0.2}$的90%。

锅炉受压元件无变形且无渗漏迹象时，可判水压试验合格。

7. 锅炉设备要求

（1）总体要求。除开式排气热水锅炉外，每台锅炉应根据EN 12953-8的规定，安装超压保护装置。

限制器的设计和安装应根据prEN 12953-8的规定。电器安全回路的设计应根据prEN 50156-1:1999的规定。在运行过程中，随时都可对所有限制器进行功能检测。限制器的动作应给出表明锅炉故障原因的信号。限制器锁住后，只能通过人工进行解锁。

锅炉供热量应按需求进行自动控制，燃烧过程应在炉胆内完成。如遇停炉，炉内的余热不应使金属温度过度升高。省煤器出口应装测温仪表，可分式省煤器应装泄压装置和压力表(EN 12953-8:2001)。

（2）蒸汽锅炉的特殊要求

1）除低压锅炉外，每台锅炉至少应装两种独立的水位显示装置。一种是直读式玻璃水位计，另一种是远程水位计或其他可供选择的装置。

2）玻璃水位计的玻璃上应有最低允许水位和最高水位标记。水位计下部可见边缘应比最低水位低50mm。

3）锅炉最低允许水位应永久、清楚地标记在锅炉上，用字母“LWL”标识。

每台锅炉都应装一个直径不小于100mm的与蒸汽空间相连接的压力表，压力表应以bar为单位。在压力表上除应有最大允许压力的红色标记外，还应显示锅炉运行压力和安全阀设定压力。

（3）热水锅炉特殊要求。热水锅炉系统应有足够的膨胀空间，此膨胀空间可由锅炉的蒸汽空间提供，也可由单独的膨胀罐或膨胀箱提供。开式排气系统的膨胀管路和给水管路的管子内径应不小于计算值，但不应小于25mm。

对人工操作燃烧固体燃料的热水锅炉，应配两台独立供电的循环水泵。

8. 锅炉液体和气体燃料燃烧系统的要求

（1）燃料供应

1）在燃料供应管路的安全部件上应装主燃料切断阀。

2）重油燃料应进行预热，以达到正常雾化所需黏度。

3）燃油温度不应达到大气压力下燃油的闪点。

4）燃油预热器系统的温度应能自动控制。有保证燃油充分雾化的最低温度限制装置，避免燃油过热的热源切断装置。

（2）燃烧系统。在投运验收的后期，应对各燃烧器进行单独测试。燃烧器应安装自动点火装置，火焰检测装置和安全控制装置。燃烧室和烟气通道的设计，应能确保有效的吹扫。

9. 超压防护要求

（1）一般要求。除开放式排气的热水锅炉，每台锅炉至少应装一个安全阀，蒸汽锅炉的安全阀应进行热态调整。

每个过热器出口至少应装一个安全阀。但对非独立式过热器，当其金属温度不大于设计温度时，过热器出口可不装安全阀。省煤器与锅炉之间装有截止阀时，应在省煤器出口处装安全阀。锅炉与安全阀之间或安全阀与排放点之间不应有切断装置。安全阀的底座内径不应小于15mm。在低于设定压力时，可借助其他装置打开安全阀。

（2）排放能力

1）蒸汽锅炉上的安全阀总排放量不应小于锅炉额定蒸发量。

2）非独立式过热器上的安全阀排放量不应小于锅炉额定蒸发量的25%，可计入锅炉总排放量中。

3）省煤器上的安全阀排放量应根据省煤器吸热量进行计算，且不计入锅炉总排放量中。

4）锅炉上所有安全阀开启后，锅炉的蒸汽压力不应大于最大允许压力的1.1倍。

(3) 设定压力。安全阀起跳压力不应大于锅炉的最大允许压力。安装多个安全阀时，至少应有一个安全阀在最大允许压力下起跳，其他安全阀的起跳压力应逐个低于最大允许压力。

10. 锅炉及附件的限位设施和安全回路的要求

(1) 限位器的要求

1）保证不同的设备有统一的事故评价技术。

2）限位器可以通过故障避免技术、自监视、冗余、差异或以上各种方式的组合，达到系统的安全，使任何一个部件出现故障时不致出现危险。限位器应当独立动作，互不影响。

(2) 限位器构成

1）水位限位器由传感器、保护套管或外接水室、计时元件、测试装置和其他附属设备所组成。

2）压力限位器由连接管、装置的主体、传感器、计时元件、测试装置和其他附属设备组成。

压力限位应考虑动载荷的影响，能承受200万次机械运动试验的元件，不会发生机械故障。

11. 锅炉给水和锅炉水质的要求

(1) 条件。可靠的给水、炉水水质指标将通过化学处理得到改善。常规使用的化学物品包括钠离子和钾离子氢氧化物、磷酸钠、亚硫酸钠、氨和联氨。

(2) 要求。为使腐蚀量减小到最低程度，沉淀的泥状沉积物最少，其化学浓度要求在EN 12953中给定。

12. 验收试验

(1) 基本试验条件

1）稳态工况。蒸汽压力、蒸汽和给水温度、热水锅炉出水温度和回水温度及有关流量速度应尽可能稳定在正常运行条件水平。在试验期间，排烟温度的变量控制在10℃之内，含氧量变化在平均值的0.5%之内。

2）试验要求。试验运行中，蒸汽锅炉应避免排污，液位指示器中的水位尽可能保持稳定。在装有全自动燃烧装置的情况下，在试验过程中不要对燃烧装置进行调整。

3）试验持续时间。在稳态工况期间，试验应有充分的持续时间以记录至少6套燃料输入、烟气温度及烟气分析读数值。这些读数应在严格的稳态工况所允许的变化范围内。

(2) 热平衡和热效率、准确性

参考温度应为25℃。热效率计算与欧洲标准规定的偏差在0.5%之内。

13. 操作说明书

所有锅炉装置最基本的安全操作要求应包括在制造商提供的操作说明书中，应涵盖所有应注意的信息，并提供技术说明、图纸和操作图解。

制造者应制定和分析安装过程中可能发生的错用危险，将之放入检修说明中，供售后服务人员、操作、使用、维修保养人员使用。

14. 独立于制造商的检验单位的导则

(1) 模式

1）总则。每台锅壳式锅炉的设计和制造都应在一个检验单位(RA)的监督下进行，这个检验单位是独立的。由检验机关实施的检验与制造商的检查是独立的。

尽管大部分按照此项欧洲标准生产的锅壳式锅炉的检验模式为G或H_1，但制造商也可选择其他的模式。《承压设备指令(PED)》的总体要求可以用G或H_1来解释。

如果锅壳式锅炉的设计和制造满足PED的要求，则EN 12953-14中列举的文件应提供给买方。

2）模式G。制造商应保证锅壳式锅炉符合EN 12953的要求。如果产品符合PED的要求，检验单位(RA)应打CE钢印，并出具报告。

检验单位应根据EN 12953-14表1规定，参与设计、制造和检验各个阶段。如果是按照PED的要求制造，对于已经做过的试验，应颁发符合性证明，并在受检的设备上打钢印。

3）模式H_1。制造厂应有一个完整的质量管理体系并正常运行。此体系应当被检验单位认可并且处于正常的监督之中。

在设计和制造锅炉的过程中，制造厂应确保并声明按照 EN 12953 的要求生产，如果符合 PED 的要求则应由检验单位在认可的设备上打上 CE 钢印和检验单位的识别号，并出具符合性报告。

检验单位应当审查设计。如果符合 PED 的要求，检验单位应当出具设计审查证明。

检验单位应当按照 EN 12953-14 表 1 的要求在生产和检验的过程中履行职责。如果符合 PED 的要求，检验单位应当在符合要求的部件上打上钢印，并出具检测报告。

制造厂的设计、制造和检验连同制造厂的质量体系的监督检验不一定是同一个检验单位。

(2) PED 所需的文件

1) 制造厂发表遵守承诺的声明，锅炉的设计、制造和检测符合《承压设备指令(PED)》的要求；

2) 如有必要，需提供检测的符合性证明，其中检测由检验单位按照模式 G 进行；

3) 如有必要，由检验单位进行设计审查，并提供审查证明；

4) 如有必要，由检验单位按照模式 H_1 出具的检测报告。

制造厂应将下列文件提交给检验单位：设计计算，包括腐蚀裕量、焊缝系数和热处理、施工图；使用的材料清单；采用的焊接工艺；符合 EN 12953 要求的安全装置。

第五节　日本锅炉标准法规

本节只介绍 JIS B 8201《陆用钢制锅炉结构》。

一、标准的性质、适用范围和构成

(1) 性质。JIS B 8201 是推荐性的，但它是政府有关锅炉方面法令及法规的技术基础。自愿采用。

(2) 适用范围

1) JIS B 8201 适用于：车辆式(铁路车辆除外)、移动式、陆用钢制蒸汽锅炉和热水锅炉及其附属设备。

2) JIS B 8201 不包括：机车及其他铁道车辆用锅炉；电热锅炉，但本标准可用于其机械部分；最高使用压力小于等于 0.1MPa 的蒸汽锅炉，筒体内径小于等于 200mm，长度小于等于 400mm 或传热面积小于等于 0.5m²；出水压力小于等于 0.1MPa 的热水锅炉，且传热面积小于等于 4m²；出水压力小于 1MPa 的直流锅炉，且传热面积小于等于 5m²。

3) 下列锅炉在结构上与本标准无抵触时，可引用本标准：使用本标准没有规定的主要材料的高压或高温蒸汽锅炉；特殊结构的锅炉。

4) JIS B 8201 管辖的锅炉界限包括主蒸汽阀以及相关阀门、给水阀(装于省煤器之间时即以此阀为准，没有此阀时以省煤器入口阀门为准)、相关止回阀及排污阀(如有两个，则以远离锅炉本体的为准)和装在这些阀门之间的锅炉本体、过热器、省煤器、管道等。

(3) 构成。JIS B 8201 标准由适用范围、引用标准、定义、材料、一般构造、设计、制造、焊接、试验检查、附属设备、直流锅炉及强制循环锅炉的特有规定及表示等内容共 12 章构成。

二、材料

1. 材料的选用要求

锅炉及附属设备的主要材料应采用 JIS B 8201 所给出的材料。也可采用其他能保证锅炉质量的材料，但锅炉的制造商必须与供货商协定，保证所定购的材料必须符合协议的规定。材料的尺寸及允许公差应满足相应的标准，其实际厚度不可小于最小厚度。

2. 材料的使用要求

采用焊接的母材，其含碳量不大于 0.35％。对最高使用温度不大于 350℃的锅炉，其代用材料有如下限制：

(1) JIS G 3101 及 JIS G 3106 钢材，可用于最高使用压力不大于 1.6MPa 的锅炉。

(2) JIS G 3106 钢材不可用于最高使用压力大于 1MPa 的锅炉筒体的纵焊缝及封头焊缝。

(3) JIS G 3101 钢材不可用于最高使用压力大于 0.7MPa 的锅炉筒体的纵焊缝及封头焊缝。

(4) JIS G 4051 钢材不可用做锅炉筒体和封头的材料。

(5) 奥氏体不锈钢材不可用于锅炉本体。可用于像过热器及再热器一样内含蒸汽部分；同时也可以用于不接触火焰的省煤器的集箱。

(6) JIS G 3454～JIS G 3456，JIS G 3458 及 JIS G 3459 钢材不得用于传热管。

(7) JIS G 3452 钢材可用于最高使用压力不大于 1MPa 锅炉的蒸汽管、给水管和排污管；对最高使用压力不大于 0.7MPa 的锅炉，还可用于锅炉本体与给水止回阀之间的给水管以及锅炉本体与排污阀之间的排污管。

3. 材料的复验和检查

JIS B 8201 中没有提出要求，用户可以依照 JIS 的相应材料标准要求对所使用材料进行自行确认。

三、强度设计

1. 载荷

锅炉及附属设备要具有足够的强度，能承受内部的压力和水的重量以及因焊接接头所引起的局部应力和热应力。各部位最高使用压力按下列规定计算：

(1) 各部分最高使用压力均大于锅炉的最高工作压力。但直流锅炉及强制循环锅炉的最高使用压力为锅炉的最高工作压力与水柱静压之和。

(2) 蒸汽管道的最高使用压力为使用部分的最高工作压力，当压力不足 0.7MPa 时取 0.7MPa；给水管和排污管按 JIS B8201 标准的 6.7.7 及 6.7.9 执行。

(3) 在任何情况下，锅炉的最高使用压力应不小于 0.2MPa。

2. 主要受压元件的强度计算

(1) 金属壁温的确定。金属材料的壁温取内部介质的最高温度，对流受热面的金属壁温为内部介质的温度加至少 30℃；辐射受热器的金属壁温为内部介质温度加至少 50℃。

(2) 锅筒壁厚。受内压的薄壁锅筒壁厚的计算公式为：

$$t=\frac{pD_i}{2\sigma_a\eta-2p(1-K)}+\alpha$$

式中：p 为最高使用压力(MPa)；t 为最小厚度(mm)；D_i 为筒体内径(mm)；σ_a 为材料的许用拉应力(N/mm^2)；η 为减弱系数；α 为附加壁厚，定为大于 1mm。

3. 主要受压元件的结构要求

锅炉主要受压元件最小壁厚要求如表 8-2 所示。

表 8-2

受压元件	结构上所要求的最小厚度	受压元件	结构上所要求的最小厚度
锅筒	$D_i\leqslant900$，$t\geqslant6$； 装有拉撑时，$t\geqslant6$， $900<D_i\leqslant1350$，$t\geqslant8$， $1350<D_i\leqslant1850$，$t\geqslant10$， $1850<D_i$，$t\geqslant12$	火箱或炉胆	$t\geqslant8$
		人孔盖	中心部位，$t\geqslant14$
		带拉撑的板	$t\geqslant8$
封头	除球形外，必须大于无缝筒体的计算厚度，且 $t>6$； 装有拉撑时，$t\geqslant8$	烟管、水管、过热器管、再热器管、省煤器用钢管	$D_o\leqslant38.1$，$t\geqslant2.0$， $38.1<D_o\leqslant50.8$，$t\geqslant2.3$， $50.8<D_o\leqslant76.2$，$t\geqslant2.6$， $76.2<D_o\leqslant101.6$，$t\geqslant3.2$， $101.6<D_o\leqslant127$，$t\geqslant3.5$， $127<D_o$，$t\geqslant4.0$
管板	$D_o\leqslant1350$，$t\geqslant10$， $1350<D_o\leqslant1850$，$t\geqslant12$， $1850<D_o$，$t\geqslant14$		
注：D_i、D_o 分别为圆形元件的内径和外径；t 为最小厚度(mm)。			

四、制造

1. 制造资格与责任

JIS B 8201 标准没有这方面的内容。根据日本《劳动卫生法》及《锅炉压力容器安全规则》的规定，锅炉制造许可证、锅炉产品以及锅炉产品检验都必须经所管辖的都道府县劳动基准局审批。

2. 制造偏差

受内压筒体的椭圆度制造偏差不超过其截面上公称内径的1%。

3. 焊接

(1) 焊接材料。焊接材料与焊接方法、母材种类和机械性能相适应,且不低于相应的JIS焊接材料的有关标准。

(2) 焊接接头设计。接头位置分为A、B、C、D类,6种焊缝形式及其使用范围,5种焊缝减弱系数等。

(3) 焊工资格。锅炉受压元件焊接必须由有资格的焊工担任,JIS B 8285中有相关具体规定。

(4) 焊接工艺。焊接工艺应按JIS Z 3040《焊接工艺评定试验方法》以及JIS B 8285《压力容器的焊接施工方法》评定合格。

五、试验与检验

1. 焊接试板的制备

(1) 筒体纵缝的焊接试板应与筒体的纵缝相连接,焊接时应作为纵缝的延长部分。筒体之间的纵向焊缝不应在一条直线上。

(2) 筒体环缝的焊接试板当与纵缝焊接试板的焊接工艺条件相同时,环缝焊接试板可以免做。此要求在《锅炉构造标准》的第48条中已有明确规定。

2. 无损检测

(1) 无损检测人员资格。JIS B 8201引用JIS Z 3104《钢焊缝射线照相探伤试验方法》、JIS Z 3106《不锈钢焊缝射线照相探伤试验方法》和JIS Z 3060《钢焊缝超声波探伤试验方法》。上述标准中对从事射线探伤或超声波探伤人员提出了必须掌握的基本要求。

(2) 射线探伤。对纵向焊缝和环向焊缝必须进行100%射线探伤。进行射线探伤的焊缝余高不得超过规定值,且不得有台阶。

(3) 超声波探伤。当需要用射线探伤但确有困难时可改用超声波探伤。

3. 水压试验

(1) 试验压力不得超过规定压力的6%以上。水压试验过程或试验后都必须防止水结冰。

(2) 水压试验按照以下规定进行。

1) 按锅炉最高使用压力的1.5倍压力(水压值不足0.2MPa时取0.2MPa)进行水压试验。

2) 水管锅炉的所有焊接筒体以及焊接元件水压试验压力为其最高使用压力的1.5倍,组装后如果对焊接部位进行射线探伤或超声波探伤试验,其水压试验可以免去。

3) 铸铁元件的水压试验压力为其最高使用压力的1.5倍。

六、安全附件

1. 安全阀

蒸汽锅炉应至少安装2个安全阀(传热面积不大于50m^{2}的蒸汽锅炉可只装一个安全阀)。

2. 水位表

蒸汽锅炉(除直流锅炉外)应至少安装2只玻璃水位表。

3. 压力表

压力表量程最好为最高使用压力的3倍以下,不得小于1.5倍。

七、水质要求

圆筒形锅炉的给水和炉水的水质、特殊循环锅炉的给水和炉水的水质、水管锅炉的给水和炉水的水质、直流锅炉的给水和炉水的水质要求在JIS B 8223《锅炉给水及锅炉水水质标准》中给出规定。

第九章　国内外锅炉主要标准法规比较

第一节　中国与美国锅炉主要标准法规比较

一、通用要求

1. 材料冶炼

中国《蒸汽锅炉安全技术监察规程》(以下简称《蒸规》)第二十二条:制造锅炉受压元件的金属材料必须是镇静钢。

美国 ASME 第Ⅰ卷 PG-9:对暴露于火焰或烟气中的锅炉受压件,应采用平炉钢、电炉钢或碱性吹氧钢。

2. 材料代用

《蒸规》第二十四、二十五条:锅炉受压元件代用的钢板和钢管,应采用化学成分和力学性能相近的锅炉用钢材。材料代用应满足强度和结构上的要求,且需经材料代用单位的技术部门(包括设计和工艺部门)同意。

ASME 第Ⅱ卷 A 篇附录 A:部分按 ASTM 标准生产的材料可以替代列表中对应的 ASME 标准材料,只要符合相应列表中给定的版本号且实物经验证即可。

二、设计

1. 设计锅炉的强度计算依据

《蒸规》第七条:锅炉的设计必须符合安全、可靠的要求。锅炉的结构应符合本规程第一章的要求。锅炉受压元件的强度应按 GB/T 9222—1988 或 GB/T 16508—1999 进行计算和校核。

ASME 标准:设计计算按 PG-16～PG-38。锅壳式锅炉除相关部分按 PG-16～PG-38 以外,有关炉胆的计算,有拉撑表面的计算将按 PFT 相关章节进行计算。

2. 锅炉设计的强度理论

中国标准:最大剪切应力强度理论,即第三强度理论。失效准则:极限载荷法。

ASME 标准:最大拉应力理论,即第一强度理论。失效准则:极限应力法。

3. 基本许用应力安全系数

GB/T 9222—1988《水管锅炉受压元件强度计算》:钢材在 20℃时的抗拉强度安全系数 $n_b=2.7$;钢材在计算壁温时的屈服极限的安全系数 $n_s=1.5$;钢材计算壁温时的 10^5h 抢持久强度安全系数 $n_D=1.5$。强度计算中基本许用应力按上述三个数值取其最小值。

ASME 标准:当温度低于控制应力选择的蠕变和应力断裂强度的温度范围时,最大许用应力值是下列各值中的最小值:常温下规定的最小抗拉强度的 1/3.5;计算温度下的抗拉强度的 1/3.5;常温下规定的最小屈服强度的 2/3。

当温度处于控制应力选择的蠕变和应力断裂强度的温度范围时,最大许用应力值不超过下列各值中的最小值:产生 0.01%/1000h 蠕变率的平均应力的 100%;10^5h 时产生断裂平均应力的 67%;10^5h 时产生断裂最小应力的 80%。

4. 金属壁温

中国标准：GB/T 9222—1988 表 3～表 5 对金属壁温作了规定，对于没有包括进去的情况可按该标准第 1.4.3 条公式计算。

ASME 标准：管子的金属温度不得小于管壁预期的最高平均温度(内外壁温度之和除以 2)。对于不受热的管子，其金属温度可以取管内介质的温度，但不得小于介质的饱和温度。

5. 主要的结构要求

(1) 最小壁厚

《蒸规》三十六、三十七、三十八条：对于水管锅炉，在任何情况下锅筒筒体的取用壁厚不得小于 6mm；当受热面管子与锅筒采用胀接连接时，锅筒筒体的取用壁厚不得小于 12mm。对于锅壳锅炉，当锅壳内径大于 1000mm 时，锅壳筒体的取用壁厚应不小于 6mm；当锅壳内径不超过 1000mm 时，锅壳筒体的取用壁厚应不小于 4mm。锅壳锅炉的炉胆内径不应超过 1800mm，其取用壁厚不应小于 8mm，且不大于 22mm；当炉胆内径小于或等于 400mm 时，其取用壁厚应不小于 6mm；卧式内燃锅炉的回燃室，其壳板的取用壁厚不应小于 10mm，且不大于 35mm。

ASME 标准：凡承受压力的任何锅炉钢板，其厚度不得小于 6mm，但按 PEB 篇要求建造的电热锅炉除外。对允许在其圆筒形外壳以外的其他部位装设拉撑件的受压件，其厚度不得小于 8mm，当采用大于 NPS5(DN125)的管道代替用钢板制造圆形受压件时，其壁厚不得小于 6mm。

火管锅炉的壁厚不得小于表 9-1、表 9-2 中的规定。

表 9-1　壳体和封头　　单位：mm

内　径	最小壁厚
≤900	6
>900～≤1350	8
>1350～≤1800	10
>1800	13

表 9-2　管板　　单位：mm

内　径	最小壁厚
≤1100	10
>1100～≤1350	11
>1350～≤1800	13
>1800	14

平直圆形炉胆的制造长度不受限制，当需要时可用炉胆节连接而成。壁厚不小于 8mm(PFT-15.1)。

(2) 对水位的要求

《蒸规》第四十条：水管锅炉锅筒的最低安全水位，应能保证下降管可靠供水。锅壳锅炉的最低安全水位应高于最高火界 100mm。对于直径≤1500mm 的卧式锅壳锅炉的最低安全水位应高于最高火界 75mm。锅炉的最低安全水位应在图样上标明。

《蒸规》第一百五十四条：每台锅炉至少应装两个彼此独立的水位表。但符合相应条件的锅炉可只装一个直读式水位表。

ASME 标准：所有有固定水位(蒸汽和水的交界面)的锅炉应至少装置一个水位表，对于没有固定水位的锅炉如强制循环的蒸汽锅炉和高温热水锅炉不需要有水位表。在玻璃管水位表中最低可见水位应由制造厂确定的最低允许水位以上至少 50mm。电热锅炉仅需要有一个玻璃管水位表，而不考虑最大的工作压力(PG-60.1)。卧式锅壳式锅炉水位表的最低读数，至少应比制造厂确定的最低允许水位高出 75mm(PFT-47.1)。

(3) 水压试验

《蒸规》第一百一十一条：受压焊件的水压试验应在无损探伤和热处理后进行。

1) 单个锅筒和整装出厂的焊制锅炉，应按本规程第二百零七条的试验压力在制造单位进行水压试验。

2) 散件出厂锅炉的集箱及其类似的元件，应以元件工作压力的 1.5 倍压力在制造单位进行水压试验，并在试验压力下保持 5min。小于或等于 2.5MPa 锅炉无管接头的集箱可不单独进行水压试验。

3) 对接焊接的受热面管子及其他受压管件，应在制造单位逐根逐件进行水压试验。试验压力应为元件工作压力的 2 倍(对于额定蒸汽压力≥13.7MPa 的锅炉，此试验压力可为 1.5 倍)，并在此压力下保持10～20s。对接焊缝经氩弧焊打底并100%无损探伤检查合格，能够确保焊接质量，在制造单位内可不做此项水压试验。工地组装的受热面管子，管道的焊接接头可与本体同时进行水压试验。

《蒸规》第二百零八条：锅炉水压试验时，水压应缓慢地升降。当水压上升到工作压力时，应暂定升压，检查有无漏水或异常现象，然后再升到试验压力。锅炉应在试验压力下保持20min，然后再降到工作压力进行检查。检查期间压力应保持不变。

水压试验应在周围气温高于5℃时进行，低于5℃时必须有防冻措施。水压试验用的水应保持高于周围露点的温度，以防锅炉表面结露，但也不宜温度过高以防止引起汽化和过大的温差应力，一般为20～70℃。

ASME标准：完工后整台锅炉应进行水压试验：

1）水温不低于环境温度，且在任何情况下不低于20℃，金属温度不大于50℃，压力表量程为最高预期试验压力2倍，但不得小于1.5倍。

2）试验压力系指锅炉系统最高点的压力，该压力为标志在锅炉最高允许工作压力的1.5倍，任何锅炉部件不得大于承受大于试验温度下90%屈服强度的总体一次薄膜应力。

PW-54.1除了在PG-99.3、PG106.8和PW-54.3中另有修正性的规定外，所有用焊接方法制造的锅筒（锅壳）和其他受压件均应以不小于其最高允许的工作压力1.5倍的压力进行水压试验。可在制造厂的车间也可在工地进行水压试验。

三、制造

1. 材料标记移植

《蒸规》第三十二条：锅炉制造、安装和修理单位必须建立材料保管和使用的管理制度。锅炉受压件用的钢材应有标记。用于受压元件的钢板切割下前，应作标记移植，且便于识别。

ASME第Ⅰ卷PG-77.2：允许锅炉制造厂的授权代表在事先做好记录的条件下，将钢板的识别标志移植到钢板的其他部位。也可用如下方法代替：使用可追踪至所需标志的编码标志，或采用下料表或下料图等方法记录下所要求的标志，用于识别制造过程中和完工后的锅炉上的每一件材料。这种移植标志应在切割前完成。

2. 最大最小直径差

《蒸规》第七十五条：锅筒（锅壳）的任何同一横截面上最大内径与最小内径之差不应大于名义内径的1%。锅筒（锅壳）纵向焊缝的棱角度应不大于4mm。

ASME第Ⅰ卷PG-80.1：圆筒体锅筒或筒体的任何截面积应为最大平均直径与最小平均直径之差在平均直径1%范围内的圆形形状。

3. 受压元件的主焊缝

《蒸规》第四十七条：锅炉主要受压元件的主焊缝[锅筒（锅壳）、炉胆、回燃室以及集箱的纵向和环向焊缝、封头、管板、炉胆顶和下脚圈的拼接焊缝等]应采用全焊透的对接焊接。

ASME第Ⅰ卷PW-9.1：除了在PG-31、PG-39、PW-41、PWT-11和PFT篇中另有规定的以外，连接锅筒（壳）筒体或其他受压件所用材料的纵向、横向或其他接头，均应采用全焊透对接焊接。此类焊缝最好采用双面焊对接形式，也可采用仅从一侧加入填充金属的单面焊对接形式，但应采取措施达到全焊透，焊成相当于双面焊的对接接头。

4. 焊接工艺评定

《蒸规》第六十四条：采用焊接方法制造、安装、修理和改造锅炉受压元件时，施焊单位应制定焊接工艺指导书并进行焊接工艺评定，符合要求后才能用于生产。

ASME PW-28.1、PW-28.2：焊接工艺、焊工和焊接操作工未经评定合格前不得进行生产工作。

焊接受压元件或者在受压元件上焊接承受载荷的非受压元件（例如所有永久性或临时性的管夹和吊耳）时，所用的焊接工艺以及施焊的焊工和焊接操作工均应按照第Ⅸ卷的规定评定合格。

5. 焊工

《蒸规》第六十五条：焊接锅炉受压元件的焊工，必须按《锅炉压力容器压力管道焊工考试与管理规则》进行考试，取得焊工合格证后，可从事考试合格项目范围内的焊接工作。

ASME PW-28.1、PW-28.2：焊接受压元件或者在受压元件上焊接承受载荷的非受压元件（例如所有永久性或临时性的管夹和吊耳）时，所用的焊接工艺以及施焊的焊工和焊接操作工均应按照第Ⅸ卷的规定评定合格。

焊接工艺、焊工和焊接操作工未经评定合格前不得进行生产工作。

6. 焊工代号钢印

《蒸规》第六十六条：锅炉受压元件的焊缝附近应打上低应力的焊工代号钢印。

ASME PW-28.4.1：制造厂还应建立一种程序。焊工或焊接操作工刻在其所焊接的所有焊接接头上或其附近打上自己的识别标志钢印，也可在他所焊接的连续焊缝或者一些列类似的焊接接头上或其附近，在不大于 3ft(1m)每个区段打上自己的识别标志钢印，也可不打钢印而由制造厂保存一份注明焊接接头及其施焊焊工或焊接操作工的记录。

7. 焊缝布置

《蒸规》第五十二条：锅筒（筒体壁厚不相等的除外）、锅壳和炉胆上相邻两筒节的纵向焊缝，以及封头、管板、炉胆顶或下脚圈的拼接焊缝与相邻筒节的纵向焊缝，都不应彼此相连。其焊缝中心线间外圆弧长至少应为较厚钢板厚度的 3 倍，且不小于 100mm。

ASME 标准：没有规定。

8. 焊缝上或其附近的开孔

《蒸规》第五十一条：(1)胀接管孔不得开在锅筒筒体的纵向焊缝上，同时亦应避免开在环焊缝上。如结构设计不能避免时，在管孔周围 60mm（若管孔直径大于 60mm，则取孔径值）范围内的焊缝经射线探伤合格，且焊缝在管孔边缘上不存在夹渣，并对开孔部位的焊缝内外表面进行磨平和将受压部件整体热处理后，方可在环向焊缝上开胀接管孔。(2)集中下降管的管孔不得开在焊缝上。其他焊接管孔亦应避免开在焊缝上及其热影响区。如不能避免时，在管孔周围 60mm（若管孔直径大于 60mm，则取孔径值）范围内的焊缝经射线或超声波探伤合格，并且焊缝在管孔边缘上不存在夹渣，管接头焊后经热处理消除应力的情况下，方可在焊缝上及热影响区开孔。

ASME PW-14：凡符合 PG-32 至 PG-44 种补强要求的任何型式开孔均可在焊接接头上。

9. 不等厚元件或钢板对接

《蒸规》第五十七条：公称壁厚不同的两元件或钢板对接时，两侧中任何一侧的名义边缘厚度差值若超过第七十四条规定的边缘偏差值，则厚板的边缘须削至与薄板边缘平齐，削出的斜面应平滑，并且斜率不大于 1∶4，必要时，焊缝的宽度可在斜面内。

ASME PW-33.3：规定范围内的任何边缘偏差，均应沿完工焊缝的宽度上修正为锥度为 1∶3 的锥面，必要时可在焊缝边缘部分敷焊附加的焊缝金属。

10. 对接偏差

《蒸规》第七十四条：锅筒（锅壳）纵、环向焊缝以及封头（管板）拼接焊缝或两元件的组装焊缝的装配须符合以下规定：

(1) 纵缝或封头（管板）拼接焊缝两边钢板的实际边缘偏差值大于名义板厚的 10%，且不超过 3mm；当板厚大于 100mm 时，不超过 6mm。

(2) 环缝两边钢板的实际边缘偏差值（包括板厚差在内）不大于名义板厚的 15%加 1mm，且不超过 6mm；当板厚大于 100mm 时，不超过 10mm。

不同厚度的两元件或钢板对接并且边缘已削薄的，按钢板厚度相同对待，上述的名义板厚指薄板；不同厚度的钢板对接但不需削薄的，则上述的名义板厚指厚板。

ASME PW-33.1：筒节在对接焊接对齐时，应使其边缘偏差不大于表 PW-33 中的数值。

11. 焊后热处理

《蒸规》第七十七条:低碳钢受压元件,其壁厚大于 30mm 的对接接头或内燃锅炉的筒体或管板的壁厚大于 20mm 的 T 形接头,必须进行焊后热处理。合金钢受压元件焊后需要进行热处理的厚度界限,按锅炉专业技术标准的规定。

ASME PW-39.1:除在 PFT-29、PMB-9、PW-40.2 和 PW-40.3 以及在表 PW-39 的注中另有专门规定外,动力锅炉的所有焊接受压件均应在不低于表 PW-39 所规定的温度下进行焊后热处理。表 PW-39 中的材料系按第Ⅸ卷 QW-420 所规定的材料的 P-No 分组。

12. 焊后热处理方式

《蒸规》第七十七条:锅炉受压元件焊后热处理宜采用整体热处理。如果采用分段热处理,则加热的各段至少有 1500mm 的重叠部分,且伸出炉外部分应有绝热措施减小温度梯度。环缝局部热处理时,焊缝两侧的加热宽度应各不小于壁厚的 3 倍。

ASME PW-39.4:焊件可采用以下任一种方法进行焊后热处理:

1) 整个组件放入炉内进行热处理;

2) 将组件分段进行热处理。

将容器分段进行热处理时,可用以下方法之一进行终结接头的热处理:用一个环绕容器的环形加热带均匀加热到表 PW-39 规定的保温温度和保温时间进行焊后热处理。作为另一种方法,可在热处理炉中加热进行终结接头的焊后热处理,但容器的受热筒节至少有应有 5ft(1.5m)长的重叠部分。采用此种工艺时,在炉外的部分应予保温(用砖块、毡毯等),使其不会产生有害的温度梯度。

13. 焊缝缺陷返修

《蒸规》第一百十二条:如果受压元件的焊接接头经无损探伤发现存在不合格的缺陷,施焊单位应找出原因,制订可行的返修方案,才能进行返修。补焊前,缺陷应彻底清除。补焊后,补焊区应做外观和无损探伤检查。要求焊后热处理的元件,补焊后应做焊后热处理。同一位置上的返修不应超过三次。

ASME PW-40.1:用外观检查、泄露试验或 PW-11 所规定的检验方法所查出焊缝的各种不完整性,例如裂纹、气孔和未熔合等,如判为不合格,都应当用机械方法或电弧气刨方法除去,然后重新焊接并检查。

14. 无损探伤数量

《蒸规》第八十二条:锅筒(锅壳)的纵向和环向对接焊缝、封头(管板)、下脚圈的拼接焊缝以及集箱的纵向对接焊缝无损探伤检查数量如下:

1) 额定蒸汽压力 $p \leqslant 0.1$MPa 的锅炉,每条焊缝应进行 10%射线探伤(焊缝交叉部位必须在内)。

2) 额定蒸汽压力 $p > 0.1$MPa 但$\leqslant 0.4$MPa 的锅炉,每条焊缝应进行 25%射线探伤(焊缝交叉部位必须在内)。

3) 额定蒸汽压力 $p > 0.4$MPa 但$\leqslant 2.5$MPa 的锅炉,每条焊缝应进行 100%射线探伤。

4) 额定蒸汽压力 $p > 2.5$MPa 但$\leqslant 3.8$MPa 的锅炉,每条焊缝应进行 100%超声波探伤加至少 25%射线探伤,或进行 100%射线探伤。焊缝交叉部位及超声波探伤发现的质量可疑部位应进行射线探伤。

5) 额定蒸汽压力 $p > 3.8$MPa 的锅炉,每条焊缝应进行 100%超声波探伤加至少 25%射线探伤。焊缝交叉部位及超声波探伤发现的质量可疑部位应进行射线探伤。

封头(管板)、下脚圈的拼接焊缝的无损探伤应在加工成型后进行。

电渣焊焊缝的超声波探伤应在焊缝正火热处理后进行。

ASME PW-11.1:对焊接接头的探伤反映在表 PW-11 中。

15. 焊缝检查试板

《蒸规》第九十三条:(1)每个锅筒(锅壳)的纵、环焊缝应各做一块检查试板。(2)对于批量生产的额定蒸汽压力小于或等于 1.6MPa 的锅炉,在质量稳定的情况下,允许同批生产(同钢号、同焊接材料和工艺)的每 10 个锅筒(锅壳)做纵、环缝检查试板各一块,不足 10 个锅筒(锅壳)也应做纵、环缝检查试板各一块。(3)当环缝的母材和焊接工艺与纵缝相同时,可只做纵缝检查试板,免做环缝检查试板。(4)封头、管板的拼接焊逢，当其母材与锅筒（锅壳）相同时，可免做检查试板，否则检查试板的数量应与锅筒（锅壳）筒体相同。(5)炉胆、回燃室，其母材、焊接工艺与锅壳相同时，可免做检查试板，否则检查试板的数量应与锅壳筒体相同。(6)集箱和管道的对接接头，当材料为碳素钢时，可免做检查试件；当材料为合金钢时，在同钢号、同焊接材料、同焊接工艺、同热处理设备和标准的情况下，每批做焊接接头数1%的模拟检查试件，但不得少于1个。(7)受热面管子的对接接头，当材料为碳素钢时（接触焊对接接头除外），可免做检查试件；当材料为合金钢时，在同钢号、同焊接材料、同焊接工艺、同热处理设备和标准的情况下，从每批产品上切取接头数的0.5%作为检查试件，但不得少于1套试样所需接头数。在产品接头上直接切取检查试件确有困难的，如锅筒和集箱上管接头与管子连接的对接接头、膜式壁管子对接接头等，可焊接模拟的检查试件。(8)额定蒸汽压力小于0.1MPa的锅炉的锅壳以及封头、管板和下脚圈的拼接焊缝，可以免做产品检查试件。

ASME PW-53.1、PW-53.4：容器的检查试板除了管子、管道和集箱以外，所有用焊接方法制造承受内压的圆筒形受压件，例如锅筒（壳）和筒体，均应符合PW-53.2至PW-53.10中的试验要求，但用第Ⅸ卷中规定的P-No1材料建造的圆筒形受压件除外。

当将几种任何型式的受压件连续焊接时，如果所用板材与该焊接工艺所包括的材料相同并且最厚与最薄板材之差不大于1/4in.(6mm)，则每200ft(61m)或其不足200ft(61m)部分的主要焊接接头应提供一块检查试板。

16. 检查试板制作

《蒸规》第九十三条：纵缝检查试板应作为产品纵缝的延长部分焊接（电渣焊除外），环缝检查试板可单独焊接。

ASME PW-53.2、PW-53.2.1：焊接试板焊接试板应当用相同材料标准板材按图PW-53.1中的尺寸制成，厚度不得小于焊件在接头处的焊缝厚度，制备试板的焊接工艺应当与所代表的筒体相同。试板应当用以下方法之一焊接，每种方法既可代表纵向接头又可代表横向接头。

将检查试板按图PW-53.2的方法连接到每台容器某一纵向接头的任一端部，使试板被焊边缘成为纵向接头对应边缘的延伸部分。在此情况下，试板上焊接接头所熔敷的焊缝金属成为筒体上焊接接头所熔敷焊缝金属的延续，这一方法不适用于只有环向接头的容器。

17. 检查试件

《蒸规》第九十三条：产品检查试件应由焊该产品的焊工焊接。试件材料、焊接材料、焊接设备和工艺条件等应与所代表的产品相同。试件焊成后应打上焊工代号钢印。

ASME PW-53.5：如果一台容器由一名以上的焊工或焊接操作工进行焊接，授权检验师可指定一名焊工或焊接操作工来制作所要求的检查试板。

18. 拉力试样制作

《蒸规》第九十五条、第九十六条：为检查焊接接头整个厚度上的抗拉强度，应从检查试板上沿焊缝横向切取焊接接头全截面拉力试样。试样取样尺寸和数量见附录Ⅱ第1条。当板厚大于20mm，小于或等于70mm时，应从纵缝检查试板上沿缝纵向切取全焊缝金属拉力试样一个；当板厚大于70mm时，应取全焊缝金属拉力试样二个。试样的取样部位和尺寸见附录Ⅱ第2条。

ASME PW-53.8.1、PW-53.8.5：除了在PW-53.8.5中另有规定的以外，拉伸试验需制备2个试样，即焊接接头和全焊缝金属试样各1个。

当所焊接板材的厚度小于5/8in(16mm)时，全焊缝金属拉伸试验可予免除。

19. 弯曲试样制作

《蒸规》第九十九条：应从检查试板上沿焊缝横向切取二个焊接接头弯曲试样，其中一个是面弯试样，一个是背弯试样。对于异种钢接头，可以用纵向弯曲试样代替横向弯曲试样。弯曲试样的尺寸和取样部位见附录Ⅱ第5条。

ASME PW-53.9.1：切取焊接接头弯曲试样前，应当将焊缝内外表面用机加工至与试样表面齐平，然后沿焊缝接头横向切取全厚度的弯曲试样。如果所用试验机的功率不允许对所焊试板进行全厚度试样的试验，则可根据所需要的厚度用薄的锯条将试样分割成几部分并逐一进行试验，试验结果均应符合要求。试样的截面应为长方形，宽度为试样厚度的1.5倍，此截面的棱边应倒成半径不大于试样厚度10%的圆角。试样应在自由弯曲的条件下进行冷弯，至试样的伸长率达到30%和700/U(4820/U)+20%两者中的较小值为止，伸长率可在弯曲试样外侧表面上焊缝宽度之内或宽度之外临近焊缝的部位测量。

20. 试样复验

《蒸规》第一百零四条：力学性能试验有某项不合格时，应从原焊制的检查试件中对不合格项目取双倍试样复验(对冲击试验项目是再取三个试样复验)，或将原检查试件与产品再热处理一次后进行全面复验。

ASME PW-53.10.1、PW-53.10.3、PW-53.10.5：如果任一试样的试验结果与规定值相差10%以上时均不允许复验。如果任一试样的试验结果与规定值相差不大于10%时，应准予复验。

复验结果应符合要求，对拉伸试验中任何一个试验的复验，均应从第二块检查试板上切取2个试样并且均应符合要求。

当全焊缝金属拉伸试样的百分比伸长率小于规定值并且断裂时任一部位距2in(50mm)标距试样的中心大于3/4in(19mm)，应准予复验。

四、安全阀

1. 安全阀

《蒸规》第一百三十一条：每台锅炉至少应装设两个安全阀(不包括省煤器安全阀)。符合下列规定之一的，可只装一个安全阀：

(1) 额定蒸发量小于或等于0.5t/h的锅炉；

(2) 额定蒸发量小于4t/h且装有可靠的超压联锁保护装置的锅炉。

可分式省煤器出口处，蒸汽过热器出口处、再热器入口处和出口处以及直流锅炉的启动分离器，都必须装设安全阀。

ASME PG-67.1、PG-70.1：每台锅炉应至少装设一个安全阀或安全泄放阀。对于光管的水受热面积大于500ft^2(47m^2)锅炉或输入功率大于1100kW的电热锅炉，应装设两个或更多个安全阀或安全泄放阀。对于水受热面由光管和扩展受热面组成，且受热面积大于500ft^2(47m^2)的锅炉，则仅当锅炉设计蒸发量大于4000lb/hr(1800kg/h)时，才需装设两个或更多的安全阀或安全泄放阀。

所需的安全阀或安全泄放阀的个数，除了要符合PG-67.1上述规定的最少个数以外，还应根据锅炉制造厂所规定的最大设计蒸发量和制造厂在阀门上标志的排放量加以确定。

2. 安全阀型式

《蒸规》第一百三十二条：锅炉的安全阀应采用全启式弹簧式安全阀、杠杆式安全阀和控制式安全阀(脉冲式、气动式、液动式和电磁式等)。选用的安全阀应符合有关技术标准的规定。

ASME PG-67.5：所有安全阀和安全泄放阀均应建造成当任何部件发生故障时，都不会妨碍蒸汽或水从阀门中自由和充分排放，安全阀应采用弹簧直接引起起跳的型式，阀座与阀杆中心线间的夹角在45°～90°的范围内(含45°,90°)。不得采用净重式或重力杠杆式的安全阀或安全泄放阀。

3. 安全阀排放量

《蒸规》第一百三十三条：锅筒(锅壳)上的安全阀和过热器上的安全阀的总排放量，必须大于锅炉额定蒸发量，并且在锅筒(锅壳)和过热器上所有安全阀开启后，锅筒(锅壳)内蒸汽压力不得超过设计时计算压力的1.1倍。强制循环锅炉按锅炉出口处受压元件的计算压力计算。

ASME PG-67.2：每台锅炉(PG-67.4注中规定的情况除外)上安全阀或安全泄放阀的排放量应足以将锅炉中产生的所有蒸汽排出，此时锅炉的超压幅度不允许大于任何安全阀的最高整定压力的6%，并且在任何情况下其超压幅度不大于最高允许工作压力的6%。

4. 安全阀排放量的确定

《蒸规》第一百三十四条：蒸汽安全阀的排放量应按照下列方法之一进行计算：

(1) 按 GB/T 12241《安全阀一般要求》中的公式进行计算。

(2) 按照安全阀制造单位提供的计算公式及数据计算。

ASME PG-69.1、PG-69.2:任何安全阀或安全泄放阀上施打本标准标志之前,阀门制造厂应按本节的规定对所制造的阀门的排放量进行认证。

应将由制造厂和到场见证的授权观察员会签后的每种型式和尺寸、阀门的排放量试验数据报告,连同表述该阀门结构的图纸提交 ASME 的指定人员审核和认可。

应采用三阀门法、斜率法、排放系数法这三种方法之一确定排放量。

5. 过热器和再热器出口安全阀

《蒸规》第一百三十五条:过热器和再热器出口处安全阀的排放量应保证过热器和再热器有足够的冷却。

ASME PG-68.1、PG-68.4:除了 PG-58.3.1 的规定允许的情况之外,在所连接的每台过热器上,应在其出口与第一个截止阀之间装设一个或更多个安全阀,其位置应能便于进行所需要的维修工作和装设超压保护装置。

每台再热器上应装设一个或更多个安全阀。其总排放量至少等于再热器的最大设计流量。不得将再热器安全阀的排放量计入锅炉和过热器所要求的排放量之内。

第二节　中国锅炉主要标准法规与欧盟 EN 12952 比较

一、受压元件的设计和计算

1. 计算温度

中国标准:GB/T 9222—1988 表 3～表 5 对金属壁温作了规定,对于没有包括进去的情况可按该标准第 1.4.3 条公式计算。

EN 12952-3/6.1.1:计算温度为介质温度和温度偏差之和(见表 8-1)。

2. 最小壁厚

《蒸规》第三十六条:对于水管锅炉,在任何情况下锅筒筒体的取用厚度不得小于 6mm;当受热面管与锅筒采用胀接连接时,锅筒筒体的取用厚度不得小于 12mm。

《蒸规》第一百二十四条:胀接管子的锅筒(锅壳)和管板的厚度应不小于 12mm。胀接管孔间的距离不应小于 19mm。外径大于 102mm 的管子不宜采用胀接。

EN 12952-3/7.1.1:对于外径≥300mm 的集箱,扣除裕量后壳体厚度最小值为 9.5mm;对于外径<300mm的集箱,最小值为 6mm。

二、在役锅炉寿命计算

《蒸规》:没有相关规定。

EN 12952-3/5:通常保守的做法是通过加上一个计算出来的利用系数,将蠕变和疲劳机理结合在一起。如果,计算出来的利用系数超过 1,则没有必要更换部件。应选择承受最高载荷的部件来进行监测。

EN 12952-3/A.1:在测量得到的压力和温度值的基础上,确定在这些条件下的实际主应力和预期寿命。在锅炉运行寿命的各个阶段进行预测估计,以确定锅炉的预期寿命。

三、制造

1. 加工偏差

《蒸规》第七十五条:锅筒(锅壳)的任何同一横截面上最大内径与最小内径之差不应大于名义内径的 1%。锅筒(锅壳)纵向焊缝的棱角度应不大于 4mm。

EN 12952-5/7.4.2:锅筒直径与公称直径的偏差应不超过±1%。在任一横截面上的最大内径与最小内径之差应不超过公称内径的1%。

2. 对接焊缝的距离

《蒸规》第五十四条:锅炉受热面管子直段上,对接焊缝间的距离不应小于150mm。

EN 12952-5/8.11.4:对于管径小于等于250mm的管子,对接焊缝间的距离应不小于管径的2倍。对于管径大于250mm的管子,对接焊缝间的距离应不小于500mm。

3. 焊接前预热

《蒸规》第七十二条:锅炉制造过程中,焊接环境温度低于0℃,没有预热措施,不得进行焊接。

EN 12952-5/10.3.1:当焊接或切割区域温度低于5℃,不应在锅炉部件上进行焊接或热切割操作。

四、水压试验

《蒸规》第二百零八条:水压试验应在周围气温高于5℃时进行,低于5℃时必须有防冻措施。一般为20～70℃。

EN 12952-6/10.2.2:应避免在结冻危险的水温下进行水压试验,但不应超过50℃。对已完工的水管锅炉极其大的部件,试验压力应保持30min。

五、安全附件

1. 水位指示

《蒸规》第一百五十二条:蒸汽空间设置的压力表应有存水弯管。存水弯管用钢管时,其内径不应小于10mm。

《蒸规》第一百五十四条:每台锅炉至少应装两个彼此独立的水位表。但符合下列条件之一的锅炉可只装一个直读式水位表:(1)额定蒸发量小于或等于0.5t/h的锅炉;(2)电加热锅炉;(3)额定蒸发量小于或等于2t/h,且装有一套可靠的水位示控装置的锅炉。

EN 12952-7/5.3.2:最低允许水位应至少在下列以上150mm:锅筒最上的受热点;下降管至锅筒的最高的接头。

EN 12952-7/5.3.3:水位指示设施应这样布置,使在最高水位以上50mm的值可视。

EN 12952-7/5.4.4:在运行过程中,水位应总是可视的。玻璃计的最低指示界限至少为最低允许水位以上30mm。

2. 点火

《蒸规》第一百六十七条:用煤粉、油或气体作燃料的锅炉,必须装设可靠的点火程序控制和熄火保护装置。在点火程序控制中,点火前的总通风量应不小于三倍的从炉膛到烟囱入口烟道总容积,且通风时间对于水管锅炉至少应持续60s;对于发电用锅炉一般应持续3min以上。

EN 12952-8/4.4.1:燃料供应管道应装2套安全切断设施。其中1套可以作为燃料质量流动驱动器,以控制燃烧器的点燃流量,但其关闭时间应不超过5s。

EN 12952-8/6.3.6:主燃烧器点火安全时间5s,灭火安全时间1s;点火燃烧器点火安全时间10s;灭火安全时间1s。

EN 12952-8/6.5.3:烟气再循环管道的吹扫应在烟气再循环挡板至少50%的开度以及烟气再循环风机运行的情况下完成。

EN 12952-8/6.5.6:在完成吹扫后,第1台燃烧器应在10分钟内开始点火。如果吹扫完成,保持至少总燃烧空气流量的20%的空气流动,则此期间可以延长至30min。

EN 12952-9/8.5.7:在安全时间内,给煤设施应切断。通常,粉状燃料供给燃烧室应在30s内结束。

3. 安全阀

《蒸规》第一百三十一条:每台锅炉至少应装设两个安全阀(不包括省煤器安全阀)。符合下列规定之一的,可只装一个安全阀:(1)额定蒸发量小于或等于0.5t/h的锅炉;(2)额定蒸发量小于4t/h且装有可靠的超压连锁保护装置的锅炉。

《蒸规》第一百三十六条：对于额定蒸汽压力大于或等于 3.8MPa 的锅炉，安全阀的流道直径不应小于 25mm；对于额定蒸汽压力大于 3.8MPa 的锅炉，安全阀的流道直径不应小于 20mm。

EN 12952-10/5.1.1：每台蒸汽锅炉和每个独立的受热部分（如再热器，过热器，省煤器）应至少装一套适合的确保防超压的安全设施。安装在锅炉上的全部安全设施的排放能力应至少等于锅炉的最大连续出力（MCR）。

EN 12952-10/5.1.2：容积≤10L 的锅炉安全阀最小流量直径至少为 6mm；而容积＞10L 的安全阀最小流量直径至少 15mm。

第三节 中国锅炉主要标准法规与欧盟 EN 12953 比较

一、设计

1. 计算压力

GB/T 16508—1996《锅壳锅炉受压元件强度计算》（以下简称《锅壳强度计算》）3.5.1：计算压力取锅炉额定工作压力 p_e、附加压力 Δp、最大流量时计算元件至锅炉出口之间的压力降 Δp_z、计算元件所受水柱静压力 Δp_{sz}之和。

EN 12953-3/5.6.2：计算压力取锅炉最大允许压力与水柱静压力之和。当水柱静压力小于 0.03 最大允许压力时，水柱静压力可忽略。

2. 许用应力

《锅壳强度计算》3.5.1：许用应力$[\sigma]$取元件钢材的基本许用应力$[\sigma]_J$与考虑元件结构特点和工作条件的修正系数 η 的乘积，即：$[\sigma]=\eta[\sigma]_J$。安全系数 n_b 为 2.7。

EN 12953-3/6.2：许用应力取 $\sigma_s^t/1.5$ 和 $\sigma_b/2.4$ 的较小值。安全系数 n_b 为 2.4。

3. 锅壳筒体的壁厚限制

《锅壳强度计算》4.5.1/4.5.3：内径不大于 1000mm 的锅壳，最小壁厚为 4mm；内径大于 1000mm 的锅壳，最小壁厚为 6mm。

EN 12953-3/7.1.1：低压锅炉及外经小于 1000mm 的锅壳，最小壁厚为 4mm；外径不小于 1000mm 的锅壳，最小壁厚为 6mm。

4. 炉胆及转向室壁厚限制

《锅壳强度计算》5.2.5.2/5.3.2：平炉胆和波形炉胆的内径不大于 400mm 时，其取用壁厚不应小于 6mm；内径大于 400mm 时，其取用壁厚不应小于 8mm。平炉胆和波形炉胆的最大壁厚为 22mm。转向室筒体的最小壁厚为 10mm；最大壁厚为 35mm。

EN 12953-3/13.1.1/13.1.2/13.1.5：平炉胆内径不大于 400mm 时，其取用壁厚不应小于 6mm；内径大于 400mm 时，其取用壁厚不应小于 7mm。平炉胆的最大壁厚为 22mm。波形炉胆和膨胀环式炉胆的最小壁厚为 10mm，最大壁厚为 22mm。转向室筒体的最小壁厚为 10mm，最大壁厚为 35mm。

二、制造

1. 材料标识

《蒸规》第三十二条：锅炉制造、安装和修理前段时间必须建立材料保管和使用的管理制度。锅炉受压元件用的钢材应有标记。用于受压元件的钢板切割下料前，应作标记移植，且便于识别。

EN 12953-4/5.2：在排料和割料时，材料识别标志应放置在当承压部件完工后仍可清楚地看得到的地方。在制造过程中，材料识别标志会不可避免地被切割掉，则承压部件制造商应将其转移到部件的另一个部位上。识别标志的移位应由制造商指定专人负责。原始识别标志的移位不得违背材料规格的要求。

2. 焊接环境温度

《蒸规》第七十二条:锅炉制造过程中,焊接环境温度低于 0℃时,没有预热措施不得进行焊接。锅炉安装、修理现场焊接时,如环境温度低于 0℃时,应符合焊接工艺、文件的规定。下雨、下雪时不得露天焊接。

EN 12593-4/5.15.1:制造商的焊接工艺中应包括预热温度。确定预热温度时应考虑要焊接金属的成分和厚度、连接形式、所用消耗品和有关的输入热量。如果在距接头 150mm 的范围内,母材金属温度低于 5℃,不得进行焊接。

3. 焊件装配

《蒸规》第七十三条:除设计规定的冷拉焊接接头外,焊件装配时不得强力对正。焊件装配和定位焊的质量符合工艺文件的要求后才允许焊接。

EN 12593-4/5.15.4.3:焊接过程中,应对板材进行配合、对准和定位。应采用杆件、弹簧开关、夹头、点焊或其他适当的方式,将要焊接的边排成一直线。除非点焊已完全熔入焊缝,否则应将点焊除去。

三、水压试验

《蒸规》第一百一十一条:受压焊件的水压试验应在无损探伤和热处理后进行……。

EN 12593-5/5.7.2.3:为了验证已完工锅炉的强度、整体性,并确认没有大错误或缺陷存在,应在 EN 12953-3 规定的压力下对锅炉进行水压试验。

当因背部填角焊漏焊(见 EN 12953-4/5.12.4.2)而需要在高于 EN 12953-3 规定的压力下进行水压试验时,应检查设计工作以确保试验时锅炉的任何部件的膜压力不超过 90%室温下材料验证强度的 0.2%。

应施加并维持足够长的时间的验收试验压力,以允许对所有表面及接缝进行外观检查,但是在任何情况不能少于 30min。锅炉应没有整体塑性变形或渗漏迹象。

四、安全装置

1. 水位表

《蒸规》第一百五十七条:水位表应有下列标志和防护装置:(1)水位表应有指示最高、最低安全水位和正常水位的明显标志。水位表的下部可见边缘应比最高火界至少高 50mm,且应比最低安全水位至少低 25mm,水位表的上部可见边缘应比最高安全水位至少高 25mm。(2)为防止水位表损坏时伤人,玻璃管式水位表应有防护装置(如保护罩、快关阀、自动闭锁珠等),但不得妨碍观察真实水位。(3)水位表应有放水阀门并接到安全地点的放水管。

EN 12593-6/5.1.1:除了低压锅炉外,每台蒸汽锅炉都应至少有 2 种独立的显示水位的方式,一种是直接连接在锅炉壳体上的用透明材料制成的表计;另一种是远程水位计或其他可供选择的设备。低压锅炉只需要一个直接式水位计即可。

EN 12593-6/5.1.2:应安装用透明材料制成的表计,这样,在表计玻璃管上可看见最低警告水位,即在表计玻璃管上标记最低允许水位(LWL),最高水位应由锅炉制造商确定。水位显示装置应能看见最低允许水位(LWL)以下 50mm 的位置,除非 EN 12593-6/4.5.2 要求中另有规定。

2. 安全阀

《蒸规》第一百三十一条:每台锅炉至少应装设两个安全阀(不包括省煤器安全阀)。……。

EN 12953-8/4.1.1:除了开式排气热水锅炉外,其他锅炉都应至少有一个大小与锅炉额定蒸发量相匹配的安全装置,它应确保防止超压。该装置应符合 prEN ISO 4126-1 的规定。

此外,每个过热器在出口处应至少有一个安全装置。该安全装置的容量应至少为最大连续额定出力的 25%。但是,对于非独立式过热器,当所能达到的最高金属温度未超过其设计温度时,可不遵循该要求。

五、吹扫、启动与停炉要求

《蒸规》第四十三条:装设空气预热器的燃油锅炉,尾部应装设可靠的吹灰及灭火装置。

《蒸规》第一百六十七条：用煤粉、油或气体作燃料的锅炉，必须装设可靠的点火程序控制和熄火保护装置。在点火程序控制中，点火前的总通风量应不小于3倍的从炉膛到烟囱入口烟道总容积，且通风时间对于锅壳锅炉至少应持续20s。

EN 12953-7/6.3：在燃烧系统启动前，应有效吹扫烟气通道。应将燃烧室与烟气通道应设计成能够确保有效吹扫。应遵循锅炉制造商的操作规程。

第四节　中国与日本锅炉主要标准法规比较

一、材料

《蒸规》第二十四、二十五条：锅炉受压元件代用的钢板和钢管，应采用化学成分和力学性能相近的锅炉用钢材。材料代用应满足强度和结构上的要求，且须经材料代用单位的技术部门（包括设计和工艺部门）同意。采用没有列入国家标准，行业标准的钢材代用时，代用单位应提出技术依据，并报省级安全监察机构审批。锅炉受压元件的材料代用遇有下列情况之一时，除应征得原设计单位同意外还应报原图样审批单位备案。(1)用强度低的材料代替强度高的材料；(2)用厚度小的材料代替厚度大的材料（用于额定汽压力小于或等于1.6MPa锅炉上的受热面管子除外）；(3)代用的钢管公称外径不同于原来的钢管公称外径。

日本标准：锅炉及附属设备的主要材料应采用JIS B 8201所给出的材料。也可采用其他能保证锅炉质量的材料，但锅炉的制造商必须与供货商协定，保证所定购的材料必须符合协议的规定。材料的尺寸及允许公差应满足相应的标准，其实际厚度不可小于最小厚度。

二、强度设计

1. 安全系数

GB/T 9222—1988《水管锅炉受压元件强度计算》：钢材在20℃时抗拉强度安全系数 $n_b=2.7$；钢材在计算壁温时屈服极限的安全系数 $n_s=1.5$；钢材计算壁温时 10^5h持久强度安全系数 $n_D=1.5$。强度计算中基本许用应力按上述三个数值取其最小值。

日本标准：

(1) 设计温度低于蠕变范围时，许用应力取下述最小值：常温抗拉强度下限的1/4；在设计温度下抗拉强度的1/4；常温最小屈服限或0.2%条件屈服限的1/1.5；在设计温度下的屈服限或0.2%条件屈服限的1/1.5。

(2) 设计温度在蠕变范围时，许用应力取下述最小值：设计温度下1000h总变形量为0.01%蠕变应力限平均值；使用温度下100 000h持久强度平均值的67%；使用温度下100 000h持久强度最小值的80%。

2. 金属壁温

中国标准：GB/T 9222—1988表3～表5对金属壁温作了规定，对于没有包括进去的情况可按该标准第1.4.3条公式计算。

日本标准：金属材料的壁温取内部介质的最高温度，对流受热面的金属壁温为内部介质的温度加至少30℃；辐射受热器的金属壁温为内部介质温度加至少50℃。

三、制造

1. 制造偏差

《蒸规》第七十五条：锅筒（锅壳）的任何同一横截面上最大内径与最小内径之差不应大于名义内径的1%。锅筒（锅壳）纵向焊缝的棱角度应不大于4mm。

日本标准：受内压筒体的椭圆度制造偏差不超过其截面上公称内径的1%。

2. 焊工

《蒸规》第六十五条：焊接锅炉受压元件的焊工，必须按《锅炉压力容器压力管道焊工考试与管理规则》进行考试，取得焊工合格证后，可从事考试合格项目范围内的焊接工作。

日本标准：锅炉受压元件焊接必须由有资格的焊工担任，JIS B 8285 中有相关具体规定。

四、试验与检验

1. 无损探伤

《蒸规》第八十二条：……。

日本标准：对纵向焊缝和环向焊缝必须进行 100％射线探伤。

2. 水压试验

《蒸规》第一百一十一条、第二百零八条：受压焊件的水压试验应在无损探伤和热处理后进行。……。

日本标准：试验压力不得超过规定压力的 6％以上。水压试验过程或试验后都必须防止水结冰。

五、安全阀

《蒸规》第一百三十一条：每台锅炉至少应装设两个安全阀(不包括省煤器安全阀)。……。

日本标准：蒸汽锅炉应至少安装 2 个安全阀(传热面积≤50m^2 的蒸汽锅炉可只装一个安全阀)。

第十章 启示与建议

一、我国锅炉产业需要建立安全管理法律

世界各国在锅炉或者特种设备安全管理方面都是既有法律，也有行政法规（包括行政法规、部门规章、以及以上法规授权制定的技术规范，以下各篇统称法规）和产品技术标准，法律、行政法规和技术标准相互配合，构成完整的安全管理体系。在法律建设方面，有的国家设有专项法律，如德国《设备安全法》、英国《工厂与工场法》和《气体安全法》；有的国家（如美国）以法典形式在一些章节中规定有关特种设备的安全管理，如联邦法典（USC）TITLE 15、TITLE 29、TITLE 49 中关于气体、特种设备（包括移动式设备）和长输管道安全管理规定；几乎没有一个工业发达国家在特种设备安全管理方面只有行政法规而没有相应的法律。我国无论与工业发达国家相比，还是与相等或落后于我国的一些国家（地区）比较，在制定特种设备安全法律方面还处于相对落后地位。迄今为止，只有一部《特种设备安全监察条例》，还没有在国家法律层面上形成一部有关特种设备安全管理的成文法律。因此，建议加大投入力度，加快“特种设备安全法”的立法进程，在法律层面上明确锅炉安全管理的地位和协调业内各方的权益，依法进行锅炉产品的安全管理。

二、我国的锅炉安全法规和技术标准需要协调统一

在很长一段时期内，我国有多个政府部门从不同的角度对锅炉行业以不同的侧重点进行管理。有从产品生产角度进行行业管理，有从环保角度对排放控制进行管理，有从使用角度对锅炉产品质量和运行进行管理，有从安全角度对锅炉产品进行全方位安全监督检查的监督管理等。为了实现各自的管理目标，相关政府部门从自身职能出发，制定了不同的行政管理法规和技术标准。在我国由计划经济向市场经济转轨过程中，此矛盾越发凸显，影响到我国锅炉技术的发展，影响锅炉产品质量的提高，影响与国外的交往，影响对锅炉安全监管工作的开展。几十年的实践表明，我国对锅炉实施多头管理，给锅炉的制造者和使用者带来诸多不便，在某种程度上也阻碍了锅炉技术发展和产品质量的提高。比如发电锅炉的制造，既要符合安全监督部门规程的规定，又要满足电力部门标准的要求。如果要求一致，企业无不便之处；如果要求不一致或有矛盾，会使企业感到很困难。

随着我国政府职能的深化与转化，部分政府职能部门的职责已经不复存在，由管理型不断向服务型转化。服务于社会，方便于企业是政府职能部门应树立的新观念。因此，在协商一致的基础上制定和颁布协调统一的锅炉安全法规和产品技术标准，会给我国安全监察机构、锅炉制造企业和用户带来极大的方便，也有利于我国锅炉产品的国际竞争力的提高。

三、我国的锅炉安全法规和技术标准的内容需要界定清楚

我国的安全法规与技术标准的关系与工业发达国家有一定的差异。在我国，既有政府主管部门颁布的必须执行的法规、规范，还有在《标准化法》框架下，制定颁布的国家或行业的强制性或推荐性标准。多年来我国锅炉安全法规和技术标准并存，一些技术要求搬过来，移过去，形成了你中有我，我中有你的交融状态。一旦某些技术要求，由于科研进步，技术发展，原法规或标准进行了调整，而其他的法规标准的修订不可能同步进行，结果造成法规和标准在技术要求上的差异、错位。这种现象是现行法规和标准制定缺乏协调所造成的，应该明确安全法规所应该包含的安全基本要求，同时明确技术标准应该满足安全基本要求的义务。

工业发达国家法规与标准的关系在总体上是“相互依存、相互支持、协调统一”的。法规作为政府依

法行政依据和实施监管的主要手段，根据执法需要，政府既可以通过“官方指令”方式要求国家标准机构（标准化协会及其所属技术委员会）制定支持法规的有关标准而成为“安全技术规范”（量身定做），做为其法规体系的组成部分，也可以采取政府“作为合作伙伴，经常性参与，成为标准的受益者”。

因此，建议研究并尽快协调、理顺锅炉法律、安全法规和技术标准之间的关系，明确安全法规与与技术标准的界定范围。

四、我国现行锅炉安全法规和技术标准的体系尚需完善

我国现行的锅炉安全法规和技术标准在某些环节上还有不完整或不完善之处。比如对于超临界参数、超超临界参数锅炉设计与制造技术、各类流化床锅炉技术、自动控制与调试等方面的技术要求，现有的锅炉安全法规和技术标准对这些方面的要求和内容还有相当大的匮乏和短缺。因此，建议加强锅炉的法律、安全法规和技术标准的基础技术方面的研究工作，收集和积累这些方面的基础数据和经验，为完善我国现有的锅炉安全法规和技术标准的技术内容奠定基础，以技术创新大环境为契机，发挥各方的积极性，建立“共同参与、利益共享”的科研新机制，加大力度完善我国的安全法规和技术标准的体系，覆盖锅炉建造和使用的所有环节。

五、我国现有的锅炉法规和标准的技术指标需要进一步的试验和实践验证

现有锅炉安全法规和技术标准的某些规定和内容由于制定颁布时的条件限制，并无充分的理论依据和实践经验，由于研究经费和条件的原因，只能借鉴和参考国外的同类或相近的规范标准。再者，由于科学技术的不断进步，锅炉行业的设计、建造和检验技术也有了相当大的发展和提高，有很多内容需要增加或补充到安全法规和技术标准中，以适应整个行业的需要。比如，一些元件制造技术条件等方面的内容，对设计、结构、材料、焊接、无损检测等方面的一些技术要求，水管管板，小直径筒体封头上开设人孔、立式锅壳式锅炉H型下脚圈应用、锅壳式锅炉管板外置式角焊缝等，需要进一步的试验研究，掌握必要的试验数据和实践经验，得出相应的结论，从而补充完善现有的锅炉安全法规和技术标准，使之能够适应技术不断发展的要求。

六、我国现有的锅炉安全法规和技术标准相对滞后

自1960年首次颁布《蒸汽锅炉安全监察规程》以来，该规程共进行过5次修订再版，最近一次再版时间是1996年。《热水锅炉安全技术监察规程》和《有机热载体炉安全技术监察规程》最近一次再版时间距今也分别有14年(1991年)和12年(1993年)之久。我国锅炉行业目前使用的最主要的62个现行标准，既包括国家标准，也包括行业标准，凸现出其严重滞后于时代的发展。1990年前颁发的标准9个，占14.5%；1990年1999年36个，占58.1%，2000年以后颁发的17个，占27.4%，颁发10年以上的标准占了50%以上。

这些法规和标准颁布以来，对保障锅炉安全运行，保护人身安全，促进国民经济的发展起到了巨大的作用。随着国民经济的发展，科技的进步，管理水平的提高，这些法规和标准应该及时完善与修改，以便服务于产品，服务于管理。众所周知，美国ASME规范每年都进行条文的增补，每3年进行一次全面修订，保持了其权威性、先进性与时效性。我国锅炉法规和标准滞后于现实的状况，应引起全行业的重视，既包括锅炉安全监督管理部门、标准化技术委员会，也包括锅炉生产、使用单位，只有全行业行动起来，逐渐扭转这种被动局面，使中国的锅炉产品尽快加入世界竞争，及时制定和颁布满足市场需求、满足贸易需求的安全法规和技术标准。因此，建议建立安全法规和技术标准制、修订的有效机制，保证安全法规和技术标准的时效性。

七、尽快实现锅炉产品技术标准的国际化接轨

我国锅炉安全法规和技术标准的现状在某种程度上、在某些方面影响行业的发展与进步，影响锅炉产品的对外贸易和交流。在世界一体化、经济全球化的今天，我国已经成为WTO的成员，国际交往与合作日益频繁。

我国加入WTO几年来，由于国内外市场的一体化进程加快，无论是锅炉或者说特种设备产业，还是制造服务业，均面临非常严酷的竞争。而我国目前的锅炉安全法规和技术标准的制定、修订与颁布和锅

炉或者说特种设备立法工作还不能适应新形势下如何扩大对外贸易和交流及有效保护国内锅炉市场的要求。因此，应该加强技术标准国际化接轨的研究和实施，实现双边或多边的标准互认，增强我国锅炉产品的国际竞争力。

本篇由赵洪彪、吴江全、俞庆安、沈贞珉、杨笑峰、钟永明、杨必应、侯旭东、党林贵、胡恒久等编写。

附录　锅炉主要标准法规目录

一、中国锅炉法规

1. 特种设备安全监察条例
2. 小型和常压热水锅炉安全监察规定
3. 锅炉压力容器压力管道特种设备事故处理规定
4. 锅炉压力容器压力管道特种设备安全监察行政处罚规定
5. 锅炉压力容器制造监督管理办法
6. TSG G1001—2004 锅炉设计文件鉴定管理规则
7. TSG G3001—2004 锅炉安装改造单位监督管理规则
8. TSG G6001—2006 锅炉安全管理人员考核大纲
9. TSG G7001—2004 锅炉安装监督检验规则
10. TSG ZF001—2006 安全阀安全技术监察规程
11. TSG ZF002—2005 安全阀维修人员考核大纲
12. 锅炉压力容器检验单位监督考核办法
13. 锅炉压力容器压力管道及特种设备检验人员资格考核规则
14. 特种设备无损检测人员考核与监督管理规则
15. 锅炉压力容器压力管道焊工考试与管理规则
16. 蒸汽锅炉安全技术规程
17. 热水锅炉安全技术规程
18. 有机热载体炉安全技术规程
19. 锅炉压力容器制造许可条件
20. 锅炉压力容器制造许可工作程序
21. 锅炉压力容器使用登记管理办法
22. 锅炉房安全管理规则
23. 锅炉司炉人员考核管理规定
24. 锅炉压力容器产品安全性能监督检验规则
25. 锅炉定期检验规则
26. 工业锅炉 T 型接头对接焊缝超声波探伤规定

二、中国锅炉标准

1. GB/T 228　金属拉伸试验方法
2. GB/T 229　金属夏比缺口冲击试验方法
3. GB/T 231　金属布氏硬度试验方法
4. GB/T 232　金属弯曲试验方法
5. GB/T 1576　工业锅炉水质
6. GB/T 2900.48　电工名词术语　固定式锅炉
7. GB/T 3323　钢熔化焊对接接头射线照相和质量分级
8. GB/T 9222　水管锅炉受压元件强度计算
9. GB/T 9441　球墨铸铁金相检验

10. GB/T 10180 工业锅炉热工性能试验规程
11. GB/T 10184 电站锅炉性能试验标准
12. GB/T 10820 生活锅炉热效率及热工试验方法
13. GB/T 10868 电站锅炉减温减压阀技术条件
14. GB/T 10869 电站锅炉调节阀技术条件
15. GB/T 11345 钢焊缝手工焊超声波探伤方法和探伤结果分级
16. GB/T 12145 火力发电机组及蒸汽动力设备水气质量标准
17. GB/T 12241 安全阀一般要求
18. GB/T 12242 安全阀性能试验方法
19. GB/T 12459 钢制对焊无缝管技术条件
20. GB/T 12605 钢管环缝熔化焊对接接头射线透照工艺和质量等级
21. GB/T 16507 固定式锅炉建造规程
22. GB/T 16508 锅壳锅炉受压元件强度计算
23. GB/T 17410 有机热载体炉
24. GB/T 18750 生活垃圾焚烧锅炉
25. GB/T 50041 锅炉房设计标准
26. GB/T 50205 钢结构工程施工质量验收标准
27. GB/T 50273 工业锅炉安装工程施工及验收标准
28. JB/T 1609 锅炉锅筒制造技术条件
29. JB/T 1610 锅炉集箱制造技术条件
30. JB/T 1611 锅炉管子制造技术条件
31. JB/T 1612 锅炉水压试验技术条件
32. JB/T 1613 锅炉受压元件焊接技术条件
33. JB/T 1614 锅炉受压元件焊接接头力学性能试验方法
34. JB/T 1616 管式空气预热器技术条件
35. JB/T 1618 锅壳锅炉受压元件制造技术条件
36. JB/T 1619 锅壳锅炉本体制造技术条件
37. JB/T 1620 锅炉钢结构技术条件
38. JB/T 1622 锅炉胀接管孔尺寸和管端伸出长度
39. JB/T 1623 锅炉管孔中心距尺寸偏差
40. JB/T 1625 工业锅炉焊接管孔
41. JB/T 2190 锅炉人孔和头孔装置
42. JB/T 2191 锅炉手孔装置
43. JB/T 2192 方型铸铁省煤器技术条件
44. JB/T 2634 管道成型焊接技术条件
45. JB/T 2635 锅炉膜式壁管屏(轧制鳍片管)技术条件
46. JB/T 2636 锅炉受压元件焊接接头金相和断口检验方法
47. JB/T 2637 锅炉承压球墨铸铁件技术条件
48. JB/T 2639 锅炉承压灰铸铁技术条件
49. JB/T 3191 锅炉锅筒内部装置技术条件
50. JB/T 3375 锅炉用材料入厂检验规则
51. JB/T 4308 锅炉产品钢印及标记移植规定
52. JB/T 4420 锅炉焊接工艺评定
53. JB/T 5255 焊制鳍片管(屏)技术条件
54. JB/T 6323 减温减压装置技术条件

55. JB/T 6509　小直径弯管技术条件
56. JB/T 6511　螺旋翅片管箱组装技术条件
57. JB/T 6512　锅炉用高频电阻焊螺旋翅片管制造技术条件
58. JB/T 6693　水管工业锅炉主要受压元件制造工艺
59. JB/T 6696　电站锅炉技术条件
60. JB/T 7985　小型锅炉和常压热水锅炉技术条件
61. JB/T 9619　工业锅炉胀接技术条件
62. JB/T 9625　锅炉管道附件承压铸钢件技术条件
63. JB/T 9626　锅炉锻件技术条件
64. JB/T 10094　工业锅炉通用技术条件
65. JB/T 10249　垃圾焚烧锅炉技术条件
66. JB/T 10354　工业锅炉运行规程
67. JB/T 10393　电加热锅炉技术条件
68. DL 435　电站煤粉锅炉炉膛防爆规程
69. DL 438　火力发电厂金属技术监督规程
70. DL 439　火力发电厂高温紧固件技术导则
71. DL/T 441　火力发电厂高温高压蒸汽管道蠕变监督导则
72. DL/T 515　电站弯管
73. DL/T 561　火力发电厂水汽化学监督导则
74. DL/T 612　电力工业锅炉压力容器监察规程
75. DL/T 616　火力发电厂汽水管道与支吊架维修调整导则
76. DL/T 647　电站锅炉压力容器检验规程
77. DL/T 677　火力发电厂在线工业化学仪表检验规程
78. DL/T 794　火力发电厂锅炉化学清洗导则
79. DL/T 820　管道焊缝超声波检验技术规程
80. DL/T 821　钢制承压管道对接焊接接头射线检验技术规程
81. DL/T 852　锅炉启动调试导则
82. DL/T 868　焊接工艺评定规程
83. DL/T 869　火力发电厂焊接技术规程
84. DL/T 889　电力基本建设热力设备化学监督导则
85. DL/T 956　火力发电厂停(备)用热力设备防锈蚀导则
86. DL/T 959　电站锅炉安全阀应用导则
87. DL/T 5000　火力发电厂设计技术规程
88. DL/T 5007　电力建设施工及验收技术标准(火力发电厂焊接篇)
89. DL/T 5031　电力建设施工及验收技术标准(管道篇)
90. DL/T 5047　电力建设施工及验收技术标准(锅炉机组篇)
91. DL/T 5054　火力发电厂汽水管道设计技术规定
92. SD 268　燃煤电站锅炉技术条件
93. SDGJ 6　火力发电厂汽水管道应力计算技术规定

三、美国锅炉法规

1. 国家锅炉管理法规:职业安全与健康法。
2. 加州锅炉管理主要法规:加州劳动法第5篇第6部分:锅炉与压力容器。
3. 加州行政规章:工业安全法令。

四、美国锅炉标准

1. ASME性能试验标准(ASME PTC标准)

2. ASME锅炉压力容器标准(ASME BPV标准)

(1) ASME第Ⅰ~Ⅻ卷结构

第Ⅰ卷　动力锅炉建造规则

第Ⅱ卷　材料A篇:铁基材料标准、B篇:非铁基材料标准、C篇:焊条、焊丝及填空材料标准、D篇:性能

第Ⅲ卷　第1册 总要求、第2册 混凝土反应压力容器和安全壳标准、第3册 废核烯料和高位放射性材料和废料的储存和运输包装用安全容器系统

第Ⅳ卷　锅炉建造规则

第Ⅴ卷　无损检测

第Ⅵ卷　采暖锅炉维护和运行推荐规则

第Ⅶ卷　动力锅炉维护推荐指南

第Ⅷ卷　压力容器建造规则

第Ⅸ卷　焊接和钎焊评定

第Ⅹ卷　纤维增强塑料压力容器

第Ⅺ卷　核动力装置设备在检查规则

第Ⅻ卷　运输罐建造和延续使用规则

(2) ASME第Ⅰ卷结构

ASME第Ⅰ卷锅炉压力容器标准由以下部分组成:a)前言,声明和序言、b)PG篇:所有建造方法的共同要求、c)PW篇:焊接制造锅炉的要求、d)PB篇:钎焊制造锅炉的要求、e)PWT篇:水管锅炉的要求、f)PFT篇:锅壳式锅炉的要求、g)PFH篇:给水加热器的非强制性要求(仅适用于布置在第Ⅰ卷范围内)、h)PMB篇:特小型锅炉的要求、i)PEB篇:电热锅炉的要求、j)PVG篇:有机液体蒸发器的要求、k)附录Ⅰ:强制性要求、l)附录A:本标准中,除标准中没有证明外,它包括的内容都是非强制性的。

五、欧盟锅炉法规

1. 承压设备指令(Pressure Equipment Directive,英文缩写PED):欧洲议会和欧盟理事会指令97/23/EG关于统一各成员国有关承压设备的法律,1997年5月29日通过;

2. 热水锅炉指令(Hot-water Boilers Directive 92/42/EEC):1992年5月21日通过。

六、欧盟锅炉标准

1. EN 19　工业阀门　金属阀门的标志

2. EN DIN 287　焊工资质评定

3. EN DIN 288　焊接工艺评定

4. EN 378　致冷系统和热泵　安全和环境要求

5. EN 473　无损检测　NDT人员资质评定和证书

6. EN 583　超声检测

7. EN 1092　法兰和连接　管法兰

8. EN 1289　焊缝无损检测　渗透检测

9. EN 1291　焊缝无损检测　磁粉检测

10. EN 1349　工业过程控制阀门

11. EN 1515　法兰和连接　螺栓连接

12. EN 1591　法兰和连接　法兰垫片连接设计规则

13. EN 1593　无损检测　气泡法泄漏检测

14. EN 1653　锅炉压力容器和热水储罐用铜和铜合金中厚板、薄板和圆形制品

15. EN 1708　焊接　基本焊接接头

16. EN 1711　焊缝无损检测　涡流检测

17. EN 1713　焊缝无损检测　超声检测

18. EN 1779　无损检测　泄漏检测　检测方法和技术的选择准则

19. EN 1984　工业阀门　钢制闸阀

20. EN ISO 9606 焊工资质考试
21. EN ISO 9692 焊接和其他过程 坡口准备
22. EN 10028 承压件用扁平钢制品
23. EN 10213 承压铸钢件交货技术条件
24. EN 10222 承压锻钢件
25. EN 10269 具有规定高温和低温性能的钢制和镍合金制紧固件
26. EN 10272 承压件用不锈钢条形制品
27. EN 10273 具有规定高温性能和优良焊接性能的热轧条形钢制品
28. EN 12263 致冷系统和热泵 限压安全开关装置
29. EN 12300 深冷容器 清洁度要求
30. EN 12392 压力设备用铝和铝合金锻轧制品
31. EN 12420 铜和铜合金锻件
32. EN 12434 深冷容器用软管
33. EN 12451 换热器用无缝铜和铜合金圆管
34. EN 12452 换热器用无缝轧制铜和铜合金翅片管
35. EN 12517 焊缝无损检测 焊接接头射线检测验收标准
36. EN 12542 地面安装的容积不大于 $13m^3$ LPG 钢制批量生产焊接圆筒储罐 设计和制造
37. EN 12797 钎接 钎接接头破坏性试验
38. EN 13133 钎接 钎接工的批准
39. EN 13134 钎接 钎接工艺批准
40. EN 13136 致冷系统和热泵 泄压装置和管道 计算方法
41. EN 13371 深冷容器 管接头
42. EN 13397 工业阀门 金属材料制隔膜阀
43. EN 13458 固定式真空隔热深冷容器
44. EN 13480 金属工业管道
45. EN 13648 深冷容器 安全装置
46. EN 12952-1 水管锅炉和辅助装置 总则
47. EN 12952-2 水管锅炉和辅助装置 锅炉及附件的受压部件的材料
48. EN 12952-3 水管锅炉和辅助装置 受压部件的设计和计算
49. EN 12952-4 水管锅炉和辅助装置 在役锅炉寿命计算
50. EN 12952-5 水管锅炉和辅助装置 锅炉受压部件的制造工艺和结构
51. EN 12952-6 水管锅炉和辅助装置 施工检验、锅炉受压部件的文件编制和标志
52. EN 12952-7 水管锅炉和辅助装置 锅炉设备要求
53. EN 12952-8 水管锅炉和辅助装置 锅炉液气燃料点燃系统的要求
54. EN 12952-9 水管锅炉和辅助装置 锅炉粉状固体燃料的点燃系统要求
55. EN 12952-10 水管锅炉和辅助装置 超压防护要求
56. EN 12952-11 水管锅炉和辅助装置 锅炉和附件的限制设施和安全电流的要求
57. EN 12952-12 水管锅炉和辅助装置 锅炉给水和炉水品质的要求
58. EN 12952-13 水管锅炉和辅助装置 烟气净化系统的要求
59. EN 12952-14 水管锅炉和辅助装置 烟气除 NO_x 系统的要求
60. EN 12952-15 水管锅炉和辅助装置 验收试验
61. EN 12952-16 水管锅炉和辅助装置 锅炉固体燃料炉排和流化床点燃系统的要求
62. EN 12952-17 水管锅炉和辅助装置 独立于制造商的检验单位的导则
63. EN 12953-1 锅壳式锅炉 总则
64. EN 12953-2 锅壳式锅炉 锅炉及附件的受压部件的材料

65. EN 12953-3　锅壳式锅炉　受压部件的设计和计算
66. EN 12953-4　锅壳式锅炉　锅炉受压部件的制造工艺和结构
67. EN 12953-5　锅壳式锅炉　施工检验、锅炉受压部件的文件编制和标志
68. EN 12953-6　锅壳式锅炉　锅炉设备要求
69. EN 12953-7　锅壳式锅炉　锅炉液气燃料点燃系统的要求
70. EN 12953-8　锅壳式锅炉　超压防护要求
71. EN 12953-9　锅壳式锅炉　锅炉及其附件限位装置和安全回路的要求
72. EN 12953-10　锅壳式锅炉　锅炉给水和炉水品质的要求
73. EN 12953-11　锅壳式锅炉　锅炉和附件的限制设施和安全电流的要求
74. EN 12953-12　锅壳式锅炉　验收试验
75. EN 12953-13　锅壳式锅炉　操作规程
76. EN 12953-14　锅壳式锅炉　独立于制造商的检验单位的导则

七、日本锅炉及相关法规

1. 劳动安全卫生法
2. 锅炉压力容器安全规则锅炉结构标准、小型锅炉及小型压力容器结构标准、简易锅炉等结构标准
3. 电气事业法
4. 电气事业法施行规则有关火力发电设备的技术标准、发电用原子力技术标准、电气零件(工件)焊接的技术标准
5. 关于能源合理利用化的法律(省能源法)
6. 关于促进代替石油能源开发及引进的法律(代替能源法)
7. 公害对策基本法
8. 消防法
9. 船舶安全法　船舶发动机(内燃机)规则
10. 矿山安全法
11. 建筑标准法
12. 工业标准法

八、日本锅炉及相关标准

1. JIS B 8201　陆用钢制锅炉结构
2. JIS B 8203　铸铁锅炉结构
3. JIS B 8210　蒸汽及气体用弹簧安全阀
4. JIS B 8211　锅炉用水面计玻璃
5. JIS B 8213　锅炉用反射式水位计
6. JIS B 8215　锅炉用透视式水位计
7. JIS B 8216　锅炉用 1MPa 圆形水位计
8. JIS B 8222　陆用锅炉热量计算方法
9. JIS B 8223　锅炉给水及锅炉水的水质
10. JIS B 8224　锅炉给水及锅炉水的试验方法
11. JIS B 8225　安全阀排放系数测定方法
12. JIS B 8226　爆破片及其安全装置
13. JIS B 8301　离心泵、斜流泵及轴流泵的试验方法
14. JIS B 8302　泵排放量测定方法
15. JIS B 8306　油用离心泵的试验及检查方法
16. JIS B 8310　泵的噪声等级测定方法
17. JIS B 8311　往复式泵的试验及检查方法
18. JIS B 8312　齿轮泵及螺旋泵的试验及检查方法

19. JIS B 8313　小型涡流泵
20. JIS B 8319　小型多级离心泵
21. JIS B 8322　双吸入式涡流泵
22. JIS B 8323　水封式真空泵
23. JIS B 8330　鼓风机的试验及检查方法
24. JIS B 8331　多叶鼓风机
25. JIS B 8401　蒸汽凝汽阀
26. JIS B 8407　油燃烧器性能试验方法
27. JIS B 8409　油喷燃器用压力式电磁泵
28. JIS B 8411　空气预热器性能试验方法
29. JIS B 8412　枪筒式喷油燃烧器用燃烧安全控制器
30. JIS B 8413　热水锅炉用温度限制器及温度调节器
31. JIS B 8414　热水器具(机器)用放泄阀
32. JIS B 7411　一般用棒状玻璃温度计
33. JIS B 7505　弹簧管压力计
34. JIS B 7528　水银压力式指示温度计
35. JIS B 7529　蒸汽压力式指示温度计
36. JIS B 8471　水用电磁阀
37. JIS B 8472　蒸汽用电磁阀
38. JIS B 8473　燃料油用电磁阀
39. JIS B 8415　工业用燃烧炉的安全通则
40. JIS B 0113　工业用燃烧装置用语
41. JIS B 0126　火力发电用语　锅炉及附属装置
42. JIS B 8530　公害防止装置用语
43. JIS Z 8808　烟气中粉尘浓度的测定方法
44. JIS Z 3044　镍及镍合金复合钢焊接施工方法确认试验方法
45. JIS Z 3201　软钢用气焊焊条
46. JIS Z 3211　软钢用电弧焊焊条
47. JIS Z 3224　镍及镍合金用电弧焊焊条
48. JIS Z 3317　锰钢及铬钼钢 MAG 焊用无药焊丝
49. JIS Z 3318　锰钢及铬钼钢 MAG 焊用药芯焊丝
50. JIS Z 3319　二氧化碳气体保护焊用药芯焊丝
51. JIS Z 3326　堆焊用电弧焊药芯焊丝
52. JIS Z 3333　9%镍钢用埋弧焊焊丝
53. JIS C 9317　可移动式点焊机用焊接变压器
54. JIS C 9318　可移动式点焊机用水冷二次电缆
55. JIS Z 9900　质量管理及质量保证的标准选择及使用指南
56. JIS Z 9901　质量体系设计开发制造安装及质保模式
57. JIS Z 9902　质量体系制造及安装的质保模式
58. JIS Z 9903　质量体系最终检查及试验的质保模式
59. JIS Z 9904　质量管理及质量体系的要素指南
60. JIS B 2205　管用法兰的计算基准
61. JIS B 2220　钢制管用法兰(附有解说)
62. JIS B 2239　铸铁制管用法兰(附有解说)
63. JIS B 2290　真空装置用法兰

64. JIS B 2352　波纹形伸缩管接头(附有解说)
65. JIS Z 3700　焊接后热处理方法
66. JIS Z 2201　金属材料拉伸试验片
67. JIS Z 2204　金属材料弯曲试验片
68. JIS Z 2241　金属材料拉伸试验方法
69. JIS Z 2242　金属材料的夏比冲击试验方法
70. JIS Z 2243　布氏硬度试验　试验方法
71. JIS Z 2244　维氏硬度试验　试验方法
72. JIS Z 2248　金属材料弯曲试验　试验方法
73. JIS Z 2251　Knoop 硬度试验　试验方法
74. JIS Z 2343-1　非破坏试验　浸透探伤试验　第 1 部分:一般通则:浸透探伤试验方法及浸透指示模样的分类
75. JIS Z 2343-2　非破坏试验　浸透探伤试验　第 2 部分:浸透探伤试剂的试验
76. JIS Z 2343-3　非破坏试验　浸透探伤试验　第 3 部分:对比试验片
77. JIS Z 2343-4　非破坏试验　浸透探伤试验　第 4 部分:装置
78. JIS Z 2344　金属材料的脉冲反射法超声波探伤试验方法通则
79. JIS Z 2345　超声波探伤试验用标准试验片
80. JIS B 2011　青铜阀
81. JIS B 2031　灰铸铁阀
82. JIS B 2051　可锻铸铁 1.0MPa 内螺纹阀
83. JIS B 2071　钢制阀
84. JIS B 2301　可锻铸铁制内螺纹管接头
85. JIS B 2302　钢管制内螺纹管接头
86. JIS B 2311　一般配管用钢制对接焊管接头
87. JIS B 2312　配管用钢制对接焊管接头
88. JIS B 2313　配管用钢板制对接焊管接头
89. JIS B 2316　配管用钢制插入式焊接管接头
90. JIS A 4006　热水锅炉用贮水器
91. JIS C 9730-2～15　家庭用以及与此相类似用途的电气自动控制装置　第 2～15 部分:锅炉用浮球式或电极式自动控制装置的个别要求事项
92. JIS K 0410-3-7　水质　取样　第 7 部分:锅炉设备的水及蒸汽的取样指南
93. JIS S 3021　燃油热水锅炉
94. JIS K 6335　蒸汽用橡胶管

参考文献

［1］ 国家质检总局特种设备安全监察局组编. 美国特种设备安全管理. 北京:中国计量出版社,2005.10.

［2］ 国家质检总局特种设备安全监察局组编. 欧盟特种设备安全管理. 北京:中国计量出版社,2005.10.

［3］ 王桂晶等. 国内外锅炉压力容器安全监察与法规标准综论. 北京:中国人事出版社,1993.5.

第三篇

压 力 容 器

第十一章　压力容器标准法规制修订管理模式

第一节　中国压力容器标准法规制修订管理模式

一、政府管理部门及职能

国家质量监督检验检疫总局(简称国家质检总局)是国务院主管全国质量、计量、出入境商品检验、出入境卫生检疫、出入境动植物检疫和认证认可、标准化等工作,并行使行政执法职能的直属机构。

国家质检总局对中国国家认证认可监督管理委员会(中华人民共和国国家认证认可监督管理局)(简称国家认监委)和中国国家标准化管理委员会(中华人民共和国国家标准化管理局)(简称国家标准委)实施管理。国家认监委是国务院授权的履行行政管理职能,统一管理、监督和综合协调全国认证认可工作的主管机构。国家标准委是国务院授权的履行行政管理职能,统一管理全国标准化工作的主管机构。

国家标准委的主要职责是:

(1) 参与起草、修订国家标准化法律、法规的工作;拟定和贯彻执行国家标准化工作的方针、政策;拟定全国标准化管理规章,制定相关制度;组织实施标准化法律、法规和规章、制度。

(2) 负责制定国家标准化事业发展规划;负责组织、协调和编制国家标准(含国家标准样品)的制定、修订计划。

(3) 负责组织国家标准的制定、修订工作,负责国家标准的统一审查、批准、编号和发布。

(4) 统一管理制定、修订国家标准的经费和标准研究、标准化专项经费。

(5) 管理和指导标准化科技工作及有关的宣传、教育、培训工作。

(6) 负责协调和管理全国标准化技术委员会的有关工作。

(7) 协调和指导行业、地方标准化工作;负责行业标准和地方标准的备案工作。

(8) 代表国家参加国际标准化组织(ISO)、国际电工委员会(IEC)和其他国际或区域性标准化组织,负责组织 ISO、IEC 中国国家委员会的工作;负责管理国内各部门、各地区参与国际或区域性标准化组织活动的工作;负责签定并执行标准化国际合作协议,审批和组织实施标准化国际合作与交流项目;负责参与与标准化业务相关的国际活动的审核工作。

(9) 管理全国组织机构代码和商品条码工作。

(10) 负责国家标准的宣传、贯彻和推广工作;监督国家标准的贯彻执行情况。

(11) 管理全国标准化信息工作。

(12) 在质检总局统一安排和协调下,做好世界贸易组织技术性贸易壁垒协议(WTO/TBT 协议)执行中有关标准的通报和咨询工作。

(13) 承担质检总局交办的其他工作。

国家质检总局特种设备安全监察局(以下简称特种设备局)负责管理锅炉、压力容器、压力管道、电梯、起重机械、客运索道、大型游乐设施、场(厂)内机动车辆等特种设备的安全监察、监督工作,拟订特种设备安全监察目录、有关安全规章和安全技术规范并组织实施和监督检查;对特种设备的设计、制造、安装、改造、维修、使用、检验检测等环节和进出口进行监督检查;调查处理特种设备事故并进行统计分析,负责特种设备检验检测机构的核准和特种设备检验检测人员、特种设备作业人员的资格考核工作。

二、法规标准制修订机构的设置及职能

1. 相关立法机构及其职能

全国人民代表大会是中国最高立法机构，负责制定国家有关安全的法律。

国务院颁布有关压力容器安全的专门条例及有关的条例规定等，即行政法规。

原劳动部和国家质检总局以总局令形式颁发有关压力容器安全的规定、规程、办法等，即行政规章。

国家质检总局发布有关压力容器安全的规则、规程、办法、规定、条例等，即安全技术规范。安全技术规范的起草组织工作由中国特种设备检测研究中心负责。

2. 全国锅炉压力容器标准化技术委员会

尽管压力容器的标准化工作起步很早，并于1977年正式颁布了《钢制石油化工压力容器设计规定》，但直到1984年，才建立起第一个全国性的压力容器标准化技术组织——第一届全国压力容器标准化技术委员会。第一届全国压力容器标准化技术委员会由原机械部、化工部、中国石化总公司和劳动部发起组建，代号为CSBTS/TC 40，秘书处挂靠中国石化总公司规划院。1989年成立第二届全国压力容器标准化技术委员会，1996年成立第三届全国压力容器标准化技术委员会，主任委员单位构成和秘书处挂靠单位基本保持不变。

全国压力容器标准化技术委员会全面负责我国压力容器、换热设备和50m^{3}以上球形储罐等的设计、制造、检验与验收标准、型谱等国家标准和行业标准的制定、修订、审查、宣贯、解释以及技术咨询等方面的工作。截止到2003年底，经过近30年的努力，全国压力容器标准化技术委员会建立了以GB 150《钢制压力容器》为核心的基本完善的我国压力容器标准体系，先后颁布了十几项国家标准(GB)和数十项行业标准(JB)。其中，有些技术内容部分接近或达到发达国家的水平，GB 151《管壳式换热器》中的管板设计计算方法还达到了当时的世界先进水平，成为我国具有自主知识产权的技术。全国压力容器标准化技术委员会的组织建设也日趋完善，在开始建立的设计分技术委员会和制造分技术委员会的基础上，先后又陆续增加了换热设备、计算机应用、载人压力容器、移动压力容器和压力管道安全分技术委员会。

2002年，经国家标准委批准，在原全国锅炉标准化技术委员会和全国压力容器标准化技术委员会的基础上，组建了全国锅炉压力容器标准化技术委员会(简称锅容标委)，代号为SAC/TC 262，对口ISO/TC 11(锅炉压力容器)和ISO/TC 220(低温容器)。锅容标委的英文全称为“China Standardization Committee on Boilers and Pressure Vessels”，英文缩写为“CSCBPV”。锅容标委直属于国家标准委，负责全国锅炉、压力容器(不含气瓶)和压力管道等压力设备的标准化工作，既包括国家标准，也包括行业标准。

第一届全国锅炉压力容器标准化技术委员会于2003年11月正式完成组建，由中国石化集团公司、原国家经贸委、中国机械工业联合会和国家质检总局锅炉压力容器安全监察局出任主任委员单位，委员来自锅炉、压力容器和压力管道等压力设备的设计、制造、监督、检验、经销、使用、教学和科研等部门。第一届全国锅炉压力容器标准化技术委员会共有委员70人，其中正式委员44人，单位委员26人，另有顾问27人。设主任委员1人，副主任委员3人，秘书长1人，副秘书长8人。第一届全国锅炉压力容器标准化技术委员会秘书处挂靠中国石化集团公司经济技术研究院。2006年底，经国家标准委批准，锅容标委秘书处挂靠单位变更为中国特种设备检测研究中心。

锅容标委组织机构的设置原则为：按设备大类设置分技术委员会，按专业类别(或功能)设置专业(家)委员会，对于特殊领域设置直属工作组。分技术委员会、专业(家)委员会和直属工作组组建情况见表11-1、表11-2和表11-3。

表11-1　分技术委员会

序号	名　称	秘书处挂靠单位	代　号
1	锅炉分技术委员会	上海发电设备成套设计研究院	SAC/TC 262/SC 1
2	固定式压力容器分技术委员会	合肥通用机械研究院	SAC/TC 262/SC 2
3	压力管道分技术委员会	全国化工设备设计技术中心站	SAC/TC 262/SC 3
4	移动式压力容器分技术委员会	上海化工装备总公司	SAC/TC 262/SC 4
5	热交换器分技术委员会	兰州石油机械研究所	SAC/TC 262/SC 5

表 11-2 专业(家)委员会

序号	名称	备注
1	工业锅炉专业委员会	筹备中,秘书处拟由上海工业锅炉研究所承担
2	设计计算方法专业委员会	已组建,秘书处承担单位为中国石化工程建设公司
3	安全附件专业委员会	拟组建
4	外文版翻译专业委员会	拟组建
5	材料专家委员会	已组建,首席专家秦晓钟教授
6	焊接专家委员会	筹备中
7	无损检测专家委员会	筹备中

表 11-3 直属工作组

序号	名称	备注
1	低温容器直属工作组	已组建,上海化工装备总公司承担具体组织工作
2	载人压力容器直属工作组	已组建,中国舰船研究设计中心承担具体组织工作

三、法律法规标准的制修订程序

1. 法律的立法程序

1978 年十一届三中全会至今,是我国立法工作全面繁荣时期,立法程序也走向规范化、法律化。1978 年、1982 年宪法,在不同程度上恢复和沿袭了 1954 年宪法的规定,并在此基础上向立法程序的法规化发展。这两部宪法以及 1982 年通过的《全国人民代表大会组织法》中关于立法权限的划分,1989 年由第七届全国人民代表大会通过的《全国人民代表大会议事规则》中关于立法议案的提出、审议、发言、表决等的规定,可以看作是关于立法程序的宪法性规定。根据这些规定,我国的立法程序可以划分为 4 个阶段。

第一阶段是提出法律草案。提出法律草案要由有提案权的主体实施。具体情况如下:全国人民代表大会主席团,全国人民代表大会常务委员会,国务院,中央军事委员会,最高人民法院,最高人民检察院,可以向全国人民代表大会提出属于全国人民代表大会立法职权范围内的议案;全国人民代表大会各专门委员会,国务院,中央军事委员会,最高人民法院,最高人民检察院,可以向全国人民代表大会常务委员会提出属于全国人民代表大会常务委员会立法职权范围内的议案;一个代表团或者 30 名以上的人民代表联名,可以向全国人民代表大会提出属于全国人民代表大会立法职权范围内的议案。全国人民代表大会的立法议案提出后,由主席团决定是否列入立法议程,全国人民代表大会常务委员会的立法议案由委员长会议决定是否列入议程。列入议程的议案,提案人和有关的全国人民代表大会专门委员会、人大常委会的有关工作部门应提供有关资料,提案人应提出关于立法议案的说明。

第二阶段是审议立法议案。立法议案提出后,即进入审议或讨论立法议案的阶段。《全国人民代表大会议事规则》第 24 条规定:"列入会议议程的法律案,大会全体会议听取关于该法律案的说明后,由各代表团审议,并由法律委员会和有关专门委员会审议。"法律委员会实际上承担着审议的组织工作和综合工作,立法议案最终要由法律委员会根据各代表团和专门委员会的审议意见,对法律草案进行统一审议,并向主席团或常委会提出审议结果报告和立法草案的修改稿,对主要的不同意见应在审议结果报告中加以说明。立法议案在提交审议前,可以将草案公布,广泛征求意见。各专门委员会审议立法议案涉及专门性问题时,可以邀请有关代表和专家列席会议,听取他们的意见。

我国审议向全国人民代表大会提交的立法议案的具体程序是:立法议案先经过人大常委会讨论,决定是否列入全国人民代表大会的立法议程。如果决定了,则提交人大会议主席团,由主席团决定是否正式列入议程。人民代表大会审议立法议案时,先由提案人作该法律草案的说明,然后由各代表团进行讨论，由法律委员会进行综合和修改，并向主席团作审议报告。主席团通过后，再提交大会表决。主席团如果有不同意见，可提交大会审议。我国审议向全国人大常委会提交的立法议案的程序是：先由委员长会议决定是否提交常委会全体会议审议，或决定先交由有关专门委员会审议，提出报告，再由常委会全体会议审议。常委会全体会议审议时，提案人要对立法议案进行说明，然后先分组审议，再由全体会议审议。人大常委会审议立法议案通常进行两次，第一次初审，第二次进一步审议，两次审议后表决。

第三阶段是立法议案的表决通过。我国的立法议案由人民代表或人大常委会委员采用无记名方式表决（按电钮）。一般立法议案应由全体人民代表或常委会委员的过半数通过。宪法的修改应由 2/3 以上的人民代表通过。

第四阶段是公布法律。法律由全国人民代表大会或人大常委会通过后，由国家主席公布。

2. 行政法规的立法程序

我国行政法规的立法程序应包括以下几个步骤：

第一，编制行政立法规划。包括中央的行政立法规划和地方的行政立法规划。中央的行政立法规划首先由国务院各部委或主管部门提出立法建议，由国务院法制局协调后报请国务院批准。地方行政立法规划由地方政府的法制机构编制立法计划，报请地方政府和上级政府法制机构批准。

第二，行政法规的起草。起草行政法规要有专门的机构、专业人员负责。对于专业性很强的行政法规，可以委托专业、技术部门起草，也可以聘请专家参与起草。起草行政法规时，应广泛地调查和征求意见，并及时将基本内容公告于社会。

第三，行政法规草案的协商、协调与修改。行政法规草案除征求人民群众的意见外，还要广泛与有关行政机关协商与协调，进行必要的修改。如果协商与协调不成，可以报请上级政府裁定。

第四，审查、审议和批准。行政法规草案完成后，应先由政府的法制部门审查，审查通过，即报请政府常务会议进行审议，审议通过，应履行批准手续，国务院制定的行政法规应报请全国人民代表大会或人大常委会批准，地方政府制定的行政法规应报请上级政府和同级人民代表大会或其常委会批准。

第五，公布和备案。经批准的行政法规要由政府最高首长公布，同时公布其生效时间。地方政府制定的行政法规在公布的同时，应报请上级政府备案。

地方性法规属于行政法规范畴。地方性法规由地方（指各省、自治区、直辖市和较大的市）人大常委会批准，由地方性行政首脑签署后发布实施。

3. 部门规章的制定程序

部门规章由国务院部门组织起草，地方政府规章由省、自治区、直辖市和较大的市的人民政府组织起草。部门规章经部务会议或者委员会会议决定，报请本部门首长签署命令予以公布。地方政府规章经政府常务会议或者全体会议决定，报请省长、自治区主席、市长签署命令予以公布。规章的解释同规章具有同等效力。

4. 安全技术规范的制定程序

国家质检总局特种设备局综合处归口管理、综合协调安全技术法规体系的建设工作，具体负责安全技术规范的立项、审查、征求意见、向 WTO 通报。涉及管理要求的安全技术规范，由国家质检总局领导签发；涉及技术要求的安全技术规范，由国家质检总局领导授权特种设备局局长签发。已批准的安全技术规范的目录由国家质检总局予以公布。

为充分发挥技术机构和安全技术专家的作用，体现开放立法的原则，中国特种设备检测研究中心（以下简称中国特检中心）的技术法规部，具体承担安全技术规范的组织起草工作。

安全技术规范的起草工作由中国特检中心所组织的起草组负责。起草组由安全技术规范涉及领域的技术或管理专家组成。

安全技术规范的制定程序包括立项、起草、审查、征求意见、审议、批准、颁布、解释和修订。

(1) 立项

特种设备局负责提出特种设备安全技术规范制定工作立项计划，向中国特检中心下达特种设备安全技术规范起草任务书。

(2) 起草

中国特检中心负责按任务书的要求组织起草组进行安全技术规范的起草工作,向特种设备局提交安全技术规范征求意见稿。特种设备局对安全技术规范的起草工作进行指导、协调。

(3) 审查

特种设备局负责按任务书的要求对安全技术规范征求意见稿进行审查。

(4) 征求意见

安全技术规范的征求意见稿由特种设备局对外征求基层部门、有关单位和专家及公民的意见,修改后形成送审稿。

(5) 审议

由特种设备局将安全技术规范送审稿提交给国家质检总局特种设备安全技术委员会审议,修改后形成报批稿。

(6) 需向 WTO/TBT 通报的安全技术,由国家质检总局按有关规定向 WTO/TBT 通报。

(7) 批准和颁布

报批稿由国家质检总局批准,批准后颁布、实施。

(8) 解释

特种设备局负责安全技术规范的解释。

(9) 修订

由中国特检中心负责按特种设备局的要求组织对安全技术规范实施过程中局部内容的修订,修订的内容经国家质检总局批准后对外公布,修订部分的内容与原规范具有同等效力。

安全技术规范的定期全面修订由特种设备局提出修订计划,向中国特检中心下达任务书,中国特检中心参照本导则的规定程序组织修订工作。

安全技术规范的制定工作由 TSG 00001—2004《特种设备安全技术规范制定程序导则》予以规范。

每 3～5 年,安全技术规范将全面修订一次,并重新出版。

5. 标准制修订程序

中国国家标准制定程序划分为 9 个阶段:预阶段、立项阶段、起草阶段、征求意见阶段、审查阶段、批准阶段、出版阶段、复审阶段、废止阶段。

对下列情况,制定国家标准可以采用快速程序:

——对等同采用、等效采用国际标准或国外先进标准的标准制、修订项目,可直接由立项阶段进入征求意见阶段,省略起草阶段;

——对现有国家标准的修订项目或中国其他各级标准的转化项目,可直接由立项阶段进入审查阶段,省略起草阶段和征求意见阶段。

(1) 标准立项

国家标准的立项,由国家标准委负责。任何政府机构,行业社团组织,企事业单位和个人均可提出制修订国家标准立项申请,并填写《国家标准项目建议书》(《项目建议书》必须使用指定的统一格式的电子模板制作,在国家标准委网站标准制定工作站栏目中的常用工具中下载《项目建议书》电子模板)。从 2004 年开始,申报国家标准制修订项目必须同时上报标准草案(电子版)。

压力容器的标准立项建议一般由相应的标准化分技术委员会提出,经分技术委员会审查论证后报全国锅炉压力容器标准化技术委员会;全国锅炉压力容器标准化技术委员会对各分技术委员会报送的标准计划项目进行审核和协调后,通过网站提交方式报送国家标准委。

国家标准委对接收的标准立项建议进行汇总后,在国家标准委网站上公示一段时间,广泛征求意见后,组织有关国家标准管理机构,行业部门进行协调,经协调一致的项目,列入国家标准制修订计划;国家标准立项计划由国家标准委统一批准下达。

为使标准化工作更好地为社会主义经济建设服务,国家标准制修订项目要有利于促进产业升级和产业结构调整,推动科技进步和技术创新,推进与国际惯例接轨;要突出加入 WTO 后急需的标准项目和有利于我国工业发展的标准项目；应结合国家产业发展政策和市场对标准的需求情况，做到立项合理，重点突出。

（2）标准起草

标准项目负责起草单位按立项要求起草标准，鼓励组织生产、科研、营销、用户等方面人员成立工作组，共同编写国家标准；国家标准编写应符合 GB/T 1《标准化工作导则》的规定。

在编写标准草案的同时，应编写标准编制说明，其内容一般包括：

——工作简要过程，任务来源，主要参加单位和工作组成员名单等；

——标准编制原则和主要内容，修订标准时应列出与原标准的主要差异和理由；

——采用国际标准和国外先进标准情况，及与国际、国外同类标准水平的对比情况；

——主要试验验证情况和预期达到的效果；

——与现行法律、法规和政策及相关标准的协调性；

——贯彻标准的要求和措施建议；

——废止现行国家标准的建议；

——重要内容的解释和其他应予以说明的事项，如参考资料目录等。

标准草案完成后，分技术委员会应将标准草案广泛征求意见 1 个月，并根据有关方面提出的意见修改标准草案，形成标准送审稿，同时填写标准征求意见稿意见汇总处理表。

（3）标准审查

标准送审稿由相应的技术委员会或分技术委员会组织审查，标准审查形式分为会议审查和函审，强制性国家标准的审查，必须采用会议审查。审查标准时，必须有全体委员的 3/4 以上同意方为通过。标准审查时应对标准征求意见稿意见汇总处理表中的意见处理情况进行审定。

标准送审稿审查通过后，由标准项目负责起草单位整理成标准报批稿及有关附件，报分技术委员会进行复核。报送文件包括：

——国家标准申报表；

——标准报批稿；

——标准编制说明；

——标准征求意见稿意见汇总处理表；

——标准审查会议纪要或标准送审稿函审单及函审结论表；

——采用国际标准或国外先进标准的原文和译文；

——送审稿。

分技术委员会复核后，报全国锅炉压力容器标准化技术委员会进行复审，复审通过后，报送国家标准委进行审查批准。

（4）标准批准和公布

国家标准由国家标准委批准公布。国家标准批准公布后，由全国锅炉压力容器标准化技术委员会或分技术委员会进行标准的宣贯和解释工作。

行业标准的制修订程序与国家标准大体相同，由全国锅炉压力容器标准化技术委员会技术归口的压力容器等行业标准由国家发展与改革委员会批准发布。

第二节　美国压力容器标准法规制修订管理模式

一、政府管理部门及职能

美国联邦政府对锅炉压力容器没有统一的质量监督检验机构，没有管理全国锅炉压力容器标准化的专门机构。锅炉压力容器法规标准体系是以分散和自愿为特点的。美国共有 23 个联邦政府部门从事标准化工作。全国大约有 3.3 万个机构与标准化工作有关。

与压力容器规范密切相关的主要机构有：

a) 美国国家标准协会(ANSI)；

b) 美国机械工程师学会(ASME)；

c) 美国国家锅炉压力容器检验师协会(NBBI)；

d) 美国石油学会(API)。

二、法律法规标准制修订机构的设置及职能

1. 立法机构及其程序

美国是联邦制，属于普通法系国家。虽然制定法或成文法在当代美国的法律制度中占有重要位置，但是，判例法或不成文法仍然是美国法律制度的基石。从表面上看，普通法系似乎就是一个由许多单个判例组成的法律体系，然而实际上，普通法系是由一代代法官表述出来并不断重复的法律理念和规则的组合。判例法包括：普通法的判例法；衡平法的判例法；制定法的判例法。

制定法或成文法是相对于普通法或判例法而言的一个概念，是指由立法机关通过一定程序制定的具有普通约束力的法律。从 19 世纪后期开始，美国国会的立法大量增加，内容涉及社会的许多领域。制定法在规范和管理社会生活中发挥越来越大的作用。制定法包括：联邦宪法和州宪法；法律；条约；法院规则；行政机关的规章和决议。

美国的法律体系不是集中统一的，是由联邦法律和各州法律组成。虽然就法律效力而言，联邦法律高于州法律，但联邦法律并不能随意推翻或改变州的法律，而只能在联邦宪法授权的范围内规范各州的法律事务。州法律是美国法律体系的基础部分，在规范和管理社会生活中发挥着重要作用。美国 50 个州都有自己的宪法和法律，各州之间的法律不完全相同，各州内部的法律也不完全相同，这在很大程度上影响了法律的统一实施。为了减少地区之间的法律冲突和执法司法中的麻烦，美国一直在努力统一各州的法律，其做法之一是制定带有范例性质的“统一法律草案”。这些所谓的“统一法律草案”不是由立法机关颁布的，而是由“美国统一州法律全国代表大会”委托专家学者或有关协会起草，然后经过一系列听证、辩论、修改后公布于众，交给各州的立法机关的。如果该“法律”获得某个州立法机关的通过，就成为该州的法律，否则在该州没有任何法律效力。各州的立法机关可以决定全部采用某个“统一法律草案”，也可以决定部分采用或变通采用该“统一法律草案”。例如：由美国全国锅炉压力容器检验师协会起草的《锅炉压力容器安全推荐法案》，已有 47 个州全部、部分或通过变通的方法予以采用。在当代美国，“法律一体化”是发展趋势。

美国国会是美国政府的立法机构。在美国，国会是最高级的立法机构。美国国会分众议院和参议院两院。众议院议员有 435 人，每 1 名议员代表 1 个国会选区，任期为 2 年。众议院里议员的席次是以每 1 个州的人口依比例计算，比方说加利福尼亚州人口众多，选区也多，所以在众议院里就有 53 名众议员代表加利福尼亚州；相反的，怀俄明州虽然面积广大，但是人口稀少，所以整个州就算 1 个国会选区，在众议院里只有 1 个席位。不过参议院就不同，不管州的面积和人口多少，每 1 个州都有两名参议员，所以参议院里总共有 100 席位，每 1 名参议员的任期为 6 年。

参议员和众议员被选民选入国会，其主要职责之一就是制定法律。美国国会的立法程序从拟定立法草案开始。在美国，任何人都可以拟定立法草案，但是任何新立法只有国会议员可以正式在国会里提出。在通常情况下，立法草案是由国会议员和其助理拟定的，这些议员会在其选区竞选期间了解了选民对某些议题的想法，并向选民保证他如果选上将会在国会里提出其选民支持的立法草案。

另外，议员的选民，不管是个人或组织，也可以把拟定的立法草案转交给代表当地选区的议员。与此同时，美国行政部门，包括美国总统和内阁成员等也可以向众议院议长或参议院议长提出立法草案。这种立法来源叫做“行政沟通”(Executive Communications)。

根据美国宪法，美国总统必须向国会报告“国家现况”，这就是为什么每年总统必须在国会发表国情咨文的原因。总统通常趁这个时候向国会提出法案建议，在国情咨文发表过后，总统会正式把他的立法草案送交给国会有关委员会，委员会主席通常会立刻以原本的形式或修改过的版本向国会提出。

美国国会议员可以以 4 种不同的形式提出新立法，这 4 种形式包括法案(Bills)、联合决议案(Joint Resolution)、共同决议案(Concurrent Resolution)和简单决议案(Simple Resolution)。在参议院和众议院里，大部分的立法都是以“法案”的形式提出。

在执行上，“联合决议案”和“法案”两者没有很大的不同，两者都需要经过同样的立法程序，不过对美国宪法的修正案必须以联合决议案的形式提出。这种决议案得到众议院和参议院 2/3 多数通过后将直接送到总务管理局局长，让总务管理局局长送交到各州征求各州批准，不需经过总统批准。联合决议案成为法律的方式和法案相同。

至于共同决议案和简单决议案的处理方式则和法案或联合决议案的方式有所不同。这两种类型的提案通常和制定美国法律无关，而是和两院议事规则、运作和表达两院对事情的看法有关。所以当两院通过这种类型的决议案后，决议案不会递交给总统，要求总统批准。

众议院提出的共同决议案得到全院通过后将由众议院议事员签署后作为记录，参议院通过的共同决议案将交给参议院秘书签署，两院通过的共同决议案都不会递交给总统采取行动。

在国会开会期间，任何议员都可以提出新的立法。众议院有关单位在收到新的立法后会给这个立法草案一个编号，然后把这个立法提案送交和这个立法有关的委员会(Committee)或小组委员会(Subcommittee)，让小组成员对草案进行审议。

根据国会图书馆的介绍，美国立法过程中最重要的一个步骤可能就是委员会的行动。委员会或委员会小组成员在这个阶段对提出的立法草案进行密集的考虑，仔细研究和辩论，如果立法议题有足够的重要性，委员会会通过举行公共听证会，来了解正反两方对这项立法的意见。

接下来，委员会小组成员将对这项新的立法投票，来决定对这项立法采取什么行动。委员会成员可以对提出的立法进行修改，委员会成员再投票决定是否赞成这些修改。如果这项立法没有在委员会审议阶段得到批准，这项立法的寿命就在这里结束了。

得到委员会多数赞成通过的立法将被送到众议院全院，在众议院院会中让全体议员对立法进行审议、辩论和投票。这项立法通过适当议事程序在众议院全院表决后，将送到参议院审议。如果参议院对众议院的立法有修改，这整个修改后的立法必须再送回众议院审议。众议院和参议院有时会在同样一个议题上有不同看法，像最近在美国炒得沸沸扬扬的移民法案问题就是一个例子。

当会议委员会的成员达成共识后，同一个版本的立法草案将会分别在众议院和参议院表决，如果立法草案在两院都得到通过，这项草案将送交给总统，请总统签署，成为法律。

2. 美国国家标准协会

美国国家标准协会(ANSI) 创立于 1918 年 10 月 18 日，是一私营的非营利组织，负责管理和协调自愿标准化和合格评定系统。1966 年以前称美国标准协会(ASA)，1966 年 8 月 24 日将 ASA 重新组建成美利坚合众国标准协会(VSASI)，1969 年 10 月 6 日改名为美国国家标准协会(ANSI)。ANSI 的成员约有 900 家公司和 400 个制定标准的团体包括专业学会、行业协会、消费者、劳工组织以及政府机构。

ANSI 的主要职能有 4 项：

——组织协调；

——情报交换；

——审核批准美国国家标准；

——代表美国参加国际标准化活动。

ANSI 一般情况下并不起草标准，只是批准经 ANSI 接受的标准制定组织起草，按照《美国的国家标准的制定和协调的 ANSI 程序》制定的标准作为美国国家标准。简单地说，ANSI 是标准起草组织组成的协会，起着协调标准的起草和制定，减少重复性工作，提高标准的权威性的作用。协会现有会员由近 1000 家公司、组织、政府部门、机构和国际成员组成，协会每年的预算 1600 万美元左右。ANSI 是国际合格评定论坛(IAF)、国际标准化组织(ISO) 的美国官方代表，并通过美国国家委员会作为国际电工委员会(IEC) 的美国官方代表。

标准的制定组织要一致地遵守一系列需求或程序，用于管理一致性发展程序，即是《美国的国家标准的制定和协调的 ANSI 程序》。程序的关键是保证美国国家标准的制定是在对各种不同的利益的人的需求公平地理解和回应的环境下进行。公开和公平的美国标准程序确定所有被影响和感兴趣的人有机会参与标准的制定。美国的国家标准程序的特点包括：

——由包括实质上受影响和感兴趣者代表的一个团体或“一致意见团体”提议的标准被一致同意；

——在标准草稿上有广泛基础的公众评论和意见；

——考虑和回应有关一致意见团体投票成员提交的意见和公众批评家的意见；

——任何参与者根据 ANSI 的认可的标准的制定者的程序，认为正当的程序和原则在标准的制定过程中没有充分遵守时拥有上诉的权利。

3. 美国机械工程师学会

美国机械工程师学会（ASME）成立于 1880 年，其宗旨是进行有关机械工程方面的研究与探索，制定规范和标准。美国国家标准协会（ANSI）的机械类的标准主要由 ASME 协助提出。ASME 被认为是世界上较大规模的自愿标准制定组织，目前大约 4000 名工程师及其他专业人员自愿参加制定或修订 1300 多个 ASME 规范标准。ASME 是一个技术和教育组织，有 11.1 万个成员，并且是世界上最大的技术出版机构之一，其出版物包括技术论文、书籍、规范和标准。其组织结构如图 11-1。

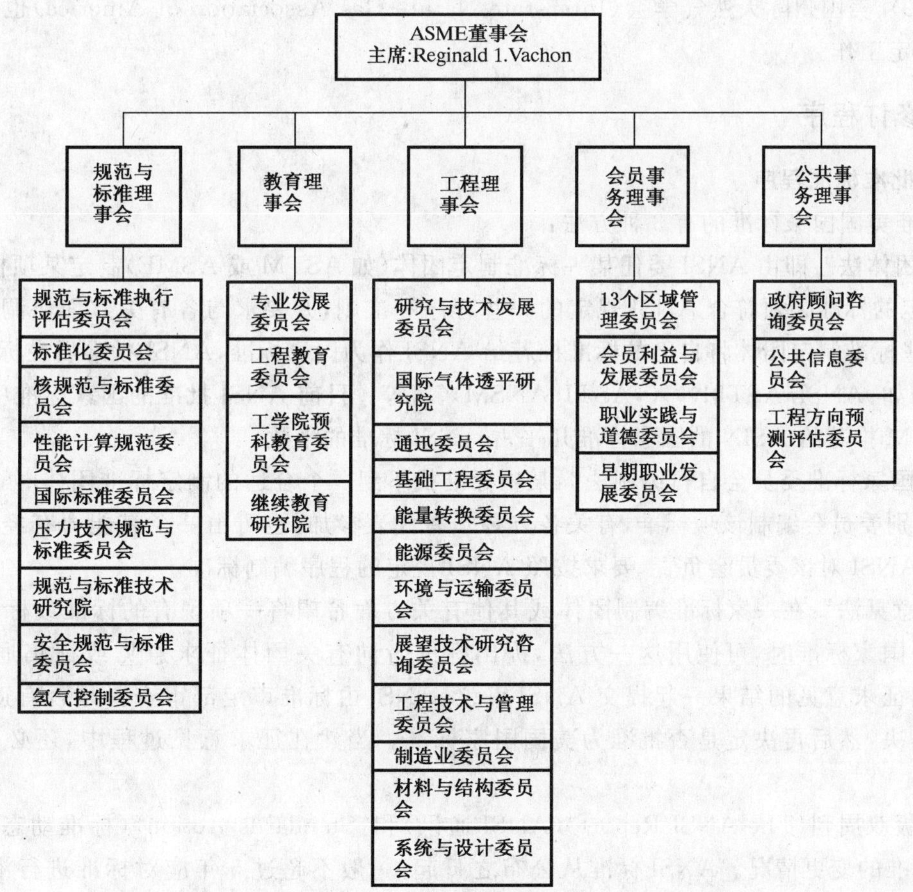

图 11-1　美国机械工程师学会组织结构图

今天的“ASME 国际”是一个非营利的教育和技术的组织，服务于全世界的 125 000 个会员，管理世界上最大的技术出版业务。在特种设备方面，ASME 制定锅炉、压力容器、电梯、起重机械、索道技术标准。ASME 标准本身并没有强制性，只有被联邦法规（通常是规章）或各州法规指定采用，才可以被强制执行。

4. 其他相关标准化组织

美国材料与试验学会（American Society for Testing and Materials，ASTM）成立于 1898 年，是美国成立最早、规模最大、成就显著的学术团体之一。ASTM 出版有 9100 多个标准规范，包括金属材料、可燃性材料、化学产品、润滑剂、化石燃料、纺织品、涂料、塑料、橡胶、管道、电子、能源、医学装置等。ASTM实行财务自给，经费的大部分来自各种出版物的销售所得。该协会主要致力于制定各种材料的性能和试验方法的标准。从1973年起，扩大了业务范围，开始制定关于产品、系统和服务等领域的试验方法标准。标准包括：标准规格、试验方法、分类、定义、操作规程，以及有关建议。

ASTM除了制定材料和试验的标准（包括无损探伤的标准）外，还制定特种设备之中的游乐设施标准，ASTM F24标准委员会起草现行有效的游乐设施标准有14个，分别由技术方法等6个附属委员会负责起草和修订。ASTM颁布正式标准、推荐标准和临时标准。

美国国家锅炉压力容器检验师协会（The National Board of Boiler and Pressure Vessel Inspectors，NB或NBBI）成立于1919年，目的是通过统一的锅炉压力容器制造、安装、修理、维护和检查要求，促进生命财产的安全。NB会员监视着其依赖的有关锅炉压力容器制造和修理的标准，并保证在负责贯彻和管理ASME锅炉和压力容器规范的管辖机关之间相互承认和互换使用。NB自己制定的锅炉压力容器检查标准是目前唯一被世界广泛认可用于修理和改造锅炉和压力容器的标准。这项标准已采纳为美国国家标准，并被许多州和司法管辖区的法规所采纳。也被包括美国运输部等联邦政府部门的法规采纳。

美国石油学会（America Petroleum Institute，API）、石油管道学会（The Association of Oil Pipe Linesm，AOPL）、美国州际天然气学会（Interstate Nature Gas Association of America）也进行有关压力容器标准的制定工作。

三、标准制修订程序

1. ANSI批准标准程序

ANSI批准美国国家标准的有3种方法：

a)“委任团体法”：即由ANSI委任某一标准制定团体（如ASTM或ASME）制定某项标准，作为国家标准，要求制定的标准必须符合ANSI规定的一些程序和准则，并要求与各有关方面协调一致。实际情况往往是：这些标准制定团体将自己的标准推荐给ANSI作为国家标准，ANSI批准后在标准编号上冠以ANSI字样，例如：ANSI/ASTM××，ASTI/ANSM××等。目前ANSI批准的国家标准中，以这种方法为最多。ASTM推荐给ASIN的国家标准几乎占ANSI标准的半数。

b)“美国国家标准委员会自行编制法”：某项标准找不到一个合适的制定标准团体时，就由ANSI授权建立一个特别委员会编制该项标准，有关各方必须有代表参加，也可由一个有能力有经验的团体担任秘书工作，由ANSI对该委员会负责，要求按照ANSI规定的程序编制标准。

c)“征集意见法”：在一家标准编制团体或其他有关方面希望将一项现有的标准或标准草案经审议后批准为美国国家标准时，可使用这一方法，提出标准者向有关团体征求意见或征集通讯投票，然后将该标准连同征求意见的结果一起提交ANSI审议，ANSI由标准审定部审查。是否有遗漏意见，反对意见是否已解决，然后再决定是否批准为美国国家标准。当然在征求意见过程中，还必须向公众征求意见。

ANSI出版双周刊《The ANSI Report》（ANSI通讯）和《Standards Action》（标准动态），报道学会的活动情况及标准的变更情况。ANSI标准从公布之日起，一般不超过5年应对标准进行沿用认可、修订或撤销。

2. ASME标准制修订程序

ASME锅炉与压力容器委员会的工作和管理程序FN20000000是委员会成员与ASME工作人员的工作指南。当建议对一个新项目或新领域进行标准化时，ASME规范和标准理事会首先决定协会是否要接受这项工作。如果ASME决定接受这项工作，则将确定这项工作的范围并将其委托给一个适当的管理部，管理部再决定此项建议能否委托一个现存的总委员会或是否成立一个新委员会。一旦此项工作委托给一个委员会，该委员会就要详细了解这个项目并确定这个项目的概念及其范围，同时确定是否需要制定标准。然后成立分技术委员会和工作组，每个技术委员会和工作组承担其中一部分的标准制定工作。

起草的这部分标准须经过多次草案形式,每次草案都要经过分技术委员会或工作组投票通过,表决的记录一直保留,总委员会始终掌握进度及表决记录。

当整个草案准备递交总委员会时,它被称之为"推荐标准"。在总委员会批准该推荐标准的技术内容之后再送管理部进行审查,以确保在其编写和表决的所有阶段都遵循ASME"规范和标准编写委员会的程序"。与此同时,该推荐标准也被送到美国国家标准协会(ANSI)。

ANSI在其出版物 *ANSI Reporter*(ANSI通讯)中登出征求意见通知。ASME也在其出版物 *Mechanical Engineering*(机械工程)中登出征求意见。

任何人都可以对推荐标准进行评论,ASME必须认真考虑每一种意见,如果有些意见反馈到起草的分技术委员会或工作组,则需要重新表决和再次递交总委员会、管理部和ANSI,在ANSI批准为美国国家标准之前,所有的意见以及这些意见的处理必须递交ANSI标准审查部。

如果没有任何意见或所有意见都圆满解决,此项标准就由ANSI标准审查部批准,由ASME出版并出售给所有对此有兴趣的人。

ASME规范和标准定期进行审查,根据需要进行修订,修订工作仍然委托给最初起草的总委员会并按照制定新标准的同样程序进行。ASME还经常出版一些ASME规范和标准和增补篇,使在重新出版之前的标准版本的内容最新,这样就可以使使用者及时了解到标准的变化。

ASME标准的编制或修订程序如图11-2所示。

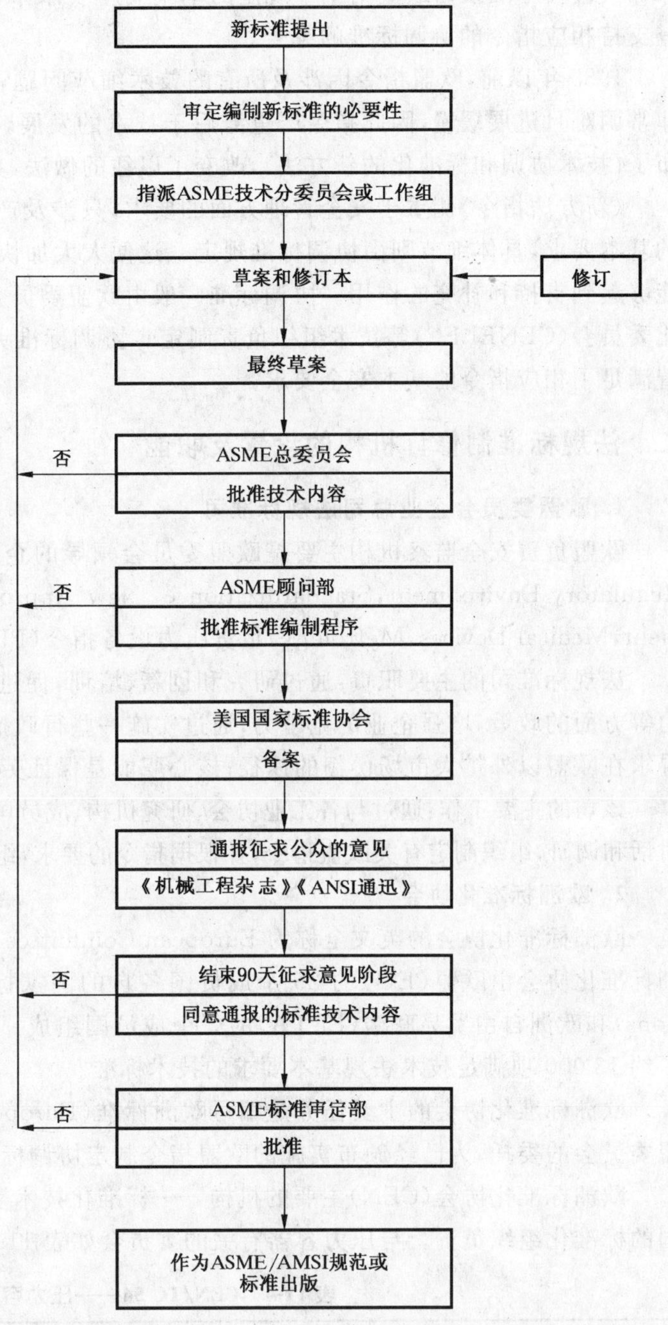

图11-2　ASME标准的编制和修订程序图

第三节　欧盟压力容器标准法规制修订管理模式

一、法规标准的政府管理部门及职能

欧盟最重要的法律是《欧盟条约》,在此基础上进行立法,它相当于欧盟的宪法,目前欧盟正在起草欧洲宪法。

欧盟委员会是立法机构。欧盟法规分为4种:条例、指令、决定、建议和意见。其中条例、指令、决定具有约束力,建议和意见没有约束力。

欧洲标准化组织(CEN)等技术组织负责制定协调标准,作为支持指令的技术文件。协调标准前标有

“EN”，这些标准根据欧盟指令中规定的基本安全要求来制定具体的技术要求。欧洲共同体官方公报刊登支持相应指令的协调标准的编号。

1985 年以前，欧盟指令因涉及所有的技术细节问题，又要得到各成员国的一致同意，所以协调工作非常困难且进展缓慢，因此指令严重滞后于技术的发展，称为老方法指令。1985 年 5 月以后，欧共体发布了《技术协调和标准化的新方法》，改变了以往的做法，其后颁布的指令称为《新方法指令》。

《新方法指令》侧重于安全管理方面的要求，只涉及产品安全、工业安全、人体健康、消费者权益保护的基本要求，具体细节则由协调标准规定。这便大大加快了欧盟指令的制定速度。欧洲协调标准对指令能够起到支持和补充的作用。协调标准一般由欧盟委员会委托欧洲标准化委员会(CEN)、欧洲电工标准化委员会(CENELEC)等技术组织负责制定。协调标准并不强制使用，但企业若采用协调标准，就意味着满足了相应指令的基本安全要求。

二、法规标准制修订机构的设置及职能

1. 欧盟委员会企业总司法规标准司

欧盟负责安全监察机构主要是欧盟委员会领导的企业总司下属的法规标准司(G—Single Market: Regulatory Environment, Standardization & New Approach)。该司中的 G/4 处(G/4 Pressure Equipment, Medical Devices, Metrology)负责压力设备指令(PED)。

法规标准司的主要职责：通过研究和创新、培训，促进投资和简化法规，调整贸易、健康、安全和竞争力等方面的政策，增强企业的竞争力；通过实施一些行政措施，促进法规的统一，形成欧盟统一市场，同时寻求在欧盟以外扩大市场份额的途径；核心职能是保证劳动者和消费者的安全。

该司的主要工作：通过与各工业协会、研究机构、成员国政府管理机构以及其他相关人员、团体的协商、对话和调研，组织制定有关欧盟指令，并根据指令的要求，组织有关标准化机构制定相关欧洲统一标准。

2. 欧洲标准化协会

欧洲标准化协会的英文全称为 European Committee for Standardization，按照法语缩写为 CEN。欧洲标准化协会由欧盟(EU)的 25 个成员国各自的国家标准化组织(The National Standards Organizations)和欧洲自由贸易联盟(EFTA)的 3 个成员国组成。为支持欧盟的技术法规，欧盟标准化协会制定了约 13 000 项满足技术法规基本要求的技术标准。

欧洲标准化协会的主要任务是编写欧洲标准(European Standards, EN)，其中最重要的任务是受欧盟委员会的委托，为已经颁布实施的欧盟指令制定协调标准；欧洲标准的正式文本为英文、法文和德文。

欧洲标准化协会(CEN)主要的机构——标准化技术委员会一共有 300 多个，每个委员会由某个成员国的标准化组织负责。与压力容器有关的委员会如表 11-4 所示。

表 11-4 CEN/TC 54——压力容器标准化技术委员会

秘书处	委员会主席	秘书长
英国标准化协会	Mr. P. Bygate	Mr. R. Turpin
分技术委员会		
分委会/工作组	名称	
CEN/TC 54/WG 1	空气贮罐一般要求	
CEN/TC 54/WG 4	Expansion vessels for thermal installations	
CEN/TC 54/WG 5	蓄能器	
CEN/TC 54/WG 51	A—Overall co-ordination, scope of standard and vessel classification	
CEN/TC 54/WG52	材料	
CEN/TC 54/WG53	设计	
CEN/TC 54/WG54	制造	
CEN/TC 54/WG55	检验检测	
CEN/TC 54/WG56	安全系统	
CEN/TC 54/WG57	名词术语	
CEN/TC 54/WG58	铸铁容器	

3. 检验协会(CEOC)

检验协会(CEOC)是一家以检验、检测、产品认证、体系认证和风险预防等机构为主组成的组织。该组织成立于1961年,1996年按照比利时法律,成为一个国际化的非营利协会。目前成员有30个,来自欧洲经济区和日本。该组织成员一般被授权从事锅炉、压力容器、电梯、起重机械、医疗设备、电力设施、核电站设备、建筑、玩具等产品、设备的检验和认证工作,大多成员是有关欧洲指令认可的授权检验机构(Notifitied Bodies,NB),为执行贯彻指令作出了贡献。

检验协会(CEOC)的工作目标是:通过独立的检验、认证评审活动促进产品安全;向有关制定法规标准的机构、工业协会、消费者提出专业意见;向成员通报重大信息,如重大事故、法规标准制定;规范各检验机构工作,如检验程序、证书格式、宣贯法规等;参与欧洲和国际相关标准化工作;向欧盟委员会和其他政府提供技术咨询,并参与相关工作。

另外,在欧洲还有一个协会性质的机构,即欧洲合格评定组织(European Organization for Conformity Assessment,EOTC),在检验检测、人员培训和评审工作中起到重要作用。欧洲合格评定组织(EOTC)是为消除各国之间检验、培训和评审之间的技术壁垒而成立的。1990年,由欧盟委员会、欧洲自由经济联盟、欧洲标准化组织和欧洲电工标准化组织共同发起组织成立。多年来,欧洲合格评定组织(EOTC)致力于成员之间技术经济的交流,开发一些新型检验、评审方法和程序,咨询合格评定的有关问题,受欧盟委托管理授权机构事务,开展合格评定多边认可,同时开展与其他组织的合作。比较引人注意的是欧洲合格评定组织(EOTC)编制了许多证书,带有欧洲合格评定组织(EOTC)的标记,供其成员使用,便于用户识别。

EOTC由以下欧洲国家的专业机构组成:阿尔巴尼亚、比利时、保加利亚、芬兰、德国、匈牙利、卢森堡、波兰、葡萄牙、罗马尼亚、斯洛伐克、瑞士。另外还有3个国际成员国:俄罗斯、中国和巴西。

4. 欧洲压力设备研究理事会(European Pressure Equipment Research Council,EPERC)

EPERC由有关大学、研究机构的专家组成。主要目标是:

——建立欧洲压力设备工业技术网络,特别是给予中小企业技术支持;

——开展压力设备工业的技术研究;

——促进研究成果的转化,形成压力设备安全基本观点。

概括地讲,该理事会主要是促进承压设备的设计、制造、安装和在用环节中所存在问题的合作研究和技术开发,主要领域是能源、石油和石油化工工业。该理事会与欧盟委员会和其他组织密切合作,首先致力于满足欧盟承压设备指令基本安全要求的相关科学研究,这些研究成果帮助欧洲标准化组织形成欧洲统一标准(Harmonised Standards,HS)。

最近几年,欧盟在简化法规程序和提高法规质量上作了许多尝试。在2000年3月里斯本欧盟部长理事会上,要求欧盟及其成员国在2001年制定一个关于简化立法环境和政府行政管理的策略。为此欧盟委员会提出"现代法规质量"的概念。现代法规应具备以下基本质量要求:首先,它必须符合快速变化的环境形势的要求,对变化的环境迅速作出反映。只规范保护消费者、企业竞争能力、环境和其他群体的利益的事项。其次,法规的制定应有必要的理由:到底需不需要制定法规;是不是必须在欧盟层次上制定;有没有其他途径可以解决,如能不能由企业自己规范或政府与企业合作。一旦法规被制定,则必须就其对经济潜在影响进行全面分析(A Thorough Analysis of Any Potential Impact on Business)。为此,欧盟实施了一个商业冲击试验项目(Business Impact Assessment Pilot Protect,BIA),该项目于2000年11月至2002年2月实施,2002年底编制出方法。该方法主要包括成本——利益分析(Cost-Benefit Analysis)和对经济、社会、环境造成的冲击。

三、法规标准制修订程序

欧洲有许多压力设备制造和使用的法规。近年来,欧盟为了协调各成员国的压力设备法规,消除贸易障碍,颁布了许多指令。EEC/EC指令是欧盟压力设备法规的主要形式,它的形成均需先由欧盟委员会(COMMISSION)向部长理事会(COUNCIL)提出指令的提案,再由理事会征求欧洲议会(European Parliament)和经济社会委员会(Economic and Social Committee)的意见,然后提交欧盟委员会修改,最后由理事会通过或继续研究。EEC/EC指令是欧盟各成员国制定相关法律的指南。指令颁布生效后,欧盟各成员国必须把指令转化为本国监察规程或国家法律,并在指令规定的期限内强制执行。例如:英国把PED转化后命名为《压力设备监察规程1999》。

欧盟委员会可以委托欧洲标准化组织制定相应的协调标准,并在规定的时间内完成。标准颁布前,应征得委员会的同意。对无任何意见的,自草案被欧盟委员会收到之日起3个月后即可颁布执行;对有意见的,可在草案自欧盟委员会收到之日起6个月后即可颁布执行;当欧盟委员会发现技术法规与已经上报部长理事会或有拟订意向的指令、规章或决定有关,则在12个月后执行。

第四节　日本压力容器标准法规制修订管理模式

一、标准的政府管理部门及职能

日本工业标准调查会是由经济产业省设置的审议会,根据《工业标准化法》的规定,对有关工业标准化进行调查审议。它具体负责组织制定和审议日本工业标准(JIS),它是经济产业省大臣、国土交通大臣、厚生劳动大臣、农林水产大臣、文部科学大臣、总务大臣、环境大臣在工业标准、JIS标志制度、试验所登录制度等工业标准化方面的咨询机构。同时作为日本唯一的国际标准化组织(ISO)和国际电工委员会(IEC)的会员参加国际标准开发和编集。

它主要是由具有JISC的最高议决权的总会来运营,总会下设标准部会和适合性评价部会;同时各部会又下设执行JIS审议的技术专门委员会。总会还下设两个特别委员会负责特别事项的调查审议。

二、法规标准制修订机构的设置及职能

日本国法令是由国会表决制定,政令由内阁大臣制定,省令和告示由所管辖国务大臣制定,通知(包括法令、省令及告示的解释和细则)由副部长、局长制定,并登载在官报上。

已被颁布并列入强制性的政令,省令和告示,均作为相关法令的基础。《锅炉技术规程》已被列入工业标准法制中的,均称为日本工业标准(简称为"JIS"),由日本工业标准调查会负责组织制定和审议。

三、法规标准制修订程序

日本的法律及工业标准为了适应新技术的发展,使其内容更加合理充实,原规定每3年修订和复审一次;1980年以后根据日本工业标准化法第15条的规定,改为每5年之内要复查(修订或废止)一次,若无问题,即作为"确认"继续使用。

JIS的制定程序是:JIS的原稿由国家根据调查研究,或委托,或行业界等自主制定;将制定好的原稿由主管大臣(经济产业大臣等)提交日本工业标准调查会讨论;经日本工业标准调查会审议过的JIS原稿向主管大臣报告,被报告的JIS原稿经主管大臣同意后,由官报公布于众。为了确保各工作环节的透明性,也采取了一些诸如让国内外有关人员参加的措施。

有关以上各阶段的JIS制定及修订情况,可参考日本工业标准调查会发行的月刊杂志《标准化杂志》或经济产业调查会发行的《经济产业公报》。JIS的制定修订依据日本工业标准化法进行,其相关程序概要如图11-3所示。

日本锅炉法规标准也不例外,以省令为例,有关制定、修订和废止的程序如图11-4。

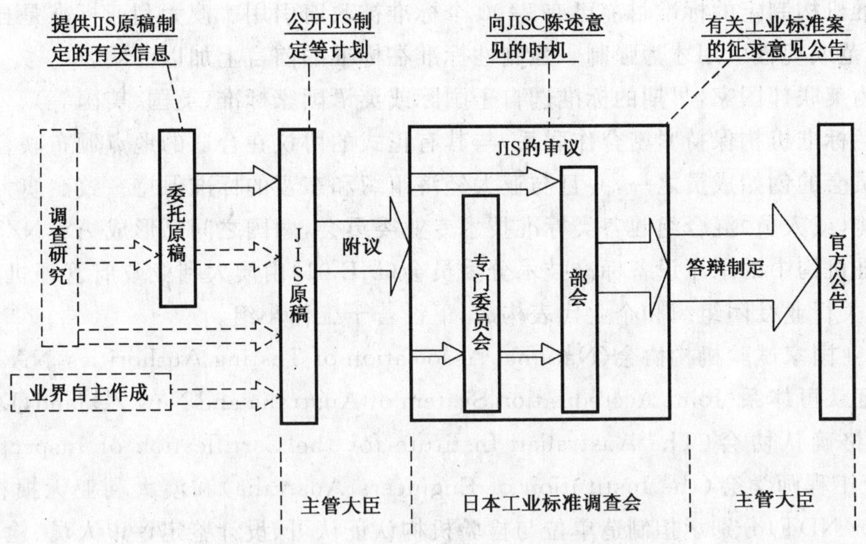

图 11-3 日本工业标准制定程序

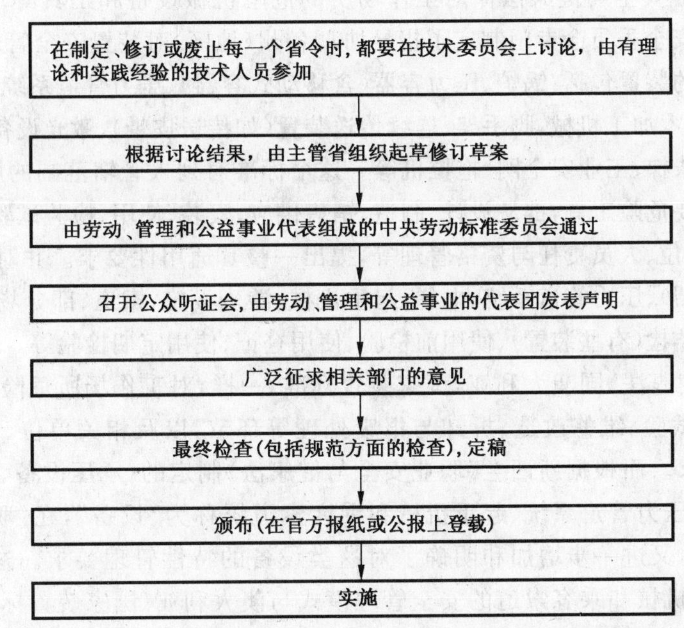

图 11-4 有关制定、修订和废止的程序(以省令为例)

第五节 澳大利亚和新西兰压力容器标准法规制修订管理模式

澳大利亚和新西兰都对锅炉、压力容器(包括移动式容器)、压力管道等特种设备，特种设备的主要部件、安全装置、安全部件(附件)，以及涉及这些特种设备的单位(机构)、人员和相关活动从政府角度实施安全监督管理。澳大利亚和新西兰有关法律将工作场所的危险设备设施统一定义为“装置”，类似我国的“特种设备”定义，但这两国“装置”包括范围要比我国管辖的特种设备范围广。

澳大利亚标准机构前身为澳大利亚英联邦工程标准协会，成立于 1922 年，1950 年获得英皇特许地位，后改为澳大利亚标准协会(SAA)，现发展为私有的澳大利亚国际标准有限公司(SAI)，共有 120 人，总部设在悉尼中心商业区。这个机构在澳大利亚各州(地区)均设有办事处，办事处人员共 390 人。约 9000 名自愿专家参加标准起草制定工作。澳大利亚标准机构收入来自于标准销售，据 2000 年统计，标准销售达 7800 万澳元。

澳大利亚标准机构制定的标准目前已有 2400 个标准被政府引用。澳大利亚标准是自愿性质的。标准只有被法案、规范或规程引用才为强制。强制性标准在标准的前言上加以注明。

澳大利亚作为英联邦国家，早期的标准选自于国际或英语国家标准（英国、美国等）。目前，澳大利亚标准机构与新西兰标准机构保持紧密合作联系，与其有正式的协议在合适的地点颁布联合的标准。是太平洋地区标准委员会的创始成员之一，并且与亚太经济组织和东盟的标准保持一致。澳大利亚标准机构与新西兰标准机构（或人员）混合组建各类标准技术专业委员会，两国之间已形成 AS/NZS 标准体系。

澳大利亚标准机构中的承压设备标准技术分委员会（ME-01）由澳大利亚政府管理机构、新西兰政府管理机构、两国有关行业社团组织和企业代表构成，下设若干工作小组。

此外，澳大利亚国家试验机构协会（National Association of Testing Authorities，NATA ）、澳大利亚与新西兰联合认证认可体系（Joint Accreditation System of Australia and New Zealand，JAS-ANZ）、澳大利亚检验人员资格确认协会（The Australian Institute for the Certification of Inspection Personnel，AICIP）、澳大利亚工程师学会（the Institution of Engineers Australia）和澳大利亚无损检测协会（Australia Institute For NDT）分别承担制造单位与检验机构认证认可、设计鉴定评审人员、检验检测人员、焊接人员的能力资格考核等方面的业务。

澳大利亚和新西兰职业安全与健康法律对工作场所的危险机械设备和工具等均统一定义为“装置”。澳大利亚国家职业健康与安全委员会专门制定了指导协调各州（地区）对装置安全管理的《国家装置标准》。列入《国家装置标准》范围的装置包括：锅炉、压力容器（含移动式容器）、压力管道系统、电梯、起重机械、游乐设施、索道、场内机动车辆、木加工机械、脚手架、连续传送装置（如传送皮带）、激光设备、工业机器人、电气系统、固定平台、走道、楼梯、扶梯、工业安全网、拖拉机等。这个标准对列入管辖范围的所有“装置”，无论是机械设备、工程设施，或是重要危险工具，都从设计、制造、销售供应、安装、使用、检验试验、维修改造、拆卸与报废处理等环节，以及相关单位、人员责任与资格管理等，提出一整套通用性要求。并对那些危险性较大的锅炉、压力容器（含移动式容器）、压力管道系统、电梯、起重机械、游乐设施、索道、部分场内机动车辆实行设计鉴定评审、设计登记、制造监检（有些装置）、使用前检验、使用登记、使用定期检验等。

新西兰《职业安全与健康法》同澳大利亚《国家装置标准》一样，对工作场所危险装置从设计、制造、销售供应、安装、使用、检验试验、维修改造、拆卸与报废处理等环节，以及相关单位、人员责任与资格管理等，提出一整套通用性要求。而根据新西兰《职业安全与健康法》制定的《承压设备、起重机和乘客索道规则》，又将锅炉、压力容器、压力管道系统、起重机械和乘客索道统称为“设备”，在《职业安全与健康法》对装置实施通用管理基础上，又进一步增加和明确了对这类设备的特性管理要求。这个法规对锅炉、压力容器、压力管道系统、起重机械和乘客索道的安全管理模式与澳大利亚《国家装置标准》基本相似，但管理要求和管理方法更为明晰并具有可操作性。

从澳大利亚和新西兰对装置或设备的管理中我们可以看出，这两个国家将涉及人身和财产安全的危险机械设备统一定义，并对这些机械设备危及安全的共性实行一个模式管理。正如我国《特种设备安全监察条例》将锅炉、压力容器、压力管道、电梯、起重机械、游乐设施、乘客索道等统称为特种设备，实施统一的安全监察管理模式一样。

新西兰特种设备法规标准体系结构基本与澳大利亚相同，但由于新西兰不是联邦制国家，其特种设备法规标准体系是全国统一的，而不是像澳大利亚那样联邦和各州（地区）存在差异。新西兰特种设备法规标准体系由法律—法规—实施规范—引用标准—指南构成。表中的“实施规范”同澳大利亚一样，由新西兰劳动部与涉及的有关产业界（雇主与雇员）协商后制定，并经过新西兰劳动部长批准（仍不具有法律效力）。但“实施规范”在法律方面的功能与澳大利亚一样，可以在法庭上作为判断是否良好遵守法律法规的证据。还有，为更好地支持法规实施，新西兰的特种设备实施规范是根据设计、制造、供应、安全使用、维护和检验来制定。

新西兰特种设备法规与标准体系中的标准主要由“实施规范”引用采纳。新西兰特种设备实施规范引用的特种设备标准主要是澳大利亚新西兰共同标准、新西兰标准、澳大利亚标准、英国标准、美国标准和少数 ISO 标准。最近几年，新西兰对于新制造的特种设备，主要采用澳大利亚新西兰共同标准、新西兰标准或澳大利亚标准，对于两国目前没有的标准，主要采纳欧盟、英国和美国标准，对于以前制造的老旧设备,仍按原制造标准维护与检验。“指南”由职业安全与健康机构制定,或由职业安全与健康机构(OSH)参与制定。“指南”可以不经过正式批准,但“指南”是雇主和相关人员满足新西兰特种设备安全法律法规要求的重要指导。职业安全与健康机构已经为许多特殊行业制定了有助于贯彻新西兰特种设备和职业安全与健康法律法规的“指南”。

第六节 国际标准化组织压力容器标准制修订管理模式

随着全球经济一体化形势的发展,压力容器标准国际化的趋势已经越来越明显。国际标准化组织ISO/TC 11(锅炉压力容器)于1997年开始恢复活动,经过近10年的努力,提出了ISO 16528国际锅炉压力容器标准草案。该草案分为两个部分:一是ISO/DIS 16528 PART1《锅炉压力容器 第1部分:性能要求》,二是ISO/DIS 16528 PART2《锅炉压力容器 第2部分:满足第一部分要求的程序》。

ISO标准制定过程确定为6个阶段,即提案阶段、准备阶段、委员会阶段、询问阶段、批准阶段和出版阶段。具体如下:

(1) 提案阶段

即确定新工作项目(NWI)阶段。新工作项目提案(New Work Item Proposal,NP),由任何成员国、技术委员会或分技术委员会秘书处或工作组召集人或ISO、IEC以外的A级联络国际组织提出。将此项提案分发送给所属技术革新委员会或分委员会的全体“P”和“O”成员。一是有“P”成员的简单多数赞成,二是至少有5个成员团体愿意参加此项工作,该提案方可列入工作计划,并由执行委员会办公室注册。

(2) 准备阶段

即工作组起草工作草案(Working Drafts,WD)阶段。工作草案(WD)(由技术委员会或分委员会秘书处或工作组召集人发给所属成员的为以后呈报委员会草案做准备的原始文件)经过WG讨论通过后,即转入第三阶段。

(3) 技术委员会阶段

即TC或SC内讨论阶段。委员会草案(Committee Drafts,CD)是由中央秘书处登记,并提交技术委员会或分技术委员会成员讨论的有关国际标准的建议。将此文件发至所属技术委员会或分技术委员会的所有“P”和“O”成员,征求意见,如果2/3多数的成员团体投赞成票即可上升为国际标准草案。

(4) 询问阶段

即询问草案(Draft International Standards,DIS),须由ISO中央秘书处在4个星期内发到所有的国家团体进行为期5个月的投票。如果2/3多数和技术委员会或分技术委员会(TC/SC)的P成员投赞成票;反对票不超过投票总数的1/4,则草案通过,由中央秘书处登记作为最终国际标准草案发送文本后,本阶段即告结束。

(5) 批准阶段

ISO中央秘书处将最终国际标准草案(Final Draft International Standard,FDIS)发送给所有成员国,进行为期两个月的投票。如果2/3多数技术委员会或分技术委员会(TC/SC)的P成员投赞成票,反对票不超过投票总数的1/4,则最终草案通过。如FDIS没有通过,须将文件退回有关的TC/SC,根据反对票提出的技术理由重新考虑。

(6) 出版阶段

一旦最终国际标准草案(FDIS)被批准,中央秘书处须在两个月内更正TC/SC秘书处指出的任何错误,并印刷和分发国际标准。

全球的承压设备法规和标准事实上有两大体系,一是广泛覆盖美洲和亚洲并得到认可的美国ASME体系,二是目前已经形成规模、通行于欧洲并且影响日益扩大的欧洲体系。严格说来,ISO 16528并不是产品标准,而是欧美两大体系妥协的产物,是国家(区域)标准获得国际承认所应遵循的原则以及符合性评价程序,目前已处于待批准阶段。

第十二章　压力容器法规标准体系介绍

第一节　中国压力容器法规标准体系

对于压力容器等承压特种设备的安全法规，我国目前的主要依据是 2003 年 6 月 1 日起执行的《特种设备安全监察条例》。

我国压力容器安全监察机构是伴随着事故的发生而建立的；压力容器安全监察法规也是为了避免事故的发生而制定的。标准的产生是为了规范产品的安全质量、提高生产效率、统一产品规格，近年来开始提倡标准的贸易性和技术指标特性，使标准具有了贸易性保护措施的作用。

我国政府对压力容器安全监察工作十分重视。设立专门机构，制定专门法规，实施专项监察。其模式为“全过程安全监察模式”。全过程包括压力容器的设计、制造、安装、使用、检测、修理、改造 7 个环节。

压力容器安全监察的指导思想是：综合治理与专项监察相结合。

压力容器安全监察机构的职责是：制定规章、组织实施、监督检查等。

压力容器安全监察的基本制度是：对特种设备的设计、制造安装、使用、检验、修理与改造等环节，根据设备不同特性，对涉及安全的环节，实行行政许可和监督检查的基本制度。

一、《特种设备安全监察条例》简介

《特种设备安全监察条例》（以下简称“条例”）是 2003 年 6 月开始实施的第 373 号国务院令，目的是为了加强特种设备的安全监察，防止和减少事故，保障人民群众生命和财产安全，促进经济发展。

“条例”所涉及的特种设备是指涉及生命安全、危险性较大的锅炉、压力容器（含气瓶，下同）、压力管道、电梯、起重机械、客运索道、大型游乐设施。特种设备的目录由国务院负责特种设备安全监督管理的部门制定，报国务院批准后执行。

“条例”规定了特种设备的生产（含设计、制造、安装、改造、维修）、使用、检验检测及其监督检查。

条例中涉及压力容器设计、制造、安装、使用、改造、维修以及安全管理的内容简述如下。

条例规定，国务院特种设备安全监督管理部门负责全国特种设备的安全监察工作，县以上地方负责特种设备安全监督管理的部门对本行政区域内特种设备实施安全监察。要求特种设备生产、使用单位应当建立健全特种设备安全管理制度和岗位安全责任制度。特种设备生产、使用单位的主要负责人应当对本单位特种设备的安全全面负责。特种设备生产、使用单位和特种设备检验检测机构，应当接受特种设备安全监督管理部门依法进行的特种设备安全监察。特种设备检验检测机构，应当依照条例规定，进行检验检测工作，对其检验检测结果、鉴定结论承担法律责任。县级以上地方人民政府应当督促、支持特种设备安全监督管理部门依法履行安全监察职责，对特种设备安全监察中存在的重大问题及时予以协调、解决。国家鼓励推行科学的管理方法，采用先进技术，提高特种设备安全性能和管理水平，增强特种设备生产、使用单位防范事故的能力，对取得显著成绩的单位和个人，给予奖励。任何单位和个人对违反本条例规定的行为，有权向特种设备安全监督管理部门和行政监察等有关部门举报等。

特种设备生产单位，应当依照本条例规定以及国务院特种设备安全监督管理部门制定并公布的安全技术规范（以下简称安全技术规范）的要求，进行生产活动。特种设备生产单位对其生产的特种设备的安全性能负责。压力容器的设计单位应当经国务院特种设备安全监督管理部门许可，方可从事压力容器的设计活动。

压力容器的设计单位应当具备下列条件：

——有与压力容器设计相适应的设计人员、设计审核人员；

——有与压力容器设计相适应的健全的管理制度和责任制度。

锅炉、压力容器中的气瓶(以下简称气瓶)、氧舱和客运索道、大型游乐设施的设计文件，应当经国务院特种设备安全监督管理部门核准的检验检测机构鉴定，方可用于制造。锅炉、压力容器、电梯、起重机械、客运索道、大型游乐设施及其安全附件、安全保护装置的制造、安装、改造单位，以及压力管道用管子、管件、阀门、法兰、补偿器、安全保护装置等(以下简称压力管道元件)的制造单位，应当经国务院特种设备安全监督管理部门许可，方可从事相应的活动。

特种设备的制造、安装、改造单位应当具备下列条件：

——有与特种设备制造、安装、改造相适应的专业技术人员和技术工人；

——有与特种设备制造、安装、改造相适应的生产条件和检测手段；

——有健全的质量管理制度和责任制度。

特种设备出厂时，应当附有安全技术规范要求的设计文件、产品质量合格证明、安装及使用维修说明、监督检验证明等文件。锅炉、压力容器的维修单位，应当有与特种设备维修相适应的专业技术人员和技术工人以及必要的检测手段，并经省、自治区、直辖市特种设备安全监督管理部门许可，方可从事相应的维修活动。锅炉、压力容器的安装、改造、维修，必须由依照条例取得许可的单位进行。特种设备安装、改造、维修的施工单位应当在施工前将拟进行的特种设备安装、改造、维修情况书面告知直辖市或者设区的市的特种设备安全监督管理部门，告知后即可施工。锅炉、压力容器的安装、改造、维修竣工后，安装、改造、维修的施工单位应当在验收后30日内将有关技术资料移交使用单位。使用单位应当将其存入该特种设备的安全技术档案。锅炉、压力容器的制造过程和安装、改造、重大维修过程，必须经国务院特种设备安全监督管理部门核准的检验检测机构按照安全技术规范的要求进行监督检验；未经监督检验合格的不得出厂或者交付使用。特种设备使用单位，应当严格执行本条例和有关安全生产的法律、行政法规的规定，保证特种设备的安全使用。

特种设备在投入使用前或者投入使用后30日内，特种设备使用单位应当向直辖市或者设区的市的特种设备安全监督管理部门登记。登记标志应当置于或者附着于该特种设备的显著位置。特种设备使用单位应当建立特种设备安全技术档案。安全技术档案应当包括以下内容：

——特种设备的设计文件、制造单位、产品质量合格证明、使用维护说明等文件以及安装技术文件和资料；

——特种设备的定期检验和定期自行检查的记录；

——特种设备的日常使用状况记录；

——特种设备及其安全附件、安全保护装置、测量调控装置及有关附属仪器仪表的日常维护保养记录；

——特种设备运行故障和事故记录。

特种设备使用单位应当对在用特种设备进行经常性日常维护保养，并定期自行检查。特种设备使用单位对在用特种设备应当至少每月进行一次自行检查，并作出记录。特种设备使用单位在对在用特种设备进行自行检查和日常维护保养时发现异常情况的，应当及时处理。特种设备使用单位应当对在用特种设备的安全附件、安全保护装置、测量调控装置及有关附属仪器仪表进行定期校验、检修，并作出记录。特种设备使用单位应当按照安全技术规范的定期检验要求，在安全检验合格有效期届满前1个月向特种设备检验检测机构提出定期检验要求。检验检测机构接到定期检验要求后，应当按照安全技术规范的要求及时进行检验。未经定期检验或者检验不合格的特种设备，不得继续使用。

特种设备出现故障或者发生异常情况，使用单位应当对其进行全面检查，消除事故隐患后，方可重新投入使用。特种设备存在严重事故隐患，无改造、维修价值，或者超过安全技术规范规定使用年限，特种设备使用单位应当及时予以报废，并应当向原登记的特种设备安全监督管理部门办理注销。特种设备使用单位应当制定特种设备的事故应急措施和救援预案。特种设备的安全管理人员应当对特种设备使用状况进行经常性检查，发现问题的应当立即处理；情况紧急时，可以决定停止使用特种设备并及时报告本单位有关负责人。

锅炉、压力容器的作业人员及其相关管理人员应当按照国家有关规定经特种设备安全监督管理部门考核合格，取得国家统一格式的特种作业人员证书，方可从事相应的作业或者管理工作。特种设备使用单位应当对特种设备作业人员进行特种设备安全教育和培训，保证特种设备作业人员具备必要的特种设备安全作业知识。特种设备作业人员在作业中应当严格执行特种设备的操作规程和有关的安全规章制度。特种设备作业人员在作业过程中发现事故隐患或者其他不安全因素，应当立即向现场安全管理人员和单位有关负责人报告。

对于锅炉、压力容器的检验检测方面工作，条例规定的监督检验、定期检验、型式试验检验检测工作的特种设备检验检测机构，应当经国务院特种设备安全监督管理部门核准。特种设备使用单位设立的特种设备检验检测机构，经国务院特种设备安全监督管理部门核准，负责本单位一定范围内的特种设备定期检验、型式试验工作。特种设备检验检测机构，应当具备下列条件：

——有与所从事的检验检测工作相适应的检验检测人员；

——有与所从事的检验检测工作相适应的检验检测仪器和设备；

——有健全的检验检测管理制度、检验检测责任制度。

特种设备的监督检验、定期检验和型式试验应当由依照条例经核准的特种设备检验检测机构进行。特种设备检验检测工作应当符合安全技术规范的要求。从事本条例规定的监督检验、定期检验和型式试验的特种设备检验检测人员应当经国务院特种设备安全监督管理部门组织考核合格，取得检验检测人员证书，方可从事检验检测工作。检验检测人员从事检验检测工作，必须在特种设备检验检测机构执业，但不得同时在两个以上检验检测机构中执业。特种设备检验检测机构和检验检测人员进行特种设备检验检测，应当遵循诚信原则和方便企业的原则，为特种设备生产、使用单位提供可靠、便捷的检验检测服务。特种设备检验检测机构和检验检测人员对涉及的被检验检测单位的商业秘密，负有保密义务。特种设备检验检测机构和检验检测人员应当客观、公正、及时地出具检验检测结果、鉴定结论。检验检测结果、鉴定结论经检验检测人员签字后，由检验检测机构负责人签署。

特种设备检验检测机构和检验检测人员对检验检测结果、鉴定结论负责。国务院特种设备安全监督管理部门应当组织对特种设备检验检测机构的检验检测结果、鉴定结论进行监督抽查。县以上地方负责特种设备安全监督管理的部门在本行政区域内也可以组织监督抽查，但是要防止重复抽查。监督抽查结果应当向社会公布。特种设备检验检测机构和检验检测人员不得从事特种设备的生产、销售，不得以其名义推荐或者监制、监销特种设备。特种设备检验检测机构进行特种设备检验检测，发现严重事故隐患，应当及时告知特种设备使用单位，并立即向特种设备安全监督管理部门报告。特种设备检验检测机构和检验检测人员利用检验检测工作故意刁难特种设备生产、使用单位，特种设备生产、使用单位有权向特种设备安全监督管理部门投诉，接到投诉的特种设备安全监督管理部门应当及时进行调查处理。

特种设备安全监督管理部门依照该条例规定，对特种设备生产、使用单位和检验检测机构实施安全监察。实施许可、核准、登记的特种设备安全监督管理部门，应当严格依照本条例规定条件和安全技术规范要求对有关事项进行审查；不符合本条例规定条件和安全技术规范要求的，不得许可、核准、登记。未依法取得许可、核准、登记的单位擅自从事特种设备的生产、使用或者检验检测活动的，特种设备安全监督管理部门应当予以取缔或者依法予以处理。已经取得许可、核准、登记的特种设备的生产、使用单位和检验检测机构，特种设备安全监督管理部门发现其不再符合本条例规定条件和安全技术规范要求的，应当依法撤销原许可、核准、登记。特种设备安全监督管理部门在办理本条例规定的有关行政审批事项时，其受理、审查、许可、核准的程序必须公开，并应当自受理申请之日起30日内，作出许可、核准或者不予许可、核准的决定；不予许可、核准的，应当书面向申请人说明理由。地方各级特种设备安全监督管理部门不得以任何形式进行地方保护和地区封锁，不得对已经依照本条例规定在其他地方取得许可的特种设备生产单位重复进行许可，也不得要求对依照本条例规定在其他地方检验检测合格的特种设备，重复进行检验检测。特种设备安全监督管理部门的安全监察人员（以下简称特种设备安全监察人员）应当熟悉相关法律、法规、规章和安全技术规范，具有相应的专业知识和工作经验，并经国务院特种设备安全监督管理部门考核，取得特种设备安全监察人员证书。特种设备安全监察人员应当忠于职守、坚持原则、秉公执法。特种设备安全监督管理部门对特种设备生产、使用单位和检验检测机构实施安全监察时，应当有两名以上特种设备安全监察人员参加，并出示有效的特种设备安全监察人员证件。

特种设备安全监督管理部门对特种设备生产、使用单位和检验检测机构实施安全监察，应当对每次安全监察的内容、发现的问题及处理情况，作出记录，并由参加安全监察的特种设备安全监察人员和被检查单位的有关负责人签字后归档。被检查单位的有关负责人拒绝签字的，特种设备安全监察人员应当将情况记录在案。特种设备安全监督管理部门对特种设备生产、使用单位和检验检测机构进行安全监察时，发现有违反本条例和安全技术规范的行为或者在用的特种设备存在事故隐患的，应当以书面形式发出特种设备安全监察指令，责令有关单位及时采取措施，予以改正或者消除事故隐患。紧急情况下需要采取紧急处置措施的，应当随后补发书面通知。

特种设备安全监督管理部门对特种设备生产、使用单位和检验检测机构进行安全监察，发现重大违法行为或者严重事故隐患时，应当在采取必要措施的同时，及时向上级特种设备安全监督管理部门报告。接到报告的特种设备安全监督管理部门应当采取必要措施，及时予以处理。

对违法行为或者严重事故隐患的处理需要当地人民政府和有关部门的支持、配合时，特种设备安全监督管理部门应当报告当地人民政府，并通知其他有关部门。当地人民政府和其他有关部门应当采取必要措施，及时予以处理。

国务院特种设备安全监督管理部门和省、自治区、直辖市特种设备安全监督管理部门应当定期向社会公布特种设备安全状况。

特种设备发生事故，事故发生单位应当迅速采取有效措施，组织抢救，防止事故扩大，减少人员伤亡和财产损失，并按照国家有关规定，及时、如实地向负有安全生产监督管理职责的部门和特种设备安全监督管理部门等有关部门报告。不得隐瞒不报、谎报或者拖延不报。特种设备发生事故的，按照国家有关规定进行事故调查，追究责任。

条例同时对相关的法律责任作出了明确规定。如第六十四条规定，未经许可，擅自从事压力容器设计活动的，由特种设备安全监督管理部门予以取缔，处 5 万元以上 20 万元以下罚款；有违法所得的，没收违法所得；触犯刑律的，对负有责任的主管人员和其他直接责任人员依照刑法关于非法经营罪或者其他罪的规定，依法追究刑事责任等。

条例所指压力容器，是指盛装气体或者液体，承载一定压力的密闭设备。其范围规定为最高工作压力大于或者等于 0.1MPa(表压)，且压力与容积的乘积大于或者等于 2.5MPa・L 的气体、液化气体和最高工作温度高于或者等于标准沸点的液体的固定式容器和移动式容器；盛装公称工作压力大于或者等于 0.2MPa(表压)，且压力与容积的乘积大于或者等于 1.0MPa・L 的气体、液化气体和标准沸点等于或者低于 60℃液体的气瓶、氧舱等。

二、压力容器法规标准体系结构

《特种设备安全监察条例》是我国压力容器安全监察的最高法律依据，与条例实施前后颁布的一系列有关的部门规章、地方性法规、规范性文件和技术标准一起，构成了我国压力容安全监查制度法规标准体系，形成了“法规—部门行政规章—安全技术规范—技术规定及相关标准”4 个层次的法规标准体系结构。

1. 行政法规及地方性法规

行政法规：《特种设备安全监察条例》

法规性文件：《实施细则》

地方性法规：各省、自治区、直辖市人大通过的条例

1982 年 2 月国务院颁布《锅炉压力容器安全监察暂行条列》；

2003 年 3 月国务院颁布《特种设备安全监察条列》，授权国务院特种设备安全监督管理部门(国家质

量监督检验检疫总局)负责全国特种设备的安全监察工作。

根据宪法，省、自治区、直辖市人大及其常委会可以制定地方性法规。例如：《江苏省特种设备安全监察条例》、较大城市(如淄博市)人大及其常委会制定并报省、自治区的人民代表大会常务委员会批准后施行的《淄博市承压设备安全监察条例》。

2. 部门规章和地方规章

部门规章指以国家质量监督检验检疫总局局长"令"形式等颁布的、行政管理性内容较突出的文件。如2001年9月发布的国家质量监督检验检疫总局第2号令《锅炉压力容器压力管道特种设备事故处理规定》等。

3. 安全技术规范

这部分内容体现了监察制度的具体实施方式，如以规范性文件形式发出的"监督管理规定"、"安全技术监察规程"和"技术检验规则"等。

安全技术规范是政府对特种设备安全性能和相应的设计、制造、安装、修理、改造、使用和检验检测等环节所提出的一系列基本安全要求，以及许可、考核条件、程序的一系列具有行政强制力的规范性文件，其作用是把法规和行政规章的原则规定具体化。

对于压力容器而言，这一层次的主要文件是《压力容器安全技术监察规程》和《超高压容器安全技术监察规程》。

1981年原国家劳动总局颁布《压力容器安全监察规程》；1991年原劳动部首次修订，颁布《压力容器安全技术监察规程》；1999年颁布再次修订后的《压力容器安全技术监察规程》。

《压力容器安全技术监察规程》适用于同时具备下列条件的压力容器：

(1) 最高工作压力大于等于0.1MPa(不含液体静压力)；

(2) 内直径(非圆形截面指其最大尺寸)大于等于0.15m，且容积(V)大于等于0.025m^3；

(3) 盛装介质为气体、液化气体或最高工作温度高于等于标准沸点的液体。

1993年6月原劳动部颁布《超高压容器安全监察规程》，2005年国家质检总局颁布修订后的《超高压容器安全技术监察规程》。《超高压容器安全技术监察规程》对超高压容器的材料、设计、制造、使用、检验、修理、改造7个环节中的主要问题提出了基本规定。

4. 技术规定及相关标准

技术规定实质是有关部门及锅炉压力容器安全监察局为贯彻落实法规的实施，提出了一些具体的技术规定、条件和要求。大部分以通知和文件的形式颁布。

标准由标准化委员会组织制定，政府代表参与。标准是法规标准体系的技术基础，是法规得以实施的重要保证。法律规定，无相应标准的，不得进行压力容器产品的设计和制造。压力容器方面的重要标准有：

——1960年原化学工业部颁布的《石油化工零部件标准》；

——1977年原机械工业部、化学工业部、中国石化总公司颁布的《钢制石油化工压力容器设计规定》；

——1989年"全国压力容器标准化技术委员会"组织制定，国家技术监督局颁布实施了GB 150—1989《钢制压力容器》；

——1998年"全国压力容器标准化技术委员会"组织修订，国家质量技术监督局颁布实施了GB 150—1998《钢制压力容器》。

其他重要相关标准还有：JB 4732《钢制压力容器　分析设计标准》、GB 151《管壳式换热器》、GB 6654《压力容器用钢板》、JB 4708《钢制压力容器焊接工艺评定》和JB/T 4730《承压设备无损检测》。

三、压力容器标准体系简介

经几代人历时半个世纪的努力，我国固定式压力容器标准体系日臻成熟、完善，这主要反映在以下几个方面：

a) 标准的类型与覆盖面较广，基本上可满足国内压力容器产品建造的要求；

星州第一个建立了工人补偿制度，其他州群起仿效。联邦政府亦于 1927 年制定并颁布了《码头和港口工人补偿法》。但是执行的情况表明，《码头和港口工人补偿法》在刺激企业对安全措施投入更多资金的作用极小，实际上不存在真正的刺激性，事故发生率依然惊人。

在此期间，美国职业安全卫生史上出现了许多有深刻影响的个人活动家，他们关心工人疾苦，研究安全理论，有的被委托研究、制定安全法规。如 1910 年艾丽斯·汉密尔敦博士，对工业毒物暴露问题进行长期研究，政府指派她组织工业卫生规划。20 世纪初，匹兹堡煤、焦炭公司董事长亨利首次把国家工业安全运动带入 20 世纪，提出了“安全第一，质量第二，成本第三”新管理原理的口号。1933 年，富兰克林·罗斯福总统选择了佛朗西丝·珀金斯为美国第一位女劳工部长，她给美国劳工部带来了有关纽约州在职业安全卫生条例实施方面积累的丰富实践经验。为了保障工人劳动安全和身心健康，1934 年在劳工部部长办公室下设立劳工标准处(后改为劳工标准局)，成为美国创建的第一个常设的永久性的联邦机构，协助各州政府改进职业安全卫生立法及提高立法水平，鼓励研制安全法规，促进州制定事故预防计划，加强劳动条件的改善，包括工业安全条件的改进，并会同联邦政府有关部门共同进行咨询和人员培训。此后，制定了一些适用于某些特定范围的安全法规，如 1936 年制定的《华尔胥-海雷法》。该法案对某些与联邦政府合作的承包商提出了必须实施的限定性的职业安全卫生工作条件。

第二次世界大战期间，工伤事故大量增加，工业安全卫生规划进一步得到重视。在 1948 年召开了第一次由总统主持的职业安全卫生会议，会议一致同意对工厂有毒有害作业实行一整套的监督办法。但是，在以后 10 年中，并没有制定出新的具体实施细则。

1958 年，联邦政府借修订《码头和港口工人补偿法》的机会，主动承担了海上作业工人安全的责任，对属于联邦政府一级的，已有立法中保障工人，如铁路工人、原子能工人的职业安全卫生条款，作了补充规定。通过这些增补，使得劳工部有权利依照本法所规定范围对很小的工作部门也要求制定安全与卫生标准，并制定了一些适用于某些特定范围的安全法规。例如，《联邦矿山安全卫生法》、《铁路安全法》、《原子能法》、《管道安全法》等，给今后美国安全卫生立法打下基础。

第三阶段是 20 世纪 60、70 年代，美国在军事与民用传统工业上处于完善阶段，进入新的高科技工业阶段，如微电子、新材料、新能源(包括原子能)，空间和海洋开发技术和应用，促进了传统工业的技术改造和高技术产业的崛起，无疑也促进了职业安全卫生技术的进步，在某种程度上改善了劳动条件，并有条件提高职业安全卫生的标准，改进立法工作。但是，新技术与高技术也带来一些新的不安全因素和污染问题，加上许多老企业老问题尚未解决，工伤事故与职业性危害仍在不断加剧，严重威胁着工人的生命安全与身心健康，也引起某些社会公众和当局重视，促进了安全立法工作。

美国发展原子能工业后，铀矿的采铀工人死于肺癌的人数异常多。1967 年就有上百名铀矿工人死于这种恶症。那时估计因患上述恶病而死亡的人数将超过 1000 人。在原子能委员会管辖下的建设项目中，工人的伤害是每 100 万人小时达到 4.68。另外，在 60 年代，美国工业每年生产大约上千种的人工合成化学物质，以往有 1200 多种这样的化合物被美国政府列入毒物名单。在美国，每隔 20 分钟就有一种新的和具有潜在毒害的化学物质出现在生产中，其中大约 1500 种被鉴定为致癌因素。美国每年有 10 万人死于工作场所污染造成的疾病，有 39 万人因此患严重的疾病。

随着人类的进步和技术的发展，也使美丽的自然环境遭到一定程度的毁坏。因此一些社会公众掀起一个保护自然环境的运动，并日益强烈，与此同时，美国劳工部也在寻求和致力于改善对工人的安全和健康的保护。在美国，随之而来的大规模的联邦大气和水污染控制计划的制定和实施，有助于增强大众对有关方面知识的认识和对工作环境的关心。

在上述自然环境保护运动的强烈激励下，国家公共卫生局于 1964 年发表了一篇有关报告，叫做《保障 8000 万美国人民的健康》。在这篇报告中，概要地叙述了近代人们所发现的，由于技术的发展所造成的危害及险情。种种迹象和事实表明，人类的不治之症——癌与工作场所有不可分割的联系。此外，报告也强调指出，在新的问题不断出现的同时，过去的老问题，还远远未被消除。因此，该报告最后呼吁全国要予以重视，并应加强以国家公共卫生局为中心的甚为重要的全国性职业卫生工作，并强烈恳求当任美国总统林登·约翰逊支持上述报告中建议的内容。于是，在 1966 年 5 月的一次会议上，总统对有关记者们讲了下面一段话:“现在,该是我们对一个工作人员的职业,究竟对他本人的健康有何影响做些事情的时候了……”。在此之后,美国劳工部及卫生、教育、福利部即着手拟定计划,制定法规,接着,一个联合任务组织便把上述两个部的想法结合起来,共同起草建议书,并将此建议书提交给总统。然而,两个部之间没有达成协议,谁也不同意由对方来领导全国性的计划。于是,到1966年末,上述联合任务组织和工作仍处于僵局状态。

打破了这一僵局的是1967年铀矿工人死于癌症惨事的暴露。美国原子能委员会发现,在那些大规模开采铀矿矿区的辐射量级是非常高的,足以致害于广大矿工,但未采取预防措施,公共的注意力便集中在联邦辐射委员会上。那时该委员会刚完成一项对铀矿的研究,并期望不久能制定一个标准。但美国原子能委员会推荐的一个标准与劳工部的要求发生矛盾,使标准形成僵局。当时,劳工部长威拉德·威尔赤采取了大胆步骤,毅然采纳了此项标准,并在联邦辐射委员会前成功地宣扬了它。这对一个全国性的职业安全卫生计划的形成,具有决定性的影响。1968年约翰逊总统提出美国第一个综合性的职业安全卫生计划,以保护在职的工作人员。劳工部长威拉德·威尔赤对上述议案作了证实,要求国会采取行动,去制止继续存在着的工业事故所造成的人类大屠杀!但是,总统的这一议案遭到工业界的反对。他们认为:工伤事故和职业病不像劳功部长所介绍的那样严重;由联邦制定综合的统一的法规会干预各州在职业安全卫生工作方面的努力;改进安全卫生工作可通过雇主和雇员的自愿行动和州制定条例来实现;联邦人员亲临劳动场所视察会“诱惑”雇员代表不正确地利用《职业安全卫生法》。因此,该议案在1968年召开的国会上没有通过。当然,议案未被通过,原因较多,但主要的还是因约翰逊宣布不参加下届总统竞选和当时反对越南战争的群众示威扭转了国会和国家对工人的安全卫生工作的注意力。

第二年尼克松总统提出一个新提案,并在1969年下半年至1970年就这一提案多次召开了听证会,执政的共和党人和在野的民主党领导之间,在对劳工管理路线上意见分歧,似乎有些僵持。尼克松总统要国家职业安全卫生管理局独立制定标准,并对事故实行裁决,该局要独立于劳工部,而民主党领导要把这一权力授予劳工部长施行。此外,还有一些难以解决的问题,如对雇主要求提供没有危害的就业场所,在检查官员来厂检查时,允许雇工代表陪同进行巡视检查权的规定,在危急情况下,命令工厂停工应考虑办理的手续及有关公布违章条文和违章通知的要求。

众、参两院提案,于1970年10月和11月最后分别通过。众议院的意见与执政党的意见非常接近。对参议院提案作最后考虑时采取的重大让步是建立一个三方监察委员会,以听取职业安全卫生管理局工作中的要求和意见。在此基础上,众议院多次开会,同意撤销建立一个独立制定标准局的条款。这个妥协的提案,在12月初获得一致同意。1970年,终于制定出一个全国统一的综合性的《职业安全卫生法》,经国会通过,并由尼克松总统签署后生效。这个《职业安全卫生法》是美国国会参、众两院,共和与民主两党,劳工和卫生、教育、福利两部,资方与劳方经过长期激烈争议与协商之后的产物。

2.《职业安全卫生法》的内容

美国职业安全卫生的立法工作,历史悠久,内容广泛,而且不断完善。从19世纪70、80年代开始立法,经过近百年的历史才产生了这个全国综合性的职业安全卫生法。正如尼克松总统于1970年12月29日,在白宫为《职业安全卫生法》举行的签字仪式上说的,该法是职业安全卫生法令中的里程碑。

该法于1970年制定,经第91届国会通过,于1971年4月28日生效,经后来多次修订,现收入《联邦法规》第29篇15章 职业安全卫生(US CODE Title 29 Chapter 15 Sec. 651—678)。

该法是美国在职业安全卫生领域中第一个在联邦全面施行的法律,共有34节:

第1节 简介

第2节 国会调查结果及目的

第3节 定义

第4节 本法的适用性

第5节 义务

第6节 职业安全卫生标准

第7节 咨询委员会

第 8 节 视察、调查与保存记录
第 9 节 传讯
第 10 节 实施程序
第 11 节 司法审议
第 12 节 职业安全卫生复议委员会
第 13 节 抵制急迫危险的程序
第 14 节 民事诉讼中的代表资格
第 15 节 商业秘密的机密性
第 16 节 变通、容许和免除执行
第 17 节 处罚
第 18 节 州裁决权和州计划
第 19 节 联邦机构的安全计划和责任
第 20 节 调研和有关活动
第 21 节 培训和雇员教育
第 22 节 全国职业卫生研究所
第 23 节 对各州的拨款
第 24 节 统计
第 25 节 审计
第 26 节 年度报告
第 27 节 各州劳动者赔偿法全国委员会
第 28 节 对小企业的经济援助
第 29 节 附加助理部长
第 30 节 附加岗位
第 31 节 紧急定位信标
第 32 节 分解性
第 33 节 拨款
第 34 节 生效日期

劳工部长为了贯彻实施该法，增设一名负责职业安全卫生工作的部长助理和在劳工部内增设 25 个职位。该法对劳工和卫生、教育、福利两部职业安全卫生方面的合作及分工，各自的职责、任务，根据该法所建立的 3 个永久性机构：职业安全卫生复议委员会、全国职业安全卫生咨询委员会、职业安全卫生研究所和一个临时性机构——各州工人补偿法全国委员会，并对这 4 个机构的职责权限都作了规定。

该法还对职业安全卫生的教育培训、提供情报、伤亡统计，财务审计作出了规定。劳工部长和卫生、教育、福利部长应向总统、两院提出年度工作报告。劳工部长有权批准州的职业安全卫生计划，并监督其实施。根据州的申请，给予最高 50%的经费资助，包括拨款和授地，也可拒绝批准其计划，或在监督实施时发现与计划不符而撤销批准。州若不服，可向联邦上诉法院提出申诉。国家对中小企业因实施职业安全卫生标准而增加开支给予经济帮助。

具体规定劳工部长有以下权力：组织制定职业安全卫生标准，并以劳工部规章形式颁布实施，这些规章收集在联邦规章第 29 章[OSHA Regulations (Standards-29 Code of Federal Regulations)]。

(1)《职业安全卫生法》的主要条款

归纳起来，该法主要条款有：

1) 检查企业是否遵守职业安全卫生标准(规章)，发现违法情况，依法处罚；

2) 调查研究职业安全卫生情况；

3) 公布违章条文和建议处以刑罚；

4) 缩短工时，以改正不安全或不利于健康的劳动条件；

5）要求雇主保管工伤事故和职业病的记录；

6）请求法院制止严重危险事态发生；

7）批准或否定州的职业安全卫生计划；

8）对负责执行本法的人员进行短期培训指导；

9）为雇主和雇员提供教育和培训计划；

10）为雇主和雇员提供预防职业伤亡和职业病有效措施的资料和建议；

11）提供评价、咨询和促进计划，以支持联邦机构为联邦工人落实安全卫生计划；

12）编制准确的工伤和职业病统计报表。

(2)《职业安全卫生法》规定的雇主责任

该法规定的雇主责任：

1）应向每一个雇员提供不受公认的、将导致或可能导致死亡或严重身体伤害的风险的就业工作和就业场所；

2）应当遵守依照本法颁布的职业安全卫生标准。

(3)《职业安全卫生法》规定的雇员权利与义务

该法规定的雇员权利与义务：

1）请示拟定或废除其一标准并参加听证会；

2）获取有关受本法保护的权利、义务和了解受伤害及超标准等有关情况和资料；

3）有关法规标准实施方面的权利，例如：雇员代表参加检查官员的检查，提出书面报告，请求召开听证会，受伤害雇员有权提出起诉，受歧视可在30天内向职业安全卫生管理局控告等；

4）每个雇员必须遵守职业安全卫生标准，以及依据本法所制定适用于他自己作业和行业的法规、条例和命令。

该法是一个授权法案。由于安全卫生法规属强制性法规，为了贯彻执行这种法规，需要授予主管官员及机构以足够的权力，以保证法规的实施。如该法授予劳工部长的权力就有制定标准、检查和处罚等。该法适用范围广。由于过去以某个行业、某个州制定局部的安全卫生法规，已经不能适应工业生产的发展，需要制定覆盖全国的安全卫生法规，以保障各行业各地区，调节各州之间以及与外国的贸易，提供普遍的福利，尽可能保证本国每个男女劳动者享有安全的和卫生的工作条件、并维护我们的人力资源。该法特别强调制定职业安全卫生标准，它已成为美国职业安全卫生工作的基础和核心。在职业安全卫生立法前后，由劳工部职业安全卫生管理局（OSHA），其前身是劳动标准局，主持制定了许多安全卫生标准。主要有4大类：一般工业、海运业、建筑业和农业标准等。该法加强了联邦政府对各州的职业安全卫生工作的领导，强化了职业安全卫生管理局的职能，在卫生、教育和福利部内成立国家职业安全卫生研究所，都有助于联邦政府对各州、各行业职业安全卫生工作的管理与控制，检查与监督，这也是贯彻执行职业安全卫生法规所必须的。该法也为各州实施自己的职业安全卫生计划提供方便，各州经劳动部长批准后，可以实施自己的职业安全卫生计划，并向联邦申请不超过该计划经费一半的拨款。该法明确了对违反本法令的雇主，有惩有罚，立法严明。该法给予雇主或任何其他人或州对被罚、权利被“侵犯”或部长拒绝批准其计划，提出申诉的权利。强调建立对工人的补偿制度，设立专门机构，向总统提出建议。

这种制度能够使工人因工伤事故丧失劳动能力或死亡时工人本身及其家属基本生活经济有所保证。该法规定特成立州工人补偿全国委员会，对国家工人补偿作一实际研究和客观评价，以保证对因工伤或职业残病患者能够提供充分、及时和公正的补偿。

3. 其他有关的主要法规

1970年《职业安全卫生法》制定前，已有了如下两个联邦劳动安全方面的法规。

——《联邦金属矿山和金属矿山安全法》

该法于1966年制定，它要求对矿山实施联邦安全监督检查制度，绝大多数标准系建议性的，仅有极少数是强制性标准，而且未包含处罚内容，因此，在执行中没有“权威”。

——《联邦煤矿安全卫生法》

该法于1969年制定，这是美国第一个有关职业安全卫生的立法，仍有较大的权力。要求加速制定各种安全卫生标准，以保护煤矿工人的身体健康。

在用压力容器法规内容如下：

(1) 联邦政府法规 标题29 Part 1910.111：无水液氨的储存和处理(Storage and handling of anhydrous ammonia)

该法规规定了无水液氨系统包括冷冻液氨储罐系统的设计、制造、位置、安装各程序，主要内容简介如下：

1) 应用范围，无水液氨系统，包括冷冻液氨储罐系统的设计、制造、位置、安装各程序。该法规不适用于：液氨制造厂、液氨作冷冻剂的制冷厂。

2) 基本规则，主要包括：设备和系统的批准；非制冷容器的制造、初始试验和重新验证；非制冷、制冷容器的标识；容器的安装位置；容器附件；管路及管路附件；安全泄放阀；容器的充装；液态介质的传输；罐车卸载要点和操作要求；液位显示和控制装置；电气设备。

3) 固定、非冷却储存容器系统——应用于固定、非冷却储存容器的安装，内容包括：设计压力和容器制造；容器阀门和附件；安全泄放装置；容器重新安装；容器安装；附件保护；车辆对容器的破坏。

4) 冷却储存系统——适用于冷却条件下储存无水液氨容器系统，内容包括：容器设计；冷却储存容器的安装；截断阀；安全泄放装置；容器附件保护；冷却储存容器的重新安装；来自车辆的破坏；制冷载荷和设备；压缩机；压缩机驱动；自动控制设备；压缩机分离器；冷凝器；接收器和排凝；绝热层。

5) 便携式DOT容器系统，内容包括：符合性；储存；热保护；保护；阀帽。

6) 液氨运输罐车，内容包括：应用范围；设计压力和容器制造；容器附件；管路及管路附件；安全泄放装置；液体传输；固定楔块；便携式罐式集装箱。

7) 安装在农用车辆上的用于土壤和非用于土壤的液氨系统，内容包括：范围；设计压力和容器分类；容器固定；容器阀门和附件；容器标识；农用车辆。

(2) 联邦政府法规 标题29 Part 1910 Sec1910.110 液化石油气的储存和处理(Storage and handling of liquefied petroleum gases)

该法规规定了液化石油气的储存和处理，主要部分简介如下：

1) 基本规则，内容包括：加臭；设备和系统的批准；容器制造和初始试验要求；容器焊接；容器标识；容器位置；容器阀门和附件；管路和管路附件；软管标准；安全装置；蒸发器；充装密度；建筑物内的液化石油气；液体传输；罐车装卸要点和要求；作业指导；电气设备及其他火源；分级区域的固定电气设备；液位装置；用具要求。

2) 立式容器系统

3) 非DOT标准容器系统

4) 汽车燃料用LPG

5) 便携式待售容器的储存

6) LPG充气站

(3) 联邦政府法规 标题49 Part 178 危险品包装物规范(Specifications for Packagings) Subpart C 气瓶规范

1) 178.35 气瓶规范的通用要求，内容包括：符合性；检验和分析；检验员职责；缺陷和附件；安全装置；标识；检验员报告；报告保存期。

2) 178.36 3A、3AX钢制无缝气瓶规范，内容包括：类型尺寸和使用压力；钢材；材料识别；制造；焊接或钎焊；壁厚；热处理；开孔及开孔连接件；水压试验；压扁试验；物理性能试验；物理性能和压扁试验的可接受结果；泄漏试验；不合格气瓶。

联邦运输部其他有关气瓶规范的内容结构与178.36大致相同。

(4) 联邦政府法规　标题 49 Part 179 铁路罐车规范(Specifications for Tank Cars)

该法规的主要内容：179.3　安全许可程序；179.4　铁路罐车规范变更；179.5　制造证书；179.6　修理更换；179.7　质量保证程序；179.10　罐车固定；179.11　焊接证书；179.12　内部加热系统；179.13　罐车容量和毛重限制；179.14　车箱连接垂直约束系统；179.15　压力泄放装置；179.16　罐车头防撞系统；179.18　热保护系统；179.20　保养设备；保护系统；179.22　标识；179.100　铁路罐车承压罐通用要求；179.101　铁路罐车承压罐专门要求；179.102　铁路罐车承压罐特殊容量要求；179.103　114A 级铁路罐车承压罐的专门要求；179.200　铁路罐车非承压罐的通用要求（Class DOT-111)；179.201　铁路罐车非承压罐的专门要求；179.220　有外壳体支撑的内罐结构铁路罐车的通用要求(class DOT-115)；179.221　有外壳体支撑的内罐结构铁路罐车的专门要求；179.300　充装或清空时可拆的多单元罐车通用要求(Classes DOT-106A and 110AW)；179.301　充装或清空时可拆的多单元罐车专门要求；179.400　低温液体罐车的通用要求。

(5) 联邦政府法规　标题 49 Part 180 危险品包装物的持续合格认定和维护

该法规有关汽车罐车部分的主要内容如下：

1) Part 180.405 汽车罐车合格认定

除满足免则条款外，用于危险品运输的每台罐车都要经过审核，满足相应规范的要求后才能被批准从事危险品运输。盛装低温可燃液体的罐车每次运输后都要进行检查以确认实际盛装时间。一旦罐车不再满足规范要求，则应撤销使用许可。

2) Part 180.407 规范范围内汽车罐车试验和检验要求

汽车罐车要经过试验和检验，合格后贴许可标识，否则不允许充装和运输。试验和检验周期见表 12-1，但当汽车罐车存在腐蚀、泄漏等劣化或其他导致安全隐患的状况时以及监管机构认为必要时则要根据不同情况进行测厚、压力试验或修理。

表 12-1　定期检验和试验周期

检验类型		检验周期
外部宏观检查	真空操作，后封头全开汽车罐车	6 个月
	其他罐车	1 年
内部宏观检查	绝热罐车(MC330、331、338 除外)	1 年
	盛装腐蚀性介质	1 年
	其他罐车(除 MC338)	5 年
衬里检验	盛装腐蚀性介质	1 年
泄漏试验	盛装氯气的 MC330、MC331	2 年
	其他罐车(除 MC338 以外)	1 年
压力试验	有绝热无人孔或有绝热和衬里(MC338 除外)	1 年
	真空操作，后封头全开汽车罐车	2 年
	盛装氯气的 MC330、MC331	2 年
	其他罐车	5 年
测厚	盛装腐蚀性介质无衬里(MC338 除外)	2 年

3) Part 180.409 检验和试验人员的最低要求

检验和试验人员要在联邦机动运输车辆安全管理部注册，同时要求熟悉 DOT 汽车罐车规范并经培训，有使用检验和试验设备经验。

4) Part 180.411 检验和试验的可接受结果

对各种劣化形式如磨损、凹坑、焊接和结构缺陷、泄漏、安全阀功能失效、衬里完整性等作了具体规定。

(6) 加州职业安全和健康规章第 4 章第 1 分章 450～560 节 非受火压力容器安全规定

加州职业安全和健康规章第4章第1分章450～560节 非受火压力容器安全规定如下：

——第一条 应用范围：液化石油气储罐的设计、制造、安装；其他非液化石油气压力容器的设计、制造；空气、LPG、液氨储罐的安装、修理改造；空气、LPG储罐的检验和使用许可证的颁发；天然气储罐的设计、制造、使用、修理和改造；操作压力15PSI的LPG、LNG、NH3储罐的设计、制造、修理和改造。但不包括：联邦政府管辖的压力容器和州劳动法免除的压力容器；压力小于15PSI或内径小于6英寸的压力容器；本州其他部门如公共设施委员会、运输部、高速公路巡逻部管辖的压力容器。

——第二条 设计和制造(Sections 454～460)：空气储罐的设计和制造；LPG,CNG and LNG储罐的设计和制造；LPG and CNG气瓶的设计和制造；LPG and LNG蒸馏器的设计和制造；NH(3)储罐的设计和制造；存储除压缩空气、LPG 、NH(3) and Natural Gas以外介质压力容器的设计和制造。

——第三条 空气储罐(Sections 461～466)：操作许可；现场检验和报告；检验员证书；安全装置和系统；修理和改造。

——第四条 除空气、LPG,NH(3) and CNG or LNG以外的储罐(Section 467)

——第五条 LPG系统(Sections 470～494)：产品控制；泄放；指示装置；储罐安装位置；调节装置；警告标识；修理和改造。

——第六条 无水液氨储罐(Sections 500～515)：附件的审批；非制冷地上储罐的安装；警告标识；便携式储罐；运输车辆上储罐的安装；移动式储罐的安装；固定在农用机械上的储罐安装；管路、阀门和附件；仪表系统；液体传输；软管标准；安全泄放阀；修理和改造；无水液氨制冷系统；制冷储罐安装；便携式DOT液氨储罐系统。

——第七条 压缩液化天然气系统(Sections 523～544)：天然气储罐设计和制造；压缩天然气气瓶的设计和制造；容量大于1加仑储罐、管路和蒸馏器的修理和改造；产品控制；传输、操作和维护；液化天然气储罐计量装置；附件审批；储罐和调节装置安装位置；地上储罐安装；地下储罐位置和安装；运输用储罐安装；管路标准；管路系统阀门和标签；软管、金属软管、柔性金属软管标准；压力表；LNG蒸发器安装；安全泄放阀；警告标识；用于汽车加油或固定式内燃机操作的天然气存储、运输和/或蒸馏；汽车用燃料罐或气瓶的安装。

——第十条 安全实践(Section 560)。

二、标准规范

1. ASME规范

美国是世界上最早制定压力容器规范的国家。19世纪末到20世纪初，锅炉和压力容器事故频繁发生，造成了严重的人员伤亡和财产损失。1911年美国机械工程师学会(ASME)成立锅炉和压力容器委员会，负责制定和解释锅炉和压力容器设计、制造规范。1915年春出现了世界上第一部压力容器规范，即《锅炉建造规范—1914版》。这是ASME锅炉和压力容器规范各卷的开始，后来成为ASME规范第Ⅰ卷《动力锅炉》。目前ASME规范共有12卷，包括锅炉、压力容器、核动力装置、焊接、材料、无损检测的内容，篇幅庞大，内容丰富，且修订更新及时，全面包括了锅炉和压力容器质量保证的要求。ASME规范每3年出版1个新的版本，每年有两次增补。在形式上，ASME规范分为4个层次，即规范(Code)、规范案例(Code Case)、条款解释(Interpretation)及规范增补(Addenda)。

《ASME锅炉及压力容器规范》(以下简称ASME规范)是一部国际性规范，其中的第Ⅷ卷是国际工程项目中使用最广泛的规范。它力求为压力容器和换热器设计提供综合考虑安全性和经济性的最新规定。美国大部分州的法律规定必须执行ASME规范，不接受任何其他国家的压力容器规范。ASME规范在世界范围内被许多国家接受，包括许多欧洲国家。

整个ASME规范由11篇组成，涵盖了各种类型的承压设备，包括动力锅炉、核压力容器、混凝土反应堆容器以及纤维增强塑料容器等。

ASME规范第Ⅱ卷是材料卷，第Ⅴ卷是无损检测方法卷，第Ⅸ卷是焊接工艺评定卷。这3卷既适合于压力容器，也适合于锅炉和压力管道。ASME第Ⅷ卷是压力容器卷，给出了压力容器的建造规则，它分为 3 个分篇：

1）第 1 分篇给出了钢或有色金属压力容器设计规则。

2）第 2 分篇给出了分析设计规则。

3）第 3 分篇给出了高压容器另一规则。

ASME 规范第Ⅱ、Ⅴ、Ⅸ卷以及第Ⅷ卷的第 1、2、3 分篇构成了美国压力容器标准体系的主要内容。

欧盟承压设备指令提出了许多新概念和新方法，是继 ASME 锅炉压力容器规范后又一在世界上有重要影响的承压设备法规，受到世界各国的高度重视。为应对欧盟承压设备法规，受到世界各国的高度重视。为应对欧盟承压设备的技术贸易壁垒，美国压力容器研究委员专门立项，研究 97/23/EC《承压设备指令》对 ASME 锅炉压力容器规范的影响。通过演技提出应对策略主要有以下几条：一是将规范中最常用的材料按 97/23/EC《承压设备指令》要求，取得欧洲材料批准书；二是拾遗补缺，对照安全基本要求，出版了《ASME 持印人指南——采用 ASME 第Ⅷ第 1 分篇满足 EC 承压设备指令(97/23/EC)》；三是在 ASME 锅炉压力容器规范第Ⅷ第 1 分篇后增加附件 Z，说明规范满足安全基本要求；四是改写 ASME 锅炉压力容器规范第Ⅷ第 2 分篇，使之能与 EN13445 抗衡并满足 97/23/EC《承压设备指令》要求；五是举办各种有关 97/23/EC《承压设备指令》的研讨班。

压力容器标准规范也包括 NB 23、API 系列标准 API 510、API 572、API 575、API 579、API 580、API 653 标准。

2. NBIC 规范

NBIC(National Board of Inspection Code)是由 NB 制定的唯一一部被世界广泛认可的锅炉压力容器在役检验、修理和更换的标准，已被一些州和监管机构，以及联邦立法机构包括美国运输部所采纳。NBIC 是研究整合有关技术标准要求，提供给监管当局、修理组织和检验员使用的一本规范。同时，NBIC 专注于把安全放在最优先的位置，并为使用者提供便利，以及平衡安全与效益的关系，而不仅仅是为了安全的严谨性。NBIC 规范与其他标准不同之处在于 NBIC 编写的目的是给监管当局采纳变为法规的要求。

NBIC 通过提供检验、修理、更换的规定，来保持在役承压设备的完整性，从而保证其连续安全使用。同时也为监管机构、检验人员、用户以及从事修理更换的组织提供指南，促进有关承压设备管理规则的统一性。NBIC 为检验、修理、更换过程提供指南，但并不提供承压设备各种情况的细节规定，对本规范未规定的详细信息，用户可以寻求技术指南，另外 NBIC 规范还包括 API510 未涵盖的安装部分的内容。NBIC 规范每年修订 1 次。

NBIC 规范分为 4 个部分：Part RA 管理要求；Part RB 承压设备在役检验；Part RC 修理更换；Part RD 修理方法；以及一个强制性附录和一个非强制性附录。

NBIC 规范部分内容如下：

(1) PART RA 管理要求

规定了修理组织以及业主/用户检验机构资格授权的管理要求，但监管机构独立进行修理更换组织资格授权的除外，其授权范围包括“R”(承压设备的修理更换)、“VR”(安全阀的修理)、“NR”(核设施修理、改进及更换)钢印以及业主/用户检验机构(自有承压设备的在役检验)资格授权。

(2) PART RB 承压设备在役检验

该节提供了承压设备在役检验指南，包括人员安全、重新打钢印以及更换铭牌的规定。

1）RB-3000 检验方法

包括锅炉检验、压力容器检验、管道系统检验、超压保护安全装置检验、脱气器检验、液氨容器检验、快开门容器检验。

2）RB-3200 压力容器检验

制定检验策略时考虑介质、压力温度，提供一个通用的指南。包含预检验活动、承压设备整体评价、劣化机理、承压部件及附件检验、压力表、安全阀检验、记录审核以及结论共 8 项内容。

3）RB-3230 承压设备整体评价

压力容器检验类型的选择要考虑压力容器的条件及操作环境。检验可以是外部或内部检验，使用各种无损检测方法。只要检验方法的准确性能够保证，并且保证容器的关键部件可以继续运行一个预计周期，则可以进行在线或降压检验。

4）RB-3231 外部检验

5）RB-3232 内部检验

6）B-3233 无损检测

7）RB-3234 耐压试验

8）RB-3235 剩余寿命和检验周期

9）RB-3236 剩余寿命计算

10）RB-3237 检验周期

11）RB-3238 影响剩余寿命评价的条件

内容涵盖：劣化、无腐蚀情况、耐腐蚀衬里、多区域、地上容器、间断操作、周向应力、轴向应力、点蚀坑、焊接接头系数、椭圆及碟形封头、腐蚀速率调整、铆接容器。

12）RB-3240 失效原因

13）RB-3250 部件及附件检验

14）RB-3260 压力表、安全装置及控制设备

15）RB-3270 记录审查

16）RB-3280 结论

17）RB-3500 超压保护安全装置检验

内容涵盖：安全考量、检验内容、推荐的校验周期、附加的检验信息。

18）RB-4000 钢印数据更换

（3）强制性附录

包括 8 个附录，分别为 NBIC 技术咨询准备、钢印和铭牌信息、蒸汽机车火管锅炉检验和修理、术语、NB 表单、修理更换案例、“VR”授权钢印应用于 ASME“NV”钢印的压力泄放装置的程序、搪玻璃压力容器的检验、修理和更换。

（4）非强制性附录

包括 8 个附录，分别为标准焊接工艺、推荐的预热温度、供陈列或娱乐用的退役锅炉、压缩介质安全泄放装置试验系统设计的推荐指南、压力泄放阀修理推荐程序、安全阀整定压力差及锅炉压力容器操作压力、蒸汽减压阀低压侧的安全阀、盛装液化石油气压力容器的检验指南。

3. API 标准

（1）API 510 标准（Pressure Vessel Inspection Code：Maintenance Inspection，Rating，Repair，and Alteration）

API 510 是由 API 制定的压力容器检验规范，共分 8 章及 5 个附录，下面将有关章节作一介绍：

1）应用范围

① 通用应用范围：该检验规范适用于石油及化工行业的在用压力容器的维护、检验、修理和更换、定级。该检验规范的应用仅限于雇佣授权检验机构或与之有联系的组织。除专用应用范围以外，该检验规范的应用仅限于有资质的组织或雇佣有资质检验人员的组织。该检验规范应用于按照 API/ASME 石油、液体及气体用非火焰直接加热压力容器、ASME 规范第Ⅷ卷及其他公认压力容器规范制造的容器、非标准容器及按其他非规范制造的压力容器或有关政府管理部门特别批准的压力容器。

② 专用应用范围：所有勘探及开发行业用压力容器（如钻井、采油、集输、处理石油或天然气及盐水的容器）应按照第 8 章阐述的另一规则加以检验。除了第 6 章，该检验规范的全部章节都适用于勘探及开发行业压力容器。第 8 章另一规则适用容器的安全、运输同时也受美国海岸警卫队、美国运输部危险品办公室、美国内务部的资源管理办公室、州及地方的石油天然气机构，或其他监管机构管理。

以下容器不包括在本规范的专门应用范围内：

a）其他有关政府管理部门的规定（见附录 A）所涉及的移动式压力容器。

b) ASME 规范第Ⅷ卷第 1 册附表中列出的不受制造条款约束的所有级别的集装箱[见附录 A(标准的附录)]。

c) 不超过以下容积和压力的压力容器：

——0.141m³(5ft³)容积，1723.1kPa(250psi)设计压力；

——0.042m³(1.5ft³)容积，4136.9kPa(600psi)设计压力。

2) 业主/用户检验机构

——业主/用户负责压力容器检验、检验频次和维护工作。业主/用户同时对授权检验机构的职能负责。该业主/用户检验机构控制有关压力容器维护、检验、定级、修理及改造有关的活动。

——授权 API 压力容器检验员资格证书

——业主/用户机构的责任

——授权 API 压力容器检验员的职责

3) 检验实施

检验实施包括：准备工作、劣化和失效的模式、腐蚀速率的确定、最大许用工作压力的确定、缺陷检验、部件的检验、腐蚀和最小壁厚的评估。

4) 压力容器及压力泄放装置的检验和试验

此部分包括：总则、基于风险的检验、外部检验、内部检验和在线检验、压力试验、泄压装置、记录。

5) 压力容器的修理、改造和再评级

包括：总则、焊接、再评级。

6) 勘探和开发行业用压力容器替代准则

范围和不受约束的特例、术语、检验程序、耐压试验、安全泄放装置、记录。

附录 A　ASEM 规范免则条款

附录 B　授权压力容器检验员证书

附录 C　压力容器检验记录样表

附录 D　压力容器修理、改造或再评级样表

附录 E　技术要求

(2) API 572 压力容器检验(塔、罐、反应器、换热器、冷凝器)

API 572 包括类型压力容器的描述及其制造、维护标准和规范，检验原因、失效机理、检验周期和检验方法，修理方法、记录和报告出具等，并把安全放在首要位置。API 572 共分 12 章，主要内容为：

1) 压力容器类型，内容包括：描述、制造方法、制造材料、内部设备、压力容器的使用。

2) 制造标准

3) 维护检验

4) 检验原因，内容包括：总则、安全性、连续性、可靠性。

5) 失效机理，内容包括：总则、腐蚀机理、冶金及物理性能改变、材料误用、制造失误。

6) 检验频率和时间，内容包括：决定检验频率的因素、检验时机、检验时间安排、适用勘探和采油用容器的另一规则。

7) 检验方法和限制条件，内容包括：总则；安全预防和准备工作；外部检验；内部检验；测厚方法；检查机械缺陷的特殊方法；冶金改变和现场金属分析；试验；厚度极限。

8) 修理方法

9) 记录和报告，内容包括：记录、报告。

附录 A　换热器

附录 B　记录样表

(3) API RP 575 常压及低压储罐检验

API RP 575 涉及在役常压及低压储罐检验，描述了储罐的各种类型，包括检验原因、劣化机理、

检验频率和检验方法、修理方法、记录和报告出具等。强调安全和有效操作。API 575 是对 API 653 的补充，后者对维护在役储罐的完整性提出了最低要求。API 575 共分 9 章和 2 个目录，主要内容为：

1）无损检测方法的选择

内容包括：超声波测厚，超声腐蚀检测，超声波横波检测，漏磁罐底板检测。

2）储罐类型

① 总则

——有衬里的和/或阴极保护装置的储罐；

——有泄漏监测装置的储罐；

——有辅助设施的储罐。

② 常压储罐

——制造材料和设计标准；

——常压储罐的使用；

——常压储罐类型。

③ 低压储罐

——低压储罐的描述和设计；

——低压储罐的使用；

——低压储罐的类型。

3）检验原因和劣化机理

① 检验原因

② 钢制储罐的腐蚀

——外部腐蚀；

——内部腐蚀。

③ 非钢制储罐的劣化

④ 泄漏、开裂和机械劣化

⑤ 辅助设备的劣化和失效

4）检验频率

5）检验方法和检验时间安排

① 检验准备

② 在役储罐的外部检验

——扶梯检验；

——平台及通道检验；

——基础检验；

——固定(地脚)螺栓检验；

——管道连接检验；

——地基检验；

——保护涂层检验；

——绝热层检验；

——罐壁检验；

——罐顶检验；

——辅助设施检验。

③ 停用储罐的外部检验

——罐底板外部检验；

——外部管道连接检验；

——罐顶板外部检验；

——阀门检验；

——辅助设施检验。

④ 内部检验

——准备；

——初步宏观检查；

——腐蚀类型和位置；

——罐底板；

——罐壁板；

——泄漏试验；

——衬里；

——罐顶板和结构件；

——内部设施。

⑤ 储罐试验

⑥ 检验时间安排

⑦ 检验流程表

6）修理方法

① 总则

② 修理

③ 特殊修理方法

7）记录和报告

① 总则

② 记录

③ 报告

（4）API 579 合于使用评价

承压设备的 ASME 和 API 设计规范及标准，为新的压力容器、管线系统和储罐等类设备的设计、制造、检查和测试提供了规范。这些规范并不强调服役设备的退化、降级和缺陷状况。这些缺陷可能来自于退化、降级；也可能是来自原始的制造过程；或者在后来检查中所发现的缺陷。适应性评价（FFS）就是一种定量的工程评价方法。通过这种方法要验证哪些有缺陷；或受损害的服役构件结构的完整性。这一推荐作法特别为在炼油和石化工业中使用的设备，完成 FFS 评价准备了使用方法和技术提供了一个指南。该指南是一个推荐作法，可以把它用于运行－修理－更换的决策之中，以保证那些已通过检查，并表明有缺陷的承压设备，能够继续安全地使用和操作。

1）应用范围

① 该推荐作法中的方法是对 API 510、API 570、API 653 中各项要求的补充。该推荐作法中的评价方法可用于适应性评价；由于这一评价方法是基于各种许用应力方法和非开裂性裂纹的塑性断裂的载荷；以及基于 FAD 策略，对开裂性裂纹的载荷分析进行的。因此，这一推荐的作法应用广泛。

② 在该推荐作法中的适应性评价方法包括两部分。即对当前损害状态已知的构件作当前整体性评价和工程项目的剩余寿命评价。这一评价方法包括了对总体和局部腐蚀、裂纹的扩展、局部点蚀、起泡、起层、焊接缺陷和壳体的变形评价。它也包括了裂纹开裂；和因环境原因引起开裂的评价。此外，对于设备状态评价也提供了评价的方法。它包括了脆性断裂的阻止（止裂）、长期的蠕变破坏；以及火灾的危害评价。

2）评价方法和可接受准则

该文件中的 FFS 评价方法，在每一章中都有 3 种水平的评价方法。每章也给出了一个逻辑图，用于说明这 3 种评价水平之间的关系。一般地说，每一种评价水平提供了各影响因素之间的某种权衡。主要的因素可能有：保守性、评价所需数据资料的多少、完成评价人员的技能；以及完成评价分析的复杂性等。虽然1级是最保守的评价方法。但是，它也是最易于使用的评价方法。如果当前水平的评价不能得出可接受的结果，或者不能为未来的行动确定出一个明确的路径时，评价人通常总是按照从1级到3级的顺序继续进行分析评价。在该文件中给出的每一种水平的评价方法，都使用了下列一个或多个准则：

① 许用应力；

② 剩余强度系数；

③ 失效评价图(见图12-1)。

3）裂纹和劣化评价方法

① 脆性断裂(第三章)；

② 均匀腐蚀(第四章)；

③ 局部腐蚀(第五章)；

④ 点蚀(第六章)；

⑤ 鼓泡和起层(第七章)；

⑥ 错边和棱角度(第八章)；

⑦ 开裂的裂纹(第九章)；

⑧ 高温下的操作和蠕变(第十章)；

⑨ 火灾的危害(第十一章)。

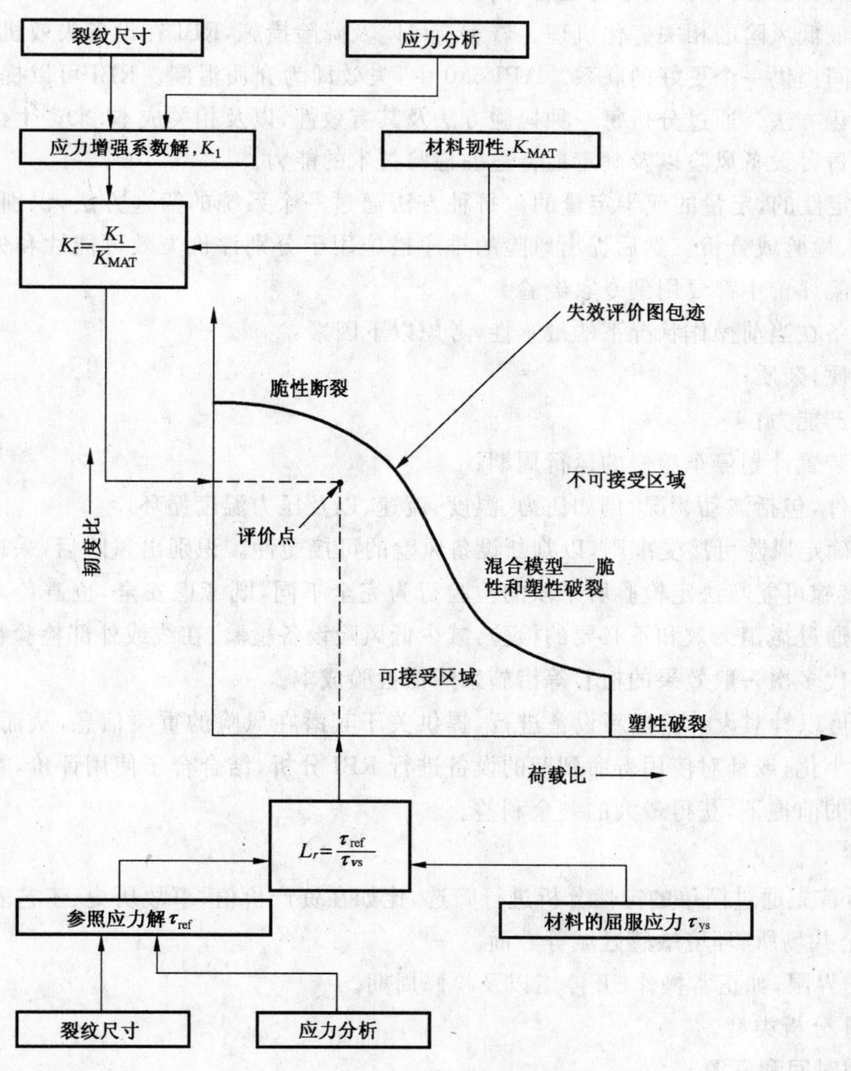

图12-1　用失效评价图对裂纹型缺陷的FFS分析的总的概要

(5) API 580 基于风险的检验

API 580 是 API 510、API 570、API 653 的补充。业主/用户可以应用这些检验规范和标准来制定检验策略，依据 RBI 的评价结果延长或缩短规范或标准所确定的检验频率。风险评估必须系统的评价失效可能性和失效后果，失效可能性必须依据在特定服役条件下影响设备的各种劣化模式。API 580 为业主/用户正确实施风险评估提供指南。

1) 应用范围

尽管风险管理的原理和概念具有通用性，但 API 580 主要针对石油和化工行业。API 580 旨在促进与因材料劣化而导致介质泄漏相关的风险识别、评价和管理的一致性和质量。检验风险的检验过程强调维持承压设备的机械完整性和将由于劣化而导致的介质泄漏损伤的风险最小化。RBI 并不是工艺危害性识别(PHA)的替代，通常 PHA 风险评价强调工艺单元设计和操作实践及其对单元当前和预期操作条件的充分性，RBI 通过着重与劣化状况相关的机械完整性、通过检验的风险管理对 PHA 进行补充完善。

覆盖的设备范围：压力容器：所有承压部件；压力管道：管道和管道附件；储罐：常压和承压；动设备：承压部件；锅炉和加热炉：承压部件；换热器；安全泄放装置。

未覆盖的设备范围：仪表和控制装置；电力系统；结构系统；机械部件。

2) 内容简介

API 580 引入了风险的概念，将其定义为：风险＝可能性×后果。RBI 提出了检验方法和检验周期的新概念，指出检验的最终目标是运行设备的安全性和可靠性。RBI，作为一种基于风险的方法，强调设备及给设备带来最低风险的相关劣化机理。着重与风险及降险措施，RBI 在设备失效机理和有效降低风险的检验方法之间提供一个更好的联系。API 580 中，失效即为介质泄漏。RBI 可以提供一个检验方法和检验周期的优化方法。通过分析每一种检验方法及其有效性，以及相关成本，来产生优化方案，其中关键是要具有评估每台设备风险以及确定最合适的检验技术的能力。

RBI 可以是定性的，定量的或半定量的。每种方法通过一个系统的筛选方法，识别出潜在感兴趣区域，优先进行深入检验或分析。然后提出风险的排序措施用于分别评价失效可能性和失效后果，得出风险值。大多数风险评价中都要用到专家经验。

定义承压设备在当前操作状况下的敏感性，考虑以下因素：

——工艺介质，杂质；

——装置生产能力；

——预计的装置计划停车检修的运行周期；

——操作条件，包括波动状况，例如压力、温度、流速、以及压力温度循环。

RBI 分析要确定风险可接受准则，以判断设备风险的可接受性。识别出风险后，采取检验和/或其他降险措施，这些措施可能与法定检验所采取的检验行为完全不同，既考虑安全，也避免介质泄漏，同时避免停车损失。并通过撤销无效和不必要的检验，减少低风险设备检验、在线或外部检验替代内部检验、以少次有效检验替代多次一般效果的检验等措施来降低检验成本。

RBI 分析也可以针对设计阶段新设备进行，提供关于其潜在风险的重要信息，从而在安装之前通过设计来将风险最小化；或针对使用寿命到期的设备进行 RBI 分析，结合合于使用评价，在保证人身、环境和经济不受损伤的前提下，获得最大的剩余利益。

3) 分析步骤

① RBI 分析首先通过简单的定性分析进行筛选，比如在资产价值、事故历史、工艺安全管理(PSM)、使用年限、靠近公共场所、环境敏感区域等方面。

② 建立操作界限，如正常操作、开停工以及检修周期。

③ 选择 RBI 分析类型。

④ 预计所需时间和资源。

⑤ 资料和数据收集，包括：设备类型；制造材料；检验，修理和更换记录；工艺介质组分；介质总量；操

作工况；安全系统；监测系统；劣化机理、速率和严重程度；人口密度；设备更换成本；环境清理成本。

⑥ 识别劣化机理和失效模式

劣化机理指导致介质泄漏的劣化类型，在石油和化工领域有 4 种主要类型：减薄、应力腐蚀开裂、冶金和环境改变、机械性能改变。

⑦ 评价失效可能性

除各种失效机理所带来的失效可能性外，还包括以下影响因素：地震、气候条件、安全泄压装置失效导致的超压、操作失误、材料误用和设计失误。

⑧ 评价失效后果

介质泄漏后果包括以下几方面：安全和健康影响、环境影响、生产损失、维修成本。另外还包括其他功能失效，如安全阀等。

⑨ 风险分析

每一种后果所对应的风险＝每一种后果所对应的可能性×具体的后果

⑩ 风险接受准则确定

⑪ 依据风险分析结果，确定检验策略，包括检验范围、检验方法、检验程度以及检验周期。

⑫ 风险管理

依据设备的风险等级排序和可接受准则，对可接受风险，不必采取措施；对不可接受风险采取各种降险措施，包括：退役、检验/状态监测、维修更换、合于使用评价、重新设计、降低后果（紧急隔离措施、紧急降压/排放、消防喷淋等）。

⑬ 再评价

上次 RBI 评估建议的周期到期、维护性停车前后、采取重大缓解救援措施后、工艺条件、破坏机理、RBI 前提条件发生重大变化后应进行再评价。

（6）API 653 储罐检验、修理、更换和重建

API 653 标准涉及按照 API 650 标准设计的碳钢和低合金钢储罐。该标准适用于焊接或铆接的、非冷藏的、常压的地上储罐完整性维护的最低要求，包括维护、检验、修理、移装、重建。API 653 标准主要内容如下：

1）SECTION 1 介绍

① 总则

② 标准符合性

③ 监管机构

④ 安全工作实践

⑤ 定义

⑥ 参考文献

2）SECTION 2 服役适用性

① 总则

② 罐顶板评价

——总则；

——固定顶板；

——浮动顶板；

——使用条件变化。

③ 罐壁板评价

——总则；

——实测厚度；

——焊接储罐壁板最小厚度计算；

——铆接储罐壁板最小厚度计算；

——变形；

——裂纹；

——防风钢架和壁板加强；

——壁板焊接；

——壁板渗漏。

④ 罐底板评价

——总则；

——底板失效原因；

——罐底板阴极保护；

——罐底板内衬里保护；

——罐底板泄漏监测；

——罐底板厚度测量；

——罐底板最小厚度；

——环行板最小厚度。

⑤ 储罐基础评价

——总则；

——基础修理更换；

——基础螺栓。

3）SECTION 3 脆性断裂

① 总则

② 基本考量

③ 评价步骤

4）SECTION 4 检验

① 总则

② 检验频率

③ 从储罐外侧检验

——例行在役检验；

——外部检验；

——超声波测厚检验；

——阴极保护调查。

④ 内部检验

——总则；

——检验周期；

——另一内部检验周期。

⑤ 罐底板测厚内部检验的替代方法

⑥ 内部检验准备

⑦ 检验流程卡

⑧ 记录

——总则；

——制造记录；

——检验历史；

——修理更换历史。

⑨ 报告

⑩ 无损检测

5）SECTION 5 材料

① 总则

② 新材料

③ 重建储罐的原材料

——罐壁板和罐底板；

——结构；

——法兰和紧固件；

——罐顶板、罐底板和缠绕梁。

④ 焊材

6）SECTION 6 重建储罐的设计

① 总则

② 新焊接接头

③ 壁板设计

④ 壁板渗漏

⑤ 缠绕梁和壁板稳定性

⑥ 罐顶板

⑦ 地震设计

7）SECTION 7 储罐维修更换

① 总则

② 壁板材料拆除更换

——替换罐壁板的最小厚度；

——替换罐壁板的最小尺寸；

——焊接接头设计。

③ 使用搭接焊贴补修理壁板

④ 壁板缺陷修理

⑤ 为改变壁板高度更换壁板

⑥ 焊缝缺陷修理

⑦ 壁板渗漏修理

⑧ 壁板渗漏增加或更换

⑨ 现存壁板渗漏更换

⑩ 罐底板修理

——通用修理要求；

——整个罐底板更换。

⑪ 固定罐顶板更换

——支撑锥形罐顶板；

——自支撑罐顶板。

⑫ 浮动罐顶板

——外浮动罐顶板；

——内浮动罐顶板；

——浮筒泄漏修理。

⑬ 浮动罐顶板周向密封修理更换

——主密封；

——辅助密封；

——壁板间隙密封；

——机械损坏；
——密封材料劣化；
——主密封、辅助密封安装。
⑭ 热引流口
——总则；
——热引流规程；
——材料限制；
——安装程序。
8）SECTION 8 拆解和重建
① 总则
② 清洗
③ 拆解方法
④ 重建
⑤ 尺寸公差
9）SECTION 9 焊接
10）SECTION 10 检验和试验
① 无损检测
② 射线探伤
③ 水压试验
④ 泄漏试验
⑤ 水压试验检查方法
11）SECTION 11 标识和记录

第三节　欧盟压力容器法规标准体系

欧洲有许多适用于承压设备制造和使用的法规。近年来，欧盟为了协调各成员国的承压设备法规，消除贸易障碍，颁布了许多EC指令。

一、法规

过去，欧洲各国都有自己的承压设备法规，彼此之间的要求差异很大。为消除由此引起的贸易障碍，欧盟颁布了许多EC指令。但非欧盟成员国的承压设备法规仍可保留。

欧盟指令是各成员国制定相关法律的指南。指令颁布后，成员国必须在一定时间内把指令中规定的内容转化为本国的法律或法规，并在指令规定的期限内执行。

与承压设备有关的EC指令有6部：
——76/767/EEC压力容器一般指令；
——84/525/EEC钢制无缝气瓶指令；
——84/526/EEC铝合金制无缝气瓶指令；
——84/527/EEC钢制焊接气瓶指令；
——87/404/EEC简单压力容器指令；
——97/23/EC承压设备指令。

1985年以前颁布的EC指令倾向于采用通用的协调标准来涵盖所有的技术问题，但是后来发现得到各成员国的一致同意的过程非常困难，故指令的制定工作进展缓慢。

1985年5月以后，欧盟发布了《关于技术协调和标准化的新方法》，改变了以往的做法，指令只涉及产品安全、工业安全、人体健康、消费者权益保护的基本要求，具体细节则由标准规定。这便大大加快了欧盟指令的制定速度。这些指令称作"新方法指令"。

欧洲协调标准对新方法指令起补充作用。欧盟委员会委托欧洲标准化委员会(CEN)、欧洲电工标准化委员会(CENELEC)等技术组织制定欧洲协调标准。企业若采用该协调标准,也就意味着满足了指令的基本要求,否则,必须通过第三方(授权机构)证明指令的基本要求已经满足。

二、标准

1. 概况

欧洲协调标准是被欧洲标准化委员会(CEN)或者是欧洲电工标准化委员会(CENELEC)正式通过的技术规定,它们的标准编号刊录在欧共体的官方刊物上。

EN 286《盛装空气或氮气的非火焰接触简单压力容器》、EN 287《焊工考试规程》、EN 288《焊接工艺评定规范》和 EN 10028《承压设备用钢板》都属于协调标准。

欧洲许多国家都有自己的压力容器设计规范和标准,没有自己压力容器标准的国家则允许采用其他国家的指定的规范和标准。欧洲国家采用的压力容器设计规范见表 12-2,黑体字标出的国家为欧盟成员国。

表 12-2　欧洲国家认可的压力容器标准情况

国家	国内设计规范	认可的国外规范
奥地利	由国家规定中给出	无
比利时	由国家规定中给出	任意标准
保加利亚	BDS 标准	无
捷克	CSN 690010	无
丹麦	DE EN 286	英国、德国、挪威、瑞典标准以及 ASME
芬兰	SFS 2610	德国、瑞典标准
法国	CODAP	无
德国	TRB. AD-Merkblatter	无
希腊	无	任意标准
匈牙利	Hungarian 标准	英国、德国、ASME 标准
冰岛	LST L404,LST L403	英国、德国、ASME 标准
爱尔兰	无	英国、荷兰、法国、德国、ASME 标准
意大利	ISPESL	无
卢森堡	无	任意标准
荷兰	压力容器规则	无
挪威	压力容器一般规则(TBK1-2)	无
波兰	由国家规定中给出	英国、捷克、德国、ASME 标准
葡萄牙	无	英国、法国、德国、意大利、西班牙、瑞典、瑞士、ASME 标准
罗马尼亚	由国家规定中给出	英国标准(但须协商)
斯洛文尼亚	CSN 690010	无
西班牙	由国家规定中给出	任意标准
瑞典	瑞典压力容器标准	可协商
瑞士	SVTI 标准	无
土耳其	无	可协商
英国	PD 5500	任意标准

注:

1)"认可的国外规范"栏中的标准被称为"认可的",但它们一般还必须满足引进国的规定和法令等特殊要求。

2)从 2002 年 5 月 29 日开始,PED 在所有 EU 成员内成为控制性的规定。

3)在国家标准组织是 CEN 会员的国家,允许采用 CEN 关于非火焰接触压力容器的标准。

4)许多欧洲国家认可 ASME 锅炉和压力容器标准。PED 强制执行后仍是如此。PED 并不排斥压力容器设计与制造中使用 ASME 规范等其他国家的压力容器建造规范,只要能证明 PED 所规定的基本安全要求可以得到满足。

欧洲标准化委员会并不是欧共体的一个部分，它是由表12-3所示的一些欧洲国家的国家标准组织组成的。EU国家用黑体字标出。

表12-3 欧洲国家的国家标准组织情况

国　家	国家的标准组织
奥地利	Osterreichisches(ON)
比利时	Institut belege de normalisation(IBN)
捷克	Cesky Normalizacni Institut(CSNI)
丹麦	Dansk Standardiseringsraad(DS)
芬兰	Suomen StandardismislⅡ to,r. y. (SFS)
法国	Association francais de normalisation(AFNOR)
德国	Deutsches Institut fur Normung e. V. (DIN)
希腊	Hellenic Organization for Standardization(ELOT)
冰岛	Technological Institute of Iceland(IST)
爱尔兰	National Standards Authority of Ireland(NSAI)
意大利	Ente Nazionale Italiano di Unificazione (UNI)
卢森堡	Inspection du Travail et des Mines (SEE)
荷兰	Nederlands Normalisatie-instituut(NEN)
挪威	Norges Standardiseringsforbund(NSF)
葡萄牙	Instituto Portugues da Qualidade(IPQ)
西班牙	Asociacion Espanola de Normalizacion y Certification(AENOR)
瑞典	Standardiseringskonmmissionen i Sverige (SIS)
瑞士	Associatino suisse de normalisation (SNV)
英国	British Standards Institution(BSI)

一旦欧洲标准(EN)被正式批准，所有的CEN成员国都必须制定措词等同的国家标准，并废止本国现行的与欧洲标准冲突的标准。在英国，CEN标准是作为措词等同的英国标准来执行的，其编号为BS加上欧洲标准号，例如BS EN 286。

2. 欧洲的在用压力容器标准介绍

(1) BS-EN 13458-3:2000《深冷容器的在役检验》

1) 在役检验项目

外部宏观检验，包括内筒和外部夹套之间真空状态是否符合EN 13458-1:2002第6条款的要求；阀门功能是否失效；在操作条件下的泄漏性试验(试验人员必须具有相应资格)；评估设施和周围环境的操作条件的变化。

检验周期的确定：有资格的检验人员在考虑操作状况并听取制造商的意见后决定检验周期，但对于易燃介质一般不超过2年，所有容器应不超过3年。

2) 安全附件(安全阀和爆破片)的在役检验项目

质量证明书和标记，主要是对图纸、说明书、型式验证进行确认，检查质量证明书、型式验证和标记，合理性(介质、尺寸、温度、压力、位置)；宏观检验，包括整体状况、安装位置/方向、密封泄漏情况、放空位置、泄放管线的通畅状况；性能试验，包括设定压力、提升/回座及密封泄漏情况；试验既可以在安全阀安装后进行，也可以在试验台上进行，试验结果应记录并至少保存到下一次检验之前；更换爆破片。

3) 安全附件的检验周期

有资格的检验人员在考虑操作状况并听取制造商的意见后决定检验周期，推荐的检验周期及不同检验周期对应的检验方法见表 12-4，表中的值有一定裕度，可以根据检验人员的意见适当延长。在确定检验周期时还应考虑到材料性能、由介质或外部环境引发的腐蚀和可能存在的堵塞。

表 12-4 不同检验周期下的检验方法

安全阀或爆破片的类型	首次检验	检验周期 1 年	检验周期 2 年	检验周期 3 年	检验周期 10 年
导向式安全阀	1)	2);3)	/	/	/
用于可燃气体或气体混合物的安全阀	1);2)	/	2)	3)	/
用于惰性和氧化性的气体或气体混合物的安全阀	1)	/	/	2)	3)
热动式调节阀	1)	/	/	2)	3)
爆破片	1)	/	/	2)	4)

4）安全附件在役检验其他注意事项

可用在线性能测试来替代试验室检验，但在线性能测试的人员须有相应资格；具有氧化性的流体，其压力泄放装置与油脂隔离（见 EN 12300），并应按照 EN 12300 的要求进行相关的验证、标记、包装和储存。

（2）地下安装的储存容量小于 $13m^3$ 的液化石油气罐（见 EN 12818:2002）的在役检验：

1）检验方式必须选择以下二者之一：

内部宏观检验、水压试验、超声波测厚、声发射检验、其他等效方法，或者外部宏观检验（开挖检验）、外部摄像监控、阴极保护监控、湿度测量；抽样检查，在修补或改造前对设备进行内部检验以及以下检验：水压试验、超声波测厚、焊缝的射线或超声检验，并与制造时的检验结果进行比较，或者采用声发射试验。

2）检验周期的确定因素

设计规格；设备的防腐设施；设备是否符合其规格或标准（其中部件或附件的损耗不包括在内）；监控和维护状况（周期不得超过 20 年，如果状况不是很理想应缩短该周期）。

3）检验报告

定期检验或再评价通过之后应出具报告。如果检验或再评价之后设备不能通过，那么出具的报告应为后续的工作做好准备，由安全操作的相关责任人员根据调查情况作出决定，比如更换新设备，或者对缺陷进行现场修复。

4）水压试验

试验时水温不得低于 7℃，升压时应逐级升压。压力试验的压力应比上次试验以来容器达到的最大压力高 10%以上，但不得超过设计压力的 110%。

5）铭牌标识

如果铭牌或标记模糊不清，应予以清理，修复或更换，在检验或再评价后应对铭牌或标记内容进行更新。

（3）地面安装的储存容量大于 $13m^3$ 的液化石油气罐的在役检验（见 EN 12819:2002）：

1）检验周期确定

设计规格；设备的防腐设施；设备是否符合其规格或标准，不包括部件或附件的损耗；监控和维护状况（周期不得超过 12 年，如果状况不是很理想应缩短周期）。

2）检验方式

必须进行外部宏观检验，并追加下列任一检验方法：内部宏观检验；水压试验；超声波测厚；声发射检验；其他等效方法。

其他要求同前文地下安装的储存容量小于 $13m^3$ 的液化石油气罐（见 EN 12818:2002）的在役检验。

(4) 地下安装的储存容量大于 $13m^3$ 的液化石油气罐的 EN 12820:2002:

1) 检验周期确定

设计规格;设备的防腐设施;设备是否符合其规格或标准,不包括部件或附件的损耗;监控和维护状况(周期不得超过 12 年,如果状况不是很理想应缩短周期)。

2) 检验方式

内部宏观检验、水压试验、超声波测厚、声发射检验、其他等效方法;外部宏观检验(开挖检验)、阴极保护监控。

其他要求同前文地下安装的储存容量小于 $13m^3$ 的液化石油气罐(见 EN 12818:2002)的在役检验。

(5) 缺陷安全评定

在评定规范和方法方面:英国的 R6 规范第 3 版(1986)和 PD 6493:1991 对我国压力容器安全评定规范 SAPV—1995 的建立起过很重要的作用。瑞典缺陷评定规范(手册)的译文也在我国广为流传。德国 CKSS 研究中心 1991 年发表了 EFAM ETM 的工程缺陷评定方法。法国在其《核电厂部件在役检验规则》(RSE-M Code)的第五章中给出了"缺陷评定方法"。这些国家的标准都有一个长期工作组织,不断予以更新。例如 1996 年瑞典又给出了《带裂纹构件安全评定规程-手册 SA/FoU-Report》的修订版。

值得指出的是 1996 年欧洲委员会(European Commission)为了建立一个统一的欧洲实施合于使用评定标准,发动组织了一个研究计划,有 9 个国家的 17 个组织参加,于 1999 年完成了"欧洲工业结构完整性评定方法",简称 SINTAP,已于 2000 年发表并已形成了一个未来欧洲统一标准的草稿。由于英国 R6、PD 6493、德国的 CKSS 及瑞典技术中心都是 SINTAP 研究的核心成员,SINTAP 也是他们共同参与研究后形成的共识,鉴于 SINTAP 不久将要成为欧洲的统一标准,R6 及 BS PD 6493 在它即将颁布新版前夕,对它们各自的修改稿又作了一次紧急修改。R6 于 2001 年颁布了他的全新版(第 4 版);PD 6493 于 2000 年颁布了他的修订版,但代号已改为 BS 7910:1999,取消了 PD 代号而正式列入正规的英国标准。

1) 欧洲工业结构完整性评定方法(SINTAP)

SINTAP 采用了失效评定图(FAD)和裂纹推动力(CDF)的两类分析方法。FAD 的关键是失效评定曲线,$f(L_r)$,只要评定点(L_r,K_r)落在 FAD 图内的安全区,则缺陷就是安全的。CDF 是直接按 $J<J_{IC}$ 的判据来进行评定的,但是裂纹推动力 J 的计算方法规定应按失效评定曲线 $f(L_r)$ 的表达式求得,$J=J_e[f(L_r)]^{-2}$,因此仅管 CDF 法和 FAD 法形式上有所不同,但实质是一样的。

7 个分析级别及其适用范围如下:

① 第 0 级(default level):在仅可得到材料 σ_y 值和 A_{KV}值时使用。

② 第 1 级(Basic level):用于可获得材料的 σ_y 值、σ_u 值,及断裂韧度 K_{mat}值的情况。如有焊缝存在,其强度不匹配程度应小于 10%。

③ 第 2 级(mismatch level):和第 1 级相似,使用条件是要能获得材料力学性能和断裂韧度。用于焊缝强度不匹配程度超过 10%的场合,这时它必需要知道母材和焊缝两者的拉伸力学性能。

④ 第 3 级(stress-strain level):这一方法要求可获得材料的 σ-ε 关系曲线以求得 $f(L_r)$,当然也需要知道材料的断裂韧度值才能进行评定。第 3 级不仅能计算焊缝基本匹配的情况,也可以用于不匹配焊缝的评定。

⑤ 第 4 级(constraint level):本级别的评定是根据裂尖拘束度的具体情况估算材料实际断裂韧度来进行评定。按断裂韧度标准测试方法测试试件必需要有足够尺寸以保证获得最低的平面应变断裂韧度值,而实际工程元件缺陷往往是很浅的,只有较低的拘束度,显然如能按实际拘束度的断裂韧度来进行评定可以降低评定的过保守度,但是要求有附加的测试数据。

⑥ 第 5 级(J-integral analysis):要求已知材料应力应变关系曲线以计算 J 积分,可以是没有焊缝的结构,也可以是不匹配焊缝(这时要求焊缝及母材的应力应变关系都已知),实际上就是严格有限元计算解。实际上第 5 级只被用来作为验证各低级方法的工具,并不是适用于工程评定的方法。

⑦ 第6级(LBB):部分穿透的表面裂纹可能继续扩展通过剩余韧带变成穿透裂纹引起泄漏,但仍然可能处于稳定状态,这就是LBB状态。SINTAP提供了一个新的估算裂纹扩展过程中缺陷形状变化的估算方法,其在穿透前或穿透后裂纹会不会撕裂失稳的评定过程和R6第3版相同。

SINTAP给出了可靠性评定方法及其相应软件PROSINTAP,采用Monte Carlo数学模拟及近似的一阶可靠性过程(approximate first order reliability routines)。

2) R6-Revision 4:2001的概况及新发展

R6-Rev. 4:2001是在英国由英国核电公司(British Energy)、英国核燃料公司(BNFL)及英国原子能管理局(AEA)组成的结构完整性评定规程联合体下的R6研究组编制的。R6第3版后已陆续地增补了10个新附录,由于近年来断裂力学评定技术的发展特别是SINTAP、BS7910和美国API 579的出现,故而吸收世界各国研究进展和R6自己发展计划决定对R6作了全面修改,于2001年颁布了第4次修订版。

整个文本分为5章:第一章:基本规程,第二章:基本规程的输入,第三章:其他评定方法,第四章:一览表(包括极限载荷解,强度不匹配的极限载荷解,应力强度因子解及残余应力分布),第五章:验证及应用案例。

其中第三章其他评定方法分为3类:第一类是用于特定评定目的的新方法,包括LBB评定、裂纹止裂评定、概率断裂评定和位移控制载荷时的评定。第二类是使第一章的基本方法不必要的保守程度降低从而更精确的一些评定方法,可以计算出更明确的安全裕度。包括拘束度影响的修正、强度不匹配影响的修正、局部法导则及加载历史的影响。第三类为进一步支持第一章基本方法的一些方法,包括有限元导则、J积分估算法、持续载荷评定、Ⅰ型Ⅱ型加Ⅲ型载荷下的评定及C-Mn(低碳)钢结构的评定。

3) PD 6493的修订版——BS 7910:1999

PD 6493:1991已与PD 6539:1994《高温评定方法》合并,根据它们近10年来的研究成果,包括SINTAP的欧洲统一安全评定方法的研究成果,于2000年发表了修正版,称为BS 7910:1999,规范名称改为《金属结构中缺陷验收评定方法导则》。

① 断裂评定方法的变化

仍然是三级评定。

原来的初级评定内容基本不变,但改称简化评定方法,采用失效评定图法。而原PD 6493中的COD设计曲线法被列入BS 7910的附录N,COD设计曲线的地位进一步下降。

第2级正常评定法经历了一个曲折的修改过程。原PD 6493—1991版的第2级正常评定法为老R6(第2版)的COD窄条区模型失效评定曲线。1995年及1997年的修改草稿中改为3种选择:第一种为1991版的窄条区模型失效评定曲线,用于$\sigma_f \leqslant 1.2\sigma_y$的低硬化材料;第二种为R6第3版的OP.1曲线,用于$\sigma_f > 1.2\sigma_y$的高硬化材料;第三种为R6第3版的OP.2曲线,反映出PD 6493全盘R6化的过程。由于近年SINTAP的成功实现了欧洲安全评定方法的统一化,在2000年BS 7910:1999颁布时,和R6第4版一样均采用了SINTAP的统一成果,COD窄条区模型的失效评定曲线也取消了。BS 7910的第2级正常评定的失效评定曲线改为两种,即2A级和2B级。

2B级曲线与原PD 6493:1991版的第3级评定曲线相同,即R6第3版的OP.2曲线(式23)。

2A级曲线采用SINTAP的基本级评定曲线。

如果应力应变关系曲线已知可用2B级,否则用2A级。对有屈服平台的非连续屈服材料或者不能证实没有屈服平台,在使用2A级失效评定图时L_{rmax}应取为1.0,否则只有采用2B级的曲线。

BS 7910第3级(撕裂失稳评定)仍然保留PD 6493—1991中的3A级和3B级不变,在已知材料应力应变关系时用3A,否则用3B。BS 7910还增加了一个3C级,其实就是采用了R6第3版OP.3失效评定曲线。

② 疲劳评定的变化

BS 7910的疲劳评定方法基本上与原PD 6493:1991的相同,仅作了少量修改。PD 6493的特色可能是它的疲劳评定了,尤其是质量等级评定法。修订后的主要变化是推荐了新的疲劳裂纹扩展率。采用了基于近年来大量钢材在空气及海水中疲劳裂纹扩展试验数据取得的更为精确的两段Paris关系式和应力比R的修正法等。特别是考虑环境的影响，例如给出了在海水环境中有阴极保护和无阴极保护时的新推荐方法，在较高温度下的疲劳裂纹扩展等。为了方便，同时也给出了新的、简化的、保守的(包络线)单段Paris关系，实验的应力比为$R \geqslant 0.5$，以给出保守的焊接接头裂纹疲劳扩展分析结果，新的铁素体钢在空气中的疲劳裂纹扩展率与PD 6493时的相比，扩展速率要略高一些。

③ BS 7910的附录

BS 7910B包含了21个附录，很多来自R6和SINTAP，因而这里不作进一步的介绍。

需要注意的是，在欧洲的大多数国家(英国除外)压力容器规范并不是由本国的标准组织制定的，因此，这些国家就没必要废止本国现行的与CEN标准等同的那些标准。

第四节　澳大利亚和新西兰压力容器法规标准体系

一、固定式压力容器

澳大利亚和新西兰对固定式承压设备管理范围基本相同，符合澳大利亚和新西兰共同标准《承压设备　锅炉和压力容器》(AS/NZS 1200)规定范围种类的A、B、C、D级承压设备(按澳大利亚标准AS 3920.1划分危险等级)基本都在管辖范围之内。

而AS/NZS 1200标准适用于除下列承压设备以外的所有承压设备：

——适用于澳大利亚AS 2030系列标准的气瓶；

——构成飞机或宇宙飞船部件的压力设备；

——构成远洋船只、其他河海上小艇或近海油气平台上的部件的承压设备；

——鼓风炉，包括冷风总管、热炉、热风总管、风口座、鼓风炉上通风管和下通风管、除尘器、污气和半清洁气总管、涤气器、出口总管、填料斗、整套设备及冷却系统；

——属于研究和开发对象的承压设备；

——用于在两个或多个建筑物或公共场所转移或分配水、气、油或其他液体的管道；

——由充液联结器构成的用于动力传输的承压设备；

——作为手动工具或设备一部分的承压设备；

——在澳大利亚，排除空气制动排气系统产生的冷凝物的空气制动排气机构(不包括贮气缸)在新西兰，排除空气制动排气系统产生的冷凝物的空气制动排气机构(包括贮气缸)；

——低压气体容器例如天然气罐(以前的煤气计量表)；

——液压传动设备，包括惰性气体节气阀，其压力和气体容量的乘积不超过30MPa·L；

——适用于AS/NZS 1841(或等效标准且灭火器有相应的压力×容积值)的便携式灭火器；

——蒸气清洁器，在其内部系统不会产生蒸气且进口和出口间的阀门不会共用；

——适用于AS 2278(或等效标准，且容器有相应的压力×容量)的气溶胶容器；

——大型储罐或设计用于在常压下或接近常压下贮存液体设备(例如容器顶部压力不超过1.4kPa，或不低于正常大气压0.06kPa)或适用于AS 1692，AS 1940，ANSI/API Std650或等效标准的设备；

——大型低压储气罐，如适用于ANSI/API Std 620或等效的(例如容器顶部压力不超过207kPa或不低于标准气压10kPa)且不包括在AS 1210—1997中表1.3.1和1.3.2之内的储罐；

——符合AS 1410、AS 2182、AS 2192、AS 2487(或等效标准，且有等效压力×容量值)的消毒器；

——符合AS 1746或等效标准的家用压力锅，例如压力不超过110kPa，容积不超过60L；

——用作玩具或用于模型俱乐部的迷你模型火炉，其水容量不超过1L；

——符合AS 1056.1，AS 3500.4.1，AS 3142(或等效标准且有等效压力 * 容积值)的家用热水器或水槽等。

新西兰《承压设备、起重机和乘客索道规则》未规定对下面承压设备进行设计审核或制造检验，也应排除在新西兰管辖范围之外：

——在被用作玩具的容量不超过1L的模型锅炉，或由模型俱乐部成员设计和使用的，容量不超过30L，且不能用于出租或用作奖品的模型锅炉；

——足够开孔的盛装蒸气的锅炉或压力容器，且其内部工作压力不超过15kPa的；

——农民在农场使用的或只用于制作牲畜食物的，容量不超过200L，并且工作压力不超过105kPa的压力容器；

——用于咖啡厅、酒店餐厅、饭馆、自助餐厅、工厂内部食堂或其他类似机关，企业的小型电热锅炉，容量不超过60L，工作压力不超过75kPa，用于提供即时热水来加热食物，洗涤，饮食或饮用水；

——容积不超过60L且工作压力不超过105kPa的压力锅；

——用作空气增压水罐，为农业灌溉系统供水的压力容器；

——专门用来提供饮用水的，容积不超过10L的电热锅炉；

——使用无毒和不易燃制冷其他的商用空调或热泵设备；

——家用和商用制冷系统或盛装用于从冷物体转移出能量的无毒、不易燃气体，且热功率不超过30kW的设备。

二、移动式压力容器

符合澳大利亚标准AS 3509《汽车用液化石油气燃料用容器》和AS 2030《气瓶规范》的移动式压力容器。

在具体管辖范围上，澳大利亚各州(地区)存在一些差异。例如，很多州规定管辖范围为A、B、C级。有的州规定一些例外条款，如昆士兰州的管辖范围虽然适用于AS 1200标准，但小于1MW以下的盘旋式强制循环锅炉，设计压力低于100kPa盛装无毒、无辐射、非易燃、无腐蚀性液体的压力容器不在其管辖范围之内等。

三、其他标准与法规

澳大利亚和新西兰压力管道分为长输管道(Pipeline)、配送管道(Distribution Pipeline)和管道系统(Piping System)。这些管道都在有关政府部门的管辖范围。长输管道为压力大于1050kPa，温度范围大于−30℃，小于200℃，适用于澳大利亚和新西兰共同标准AS/NZS 2885《气体和石油液体管线》；配送管道适用于澳大利亚标准AS 1697《气体传输和配送系统》，压力不超过1050kPa。长输管道和配送管道均包括与管道直接相连的配件、压力容器、压缩机、过滤器、分离器、与天然气管道连接的冷却器、泵、储罐等。管道系统适用于澳大利亚和新西兰共同标准AS/NZS 1200《承压设备　锅炉和压力容器》。管道系统指一整套管道构件组成的装置，它包括所有与输送蒸汽、或受压超过0.05MPa(50kPa)的气体或液体的压力设备有关的全部装置，如管子、法兰、阀门、膨胀接头、活动接头、垫圈、螺栓、耐压软管、疏水器、干燥器、滤网等对于维持设备安全性有关的东西。支撑件及所有机械部件。包括所有附件、压力计、安全装置、阀门及其他用于保持压力设备安全性能的零件。

澳大利亚标准AS 3920.1《产品质量保证　第1部分：承压设备制造》将锅炉、压力容器(包括气瓶和罐车)和工业管道根据其危害程度分为A、B、C、D、E 5个危险等级。根据AS 3920.1标准，凡压力超过0.05MPa，介质为致命介质(如果是气体介质，则容积下限为大于0.05L；如果是液体，容积下限为容积大于0.2L)、非常有害和有害介质(气体，容积下限大于0.2L；液体，容积容积大于1L)、无害介质(气体，容积下限大于0.2L；液体，容积下限大于10L)的压力容器；压力小于−0.05MPa，容积大于1000L且有永久性的人行道或重心高于安全工作平面2m以上的容器；压力大于0.05，小于3.2MPa并容积大于2L，或压力大于3.2MPa的任何容积的锅炉；压力超过0.05MPa，名义尺寸(D)大于32mm的任何介质工业管道，都根据压力与容积(管道为直径)的乘积的大小，并考虑设备受火情况(但不包括锅炉)、疲劳条件、装有快速锁紧或快开门装置情况、设备安装在受《重要危险装置法规》控制的装置之中、压力容器和管道设计压力超过50MPa，以及公路罐车或移动式容器等增大危害性情况，适当增加一定系数，分别划定为

A、B、C、D、E 5个危险等级(具体详细划分见本书附录 AS 3920.1 标准)。

例如,危险等级A级(高度危险)为大型容器,诸如4000t乙烷容器、7000t丁烷或丙烷容器、12 000t氨容器及200t氯容器等;危险等级B级(中度危险)则为大多数压力容器和锅炉;危险等级C级和D级设备主要为盛装低度危险介质的小型设备;而危险等级E级(可忽略的)则为具有极低危险,通常免于法定控制的设备。

澳大利亚和新西兰职业安全与健康法律对工作场所的危险机械设备和工具等均统一定义为"装置"。澳大利亚国家职业健康与安全委员会专门制定了指导协调各州(地区)对装置安全管理的《国家装置标准》。列入《国家装置标准》范围的装置包括:锅炉、压力容器(含移动式容器)、压力管道系统、电梯、起重机械、游乐设施、索道、场内机动车辆、木加工机械、脚手架、连续传送装置(如传送皮带)、激光设备、工业机器人、电气系统、固定平台、走道、楼梯、扶梯、工业安全网、拖拉机等。这个标准对列入管辖范围的所有"装置",无论是机械设备、工程设施或是重要危险工具,都从设计、制造、销售供应、安装、使用、检验试验、维修改造、拆卸与报废处理等环节,以及相关单位、人员责任与资格管理等方面,提出一整套通用性要求。并对那些危险性较大的锅炉、压力容器(含移动式容器)、压力管道系统、电梯、起重机械、游乐设施、索道、部分场内机动车辆实行设计鉴定评审、设计登记、制造监检(有些装置)、使用前检验、使用登记、使用定期检验等。

新西兰《职业安全与健康法》同澳大利亚《国家装置标准》一样,对工作场所危险装置从设计、制造、销售供应、安装、使用、检验试验、维修改造、拆卸与报废处理等环节,以及相关单位、人员责任与资格管理等,提出一整套通用性要求。而根据新西兰《职业安全与健康法》制定的《承压设备、起重机和乘客索道规则》,又将锅炉、压力容器、压力管道系统、起重机械和乘客索道统称为"设备",在《职业安全与健康法》对装置实施通用管理基础上,又进一步增加和明确了对这类设备的特性管理要求。这个法规对锅炉、压力容器、压力管道系统、起重机械和乘客索道的安全管理模式与澳大利亚《国家装置标准》基本相似,但管理要求和管理方法更为明晰并具有可操作性。

从澳大利亚和新西兰对装置或设备的管理中我们可以看出,两国将涉及人身和财产安全的危险机械设备统一定义,并对这些机械设备危及安全的共性实行一个模式管理。正如我国《特种设备安全监察条例》将锅炉、压力容器、压力管道、电梯、起重机械、游乐设施、乘客索道等统称为特种设备,实施统一的安全监察管理模式一样。

新西兰特种设备法规标准体系结构基本与澳大利亚相同,但由于新西兰不是联邦制国家,其特种设备法规标准体系是全国统一的,而不是像澳大利亚那样联邦和各州(地区)存在差异。新西兰特种设备法规标准体系由法律—法规—实施规范—引用标准—指南构成。具体见表12-5。

表12-5 新西兰特种设备法规与标准体系

层次	法律法规或标准名称
法律	《机械法》(1950)和《机械法》增补(1989)、《锅炉电梯和起重机法》(1950)及历年增补、《职业安全与健康法》(1992)及历年增补、《泰晤士泊拉索道法》(1874)及历年增补、《危险品法》(1974)及历年增补、《危险物质和新组织法》1996、《能源部法》(1989)、《建筑法》(2004)、《工业培训法》(1992)、《气体法》(1992)及历年增补
法规	《承压设备起重机和乘客索道规则》(1999)、《机械规则》(排除部分压力容器、起重机械和索道)、《职业安全与健康(管道)规则》(1999)、《游乐设施规则》(1978)、《危险品规则》(1980)、《陆地运输危险品规则》(1999)、《危险物品(二级气体)规则》(1980)、《危险物品(三级液体)规则》(1985)、《气体规则》(1997)、《矿山(索道与管道许可条件)规则》(1981)、《职业安全与健康规则》及历年增补、《建筑规则》(1992)及历年增补
实施规范	承压设备(不含锅炉)实施规范二类危险品公路散装运输—液化石油气罐车规范,传输管道　高压气体和液体管道装配资格证书,危险品储存和传输设施(包括储罐、管道和泵系统)设计和建造实施规范,地下石油储存系统　设计、安装和运行实施规范,新西兰乘客索道实施规范,动力提升工作平台实施规范,起重用索具实施规范,自驱动移动机械装置操作人员保护装置实施规范,动力驱动工业起重叉车操作与指挥人员培训实施规范,叉车(Front Loading)操作人员安全规范,叉车(Order Pickers)操作人员安全规范,叉车(Side Loaders)操作人员安全规范,叉车(Straddle Trucks)操作人员安全规范,(起重机)拆卸实施规范
标准	(见下表)
指南	承压设备、起重机和旅客索道规则-职业安全于健康概要指南,园艺产业提升工作平台安全使用指南,自驱动移动机械装置操作人员保护装置实施规范指南,机械-危险物质储存设施指导原则和一般安全指南,长输管道-高压气体和液体管道资格证书指导

表中的“实施规范”同澳大利亚一样，由新西兰劳动部与涉及的有关产业界（雇主与雇员）协商后制定，并经过新西兰劳动部长批准（仍不具有法律效力）。但“实施规范”在法律方面的功能与澳大利亚一样，可以在法庭上作为判断是否良好遵守法律法规的证据。还有，为更好地支持法规实施，新西兰的特种设备实施规范是根据设计、制造、供应、安全使用、维护和检验来制定的。

新西兰特种设备法规与标准体系中的标准主要由“实施规范”引用采纳。新西兰特种设备实施规范引用的特种设备标准主要是澳大利亚新西兰共同标准、新西兰标准、澳大利亚标准、英国标准、美国标准和少数 ISO 标准。最近几年，新西兰对于新制造的特种设备，主要采用澳大利亚新西兰共同标准、新西兰标准或澳大利亚标准，对于两国目前没有的标准，主要采纳欧盟、英国和美国标准，对于以前制造的老旧设备，仍按原制造标准维护与检验。上表中的“指南”由职业安全与健康机构制定，或由职业安全与健康机构（OSH）参与制定。“指南”可以不经过正式批准，但“指南”是雇主和相关人员满足新西兰特种设备安全法律法规要求的重要指导。职业安全与健康机构已经为许多特殊行业制定了有助于贯彻新西兰特种设备和职业安全与健康法律法规的“指南”。

第五节　国际标准化组织压力容器标准体系

一、ISO 16528《锅炉和压力容器》

尽管锅炉压力容器标准已经诞生的一百多年，但由于 ASME 体系和欧洲体系的矛盾始终难以协调，一直没有锅炉压力容器的国际标准。鉴于锅炉压力容器产品的国际流通引起了世界各国的广泛关注，国际标准化组织专门设立了 ISO/TC 11 锅炉和压力容器技术委员会，力图制定国际统一的锅炉压力容器标准。

ISO/TC 11 制定锅炉和压力容器国际标准的目的如下：

——满足 WTO 对消除贸易技术壁垒所达到的共识性协议或 WTO 协议。

——设定锅炉和压力容器产品的安全要求。考虑了压力设备可能发生的各种失效模式，给出了满足这类时效批准的导则。

——各国标准都具有支持公共安全和良好市场运行的经验。如果在现在的法规框架和市场需求下可以确保技术改革取得进展，一个国际性的基于性能的标准将能使这些标准共存。

ISO/TC 11 锅炉和压力容器技术委员会成立于 20 世纪 70 年代，1997 年开始重新工作，ISO/TC 11 秘书处设在美国 ASME 总部，ISO/TC 11/WG 10 工作组由日本高压气体保安协会承担，并于 2002 年通过了 ISO/TS 16528:2002《锅炉压力容器 国际协调标准规范》。

2004 年的 ISO/TC 11 巴黎年会，决定将锅炉压力容器国际标准一分为二，并组建 ISO/TC11/WG1 工作组，由美国承担。重新起草的锅炉压力容器国际标准于 2005 年 11 月在北京召开的 ISO/TC 11 年会上获得通过。

获得通过的 ISO/DIS 16528 锅炉和压力容器由两部分构成：

——第 1 部分　性能要求；

——第 2 部分　满足第 1 部分要求的标准。

1. ISO/DIS 16528 PART1《锅炉压力容器　第 1 部分：性能要求》

ISO/DIS 16528 第 1 部分的主要技术内容包括：范围、术语和定义、计量单位、锅炉和压力容器分级、职责、时效模式、技术要求（包括一般要求、材料、设计、制造、检验、最终检验和试验、标记）复合型认证。

ISO/DIS 16528 第 1 部分的主要技术特点是：综合世界主要工业国家的标准规定，参照欧洲标准的内容，针对锅炉和压力容器常见的失效形式，在标准中将其归类为 3 大类、14 种失效模式：

（1）短期失效模式（short term failure modes）：

——脆性断裂（Brittle fracture）；

——韧性断裂（Ductile rupture）；

——超量变形引起的接头泄露(Leakage at joints due to excessive deformations);

——超量局部应变引起的裂纹形成或韧性撕裂(Crack formation or ductile tearing due to excessive local strains);

——弹性、塑性或弹塑性失稳(跨塌)(Instability-elastic,plastic or elastic-plastic)。

(2) 长期失效模式(Long term failure modes):

——蠕变断裂(Creep rupture);

——蠕变—在机械连接处的超量变形或导致不允许的载荷传递(Creep-excessive deformations at mechanical joints or resulting in unacceptable transfer of load);

——蠕变失稳(Creep instability);

——冲蚀、腐蚀(Erosion,corrosion);

——环境助长开裂如:应力腐蚀开裂、氢致开裂(Environmentally assisted cracking e.g. stress corrosion cracking ,hydrogen induced cracding,etc)。

(3) 循环失效模式(Cyclic failure modes):

——扩展性塑性变形(Progressive plastic deformation);

——交替塑性(Alternating plasticity);

——弹性应变疲劳(中周和高周疲劳)或弹-塑性应变疲劳(低周疲劳)Fatigue under elastic strain (medium and high cycle fatigue)or under elastic-plastic strains(low cycle fatigue);

——环境助长疲劳(Environmentally assisted fatigue)。

(4) 对于压力容器设备标准,在确定设备准则和方法中至少要考虑如下失效模式:

——脆性断裂;

——韧性断裂;

——接头泄露;

——弹性或弹性失稳;

——蠕变断裂。

(5) 设计方法要求

ISO/DIS 16528 第 1 部分并没有规定受压元件的具体设计方法,仅规定了设计方法的原则和适用范围,强调设计方法要保证锅炉和压力容器的完整性,采用下列方法之一或这些方法适当组合:

——规则设计(Design by rule);

——分析设计(Design by analysis);

——以经验设计或试验为基础的设计(Design by experiment or testing)。

2. ISO/DIS 16528 PART2《锅炉压力容器　第 2 部分:满足第 1 部分要求的程序》

本部分共分 4 章:

——范围;

——术语和定义;

——符合性程序;

——符合性表格(3 个表):表 1:失效模式汇总表(对应第 1 部分 6.3 条);表 2:详细的失效模式核对表:显(隐)性设计、制造细节、材料要求、检验要求、试验要求和使用限制(要求);表 3:详细的技术要求核对表:材料、设计、制造、焊接、热处理、检验、试验、标记、符合性评审等共 32 项。

二、ISO 9328《压力容器用钢板交货技术条件》

国际标准 ISO 9328《压力设备用钢板交货技术条件》是国际标准化组织 ISO/TC 17/SC 10 组织制定的。该标准于 1991 年颁布第一版,2003 年开始颁布的第二版共分为 7 个部分:

——ISO 9328-1:2003 Steel flat products for pressure purposes—Technical delivery conditions—Part 1:General requirements

——ISO 9328-2:2004 Steel flat products for pressure purposes—Technical delivery conditions—Part 2:Non-alloy and alloy steels with specifiedelevated temperature properties

——ISO 9328-3:2004 Steel flat products for pressure purposes—Technical delivery conditions—Part 3:Weldable fine grain steels,normalized

——ISO 9328-4:2004 Steel flat products for pressure purposes—Technical delivery conditions—Part 4:Nickel-alloy steels with specified low temperature properties

——ISO 9328-5:2004 Steel flat products for pressure purposes—Technical delivery conditions—Part 5:Weldable fine grain steels,thermomechanically rolled

——ISO 9328-6:2004 Steel flat products for pressure purposes—Technical delivery conditions—Part 6:Weldable fine grain steels,quenched and tempered

——ISO 9328-7:2004 Steel flat products for pressure purposes—Technical delivery conditions—Part 7:Stainless steels

ISO 9328-1～9328-6:2003～2004《压力设备用钢板交货技术条件》并没有试图去制定一个统一的包含化学成分和力学性能的压力设备用钢板的产品标准，而是根据选择的设计规范(美国规范与欧洲规范)让美国牌号和欧洲牌号共存于一个标准之中：

——附录A(规范性附录):根据欧洲设计规范的产品化学成分和力学性能；

——附录B(规范性附录):根据美国设计规范的产品化学成分和力学性能；

——附录C(资料性附录):ISO 牌号与国家(区域)标准牌号的对应关系。

三、采标趋势

世界贸易组织技术性贸易壁垒协议(以下简称“WTO/TBT 协议”)规定，成员国制定技术法规和标准应以国际标准为基础。根据我国加入世界贸易组织所做的承诺，我国以国际标准为基础制定技术法规的比例在5年内以内应再提高10%。因此，积极采用国际标准是我国标准化工作的重要组成部分，压力设备法规标准的制定也不例外。

但是，由于压力设备的特殊性，一方面使得国际标准化进程迟缓，至今未能形成一个完整的压力设备国际标准体系；另一方面也使得已经发布和即将发布的国际标准并不是一个可以直接采用的产品标准，这些标准被接受仍需要一个过程。

1. 采标现状

(1) ISO 16528

如前所述，ISO 16528《锅炉压力容器》并不是关于锅炉压力容器产品建造规范，而是国际承认的锅炉压力容器规范应该具有哪些性能要求以及国家(区域)锅炉压力容器建造规范获得国际承认的审批程序，国家(区域)锅炉压力容器建造规范一旦通过规定的审批程序，即成为锅炉压力容器国际标准，但该标准不是唯一的，不具有排他性。

2005年11月，在ISO/DIS 16528获得通过的ISO/TC 11北京年会上，美国、欧盟和法国都向与会成员提交了ISO/DIS 16528.2中规定的符合性表格。中国锅炉压力容器标准获得国际承认需要逾越的主要障碍在于：

——标准体系分散，缺乏与欧美国家对应的锅炉建造规范；

——标准数量繁多，翻译成英文版的工作量浩大；

——法规标准存在不协调，应借鉴日本协调法规标准的做法加以解决；

——锅炉压力容器专用材料因牌号偏少且缺乏高温性能数据而难以获得国际承认；

——我国锅炉压力容器标准还缺乏必要的国际认可度和竞争力。

(2) ISO 9328

与ISO 16528类似，ISO 9329-1～9328-6:2003～2004《压力设备用钢板交货技术条件》的关键在于3个附录，附录A和附录B分别给出了按欧洲标准和美国ASME规范设计建造时供选择材料牌号和化学成分和力学性能，而在附录C(资料性附录)则给出了欧洲钢号、美国牌号和日本牌号与ISO牌号的对应关系。

ISO 9328-1～9328-6：2003～2004《压力设备用钢板交货技术条件》的实施，不仅在客观上承认了欧洲压力设备标准和美国ASME规范的国际标准地位，而且也承认了附录C中所列欧洲、美国和日本牌号的国际牌号地位。中国作为世界第一产钢大国，竟然没有一个牌号被列入，说明我国压力设备专用材料的差距还很大。

2. 发展方向

全国锅炉压力容器标准化技术委员会自成立以来，一直致力于标准资源的整合与标准体系的重构，致力于中国压力设备标准的国际化。为此主要做了以下工作：

(1) 从1999年起，秘书处组织专家已经陆续将《压力容器安全技术监察规程》、GB 150《钢制压力容器》、GB 151《管壳式换热器》、JB 4708《钢制压力容器焊接工艺评定》和JB/T 4730《承压设备无损检测》等标准翻译成英文版。

(2) 从1998年起组团参加ISO/TC 11年会，参与了国际标准ISO 16528《锅炉压力容器》起草工作，并作为东道主举办了2005年的ISO/TC 11北京年会，与美国NBBI和ASME、CEN/TC 54以及日本高压气体保护协会保持联系。

(3) 开展压力设备标准体系研究、国内外压力容器标准比较研究、压力容器分类研究和安全系数研究，启动国家标准《锅壳式锅炉建造规范》和《钢制压力容器》的修订项目，为申请国际承认做准备。

(4) 与全国钢标准化技术委员会全面合作，整合修订GB 714《锅炉用钢板》和GB 6654《压力容器用钢板》为《压力设备用钢板》；积极开展国内外压力设备材料比较研究和成熟牌号高温性能试验研究，为中国牌号获得国际承认奠定基础。

第十三章　压力容器主要标准法规简介

第一节　中国压力容器主要标准法规

中国压力容器行业从 20 世纪 60 年代初开始着手制定较为完整的压力容器设计规范。1967 年完成了《钢制石油化工压力容器设计规定》,后经修订与 1977 年开始颁发实施,随后又修订过两次,即 82 版和 85 版。该设计规定由原机械工业部、化学工业部和中国石油化工总公司(83 年以前由原石油部负责)组织编制的,属部级标准。

为编制压力容器的国家标准,1984 年 7 月成立了全国压力容器标准化技术委员会(简称容标委)。容标委以《钢制石油化工压力容器设计规定》为基础,经充实、完善和提高于 1989 年颁布了第一版的国家标准,即 GB 150—89《钢制压力容器》。1998 年颁布了第一次全面修订后的新版 GB 150—1998《钢制压力容器》。与此同时,容标委在 GB 150 的基础上,又先后制定 GB 151《管壳式换热器》、GB 12337《钢制球形储罐》、JB 4732《钢制压力容器　分析设计标准》及 JB 4710《钢制塔式容器》、JB 4731《卧式容器》等一系列国家标准和行业标准。

GB 150《钢制压力容器》是中国第一部压力容器国家标准,其基本思路与 ASMEⅧ-1 相同,属于常规设计标准。该标准适用于设计压力不大于 35MPa 的钢制压力容器的设计、制造、检验及验收。适用的设计温度范围更具刚才允许的使用温度确定,从－196℃到钢材蠕变限用温度。

GB 150 只适用于固定的承受恒定载荷的压力容器,不适用于以下 8 种压力容器:直接用火焰加热的容器;核能装置中的容器;旋转或往复运动的机械设备中自成整体或作为部件的受压器室;经常搬运的容器;设计压力低于 0.1MPa 的容器;真空度低于 0.02MPa 的容器;内直径小于 150mm 的容器;要求做疲劳分析的容器等。

GB 150 管辖的范围除壳体本体外,还包括容器与外部管道焊接连接的第一道环向接头破口端面、螺纹连接的第一个螺纹接头端面、法兰连接的第一个法兰密封面,以及专用连接件或管件连接的第一个密封面。其他如接管、人孔、手孔等承压封头、平盖及其紧固件,以及非受压元件与受压元件的焊接接头,直接连在容器上的超压泄放装置均应符合 GB 150 的有关规定。

GB 150 的技术内容包括圆柱形筒体和球壳的设计计算、零部件结构和尺寸的具体规定、密封设计、超压泄放装置的设置,以及容器的制造、检验与验收要求等。该标准在中国具有法律效用,是强制性压力容器标准。

JB 4732—1995《钢制压力容器　分析设计标准》是压力容器另一部重要标准,与《压力容器安全监察规程》一起构成了压力容器法规标准的基础

第二节　欧盟压力容器主要标准法规

历史上欧洲各工业国有各自的适用于承压设备设计、制造和使用的法规和标准,但各国的规定和技术要求都不尽相同。近年来,为了协调欧盟各成员国的承压设备技术法规和标准,消除欧盟内的技术贸易障碍,欧盟颁布了相应的 EEC/EC 指令(DIRECTIVE)和协调标准(Harmonized Standards)。

与承压设备有关的 EEC/EC 指令有 9 部:

1. 76/767/EEC 压力容器指令

2. 84/525/EEC 钢制无缝气瓶指令

3. 84/526/EEC 铝制无缝气瓶指令

4. 84/527/EEC 钢制焊接气瓶指令

5. 87/404/EEC 简单压力容器指令

6. 94/55/EC 危险品公路运输指令

7. 96/49/EC 危险品铁路运输指令

8. 97/23/EC 承压设备指令

9. 99/36/EC 移动式承压设备指令

一、76/767/EEC《压力容器一般指令》

76/767/EEC《压力容器指令》是关于压力容器的基本指令，这项指令又称为《压力容器框架指令》，包括压力容器及其检验方法的一般规定。这项指令涵盖设计压力大于 0.5bar(表压)的压力容器，但不包括核容器以及船和飞机用容器。

该指令的目的是："为了压力容器在共同市场内自由流通，避免多重检验及由此形成的贸易障碍，有必要作出适当安排，使各成员国互相承认对方所做的检验"。第 13 条中对检验机构做了规定，要求各成员国向其他成员国和委员会提供负责检验工作的检验机构的名单。

该指令第 22 条中提出的特别条款，适用于该指令范围内的压力容器，但另有专门指令的压力容器除外。成员国的直接管理部门(如英国的健康和安全执行机构)应该承认由一个检验机构依照指令附录Ⅳ规定的程序进行检验的压力容器符合本国法律。各成员国应该承认压力容器原产国检验机构颁发的报告和证明，将之视作通用文件。

该指令附录Ⅲ规定成员国在指定的检验机构执行检验任务时需要考虑的最低准则，包括独立性、组织机构、技术能力及其公正性，各成员国选择的检验人员必须具有熟练的技术，经过职业培训，并能够保守技术秘密。

附录Ⅳ指出向接受国的行政机构提出申请，要求由非接受国的检验机构执行并证实验证性试验的程序。

二、气瓶指令

1984 年欧共体颁布的 3 项气瓶指令，即 84/525/EEC《钢制无缝气瓶指令》、84/526/EEC《铝制无缝气瓶指令》和 84/527/EEC《钢制焊接气瓶指令》，都引用了 76/767/EEC《压力容器一般指令》。这些指令要求带有 CE 标志的气瓶必须型式试验合格，除非其水压试验压力低于 120bar 且容积小于 1L。

84/525/EEC《钢制无缝气瓶指令》适用于容积为 0.5L～150L，盛装压缩气体、液化气、溶解气体的钢制无缝气瓶；84/526/EEC《铝制无缝气瓶指令》适用于容积为 0.5L～150L，盛装压缩气体、液化气、溶解气体的铝合金无缝气瓶，但不包括采用抗拉强度大于 500MPa 的铝合金制造的气瓶；84/527/EEC《钢制焊接气瓶指令》适用于由厚度小于等于 5mm 的钢板焊接而成、可以反复充装、容积为 0.5L～150L、设计压力不超过 60bar 的钢制焊接气瓶。

指令的技术要求详细规定了基本安全要求，包括钢或铝合金的制造方法、化学分析、最小壁厚确定方法、热处理和筒体的质量要求，如不圆度、直线度、地面或基础环的型式等。指令详细规定了 EC 型式试验应做的检验和测试，包括对气瓶的力学性能试验、冲击试验、水压爆破试验、压力循环试验、水压试验和双硬度试验(double hardness tests)。

若这些试验均符合要求，管理机构(如英国的健康安全执行机构)将会签发 EC 型式试验认可证书。当对报告的一致性进行检查时，制造商应向检验机构提供详细资料，由检验机构校对已取得的型式试验报告，校核材料数据和计算，按 10% 取样原则检查气瓶，审查力学性能试验，评估硬度一致性检测的结果。

当上述各项均符合要求时，检验机构将会签发 EC 检验证书。每只气瓶应带有以下标志：

——EC 型式认可(EC pattern approval)标志。

——EC 指令的编号。

——EC 型式认可国家的大写字母代号("D"代表德国),以及认可年份的后两位数字。

——EC 型式认可的编号。

对于免受 EC 检验的气瓶,字母 E 外有个六边形,同样包括上述细节。

经检验机构型式认可的气瓶可在所有欧共体成员国使用。

94/55/EC《危险品公路运输指令》和 96/49/EC《危险品铁路运输指令》也对气瓶作了部分规定。

三、87/404/EEC《简单压力容器指令》

87/404/EEC《简单压力容器指令》于 1987 年 6 月 25 日通过,1990 年 7 月 1 日起强制执行。该指令适用于按批制造的盛装空气或氮气,内压大于 0.5bar(表)的简单压力容器。这种类型容器包括储气罐及卡车和火车制动系统中的容器,但不包括核容器以及船和飞机用容器。

该指令适用于材料为碳素钢或非合金铝,最高工作压力为 30bar 且压力(PS)与容积(V)的乘积不超过 10 000bar・L 的容器。当最高工作压力与容积的乘积 PS・V 超过 50bar・L 时,容器就必须符合该指令附录Ⅰ中规定的基本安全要求。该指令还对钢中碳、硫、磷含量,以及抗拉强度和冲击功做了规定。

PS・V 低于 50bar・L 的容器不受上述限制,只需符合一般的制造标准。对于铝制容器,材料的含铝量不小于 99.5%,处于退火状态,在最高工作温度下具有足够的抗晶间腐蚀能力;满足抗拉强度和断后伸长率的要求。任何焊接材料必须具有相容性,焊工必须经过适当的资格认证。指令还规定了设计中的一些最低要求,如最小设计壁厚、最低工作温度、内部检测方法和排净方法等。

制造方法和制造工艺必须符合制造计划表中规定的材料、焊接工艺、检测项目的要求。

当容器符合指令中设计、材料、制造等所有要求时,铭牌上必须带有 CE 标志、制造年份的最后两位数字、认可的检验机构的代号、最高工作压力、最高工作温度和容积。

EN 286《盛装空气或氮气的非火焰接触简单压力容器》于 1992 年首次发布,是指盛装空气或氮气的简单非火焰接触压力容器的协调标准。按照该标准制造的简单压力容器被认为是满足指令 87/404/EEC 的基本要求的。带有 CE 标志和必要的检验报告的压力容器可以在欧盟成员国范围内自由流通而不必进一步测试和检验。按照 87/404/EEC《简单压力容器指令》第 5 条的规定,EN 286 于 1992 年 4 月在欧盟委员会官方刊物上发布。

四、97/23/EC《承压设备指令》

97/23/EC《承压设备指令》(PED)适用于最高工作压力大于 0.5bar 的承压设备和成套设备的设计、制造和合格评估。承压设备包括压力容器、压力管道、安全附件和承压附件。PED 是新方法指令,对承压设备基本安全要求作了规定,体现了欧盟承压设备的现有安全水平。

欧洲议会和理事会于 1997 年 5 月通过了 97/23/EC《承压设备指令》。欧盟各成员国必须在 1999 年 11 月 29 日之前根据 PED 制定出相应的法律和规定。在 2002 年 5 月 29 日强制执行 PED 之前的过渡期内,成员国不得允许销售不符合现行法规的承压设备。PED 适用于首次投放市场、投入运行、在欧盟成员国内供应(包括出租、租用等)的产品。

一般来说,承压设备应由制造商负责,但在确定制造商时仍需谨慎——它不一定就是设备生产者。除制造商外,设计者、进口商、用户、供应商甚至制造商的授权代理也有可能要承担责任。

1. 承压设备分类(PED 第 9 条)

根据 PED 指令的规定,制造商需要对承压设备分类。根据 PED 附录Ⅱ的规定,承压设备可分为Ⅰ、Ⅱ、Ⅲ、Ⅳ 4 个合格评估等级。对于危险性很低的承压设备可按照成熟工程实践(SEP)分类。

为了对承压设备进行分类,制造商需要了解以下知识:

(1) 设备的型式

容器、蒸汽锅炉或者压力管道。蒸汽锅炉是指用火焰或者其他方法加热的承压设备,用于生产温度

超过110℃蒸汽或过热水，具有过热危险。对于承压设备附件和安全附件，在后文有所介绍。

(2) 流体的状态

气体或液体。在设备最高工作温度下，若流体的饱和蒸汽压(表压)不超过0.5bar，则视为液体，否则应视为气体。

(3) 流体分组

第一组或第二组。

第一组由危险性流体组成，它们在关于危险物质分级的EC指令(1967年1月27日通过的67/548/EEC)中的分级为：易爆炸流体、极易燃流体、高度易燃流体、易燃流体(最高使用温度超过闪点)、剧毒流体、有毒流体和高氧化性流体。

第二组由第一组以外的流体组成，包括水蒸汽。

(4) 设备的最高工作压力和容积

根据上述信息，制造商可以确定PED附录Ⅱ中的相关的分类图号，如表13-1所示；然后在选定的分类图中，根据设备的最高许用压力(PS)和容积(V，单位为L)，标出坐标点，从而确定承压设备的类别。在对管道分类时，应用公称直径(DN)代替容积。

表13-1 PED附录Ⅱ中相关分类图的选择

介质状态	容器				蒸汽锅炉	管道			
	气体		液体		—	气体		液体	
流体类别	1	2	1	2	—	1	2	1	2
分类图号	1	2	3	4	5	6	7	8	9

附录Ⅱ中，分类图1～4适用于压力容器。分类图5适用于蒸汽锅炉。分类图6～8适用于压力管道。图13-1所示为一典型例子，附录Ⅱ中的分类图1适用于盛装第1组流体中气体的容器。

承压附件既可按压力容器也可按压力管道分类，二者中取其相关的一种。当容积和公称尺寸都被认为相关时，承压附件的类别应取其中的最高类别。

2. 基本安全要求(ESRs)(附录Ⅰ)

划分为SEP的设备必须按照成熟工程实践来设计和制造。SEP设备不得带CE标志。

第Ⅰ～Ⅳ类承压设备，必须同时满足PED中的技术要求和基本安全要求(以下简称ESRs)。PED的第3条和附录Ⅰ中分别给出了技术要求和基本安全要求。

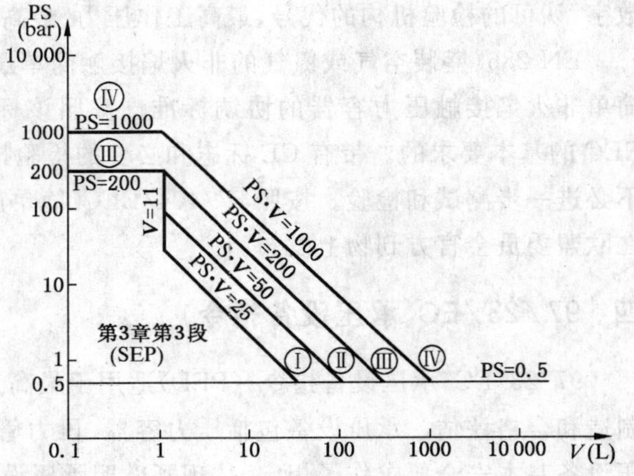

第3条1.1款(a)第1项规定的容器[1)]例外，根据分类图1属于第Ⅰ或第Ⅱ类的容器，介质为不稳定气体时，应划为第Ⅲ类容器

1) 表示PED中的条款。——译者注

图13-1 PED附录Ⅱ中的分类图1

按照欧洲协调标准EN 13445《非火焰接触压力容器》的建造的承压设备就视同于已经满足了ESRs。

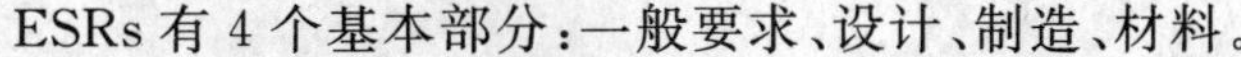

ESRs有4个基本部分：一般要求、设计、制造、材料。

其中，有3个部分包含有对蒸汽锅炉、压力管道的特殊要求，以及对某些承压设备的定量要求。

3. 合格评估(PED第10条)

PED要求承压设备接受合格评估，以证明设备已经达到基本安全要求。合格评估程序是在1993年7月22日更新的93/465/EEC《EC模式选择指令》的基础上制定的。这些模式的设置反应了当前的工业实际情况。

制造商可以根据自己的实际情况选择合格评估模式。根据承压设备的类别，制造商可以选择由授权机构监督的质量体系，或完全第三方检查，或二者的结合体系。制造商可以选择适用于更高类别承压设备的模式。

第Ⅰ类承压设备由制造商自己施行内部生产控制。第Ⅱ至Ⅳ类承压设备的评估模式需要一个由成员国指定的授权机构参与认证，并监督制造商的质量体系，或者直接进行产品检验。

不同类别的承压设备合格评估模式见表13-2。

表 13-2　不同类别承压设备的合格评估模式

第Ⅰ类承压设备评估模式	第Ⅱ类承压设备评估模式	第Ⅲ类承压设备评估模式	第Ⅳ类承压设备评估模式
A	A1	B1+D	B+D
	D1	B1+F	B+F
	E1	B+E	G
		B+C1	H1
		H	

承压设备的类别越高，危险性也就越大，其要求也越高。

表13-3概述了合格评估模式，详见PED附录Ⅲ。

表 13-3　合格评估模式概要

评估模式	设　计	生　产
A	技术文件	内部生产控制
A1	技术文件	内部生产控制，并须最终评审监督
B	型式测试	
B1	设计测试	
C1		最终评审监督
D		生产、最终检验和试验的质量保证
D1	技术文件	生产、最终检验和试验的质量保证
E		最终检验和试验的质量保证
E1	技术文件	最终检验和试验的质量保证
F		产品验证
G	单件验证	单件验证
H	设计、制造、最终检验和试验的质量保证	
H1	设计、制造、最终检验和试验的质量保证，以及设计审查，并须最终检验监督	

4. 授权机构(PED第12条)

各成员国都有权指定授权机构，同样，也有权在授权机构不再适合担任该任务时，随时吊销对它们的授权。授权机构受负责审批的政府机构的管辖。因为涉及管辖权，故成员国只能在其领土内注册的机构中指定授权机构。

在英国，负责指定授权机构的政府部门是贸易工业部(DTI)。英国认证机构(UKAS)负责对申请者进行评估。并向DTI提出授权建议书。UKAS是英国政府惟一的认证机构，负责实验室、验证机构和检验机构的认证。

授权的首选方式是采用EN 45000系列中的适当标准对机构进行评审。采用这些标准可以协调各成员国间对授权机构的评估和监督。在英国，允许采用其他方法证明申请机构满足指令中的最低要求。

DTI制定了指定授权机构的指导原则。PED附录Ⅳ列出了指定授权机构的最低要求。

授权机构的职责仅限于销售前对承压设备的合格评估。授权机构和制造商共同负责确保承压设备的正常流通和投入使用。授权机构承担大部分责任。

PED附录III规定了授权机构介入合格评估过程的模式和范围。在制造商选定的包括质量体系在内的评估模式时，授权机构必须对质量体系进行认证。认证质量体系的基本工作是授权机构验证质量体系是否满足PED的要求。

授权机构另一重要职责就是负责欧洲材料批准书(EAM)。

认可的第三方机构也由欧盟各成员国指定，其职责是按照PED基本要求3.1.2款和3.1.3款的规定，对第Ⅱ、Ⅲ、Ⅳ类承压设备的焊接工艺、焊工和无损检测人员进行资格认可。

用户检验机构也由欧盟成员国指定，其职责是执行A1、C1、F、G模式中授权机构的任务。用户检验机构无权在设备上粘贴CE标志。

5. 欧洲材料批准书(PED第11条)

PED中规定承压设备用材料的化学成分、力学性能和质量应适应承压设备的要求。PED允许采用如下3种类型的材料：

——符合欧洲协调标准的材料；

——获得欧洲材料批准书的材料(EAM)；

——通过特殊评估的材料(PMA)。

上述材料均符合PED第3条的技术要求以及附录Ⅰ的基本安全要求。

欧洲材料批准书(EAM)，是由有资质的专门的授权机构对材料进行评审，评审后应出具欧洲数据表，包括设计工程师和检验人员的所有信息。取得EAM的材料将在欧共体官方刊物公布。

由于某些成员国的反对，欧洲材料批准书的使用进展得非常慢。截至2003年2月尚无一种材料取得EAM。

特殊材料评审(PMA)评估方式与EAM相似，但不必发布评估结果。

在没有协调的欧洲产品或材料标准可依的情况下，材料必须取得欧洲材料批准书(EAM)或通过特殊材料评审(PMA)。

6. CEN协调标准

欧盟委员会按MO/71命令，委托欧洲标准化委员会(CEN)制定有关承压设备方面的协调标准。独立标准并不能自我满足，而要依靠其他基础标准才能满足指令的要求。所以制造商使用很多协调标准，以覆盖用于产品的所有相关的基本要求。协调标准可分为3类：产品协调标准、基础协调标准、材料协调标准。

7. PED不适用的承压设备

PED第1条第3款列举了指令不适用的承压设备，主要有：

——用户负责在现场组装的承压设备；

——输送流体的长输管道；

——其他指令涵盖的承压设备，如87/404/EEC《简单压力容器指令》和75/324/EEC《喷雾器指令》规定的承压设备；

——在分类时类别不高于第Ⅰ类且为其他指令(如89/392/EEC《机器指令》)涵盖的承压设备；

——核容器，失效时可能产生核辐射；

——井口控制设备(采油树)和防喷装置；

——发动机、汽轮机、压缩机及泵的承压壳体；

——可移动的近海设施；

——下列协议涵盖的设备：《欧盟危险货物道路运输协定》(ADR)、《国际危险货物铁路运输规定》(RID)、《国际危险货物海运规范》(IMDG)、《国际航空组织协定》(ICAO)。

PED公布在欧共体官方刊物上(1997年7月9日刊物第L181页)。

获得官方刊物的影印本、《承压设备规程1999》(SI 1999/2001)和《承压系统安全规程2000》(SI 2000/128)的全文可以在www.hmso.gov.uk/stat.htm浏览。PED的全文也可以在欧盟委员会

PED网站 ped. eurodyn. com 下载。

在这个网站中还可以看到由委员会承压设备工作组(WGP)发布的 PED 指南的全文。这些指南是 WGP 收到质询后对 PED 的解释,但无法律效果。在网站还可了解欧洲材料批准书(EAMs)的进展。

DTI 编制了一本英国法规的指导手册(URN 99/1147)。该手册免费赠送,可以通过 DTI 的咨询电话 0870 150 2500 获取。

该手册和其他文件,包括英国授权机构名单等也可以用 Acrobat pdf 格式在 DTI 标准及技术法规理事会网站 www. dti. gov. uk/strd/strdpubs. htm 下载。

五、99/36/EC《移动式承压设备指令》

欧盟理事会于 1999 年 4 月 29 日颁布的 99/36/EC《移动式承压设备指令》适用于气瓶、罐车等移动式承压设备。与 94/55/EC《危险品公路运输指令》和 96/49/EC《危险品铁路运输指令》相比,该指令对移动式承压设备作了更详细的规定。它要求对移动式承压设备全过程即设计、制造、检验、修理、改造等环节实施强制性管理。该指令于 2001 年 6 月 1 日起生效并强制实行。

六、EN 286《盛装空气或氮气的非火焰接触简单压力容器》

EN 286 是为使用 87/404/EEC《简单压力容器指令》而制定的协调标准,它覆盖了指令的基本安全要求。指令中并不强制使用 CEN 标准,但是,按照 CEN 标准设计、制造和检验的压力容器则被自动承认满足本指令的基本安全要求。

EN 286 由以下 4 篇组成:第 1 篇:一般用途压力容器;第 2 篇:用在机动车辆及其拖车上的空气制动装置和辅助系统上的压力容器;第 3 篇:用在火车上的空气制动装置和辅助系统上的钢制压力容器;第 4 篇:用在火车上的空气制动装置和辅助系统上的铝合金压力容器。

注:第 2、3、4 篇专门用于空气制动系统,在本书不作详细说明。

七、EN 13445《非火焰接触压力容器》

EN 13445 是为落实《承压设备指令》的应用而制定的协调标准,它涵盖 PED 的基本安全要求(ESRs)。PED 并未规定使用 CEN 标准,但是根据标准的自我宣称和专家评价(附录 Z),按照 CEN 标准设计、制造和检验的压力容器就被自动认为满足指令的基本安全要求。

1999 年公布了 EN 13445 的征求意见稿。2002 年 5 月颁布 EN 13445 标准初版。

EN 13445 与其他压力容器标准和规范之间的一个主要区别是在此标准中没有提到用户,制造单位和独立检验机构各方的责任。这方面是为指令所涵盖的。

有一些与安全有关的问题,指令要求必须考虑(例如放完和排净,外部火灾等),而在该标准中则没有被全部提及。

EN 13445 的总体框架及其背后的理念与英国标准 PD 5500:2000 很相似。标准中的设计方法很多来源于欧洲和其他规范和标准。近年来,存在着 EN 13445 和 PD 5500 互相靠拢的趋势,因为 EN 13445 中的新方法或对现有方法的修正已被吸收入 PD 5500 中。

EN 13445 采用了指令规定的各种安全因素。事实上,这些安全因素首先是由 EN 13445 的起草者提出的,后来纳入指令。这样一来,修改它们的困难变得很大。

EN 13445 由以下几篇组成:

——第 1 篇 概述

——第 2 篇 材料

——第 3 篇 设计

——第 4 篇 制造

——第 5 篇 检测和试验

——第 6 篇 球墨铸铁制造的压力容器和容器元件设计制造的补充规定

每篇都有不同的附录，其中附录Z，列出了该标准中引用PED的基本安全要求和其他规定的条款。在PD 5500中也有类似的附录Z。

除主要压力容器规范和标准以外，还有大量的相关标准，这些标准涵盖了与承压设备有关的各种问题，包括材料、管道、法兰和螺栓等元件，以及风、雪等载荷。

八、欧盟承压设备的主要标准

根据《技术协调和标准化的新方法》中法规和标准相分离的原则，CEN、CENELEC等技术组织受欧盟委员会委托制定了约13 000项满足指令基本要求的标准，其中与锅炉压力容器直接相关的欧洲标准有30余项。欧洲承压设备标准是目前世界上发展最快的一股力量，对世界承压设备行业的发展注入了新的活力。

EN 286《盛装空气或氮气的非火焰接触简单压力容器》是根据87/404/EEC《简单压力容器指令》的基本安全要求制定的协调标准。

EN 13445《非火焰接触压力容器》是根据PED基本安全要求制定的，但并不包括PED中关于排污和外部火灾方面的要求。EN 13445的征求意见稿于1999年公布，其第一版于2002年5月颁布。EN 13445的基本结构和理念与英国标准PD 5500—2000很相似。该标准采纳了欧洲和其他规范和标准中的一些先进的设计方法。多数情况下，使用EN 13445制造承压设备比使用其他标准更经济。

EN 13445的主要特点是：

(1) 集常规设计(DBF)与分析设计(DBA)于一体；

(2) 鉴于疲劳分析免除条件过于保守，提出疲劳寿命的简单评定法和仔细评定法；

(3) 提出基于“失效模式”的直接法(DR)与应力分类法(SCR)共存；

(4) 吸收德国标准精华，锥体设计和卧式容器鞍座设计等采用极限分析方法。

奥地利TUV和意大利CEC曾选择了9种设备，组织德国、法国和意大利等国的制造商，对采用EN 13445和其他规范设计的压力设备，进行了成本比较。被比较的规范有：EN 13445，ASME Ⅷ-1(+PED)，ASME Ⅷ-2(+PED)，(TEMA)。这9种设备分别是：CNG储罐、加氢反应器、夹套反应釜、搅拌器、AES换热器、BEM换热器、NEN换热器、分离器、空冷式换热器。

主要结论是：9种设备中，有6～7个EN 13445为最优，对于CNG储罐，甚至可节约成本30%以上，PED并没有给带来明显的成本增加。

主要原因在于按EN 13445设计使壁厚降低，从而降低了材料成本和制造(热处理)成本，但EN 13445附加的焊接(试板)成本和NDT(无损检测)成本部分地抵消了EN 13445的设计优势。而对于锻造加氢反应器，因材料成本和制造成本增加，按ASME Ⅷ-1和ASME Ⅷ-2设计更有优势。

在移动式压力容器方面的技术标准主要有EN 1251《容积小于1m^{3}的移动式低温真空绝热容器》、EN 13530《大型(容积大于1m^3)的移动式低温真空绝热容器》、PREN 14398《大型(容积大于1m^3)移动式非抽真空绝热容器标准》等。

除了以上的这些产品协调标准外，协调标准还包括基础协调标准和材料协调标准。例如：基础协调标准EN 289《无损检测　渗透检测　验收标准》和EN 12213《绝热性能估计方法》等，材料协调标准EN 10028《承压设备用钢板》和EN 10272《承压设备用不锈钢棒》等。

一旦欧洲协调标准被正式通过，所有的CEN成员国都应制定与欧洲协调标准等同的国家标准，并废止本国现行标准中与欧洲协调标准规定相冲突的内容。但是，在欧盟各成员国的国家标准中，不是由成员国的标准化委员会制定的承压设备标准无需废止。在英国，欧洲协调标准被用作英国本国的标准(BS加上欧洲标准的编号)来执行的，例如BS EN 286。德国原AD标准修改为了AD 2000，成为PED的协调标准；法国CODAP标准转化为CODAP0—2000，同样成为PED的协调标准。

第三节　美国压力容器主要标准法规

ASME《锅炉压力容器规范》第Ⅷ篇中涉及的一些基本概念，如许用应力、安全系数、焊接接头系数、脆性断裂、疲劳以及压力试验等。

第Ⅷ篇要求容器制造商严格按设计要求进行制造。AD-110 给出了压力容器设计常见的载荷。这些载荷包括压力、风载、设备(容器本身、附属设备等)的重力载荷、温度梯度或热膨胀量不同引起的作用力等。如果设计中因为部件不受这些载荷作用或未知而不予考虑时，需要在设计计算书中作出说明。Ⅷ-1 U-2(a)和 U-2(b)对设计要求提供了指导性意见。Ⅷ-2 AD-110 和 AG-301 中的用户设计说明给出了制造商所需考虑的载荷。

Ⅷ-1 和Ⅷ-2 的附录给出了许多压力容器的设计方法。通过工厂的长期使用，已经在实践中得到证实的方法，被列入强制性附录。新方法或使用范围受到限制的方法被列入非强制性附录。非强制性附录经过一段时间的使用，其安全性和实用性得到证实以后，最终可以转为强制性附录。但是指导性内容将一直保留在规范的非强制性附录中。

Ⅷ-1 不可能包括所有应用领域内压力容器的设计方法。当Ⅷ-1 的方法不适用时，需按照 U-2(d)，U-2(g)以及 UG-101 的方法进行设计。U-2(g)允许设计人员在不参照Ⅷ-1 设计方法的情况下进行部件的设计。UG-101 则允许通过试验来确定部件的最大允许工作压力。在Ⅷ-2 中，不存在 UG-101 这样的方法，这是因为Ⅷ-2 可以采用分析设计解决这个问题。相关内容详见Ⅷ-2 AD-100(b)，AD-140，AD-150 以及 AD-160。

一、许用应力

Ⅷ-1 附录 P 以及Ⅱ-D 附录 1 详细叙述了许用应力的确定方法，并归纳总结为表 1.1。对于大多数材料，当设计温度低于蠕变温度时，许用应力为材料有效抗拉强度的 1/3.5 和最小屈服强度的 2/3 中的较小值。大多数螺栓的许用应力为抗拉强度的 1/5。有效抗拉强度的确定方法为：计算 ASTM(美国材料试验协会)规定的材料在室温下的抗拉强度下限值，和实测室温下的抗拉强度之比，将此比值和 1.0 中的较小值乘以实测的设计温度下的抗拉强度，将所得的值再乘以 1.1，所得结果与 ASTM 规定的材料在室温下的抗拉强度中的较小值就是设计温度下材料的有效抗拉强度。

系数 1.1 是由 ASME 标准委员会确定的。它是通过对实际工程的判断，充分考虑了许多因素以后得到的结果。例如，在一定范围内，随着温度的升高，大多数碳素钢和低合金钢抗拉强度会升高。从室温到 500°F 甚至更高温度之间，为保持碳素钢许用应力为常数，将最小抗拉强度调节到平均水平。在温度高于 500°F 时，碳素钢的许用应力主要受蠕变极限控制，而不再受拉伸屈服准则的影响。虽然有的材料的抗拉强度并不随着温度升高而增大，但Ⅷ-1 中对所有材料均取系数 1.1。

Ⅱ-D 给出了Ⅷ-2 中确定许用应力的准则。对于大多数材料，在设计温度下的许用应力为 1/3 的抗拉强度和 2/3 的屈服强度中的较小值。Ⅷ-2 中，设计温度应低于以钢材蠕变控制其许用应力强度的相应温度。Ⅷ-2 中许用应力的确定准则见《规范》中表 1.2。

Ⅷ-1、Ⅷ-2 以及Ⅱ-D 给出了在剪力和支撑载荷作用下部件的应力。Ⅷ-1 UW-15 以及Ⅷ-2 AD-132 都列出了主要的应力。对连接处的许用应力总结见《规范》中表 1.4。

ASTM 和 ASME 设计规范一样，由于同种材料等级的增加或材料性能的变化，材料的钢号在过去的 20 年中是不断变化的。附录 B 给出了一些常见材料新老钢号的对照表。

第Ⅷ篇允许材料的最大设计温度不能超过Ⅱ-D 中对温度的限制。Ⅷ-1 中定义的设计温度是指沿部件横截面温度分布的平均值。Ⅷ-2 中定义的设计温度为部件横截面内温度分布的平均值，但其表面温度不得超过Ⅱ-D 中规定的材料最高温度。Ⅷ-1 和Ⅷ-2 中对最大设计温度的定义的不同，对较高温度下的厚截面部件将产生较大的差异。

二、焊接接头系数

在 ASME 锅炉规范第Ⅰ篇，以及Ⅷ-2 中，除个别情况外，所有的轴向和环向对接焊接接头都必须进行 100％射线检测。然而Ⅷ-1 允许这些焊接接头质量用不同的方法检测。根据用户的要求和第Ⅷ篇中的规定，可以采用包括 100％射线检测和目测在内的多种检测方法。通过引入焊接接头系数 E(有的也称

为质量系数或焊缝系数),计及检测等级对所需厚度的影响。若焊接接头未经100%射线检测,许用应力需乘以焊接接头系数,使得部件的安全系数以及壁厚都增加。实际上,只要焊接接头射线检测等级的不同,Ⅷ-1中的容器可以有不同的安全系数。例如:经100%射线检测的圆筒轴向对接焊接接头,其焊接接头系数E取1.0。该系数相当于母材的安全系数为3.5。未经射线检测的轴向对接焊接接头的E取0.70。随着焊接接头系数的减小,相应母材钢板的安全系数也变为5.0。若部件焊缝未经射线检测,则其所需厚度比焊缝进行100%射线检测时的厚度增加43%,相应的安全系数也随之增大。

三、脆性断裂

Ⅷ-1和Ⅷ-2要求在选材和设计过程中考虑材料的脆性断裂。先以广泛使用的碳素钢为例予以说明。为满足碳素钢韧性的要求,Ⅷ-1给出了免除冲击试验的条件和确定冲击试验温度的方法。

UG-20(f)规定,在一定条件下(具体略),材料可以免做冲击试验。

四、疲劳分析

到目前为止,Ⅷ-1还没有提供元件疲劳设计的方法。当按照Ⅷ-1 UG-22或U-2(g)要求需要对元件进行疲劳设计时,通常方法是:当设计温度在Ⅷ-2的温度限制范围以内时,采用Ⅷ-2中的疲劳设计方法;否则,采用Ⅲ-H中的方法。只要能满足Ⅷ-1 U-2(g)的要求,也可采用其他国际规范标准或ASME B 31.3中的疲劳设计方法。

Ⅷ-2给出了考虑疲劳失效时详细的设计方法。AD-160给出了容器是否需要作疲劳分析的3个判据:

第一个是根据使用经验如AD-160.1所述:当容器在某条件下已有成功使用经验,那么与之有类似结构与工作条件的容器,无需疲劳分析。

第二个判据是:在条件A或条件B中所有条件都满足时,部件无需疲劳分析。

Ⅷ-2 AD-160.3给出的第三种判据是针对没有采用整体补强的接管,同上述条件A以及条件B的非常接近。

五、压力试验

ASME规范要求除已按UG101做过试验的容器以外,在加盖U形硬印以前,按Ⅷ-1标准设计和制造的压力容器都必须进行的液压(UG-99)或气压(UG-100)试验。按Ⅷ-2标准设计和制造的压力容器在加盖U2形硬印以前也必须进行的液压(T-3)或气压(T-4)试验。按ASME锅炉和压力容器标准规定,在盖规范硬印标志前,每台容器都必须在大于等于最大允许工作压力的条件下进行压力试验。试验压力应在铭牌和制造厂资料报告中注明。

在有些场合,气压试验和液压试验可以都做,也可以用气压试验代替液压试验。当液压试验和气压试验都做时,容器应满足气压试验的要求。液压试验的介质除水外,还可以是无危险、不易燃烧的油或其他流体;气压试验的介质不一定都是空气,在密封要求更高的场合,也可以用其他无危害的气体。

第四节 英国压力容器主要标准法规

《简单压力容器安全条例》1991(SI 2749)于1991年12月31日在英国生效,它把压力容器分为以下几类:

(1) A.1类 PS·V>3000bar·L的容器

(2) A.2类 200<PS·V≤3000bar·L的容器

(3) A.3类 50<PS·V≤200bar·L的容器

(4) B类 PS·V≤50 bar·L的容器

B类容器是按照成熟工程实践制造的,只需保证安全并附有产品说明书,并不要求具有CE标志。

A.1、A.2、A.3 类容器必须提供该容器的 EC 型式审查证书(EC Type Examination Certificate)或者符合设计和制造方法的 EC 合格证书(EC Certificate of Adequacy)。

对于 A.1 类容器,批量生产之前,制造商必须获得 EC 检验证书(EC Verification Certificate)。

对于 A.2 和 A.3 类容器,生产开始后,制造商应取得检验证书,或者批量生产之前取得符合性证书。对于 A.2 类容器,制造商可以出具 EC 合格声明,但须接受认可机构的监督。

制造商要获得型式审查证书、合格证书、符合性证书和检验证书,必须向一个经过英国行政部门按照指令 87/404/EEC 批准的认可机构提出申请。

1999 年 8 月英国批准将 PED 作为本国法律的一部分。1999 年 11 月 29 日后为开始实施 PED 的过渡期。在 30 个月的过渡期内,承压设备制造商可以根据自己的情况选择是否要满足 PED 的要求。2002 年 5 月 29 日起 PED 强制执行。

在征求了工业界的意见之后,贸易工业部(DTI)公布了实施 PED 的规程——《承压设备规程 1999》(SI 1999/2001),2000 年 2 月该规程上升为法律。

1999 年 11 月 29 日 PED 进入过渡期之后,英国即开始审批授权机构。DTI 已公布了《授权机构审批导则》。

健康和安全执行机构负责法规在英国的实施。

《承压设备及移动式气瓶规程 1989》已经废止,并已被《承压系统安全规程 2000》(SI 2000/128)代替,该规程适用于《承压设备规程 1999》没有涵盖的设备的设计、制造,也适用于压力系统的使用和完整性分析。

直到 1999 年底,英国非火焰接触焊接压力容器的标准还是 BS 5500。这一标准也广泛应用于其他国家,包括一些英联邦的小国家。根据 CEN 的规则,2002 年欧洲标准出台以后,英国必须撤销 BS 5500。

第一版 EN 13445 在内容方面还不如 BS 5500 广泛,根据工业界的要求,决定继续出版英国压力容器标准,并采用新标准号 PD 5500,其内容、有效性和适用范围与 BS 5500 相同。二者之间的主要差别在于 PD 5500 不再具有“国家标准”的地位。

第十四章　国内外压力容器主要标准比较

世界已经进入了经济全球化的发展时期，经济全球化的一个必然趋势是标准的国际化。随着国际资本进入中国来建设大型工程装置和国内企业扩大生产装置能力，国际化的工程项目给我国的压力容器行业带来了国际上最先进的技术和管理模式，已经不可避免地给我国的压力容器行业提出了国际竞争建造大型压力容器的机会与挑战。事实上这些装置的建设需求是压力容器行业发展的动力，是发展我国压力容器行业的最好时机，也是和世界技术和管理方式融合的最好时机。

国外投资方的做法表明，国际资本的引入也是为了发展自己国家的相关产业，因此工程标准的主导权之争已经是我国的国际合作工程项目中的主要问题之一，选择了工程建设所依据的标准，拥有被依据标准的国家的厂家就占有了先机。

国际标准的主导权争夺目前主要是美国和欧洲的争夺，两大经济实体都把争夺标准的主导权作为争夺市场的主要目标，投入了大量的人力物力，在标准技术上推出了新的内容。

国际标准技术的发展方向呈现出以下几种特性：

——趋同性：信息技术的高速发展，使世界范围内的先进技术迅速普及，围绕技术发展的技术标准也必然为技术的使用者所接受，因此世界范围内的压力容器技术要求正在向统一的方向发展。

——区域性：由于历史的原因和区域的原因，目前已经形成了以北美、日本的 ASME 体系和欧洲的 PED 及其协调标准体系的格局。

——相容性：尽管世界上的各国的技术标准的技术内容不完全相同，但各国都把自己的标准与其他标准相容作为目标，以实现标准的互相认可。ASME 在 1999 年进行一个研究项目，对 PED 进行彻底分析，并将 PED 的 ESR 与Ⅷ-1 对设计、建造和行政管理的要求进行系统的比较，证明 ASME 标准增加一些内容以后就可以满足 PED 的要求。

——贸易性：标准是国际贸易规则的组成部分和贸易纠纷仲裁的重要依据，主宰国际标准将有利于获得巨大的市场份额和经济利益，实施国际标准化战略的实质是争夺国际市场的控制权。

进入 21 世纪，特别是加入世界贸易组织（WTO）后，世界经济全球化和产业结构调整的步伐进一步加快，我国经济发展面临新的机遇和挑战。我国的标准化工作及其相关的法律法规、管理体制和运行机制等方面需要不断改革和完善，以满足 WTO 规则和市场经济体制的要求。根据我国的入世承诺，进口关税总水平将逐年降低，进口配额和许可证制度等非关税壁垒将逐步取消，相关产业和产品将遭受来自国外的冲击，而通过标准和技术法规设置的技术性贸易壁垒将成为贸易保护的主要手段，标准化工作被赋予了保护民族工业的重任。而转变政府职能、健全社会主义法制、整顿市场经济秩序、加快结构调整和优化升级、促进科技进步和技术创新以及全面提高企业的竞争力，也同样需要标准化工作的技术支持。

标准已经成为国际经济竞争的重要手段，要尽快完善国家标准体系，改变我国标准滞后的状况，用高新技术标准推动经济结构调整、产业升级和对外经济贸易的发展。因此，如何解决标准化工作存在的问题，缩短标准化工作与国外的差距，切实发挥标准化工作的重要作用，是摆在政府、企业和标准工作者面前亟待解决的课题。

国外的许多著名工程公司都已经在中国设立采购部门，我国已经有超过 110 个厂家取得了 ASME 的制造许可证，有些厂家取得了 EC 认证。国外的工程公司在极力利用我国的资源，特别是人力资源，占据我国的市场。

第一节　中国与美国压力容器标准比较

由美国机械工程师学会出版的ASME锅炉和压力容器规范标准是在欧洲以外使用最广泛的压力容器标准。ASME规范由11卷组成，涵盖了各种类型的承压设备，包括动力锅炉、核压力容器、混凝土反应堆容器以及纤维增强塑料容器等。

ASME第Ⅱ卷、第Ⅸ卷和第Ⅴ卷分别是关于锅炉压力容器的材料、焊接工艺评定和无损检测方法的规范。ASME第Ⅷ卷则是压力容器建造规范，它分为3个分篇：

——ASME Ⅷ第1分篇，给出了钢或有色金属压力容器常规设计规则。

——ASME Ⅷ第2分篇，给出了分析设计规则。

——ASME Ⅷ第3分篇，给出了高压容器另一规则。

美国大部分州的法律规定必须执行ASME规范，不接受任何其他国家的压力容器规范。ASME标准设计规范在世界范围内被许多国家接受，包括许多欧洲国家。

美国ASME锅炉及压力容器规范是由美国机械工程师协会(ASME)的锅炉及压力容器委员会(BPVC)制定的，是世界上应用最早的标准之一，现已被公认为世界上技术内容最为完整、应用最为广泛的压力容器标准。

我国于1982年颁布了《锅炉压力容器安全监察暂行条例》及实施细则，明确了劳动部作为政府的主管部门，负责立法和管理工作。1985年正式发行的《钢制压力容器设计规定》标志着我国开始形成统一的压力容器标准，1989年发行的GB 150—1989《钢制压力容器》标志着我国已开始形成以强制性标准GB 150—1989为核心的压力容器标准体系框架，经过十多年的发展，我国的压力容器标准体系在大多数领域内都有与国外标准相对应的标准，技术内容在总体上也达到了国际先进标准的水平。

为了使我国的压力容器产品能顺利进入国际市场，1984年兰州石油化工机器厂首家取得ASME认证证书后，全国较有实力的压力容器制造厂都陆续取得了ASME认证证书，现已有近百家企业通过ASME认证。但从总体上看，我国只有少数企业真正制造过ASME钢印产品，绝大多数企业仅仅处于证书阶段。

一、主要压力容器标准的对应关系

我国的压力容器标准分类相对较细，基本上是按压力容器类型及容器主体材料来分别制定相应的标准，如钢制压力容器、铝制压力容器、卧式容器、塔式容器、管壳式换热器和钢制球形储罐等。而ASME规范并不按容器类型分别制定相应的标准，只是由用户根据需要在设计中引用不同的规范，如：

——设计压力小于20MPa的选用ASME规范第Ⅷ卷第1分篇；

——设计压力小于70MPa的选用ASME规范第Ⅷ卷第2分篇；

——设计压力大于70MPa的选用ASME规范第Ⅷ卷第3分篇。

中美两国主要压力容器标准的对应关系见表14-1。

表14-1　中美主要压力容器标准的对应关系

中国主要压力容器标准	ASME规范
(1)GB 150《钢制压力容器》 (2)JB/T 4734《铝制压力容器》 (3)JB/T 4745《钛制压力容器》 (4)JB/T 4755《铜制压力容器》 (5)JB/T 4756《镍及镍合金制压力容器》	第Ⅷ卷第1分篇
JB 4732《钢制压力容器—分析设计标准》	第Ⅷ卷第2分篇
拟制定的《超高压容器》标准	第Ⅷ卷第3分篇
JB 4708《钢制压力容器焊接工艺评定》	第Ⅸ卷
JB/T 4730《压力设备无损检测》	第Ⅴ卷

二、标准制修订

我国的压力容器国家标准是由全国压力容器标准化技术委员会负责编制、修订工作，经国家质量技术监督局批准后颁发。相关行业标准是由各行业标准化委员会负责编制、修订工作，经国务院有关部、委审批、颁发。标准实施后，由各地安全监察部门根据国家质量技术监督局颁发的《压力容器安全技术监察规程》和相关标准的规定来控制、监督压力容器的设计、制造和检验各环节，保证产品质量和安全使用。各标准化委员会根据了解、收集的标准使用意见和建议，负责组织标准修订工作，并经原审批部门审批后颁发、实施。

ASME 锅炉及压力容器委员会(BPVC)定期召开会议，研究 ASME 规范的修订工作，经 BPVC 批准的规范修订建议将提交美国国家标准协会(ANS1)，并在美国 *Mechanical Engineering* 上发表，以公开征询所有关心此问题人士的意见，修订建议在规定的公开征询意见期满并经 ASME 最终批准后，在每年 12 月 31 日出版的 ASME 规范增补中予以公布。规范修订条款经 ASME 批准后，可从《增补》所示出版日期起开始使用，除第Ⅱ卷 A、B 两篇中的材料标准的修订外，次年的 7 月 1 日成为强制性的要求，但在此之前签订的合同除外。材料标准的修订由美国材料试验学会(ASTM)和其他认可的国家机构或国际机构进行，ASME 通常采纳这些修订。但压力容器制造厂家需要注意的是，凡使用相对于原要求有所放宽的修订条款时，必须确信压力容器安装地的管辖机关对它们已经认可，否则不得使用。

三、设计思想和安全系数

压力容器的基本设计思想是一次薄膜应力或最大直接应力不得超过许用应力。计算应力依据的理论是最大应力理论。各国压力容器标准中都应用了这一设计思想，标准中公布的许用应力计入了安全系数，它比测定得到的性能值低是考虑到：

(1) 应力评估方法的复杂程度；

(2) 一定程度的应力集中及其类型；

(3) 材料一定程度的不均匀性；

(4) 几何因素；

(5) 焊接接头中存在的缺陷。

各国标准中规定的安全系数有所不同，主要依据的是经验、试验证据和理论评估，同时与其规定的材料标准、计算方法、制造要求和检验要求相适应。我国压力容器标准与美国 ASME 规范所使用的安全系数差别见表 14-2。

表 14-2　安全系数对比

标准	材料	安全系数	标准	材料	安全系数
GB 150	碳钢、低合金钢、高合金钢	3.0	ASME 第Ⅷ卷第 1 分篇	碳钢、低合金钢	3.5
				高合金钢	3.0
JB 4732	碳钢、低合金钢、高合金钢	2.6	ASME 第Ⅷ卷第 2 分篇	碳钢、低合金钢、高合金钢	3.0

四、焊接接头系数

在 ASME 规范中焊接接头系数仅取决于该焊接接头型式和无损检测程度，而与任何其他接头的无损检测程度无关，即一台容器不同的接头可以使用不同的焊接接头系数，对 A、B、C、D 4 类焊接接头都规定了焊接接头系数，同时允许降低焊接接头系数而免除无损检测要求。

而在我国 GB 150 中，焊接接头系数特指 A、B 类焊接接头，不允许采用降低焊接接头系数而免除无损检测要求，产品制造完成后必须对 A、B 类接头进行射线或超声检测。现以母材为钢和铝的焊接接头为对象作一比较，见表 14-3。

表 14-3　焊接接头系数对比

名称	接头型式	无损检测程度					
		100%检测		局部检测		无检测	
		钢	铝	钢	铝	钢	铝
中国标准	双面焊或相当于双面焊全焊透的对接焊缝	1.0	0.85 0.90	0.85	0.80 0.85	—	—
	单面焊对接焊缝(带金属垫板)	0.90	0.80 0.85	0.80	0.70 0.80	—	—
ASME规范	双面焊或相当于双面焊全焊透的对接焊接	1.0	0.75	0.70			
	单面焊对接焊缝(带金属垫板)	0.9	0.80	0.65			
	单面焊对接焊缝(不带金属垫板)	—	—	0.60			
	双面满角焊塔接接头	—	—	0.55			
	单面满角焊塔接接头(加塞焊)	—	—	0.50			
	单面满角焊塔接接头(不加塞焊)	—	—	0.45			

注:①表中无损检测,我国对钢制压力容器以射线和超声检测为准,对铝制压力容器以射线检测为准;而 ASME 规范以射线检测为准,确实无法进行射线检测时允许用超声检测代之。

②表中所列铝制压力容器焊接接头系数上限值指采用熔化极惰性气体保护焊,下限值指非熔化极气体保护焊。

③有关系数所允许的应用场合和具体接头型式,请参见标准。

五、强度计算

在压力容器设计时,主要考虑了两种失效理论:一是过量的弹性变形,包括基于弹性理论的弹性失稳;另一个是由于过量的弹性变形和塑性失稳,即增量跨塌,设计时通常假定弹性失效。弹性失效是假定当材料已经达到弹性极限时发生的失效,超过这一极限将会发生过量变形或断裂破坏。对于金属材料,弹性极限是以拉伸强度、屈服强度和断裂强度三项来测定。测定弹性失效的三个通用理论是最大主应力理论、最大剪应力理论和变形能理论。各国压力容器标准都应用了上述强度理论用于压力容器的设计,但具体的计算公式却存在着差异。现将我国 GB 150 和 ASME 规范第Ⅷ卷第 1 分篇有关受内压时的设计计算公式进行比较,见表 14-4。

表 14-4　设计计算公式比较

比较项目	GB 150	ASME 第Ⅷ卷第 1 分篇
圆筒形壳体	$\delta=p_cD_i/(2[\sigma]^t\phi-p_c)$	$t=P\cdot R/(S\cdot E-0.6p)$,环向应力 $t=P\cdot R/(2S\cdot E+0.6p)$,纵向应力
环形壳体	$\delta=p_cD_i/(4[\sigma]^t\phi-p_c)$	$t=P\cdot R/(2S\cdot E-0.2p)$
椭圆形封头	$\delta=p_cD_i/(2[\sigma]^t\phi-0.5p_c)$,标准型 $\delta=Kp_cD_i/(2[\sigma]^t\phi-0.5p_c)$,非标准型	$t=P\cdot D/(2S\cdot E-0.6p)$
碟形封头	$\delta=MP_cD_i/(2[\sigma]^t\phi-p_c)$	$t=0.885P\cdot L/(S\cdot E-0.1p)$
半球形封头	$\delta=Qp_cD_i/(2[\sigma]^t\phi-p_c)$	$t=P\cdot L/(2S\cdot E-0.2p)$
锥段和锥形封头	$\delta=p_cD_c/(2[\sigma]^t\phi-p_c)\cos\alpha$	$t=P\cdot D/[2\cos\alpha(S\cdot E-0.6p)]$

注:
p_c——计算压力;
D_i——内直径;
$[\sigma]^t$——设计温度下材料的许用应力;
δ——计算厚度;
ϕ——焊接接头系数;
K、M——相关的形状系数;
α——锥壳半顶角;
t——最小需要厚度;
P——设计内压力;
R——所计算的内半径;
S——最大许用应力值;
S_t——容器设计温度下材料的应力值;
E——焊接接头系数;
L——球形或碟形封头球面部分的内半径。

六、外压圆筒加强圈的设置

加强圈可设置在容器的内部或外部，应整圈围绕在圆筒的圆周上，容器内部的构件如塔盘等，若设计成起加强作用时，也可作加强圈用。加强圈与圆筒之间可采用连续或间接的焊接，当加强圈设置在容器外面时，加强圈每侧间断焊接的总长度应不少于圆筒外圆周长的1/2，当设置在容器里面时，应不少于圆筒内周长的1/3。

对于上述加强圈设置准则，我国压力容器标准与ASME规范是一致的。ASME规范中规定每段填角焊缝的长度应不小于51mm，相邻两段之间的最大净距为：外加强圈$8t$，内加强圈$12t$，(t为加强圈连接外壳体的壁厚)。在符合ASME规范的有关条件时还允许加强圈一侧填角焊缝为连续的焊接，另一侧为间断焊的焊接，焊接段的长度应不小于51mm，相邻两焊段间的最大净距应为$24t$。而在我国压力容器标准中，并未规定每段填角焊缝的长度，同时也未建议使用一侧连续焊，而另一侧为间断焊。

七、开孔和开孔尺寸

我国GB 150规定壳体上开孔应为圆形、椭圆形或长圆形，当开椭圆形或长圆形孔时，孔的长径与短径之比应不大于2.0，而ASME第Ⅷ卷第1分篇则允许孔的长径与短径之比大于2.0，但应增强短径方向的补强避免扭转力矩产生的过度变形，且形状不仅限于圆形、椭圆形和长圆形，但其所有转角应具有适当的半径。同时两者在开孔尺寸的限制上存在着差异，见表14-5。

表14-5 开孔尺寸的限制对比

对比项	GB 150	ASME第Ⅷ卷第1分篇	
圆筒开孔	$D_i \leqslant 1500$mm时，开孔最大直径$d \leqslant D_i/2$，且$d \leqslant 520$mm	$D_i \leqslant 1520$mm时，开孔最大直径$d \leqslant D_i/2$，且$d \leqslant 508$mm	开孔尺寸也可超出前面的限制，但需按大开孔进行补强
	$D_i > 1500$mm时，开孔最大直径$d \leqslant D_i/3$，且$d \leqslant 1000$mm	$D_i > 1520$mm时，开孔最大直径$d \leqslant D_i/3$，且$d \leqslant 1000$mm	
凸形封头	$d \leqslant D_i/2$	经正确补强后开孔尺寸不加限制	
锥壳	$d \leqslant D_i/3$		

八、焊工考试和管理

焊接压力容器的焊工必须经焊接技能评定或考试，取得焊工合格证后，才能在有效期内担任合格项目范围内的焊接工作。最新出版的《锅炉压力容器压力管道焊工考试与管理规则》与ASME规范第Ⅸ卷在许多方面的要求是一致的，但也存在一些差别，见表14-6。

表14-6 焊工考试和管理对比

项 目	《锅炉压力容器压力管道焊工考试与管理规则》	ASME第Ⅸ卷
焊工考试(评定)组织、实施单位	经所在地市级(及以上)安全监察机构批准，报省级安全监察机构备案的焊工考试委员会	持有ASME认证证书的压力容器制造厂
考试(评定)内容	基本知识理论考试和焊接操作技能考试	焊接操作技能考试
焊工合格证有效期	3年，在合格项目有效期满前3个月由焊工考委会安排复考或免考等事宜(50岁以上焊工不能免考)，中断受监察设备焊接6个月的需重考	未规定有效期限，但焊工或焊接操作工某一焊接方法在6个月或更长时间内没有操作过，则他的该项资格被中止
评定方法和检验项目	对试件进行外观检查、射线透照、弯曲试验	对试件进行射线透照，或对试件进行弯曲试验，或对其首次产品焊缝进行射线透照
合格证有效使用区域	有效期内焊工合格证，在全国各地同等有效	仅在负责考试(评定)的压力容器制造厂内有效

九、产品试板

1. 我国的规定

为了检验产品焊接接头和其他受压元件的力学性能和弯曲性能，我国《容规》里明确规定压力容器纵焊缝应制作焊接试板，制取试样进行拉伸、冷弯和必要的冲击试验，凡属下列情况之一的每台压力容器应制作产品焊接试板：

(1) 移动式压力容器(批量生产的除外)；

(2) 设计压力大于 10MPa 的压力容器；

(3) 现场组焊的球形储罐；

(4) 使用有色金属制造的中、高压容器或使用 $\sigma_b \geqslant 540$MPa 的高强钢制压力容器；

(5) 异种钢(不同组别)焊接的压力容器；

(6) 设计图样上或用户要求按台制作产品焊接试板的压力容器；

(7) GB 150 中规定应每台制作产品焊接试板的压力容器。

2. 美国的规定

ASME 规范第Ⅷ卷第 1 分篇对常规经焊接工艺评定合格的不要求做产品焊接试板，而下述情况则要求按规范规定制作产品焊接试板：

(1) 对于焊接接头系数不大于 0.8，以 ASME 规范给定的任一压焊焊接方法(电阻焊除外)制作的接头，在其容器或零件上此类焊缝应制作产品焊接试板，试样可取自壳体本身或取自纵焊缝的延长部位，容器无纵焊缝时可取自容器相同材质、相同厚度且按相同工艺焊制的试板，并裁取一件小截面拉伸试样和两件侧弯试样进行试验。

(2) 若焊接工艺评定要求做焊缝及热影响区冲击试验时，容器冲击试板应从用于单台或多台容器几炉钢号中的某一炉钢板上制取。对于 A 类接头，试板在可能时应成为产品接头端部的延长部分，以使试板焊接件尽可能接近于容器焊接接头的质量和形式。对于焊接工艺与 A 类接头不同的 B 类接头，试板应在制造容器的相同焊接条件下焊接，使用同样型式的设备，同样的位置，同样的焊接工艺，且焊接应与产品的焊接同时进行，或在即将开始焊接产品的时候进行。

十、无损检测

无损检测方法对缺陷的探测、定位、测量、评定和评价不会破坏其以后的有用性和可用性，在压力容器制造过程中，主要用于探测材料、焊缝及制造零件和组件的表面与内部的物理结构或外形的任何间断或缺陷。我国 GB 150 和 ASME 规范第Ⅷ卷第 1 分篇对无损检测人员资格、焊缝透照比例、评定要求等方面存在着一定差异，见表 14-7。

表 14-7　无损检测对比

项目	GB 150	ASME 规范第Ⅷ卷第 1 分篇
人员资格要求	必须经过技术培训，并按照“锅炉压力容器无损检测人员资格监定考试/考核合格，获得“锅炉压力容器无损检测人员资格证”	由持有 ASME 认证证书的压力容器制造厂组织无损检测人员的培训、考试和评定工作；或取得 ASNT 无损检测人员资格证
产品焊接透照比例	①100％射线或超声检测；②局部射线或超声检测，探伤比例 50％(铁素体钢制低温压力容器)；③局部射线或超声检测，探伤比例 20％	①100％射线检测；②抽样射线检测，每 15.2m 焊缝作一处抽样检测，一处抽样射线底片最小长度为 150mm
评定标准	①100％射线检测，不低于Ⅱ级为合格；②局部射线检测，不低于Ⅲ级为合格；③100％超声检测，Ⅰ级为合格；④局部超声检测，不低于Ⅱ级为合格	ASME 规范不划分Ⅰ、Ⅱ、Ⅲ级片，100％射线检测和抽样射线检测对气孔、夹渣和圆形显示的控制有所不同，总体评定标准比我国的要低

十一、焊接返修

我国GB 150规定焊接返修必须由持证焊工按评定合格的工艺进行，焊缝同一部位的返修次数不宜超过两次，如超过两次，返修前均应经压力容器制造厂技术总负责人批准，返修次数、部位和返修情况应记入容器的质量证明书。而ASM正规范对同一部位的返修次数未作规定，但每次焊接返修前，其返修方法应经授权检验师(AI)认可。

十二、压力试验

制造完工的压力容器应按图样要求进行压力试验(液压试验或气压试验)，压力试验必须用两个量程相同并经过校验的压力表。压力表的量程一般应在试验压力的2倍左右，但不应低于1.5倍和高于4倍的试验压力。表14-8给出了我国标准与ASME规范对压力试验压力的对比。

表14-8　压力试验压力对比

标　　准	液压试验	气压试验
GB 150	$1.25[\sigma]/[\sigma]^t$	$1.15[\sigma]/[\sigma]^t$
JB 4732	$1.25P\cdot S_m/S_{mt}$	$1.15P\cdot S_m/S_{mt}$
ASME第Ⅷ卷第1分篇	$1.3P\cdot S/S_t$	$1.1P\cdot S/S_t$
ASME第Ⅷ卷第2分篇	$1.25P\cdot S_m/S_{mt}$	$1.15P\cdot S_m/S_{mt}$
S_m——试验温度下材料的应力强度值； S_{mt}——容器设计温度下材料的应力强度值。		

十三、在用压力容器标准技术内容的比较

1. 压力容器使用管理

在使用环节主要从压力容器使用单位和操作人员的要求，压力容器使用许可，二手设备和移装设备、重新投用设备的使用管理，压力容器使用许可证书管理4个方面对中美两国的法规标准的规定进行对比阐述。

(1) 压力容器使用单位和操作人员要求

中美两国法规对压力容器使用单位和操作人员均有相关要求，例如中美两国法规均规定压力容器操作和检查维护人员要经过培训以胜任该工作，压力容器使用单位/业主负有向监管部门申报所属设备的使用登记注册、定期检验的义务，以及对所属设备进行定期自检和操作维护等。但中美两国法规在压力容器使用单位和操作人员要求方面也存在差异：

——美国各州法规规定操作人员应为专职人员，并未要求必须持证，而中国法规要求操作人员应持证上岗。

——培训机构性质不同。美国压力容器操作人员的培训机构是社区学校、保险公司等非政府机构，而中国法规规定培训机构是政府机构或其授权的使用单位。

(2) 压力容器使用许可

中美两国法规均规定压力容器要符合设计制造标准规范要求，实行使用许可证制度。但中美两国法规在压力容器使用许可方面也存在差异。

——使用管理的侧重点不同。美国法规在压力容器使用管理方面侧重于保持压力容器的技术和结构完整性，更强调压力容器的本质安全性。而中国法规侧重于容器设计、制造阶段和使用各环节单位、人员以及安全监察机构的资格和职责，强调通过对人员的管理来保障容器的使用安全。

——使用许可签发程序不同。美国有些州要求检验员在检验完成后直接签发使用许可，另一些州则要求检验员向首席检查官递交检验报告，然后由首席检查官签发使用许可。而中国的压力容器使用许可

必须由监管机构签发。

(3) 二手设备和移装设备、重新投用设备的使用管理

中美两国法规均规定二手设备和移装设备、停用后重新投用的设备要进行检验。但中美两国法规也存在差异:

——检验要求不同。美国各州的法规仅规定二手设备、重新投用设备、移装设备在使用前要进行内部和外部检验,未涉及耐压试验,而中国法规则规定除内外部检验外,还要进行耐压试验。

——美国各州法规对于移装设备还规定了附件需满足新安装设备的相关要求,而中国则没有此项规定。

(4) 压力容器使用许可证书的管理

中美两国法规均规定危及安全的在役压力容器应停止使用,并注销或暂停使用许可证书,在所有权和地点发生变化时需要重新获得使用许可证书。但中美两国法规也存在差异:

——美国各州法规规定的终止保险的压力容器使用许可证书不再有效,中国则没有相关的规定。

2. 压力容器的定期检验

主要从定期检验的类别、定期检验周期,以及定期检验的内容和方法三个方面对压力容器定期检验环节中美两国法规标准的规定进行对比阐述。

(1) 定期检验的类别

中美两国法规标准均规定压力容器要进行定期检验;定期检验按是否停机分为不停机的在线检验和停机检验,按是否进罐分为外部检验和内部检验,以及耐压试验;在满足一定条件下,可以用外部检验替代内部检验。但中美两国法规标准也存在差异:

——规范属性不同。美国既有法规,又有标准规定,而中国是法规规定。

——定期检验类别的含义不同。美国的外部检验可以是停机的检验,也可以是不停机的在线检验,内部检验当然是停机时的进罐检验,主要是以是否进罐作为划分依据,而中国年度检查(外部检查)是不停机的在线检验,全面检验(内外部检验)是停机检验,主要是以是否停机作为划分依据。

——美国法规规定了选用检验类别的原则,如选择内部检验或外部检验的前提条件等,而中国法规则未明确。

——在线检验替代的规定不同。美国 NB 23 和 API 510 标准规定在满足一定条件下,允许用在线检验替代全面检验,而中国法规不允许用在线检验替代全面检验或内外部检验。

(2) 定期检验周期

中美两国法规均规定当出现材料质量或制造上的问题时,或者容器环境恶劣,存在腐蚀等退化或损伤的可能性时,或者停用时间较长时,都应适当调整检验周期。在确定安全阀的检验周期时也都考虑了介质的洁净程度和腐蚀性。但中美两国法规标准也存在差异:

——确定检验周期依据不同。美国 NB 23 和 API 510 标准以剩余寿命作为确定外部检验或内部检验(在线检验)周期的依据。中国法规则根据检验结果给出容器的安全状况等级,并根据安全状况等级确定全面检验或内外部检验周期。

——美国有些州法规规定由业主/用户检验机构负责的压力容器,其检验周期可以由监管机构和业主/用户检验机构协商确定。中国法规未作相关规定。

——首次检验周期不同。美国标准规定新投用容器的首次检验周期由使用状况和腐蚀速率决定,并没有给出具体的年限规定,中国法规规定新投用容器首次检验周期一般为 3 年。

——单台容器周期规定不同。美国标准规定若容器存在一个或多个壁厚、腐蚀裕量及腐蚀速率不同的区域,则分别确定各自的检验周期,而不是按照最小周期确定容器整体的检验周期。而中国法规确定容器的检验周期是针对容器整体而言的,一台容器不会存在两个或多个检验周期。

——耐压试验周期不同。美国各州法规和 NB 23 和 API 510 标准均规定耐压试验不是必须进行,但检验员根据检验结果认为有必要时(如检验发现存在难以评价的劣化形式可能影响到容器的安全或修理改造后)进行耐压试验。而中国法规规定一般每两次全面检验期间内进行一次耐压试验,同时经修理改

造、更换主要受压元件的，改变使用条件的，停用 2 年的，移装的，需要更换衬里的容器均应进行耐压试验。

——安全阀校验周期不同。美国有些州规定安全附件检验 1 年 1 次，但有些采纳 NB 23 和 API 510 标准的州则根据介质的洁净程度和腐蚀性，区分不同介质给出了建议的安全阀检验周期，最长不超过 10 年。而中国法规则规定安全阀的校验周期一般 1 年 1 次，并给出了延长校验周期的必要条件，最长不超过 5 年，但并没有给出不同介质的具体年限。

——在线检验规定不同。美国 NB 23 和 API 510 标准规定在满足一定条件下，可以采用在线检验替代内部检验。而中国法规不允许采用在线检验替代全面检验(内外部检验)。

——压力容器定期检验延期规定不同。中国法规规定若要延期必须征得原设计单位和检验单位同意，并报监察机构备案，并没有明确延期最长期限。而美国各州法规规定若要延期使用单位必须先通过在线检验(在线检验根据所属压力容器的管辖范围由相应检验机构进行)证明符合压力容器满足法规要求，并征得监管机构同意后则可以延期，时间从 30 天到 12 个月不等，但使用许可证书暂停期间不允许延期。

(3) 定期检验内容和方法

中美两国法规对各种检验类型的检验内容均作了详细规定，如检验项目、部位、检验方法，在具体内容上有相同之处，如外部检验的保温层检查、安全附件检查以及泄漏检查，内部检验的焊缝裂纹检查等。但中美两国法规标准也存在差异：

——检验侧重点和检验方法不同。美国标准规定压力容器的定期检验内容以腐蚀检查为主，检验方法除宏观检查外，主要是测定腐蚀速率，当存在损伤模式的可能时，应增加必要的检查方法，其检查结果可根据 API RP 579 进行合于使用的评价。而中国法规规定压力容器的定期检验项目包括外观、结构、缺陷检查等多达十几项内容，具体制定检验方案时根据实际情况确定。检验方法以宏观检查、壁厚测定为主，必要时可采用无损检测。

——检验方式不同。美国标准规定压力容器的定期检验方式是以掌握容器失效机理为前提的检验活动。而中国法规规定压力容器的定期检验方式是以发现缺陷为主的检验活动。

3. 压力容器安全评定

中美两国针对含缺陷压力容器的安全评价均有相应的标准，中国缺陷评定标准 GB/T 19624—2004《在用含缺陷压力容器安全评定》，美国缺陷评定标准 API 579《合于使用评价》，对在用压力容器存在的缺陷如焊接缺陷、成型偏差、疲劳、局部减薄等进行合于使用评价。但中美两国法规标准也存在差异：

——美国法规对缺陷安全评定只规定要由有能力的、具备相关知识的人进行，对安全评定程序则无明确规定。而中国法规中有明确规定，对缺陷安全评定进行了十分严格的限制。

——美国 API 579 基于使用合于使用(FFS)评价方法，考虑并作出进一步损害的估计后，确定构件的剩余寿命，可根据 API 579 对各种可能的损伤方式进行安全性评估，所评价的缺陷多为使用中的缺陷。中国缺陷评定标准 GB/T 19624—2004 特色为凹坑理论，综合世界范围内的评定方法的特点，所评价的缺陷主要是原始制造缺陷。

4. 风险评估

中国尚未在法规层面接受风险评估的结果，尚未建立完整的包括风险评估在内的压力容器检验的法规标准体系；美国标准接受风险评估的结果，并用以调整规范所要求的检验周期，并被美国各州法规所引用。美国的 API 579 和 API 580、API 581 以及 API 510、API 570、API 650 的结合提供了完整的风险评估、确定检验的优先次序和维修计划、合于使用评价以及检验的标准体系。

5. 单位及人员资格

(1) 使用单位和人员资格

中美两国法规均规定压力容器操作和维护人员要经过培训，具备相应技能以胜任该工作。但中美两国法规也存在差异：与中国法规相比，美国法规只是要求压力容器操作人员应是专职人员，未规定必须持证。而中国法规要求压力容器操作人员要持证上岗。

(2) 检验单位和人员资格

中美两国法规均规定压力容器检验单位/机构要经监管部门审核批准，检验人员要经监管机构或其授权机构考核合格后持证上岗，方可从事允许范围内的检验工作。都有企业自检机构。但中美两国法规也存在差异：

——检验资格认可机构不同。美国法规规定特种设备检验检测机构和检验检测人员的资格可以由政府部门的监管机构任命，也可以由其他组织如NB、API任命，NB23的检验人员资格为NB认可的授权检验师，API规范的检验由API的授权检验人员实施。中国法规规定特种设备检验检测机构和检验检测人员由政府管理部门进行资格认可。

——检验机构的构成和职责范围不同。美国授权检验机构包括监管机构所设立的检验机构，从属于监管机构，其检验人员称为首席检察官或检察官，持有NB颁发的委任书，负责州监管机构授权的检验(如未投保设备的安装检验或在役检验)；保险公司的检验机构，从属于保险公司，其检验人员称为专门检验员，持有监管机构颁发的资格证书或认可的如其他证书NB证书，负责投保设备的检验，保险公司检验员的工作范围主要是投保压力容器的在役检验，但如果得到监管机构或NB、ASME代理授权，也可以从事压力容器的制造、安装和修理改造检验；业主/用户检验机构，从属于业主或用户，其检验人员称为业主/用户检验员，持有监管机构颁发的资格证书或认可的其他证书如NB证书，负责业主/用户所拥有或运营设备的在役检验和修理改造检验，但不能从事制造和安装检验。业主/用户要想成为业主/用户检验机构，必须预先取得检验资格。而中国的各级检验机构分为隶属于各级质量技术监督部门的检验单位和企业自检单位，分别负责各自属地管辖的承压设备和企业部分自有承压设备的检验。

——责任主体不同。美国法规规定检验的责任直接落实到检验人员，业主也对检验结果承担责任。而中国法规规定检验的责任由检验检测机构和检验检测人员承担。

我国的压力容器标准是在不断总结经验、进行科学研究和吸取国外先进经验的基础上发展起来的，对保证我国压力容器的安全性起到了很重要的作用。由于我国压力容器标准体系和ASME标准体系存在着差异，标准的内容也有较大的差别，在实际使用时对两种标准体系的相关标准进行比较分析，有助于深入理解和实施ASME规范，也有助于理解我国压力容器标准的发展变化。

第二节　中国与欧盟压力容器标准比较

一、EN 286《盛装空气或氮气的非火焰接触简单压力容器》

EN 286是为使用87/404/EEC《简单压力容器指令》而制定的协调标准，它覆盖了指令的基本安全要求。指令中并不强制使用CEN标准，但是，按照CEN标准设计、制造和检验的压力容器则被自动承认满足本指令的基本安全要求。

EN 286由以下4篇组成：

——第1篇：一般用途压力容器。

——第2篇：用在机动车辆及其拖车上的空气制动装置和辅助系统上的压力容器。

——第3篇：用在火车上的空气制动装置和辅助系统上的钢制压力容器。

——第4篇：用在火车上的空气制动装置和辅助系统上的铝合金压力容器。

EN 286第1篇由CEN于1991年首次正式批准。随后原版本就被废止，而代之的1998年2月颁布的现行版本。该篇由12章和7个附录组成：

——第1章　范围

——第2章　引用标准

——第3章　定义、符号和参考书目

这3章给出了标准的适用范围，详列了文本中引用的标准，还包含有符号和单位的一般定义和要求。

——第4章　分类和审批程序

标准把压力容器分为 3 个等级：

第一类：3000bar·L＜PS·V≤10 000bar·L

第二类：200bar·L＜PS·V≤3000bar·L

第三类：50bar·L＜PS·V≤200bar·L

对于这些不同级别的压力容器，其设计和制造可以采用不同的审批程序。PS·V 小于等于 50bar·L 压力容器无分类，也不需要带 CE 标志。

——第 5 章　材料

本章给出了压力容器用材料的一般要求，列出了与碳素钢和铝相关的 CEN 标准。其他材料也可使用，但须获得授权机构的认可。本章没有设计应力的表格。根据材料特性确定设计应力的方法在本标准第 6 章。

——第 6 章　设计

第 6 章是 EN 286 标准中内容最丰富的一章，它涵盖了焊接接头设计、壁厚计算、各种零部件（壳体、凸型封头、平封头、法兰、接管与开孔）的计算方法、试验方法、检查孔、排净孔和支座。

其中许多计算方法都与英国标准 PD 5500《非火焰接触焊接压力容器规定》的方法相似，特别是凸形封头，平封头和法兰。开孔和接管补强设计与 PD 5500 的附录 E 也非常相似。

壳体壁厚计算中有两个系数被采用：一个是与焊接工艺（自动焊或手工焊）有关的计算系数，另一个是取决于试验数量的壳体系数。

——第 7 章　制造工艺

第 7 章覆盖了制造与焊接，包括壳体和封头的成形要求，纵向和环向焊接接头的典型结构以及焊接。

——第 8 章　焊接设备和焊工的资格

焊接设备和焊工的测试和许可必须依据标准 EN 287-1、EN 287-2 和 EN 1418。测试和认可工作必须由授权机构执行。

——第 9 章　焊接工艺评定

本章覆盖对焊接工艺评定的要求，评定必须依据标准 EN 288-3 和 EN 288-4。评定工作必须由授权机构执行。

——第 10 章　检验

第 10 章覆盖焊接接头的无损检测和制成容器的压力试验。

——第 11 章　压力容器的技术说明

第 11 章对压力容器随带的使用说明书的内容作了规定。

——第 12 章　标志

本章对压力容器铭牌的内容作了规定。PS·V 大于 50bar·L 且按简单压力容器指令制造的压力容器必须打 CE 标志。

——附录：

附录 A 鉴定

附录 B 合格声明-监督

附录 C 设计和制造程序

附录 D 型式试验

附录 E 制造过程记录的内容

附录 F 防腐试验

附录 G 基本安全要求

最后一个附录重申了 87/404/EEC《简单压力容器指令》的基本安全要求。

二、EN 13445《非火焰接触压力容器》

随着欧洲统一市场的建立和欧元的使用，为促进承压设备在欧盟成员国内的自由贸易，尽可能在最广泛的工业领域内实施统一的产品技术法规，欧盟于1997年通过了97/23/EC《承压设备法规》(以下简称PED)。PED适用于压力(表压)超过0.5MPa的压力容器(包括非直接接触火焰加热压力容器和直接接触火焰加热压力容器)、管道、安全附件(安全阀、爆破片等)、承压附件(阀门等)、呼吸用气瓶、高压锅、手提式灭火器等承压设备。从2002年5月29日起，承压设备的设计、制造和符合性评价都必须满足PED要求。满足PED要求的承压设备带有CE标志。没有CE标志的承压设备不得进入欧盟市场。

为充分吸收压力容器标准的优点，同时反映最新的研究成果，欧盟标准化委员会用了9年时间，起草了欧盟非直接接触火焰压力容器标准草案。该草案于1999年提交各成员国评议。2002年3月为欧盟成员国正式表决通过了修改后的标准EN 13445，并于同年5月30日颁布了该标准第一版。有一些与安全有关的问题，指令要求必须考虑(例如放完和排净，外部火灾等)，而在该标准中则没有全部提及。

EN 13445的总体框架及其背后的理念与英国标准PD 5500：2000很相似。标准中的设计方法很多来源于欧洲和其他规范和标准。近年来，存在着EN 13445和PD 5500互相靠拢的趋势，因为EN 13445中的新方法或对现有方法的修正已被吸收入PD 5500中。

EN 13445采用了指令规定的各种安全因素。事实上，这些安全因素首先是由EN 13445的起草者提出的，后来纳入指令。这样一来，修改它们的难度变得很大。

EN 13445与其他压力容器标准和规范之间的一个主要区别是在此标准中没有提到买主，制造单位和独立检验机构各方的责任。这方面是为指令所涵盖的。

EN 13445由以下几篇组成：

——第1篇　概述；

——第2篇　材料；

——第3篇　设计；

——第4篇　制造；

——第5篇　检测和试验；

——第6篇　球墨铸铁制造的压力容器和容器元件设计制造的补充规定。

每篇都有不同的附录，其中附录Z，列出了该标准中引用PED的基本安全要求和其他规定的条款。在PD 5500中也有类似的附录Z。

1. 第1篇　概述

这一篇给出了标准的适用范围，包含了一些一般的定义、制造商的责任和对符号和单位的要求。

2. 第2篇　材料

第2篇规定了压力容器用材的一般要求，列出了CEN的各项材料标准。9项附录包含了有关材料的特殊要求的规定，包括防止脆性断裂(类似于PD 5500的附录D)。

没有设计应力。根据材料性能确定设计应力的方法在第3篇。

材料包括碳素钢、低合金钢和奥氏体不锈钢，但不包括非铁材料。标准中没有蠕变方面的内容，有关这方面的工作仍在进行中。

3. 第3篇　设计

第3篇的前6章处理一些设计的一般问题，如定义、符号和缩略语、基本设计准则和设计应力。

第3章为定义，第3章在有些方面作了澄清，这对现有许多规范是一种改进。首先把设计压力和计算压力、设计温度和计算温度作了区别。此外，还区分了计算厚度(required thickness)、有效厚度(analysis thickness)和名义厚度(nominal thickness)(现在已被PD 5500采用)。

第5章　基本设计准则，第5章包括腐蚀、载荷、设计方法、厚度、焊接接头系数和焊接接头设计方面的信息。

对于腐蚀，第5章给出了明确的规定。例如，表面腐蚀有可能导致壁厚减薄时，最小腐蚀裕量为1mm。

压力容器设计时，必须考虑的载荷有：

——内压和/或外压；

——操作条件下器内流体的最大静压头；

——容器自重；

——操作条件下介质的最大重量；

——液压试验时水的重量；

——风载、雪载和冰载；

——地震载荷；

——由容器支撑或反作用在容器上的其他载荷，如运输和安装过程中引起的载荷。

必要时，压力容器设计还必须考虑以下载荷：

——腿式支座、加强圈、鞍式支座、内件、接管或偏心载荷引起的应力；

——水锤或液体振荡引起的冲击载荷；

——压力引起的轴向力由于偏离容器截面形心线而引起的弯矩；

——由温度差(包括瞬态工况)和热膨胀系数的差别引起的热应力；

——压力和温度的波动。

设计方法，除第5章的常规设计(DBR)外，还包括两种可选的方法：

分析设计——附录B和附录C为分析设计(DBA)。

实验设计——有关实验设计的规定很少。

EN 13445与PD 5500的一个主要差别是焊接接头系数取决于接头的无损检测(NDE)比例。无损检测水平由检验组级别(类似于PD 5500的制造类别)决定。焊接接头系数的选取类似于ASME锅炉压力容器规范第Ⅷ篇第1分篇。

——一级检验组(100%无损检测)，焊接接头系数 $z=1$；

——二级检验组(10%到100%无损检测)，焊接接头系数 $z=1$。

起初，英国认为进行局部无损检测就不应采用值为1的焊接接头系数(PD 5500的二级制造类别的要求)。但是，EN 13445的第二级试验组允许在良好的自动焊条件下，这样的焊接接头系数是可以接受的；

——三级检验组(10%或者25%的无损检测，因材料而定)，焊缝系数 z 取0.85；

——四级检验组(不进行无损检测)，焊缝系数取0.7。同时，对于四级检验组名义设计应力等于常规设计应力与0.9的乘积。

通常情况下，整台容器的检验应采用同一级别。但是，在一定的限制下，允许一级、二级、三级检验的联合使用。

第6章　名义设计应力，第6章包含了许用设计应力的确定方法(类似于PD 5500的附录K)。这些概要叙述见表14-9。

表14-9　受压元件的名义设计压力(螺柱除外)

材　　料	设计工况[1)2)]	试验工况
非奥氏体钢	$f=\min\left(\frac{R_{p0.2/t}}{1.5};\frac{R_{m/20}}{2.4}\right)$	$f_{test}=\frac{R_{p0.2/test}}{1.05}$
断后延伸率 $A\geqslant30\%$ 的奥氏体钢	$f=\frac{P_{p0.1/t}}{1.5}$	$f_{test}=\frac{R_{p0.1/test}}{1.05}$
断后延伸率 $A\geqslant35\%$ 的奥氏体钢	$f=\frac{P_{p0.1/t}}{1.5}$ 或者 $\min\left(\frac{R_{p0.1t}}{1.2};\frac{R_{m/t}}{1.2}\right)$	$f_{test}=\max\left(\frac{R_{p0.1/test}}{1.05};\frac{R_{m/test}}{2}\right)$
铸钢	$f=\min\left(\frac{R_{p0.2/t}}{1.9};\frac{R_{m/20}}{3}\right)$	$f_{test}=\frac{R_{p0.2/test}}{1.33}$

1) 对于四级检测名义设计应力应该乘以系数0.9。

2) 屈服强度 R_{eH} 可用来代替 $R_{p0.2}$。

表 14-9 中：

A——断后伸长率；

f——设计温度下的名义设计应力；

R_{eH}——设计温度下的最小上屈服强度；

$R_{m/20}$——20℃下的最小抗拉强度；

$R_{m/t}$——设计温度下的最小抗拉强度；

$R_{p0.2/t}$——设计温度下的最小 0.2%保证强度；

$R_{p0.1/t}$——设计温度下的最小 0.1%保证强度。

第 7 章　承受内压的壳体，第 7 章包括筒体、球体、凸形封头、锥形体的设计规定，它们与 PD 5500 类似。

凸形封头的设计规定包括防止过渡区塑性失稳的计算厚度，根据 Galletly 的论文，最小厚度为筒体外直径 D_e 的 0.001 倍(而不是 PD 5500 规定的 $0.002D_e$)。对于 Kloepper 和 Korbbogen 型封头，还给出了在过渡区开孔的规定(而 PD 5500 不允许)。

锥形体和筒体的连接处的补强设计采用极限分析方法，这种方法源自前东德的 TGL 标准。现在，这种设计方法已经被 PD 5500 所吸收。锥形封头可以在大端设置折边段，但对于半顶角大于 30°的锥形封头并不作强制要求(此处不同于 ASME Ⅷ-1)，也不规定折边段与封头连接部位的最小过渡半径。

第 8 章　承受外压的壳体，承受外压的壳体设计以 PD 5500 为基础，但弹性极限有所不同(碳素钢时，有所提高；不锈钢时，有所降低)。提供了带有轻型加强圈的壳体有效长度的新计算方法(已被 PD 5500 咨询案例 5500/116 采纳)。给出了当壳体存在剩余厚度时圆度公差的计算方法。

第 9 章　壳体的开孔，壳体的开孔采用欧洲的压力面积法。按照这个方法，由作用在容器内部的某个区域上的压力所引起的力，必须被材料的设计应力与有效补强面积的乘积所平衡。这一原理适用于各种几何形状。压力面积法已经被 PD 5500 的附录 F 采纳。

第 10 章　平封头，这一章和 PD 5500 类似。平封头上的开孔和接管的估算方法已被列入 PD 5500。

第 11 章　法兰，法兰设计方法是 PD 5500 中方法的改进版，PD 5500 方法是以 ASME 设计方法为基础的，ASME 方法则源于 Talor Forge1938 年发表的“现代法兰设计”方法。垫片设计系数没有变化，对于压制石棉纤维(CAF)等一些现代产品，迄今为止尚无数据。

附录 G 中提供了另外一种法兰设计方法，这种设计方法以源于前东德的 EN 1591 管法兰设计方法为基础。该方法考虑了配对法兰或平封头的几何特征，以及非压力载荷和热膨胀效应。采用极限分析方法以校核法兰中的载荷，并提供了压缩石棉替代材料制垫片的设计数据。

第 12 章　带法兰的凸形封头，第 12 章关于封头的规定类似于 PD 5500 的 3.5.6。

第 13 章　换热器管板，这一章提供了 U 形管换热器、固定管板式换热器和浮头式换热器管板的设计规定。该法沿袭了先计算应力并将它和一许用值作比较的传统设计路线，但是比原来的设计方法考虑得更加细致。

附录 J 中介绍了另一方法，它源自前东德的极限设计方法。

第 14 章　膨胀节，这一章包括厚壁和薄壁的膨胀节。其设计规定以 EJMA 标准为基础，附加部分则取自 AD-Merkblatter、ASME 规范第Ⅷ篇第 1 分篇、ASME B 31.3、CODAP 和 Stoomwezen 等标准中的部分内容。该法包括内压设计、外压设计以及疲劳估算。一些有用的资料在附录 K 中已给出。

第 15 章　矩形截面压力容器，这一章提供了无加强的矩形截面压力容器(带或不带内撑杆)和加强的矩形截面容器(刚性杆连在容器外部)的设计规定。该方法与 ASMEⅧ-1 附录 13 中的相似。开孔板的补强采用开孔削弱系数设计。同时该章还给出了矩形截面容器补强面积的计算步骤。

第 16 章　非压力载荷，包括以下情形：

——球壳或圆柱壳体接管上的局部载荷；

——线载荷及起吊孔；

——鞍式支座和圈座上的卧式压力容器；

——耳式支座、支腿、裙式支座和环形支座上的立式压力容器；

——总体载荷。

EN 13445 的接管局部应力计算方法跟其他的标准（如焊接研究委员会（WRC）公告 107，WRC 公告 297 或 PD 5500 附录 G）的方法之间一个主要区别就是，EN 13445 中局部载荷的估算同时采用两种方法：一种是将载荷与基于极限分析的最大允许载荷相比较，另一种将计算应力与许用应力相比较。

对于设计人员使用来说，与其他标准相比 EN 13445 的主要优点是图表很少，每根曲线都有公式，便于在计算机程序和空白表格程序中使用。《PD 5500 咨询案例 122》已于近期出版，里面包括有基于 EN 13445的不同的柱壳接管局部载荷分析方法。

鞍式支座的设计采用的是极限载荷分析法，这种设计方法跟 PD 5500 中所介绍的方法（基于 Zick 方法）完全不同。

裙式支座的设计包括了裙座开孔效应以及裙座对容器附件的作用。

第 17 章　疲劳寿命的简化估算，这一章提供了只有压力载荷作用下的疲劳寿命的一种简化估算方法。

第 18 章　疲劳寿命的详细估算，这一章提供了承受变动应力作用的压力容器及其零部件疲劳寿命的详细估算方法。

4. 第 4 篇　制造

本篇包括对材料可追溯性和标志、制造精度、可接受的焊接接头、焊接方法、无损检测人员、产品检测、焊后热处理以及修复等方面的要求。

5. 第 5 篇　检验和试验

第 5 篇包括对设计文件、制造过程中的检验和试验、产品最终评审、产品标志和对标准合格声明，以及文件存档等方面的要求。

对于进行一、二、三级检验组的容器，液压试验压力为下面二者之中的较大值：

$$p_t = 1.25 p_d \frac{f_a}{f_t} \quad 或 \quad p_t = 1.43 p_d$$

式中：f_a——试验温度下的名义设计应力；

f_t——设计温度下的名义设计应力；

p_d——设计压力；

p_t——试验压力。

6. 第 6 篇　球墨铸铁制造的压力容器和受压元件的补充要求

第 6 篇包括对球墨铸铁制成的压力容器及受压元件的设计、材料、制造和检验的要求。

三、EN 13445 与我国压力容器标准的比较

1. 材料

EN 13445 的重点在第二部分材料、第三部分设计。这两个部分中都包含了对材料的一些规定。第二部分主要涉及材料的供应、运输与检测，而第三部分涉及材料的使用。我国压力容器常规设计标准 GB 150—1998 采用表格列出不同温度下材料的许用应力，而 EN 13445 没有直接给出材料的力学性能，只是提出指导性意见，使材料满足 PED、EN 10028、EN 10272 等标准以及欧盟材料认证（European Approval of Materials）、特殊材料评估（Particular Material Appraisals）等要求。EN 13445 中还特别提到，采用试验方法确定许用应力时，还应采取防止脆性断裂的措施。

2. 概述

各章节的起始部分都安排一定的篇幅进行概述，用以明确该章节中涉及的术语、定义、物理量及其使用规则与条件。下面以 EN 13445-3 中的内容为例，简要分析 EN 13445-3 概述部分的内容。

(1) 第 3 节　定义

区分设计压力和计算压力、设计温度和计算温度、计算厚度和有效厚度。

(2) 第 4 节 基本设计准则

设计时既不考虑材料和焊缝的局部腐蚀，又不考虑蠕变。

(3) 第 5.2 节 腐蚀

提供处理腐蚀影响的指导性意见，包括腐蚀裕量的确定方法。由于腐蚀机理的不同，腐蚀有多种形式，规定最小腐蚀裕量并不合适，所以取消了 1999 初稿中的最小腐蚀裕量规定。

(4) 第 5.3 节 载荷

列出设计所要考虑的各项载荷。一般容器设计需要考虑的载荷为：内、外压力；工作条件下最大液体静压力；容器自重；工作条件下最大盛装物料重量；液压试验的最大液压；风、雪、冰载荷；地震载荷；运输和安装容器时作用其上的载荷。特殊情况下，还要考虑以下载荷：凸缘、垫圈、槽、鞍座、内部支撑或相连管道以及偏心安装的附件产生的载荷；容器中液体受激产生波动时的冲击载荷；压力引起的轴向力在容器横截面上偏离容器轴线而导致的弯矩；在约束状态下，瞬态温度变化产生的热应力和热膨胀系数改变时产生的热应力；压力和温度的波动。

(5) 第 5.3.2 节 载荷分类

按照性质将载荷分为 3 类：正常操作载荷、意外载荷（如冲击）和试验载荷。这种分类充分考虑了载荷作用的时间和概率的影响。不同的载荷采用不同的许用应力，GB 150—1998 对载荷没有做如此明确的分类。

(6) 第 5.3.3 节 失效模式

失效模式分为 5 类：总体塑性变形（GPD）；塑性失稳（脆断）；弹塑性失稳（屈曲）；渐增塑性变形(PD)；疲劳失效。一般来说，大部分的压力容器标准都包含了这些失效模式。

3. 其他特点

"第 5.4 节 设计方法" 介绍了主要的设计方法，但是没有介绍常规设计(DBF)的具体细节。同时给出以等效的全范围循环次数载荷 n_{eq} 为是否需要进行疲劳设计的判据。当 $n_{eq} \leqslant 500$ 时，设计和检测容器时，不需考虑疲劳。除了常规设计外，还给出两种设计方法：EN 13445 附录 B 和 C 介绍的分析设计(DBA)；PED 中对小型容器规定的试验设计。分析设计在后面部分介绍，这里简要说明一下试验设计和零部件设计。

(1) 试验设计。试验设计是指取所设计的设备样品或同类设备样品进行一系列试验检测，以判断设计是否满足有关要求。试验的主要内容是压力试验。在一定压力下考察容器是否有明显泄漏，变形量是否在一定范围之内。试验压力为在最大允许工作压力之上考虑一定安全裕度的压力值。此压力值取决于实验样品与设计条件在几何形状、材料特性上的差别(包括温度等影响带来的差别)。第 6 节承压部件许用应力标准中给出了蠕变温度范围内有关金属材料（不包括铜、铝等有色金属）许用应力的规定。奥氏体不锈钢的许用应力取决于最小断后伸长率 A。当 $30\% \leqslant A \leqslant 35\%$，许用应力取残余应变为 1.0% 时的应力除以 1.5；当 $A > 35\%$时，许用应力值可以有所提高，取残余应变为 1.0%时的应力除以 1.2 的值和抗拉强度的 1/3 中的较小值。如果材料标准中没有注明抗拉强度，这一条就无法应用，仍需使用残余应变为 1.0%时的应力除以 1.5。这一规定使得奥氏体不锈钢的承载能力得到发挥。非奥氏体不锈钢材料的许用应力取屈服强度（有明显屈服平台的取最小屈服强度，没有屈服平台的取残余应变为 0.2% 时的应力，以下同）除以 1.5 和抗拉强度除以 2.4 中的较小值。GB 150—1998 中相对与屈服强度和抗拉强度的安全 1.6 系数分别为 1.6(奥氏体高合金钢取 1.5)和 3.0。

液压试验时，应控制远离结构不连续处的薄膜应力。对 $30\% \leqslant A \leqslant 35\%$的奥氏体不锈钢，试验许用应力取残余应变为 1.0% 时的应力除以 1.05；对 $A \geqslant 35\%$的奥氏体不锈钢取残余应变为 1.0% 时的应力除以 1.05 和抗拉强度除以 2 中的较大值；对非奥氏体不锈钢取屈服应力除以 1.05，GB 150—1998 中统一取为试验温度下材料屈服强度的 0.9 倍。

(2) 零部件设计。EN 13445 在引进一些新方法的同时，继承和发展了已有标准中的许多设计方法。如管板和法兰的极限载荷方法是前东德标准中的方法，被收录在标准附录中，作为传统应力分析方法的补充。

传统的设计方法是将计算的弹性应力限制在许可范围之内。极限设计方法是根据极限载荷计算许用载荷，将工作载荷限制在许用载荷之内，主要用于防止总体塑性变形引起的失效。采用极限设计方法可以充分发挥材料的承载能力。

1）圆柱形筒体和碟形封头。圆柱形筒体的设计方法与 GB 150—1998 类似。为了规定焊接接头系数，EN 13445 按照焊接结构、焊缝形式、无损检测程序将容器分为 1、2、3、4 四组，各组对应不同的焊接接头系数（详细规定参见 EN 13445 的表格 5.6-1 附录 P 和表格 6.6.1-1）。可以明显看出，对焊接接头系数的规定比 GB 150—1998 更加具体。有些工况下，EN 13445 焊接接头系数的取值较低，较为保守。但是从整体来看，由于 EN 13445 采用了相对较大的许用应力，所以筒体计算厚度比 GB 150—1998 的计算厚度要小。

对于碟形封头，需用 3 组公式分别计算球冠部分的厚度、过渡圆角部分的厚度和过渡圆角满足失稳条件的厚度，取最大值为计算厚度。GB 150—1998 中将碟形封头按照不同几何参数给以不同的形状系数，用一个公式计算碟形封头的厚度。比较可得：采用两个标准设计的碟形封头厚度大致相等；GB 150—1998通过限制有效厚度和封头内径比值来防止失稳，没有给出详细的防止失稳的计算公式，所以在低压范围内按 GB 150—1998 设计的封头要薄一些。在封头形状上，EN 13445 更加细致，对封头的各个部分（包括过渡圆角、直边连接段）都做了量化的详细规定。

2）锥体。锥体设计采用了极限设计准则。EN 13445 可以设计锥壳半顶角为 75°以下的各类锥体，相比来说 GB 150—1998 限制在 60°范围内。在锥体厚度上两个标准的计算方法基本一致，但是在其他结构处（如大小端的连接处）的设计有所不同。

3）外压容器。第 8 节的外压容器设计方法来源于 PD（英国标准），主要针对 3 种可能的失效模式计算许用外压。这 3 种失效模式分别为：整体失稳、加强圈之间筒体的失稳和加强圈本身的失稳。加工后的容器形状与设计要求存在差异（特别是壳体的不圆度与圆柱度的影响）会造成许用外压力的降低。附录 E 和 F 对这些影响做了说明。

4）开孔。EN 13445 中的开孔设计方法采用的是欧洲大陆一直沿用的压力面积法。压力面积法是指压力在壳体开孔面积上形成的载荷与有效补强范围内的壳体、接管、补强材料面积承受载荷相平衡。GB 150—1998 中使用等面积补强法，认为壳体因开孔被削弱的承载面积，须有补强材料在离孔边一定距离范围内予以等面积补偿。EN 13445 中开孔尺寸的规定为：壳体上开孔（非接管补强）和带加强圈的开孔要求接管直径小于开孔中心处的最小曲率半径；碟形封头或球壳上开孔直径小于该处外径的 0.6 倍；圆柱壳体上接管补强开孔直径小于 2 倍该处的最小曲率半径。EN 13445 中的开孔范围较大，特别是包含了尺寸接近等径三通的圆柱壳体上开孔补强设计。

5）平封头。按 GB 150—1998 设计平封头时，主要考虑压力载荷，并设置平盖系数考虑平封头与壳体连接结构对封头的应力分布影响。EN 13445 也是着重考虑压力载荷在封头设计中的作用。但考虑到不同结构会产生不同的附加载荷，EN 13445 需要从自身特点出发，用多个参数限制封头上的应力分布。

6）法兰。GB 150—1998 对于法兰设计采用 ASME 中的 Taylor Forge 法。这种方法首先要求确定法兰压紧面的形式，选择相应的垫片，查得密封比压和垫片系数，然后计算垫片压紧力、螺栓载荷，最后进行法兰的设计计算。但是这一方法存在一些缺点，例如：用于计算螺栓载荷的垫片系数中有很多是经验数据，缺乏标准的试验方法，且没有考虑泄漏率。EN 13445-3 除了采用这种方法外，还在附录 G 收录了统一标准 EN 1591 中的法兰设计方法。这种方法特别适用于螺栓连接的管道和容器上的圆形法兰接头。事实上，法兰、螺栓、垫片形成相互关联的系统，各个部分之间存在相互作用。法兰设计必须充分考虑螺栓刚度和密封圈变形的影响，使法兰同时满足密封和强度要求。按照这一方法，不仅需要考虑以下基本参数：液压；法兰、螺栓、垫片的材料强度；垫片压缩系数；名义螺栓载荷等，还要考虑一些特殊情况：由于连接部件的变形而导致的垫片压紧力的变化；相连筒体或管道的影响；外压和弯矩的影响；法兰环与螺栓之间温差产生的影响等。计算过程中要求采用反复迭代，依靠计算机辅助，可以较为简便的实现设计计算。

7）管板。EN 13445中提供了两种管板的设计方法。第一种方法是传统方法。考虑内外压力、几何尺寸等因素严格计算各种载荷状态引起的管板应力，并与许用应力相比较，判断设计是否满足要求。第二种方法是极限分析方法，通过管板的极限分析，确定许用载荷。

8）膨胀节。EN 13445对膨胀节的厚度没有限制，采用的设计方法基于EJMA标准（Expansion Joint Manufactures Association）以及德国AD规范、ASMEⅧ第1分篇、ASME B31.3，法国CODAP规范和荷兰Stoomwezen规范中的相关部分。标准目前只包含了无补强的U形膨胀节。正在制定有补强的U形膨胀节和环形膨胀节设计方法。

9）矩形截面容器。以前欧洲标准中没有涉及矩形截面容器。EN 13445基于ASMEⅧ第1分篇附录13和BS 3970第1部分——医药用杀菌和灭菌设备，增加了矩形截面容器的设计。设计按照应力设计准则，分为两个基本类型：包含或不包含撑杆的无补强容器和外面设有补强件的补强容器。这部分内容与GB 150—1998附录D相对应。

10）非压力载荷。局部载荷作用下的应力分析，除有限单元法等数值计算方法外，一般按照WRC（Welding Research Council Bulletin），107、WRC 109和PD 5500附录G分析。WRC107和PD5500附录G适用于设计制造球形壳体上的接管和其他固体附件以及圆柱壳体上的固体附件；WRC297适用于设计圆柱壳体上的接管。

EN 13445-3的第16节主要介绍了局部载荷和鞍座的设计，同时包含了附件、接管、线载荷和吊耳等涉及非压力载荷的设计方法。对于不同的应力分布采用不同的设计方法计算许用载荷或应力。EN 13445中接管载荷的设计方法与WRC 107、WRC 297和PD 5500附录G的主要区别为：对局部应力与极限分析中的最大许用载荷同时进行评估，也就是说载荷和应力同时控制。静载荷与循环载荷有不同的设计准则。如果有多种载荷同时作用，则必须考虑它们之间的相互作用。GB 150—1998用Zick法处理线载荷和卧式鞍座支撑容器，要求先进行应力分析，然后限制容器上某些点的应力；EN 13445用极限设计方法设计鞍座支撑的卧式容器，按照容器整体几何轮廓求解极限载荷，再根据设计要求从图表中查取安全系数，得到许用载荷。

EN 13445对于非压力载荷的表述更加全面，适用范围更广。与其他标准相比，EN 13445中的计算图与图表相对减少，其使用程序也相应简化。不过，疲劳评定中的应力评估问题尚待解决。

11）简单和详细的疲劳寿命评定。EN 13445中的简单和详细的疲劳评定来源于英国标准以及其他相关标准，将结构按照焊接工艺的不同分为各个等级，采用不同的S-N曲线对其分别进行评定。在EN 13445中仍然保留了应力集中系数概念。相比而言，JB 4732—1995沿用ASMEⅧ的设计思路，对所有几何形状采用一条S-N曲线来评定容器的疲劳寿命。有关EN 13445和JB 4732疲劳设计的对比分析工作正在进行之中，将另外介绍。

4. 分析设计（DBA）

EN 13445-3有两个附录介绍分析设计。附录C基于弹性应力分析，将应力分类。这种方法与JB 4732—1995的设计方法一致。但是这种基于弹性分析的方法在应力分类时会遇到一个突出的问题——有些应力的分类不是那么明显。而且，这种方法并没有考虑弹性或弹塑性失稳以及屈曲问题。

EN 13445-3附录B中引进新的方法——直接法。这一方法包含了非弹性分析，将各种作用（action）的效果组合考虑。作用的概念比载荷更加广泛，包括一系列的机械作用如压力、作用力、温度变化和预变形等。作用的特定组合对应一定的失效模式，设计中要求对可能遇到的所有失效模式进行设计校核。标准中还将原理与应用准则区分。原理一般是指综述，定义以及基本要求，基本分析模式等；应用准则通常是指通用的准则，遵从原理，满足其要求，包括了满足相关原理的各个适用的准则。总体塑性变形的应用准则需要应用理想弹塑性材料有限元分析的载荷3变形图，并采用双切线法得到较低的极限载荷。

EN 13445中没有考虑材料强化和大变形影响。为避免结构渐增塑性变形（PD），需采用偏量图方法确保结构安定。

EN 13445是第一个欧盟统一的压力容器设计标准。现在，有些工作正在展开，其详细的发展计划为：2003年12月，铸铁容器的疲劳分析；2004年12月，铝制容器；2005年2月，加强的环形膨胀节；2005

年4月,试验方法——静测试;2005年4月,压力试验的测量补偿;2005年6月,开孔(补充EN 13445-3第9节的内容);2005年6月,非圆形壳体开孔和非圆形开孔的补强问题;2005年6月,平封头(补充EN 13445-3第10节内容);2005年6月,加强的平板;2005年6月,法兰(补充EN 13445-3,第11、12节和附录G);2005年6月,无损检测和特殊焊接检测;2005年9月,分析设计——补充要求;2005年6月,蠕变。上述项目将是以后几年欧盟标准化委员各个技术委员会的重点研究和欧盟承压设备研究委员会(The European Pressure Equipment Research Council,简称EPERC)重点支持的方向。

EN 13445在欧盟国家内通用,但其意义并不局限于欧洲,整个世界都十分关注这一统一的标准。美国ASME锅炉压力容器标准化委员会组织专人对EN 13445进行研究;日本也有多个机构在研究EN 13445。该标准对我国的压力容器设计研究和标准制定工作也有着重要的借鉴作用。

除主要压力容器规范和标准以外,还有大量的相关标准,这些标准涵盖了与承压设备有关的各种问题,包括材料、管道、法兰和螺栓等元件,以及风、雪等载荷。

第十五章　启示与建议

世界各国特别是西方发达国家高度重视压力容器的监管，在制定技术法规与标准方面积累了很多宝贵的经验，也形成了各具特色的监管模式。通过国际比较研究，结合中国压力容器监管的实际情况和完善市场经济体制的要求，我们可以获得许多可资借鉴的宝贵经验，对于进一步完善中国压力容器法规标准体系无疑具有重要意义。

一、明确发展方向，促进法规标准和谐

1. 明确压力容器法规标准的国际化发展方向

经过 100 多年的发展，以美国 ASME 为代表的美洲压力容器规则体系在全球范围内一直处于霸主地位，其突出特征是民间规范的政府认可，构成了事实上的美国法规标准一体化，并在全球范围内推广。

近 20 年来，欧洲共同体构建的 PED-EN 体系，即欧盟压力设备指令加欧洲协调标准模式对 ASME 规则体系发起了强有力的挑战，更因其合理明晰的法规标准关系以及 EN 13445 等欧洲标准的强大竞争力，为全球压力设备行业所瞩目。

经过近 50 年的发展，特别是近 30 年的快速发展，中国压力容器的政府监管体系和法规标准体系已经基本成型，尽管还存在着一些矛盾和错位，标准与法规之间的合作机制仍然日趋完善。但是，与美国、欧盟和日本等发达国家相比较，在压力容器法规标准体系的效率和经济性等方面，我们仍然存在着明显的差距：一是法律级别还不够高，二是法规与标准的关系定位还不够明确，三是压力容器分类方法滞后，四是 GB 150 的安全系数仍偏高，五是法规标准的某些技术要求过于严格。

鉴于全球范围内压力容器的政府监管体系和法规标准体系已经能够完全解决压力容器的基本安全问题，鉴于压力容器产业国际市场竞争日趋激烈以及中国加入 WTO 的事实，鉴于世界各国都把提高法规标准的效率和经济性作为提高竞争能力的手段，鉴于压力容器材料和建造的国际标准由美国和欧洲主导，中国必须明确以逐步满足 WTO/TBT 协议要求为原则的、符合国际发展趋势和潮流的压力容器法规标准的发展方向。

2. 进一步促进压力容器法规与标准之间的和谐

与其他特种设备相比，压力容器法规标准的关系总体是协调的，这集中表现为《压力容器监察规程》对 GB 150 的引用，但是仍存在有些法规的技术规定过细以及与标准规定不一致的问题，法规与标准的分工与定位仍不够明确。为此提出以下建议：

(1) 以压力容器分类调整和 GB 150 安全系数降低为契机，启动《压力容器监察规程》和 GB 150 平行修订项目，建立联合工作组协调双边关系，借鉴 PED-EN 体系模式经验，尝试进一步明确两个文件的分工和引用关系，作为构建和谐法规标准关系的试点。

(2) 鉴于《简单压力容器安全技术监察规程》和《超高压容器安全技术监察规程》已经出台，可由质检总局联合国家标准委向全国锅炉压力容器标准化技术委员会下达标准的委托制修订项目要求，为上述两个法规制定支撑性标准，并在标准中的前言中承诺："按本标准设计制造的……容器符合《……容器安全技术监察规程》的规定"，同时在附录中给出符合性说明。

二、调整分类方法，降低安全系数

1. 借鉴先进经验，调整分类方法

我国压力容器的三级分类以压力等级为主线，同时考虑了容器的容积和盛装介质的危险性等因素，

在我国压力容器的监督管理实践中发挥了重要作用。但是，随着压力容器设计制造技术的不断进步和压力容器产业的迅猛发展，新设备新工艺层出不穷，此种分类方法的局限性逐步显露出来，出现了事实上的分类错位和空位。如盛装剧毒介质的固定式常压容器的危险性远远大于一般一、二类压力容器，但却没有纳入特种设备安全监察范畴等。因此，当前的压力容器分类方法已经滞后于安全监察形势发展的需要，需要重新调整。

欧盟 PED 指令给出了不同于 ASME 的全新的压力设备分类方法，其特征是在流体分组的基础上再考虑压力、容积等因素，因而更具有合理性和经济性，非常值得我们借鉴。尽管 ISO/DIS 16528 并没有采纳欧盟 PED 指令的分类方法，但也同样没有采纳美国的分类方法，甚至根本就没有提供具体的分类，这也从一个侧面说明 ASME 分类方法已经失去了主导地位。

2. 降低安全系数，促进资源节约

自从压力容器的基本安全问题从规范和政府监管层面得到解决以后，压力容器标准的经济性就变得越来越重要，世界各主要工业国家都在谋求自身标准的竞争力。随着近几十年国际贸易全球化和世界经济一体化进程的不断发展，特别是欧盟 PED-EN 体系出台以后，美国和日本等国开始纷纷研究降低安全系数的可行性，并积极开展研究与国际合作。

我国现行压力容器标准规定的安全系数始于 30 年前。当时，GB 150 在设计计算方法上靠近美国的 ASME 规范而在制造检验要求上又借鉴了当时欧洲标准的做法。虽然 GB 150 属于偏于安全的标准，但在当时的社会经济技术条件下是完全必要的，事实也证明它为我国压力容器的安全设计制造和使用、为石油化工等相关产业的安全和健康发展作出了重要贡献。

随着我国经济的快速发展，压力容器行业在材料技术、焊接技术和无损检测等方面取得了巨大的技术进步，为压力容器安全系数的降低提供了可靠的物质保障。另一方面，我国加入 WTO 后，压力容器行业的市场竞争空前激烈，标准规范的经济性日益受到关注，GB 150 在经济性方面的落后客观上影响了我国压力容器行业的国际竞争力，也妨碍了我国标准被国外所接受和承认。安全系数偏高所导致的壁厚偏高以及相关制造检验要求增加所导致的成本增加也不符合我国建立资源节约型社会的要求，因此，应该由政府、用户和制造商委托权威机构研究降低安全系数的具体解决办法。

三、加强技术基础研究，提高标准竞争能力

我国压力容器行业的迅猛发展更多地表现为装备能力和制造检验水平的提高，目前已经有 195 家企业能够生产 ASME 设备，一些企业通过了 CE 认证，具备了大规模制造出口产品的条件。但是，由于技术基础研究的缺乏，我国标准中的各项性能数据、技术指标和设计制造检验方法更多地来源于国外标准，缺乏自主创新的技术，已有的先进技术也没有及时转化为标准，使得我国压力容器标准的竞争能力还不高，主要表现在材料和设计计算方法上，鉴于压力容器的主要成本是材料，而标准的经济性主要取决于设计计算方法，因此加强这两个方面的技术基础研究，是提高标准竞争能力进而提高压力容器制造业的竞争能力的根本途径。

1. 压力容器用材料标准重大专项研究

国际标准 ISO 9328.1～9328.7:2003～2004《压力设备用钢板 交货技术条件》已正式实施，其中，ISO 9328 的第 2～第 6 部分以附录形式公布了 ISO 材料的化学成分和力学性能及 ISO、欧洲、美国和日本牌号的对应关系：

(1) 附录 A(规范性附录)：根据欧洲设计规范的 ISO 材料的化学成分和力学性能；

(2) 附录 B(规范性附录)：根据美国设计规范的 ISO 材料的化学成分和力学性能；

(3) 附录 C(资料性附录)：ISO 牌号与国家(区域)标准牌号的对应关系。

中国是压力容器材料生产大国，很多材料的质量和技术水平已经达到甚至超过国外相关牌号的水平，但是中国牌号仍然不能获得国际承认，即使经过近十年的努力，也只有 16MnR 被 ASME 允许在严格的限制条件下使用。

没有中国材料牌号的国际标准承认，中国压力容器建造规范的国际标准承认就没有实际意义，因此建议开展我国压力容器用材料及标准的重大专项研究，建立中国自己的材料性能数据库和曲线，为中国牌号获得国际国外标准承认奠定基础。

2. 研发压力容器设计计算新方法

在当今世界上有影响的压力容器建造规范中，设计计算方法是其中的灵魂和竞争力所在。EN 13445的竞争力主要体现在因采用先进设计计算方法而引起的壁厚减薄，既有安全系数较小的因素，也有增加疲劳分析仔细评定法、基于“失效模式”的直接法和极限设计方法等的功劳，使得在由指定机构联合制造商联合开展的技术经济指标比较研究中，表现了非凡的成本优势，对于CNG球罐甚至可节约30%。为此，日本等国也把研究能够运用到标准当中的新的设计计算方法作为大事来抓，目的也是提高其标准的竞争力。

在中国压力容器标准迅速发展的20世纪80年代，以管板设计计算方法为代表的中国技术走上舞台，使得中国压力容器标准第一次有了自己独创的技术，但以后由于种种原因，中国标准未能再创辉煌，设计计算方法的研发进展缓慢。进入21世纪，全球性的压力容器市场竞争使得标准的经济性日趋重要，设计计算方法成为提高标准竞争力的关键因素，而石油化工设备大型化和高参数化也对设计计算方法提出了更高的要求，大型计算机技术和有限元技术的进步为压力容器的设计计算提供了新的路径。

全国锅炉压力容器标准化委员会在原“设计分会”的基础上，组建了设计计算方法专业委员会，目的是联合业内专家、为共同发展中国的压力容器设计技术提供平台。

3. 建立标准技术基础研究专项基金

近几十年来，虽然中国标准化工作取得了很大的成绩，标准体系也日趋完善，但就中国压力容器标准而言，性能数据和技术指标大多依赖于国外主要标准也是不争的事实。标准的技术基础研究长期被忽视，是我国标准缺乏自主创新能力和竞争能力的关键。标准的技术基础研究一方面需要以标准需求为核心、大力进行实验研究以采集所需数据和大力进行方法研究以提高标准的技术含量，另一方面要为新技术成果的标准转化予以支持。

为此，建议国家标准委等有关部门建立政府专项基金，对于有竞争潜力的重点领域，支持和资助有关机构、组织和个人开展标准技术基础研究。

四、加大重要标准支持力度，争取国际承认

1. 补充材料高温数据，争取入围国际标准

经过近20年的快速发展，中国压力容器专用材料在品质上已具备在国际市场竞争的能力，但前提是这些牌号为国外压力容器建造规范所接受。目前，只有16MnR为ASME所接受，但被规定了严格的限制使用条件，使用温度上限仅为260℃。在近年来公布的国际标准ISO 9328.1～9328.7:2003～2004《压力设备用钢板 交货技术条件》中，美国、欧洲和日本牌号已被实际采纳，而中国牌号无一上榜，其主要原因在于中国材料普遍缺乏被认可的高温性能数据。

建议选用一个或几个与ISO 9328中的国际牌号对应的中国牌号，补充必要的实验和数据，修改相关标准并申请ASME规范和EN规范的承认，在此基础上争取列入ISO 9328.1～9328.7附录C，实现中国材料牌号获得国际标准承认零的突破。

2. 全面修订GB 150，尽快实现国际承认

GB 150是与美国的ASME第Ⅷ卷第一分篇和EN 13445(不含DBA)相对应的我国压力容器建造规范，最新版本是1998版，急需修订。为此，建议以降低安全系数为契机，采用国际先进设计计算方法，全面修订GB 150，争取早日实现国际承认。

3. 提高中国对压力容器国际标准的影响力

中国的经济和市场潜力巨大，中国压力容器行业在国际上的重要性日益突出，这就为中国在压力容器国际标准方面发挥重要作用奠定了基础，以主动参与国际标准制定，争取ISO 9328和ISO 16528对中

国标准的承认为目标，逐步扩大中国压力容器标准的国际影响力。

本篇由寿比南、贾国栋、王为国、陈钢、陈志伟、王辉等编写。

附录 压力容器主要标准法规目录

一、中国压力容器主要法规

1. 特种设备安全监察条例([2003]国务院令第373号)

2. 锅炉压力容器压力管道及特种设备检验人员资格考核规则(质技监局锅发[1999]222号)

3. 特种设备无损检测人员考核与监督管理规则(国质检锅[2003]248号)

4. 锅炉压力容器压力管道焊工考试与管理规则(国质检锅[2002]109号)

5. 锅炉压力容器制造许可条件(国质检锅[2003]194号)

6. 锅炉压力容器制造许可工作程序(国质检锅[2003]194号)

7. 锅炉压力容器使用登记管理办法(国质检锅[2003]207号)

8. 锅炉压力容器产品安全性能监督检验规则(国质检锅[2003]194号)

9. 锅炉压力容器制造监督管理办法([2002]国家质检局令第22号)

10. 压力容器安全技术监察规程(质技监局锅发[1999]154号)

11. 液化气体汽车罐车安全监察规程(劳动部劳部发[1994]262号)

12. 压力容器压力管道设计单位资格许可与管理规则(国质检锅[2002]235号)

13. 医用氧舱安全管理规定(质技监局锅发[1999]218号)

14. 锅炉压力容器检验单位监督考核办法(劳动部劳部发[1993]266号)

15. TSG R0002—2005 超高压容器安全技术监察规程

16. TSG R0001—2005 非金属压力容器安全技术监察规程

17. TSG R3001—2006 压力容器安装改造维修许可规则

18. TSG R7001—2004 压力容器定期检验规则

19. TSG R6002—2006 医用氧舱维护管理人员考核大纲

20. TSG R6003—2001 压力容器压力管道带压密封作业人员考核大纲

21. TSG Z0001—2004 特种设备安全技术规范制定程序导则

22. TSG Z7001—2004 特种设备检验检测机构核准规则

23. TSG Z7002—2004 特种设备检验检测机构核准鉴定评审细则

24. TSG Z7003—2004 特种设备检验检测机构质量管理体系要求

25. TSG Z0003—2004 特种设备鉴定评审人员考核大纲

26. TSG Z6001—2004 特种设备作业人员考核规则

二、中国压力容器主要标准

产品类标准63项：

1. GB 150—1998 钢制压力容器

2. GB 151—1999 管壳式换热器

3. JB 4732—1995 钢制压力容器 分析设计标准(2005确认)

4. GB 12337—1998 钢制球形储罐

5. GB/T 17261—1998 钢制球形储罐型式与基本参数

6. JB/T 1149—1980 扁平钢带压力容器技术条件

7. JB 4710—2005 钢制塔式容器

8. JB 4731—2005 钢制卧式容器

9. JB/T 4734-2002 铝制焊接容器

10. JB/T 4735—1997 钢制焊接常压容器

11. JB/T 4745-2002　钛制焊接容器
12. JB/T 4750—2003　制冷装置用压力容器
13. JB/T 4755—2006　铜制压力容器
14. JB/T 4756—2006　镍及镍合金制压力容器
15. JB/T 7215—1994　锻焊结构热壁加氢反应器　技术条件
16. HG/T 2388—1992　钢制焊接压力容器质量分等通则
17. HG/T 2123—1991　搅拌器型式及主要参数
18. HG/T 2124—1991　浆式搅拌器技术条件
19. HG/T 2125—1991　涡轮式搅拌器技术条件
20. HG/T 2126—1991　推进式搅拌器技术条件
21. HG/T 2127—1991　框式搅拌器技术条件
22. HG/T 2268—1992　钢制机械搅拌容器技术条件
23. HG 2367—1992　聚氯乙烯聚合釜技术条件
24. HG/T 2390—1992　卧式储罐质量分等细则
25. HG/T 2651—1995　尿素合成塔质量分等细则
26. HG/T 2652—1995　钢制多层包扎式压力容器质量分等细则
27. HG/T 2653—1995　钢制热套式压力容器质量分等细则
28. HG/T 2654—1995　扁平钢带式压力容器质量分等细则
29. HG/T 2655—1995　钢制球形储罐质量分等细则
30. HG/T 2658—1995　聚氯乙烯聚合釜质量分等细则
31. HG 2952—1998　尿素二氧化碳汽提塔技术条件
32. HG/T 3109—1988　钢制机械搅拌容器型式及主要参数
33. HG 3129—1998　整体多层夹紧式高压容器
34. HG/T 3145—1985　普通碳素钢及低合金钢贮罐标准系列分类与技术条件
35. HG/T 3146—1985　平底可拆平盖贮罐系列
36. HG/T 3147—1985　平底平顶贮罐系列
37. HG/T 3148—1985　平底锥顶贮罐系列
38. HG/T 3149—1985　90°无折边锥形底平顶贮罐系列
39. HG/T 3150—1985　90°折边锥形底椭圆形封头(悬挂式支座)贮罐系列
40. HG/T 3151—1985　90°折边锥形底椭圆形封头(支腿)贮罐系列
41. HG/T 3152—1985　立式椭圆形封头(悬挂式支座)贮罐系列
42. HG/T 3153—1985　立式椭圆形封头(支腿、裙座)贮罐系列
43. HG/T 3154—1985　卧式椭圆形封头贮罐系列
44. HG 3177—1999　钢制绕板式多层压力容器
45. HG 2036—1991　搪玻璃容器参数
46. HG 2370—1992　石墨制化工设备技术条件
47. HG/T 2371—1992　搪玻璃开式搅拌容器
48. HG/T 2372—1992　搪玻璃闭式搅拌容器
49. HG/T 2373—1992　搪玻璃开式贮存容器
50. HG/T 2374—1992　搪玻璃闭式贮存容器
51. HG/T 2375—1992　搪玻璃卧式贮存容器
52. HG 2432—2001　搪玻璃设备技术条件
53. HG/T 3117—1998　耐酸陶瓷容器
54. HG/T 3126—1998　搪玻璃蒸馏容器
55. HG/T 3208—1986　耐酸陶瓷设备系列

56. HG 3209—1986 耐酸陶瓷设备通用技术条件

57. HG 20580—1998 钢制化工容器设计基础规定

58. HG 20581—1998 钢制化工容器材料选用规定

59. HG 20582—1998 钢制化工容器强度计算规定

60. HG 20583—1998 钢制化工容器结构设计规定

61. HG 20584—1998 钢制化工容器制造技术要求

62. HG 20585—1998 钢制低温压力容器技术规定

63. HG 20652—1998 塔器设计技术规定

通用类标准 7 项：

1. GB/T 9019—2001 压力容器公称直径

2. JB/T 4711—2003 压力容器涂敷与运输包装

3. HG/T 3160—1987 搅拌设备名词术语

4. HG/T 3161—1987 塔器名词术语

5. GB/T 196—2003 普通螺纹 基本尺寸

6. GB/T 197—2003 普通螺纹 公差

7. GB/T 1804—2000 一般公差 未注公差的线性和角度尺寸的公差

检验类标准共 23 项：

1. JB/T 4730.1—2005 承压设备无损检测 第 1 部分:通用要求

2. JB/T 4730.2—2005 承压设备无损检测 第 2 部分:射线检测

3. JB/T 4730.3—2005 承压设备无损检测 第 3 部分:超声检测

4. JB/T 4730.4—2005 承压设备无损检测 第 4 部分:磁粉检测

5. JB/T 4730.5—2005 承压设备无损检测 第 5 部分:渗透检测

6. JB/T 4730.6—2005 承压设备无损检测 第 6 部分:涡流检测

7. JB 4744—2000 钢制压力容器产品焊接试板的力学性能检验

8. GB/T 18182—2000 金属压力容器声发射检测及结果评价方法

9. HG/T 3175—1987 尿素高压设备制造检验方法 不锈钢带极自动堆焊层超声波检验

10. HG/T 3176—1987 尿素高压设备制造检验方法 尿素合成塔氨渗漏试验方法

11. GB/T 12604.1—2005 无损检测术语 超声检测

12. GB/T 12604.2—2005 无损检测术语 射线照相检测

13. GB/T 12604.3—2005 无损检测术语 渗透检测

14. GB/T 12604.4—2005 无损检测术语 声发射检测

15. GB/T 12604.5—1990 无损检测术语 磁粉检测

16. GB/T 12604.6—1990 无损检测术语 涡流检测

17. GB/T 3310—1999 铜合金棒材超声波探伤方法

18. GB/T 3323—2005 金属熔化焊焊接接头射线照相

19. GB/T 5126—2001 铝及铝合金冷拉薄壁管材涡流探伤方法

20. GB/T 5616—2006 无损检测 应用导则

21. GB/T 2970—2004 厚钢板超声波检验方法

22. GB/T 9445—2005 无损检测 人员资格鉴定与认证

23. GB/T 15823—1995 氦泄漏检验

工艺类标准共 11 项：

1. JB 4708—2000 钢制压力容器焊接工艺评定

2. JB/T 4709—2000 钢制压力容器焊接规程

3. HG/T 3178—1988 尿素高压设备耐腐蚀不锈钢管子、管板的焊接工艺评定和焊工技能评定

4. HG/T 3179—1988 尿素高压设备堆焊工艺评定和焊工技能评定

5. HG/T 3180—1988 尿素高压设备衬里板及内件的焊接工艺评定和焊工技能评定
6. HG/T 2640—1994 玻璃鳞片衬里施工技术条件
7. GB/T 324—1988 焊缝符号表示法
8. GB/T 985—1988 气焊、手工电弧焊及气体保护焊焊缝坡口的基本形式与尺寸
9. GB/T 986—88 埋弧焊焊缝坡口的基本形式与尺寸
10. GB/T 13147—1991 铜及铜合金复合钢板焊接技术条件
11. GB/T 13148—1991 不锈钢复合钢板焊接技术条件

零部件类标准共63项：

1. GB 16749—1997 压力容器波形膨胀节
2. JB/T 4700—2000 压力容器法兰分类与技术条件
3. JB/T 4701—2000 甲型平焊法兰
4. JB/T 4702—2000 乙型平焊法兰
5. JB/T 4703—2000 长颈对焊法兰
6. JB/T 4704—2000 非金属软垫片
7. JB/T 4705—2000 缠绕垫片
8. JB/T 4706—2000 金属包垫片
9. JB/T 4707—2000 等长双头螺栓
10. JB/T 4712—1992 鞍式支座
11. JB/T 4713—1992 腿式支座
12. JB/T 4721—1992 外头盖侧法兰
13. JB/T 4724—1992 支撑式支座
14. JB/T 4725—1992 耳式支座
15. JB/T 4746—2002 钢制压力容器用封头
16. JB/T 4736—2002 补强圈
17. JB/T 84—94 凹凸面对焊环板式松套钢制管法兰
18. JB/T 85—94 翻边板式松套钢制管法兰
19. JB 86.1—94 凸面钢制管法兰盖
20. JB 86.2—94 凹凸面钢制管法兰盖
21. JB/T 577—1979 常压人孔
22. JB/T 579—1979 长圆形回转盖快开人孔
23. JB/T 580—1979 回转盖人孔
24. JB/T 581—1979 回转吊盖快开人孔
25. JB/T 582—1979 垂直吊盖人孔
26. JB/T 583—1979 水平吊盖人孔
27. JB/T 584—1979 回转盖对焊法兰人孔
28. JB/T 585—1979 水平吊盖对焊法兰人孔
29. JB/T 586—1979 常压快开手孔
30. JB/T 587—1979 回转盖快开手孔
31. JB/T 588—1979 常压手孔
32. JB/T 589—1979 平盖手孔
33. JB/T 590—1979 旋柄快开手孔
34. JB/T 591—1979 平盖对焊法兰手孔
35. JB/T 592—1979 回转盖对焊法兰手孔
36. JB/T 2555—1979 碳素钢、低合金钢人、手孔分类与技术条件
37. JB/T 2556—1979 垂直吊盖对焊法兰人孔

38. JB/T 2557—1979　常压旋柄快开人孔
39. HG/T 2049—1991　搪玻璃设备　高颈法兰
40. HG/T 2050—1991　搪玻璃设备　垫片
41. HG/T 2053—1991　搪玻璃设备　人孔法兰
42. HG/T 2055—1991　搪玻璃设备　人孔
43. HG/T 2105—1991　搪玻璃设备　活套法兰
44. HG/T 2130—1991　搪玻璃管
45. HG/T 2131—1991　搪玻璃 30°弯头
46. HG/T 2132—1991　搪玻璃 45°弯头
47. HG/T 2133—1991　搪玻璃 60°弯头
48. HG/T 2134—1991　搪玻璃 90°弯头
49. HG/T 2135—1991　搪玻璃 180°弯头
50. HG/T 2136—1991　搪玻璃三通
51. HG/T 2137—1991　搪玻璃四通
52. HG/T 2138—1991　搪玻璃同心异径管
53. HG/T 2139—1991　搪玻璃偏心异径管
54. HG/T 2140—1991　搪玻璃异径法兰
55. HG/T 2141—1991　搪玻璃法兰盖
56. HG/T 2145—1991　搪玻璃设备　手孔
57. HG/T 2437—1993　钢塑复合管及管件
58. GB/T 3098.1—2000　紧固件机械性能　螺栓、螺钉和螺柱
59. GB/T 3098.2—2002　紧固件机械性能　螺母粗牙螺纹
60. GB/T 3098.10—1993　紧固件机械性能　有色金属制造的螺栓、螺钉、螺柱和螺母
61. GB/T 5779.1—2000　紧固件表面缺陷　螺栓、螺钉和螺柱　一般要求
62. GB/T 5779.2—2000　紧固件表面缺陷　螺母
63. GB 567—1999　爆破片与爆破片装置

材料类标准共 154 项：

1. JB 4726—2000　压力容器用碳素钢和低合金钢锻件
2. JB 4727—2000　低温压力容器用碳素钢和低合金钢锻件
3. JB 4728—2000　压力容器用不锈钢锻件
4. JB 4733—1996　压力容器用爆炸不锈钢复合钢板
5. JB 4741—2000　压力容器用镍铜合金热轧板材
6. JB 4742—2000　压力容器用镍铜合金无缝管
7. JB 4743—2000　压力容器用镍铜合金锻件
8. JB 4747—2002　压力容器用钢焊条订货技术条件
9. JB 4748—2002　压力容器用镍及镍基合金爆炸复合钢板
10. GB/T 222—2006　钢的成品化学成分允许偏差
11. GB/T 699—1999　优质碳素结构钢
12. GB/T 700—2006　碳素结构钢
13. GB 712—2000　船体用结构钢
14. GB/T 1591—1994　低合金高强度结构钢
15. GB/T 3077—1999　合金结构钢技术条件
16. GB/T 247—1997　钢板和钢带检验、包装、标志及质量证明书的一般规定
17. GB/T 709—2006　热轧钢板和钢带的尺寸、外形、重量及允许偏差
18. GB/T 2975—1998　钢及钢产品　力学性能试验取样位置及试样制备

19. GB/T 8888—2003　重有色金属加工产品的包装、标志、运输和贮存
20. GB/T 2101—1989　型钢验收、包装、标志及质量证明书的一般规定
21. GB/T 2103—1988　钢丝验收、包装、标志及质量证明书的一般规定
22. GB/T 2102—2006　钢管的验收、包装、标志和质量证明书
23. GB/T 710—1991　优质碳素结构钢热轧薄钢板和钢带
24. GB/T 711—1988　优质碳素结构钢热轧厚钢板和宽钢带
25. GB 713—1997　锅炉用钢板
26. GB/T 716—1991　碳素结构钢冷轧钢带
27. GB/T 912—1989　碳素结构钢和低合金结构钢热轧薄钢板及钢带
28. GB/T 3274—1988　碳素结构钢和低合金结构钢热轧厚钢板和钢带
29. GB/T 3280—1992　不锈钢冷轧钢板
30. GB/T 3522—1983　优质碳素结构钢冷轧钢带
31. GB/T 3524—2005　碳素结构钢和低合金结构钢热轧钢带
32. GB 3531—1996　低温压力容器用低合金钢钢板
33. GB/T 4237—1992　不锈钢热轧钢板
34. GB/T 4238—1992　耐热钢板
35. GB 6654—1996　压力容器用钢板
36. GB/T 8165—1997　不锈钢复合钢板和钢带
37. GB/T 11251—1989　合金结构钢热轧厚钢板
38. GB/T 11253—1989　碳素结构钢和低合金结构冷轧薄钢板及钢带
39. GB/T 13237—1991　优质碳素结构钢冷轧薄钢板和钢带
40. YB/T 5059—1993　低碳钢冷轧钢带
41. YB/T 5139—1993　压力容器用热轧钢带
42. YB(T) 40—1987　压力容器用碳素钢和低合金钢厚钢板
43. YB(T) 41—1987　锅炉用碳素钢及低合金钢厚钢板
44. GB/T 14975-2002　结构用不锈钢无缝钢管
45. GB 13296—1991　锅炉、热交换器用不锈钢无缝钢管
46. GB 3087—1999　低中压锅炉用无缝钢管
47. GB/T 3091—2001　低压流体输送用焊接钢管
48. GB 5310—1995　高压锅炉用无缝钢管
49. GB/T 12770—2002　机械结构用不锈钢焊接钢管
50. GB/T 12771—2000　流体输送用不锈钢焊接钢管
51. GB 6479—2000　高压化肥设备用无缝钢管
52. GB/T 8162—1999　结构用无缝钢管
53. GB/T 8163—1999　输送流体用无缝钢管
54. GB/T 14976—2002　流体输送用不锈钢无缝钢管
55. YB(T) 32—1986　高压锅炉用冷拔无缝钢管
56. YB(T) 33—1986　低中压锅炉用冷拔无缝钢管
57. GB 9948—2006　石油裂化用无缝钢管
58. GB/T 983—2001　不锈钢焊条
59. GB/T 984—2001　堆焊焊条
60. GB/T 1220—1992　不锈钢棒
61. GB/T 1221—1992　耐热钢棒
62. GB/T 3079—1993　合金结构钢丝
63. GB/T 5117—1995　碳钢焊条

64. GB/T 5118—1995　低合金钢焊条
65. GB/T 5293—1999　埋弧焊用碳钢焊丝和焊剂
66. GB/T 12470—2003　埋弧焊用低合金钢焊丝和焊剂
67. GB/T 14292—1993　碳素结构钢和低合金结构钢热轧条钢技术条件
68. GB/T 14957—1994　熔化焊用钢丝
69. GB/T 8110—1995　气体保护电弧焊用碳钢、低合金钢焊丝
70. YB/T 5091—1993　惰性气体保护焊用不锈钢棒及钢丝
71. YB/T 5092—1996　焊接用不锈钢丝
72. GB/T 2965—1996　钛及钛合金棒材
73. GB/T 3620.1—1994　钛及钛合金牌号和化学成分
74. GB/T 3620.2—1994　钛及钛合金加工产品化学成分及成分允许偏差
75. GB/T 3621—1994　钛及钛合金板材
76. GB/T 3622—1999　钛及钛合金带、箔材
77. GB/T 3623—1998　钛及钛合金丝
78. GB/T 3624—1995　钛及钛合金管
79. GB/T 6611—1986　钛及钛合金术语
80. GB/T 8546—1987　钛-不锈钢复合板
81. GB/T 8547—2006　钛-钢复合板
82. GB/T 13149—1991　钛及钛合金复合钢板焊接技术条件
83. HG/T 3651—1999　钛制对焊无缝管件
84. GB/T 3880.1—2006　一般工业用铝及铝合金板、带材　第1部分:一般要求
85. GB/T 3880.2—2006　一般工业用铝及铝合金板、带材　第2部分:力学性能
86. GB/T 3880.3—2006　一般工业用铝及铝合金板、带材　第3部分:尺寸偏差
87. GB/T 3190—1996　变形铝及铝合金化学成分
88. GB/T 3191—1998　铝及铝合金挤压棒材
89. GB/T 4436—1995　铝及铝合金管材外形尺寸及允许偏差
90. GB/T 4437.1—2000　铝及铝合金热挤压管　第1部分:无缝圆管
91. GB/T 4437.2—2003　铝及铝合金热挤压管　第2部分:有缝管
92. GB/T 6892—2006　一般工业用铝及铝合金挤压型材
93. GB/T 6893—2000　铝及铝合金拉(轧)制无缝管
94. GB/T 7998—2005　铝合金晶间腐蚀测定方法
95. GB/T 8005—1987　铝及铝合金术语
96. GB/T 16474—1996　变形铝及铝合金牌号表示方法
97. GB/T 16475—1996　变形铝及铝合金状态代号
98. GB/T 3669—2001　铝及铝合金焊条
99. GB/T 3876—1983　钼及钼合金板
100. GB/T 11086—1989　铜及铜合金术语
101. GB/T 2040—2002　铜及铜合金板材
102. GB/T 2059—2000　铜及铜合金带材
103. GB/T 20078—2006　铜和铜合金　锻件
104. GB/T 13147—1991　铜与铜合金复合钢板焊接技术条件
105. GB/T 8890—1998　热交换器用铜合金无缝管
106. GB/T 16866—2006　铜及铜合金无缝管材外形尺寸及允许偏差
107. GB/T 19447—2004　热交换器用铜及铜合金　无缝翅片管
108. GB/T 222—2006　钢的成品化学成分允许偏差

109. GB/T 223.5—1997　钢铁及合金化学分析方法　还原型硅钼酸盐光度法测定酸溶硅含量
110. GB/T 223.10—2000　钢铁及合金化学分析方法　铜铁试剂分离—铬天青 S 光度法测定铝量
111. GB/T 223.11—1991　钢铁及合金化学分析方法　过硫酸铵氧化容量法测定铬量
112. GB/T 223.14—2000　钢铁及合金化学分析方法　钽试剂萃取光度法测定钒量
113. GB/T 223.16—1991　钢铁及合金化学分析方法　变色酸光度法测定钛量
114. GB/T 223.23—1994　钢铁及合金化学分析方法　丁二酮肟分光光度法测定镍量
115. GB/T 223.25—1994　钢铁及合金化学分析方法　丁二酮肟重量法测定镍量
116. GB/T 223.26—1989　钢铁及合金化学分析方法　硫氰酸盐直接光度法测定钼量
117. GB/T 223.28—1989　钢铁及合金化学分析方法　α-安息香肟重量法测定钼量
118. GB/T 223.36—1994　钢铁及合金化学分析方法　蒸馏分离-中和滴定法测定氮量
119. GB/T 223.40—1994　钢铁及合金化学分析方法　离子交换分离-氯磺酚 S 光度法测定铌量
120. GB/T 223.59—1987　钢铁及合金化学分析方法　锑磷钼蓝光度法测定磷量
121. GB/T 223.60—1997　钢铁及合金化学分析方法　高氯酸脱水重量法测定硅含量
122. GB/T 223.62—1988　钢铁及合金化学分析方法　乙酸丁酯萃取光度法测定磷量
123. GB/T 223.63—1988　钢铁及合金化学分析方法　高碘酸钠(钾)光度法测定锰量
124. GB/T 223.68—1997　钢铁及合金化学分析方法　管式炉内燃烧后碘酸钾滴定法测定硫含量
125. GB/T 223.69—1997　钢铁及合金化学分析方法　管式炉内燃烧后气体容量法测定碳含量
126. GB/T 223.71—1997　钢铁及合金化学分析方法　管式炉内燃烧后重量法测定碳含量
127. GB/T 228—2002　金属材料 室温拉伸试验方法
128. GB/T 229—1994　金属夏比缺口冲击试验方法
129. GB/T 231.1—2002　金属布氏硬度试验　第 1 部分:试验方法
130. GB/T 231.2—2002　金属布氏硬度试验　第 2 部分:硬度计的检验与校准
131. GB/T 231.3—2002　金属布氏硬度试验　第 3 部分:标准硬度块的标定
132. GB/T 242—1997　金属管 扩口试验方法
133. GB/T 19748—2005　钢材夏比 V 型缺口摆锤冲击试验　仪器化试验方法
134. GB/T 3965—1995　熔敷金属中扩散氢测定方法
135. GB/T 4334.1—2000　不锈钢　10%草酸浸蚀试验方法
136. GB/T 4334.2—2000　不锈钢　硫酸-硫酸铁腐蚀试验方法
137. GB/T 4334.3—2000　不锈钢　65%硝酸腐蚀试验方法
138. GB/T 4334.4—2000　不锈钢　硝酸-氢氟酸腐蚀试验方法
139. GB/T 4334.5—2000　不锈钢　硫酸-硫酸铜腐蚀试验方法
140. GB/T 4334.6—2000　不锈钢　5%硫酸腐蚀试验方法
141. GB/T 10127—2002　不锈钢三氯化铁缝隙腐蚀试验方法
142. GB/T 17898—1999　不锈钢在沸腾氯化镁溶液中应力腐蚀试验方法
143. GB/T 17899—1999　不锈钢点蚀电位测量方法
144. GB/T 4338—2006　金属材料高温拉伸试验方法
145. GB/T 2039—1997　金属拉伸蠕变及持久试验方法
146. GB/T 7314—2005　金属材料　室温压缩试验方法
147. GB/T 10561—2005　钢中非金属夹杂物含量的测定——标准评级图显微检验法
148. GB/T 13239—2006　金属材料低温拉伸试验方法
149. GB/T 15260—1994　镍基合金晶间腐蚀试验方法
150. YS/T 325—1994　镍铜合金化学分析方法
151. YB/T 5148—93　金属平均晶粒度测定法
152. HG/T 3172—1987　尿素高压设备制造检验方法　超低碳奥氏体不锈钢晶间腐蚀倾向试验的试样制取
153. HG/T 3173—1987　尿素高压设备制造检验方法　超低碳奥氏体不锈钢晶间腐蚀倾向试验

154. HG/T 3174—1987　尿素高压设备制造检验方法　超低碳奥氏体不锈钢的选择性腐蚀检查和金相检查

三、美国压力容器相关标准

1. ASME 第Ⅱ篇　材料规范
2. ASME 第Ⅷ篇　压力容器
3. ASME 第Ⅹ篇　玻璃纤维增强塑料压力容器
4. ASME 第Ⅸ篇　焊接和钎焊资格认定
5. ASME B1.1　非火焰接触英制螺纹(UN 和 UNR 牙型)
6. ASME B16.1　铸铁管法兰和带法兰管件
7. ASME B16.5　管法兰和带法兰管件
8. ASME B16.9　工厂预制锻钢对接焊管件
9. ASME B16.11　锻造管件　承插焊接和螺纹连接
10. ASME B16.47　大直径钢制法兰　从 NPS 26～NPS 60
11. ANSI B36.10　焊接管和无缝管技术条件
12. ASTM A105　管道元件用碳素钢锻件技术条件
13. ASTM A106　高温无缝碳素钢管技术条件
14. ASTM A182　高温用锻造或轧制合金钢管、法兰、锻造管件、阀门及元件技术条件
15. ASTM A193　高温合金钢和不锈钢螺栓材料技术条件
16. ASTM A213　无缝铁素体或奥氏体合金钢锅炉、过热器和换热管技术条件
17. ASTM A234　中温和高温锻造炭素钢和合金钢管件技术条件
18. ASTM A240　压力容器用耐热铬、不锈钢或铬镍不锈钢板、薄板和钢带技术条件
19. ASTM A312　无缝和焊接奥氏体不锈钢管技术条件
20. ASTM A333　低温无缝和焊接钢管技术条件
21. ASTM A350　管件用需做缺口韧性试验的碳素钢和不锈钢锻件技术条件
22. ASTM A403　铸造奥氏体不锈钢管件技术条件
23. ASTM A420　低温用铸造碳素钢和合金钢管道管件技术条件

四、欧盟压力容器相关标准

1. EN 286　简单非火焰接触压力容器
2. EN 13445　非火焰接触压力容器
3. EN 287　焊工资格考试
4. EN 288　金属材料焊接工艺评定规程
5. EN 440　焊接耗材　用于优质碳素钢气体保护电弧焊的金属丝极和熔敷材料
6. EN 473　无损检测　无损检测人员资格评审
7. EN 485　铝及铝合金　板、带
8. EN 499　焊接耗材　用于优质碳素钢手工电弧焊的包覆焊条
9. EN 515　铝和铝合金　锻件　回火组织
10. EN 571-1～571-3　无损检测　渗透检验　第 1 部分～第 3 部分
11. EN 573　铝及铝合金　化学成分和锻件型式
12. EN 586　铝和铝合金　锻件
13. EN 719　焊接协作　任务与责任
14. EN 729　焊接质量要求　金属材料的熔化焊接
15. EN 754　铝和铝合金　冷拔杆、管
16. EN 755　铝及铝合金　挤压杆、管和型材
17. EN 756　焊接耗材　用于优质碳素钢埋弧焊的金属丝极和金属丝-焊剂组合
18. EN 760　焊接耗材　埋弧焊用焊剂
19. EN 764　承压设备　名词术语和符号　压力、温度、容积

20. EN 875 金属材料焊接的破坏性试验 冲击试验
21. EN 876 金属材料焊接的破坏性检验 熔化焊焊接接头的纵向拉伸试验
22. EN 895 金属材料焊接的破坏性检验 横向拉伸试验
23. EN 910 金属材料焊接的破坏性检验 弯曲试验
24. EN 954-1 机器安全 控制系统的安全部分 一般设计原则
25. EN 970 熔化焊的无损检测 宏观检验
26. EN 1011 焊接 对金属材料焊接的建议
27. EN 1043 金属材料焊接的破坏性检验 硬度检验
28. EN 1092 法兰和法兰连接件 圆形管法兰、阀门、管件和附件、PN 标志
29. EN 1173 铜和铜合金 材料状态或回火组织
30. EN 1289 焊接接头无损检测 渗透检测 合格等级
31. EN 1290 焊接接头无损检测 焊接磁粉检测
32. EN 1291 焊接接头无损检测 焊接磁粉检测 合格等级
33. EN 1321 金属材料焊接的破坏性检验 焊接的宏观和纵观检测
34. EN 1369 铸造 磁粉检测
35. EN 1370 铸造 视觉触觉式比较仪测表面粗糙度
36. EN 1371 铸造 液体渗透检测
37. EN 1412 铜和铜合金 欧洲牌号系统
38. EN 1418 焊接人员 全自动金属熔化焊和电阻焊的焊接操作人员资格考试
39. EN 1435 焊接的无损检测 焊接接头射线检测
40. EN 1515-1 法兰和法兰连接件 螺栓 螺栓的选用
41. EN 1559 铸造 供货技术条件
42. EN 1563 铸造 球墨铸铁
43. EN 1591-1 法兰和法兰连接件 垫片圆形法兰连接设计 计算方法
44. EN 1592 铝和铝合金 高频缝焊管
45. EN 1600 焊接耗材:用于不锈钢和耐热钢手工电弧焊的包覆焊条
46. EN 1653 铜和铜合金:锅炉、压力容器和热水储罐用板、薄板和环
47. EN 1668 焊接耗材:用于优质碳素钢钨极惰性气体保护焊的杆、金属丝和熔敷金属
48. EN 1706 铝和铝合金 铸件 化学成分和力学性能
49. EN 1708-1 焊接 常用钢焊接接头 承压元件
50. EN 1711 焊接接头无损检测 采用复平面方法分析的焊接接头涡流检测
51. EN 1713 焊接接头无损检测 超声检测 焊缝显示特性
52. EN 1714 焊接接头无损检测 超声检测
53. EN 1982 铜和铜合金 铸锭和铸件
54. EN 10002-1 金属材料拉伸试验 第 1 部分:常温下试验方法
55. EN 10002-5 金属材料拉伸试验 第 5 部分:高温下的试验方法
56. EN 10021 钢铁产品供货一般技术条件
57. EN 10027 钢铁牌号
58. EN 10028 受压元件用钢板技术要求 第 1 部分～第 4 部分
59. EN 10029 3mm 以上(包括 3mm)热轧钢板的尺寸、形状及质量公差
60. EN 10045-1 金属材料夏比冲击试验 第 1 篇 试验方法(V 型和 U 型缺口)
61. EN 10088 不锈钢
62. EN 10164 厚度方向变形性能改进的钢铁产品 供货技术条件
63. EN 10204 金属制品 检验文件型式
64. EN 10207 简单压力容器用钢钢板 钢带和钢棒供货技术条件
65. EN 10213 受压元件用铸钢的供货技术条件

66. EN 10216　受压元件用无缝钢管
67. EN 10217　受压元件用焊接钢管
68. EN 10222　受压元件用钢锻件
69. EN 10229　钢铁产品的氢致裂纹抵抗能力评估
70. EN 10253　对接焊管件
71. EN 10256　钢管无损检测　Ⅰ级和Ⅱ级无损检测人员资格考试
72. EN 10269　高温(或低温)工况下紧固件用钢和镍合金
73. EN 10272　受压元件用不锈钢棒
74. EN 10273　高温受压元件用可焊热轧钢棒
75. EN 10274　金属材料　落锤撕裂试验
76. EN 10291　金属材料　拉伸应力下的单轴蠕变试验　试验方法
77. EN 12072　焊接耗材　用于不锈钢和耐热钢电弧焊的金属丝极,焊丝及金属棒
78. EN 12073　焊接耗材　不锈钢和耐热钢带或不带气体保护的电弧焊用管状带芯电极
79. EN 12074　焊接耗材　焊接及关联工艺用耗材制造、供应及发放的质量要求
80. EN 12420　铜和铜合金　锻件
81. EN 12451　铜和铜合金　换热器用无缝圆管
82. EN 12517　焊接接头无损检测　射线检测　合格等级
83. EN 12953　管壳式锅炉
84. EN 13554　无损检测　声发射检测　基本原理
85. EN 20898　紧固件的力学性能
86. EN 24063　金属的焊接、硬钎焊、软钎焊及铜焊
87. EN 25817　钢的电弧焊焊接接头　缺陷分级指南
88. EN 26520　金属熔焊接头缺陷的分类及说明
89. EN 29692　金属电弧焊(采用包覆焊条)、气体保护金属电弧焊及气焊的技术要求　钢焊接接头加工
90. EN 30042　铝及其可焊合金的电弧焊接头　缺陷分级指南
91. EN 45001　已被 EN ISO 17025:2000 取代
92. EN 45004　检验机构运作的基本准则
93. EN 45012　对从事质量体系评估和认证的认证机构的基本要求
94. EN V22605　受压元件用钢制品　高温性能的预测及验证
95. EN ISO 377　钢及钢制品:用于力学性能检验的试样的取样位置和加工
96. EN ISO 898　碳素钢和合金钢紧固件的力学性能
97. EN ISO 3506　耐腐蚀不锈钢紧固件的力学性能
98. EN ISO 9001　质量体系　设计、开发、生产、安装、使用质量保证模式
99. EN ISO 9002　质量体系　生产、安装及售后服务质量保证模式
100. EN ISO 9692-2　焊接及关联工艺　接头加工　钢的埋弧焊
101. EN ISO 9692-3　焊接及关联工艺　接头加工　铝及其合金的金属惰性气体和钨极惰性气体保护焊
102. EN ISO 13916　焊接　焊前预热温度、焊接过程温度及焊前预热保温温度的测量指南
103. EN ISO 17025　试验及校验实验室功能的一般要求

五、澳大利亚和新西兰压力容器相关标准

1. NZS 5418　危险品运输容器
2. NZS 5223　高压气体和石油液体管道实施规范
3. NZS 5261　气体安装
4. AS/NZS 1200　压力设备
5. AS/NZS 1596　液化石油气的储存与处理
6. AS/NZS 3711.6　储存容器
7. AS/NZS 3788　压力设备　在役检验
8. ASNZS 4481　承压设备　检验人员能力

9. AS 1210 压力容器
10. AS 1210 增补 1 不受火压力容器 高级设计与构造
11. AS 1210 增补 2 压力容器 冷拉奥氏体不锈钢容器
12. AS 2971 批量生产的压力容器
13. AS 3873 压力设备 运行与维护
14. AS 3892 压力设备 安装
15. AS 4343 压力设备 危险等级
16. AS 4458 压力设备 制造
17. NZS PD 5500 非直接火压力容器
18. NZS/BS 853 集中供热与热水供应用的热量计与储存容器技术规范
19. NZS/BS 5045 第 1～3 部分 移动气体容器
20. AS/NZS 3992 压力设备 焊接与铜焊鉴定
21. AS 1548 用于压力设备的钢板

六、ISO 压力容器相关标准

1. ISO 261 ISO 常用公制螺纹 总体规划
2. ISO 1000 SI 元件规定和复合 SI 元件及其他特定元件的使用建议
3. ISO 1190 铜和铜合金 标号规范 材料标号
4. ISO 3057 无损检验 表面检验的金相复膜技术
5. ISO 4014 六角头螺柱 A、B 等级
6. ISO 4016 六角头螺柱 C 等级
7. ISO 2566 钢 伸长率数值的转换
8. ISO 8062 金属和金属合金铸造过程中尺寸公差技术条件
9. ISO 9328.1～9328.7 压力设备用钢板 交货技术条件 第 1 部分～第 7 部分

参考文献

[1] 中华人民共和国标准化法. 全国人大颁布，1989.

[2] 特种设备安全监察条例. 国务院颁布，2003.

[3] 陈钢，李学仁. 我国特种承压设备安全科技攻关回顾与展望. 特种设备安全国际论坛论文集，2005.

[4] 宋继红. 我国特种设备安全规范标准体系现状与发展. 劳动保护，2005(10).

[5] 宋继红，石家骏，谢铁军. 中国特种设备安全技术规范简介. 中国特种设备安全，2005(5).

[6] 寿比南. 中国承压设备标准体系. 特种设备安全国际论坛论文集，2005.

[7] 寿比南. 承压设备国际标准发展趋势探讨. 中国特种设备安全，2006，

[8] 《压力容器安全技术监察规程》等有关压力容器的规章和安全技术规范.

[9] GB 150—1998《钢制压力容器》等压力容器国家标准和行业标准.

[10] 美国 ASME 锅炉压力容器系列规范及相关法规标准.

[11] 欧盟 PED 指令及 EN 13445—2002《非直接火压力容器》等系列协调标准.

[12] ISO/DIS 16528.1 锅炉压力容器 第 1 部分：性能要求.

[13] ISO/DIS 16528.2 锅炉压力容器 第 2 部分：满足第 1 部分要求的程序.

[14] ISO 9328.1～9328.7：2003～2004 压力设备用钢板 交货技术条件.

[15] Summary "Comparative Study on Pressure Equipment Standards" European Commission，DG Enterprise，Contract N° FIF. 20030114，Contractors：TÜV Austria（Austria），CEC（Italy），July 2004.

[16] ASME CASE 2506.

第四篇

气　瓶

第十六章 气瓶标准法规制修订管理模式

第一节 中国气瓶标准法规制修订管理模式

一、中国气瓶安全管理

中国气瓶制造业是建国以后才逐渐发展起来的，目前国内气瓶生产厂家大约在110家左右，其中无缝气瓶生产厂17家。2004气瓶年产量近1500万只，其中无缝气瓶近141万只，产量最大的是液化石油气钢瓶，为1187万只；2005年气瓶年产量超过了1552万只，其中无缝气瓶约223万只，液化石油气钢瓶为924万只。中国最大的气瓶制造厂商无缝气瓶的年产量为100万只左右的规模。由于中国气瓶在市场上具有竞争力，国际市场对中国气瓶需求量逐年递增，2004年气瓶出口量约为348万只，2005年气瓶出口量约为384万只。随着国内工业气体的广泛应用以及越来越高的环境保护需要，中国气瓶数量增长迅速。2005年中国拥有在用气瓶（含液化石油气瓶）数量是1.3亿只，其中液化石油气钢瓶就超过了1.1亿只，无缝气瓶960万只，溶解乙炔气瓶340万只，特种气瓶49万只，焊接气瓶52万只。如此大量的气瓶在人们的工作、生活中使用，因此，对气瓶进行有效的管理、制定体现最新科学技术水平的气瓶标准，就成为提高中国气瓶安全可靠性的重要目标。

建国以来，中国气瓶标准在相当长的时间内处于空白状况。气瓶涉及的设计、制造、使用、管理分属当时的国家八个部委管辖。气瓶的设计、制造、检验、充装、储存和使用等规定都是以部颁规程的形式出现的。1961年原劳动部、化工部、公安部联合公布了《气瓶安全管理暂行规定》，这是中国对气瓶的设计、制造、技术检验、气体充装以及气瓶使用、储运等进行管理的第一个规范性文件。1965年为适应当时安全生产形势的需要，劳动部、公安部和化工部对《气瓶安全管理暂行规定》进行全面修订后，改名为《气瓶安全监察规程》，由劳动部公布试行。在此确立了气瓶安全监察的主管部门和气瓶安全监察的环节。随着中国国民经济的发展和行业的技术进步，国家气瓶安全监察行政主管部门先后于1979年、1989年和1999年对《气瓶安全监察规程》进行了修订，形成了现行的由原国家质量技术监督局颁布的《气瓶安全监察规程》（2000版）。1982年《锅炉压力容器暂行条例》的颁布为中国锅炉压力容器（含气瓶）安全监察制度提供了法规依据。2003年国务院颁布实施《特种设备安全监察条例》，明确气瓶作为特种设备的一种，由国务院特种设备安全监督管理部门进行安全监察，安全监察是负责特种设备安全的政府行政机关为实现安全目的而进行的决策、组织、管理、控制和监督检查等活动的总和。为了有效贯彻《特种设备安全监察条例》中有关气瓶的监管规定，国家质量监督检验检疫总局颁布了第46号令《气瓶安全监察规定》，对气瓶的设计与制造、制造监督检验、充装、定期检验、运输、储存、销售和使用等环节的安全监管进行了规定，并首次以法律文件的形式明确了相应的法律责任。

气瓶安全监察的国家行政主管部门早期为原劳动部，随着1998年国家政府机构改革，气瓶安全监察职能划转到原国家质量技术监督局锅炉压力容器安全监察局，现更名为国家质量监督检验检疫总局特种设备安全监察局。气瓶的安全监察与管理环节包括设计、制造、充装、检验、运输、储存、销售、使用和报废等。多年来，气瓶事故居高不下，其主要原因是充装或使用不当。为此，2003年国家质检总局在全国范围内组织了气瓶专项普查整治工作。通过开展气瓶充装许可和气瓶使用登记管理，基本摸清了中国在用气瓶数量和安全状况，并对达不到规定条件、不符合充装许可要求的充装站进行了清理整顿，从而规范了气瓶充装单位的安全管理，保证了气瓶的充装安全，在很大程度上抑制了气瓶事故的发生。

二、中国气瓶标准化管理

中国标准化工作实行统一管理与分级管理相结合的管理体制。目前，气瓶标准化管理由国家质检总局、国家标准化管理委员会统一管理。

中国气瓶标准化技术委员会成立于1983年，是国家标准化管理委员会直辖管理的标准化委员会之一，批准编号为SAC/TC 31。气瓶标准化技术委员会下设无缝气瓶分技术委员会、焊接气瓶分技术委员会、液化石油气瓶分技术委员会、气瓶附件分技术委员会、气瓶检验分技术委员会和气瓶充装分技术委员会等。

气瓶标准化技术委员会由气瓶行业有关的设计、制造、检验、使用和科研单位及大专院校从事气瓶方面工作的技术专家、监督管理专家和行政主管部门代表组成。目前，全国气瓶标准化技术委员会有顾问专家11名、委员41名、会员单位20余个。其主要工作职责包括：负责制定气瓶专业的标准体系表，负责提出气瓶国家标准和行业标准的制修订规划和年度计划，根据国家标准化管理委员会和有关主管部门批准的标准制定计划，组织进行气瓶国家标准和行业标准的制修订、审查及宣贯、培训与解释等工作，根据需要组织制定并发布气瓶专业指导性技术文件和标准案例，作为参考性的技术规则，负责企业标准的技术评审，承担国际标准化组织(ISO/TC 58)及国外气瓶标准化组织的联系与技术交流，代表中国对气瓶国际标准化组织(ISO/TC 58)的标准文件进行表态，积极参与国际气瓶标准的制定，并推荐中国气瓶标准成为国际标准。

根据全国气瓶标准化技术委员会第一次全体会议上提出的制定气瓶标准体系表的任务，在参考了美国、英国、日本、澳大利亚等国的气瓶标准目录后，确定以美国、日本、德国、英国气瓶标准和ISO气瓶标准作为中国气瓶标准制定的主要采用对象。1986年12月，全国气瓶标准化委员会在第二次一届全体会议上审查通过了气瓶标准体系表。

三、中国气瓶法规标准制定

气瓶法规标准分为5个层次，包括法律、法规、规章、安全技术规范和标准。

第一层次：按《立法法》规定的程序，由全国人大批准的法律，目前正在计划制定《特种设备安全法》。

第二层次：按《立法法》规定的程序，由国务院批准的《特种设备安全监察条例》和《危险化学品安全管理条例》，是目前气瓶监察与管理的最高法律文件。

第三层次：按《立法法》及《国家质量监督检验检疫总局规章制定程序规定》，由国家质量监督检验检疫总局(以下简称质检总局)批准颁布的《气瓶安全监察规定》，是气瓶安全监察与管理的行政规章，其作为法律、法规的补充形式，在气瓶的安全监察与管理方面起到了重要的作用。

第四层次：《气瓶安全监察规程》、《气瓶设计文件鉴定规则》等安全技术规范和如GB 5100—1996《钢质无缝气瓶》等一系列气瓶强制性标准。

第五层次：气瓶引用标准，多为气瓶试验方法标准，如GB/T 9251—1997《气瓶水压试验方法》等。

气瓶安全技术规范由国家质检总局特种设备安全监察机构组织国内专家，以公开、透明、相对均衡为原则而制定的，其具体制定程序包括：

——国家质检总局特种设备安全监察机构根据安全监察工作重点，提出安全技术规范制定计划，向社会征求意见后，确定安全技术规范立项任务；

——进行社会调查，收集国内外相关法规标准，在一定范围内组织国内相关专家成立起草组，召开安全技术规范起草工作会议，提出安全技术规范征求意见稿；

——向社会征求意见，起草组处理社会意见，修改征求意见稿，向国家质检总局特种设备安全技术委员会提交安全技术规范送审稿征求意见；

——起草组对安全技术委员会提出的意见进行讨论，修改送审稿，向国家质检总局上报报批稿，由国家质检总局批准颁布特种设备安全技术规范。

气瓶目前没有行业标准，气瓶标准均为国家标准，由全国气瓶标准化技术委员会按照规定的程序组织制定，由国家标准化管理委员会批准发布。其制定程序包括：

——向国家标准化管理委员会或有关主管部门提出气瓶国家标准或行业标准制修订项目的建议；

——根据批准下达的气瓶国家标准或行业标准制修订计划，成立标准工作组或指定项目负责单位，组织计划的实施；

——标准工作组或项目负责单位在调查研究、分析计算或试验验证的基础上，提出标准草案征求意见稿，提交技术委员会有关委员和有代表性的单位及个人征求意见，标准工作组或项目负责单位对所提意见进行综合分析后，对标准草案进行修改，提出标准送审稿；

——标准送审稿提交全体委员审查，标准必须获得全体委员人数 2/3 以上的赞成票和全体单位委员数一半以上的赞成票方可通过；

——标准工作组或项目负责单位根据收集到的意见，综合分析修改后，提出标准报批稿，经气瓶标准化技术委员会审核后，报国家标准化管理委员会批准发布。

第二节　美国气瓶标准法规制修订管理模式

一、美国气瓶管理

气瓶作为移动式压力容器，其使用往往不是州际行为，单靠一两个州无法协调和解决各州之间发生的问题。因此美国各州政府不对气瓶行使管辖权，由美国交通运输部（U. S. Department of Transportation，简称 DOT）《美国联邦规章》第 49 篇《危险品规程》将盛装压缩气体、液化气体的气瓶作为第二类危险性物品，按危险性物品运输包装物进行管理，具体包括气瓶的设计制造、检验、充装、运输与储存、定期检验、修理、报废及进口气瓶检验等。

美国最早于 1909 年对压缩气体进行管理，开始时是由州际商业委员会（International Chamber of Commerce，简称 ICC）根据爆炸品运输法案进行管理，1911 年 ICC 发布了一个系列《运输用容器规范》，其中包括 ICC 3《无缝钢质气瓶》等，形成了气瓶技术法规的最初版本。1940 年《危险品规程》发表在“联邦公告”期刊上，1950 年《危险品规程》纳入《美国联邦规章》(CFR) 第 49 篇。1967 年联邦政府将危险品的管理由州际商业委员会转到美国交通运输部的原料运输局，美国交通运输部于 1977 年整合原料运输局、运输规划局和运输安全研究院，成立“研究和特殊项目管理部”(RSPA) 承担危险品运输安全和运输危险品容器（包括罐车、气瓶和压力管道）的管理。

DOT 对气瓶等危险品的管理，除《危险品规程》所规定的具体要求外，在《危险品规程》中还允许使用“免除令”这种管理方式。“免除令”是针对某公司提出的申请，在特定的时间段内，允许特定情况下不遵守《危险品规程》的行政命令。“免除令”是满足特定需求的规程。“免除令”由 DOT 的 RSPA 批准，有关“免除令”的申请程序在《危险品规程》中明确的说明。一个“免除令”只对批准的公司或机构有效，不具备普遍适用性。但“免除令”申请人可以对“免除令”提出修改、补充、更新（续期）及联名的申请，联名可以使多个公司分享同一个“免除令”。所以在美国对气瓶进行监督管理时，除满足《危险品规程》的要求外，还应符合具体的“免除令”。

另外，美国劳动部依据《职业安全卫生法》对涉及气瓶使用有关的职业安全卫生进行管理。《职业安全卫生法》于 1970 年制定，经第 91 届国会通过，于 1971 年 4 月 28 日生效，经后来多次修订，现收入《美国联邦规章》第 29 篇第 15 章 职业安全卫生（US CODE Title 29 Chapter 15 Sec. 651—678）。该法是美国在职业安全卫生领域中第一个在联邦层面全面施行的法律，共有 34 节。为了加强《职业安全卫生法》监督管理工作，经国会批准，1971 年劳动部成立了职业安全卫生管理局（The Occupational Safety and Health Administration，简称 OSHA），OSHA 以职业安全卫生为目的，以联邦规章的形式制定和颁布了一系列与气瓶使用有关的职业安全卫生标准。对雇主提出职业安全和安全措施要求。美国职业安全卫生标准（规章）不是一般的自愿性标准，是美国劳动部根据《职业安全卫生法》授权，通过法定程序制定、颁布并强制执行的法规，是美国职业安全卫生工作的基础和核心。

二、美国气瓶标准化管理

1. 美国标准

美国是目前惟一依靠强大的经济实力并力求使其观念在各个经济领域占据优势的国家。市场和竞争是美国典型的自由经济观的基础。国家在经济领域的主要任务是保障市场职能稳定地发挥作用，而不是进行直接干涉。美国标准化活动始于1880年，由民间团体组织进行。美国标准包括：联邦政府标准、国家标准、非政府机构(民间团体)的专业标准和企业(公司)标准，其中：

(1) 联邦政府标准——由政府各部门发布的一些领域，特别是卫生、安全和环境保护方面的标准，以及政府为采购而制定的标准。如安全卫生标准、军用标准、农产品标准、环保标准、食品或药物标准等。这类标准大都涉及公众人身安全，必须由政府部门作出统一规定，这类标准多是强制性的。

(2) 国家标准——经各方面协商一致由美国国家标准协会(ANSI)审批颁布的标准。这些标准是自愿性标准。

(3) 专业标准——由各专业学会或行业协会制定的适用于本专业或本行业的标准。此类标准数量很多，是自愿性标准，是美国标准的重要组成部分，许多标准不仅在美国，而且在世界上也有重大影响。

(4) 企业(公司)标准——用于公司内部设计、制造、采购和质量控制的标准。此类标准涉及的范围最广，同时最能体现公司的特有技术，因此对外界是绝对保密的。

近年来，政府部门自行制定的标准越来越少，更多地引用了非政府机构制定的标准，并鼓励政府官员参加自愿性标准的制修订工作，从而避免了重复劳动和降低了成本。

2. 美国气瓶标准制定机构

(1) 美国国家标准协会(ANSI)，该协会是非营利性的民间标准化团体，是美国自愿性标准体系的协调中心，也是美国政府认可的批准和发布国家标准的惟一机构。ANSI作为一个国家协调机构统一协调标准制定方法、认可标准制定组织以及审批协商一致的标准。标准制定机构按照统一的《ANSI基本要求：美国国家标准制定程序要求》来制定标准，经ANSI批准成为美国国家标准。

(2) 美国压缩气体学会(英文名称Compressed Gas Association，缩写CGA)，该学会是被ANSI认可的美国标准制定组织之一。该学会成立于1913年，旨在促进工业气体工业安全标准及安全操作的发展。在全世界有200多个单位会员通过委员会系统制定技术规范、安全标准及培训教材，并协助政府机构制定相关法规与标准，从而促进生产作业场所满足法规标准的要求。CGA由气瓶技术委员会、气瓶瓶阀技术委员会、危险物质规范等15个专业技术委员会组成，各专业技术委员会由利益相关方代表组成，其标准分为气瓶、设备、气体、阀门、压力泄放装置等。由于CGA代表了政府、制造商、分销商、供应商以及气体或低温液体等相关产品运输者的各方利益，其在气体界有非常广泛的影响。CGA的许多气瓶检验、充装、验收标准被DOT的《危险品规程》和OHSA的《职业安全安全卫生标准(规章)》所引用，其有关压力泄放装置方面的标准也被美国机械工程师学会(ASME)规范所采用。另外，在对《危险品规程》进行修订时，大部分的修改意见和建议来自CGA。

(3) 美国消防协会(英文名称National Fire Protection Association，缩写NFPA)，该协会成立于1896年，旨在促进防火科学的发展，改进消防技术，组织情报交流，建立防护设备，减少由于火灾造成的生命财产的损失。该协会是一个国际性的技术与教育组织，拥有150个学会、协会等集体会员，79 000名个人会员，会员分属120多个国家。NFPA有7000多名志愿者服务于230个规范与标准技术委员会。NFPA以公开、协商一致为原则制定防火规范、标准、推荐操作规程、手册、指南及标准法规等，目前，制定了300多个规范与标准。NFPA防火规范与防火标准得到国内外广泛承认，其标准被OHSA的《职业安全卫生标准(规章)》所引用，并有许多标准被纳入美国国家标准(ANSI)。此外，该协会还参加国际标准化组织(ISO)和加拿大电气规程委员会的标准制定工作，并与美国劳动部等政府机构保持协作关系。

(4) 其他标准制定机构，除以上介绍的气瓶标准制定机构外，美国天然气机动车工业协会(NGV)、美国机械工程师学会(ASME)和美国保险商试验所等也是被ANSI认可的标准制定组织。这些民间组织所制定的标准中有关气瓶设计制造、充装、气瓶附件等标准在《危险品规程》和《职业安全卫生标准》中被引用，成为强制执行的要求。

三、美国气瓶法规标准制定

1.《危险品规程》的制定程序

《危险品规程》的制定程序包括：

(1) 通知。在《联邦公告》上将拟制定的法规向社会公布。通知包括以下几种情况：

1) 预先通知(可能带或者不带修改文件文本)，RSPA 将修改动意向社会征求意见；

2) 发布带有修改文件文本的修改通知，听取公众对修改文本的意见；

3) 直接将带有生效日期的最终稿向社会公布，最终稿针对预通知后的意见解决情况给予回应；

4) 不通过预先通知，RSPA 有充分的理由将规章修改后发布过渡稿；

5) 发布直接生效稿，如果没有反对意见，60 天后自动生效。

(2) 公众参与。公众通过提出书面意见，参加 DOT 的公开会议，提出对规程进行修改、补充或撤销的请求或提出申请要求重新审查已公布规程最终稿、过渡稿或直接生效稿的全部或部分内容。

(3) 按美国《行政程序法》规定的时间和程序处理公众意见，获得批准。

通常，《危险品规程》每年修改一次。

2.《安全卫生标准(规章)》制定程序

《安全卫生标准(规章)》制定程序包括：

(1) 制定标准的建议

OSHA 可以主动地启动标准制定程序，也可以作为来自其他要求的反映而启动标准制定程序，这些要求可以来自卫生福利部部长、国家职业安全卫生研究所、州和地方政府、任何能制定全国认可的标准组织、雇主或劳动者代表，或任何其他感兴趣的人。

(2) 标准公告

当 OSHA 确定改进或撤销一个标准时，要在《联邦公告》上发布通知，必要时，要先发一个预先通知，通告起草或修改这个标准的相关信息。通常改进或撤销某个标准的通知应包括新标准的条款内容并给公众一定的时间(从发布之日起至少 30 天，通常是 60 天或更长)反馈意见。如果没有按上述要求发布公告，对此感兴趣的公众可以请求召开听证会。OSHA 应将听证会的时间、地点预先在《联邦公告》中公布。

在征求意见期结束后和举行听证会后，OSHA 必须在《联邦公告》中刊登修订后的标准全文、生效日期、标准的解释和实施的原因。OSHA 也可以刊登没有必要制定或修订标准的决定。

(3) 紧急状况临时标准

在某些特定情况下，OSHA 被授权发布即时生效的紧急临时标准，这种标准可以生效至被永久标准替代之前。OSHA 在《联邦公告》刊登紧急临时标准，同时它也作为一项永久性标准的提议，进入到成为永久性标准的程序中，6 个月后作出最后的裁决。临时标准的有效性可能会被提出申诉。

(4) 对标准的申诉

紧急临时标准对某些人造成影响时，他可以在标准公布 60 天内向其居住地法院递交诉状，请求对该标准进行司法审查。但是该标准并不因为诉状申请，而延迟其强制性执行，除非法院明确地发出命令。

3. 美国国家标准制定程序

美国国家标准制定程序包括：

(1) 成立一个工作组，其代表来自对标准感兴趣的各个方面，对推荐的标准草案进行充分的协商讨论；

(2) 公开地、普遍地征求公众对草案的意见；

(3) 标准制定机构的技术委员会组织其成员对公众所提意见进行讨论，并作出答复；

(4) 根据所接受的修改意见修改草案；

(5) 参加者认为标准制定过程没有按 ANSI 认可的程序进行或公正的方法原理没有得到充分体现

时，有权申诉；

(6) 给委员一定的时间进行审查和投票，投票表决的方式为会议或通讯，要求参加会议的委员必须占委员半数以上，以占 2/3 以上赞成票为通过；

(7) 经委员会投票表决通过，报 ANSI 批准成为国家标准。

美国的标准制修订周期一般为 1 年～2 年，一般发布后 3 年～5 年即进行修订。

第三节 欧盟气瓶标准法规制修订管理模式

一、欧盟气瓶管理

欧洲联盟(简称欧盟，European Union，英文缩写为 EU)，是由欧洲共同体 (European Communities) 发展而来的，是一个集政治实体和经济实体于一身、在世界上具有重要影响的区域一体化组织。以《欧洲煤钢共同体条约》、《欧洲经济共同体条约》和《欧洲原子能共同体条约》所组建的 3 个共同体机构的合并，统称为欧洲共同体(简称为欧共体)。随着欧洲经济一体化进程的深入，统一了关税、市场和货币，也使成员国产品法规与技术标准趋于统一。

为使不同欧盟国家制造的气瓶能够在欧盟成员国间安全、自由地运输与使用，《马斯特里赫特条约》首次明确提出了解决欧盟危险品运输安全的问题，欧盟委员会随即提出了制定不同运输方式下的危险品运输立法建议，为了避免与其他国际组织的工作相重复，欧盟委员会认为在立法过程中应当基于以下的原则：

1. 在各国间统一使用国际合约；

2. 消除那些因不一致的国际标准所造成的障碍，以利于交流；

3. 完善国际合约，在欧盟范围采用统一的方法；

4. 在危险品运输方面的立法与欧盟其他政策相一致。

这里所提的“国际合约”即联合国欧洲经济委员会所制定、由协约国共同签署的《国际危险品公路/铁路运输欧洲合约》(European Agreement Concerning the International Carriage of Dangerous Goods by Road/Rail，英文缩写为 ADR/RID)。联合国欧洲经济委员会(United Nation Economic Commission for Europe)英文缩写为 UNCEC，是联合国经济与社会理事会下属的 5 个地区性经济委员会的一员，由西欧、中欧、东欧、中亚和北美的 56 个国家组成。《国际危险品公路/铁路运输欧洲合约》(ADR/RID)是涉及包括气瓶等危险品运输的规定，其中 ADR 于 1957 年 9 月 30 日制定。该合约的宗旨在于保证危险品的运输安全，有利于危险品在不同国家间的自由运输。

在联合国欧洲经济委员会的《国际危险品公路/铁路运输欧洲合约》基础上，由欧洲议会和欧盟理事会批准颁布了《欧盟危险品公路运输指令》(94/55/EC)、《欧盟危险品铁路运输指令》(96/49/EC)，这两个指令相当于欧盟国家关于危险品公路或铁路运输的法律，通常被称为“ADR 框架指令”和“RID 框架指令”。除此之外涉及气瓶的指令还有《无缝气瓶指令》(84/525/EEC)、《焊接气瓶指令》(84/527/EEC)、《铝合金气瓶指令》(84/526/EEC)和《欧盟移动承压设备指令》(99/36/EC)(简称 TPED)等。

欧盟成员国指定本国的危险品运输管理机构，由该机构对气瓶等危险品进行监督管理。在欧盟范围内所使用的气瓶，其设计制造、充装、定期检验等都应符合欧盟指令及相关的欧洲协调标准的要求，但有关气瓶颜色代码、气瓶储存的规定可以使用欧盟成员国自己的规定。欧盟成员国危险品运输管理机构认定从事气瓶制造监督检验的检验机构和从事气瓶定期检验的检验机构，由这些检验机构按《欧盟移动承压设备指令》(99/36/EC)程序检验合格的气瓶可以在欧盟成员国间使用。

二、欧盟气瓶标准化

欧盟技术标准是欧盟委员会授权区域标准化组织(欧洲标准化委员会 CEN、欧洲电工标准化委员会 CENELEC 和欧洲电信标准学会 ETSI)制定的，也称“协调标准”(EN)。

欧洲标准化委员会(European Committee for Standardization,缩写为CEN)是以西欧国家为主体,由欧洲国家标准化机构组成的非营利性国际标准化科学技术机构,成立于1961年,总部设在比利时布鲁塞尔。CEN的宗旨是:促进成员国之间的标准化合作,积极推行ISO、IEC等国际标准,制定本地区需要的欧洲标准,推行合格评定制度,以消除贸易中的技术壁垒。1992年以前,CEN的成员仅限于欧共体和欧洲自由贸易联盟的18个成员国。1992年7月,CEN全体大会决定CEN适度地向其他国家和组织开放,但在会员权利和义务上仍有所限制。截至2004年初,CEN共有成员44个。其中正式成员25个,此外还有观察员、协作成员和通讯成员。CEN的主要活动是通过与各有关方面的合作,研究制定本地区需要的欧洲标准;受欧盟和欧洲自由贸易联盟的委托,为欧洲立法工作提供标准保障。根据CEN与欧洲相关组织签定的合作协议,欧洲标准除了由CEN技术委员会自行制定外,还可以由独立的协作机构提出标准草案,然后交由CEN进行最后加工,作为正式标准予以批准公布。CEN制定发布的标准种类包括:欧洲标准(EN)、欧洲暂行标准(ENV)、协调文件(HD)、技术报告(CR)和CEN技术协议(CWA)。1991年6月,CEN与ISO签订了维也纳协议,确立国际标准化优先原则。因此CEN工作内容原则上不涉及ISO承担进行的标准化项目。

欧洲标准化组织气瓶技术委员会为CEN/TC 23。该技术委员会下设分技术委员会,分别是气瓶设计分技术委员会(SC 1)、附件分技术委员会(SC 2)和操作要求分技术委员会(SC 3)。同时分技术委员会又下设工作组,SC 1设有5个工作组,分别是钢质无缝气瓶工作组(SC 1/WG 1)、焊接气瓶(不含液化石油气瓶)工作组(SC 1/WG 2)、铝气瓶工作组(SC 1/WG 3)、复合气瓶工作组(SC 1/WG 4)和非重复充装气瓶工作组(SC 1/WG 5);SC 3下设4个工作组,分别是充装条件工作组(SC 3/WG 1)、检验与定期试验工作组(SC 3/WG 2)、气瓶标识及介质工作组(SC 3/WG 3)和气瓶多向接头工作组(SC 3/WG 5)。

另外,液化石油气瓶相关的欧洲标准由液化石油气设备及附件专业技术委员会CEN/TC 286组织制定。

三、欧盟气瓶法规标准制定

1. 欧盟法规的制定

《马斯特里赫特条约》(也称《欧盟条约》)给出了欧盟法规制定程序。欧盟委员会通过向欧盟理事会和欧洲议会提交议案而启动立法程序,收到欧盟委员会的议案后,欧盟理事会在对立案达成共同立场之前,向欧洲议会和经济社会理事会征询意见。一旦达成共同立场,即转呈欧洲议会,而欧洲议会在法案的二读期间可以接受、拒绝或建议修改。欧盟理事会根据欧洲议会的修改意见再次审查议案,并将议案发回欧盟委员会,由其在3个月内进行最后决策。必要时,将问题提交欧盟理事会,由欧盟理事会召集议会中的协调委员会批准联合文件,直至形成的共同立场被采用或欧盟理事会以绝对多数确认该共同立场。整个立法过程都是基于欧盟委员会的议案,但欧盟委员会可以在任何时候对其议案进行修改,比如根据议会的意见进行修改。而欧盟理事会只能通过全体一致的表决方式拒绝欧盟委员会的议案。

2. 欧洲标准的制定

某一个欧洲标准的制定,从形式上由欧盟委员会委托欧洲标准化委员会(CEN)进行,技术细节由各标准化委员会制定;欧洲标准化委员会(CEN)也可以向欧盟委员会就某一个标准项目的制定提出授权申请,欧洲标准化委员会(CEN)得到授权后,将授权转给各相关技术委员会(比如卫生、轨道交通/运输或者气体),由技术委员会具体起草标准草案。欧洲标准化委员会和成员国标准机构组织公众咨询,技术委员考虑各方评论,技术委员会的成员都是各国标准化机构的代表,来自于工业界、政府界,在技术委员会中的表决票分配与欧洲理事会一样按各国人口数比例划分,德国与法国的票数最多,然后依次递减。技术委员会在制定完标准后将其呈报给欧洲标准化委员会(CEN)认可后,向欧盟委员会送达该标准。欧盟委员会公布该标准成为相关指令的参考,成员国标准化机构转化该欧洲标准,并公布转化的国家标准成为相关指令的参考。在整个标准制定过程中,协会可以在欧盟委员会做非正式的游说,促使欧盟委员会授权欧洲标准化委员会(CEN)为某一领域制定标准,或在国家层面上对本国标准化委员会进行游说,由本国标准化委员会让它对欧洲标准化委员会(CEN)施加影响,从而达到制定某项欧洲标准的目的。

第四节　国际标准化组织气瓶标准制修订管理模式

一、国际标准化组织

国际标准化组织(International Organization for Standardization,英文缩写是ISO),成立于1947年2月23日,总部设在瑞士日内瓦,其前身是国家标准化协会国际联合会和联合国标准协调委员会。ISO是非政府性国际组织,不属于联合国,是世界上最大的国际性标准化专门机构,在国际标准化中占主导地位。

ISO的目的和宗旨是:在世界范围内促进标准化工作的发展,以利于国际物资交流和互助,并扩大在知识、科学、技术和经济方面的合作。ISO的主要活动是制定国际标准,协调世界范围内的标准化工作,组织各成员国和技术委员会进行情报交流,以及与其他国际性组织进行合作,共同研究有关标准化问题。

ISO成员分为3类:正式成员、通讯成员和注册成员。ISO章程规定,1个国家只能有1个具有广泛代表性的国家标准化机构参加ISO。正式成员(P)可以参加ISO的各项活动,有投票权;通讯成员(O)通常是没有完全开展标准化活动的国家组织,没有投票权,但可以作为观察员参加ISO会议并得到其感兴趣的信息;注册成员来自尚未建立国家标准化机构、经济不发达的国家,他们只需交少量的会费就可参加ISO的活动。2003年ISO共有148个成员,其中正式成员97个,通讯成员36个,注册成员15个。

ISO的技术工作是通过技术委员会(TC)来进行的,根据工作需要每个技术委员会可以设立若干个分技术委员会(SC),SC下还可以设若干个工作组(WG)。

国际标准化组织气瓶技术委员会代号为TC 58,下设了3个分委会,即气瓶附件分会(SC 2)、气瓶设计分会(SC 3)、气瓶操作要求分会(SC 4),共有23个工作组。目前,ISO/TC 58共有26个正式成员、37个通讯成员,中国是ISO/TC 58的P成员国,也是SC 2、SC 3、SC 4的P成员国。ISO/TC 58的工作是致力于气瓶设计、制造、检验标准的制定;气瓶瓶阀、附件等的设计、制造与检验标准的制定;气瓶操作使用方面标准,如充装条件、充装时的检验、定期检验、气瓶标识、气瓶的特殊应用标准等的制定。ISO/TC 58/SC 3已经建立了较完整的可重复充装的钢制气瓶标准、铝制气瓶标准、大容积无缝管制气瓶标准、复合材料气瓶标准及非重复充装气瓶标准,这些标准对上述气瓶设计、制造及检验要求进行了规定,其中复合材料气瓶标准直接涉及最新的现代技术,目前,SC 3正在对焊接气瓶标准进行修订。ISO/TC 58/SC 2已制定了一系列的瓶阀标准、充装介质与气瓶及瓶阀材料的相容性标准,充分重视氢与钢材的相容性问题,并出台了相应的标准。ISO/TC 58/SC 4负责有关气瓶操作与使用方面的标准制定,已经制定了一系列的定期检验标准、充装检查标准、气瓶颜色标识及警示标签标准等,并正在制定如气瓶声发射检验标准、电子标签及钢印标准、电子计数技术标准等。ISO与CEN签订了维也纳协议,确立气瓶国际标准化优先原则后,在ISO/CEN联合拟定的气瓶标准项目中,有80%是由ISO负责完成的。

二、气瓶国际标准制定

气瓶国际标准的制定程序包括:

1. 提案阶段。国家团体、TC或SC秘书处、ISO内部管理部门等都可以提出制定标准的动议,经25%而且最少5个正式成员同意后,可以批准该提案;

2. 准备工作草案(WD)阶段。成立项目组,完成提交委员会稿(CD);

3. 委员会阶段。将CD稿发给P成员和O成员提意见,时间为3个月。在ISO中,只要TC或SC有2/3的P成员同意就意味着达成协商一致;

4. 征询意见阶段。将征询意见草案稿(DIS)发给P成员,当TC或SC的P成员投票的2/3多数赞成票且反对票不超过投票总数的1/4时,则征询意见草案可以通过;

5. 批准阶段,将最终稿(FDIS)发给TC或SC的成员进行投票,当2/3以上是赞成票,且反对票不超过总数的1/4时,则最终稿可以批准通过,正式印刷出版。

第十七章　气瓶法规标准体系介绍

第一节　中国气瓶法规标准体系

中国气瓶法规标准体系包括:法律、法规、规章、安全技术规范及气瓶标准。具体包括:

法律:《特种设备安全法》(拟制定)。

法规:《特种设备安全监察条例》、《危险化学品安全管理条例》。上述两项法规是国务院分别于2003年、2002年颁布实施。它们分别代替了1982年的《锅炉压力容器安全监察暂行条例》和1987年的《化学危险物品安全管理条例》。

规章:《气瓶安全监察规定》、《锅炉压力容器制造监督管理办法》。上述规章是由国家质量监督检验检疫总局于2003年颁布实施的部门规章。

安全技术规范:除上述法律、法规和规章外,还有与气瓶设计、使用管理、检验以及制造许可等有关的、具有行政强制力的若干个安全技术规范。具体有:《气瓶安全监察规程》、《溶解乙炔气瓶安全监察规程》、《气瓶设计文件鉴定规则》、《锅炉压力容器制造许可条件》、《锅炉压力容器制造许可程序》、《锅炉压力容器产品安全性能监督检验规则》、《特种设备鉴定评审与监督管理规则》、《气瓶使用登记管理规则》、《气瓶充装许可规则》、《气瓶充装人员考核大纲》、《特种设备检验检测机构核准规则》。

标准:1985年以前,中国尚无一项气瓶国家标准,直至1985年,中国气瓶行业的第一个国家标准GB 5099—1985《钢质无缝气瓶》才由原国家标准局批准颁布。到目前为止,中国气瓶国家标准已有近70项,涉及气瓶有关的基础标准、材料标准、设计制造标准、检验标准、充装使用标准等,具体标准目录见附录。从附录可以看出,气瓶产品标准为12个、占20.3%,检验有关的标准为15个、占25.4%,附件标准17个、占28.8%;气瓶设计制造标准所涉及的气瓶覆盖了当今所制造气瓶种类的70%。在所有气瓶标准中,强制性标准占88.4%。

第二节　美国气瓶法规标准体系

美国气瓶法规标准体系包括:联邦法律、州法律、部门规章、规定及标准。与气瓶有关的法律主要在《美国联邦规章》(CFR)第29篇的《职业安全卫生法》和第49篇《危险品规程》中。

按《职业安全卫生法》授权所制定的《职业安全卫生标准(规章)》分3大部分,主要是工业、航运业和建筑业,涉及气瓶的标准主要在工业部分(1910)的第H分册(危险材料)中,主要从职业安全卫生的角度,提出了气瓶充装介质的安全卫生标准。如:1910.101压缩空气(一般要求),1910.102乙炔,1910.103氢,1910.104氧,1910.105一氧化二氮(笑气),1910.106易燃液体,1910.107使用易燃材料喷涂,1910.108易燃液体浸沾罐槽,1910.109爆炸品代理商,1910.110 LPG的贮存和处理,1910.111无水氨的贮存和处理,1910.169空气储罐。

气瓶有关的设计制造、检验、充装、运输、贮存及使用等要求在《危险品规程》中有明确而具体的规定,由运输部对气瓶进行统一管理,美国各州的行政管理部门对气瓶不行使管辖权。根据《危险品规程》的包装物技术规范的气瓶技术规范(第178卷的第C部分),对以下气瓶的设计制造进行了规定:

——3A及3AX钢质无缝气瓶;

——3AA及3AAX钢质无缝气瓶;

——3B 钢质无缝气瓶；

——3BN 镍质无缝气瓶；

——3E 钢质无缝气瓶；

——3HT 航空用钢质无缝气瓶；

——3T 钢质无缝气瓶；

——3AL 铝质无缝气瓶；

——4DS 航空用不锈钢焊接气瓶；

——4B 钢质焊接或钎焊气瓶；

——4BA 钢质焊接或钎焊气瓶；

——4D 航空用焊接气瓶；

——4B240ET 焊接或钎焊气瓶；

——4AA480 钢质无缝气瓶；

——4L 低温绝热气瓶；

——4DA 航空用钢质无缝气瓶；

——8 多孔填料溶解乙炔气瓶；

——8AL 多孔填料溶解乙炔气瓶；

——4BW 纵缝采用电弧焊的钢质无缝气瓶；

——39 非重复充装气瓶；

——4E 铝质焊接气瓶；

——DOT CFFC 碳纤维增强铝合金内胆全缠绕气瓶。

需要说明的是，以上气瓶技术规范只适用于传统的压缩介质，随着气瓶应用领域的扩大，车用燃料气瓶以其重量轻、环保等独特性而得到广泛应用。但由于车用燃料气瓶要求重量轻、成本低、具有相对较长的使用寿命以及较好的抗腐蚀性能和抗冲击性能；与通常的工业用和医疗用气体不同，车用燃料气瓶所盛装的天然气常常含有腐蚀性的杂质，因此就内部的抗腐蚀性而言，对车用燃料气瓶的要求比对其他盛装典型工业气体的气瓶要求更高；由于使用的场合更靠近公众场合，因而安全可靠性就成为了关键性的问题；由于经济性的限制，安全性的要求不能通过过高的安全裕度来实现。DOT/FMVSS 304 规范没有提出在汽车环境条件下抗机械损伤及耐硫化氢应力腐蚀的要求。美国压缩天然气协会编制了《车用压缩天然气气瓶的基本要求》工业协会标准，并于 1992 年以 ANSI 标准的文件形式发布，美国运输部国家高速公路交通管理局采用了该标准的部分内容，并且于 1995 年 3 月发布了《联邦机动车安全标准》。目前《车用压缩天然气气瓶的基本要求》的最新版为“NGV2—2000”。

在美国，法律、规章是强制性的，标准多是自愿性的，但当标准被法律、规章所引用时就具有强制性。在《职业安全卫生法》和《危险品规程》中大量引用了美国消防协会(NFPA)、美国压缩气体协会(CGA)和美国天然气机动车工业协会(NGV)等技术机构所制定的标准(见附录)，通常这些社会技术机构所制定的标准是自愿采用的，但被《职业安全卫生法》和《危险品规程》所引用的标准内容则是必须执行的。

第三节　欧盟气瓶法规标准体系

欧盟气瓶法规标准体系概括为欧盟指令和协调标准的共同作用。与气瓶有关的欧盟指令包括《承压移动设备指令》、《欧盟危险品公路运输指令》、《欧盟危险品铁路运输指令》、《无缝气瓶指令》、《焊接气瓶指令》和《铝合金无缝气瓶指令》等。在《欧盟危险品公路运输指令》和《欧盟危险品铁路运输指令》中大量引用了欧洲气瓶协调标准(见附录)，在这些标准中有关气瓶设计制造方面标准有 22 个，占 30%。《承压移动设备指令》还规定了对新制造气瓶进行不同模式的合格评定的准则及对检验机构的验收准则。

欧盟指令作为欧盟技术法规的一种形式，其制定仅限于产品在欧盟统一大市场中流通时所必须符合的保证安全、健康、消费者保护与环境保护的基本要求，并不对符合要求的具体途径作出强制性规定。只有完全符合指令基本要求的产品才能在欧盟境内销售和使用，至于如何使产品符合指令中的基本要求的，指令中并没有列出具体的技术细节，而是通过发布“协调标准”(EN)的方式为制造商和进口商提供指导。协调标准是满足指令基本要求的“快速跑道”，协调标准具有“据此推断符合基本要求”的地位，是制造商证明产品符合指令要求的一种工具。

第四节　国际标准化组织气瓶标准体系

由于国际标准化组织(ISO)是一个非政府性国际组织，也不属于联合国，是国际标准化的专门机构，其只涉及标准的制定，不参与法规的制定。

ISO 所制定的气瓶国际标准涉及气瓶的设计制造、充装使用、定期检验、气瓶瓶阀以及附件、气瓶和气瓶瓶阀材料与充装气体相容性等标准 70 余项(见附录)，其中气瓶设计制造方面的标准有 18 个，占 24%。总体上，ISO 气瓶设计制造标准所涉及的气瓶覆盖了当今所制造气瓶种类的 90%。随着国际贸易的发展，特别是气瓶的可移动运输的特殊性，需要气瓶在全球不同国家间自由移动。因而世界上许多国家对 ISO 气瓶标准高度重视。据统计，有 20 个国际组织至少采用了 1 个 ISO 气瓶标准，采纳 ISO 气瓶标准的政府机构不少于 5 个，考虑 ISO/CEN 气瓶标准的国家不少于 30 个。目前“联合国危险货物运输的建议”正在全球开始实施，所以 ISO 标准将发挥更为重要的作用。

第十八章 气瓶主要标准法规简介

第一节 中国气瓶主要标准法规

一、《气瓶安全监察规定》

《气瓶安全监察规定》制定的依据是《特种设备安全监察条例》和《危险化学品安全管理条例》。《气瓶安全监察规定》适用范围的气瓶是指正常环境温度(－40℃～60℃)下使用的、公称工作压力大于或等于0.2MPa(表压)且压力与容积的乘积大于或者等于1.0MPa·L的充装气体、液化气体和标准沸点等于或者低于60℃液体的气瓶。凡在中国境内使用的气瓶,其设计、制造、充装、运输、储存、销售、使用和检验等各项活动都应当符合《气瓶安全监察规定》。具体规定如下:

1. 气瓶设计文件实行设计文件鉴定制度。设计文件鉴定是在气瓶正式投产前由国家质检总局核准的检验机构承担。另外还提出了气瓶设计的具体原则要求,如:规定液化气气瓶应当设计装配防止超装的液位限位装置;易燃气体气瓶和非易燃气体气瓶的瓶口螺纹和阀门出气口应当设计成不同的左、右螺纹的旋向和内、外螺纹的结构,从而防止因混装和错装造成气瓶爆炸事故的发生。

2. 气瓶或气瓶附件制造实行许可制度。制造单位在取得特种设备制造许可后,方可在许可范围内从事气瓶或气瓶附件制造。对气瓶或气瓶附件制造单位的许可是国家行政许可的一种,由国家质检总局特种设备安全监察局进行管理。

3. 气瓶或气瓶附件应当进行型式试验。其制造单位在申请气瓶或气瓶附件制造许可时,应当进行产品试制和型式试验。气瓶或气瓶附件型式试验是由特种设备安全监督管理部门指定的检验检测机构对气瓶或气瓶附件是否满足相关标准的安全性能要求,而进行的检验测试(如对气瓶进行包括爆破试验、疲劳试验等在内的一系列试验)。型式试验的目的是审查新设计、制造的气瓶是否存在不能满足安全性能的缺陷,验证制造单位是否具有生产符合安全性能的产品的能力。

4. 气瓶制造过程实行监督检验制度。监督检验由国家质检总局核准的检验机构进行,并出具《产品安全性能监督检验证明书》。只有监检合格的气瓶方可出厂。

5. 气瓶充装实行许可制度。充装单位应当取得特种设备充装许可后,方可从事许可范围内的充装活动。对气瓶充装单位的许可也是国家特种设备行政许可的一种,由省级质监部门特种设备安全监督管理部门进行批准。《气瓶安全监察规定》还规定了气瓶充装单位的条件、职责及义务。鉴于气瓶的错装、超装是造成气瓶事故的主要原因之一,所以在《气瓶安全监察规定》中规定,气瓶充装前和充装后由充装单位持证作业人员逐只对气瓶进行检查,充装作业人员应当按照规定的充装系数或充装压力(量)进行充装。同时《气瓶安全监察规定》也规定,气瓶充装单位一般应充装自有产权气瓶,建立自有产权气瓶档案并进行计算机管理。

6. 在用气瓶实行定期检验制度。在用气瓶应当进行定期检验,定期检验由国家质检总局核准的检验机构按照相应的安全技术规范及标准的规定进行,定期检验后检验机构应当重新涂敷气瓶颜色标志,打气瓶定期检验钢印,出具气瓶定期检验报告。对不合格的报废气瓶进行破坏性处理。

7. 运输、储存、销售和使用气瓶的单位应当制定气瓶安全管理制度和事故应急预案;运输和装卸气瓶时必须配戴好气瓶瓶帽(有防护罩的气瓶除外)和防震圈(集装气瓶除外);储存充气气瓶的单位应当有专用仓库并符合消防的有关规定;气瓶或瓶装气体的销售单位应当销售取得气瓶制造许可的单位制造的合格气瓶或取得气瓶充装许可的单位充装的瓶装气体。

8. 气瓶在充装、销售、定期检验、监督检验中如有违规行为应予以处罚。

二、《气瓶安全监察规程》、《溶解乙炔气瓶安全监察规程》等气瓶安全技术规范

《气瓶安全监察规程》、《溶解乙炔气瓶安全监察规程》等安全技术规范是对《气瓶安全监察规定》中气瓶设计、制造、充装、运输、储存、销售、使用和检验等各项规定的具体技术要求和程序说明，即：

1.《气瓶安全监察规程》将充装介质按临界温度不同划分为永久气体、高压液化气体、低压液化气体3种。《气瓶安全监察规程》给出了气瓶公称压力系列表，并规定：对于充装永久气体的气瓶，其公称工作压力是指在基准温度（一般为20℃）下，所充装气体的限定充装压力；对于充装液化气体的气瓶，其公称压力是指温度为60℃时瓶内气体压力的上限值；同时规定，充装高压液化气体的气瓶，其公称工作压力不得小于8MPa，充装有毒或剧毒危害的液化气体的气瓶，其公称工作压力的选用应当适当提高。《溶解乙炔气瓶安全监察规程》适用于钢质瓶体内装有多孔填料和溶剂、可重复充装乙炔气的移动式乙炔瓶。

2. 有关气瓶设计文件鉴定的内容要求与程序执行《气瓶设计文件鉴定规则》的规定。《气瓶安全监察规程》、《溶解乙炔气瓶安全监察规程》中规定改变气瓶瓶体材料牌号、改变设计壁厚和改变瓶体结构形状和容积都视为气瓶新设计，需要重新进行气瓶设计文件鉴定。《气瓶设计文件鉴定规则》中还对气瓶新设计的情形做了更进一步的引伸，如改变瓶口螺纹形式、改变气瓶端部形状、改变无缝气瓶的制造工艺、改变阀座或塞座等开孔尺寸、改变焊接气瓶的开孔位置、改变低温气瓶的绝热材料及绝热方式等都应当重新进行气瓶设计文件鉴定。

《气瓶安全监察规程》还规定：瓶体金属材料的屈服强度和抗拉强度必须控制在规定的数值之内；纤维缠绕气瓶的瓶体设计应当采用应力分析设计方法，以确保最小壁厚的有效性、瓶体应力分布的合理性；煤气、一氧化碳气体一般应当选用铝合金气瓶充装，高压气瓶的瓶体必须采用无缝结构，焊接气瓶焊缝（包括纵向和环向焊缝）应当采用全焊透的对接接头，充装可燃气体（如压缩天燃气）的纤维缠绕气瓶应当选用金属材料内胆（钢质或铝质），目的是既可承受载荷又可有较好的密封作用；《溶解乙炔气瓶安全监察规程》中规定溶解乙炔气瓶必须设置易熔合金塞。

3.《气瓶安全监察规程》也规定：气瓶制造单位只有取得气瓶制造许可证，且设计文件经过鉴定后，才可进行气瓶正式生产。《锅炉压力容器制造监督管理办法》、《锅炉压力容器制造许可条件》、《锅炉压力容器制造许可程序》等规定了气瓶制造许可的内容、气瓶制造单位资源条件要求和制造单位质量管理体系的要求。

4.《气瓶安全监察规程》或《溶解乙炔气瓶安全监察规程》中规定：气瓶或气瓶附件在正式投产前，应当按照相关标准进行型式试验，并给出了气瓶型式试验的内容和要求，相应的气瓶标准中给出具体的型式试验项目和试验合格标准。

《气瓶安全监察规程》或《溶解乙炔气瓶安全监察规程》中规定气瓶应当按批组织生产，并且规定了气瓶的分批原则和批量要求。无缝气瓶冲压、拉拔的冲头，旋压或模压收口的模具或模板在投入使用前应当进行工艺验证、定期检查、修理和更换。焊接气瓶的瓶体纵、环焊缝必须采用自动焊。气瓶制造单位必须进行焊接工艺评定，并制定出焊接工艺规程和焊缝返修工艺要求，对焊接工艺评定的要求，应当满足标准的相应规定。气瓶的热处理必须采用整体热处理，经整体热处理的焊接气瓶，不得再进行焊接。从事气瓶无损检测工作的人员和焊接气瓶的施焊焊工应当按照《锅炉压力容器无损检测人员资格考核规则》和《锅炉压力容器压力管道焊工考试规则》的要求，进行考核并取得资格证书。

5.《气瓶安全监察规程》或《溶解乙炔气瓶安全监察规程》规定制造单位应当逐只出具产品合格证，按批出具批量检验质量证明书。《特种设备检验检测机构核准规则》规定了从事气瓶监督检验工作的检验机构的条件及核准要求。检验机构在进行气瓶产品安全性能监督检验时，应当执行《锅炉压力容器产

品安全性能监督检验规则》中对气瓶的监督检验要求。

6.《气瓶充装许可规则》给出了对充装单位具体的资源条件、质量管理体系及充装质量要求，并引用了气体充装站安全技术条件等国家标准。

气瓶充装是气瓶安全监察的重要环节之一，目前所发生的气瓶事故多数是由于充装环节造成的。《溶解乙炔气瓶安全监察规程》中明确要求气瓶充装实行定点充装，是为了落实充装责任和气瓶的到期检验。《气瓶充装许可规则》中则明确规定充装单位一般应充装自有产权气瓶，取消了《气瓶安全监察规程》中可以充装托管气瓶的规定。这是因为国家质检总局特种设备局从 2003 年开展气瓶专项整治以来，各省、自治区、直辖市质量技术监督部门对其管辖区内的气瓶充装单位进行了清理、整顿，气瓶产权已逐渐转移到气瓶充装站。为了巩固气瓶专项整治的成果，把具有一定数量的自有产权气瓶和充装单位只能充装自有产权气瓶的规定列入《气瓶充装许可规则》中，并作为对充装单位资源条件的要求之一，这样规定也促使气瓶充装单位扩大规模、提高管理水平。

《气瓶安全监察规程》和《溶解乙炔气瓶安全监察规程》中要求充装单位充装前、后逐只对气瓶进行检查，永久气体的充装装置应当能够防止可燃气体与助燃气体的错装和防止不相容气体的混装。另外，《气瓶安全监察规程》给出了 16 种高压液化气体和 48 种低压液化气体的充装系数，并规定逐瓶复验充装量，严禁过量充装。气瓶充装单位应当在每只充气气瓶上粘贴符合国家标准规定的警示标签。

按《特种设备作业人员考核管理办法》的规定，气瓶充装作业人员、检查人员应当取得特种设备作业人员证。

7. 特种设备在投入使用前或者投入使用后 30 日内，特种设备使用单位应当向直辖市或者设区的市的特种设备监督管理部门登记。《气瓶使用登记管理规则》明确规定气瓶充装单位应当逐只或按批对其产权气瓶进行使用登记，所登记的气瓶应当定期检验合格并在检验有效期内使用。

8.《气瓶安全监察规程》和《溶解乙炔气瓶安全监察规程》中规定了充装不同介质气瓶的定期检验周期。气瓶的定期检验必须由经国家质检总局核准的检验机构逐只进行；定期检验项目和要求应当符合相应国家标准的规定，检验合格后按规定打检验钢印标记，涂检验色标。

9. 对气瓶运输、储存、经销和使用提出了安全管理要求，如：瓶内气体相互接触可引起燃烧、爆炸、腐蚀产生毒物的气瓶不得同车运输；空瓶与实瓶应当分开放置并有明显标志，毒性气体气瓶和瓶内气体相互接触能引起燃烧、爆炸、产生毒物的气瓶应当分室存放；在用气瓶瓶内气体不得用尽等。

三、GB 5099—1994《钢质无缝气瓶》

该标准是我国第一个气瓶标准，于 1985 年颁布，1994 年进行了修订，目前正在进行新的修订之中。该标准适用于设计、制造公称工作压力为 8MPa～30MPa、公称容积为 0.4L～80L，用于充装永久气体或高压液化气体的可重复充气的移动式钢瓶。钢质无缝气瓶主体材料为碳钢、锰钢、铬钼钢或其他合金钢，规定了相应的热处理要求。气瓶瓶体设计选用中径公式。与固定式压力容器强度设计不同，气瓶瓶体壁厚设计计算公式中的压力参数为气瓶水压试验压力，而不是工作压力。同时规定，气瓶水压试验压力为公称工作压力的 1.5 倍，永久气体气瓶的许用压力不得超过水压试验压力的 0.8 倍；气瓶设计计算所选用的屈服应力，对正火或正火后回火处理的气瓶，不得大于材料最小抗拉强度的 75%；对淬火后回火处理的气瓶，不得大于材料最小抗拉强度的 85%。就结构而言，还规定了底部结构形式和尺寸，凸形底和凹型底钢瓶设计都应当进行循环加压疲劳试验。正火或正火后回火处理的瓶体实测屈服强度与实测抗拉强度比值不大于 0.80，淬火后回火处理的瓶体实测屈服强度与实测抗拉强度比值不大于 0.92。并对容积残余变形率作了相应规定。对气瓶检验，分为出厂检验和型式试验，具体检验项目如表 18-1。

表 18-1　气瓶检验试验项目

检验项目	出厂检验		型式试验	检验项目	出厂检验		型式试验
	逐只检验	批量检验			逐只检验	批量检验	
瓶体壁厚	√	—	√	金相试验	—	√	√
瓶体制造公差	√	—	√	底部解剖	—	√	√
瓶体内、外观	√	—	√	无损探伤	√	—	√
拉伸试验	—	√	√	瓶口内螺纹	√	—	√
冲击试验	—	√	√	水压试验	√	—	√
冷弯试验	—	√	√	气密试验	√	—	√
压扁试验	—	√	√	爆破试验	—	√	√
硬度测定	√	—	√	循环疲劳压力试验	—	—	√

四、焊接气瓶

1. GB 5100—1994《钢质焊接气瓶》

该标准适用于在正常环境温度(－40℃～60℃)下使用的、水压试验压力不大于 7.5MPa(表压)、公称容积为 10L～1000L 可重复充装低压液化气体或溶解乙炔气体的钢瓶。该标准规定,钢瓶水压试验压力为公称工作压力的 1.5 倍,钢瓶许用压力不得超过水压试验压力的 0.8 倍,钢瓶瓶体材料的屈强比(屈服强度与抗拉强度的比值)应不大于 0.8;钢瓶瓶体壁厚计算所依据的内压为水压试验压力,钢瓶瓶体壁厚计算采用中径公式,其屈服应力下的安全系数为 1.3。有设计最小壁厚的要求。

该标准规定,钢瓶主体焊缝的焊接接头采用全焊透对接型式,纵焊缝不得有永久性垫板,环焊缝允许采用永久性垫板或在接头的一侧做成台阶形的整体式垫板。标准规定钢瓶制造单位在生产钢瓶之前或需要改变瓶体材料、焊接材料、焊接工艺、焊接设备时,均应进行焊接工艺评定。焊接工艺评定试板经外观检查和 100%的射线探伤合格后进行拉伸、弯曲试验,必要时进行常温(低温)冲击试验。钢瓶全部焊接完成后,必须进行整体正火或消除应力热处理。

钢瓶制造检验分为逐只检验和批量检验。逐只检验项目包括:钢瓶外观尺寸检查、壁厚测定、射线检测、重量测定、容积测定、水压试验、气密试验及附件检查等。批量检验项目包括:射线检测、力学性能和爆破试验,并规定了爆破试验中检查容积变形率。

该标准对型式试验未提出具体要求。目前正在修订的 GB 5100(送审稿)增加了型式试验要求,但无具体内容。

2. 液化石油气钢瓶

(1) GB 5842—1996《液化石油气钢瓶》,该标准规定了液化石油气钢瓶的型式和参数、技术要求、试验方法、检验规则、标志、涂敷、包装、运输和贮存等。标准适用于正常环境温度(－40℃～60℃)下使用的、试验压力为 3.2MPa、公称容积为 23.5L、35.5L、118L 可重复盛装液化石油气的钢质焊接气瓶。

(2) GB 15380—2001《小容积液化石油气钢瓶》,其适用条件和 GB 5842 相似,但公称容积为 1.2L、2.7L 和 12L。

GB 5842 和 GB 15380 规定,钢瓶在全部焊接完成后,应进行整体正火或消除应力热处理,不允许采用局部热处理。射线透照检查:按生产顺序 50 只抽取一只,对环焊缝应 100%检查,逐只进行外观检验、测定重量和容积、耐压试验、气密试验。批量(GB 5842 以不多于 500 只为一批,GB 15380 以 50 只为一批)进行机械性能(包括母材和焊接接头)的拉力、弯曲(正弯和反弯)及水压爆破试验。

3. GB 11638—2003《溶解乙炔气瓶》

该标准是参照 ISO 3807:2000《溶解乙炔气瓶基本要求》制定的。ISO 3807:2000 分为不带易熔塞的气瓶和带易熔塞的气瓶两部分。GB 11638 标准最初制定时根据国内实际情况,进行了验证试验。同时

《溶解乙炔气瓶安全监察规程》也规定：每只乙炔气瓶必须设置符合 GB 8337《气瓶用易熔合金塞》规定的易熔合金塞。公称容积大于 10L 的乙炔瓶，易熔合金塞应不少于 2 只；公称容积小于等于 10L 的乙炔瓶，易熔合金塞应不少于 1 只。为了使国产乙炔瓶尽快与国际接轨，该标准修订时，组织按 ISO 3807-2 进行了型式试验，并规定乙炔气瓶填料不得含有石棉，应为无石棉填料。应该说《溶解乙炔气瓶》标准是全面系统地吸收了国外标准的优点，总结了我国乙炔气瓶制造的技术经验，经过多次试验研究和反复论证而形成的。

五、《铝合金内胆纤维全缠绕气瓶》

该国家标准目前处于起草过程中。

该标准草案适用于公称工作压力不大于 30MPa、容积上限为 50L、充装永久气体和液化气体的气瓶。此类气瓶由内胆与增强层纤维和保护层纤维缠绕构成。内胆为 6061 型铝合金无缝气瓶，增强层纤维采用聚丙烯腈(PAN)基碳纤维，保护层纤维采用无捻的 S 型或 E 型玻璃纤维。

铝合金内胆纤维全缠绕气瓶标准采用导向型设计，应力计算采用有限元应力分析方法计算出复合材料和内胆在气瓶自紧压力、自紧压力卸载后的零压力、工作压力、试验压力和设计爆破压力下的应力值。

气瓶遵循以下设计准则：

气瓶自紧处理后，在零压下，内胆侧壁上的压应力至少是内胆屈服强度的 60%，但不得大于 95%；在工作压力下，内胆上任意一点拉应力不超过内胆材料屈服强度的 60%；内胆应承担部分轴向和环向载荷，并且爆破压力应大于或等于气瓶设计爆破压力的 5%；用于防内胆电化学腐蚀或外保护的玻璃纤维层总承受载荷的能力不能大于气瓶最小设计爆破压力的 15%；碳纤维的应力系数≥10/3，玻璃纤维的应力系数≥10/3；缠绕气瓶的设计使用寿命一般定为 15 年，相当于每年设计充装次数 1000 次。

铝合金内胆纤维全缠绕气瓶的制造工艺要求包括对防腐蚀隔离层、纤维缠绕、固化处理、自紧处理、瓶口螺纹、瓶体外表面、附件等方面的要求；对用于火场情况下的气瓶，瓶阀上应有爆破片式安全泄压装置，爆破片在室温下的爆破压力应为 83%～100% 的水压试验压力。

气瓶制造检验及型式试验项目如表 18-2 所示。

表 18-2　气瓶出厂检验及型式试验项目

序号	检验项目	出厂检验		型式试验	序号	检验项目	出厂检验		型式试验
		逐只检验	批量检验				逐只检验	批量检验	
1	内胆检测报告	—	√	√	8	水压爆破试验	—	√	√
2	树脂剪切试验	—	√	√	9	高低温疲劳试验	—	—	√
3	几何尺寸	√	—	√	10	热循环试验	—	—	√
4	内外表面	√	—	√	11	跌落试验	—	—	√
5	水压试验	√	—	√	12	枪击试验	—	—	√
6	气密性试验	√	—	√	13	火烧试验	—	—	√
7	室温疲劳试验	—	√	√					

六、《车用压缩天然气(CNG)缠绕气瓶》

该国家标准目前处于起草过程中。

该标准草案将车用压缩天然气(CNG)缠绕气瓶分为钢内胆纤维环缠绕、铝合金内胆纤维全缠绕、塑料内胆纤维全缠绕 3 种。目前中国已制定的标准草案有《汽车用压缩天然气钢质内胆玻璃纤维环向缠绕气瓶》和《汽车用压缩天然气铝合金内胆碳纤维全缠绕气瓶》，塑料内胆缠绕气瓶需摸索更多经验后才能制定国家标准。

车用压缩天然气气瓶工作压力一般为 20MPa；不论在何种充装条件或温度下，瓶内最大压力不应超过 26MPa。气瓶公称容积小于 450L，工作温度为－40℃～65℃，适用于充装符合 GB 18047《车用压缩天然气》的天然气。气瓶的设计使用寿命一般定为 15 年，相当于设计充装次数每年 1000 次。车辆报废时，所用气瓶应同时报废。车用缠绕气瓶的材料分为内胆材料和缠绕材料，环缠绕气瓶的内胆材料一般与钢瓶一样，铝内胆全缠绕气瓶的内胆一般采用国际上通用的铝合金 6061。缠绕层材料由树脂体系、增强层纤维材料、保护层纤维材料组成。树脂体系应采用环氧树脂或改性环氧树脂；环缠绕气瓶增强层纤维材料一般采用 E 型或 S 型玻璃纤维材料，全缠绕气瓶一般采用聚丙烯腈基（PAN）碳纤维；保护层纤维材料应采用 E 型或 S 型玻璃纤维。

对车用缠绕气瓶的设计采用试验导向型设计，车用缠绕气瓶标准一般不提供设计公式，但要求设计应充分建立在可靠的计算和论证上，保证缠绕气瓶能顺利地通过各项标准所规定的材料、型式、生产和批量试验的要求。

设计应保证在正常使用期间，其承压部件的失效模式是“未爆先漏”（LBB）。如果金属内胆发生泄漏，只能是疲劳裂纹扩展所致。

设计时，应计算自紧后在零压、公称工作压力、试验压力和设计最小爆破压力下缠绕层和内胆的应力。对玻璃纤维环缠绕气瓶，其设计最小爆破压力不应小于 50MPa，内胆设计最小爆破压力不应小于 26MPa，纤维应力系数不应低于 2.75；对碳纤维全缠绕气瓶，其实际爆破压力不应小于 47MPa，纤维应力系数不应低于 2.35。气瓶制造检验试验项目如表 18-3。

表 18-3　气瓶检验与试验

项目名称		气瓶型式试验		气瓶出厂检验			
				批量试验		逐只检验	
		环缠绕	全缠绕	环缠绕	全缠绕	环缠绕	全缠绕
内胆	壁厚	√	√	—	—	√	√
	制造公差	√	√	—	—	√	√
	表面质量	√	√	—	—	√	√
	瓶口内螺纹	√	√	—	—	√	√
	硬度测定	√	√	—	—	√	√
	无损探伤	√	—	—	—	√	—
	拉伸试验	√	√	√	√	—	—
	冲击试验	√	—	√	—	—	—
	冷弯试验	√	√	√	√	—	—
	压扁试验	√	—	√	—	—	—
	金相组织	√	√	√	√	—	—
	端部解剖	√	—	√	—	—	—
	水压爆破试验	√	√	√	√	—	—

项目名称		气瓶型式试验		气瓶出厂检验			
				批量试验		逐只检验	
		环缠绕	全缠绕	环缠绕	全缠绕	环缠绕	全缠绕
缠绕气瓶	表面质量	√	√	—	—	√	√
	水压试验	√	√	—	—	√	√
	气密性试验	√	√	—	—	√	√
	缠绕层层间剪切强度	√	√	√	√	—	—
	缠绕层拉伸强度	√	√	√	√	—	—
	水压爆破试验	√	√	√	√	—	—
	室温疲劳循环试验	√	√	√	√	—	—
	极限温度疲劳循环试验	√	√	—	—	—	—
	应力加速爆破试验	√	√	—	—	—	—
	枪击试验	√	√	—	—	—	—
	火烧试验	√	√	—	—	—	—
	裂纹容限试验	√	√	—	—	—	—
	酸性环境试验	√	√	—	—	—	—
	未爆先漏（LBB）试验	√	√	—	—	—	—
	高温蠕变试验[1]	√	√	—	—	—	—
	跌落试验	—	√	—	—	—	—

1）树脂玻璃化转变温度低于 102℃时，应进行此项试验。玻璃化转变温度应按 GB/T 19466.2 测定。

七、《低温绝热气瓶》

该国家标准目前处于报批过程中。

该标准适用于在正常环境温度(−40℃～60℃)下使用、贮存介质为液氧、液氮、液氩等低温液体、设计温度不低于−196℃,公称容积10L～450L,公称工作压力为0.2MPa～3.5MPa可重复充装的低温绝热气瓶。低温绝热气瓶由内胆、外壳以及夹层中的绝热层和阀门管路系统组成。内胆采用一条纵缝、两条环缝的结构,不允许两片式结构,内胆材料必须采用奥氏体不锈钢,壁厚计算公式是由第二强度理论推导出来的。内胆封头必须是无缝、半球型或标准椭圆形。内胆开孔只准在封头上开孔,开孔必须是圆形。开孔直径不得大于内径的1/3且不大于76mm,开孔位于以封头中心为中心80%封头内直径的范围内。内胆上的每一个开孔必须焊接管接头,管接头与封头的连接必须采用全焊透的焊接形式。该标准规定,气瓶采用真空多层绝热方式,要求总的热传递不超过2.09J/h·℃·L。气瓶内胆的壁厚计算压力为水压试验压力,水压试验压力为公称工作压力的2倍,气压试验压力为公称工作压力的1.8倍。该标准还规定,气瓶内胆必须设置安全阀、爆破片、压力表等安全附件,且必须与内胆直接连通。该标准对气瓶的设计使用寿命没有规定,气瓶是否能够继续使用主要取决于其绝热效果。气瓶按内胆组批进行制造,同时在内胆组批的基础上进行产品组批。气瓶的纵、环焊缝焊接应采用自动气体保护焊,纵、环焊缝焊接接头应采用全焊透对接型式,纵焊缝不得有永久性垫板,环焊缝允许采用永久性垫板或缩口结构。连接到内胆封头或筒体上的所有附件,必须采用熔化焊的方法,对于受压附件的焊接接头必须保证全焊透。气瓶制造单位在改变内胆材料、焊接材料、焊接工艺、焊接设备时,投产前均应进行焊接工艺评定。内胆纵、环焊缝应进行100%射线透照检测,内胆角焊缝应进行100%表面探伤。该标准规定了气瓶检验试验的内容,具体检验试验项目如表18-4。

表18-4 低温绝热气瓶检验试验项目

检验项目	逐只检验	批量试验	型式试验	检验项目	逐只检验	批量试验	型式试验
内胆、外壳外观检查	√	—	√	管路气密性试验	√	—	√
尺寸检查	√	—	√	内胆爆破试验	—	—	√
瓶体壁厚	√	—	√	清洁度	√	—	√
纵、环焊缝无损检测	√	—	√	真空检漏	√	—	√
角焊缝无损检测	√	—	√	真空夹层漏率	—	—	√
焊接接头力学性能	—	√	√	静态蒸发率测试	—	√	√
重量与容积	√	—	√	真空度的测试	—	—	√
内胆压力试验	√	—	√	安全附件	√	—	√

八、GB 17268—1998《工业用非重复充装焊接气瓶》

该标准的第一版是1998版,目前正在进行新的修订,其中有关环境温度、试验压力、材料等主要技术指标将进行修改。该标准适用于环境温度在−40℃～55℃下使用的、试验压力不大于3.5MPa(表压)、容积为5L～25L充装低压液化气体的非重复充装钢质焊接气瓶。气瓶瓶体由上、下两部分组成,只有一条环焊缝。新修订的标准规定钢瓶适宜充装试验压力不大于3.5MPa(表压)的低压液化气体(以制冷剂为主)。试验压力取充装介质55℃时饱和蒸汽压与2.3MPa二值中大值。该标准只允许在封头上开孔,并应对开孔补强,所有的开孔和补强件均应布置在以封头中心为轴心、直径为封头直径80%的假想圆柱的范围之内。钢瓶的水压爆破压力应不小于2倍试验压力。该标准规定,气瓶必须装设爆破片,且安装非重复充装瓶阀,瓶阀与瓶体必须采用焊接连接。气瓶主体焊缝应采用自动焊方法,施焊前进行焊接工艺评定。气瓶逐只检验的项目为外观检验和气压试验;批量检验的项目是水压爆破试验和挂重试验;型式试验项目为瓶体材料性能试验、焊接接头力学性能试验、阀体与瓶体的角焊缝检验、爆破片与瓶体连接焊缝检验、尺寸检验、水压爆破试验、压扁试验、跌落试验等。

九、GB 15382—1994《气瓶阀通用技术条件》等瓶阀标准

GB 15382 是一系列气瓶阀门的基础性标准。该标准适用于－40℃～60℃、公称工作压力为 0.1MPa～30MPa、可重复充气的移动式气瓶上使用的气瓶阀。针对气瓶充装的气体在毒性、腐蚀性、自燃性等方面有特殊安全要求的情况，还专门制定了 GB 13439《液氯瓶阀》、GB 17877《液氨瓶阀》、GB 13439《氩气瓶阀》、GB 7512《液化石油气瓶阀》等气瓶瓶阀标准。GB 15382 规定气瓶充装毒性或腐蚀性气体时，瓶阀材料应选用不与瓶内充装介质发生化学反应及不影响气体质量的材料；阀内使用的非金属密封材料必须与瓶内充装介质相适应。规定了瓶阀外观质量要求，但对瓶阀结构尺寸和通径尺寸没有具体的规定。标准还规定：用于毒性程度为极度或高度危害气体的瓶阀上，禁止装配各种型式的安全装置。易熔合金不能与瓶内介质发生化学反应，也不允许影响介质质量。标准针对不同的瓶阀相应规定了一系列瓶阀试验要求，包括：气密性试验、耐温性试验、耐振性试验、耐压性试验、耐用性试验、真空度试验、压力泄放装置试验等要求。

十、GB 16163—1996《瓶装压缩气体分类》

GB 16163 是瓶装压缩气体分类的基础性标准。该标准规定了一般常用压缩气体(包括永久气体、液化气体和溶解气体)的分类和 FTSC 编码。该标准对压缩气体的分类原则是根据该气体在气瓶内的物理状态和临界温度进行分类，具体分为 1、2、3 类，每类按化学性能、燃烧性能、毒性、腐蚀性分为若干组；并按其燃烧性、毒性、状态和腐蚀性对压缩气体进行 FTSC 编码(FTSC 编码是按燃烧性、毒性、状态和腐蚀性的英文单词取词首字母结合而来，由四位数字按顺序组成)，由气体的 FTSC 编码可以直接查出其基本特性。其中：

燃烧性(F)：分为 6 个类型。0：不燃(惰性)；1：助燃(氧化)；2：易燃，爆炸下限小于 10％的气体(在空气中)；3：自燃，易燃气体在空气中的自燃温度小于 100℃；4：强氧化性；5：易分解或聚合且是可燃的。

毒性(T)：按急性毒性(一次染毒)吸入半数致死量浓度 LC_{50} 分为 3 个等级。1：无毒[LC_{50}＞5000ppm(体积)]；2：毒[200ppm(体积)＜LC_{50}≤5000ppm(体积)]；3 剧毒[LC_{50}≤200ppm(体积)]。

状态(S)：根据瓶内充装气体的状态和在 20℃时瓶内压力的大小分为 0～6 共 7 个类型。

腐蚀性(C)：分为 4 个类型，0：无腐蚀；1：酸性腐蚀、不形成氢卤酸；2：碱性腐蚀；3：酸性腐蚀、形成氢卤酸。

《气瓶安全监察规程》第 20 条规定"瓶体材料还应满足与所装气体相容性的要求"，第 52 条规定"瓶阀材料应符合相应标准的规定，所用材料既不与瓶内充装气体发生化学反应，也不影响气体的质量。" GB 14193—1993《液化气体气瓶充装规定》附录 A"常用液化气体及其金属材料的相容性"中给出了 51 种液化气体与金属材料的相容性。

十一、气瓶充装

1. 气瓶充装管理

对气瓶充装管理实行充装单位许可制度。按照 TSG R4001—2006 《气瓶充装许可规则》中许可程序的要求，由充装单位提出申请，省级质量技术监督部门负责充装许可的受理与审批，充装单位应当具备规定的资源条件、符合充装单位实际的质量管理体系和充装过程控制程序，充装单位只能从事规定范围内的气瓶充装工作。

2. 充装压力、充装系数

GB 14194—1993 《永久气体气瓶充装规定》给出了各种压缩气体在不同充装温度下的充装压力，永久气体气瓶充装后在 20℃时的压力不得超过气瓶的公称压力。

GB 14193—1993 《液化气体气瓶充装规定》给出了各种高压液化气体在不同公称工作压力下的充装系数和各种低压液化气体充装系数。高压液化气体在不同的公称工作压力下有不同的充装系数，高压液化气体充装系数的确定原则是：要求瓶内气体在气瓶最高使用温度(60℃)下所达到的压力不超过气瓶

的许用压力，在温度高于最高使用温度5℃时，瓶内气体压力不得超过气瓶许用压力的20%。低压液化气体的充装系数是一个固定值，低压液化气体充装系数的确定原则是：充装系数应不大于在气体最高使用温度下液体密度的97%，在温度高于气瓶最高使用温度5℃时，瓶内不满液。

GB 13591—1992 《溶解乙炔充装规定》给出了乙炔瓶内乙炔充装量与乙炔最大充装量的计算，并给出了不同环境温度下乙炔瓶的静置后压力。

3. 充装前检查

根据《气瓶安全监察规程》的规定，气瓶充装前必须进行逐只检查。在相应的气瓶充装规定的标准中，有更详细的气瓶充装前检查内容，同是记录充装气瓶的基本情况。乙炔气瓶在充装前必须对乙炔气样进行化验，检查气体的含氧量。

4. 充装

GB 14194 中规定了充装速度和充装时间，即充装速度不得高于 $8m^3/h$(标准状态气体)且充装时间不得少于 30min。

GB 13591 中规定乙炔气瓶的充装速度应小于 $0.015m^3/(h \cdot L)$(采用强制冷却快速充装的除外)。每次充装后的静置时间不小于 8h。

充装过程中，应随时检查与气瓶连接各处的密封状况和气瓶壁温(乙炔气瓶壁温不得超过 40℃)、压力(任何情况下，乙炔气瓶的充装压力不得大于 2.5MPa)有无异常，气瓶有无异常响声。

5. 充装后检查

气瓶充装后要进行逐只复称。对于永久气体，测量充装后的瓶内压力，确保气瓶在最高使用温度下，瓶内压力不超过气瓶的许用应力(0.8 倍的气瓶水压试验压力)；对于液化气体，测量充装后的气瓶重量，最大充装量不得大于气瓶的实际容积与充装系数的乘积或规定的气瓶最大充装量。对于乙炔气瓶，测量充装后的瓶内压力和气瓶重量，充装量不得高于 0.2 倍的孔隙率与气瓶容积的乘积，充装后的静置压力不得高于 2.50MPa。

6. 充装记录

充装单位应当记录气瓶充装日期、瓶号、室温、充装压力或充装量、充装起止时间和有无异常情况等，记录要保存 1 年以上。

7. 气瓶充装单位条件

GB 17264—1998 《永久气体气瓶充装站安全技术条件》、GB 17265—1998《液化气体气瓶充装站安全技术条件》、GB 17266—1998《溶解乙炔气瓶充装站安全技术条件》和 GB 17267—1998《液化石油气充装站安全技术条件》分别规定了气瓶充装单位的职责、基本条件、人员条件、设备设施(包括管道)、特殊安全技术条件和安全管理等。《气瓶充装许可规则》引用了以上 4 个标准。

8. 混合气体充装

对于混合气体的充装，在实际使用中，在电子、消防和标准气制备等方面开始大量存在。目前，除了在《气瓶安全监察规程》中对混合气体气瓶的标识有明确规定外，暂无充装国家标准，充装工作基本按充装单位的企业标准执行。

十二、气瓶定期检验与评定

气瓶定期检验机构应当符合 GB 12135—1999《气瓶定期检验站技术条件》中规定的条件，并按照《特种设备检验检测机构核准规则》进行核准。

目前，现行的气瓶定期检验标准包括：GB 8334—1999《液化石油气钢瓶定期检验与评定》、GB 13004—1999《钢质无缝气瓶定期检验与评定》、GB 13075—1995《钢质焊接气瓶定期检验与评定》、GB 13076—1991《溶解乙炔气瓶定期检验与评定》、GB 13077—1991《铝合金无缝气瓶定期检验与评定》、GB 19533—2004《汽车用压缩天然气钢瓶定期检验与评定》等。正在制定的气瓶定期检验标准包括：《机动车用液化石油气钢瓶定期检验与评定》、《汽车用压缩天然气钢内胆缠绕气瓶定期检验与评定》、《汽车用压缩天然气铝内胆缠绕气瓶定期检验与评定》、《站用压缩天然气钢瓶定期检验与评定》，GB 13076《溶解乙炔气瓶定期检验与评定》和 GB 8334《液化石油气钢瓶定期检验与评定》标准正处于修订中。对低温绝热气瓶定期检验的要求，在其产品标准中给予了规定。

另外，针对一些检验方法，还制定有一系列检验试验方法基础性标准，如水压、爆破、疲劳试验方法等。

《气瓶安全监察规程》中给出了不同充装介质气瓶的定期检验周期，概括为表 18-5。

表 18-5 不同充装介质气瓶的定期检验周期

序号	充装介质(气瓶)	定期检验周期/年
1	腐蚀性气体	2
2	一般性气体	3
3	惰性气体	5
4	液化石油气	4/3[1)]、3[2)]
5	车用液化石油气	5
6	车用压缩天然气	3
7	溶解乙炔气	3

1) YSP-50 型以下的液化石油气瓶第 1 次至第 3 次的检验周期均为 4 年第 4 次检验有效期为 3 年。

2) YSP-50 型液化石油气瓶，每 3 年检验 1 次。

气瓶定期检验项目的确定和划分一般是与气瓶的结构型式、介质特性、气瓶瓶体使用的材料等有关，在相应的气瓶定期检验与评定标准中规定出了气瓶的具体检验项目及评定准则。不同类型气瓶的定期检验项目列于表 18-6。

表 18-6 不同类型气瓶的定期检验项目

检验标准 / 检验项目	钢质无缝气瓶定期检验与评定	钢质焊接气瓶定期检验与评定	铝合金无缝气瓶定期检验与评定	溶解乙炔气瓶定期检验与评定	液化石油气钢瓶定期检验与评定	汽车用压缩天然气钢瓶定期检验与评定
外部检查	√	√	√	√	√	√
内部检查	√	√	√	—	○	√
音响检查	√	—	—	—	—	—
瓶口螺纹检查	√	※	√	※	※	√
重量与容积测定	√	—	—	—	—	√
容积测定	—	√	—	—	√	—
水压试验	√	√	√	—	√	√
气密性试验	√	√	√	※	√	√
焊缝检查	—	√	—	√	※	—
阀座与塞座检查	—	√	—	√	※	—
填料检查	—	—	—	√	—	—
测厚	※	√	※	√	√	—
气压试验	—	—	—	√	—	—
硬度测定	—	—	√	—	—	—
瓶阀、卸压阀、盲塞检验与装配	—	√	—	—	—	√
瓶阀检验与装配	—	—	√	—	—	√
泄压装置	—	√	—	√	—	—
无损探伤	—	○	—	○	○	√

注：“√”表示该类气瓶有此检验项目的规定。

“—”表示该类气瓶无此项检验项目的规定。

“※”表示此种检验项目虽然在检验项目的条文中没有明确，但在进行其他检验项目时辅助进行。例如：无缝气瓶的测厚，虽在标准规定的检验项目中没有明确规定，但在外观检验和水压试验时都要进行测厚工作，在此测厚作为规定检验项目的辅助手段。

“○”表示在特殊的条件下，才需要进行的检验项目，例如：要求液化石油气钢瓶在瓶阀卸下后 15 天内应完成钢瓶全部的检验工作，超过 15 天的钢瓶应增加内部检验；焊接气瓶在特殊的情况下，要求进行无损探伤检验。

以上注释对以后各章同样适用。

气瓶的定期检验与评定标准中给出了气瓶各项检验项目的合格标准，根据评定结果判定气瓶是否合格。如无缝气瓶、焊接气瓶和液化石油气钢瓶的检验与评定标准规定气瓶的剩余壁厚小于90%设计壁厚时，气瓶均应按报废处理(孤立的点腐蚀处的剩余壁厚小于2/3设计壁厚的气瓶按报废处理)；对于溶解乙炔气瓶，检验与评定标准规定剩余壁厚小于80%设计壁厚的气瓶均应按报废处理(孤立的点腐蚀处的剩余壁厚小于60%设计壁厚的气瓶按报废处理)。液化石油气钢瓶定期检验与评定标准中规定气瓶的容积不应小于标准的规定值；钢质焊接气瓶定期检验与评定标准中规定气瓶主体焊缝不允许咬边、焊缝和热影响区表面不得有裂纹、气孔、弧坑、凹陷和不规则的突变等；钢质无缝气瓶定期检验与评定标准中规定高压无缝气瓶水压试验时必须测量气瓶的残余变形率，残余变形率不得大于10%，但当残余变形率大于6%小于10%时，要对气瓶进行测厚，气瓶的剩余壁厚不得小于气瓶设计壁厚的90%，否则气瓶按报废处理。对定期检验合格的气瓶，检验机构应打检验钢印(液化石油气钢瓶和乙炔气瓶可以安装检验标志环)、气瓶外表面涂敷、填写检验记录和喷涂检验色标等。

对定期检验不合格的气瓶或超过报废年限的气瓶，检验机构应当对气瓶进行破坏性报废处理。对气瓶的报废年限，除溶解乙炔气瓶外，其他各类气瓶的定期检验与评定标准中均有具体年限规定。具体如表18-7。

表18-7　不同类型气瓶的使用寿命

瓶种 使用寿命	钢质无缝气瓶	钢质焊接气瓶	铝合金无缝气瓶	液化石油气钢瓶	汽车用压缩天然气钢瓶
使用寿命	30年	20年	20年	15年	出租车5年 其他10年

第二节　美国气瓶主要标准法规

一、DOT《危险品规程》

气瓶范围是指设计压力大于40psig的圆形截面的压力容器，其具体的规格范围在DOT规范中有具体的规定，如3A无缝钢质气瓶是水容积不超过1000磅，工作压力至少为150psig。除非得到危险品管理局DOT的书面批准，气瓶的检查、化学分析和测试必须在美国进行，这些工作可以由一家经批准的独立检验机构进行。

有关气瓶的设计制造、使用与管理有以下的规定：

1. 气瓶的设计文件需得到独立检验机构检验师的批准。

2. 气瓶制造单位需按《危险品规程》的规定取得RIN(Retester Identification Number)资格。首先制造厂与一家独立检验机构签约；然后由独立检验机构对制造厂的质量控制体系进行审查，对产品进行检验；认为满意后，气瓶制造厂向DOT提出申请并提交技术文件(气瓶设计图纸、质量控制程序、检验计划等)，独立检验机构向DOT提交气瓶制造厂的推荐信和建议批准书；DOT的工作人员核查这些文件，若认为满意，DOT将安排工厂审查，工厂审查的所有费用由申请者承担，美国联邦政府将不承担任何与审查有关的费用。根据工厂情况，工厂审查可能是1次或数次。如结果合格，DOT将批准该工厂生产DOT规程气瓶，并发给钢印和ID号码。DOT规程要求由独立检验机构进行气瓶的监督检验，在给工厂颁发许可的同时，也会批准该独立检验机构对该工厂生产的气瓶进行检验。但对某些DOT气瓶，例如在美国国内制造的3B型无缝气瓶，3BN型无缝镍瓶，3E型无缝气瓶，4B型焊接或钎焊气瓶，4BA型焊接或钎焊气瓶，4D型航空用焊接气瓶(水容积小于1100立方英寸)，4B240ET型焊接或钎焊气瓶，4AA480型焊接气瓶，4L型低温绝热气瓶，8型乙炔气瓶，8AL型乙炔气瓶，4BW型电弧焊纵缝焊接气瓶，39型非重复充装气瓶(标记的工作压力等于或小于900 psig)和4E型焊接铝瓶等，CFR上规定可以由制造厂自己的检验师进行检验。这一条款反映了DOT对重要性或危险性不同的气瓶区别对待的态度。

对外国的气瓶制造厂按DOT规程生产气瓶，并且将这些气瓶向美国出口或在美国国内流通时，要求制造厂与独立检验机构签约，然后由独立检验机构对制造厂的质量控制体系进行审查，对产品进行检验，认为满意后，由制造厂和独立检验机构一起向DOT提交申请和技术文件(气瓶设计图纸、质量控制程序、检验计划等)。DOT的工作人员核查这些文件，若认为满意，DOT将安排工厂审查，工厂审查的所有费用由申请者承担，美国联邦政府将不承担任何与审查有关的费用。根据具体情况，工厂审查可能是1次或数次，工厂应准备样瓶，由独立检验机构的检验师按《危险品规程》的要求进行检验，如检验结果合格，还将随机抽取样瓶送到美国的认可试验室进行验证试验。如验证试验结果也合格，DOT将批准该工厂生产DOT规程气瓶，该独立检验机构检验DOT规程气瓶，并发给钢印和ID号码。ID号码有效期为5年。

在正式生产开始后，独立检验机构将负责气瓶的出厂检验，并出具检验证书。

从以上的程序中可以看出，在DOT的制造厂审查过程中，独立检验机构承担了质保体系审查、产品质量检验等大部分任务，特别是对外国公司生产的气瓶，要进行多次检验和试验。最后DOT的官员可能到现场进行审查，既要检查制造厂的工作，也要检查独立检验机构的工作。是否批准制造厂对某种类型气瓶的制造资格以及独立检验机构的检验资格，都由DOT的官员最后决定。

3. 不同气体有具体充装要求，充装及使用单位必须向DOT注册。在特定情况下允许气瓶过量充装。

4. 运输如25kg以上危险的爆炸危险品或单个包装物容积超过1L的剧毒危险品时，从事该类危险品运输的机构或人员必须向RSPA申请注册。注册证明及注册号应当随时出示，要求每辆车都应当有注册证明的复印件。其中对气瓶的运输和储存提出了大量的要求，包括对发货人、承运人、介质、钢印、警示标签、运输方式、储存方式、空瓶的处理、气瓶的维护和定期检验等作出了详细的规定。

5. 气瓶的制造监检必须由独立检验机构进行。对外国气瓶制造厂的监督检验，也需要独立检验机构进行。从事外国气瓶制造厂DOT气瓶检验的独立检验机构可以是美国的检验机构，也可以是外国的检验机构，但该检验机构须先获得DOT的认可。

气瓶的定期检验(在役检查)由定期试验机构进行。《危险品规程》规定，必须由持有有效的、由危险品办公室的行政主管颁发的定期试验资格识别号的试验机构进行，并只能从事资格证书上规定的检验项目。试验资格的有效期是5年，到期后应重新向该行政主管申请重新确认资格、重新发证。但对只进行外观检查的机构不需要取得资格证书。

若要对在美国国外使用的DOT气瓶进行定期检验，其设备需得到DOT的批准。定期检验机构向DOT提交申请，说明所使用的设备、程序及相关知识等。DOT的工作人员审查这些文件，若感到满意，DOT将安排一次现场检查。如结果合格，DOT将批准该机构使用批准的设备检验DOT规程气瓶，并发给注册号码。

6. 对气瓶的修理改造涉及可拆部件(如更换颈圈、底座)、DOT 4系列气瓶的焊缝缺陷的返修(母材缺陷不允许返修)、DOT 4L气瓶夹套的更换。修理工作应由具有相应资格的气瓶制造厂进行，或者由得到行政主管批准的专业修理机构进行。授权检验机构也具备一定的修理资格。

7. 在美国国内使用的外国气瓶必须按DOT规范进行制造、检验和试验，否则不允许使用。《危险品规程》还规定了用于出口的外国气瓶如何在美国充气。

8. 残余变形率超过10%的气瓶应当报废，气瓶的充装单位或装有气体的气瓶分销商负责气瓶的报废。

9. 检验机构包括独立检验机构和进行验证性检验的检验机构和定期检验机构。

独立检验机构是由与气瓶制造厂无关、具备检验人员及检验仪器、设备的机构，其检验资格是由符合DOT条件的机构向RSPA提出申请，经审核、检查后，RSPA批准该机构成为独立检验机构。独立检验机构的任务主要是进行气瓶制造的监督检验。

气瓶的定期检验由定期试验机构进行。申请定期试验资格的机构必须由一家经RSPA批准的独立检验机构推荐，并由该检验机构对定期试验机构的设备、设施进行检查，提供检查报告和推荐报告。RSPA 将对检查报告和推荐报告进行审查，根据审查结果决定是否接受该试验机构为气瓶定期试验机构。所以要申请定期检验资格的机构，必须先找到一家由 DOT 授权的独立检验机构，由该检验机构提供咨询和审核。DOT 并没有对什么样的机构可以成为气瓶定期试验机构作出限制，他们可以是气瓶制造厂、气瓶用户、气体充装单位等。对要从事溶解乙炔气瓶定期检验的单位，需要向 DOT 提出特别申请，DOT 将检查他们是否具备检验溶解乙炔气瓶所需的设备、知识和技术。

10. 免除令。提出免除令申请的程序在《危险品规程》中有详细的规定。免除令的发布非常频繁，仅 1998 年 1 月到 2001 年 2 月 3 年的时间内就发布了 2700 多件免除令。免除令涉及的内容很多，有基本固定的格式，内容有：发布日期、有效期、DOT 编号、版次、被批准人（如被批准人是多个公司，则附有名单）、免除令的目的和限制、对规范有关章节的影响、免除的条款、依据、危险品的有关说明、安全控制措施、特殊条款、得到授权的运输形式、免除令样式要求、守则、申报规定、行政主管的签字及免除和批准部的代号(DHM-31)等。如 DOT-E8009：该免除令是 2000 年 3 月 8 日发布的，有效期到 2002 年 1 月 31 日，版次是第 10 版，被批准人是 FIBA 技术公司，与其联名的公司有 7 家，不同的公司，批准的日期也不同，但有效期是一样的，都是到 2002 年 1 月 31 日。该免除令的目的是批准 FIBA 技术公司及联名的 7 家公司用 4130X 钢制造 DOT 3AAX 气瓶充装压缩天然气(CNG)，这一规定与《危险品规程》的要求是不相符的，因为 CFR 49 173.302 a (3)中明确规定，DOT 3AAX 气瓶只适用于空气、氩气、氢气、氧气等永久气体，其中不包括压缩天然气。在该免除令中对充装压力、4130X 钢的硫磷含量、抗拉强度、屈强比、硬度、超声检测、CNG 的成分等都做了详细的规定。该免除令的作用是长期的，在一个有效期内，若有新的公司申请联名，而内容没有变化，则只对附录中的名单进行修改，版次不变。该免除令可以看作是规程条款的延伸，但又与规程有区别，符合该免除令的气瓶及运输用机动车都要打上 DOT-E8009 的标记，而不仅仅是 DOT 3AAX。

11. 以 DOT 缩略词为符号表示加贴 DOT 标志的产品符合美国危险品运输有关规定的主要要求(FMVSS MGP)，并用以证实该产品已通过了相应测试合格/或制造商的测试声明，真正成为产品被允许进入北美市场销售的通行证。有关法规要求加贴 DOT 标志的工业产品，如果没有 DOT 标志，将不得在市场上销售或流通；已加贴 DOT 标志进入市场的产品，如果发现不符合安全要求，要责令其从市场上召回；持续违反 DOT 有关规定的，将被处以高额的罚金被迫退出市场。

二、无缝气瓶

无缝气瓶按《危险品规程》包括 3A 及 3AX、3AA 及 3AAX、3B、3BN、3E、3HT、3T、3AL 等类型，材料为碳钢、碳锰钢、合金钢、不锈钢、铝及铝合金等，其适用范围是水容积不大于 1000 磅、工作压力不小于 150psig。水压试验压力为工作压力的 5/3 倍，设计计算采用巴赫公式，对瓶体材料成分有要求，有热处理要求。气瓶逐只检验项目包括：壁厚测定，磁粉、着色或超声检查，瓶口螺纹检查，水压试验，气密性试验（旋压气瓶和加螺塞气瓶）；批量检验项目为压扁试验和机械性能试验。

三、焊接气瓶

1. 焊接气瓶

按《危险品规程》包括 4DS、4B、4BA、4D、4B2400ET、4AA480、4DA、4BW、4E 等类型，材料为碳钢、碳锰钢、合金钢和奥氏体不锈钢、铝及铝合金等。气瓶壁厚计算公式为巴赫公式。

所有焊接气瓶的焊接工艺评定和焊工操作评定均需按 CGA C-3：2005《钢质薄壁气瓶的焊接标准》进行。4BA、4AA480、4BW、4DA、4D 气瓶在完成全部焊接操作之后进行热处理。

制造检验包括：产品的零部件检验、焊接装配件的检验、热处理、水压试验并测定容积膨胀量、材料力学性能试验、焊接力学性能试验、气瓶端部尺寸测量，DOT 4DA、4E、4D 气瓶还规定要做压扁试验。批量试验有拉伸试验、弯曲试验、压扁试验及角焊缝的宏观浸蚀试验。

CGAC-15：2002《气瓶设计验证和使用性能试验程序》对 4AA480、4B、4BA、4BW、4D、4DS 等焊接气瓶所进行的验证性试验包括：水压爆破试验、腐蚀试验、低温冲击韧性、全部暴露试验、超声波检验壁厚、硬度检查、金相检验、螺纹剪切、装载适应性、X光射线检测等。

对于在异常情况下和限于危险条件下使用的气瓶，其验证性试验包括：疲劳试验、枪击试验、跌落试验、磨损试验、疲劳裂纹、热暴露、磁粉检验、超声波检验缺陷、振动试验、戳穿试验等。如当气瓶属于新设计、有重要设计变更、重要工艺变更、充装物可能有污染等情况时，应该进行腐蚀试验；当气瓶的结构材料有重大变更、气瓶拟用于寒冷环境下、气瓶的热处理工艺发生了改变或者气瓶材料强度水平有显著增加时，应当进行低温冲击试验。

2. 溶解乙炔气瓶

美国DOT溶解乙炔气瓶在《危险品规程》的《多孔填料溶解乙炔气瓶 8》和《多孔填料溶解乙炔气瓶 8AL》中进行了规定。气瓶应由金属壳体充填多孔性填料组成。这些多孔性填料中应充满适当的溶剂。含有多孔性填料和溶剂的气瓶，应按CGA C-12:2002《乙炔气瓶设计批准程序》进行试验并取得满意的结果。《危险品规程》中还规定：乙炔瓶必须装有安全装置，当正常充装后，按照CGA C-12规定要进行着火试验，其安全装置能防止气瓶的爆炸。对每一种新设计或重大设计变更的气瓶，都要求进行填料强度、回火、冲击稳定性及着火等4项试验。

四、CFFC—2000《碳纤维增强铝合金内胆全缠绕气瓶》

该标准适用于设计、制造21.1℃(70F)时公称工作压力不大于34 474kPa(5000psig)、公称容积为不大于90.7L(200磅)的碳纤维增强铝合金内胆全缠绕气瓶，使用温度－40℃～60℃。水压试验压力是5/3倍工作压力。最小水压爆破压力是3.4倍工作压力。铝合金内胆纤维全缠绕气瓶包括铝合金内胆和碳纤维缠绕层。内胆的应力计算采用有限元应力分析方法计算出纤维和内胆在气瓶零压力、工作压力、试验压力和爆破压力下的载荷分布。用于分析气瓶瓶体的模型应基于薄壳理论，应考虑材料非线性和几何非线性，同时应考虑环向和纵向应力。仅瓶体部分需要分析水压爆破试验时气瓶端部的最大应力不得大于瓶体的最大应力。碳纤维的应力系数≥10/3。缠绕气瓶的设计使用寿命一般定为15年，经政府部门批准最长可使用30年。每202只气瓶为一批。不得使用锥螺纹。气瓶检验项目及要求见表18-8。

表18-8　气瓶检验及型式试验

检验项目	出厂检验		型式试验	检验项目	出厂检验		型式试验
	逐只检验	批量检验			逐只检验	批量检验	
内胆检测报告	—	√	√	水压爆破试验	—	√	√
树脂剪切试验	—	—	√	高低温疲劳试验	—	√	√
几何尺寸	√	—	√	热循环试验	—	—	√
内外表面	√	—	√	跌落试验	—	—	√
水压试验	√	—	√	枪击试验	—	—	√
室温疲劳试验	—	√	√	火烧试验	—	—	√

五、ANSI/CSA NGV2—2000《车用压缩天然气气瓶基本要求》

该标准将车用气瓶分为NGV2-1、NGV2-2 、NGV2-3、NGV2-4型气瓶。分别为金属瓶、内胆最小爆破压力为1.25倍工作压力的金属内胆纤维环缠绕或全缠绕气瓶、金属内胆纤维环缠绕或全缠绕气瓶、非金属内胆纤维环缠绕或全缠绕气瓶4种气瓶。该标准适用于公称工作压力为20.7MPa和24.8MPa(基准温度为21℃)、公称水容积小于1000L、工作温度为－40℃～57℃的气瓶。对NGV2-1、2、3型车用压缩天然气气瓶及内胆材料，可以使用钢材和铝材，缠绕层材料一般由树脂体系、增强层纤维材料、保护层纤维材料组成。对车用压缩天然气气瓶(包括钢瓶、铝瓶和缠绕气瓶)的设计，标准没有提供设计公式，但规定了应采用适当的分析技术，要求在自紧后，计算在零压、公称工作压力、试验压力和设计爆破压力下，缠绕层和内胆中的应力。标准规定，气瓶设计使用寿命最长为 20 年，最小充装次数为 11 250 次，最大充装次数为 750 乘以使用寿命。NGV2-2、NGV2-3 型气瓶，不允许采用纵向焊缝以及非熔化垫板结构，不允许铝合金气瓶或内胆的端部采用收底成形工艺。

NGV2 型气瓶的逐只检验项目包括：尺寸、缺陷、强度、水压试验、泄漏、涂层试验、表面质量、端部成形、标记等。

NGV2 型气瓶的批量检验项目包括：材料尺寸检查、拉力试验、冲击试验等。

型式试验项目包括：未爆先漏(LBB)试验、极限温度疲劳循环试验、液压爆破试验、常温压力循环、环境试验、火烧试验、枪击试验、容许缺陷试验、应力加速爆破试验、跌落试验、天然气循环试验等。

六、DOT 4L《低温绝热气瓶》

DOT 4L 气瓶是指公称水容积小于 1000 磅，工作压力不小于 40 磅/平方英寸的且不大于 500 磅/平方英寸的熔化焊焊接绝热气瓶，其所适用的介质包括氩、氦、氢、氮、氧和惰性气体。要求总的热传递不超过 2.09J/h·℃·L；对低温氢气瓶，温差 520°F 下全部热传递不应超过 30SCF/h。目前标准对气瓶的设计使用寿命没有规定，是否能够继续使用主要取决于气瓶的绝热效果。通过校核壁应力来确定瓶体的最小壁厚。

低温气瓶的型式可设计为立式或卧式，但低温氢气瓶不能用卧式。低温气瓶由内胆、外壳以及夹层中的绝热层和阀门管路系统组成。内胆材料应使用奥氏体不锈钢，外壳材料可以使用不锈钢或铝。内胆采用纵缝一条、环缝两条的结构。该标准规定，只允许在封头上开孔，开孔应是圆孔，直径不超过 3 英寸或气瓶直径的 1/3，取两者值的小者。气瓶上的开孔必须有阀座或垫板，采用整体结构或用焊接结构连接。封头必须是半球形或标准椭圆封头。检验和试验包括：压力试验、材料力学性能试验、焊缝力学性能试验、射线检测等，其中焊缝力学性能试验包括：拉伸试验、弯曲试验和低温冲击试验。压力试验时的压力为 2 倍工作压力。DOT 4L 无型式试验要求。

七、DOT 39《非重复充装气瓶》

DOT 39 气瓶是指工作压力不大于 80%试验压力的无缝、焊接、钎焊气瓶。工业用非重复充装焊接气瓶的容积上限是 25L，当工作压力小于等于 500psig 时，最大水容积不超过 55 磅(1526 立方英寸)；当工作压力大于 500psig 时，最大水容积不超过 10 磅(277 立方英寸)。瓶体材料为钢材或铝材。对焊接气瓶，瓶体由上、下两部分组成，只有一条环焊缝，形状有圆筒形和球形。设计时应根据不同的结构形状所对应的公式，进行壁应力校核。气瓶的最小壁厚应满足所计算的最小试验压力下的壁应力不应超过完工气瓶瓶体材料的屈服强度。钢瓶的水压爆破压力应不小于 2 倍试验压力。标准规定按 CGA C-3 进行焊接工艺和焊接操作。只允许在封头部位开孔和焊接附件，所有开孔及开孔补强应布置在轴线同心圆内，同心圆的直径不大于气瓶外径的 80%，同心圆的平面应与环焊缝的平面平行并垂直于气瓶长轴。

逐只和批量检验与试验为：压力试验、水压爆破试验和压扁试验。无型式试验要求。

八、ANSI/UL 1769《气瓶阀安全标准》

ANSI/UL 1769 中规定“每种规格和类型有代表性阀的样品需进行性能试验。”该标准对瓶阀材料的强度、耐久性、耐腐蚀性、与氧气的相容性等有具体的规定。

该标准规定了阀的制造及生产试验要求，如气密性试验的要求。

该标准规定的阀的型式试验包括：气密性试验、耐压性试验、耐用性试验、安全装置试验、加速老化试验、橡胶零件体积变化和重量损失试验、橡胶零件低温试验、十天湿氨空气应力破坏试验等。其中气密性试验分为外部气密性试验和阀座气密性试验；耐压性试验是拆除压力泄放装置后进行的水压试验；耐用性试验时，带手轮的阀应进行 6000 次开启和关闭的循环试验，用扳手操作的阀和无手轮的阀应进行 1000 次开启和关闭的循环试验，在耐用性试验后进行外部气密性试验、阀座气密性试验。

九、CGA S-1.1:2005《压力泄放装置　第1部分　压缩气体气瓶的压力泄放装置》

该标准的表2“气体分类的FTSC数字编码”中,对FTSC数字编码做了如下的规定:

燃烧性(F)根据燃烧的潜在危险性,分为6个类型,0:惰性;1:助燃;2:易燃;3:自燃;4:强氧化性;5:易分解或聚合且是可燃的。

毒性(T)分为5个等级,1:无毒(在8小时的暴露下,允许超过500ppm);2:毒(在8小时的暴露下,允许为50~500ppm);3:剧毒(在8小时的暴露下,允许小于500ppm);4:DOT规定的A级毒物或其他类似的毒性气体;5:使用在电子工业上的DOT规定的A级毒物或其类似的毒性气体。

状态(S)根据瓶内充装气体的状态和在21℃时瓶内压力的大小分为0~9共10个类型。

腐蚀性(C)根据气体不同的腐蚀性,分为4个类型,0:无腐蚀;1:不形成氢卤酸;2:碱性腐蚀;3:形成氢卤酸。

瓶体及瓶阀材料与充装介质的相容性方面的有关规定在ANSI/UL 1769标准中规定了某些具体材料与充装介质的相容性要求。

十、气瓶充装

1. 充装管理

《危险品规程》规定,气瓶充装单位应向DOT申请注册(第107G条款),获得注册后,方可从事规定范围内的气瓶充装工作。DOT有权收回、更改和吊销注册证。

2. 充装系数(量)、充装速度

《危险品规程》规定,对于不同气体有相应具体的充装要求,其要求的主要参数为气瓶的最大充装量,在特定情况下允许气瓶过量充装。气瓶充装标准,比如:CGA P-15:2005《工业和医疗用不燃压缩气体的充装》中,只有气瓶最大充装量的要求,而没有充装速度的要求。

3. 充装前检查

对于气瓶的充装前检查,CGA P-15中较明确地规定了充装前检查的内容。气瓶在充装前应确认记录每只气瓶的基本条件,检查气瓶试验参数、DOT规范、气瓶所有者、气瓶外观、瓶阀、颈圈和安全附件等。

4. 充装

在充装过程中,应保持气瓶阀门的畅通,检查充装装置、与瓶阀连接的管线、压力泄放装置和气瓶阀帽或螺帽等处是否发生泄漏。没有在充装时检查气瓶壁温的要求。

5. 充装后检查

在CGA P-15中对于充装后检查与处理提及的要求较少,对于充装合格气瓶有张贴警示标签的要求。

6. 充装记录

在CGA P-15的附件A中要求充装单位记录:气瓶拥有者、气瓶的制造标准、充装单位证书编号、气瓶压力等级、下次检验日期和气体服务标签等。

7. 充装单位技术条件

根据《危险品规程》的要求,气瓶充装单位应提出申请,DOT安排进行现场审查,具体的充装单位应具备的条件由现场审查人员根据充装机构上报的材料和现场条件进行确认。

8. 混合气体充装

在《危险品规程》中原则性地提出了混合气体充装要求,但不具体,没有可操作性,也没有查到具体的混合气体充装方面的标准要求。

十一、气瓶定期检验与评定

气瓶定期检验由有资格的检验机构进行,检验机构分为独立的第三方检验机构和定期检验机构,检验机构应当取得政府管理部门的批准，在批准的检验范围内从事检验工作。

气瓶的定期检验项目主要包括：气瓶内外宏观检查、耐压试验和容积膨胀率测定等，对6351-T6型铝合金气瓶还应当进行抗裂纹载荷试验(SLC)。根据不同类型的气瓶其内外宏观检查的标准分别为：CGA C-6：2005《钢质压缩气体气瓶宏观检查标准》、CGA C-6.1：2002《高压铝质压缩气体气瓶宏观检查标准》、CGA C-6.2：2005《高压纤维增强压缩气体气瓶宏观检查与验收指南》、CGA C-6.3：1999《低压铝质压缩气体气瓶宏观检查指南》、CGA C-8：2005《DOT-3HT，CTC-3HT，TC-3HTM钢质无缝气瓶验收标准》、CGA C-13：2000《乙炔气瓶定期宏观检验和验收指南》等。

检验周期按气瓶的不同类型确定如表18-9。

表18-9 不同类型气瓶的检验周期

气瓶规范	检验周期	气瓶规范	检验周期
DOT 3	5年	DOT 4AA480	5年或10年
DOT 3A、3AA	5年、10年或12年	DOT 4B、4BA、4BW、4B—240ET	5年、10年或12年
DOT 3AL	5年或12年	DOT 4D、4DA、4DS	5年
DOT 3AX，3AAX	5年	DOT 4E	5年
DOT 3B、3BN	5年或10年	DOT 4L	N/A
DOT 3E	N/A	DOT 8、8AL	10年或20年
DOT 3HT	3年	豁免气瓶	依据近期的豁免令
DOT 3T	5年	外国气瓶	5年

但需要说明的是上表所列的定期检验会根据不同的充装介质或试验方法而有所变化。如DOT 3A，3AA，3B，4BA，4BW气瓶在充装毒性介质(例如溴化甲烷、二溴化乙烯等)时，只要其外表面用涂漆、镀锌进行防腐蚀处理，内表面有内衬防腐措施，如果按CGA C-6进行内外宏观检查，检验周期可以是10年而不是5年；DOT 3A，DOT 3A480X，DOT 4AA480气瓶充装介质为无水氨时，如果外表面进行有效的防腐处理，其检验周期可以达到10年。DOT 4B，4BA，4B240ET气瓶，如果其水容积小于等于12lb，容积膨胀试验或耐压试验12年后再进行相应的检验，且以后的检验时间间隔为12年；如果其水容积大于12lb时，如果进行的是容积膨胀试验，那么12年后再进行容积膨胀试验，以后的检验时间间隔为7年，但如果进行的是耐压试验，那么12年后再进行耐压试验，且以后的检验时间间隔为12年。DOT 3A，3AA，3AL气瓶，容积膨胀试验12年后再进行1次容积膨胀试验，且以后的检验时间间隔为12年。

另外检验项目也有一定的替代，如DOT 3A，DOT 3AA，DOT 3A480X，DOT 4AA480气瓶充装介质为纯度99.95%的无水氨时，可以用首次外部宏观检查代替定期水压试验，只要外部宏观检查是按CGA C-6和C-6.3进行的，但其下一次的检验时间间隔为5年。

第三节 欧盟气瓶主要标准法规

一、欧盟危险品公路/铁路运输指令、欧盟承压移动设备指令

《欧盟危险品公路/铁路运输指令、欧盟承压移动设备指令》将气瓶运输作为危险品进行管理，其管理要求如下：

1. 欧盟成员国危险品运输管理机构不定期地对其境内危险品运输指令的执行情况进行抽查。抽查包括检查、对相关文件的查阅及抽取样品进行检验等，当抽查不合格时，管理机构有权禁止该危险品的运输。

2. 危险品分为9类，如爆炸物质、气体、可燃液体、可燃固体、氧化物质、有毒物质、放射性物质、腐蚀性物质和其他混合物质。其中气体是指压缩气体、高压液化气体、低压液化气体、冷冻液化气体、溶解气

体等。气瓶所充装的介质被定义为气体，列为第2类危险物质，该指令规定了气瓶的设计制造要求，给出了设计制造及检验相关的欧洲标准，同时针对不同气体所应选用的气瓶及气瓶材料、气瓶最大充装量和定期检验等也进行了规定。

3.《欧盟移动承压设备指令》(99/36/EC)中规定，有关气瓶的设计、制造、定期检验、充装、储存、运输等要求应当满足《欧洲危险品公路运输指令》(94/55/EC)和《欧洲危险品铁路运输指令》(96/49/EC)的规定，同时对新制造的气瓶(含阀门及附件的制造)应当进行不同模式的合格评定，并规定了已投入市场使用的气瓶所应进行的定期检验模式。气瓶制造厂可以申请进行产品型式检验、设计鉴定、工厂的自我声明、生产质量保证，直至工厂完全质量保证等合格评定模式，采用何种合格评定模式取决于气瓶的容积和试验压力。

4. 气瓶制造单位应当事先与一家检验试验机构签约，由检验试验机构对其制造的气瓶进行评定。新制造的气瓶按以下几种模式进行批准：

(1) 模式A，制造厂符合其技术工艺及TPED的自我声明；

(2) 模式A1，除模式A的要求外＋制造厂内部制造检验＋检验试验机构对产品最终检验的监督；

(3) 模式B，制造厂技术工艺＋检验试验机构的EC型式试验证明；

(4) 模式B1，制造厂技术工艺＋检验试验机构的EC设计鉴定证书；

(5) 模式C1，制造厂符合EC型式试验及TPED的声明＋检验试验机构对产品最终检验的监督；

(6) 模式D，制造厂符合EC型式试验及TPED的声明＋检验机构对制造厂制造体系的评审与监督；

(7) 模式D1，制造厂符合质量体系及TPED的声明＋制造厂的技术工艺＋检验试验机构对制造厂体系的评审与监督；

(8) 模式E，制造厂符合EC型式试验、质量体系及TPED的声明＋检验试验机构对制造厂质量体系的评审与监督；

(9) 模式E1，制造厂符合质量体系及TPED的声明＋制造厂的技术工艺＋检验试验机构对制造厂质量体系的评审与监督；

(10) 模式F，制造厂符合EC型式试验、EC设计鉴定及TPED声明＋检验试验机构对产品的检验；

(11) 模式G，检验试验机构的产品检验合格证明＋制造厂的技术工艺；

(12) 模式H，制造厂符合质量体系及TPED声明＋检验试验机构对质量体系的评审与监督；

(13) 模式H1，除H模式的要求外＋检验试验机构的EC设计鉴定证明＋检验试验机构对制造厂产品最终检验的监督。

当制造厂出具符合性声明时，其产品上应当标记“π”标志，并伴随有与之签约的检验试验机构的标识码。

5. 气瓶的检验试验机构必须保持独立、公正性，不能是气瓶设计、制造、供应单位的代理人。检验试验机构应当有一定数量的检验员，检验员不能是气瓶设计、制造单位的人员，检验员应当有相应的资格、有技术与职业培训经历、有能力通过对检验结果的分析作出检验结论。检验试验机构由成员国危险品运输管理部门指定(批准)后，由欧盟委员会在欧盟官方刊物上公告。

6. 气瓶定期检验由欧盟成员国危险品管理机构指定/批准的检验机构进行。定期检验有两种模式。模式1：检验机构对每只气瓶都应当进行相应项目的检验，检验合格后在气瓶上贴定期检验合格标签，出具定期检验证书；模式2：气瓶用户(或其在欧盟备案的指定代表机构或产权单位)建立质量保证体系，该质量保证体系得到了指定检验机构的评审与批准，在证明气瓶用户(或其在欧盟备案的指定代表机构或产权单位)具有对检验机构所要求的人员及能力条件下，气瓶用户(或其在欧盟备案的指定代表机构或产权单位)或批准的检验机构可以进行气瓶定期检验，但指定的检验机构应当对其进行监督。

7. 气瓶定期检验的内容包括：外观及标记检查、内部检查(如称重、内表面状况检查、壁厚核查等)、水压试验、必要时进行材料特性试验；对于溶解乙炔气瓶只检查外部状况(变形及腐蚀性况)和填料状况检查(填料的疏松、下沉)。

8. 气瓶的定期检验周期按所充装介质性质的不同分别为3年、5年和10年。通常充装有毒腐蚀、有毒氧化腐蚀及有毒可燃腐蚀性介质的气瓶定期检验周期定为 3 年；充装有毒、有毒腐蚀、有毒氧化及有毒可燃性介质的气瓶定期检验周期定为 5 年；充装窒息、可燃及氧化性介质的气瓶定期检验周期定为 10 年。

9. 不同的充装气体有相应的充装规定，如“ADR 框架指令”中的 P200 表中列出了不同气体的充装规定。

10. 欧盟成员国可以制定有关气瓶储存和使用的国家规定，但不能对气瓶本体进行规定。由于危险品运输指令中没有引入有关设备连接、颜色代码等欧洲标准，欧盟成员国可以保持本国的连接装置、颜色代码和环境温度。

11. 气瓶应当带有清晰耐久的标记，标记内容包括：制造单位名称或标记、制造系列号或批号、设计批准号、不带附件和连接件时的皮重、试验压力、初始检验年月及最近的定期检验年月、水容积、压缩气体在 15℃时的充装压力等。这些标记可以直接打在气瓶上或打在固定在气瓶上的附属件上；非重复充装气瓶除上述标记外，还应标注“不可重复充装”。

12. 气瓶的设计、制造、检验遵从指令所列出的欧洲标准，当未采用指令所列标准进行气瓶设计、制造、检验时，由政府指定的检验机构对气瓶的材料性能、安全性能进行认可。

13. 与气瓶运输有关的人员（包括委托人、收货人、承动人、装货人、充装人、操作人员等）都应当接受基本意识培训、与其工作职责有关的专门培训、安全培训等，并应保存培训记录。运输气瓶的机动车司机应当参加初始培训、定期知识更新培训，经考核合格后，由欧盟成员国危险品运输管理机构颁发危险品运输机动车司机驾驶书。

二、EN 1964-1:1999《钢质无缝气瓶》

该标准规定了水容积为 0.5L～150L，最大抗拉强度 $R_m \leqslant 1100\text{MPa}$，充装永久气体、压缩气体和溶解气体的钢质无缝气瓶的设计、制造和检验要求。标准给出的壁厚计算所用的压力基于水压试验压力，用修正的密西斯（Mises）公式进行计算。设计应力系数（F）取 $\left(\frac{0.65}{R_e/R_g}\right)$ 与 0.77 的较小值，水压爆破压力不得小于 1.6 倍的水压试验压力。当屈强比（R_e/R_g）$\leqslant 0.75$ 时，应当进行正火处理；当 $R_e/R_g \leqslant 0.90$ 时，应当进行淬火回火处理。

气瓶逐只检验与试验包括：壁厚测定、表面缺陷检查、超声波检测、螺纹检查、圆度测定、平均直径检查、直线度测定、站立稳定性检查、硬度试验、水压试验、气密试验等。

气瓶批量检验包括：拉伸试验、弯曲试验、压扁试验、冲击试验和爆破试验。

气瓶型式试验包括：疲劳试验、底部检查、力学性能试验和爆破试验。

三、焊接气瓶

欧洲焊接气瓶标准中涉及的瓶体材料有碳钢（焊接细晶粒钢）、铝合金和不锈钢。

1. EN 13322-1:2003《钢质焊接气瓶的设计、制造》

瓶体壁厚计算压力一般用水压试验压力，设计应力系数取 0.65/屈强比和 0.77 两者的较小值，且材料屈强比不得超过 0.85。目前焊接气瓶标准中，壁厚计算采用中径公式。气瓶瓶体的组成最多不超过 3 部分，即纵焊缝不得多于 1 条，焊接为对接型式，纵焊缝不允许用永久垫板；环缝不得多于两条，采用对接或缩口连接型式，全自动焊工艺。封头形状可为椭圆形、碟形或半球形。所有开孔的位置应限于气瓶的一端部；气瓶壳体上的每个开孔应该加强，应满足强度计算或用疲劳试验验证。

气瓶承压部件焊接或承压部件与非承压部件焊接前应当按相应焊接工艺评定标准进行焊接工艺评定，焊工需取得相应的焊接资格。气瓶需进行消除应力热处理，不允许进行局部热处理。

制造检验包括：力学性能试验、水压爆破试验、逐只水压试验、射线和宏观检查、疲劳试验等。气瓶的型式试验包括：疲劳试验、力学性能试验和水压爆破试验。

2. EN 12862:2000《铝合金焊接气瓶的设计、制造》

该标准规定了材料、设计、制造、检查和试验等方面的要求。气瓶水容积 0.5L～150L，用于充装压缩气体、液化气体和溶解气体，该标准亦包括球形气瓶的要求。

制造铝合金焊接气瓶的铝合金应满足耐腐蚀试验和连续载荷裂纹敏感性试验的要求。屈强比小于等于 0.85。瓶体壁厚计算采用拉美表达式为基础的 Bach 公式。最小壁厚为 $a \geqslant \frac{D_o}{200} + 1.5\text{mm}$。对低压气瓶（$P_h \leqslant 60\text{bar}$）的爆破压力比率（$P_b/P_h$）大于 5；对高压气瓶（$P_h > 60\text{bar}$）的爆破压力比率大于 1.6。

该标准规定了母材和焊缝的力学性能试验、焊缝刻痕断裂试验、水压爆破试验等试验方法和合格要求。

3. EN 1442:1998《钢制焊接液化石油气瓶的设计、制造》

该标准包括了材料、设计、制造、试验和验收等方面的内容。适用于正常环境温度下容积为 0.5L～150L，充装液化石油气的焊接钢瓶。设计计算压力的选取：对商用丁烷的计算压力为 15bar，对所有其他 LPG 的计算压力为 30bar。筒体壁厚计算采用中径公式，所有开孔，严格限于气瓶一端，应满足强度计算要求。纵、环焊缝采用全机械或自动焊工艺。除了规定的不进行热处理的条件外，应进行正火或消除应力退火。需要进行的试验主要有力学性能试验、水压爆破试验、压力试验、射线和宏观检查等。设计、材料、壁厚、材料标准及焊接方法发生变化时应重新进行型式试验；型式试验包括：力学性能试验、疲劳试验和水压爆破试验。

四、EN 12205:2002《非重复充装的金属气瓶》

与 ISO 标准相同。

五、气瓶附件

与 ISO 标准等同。

六、气体分类、相容性

与 ISO 标准等同。

七、气瓶充装

1. 气瓶充装管理

在欧盟，对于充装单位，一般是执行许可制度。比如在德国，按照《压力容器、压缩气体容器、充装设备的法规和一般管理规定》的要求，使用充装设备时，要求以书面的方式提出申请，经官方检验员检验后，经审批机关批准后颁发充装设备许可证。许可证内容包括充装设备的使用范围、使用期限、使用条件等，许可证应保存在充装设备运行地点。影响设备安全的所有重大变动，都应重新进行许可。

2. 充装系数(量)、充装速度

在欧盟，永久气体的充装是"计压"，液化气体的充装是"计重"，溶解乙炔的充装是"既计压、也计重"。对于永久气体气瓶和液化气体气瓶，充满的气瓶不应超过气瓶的重量与气体重量之和时即表明没有超装。气瓶的充装系数被称为充装比率，是充入气瓶内的气体质量与充入同一气瓶内 15℃ 水的质量之比。乙炔气瓶的充装总重量不得大于瓶皮重加上最大充装量之和，充装后的静置压力不得高于规定的压力值。

永久气体气瓶的最大充装量≤$97/[1+(t_r-t_f)]$（t_r 为基准温度，t_f 为充装温度）。

液化气体的充装比率，相关的规范规定：在 55℃ 时，不能充满整个气瓶；在 50℃ 时，最大充装量应小于 98% 的气瓶水容积；充装温度在 15℃ 时，选取充装量/气瓶水容积的最大值。

在现有的欧盟有关气瓶充装要求的标准中没有查到单纯的气体充装速度的要求。

3. 充装前检查

在欧盟的有关气瓶充装检查程序的标准中，均要求对气瓶进行充装前检查，检查的内容针对不同种类的气瓶,有不同的要求。但都在标准条文中较明确地规定了充装前检查的内容。例如:EN 1920:2000《压缩气体气瓶(乙炔气除外)充装时的检验》规定,气瓶在充装前应确认并记录每只气瓶的基本条件,检查气瓶原始试验参数、气瓶的使用条件、气瓶永久附件、阀门等,检查气瓶检验期、气瓶与充装气体的特性、充装压力和充装重量相适应、气瓶表面没有凹坑,划伤,沟槽,电弧损伤和火烧损害的痕迹等。

4. 充装

在欧盟的有关气瓶充装检查程序的标准中,均有要求对气瓶进行充装过程检查的要求。气瓶充装过程中,阀门应畅通,阀门在开启位置保证不发生泄漏,如果怀疑有渗漏,应检查瓶阀阀帽或螺帽,并立即停止充装。应随时检查气瓶的温度并记录。

5. 充装后检查

在欧盟的有关气瓶充装检查程序的标准中,均要求对气瓶进行充装后检查。气瓶充装后,充装者应保证阀门在关闭时不泄漏。充装后应进行复检,对于永久气体,充装后的压力应小于对应温度下的压力;对于液化气体,总重量应不超过气瓶皮重加上最大充装量;乙炔气瓶的充装总重量不得大于气瓶皮重加上最大充装量,且充装后的静置压力不得高于规定的压力值。

6. 充装记录

无直接的标准要求气瓶充装单位填写充装记录。

7. 充装站技术条件

对于充装单位的技术条件,是否有类似中国的气瓶充装站技术条件的标准不详,但在有关的管理规定中,均有关于充装设备及运行方式的要求。以德国为例,按照《压力容器、压缩气体容器、充装设备的法规和一般管理规定》的要求,要求官方检验员要对充装设备及运行方式进行检验,在 BS EN 13952《液化石油气气瓶充装规程》中规定,对充装设备的使用及维护、校准有具体规定。

8. EN 13099:2003《混合气体的气瓶充装条件》

该标准附录 2 中描述了气瓶的混合气体充装的一般原则性要求。例如:充装人员的经验与技能、气瓶检验,瓶体和阀门的材质要不与介质发生反应,要有特殊标志,气瓶要有泄放装置等。对于相关的技术参数,比如:充装系数、介质比例、充装量和充装压力等没有实际操作性,但该标准对于混合气体的分类及充装前应完成的工作有相当细致的描述,对于充装人员资格的要求也很具体。

八、定期检验

在欧盟指令中对检验机构的条件进行了规定,对检验机构的批准由危险品运输的管理机构负责。

在气瓶定期检验与评定标准中对充装不同气体时的检验周期也进行了规定且都符合《ADR/RID 框架指令》中对充装不同气体时定期检验周期的规定。压缩气体的氧气、氢气、惰性气体等检验周期为 10 年、毒性介质的检验周期为 5 年、腐蚀性介质的检验周期为 3 年。

气瓶定期检验与评定标准中规定了该种气瓶的具体检验项目及评定准则。具体的检验项目如表 18-10。

在欧洲气瓶定期检验与试验标准中,检验项目的具体评定指标是以标准的附录形式给出的。对于气瓶的内、外部检验,根据气瓶内外表面存在的缺陷类型和缺陷实测数据,依据检验标准条文的要求,应分别予以判定。例如:瓶体上存在裂纹、明火烧伤和电弧损伤等缺陷,气瓶按报废处理。其他的缺陷,例如:凹陷、凹坑、腐蚀、划伤、磕伤等。有些气瓶允许改装、允许修理,例如:达到某种条件的无缝气瓶允许降压使用,有缺陷的焊接气瓶允许修理等。EN 1968 要求孤立点腐蚀的剩余壁厚不得小于 80%的气瓶原始壁厚或小于气瓶设计壁厚,面腐蚀要求剩余壁厚不小于 90%气瓶原始壁厚。高压无缝气瓶水压试验的气瓶残余变形率要求小于 10%。

表 18-10　不同类型气瓶的定期检验项目

检验项目＼检验标准	钢质无缝气瓶定期检验与试验	钢质焊接气瓶定期检验与试验	铝合金无缝气瓶定期检验与试验	溶解乙炔气瓶定期检验与维护	钢制焊接液化石油气瓶周期性检验与试验
外部检查	√	√	√	√	√
内部检查	√	√	√	—	√
音响检查	√	—	—	—	—
瓶口螺纹检查	√	√	√	√	√
重量与容积测定	√	√	√	√	√
容积测定	—	√	—	—	√
水压试验	√	√	√	—	√
瓶阀检验	√	√	—	—	√
气密性试验	—	√	—	—	√
焊缝检查	—	√	—	√	√
阀座与塞座检查	—	√	—	√	√
填料检查	—	—	—	√	—
测厚	※	※	※	※	※
气压试验	—	—	—	√	—
硬度测定	—	—	√	—	—
瓶阀、卸压阀及盲塞检验与装配	—	√	—	—	—
瓶阀检验与装配	—	—	√	√	—
无损探伤	—	○	—	○	○

气瓶定期检验合格后打检验钢印（也可以安装检验标志环）、气瓶外表面涂敷、确定气瓶皮重（液化气体气瓶）、销毁报废气瓶（可以由检验站或气瓶拥有者）和喷涂检验色标等方式处理。

第四节　国际标准化组织气瓶主要标准

一、ISO 9809-1:1999《钢质无缝气瓶的设计、制造和试验　第1部分：材料抗拉强度小于1100MPa的淬火加回火处理的气瓶》

该标准规定了水容积为0.5L～150L（含）、温度为－50℃～65℃，充装永久气体、压缩气体和溶解气体，材料抗拉强度小于1100MPa，采用淬火加回火处理的钢质无缝气瓶的设计、制造和试验等要求。

壁厚计算所用压力基于水压试验压力，筒体壁厚计算以修正后的密西斯（Mises）公式，设计应力系数（F）取$0.65/(R_e/R_g)$与0.85的较小值，且屈强比（R_e/R_g）≤0.9。水压爆破试验压力不得小于水压试验压力的1.6倍。

气瓶逐个试验：壁厚测定、超声检测、耐压试验或容积膨胀试验、硬度试验、气密试验、水容积检测等。要求容积残余变形率≤10％。

批量试验包括：水压爆破试验、纵向拉伸试验或环向弯曲试验或压扁试验或一个圆环压扁试验、环向或纵向冲击试验等。水压爆破试验要求气瓶爆破后应为整块无碎片破裂，在筒体部位开裂，破口呈非脆性、有剪切唇、无金属缺陷；当破口呈鱼腹状时，要检查鱼尾宽度。

该标准规定，对于新设计的气瓶要进行型式试验，列出了属于新设计的若干种情况。型式试验包括：疲劳试验、水压爆破试验、力学性能试验和底部检查(仅管制瓶)等。

二、焊接气瓶

1. ISO 4706:1989《钢质焊接气瓶》

现行标准为 ISO 4706:1989 版，但该标准正在修订，修订版标准草案与原标准变化较大。ISO 4706:1989 版水压试验压力不大于 7.5MPa，水容积为 1L～150L。修订版标准草案分为 ISO 4706-1 和 ISO 4706-2 两个标准。"ISO 4706-1"水压试验不大于 6MPa，ISO 4706-2 水压试验压大于 6MPa，水容积为 0.5L～500L，极端环境温度为(－50℃～＋65℃)，充装压缩气体、溶解气体及液化气体。爆破压力不得小于 2 倍的水压试验压力，气瓶爆破时以不生产碎片、主断口不显示为脆性、断口金属无可见缺陷、不起裂于焊缝的破裂为合格。压力试验可以水压，也可以气压。对丁烷气瓶进行压力试验时，要求壁应力不超过材料最小屈服应力的 90％。气密试验在新版标准中无要求，但 1989 版要求制造厂通过制造技术和试验确保气瓶不泄漏。规定疲劳试验上循环压力为 2/3 倍水压试验压力时的循环次数为 8 万次，上循环压力为水压试验压力时的循环次数为 1.2 万次，下限压力为 10％上循环压力，试验后进行爆破试验，满足爆破压力的要求。修订版标准草案与 ISO 4706:1989 版比较增加了一章，即："新设计型式试验的技术要求"，同时修订版标准草案给出了属于新设计的几种情况。新设计型式试验的内容包括：制造厂应提供一批至少 10 只气瓶，由有资格的检验机构选取气瓶进行循环疲劳试验、力学性能试验、射线检测、宏观检查和爆破试验。如果试验结果合格，检验机构发布型式试验批准证书。

2. ISO 3807:2000《溶解乙炔气瓶基本要求》

该标准分为两部分，第 1 部分：不带易熔塞的气瓶；第 2 部分：带易熔塞的气瓶。

该标准前言中写道：两种型式的乙炔瓶在世界上一定地区安全地工作着，一种是乙炔瓶设计采用最小试验压力 60bar，无易熔塞或其他安全装置；另一种是乙炔瓶试验压力至少为 52bar，配有 1 个或多个易熔塞或其他安全泄放装置，用于当温度无故上升时，可以泄放气体，以降低压力。ISO 3807-1 和 ISO 3807-2 分别规定了不带易熔塞及带易熔塞两种气瓶的基本要求，其区别主要在试验上。

ISO 3807-1 附录中给出了型式批准试验多孔填料孔隙率的确定、乙炔瓶多孔填料制造批量生产试验程序、乙炔瓶型式试验(提高温度试验、回火试验、冲击稳定性和试验火烧试验)程序、建立允许的乙炔/溶剂浓度的程序、最大允许稳定压力。

ISO 3807-2 除 ISO 3807-1 附录内容之外，还增加了乙炔瓶用易熔塞试验程序的附录。

三、ISO 11119-1～11119-3:2002《复合气瓶的技术条件和试验方法》

《复合气瓶的技术条件和试验方法》分 3 部分，第 1 部分为《环缠绕复合气瓶》；第 2 部分为《金属内胆承载的全缠绕纤维增强复合气瓶》；第 3 部分为《金属内胆不承载或非金属内胆的全缠绕纤维增强复合气瓶》。该标准适用于公称工作压力不大于 65MPa、公称容积小于等于 450L，充装压缩气体和液化气体的缠绕气瓶。ISO 11119-1 是无缝钢内胆、无缝不锈钢内胆及无缝铝合金内胆环缠绕气瓶，ISO 11119-2 是内胆承载的无缝钢内胆、无缝不锈钢内胆及无缝铝合金内胆全缠绕气瓶，ISO 11119-3 是内胆不承载的金属内胆和非金属内胆全缠绕气瓶。除 6MPa 以下的气瓶不限定设计使用寿命外，其他气瓶的设计使用寿命为 15 年，超过 15 年的气瓶若要继续使用应进行评定。气瓶的工作压力是试验压力的 2/3 倍，以应力分析方法分别计算在零压、2/3 试验压力、试验压力和设计爆破压力下，缠绕层和内胆中的应力。对于环缠绕复合气瓶，规定玻璃纤维的应力系数为 2.5，碳纤维及芳香尼龙纤维应力系数为 2.4。对于金属内胆承载的全缠绕纤维增强复合气瓶，规定玻璃纤维的应力系数为 3.4，芳香尼龙纤维应力系数为 3.1，碳纤维应力系数为 2.4。对于金属不承载或非金属内胆全缠绕纤维增强复合气瓶，规定玻璃纤维的应力系数为 3.4，芳香尼龙纤维应力系数为 3.1，碳纤维应力系数为 2.4。

复合气瓶检验项目见表 18-11。

表 18-11　复合气瓶检验试验项目

检验项目 \ 气瓶类型	ISO 11119-1		ISO 11119-2		ISO 11119-3	
	型式试验	出厂检验	型式试验	出厂检验	型式试验	出厂检验
水压试验	√	—	√	—	√	—
内胆水压爆破试验	√	—	—	—	—	—
气瓶水压爆破试验	√	√	√	√	√	√
室温压力循环试验	√	√	√	√	√	—
环境温度压力循环试验	√	—	√	—	√	√
高温蠕变试验	√	—	√	—	√	—
缺陷容许试验	√	—	√	—	√	—
枪击试验	√	—	√	—	√	—
火烧试验	√	—	√	—	√	—
盐水浸蚀试验	√	—	√	—	√	—
力矩试验	√	—	√	—	√	—
跌落试验	√	—	√	—	√	—
泄漏试验	—	—	—	—	√	—
气压循环试验	—	—	—	—	√	—
水煮试验	—	—	—	—	√	—
内胆试验	—	√1)	—	√2)	—	√1)
缠绕材料试验	—	√3)	—	√4)	—	√4)
内外表面质量	—	√	—	√	—	√
尺寸	—	√	—	√	—	√
重量核查	—	√	—	√	—	√
标记检查	—	√	—	√	—	√
水容积	—	√	—	√	—	√
纤维张力5)	—	√	—	√	—	—

1) 内胆试验包括:内外表面质量、尺寸、瓶肩皱褶、螺纹、最小壁厚、水容积、硬度、力学性能。

2) 内胆试验包括:内外表面质量、尺寸、最小壁厚、力学性能、原材料试验如熔化流动指示、密度、玻璃化转变温度、无损检测、硬度。

3) 缠绕材料试验包括浸渍纤维束试验和钢丝拉伸试验。

4) 缠绕材料试验为浸渍纤维束试验。

5) 如果工艺有要求时进行此项试验。

四、ISO 11439:2000《车用压缩天然气高压气瓶》

该标准将车用压缩天然气(CNG)气瓶分为Ⅰ～Ⅳ型,分别为金属瓶、金属内胆纤维环缠绕、金属内胆纤维全缠绕、非金属内胆纤维全缠绕4种。该标准适用于设计、制造公称工作压力为20MPa、公称水容积小于450L、工作温度为－40℃～65℃。该标准不包括不锈钢气瓶和焊接气瓶。但根据ISO 9809和ISO 7866设计制造的气瓶,只要满足ISO 11439的性能要求,则可以用于车用压缩天然气气瓶。设定基准温度15℃时的工作压力为20MPa,并规定不论在何种充装条件或温度下,瓶内最大压力不应超过26MPa。若采用其他压力级别作为工作压力,瓶内最大压力不应超过1.25倍的工作压力。

对CNG-Ⅰ、Ⅱ、Ⅲ型车用压缩天然气气瓶,可以使用钢材和铝材。CNG-Ⅳ型气瓶的内胆可使用塑料内胆。缠绕层材料一般由树脂体系、增强层纤维材料、保护层纤维材料组成。树脂体系一般应采用环氧树脂或改性环氧树脂。增强层纤维材料可以采用玻璃纤维、芳香尼龙纤维、碳纤维材料。保护层纤维材料应采用E型或S型玻璃纤维。对20MPa的车用CNG-Ⅰ、Ⅱ、Ⅲ、Ⅳ型气瓶，水压试验压力是工作压力的1.5倍。设计使用寿命由气瓶制造厂根据气瓶实际使用条件确定，最长为20年，相当于设计充装次数每年1000次。金属气瓶及金属内胆气瓶的寿命取决于疲劳裂纹扩展速率，应用超声波探伤等方法检查裂纹是否超过最大允许尺寸。塑料内胆全缠绕气瓶的设计寿命取决于设计方法、设计评定试验及制造过程控制等。设计应保证在正常使用期间，其承压部件的失效模式是“未爆先漏”(LBB)。如果金属内胆发生泄漏，只能是疲劳裂纹扩展所致。应计算在自紧后零压、公称工作压力、试验压力和设计爆破压力下缠绕层和内胆中的应力。

CNG-Ⅱ型气瓶，对玻璃纤维环缠绕气瓶，其实际最小爆破压力不应小于50MPa，纤维应力比不应低于2.75；对碳纤维或芳香尼龙纤维缠绕气瓶，缠绕气瓶最小实际爆破压力不应小于47MPa，纤维应力系数不应低于2.35。规定内胆爆破压力不小于26MPa。

CNG-Ⅲ型气瓶，对玻璃纤维全缠绕气瓶，缠绕气瓶最小实际爆破压力不应小于70MPa，纤维应力系数不应低于3.65；对芳香尼龙纤维全缠绕气瓶，缠绕气瓶最小实际爆破压力不应小于60MPa，纤维应力系数不应低于3.10。对碳纤维全缠绕气瓶，规定气瓶最小实际爆破压力不应小于47MPa，纤维应力系数不应低于2.35。

CNG-Ⅳ型玻璃纤维全缠绕气瓶，规定气瓶最小实际爆破压力不应小于73MPa，纤维应力系数不应低于3.65；对芳香尼龙纤维全缠绕气瓶，规定气瓶最小实际爆破压力不应小于62MPa，纤维应力系数不应低于3.10。CNG-Ⅳ型碳纤维全缠绕气瓶，规定气瓶最小实际爆破压力不应小于47MPa，纤维应力系数不应低于2.35。

对于铝内胆气瓶，每只内胆的外表面必须进行防腐处理，以防止铝合金和碳纤维在接触面发生电化学腐蚀。只允许在瓶端的中线上开孔。气瓶的制造检验与试验如表18-12。

表18-12　车用压缩天然气气瓶的检验与试验

项目名称	CNG-Ⅰ			CNG-Ⅱ			CNG-Ⅲ			CNG-Ⅳ		
	型式试验	出厂检验		型式试验	出厂检验		型式试验	出厂检验		型式试验	出厂检验	
		批量试验	逐只检验		批量试验	逐只检验		批量试验	逐只检验		批量试验	逐只检验
材料试验	√	—	—	√1)	—	—	√1)	—	—	√1)	—	—
水压爆破试验	√	√	—	√	√	—	√	√	—	√	√	—
室温压力循环试验	√	√	—	√	√	—	√	√	—	√	√	—
未爆先漏试验(LBB)	√	—	—	√	—	—	√	—	—	√	—	—
火烧试验	√	—	—	√	—	—	√	—	—	√	—	—
枪击试验	√	—	—	√	—	—	√	—	—	√	—	—
酸环境试验	—	—	—	√	—	—	√	—	—	√	—	—
裂纹容限试验	—	—	—	√	—	—	√	—	—	√	—	—
高温蠕变试验	—	—	—	√	—	—	√	—	—	√	—	—
加速应力爆破试验	—	—	—	√	—	—	√	—	—	√	—	—
极限温度压力循环试验	—	—	—	√	—	—	√	—	—	√	—	—
树脂剪切强度试验	—	—	—	√	—	—	√	—	—	√	—	—
跌落试验	—	—	—	—	—	—	√	—	—	√	—	—
阀座扭矩试验	—	—	—	—	—	—	—	—	—	√	—	—

续表 18-12

项目名称	CNG-Ⅰ			CNG-Ⅱ			CNG-Ⅲ			CNG-Ⅳ		
	型式试验	出厂检验		型式试验	出厂检验		型式试验	出厂检验		型式试验	出厂检验	
		批量试验	逐只检验		批量试验	逐只检验		批量试验	逐只检验		批量试验	逐只检验
渗透试验	—	—	—	—	—	—	—	—	—	√	—	—
天然气循环试验	—	—	—	—	—	—	—	—	—	√	—	—
拉力试验	—	√	—	—	√	—	—	√	—	—	√2)	—
冲击试验	—	√	—	—	√3)	—	—	√3)	—	—	—	—
塑料内胆熔化温度试验	—	—	—	—	—	—	—	—	—	—	√	—
涂层试验	—	√	—	—	√	—	—	√	—	—	√	—
金属内胆无损检测	—	—	√	—	—	√	—	—	√	—	—	—
缺陷尺寸检查	—	—	—	—	—	—	—	—	—	—	—	√
尺寸、重量核查	—	—	√	—	—	√	—	—	√	—	—	√4)
表面质量	—	—	√	—	—	√	—	—	√	—	—	√
标记检查	—	—	√	—	—	√	—	—	√	—	—	√
硬度试验	—	—	√	—	—	√	—	—	√	—	—	
水压试验	—	—	√	—	—	√	—	—	√	—	—	√
泄漏试验	—	—	—	—	—	—	—	—	—	—	—	√

1）为内胆的材料试验。
2）为塑料内胆的拉力试验。
3）为钢内胆的冲击试验。
4）为内胆及缠绕层尺寸检查。

五、ISO 11118:1999《非重复充装金属气瓶的技术条件和试验方法》

该标准适用于最大允许操作压力不大于 25MPa，最大允许操作压力与水容积的乘积不大于 100MPa·L用于充装压缩气体、液化气体、溶解乙炔气体的无缝、焊接、钎焊气瓶。

该标准不适用于弹药/气雾剂分配罐和球形容器。

钢瓶瓶体由上、下瓶体两部分组成，只有一条环焊缝。材料为碳钢、不锈钢、铝合金或铝。气瓶的最小壁厚计算采用拉美-米赛斯公式，钢瓶的水压爆破压力应不小于 2 倍试验压力。只允许在封头部位开孔和焊接附件，所有开孔及开孔补强应布置在轴线同心圆内，同心圆的直径不大于气瓶外径的 80%，同心圆的平面应与环焊缝的平面平行并垂直于气瓶长轴。除非封头的厚度足够，每个开孔应用管件、阀座、平板等适当的方式补强；开孔补强材料及附件材料应有良好的可焊性，与瓶体材料相配。

气瓶逐只进行压力试验，每批气瓶进行水压爆破试验。

型式试验项目包括：材料化学分析、拉力试验、附件检查、尺寸检查、水压爆破试验、跌落试验等。

当气瓶的制造设备、制造工艺、材料、热处理工艺、瓶体壁厚、钢瓶的形状发生变化以及直径变化超过原直径的 1% 或钢瓶长度变化超过 50% 时，应当进行型式试验。

六、ISO 10297:2006《气瓶瓶阀的技术条件和型式试验》

该标准规定与气体接触的金属和非金属在所有规定的操作条件下，在化学和物理性方面与气体保持相容性。

该标准规定的型式试验包括：气密性试验、耐温性试验、老化试验、耐压性试验、耐用性试验、阀的操作机构试验、机械冲击试验(不带阀帽)、氧气压力充击试验等,其中气密性试验需做内部和外部气密性试验;所有用于比空气更具潜在氧化性的气体和混合气体的瓶阀都应进行氧气压力充击试验,氧气压力充击试验需用氧气进行,将瓶阀从大气压力到阀的试验压力进行 20 次压力循环,试验的目的是检查瓶阀能否安全地承受氧气压力充击。

七、ISO 5145:2004《单一气体和混合气体瓶阀出气口的选择和尺寸》

该标准规定了任何一种单一气体或混合气体的分类和 FTSC 编码。每种单一气体或混合气体被列入一个气体组,共分为 15 个相容性气体组。

FTSC 编码将气体和混合气体根据其物理/化学性能和/或气体的燃烧性、毒性、状态以及腐蚀性分类。其中:

燃烧性(F):根据燃烧的潜在危险性,分为 6 个类型,0:惰性;1:助燃;2:易燃;3:自燃;4:强氧化性;5:易分解或聚合且是可燃的。

毒性(T):分为 4 个等级,0:在大气压下能保障生命;1:无毒(LC_{50}>0.005%(体积);2:毒[0.0002%(体积)<LC_{50}≤0.005%(体积)];3:剧毒[LC_{50}≤0.0002%(体积)]。

状态(S):根据瓶内充装气体的状态和在 15℃时瓶内压力的大小分为 0~9 共 10 个类型。

腐蚀性(C):根据气体不同的腐蚀性,分为 4 个类型。0:无腐蚀;1:酸性腐蚀不形成氢卤酸;2:碱性腐蚀;3:酸性腐蚀,形成氢卤酸。

FTSC 编码使每种气体和混合气体归入 15 个“相容性”气体组之一,各种瓶阀出气口连接件与每种气体组相配。单一气体和混合气体归入第 1~第 14 个气体组之一,第 15 组是特定的混合气体。混合气体 4 位数字编码(FTSC)的分组原则与单一气体一样。混合气体 FTSC 数字编码的分组是根据其最终混合物的易燃性、氧化性、毒性和腐蚀性,将这个混合物归入气体和混合气体组中的一组。

《气瓶和瓶阀材料与充装气体的相容性》是气瓶瓶体及瓶阀材料与充装介质的相容性的专用标准,该标准由 4 部分组成,其中:ISO 11114-1:1997 第 1 部分:金属材料;ISO 11114-2:2000 第 2 部分:非金属材料;ISO 11114-3:1997 第 3 部分:在氧气中的自燃试验;ISO 11114-4:2005 第 4 部分:选择抗氢脆金属材料的试验方法。

气体和金属材料的相容性受化学反应和物理作用的影响,分为 5 类,即:腐蚀、氢脆、能引起化学反应、发生激烈反应(如燃烧)、低温脆性等。

气体和非金属材料的相容性受化学反应和物理作用的影响,分为 5 类,即:爆炸和火灾(氧化/燃烧)、重量损失、材料膨胀、机械性能变化、其他相容性(如气体中的杂质、材料污染、危险物的释放、老化、渗透)等。

在 ISO 11114-1 中列出了常用的 104 种气体,每一种气体都有一个 NQSAB 代码,其中:

N——正火钢和碳钢(0:不推荐;1:可以使用但需核对 ISO 11114-1 表 1 中的主要相容性特性;9:为避免氢脆可在低强度下使用);

Q——淬火和回火钢(0:不推荐;1:可以使用但需核对 ISO 11114-1 表 1 中的主要相容性特性; 9:为避免氢脆可在低强度下使用);

S——不锈钢(0:不推荐;1:可以使用但需核对 ISO 11114-1 表 1 中的主要相容性特性;2:高等级(316L 或等效的)的可用;9:使用奥氏体钢或高等级(316L 或等效的)以避免氢脆);

A——铝合金(0:不推荐;1:可以使用但需核对 ISO 11114-1 表 1 中的主要相容性特性);

B——黄铜和镍合金(0:不推荐;1:可以使用但需核对 ISO 11114-1 表 1 中的主要相容性特性;2:使用特殊的耐铜和镍合金腐蚀;3:用含铜量低于 70%的 Cu)。

每种气体都可按照 NQSAB 代码归入以下 11 个组别中的一个:

——1 组:气体与所有的材料都相容(代码 11111)。

——2 组:除钢材有氢脆迹象外,气体与所有的材料都相容(代码 99911)。

——3 组:除要求合金中含铜量应小于 70%以外,气体与所有的材料都相容(代码 11113)。

——4 组：除要求高等级的不锈钢外，气体与所有的材料都相容（代码 11211）。

——5 组：除铜材外，气体与所有的材料都相容（代码 11110）。

——6 组：除铜材和要求高等级的不锈钢外，气体与所有的材料都相容（代码 11210）。

——7 组：除铝材外，气体与所有的材料都相容（代码 11101）。

——8 组：除铝材和要求高等级的不锈钢外，气体与所有的材料都相容（代码 11201）。

——9 组：除铝材、要求高等级的不锈钢、高等级的青铜或镍材外，气体与所有的材料都相容（代码 11202）。

——10 组：除铝材、要求高等级的不锈钢、铜合金含量低于 70%外，气体与所有的材料都相容（代码 11203）。

——11 组：除铝材、要求钢材避免氢脆、高等级的不锈钢、高等级的青铜或镍材外，气体与所有的材料都相容（代码 99202）。

ISO 11114-2 列出了常用的 104 种气体与非金属材料的相容性。

ISO 11114-3 规定了用于确定非金属材料在受压气态氧中的自燃试验方法，其原则是将少量试验材料在受压氧中加热，连续记录压力和温度以确定自动着火点，在该点温度和压力下会突然着火（故该点称为自动着火温度）。

ISO 11114-4 规定了 3000L 以下不锈钢材料抗氢脆或其他脆化的试验方法。

八、气瓶充装

1. 气瓶充装管理

对于气瓶充装单位的管理，ISO 没有具体的要求，可根据气瓶充装单位所在国家的管理要求来决定。ISO 对于气瓶的充装涉及的都是充装安全方面的技术要求，例如：ISO 10463：1993《永久气体气瓶的充装时检查》、ISO 11372：2005《溶解乙炔瓶的充装时检查》等标准。

2. 充装系数(量)、充装速度

在 ISO 标准中，气瓶的充装系数被称为充装比率，是充入气瓶内的气体质量与充入同一气瓶内 15℃水的质量之比。对于永久气体气瓶和液化气体气瓶，充满的气瓶不应超过气瓶的重量与气体重量之和即表明没有超装。乙炔气瓶的充装总重量不得高于瓶重加上最大充装量，且充装后的静置压力不得高于规定的压力值。

现有的 ISO 气瓶充装标准中，没有查明关于气瓶充装速度的要求。

3. 充装前检查

气瓶的充装前检查在相应的标准中规定了明确的检查内容。例如：ISO 10463 中要求气瓶在充装前应确认每只气瓶的基本条件，检查气瓶的原始试验参数、气瓶的使用条件、气瓶永久附件、阀门等；验证气瓶在检验期内，气瓶与气体的特性、充装压力和充装重量相适应，气瓶表面无凹坑、划伤、沟槽、电弧损伤和火烧的痕迹等。充装液化气体和乙炔气体时，还应检查皮重和最大允许充装重量的标记。

4. 充装过程

在相应的充装规定标准中规定，充装过程中阀门应是畅通的，操作过程是安全的。阀门在开启位置不发生泄漏，如果怀疑或发现有渗漏，应检查瓶阀阀帽或螺帽，且立即停止充装。

5. 充装后检查

在相应的充装检查标准中规定，气瓶充装后应保证阀门在关闭时不发生泄漏，如果怀疑或发现有渗漏，应检查阀门出口和阀门与瓶体接触面。充装后要求应进行复检。对于永久气体，充装后的压力应小于对应温度下的压力，对于液化气体，总重量将不超过气瓶皮重加上最大充装量。乙炔气瓶的充装总重量不得高于气瓶皮重加上最大充装量，且充装后的静置压力不得高于规定的压力值。

6. 充装记录

在相应的充装规定的标准中均要求充装单位填写充装记录，并提出记录应包括的最少内容。

7. 充装单位技术条件

没有查到有关标准。

8. 混合气体充装

没有查到有关标准。

九、定期检验

气瓶定期检验周期是在相应的气瓶定期检验与试验标准中建议的，主要取决于气瓶充装介质的特性，通常充装腐蚀性介质（例如：液氯、氯化氢、硫化氢）的气瓶的检验周期最短（2年），充装无腐蚀的一般性介质（例如氧气和惰性气体）的气瓶的检验周期较长（10年），使用环境比较恶劣（例如水下操作并配有自主呼吸式装备的气瓶）有毒介质的气瓶检验周期一般较短（5年）；乙炔气瓶的检验周期为10年，充装液化石油气的焊接钢瓶定期检验周期为有条件的15年。

气瓶定期检验项目在相应的定期检验与评定标准中给出，具体为表18-13。

表18-13 不同类型气瓶的定期检验项目

检验项目＼检验标准	钢质无缝气瓶的定期检验与试验	钢质焊接气瓶的定期检验与试验	铝合金无缝气瓶定期检验与试验	复合气瓶定期性检验与试验
外部检查	√	√	√	√
内部检查	√	√	√	√
音响检查	—	—	—	—
瓶口螺纹检查	√	√	√	—
重量与容积测定	√	√	√	√
容积测定	—	—	—	—
水压试验	√	√	√	√
瓶阀检验	√	√	√	—
气密性试验	—	—	—	—
焊缝检查	—	√	—	—
阀座与塞座检查	—	√	—	—
填料检查	—	—	—	—
测厚	※	※	※	※
气压试验	—	—	—	—
硬度测定	—	—	√	—
瓶阀及卸压阀及盲塞检验与装配	—	√	—	—
瓶阀检验与装配	—	—	—	—
无损探伤	—	○	—	—

在ISO气瓶的定期检验与试验标准中，检验项目的具体合格指标是以标准正文和附录两种形式给出的。对于气瓶的内、外部检验，根据气瓶内外表面存在的缺陷类型和缺陷实测数据，依据检验标准条文的要求，应分别予以判定。例如：瓶体上存在裂纹、明火烧伤和电弧损伤等缺陷，气瓶按报废处理。有些气瓶允许改装、允许修理，例如：达到某种条件的无缝气瓶允许降压使用，同公称工作压力的气瓶允许改装充装其他介质，有缺陷的焊接气瓶允许修理等。就单一的检验项目要求，检验结果实际是归结到气瓶的剩余壁厚。例如：对于无缝气瓶的腐蚀的判定要求，ISO 6406就要求如果在径向深度大于5mm的点腐蚀处的剩余壁厚小于原始壁厚的40%。对于径向深度小于5mm的点腐蚀，核对点腐蚀的深度以确认有充分的金属有效壁厚来满足气瓶使用。一般腐蚀的剩余壁厚不得小于80%的气瓶原始壁厚或外表面已不易看清原始表面。局部腐蚀要求剩余壁厚不小于80%气瓶原始壁厚。高压无缝气瓶水压试验的气瓶残余变形率要求小于10%。

定期检验合格的气瓶上要做检验标记（也可以安装检验标志环）、气瓶外表面涂敷、气瓶皮重（液化气体气瓶）、销毁报废气瓶（可以由检验站或气瓶拥有者）和喷涂检验色标等方式进行处理。

第十九章　国内外气瓶标准法规比较

第一节　国内外气瓶管理体制与标准运作比较

有关气瓶的管理，中国与美国、欧盟类似，都是由政府部门对其进行管理，而且与美国更接近，如气瓶设计文件鉴定、气瓶制造单位制造资格的批准、气瓶检验单位资格的批准、气瓶的定期检验要求、气瓶充装单位注册等。就气瓶制造监检，美国针对不同类型气瓶，区别其重要性和危险性的差异而允许制造单位的检验师进行监督检验；中国对各种类型的气瓶都要求由经核准的有资格的检验机构的有资格的检验师进行产品制造过程的监督检验。对气瓶制造单位资格的评审，欧盟指令给出了相对灵活的合格评定模式，制造单位根据其所制造气瓶的压力与容积的乘积范围选定其中某一种模式，由与之签约的检验试验机构对其进行评定。这其中可以是设计文件鉴定、产品监督检验、制造单位的质量保证体系、产品抽样检验或制造单位的自我声明等。中国对气瓶制造单位资格批准要通过气瓶设计文件鉴定、气瓶型式试验、气瓶制造单位工厂评审等过程，且气瓶制造单位工厂评审包括对质量保证体系建立与实施情况的评审、产品安全性能检验等内容。对气瓶的定期检验周期的规定，欧盟指令根据所充装介质的腐蚀性、毒性、可燃性、氧化性、窒息性等不同，对气瓶所充装的各种不同介质的定期检验周期给予了规定，中国与美国对气瓶定期检验周期的规定是在相应的气瓶定期检验与评定标准或技术规范中给出的，主要与气瓶所装介质的性质、瓶体材质和气瓶的使用环境有关，如充装腐蚀性介质（如液氯、氯化氢，硫化氢）的气瓶的检验周期最短，但相比欧盟的规定，其对检验周期规定相对比较概括。另外在液化气体充装系数控制原则上中国与ISO有差异，表现在国际标准把充装系数的基准温度和温升压力的基准温度加以区别，前者为50℃，后者定为65℃；而国内标准则把两个基准温度统一为60℃，即按介质在最高使用温度60℃下的液体密度确定充装系数，也按60℃的饱和蒸汽压力确定设计压力，中国气瓶无论是气瓶规程还是标准大多按气瓶压力系列进行设计。

由于中国标准化与国外标准化在管理上的差异性，中国气瓶标准制定时间长、修订周期长。目前已颁布的57项标准中除个别标准标龄在5年之内外，绝大多数标准都超过了5年，近半数的标准已超过了10年；ISO定期对标准进行适用性评价，每5年对标准进行修订。中国气瓶标准多是强制性标准，并且还有气瓶安全技术规范；美国、欧盟是强制性法规、指令中大量引用自愿性标准的技术内容。中国气瓶标准体系与ISO和欧洲标准体系类似，由基础标准、设计制造标准、检验试验标准、附件标准、充装使用标准等构成，尤其是ISO与《欧洲维也纳条约》的实施，使欧洲标准与ISO标准更趋于一致，比如瓶体及瓶阀材料相容性标准及多数的气瓶附件标准。ISO气瓶设计制造标准所涉及的气瓶覆盖了当今所制造气瓶种类的90%，而且在一些新技术领域，如电子标签的应用方面开始制定标准；而中国气瓶设计制造标准所涉及的气瓶覆盖了当今所制造气瓶种类的70%，一些新型气瓶标准有待制定；在气瓶附件方面的基础性标准比较缺乏，现行标准水平较低，气瓶附件标准框架的完整性和系统性设置方面与ISO、欧洲和美国有很大的差距。中国气瓶标准主要由气瓶标准化机构组织制定，美国气瓶检验、充装等方面的标准则多由社会机构组织制定。

第二节　无缝气瓶

一、钢质无缝气瓶

ISO钢质无缝气瓶由ISO 9809-1、ISO 9809-2和ISO 9809-3三个标准组成。欧洲在84/525/EEC欧

共体指令基础上制定 EN 1964-1、EN 1964-2 和 EN 1964-3 三个钢质气瓶标准。中国参照 ISO 9809 草案版修订并发布 GB 5099—1994 版后，至今 10 年有余，仍执行有效。

1. 材料

钢质无缝气瓶材料包括：

(1) 淬火加回火的铬钼钢；

(2) 淬火加回火的锰钢；

(3) 正火(或正火加回火)的锰钢；

(4) 淬火加回火，在(1)的化学成分上适当增减的合金钢，其实际的抗拉强度在 1100MPa 以上。

国内外气瓶标准中的气瓶材料列表 19-1。

表 19-1 国内外钢质无缝气瓶用材料

材料	GB 5099	ISO 9809-1	EN 1964-1	DOT 3AA	ISO 9809-2	ISO 9809-3	EN 1964-2
(1)+(2)	√	√	√	√			
(3)	√	√	√	√		√	
(4)					√		√

中国目前尚无高强钢气瓶标准。

2. 气瓶设计壁厚

(1) 计算公式

GB 5099 用中径公式或称 Lamé 公式推导出的气瓶设计壁厚公式，其优点是应用简单，安全储备大。

ISO 9809-1 和 EN 1964-1 用修正的密西斯公式(Mises)，经试验验证修正的 Mises 公式在所有的设计式中最符合无缝钢瓶的弹性应力应变规律，从而被 ISO 和 EN 所采用。

DOT 3AA 用 Bach 公式，是以水压试验压力下瓶壁应力与以后服役中的定期检验理论和使用寿命联系起来考虑的。

(2) 设计压力

由于温升压力的存在，当前各国都是以水压试验压力作为气瓶设计压力，这与一般压力容器设计的显著不同。GB 5099 规定试验压力与充装压力之比为 1.5，即 3/2；DOT 3AA 规定为 5/3，ISO 9809-1 规定试验压力与充装压力之比为 3/2(对永久气体)。

(3) 设计许用压力或设计应力系数

DOT 3AA 直接对设计许用应力的上限予以规定，这通常是在对气瓶材料的化学成分和热处理有规定的前提下实施的。

GB 5099、ISO 9809-1 和 EN 1964-1 是通过规定设计应力系数(F)来规定设计许用应力的。不同的是 GB 5099 直接规定了设计应力系数的数值，分别用于不同的热处理状态；而 ISO 9809-1 和 EN 1964-1，则规定设计应力系数和屈强比有因果关系，以此来平衡不同屈强比材料与设计壁厚以及爆破安全系数的关系，使其在气瓶设计中对机械性能的选择比其他因素具有更宽广的领域。一种是追求轻量化，看重提高强度而牺牲塑性、韧性，以 EN 1964-1 为代表；另一种相反，追求塑性、韧性而牺牲强度，则以 DOT 3AA 为代表。从而反映了世界上钢质无缝气瓶在性能和安全方面的两种不同观点。

直接对壁厚计算式进行比较，用 Bach 公式得到的计算壁厚最薄，一般情况下用中径公式得到的计算壁厚比修正的 Mises 公式得到的计算壁厚要厚。由于各国法规、标准对水压试验压力和气瓶材料力学性能的规定不同，对同一种气瓶所得到的计算结果不一定符合上述规律，如美国 DOT 3AA 气瓶，水压试验压力较高，材料力学性能限制较低，用 Bach 公式所得到的计算壁厚反而较大。这种设计理念在铝合金无缝气瓶、长管拖车气瓶上都有所体现。

3. 疲劳试验

疲劳试验是 GB 5099、ISO 9809-1 和 EN 1964-1 的型式试验项目，分别为上限公称工作压力时80 000

次循环，或上限水压试验压力时 12 000 次循环，但未见 DOT 3AA 规定此项试验。

4. 爆破试验

爆破试验同样是 GB 5099、ISO 9809-1 和 EN 1964-1 的型式试验和批量试验项目，ISO 9809-1 和 EN 1964-1 除要求一定塑性破裂外，爆破压力要求 $P_b \geqslant 1.6P_h$；而 GB 5099 要求 $P_b \geqslant 1.7P_h$。有关爆破试验的要求 DOT 3AA 未做规定，但从 DOT 认可的检验机构到中国企业进行型式试验时，并不排除爆破试验，对爆破压力也有一定的上限和下限指标。经计算，爆破安全系数对 DOT 3AA 钢瓶是 2.48，ISO 9809-1 和 EN 1964-1 为 2.4，而 GB 5099 高达 2.55。

5. 力学性能试验

GB 5099、ISO 9809-1 和 EN 1964-1 对伸长率的要求为 16%或 14%，DOT 3AA 伸长率为 20%（标距 50.8mm）或 10%（其他标距）。

GB 5099、ISO 9809-1 和 EN 1964-1 对冲击试验要求 −50℃，V 型缺口，或纵向或环向；DOT 3AA 对冲击试验项目无规定。

GB 5099、ISO 9809-1 和 EN 1964-1 都有弯曲试验或压扁试验，但 DOT 3AA 只允许压扁试验。假设抗拉强度为 830MPa，对压扁试验作一比较，则 GB 5099 指标为 7 倍厚度，ISO 9809-1 为 7 倍厚度，EN 1964-1 为 9 倍厚度。DOT 则不论抗拉强度大小，一律为 6 倍厚度。如果设定抗拉强度再高些，则 DOT 的 6 倍厚度不变的指标，与另外三个标准的差距将更大。

6. 硬度试验和水压试验

EN 1964-1 规定逐个做硬度试验及水压验证试验；DOT 3AA 只规定水压膨胀试验，不规定硬度试验；ISO 9809-1 做了调和，规定水压验证试验与水压膨胀试验可互相代替，但硬度试验仍旧要做。

GB 5099 规定水压膨胀试验，还有硬度试验。

7. 无损探伤

ISO 9809-1 和 EN 1964-1 规定逐只超声探伤；DOT 3AA 规定在水中淬火或液体中冷却速度大于水中冷却速度 80%时，必须进行磁粉、渗透或超声探伤，不允许存在淬火裂纹。GB 5099 规定淬火加回火处理，应进行无损探伤，不得有裂纹和裂纹的缺陷。

8. 底部解剖和气密试验

ISO 9809-1 和 EN 1964-1 规定型式试验中应进行底部解剖，检查金属缺陷。在生产检验中，ISO 9809-1 规定只对管制瓶进行气密试验；EN 1964-1 对生产中的气密试验规定为"以证明气瓶无泄漏"；DOT 3AA 规定管制瓶必须进行气密试验；GB 5099 不论冲压瓶、管制瓶一律要求底部解剖和气密试验。

二、长管拖车气瓶

长管拖车气瓶标准，中国目前为《大容积钢质无缝气瓶》，处于征求意见稿阶段；美国规范为 49CFR 178.37:2003《无缝钢瓶》并加入少量 DOT 3T(178.45)的内容；欧洲标准和国际标准为 EN ISO 11120:1999《容积在 150L～3000L 的钢质无缝管制气瓶的设计、制造和试验》。

中国标准征求意见稿规定不同的充装介质只能用特定的材料，美国则规定了特定气瓶允许使用的材料，EN ISO 11120 主要根据欧洲各国的经验，规定了 4 组材料。关于充装气体的限制，则是形式上通过限制设计（强度和应力系数）来实现的。

中国标准征求意见稿，有对充装不同气体的瓶体材料采用不同的许用应力的限定，原则上与 EN ISO 11120 相似，形式上与 DOT 几乎一样，并且加上了屈强比不大于 86%的内容，但未明确对于充装有应力腐蚀倾向或氢脆倾向气体时的要求。

在水压试验、硬度测试、外观检查、尺寸检查、超声波检测等方面中国标准征求意见稿和欧洲标准都有类似的要求，但美国只对特定气瓶要求进行硬度测试和超声波检测。

三、铝合金无缝气瓶

铝合金无缝气瓶在设计理论上与钢质无缝气瓶的设计理论相同，在制造检验试验方面从试验项目来比较，中国与欧洲、美国、ISO 标准要求相差不多，但美国不要求硬度试验，新设计的铝瓶不要求拉伸试验，仅要求爆破试验和疲劳试验。美国、欧洲、ISO 标准规定弯曲试验和压扁试验是可以互相代替的，而中国标准则要求两个试验都做。除中国标准外，其他 3 个标准都不要求气密试验和底部解剖，但他们三者对端部的内部褶皱检验都提出较明确的要求。

从试验指标来比较，美国的塑性指标（包括伸长率、弯曲试验、压扁试验）都比中国、欧洲和 ISO 标准规定的指标高。

美国爆破压力为 2.5 倍工作压力，而欧洲、ISO 标准为 2.4 倍工作压力。

美国的水压试验压力为 5/3 倍工作压力，而中国、欧洲和 ISO 规定的水压试验压力都是 1.5 倍的工作压力。

第三节 钢质焊接气瓶

一、材料

焊接气瓶材料要求既要适宜于冲压，又要有良好的焊接性能。中国焊接气瓶材料主要为低碳钢和碳锰钢，但 ISO、欧洲标准及美国标准中的焊接气瓶除低碳钢、碳锰钢外，还有不锈钢、铝合金材料，如 DOT 4DS、4D、4E 等及 EN 12862、EN 13110、EN 13322-2、EN 14208、EN 18172-1、EN 18172-2 等标准就是专门的不锈钢或铝合金焊接气瓶标准。

二、设计壁厚计算

由"薄壁圆筒"表达式导出的中径公式比较精确，中国目前所有焊接气瓶标准均采用中径公式；美国 DOT 规范全部采用巴赫公式计算壁应力；国际和欧洲气瓶标准中采用中径和巴赫公式的都有。壁厚计算公式对壁厚与试验压力关系的影响见图 19-1。

从图中可以看出，在水压试验压力一定的情况下，用 Bach 公式得到的计算壁厚最薄，一般情况下用中径公式得到的计算壁厚比修正的 Mises 公式得到的计算壁厚要厚。

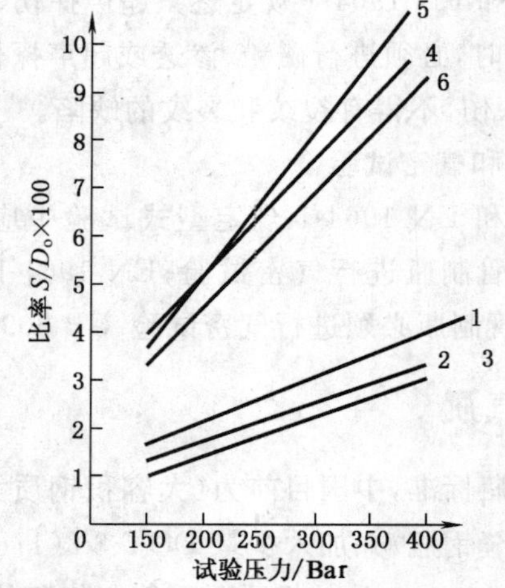

说明：

① 1 与 4 为中径公式

② 2 与 5 为 von mises 公式

③ 3 与 6 为 bach 公式

④ 1、2、3 对 σ_s735MPa 的钢

⑤ 4、5、6 对铝合金或 265MPa(σ_s)的低碳钢

⑥ S/D_o:壁厚与外径的比

图 19-1 壁厚计算公式对壁厚与试验压力关系的影响

三、焊接工艺评定

ISO 4706 规定气瓶生产之前，每个制造厂应根据可接受的国家标准进行焊接工艺和焊工评定。用来进行焊接工艺评定的焊缝应能代表焊接气瓶上的焊缝。评定标准中所列的主要参数有任何变动时，均要求对工艺和焊工重新进行评定。

焊工应通过规定施焊项目的焊接试件的考核合格，取得资格。

GB 5100 对焊接工艺评定提出了具体要求，其评定类别为气瓶的主要焊缝即纵焊缝和环焊缝。进行焊接工艺评定时的试验项目包括：拉伸、弯曲（面弯、背弯），对环焊缝还要增加冲击。该标准规定：瓶体母材、焊接方法、焊接材料、焊接工艺、焊接辅助装置及焊接生产线等变化，应当进行焊接工艺评定。该标准的修订稿中增加了角焊缝的宏观浸蚀检查。美国 CGA-3 提出焊接工艺方法，对对接焊，试样需进行拉伸、弯曲(面弯和背弯)试验。标准规定可以用100%的射线检测代替背弯试验。

四、压扁试验

DOT 规范 4DS、4B、4D、4B240ET、4DA 和 4E 气瓶的批量检验中都有压扁试验要求，但中国标准、ISO 及欧洲标准都没有此项要求。在批量检验与试验中，中国标准、ISO 及欧洲标准都要求做水压爆破试验，对容积残余变形率、破口位置、断口性质有明确要求；DOT 规范只有 4DS 和 4DA 气瓶要求做水压爆破试验，爆破压力大于 3 倍水压试验压力为合格，对容积残余变形率、破口位置、断口性质未明确提出要求。

五、其他试验

新版 ISO/DIS 对气密试验不要求，压力试验可以用气或者水进行试验。

六、型式试验

GB 5100 对型式试验的试验项目未做明确规定。目前正在修订的 GB 5100(送审稿)增加了型式试验要求。

ISO 有关于新设计型式批准的要求，相当于新产品的型式试验；中国在气瓶安全技术规范中规定对新设计的气瓶要进行型式试验。

第四节 铝合金内胆碳纤维全缠绕气瓶

铝合金内胆纤维全缠绕气瓶是近几年从国外引进的新的高压气瓶，其特点是重量轻，使用安全指标高，尤其对于便携式呼吸器用瓶，铝合金内胆纤维全缠绕气瓶的优势更为明显。国外缠绕气瓶生产已有十几年历史，进入中国市场的缠绕气瓶有美国、英国、德国的产品。美国气瓶在全世界的销量较大，气瓶质量稳定。缠绕气瓶的标准各个国家也有所不同，各国现行标准如下：美国标准 DOT CFFC、国际标准 ISO 11119-2、欧洲标准 EN 12245、英国标准 HSE-AL-FW_2。中国缠绕气瓶开发研制是在 2000 年左右，2002 年正式投入生产。经过几年的生产应用实践，尤其通过各国标准主要条款对比，认为美国 DOT CFFC 标准控制内容比较接近气瓶实际使用状况，同时美国缠绕气瓶由于在国内应用数量较多已被用户认可。

一、设计理论

中国标准和美国规范对内胆的应力计算采用有限元应力分析方法计算出复合材料和内胆在气瓶自紧压力、自紧压力卸载后的零压力、工作压力、试验压力和设计爆破压力下的应力值，且明确采用设计导向型。ISO 标准只规定计算应采用适当的分析技术，并在建立应力分配时考虑到材料非线性的特性。设计时纤维应力系数应大于标准规定的纤维应力系数。但标准并未给出标准的应力分析计算方法，仅要求应当满足设计应力系数。

中国标准草案和美国 DOT CFFC 规定：气瓶自紧处理后，在零压下，内胆侧壁上的压应力至少是内胆材料屈服强度的 60%，但不得大于 95%；在工作压力下，内胆上任意一点拉应力不超过内胆材料屈服强度的 60%；内胆应承担部分轴向和环向载荷，并且实际爆破压力应不小于 3.4 倍的工作压力；用于防内胆电化学腐蚀或外保护的玻璃纤维层总承受载荷的能力不能大于气瓶最小设计爆破压力的 15%；工作压力下的最大纤维应力不得超过最小计算爆破压力所对应的纤维应力的 30%。

二、纤维应力系数

为保证铝合金内胆纤维全缠绕气瓶在持久载荷和循环载荷下具有高的安全性，中国标准草案和 DOT CFFC 规定碳纤维的应力系数大于等于 10/3，用于防内胆电化学腐蚀层或外保护层的玻璃纤维的应力系数大于等于10/3;ISO金属内胆承载的全缠绕纤维增强复合气瓶(ISO 11119-2)规定玻璃纤维的应力比为3.4、芳香尼龙纤维应力比为3.1、碳纤维纤维应力比为2.4。

三、使用寿命

中国、美国和ISO缠绕气瓶的设计使用寿命一般定为15年,相当于设计充装次数每年1000次,但ISO还规定在政府批准后可以使用20年。

四、制造工艺

中国标准草案、美国DOT CFFC和ISO标准在制造工艺上基本相同。固化前在内胆不损坏的情况下,ISO允许除去纤维重缠;用于火场情况下的气瓶,瓶阀上应有爆破片式安全泄压装置,中国标准草案和美国DOT CFFC规定爆破片在室温下的爆破压力应为83%~100%的水压试验压力,而ISO规定的爆破压力应为100%~115%的水压试验压力。

五、制造检验与试验

中国标准草案和美国DOT CFFC在气瓶制造检验与试验的试验项目和方法上规定一致,检验与试验项目包括几何尺寸、内外表面、水压试验、气密性试验、水压爆破试验、室温疲劳循环试验等;ISO标准的制造检验与试验项目包括内胆试验、缠绕材料试验(浸渍纤维束试验)、内外表面质量、尺寸、重量核查、标记检查、水容积、纤维张力、水压试验、疲劳循环试验、水压爆破试验。

六、型式试验

中国标准和美国规范在型式试验项目和试验方法上要求基本一致,试验项目包括:内胆检测报告、树脂剪切试验、几何尺寸、内外表面、水压试验、气密性试验、室温疲劳循环试验、水压爆破试验、高低温疲劳试验、热循环试验、跌落试验、枪击试验、火烧试验等;ISO标准的型式试验项目增加了缺陷容许试验、盐水侵蚀试验、力矩试验和高温蠕变试验,但各种标准对同一试验项目在试验方法上有一定差异,如ISO标准的跌落试验、疲劳试验的试验方法与中国标准和美国规范中的方法不一致。

第五节 车用气瓶

一、车用压缩天然气(CNG)气瓶

车用压缩天然气(CNG)气瓶是目前在国内得到大量使用的气瓶,分为金属瓶、金属内胆纤维环缠绕、金属内胆纤维全缠绕、非金属内胆纤维全缠绕等4种气瓶。这4种压缩天然气气瓶是近年来国内外积极研究开发并得到广泛应用的产品,是为公交车等车辆配备的、用于以充装压缩天然气作为动力燃料的高压容器。纤维缠绕气瓶具有重量轻、耐腐蚀性能好、安全性高的特点。作为清洁燃料,在公交运输上得到越来越广泛的应用。

在标准的发展方面,目前中国已制定的标准有GB 17258《汽车用压缩天然气钢瓶》、《汽车用压缩天然气钢质内胆玻璃纤维环向缠绕气瓶》、《汽车用压缩天然气铝合金内胆碳纤维全缠绕气瓶》,塑料内胆缠绕气瓶需要摸索更多的经验后才能制定国家标准。美国的车用压缩天然气(CNG)气瓶的标准与中国有些差别,按ANSI/CSA NGV2 2000《车用压缩天然气气瓶的基本要求》,分为NGV2-1、NGV2-2 NGV2-3、NGV2-4型气瓶,分为金属瓶、内胆最小爆破压力为1.25倍工作压力的金属内胆纤维环缠绕或全缠绕气瓶、金属内胆纤维环缠绕或全缠绕气瓶、非金属内胆纤维环缠绕或全缠绕气瓶4种气瓶。ISO标准的车用压缩天然气(CNG)气瓶与中国目前的要求基本一致,按ISO 11439,分为Ⅰ~Ⅳ型气瓶,分别为钢瓶、钢内胆玻璃纤维环缠绕、铝合金内胆碳纤维全缠绕、塑料内胆玻璃纤维全缠绕4种气瓶,这4种压缩天然气气瓶是近年来国内外积极研究开发并得到广泛应用的气瓶。ISO 11439规定不包括不锈钢气瓶和焊接气瓶。ISO 11439 还规定根据 ISO 9809-1，ISO 9809-2，ISO 9809-3《钢质无缝气瓶》及 ISO 7866《铝合金无缝气瓶》设计制造的气瓶，只要满足 ISO 11439 的要求，就可以用于车用压缩天然气气瓶。

二、车用压缩天然气缠绕气瓶

1. 材料

中国环缠绕气瓶的内胆材料一般与钢瓶一样，铝内胆全缠绕气瓶的内胆一般采用国际上通用的铝材铝合金 6061。美国 NGV2-1、NGV2-2、NGV2-3 型车用压缩天然气气瓶内胆可以使用钢材和铝材。ISO 标准 CNG-1、CNG2-2、CNG2-3 型车用压缩天然气气瓶也可以使用钢材和铝材。CNG-4 型气瓶的内胆可使用塑料内胆。缠绕层材料一般由树脂体系、增强层纤维材料、保护层纤维材料组成，中国、美国和 ISO 标准的规定基本一致。

中国标准只规定了内胆热处理后的保证值，而美国标准和 ISO 标准，对铝内胆要求做拉伸试验、腐蚀试验、持久载荷裂纹试验。对钢瓶和钢内胆，ISO 标准除要求拉伸试验、冲击试验外，还规定进行抗硫化物应力裂纹试验。

2. 设计理论

中国标准对钢瓶给出了壁厚设计计算公式，公式采用 Mises 公式，是由第二强度理论推导得出的，且钢瓶凹形端部应按水压试验压力下的弹性有限元进行计算，应力集中系数应不大于 1.80。对车用缠绕气瓶的设计采用试验导向型设计，车用缠绕气瓶标准一般不提供设计公式，但要求设计应充分建立在可靠的计算和论证上。设计应保证在正常使用期间，其承压部件的失效模式是“未爆先漏”(LBB)。

美国标准没有提供设计公式，但要求设计应充分建立在可靠的计算和论证上。ISO 车用压缩天然气气瓶标准(包括钢瓶、铝瓶和缠绕气瓶)没有提供设计公式，包括钢瓶，也没有像中国标准那样提供计算公式，但要求设计应充分建立在可靠的计算和论证上。设计应保证在正常使用期间，其承压部件的失效模式是“未爆先漏”(LBB)。在此体现了中国标准与 ISO 标准在设计理念上的一致。

3. 纤维应力比

中国标准中的玻璃纤维缠绕气瓶和碳纤维缠绕气瓶在纤维应力系数及缠绕气瓶实际最小爆破压力的控制指标上与 ISO 标准的要求一致。

4. 制造工艺

与美国标准及 ISO 标准相比，中国标准在制造工艺方面的规定要更详细，如内胆表面质量的要求、内胆制造公差的要求、钢瓶和内胆热处理的要求、瓶口螺纹的要求等。另外中国标准和 ISO 标准规定缠绕气瓶的内胆不允许采用焊接结构。

5. 制造检验与试验

中国标准和 ISO 标准中对气瓶的制造检验与试验项目规定基本一致的。对于钢瓶的逐只检验项目包括：瓶体壁厚、瓶体制造公差、瓶体内外观、硬度测定、无损探伤、瓶口内螺纹、水压试验、气密性试验；批量检验项目包括：拉伸试验、冲击试验、冷弯试验、压扁试验、金相组织、端部解剖、爆破试验。

环缠绕气瓶逐只检验项目包括：内胆试验，缠绕气瓶的表面质量、水压试验、气密性试验；批量检验项目包括内胆试验，缠绕气瓶的缠绕层层间剪切强度、缠绕层拉伸强度、水压爆破试验、室温疲劳循环试验等。

全缠绕气瓶逐只检验项目包括：内胆试验，全缠绕气瓶的表面质量、水压试验、气密性试验；批量检验项目包括内胆试验，全缠绕气瓶缠绕层层间剪切强度、缠绕层拉伸强度、水压爆破试验、室温疲劳循环试验等。

而美国 NGV2 型气瓶的逐只检验项目包括：尺寸、缺陷、强度、水压试验、泄漏、涂层试验、表面质量、端部成形、标记等；批量检验试验项目包括：材料试验、保护涂层试验、爆破试验、疲劳试验等。

6. 型式试验

中国标准规定的主要试验方法及合格判定与 ISO 标准基本一样，只有个别项目不一样，如对车用钢瓶，中国标准采用爆炸冲击试验，而 ISO 标准采用枪击试验。美国标准与 ISO 标准有些差别，如水压爆破试验、室温压力循环试验、先漏不爆试验、缺陷容许试验、加速应力爆破试验、极限温度压力循环试验、跌落试验、渗透试验、天然气循环试验等在压力值的要求上及试验程序上有些不同，酸环境试验的要求上有很大不同，高温蠕变试验、阀座力矩试验等在美国标准中没有要求。

第六节　低温绝热气瓶

中国低温气瓶的型式与美国一样，可设计为立式或卧式。低温气瓶由内胆、外壳以及夹层中的绝热层和阀门管路系统组成。内胆采用纵缝一条、环缝两条的结构，不允许两片式。内胆材料为不锈钢，其壁厚计算采用相同的设计理论，且内胆壁应力的确定遵循相同的原则。低温气瓶内胆的壁厚计算压力为公称工作压力的 2 倍，水压试验压力为公称工作压力的 2 倍，气压试验压力为公称工作压力的 1.8 倍。中国标准规定低温气瓶内胆必须设置安全阀、爆破片、压力表等安全附件，且必须与内胆直接连通；美国则视规范的具体规定而定。目前中国标准及美国规范对低温气瓶的设计使用寿命都没有规定，是否能够继续使用取决于气瓶的绝热效果。中国标准和美国规范都规定进行焊接工艺评定，试样需进行拉伸、弯曲和低温冲击试验。

中国标准规定气瓶的制造检验与试验包括：焊缝无损检测、焊接接头力学性能试验、内胆压力试验、管路的气密性试验、真空检漏、静态蒸发率测试、重量与容积检查、外观及几何尺寸检查、安全附件检查等；而美国的制造检验与试验包括：纵焊缝射线检测、内胆压力试验、内胆材料力学性能试验、焊缝力学性能试验等。

中国标准规定的气瓶型式试验包括：焊缝无损检测、焊接接头力学性能、重量与容积测定、内胆压力试验、管路气密性试验、内胆爆破试验、清洁度检查、真空检漏、真空夹层漏率测定、静态蒸发率测试、真空度的测试、安全附件检查等；而美国规范没有型式试验的要求。

第七节　非重复充装金属气瓶

工业用非重复充装焊接气瓶是目前得到广泛使用的一种气瓶，特别是用于制冷剂的充装。目前国内的标准是 GB 17268《工业用非重复充装焊接气瓶》，第一版是 1998 版，新修订的版本对环境温度、试验压力、材料等主要技术指标进行了修改。钢瓶瓶体由上、下瓶体两部分组成，只有一条环焊缝。这种钢瓶的结构型式与美国及 ISO(欧盟)标准的同类钢瓶基本相同。但美国及 ISO 标准中的气瓶还涉及其他结构型式，如无缝、钎焊、球形气瓶等，而中国目前尚没有这些结构型式的气瓶。

中国标准规定非重复充装气瓶的材料为钢并且有良好的可焊性；美国标准气瓶所使用的材料为钢和铝；而 ISO、欧洲标准气瓶所使用的材料为碳钢、不锈钢、铝合金或铝。

新修订的中国工业用非重复充装焊接气瓶设计所依据的内压力为试验压力，用于计算钢瓶壁厚及钢瓶压力试验的压力值为钢瓶所充介质在 55℃时的饱和蒸汽压与 2.3MPa 二者中的大值。美国及 ISO(欧盟)标准无压力系列限制。

中国标准规定必须采用非重复充装瓶阀，瓶阀与瓶体必须采用焊接连接，以保证钢瓶的非重复使用。钢瓶必须装设爆破片。爆破片的爆破压力应在 $1.05P_T \sim 1.6P_T$ 范围中。美国标准没有相应要求，ISO 标准要求按所在国政府的规定。

在开孔及附件要求方面，美国标准与 ISO、欧洲标准相同。

气瓶制造检验与试验，中国标准逐只检验的项目为外观检验和气压试验，批量检验项目为水压爆破试验和挂重试验；美国标准逐只检验的项目为压力试验，批量试验为水压爆破试验和压扁试验；ISO、欧洲标准逐只检验的项目为压力试验，批量检验项目为水压爆破试验。

气瓶型式试验，中国标准与 ISO、欧洲标准规定的试验项目和试验方法一致。其试验项目包括：材料、拉力试验、阀体与瓶体的角焊缝检验、爆破片与瓶体搭接焊缝检验、尺寸检验、水压爆破试验、压扁试验、跌落试验；而美国标准没有型式试验的要求。

第八节 气瓶附件

一、材料

中国标准对瓶阀金属材料一般采用限定材料牌号的方式，若要采用非同类的材料往往没有相应的选用依据。各瓶阀标准对瓶阀内非金属材料的选用也没有明确的标准依据。此外，没有瓶阀材料在氧气中的自燃试验方法，以及瓶阀金属材料抗氢脆的试验方法。

CEN与ISO《维也纳协议》签订之后，遵循国际标准优先原则，欧洲标准完全采用了ISO气瓶材料与充装介质相容性的系列标准。对瓶阀金属和非金属材料的选用，欧洲标准与ISO标准没有规定具体的材料牌号，只要满足与气体的相容性便可以；用于含氧等气体的非金属材料规定要进行老化试验；非金属密封材料都要进行腐蚀试验。瓶阀用的金属和非金属材料与充装气体的相容性应符合EN ISO 11114系列标准的要求。

美国UL 1769标准只对充装个别特定介质的瓶阀材料做了限制性规定，对非金属材料要满足强度、耐久性和耐腐蚀性要求。

二、生产检验

有关生产检验的要求，中国标准在GB 15382《气瓶阀通用技术条件》及不同气体瓶阀标准中有规定；欧洲标准和ISO标准有专门的生产检验标准。在一些试验要求上的差异主要为：

1. 气密性试验：对不同气体瓶阀，中国标准要求逐个进行出厂气密性试验，但试验压力、启闭状态的要求各异，没有一个统一的要求，并且不做批量气密性试验。

欧洲、ISO标准对瓶阀出厂逐个检验和批量试验的气密性试验压力分别进行了规定，其中批量试验需要在真空（有要求时）、低压、中压和高压4种压力下进行气密性试验，以验证在实际生产中该批产品在最苛刻的使用条件下是否还能保证密封性；出厂逐个检验的气密性试验分带压力泄放装置和不带压力泄放装置两种，对不带压力泄放装置的气密性试验要求在试验压力下进行，带压力泄放装置的气密性试验要求在0.8倍的设定压力下进行。对于启闭状态，规定出厂逐个检验的气密性试验分别在开启和关闭状态下进行；批量试验的气密性试验分别在开启、关闭和部分关闭3种状态下进行，且批量试验规定不带安全泄放装置。

中国标准对气密性试验是否应卸掉压力泄放装置没有明确的规定。美国UL 1769标准的气密性试验压力以6.89MPa为界，不大于6.89MPa时，在气压（如氮气或空气）下试验，至少保压1min；当压力超过6.89MPa时，在液压（如水）下试验，至少保压5min，并且明确规定应在卸掉压力泄放装置后进行试验。

中国所有气体瓶阀标准均规定气密性试验不得有泄漏，美国UL 1769标准规定泄漏率为$6cm^3/h$，对于高纯或高度毒性气体则要求采用更低的泄漏率。

2. 重新确认试验：欧洲标准和ISO标准的型式试验只是在产品投产前进行，不属于生产检验，在产品生产过程中进行的是重新生效试验，该试验与产品的型式试验相比，具有以下的特点：

(1) 试验项目少，一般只做耐用性试验（除用于氧气或氧化性大于氧气的瓶阀还要做绝热试验、自燃试验或光谱分析）；

(2) 间隔时间一般为5年；

(3) 重新生效试验分首次的、再次的，首次重新确认试验应在改变瓶阀的非金属材料或其供应商改变时进行，然后至少5年1次（除用于氧气或氧化性大于氧气的需每年进行1次自燃试验或光谱分析）。

中国标准中没有重新确认试验的概念。

三、型式试验

中国标准规定：瓶阀交付使用之前，在设计、工艺、材料等有重大改变时，连续生产1年或停产半年时

间以后都应进行型式试验。

欧洲标准和ISO标准规定：只在瓶阀交付使用之前进行型式试验，并明确连接件变化时无需再做型式试验。对由于气体/材料相容性原因而变更内部元件的，而组成这一系列的衍生型号时，仅需增做相关元件的型式试验；制造一段时间后需做重新确认试验，但试验项目大大少于型式试验。

美国 UL 1769 标准规定：对每种规格和类型有代表性的瓶阀需进行型式试验。

各国瓶阀型式试验项目如表 19-2。

表 19-2　瓶阀型式试验项目

试验项目		GB 15382 及相关产品标准	ISO 10297	ANSI/UL 1769
带瓶帽瓶阀的最大尺寸		—	√	—
通径尺寸		√	√	—
外观要求		√	√	—
气密性试验		√	√	√
耐温性试验		√	√	—
老化试验		—	√	—
耐振性试验		√	—	—
耐压性试验		√	√	—
真空度		√[1]	—	—
操作机构试验	耐用性试验	√	√	√
	其他试验	√	√	—
冲击试验		—	√	—
氧气压力充激试验		—	√	—
安全装置试验		√	见相关标准	√
加速老化试验		√[2]	见 EN ISO 11114 系列标准	√
橡胶零件低温试验		√[3]		√
橡胶零件体积变化、重量损失试验		√[4]		√
十天湿氨空气应力破坏试验		—		√

1) 惰性气体、高纯气体有此项试验要求；

2) 液化石油气瓶阀、1)惰性气体、高纯气体有此项试验要求；工业用非重复充装瓶阀、机动车用液化石油气集成阀有此项试验要求；

3) 液化石油气瓶阀、工业用非重复充装瓶阀有此项试验要求；

4) 液化石油气瓶阀、工业用非重复充装瓶阀、机动车用液化石油气集成阀有此项试验要求。

其中，有关耐用性试验的要求，中国标准对不同结构形式的瓶阀试验次数和使用力矩不一样，试验压力一般为公称工作压力；欧洲标准和ISO的试验次数不受瓶阀结构形式的影响，但力矩视瓶阀结构而定；美国UL标准的试验次数以带手轮、不带手轮和用扳手操作各不相同，且带手轮和用扳手操作时阀关闭时力矩设定值各异。

有关操作机构的试验要求，中国仅做启闭力矩和耐用性试验；欧洲标准和ISO需考虑阀的操作机构是否能承受机械应力，包括可能的动载荷（如压力振动或循环变化）和可能遇到的极端使用温度，试验内容包括耐力矩试验、乙炔回火试验、火烧试验等多个方面。

四、压力泄放装置

中国通用压力泄放装置标准中的抽样爆破压力试验与美国压缩气体协会标准要求基本一致。中国气瓶用易熔合金塞标准有关流动温度试验、抗挤出试验、动作温度测试试验与美国压缩气体协会标准要求基本一致。与美国压缩气体协会标准相比，中国标准中没有提出爆破片与易熔合金塞组合式压力泄放装置的试验、压力泄放阀的压力试验、流量试验要求。

中国没有单独的有关车用压缩天然气瓶阀的压力泄放装置标准，而是将有关压力泄放装置的要求编入《车用压缩天然气瓶阀》标准中；美国和 ISO 则有单独的车用压缩天然气瓶阀压力泄放装置标准。有关车用压缩天然气瓶阀压力泄放装置的型式试验项目列于表 19-3。

表 19-3 车用压缩天然气瓶阀压力泄放装置型式试验项目

试验项目	GB 15382	EN ISO 10297	ANSI/UL 1769
外观检查	√	√	—
螺纹检查	√		—
启闭力矩	√	对试验时的启闭力矩有具体规定	对试验时的启闭力矩有具体规定
气密性试验	√	√	√
耐振性试验	√	—	√
耐温性试验	√	√	√
真空度试验	√	—	—
耐压性试验	√		√
耐用性试验	√	√	√
安全装置动作试验	√	见相关标准	√
超力矩试验	—		—
火烧试验	—	√	√
氧气压力充激试验	—	√仅限氧气或强氧化性气体	—
乙炔回火试验	—	√仅限乙炔	—
橡胶零件的体积和重量损失试验	—	见 ISO 11114 系列标准	√
湿氨空气应力破坏试验	—		√
注：其他试验包括：超力矩、弯曲力矩、氧气老化、电器超压、非金属合成剂的浸泡等试验。			

其中安全装置（易熔合金塞）动作试验，中国标准要求将易熔合金塞浸入甘油槽内，0.4MPa 的气压，升温至(100±5)℃，易熔合金塞应动作，没有动作时间要求。美国 ANSI 和 ISO 控制气体温度保持在(600±10)℃[ANSI (593±11)℃]，增压至公称工作压力的 25%，其必须能在规定动作时间的 5 倍时间内产生动作，且实际动作时间不能超过规定动作时间 4min。

安全装置动作试验—爆破片，中国标准要求在 5/3 倍公称工作压力（允许偏差±5%）（公称工作压力不大于 20MPa）下，爆破片应爆破。美国 ANSI 标准规定的试验为：先进行 1000 次（10%～ 125%公称工作压力）循环，随后压力泄放装置组合件通过加压产生动作，直至爆破片爆裂。将送样阀进行压力循环试验、高低温循环试验、耐盐腐蚀试验、耐气体冷凝腐蚀试验、振动试验，爆破片应在至少为公称工作压力的 130%，或至少为动作压力的 75%，且最高不得超过动作压力 105%的范围内产生动作。

五、低温阀

中国在低温阀方面没有相应国家标准；而欧洲标准规定：对低温阀的金属材料除符合普通阀要求外，还应符合韧性、耐腐蚀性、氧气的相容性、易燃气体的相容性等方面的要求，且低温阀应具有针对低温的强度试验、低温试验、气密性试验和模拟操作试验。

第九节　气体分类、气瓶瓶体及瓶阀材料与充装介质的相容性

一、气体分类

从压缩气体分类来看，中国标准分 3 大类，下设 9 个分组，对混合气体没有具体的定义和分类方法；ISO 标准分 15 个气体组，按其特性任何一个单一或混合气体都可以被分入其中的一个气体组，且对混合气体的定义和分组也有具体的规定。

从 FTSC 编码来看，中国标准、ISO 标准以及美国标准基本一致，都是按燃烧性、毒性、状态和腐蚀性的英文单词的字首简称而来，由 4 位数字按顺序组成，直接标示了每种气体的基本特性。在燃烧性和腐蚀性方面国内外标准基本相同，但是在毒性和状态方面却略有差异。如毒性方面：ISO 标准规定除无毒、有毒、剧毒外增加了 0 小类（在大气压下能保障生命），美国标准则将毒性分为 5 种，增加了 DOT 规定的 A 级毒物或其他类似的毒性气体以及使用在电子工业上的 DOT 规定的 A 级毒物或其类似的毒性气体，且无毒、有毒、剧毒的定义和数据也与中国标准和 ISO 标准不同。在状态方面，中国标准规定的气体状态是标示在 20℃时气瓶内气体的状态，ISO 标准则为 15℃，美国标准为 21℃，且中国标准、ISO 标准以及美国标准对具体的分组要求也不相同。

二、气瓶瓶体及瓶阀材料与充装介质的相容性

EN ISO 11114-1 从腐蚀、氢脆、化学反应、激烈反应、低温脆性等方面规定了金属材料相容性的原则，列出了 104 种常用气体与金属材料的 NQSAB 相容性编码；EN ISO 11114-2 从爆炸和火灾（氧化/燃烧）、重量损失、材料膨胀、机械性能变化、其他相容性（气体中的杂质、材料污染、危险物的释放、老化、渗透）等方面规定了非金属材料相容性原则，列出了 104 种常用气体与塑料、弹胶体材料、液态润滑剂等非金属材料的相容性一览表。EN ISO 11114-3 还确定了非金属材料在受压气态氧中的自燃温度试验方法，ISO 11114-4 确定了金属材料抗氢脆的试验方法。此外，提出评定和批准使用金属和非金属材料的人员，必须经过适当的培训并取得正式的资格。可以说，ISO 11114 系列标准比较系统和全面地规定了金属和非金属材料气瓶及瓶阀材料与气体的相容性，从而为不同充装介质选用不同气瓶瓶体及瓶阀材料提供了指导性原则，气瓶制造单位根据此原则进行材料选用，而不会受具体材料牌号的限制，在一定程度上促进了技术进步。

中国标准法规中对气瓶瓶体及瓶阀材料与充装介质的相容性有一些规定，基本上是对某些具体充装介质所使用的气瓶瓶体及瓶阀材料有限制性规定，但还没有形成系统。

第十节　气瓶充装

一、气瓶充装管理

各国对气瓶充装均由政府部门进行管理，充装单位须取得充装许可，但欧洲是对充装设备许可，一旦充装设备有重大改变时应当重新申请许可。

充装单位必须在取得许可证书后，方可从事规定范围内的气瓶充装工作。发证部门有权收回、吊销许可证。

二、充装系数（量）、充装速度

各国及 ISO 标准中有关气瓶的充装，对永久气体的充装是用压力计量的；液化气体的充装是用重量计量的；溶解乙炔气的充装是既用压力又用重量计量。中国安全技术规范和标准中列出了液化气体的充

装系数，且《永久气体气瓶充装规定》中还规定要控制充装速度和充装时间。而美国、欧盟和ISO标准中，气瓶的充装系数被称为充装比率，充装比率是充入气瓶内的气体质量与充入同一气瓶内15℃水的质量之比。有关充装速度的要求，美国、欧盟及ISO标准中没有具体的规定。

三、充装前检查

各国及ISO标准都提出了气瓶充装前检查的内容和要求。所有标准均要求气瓶充装前检查必须逐只进行，检查的内容和要求基本一致。具体包括：气瓶试验参数、气瓶外表面、气瓶附件、瓶阀、气瓶的检验周期及气瓶与气体的特性、充装压力和充装重量相适应等。

四、充装

各国及ISO标准中都有明确的充装过程检查要求，主要检查与气瓶相连接的各处密封状况、气瓶壁温及气瓶充装时的异常声响等，但美国无检查气瓶壁温的要求。

五、充装后检查

各国及ISO标准规定，气瓶充装后均要对气瓶进行充装后检查，确保气瓶不超装、无泄漏，并有发现异常情况，按规定的方法进行处理的要求。

六、充装记录

各国均有充装单位填写充装记录的要求。

七、充装单位条件

中国分别制定了永久气体、液化气体、溶解乙炔和液化石油气气瓶充装站条件标准，在标准中对充装站的职责、基本条件、人员条件、厂房和设备(包括管道)、特殊安全技术条件和安全管理等提出了要求。美国要求充装站向DOT申请注册时提出了充装站的条件，但比较原则。欧盟要求充装站的充装设备和运行方式要经过官方检验员检验。

八、混合气体充装

中国目前没有关于混合气体的充装标准；其他国家及ISO标准对于混合气体充装也只是原则性地涉及，但不具有可操作性。EN 13099的附录中描述了气瓶的混合气体充装，但也只是一般原则性要求。对于相关的技术参数，比如：充装系数、介质比例、充装量和充装压力等的控制描述不具有实际操作性，但对于混合气体的分类及充装前应完成的工作有相当细致的描述，对于充装人员资格的要求也很具体。

第十一节 气瓶定期检验

一、检验机构(站)技术条件

各国对检验机构(站)都有相应规定。美国及欧盟是在法规中规定检验机构的最低要求，中国在法规、标准中对检验机构的要求及条件进行了规定，且对检验机构资源条件的要求比较具体。各国从事气瓶定期检验的机构除独立(第三方)的检验机构外，气瓶用户、使用单位也可以申请进行定期检验。

二、检验前处理

气瓶检验前处理，各个国家的差别不大，基本都是做一些原则上的要求，但其他国家对介质不明和怀疑气瓶阀门堵塞的处理方法及措施，使用的装置都在标准的附录中有明确的规定，但中国没有。另外，对于气瓶的内外表面的处理工作，中国只提出要求，其他国家则根据气瓶种类分别有几种处理方法及安全要求供检验机构参考。

三、检验周期

中国气瓶检验周期与其他国家之间存在一定差别，对充装无腐蚀的一般性介质，以氧气瓶为例，中国制定的检验周期为 3 年，而美国、欧盟及国际标准为 10 年，但在充装腐蚀性介质的气瓶的检验周期的制定上基本一致。只有美国的检验周期会根据充装介质、气瓶类型及检验项目的不同，某类特定气瓶的检验周期可能不是一个固定的时间间隔。

四、检验项目

中国、欧盟及 ISO 标准对气瓶定期检验的项目要求差别不大，但仍有不同点，如中国的高压无缝气瓶检验标准中，不分介质的性质，均要求对气瓶做气密性试验。美国的定期检验项目相对简单，且通过调整检验周期，允许检验项目的替代，如内外宏观检查代替水压试验。

五、检验评定

在检验评定环节上，各国及 ISO 标准对气瓶所存在的缺陷的测量方法没有太大差异，具体测量的数据控制也差别不大。如对气瓶瓶体存在凹陷的测量，其方法都一样，具体测量数据也都是凹陷的深度和凹陷的宽度，所用的工具也一样。对于气瓶外表面腐蚀的分类不尽相同，在 ISO 10461 中，把腐蚀类型分 4 类，一般腐蚀、面腐蚀、线腐蚀和孤立点腐蚀，没有大面积均匀腐蚀的要求。由于对缺陷类型的分类存在区别，导致对其合格标准的判定指标比对，存在一定的差距。中国对有些缺陷的控制指标与其他国家存在差别，缺陷评定的参考指标也不一致，中国剩余壁厚的参考指标是气瓶的设计壁厚，而其他国家有的是气瓶原始壁厚，有的是气瓶设计壁厚。以无缝瓶为例，单就剩余壁厚这一项来说，中国控制在不得低于设计壁厚的 90%，ISO 6406 则不得低于原始壁厚的 80%，EN 1968 则要求不得低于设计壁厚；由于参考指标的不同，使得评定指标的对照就很难有联系之处。另外在一些缺陷的判定指标上也有差别，比如铝合金无缝气瓶的检验，中国要求现重量与标志重量差大于 5%且小于 10%时，应测壁厚，最小壁厚小于设计壁厚 90%或重量差值大于 10%时应报废；而 ISO 则要求如果气瓶的实际质量同原始质量的差额大于 5%就报废。中国没有对凹陷深度与宽度的比值作为判废条件，而在 ISO 6406 中则要求在任何点上的凹陷深度不得超过 1/4 的凹陷宽度。再有由于水压试验的计算公式不相同，导致残余变形率的判定指标也不相同。中国气瓶水压试验有单独的标准（GB 9251—1997），而其他一些国家则以为标准的附录形式出现。

六、检验后处置

有关检验后处理的要求，虽然存在一些小的差异，但并不影响检验质量。

中国要求气瓶是专用的，不允许改装，而其他国家均允许气瓶改装，并有气瓶改装的标准。

七、检验记录

对于检验记录，各个国家均要求填写，甚至还有保存期限的要求。ADR 就要求检验机构出具检验报告，检验机构保存报告（合格和不合格）时间最短为 15 年，检验机构同时要把报告给气瓶产权单位一份，产权单位要求保存到下一个检验周期。而 ISO 则未发现有此要求。

第二十章　启示与建议

通过对中国气瓶标准法规体系与其他国家气瓶标准法规体系进行比较研究，得出以下启示和建议。

一、探索气瓶法规与标准间的关系，建立完善的法规标准体系

1. 进一步明确气瓶法规和标准的关系

目前，我国气瓶法规和标准体系框架已经基本形成。但是，与国外发达国家相比，仍需要不断探索法规与标准间的关系。

(1) 要提高法规和标准在内容上的互补性。气瓶法规应着重提出基本安全要求和管理要求，而具体的技术方法和指标应在技术标准里予以确定。法规和标准的内容应各有侧重，互相补充。

(2) 要保持法规和标准的衔接性。首先要保证法规基本安全要求和管理要求与标准中具体的实现方式的衔接性；其次要保证法规和标准在监管环节上的衔接性。

(3) 要保证法规和标准的一致性。许多标准中的内容都被法规所引用，而变成强制性规定，但法规和标准却各属不同的体系，各有不同的制修订工作程序和周期。因此应尽可能保证法规和标准同步修订，确保两者的一致性。

2. 加快完善气瓶法规和标准体系

(1) 关于气瓶法规体系。目前，已经制定了包括《特种设备安全监察条例》、《气瓶安全监察规定》、《气瓶安全监察规程》等一系列法规、规章、安全技术规范在内的气瓶法规体系。但从体系框架内容和法规内容上还需要进一步完善。体系框架内容方面，还需要制定像《车用气瓶安全监察规程》、《气瓶型式试验规则》、《长管拖车气瓶检验规程》等气瓶安全技术规范；法规内容方面，还需要在高层级的法规中明确气瓶充装单位拥有气瓶产权的要求，另外，《气瓶安全监察规程》的管理内容也需要进一步完善和修订。

(2) 关于气瓶标准体系。目前，我国已经制定气瓶国家标准近 70 项，形成比较完善的标准体系。但要满足气瓶安全监管工作需要，仍需进一步完善气瓶标准体系。一是应加快制定颁布科技含量较高的车用气瓶、缠绕气瓶、低温绝热气瓶的国家标准；二是着手进行《气体介质和气瓶材料相容性》、《气瓶安全泄压装置》等基础性标准的调研和试验论证，争取早日出台。三是提高《气瓶阀门基本要求》等一系列气瓶附件标准的水平，提高气瓶附件安全质量。四是按照既要保证气瓶安全质量，又要有利于企业提高市场竞争力的原则，修订目前现行标准。比如，根据介质实际安全参数，调整焊接气瓶的公称工作压力系列，形成更切合实际的焊接气瓶压力等级系列，做到气瓶安全性和经济性的统一；再比如，修订有些气瓶标准中关于气瓶材料和气瓶规格方面的一些限制气瓶制造企业开发研制工作的限制性条款，鼓励气瓶开发新产品。五是对于日益广泛的混合气体的充装问题，可联合一些大型气体公司研究制定混合气体充装标准。

二、进一步完善法规和标准制修订工作机制

1. 要保证法规和标准制修订工作的公开和透明，提高企业参与度

法规的适用对象大多数是企业，标准的实施者也是企业，因此，要充分发挥相关企业的作用，体现企业对法规制修订工作的参与性和对标准制修订工作的主导性。具体体现在如下几个方面：

(1) 加强对内协调。法规制修订方面，与安监、建设、公安、环保等有关部门的协调；标准制修订方面，与锅炉压力容器标准化技术委员会、气体标准化技术委员会和消防产品标准化委员会等有关技术机构的协调。

(2) 对外交流。法规制修订方面,多借鉴国际发达国家的管理经验;标准制修订方面,多参加国际气瓶标准化活动,参与国际标准制定工作等。

2. 了解国内外气瓶发展趋势,确立气瓶法规标准化重点

目前国际上气瓶的发展趋势表现为:(1)气瓶产品向大型化、高参数、轻量化、美观化方向发展;(2)气瓶所充装的压缩气体种类越来越多;(3)特殊材料气瓶,如纤维缠绕气瓶、高强钢气瓶的应用越来越成熟;(4)环保的需要,无石棉乙炔气瓶、车用压缩天然气气瓶的开发应用越来越普遍;(5)气瓶阀门的集成化程度越来越高等。为顺应这种发展趋势,国际标准化组织及欧洲气瓶标准化机构建立了相关的气瓶标准,如复合气瓶标准,容积大于 150L 的大容积气瓶标准,材料抗拉强度大于等于 1100MPa 的钢质无缝气瓶标准等。

由于气瓶属于劳动密集型生产方式,加之能源与环保的综合考虑,我国已成为气瓶产品的主要生产国。中国气瓶标准化技术委员会始终致力于与国际先进气瓶标准的跟踪与研究,但由于近年来我国气瓶行业正处于产业结构调整、新老专家交替的时期,再加上气瓶行业在某些领域基础比较薄弱,气瓶及其附件制造厂不具有开发创新能力,基本上照搬国外气瓶标准和相关的气瓶结构,我国气瓶产品技术标准还有相当一部分的缺口,需要尽快完成车用压缩天然气缠绕气瓶、大容积无缝气瓶、车用气瓶检验与试验等标准的制定,及时修订钢质无缝气瓶、钢质焊接气瓶等标准,开展混合气体充装、气瓶附件等方面的研究,提升我国气瓶及其附件产品的技术水平。

本篇由戚月娣、黄强华、胡军、孙黎、张辉、秋长鋆、周海成等编写。

附录　气瓶主要标准法规目录

一、中国气瓶主要法规目录

1. 特种设备安全监察条例([2003]国务院令第 373 号)
2. 化学危险物品安全管理条例([2002]国务院令第 344 号)
3. 气瓶安全监察规定([2003]国家质量监督检验检疫总局令第 46 号)
4. 气瓶安全监察规程(质技监局锅发[2000]250 号)
5. 溶解乙炔气瓶安全监察规程(劳锅字[1993]4 号)
6. 锅炉压力容器制造监督管理办法([2002]国家质量监督检验检疫总局令第 22 号)
7. 锅炉压力容器制造许可条件([2003]国质检锅 194 号)
8. 锅炉压力容器制造许可程序([2003]国质检锅 194 号)
9. 锅炉压力容器产品安全性能监督检验规则([2003]国质检锅 194 号)
10. 特种设备行政许可鉴定评审管理与监督规则(国质检特[2005]220 号)
11. TSG R1003-2006 气瓶设计文件鉴定规则
12. TSG R5001-2006 气瓶使用登记管理规则
13. TSG R4001-2006 气瓶充装许可规则
14. TSG R6004-2006 气瓶充装人员考核大纲
15. TSG Z7001-2004 特种设备检验检测机构核准规则

二、中国气瓶主要标准目录

1. GB 7144—1999　气瓶颜色标志
2. GB 15384—1994　气瓶型号命名方法
3. GB 16163—1996　瓶装压缩气体分类
4. GB 16804—1997　气瓶警示标签
5. GB 13447—1992　无缝气瓶用钢坯
6. GB 6653—1994　焊接气瓶用钢板

7. GB 18248—2000 气瓶用无缝钢管
8. GB 5099—1994 钢质无缝气瓶
9. GB 5100—1994 钢质焊接气瓶
10. GB 5842—1996 液化石油气钢瓶
11. GB 15380—2001 小容积液化石油气钢瓶
12. GB 11638—2003 溶解乙炔气瓶
13. GB 16164—1996 小容积溶解乙炔气瓶
14. GB 17258—1998 汽车用压缩天然气钢瓶
15. GB 17259—1998 机动车用液化石油气钢瓶
16. GB 17268—1998 工业用非重复充装焊接钢瓶
17. GB 17673—1999 液化丙烯、丙烷钢质焊接气瓶
18. GB 19158—2003 站用压缩天然气钢瓶
19. GB 13004—1999 钢质无缝气瓶定期检验与评定
20. GB 13075—1999 钢质焊接气瓶定期检验与评定
21. GB 8334—1999 液化石油气钢瓶定期检验与评定
22. GB 13076—1991 溶解乙炔气瓶定期检验与评定
23. GB 13077—1991 铝合金无缝气瓶定期检验与评定
24. GB 19533—2004 汽车用压缩天然气钢瓶定期检验与评定
25. GB 12135—1999 气瓶定期检验站技术条件
26. GB 15385—1994 气瓶水压爆破试验方法
27. GB 11639—1989 溶解乙炔气瓶多孔填料技术指标测定方法
28. GB 17925—1999 气瓶对接焊缝X射线实时成像检测
29. GB 8337—1996 气瓶用易熔合金塞
30. GB 12136—1989 溶解乙炔气瓶用回火防止器
31. GB 16918—1997 气瓶用爆破片技术条件
32. GB 7512—1998 液化石油气瓶阀
33. GB 10877—1989 氧气瓶阀
34. GB 10879—1989 溶解乙炔气瓶阀
35. GB 13438—1992 氩气瓶阀
36. GB 13439—1992 液氯瓶阀
37. GB 17877—1999 液氨瓶阀
38. GB 17878—1999 工业用非重复充装瓶阀
39. GB 17926—1999 车用压缩天然气瓶阀
40. GB 18299—2001 机动车用液化石油气钢瓶集成阀
41. GB 15382—1994 气瓶阀通用技术条件
42. GB 15383—1994 气瓶阀出气口连接型式和尺寸
43. GB 8335—1998 气瓶专用螺纹
44. GB 10878—1999 气瓶锥螺纹丝锥
45. GB 13591—1992 溶解乙炔充装规定
46. GB 14193—1993 液化气体气瓶充装规定
47. GB 14194—1993 永久气体气瓶充装规定
48. GB 17264—1998 永久气体气瓶充装站安全技术条件
49. GB 17265—1998 液化气体气瓶充装站安全技术条件
50. GB 17266—1998 溶解乙炔气瓶充装站安全技术条件
51. GB 17267—1998 液化石油气充装站安全技术条件

52. GB/T 13005—1991　气瓶术语
53. GB/T 11640—2001　铝合金无缝气瓶
54. GB/T 9251—1997　气瓶水压试验方法
55. GB/T 12137—1989　气瓶气密性试验方法
56. GB/T 9252—2001　气瓶疲劳试验方法
57. GB/T 13440—1992　无缝气瓶压扁试验方法
58. GB/T 13003—1991　溶解乙炔气瓶气压试验方法
59. GB/T 8336—1998　气瓶专用螺纹量规
60. 铝合金内胆纤维全缠绕气瓶
61. 汽车用压缩天然气钢质内胆玻璃纤维环向缠绕气瓶
62. 汽车用压缩天然气铝合金内胆碳纤维全缠绕气瓶
63. 低温绝热气瓶
64. 大容积无缝气瓶
65. 机动车用液化石油气钢瓶定期检验与评定
66. 汽车用压缩天然气钢质内胆玻璃纤维环向缠绕气瓶定期检验与评定
67. 汽车用压缩天然气铝合金内胆碳纤维全缠绕气瓶定期检验与评定
68. 铝合金内胆纤维全缠绕气瓶定期检验与评定
69. 站用压缩天然气钢瓶定期检验与评定

三、美国气瓶主要法规目录

1. 危险品规程
2. 职业安全卫生标准(规章)

四、美国气瓶主要标准目录

1. CGA C-1:2004　压缩气体气瓶水压试验方法
2. CGA C-1.1:2004　用体积膨胀法验收气瓶时的人员培训考核指南
3. CGA C-3:2005　钢质薄壁气瓶的焊接标准
4. CGA C-5:2005　高压无缝瓶壁应力的验收准则
5. GA C-6:2005　钢质压缩气体气瓶宏观检查标准
6. CGA C-6.1:2002　高压铝质压缩气体气瓶宏观检查标准
7. CGA C-6.2:2005　高压纤维增强压缩气体气瓶宏观检查与验收指南
8. CGA C-6.3:1999　低压铝质压缩气体气瓶宏观检查指南
9. CGA C-6.4:2003　天然气燃料汽车用容器的外部宏观检查方法及安装
10. CGA C-7:2004　压缩气体气瓶预防性标签和标记的制备指南
11. CGA C-8:2005　DOT-3HT,CTC-3HT,TC-3HTM 钢质无缝气瓶验收标准
12. CGA C-9:2004　医用压缩气体容器颜色标准
13. CGA C-10:2005　压缩气体气瓶改变充装介质的推荐程序
14. CGA C-11:2001　压缩气体气瓶制造检验的推荐方法
15. CGA C-12:2002　乙炔气瓶设计批准程序
16. CGA C-13:2000　乙炔气瓶定期宏观检验和验收指南
17. CGA C-14:2005　DOT 气瓶压力泄放装置火烧试验程序
18. CGA C-15:2002　气瓶设计验证和使用性能试验程序
19. CGA C-16:1991　气瓶用户向 CGA 注册用户标记的程序
20. CGA C-16.1:1991　CGA 气瓶用户注册标记与公司名称
21. CGA C-18:2005　用于压缩气体的钢质无缝管的声发射验收方法
22. CGA C-19:2002　全缠绕复合气瓶纤维缠绕指南
23. CGA C-20:2005　DOT TC3 系列气瓶及管的超声检测方法

24. CGA P-1:2000　压缩气体气瓶的安全搬运
25. CGA P-5:2005　水下呼吸用高压空气瓶的保管建议
26. CGA P-15:2005　工业和医疗用不燃压缩气体的充装
27. CGA P-19:2004　CGA 推荐的压缩气体危险等级
28. CGA P-38:2003　气瓶卸阀指南
29. CGA P-51:2004　压缩气体工业运输安全指南
30. CGA S-1.1:2005　压力泄放装置 第 1 部分 压缩气体气瓶
31. CGA S-7:2005　压缩混合气体气瓶压力泄放装置的选择
32. CGA V-1:2005　压缩气体气瓶瓶阀进出口连接标准
33. CGA V-7:2003　确定工业混合气体瓶阀出口连接的方法标准
34. CGA V-7.1:1997　确定医用气体瓶阀出口连接的方法标准
35. CGA V-9:2005　压缩气体瓶阀
36. CGA V-11:2005　高压铝合金气瓶瓶阀安装通用指南
37. ANSI/CSA NGV2—2000　车用压缩天然气气瓶的基本要求
38. ANSI/IAS PRD1a—1999　天然气车燃料容器用压力泄放装置
39. CFFC—2000　碳纤维增强铝合金内胆全缠绕气瓶
40. ANSI/UL 1769　气瓶阀安全标准

五、欧盟气瓶主要法规目录

1. 欧盟危险品公路运输指令(94/55/EC)
2. 欧盟危险品铁路运输指令(96/49/EC)
3. 欧盟移动承压设备指令(99/36/EC)
4. 无缝气瓶指令(84/525/EEC)
5. 焊接气瓶指令(84/527/EEC)
6. 铝合金气瓶指令(84/526/EEC)

六、欧洲气瓶主要标准目录

1. EN ISO 13769:2006　气瓶钢印标记
2. EN 1089-2:2002　气瓶标识(LPG 除外)　第 2 部分:警示标签
3. EN 1089-3:2004　气瓶标识(LPG 除外)　第 3 部分:气瓶颜色标记
4. EN ISO 21007-1:2005　用射频技术进行气瓶标识　第 1 部分:参考体系与术语
5. EN ISO 21007-2:2005　用射频技术进行气瓶标识　第 2 部分:射频标识的计数方案
6. EN ISO 11114-1:1997　气瓶和瓶阀与充装气体的相容性　第 1 部分:金属材料
7. EN ISO 11114-2:2000　气瓶和瓶阀与充装气体的相容性　第 2 部分:非金属材料
8. EN ISO 11114-3:1997　气瓶和瓶阀与充装气体的相容性　第 3 部分:在氧气中的自燃试验
9. EN ISO 11114-4:2005　气瓶和瓶阀与充装气体的相容性　第 4 部分:选择抗氢脆金属材料的试验方法
10. EN 720-1:1999　气瓶的气体与混合气体　第 1 部分:单一气体的特性
11. EN 720-2:1996　气瓶的气体与混合气体　第 2 部分:单一气体与混合气体燃烧性和氧化能力的测定
12. EN ISO 10156-2:2005/AC:2006　有毒、腐蚀性单一气体和混合气体的氧化能力测定
13. EN 1964-1:2001　容积在 0.5L～150L 的钢质无缝气瓶的设计、制造　第 1 部分:材料抗拉强度 R_m 小于 1100MPa 的气瓶
14. EN 1964-2:2001　容积在 0.5L～150L 钢质无缝气瓶的设计、制造　第 2 部分:材料抗拉强度 R_m 大于 1100MPa 的气瓶
15. EN 1964-3:2000　容积在 0.5L～150L 钢质无缝气瓶的设计、制造　第 3 部分:不锈钢气瓶
16. EN ISO 11120:1999　容积在 150L～3000L 的钢质无缝管制气瓶的设计、制造和试验
17. EN 13322-1:2003　钢质焊接气瓶的设计、制造

18. EN 13322-2:2003　不锈钢制焊接气瓶的设计、制造
19. EN 1442:1998　钢制焊接液化石油气瓶的设计、制造
20. EN 13110:2002　铝焊接液化石油气瓶的设计、制造
21. EN 12807:2001　钎焊液化石油气瓶的设计、制造
22. EN 1800:1998/AC:1999　溶解乙炔气瓶的基本要求
23. EN 1975:1999/A1:2003　容积在 0.5L～150L 的铝及铝合金无缝气瓶的设计、制造
24. EN 12862:2000　铝合金焊接气瓶的设计、制造
25. EN ISO 11439:2000　车用压缩天然气高压气瓶
26. EN 13293:2002　容积大于 0.5L 充装压缩气体、液化气体、溶解气体、对于二氧化碳容积大于 1L 的无缝正火碳锰钢气瓶的设计、制造
27. EN 14140:2003　变更钢质液化石油气焊接气瓶的设计、制造
28. EN 14638-1:2006　容积小于 150L 奥氏体不锈钢焊接气瓶的试验验证设计
29. EN 12245:2002　全缠绕复合气瓶
30. EN 12257:2002　环缠绕复合气瓶
31. EN 14427:2004　液化石油气全缠绕复合气瓶的设计、制造(只适用于装有压力泄放阀的气瓶)
32. EN 12205:2001　非重复充装的金属气瓶
33. EN 13769:2003　气瓶瓶组的设计、制造、标识与检验
34. EN 1968:2002　钢质无缝气瓶的定期检验与试验
35. EN 1803:2002　钢质焊接气瓶的定期检验与试验
36. EN 1802:2002　铝合金无缝气瓶的定期检验与试验
37. EN 12863:2002/A1:2005　溶解乙炔气瓶的定期检验与维护
38. EN ISO 11623:2002　复合气瓶的定期检验与试验
39. EN ISO 16148:2006　无缝气瓶用声发射(AE)方法进行定期检验
40. EN 14189:2003　气瓶定期检验时对瓶阀的检验与维护
41. EN 14513:2005　气瓶压力泄放装置　爆破片
42. EN ISO 10297:2006　气瓶瓶阀的技术条件与型式试验
43. EN ISO 14246:2001　气瓶瓶阀制造检验和试验
44. EN ISO 13340:2001　非重复充装气瓶瓶阀的技术条件和型式试验
45. EN 13152:2001　自动关闭式液化石油气瓶阀的技术条件与试验
46. EN 13153:2001　手动操作式液化石油气瓶阀的技术条件与试验
47. EN ISO 13341:1997/A1:1998　气瓶瓶阀安装
48. EN ISO 15245-1:2001　气瓶直螺纹　第 1 部分:规范
49. EN ISO 15245-2:2001　气瓶直螺纹　第 2 部分:量规
50. EN ISO 15996:2005　气瓶剩余压力阀通用要求及型式试验
51. EN ISO 10692-1:2001　用于微电子工业的气瓶瓶阀的连接　第 1 部分:出气口连接
52. EN ISO 10692-2:2001　用于微电子工业的气瓶瓶阀的连接　第 2 部分:与气瓶连接的阀门技术条件和型式试验
53. EN 629-1:1996　气瓶与瓶阀连接 25E 锥螺纹　第 1 部分:规范
54. EN 629-2:1996　气瓶与瓶阀连接 25E 锥螺纹　第 2 部分:量规
55. EN ISO 11116-1:1999　气瓶与瓶阀连接 17E 锥螺纹　第 1 部分:规范
56. EN ISO 11116-2:1999　气瓶与瓶阀连接 17E 锥螺纹　第 2 部分:量规
57. EN ISO 12209-1:2000　呼吸气瓶阀出气口连接　第 1 部分:轭式连接
58. EN ISO 12209-2:2000　呼吸气瓶阀出气口连接　第 2 部分:螺纹连接
59. EN ISO 12209-3:2000　呼吸气瓶阀出气口连接　第 3 部分:230bar 适配器
60. EN 962:1996/A2:2000　瓶帽及瓶阀保护装置的设计、制造与检验

61. EN ISO 407:2004　小型医用气瓶针导轭式阀连接

62. EN 13365:2002/A1:2005　永久气体、液化气体气瓶瓶组充装时的检验

63. EN 12754:2001　溶解乙炔气瓶瓶组充装时的检验

64. EN 1919:2000　液化气瓶(乙炔和 LPG 除外)充装时的检验

65. EN 1920:2000　压缩气体气瓶(乙炔气除外)充装时的检验

66. EN 1801:1998/A1:1999　单个乙炔瓶充装条件

67. EN 12755:2000　溶解乙炔气瓶瓶组充装条件

68. EN 13096:2003/AC:2006　单一气体的气瓶充装条件

69. EN 13099:2003　混合气体的气瓶充装条件

70. EN ISO 11621:2005　改变气瓶充装介质的程序

七、国际标准化组织气瓶主要标准

1. ISO 32:1997　医用气瓶所充气体识别标志(修订中)

2. ISO 7225:2005　气瓶预警标签

3. ISO 21007-1:2005　用射频技术进行气瓶标识　第 1 部分:参考体系与术语

4. ISO 21007-2:2005　用射频技术进行气瓶标识　第 2 部分:射频标识的计数方案

5. ISO 10156-1:1996　单一气体和混合气体瓶阀出气口的着火潜能和氧化能力测定

6. ISO 10156-2:2005　有毒、腐蚀性单一气体和混合气体瓶阀出气口的氧化能力测定

7. ISO 10286:1996　气瓶术语(修订中)

8. ISO 10298:1995　单一气体或混合气体毒性的测定

9. ISO 13338:1995　单一气体或混合气体的腐蚀性测定

10. ISO 13769:2002　气瓶钢印标记(2003 增补)

11. ISO/TR 14600:2000　气瓶国际质量认证系统基本规则

12. ISO 11114-1:1997　气瓶和瓶阀材料与充装气体的相容性　第 1 部分:金属材料

13. ISO 11114-2:2000　气瓶和瓶阀材料与充装气体的相容性　第 2 部分:非金属材料

14. ISO 11114-3:1997　气瓶和瓶阀材料与充装气体的相容性　第 3 部分:在氧气中的自燃试验

15. ISO 11114-4:2005　气瓶和瓶阀材料与充装气体的相容性　第 4 部分:选择抗氢脆金属材料的试验方法

16. ISO 3500:2005　船用固定式 CO_2 无缝灭火钢瓶(修订中)

17. ISO 3807-1:2000　溶解乙炔气瓶基本要求　第 1 部分:不带易熔塞的气瓶

18. ISO 3807-2:2000　溶解乙炔气瓶基本要求　第 2 部分:带易熔塞的气瓶

19. ISO 4706:1989　钢制无缝气瓶(修订中)

20. ISO 7866:1999　铝合金无缝气瓶的设计、制造和试验(修订中)

21. ISO 9809-1:1999　钢质无缝气瓶的设计、制造和试验　第 1 部分:材料抗拉强度小于 1100MPa 的淬火加回火钢瓶

22. ISO 9809-2:2000　钢质无缝气瓶的设计、制造和试验　第 1 部分:抗拉强度等于或大于 1100MPa 的淬火加回火钢瓶

23. ISO 9809-3:2000　钢质无缝气瓶的设计、制造和试验　第 3 部分:正火钢瓶

24. ISO 11118:1999　非重复充装金属气瓶的技术条件和试验方法

25. ISO 11119-1:2002　复合气瓶的技术条件和试验方法　第 1 部分:环缠绕复合气瓶

26. ISO 11119-2:2002　复合气瓶的技术条件和试验方法　第 2 部分:金属内胆承载的全缠绕纤维增强复合气瓶

27. ISO 11119-3:2002　复合气瓶的技术条件和试验方法　第 3 部分:金属内胆不承载或非金属内胆的全缠绕纤维增强复合气瓶

28. ISO 11120:1999　容积在 150L～3000L 的钢质无缝管制气瓶的设计、制造和试验

29. ISO 11439:2000　车用压缩天然气高压气瓶

30. ISO 20703:2006　铝合金焊接气瓶的设计、制造和检验
31. ISO 22991:2004　焊接液化石油气钢瓶的设计、制造和检验
32. ISO/TR 13763:1994　无缝气瓶的安全性能准则
33. ISO 13770:1997　铝合金气瓶防止颈部和肩部裂纹的操作要求
34. ISO 6406:2005　钢质无缝气瓶的定期检验与试验
35. ISO 10460:2005　焊接碳钢气瓶的定期检验与试验
36. ISO 10461:2005　铝合金无缝气瓶的定期检验与试验(2006 增补)
37. ISO 10462:2005　溶解乙炔气瓶的定期检验与试验
38. ISO 10464:2004　液化石油气焊接气瓶的定期检验与试验
39. ISO 11623:2002　复合气瓶的定期检验与试验
40. ISO/TR 12391-1:2002　钢质无缝气瓶的性能试验　第 1 部分:原理、背景和结论
41. ISO/TR 12391-2:2002　钢质无缝气瓶的性能试验　第 2 部分:断裂性能试验的单一爆破试验
42. ISO/TR 12391-3:2002　钢质无缝气瓶的性能试验　第 3 部分:断裂性能试验的爆破试验
43. ISO/TR 12391-4:2002　钢质无缝气瓶的性能试验　第 4 部分:带裂纹气瓶的循环疲劳试验
44. ISO 11621:1997　改变气瓶充装介质的程序
45. ISO 16148:2006　无缝气瓶用声发射(AE)方法进行定期检验
46. ISO 407:2004　小型医用气瓶针导轭式阀连接
47. ISO 5145:2004　单一气体和混合气体瓶阀出气口的选择和尺寸(2006 增补)
48. ISO/TR 7470:1988　各国瓶阀出气口规定一览(或标准规定或实际使用)
49. ISO 10297:2006　气瓶瓶阀的技术条件和型式试验
50. ISO 10692-1:2001　用于微电子工业的气瓶瓶阀的连接　第 1 部分:出气口连接
51. ISO 10692-2:2001　用于微电子工业的气瓶瓶阀的连接　第 2 部分:与气瓶连接的阀门技术条件和型式试验
52. ISO 10920:1997　气瓶与瓶阀连接 25E 锥螺纹　规范
53. ISO 11191:1997　气瓶与瓶阀连接 25E 锥螺纹　量规
54. ISO 11116-1:1999　气瓶与瓶阀连接 17E 锥螺纹　第 1 部分:规范
55. ISO 11116-2:1999　气瓶与瓶阀连接 17E 锥螺纹　第 2 部分:量规
56. ISO 11117:1998　工业和医用气瓶瓶帽和阀罩的设计、制造和试验
57. ISO 13340:2001　非重复充装气瓶瓶阀的技术条件和型式试验
58. ISO 12209-1:2000　呼吸气瓶阀出气口连接　第 1 部分:轭式连接
59. ISO 12209-2:2000　呼吸气瓶阀出气口连接　第 2 部分:纹连接
60. ISO 12209-3:2000　呼吸气瓶阀出气口连接　第 3 部分:230bar 适配器
61. ISO 13341:1997　气瓶瓶阀安装
62. ISO 14246:2001　气瓶瓶阀制造检验和试验
63. ISO 14245:2006　自动关闭式液化石油气瓶阀的技术条件与试验
64. ISO 15995:2006　手动操作式液化石油气瓶阀的技术条件与试验
65. ISO 15245-1:2001　气瓶直螺纹　第 1 部分:规范
66. ISO 15245-2:2001　气瓶直螺纹　第 2 部分:量规
67. ISO 10463:1993　永久气体瓶的充装时检验(修订中)
68. ISO 15996:2005　气瓶剩余压力阀通用要求及型式试验
69. ISO 11622:2005　气瓶充装条件
70. ISO 11755:2005　压缩气体和液化气体气瓶瓶组充装时的检验
71. ISO 11113:1995　液化气瓶(乙炔和 LPG 除外)充装时的检验(修订中)
72. ISO 11372:2005　乙炔瓶充装时的检验
73. ISO 10691:2004　液化石油焊接气瓶充装前、充装时和充装后的检查程序

74. ISO 11625:1998 气瓶安全运作
75. ISO 21011:2000 低温阀

参考文献

[1] 张春生主编.中华人民共和国立法法释义.北京:法律出版社,2000年8月第1版.
[2] 沈宗灵著.比较宪法——对八国宪法的比较研究.北京:北京大学出版社,2002年1月第1版.
[3] 葛志荣主编.《技术性贸易壁垒协定》的理解.北京:中国农业出版社,2001年12月第1版.
[4] 国家标准化管理委员会编著.国际标准化教程.北京:中国标准出版社,2004年11月第1版.
[5] 国家标准化管理委员会编著.标准化基础知识培训教材.北京:中国标准出版社,2004年8月第1版.
[6] 刘伟,安庆宇.欧盟标准化与合格评定的新途径.北京:中国标准出版社,2003年5月第1版.
[7] 孙黎,汤晓英编译.欧盟特种设备安全管理.北京:中国计量出版社,2005年10月第1版.
[8] 梁广炽,李家骥,胡军编译.美国特种设备安全管理.北京:中国计量出版社,2005年10月第1版.

第五篇

长 输 管 道

第二十一章 长输管道标准法规制修订管理模式

第一节 中国长输管道标准法规制修订管理模式

一、中国政府管理部门及职能,运作模式

1. 长输管道法规政府管理

中国的法律由全国人民代表大会批准发布,法律的实施条例和行政法规由国务院批准发布,行政规章(部门)由国家各部委批准发布,安全技术规范由各部委的司局批准发布。

包括长输力管道在内的我国特种设备监管体制中以国家质检总局为监管主体,国家质检总局特种设备安全监督管理部门负责全国特种设备的安全监察工作。监督方式为行政许可和监督检查两项基本制度。前者包括设计、制造、安装改造维修、充装和检验检测单位的许可、检验检测和作业人员的考核和使用登记;后者包括:强制检验、现场监督、事故调查处理、安全责任追究和安全状况公布等制度。国家质检总局极力推广“各负其责”的安全监管思想:生产、使用单位对设备安全质量负主体责任;检验机构负把关责任;政府部门负监管责任;各级政府对特种设备安全统一领导,负责协调、解决工作中的重大问题。我国是实行的政府立法和执法统一的体制。执法部门是各级政府所属的安全监察机构。

在具体实施方面,国家质量监督检验检疫总局统一负责全国包括长输管道在内的特种设备的质量监督与安全监察工作;地方质量技术监督行政部门负责本行政区域内特种设备的质量监督与安全监察工作;各级质量技术监督行政部门的特种设备安全监察机构(以下简称特种设备安全监察机构)在各自职责范围内,负责实施特种设备的质量监督与安全监察。各级特种设备安全监察机构在实施特种设备的质量监督与安全监察时,应当发挥行业部门、社会中介组织的作用。

由于包括长输管道在内的压力管道内的介质,如原油、汽油和天然气等,都在国家安全生产监督管理总局管辖的《危险化学品目录》之中。《危险化学品安全管理条例》明确规定了对危险化学品的生产、经营、储存、运输、使用和对废弃危险化学品处置实施监督管理的相关部门履行的具体职责。

2. 长输管道标准管理

加强标准化管理,统一标准化工作的方针、政策,对于保证标准化工作的统一和协调,充分发挥各方面的积极性,促进标准化事业的发展是十分必要的。中国《标准化法》对中国标准化管理体制、中国标准体制等作出明确规定。中国标准化管理纳入了依法管理的轨道。

中国标准化工作实行统一管理与分工负责相结合的管理体制。按照国务院授权,在国家质量监督检验检疫总局管理下,国家标准化管理委员会统一管理全国标准化工作;国务院有关行政主管部门和国务院授权的有关行业协会分工管理本部门、本行业的标准化工作;省、自治区、直辖市标准化行政主管部门统一管理本行政区域的标准化工作;省、自治区、直辖市政府有关行政主管部门分工管理本行政区域内本部门、本行业的标准化工作;市、县标准化行政主管部门和有关行政部门主管,按照省、自治区、直辖市政府规定的各自的职责,管理本行政区域内的标准化工作。

二、中国法规标准制修订机构的设置及职能

1. 法规的制修订机构的设置及职能

我国油气管道行政法规由国务院国家质检总局、国家安监总局、国家发改委等部门颁布,目前,在关

于压力管道设计、制造、安装、使用、维修、改造、检验等环节已颁布了一系列的单位与人员资格、过程的安全管理办法。

在具体的实施方面，为了规范包括长输管道在内的特种设备质量监督与安全监察工作，确保特种设备的产品质量和安全使用，保障人身和财产安全，促进经济发展和社会稳定，国务院颁布了《特种设备安全监察条例》、《石油天然气管道保护条例》；根据法律、行政法规的规定及国务院赋予质量技术监督部门的职责，原劳动部颁布了《压力管道安全管理与监察规定》，2001 国务院机构调整后，压力管道的安全监察职能由原劳动部转移至国家质量监督检验检疫总局，总局颁布制定了一系列的包括长输管道在内行政规定与规范性技术文件，如制定了《特种设备质量监督与安全监察规定》、《压力管道使用登记规则》，这些法规促进了我国压力管道在设计、制造、安装、使用、检验、维修、改造等环节实现全过程的监管。

为保证特种设备立法工作的顺利实施，充分发挥技术机构和安全技术专家的作用，体现开放立法的原则，中国特种设备检测研究中心（简称中国特检中心）成立技术法规标准部，受国家质检总局特种设备局委托，具体承担安全技术规范（TSG）的组织起草工作。特种设备检测研究中心（原国家质检总局锅炉压力容器检测研究中心）是从事锅炉、压力容器、压力管道、特种设备检验检测与技术研究的国家级技术机构。

中国特检中心技术法规标准部的主要职能：

（1）提出技术规范标准的体系框架、规划建议

（2）组织成立技术规范标准起草组，开展技术法规标准的制修订工作

（3）进行国内外法规标准收集、分析、研究，为起草组提供信息和资料

（4）技术规范颁布后反馈意见的研究与处理，组织技术规范标准的跟踪修订

（5）参与技术规范的宣贯、咨询等工作

（6）协调与各相关标准化技术委员会的有关工作

（7）引入科研成果到技术规范中，反馈对科研工作的需求

2. 标准的制修订机构的设置及职能

目前，我国关于油气输送的长输管道标准分为国家标准与行业标准。国家标准化委员会会同建设部、发改委等相关职能部门共同颁布国家标准，根据《中华人民共和国标准化法》，国家质量监督检验检疫总局统一管理全国标准化工作，并授权国家标准化管理委员会分管，统一规划组建和管理全国专业标准化技术委员会，如与长输管道相关的建设部标准化定额研究所，全国锅炉压力容器标委会。在行业标准方面，由于长期以来，我国的油气管道从属石油、石化工业，因此石油天然气行业标准的制定、修订和审核由石油工业标准委员会负责管理。

（1）国家标准化管理机构

1）国家标准化管理委员会

根据《中华人民共和国标准化法》，国家质量监督检验检疫总局统一管理全国标准化工作，并授权国家标准化管理委员会分管，统一规划组建和管理全国专业标准化技术委员会。国务院有关行政部门分工管理本部门本行业的标准化工作，并由国家标准化管理委员会统一组建本部门本专业标准化技术委员会。省、自治区及直辖市质检监察部门统一管理本行政区域的标准化工作，并由省、自治区及直辖市政府有关行政主管部门分工管理本行政区域内本部门、本行业的标准化工作。市、县标准化行政主管部门和有关行政主管部门，按照省、自治区、直辖市政府规定的职责，管理本行政区域内的标准化工作。

国家质量监督检验检疫总局组织制定国家标准并组织实施和监督检查。

省、自治区、直辖市政府标准化行政主管部门组织制定地方标准，指导协调本地区标准化工作，组织实施标准和监督检查。

省、自治区、直辖市政府有关行政主管部门承担省、自治区、直辖市人民政府下达的草拟地方标准并在本地区组织本部门、本行业实施标准和监督检查。

2）国家建设部

除此之外，根据国务院有关部委的三定原则，建设部还承担部分国家标准制修订的职能：组织制定工

程建设实施阶段的国家标准,由国家质量监督检验检疫总局统一编号并发布;组织制定和发布全国统一定额和部管行业标准、经济定额的国家标准。因此,与公用管道相关的部分工程建设实施阶段的国家标准由建设部组织制定,但需由国家质检总局统一编号发布。为此,国家建设部设有专门的标准定额司。

(2) 行业标准管理机构

对没有国家标准而又需要在全国某个行业范围内统一的技术要求,可以制定行业标准。行业标准报批稿由行业标准归口部门审批、编号、发布。复审周期不超过 5 年。

国务院有关行政部门分工管理本部门本行业的标准化工作,并由国家标准化管理委员会统一组建本部门本专业标准化技术委员会。

涉及长输管道的专业标准化委员会主要有:石油工业标准化技术委员会、全国锅炉压力容器标准化技术委员会、建设部标准定额研究所(其介绍详见公用管道篇)、中国工程建设标准化协会(其介绍详见公用管道篇)等。

1) 石油工业标准化技术委员会

石油工业标准化技术委员会(简称“油标委”)经原国家石油和化学工业局批准,于 2000 年 10 月 31 日成立。为了规范石油天然气行业标准制定工作,依据国家质量监督检验检疫总局《行业标准管理办法》和国家发改委《行业标准制定管理办法》的规定,油标委制定了石油天然气行业标准制定程序(正常程序和快速程序):包括立项、起草、征求意见和审查和报批,对每一个环节都提出了具体的规定和要求。

油标委的主要工作任务是:根据国家标准化的法律、法规和有关政策,确定石油工业上游领域标准化工作的方针和发展战略;组织开展石油工业上游领域标准化的研究工作;提出石油天然气行业标准发展规划和年度制修订项目计划;按照国家标准化主管部门下达的计划,组织各专业标准化技术委员会进行石油天然气行业标准的制定、修订和复审工作;受国家主管部门的委托,承担石油工业上游领域有关国家标准的制修订任务;负责石油工业上游领域重点国家标准、行业标准的宣贯;组织参与有关专业国际标准化交流与合作;承办国家标准化主管部门交办的其他标准化工作。

石油工业标准化技术委员会由中国石油天然气集团公司、中国石油化工集团公司、中国海洋石油总公司和中国石油天然气股份有限公司等石油企业的有关领导、标准化管理人员、科研单位专家、各专业标准化技术委员会的负责人共 48 名委员组成。委员会设主任委员 1 人,副主任委员 3 人。

石油工业标准化技术委员会下设石油地质、石油钻井、采油采气、油气储运等 17 个行业性专业标准化技术委员会,有 700 多名委员和专家直接参加专业标准化委员会的工作。

与油气长输管道相关的专业标准委员会主要有:TC5、石油管材专业标准化委员会;TC2、油气田及管道建设设计专业标准化委员会;TC8、石油工程建设施工专业标准化委员会;TC18、油气储运专业标准化技术委员会;TC20、石油工业安全专业标准化技术委员会等。石油工业标准化技术委员会组织机构图见图 21-1。

2) 全国锅炉压力容器标委会

全国锅炉压力容器标准化技术委员会(以下简称“锅容标委”)是全国性的负责锅炉、压力容器和换热设备的标准化归口和技术工作的组织机构,承担组织和领导锅炉、压力容器、换热设备和 $50m^3$ 以上球形储罐等的设计、制造、检验与验收标准规范、规程等国家标准和行业标准的制定、修订、审查、宣贯、解释以及咨询等方面的工作。其委员和单位委员均来自锅炉、压力容器和压力管道等压力设备的设计、制造、监督、检验、经销、使用、教学和科研等部门。目前,锅容标委会秘书处挂靠中国特种设备检测研究中心。

锅炉压力容器标准化技术委员会组织机构包括分委会、专业技术委员会、委员、顾问及通信成员,其中与长输管道有关的是压力管道分委会。

三、中国标准制修订程序

根据《中华人民共和国标准化法》规定:对需要在全国范围内统一的技术要求,应当制定国家标准。国家标准由国务院标准化行政主管部门制定。对没有国家标准而又需要在全国某个行业范围内统一的技术要求,可以制定行业标准。行业标准由国务院有关行政主管部门制定,并报国务院标准化行政主管

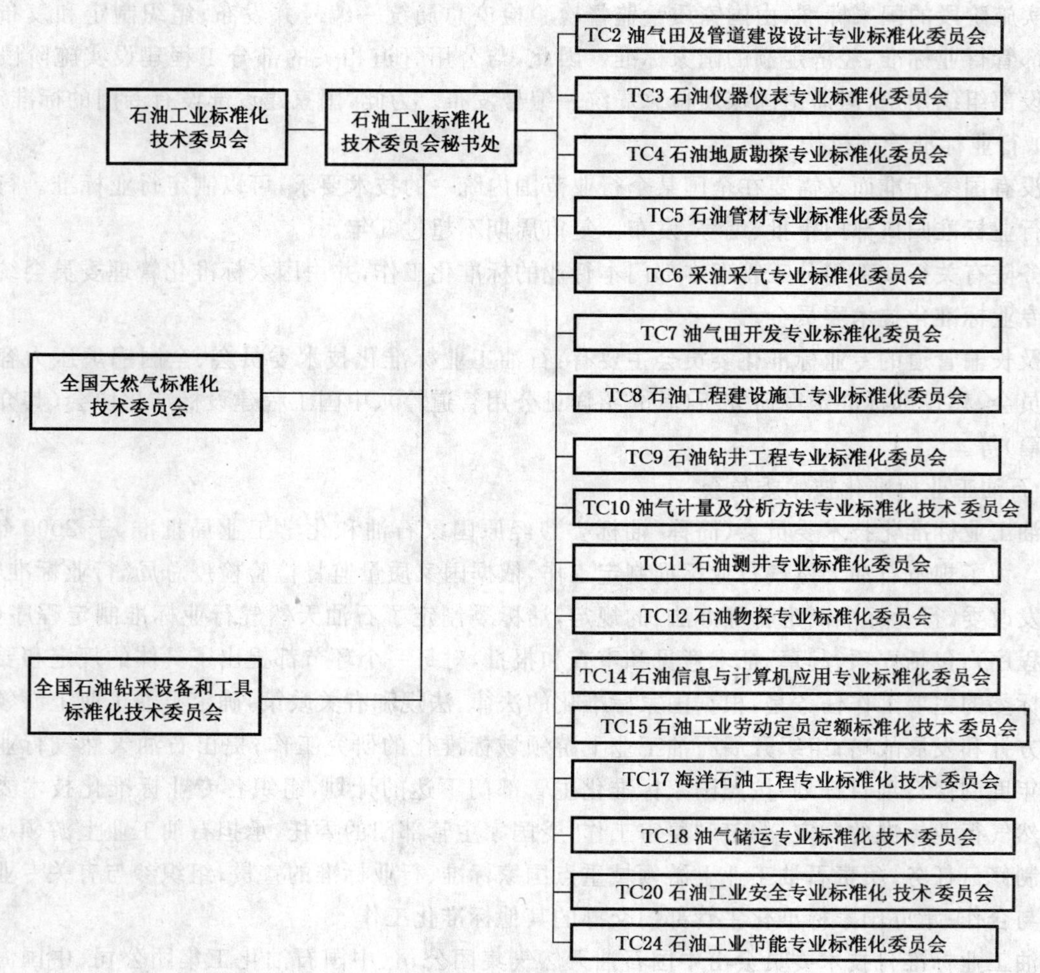

图 21-1　石油工业标准化技术委员会组织机构图

部门备案，在公布国家标准之后，该项行业标准即行废止。长输管道标准主要包括国家标准、行业标准和企业标准，不同标准有不同的制修订过程。这里主要就国家标准和行业标准进行说明。

1. 国家标准

国家标准是对需要在全国范围内统一的技术要求而制定的标准。国家标准由国家标准化管理委员会统一编制计划，协调项目分工，组织制、修订，统一审批和编号。

国家标准的制、修订工作由全国专业标准化技术委员会或委托专业标准化技术归口单位负责组织实施。国家标准送审稿的审查，由技术委员会或由项目主管部门或其委托的技术归口单位组织进行。

国家标准由国家质检总局标准化管理委员会与有关行业部门联合发布。如与长输管道相关的工程建设方面的国家标准由建设部组织草拟、审批，建设部和国家质量监督检验检疫总局联合发布。

中国国家标准制定程序划分为 9 个阶段：预阶段、立项阶段、起草阶段、征求意见阶段、审查阶段、批准阶段、出版阶段、复审阶段、废止阶段。

(1) 计划：技术委员会或有关单位提出国家标准制修订计划项目的建议；国务院有关行政主管部门审查协调后，提出国家标准计划项目任务书报国家标准化管理委员会，国家标准化管理委员会统一汇总、审查、协调后下达制修订国家标准计划项目。

(2) 制定：起草单位起草国家标准征求意见稿，在生产、经销、使用、科研、检验等单位中征求意见。对征集的意见归纳整理、分析研究和处理后提出国家标准送审稿。技术委员会负责国家标准送审稿的审查，根据审查意见提出国家标准报批稿。

(3) 审批、发布：国家标准由中国国家标准化管理委员会统一计划、审批、编号、发布。

(4) 复审：国家标准实施后，根据科学技术发展和经济建设的需要，由该国家标准的主管部门组织有关单位适时进行复审。复审结果不需要修改的国家标准确认继续有效；需作修改的国家标准作为修订项目，列入计划。已无存在必要的国家标准，予以废止。

对下列情况，制定国家标准可以采用快速程序：

——对等同采用、等效采用国际标准或国外先进标准的标准制、修订项目，可直接由立项阶段进入征求意见阶段，省略起草阶段；

——对现有国家标准的修订项目或中国其他各级标准的转化项目，可直接由立项阶段进入审查阶段，省略起草阶段和征求意见阶段。

2. 行业标准

行业标准是指没有国家标准而又需要在全国某个行业范围内统一的技术要求。行业标准不得与有关国家标准相抵触。行业标准之间应保持协调、统一，不得重复。为进一步做好行业标准化工作，规范行业标准的制定程序，根据《中华人民共和国标准化法》和《中华人民共和国标准化法实施条例》的有关规定，国家发展改革委组织制定了《国家发展改革委行业标准制定管理办法》。该《办法》从行业标准制定过程的立项、起草、审查、报批、批准公布、出版、复审、修订、修改等作了统一的规定，力求使行业标准的制定工作规范统一。

制定行业标准的立项，由国家发展改革委负责。任何政府机构、行业社团组织、企事业单位和个人均可提出制定行业标准立项申请；行业标准立项申请由标准化技术委员会或标准化技术归口院所（以下统一简称标准技术归口单位）受理，经标准技术归口单位审查后报送直管行业标准化机构。直管行业标准化机构对标准技术归口单位报送的行业标准立项申请进行审核协调后报送国家发展改革委。

这里根据长输管道行业标准制定实际，说明如下。

（1）计划项目申报程序

向有关专标委提出制修订标准项目的申请。拟承担行业标准制定项目的组织或个人，首先应提出标准起草工作组组成方案并填报《行业标准项目任务书》。申报项目时，还应提交相应的标准草案或标准编制提纲。采用国际标准、国外先进标准的项目应提交相应的原文和中文翻译稿。检验、测试、校准方法标准项目应提交相应的研究报告或实验验证报告份。“项目任务书”须经单位审核。

专标委秘书处收到立项申请后，应进行初审，符合规定，并经专标委审查通过后，在立项报告上签署意见并填写《行业标准项目计划汇总表》，连同其他申报材料一并报送油标委秘书处。

专标委秘书处在办理申报标准计划项目的审核过程中，应注意标准负责起草单位和起草人的资格审查。

（2）项目计划草案的编制

油标委秘书处收到专标委申报的行业标准制修订计划立项的有关材料后，组织进行立项规范性审查、项目汇总和计划草案编制工作。其间应进行计划草案初审，并可召开专标委秘书长联席会议进行计划草案的协调。油标委秘书处于油标委年会前完成计划草案的编制工作，以提交油标委年会审查。

（3）项目计划的审批和下达

石油天然气行业标准制修订项目计划经油标委年会审查通过后，由“直管行业标准化机构”中油集团公司报送政府行业标准化主管部门批准。

经批准的年度《石油天然气行业标准制修订项目计划》，以油标委文件发送各专标委实施，抄报石油、石化和海洋石油三大集团公司。

（4）行业标准征求意见稿的起草

标准起草工作组于起草前研究标准编写的工作分工，讨论提出执行计划的措施及办法。起草工作组在调研、试验验证的基础上，编写标准征求意见稿和编制说明。

（5）征求意见

标准起草工作组在完成标准征求意见稿及编制说明等有关附件后，由专标委秘书处行文，送专标委委员、专家、有关企（事）业单位和相关专标委广泛征求意见，收到征求意见稿的单位和个人应按规定的时间将修改意见返回专标委秘书处。专标委委员有义务对征求意见稿提出修改意见。

标准起草工作组应将返回意见进行汇总处理，对征求意见稿进行修改，形成标准送审稿。若根据回复意见对征求意见稿进行了重大修改，则应再次征求意见。

(6) 行业标准草案审查的步骤和形式

专标委秘书处认为标准送审稿具备审查条件时，应组织审查。审查分技术审查和委员表决两步进行，当参加技术审查的委员人数超过委员总数的 2/3 时，技术审查和委员表决可同步进行。技术审查一般采用会议审查，委员会表决可在年会上进行，亦可以信函投票的方式进行。

(7) 行业标准送审稿的技术审查

专标委秘书处应于审查会前一个月通知参加会审的专家、委员、相关专标委和有关单位，同时抄报油标委秘书处。行文通知时，须附标准草案送审稿、征求意见稿意见汇总处理表及编制说明等有关附件。审查会由专标委秘书处组织召开。参加会审的专家应对所审查的标准技术内容负责。对审查的标准送审稿（技术审查稿）经专家讨论修改后，原则上应一致通过为通过。对于有争议条款，应以到会专家 3/4 以上同意为通过。

(8) 行业标准送审稿的委员投票表决

标准送审稿（技术审查稿）经技术审查形成标准送审稿（表决稿）后，应送专标委委员投票表决。表决时，参加会议或回函的委员应占委员总数的 2/3 以上，表决须有参加投票委员的 3/4 以上同意，方为通过。

(9) 行业标准草案的报批

标准审查通过后，负责起草的单位应按审查通过的修改意见在要求的期限内（一般不超过一个半月）整理完成标准报批稿及编制说明，报专标委秘书处办理报批。专标委秘书处在收到报批文件材料后，应对报批材料进行认真审阅。由中油集团公司按要求报送国家发改委批准、公布。

(10) 行业标准的公布与出版

行业标准公布后，油标委秘书处应在 15 日内报送国务院标准化行政主管部门办理备案手续。30 日内将标准公布稿及有关附件送指定的出版社，并办理交接手续。送交出版的标准公布稿应符合出版编辑要求。如在出版过程中发现有问题，需要对标准的技术内容进行更改，须由有关专标委行文申请，油标委秘书处行文报请主管部门批准后方可更改。标准的出版周期应控制在 3 个月以内。

(11) 行业标准的复审

行业标准实施后，有负责该行业标准技术归口的专标委进行复审。标准的复审一般不超过 5 年。油标委秘书处于每年的年初下达当年行业标准的复审计划。复审结论建议应明确填写：继续有效、修订、废止或修改四者之一。

第二节 美国长输管道标准法规制修订管理模式

一、美国政府管理部门及职能，运作模式

在美国，国会是最高级的立法机构。美国国会分众议院和参议院两院。在参议院和众议院里，大部分的立法都是以“法案”的形式提出。同一个版本的立法草案将会分别在众议院和参议院表决，如果立法草案在两院都得到通过，这项草案将送交给总统，请总统签署，成为法律。与长输管道相关的主要法律为《管道安全法》（United state Code）USC 46 601，联邦规章（Code of Federal regulations）为 CFR 190～198。

美国拥有全世界最长里程的油气输送管道系统，考虑到许多油气管道的使用往往是州际行为，单靠一两个州根本无法协调和解决各州际之间的问题，其有关的管道和移动式压力容器纳入美国交通运输部（U. S. Department of Transportation，简称 DOT）危险性物品运输包装管理的范畴，保证了危险性较大的移动式压力容器和压力管道得到更有效的管理。美国联邦 DOT 所管辖的管道包括气体长输管道、气体配送管道、液体管道 3 种。

美国是联邦体制国家,联邦法律授权运输部负责联邦管道法律规章的制修订,并实施对州际管道的管理工作。各州相应政府机构负责本州法规、规则的制定等,对按运输部的授权实施对州内或州际长输管道安全进行规范管理。

除了美国法律与联邦法规外,美国还有技术性法规,其制定部门和机构有:美国商业部、国家标准技术研究院、美国国防部、美国能源部、美国劳动部、美国交通运输部等部门。美国技术法规由美国国家档案管理局所属联邦注册办公室归口管理。另外,只有与政府采购、保护安全等方面相关的标准才由政府制定,并定性为强制标准,具有与法规同样的效力。下面主要介绍美国交通运输部与管道安全办公室。

美国交通运输部总部位于华盛顿。美国交通运输部由运输部长办公室(OST)、联邦公路管理局(FHWA)、联邦机动运输安全管理局(FMCSA)、联邦铁路管理局(FRA)、联邦运输管理局(FTA)、海运管理局(MARAD)、监察办公室(OIG)、研究和特殊项目管理局(RSPA)、水陆运输委员会(STB)等部门组成。

成立于1977年的研究和特殊项目管理局(RSPA)负责有关管道和气瓶的安全监督管理。RSPA下设管道安全办公室(OPS)及危险品安全办公室(OHM),负责制定有关的法律、规程及进行行政管理。REPA的重要目标是保护国家免遭在使用的各种运输方式(包括管道)中运输危险性物品的风险造成的事故。

DOT所管辖的管道设施分为气体管道设施和危险性液体管道设施。DOT与长输管道有关机构主要是管道安全办公室(OPS)。管道安全办公室共有检查员55名,总部设在华盛顿特区,由5个地区性办公室组成。

如果州内部管道由各州自行立法设立管理机构进行管理,该州每年应向DOT提供一份证明,证明其管道管理符合联邦的要求,则DOT可以不要求该州执行联邦规章的要求。如果DOT没有收到州的管道管理证明,DOT也可以每年与州的管道管理机构达成协议,委托州管理机构对州内部管道实施所需要的检查(甚至也可以包括州际管道),州管理机构需将发现潜在或可能的违法情况报告DOT。联邦可以从鼓励基金中部分返还州管道管理计划实施成本,最高可达总成本的50%。

管道安全办公室(OPS)负责监督管辖3000多个气体采集、输送、分配的经营者及52 000个主计量表和LNG经营者,包括160万英里气体长输管道和气体配送管道,另外还有200多个危险液体经营者和155 000英里危险液体管道。OPS现有雇员70多人,50%在华盛顿总部工作,另外50%在5个地区办公室工作。这些人员在如下项目中完成OPS委托的管理和执行责任:

(1) 一致性和安全性

OPS的任务是保证国家管道系统的安全、可靠、环保。OPS的管理主要是宏观性的管理,它将管理对象分为用户和经营者,将管道分为气体长输管道(gas transmission pipilines)、气体配送管道(gas distribution pipeline)、危险液体管道系统(Hazardous liquid pipeline system)及液化天然气装置(LNG,Liquified natural gas facilities)4种。

OPS调查管道的主要事故,决定是否违背规程的情况发生,规程是否需要修改或增补,确定事故的原因。OPS调查的目标是保证管道在将来的完整性,为任何执法行动打下一个良好的基础。此外OPS地方办公室的责任是检查州机构参与联邦及州的管道安全项目的情况以及对州际管道系统和部在州当局管辖下的设施进行检验。

(2) 灾害预防

组织预防团队,开展公共教育活动;研究一站式(One-call)报警系统;建立挖掘安全团队,其任务是促进挖掘安全、搞好环境保护、减少地下设施的损坏。

(3) 毒品和酒精测试

美国制定了毒品和酒精测试规则,要求对所有气体、危险液体及二氧化碳管道的操作者在受雇之前、事故之后以及测试不合格的情况下,均需接受毒品和酒精测试。目的是保证操作人员是在正常的精神和身体条件下操作管道设施,从而保证人身及管道系统的安全。

(4) 联邦及州的合作伙伴

联邦通过与有关的州建立合作伙伴关系，为这些州提供必要的技术和财政支持，鼓励各州积极参与联邦的管道安全活动。

(5) 油品污染法案

OPS制定了管道设计、制造、检验、操作、保养的要求，建立了紧急应答系统，以保证危险液体输送的安全。

(6) 管道完整性管理规划

OPS计划对高密度人口地区、商业用水区。环境高敏感区制定有效的管道完整性规划。

(7) 管道安全数据分析

OPS搜集、汇编、分析管道安全数据以便帮助决定规程修订、培训。OPS建立了一个事故安全条件报告系统，由气体、危险液体管道运营商提交年度报告，其中包括管道长度及管道类型的信息。管道运营商提交的事故报告、年度报告可以在 http://ops.dot.gov/libindex.htm 网站找到，统计数据发表在http://ops.dot.gov/stats.htm 上。

(8) 立法

通过制定管道安全法规，保证天然气管道、危险液体管道在设计、建造、检验、试验、操作、维护等方面的安全。开展管道安全活动，要求敏感部位的管道操作者开展反毒品反酒品反酒精活动。

(9) 管道安全标准委员会

管道安全标准涉及两个管道安全标准委员会，一个是1968年天然气管道安全法要求设立的管道安全标准委员会(TPSSC)，二是1979年的危险液体安全法要求设立的技术性危险液体管道安全标准委员会(THLPSSC)。两个标准委员会的主要作用是审议被提议的标准的技术可行性、合理性、成本效益和实用性。

(10) 研究

OPS的研究项目主要支持法规修订、为管道安全项目的计划、评估、执行提供技术和分析支持。

(11) 风险管理

OPS已经将风险管理的概念 引入到OPS的工作。依靠有效的风险管理，可以更好地保护人身安全和环境安全。

(12) 培训

OPS举办各种与管道安全有关的培训班，对联邦及州的检验师进行检验技术、执法程序等方面的培训。

(13) 高敏感地区

OPS要对可能造成环境污染的危险液体管道进行标注，以便对高敏感地区进行特殊保护。

二、美国法规标准制修订程序

1. 美国法规制修订程序

美国标准包括：联邦政府标准、国家标准、协会的专业标准和企业(公司)标准。联邦政府标准由联邦政府负责制定，主要涉及卫生、环保、安全、食品和药品等；国家标准经各方面协商一致由美国国家标准协会(ANSI)审批颁布，为自愿性标准；专业标准也为自愿性标准，此类标准数量很多，是美国标准的重要组成部分；企业标准是用于公司内部设计、制造、采购和质量控制的标准，涉及范围最广，体现公司的特有技术，一般对外界是绝对保密的。

美国国家标准协会本身并不制定标准，仅是所谓"自愿标准体制"的协调者。美国建立了适应市场经济和国际贸易发展需要的标准管理体制，这种管理体制具有如下特点：

政府授权并委托标准化协会或标准化学会统一管理，协调标准化事务、政府负责监督和财务扶持。如美国国家标准协会(ANSI) 是非营利性民间组织，它是美国自愿标准体系协调中心，负责协调和推动国内标准化活动，代表美国参加国标标准化组织(ISO)活动。

行业协会或学会在标准起草、审查、批准、发布、出版、发行以及信息服务方面有充分自主权，形成严格高速的工作程序和管理模式，体现了国家标准制定过程中的广泛参与原则、协调一致原则和透明性原则。

国家标准研究工作和标准起草工作一般委托行业协会、学会等民间团体或研究机构负责。美国国家标准协会(ANSI)本身很少制定标准，而是通过委任团体法和征求意见法从各专业团体制定发布的标准中，将对全国有重大意义的标准经审核后提升为国家标准，并给以ANSI代号。

政府给以政策指导和经费扶持。

2. 美国标准化机构

(1) 美国国家标准协会

美国国家标准协会(ANSI)是美国非营利性民间标准化团体，自愿性标准体系的协调中心。成立于1918年。总部设在纽约。有250多个专业学会、协会、消费者组织以及1000多个公司(包括外国公司)参加。联邦政府机构的代表以个人名义参加其活动。不接受政府的资助。ANSI经联邦政府授权，作为自愿性标准体系中的协调中心，其主要职能是：协调国内各机构、团体的标准化活动；审核批准美国国家标准；代表美国参加国际标准化活动；提供标准信息咨询服务；与政府机构进行合作。

ANSI本身很少制定标准，而是通过委任团体法和征求意见法从各专业团体制定发布的标准中，将对全国有重大意义的标准经审核后提升为国家标准，并给以ANSI代号。目前，经ANSI认可的标准制定机构有180多个，制定的标准总数有3.7万个，占非政府标准的75%。其中一小部分经ANSI批准为国家标准。ANSI制定发布的1.1万个标准中，只有1600个是它自行制定的。

ANSI于1946年代表美国参加国际标准化组织(ISO)和国际电工委员会(IEC)。ANSI是泛美技术标准委员会(COPANT)和太平洋地区标准会议(PASC)的积极成员。

(2) 美国机械工程师学会

美国机械工程师学会(American Society Of Mechanical Engineers，ASME)于1880年成立，今天的“ASME国际”是一个非营利的教育和技术的组织，服务于全世界的12.5万个会员，是世界上专业技术刊物出版量最多的几家学会之一。

ASME每年主持30多个技术协调会议和200个专业的报告，制定许多工业和制造业的标准。涵盖内容包括机械设备的设计、制造和安装等规范和标准。

涉及长输管道的ASME标准是其B31系列。B系列标准是国家标准(ANSI)，也是ASME锅炉及压力容器规范的套用标准，具有广泛的用途。主要包括

1) B31.4液态烃和其他液体的管线输送系统(Pipeline Transportation Systems for Liquid Hydrocarbons and Other Liquids)；其内容包括适用范围、设计(条件及准则)、材料、尺寸要求、施工焊接及组装、检验与试验、操作及维修规程、腐蚀控制和近海液体管道等。

2) B31.8气体输送和分配管道系统(Gas Transportation and Distribution Piping Systems)，包括一般规定和适用范围、材料和设备、焊接、管道系统的组件和制作细则、设计安装及试验、操作和维修规程、腐蚀控制和近海气体输送等。

(3) 美国石油学会

美国石油学会(API)是美国工业主要的贸易促进协会之一，它是代表整个石油行业——勘探开发、储运、炼油与销售的主要的国家同行业协会组织，是个非营利机构，成立于1919年。API总部设在美国华盛顿，在33个州设有石油理事会，它以适当的合法方式为石油天然气工业所有企业追求优先公用的方针目标和该行业整体效益提供了标准化论坛。

API已经制定了大约500项用于全世界的设备和操作标准。这些标准是石油行业从钻井设备到环境保护等一系列专业中总结出的集体智慧的结晶。美国联邦政府及国家法律和法规长期引用API标准，而且越来越积极地被国际标准化组织ISO所采用。

API有3个标准化委员会，分别服务于石油天然气工业3个不同的领域。API标委会的成员主要是由用户组成。

1) 油田设备和材料标准化执行委员会

API油田设备和材料标准化执行委员会(ECSOEM)下设4个分委员会，分别负责开发、海洋、钻井及质量方法的标准的制修订。

2）石油计量委员会

API 石油计量委员会(COPM)在开发和修订有成本效益技术发展水平的烃类计量标准方面居于领导地位。

3）炼制设备委员会

炼制设备委员会(CRE)促进安全及已验证的工程实践，在设计、制造、安装、检测、原材料的使用、炼油设备及有关处理设备。

(4) 美国材料与试验学会

美国材料与试验学会(ASTM)协会成立于1898年。ASTM前身是国际材料试验协会IATM。学会的主要任务是制定材料、产品、系统和服务等领域的特性和性能标准，试验方法和程序标准，促进有关知识的发展和推广。

ASTM是美国历史最悠久、最大的非营利性的标准学术团体之一。经过一个世纪的发展，ASTM现有33 669个(个人和团体)会员，其中有22 396个主要委员会会员在其各个委员会中担任技术专家工作。ASTM有技术委员会172个，技术委员会下共设有2004个技术分委员会。有105 817个单位参加了ASTM标准的制定工作。

标准制定一直采用自愿达成一致意见的制定。标准制定由技术委员会负责，由标准工作组起草。经过技术分委员会和技术委员会投票表决，在采纳大多数会员共同意见后，并由大多数会员投票赞成，标准才获标准，作为正式标准出版。

ASTM标准现分有15类，各类所包含的卷数不同。标准分卷出版，共有73卷，以ASTM标准年鉴形式出版发行。标准年鉴分类与长输管道有关的主要有：第三类　金属材料试验方法及分析程序；第五类　石油产品、润滑剂及矿务燃料；第十五类　通用工业产品、特殊化学制品和消耗材料等。

(5) 美国腐蚀工程师国际学会

1）美国腐蚀工程师国际学会(NACE)组织简要介绍

美国腐蚀工程师国际学会(NACE International)是国际腐蚀与防护领域的民间学术团体，成立于1943年。该学会在1993年正式由美国国内学会变更为国际学会。到目前为止NACE已有8个地区委员会(有4个美国国内地区委员会，有4个国际地区委员会)，80多个分会，近2万名会员。其会员包括个人会员、团体会员、学生会员等。NACE是目前国际腐蚀与防护学术及技术领域有较大影响的社团组织。

NACE下设技术协调委员会(Technical Coordination Committee，TCC)负责管理其近70个技术委员会，NACE的技术委员会主要负责技术研讨会、标准制定、交流技术信息等技术活动。技术委员会下设的工作组具体开展编写技术报告及标准等工作。

2）NACE的工作动态

NACE每年的主要技术活动有综合性年会、专题技术交流及研讨会、标准编制、人才培训及取证等。NACE技术委员会和工作组集中了防腐相关领域的国际专家，其涉及领域有石油、石化、海洋、电力、航空、化工、船舶、运输等。在年会上技术委员会的主要工作是举行技术研讨会，制修订NACE标准，发布最新技术发展动态信息、论文、手册等。目前与石油领域中油气储运、油气集输、炼油、化工、化学相关的技术委员会有：STG01～08、10、31～37、39、45、60～63。

NACE标准的编写可以是一个技术委员会编写，也有几个技术委员会联合编写。NACE目前有标准120项，主要针对石油、石化、海洋石油，标准种类和内容较为系统，标准实用性和可操作性较强。在国际防腐工程等领域应用广泛。

第三节　加拿大长输管道标准法规制修订管理模式

一、加拿大政府管理部门及职能，运作模式

加拿大国家能源委员会就是根据《国家能源委员会法》于1959年成立的，其实施监管权力依据的主

要法律有:法律及行业性法规,如《能源管理法》、《加拿大管道法》和《北部管道法》等,以及由国家能源委员会制定的规章,如《天然气管道统一条例》、《陆上石油天然气管道条例》等70多项具有法律效力并与相关大法配套的规章。此外加拿大各省也都有自己的监管法律法规,例如阿尔伯塔省的能源与公共设施委员会实施监管的法律依据就有《天然气设施法》、《天然气资源保护法》等40多项。

其中《加拿大管道法》是加拿大管道运输系统的基本法规,它于1998年10月23日生效实施。加拿大在压力管道方面没有像我国这样分为长输管道、公用管道和工业管道3大类,从有关法规规定上,只分管线(Pipeline)和管道系统(Piping System)。可以认为管线相当于我国的长输管道和城市燃气管道,管道系统即为我国的工业管道。

属于加拿大联邦,或跨越不同的省,或与国外管道相连的压力管道,属于联邦政府能源局管辖;而属于加拿大各省,在省内建设运营的管道,由各省负责。

由于加拿大是联邦制国家,加拿大宪法将不同的政府管辖权分别划给联邦和省政府。在特种设备安全管理方面,一部分管辖权力在联邦政府,一部分管辖权力在各省政府。加拿大联邦政府管辖的特种设备只是那些在全国范围流动的移动式锅炉压力容器、跨省界或进出境管线,以及联邦政府系统所使用的固定式锅炉压力容器和电梯、起重设备等特种设备。在各省境内,由各省管辖的特种设备远远超过联邦政府管辖范围的特种设备。对属于加拿大联邦管辖的固定式特种设备,联邦政府管理部门只负责安全管理,不做具体检验工作。联邦政府不设立专门从事联邦管辖特种设备的检验机构,而是由设备所在地的省级特种设备检验机构负责检验,或由其他授权检验机构进行检验。但这些检验机构必须按照联邦政府法律法规和法规所采纳的标准规范进行检验,而不是按照所在省法律法规要求和采纳的标准规范进行检验。对于管线则由加拿大运输部负责全过程的安全管理和指定机构检验。

加拿大能源监管最突出和最值的借鉴的是,加拿大政府在长期的能源监管实践中都建立了完整的监管法律体系,监管本身就是一个执法过程,从政策制定到履行监管程序到最后裁决,无不是法律意志的体现。

在不同的省,其长输管道的管理机构有所不同。比如,加拿大的阿尔伯塔省长输管道由该省能源与设施局负责,其管辖的长输管道共有近30万公里,其中天然气管道17.3万公里、原油管道1.7万公里、酸性气体管道1.6万公里;阿尔伯塔省天然气管道占全加拿大天然气管道的80%。加拿大安大略省管理的长输管道主要是那些输送石油、石油制品、液化石油气、天然气、压缩气体等危险介质的管道和与管道相连的设备设施(所包括的内容与联邦管辖范围相同),安大略省标准与安全权威机构TSSA是在安大略省行使锅炉、压力容器、压力管道系统、省内长输管道、电梯与乘客索道、游乐设施等有关法律及其相关规则管辖权的授权管理机构,负责这些特种设备的监察、检验和日常管理。

二、加拿大标准制修订机构的设置及职能

加拿大的国家标准均由加拿大标准委员会(SCC)批准发布,具体的标准制修订工作由政府指定的机构承担。目前,获得国家认可的标准制修订机构共有5个,它们是:加拿大标准协会(CSA)、加拿大气体协会(CGA)、加拿大通用标准局(CGSB)、加拿大保险商实验室(ULC)和魁北克省标准局(BNQ)。

加拿大国家标准以基础性和通用性标准为主,一般不制定具体产品描述性标准。加拿大现行的国家标准中,约有1/2采用ISO、IEC和ITU等国际标准。加拿大联邦政府及各省引用的压力管道标准主要有:CSA Z662《油气管线系统》、CSA Z276《液化天然气的生产、储存和处理》、CSA B149.1《天然气和丙烷安装规范》、CSA B149.2《丙烷储存和处理规范》、CSA B51《锅炉、压力容器与压力管道规范》等。

三、加拿大标准制修订程序

1. 加拿大长输管道制定标准的原则

标准内容不能太复杂;标准制定的费用不能太昂贵;标准实施不能太困难;标准的管理应方便可行;以制定技术法规为主,制定强制性标准为次;以制定基础性,通用性标准为主;不制定具体产品描述性的标准。

2. 加拿大长输管道标准的制定要求

标准制定机构必须是具有技术能力的独立性，公允性的政府级机构，压力管道的工业协会和行业协会不被认可；工业界不能私自制定国家级标准；标准制定要具有广泛的社会代表性，要有政府部门、劳动部门、技术组织的代表；标准制定一般由技术委员会组织进行，草案交CSA投票表决后，再进行非技术内容的审查；标准编写格式必须符合SCC的《加拿大标准编写规定》的规章；国家标准的审查必须提交英/法两种文字版本并交纳审查费用；采用ISO/IEC/ITU标准应注明与之一致或不一致之处。

3. 加拿大长输管道标准的批准要求

要求严格按照SCC经过议会批准的宪章(即法案)进行编制和审查，必须做到：标准化技术委员会应代表各方利益；各方技术意见(利益)应该取得一致，不同意见必须充分考虑；在技术内容上强调与ISO/IEC/ITU等国际标准协调一致。

加拿大国家标准从发布之日起满5年时应进行复审，复审工作主要由认可的标准组织负责组织复审，各利益相关方参与。加拿大国家标准的复审结论包括：重申有效、修改、修订、废止、对当前标准给出补充文件，复审结果需经加拿大标准理事会批准。

第四节　澳大利亚长输管道标准法规制修订管理模式

一、澳大利亚政府管理部门及职能，运作模式

澳大利亚规定压力管道分为长输管道(Pipeline)、配送管道(Distribution Pipeline)和管道系统(Pipeline System)，这些管道都在有关政府部门的管辖范围内。长输管道为压力大于1050kPa，温度范围大于−30℃，小于200℃，适用于澳大利亚标准AS/NZS 2885《气体和石油液体管道》；配送管道适用于澳大利亚标准AS 1697《气体传输和配送系统》，压力不超过1050kPa；管道系统适用于澳大利亚标准AS/NZS 1200《承压设备　锅炉和压力容器》，管道系统指一整套管道构件组成的装置，它包括所有与输送蒸汽或受压超过0.05MPa(50kPa)的气体或液体的压力设备有关的全部装置(如管子、法兰等对于维持设备安全性有关的东西)，支撑件及所有机械部件(包括所有部件、压力计、安全装置、阀门及其他用于保持压力设备安全性能的零件)。澳大利亚与长输管道有关的机构如下：

1. 澳大利亚联邦能源委员会

澳大利亚联邦能源委员会是澳大利亚联邦部一级机构，主要负责研究制定能源政策，为联邦一些涉及能源方面业务的管理事务机构[如澳大利亚国家竞争委员会(NCC)、澳大利亚竞争和消费者委员会(ACCC)]提供政策性指导，从经济和能源角度负责长输管道项目和部分配送管道网络建设的审核，向能源部长推荐批准长输管道项目等事项。

2. 澳大利亚标准机构

澳大利亚标准机构(Standards Australia)的前身为澳大利亚英联邦工程标准协会，成立于1922年，1950年，这个机构获得英皇特许地位，改为澳大利亚标准协会(SAA)，现发展为私有的澳大利亚国际标准有限公司(SAI)。澳大利亚标准机构制定的标准已有2400个被政府采纳。澳大利亚标准机构成员广泛代表了澳大利亚基础设施部门、工业界、学术单位和政府各行各业。这个机构每年制定300～400个标准。

3. 澳大利亚竞争与消费者委员会

澳大利亚竞争与消费者委员会(Australian Competition and Consumer Commission，ACCC)于1995年成立，是一个独立的联邦机构。在长输管道管理方面，澳大利亚竞争与消费者委员会负责评价和报请澳大利亚联邦政府有关部门(能源、环保等)批准管道项目(包括项目转让)。另外，澳大利亚北部地区的配送管道网络系统也由该委员会管理。但澳大利亚竞争与消费者委员会对长输管道的管理只限于建设与转让等方面，并侧重于经济管理角度，并不负责管道建造的质量监督和运行过程中的检验检测和安全管理。

4. 澳大利亚管道工业协会

澳大利亚管道工业协会(The Australian Pipeline Industry AssociationLimited,APIA)于1968年成立。澳大利亚管道工业协会由执行委员会、管道建造委员会、管道安全委员会、管道运行委员会、政府和管辖机构事务委员会、研发和标准委员会6个业务委员会构成,执行委员会是其核心,其他委员会直接向执行委员会报告工作情况。

澳大利亚管道工业协会的主要任务是促进长输管道安全,改进长输管道项目开发、建设和运行的(政府管理)环境,代表澳大利亚的整个长输管道工业提升和保护管道工业的权益与利益,制定包括安全与环境在内的有关政策、标准和管道工业惯例(practices in the pipeline industry),支持管道工业的研发,开展管道工业的人员培训与教育等。

澳大利亚管道工业协会在制定修改标准AS 2885《石油气体和液体管道》方面起着牵头作用,并大力推动各州(地区)在其法律法规和工作规范中采纳AS 2885标准,通过这种方式减少各州(地区)在压力管道技术与管理方面的差异和矛盾。澳大利亚管道工业协会还一直积极介入各州(地区)管道项目审批过程和管道立法。

二、澳大利亚标准制修订机构的设置及职能

澳大利亚标准是自愿性质的。标准只是被法案、规范或规程引用才具有强制性。强制性标准在标准的前言上加以注明。

澳大利亚作为英联邦国家,早期的标准选自于国际或英语国家标准(英国、美国等)。澳大利亚建立了4个制定标准的机构,即:澳大利亚新西兰食品局(ANZFA)、国家测试机构协会(NATA)、联邦道路安全办公室(PORS)和澳大利亚标准协会(AS)。

此外,目前澳大利亚标准机构与新西兰标准机构保持着紧密的合作联系。它们是“太平洋地区标准委员会”的创始成员之一,并且与亚太经济组织和东盟的标准组织保持一致。澳大利亚标准机构与新西兰标准机构(或人员)联合组建各类标准技术专业委员会,两国之间已形成AS/NZS标准体系。

澳大利亚标准协会成立于1922年,是一家独立的非政府性组织,但联邦政府承认其为澳大利亚最高级别的标准管理机构,代表澳大利参加国际标准组织(ISO)、国际电工委员会(IEC)等国际标准组织的活动。澳大利亚标准协会下设标准制定委员会和包括健康安全和材料在内的5个行业部门。澳大利亚现有技术标准6674个,在这些标准中约有2400个是强制性标准。

三、澳大利亚标准制修订程序

澳大利亚标准制定的原则是:标准决不能成为贸易、竞争、创新和发展的壁垒,为此要按照WTO/TBT的规定,尽可能采用国际标准。如果没有适宜的国际标准,澳大利亚制定的新标准不得阻碍各行业的竞争。澳大利亚标准的制定是在协商一致和透明的基础上进行的(标准协会开发了一种新型的IT和通信技术)。

在澳大利亚,标准不是法律文件,但如果被联邦或州法律引用,则成为强制性标准。目前已有2400个标准被法律引用。

由于技术、知识的发展和更新日益加快,标准又是实用性文件,所以标准需要不断修订和维护。基于这个原因,澳大利亚目前对一些重要标准以及那些涉及技术变化非常快的标准,规定最多7年需要修订和再版,而其他标准一般在10年内也需要修订。因此澳大利亚标准与新技术的发展几乎是同步的。标准的修订工作同样也可以在网上完成。

澳大利亚的大多数标准都是由标准协会组织制定并负责出版发行的。澳大利亚标准协会明确提出,只要可能就采纳国际标准,目前,澳大利亚约有35%的标准完全与国际标准相一致。但由于在某些领域目前还没有健全的国际标准(如建筑业、职业健康和安全等),约50%的澳大利亚标准在国际上还没有对应的标准。所以澳大利亚对于国际标准的采用率实际上约为70%,这是相当高的(我国约为43.7%)。

第五节　欧盟长输管道标准法规制修订管理模式

欧洲联盟(European Union,简称欧盟)是在欧洲共同体基础上发展而来的。自1952年欧洲煤钢共同体建立以来,至2004年5月,欧盟成员国由最初的6个创始国(法、德、意、荷、比、卢)扩大到现在的25个。欧盟面积达400万平方公里、人口4.5亿、国内生产总值逾10万亿美元。历经半个多世纪的发展,欧盟已成为当今世界一体化程度最高、综合实力雄厚的国家联合体,在地区和国际事务中发挥越来越重要的作用,是世界上一支重要力量。

尽管欧盟成员国都有各自的国家标准化战略,但是,欧盟的区域标准化战略并不是各成员国国家标准化战略的简单相加,它不仅有别于成员国的国家标准化战略,而且其定位在对内和对外两个不同的方面。欧委会和理事会发布的一系列文件不仅指导了欧洲技术标准化体系的建立和完善,而且也引导了欧洲标准化由区域化向国际化的发展。在欧共体技术标准化近半个世纪的历程中,成员国国家标准化、欧盟区域标准化与国际标准化之间已经形成了一定的固定关系:既相互补充,又存在着某种替代关系。这种关系的形成是欧共体标准化战略引导的结果。

一、欧盟政府管理部门及职能,运作模式

欧盟对于诸如电力和天然气等关乎国计民生并具有自然垄断特点的网络性行业,主要通过《反对限制竞争法》、《反托拉斯法》等普遍适用的全国性经济法律法规,以及《能源经济法》等相关法律法规,从宏观的角度规范行业参与各方的市场行为,防止和限制企业形成垄断地位,保障行业的健康有序发展。

如在德国,负责管理能源事务的政府主管部门是德国经济劳动部,其法定职责主要包括:根据政府既定能源目标制定电力、天然气、长距离供热、可再生能源、核能等能源行业的法律法规;依据欧洲总体能源方针路线适时调整和修订德国的相关法律法规等。

除非出现市场失灵或突发性能源供应紧急状况,政府主管部门对于天然气、电力和其他能源行业参与者的具体商业经营活动一般既不施加任何行政干预,也不提供任何特殊的优惠政策和财政补贴。

此外,欧盟从事特种设备检验的主要是社会检验机构,大部分是私营公司。比较著名的有德国技术监督协会(TUV)、法国船级社(BV)、挪威船级社(DNV)、英国劳氏船级社(LRIS)等。这些检验机构都是世界性公司,除了在本国和欧盟设立大量分支机构外,还在其他国家设立分公司。承担的业务一部分是法定检验,一部分是商务检验。承担法定检验需要取得相应政府机构的授权,并接受其监督。随着欧盟指令的生效,有些成员国把原来政府部门对相关企业的行政审批和强制检验授权给检验机构,而安全监察机构主要从事制定规章、授权并监督授权机构,对违法进行处理等监督行为。

二、欧盟标准制修订机构的设置及职能

欧洲标准化委员会(European Committee for Standardization,简称为CEN)是目前世界上最重要、影响力最大的区域标准化组织,在国际标准化活动中有着非常重要的地位。建于1961年。1971年起CEN迁至布鲁塞尔。在业务范围上,欧洲电工标准化委员会(CENELEC)主管电工技术的全部领域,而CEN则管理其他领域。其成员国与CENELEC的相同。除卢森堡外,其他18国均为国际标准化组织(ISO)的成员国。

CENELEC与CEN长期分工合作后,又建立了一个联合机构,名为"共同的欧洲标准化组织",简称CEN/CENELEC。但原来两机构CEN、CENELEC仍继续独立存在。1988年1月,CEN/CENELEC通过了一个"标准化工作共同程序",接着又把CEN/CENELEC编制的标准出版物分为下列3类:

(1) EN(欧洲标准):按参加国所承担的共同义务,通过此EN标准将赋予某成员国的有关国家标准以合法地位,或撤销与之相对立的某一国家的有关标准。也就是说成员国的国家标准必须与EN标准保持一致。

(2) HD(协调文件):这也是CEN/CENELEC的一种标准。按参加国所承担的共同义务,各国政府

有关部门至少应当公布 HD 标准的编号及名称，与此相对立的国家标准也应撤销。也就是说成员国的国家标准至少应与 HD 标准协调。

(3) ENV(欧洲预备标准)：由 CEN/CENELEC 编制，拟作为今后欧洲正式标准，供临时性应用。在此期间，与之相对立的成员国标准允许保留，两者可平行存在。

在欧盟天然气市场一体化的过程中，成立于 2000 年 7 月的欧洲天然气长输协会(GTE)发挥着重要的作用。GTE 现有 28 个成员单位，代表着 20 个国家(不必须是欧盟成员国)的 28 家天然气长输公司和一体化公司中的长输分公司。GTE 有 5 个内部工作小组，业务涵盖管道运输能力与拥堵管理、各国关系协调、液化天然气、供给安全和长输费率等各个方面。这些工作小组承担着制定长输管道领域的行业标准，协调长输管道领域内部以及与其他相关领域的利益关系，管理管道的运输能力并防止拥堵，进行行业自律等方面的工作；GET 作为长输公司的代表，还通过一年两次的论坛，组织长输管道公司对行业有关问题进行充分的讨论，并通过与欧盟委员会及其他领域行业协会定期或不定期的会议和交流，努力反映长输管道公司的意见。通过上述工作，GTE 致力于维护非歧视的和透明的市场竞争原则，消除跨境管输障碍，促进欧盟天然气统一市场的有效运营。

第二十二章 长输管道法规标准体系介绍

第一节 中国长输管道法规标准体系

一、中国长输管道法规体系框架、层次

我国的法规法律体系为：法律、法规、规章、安全技术规范及得到法规引用的标准条文等。

目前，在石油天然气系统还没有完善的法律法规体系，与油气管道安全直接相关的法规有国务院条例、原经贸委以及质检总局颁布部分规章与规范性文件等。

1. 国务院条例

2001年国务院颁布的313号令《石油天然气管道保护条例》，是为了保障石油、天然气管道及其附属设施的安全运行，维护公共安全制定的，主要规定了管道企业、沿线地方政府、单位和个人在保护管道安全方面的职责和义务，以及违反规定的法律责任，还规定了管道设施与其他工程相遇关系的处理。

同时，2003年国务院颁布了《特种设备安全监察条例》，是为了加强特种设备的安全监察，防止和减少事故，保障人民群众生命和财产安全，促进经济发展；该条例规定特种设备的生产（含设计、制造、安装、改造、维修，下同）、使用、检验检测及其监督检查，应当遵守本条例，但本条例另有规定的除外；在本条例中，首次将包括长输管道在内的压力管道纳入到特种设备中。

2004年，国家颁布了《国务院对确需保留的行政审批项目设置行政许可的决定》（国务院令412号）中249项明确压力管道设计、制造、安装、使用与检验单位和人员资格行政许可由国家质检总局和县以上质量技术监督局实施。

2. 部门规章

1996年，原劳动部颁布了《压力管道安全管理与监督规定》[劳部发（1996）140号令]是为了搞好压力管道的安全管理与安全监察工作，确保安全运行，保障人民生命和财产安全。该行政法规首次将压力管道分为长输管道、公用管道与工业管道3大类，并提出压力管道安全管理、安全监察、检验单位等职责与要求。

2000年原国家经贸委发布了《石油天然气管道安全监察与管理暂行规定》[经贸委（1996）17]是为了进一步加强石油、天然气管道的安全监督与管理，保护人民生命安全和国家财产免受损失，根据《石油、天然气管道保护条例》制定的，本规定是针对石油天然气管道的勘察、设计、制造、施工、运行、检测和报废等全过程实施安全监督与管理的一些行政性要求，不涉及油气管道的具体技术要求。

3. 部门技术规范

国家质检总局还颁布了包括长输管道在内的压力管道设计、制造、安装、使用、维修、改造、检验7个环节相关单位、人员、过程安全质量控制等一系列技术规范，但尚未完全覆盖，需进一步补充完善，详见本篇附录。

二、中国长输管道标准体系发展历史、趋势

目前，长输管道的标准比较齐全，包括设计、制造、安装、改造、维修、使用、检验检测、节能等各方面，在工程建设和运行管理中起到了非常重要的作用。

国内标准的发展可以分为两个阶段：第一阶段由建国初到20世纪80年代中期，当时国家的经济管

理体制是计划经济体制，与此相适应，参照前苏联和东欧国家模式，标准由国家统一制定，统一实施，1979年颁布的《标准化管理条例》明确规定“标准一经批准发布，就是技术法规”实行强制性管理。第二阶段从20世纪80年代后期到现在，随着市场经济体制的逐步形成，1988年颁布的《标准化法》把标准划分为强制性标准和推荐性标准，规定强制性标准必须执行，强制性标准实际上还是代替技术法规的作用。

长期以来，我国的油气管道从属石油、石化工业，标准的制定、修订和审核由石油工业标准委员会负责管理，石油工业标准化工作已有50余年的历史，自1986年12月制定并发布第一版《石油工业标准体系图》(见图22-1)以来，随着我国石油工业的发展和体制变化，《石油工业标准体系表》分别于1991年3月和1996年8月做了两次重大的调整和修订，2000年以后则每年做一次动态修订，目前涵盖专业有21个，但长输管道标准并没有作为独立的专业门类列出，管道输送的核心标准还属空白。

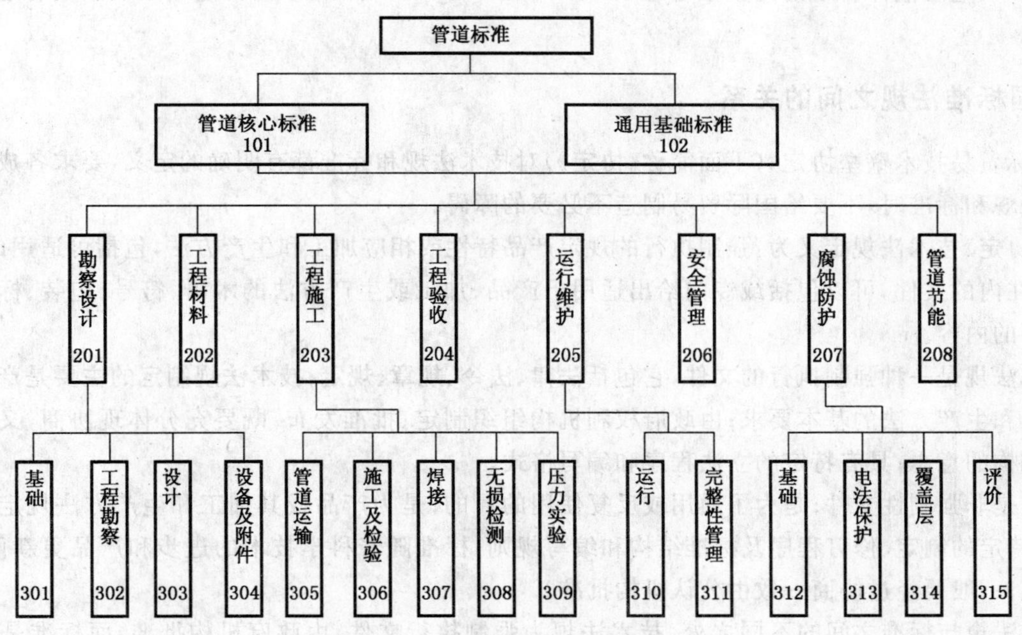

图22-1　油气管道标准体系框架图

国内的现行标准分强制性标准和推荐性标准，与油气管道相关的主要标准，覆盖管道的设计、材料、施工、运行、腐蚀与防护、安全、节能、维抢修8个方面(详见附录)：

1. 设计方面标准

其中GB 50251—2003《输气管道工程设计规范》和GB 50253—2003《输油管道工程设计规范》是我国管道工程设计的两个关键性标准，部分技术内容参考了国际标准和美国标准，是由质检总局和建设部联合批准发布的国家强制性标准，是管道工程设计的主要依据，在管道建设中发挥了巨大作用等。

2. 材料方面标准

主要围绕管子和管件的制造、检验、采购运输环节制定的，以等同采用或者参考美国API标准为主，如GB/T 9711.1—1997《石油天然气工业　输送钢管交货技术条件 第1部分：A级钢管》；GB/T 9711.2—1999《石油天然气工业　输送钢管交货技术条件　第2部分：B级钢管》；GB/T 9711.3—2004《石油天然气工业　输送钢管交货技术条件　第3部分：C级钢管》等。

3. 施工方面标准

主要针对管道焊接施工、阴极保护、穿跨越施工质量验收以及压力试验、无损检测等问题制定的，这些标准在管道建设中起到了重要作用，具有很好的应用性；如：GB 50369—2006《油气长输管道工程施工及验收规范》、SYJ 4006—1990《长输管道阴极保护工程施工及验收规范》、SY/T 0325—2001《钢质管道穿越铁路和公路推荐做法》、SY 0470—2000《石油天然气管道跨越工程施工及验收规范》、SY/T 4079—1995《石油天然气道穿越工程施工及验收规范》等。

4. 运行方面标准

行业标准主要有SY 6186—1996《石油天然气管道安全规程》、SY/T 6652—2006《成品油管道输送安全规程》、SY/T 5536—2004《原油管道运行规范》，SY/T 5922—2003《天然气管道运行规范》，SY/T 5737—2004《原有管道输送安全规程》，SY/T 6457—2000《含硫天然气管道安全规程》等。

5. 检验检测与安全评定标准

GB/T 19285—2003《埋地钢质管道腐蚀防护工程检验》、SY/T 6597—2004《钢质管道内检测技术规范》、SY/T 0078—1993《钢质管道内腐蚀控制标准》、SY/T 0087—1995《钢质管道及储罐腐蚀与防护调查方法标准》、SY/T 6151—1995《钢质管道管体腐蚀损伤评价方法》、SY/T 6621—2005《输气管道系统完整性管理》、SY/T 6631—2005《危害辨识、风险评价和风险控制推荐作法》、SY/T 6553—2003《管道检验规范，在用管道系统检验，修理，改选和再定级》、SY/T 6635—2005《管道系统组件检验推荐作法》、SY/T 6648—2006《危险液体管道的完整性管理》、SY/T 6649—2006《原油、液化石油气及成品油管道维修推荐作法》等。

三、中国标准法规之间的关系

《国际贸易技术壁垒协定》(下面简称《协定》)对技术法规和标准都有明确的定义，要求各成员国在制定技术法规和标准时，不要给国际贸易制造不必要的障碍。

据《协定》技术法规定义为：强制执行的规定产品特性或相应加工和生产方法，包括可适用的行政(管理)规定在内的文件，可以包括或专门给出适用于产品、加工或生产方法的术语、符号、包装、标志或标签要求方面的内容。

技术法规是一种强制执行的文件，它包括法律、法令、规章、规定；技术法规制定的主要是产品特性或相应加工和生产方法的基本要求；由政府权利机构组织制定、批准发布，既要充分体现协商，又要体现政府权利机构的意志；具有特定的立法程序和编写格式。

标准是非强制性文件；是为了通用或反复使用的目的；是为产品或其加工和生产方法规定的技术要求；有其特定的制定、修订程序及标准结构和编写规则；标准随着科学技术的进步和产品更新而修订、复审和废止；一般要经过协商一致由公认机构批准。

技术法规与标准之间的不同之处：技术法规为强制执行文件，由政府机构批准，而标准是非强制文件，由公认机构批准，但标准一旦被技术法规所引用，则具有法律效力。两者的相同之处：都是针对产品特性或其加工和生产方法提出的要求，但技术法规规定的是涉及国家安全、防止欺诈行为、保护人身健康和安全、保护生态环境、保护产品质量等方面的基本要求，一般都为定性要求，而具体的量化的技术要求则由标准规定。

我国在计划经济体制下，实行单一的强制性标准，随着市场经济的开放，按照《标准化法》的规定，又把标准分为强制性标准和推荐性标准，强制性标准为必须执行标准，不符合强制标准的产品禁止生产和销售，以强制性标准来代替技术法规的作用，不符合国际贸易要求，目前，摆在我们面前的艰巨任务就是如何与国际接轨，实现强制性标准向技术法规的转化。

第二节　美国长输管道法规标准体系

一、美国长输管道标准法规体系框架、层次

1. 美国法规体系

美国的法规体系有法律(law)、法规(rule/regulation)、行政指导(bulletin/information/notice)、指令(guide)等组成，相关的政令或文件包括免除令、澄清函、简讯、公告、规范修改提案、联邦公告。

首先，由议会进行立法，如有《管道安全法》、《管道安全再授权法》、《石油污染法》等。联防运输部下设有管道安全办公室，具体负责贯彻管道安全的法律、法规，开展配套的各种规程的编制工作。管道的安

全监察规程分为美国政府管道安全监察规程和联邦管道安全规程，前者着重管道管理中的重大问题，如环境安全问题，检测以及风险评估问题等，后者主要针对修复管道的规定。

由于美国是联邦制国家，除全国性的技术法规外，每个州都有自己的技术法规。全国性的技术法规，由美国政府机构根据国会在法律中赋予的行政职责范围分别制定，国会的相关专业委员会和国家管理与预算办公室（OMB）统一协调，然后由相应的政府机构或部门颁布实施。

美国的长输管道法规体系统为：

（1）法律

USC 49 601 管道安全法

HR 3609 管道安全改进法

USC 49 0501 联邦危险品法

（2）联邦规章

风险管理程序标准（草案）1996

美国联邦规章第 49 篇——运输

第 191 部分：天然气和其他气体的管道运输 年度报告、事故报告以及相关安全条件报告

第 192 部分：天然气和其他气体的管道运输的联邦最低标准

第 194 部分：陆上石油管道应急方案

第 195 部分：危险液体管道运输

2. 美国标准体系

美国标准体系大致由联邦政府标准体系和非联邦政府标准体系构成，按照自愿性标准体系基本划分为国家标准、协会标准和企业标准 3 个层次。美国国家标准学会很少制定标准，主要将以上两部分经协商后冠以 ANSI 代号，成为美国国家标准。自愿性标准的特征是自愿性参加制定，自愿性采用。联邦政府体系的标准数量约 4.4 万项，非联邦政府体系即各种行业协会和学会的专业标准体系约有标准近 5 万项。

技术法规制定体制与国家标准制定体制之间也是相互紧密联系的，ANSI 协助政府部门或机构制定技术法规，而政府部门或机构可以派官员参加国家标准的制定。为了避免重复劳动，政府立法规定尽可能少制定政府标准，可以直接采用已经制定好的国家标准。

在长输管道方面，美国形成了一整套的基于管道设计、材料、制造、安装、检验、使用、维修、改造以及应急救援等方面的标准体系统。这套标准体系主要由 ANSI、ASME、API、NACE、ASTM 等标准组织制定。下面简要介绍管道完整性管理的标准体系。

（1）管道完整性管理的综合标准

1）ASME B31.8 S—2001 输气管道系统完整性管理

2）API 1160—2001 有害液体管道完整性管理

3）API 1129—1996 危险性液体管道系统完整性的保证措施

（2）管道完整性管理评估技术标准（即管道的完整性评估标准）

1）ASME B31.G 确定腐蚀管线剩余强度手册

2）NACE RP0502—2002 管道外腐蚀检测与直接评价标准

3）NACE T0340 ICDA 内腐蚀直接评估技术

4）API 579—2000 服役适用性

（3）管道完整性检测技术标准

1）NACE RP0102—2002 管道内检测的推荐实践标准

2）API 1163 管道内检测系统标准

3）NACE pub 35100—2000 管道内检测（报告）

4）API RP580 基于风险的检测

5）API RP 581 基于风险的检测—基础源文件

6）NACE RP0502—2002 管道外腐蚀检测评价方法

7）NACE TM0102—2002 管道防腐层导电性检测方法

（4）管道完整性管理修复与维护技术标准

1）API 570—1998 管道检验规范—在用管道系统检验，修理，改造和再定级

2）API RP2200—1994 石油管道，液化石油管道、成品油管道的修理施

3）API RP 1162—2003 管道操作者的公共注意项

4）API RP 574 管道系统组件检验推荐做法

（5）人员资格评定、认证标准

1）ASME B31. Q 输气管道操作人员的资质标准

2）ANSI/ASNT 无损检测人员资格评定导则

3）API RP 1120 液体管道维修人员的培训与认证

4）API RP 1162—2003 管道操作者的公共注意项

5）ASNT ILI-PQ—2003：管道内检测员工的资格

二、美国标准发展历史、趋势

美国是世界上标准化事业最早发展起来的国家之一。早在 1898 年就成立了美国试验与材料学会（ASTM），也是世界上最早的团体标准化组织。1901 年成立了国家标准技术研究院（NIST），是隶属于商业部技术管理局的从事标准与技术研究非管理性的美国联邦机构。1918 年成立了美国国家标准协会（ANSI）的前身美国工程标准委员会（AESC），1969 年采用现在的名字——美国国家标准协会（ANSI）。国内标准计划始终在不断扩大和变化，以满足行业，政府和各个领域不断变化的需求。

目前美国全国大约有 700 多个机构在制定各自的标准，其中包括政府机构，也包括非政府机构。全国大约有 90 000 多个标准，其中 49 000 多个（52.7 %）是由 620 个民间机构制定的，其余标准（即技术法规）则为联邦及各州政府机构制定的。ANSI 认可的标准制定机构有 267 个，共制定了 37 000 多个标准，占民间标准总数的 75 %。这些标准中，有一部分经 ANSI 批准成为美国国家标准。

当前，美国标准化发展主要呈如下趋势：

（1）标准的强制性规定逐步被技术法规所替代，技术标准主要作为推荐性标准。

（2）质量、健康、安全、环保和节能等技术要求成为技术标准关注的重点；产品标准中更加关注互换性、可靠性和寿命周期等技术要求；方法标准中更加关注对测量仪器的校准、核查等质量保证要求。

（3）功能规范与技术规范的提出，使供需双方对标准功能的要求更加清晰。

（4）标准的系统性、综合性、配套性日益增强，技术标准越来越注重于从研究、设计、施工、制造、安装、验收、评价到使用维护等全过程的综合技术要求，使之更加具有广泛的协调性和适用性。

（5）紧密跟踪高新技术，采用灵活的标准文件形式（如有指导性技术文件）及时反映科学技术发展的最新成果。

第三节　加拿大长输管道法规标准体系

一、加拿大体系框架、层次

加拿大是英联邦国家之一。加拿大执行联邦议会制，议会是国家最高权利和立法机构，由参议院和众议院组成，法案可以由参议院或众议院提出，视法案内容而定。所有的法案必须通过参、众两院，然后通过的法案由总督签署，并获王室批准，方可成为法律。在特种设备管理方面，一部分管辖权在政府，一部分在各省政府。加拿大联邦政府和各省政府也没有设立统一的管理特种设备的安全监察机构。在加拿大联邦，由劳动部、运输部、能源局、运输事故调查与安全局等政府部门从各自角度进行管理。因而所执行的联邦法律既可相互平行，又有一定程度的交叉。在联邦政府个部门管辖的法律之上并没有一个更

高层次的统领各有关特种设备的安全管理法律的联邦法律。在这个松散的体系中，每一个管理部门都分别拥有一个“法律－法规－法规引用标准”3个层次构成的法律法规体系。

联邦所属的长输管道，或连接两省或多个省的长输管道属于联邦政府管辖。国家能源局《陆地管道规则》所管辖的长输管道是加拿大标准CSA B51《锅炉、压力容积和压力管道系统规范》管辖范围以外的长输压力管道。

加拿大国家标准体系(NSS)已有25年以上的历史，它是以加拿大标准委员会(SCC)为领导核心，由国家标准的4个制定机构、275个经SCC认可的实验室和15 000多名个人会员组成，开展标准制定、产品认证、校准和测试、质量管理体系认证以及审核员培训和认证等工作。加拿大国家标准体系为保证产品和服务的安全和质量，开拓国际市场作出了重要的贡献，从而确立了加拿大在国际标准化工作中的领导者地位。

加拿大政府深知标准化的重要性，设立了一整套政策，为如何利用标准化指明方向，目的是使加拿大在全球经济中始终保持社会和经济上的富庶。在加拿大，决定产品标准的不是某个单个组织，联邦政府、省政府和相当数量的私营机构都参与到其中。标准一旦定下来，就由法律强制实施，或者由市场“自愿”实施。

二、加拿大标准体系发展历史、趋势

随着经济全球化趋势的加快，国际贸易的迅速发展，标准的作用则更加突出，尤其是国际标准已成为全球市场的准入证。于是加拿大标准协会于1998年起动加拿大标准化战略计划。由工业、政府、非政府组织和标准制定组织的代表组成了顾问委员会，来自加拿大全国的标准化相关人员，如涉及环境及消费者利益的地区、联邦政府部门以及非政府组织参与了加拿大标准化战略的制定。

标准化战略由8个要素组成，描述了加拿大在新时期要做的重点标准化工作，以保证标准化工作持续适应本国经济和社会发展需求。主要为：参与国际标准的制定，并尽可能使本国标准上升为国际标准或直接采用国际标准；确保加拿大的标准化作用力完全集中于加拿大人所关心的社会问题及与人身健康、安全相关的行业部门；跟踪合格评定惯例的变化，并加入能使加拿大受益的国际合格评定协议；必须保证标准化的利益和影响广泛地被理解，并引起加拿大所有层面和所有部门的人员广泛关注；鼓励在法规中及公众政策的制定中采用标准；使标准制定体系更具灵活性，并增加参与性；与现行的或潜在的参与者建立伙伴和战略联盟关系。

从对加拿大技术法规、标准及标准化战略的分析可以看出，加拿大联邦政府行使国家的外交、军事、财政等主要权利，其他权利则按宪法规定由联邦政府与省级政府分享。因此加拿大联邦政府没有设立专门机构对全国范围内的锅炉压力容器进行统一监察及检验管理。而是由各省负责。对于全国范围使用的跨越加拿大省域的长输管道，则由联邦政府机构负责。加拿大各省均有专职部门对压力管道这种特种设备(设施)进行安全管理和检验。设备(设施)的设计、制造、使用、定期检验、事故处理、相关人员培训等均有地方法律予以规定。

第四节 澳大利亚长输管道法规标准体系

一、澳大利亚体系框架、层次

澳大利亚是联邦制国家，无论联邦还是各州(地区)，都有各自的议会和独立的法律体系。在工作场所方面，有关职业安全与健康方面的法律法规的立法和执法由各州(地区)负责。虽然各州(地区)在职业安全与健康方面的法律法规不完全相同，但与美国、加拿大等联邦国家各州相比，澳大利亚和各州(地区)法律法规体系近乎一样，其层次从上到下依次为“法律—法规—实施规范—标准—行业实施规范/指南解释”。其中前两个层次为强制执行。研究后可以发现，澳大利亚职业安全与健康法律框架是由法律、法规及其支持性材料(如实施规范)构成。职业安全与健康法律(act或statute)由议会制定，由政府部门强制实施。安全与健康法规则根据管辖职业安全与健康的主体法律制定，但法规通常管辖某类安全与健康方面的事务，如危险品管理或特种设备。

关于标准，有两种设计安全与健康的标准来源。一种是国家职业安全与健康委员会与各州职业安全与健康管理机构、工会和雇主协会协商后制定和颁布的国家标准（National Standards），同实施规范一样，在设计特殊工作场所的危险方面，国家委员会牵头制定并颁布国家标准，国家标准提出的工作场所职业安全与健康的最低要求。国家标准不是法律，本身不具有强制性，只有由州在其法规中采纳后才具有强制性。另一种标准则是由澳大利亚标准机构制定的澳大利亚标准（Australian Standars，AS）。澳大利亚标准与国家标准区别是，国家标准规范往往规定的是工作场所的安全与健康问题，而澳大利亚标准主要提供技术与设计规范。澳大利亚具有非常强大的AS标准体系，澳大利亚标准有限公司30个标准部下设1700个标准委员会负责组织制定标准，每年就可以制定300～400个国家标准。目前，已有2400多个国家标准被澳大利亚联邦和各州法律法规所引用。

澳大利亚联邦政府和各州一样，建立了包括特种设备的标准法规体系。这些法律法规包括了职业健康与安全、危险品运输、工作场所关系和工人赔偿法律及其法规等，但这些法律法规只是适用于澳大利亚联邦政府和联邦政府所属企事业单位。

二、标准法规发展历史、趋势

澳大利亚通过管道运输气体是从1960年开始的，目的供应碳氢物质的大量高压长输管道已经遍布澳大利亚的主要城市。过去许多主要高压长输管道由各州（地区）政府机构建设和运营，并且相互不连接。但现在所有的长输管道都已经完成了私有化。到2004年澳大利亚共有高压长输管道近20 000km（2001年17 000km），低压配送管道网络超过75 000km。

1994年以前，澳大利亚天然气长输管道和配送管道系统在各州（地区）是分散孤立发展的，由州政府部门建造与垄断经营。为建立自由和公平的天然气贸易市场，澳大利亚政府委员会（Council of Australian Governments，COAG）开始进行管道行业的改革和结构重建。在澳大利亚政府委员会下的国家气体管道咨询委员会制定了允许其他投资者加入天然气管道行业的管理制度。这个制度以《天然气管道开放协议》（Natural Gas Pipeline Access Agreement）方式得到了联邦政府与各州（地区）政府的承认，并在1997年澳大利亚联邦政府与各州（地区）政府签订了这份政府间协议，现在很多州已经将其转化为本州法律。

1994年，澳大利亚联邦政府和各州（地区）政府响应管道工业提议，共同采纳AS/NZS 2885《气体与液体石油压力管道》。AS 2885分为两部分，即AS 2885-1规定设计建造方面的技术要求，AS 2885-2规定使用维护等方面的要求。前者规定比较明确具体，有利于减少管道建设的技术壁垒，后者相对笼统，给各州（地区）差异化管理留出空间。

按照政府间协议，所有的长输管道建设和运营必须取得澳大利亚联邦政府许可，任何人都可以向国家竞争委员会（National Competition Council，NCC）申请开展管道或配送管道业务。近几年，在各方推动下，澳大利亚各州（地区）和新西兰在长输管道的管理方面都在向AS 2885标准规定的方向发展。

澳大利亚根据其经济和社会发展需要，积极参与国际标准的制定。其中由澳大利亚主导起草或提议起草的国际标准目前有近30项，涉及矿产、木材加工、防火、太阳能、质量管理等领域，这些都是澳大利亚的重点领域，有力地提高了澳大利亚的国际竞争力。

澳大利亚认为，只要没有充分的理由，就应该直接采用国际标准。在澳大利亚，负责国际标准采用的是澳大利亚标准协会的标准政策委员会。但对于一个特定的标准，是否采用国际标准通常取决于相应的标准委员会，当然标准政策委员会可以提供指导和建议。

第二十三章 长输管道主要标准法规简介

第一节 中国长输管道标准法规

一、《石油天然气管道保护条例》(2001年)

油气资源是社会经济发展的动力之源。在公众对环境及安全的渴求日益增长的情况下,油气长输管道的安全运营因与整个社会经济发展、普通百姓的日常生活紧密相连而备受关注。近年来,缘于高效、经济、安全的优势,国民经济五大运输方式之一的管道业发展迅猛。截至2005年底,国家长输管道里程达到54 665km(不完全统计),油气管道的安全生产关系到人的生命和财产安全,关系到中国石油企业的发展和企业战略目标和经济责任的实现,关系到国民经济的可持续发展和经济秩序稳定,因此应得到政府、企业界和全社会的重视,也希望全国燃气行业共同关注。

压力管道安全立法,是安全监察与管理的一项基础工作,同时也是安全监察与管理活动的依据。于是为了保障石油(包括原油、成品油,下同)、天然气(含煤层气,下同)管道及其附属设施的安全运行,维护公共安全,2001年国家颁布了《石油天然气管道保护条例》,该条例适用于中华人民共和国境内输送石油、天然气的管道及其附属设施(以下简称管道设施)的保护。其主要内容包括:

(1) 总则。对管道设施的定义、管辖原则,实施保护的奖惩和法律责任进行了法律上的厘清和界定。

(2) 管道设施的保护。规定管道企业负责其管道设施的安全运行,应履行义务包括严格按照国家管道设施工程建设质量标准设计、施工和验收;对管道外敷防腐绝缘层,并加设阴极保护装置等。同时还规定了管道企业应根据需要配置护线员;同时还规定任何单位和个人不应该从事微机管道设施安全的活动,如移动、拆除、损坏管道设施及标志。

(3) 管道设施与其他建设工程相遇关系的处理。包括穿跨越、改扩建管道工程报批、有关单位的协助、赔偿和如何采取设施保护等。

(4) 法律责任。规定了该条例所应承担的法律责任。

(5) 附则。

二、《特种设备安全监察条例》(2003年)

为了加强特种设备的安全监察,防止和减少事故,保障人民群众生命和财产安全,促进经济发展,制定该条例。该条例所称特种设备是指涉及生命安全、危险性较大的锅炉、压力容器(含气瓶,下同)、压力管道、电梯、起重机械、客运索道、大型游乐设施。前款特种设备的目录由国务院负责特种设备安全监督管理的部门(以下简称国务院特种设备安全监督管理部门)制定,报国务院批准后执行。特种设备的生产(含设计、制造、安装、改造、维修,下同)、使用、检验检测及其监督检查,应当遵守本条例,但本条例另有规定的除外。军事装备、核设施、航空航天器、铁路机车、海上设施和船舶以及煤矿矿井使用的特种设备的安全监察不适用该条例。房屋建筑工地和市政工程工地用起重机械的安装、使用的监督管理,由建设行政主管部门依照有关法律、法规的规定执行。国务院特种设备安全监督管理部门负责全国特种设备的安全监察工作,县以上地方负责特种设备安全监督管理的部门对本行政区域内特种设备实施安全监察(以下统称特种设备安全监督管理部门)。第五条特种设备生产、使用单位应当建立健全特种设备安全管理制度和岗位安全责任制度。特种设备生产、使用单位的主要负责人应当对本单位特种设备的安全全面负责。特种设备生产、使用单位和特种设备检验检测机构，应当接受特种设备安全监督管理部门依法进行的特种设备安全监察。特种设备检验检测机构，应当依照本条例规定，进行检验检测工作，对其检验检测结果、鉴定结论承担法律责任。县级以上地方人民政府应当督促、支持特种设备安全监督管理部门依法履行安全监察职责，对特种设备安全监察中存在的重大问题及时予以协调、解决。国家鼓励推行科学的管理方法，采用先进技术，提高特种设备安全性能和管理水平，增强特种设备生产、使用单位防范事故的能力，对取得显著成绩的单位和个人，给予奖励。任何单位和个人对违反本条例规定的行为，有权向特种设备安全监督管理部门和行政监察等有关部门举报。特种设备安全监督管理部门应当建立特种设备安全监察举报制度，公布举报电话、信箱或者电子邮件地址，受理对特种设备生产、使用和检验检测违法行为的举报，并及时予以处理。特种设备安全监督管理部门和行政监察等有关部门应当为举报人保密，并按照国家有关规定给予奖励。

三、《化学危险物品安全管理条例》(2002 年)

为了加强对化学危险物品的安全管理，保证安全生产，保障人民生命财产的安全，保护环境，特制定本条例。凡在中华人民共和国境内生产、储存、经营、运输和使用化学危险物品的单位和个人，必须遵守该条例。该条例所指化学危险物品，系指中华人民共和国国家标准 GB 6944－1986《危险货物分类与品名编号》规定的分类标准中的爆炸品、压缩气体和液化气体、易燃液体、易燃固体、自燃物品和遇湿易燃物品、氧化剂和有机过氧化物、毒害品和腐蚀品七大类。放射性物品、民用爆炸物品、兵器工业的火药、炸药、弹药、火工产品和核能物资以及国家法律、行政法规有专门规定的，按国家有关规定执行。生产、储存，经营、运输和使用化学危险物品的单位，必须建立健全化学危险物品安全管理制度。化学危险物品的生产企业，仓库和专用车站、码头必须设在安全地点。国务院和地方各级人民政府的有关部门，按照职责范围，负责该条例的贯彻实施和监督检查。

四、《压力管道安全管理与监察规定》(1996 年)

为了保障压力管道安全运行，保护人民生命和财产安全，根据《中华人民共和国劳动法》和有关法律、法规的规定，制定《压力管道安全管理与监察规定》。该规定所指压力管道是在生产、生活中使用的可能引起燃爆或中毒等危险性较大的特种设备。明确了该规定压力管道的范围(长输管道、工业管道、公用管道)。劳动部锅炉压力容器安全监察机构负责安全压力管道安全监察工作。县级以上劳动行政部门主管锅炉压力容器安全监察的机构负责本行政区域内的压力管道安全监察工作。

1. 适用范围

(1) 输送 GB 5044《职业性接触毒物危害程度分级》中规定的毒性程度为极度危害介质的管道；

(2) 输送 GB 50160《石油化工企业设计防火规范》及 GBJ 16《建筑设计防火规范》中规定的火灾危险性为甲、乙类介质的管道；

(3) 最高工作压力大于等于 0.1MPa(表压，下同)，输送介质为气(汽)体、液化气体的管道；

(4) 最高工作压力大于等于 0.1MPa，输送介质为可燃、易爆、有毒、有腐蚀性的或最高工作温度高于等于标准沸点的液体的管道；

(5) 前 4 项规定的管道的附属设施及安全保护装置等。

2. 管理部门

压力管道的设计、制造、安装、使用、检验和修理改造单位的主管部门应负责所属企业的压力管道安全管理工作。劳动部锅炉压力容器安全监察机构负责全国压力管道安全监察工作，县级以上劳动行政部门主管锅炉压力容器安全监察的机构负责本行政区域内的压力管道安全监察工作。

3. 安全管理

主管部门职责：贯彻执行有关安全法律、法规，压力管道的技术规程、标准，建立、健全本部门各项压力管道安全管理制度；组织审定本部门新建、改建、扩建压力管道工程项目设计，督促检查施工质量，并组织竣工验收；制定本部门压力管道安全管理的年度计划和长期规划，组织并帮助有关单位对压力管道重大事故隐患进行检查、安全评估和整改，消除隐患，保障安全；及时报告压力管道事故，并参加或组织事故调查和处理；组织本部门压力管道安全检查、评比和考核工作，表彰先进，总结和交流压力管道安全工作经验；组织研究并推广压力管道先进的安全科学技术及安全生产管理方法；开展压力管道安全宣传教育工作，负责组织对压力管道安全管理人员的培训。

压力管道使用单位职责：负责本单位压力管道安全管理。贯彻执行有关安全法律、法规和压力管道的技术规程、标准，建立、健全本单位的压力管道安全管理制度；应有专职或兼职专业技术人员负责压力管道安全管理工作；压力管道及其安全设施必须符合国家的有关规定；新建、改建、扩建的压力管道及其安全设施不符合国家有关规定时，有权拒绝验收；建立技术档案，并到企业所在地的地（市）级或其委托的县级劳动行政部门登记；对压力管道操作人员和压力管道检查人员进行安全技术培训；制定压力管道定期检验计划，安排附属仪器仪表、安全保护装置、测量调控装置的定期校验和检修工作；对事故隐患应及时采取措施进行整改，重大事故隐患应以书面形式报告省级以上（含省级，下同）主管部门和省级以上劳动行政部门；对输送可燃、易爆或有毒介质的压力管道应建立巡线检查制度，制定应急措施和救援方案，根据需要建立抢险队伍，并定期演练。及时如实向主管部门和当地劳动行政部门报告压力管道事故，并协助做好事故调查和善后处理工作。压力管道管理人员、检查人员和操作人员应严格遵守有关安全法律、法规、技术规程、标准和企业的安全生产制度。

4. 安全监察

工业管道安全监察：按其危害程度进行分级，根据分级实施安全监察。公用管道安全监察：符合城市规划、消防和安全要求。长输管道安全监察：其安全监察工作由劳动部负责。

五、《石油天然气管道安全监督与管理暂行规定》(2000 年)

为进一步加强石油、天然气管道的安全监督与管理，保护人民生命安全和国家财产免受损失，中华人民共和国国家经济贸易委员会第 17 号令，发布了《石油天然气管道安全监督与管理暂行规定》，自 2000 年 4 月 24 日起施行。该规定适用于中华人民共和国将油气田、炼油厂、储备库、码头等的原油、天然气、成品油输送到用户或接收站的管道及将油气井生产的油气汇集、运输、集中储存的输送管道（以下简称石油管道）及其附属设施。该规定所称石油管道安全监督与管理，是指对石油管道的勘察、设计、制造、施工、运行、检测和报废等全过程实施安全监督与管理。国务院石油工业行政主管部门（国家经济贸易委员会及管理的国家石油和化学工业局）负责石油管道的安全监督与管理，制定有关法规和行业标准，监督石油企业贯彻执行。石油企业负责所辖石油管道的安全运行，落实安全职责，并及时向政府及有关部门反映管道受到外界破坏的情况。

六、中国长输管道标准

下面主要介绍一下长输管道最常用也是最基本的 3 个标准。

1. GB 50251—2003《输气管道工程设计规范》

为了输气管道工程设计中贯彻国家的有关法规和方针政策，统一技术要求，做到技术先进、经济合理、安全适用、确保质量，制定本规范。

该规范是根据建设部建标[2001]87 号《关于印发“2000 至 2001 年度工程建设国家标准制定、修订计划”的通知》文件的要求，原国家标准《输气管道工程设计规范》(GB 50251—1994)由中国石油集团工程设计有限责任公司西南分公司（四川石油勘察设计研究院）负责全面修订。

本次修订是在收集了各有关单位对原规范执行情况，参考了国外的相关标准，并召开了多次协调会、研讨会的基础上进行了反复修改，最后经审查定稿。本规范除保留了原规范中行之有效的条文外，还增加了“线路构筑物”、“干燥”、第 7 章“地下储气库地面设施”和第 11 章“节能、环保、劳动安全卫生”，从而对原规范给予了充实和提高。本规范适用于陆上输气管道工程设计。原标准经修订后，修订后的标准号为 GB 50251—2003。

(1) 输气管道工程设计应遵照下列原则：

1）保护环境、节约能源、节约土地、处理好与铁路、公路、河流等的相互关系；

2）采用先进技术，努力吸收国内外新的科技成果；

3）优化设计方案，确定经济合理的输气工艺及最佳的工艺参数。

输气管道工程设计除应符合本规范外，尚应符合国家现行有关强制性标准的规定。

（2）规范主要包括以下内容：

1）总则。

2）术语。

3）输气工艺。包括：一般规定；工艺设计；工艺设计与分析；输气管道的安全泄放。

4）线路。包括：线路选择，应该根据地形、工程地质、沿线主要进气、供气点的地理位置以及交通运输、动力等条件，经多方案对比后确定，此外，还宜避开多年生经济作物区域的农田基本建设设施；地区等级划分。其原则是应按沿线居民户数和（或）建筑物密集程度，划分为4个地区等级，并依据地区等级情况选择管道及管段的强度设计系数；管道敷设；截断阀的设置；线路构筑物；标志。

5）管道和管道附件的结构设计。包括：管道强度和稳定计算；材料；管道附件。

6）输气站。包括：输气站设计原则；调压及计量设计；清管设计；压缩机组的布置及厂房设计原则；压气站工艺及辅助系统；压缩机组的选型和配置；压缩机组的安全保护；站内管线。

7）地下储气库地面设施。包括：一般规定；地面工艺；设备选择；辅助系统。

8）监控与系统调度。包括：一般规定；系统调度；被控站；监控；通信。

9）辅助生产设施。包括：供配电；给水排水及消防；采暖通风和空气调节。

10）焊接与检验、清管与试压、干燥。包括：焊接与检验，按照GB 50236《现场设备、工业管道焊接工程施工及验收规范》的规定执行；清管与试压，试压条件和方法需要根据地区等级划分结果进行选择；干燥。

11）节能、环保、劳动安全卫生。包括：节能；环境保护；劳动安全卫生。

2. GB 50253—2003《输油管道工程设计规范》

为在输油管道工程设计中贯彻执行现行的有关方针政策，保证设计质量，提高设计水平，以使工程达到技术先进、经济合理、安全可靠及运行、管理、维护方便，制定该规范。

该规范是根据国家建设部建标[2001]87号文《关于印发“2000至2001年度过程建设国家标准制定、修订计划”的通知》的要求，在对原国家标准GB 50253—1994《输油管道工程设计规范》进行修订的基础上编制完成的。

在修订过程中，规范编制组总结了多年的输油管道工程设计经验，借鉴了国内已有行业标准和国外发达工业国家的相关标准，并以各种方式广泛征求了全国有关单位的意见，对其中主要问题进行了多次讨论，经反复修改通过审查定稿。

与原国家标准GB 50253—1994《输油管道工程设计规范》相比，该规范主要有以下变化：

增加了成品油、液态液化石油输送系统方面的章节和条款，以及健康、安全与环境（HSE），节能方面的规定；提高了安全防火标准；内容更为全面、合理。

该规范适用于陆上新建、扩建或改建的输送原油、成品油、液态液化石油气管道工程的设计。输油管道工程设计应在管道建设、运营经验和吸取国内外先进科技成果的基础上合理选择设计参数，优化设计。输油管道工程设计除应符合本规范外，尚应符合国家现行的有关强制性标准的规定。

该规范共分11章和10个附录，主要内容包括总则、术语，输油管道系统输送工艺，线路，输油管道、管道附件和支承件的结构设计，输油站，管道监控系统，通信，输油管道的焊接、焊接检验与试压，健康、安全与环境（HSE），节能等方面的规定。

其中，

——输油管道系统输送工艺。包括：一般规定；原油管道系统输送工艺；成品油管道系统输送工艺；液态液化石油气（LPG）管道系统输送工艺。

——线路。包括：线路选择；应根据该工程建设的目的和市场需要，结合沿线城市、工矿企业、交通等建设的现状与规划，以及沿途地区的地形、地貌、地质、水文等自然条件，在营运安全和施工便利的情况下,综合分析和技术经济比较,确定沿线走向;管道敷设;应采用地下埋设方式。当受自然条件限制时,局部地段可采用土堤埋设或地上敷设;管道的外腐蚀控制和保温;线路截断阀;管道的锚固;管道标志。

——输油管道、管道附件和支承件的结构设计。包括:载荷和作用力;许用应力;材料;输油管道管壁厚度计算及管道附件的结构设计;管道的强度校核。

——输油站。包括:站场选址和总平面布置;站场工艺流程;原油管道站场工艺设备;成品油管道站场工艺设备;液态液化石油气管道站场工艺设;站内管道及设备的腐蚀控制与保温;站场供配电;站场供、排水及消防;供热通风及空气调节;仪表及控制系统。

——管道监控系统。包括:一般规定;控制中心及主计算机系统;站控制系统。

——通信。

——输油管道的焊接、焊接检测检验与试压。包括:焊接与检测;试压。输油管道必须进行强度试压和严密性试验,但在试压前应先设临时清管设施进行清管,并不应使用站内设施,且试压介质应该采用水。

——健康、安全与环境(HSE)。

——节能。

3. GB 50369—2006《油气长输管道工程施工及验收规范》

GB 50369—2006《油气长输管道工程施工及验收规范》由中国石油天然气集团公司组织中国石油天然气管道局编制,经中华人民共和国建设部等有关部门会审,被批准为国家标准,编号为 GB 50369—2006,自 2006 年 5 月 1 日起实施。其中有 9 条为强制性条文,必须严格执行。

该规范适用于新建或改、扩建的陆地长距离输送石油、天然气管道、煤气管道、成品油管道线路工程的施工及验收。

该规范不适用于长输石油、天然气场站内部的工艺管道、油气田集输管道、城市燃气输配管网、工业企业内部的油气管道以及投入运行的油气管道改造、大修工程的施工及验收。其内容包括:总则,术语,施工准备,材料、管道附件验收,交接桩及测量放线,施工作业带清理及施工便道修筑,材料、防腐管的运输及保管,管沟开挖,布管及现场坡口加工,管口组对、焊接及验收,管道防腐和保温工作,管道下沟及回填,管道穿(跨)越工程及同沟敷设,管道清管、测径及试压,输气管道干燥,管道连头,管道附属工程,健康、安全与环境,工程交工验收。

4. GB/T 19624—2004《在用含缺陷压力容器安全评定》

该标准是为适应国家有关法规、规章中关于在用含缺陷压力容器、压力管道安全评定要求和工程需要而提出的对在用含缺陷压力容器、压力管道进行安全评定的方法。

该标准依据"合于使用"和"最弱环"原则,用于判别在用含缺陷压力容器在规定的使用工况条件下能否继续安全使用,锅炉和管道的承压元件也可以参照该标准进行安全评定,是一种适合于工程实际的安全评定方法。

标准编写的指导思想和基本原则为:

(1) 充分吸收国外压力容器缺陷安全评定的最新研究和应用成果,紧密跟踪国际同类标准的发展趋势;以英国 BSI 的 PD 6493:1991《焊接结构的缺陷验收评定方法指南》为蓝本并紧密结合国情,制定符合我国国情的含缺陷压力容器安全评定标准;

(2) 密切结合我国 20 多年来对在役压力容器缺陷安全评定的工程实践经验,积极吸取和继承我国 CVDA—84《压力容器缺陷评定规范》的精华;

(3) 积极慎重地采用我国多年来在弹塑性断裂力学、塑性力学、金属疲劳学、无损检测技术、计算机技术、机械制造技术和质量控制技术等方面的成熟成果,特别是"八五"和"九五"国家重点科技攻关课题各专题的成熟研究成果;

(4) 在联合攻关、系统研究、综合分析的基础上,编写具有科学性、先进性、工程化、微机化的可靠、安全、实用、便于推广应用并具有继承、吸收、发展、创新的《在用含缺陷压力容器安全评定》标准。

5. GB/T 19285—2003《埋地钢质管道腐蚀防护工程检验》

该标准规定了埋地钢质管道腐蚀防护工程质量和腐蚀防护效果的检验检测内容，给出了检测方法。该标准适用于埋地钢质管道腐蚀防护工程的施工及验收过程和腐蚀防护系统投用后的检验。该标准中规定的检验检测内容主要有：

(1) 环境调查。土壤腐蚀性：土壤勘测报告检查、土壤电阻率测定；杂散电流干扰：直流干扰、交流干扰。

(2) 覆盖层保护：实用性审查；过程检验；进货检验；验收检验。

(3) 阴极保护：设计审查；过程检验；进货检验；验收检验。

(4) 定期检验。

为了保障埋地钢质管道腐蚀防护系统的有效性，应对其运行情况和保护效果进行定期检测和评价。当检测结果不满足合格判据时，应查明原因、排除故障、重新检测，同时保存相应的记录和报告。

另外，明确规定了埋地钢质管道腐蚀防护系统的运行记录要求、全面检验内容，并推荐了合适的检测周期。

6. SY 6186—1996《石油天然气管道安全规程》

石油天然气生产过程中广泛使用油气管道，这些管道的安全运行直接影响油气生产任务的顺利完成，为加强这些管道安全管理，特制定该标准。该标准规定了油气田石油天然气工艺管道和输油、输气管道的设计。建造、使用、管理、检验、修理和改造等方面安全管理的基本要求。该标准适用于陆上油气田钢质石油天然气工艺管道和钢质输油输气管道，并包括管道附件和安全保护装置。

第二节 美国长输管道标准法规

一、美国管道法规介绍

1.《管道安全法》(49USC601)

该法是美国关于管道输送危险品的基本法律，列入《美国法典》第 49 篇 运输(United States Code Title 49，Transportation)，它的第 8 部分是“管道”(Subtitle Ⅷ Pipelines)，共分 3 个章，第 601 章是“安全”(Chapter 601 Safety)，第 603 章是“用户缴费”(Chapter 603 User fees)，第 605 章是“州际商业规则”(Chapter 605 Interstate commerce regulation)。法令的具体内容主要包括以下几方面：

(1) 政府部门对管道安全的监督职能；

(2) 管道运营者对公众提供有关管道安全的教育程序、内容与标准；

(3) 对管道完整性、安全性、可靠性的研究和发展；

(4) 建立风险管理示范工程的具体要求；

(5) 公众对管道路权的侵占；

(6) 管道操作人员的资格认证及标准的规定；

(7) 政府对管道安全信息的资金支持；

(8) 管道操作人员在进行管道修复项目时与环境的协调。

第 601 章中包括如下内容：

——60101 节　定义；

——60102 节　综合管理；

——60103 节　液化天然气管道设施；

——60104 节　要求和限制；

——60105 节　州管道安全计划证明；

——60106 节　州管道安全协议；

——60107 节　州管道安全许可；

——60108 节 检查和维护；
——60109 节 高密度人口区和高环境敏感区域；
——60110 节 溢流阀；
——60111 节 液化天然气设施的财务责任；
——60112 节 管道设施对生命及财产的危险；
——60113 节 用户自己拥有的天然气服务管线；
——60114 节 电话通知系统；
——60115 节 技术安全标准委员会；
——60116 节 公共教育计划；
——60117 节 管理；
——60118 节 符合与放弃；
——60119 节 司法审查；
——60120 节 执行；
——60121 节 个人行为；
——60122 节 民事处罚；
——60123 节 刑事处罚；
——60124 节 两年一次的报告；
——60125 节 拨款授权；
——60126 节 风险管理；
——60127 节 居民侵犯(Population encroachment.)；
——60128 节 在管线通道上卸料(Dumping within pipeline rights-of-way)。

2.《美国联邦规章》(Code of Federal regulations ,简称 CFR)

《美国联邦规章》第 49 篇是“运输”(Title CFR 49,Transportation),“运输”篇下面是由两个分篇组成,共有 1332 个部分,其中 A 分篇(CFR 49 part 1～99)为与运输部长办公室有关的内容;在《危险品规程》CFR 49 中:

CFR 49 190 规定了管道安全计划和规则制定程序;该部分主要是一些法律上的规定,如传讯、作证、诉状、听证、警告、行政处罚、刑事处罚等,还包括规则制定的要求。

CFR 49 191 规定了用管道传输天然气和其他气体时,对管道运营者提交年度报告、事故报告、安全状况报告的要求;

在 CFR 49 191.5 中规定,管道运营者应在事故发生时尽快用电话向有关方面报告,报告的内容包括:报告人的姓名和电话,事故发生的位置、时间,受伤或死亡的人数,与事故有关的其他事情及损失程度等。报告人还应报告如下情况:腐蚀情况、应力水平、环境(如地震、滑坡、洪水)引起的意外移动和不正常载荷、裂纹及材料缺陷、任何泄漏。

CFR 49 192 规定了用管道传输天然气和其他气体时的联邦最低安全技术要求,包括对管道材料、管道设计、部件设计、焊接、制造、仪表及调节装置、腐蚀控制要求、试验要求及操作、保养、记录要求。管道包括收集管线、外大陆架管线、石油气系统等。管道设计包括钢管的设计公式、钢管的屈服强度、钢管的公称壁厚、设计系数、纵缝系数、温度系数等。还包括了塑料管的设计和限制、铜管的设计,对阀门、法兰、管件等也有规定。CFR 49 192.221～245 是关于管线焊接、焊工资格、焊接检查、无损探伤的内容,其中 CFR 49 192.455～481 是关于暴露管线、埋藏管线、水下管线的外部腐蚀、内部腐蚀以及大气腐蚀的。

管道的运营管理和维护应根据 CFR 49 192.601～755 中的有关规定。CFR 49 192.601～755 规定了线路巡检、泄漏调查、修理工艺、卸放装置的试验、管件的试验等,对石油和天然气管线还要符合 ANSI/NFPA58,59 的规定。

该法规规定,管道要按该法规设计、建造、操作和维护,如达不到要求,应增加试验,以保证管道系统的安全。在管道所经过的区域内,所有地上的管段和经过挑选的地下管段必须进行外观检查。所有安全隐患必须被消除。运营者必须保存管线的调查、试验、修理、更换及其他变更记录。

使用板材预装的管线按 ASME 规范进行设计、制造和检验。焊接钢管的焊工必须取得 API 1104 或 ASME Ⅴ的资格。焊缝应进行无损检测，进行无损检测的人员应具备相应的资格，检测要按照书面制定的工艺进行，并按 Patr 192.243 进行评定。

CFR 49 193 是关于液化天然气设施的联邦安全技术法规。CFR 49 193.2051～2917 规定了天然气管道的设计、建造、修理、操作、维护等方面的要求，以及材料、焊接、无损探伤、LNG 罐、人员安全等方面的要求。天然气设施还应符合 ANSI/NFPA 59A 的要求。

CFR 49 194 是关于陆上输油管道反应计划的，该部分要求运营者作出油管泄漏时的应急计划，以减少油管泄漏时对环境造成的影响。

CFR 49 195 是关于危险液体管道传输的，对管道运营者提交意外事故报告、安全状况报告的要求。还包括对管道设计、焊接(包括对焊工的要求)、制造、压力试验要求及操作、保养、检验(焊缝具体检验要求按 API)、修理等的要求，还包括一般培训和应急培训的要求。

CFR 49 198 是对州管道安全项目给予批准的规程。该部分规定了如何设置电话报警系统，并规定在管道施工现场必须设置一个电话报警系统。

该部分特别规定了联邦如何对各州的管道安全计划给予财政支持。该部分的依据是 49 U. S. C. 60101《管道安全法》，授权 RSPA 的行政主管按规定根据各州的管道安全计划执行情况给各州分配基金。对没有电话损失防备计划的州将得不到运输部长的批准得到资金。

二、美国标准介绍

ASME B31. 4，ASME B31. 8 是美国国家工业标准，本身不具有强制性，也不是设计手册，但在美国工程实践中具有非常重要的作用，主要目的是在保护公众和作业公司人员的安全、合理地保护管道系统免遭他人故意破坏或无意间造成意外损伤、合理地保护环境等前提下，对管线系统的设计、建造、检验、试验、操作和维修等环节提出了非常具体的安全技术要求。

1. ASME B31. 4《液态烃和其他液体管线输送系统》

该液体输送系统规范是美国机械工程协会压力管道规范(ASME B31)中的一卷，该规范适用于烃类、液化石油气、无水氨、醇类和二氧化碳介质(液体管道系统)。该规范的目的是在保护公众和作业公司人员的安全、合理地保护管道系统免遭他人估衣破坏或无意间造成意外损伤、合理地保护环境等大前提下，对液体管线系统的设计、建造、检验、试验、操作和维修等环节规定各项安全要求。该规范从下列各方面考虑职工的安全，包括基本设计、材料指令和制作工艺及液体管线系统的建造、检验、试验、操作和维修等方面提出的安全要求。

ASME B31. 4《液态烃和其他液体管线输送系统》共包括 9 章内容，具体如下：

第Ⅰ章　适用范围和定义

第Ⅱ章　设计

　第 1 部分：设计条件及设计准则

　第 2 部分：管道部件的压力设计

　第 3 部分：管道设计中部件的选择和限制

　第 4 部分：管道接头的选择和限制

　第 5 部分：膨胀、挠性、结构附件、支撑件及约束件

　第 6 部分：辅助管道和其他专用管道

第Ⅲ章　材料

第Ⅳ章　尺寸要求

第Ⅴ章　焊工、焊接和组装

第Ⅵ章　检验与试验

第Ⅶ章　操作及维修规程

第Ⅷ章 腐蚀控制

第Ⅸ章 近海液体管线系统

2. ASME B31.8《输气和配气管线系统》

该规范规定了压力管道安全设计和监造所需要的工程要求。虽然安全性是基本考虑因素，但仅仅这一因素并不能决定任何管道设施的最终技术要求。该规范并非设计手册。该规范包括输气管道设施的设计、制作、安装、检查和试验，该规范也包括了这些设施的操作和维护方面的安全问题。

ASME B31.8《输气和配气管道系统》共包括9章内容，具体如下：

第Ⅰ章 材料和设备

第Ⅱ章 焊接

第Ⅲ章 管道系统的组件和制作

第Ⅳ章 设计、安装和试验

第Ⅴ章 操作和维修规程

第Ⅵ章 腐蚀控制

第Ⅶ章 其他

第Ⅷ章 近海气体管线系统

第Ⅸ章 酸气设施

3. ASME B31.8S—2001《输气管道完整性管理》

ASME B31.8S《Managing Integrity System Of Gas Pipeline 2001》(ASME B31.8S 输气管道完整性管理)是输气管道完整性管理的标准，它是对 ASME B31.8《天然气输气管道与配气管路系统(Gas Transmission and Distribution Piping System)》的补充。后者已成为经 ANSI 批准的美国国家标准，也是为各国广泛接受的事实上的国际标准，其内容涵盖了天然气输气管道与配气管路系统的设计、施工和运行。

ASME B31.8S 的目的是为管道系统的完整性和完整性管理提供一个系统的、广泛的、完整的方法。该标准已得到 B31 标准委员会和 ASME 技术规程与标准委员会的首肯。在2002年1月14日它被批准为美国国家标准。

该标准是一个过程标准，它描述了管道公司在进行一项完整性管理时可能涉及的过程。它提供了进行完整性管理的两种方法——包括预定的、以风险分析为基础的两种完整性管理程序。许多国家的管道公司目前正使用基于风险或风险管理原理来提高它们的管道系统的完整性。编撰该标准时采用了已出版的与本主题相关的一些国际标准。特别需要提到 API 和它们的输液管道完整性管理标准——API 1160，正是用它作为母版而形成了该标准。

该标准全面地论述了完整性管理原则、完整性管理程序所需的要素、完整性管理的流程以及完整性管理流程的具体要求。在其附录A中介绍了针对标准正文所列的9类危险的预定的完整性管理方案的流程图及其基本组成和当出现采取的措施和时间间隔不适用于运营公司可能遇到的严重情况下如何通过更精确的分析和更频繁的检测来达到管道完整性要求；附录B则提供了管道内腐蚀、外腐蚀评价的实施方法。

(1) 完整性管理程序要素

根据 ASME B31.8S，管道完整性管理的要素包括5个方面(见图23-1)，这5个要素集中起来，成为综合、系统和全面的完整性管理程序的基础。

1) 完整性管理方案：完整性管理方案是执行每一步骤和进行支持性分析的文件。方案应包括预防、探测和减缓措施，还应制定一个措施实施的时间表。

2) 效能测试方案：效能测试主要关注的是完整性管理程序提高管道安全性的效果。

3) 联络方案：为了使公众了解在完整性管理方面所做的工作，运营公司应制定并实施与员工、公众、应急人员、当地公务人员及管理部门进行有效联络的方案。该方案应向每个股东通报有关完整性管理方案的信息及所获得的结果。

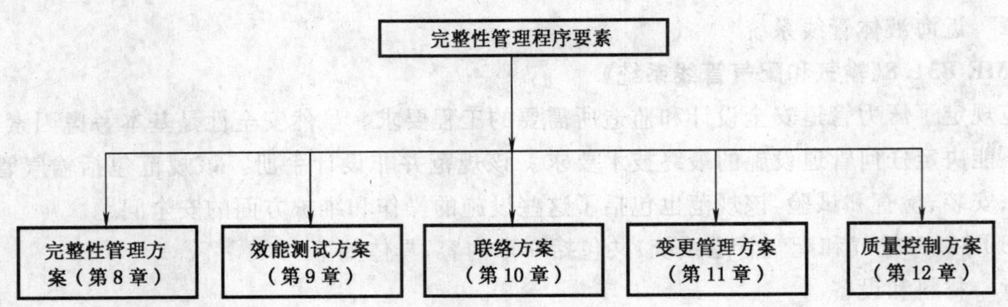

图 23-1　完整性管理程序要素

4）变更管理方案：管道系统及其所处的环境不是静止不变的。在完整性管理方案实施前，应采用一种系统方法，确保对管道系统的设计、操作或维护发生变更所带来的潜在风险进行评估，并确保对管道运行所处环境的变化进行评价。在变更发生之后，适当时，应将其纳入以后的风险评估中，以保证风险评估方法针对的是当前配置、操作和维护的管道系统。完整性管理方案减缓措施的结果，应作为对系统和设施设计和操作的反馈。

5）质量控制方案：质量控制方案是"运营公司满足其完整性管理程序所有要求的文件证明。"包括以质量控制为目的的完整性管理程序的评价和完整性管理程序所需的文件和对完整性管理程序的审核程序及其文件。

（2）完整性管理的流程

完整性管理的流程描述了管道完整性管理实施的步骤，每一步骤包含的内容，主要包括：

1）管道危险因素及潜在影响的识别；

2）数据收集、检查和综合；

3）风险评估；

4）完整性评价；

5）对完整性评价的响应，减缓（维修和预防）措施和检测时间间隔的确定；

6）数据的更新、整合和检查；

7）风险再评估等。

完整性管理的流程见图 23-2。需要说明的是，完整性管理的流程是一个不断循环更新的过程，而且

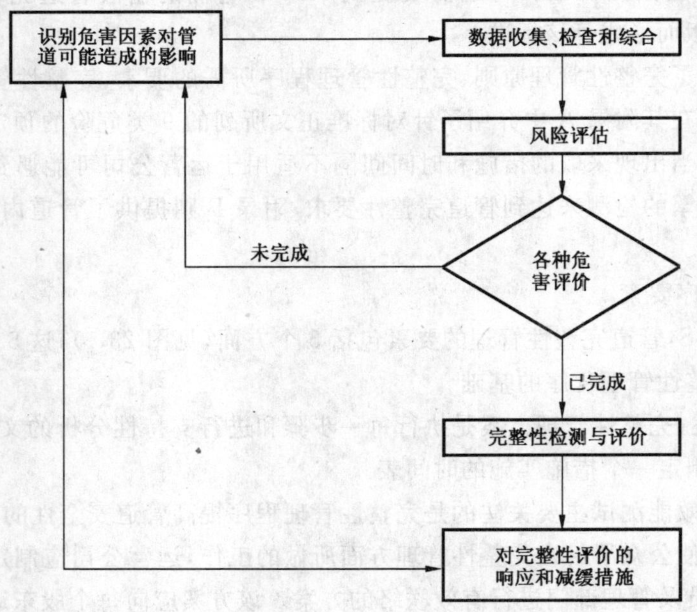

图 23-2　ASME B31.8S 输气管道完整性管理流程图

每一步骤在实施过程中通常也需要多次的循环和重复。

如前所述，ASME B31.8S规定了管道完整性管理的两种程序：预定的完整性管理程序和基于风险分析完整性管理程序。预定的完整性管理程序要求的数据资料和分析最少，按照标准（ASME B31.8S—2001）和"非强制性附录A"介绍的步骤即能完成，这种方法结合预计最坏情况的发展迹象，确定逐次进行完整性评价的时间间隔，这种做法使得对数据的要求减少，分析的范围缩小。基于风险分析完整性管理程序需要更深入地了解管道的情况，在检测时间间隔、检测工具、预防和减缓方法上有更大的选择余地，其实施的结果必须达到或超过规定的完整性管理方法的结果，只有进行了充分的完整性评价，为基于风险评价的完整性管理程序提供了数据，才能实施基于风险评价的完整性管理程序。

在这两种完整性管理程序中，风险评价都是必不可少的。管道的风险评价是指用系统的、分析的方法来识别管道运行过程中潜在的危险、确定发生事故的概率和事故的后果，它的目标是对管道完整性评估和事故减缓活动进行优先排序，评价事故减缓措施的效果，确定对已识别危险最有效的减缓措施，评价改变检测周期后的完整性效果，进行更有效的资源分配。

根据风险评估确定的优先序，运营公司应采用相应的方法进行完整性评价。可采用的完整性评价方法有管道内检测、试压、直接评价或标准所述的其他方法。完整性评价方法的选择，取决于管段所敏感的危险。要确定管段的各种危险，可能需采用多种方法和/或工具。相反，对于某些危险，运营公司采用任何一种完整性评价方法进行检测可能都不合适。其他措施，如预防措施，可能会得到更好的完整性管理结果。

(3) 完整性评价的时间间隔

可采用为预定的完整性管理程序制定的风险分析方法对管段完整性评价进行重点排序。管段的完整性一经确定，就要按表23-1确定再检测的时间间隔。预定的完整性管理程序的风险分析使用的数据组最少。它们不能用来延长再检测的时间间隔。

表23-1　完整性评价时间间隔——时效性危险的预定完整性管理方案

检测技术	时间间隔年	标准		
		≥50% SMYS	≥30%～50%SMYS	<30%SMYS
试压	5	TP=1.25MAOP	TP=1.4MAOP	TP=1.7MAOP
	10	TP=1.39MAOP	TP=1.7MAOP	TP=2.2MAOP
	15	不允许	TP=2.0MAOP	TP=2.8MAOP
	20	不允许	不允许	TP=3.3MAOP
内检测	5	PF>1.25MAOP	PF>1.4MAOP	PF>1.7MAOP
	10	PF>1.39MAOP	PF>1.7MAOP	PF>2.2MAOP
	15	不允许	PF>2.0MAOP	PF>2.8MAOP
	20	不允许	不允许	PF>3.3MAOP
直接评价	5	危险迹象取样检查	危险迹象取样检查	危险迹象取样检查
	10	危险迹象全部检查	危险迹象取样检查	危险迹象取样检查
	15	不允许	危险迹象全部检查	危险迹象全部检查
	20	不允许	不允许	危险迹象全部检查

注：
1. 时间间隔为最大值，根据采取的维修和预防工作情况可以缩短。此外，某些危险可能极具破坏性，因此可能需要大大缩短检测的时间间隔。如果发生时效性事故，要立即重新确定检测的时间间隔。
2. TP表示试验压力。
3. PF表示预测失效压力，按ASME B31G或类似标准确定。

以风险分析为基础的完整性管理程序的风险分析，可以作为确定检测时间间隔的依据。这种风险分析要求的数据项，要比"非强制性附录A"中所要求的更多，要求分析更详细。也可用这些分析结果评价减缓措施和预防方法以及它们的时间表。

4. ANSI/API 1160—2001《液体管道完整性管理标准》

API 1160 有害液体管道的系统完整性管理，为液体管道工业的完整性管理提供了指导。对于使用这个标准的管道运营者而言，在建立或者更新完整性管理时，理解联邦管道安全规定的关于后果严重区的管道完整性管理非常重要。但是要达到高质量的管道安全管理，管道运营者除了遵守管道安全管理规定外，还要做更多工作。运营者要在安全规定的基础上发展最适合其运行要求的完整性管理系统。为了帮助标准的使用者，标准前言部分对完整性管理的要求进行了简要的说明。

有害液体管道运行和维护联邦规定准则于 2001 年 5 月 29 日生效。规定准则对后果严重区的管道安全管理(49CFR195.452)进行了规范。新要求的目的是提高管道完整性，并保护后果严重区。

从标准的发布时间上来看，API 1160 比 ASME B31.8S 要早，这一点在 ASME B31.8S 的前言中已有声明，由于 ASME B31.8S(输气管道的完整性管理标准)是借鉴了 API 1160(输液管道完整性管理标准)和其他相关标准的基础上制定的，因此，如果撇开油和气的区别，单纯从对管道完整性管理论述的全面性和完善性而言，ASME B31.8S 更具有代表性，因而在业界的影响似乎更大。基于以上原因，本文对液体管道完整性管理标准——ANSI/API 1160—2001 的论述时，附带与 ASME B31.8S 进行一些比较。

API 1160 关于管道完整性的主要内容介绍

(1) API 1160 关于管道完整性管理程序(见图 23-3)

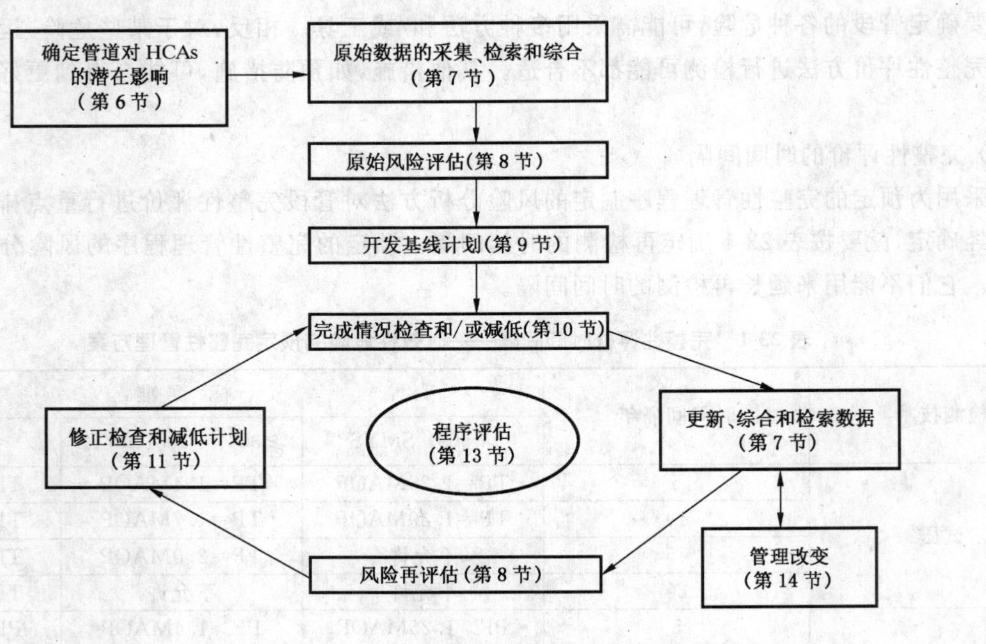

图 23-3 API 1160 的完整性管理程序流程框架

API 1160—2001 和 ASME B31.8 S—2002 分别针对输气管道和输液管道完整性管理的流程进行了论述，虽然略有不同，但其实质是一致的。完整性管理的流程包括识别危险对管道的潜在影响、数据收集、检查和综合、风险评估、完整性评价、完整性评价的响应、数据的更新、整合和检查、风险再评估。

由于 ASME B31.8S—2002 是借鉴了 API 1160—2001 和其他相关标准的基础上制定的，ASME B31.8S—2002 提炼了管道完整性管理程序的 5 个要素并进行了专门的论述。而在 API 1160—2001 标准中，虽没有明确提出以上 5 个要素，但其完整性管理程序流程的框架要素的论述，已经完全涵盖了 ASME B31.8S—2002 中所论述的 5 个要素的内容。

(2) 完整性管理流程内容简述

管道对后果严重区潜在影响的识别。包括识别管道泄漏发生后能够对后果严重区造成影响的管段。影响识别包括在地图上找出后果严重区，找出管道的位置，并确定哪个管段能够影响到后果严重区。49CFR195.452 要求进行这种分析。详细内容见标准的第 6 节。

最初的数据采集、分析、综合。首先要对潜在危险的信息进行综合。这是理解管道对后果严重区和最初的数据采集、分析、其他地区潜在的完整性威胁的第一步。运营者要收集、分析、综合信息。这些信息帮助我们了解管道运行的状况并识别对管道完整性构成威胁的管段。进行风险评估所需的数据有：运行信息、维护信息、监督情况、管道设计、运行历史、失效模式和对特定管道、特定管段的信息。标准的第7节简要说明了在风险分析中要用到的常用数据及其来源和数据分析、综合的方法。刚刚开始完整性管理的运营者应采集这样的数据，虽然数据的数量有限，但利用有限的数据可以确定出对完整性构成威胁的因素。

初步风险评估。利用前面处理过的数据来进行管道系统风险评估。首先要系统并综合地找出对管道和设备完整性的潜在威胁。不要局限于已知危险种类，应去发现新的风险。对前面收集到的信息和数据进行完整性评估。风险评估可以识别特定位置管道的状态、可能发生事故的类型或管道的状态和可能发生事故的类型。风险评估的结果应该包括管道系统上最重要的风险种类和位置。

在找出系统中最重要的风险后，就要采取预防或减缓措施来降低风险。内检测和水压试验是识别对完整性构成威胁的缺陷的最有效方法。风险控制和降低过程包括：

——识别能够降低事故概率、减小事故后果或降低事故概率减小事故后果的方法。

——对各种方法进行系统的评估和比较。

——找到并执行风险控制的最优方法。

现在有很多进行风险评估和风险控制的方法。标准的第8节详细介绍了风险评估的方法。

制定基线评估计划。利用风险评估（或筛选评估）的结果来编制一个找出最重要风险和评估管道系统完整性的方法。这个计划应该阐述完整性评估内容（如内检测或者是水压试验）和预防及降低风险的方法。对于那些能够影响后果严重区的管段，49CFR195.452要求编制基线评估计划。计划应包括内检测技术、水压试验、其他管道完整性评估的方法、进行评估的时间表、选择所用方法的理由。标准第9节介绍了很多现有的内检测技术、选择评估方法和进行内检测和水压试验的时间间隔的说明。

检测和/或减缓。执行基线评估计划、对结果进行评估、对能够导致管道失效的缺陷进行修补。标准的第9节说明如何按照内检测结果对需要检查和修理的管段进行排序。附录B说明了对不同类型缺陷进行修补的技术。

风险评估可能会发现以前没有发现的风险。如果认为开挖对管道是很大的威胁，运营者会增加巡线、公众交流、管道标记、管道占地的施工清理、提高开挖者的意识来减少第三方破坏。第10节同样说明了风险控制和降低活动。

更新、综合、分析数据。在完成最初的评估后，管道运营者要提高并更新管道的信息。将这些信息存储并保存到数据库来支持将来的风险评估和完整性评估。因为系统连续运行，所以应不断加入运行、维护、检查和其他信息以充实数据库。

重新评估风险。进行定期的风险评估，包括运行数据、管道系统设计的改变（新阀、新管段、修复工程）、运行（流动的改变、水压试验）分析上次风险评估后外部变化造成的影响。完整性评估的结果，如内检测、水压试验，应考虑到下次风险评估当中。这样可以保证分析是建立在对管道状态了解的基础上。

修改减缓和检查计划。应将基线评估计划转变成反映新信息和完整性新威胁的完整性评估计划。新的风险评估结果可以用来进行将来的风险评估。第11节讨论更新完整性评估计划。第9节讨论内检测和水压测试的频率。

评估程序。运营者应收集运行信息、定期的评估完整性评估技术、管道修理活动及其他预防和减缓措施。运营者还应评估管理系统的有效性及支持有效的完整性管理决策的程序。第13节说明了如何评估方法的有效性和处理完整性管理。

管理变化。管道系统和系统所处环境不是一成不变的。应该系统地对管道系统设计、运行、维护的变化对管道的潜在风险进行评估。还应对管道所处环境的变化进行评估。要将这些变化包括在以后的风险评估中。第14节讨论对与完整性管理相关的变化进行管理。

标准的第12节对管道系统的设备，例如泵站和终端，制定了完整性管理程序。标准中的流程框架图也适用于那些设备。但是设备的完整性评估、风险评估、测试、预防和减缓措施与管道的不同。第12节专门讨论了如何进行泵站和终端的评估。

本标准可为管道工业的完整性管理提供指导。对于使用这个标准的管道运营者而言，在建立或者更新完整性管理时，理解联邦管道安全规定的关于后果严重区的管道完整性管理非常重要。但是要达到高质量的管道安全管理，管道运营者除了遵守管道安全管理外，还需做更多工作。运营者要在安全规定的基础上发展最适合其运行要求的完整性管理系统。

完整性管理程序为提高管道系统安全性提供了一种方法，并且可以有效地按下列进行资源配置：

——识别和分析实际的和潜在的能够导致管道事故的因素。

——分析管道事故的可能性及危害程度。

——提出综合的、完整的分析和降低风险措施的方案。

——提出建设性的、易于交流的选择和执行降低管道风险的方法。

——以提高管道运行安全性为目标，建立和跟踪系统运行情况。

5. API RP 1129—1996《危险性液体输送管道完整性的保证措施》

API RP 1129—1996 是 API 的一个推荐性（recommended practice）文件规范，文中推荐的方法为提高管道系统完整性的保证系数而采取的行为提供基本的指导和信息。它根据有害液体管道的完整性管理的要求，将现有的工业经验、知识、信息和管理方法整合成具有适用性广泛的实践经验的实用性文件，以协助管道操作人员提高他们所管理的管道完整性的保证系数。其范围涉及设计和建设、系统监控和控制、腐蚀控制、检测，检查和审查以及破坏预防等各方面的内容。

该标准所涉及的设备包括管道和管道部件，泵站，测量设备，存储设备，以及其他操作危险性液体管道可能会用到的设备。

该标准参考了其他规范文件并进行了整合，如 49 CPR 195，以及其他的标准。文件中推荐的方法努力遵守了 DOT 49 CFR 195 的最低要求，也遵守了法规之外的对其他设备的要求。49 CFR 195 中的监测、报告、测试和监测间隔等规定中的有些要求在风险评估分析中不一定要遵守。

总而言之，该文件是一种类似于参考使用手册一类的指导文件，是 API 1160 的细化和补充，是危险液体管道完整性管理的配套文件。

如前文所述，该标准是在其他规范文献的基础之上根据有害液体管道的完整性管理的要求，整合了管道管理中的经验而形成的一个实用性的文件，因此有必要将形成此文件的支持性规范文献列举如下。

(1) API 规范

Spec SL　干线管道的规范

Spec SL1　干线管道的铁路运输的推荐规范

RP 5L8　干线管道检测的推荐规范

RP 5LW　用船或海运单根管道推荐规范

Spec 6D　适用于管道阀门的规范(门阀、插阀、球阀和止回阀)

Spec6H　对终端密封、联接、旋转开关的规范

Spec 11N　租用自动监控输送设备的规范

RP 500　石油设备中电子设备的位置的分类推荐规范

Std 541　鼠笼式感应马达 250HP 或更大型

RP 574　对管道、隧道、阀门、零件的检测

Std 598　阀门检测和测试

RP 610　石油，重载化工和燃气工业设备中的离心泵

Std 620　设计或制造大型焊接低压储罐

Std 650　石油存储用焊接低压储罐

Std 652　地上石油储罐底部的衬里

Std 653　储罐检侧、修理、替换和重建

RP 1102　穿越铁路和高速路的钢质管道

Std 1104 管道和相关设备的焊接

RP 1107 管道维护焊接规范

RP 1109 标记液体石油管道设备

RP 1110 压力测试和液体管道

RP 1111 烃类海底管道的设计、建造、操作和维修

RP 1113 建设管道监控中心

RP 1114 地下开挖存储的设计

RP 1115 地下开挖存储的操作

RP 1117 在役管道的降压使用

RP 1119 液体管道操作人员的训练

RP 1123 危险性液体管道操作者对公众教育的工作规程的发展

RP 1130 管道检测的计算

Std 2510LPG 设备的设计和制造

Std 2610 终端站和存储设备的设计、建设、维修和检测

Std651 地上石油储罐的阴极保护

(2) ACI International(美国混凝土学会)规范

318 强化混凝土的建设要求

(3) ASME 规范

B 31 压力管道规范

B 31G 腐蚀管道剩余强度的测定手册

B 31.4 烃类,液化石油气,氨,乙醇的液体运输系统

B 31.11 浆类运输管道系统金属手册,13 卷:"腐蚀"

(4) AWWA(美国水利工程联合会)规范

ANSI/AWWA Standard C214 用于钢质排水管道外部的缠绕带

ANSI/AWWA Standard C215 用于钥质排水管道外部的压延聚烯烃

(5) DOT 美国交通部规程

49 CFR 40 车间药物运输规程和乙醇测试程序

49 CFR 190 管道安全规程

49 CFR 194 国家准备规程

49 CFR 195 运输液体管道的 DOT 规程

49 CFR 199 兴奋剂和酒精测试

(6) NACE International 国家腐蚀工程师联合会规范

RP 0572 受压的深路基的设计、安装、操作和维护

RP 0175 钢质管道和系统的内部腐蚀的控制

RP 0675 海上钢质管道的外腐蚀的控制

RP 0169 地下或埋入式管道的外腐蚀的控制

10A192 有套管的钢质管道目前发展水平的报告

RP 0490 0.25～0.76mm 的熔合型环氧树脂外涂层的致密性检测

RP 0274 管道安装前的高电压电子检测

(7) NFPA 国家防火协会规范

30 可燃和易燃液体规范

30A 自动化和海上装置站点规范

70 国家建筑规范

(8) SSPC 钢结构涂装委员会规范

SSPC-SP1　溶剂清洗

6. API RP 581—2000《基于风险的检测》

该标准论及风险用作区分检验程序优先秩序并对其管理的基础。在检验程序中，待检设备部件根据其风险进行评级。在几乎每一情形中，一旦风险被识别，就会有降低风险的替代机会。另一方面，几乎所有的主要商业损失都是某一次失效的结果，以致了解或管理风险。了解基本资源文件中说明的风险检验方法论是重要的，它只是代表风险用作检验准则的许多可能方法之一。至于所有形式的风险评估，根据评估目的和要求的细节程度，许多方法都是有效的。RBI 方法论为通过对检验频率、细节程度和 NDE 类型作出有见识的决策来管理风险提供了基础。在大多数工厂，总装置风险中一个大的百分比集中在一个相当小的百分比的设备部件上。这些潜在的高风险部件也许可能通过一个修订的检验计划要求引起更大的注意。增加检验努力的成本有时可能通过识别为具有较低风险的区域中过分的检验努力来抵消。只要 RBI 程序到位，检验将继续按现有工作文件中规定进行，但优先性和频率将由 RBI 规程指导。

RBI 规程的目的如下：

(1) 提供定义并度量风险的能力，从而为管理某一过程计划的许多重要单元创造有力工具。

(2) 允许对安全、环境和业务中断风险进行审查的综合性成本合理的管理。

(3) 通过更好地利用检验资源系统地降低失效的相似性。

识别可能被用于降低装置修改的重大后果区域(减缓风险)。

第三节　加拿大长输管道标准法规

一、《陆地管道规则》(Offshore Pipeline Regulations)

加拿大联邦政府对长输管道的管理，主要通过能源局来实现。能源局管理的管道主要是用来传输油、气或其他商品，链接两省或多个省的长距离管道系统。为了切实贯彻加拿大《国家能源局法》和能源局管辖的有关规则，确保人员生命财产安全和环境，能源局任命本部门许多技术官员担任管道检察官职务，从事对管道公司的监督监察工作。

《能源法》对管道的设计和审批进行了规定。管道公司设计、建设、运行或废置管道，或同其他单位签订合同提供这些服务，必须确保遵守有关管道规则(《陆地或海洋管道规则》)，而且必须符合加拿大 CSA Z276 标准《液化天然气的生产、储存和处理》、CAS Z341 标准《地下碳氢物质的储存》或 CSA Z662 标准《油气管道系统》要求。

对施工管理也进行了相关规定：在管道项目施工时，管道公司必须制定有关管材和部件的材料规范，并在必要的时候上报能源局；管道焊接后，必须对每一个焊接头的全部环焊缝进行射线和超声波检验；当全部制造安装工作结束后，要对管道进行压力试验等等；同时当管道建设完成后，管道公司要向能源局提交新建管道投入运行的申请。

同时，能源局法还对管道使用管理和检验进行了要求，主要包括使用管理的一般性要求；定期审查与检验要求；维护与修理和对管道其他管理要求等。

此外，对事故的处理，以及违章与处罚也进行了相关规定。

二、CAN/CSA Z662—1999《油气管道系统》

该标准内容丰富，适用于陆地和海上的油气管线系统，约有 33 万字，分 15 部分，包括标准的范围、参考出版物、定义、设计、材料、安装、连接、试压、腐蚀控制、操作和维护以及升级、海上管线、配气系统、塑料管线、油田蒸汽配输管线和铝管线。在海上管线、配气系统、塑料管线、油田蒸汽配输管线和铝管线几部分中同样又分为设计、材料、安装、连接、试压、腐蚀控制、操作和维护等内容。与前两版相比，内容上作了重要的修改和补充：

(1) 明确了压缩机、泵站、计量站和调压站都属于本标准范围之内，不考虑它们在管线系统内所处的位置。

(2) 修改了有关压力控制和超压保护的定义和要求。

(3) 改正了有关地区等级和边界的要求，如标准中的第 4.3.2.1.1 条。

(4) 现在允许 ASME 标准 B31.8 用于压缩机站管道和泵站管道的设计、材料、焊接和试压。

(5) 增加了地下储罐设计要求和修正了地面储罐的要求。

(6) 对使用未按 CSA 标准 Z245.1 和 API 规范 5L 制作的管子，在管道设计压力上的限制作了增补。

(7) 现在允许使用非 CSA 标准或规范制作的特定的管子和部件，而不需以未有 CSA 管子和部件作为前提条件。

(8) 修改了验证管子缺口韧性的要求。

(9) 增加了在管线系统操作、维护和升级期间，控制系统完整性的要求，如第 15.12.10.11 条。

(10) 补充了停用管道重新使用和管道报废的要求，如第 12.10.2.3 条、第 11.8.12 条。

(11) 增加了铝制管道的设计、施工、操作和维护等要求，如第 15 条。

(12) 在附录 B 中增加了风险评价的非指令性准则，其中包括风险评价方法的组成和风险评价的方法以及证明文件。

(13) 在附录 D 中增加了管线在线检测的非指令性准则。

(14) 在附录中删掉了附录 H 和 I，因为在塑料管线中不再采用。

修改后的标准有更广的适用范围，既包括油管线和气管线的共性要求，又包括油管线的特殊要求，比如泵站、油库、油罐的设计、制造、安装要求，同时还包括新材料在管线中的应用要求。

第四节　澳大利亚长输管道标准

由于所收集资料有限，这里只对澳大利亚标准进行介绍。

AS 2885《气体和液体石油管线》是为澳大利亚和新西兰协会的联合标准 ME/38(油气管线)做的预备标准。它取代了 AS 2018—1981(气体与液体管线)及 AS 1697—1981(气体输送及分配系统)中涉及大于 1050kPa 的 MAOP(最大允许操作压力)或超过 20%环绕压力的相关内容。由澳大利亚和新西兰联合委员会中的代表取得一致意见后产生，最后作为澳大利亚标准。标准中运用了术语“normative(规范性)”和“informative(资料性)”用来说明附录的应用情况。规范性附录是标准的一个完整部分，而资料性附录则仅仅起一种信息和导向的作用。

该标准包括 3 部分内容：

1. AS 2885.1 第 1 部分：设计和施工。是为输送单相或多相烃流体管线及相关配件的设计及施工提供规范。具体内容如下：

(1) 范围与总则

(2) 安全

(3) 材料及组分

(4) 管线设计

(5) 防腐

(6) 建造

(7) 检查及测试

附录

A 引用文献

B 管线中的电力事故及阴极保护作用

C 生产中焊接管线拉力试验适用的方法

D 断裂韧性的测试方法

E 对外界干涉保护的设计考虑

F 钢制管线的断裂控制计划

G 影响腐蚀的因素

H 断裂环境

I 阴极保护资料

2. AS 2885.2 第 2 部分:焊接。该部分由焊接委员会起草,1995 年发布的版本经过 5 年的应用,积累了丰富的经验,在此基础上,对原版本在编辑和技术上进行了重新修订,2002 年发布了新版本。修订后的版本内容更全面,更具体,具有很好的可操作性。具体内容如下:

(1) 范围和概述

(2) 材料

(3) 焊后热处理和焊后冷却

(4) 焊接位置

(5) 焊接工艺评定

(6) 评定焊接工艺用试件评价

(7) 焊工或操作人员的资格评定

(8) 评定焊工或操作人员资格的试焊

(9) 焊工或操作人员的合格与不合格

(10) 焊接接头的设计

(11) 产品焊缝

(12) 试运转后或水压测试后的管道焊接

(13) 正在服役管道的焊接

(14) 焊接产品和修复件评价

(15) 外观检验

(16) 无损检验

(17) 射线照相检验

(18) 射线照相工艺评定

(19) 超声波检验

(20) 磁粉检验

(21) 着色渗透检验

(22) 环形焊缝中间断的验收标准

(23) 不合格的焊接件的修复

(24) 电弧烧损的清除

(25) 不合格补焊或电弧烧损的切除

(26) 记录

附录

A 参考文献列表

B 焊接工艺规范说明表样本

C 焊接工艺评定记录表样本

D 管道环形焊缝机械化熔化极气体保护焊耗材指导

E 纤维素焊条的选择和性能规格

F 氢致冷裂纹(HACC)的避免

G 有待批准的项目

3. AS 2885.3 第 3 部分:操作和维护。该部分规定了符合 AS 2885.1 和 AS 2885.2 规定管道的运行操作与维护的最低要求,并没有包罗所有情况的详细运行操作和维护方法,运行管理者应该根据本标准的相关要求制定具体的操作规程。该部分具体内容如下:

(1) 范围与总则
(2) 运行操作准备
(3) 运行操作要求
(4) 运行工况的变更
(5) 维护要求
(6) 管道修理
附录
A 参考资料一览表
B 受腐蚀管道的评估

第五节　俄罗斯长输管道标准法规

一、《联邦干线管道运输法》

该联邦法规建立在俄罗斯联邦宪法原理的基础上，确定了联邦能源系统最重要的组成部分——干线管道运输，在建设、运行和发展过程中发生的各种关系的法律基础、经济基础和组织基础。共包括 8 章内容：

第 1 章　总则
第 2 章　国家在干线管道运输领域的调节原则
第 3 章　干线管道运输系统运行和发展的法律基础
第 4 章　干线管道运输领域的经济关系特点
第 5 章　在建设和使用干线管道运输项目过程中土地的调控
第 6 章　干线管道运输领域工业安全和生态安全的法律基础
第 7 章　干线管道运输系统的动员准备和干线管道运输项目处理公文的特点
第 8 章　结束条款

二、BHTⅡ2—1986《干线输油管道工艺设计规范》

该规范由原苏联国立干线管道设计院和全苏油气工业管理组织和经济科学研究院共同编制，规范对干线输油管道的工艺设计规定了具体要求。在设计新的、改建和扩建现有的干线输油管道时，该规范是必须遵守的规范性文件。该规范的干线管道系指长度超过 50km、直径从 219mm 至 1220mm、用于从开采地或储存地向消费地输送商品油的管道。

该规范的目的为干线输油管道的设计提供推荐设计参数以及工艺方案，以确保输油管道的可靠性、安全性、经济性，保证管道稳定运行。

该规范的内容非常具体，包括输油管道的方方面面，由 18 部分组成：1. 基本指标；2. 线路部分；3. 工艺部分；4. 自动控制系统；5. 供电和电气设备；6. 通信；7. 电化学防腐；8. 环境保护；9. 管道的可靠性；10. 维护和修理；11. 能源消耗定额；12. 金属用量；13. 泵站工作人员人数；14. 用房定额；15. 劳动保护；16. 工艺过程自动化水平；17. 消防工艺要求；18. 管道的水力计算和工作制度。

三、BPⅡ39-1.10-006—2000《干线输气管道技术运行规程》

该规程对干线输气管道主要技术设施、构筑物和设备的运行，对天然气输送过程及向地下储气库存天然气过程中的技术人员工作组织和技术文件的编制和采用，都规定了标准和要求，并对设备和构筑物的运行和维护修理规定提出了统一的程序。该规程适用于“俄罗斯天然气工业公司”下属所有干线输气管道，而且对其所有其他企业、机构以及从事管道设计、施工、运行或在干线输气管道的各项工程设施中从事其他工作的所有人员来说，都是务必遵守的。

BPⅡ39-1.10-006—2000 干线输气管道技术运行规程内容包括如下：

第 1 部分　总则，包括基本要求和人员培训及本规程的义务、权利和责任。

第 2 部分　通用设施。

第 3 部分　线路部分，包括基本要求和线路部分的成型、运行组织和技术维护和修理、技术文件等。

第 4 部分　压缩机站。

第 5 部分　地下储气库。包括基本要求，运行组织、技术维护和修理及技术文件。

第 6 部分　配气站。

第 7 部分　电力装置。

第 8 部分　防腐保护。

第 9 部分　信息、自动化、控制、远程化和通信系统及设备。

第 10 部分　作业调度管理。

第 11 部分　环境保护。

附录

第六节　欧盟压力管道安全评价与完整性检验主要标准法规

一、欧洲的 SINTAP 评定程序 2000

SINTAP(Structural Integrity Assessment Procedures for European Industry)是由欧洲多个国家、企业资助，于 2000 年发布试行的最新欧洲统一工业结构完整性评定标准。该标准对脆性断裂、延性撕裂和塑性失稳等都有表述。它结合欧洲及其他国家现有的部分评定标准，并在其基础上做出了适当地改进和发展。

该标准共分 7 个评定等级，当只知屈服应力时使用缺省 0 等级，该等级从夏比冲击数据估计断裂韧性；当屈服应力、最大拉伸应力及接头强度不匹配程度小于 10%时，可进行等级 1 基本评定；等级 2 评定失配与等级 1 数据基本相同，在母材和焊材参数已知情况下，接头不匹配程度可以稍高于 10%；等级 3 应力-应变评定要求全部应力-应变曲线已知；等级 4 约束评定需要额外的数据进行与裂纹尖端约束状况相关的断裂韧性估计；等级 5J 积分评定，采用应力-应变数据进行数值分析以确定 J 值，与低等级相比降低了保守度；等级 6 先漏后爆(LBB)评定，可对部分穿透及穿透裂纹的稳定与扩展进行考察。

SINTAP 程序的结果可以 FAD 或 CDF(Crack Driving Force)形式表述，与 R6 的 FAD 和德国 GKSS 的 ETM 方法基本相同。SINTAP 评定程序包含了 R6 的成分，而 SINTAP 的进展同样可以用来更新 R6。二者的区别在于 SINTAP 除了 FAD 外，还提供了 CDF 表示方法。CDF 法是以表征裂尖前端应力-应变场幅度的 J 积分或裂尖张开位移(CTOD)为参数。如对等级 1：

$$J=J_e[f(L_r)]^{-2} \tag{23-1}$$

$$\delta=\delta_e[f(L_r)]^{-2} \tag{23-2}$$

式中：$J_e K_I^2/E'$，$L_r=F/F_y$ 为载荷比，$\delta_e=K^2/E'\sigma_y$。但该式仅用于一次应力存在的情况下，对连续硬化材料：

$$f(L_r)=(1+0.5L_r^2)^{-1/2}[0.3+0.7\exp(-\mu L_r^6)] \tag{23-3}$$

式中：$\mu=\min[0.001(E/\sigma_y);0.6]$。

当 $L_r>1$ 时，对遵从幂定律的塑性材料：

$$f(L_r)=f(L_r=1)L_r^{(N-1)/2N} \tag{23-4}$$

式中：$N(<1)$为应变硬化指数，$f(L_r=1)$由(a)式得出。当 J 大于材料性能 J_{mat}时，裂纹开始扩展。

与其他程序相比，SINTAP 在材料拉伸性能、断裂韧性数据、裂纹表征及一次和二次应力处理上有一定发展：大范围的拉伸数据使得在有限信息情况下依然可以估计变化曲线；采用 Master 曲线，可从冲击值估计断裂韧性；裂纹表征原则与 BS 7910 相同，但增加了对塑性失稳时裂纹相互作用的论述；对初次和二次应力的处理与 R6 相同，但引入新的 V 因子：$V>1$ 对应于由弹性计算得到的二次应力导致 J 的增加量，$V<1$ 相应于二次应力导致的塑性松弛，而 $V=0$ 则表示二次应力可以忽略。实际上 V 与 R6 的 Q 完全等价。

二、《压力系统安全规程》2000

《压力系统安全规程》(Pressure Systems Safety Regulations 2000)主要适用于在役压力系统，如压力系统的运行及定期检验等。同样也适用于承压设备规程范围以外的压力系统的设计制造等方面。

2000 版《压力系统安全规程》适用于储存以下介质的压力系统：0.5 bar 以上表压的气体；在工作温度或 17.5℃时，蒸汽压力不低于 0.5bar 表压的液体；任何压力的蒸汽。

该规程涵盖了压力系统从最初设计、制造(包括在用修理和改造)直至安装、维护、按书面计划检查及保存记录等各个方面。

2000 版《压力系统安全规程》是 1989 版《压力系统与运输气体容器规程》的修订版，但是在适用范围中去掉了气瓶，同时引入了《承压设备规程》的一些规定，使两者更易于协调。与后者相比，主要的变动之处有：

1. 删除了有关气瓶的要求。从 1996 年起，1989 版《压力系统与运输气体容器规程》中有关气瓶方面的规定，已经列入《危险物品运输(分类、包装和标志)及移动式压力容器使用规程》。

2. 调整了设计、制造部分的使用范围，以协调《承压设备规程》与 2000 版《压力系统安全规程》之间的关系。这样，如果一台容器的设计、制造符合了《承压设备规程》的规定，它也就完全满足了 2000 版《压力系统安全规程》的有关要求。

3. 其他有关在用检验方面的要求也有所调整。

2000 版《压力系统安全规程》自 2000 年 2 月 21 日起生效，没有过渡期，主要是因为它与原 1989 版《压力系统与运输气体容器规程》相比，没有原则的变化。

三、BS 7910：1999《金属结构内可接受缺陷的评定指南》

BS 7910《金属结构内缺陷可接受评估方法指南》是英国标准委员会(BSI)在 1999 年底公布的最新完整版英国标准，是在使用了近 20 余年的 PD 6493 及其发展版本的基础上建立的。公布于 1980 年的 PD 6493 标准集中于进行缺陷对脆性和疲劳断裂影响的评定，其对脆性断裂的处理采用断裂韧性 K_{IC} 或 CTOD 为参数，并采用了 Burdekin 和 Dawes 提出的 CTOD 设计曲线，对疲劳断裂的评定则采用 Paris 疲

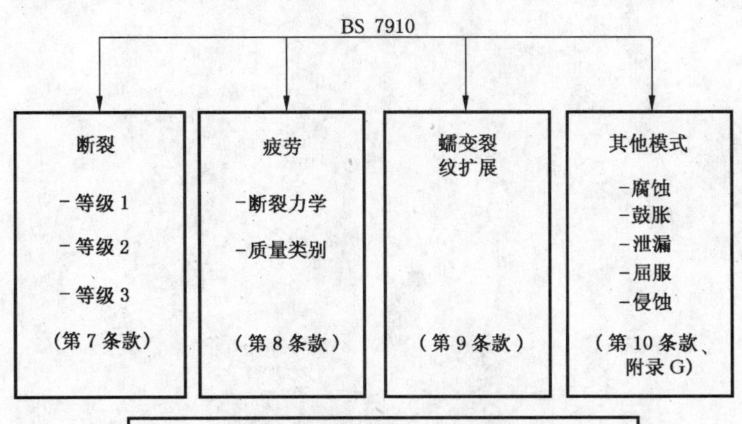

图 23-4　BS 7910 评定方法整体结构图

劳裂纹扩展定律。对剩余静截面塑性失稳断裂的处理则非常简单。PD 6493:1991,除增加了对焊接接头疲劳裂纹的评定,对韧性裂纹和脆性裂纹的评定也有较大的变化:等级 1“初级评定”基本与以往的相同;等级 2“普通评定”与 1980 年版(第 2 版)的 R6 相似;等级 3“高级评定”方法则是基于 R6 第 3 版。经过近 10 年应用后,BSI WEE/37 委员会在 1999 年发布了 BS 7910。BS 7910 包含了 PD 6493—1991 修订后的断裂评定程序(条款 7),改进的疲劳评定程序(条款 8),全新的蠕变裂纹扩展评定(即加入了 PD 6539)作为条款 9 (见图 23-4)。

在断裂评定中,等级 1 的内容基本与 PD 6493:1980 相同,但等级 2 根据材料应力-应变数据情况的不同分为 2A 和 2B 等级,如果应力-应变曲线全部可知,则选用 2B 等级(见图 23-5)。事实上,BS 7910 对断裂的评定与 R6 方法更加接近。通过 1999 年和 2000 年初期的应用,并考虑了用户的反馈意见后,BS 7910 在 2000 年对存在的几个印刷和技术矛盾做出改正,作为 2000 年的修正版本。

第二十四章 国内外长输管道主要标准法规比较

第一节 国内外长输管道法规比较

由于国外长输管道发展较早，法律法规相对健全。而我国法律法规已有一定的基础，但尚需进一步完善。

本节对长输管道法律法规的比较要素包括法律的制定程序、法律法规体系、法律内容、技术法规与标准的关系及作用等。

美国是长输管道发展相对较早的国家，也是国际上发达国家的典型，具有普遍代表意义，其本身建立的法律法规相对比较完善。这里就以美国的代表性规章《美国联邦规章》第 49 篇同中国国务院 313 号令《石油天然气管道保护条例》、国务院 373 号令《特种设备安全监察条例》进行比较。

(1) 法规制定程序方面

美国是联邦体制国家，联邦法律授权运输部负责各州际管道法律规章的制定等，没有统一的以长输管道为主体的联邦法规，但大多数州都有相应的政府机构负责本州法规、规则的制定等，对长输管道安全进行规范管理。在美国，国会是最高级的立法机构。美国国会分众议院和参议院两院。在众议院和参议院里，大部分的立法都是以“法案”的形式提出。同一个版本的立法草案将会分别在众议院和参议院表决，如果立法草案在两院都得到通过，这项草案将送交给总统，请总统签署，成为法律。其最重要的法律就是《美国联邦规章》(Code of Federal Regulations ，简称 CFR)。

中国的法(律)由全国人民代表大会批准发布，法律的实施条例和行政法规由国务院批准发布，令由各部门批准发布，监察规程由国家质量监督检验检疫总局批准发布。

(2) 法律法规体系方面

美国的技术法规体系包括由政府机构制定并强制执行的法规和政府采购标准。技术法规是指卫生、安全、环境保护等方面的法律规定。美国是联邦制国家，除全国性技术法规外，每个州都有自己的技术规范。全国性技术规范由美国政府机构根据国会在法律中赋予的行政职责范围分别制定，由相应的政府机构或部门颁布实施。通常政府机构在制定技术法规时参照已经制定的标准，这些被参照的标准就被联邦、州或地方法律赋予了强制性执行的属性。

法规体系上，我国实行的是多层次法规标准体系，从法律、行政法规、行政规章、安全技术法规到标准共有 5 个层次。具体讲，法律甚至条例给出的宏观的要点与基本要求，而技术法规则在法律与条例等上位法的支撑下，提出具体的可操作性的技术要求。这一点与美国有所不同，美国是直接引用标准中的条款，而中国是在引用的基础上，还需要有具体的技术规范，即规范性文件中提出实施意见与规定。

(3) 法律内容方面

《美国联邦规章》第 49 篇是“运输”(Title CFR 49，Transportation)，“运输”篇下面是由两个分篇组成，共有 1332 个部分，其中 A 分篇(CFR 49 part 1～99)为与运输部长办公室有关的内容。在《危险品规程》(CFR 49 Part 190～192)中：

CFR 49 190 规定了管道安全计划和规则制定程序，该部分主要是一些法律上的规定，如传讯、作证、诉状、听证、警告、行政处罚、刑事处罚等，还包括规则制定的要求。

CFR 49 191 规定了用管道传输天然气和其他气体时，对管道运营者提交年度报告、事故报告、安全状况报告的要求。

在 CFR 49 191.5 中规定，管道运营者应在事故发生时尽快用电话向有关方面报告，报告的内容包括：报告人的姓名和电话，事故发生的位置、时间，受伤或死亡的人数，与事故有关的其他事情及损失程度，以及腐蚀情况、应力水平、环境（如地震、滑坡、洪水）引起的意外移动和不正常载荷、裂纹及材料缺陷、任何泄漏。

CFR 49 192 规定了用管道传输天然气和其他气体时的联邦最低安全技术要求，包括对管道材料、管道设计、部件设计、焊接、制造、仪表及调节装置、腐蚀控制要求、试验要求及操作、保养、记录要求。还包括了塑料管的设计和限制、铜管的设计，对阀门、法兰、管件等也有规定。CFR 49 192.221～245 是关于管线焊接、焊工资格、焊接检查、无损探伤的内容，其中 CFR 49 192.455～481 是关于暴露管线、埋藏管线、水下管线的外部腐蚀、内部腐蚀以及大气腐蚀的。

2001 年国务院颁布的 313 号令《石油天然气管道保护条例》，是为了保障石油、天然气管道及其附属设施的安全运行，维护公共安全而制定的，主要规定了管道企业、沿线地方政府、单位和个人在保护管道安全方面的职责和义务，以及违反规定的法律责任，还规定了管道设施与其他工程相遇关系的处理。

2003 年颁布的《特种设备安全监察条例》中明确包括长输管道在内的压力管道属于特种设备的产品之一。并具体提出管道元件制造、使用等方面的安全要求；也提出了在用管道有关检验检测的基本规定与程序要求。

(4) 技术法规与标准的关系及作用

美国技术法规中大量引用了标准。近年来，政府部门自行制定的标准越来越少，更多地引用非政府机构制定的标准，并鼓励政府官员参加自愿性标准的制修订工作，从而避免了重复劳动，降低了成本。美国的《美国联邦规章》，更注重于长输管道技术上的要求，提出最基本的安全要求，并将部分标准条款引入，成为技术法规。同时，美国对管道有关配件（如阀门、法兰等）的法律法规，都可以由《美国联邦规章》给予确定。

通过对美国《美国联邦规章》比较发现，我国《石油天然气管道保护条例》太笼统，不够细化，可操作性不强，没有体现出对打孔盗油气等行为会产生的严重后果的重罚，更没有体现出管道本身安全的基本要求，以及有关管道的安全监察规定。而《特种设备安全监察条例》中没有明确对压力管道的设计、使用、安装等三个环节的规定，2004 年颁布的《国务院对确需保留的行政审批项目设立行政许可的决定》（国务院令 412 号）明确了压力管道设计、制造、安装、使用、检验单位与人员资格的行政许可由国家质检总局与县以上质量技术监督局负责。

第二节　国内外长输管道标准比较

一、长输管道设计、安装、运行维护等方面的比较

由于涉及的长输管道标准相对较多，于是对长输管道国内外标准进行对比，首先需要确定比较要素，包括：设计方面：包括设计载荷、许用应力、强度、刚度、稳定性、安全阀设置、干燥、压力试验；材料方面：包括拉伸性能试验、断裂韧性试验、弯曲试验；施工方面：包括焊接、无损检测；运行维护方面：包括清管、应急、运行压力、安全管理、维修抢修；腐蚀与防护：阴保最小保护电位、阴保电流、直流电干扰、交流电干扰、管道外部腐蚀控制、防腐层的电绝缘性能、防腐层的完整性、防腐保温层的结构性要求。

这里以管道的设计因素、焊接和运行维护为例进行比较。

1. 设计因素的比较

对中国的 GB 50251—2003《输气管道工程设计规范》、美国的 ASME B31.8—1999、ISO 13623：2000、澳大利亚国家标准 AS 2885.1—1997 和加拿大国家标准 CSA Z662—2003 在输油管道设计中的安

全技术指标和项目进行对比研究：

GB 50251—2003《输气管道工程设计规范》是在1994版的基础上进行修订编制而成，新版本主要增加了线路构筑物、干燥、地下储气库地面设施方面的章节和条款，以及节能、环保、劳动安全卫生方面的规定；内容更充实。本规范部分条款参照了ASME B31.8—1999，自2003年10月1日实施。现将输气管道设计中的安全技术指标和项目进行中外标准对比，如表24-1所示。

2. 焊接方面的比较

目前，国内外指导长输管道工程（包括配套站场工程）焊接工艺评定和现场焊接施工的焊接技术规范主要有石油行业标准SY/T 4103—1995《钢质管道的焊接》、国家标准GB 50236—1998《现场设备、工业管道焊接工程施工及验收规范》、美国石油学会标准API 1104—1999《管道及相关配件的焊接》、澳大利亚标准AS 2285.2—1995《油气管线的焊接》、欧洲标准EN 14163:2001《石油天然气运输系统　管道焊接》等。在这些标准中，指导长输管道工程焊接工艺评定和现场施工的焊接技术规范在应用中各有侧重，究竟哪个标准规定内容较为科学，哪个标准执行起来较为合理，哪个标准某方面款规定较严谨，下面将SY/T 4103—1995《钢质管道的焊接》与API 1104—1999《管道及相关配件的焊接》、EN 14163:2001《石油天然气运输系统　管道焊接》、AS 2285—1995《油气管线的焊接》主要不同之处进行对比分析，具体情况见表24-2。

SY/T 4103—1995与API 1104-1999、AS 2285.2.2—1995、EN 14163:2001在指导长输管道工程焊接工艺评定和现场焊接施工的方面存在一定的差异性，对比分析总结如下：

(1) EN 14163:2001标准针对焊接工艺评定的规则制定及现场焊接基本要求包括返修焊接的基本要求相关规定较为全面、合理和明确一些，而API 1104—1999标准关于焊接接头的无损检测验收规定较为系统、科学和苛刻一些。

(2) 目前长输管道工程焊接工艺评定时十分注重焊接接头的韧性和塑性，这样看来，上述四个标准所规定的试验内容均不全面，如从我国多年的长输管道工程焊接工艺评定的经验来看，试验内容宜包括拉伸试验、刻槽锤断试验、弯曲试验（包括面弯、背弯、侧弯）、夏比冲击试验、宏观金相及硬度检验等试验内容，充分再现接头的性能，保证管道工程的焊接质量。

(3) 从标准的可操作性上来看，EN 14163:2001标准执行起来较容易和明确一些。

(4) 在指导长输管道工程焊接工艺评定和现场焊接施工时，建议综合考虑上述四个标准的更为合理的内容。

3. 运行和维护方面的比较

SY/T 5536—2004是综合修订并替代SY/T 5536—2002《原油管道试运行投产规范》、SY/T 5537—2000《原油输送管道运行技术规范》、SY/T 6148—1995《输油管线清管作业规程》，并增加了采用新技术的有关内容。现就该标准与国外标准中的相关内容进行对比，比较结果见表24-3。

二、长输管道检验检测标准比较

管道的检验分为3个类别：日常巡检、一般性检验、专业性检验。检验的形式主要分为：宏观检验、外检测、内检测。国外已提出较为完善的检验检测评价标准与方法，而国内在这方面的具体规定还相当欠缺。在检验方面主要比较NACE RP0502—2002《外腐蚀直接评价方法》(ECDA)、SY/T 0087—1995《钢质管道及储罐腐蚀与防护调查方法标准》和GB/T 19285《埋地钢质管道腐蚀防护工程检验》。其中ECDA是美国腐蚀工程师学会制定，为美国相关法规认可的内检测、压力试验等同重要，均为管道完整性检测评价的结构化方法；中国标准因编写思路的差异，从整体内容上与ECDA有很大的差别，但都有埋地钢质管道外腐蚀防护相关的内容。本节以分析ECDA为主线索，同时分析3个标准的异同点，使读者对埋地钢质管道外腐蚀检测评价标准情况有大致了解，明确当前国内外相关检验检测标准方面的差异。由于本次主要比较在用管道的外腐蚀检测评价，所以SY/T 0087中的储罐与管道内腐蚀部分以及GB/T 19285中非在用检验部分不作比较，具体比较内容详见表24-4。

表 24-1　输气管道有关设计因素的比较

序号	中国标准对应条款	国外标准对照条款	对应技术内容	中国标准要求	对应国外标准要求	主要技术差异	评　述	相应标准要求的技术来源
1	GB 50251—2003 第 3 条		气质要求	水露点：比环境温度低 5℃；烃露点：低于环境温度；气体中硫化氢含量 20mg/m³	ASME：未见规定；其他国家多数给出具体规定参见 GB 50251—2003 第 76 页	由于我国气候差异较大，对水露点没有给出具体值，规定了与环境温度的差值		
2	GB 50251—2003 第 4.2 条	ASME B31.4 841.114 条、ISO 13623 6.4 条、CSA Z662—2003 4.3.3.2 条、AS 2885.1—1997 4.3.4.1 条	强度设计系数	一级地区：0.72； 二级地区：0.6； 三级地区：0.5； 四级地区：0.4	ASME B31.4：一级地区分两类，1 类取 0.8，2 类取 0.72； ISO：给出环向应力的设计系数最大为 0.83，一般取 0.77； CSA Z662：设计系数取 0.8； AS 2885.1：一般设计系数不大于 0.72，特殊情况下不大于 0.6		我国的强度设计系数比较保守	
3	GB 50251—2003 5.1 条	ASME B31.8 841.11 条、ISO 13623:2000 6.4.2 条、CSA Z662—2003 4.3.3.1.1 条	强度计算	$\delta=\frac{pD}{2\sigma_s\varphi FT}$ σ_s—最小屈服强度，MPa； φ—焊缝系数，取 1.0； F—强度设计系数，按地区级别取值； T—温度折减系数，小于 120℃时取 1.0	ASME B31.8： $p=\frac{2St}{D}FET$ F—强度设计系数； E—纵向接头系数； T—温度降低系数 ISO 13623： $\sigma_{hp}\leqslant F_h\cdot\sigma_y$ σ_{hp}—环向应力； F_h—环向应力设计系数；取值见表 1； σ_y—最小屈服强度 CSAZ662： $p=2\frac{St}{D}\times10^3\times F\times L\times J\times T$ F—强度设计系数，取 0.8； L—定位系数； J—连接系数； T—温度系数	ISO 13623：给出的是总的强度设计原则 CSA Z662：标准中的计算公式强度设计系数取 0.8，但公式考虑了定位系数		…

续表 24-1

序号	中国标准对应条款	国外标准对照条款	对应技术内容	中国标准要求	对应国外标准要求	主要技术差异	评述	相应标准要求的技术来源
4	GB 50251—2003 10.2 条	ASME B31.8 840.22 条、ISO 13623:2000 6.7 条、CSA Z662—2003 8.2 条	压力试验	水压试验： 试验介质：一、二级地区用水或气体；三、四级地区用水。 试验压力： 一级地区：≮1.1 设计压力； 二级地区：≮1.25 设计压力； 三级地区：≮1.4 设计压力； 四级地区：≮1.5 设计压力； 稳压时间≮4h。 严密性试验： 试验介质：为气体； 试验压力：为设计压力； 稳压时间：24h	ASME B31.8： 一级 2 类：1.1 倍最大操作压力；一级 1 类：1.25 倍最大操作压力。 二、三、四级地区：未见规定。 ISO 13623：强度试验 P ≮1.25MAOP 气密试验 P≮1.1MAOP 稳压 8h CSA Z662：大于 700kPa 压力条件下的管线试验要求见 8.2 强度和泄漏试验条款中表 8.1； 小于 700kPa 压力条件下的管线最小泄漏试验压力 700KPa	GB 50251：对不同地区分别给出了具体的规定。 ISO 13623：只给出了一般要求，没有具体规定。 CSA Z662：根据管线压力条件分别给出试验的最大和最低压力		GB 参照 ASME B31.8 和美国《联邦管道安全法规》CFR 49 192 天然气部分
5	GB 50251—2003 3.4.4 条	ASME B31.8 845.4 条、ISO 13623:2000 5.4 条、CSA Z662—2003 10.6.5 条	安全阀定压	安全阀的定压 p_0 根据最大允许操作压力 p 确定： (1)当 $p \leqslant 1.8\text{MPa}$ 时，$p_0 = p + 0.18\text{MPa}$ (2)当 $1.8\text{MPa} < p \leqslant 7.5\text{MPa}$ 时，$p_0 = 1.1p$ (3)当 $p > 7.5\text{MPa}$ 时，$p_0 = 1.05p$	ASME B31.8： (a)在大于 72%最低屈服强度的压力下操作的系统要求泄压和限压容量为最大允许操作压力加 4%； (b)在小于或等于 72%最低屈服强度的压力下操作的系统要求泄压和限压容量为以下两者中较小值： (1)最大允许操作压力加 10%； (2)产生的环向应力为规定的最低屈服强度的 75%的压力。 ISO 13623：压力控制和超压保护措施应能防止操作压力超过正常稳态条件下的最大操作压力。 CSA Z662：考虑到管线应当在低于最大运行压力条件下运行，经营公司应当决定适当减小运行压力，据此调整压力控制、压力释放或压力极限装置		GB 50251 和 ASME B31.8 给出不同情况下的具体泄压值； ISO 13623 和 CSA Z662 只给出了一般的规定	GB 50251 参照 ASME B31.8 和 ISO 13623
6	GB 50251—2003 10.3 条	ASME B31.8、ISO 13623:2000 12.3 条 CSA Z662—2003	干燥	给出各种干燥方法以及各种干燥方法的验收条件	ASME B31.8：没有此项规定。 ISO 13623：规定在满足管输流体质量标准规定的干燥要求的基础上选择干燥方法。干燥度准则就是应确定的水的露点温度。 CSA Z662：没有此项规定			GB 50251 参照荷兰皇家壳牌集团公司标准 DEP31.4.50.30 和美国其他公司的相关规定

表 24-2 焊接方面标准比较对照表

序号	中国标准对应条款	国外标准对照条款	对应技术内容	中国标准要求	对应国外标准要求	主要技术差异	评述	相应标准要求的技术来源
1	SY/T 4103 1条	API 1104—1999 1条、EN 14163:2001 1条、AS 2285—1995 1条	适用范围	适用焊接方法为焊条电弧焊、埋弧焊、不熔化极气体保护电弧焊、熔化极气体保护电弧焊、药芯焊丝自保护焊、气电焊和气焊。 适用于使用碳钢钢管、低合金钢钢管及管件输送原油、成品油、天然气、二氧化碳和氮气等介质的长输管道、压力站管网和泵站管网的安装焊接	API 1104:增加闪光对焊,其他规定与 SY/T 4103—1995 标准相同。 EN 14163:不适用于闪光对焊,增加水下电弧焊,并限定本标准适用的管径≥20mm,壁厚≥3mm,σ_s≤555MPa,其他规定与 SY/T 4103—1995 标准基本相同。 AS 2285:特别适用于指导管道维抢修焊接,其他规定与 SY/T 4103—1995 标准基本相同	标准的适用范围略有差异	4个标准适用范围各有侧重,其中 AS 2285.2—1995 标准特别适用于指导管道维抢修焊接;EN 14163 标准限定适用的管径范围、壁厚范围和σ_s范围较为科学、合理	SY/T 4103 相应标准要求来源于 API 1104
2	SY/T 4103 3条	API 1104—1999 3条、EN 14163:2001 3条、AS 2285—1995 1.5条	术语	无缺陷和缺欠术语定义的表述,但本标准中使用了缺陷这一词语	API 1104:对缺欠和缺陷(符合尺寸要求的缺欠)进行了概念上的区分。 EN 14163:仅有缺陷这一概念表述。 AS 2285:对缺欠和缺陷进行了概念上的区分	缺欠和缺陷在概念上的区分	API 1104 标准和 AS 2285.2—1995 标准对缺欠和缺陷进行了概念上的区分,符合工程实际情况	SY/T 4103 相应标准要求来源于 API 1104
3	SY/T 4103 5.6条	API 1104—1999 5.6条、EN 14163:2001 5.4.3条、AS 2285—1995 6.4条	焊接接头的破坏性试验	试验内容包括拉伸试验、刻槽锤断试验、弯曲试验(包括面弯、背弯、侧弯)	API 1104:与 SY/T 4103—1995 标准规定相同。 EN 14163:试验内容包括拉伸试验、夏比冲击试验、宏观金相及硬度检验。 AS 2285:试验内容包括拉伸试验、弯曲试验(仅要求做侧弯)、宏观金相及硬度检验	试验内容不一致	应综合考虑这四个标准的试验内容	SY/T 4103 相应标准要求来源于 API 1104

续表 24-2

序号	中国标准对应条款	国外标准对照条款	对应技术内容	中国标准要求	对应国外标准要求	主要技术差异	评述	相应标准要求的技术来源
4	SY/T 4103 5.6.2条	API 1104—1999 5.6.2条、EN 14163:2001 5.4.3.4条、AS 2285—1995 6.4.3条	拉伸试验	要求 σ_b 试样≥σ_b 管材名义，若 σ_b 试样<σ_b 管材名义，则该焊口不合格，需重新试验	API 1104：与 SY/T 4103—1995 标准规定相同。 EN 14163：要求 σ_b 试样≥95%σ_b 管材名义，若 σ_b 试样<95%σ_b 管材名义，执行破坏性试验复测规定。 AS 2285：与 SY/T 4103—1995 标准规定相同	σ_b 试样验收指标不一致	EN 14163 标准规定符合焊接工艺评定实际情况	SY/T 4103 相应标准要求来源于 API 1104
5	SY/T 4103 5.6.3条	API 1104—1999 5.6.3条、EN 14163：2001、AS 2285—1995	刻槽锤断试验	本标准对刻槽锤断试样作出了相应的验收规定	API 1104：与 SY/T 4103 标准规定相同但增加白点不作为不合格的原因这一规定。 EN 14163：不要求做刻槽锤断试验。 AS 2285：不要求做刻槽锤断试验	刻槽锤断试验要求不同	刻槽锤断试验旨在反映接头熔合情况，间接反映焊接工艺参数的合理性，应予以采纳。 API 1104—1999 将白点不作为不合格的原因较为合理	SY/T 4103 相应标准要求来源于 API 1104
6	SY/T 4103 5.6.4和5.6.5条	API 1104—1999 5.6.4和5.6.5条、EN 14163:2001、AS 2285—1995 6.4.4条	弯曲试验	根据壁厚情况，弯曲类型为面弯、背弯和侧弯类型。弯轴直径为 88.9mm，弯曲角度 180°。试样表面出现以下情况，则合格： a)不起源于试样边缘的裂纹长度 $l \leqslant 1/2T \cap 3.2$mm（$T$ 为公称壁厚）； b)起源于试样边缘的裂纹长度 $l \leqslant 6.4$mm	API 1104：与 SY/T 4103 标准规定基本相同。 EN 14163：不要求做弯曲试验。 AS 2285：仅要求作侧弯试验，弯轴直径与材质、壁厚有关，弯曲角度 180° 弯曲试样表面出现以下情况，则不合格： (a)出现的裂纹不起源于试样的边缘。 (b)起源于试样边缘的裂纹长度 $l \leqslant 3$mm	关于弯曲试验类型及弯轴直径要求不一致	弯曲试验旨在反映焊缝区、母材和熔合线变形的一致性情况，间接反映工艺匹配的合理性，应以采纳。AS 2285.2—1995 标准要求要合理一些	SY/T 4103 相应标准要求来源于 API 1104

续表 24-2

序号	中国标准对应条款	国外标准对照条款	对应技术内容	中国标准要求	对应国外标准要求	主要技术差异	评述	相应标准要求的技术来源
7	—	API 1104—1999、EN 14163:2001 5.4.3.5条、AS 2285—1995	夏比冲击试验	未规定要求进行冲击试验	API 1104:未规定要求进行冲击试验。 EN 14163:对夏比冲击试验作出了相应的规定。 AS 2285:未规定要求进行冲击试验	关于夏比冲击试验要求不一致	冲击试验旨在反映接头抗冲击破坏的能力和止裂能力,间接反映选材的合理性,应以采纳	
8	—	API 1104—1999、EN 14163:2001 5.4.3.6条、AS 2285—1995 6.4.5条	宏观金相检验	不要求进行宏观金相检验	API 1104:不要求进行宏观金相检验。 EN 14163:对于 PG、PF、H-L045 以及 J-L045 焊接位置,一个试样取在 3 点位,一个试样取在 6 点位。 取样应避开裂纹及未熔合缺陷,并且该部位无损检测满足本标准要求。 AS 2285:宏观金相试样出现以下情况,则合格: a)焊道的顺序及数量符合焊接工艺的要求。 b)无裂纹及其他不合格缺陷。 c)无超过焊层厚度的缺陷	是否进行宏观金相检验及其要求不一致	宏观金相试验旨在反映接头的熔合情况,间接反映焊接工艺的合理性,应予以采纳,其验收规定应综合考虑 EN 14163:2001 标准和 AS 2285.2—1995 标准要求	
9	—	API 1104—1999、EN 14163:2001 5.4.3.7条、AS 2285—1995 6.4.6条	硬度检验	不要求进行硬度测试	API 1104:不要求进行硬度测试。 EN 14163:本标准对不同介质环境、不同壁厚、不同焊接工艺、不同位置的焊接接头硬度值作出了相应的验收规定。 AS 2285:本标准对不同介质环境下的焊接接头硬度值作出了相应的验收规定,其验收值与 EN 14163 标准规定不同	是否进行硬度检验及其要求不一致	硬度试验旨在间接反映焊缝微观组织状态和焊接工艺参数的合理性,应予以采纳,EN 14163 标准关于硬度值的验收规定较合理	

续表 24-2

序号	中国标准对应条款	国外标准对照条款	对应技术内容	中国标准要求	对应国外标准要求	主要技术差异	评述	相应标准要求的技术来源
10	SY/T 4103 5.8 条	API 1104—1999 5.8 条、EN 14163:2001 5.4.4 条、AS 2285—1995	角焊刻槽锤断试验	角焊验试样 4 件。 试样的断裂表面应完全焊透和熔合且满足以下要求： (a) $\Phi_{max}\leqslant1.6$mm 累计 $A\leqslant2\%A$ 断裂。 (b)夹渣 $h\leqslant0.8$mm，且夹渣 $l\leqslant1/2T\cap3$mm	API 1104：与 SY/T 4103 标准规定相同。 EN 14163：$\phi\leqslant168.3$mm 2 件；$\phi>168.3$mm 4 件。 试样的断裂表面应完全焊透和熔合且满足以下要求： a) $\Phi_{max}\leqslant1/5T\cap3$mm。累计 $A\leqslant5\%A$ 断裂。 b)夹渣 $h\leqslant1$mm，且夹渣 $l\leqslant1/2T\cap3$mm。 AS 2285：不要求进行角焊刻槽锤断试验	是否进行角焊刻槽锤断试验检验及其要求不一致	SY/T 4103 标准要求较苛刻一些	SY/T 4103 相应标准要求来源于 API 1104
11	—	API 1104—1999、EN 14163:2001 5.5 条、AS 2285—1995	破坏性试验复验	无相应规定	API 1104：无相应规定。 EN 14163：因试样存在缺欠使破坏性试验结果不合格时，允许加倍取样试验。若因其他原因使试验结果不合格时，需重新评定。 AS 2285：无相应规定	仅 EN 14163 标准明确规定破坏性试验复验的具体要求	EN 14163 标准规定符合焊接工艺评定实际情况	
12	SY/T 4103 5.4.2.2 条	API 1104—1999 5.4.2.2 条、EN 14163:2001 5.6.3 条、AS 2285—1995 5.4.1 条	管材	管材组别变更时应对焊接工艺重新评定。 本标准将所有碳钢及低合金钢进行以下分组： 名义 $\sigma_s\leqslant289$MPa； 289MPa$<\sigma_s$ 名义<448MPa； 名义 $\sigma_s\geqslant448$MPa 的各级碳钢及低合金钢均应进行单独的评定试验	API 1104：与 SY/T 4103 标准规定相同。 EN 14163：管材发生以下变化时应重新评定。 (1)钢级　除非名义 $\sigma_s\leqslant290$MPa，则焊接工艺规程只能适用于同钢级的材料。 (2)化学成分　CE 值的增加值应$\leqslant0.030$。P_{cm} 增加值应$\leqslant0.020$。对于酸性介质，应适当降低该数值。 (3)供货条件　焊接工艺规程只在相同供货条件下才能被批准。 AS 2285：管材出现以下变更时应重新评定。 (a)管材名义 σ_s 由<413MPa 变更为$\geqslant413$MPa，或反之； (b)名义 $\sigma_s\geqslant413$MPa 的各级碳钢及低合金钢均应进行单独的评定试验。 (c)碳当量 CE$<0.35\%$时，碳当量 CE 增加值超过 0.05%； (d)碳当量 CE$\geqslant0.35\%$时，碳当量 CE 增加值超过 0.03%	重新进行焊接工艺评定对管材要素变更情况要求不一致	重新进行焊接工艺评定时管材分组 SY/T 4103 标准合理些；关于化学成分和供货条件的变化带来是否重新进行焊接工艺评定的问题 EN 14163 标准规定要苛刻一些	SY/T 4103 相应标准要求来源于 API 1104

续表 24-2

序号	中国标准对应条款	国外标准对照条款	对应技术内容	中国标准要求	对应国外标准要求	主要技术差异	评述	相应标准要求的技术来源
13	SY/T 4103 5.4.2.5 条	API 1104—1999 5.4.2.5 条、EN 14163:2001 5.6.3.4 条、AS 2285—1995 5.4.1 条	壁厚	壁厚分组变更需重新评定。管壁厚分组如下： ①$T<4.8$mm； ②$4.8\text{mm}\leqslant T\leqslant 19.1$mm； ③$T>19.1$mm	API 1104：与 SY/T 4103 标准规定相同。 EN 14163：对于焊缝焊接，许可壁厚为(0.75～1.5)T。对于支管焊接和角焊接，许可壁厚范围根据 ISO 9956—3 确定。 AS 2285：焊接接头两侧较厚母材壁厚许可范围为(0.5～1.25)T。壁厚超出此范围需重新评定	重新进行焊接工艺评定对壁厚变更要求不一致	4 个标准规定均合理，进行焊接工艺评定时应综合考虑	SY/T 4103 相应标准要求来源于 API 1104
14	SY/T 4103 6.2.2 条	API 1104—1999 6.2.2 条、EN 14163:2001 5.6.3.5 条、AS 2285—1995 5.4.1 条	管外径	管外径分组变更需重新评定： ①$\Phi<60.3$mm； ②$60.3\text{mm}\leqslant\Phi\leqslant 323.9$mm； ③$\Phi>323.9$mm	API 1104 与 SY/T 4103 标准规定相同。 EN 14163 评定管外径 $\phi\leqslant 168.3$mm 时许可管外径(0.5～2.0)ϕ。 评定管外径 $\phi>168.3$mm 时许可管外径$\geqslant 0.5\phi$。 AS 2285 与 SY/T 4103 标准规定相同	重新进行焊接工艺评定对管外径变更要求不一致	上述标准要求均可借鉴	SY/T 4103 相应标准要求来源于 API 1104
15	SY/T 4103 5.4.2.4、5.4.2.8 条	API 1104—1999 5.4.2.4 条、5.4.2.9 条、EN 14163:2001 5.6.4.2 条、AS 2285—1995 5.4.1 条	焊接位置与焊接方向	焊接位置由旋转焊变为固定焊，或反之。 焊接方向从下向焊改为上向焊，或者反之。 发生上述变化需重新评定	API 1104：与 SY/T 4103 标准规定相同。 EN 14163：对环对接焊、支管焊及角焊，其合格的焊接工艺规程适用的焊接位置及方向进行了明确规定。 对于钢管每种位置角度变化接近 25°也可以适用。 AS 2285：本标准对于环对接、支管连接、角接及套袖连接，其合格的焊接工艺规程适用的焊接位置及方向进行了明确规定	重新进行焊接工艺评定对焊接方向及焊接位置的变更要求不同	EN 14163—2001 标准和 AS 2285.2—1995 标准规定的要合理一些	SY/T 4103 相应标准要求来源于 API 1104
16	SY/T 4103 5.4.2.3 条	API 1104—1999 5.4.2.3 条、EN 14163:2001 5.6.4.4 条、AS 2285—1995 5.4.1 条	接头型式	接头设计的重大变更(如 V 型坡口改为 U 型坡口)。坡口角度或钝边的变更不属于重要因素	API 1104：与 SY/T 4103 标准规定相同。 EN 14163：对接焊接工艺评定支持角接，反之不可。带背衬垫对接工艺评定不支持不带背衬垫对接接头焊接。 AS 2285：接头型式发生以下变化需重新评定： (a)坡口角度变化； (b)钝边尺寸变化； (c)对接接头，在无特殊要求前提下根部间隙超出 0.8～2.0mm 的范围	重新进行焊接工艺评定对接头型式的变更要求不同	AS 2285.2—1995 规定过于苛刻，SY/T 4103—1995 与 EN 14163—2001 两标准的规定合理	SY/T 4103 相应标准要求来源于 API 1104

续表 24-2

序号	中国标准对应条款	国外标准对照条款	对应技术内容	中国标准要求	对应国外标准要求	主要技术差异	评述	相应标准要求的技术来源
17	SY/T 4103 5.4.2.6 条	API 1104—1999 5.4.2.6 条、EN 14163:2001 5.6.4.5 条、AS 2285—1995 5.4.1 条	填充金属	填充金属的下列变更需重新评定： (a)填充金属组别变更； (b)管材名义 $\sigma_s \geq 448MPa$ 时，其填充金属型号的变更； (c)在管材名义 $\sigma_s \leq 289MPa$ 或 $289MPa < \sigma_s$ 名义 $< 448MPa$ 分组内变更填充金属，但应从力学性能的角度保持母材和填充金属的一致性	API 1104：与 SY/T 4103 标准规定相同，但填充金属的类型进行了拓展。 EN 14163：填充金属的下列变更需重新评定： (a)焊接材料厂商或品牌的变更，其他特殊规定除外。 (b)需要做冲击和全焊缝金属拉伸试验时，可对指定的厂商或品牌作修改。 (c)无衬垫单面焊的前两层焊道的焊接中焊条/焊丝直径不能改变，其他情况下，焊条/焊丝直径范围为评定试验用焊条/焊丝直径的低一级到比其高的一级。 AS 2285：填充金属的下列变更需重新进行焊接工艺评定： (a)填充金属组别的变更。 (b)单面焊双面成型对接焊缝及角接焊缝的根焊用焊条(焊丝)直径或型号的变更。 (c)强度高于 E4110 的纤维素型焊条焊芯的合金元素或制造商的变更	重新进行焊接工艺评定对填充金属的变更要求不同	EN 14163：2001 与 AS 2285.2—1995 规定较切合工程实际情况。事实上，同一型号不同牌号的填充金属所形成的接头力学性能有些情况下会存在较大差异。 应综合考虑这四个标准关于填充金属的相应规定	SY/T 4103 相应标准要求来源于 API 1104
18	—	API 1104—1999、EN 14163:2001 5.6.4.7 条、AS 2285—1995 5.4.1 条	焊接线能量	无相应规定	API 1104：无相应规定。 EN 14163：要求冲击试验时线能量适用范围可比评定试验时线能量低 15%。 要求硬度试验时线能量适用范围可比评定试验时线能量高 15%。对于酸性介质，线能量不能低于评定试验时的记录值。 AS 2285：手工电弧焊时根焊线能量低于评定试验时线能量的 10%以上，或进行其他焊层焊接时线能量低于评定试验时线能量的 20%以上。 其他方法焊时线能量超出评定试验时线能量的±15%。	重新进行焊接工艺评定对线能量的变更要求不同	EN 14163 标准规定较合理一些	

续表 24-2

序号	中国标准对应条款	国外标准对照条款	对应技术内容	中国标准要求	对应国外标准要求	主要技术差异	评述	相应标准要求的技术来源
19	—	API 1104—1999 5.4.2.13 条、EN 14163:2001 5.6.4.8 和 5.6.4.9 条、AS 2285—1995 5.4.1 条	预热与层温	未作为重要因素进行明确表述	API 1104:降低焊接工艺规程中的最低预热温度,应重新进行焊接工艺评定。 EN 14163:预热温度适用范围不得低于评定试验时预热温度但增加值≤50℃。 层间温度的适用范围为预热温度到评定试验时层间温度的最大值。 此外对加热范围和测温与加热源去除时间间隔进行了明确规定。 AS 2285:预热温度和层间温度低于焊接工艺评定时相应预热温度和层间温度 25℃以上,或高于焊接工艺评定时相应预热温度和层间温度 50℃以上	重新进行焊接工艺评定对预热与层温的变更要求不同	EN 14163 标准规定较合理和明确一些	
20	—	API 1104—1999、EN 14163:2001 5.6.4.10 条、AS 2285—1995	后热处理	没作为重要因素进行明确规定	API 1104:没作为重要因素进行明确规定。 EN 14163:后热处理加热的次数和持续时间应与评定试验时的规范相同或更高。 AS 2285:没作为重要因素进行明确规定	仅 EN 14163 标准将后热处理作为重要因素对待	EN 14163 标准规定较合理和明确一些	
21	—	API 1104—1999 5.4.2.14 条、EN 14163:2001 5.6.4.11 条、AS 2285—1995 5.4.1 条	焊后热处理	没作为重要因素进行明确表述	API 1104:增加焊后热处理,改变焊接工艺规程中焊后热处理的范围或温度,应重新进行焊接工艺评定。 EN 14163:本标准对加热宽度、加热带的边缘温度、保温覆盖区宽度、保温时间、炉加热时钢管放入和取出温度、炉或现场热处理升温或降温要求及支管加热等作出了明确规定。 AS 2285:焊后热处理制度的变更	对焊后热处理具体要求不同	EN 14163 标准规定较合理和明确一些	

续表 24-2

序号	中国标准对应条款	国外标准对照条款	对应技术内容	中国标准要求	对应国外标准要求	主要技术差异	评述	相应标准要求的技术来源
22	SY/T 4103 5.4.2.7条	API 1104—1999 5.4.2.8条、EN 14163:2001 5.6.4.15条、AS 2285—1995	焊道之间的时间间隔	根焊热焊之间的最大时间间隔的增加	API 1104：与SY/T 4103—1995标准规定相同。 EN 14163：采用非低氢型焊接材料和非低氢性焊接方法焊接时，根焊和第二道焊之间的间隔不应大于焊接工艺评定时的时间间隔。 AS 2285：无相应规定	对焊道之间的时间间隔规定不同	EN 14163标准规定较为合理	SY/T 4103相应标准要求来源于API 1104
23	SY/T 4103 5.4.2.9条	API 1104—1999 5.4.2.10条、EN 14163:2001 5.6.4.3条、5.6.4.4条、5.6.4.5条、AS 2285—1995 5.4.1条	保护气体和流量	一种保护气体换成另一种保护气体，或一种混合气体换成另一种混合气体，或保护气体流量范围较大地增加或减小	API 1104：与SY/T 4103—1995标准规定相同。 EN 14163：保护气的种类与成分须与评定试验的相同，且保护气体露点≤−30℃。对于含有指定添加成分的混合气体，添加成分的变化范围不超过工艺评定采用的气体成分的±10%。 GMAW、GSFCAW及GTAW，气体流量范围在评定试验记录值的±15%之内。 AS 2285：保护气体的下列变更需重新评定： (a)一种保护气体换成另一种保护气体，或一种混合气体换成另一种混合气体，或保护气体流量增加或减小超过10%。 (b)单面焊双面成型对接焊保护气体中惰性气体比例的变更	重新进行焊接工艺评定对保护气体和流量的变更要求不同	EN 14163标准对保护气体和流量的规定较为明确、全面	SY/T 4103相应标准要求来源于API 1104

续表 24-2

序号	中国标准对应条款	国外标准对照条款	对应技术内容	中国标准要求	对应国外标准要求	主要技术差异	评述	相应标准要求的技术来源
24	SY/T 4103 5.4.2.10 条	API 1104—1999 5.4.2.11 条、EN 14163:2001 5.6.5.2 条、AS 2285—1995 5.4.1 条	保护焊剂	保护焊剂型号的变更需重新评定	API 1104:与 SY/T 4103—1995 标准规定相同。 EN 14163:焊剂必须与评定试验采用的焊剂相同。 AS 2285:保护焊剂的下列变更需重新评定: (a)保护焊剂型号、类别、规格、制造商的变更 (b)导致不同类别的焊丝和焊剂组合的变更	重新进行焊接工艺评定对保护焊剂的变更要求不同	EN 14163 对保护焊剂的适用要求较严	SY/T 4103 相应标准要求来源于 API 1104
25	SY/T 4103 5.4.2.11 条	API 1104—1999 5.4.2.7 和 5.4.2.12 条、EN 14163:2001 5.6.4.2、5.6.4.3、5.6.4.4 条、AS 2285—1995 5.4.1 条	电特性	仅将焊接速度范围的变更作为重要因素	API 1104:直流焊时极性变更,或在直流与交流之间进行变更需重新进行焊接工艺评定。 EN 14163:电特性的下列变更需重新评定: (a)焊接速度范围超出评定试验记录值的±10%。 (b)焊接电压范围超出评定试验记录值的±10%。 (c)送丝速度和电流超出评定试验记录值的±10%。 焊丝伸长的范围超出评定试验记录值的±5%。 AS 2285:电特性的下列变更需重新评定: (a)电弧形态(喷射过渡电弧形态、滴状过渡电弧形态、脉冲电弧形态、短路过渡电弧形态)的变化。 (b)直流电源脉冲电流增加或减小。 (c)导电嘴至工件距离的变化。 (d)焊接材料使用超出制造商说明书认可的范围	重新进行焊接工艺评定对电特性的变更要求不同	EN 14163 对焊接速度、焊接电压、电流、送丝速度、干伸长的允许范围规定相对合理	SY/T 4103 相应标准要求来源于 API 1104

续表 24-2

序号	中国标准对应条款	国外标准对照条款	对应技术内容	中国标准要求	对应国外标准要求	主要技术差异	评述	相应标准要求的技术来源
26	—	API 1104—1999、EN 14163:2001、AS 2285—1995 5.4.1 条	焊工数量	未作为重要因素进行明确规定	API 1104:未作为重要因素进行明确规定。 EN 14163:未作为重要因素进行明确规定。 AS 2285:在焊接施工过程中,和焊接工艺评定时焊工数量相比,减少根焊或热焊时的焊工数量,需重新进行焊接工艺评定	焊工数量的变化,工艺是否需要评定的要求不同	焊接施工过程中,根焊或热焊时减少焊工数量时,焊道冷却速度会增大,焊缝含氢量增加,从这一点看来,AS 2285.2 标准规定较为合理	
27	SY/T 4103 10.2 条	API 1104—1999 10.2 条、EN 14163:2001 5.7 条、AS 2285—1995 24 条	返修焊接工艺规程	应单独进行返修焊接工艺评定,编制相应的返修焊接工艺规程	API 1104:与 SY/T 4103—1995 标准规定相同。 EN 14163:除以下几种返修焊接方式需单独作评定外,其他焊接工艺规程可用于返修焊接。 (a)单道焊返修; (b)内部返修; (c)对接母材的规定最小屈服强度超过 360MPa。 AS 2285:对返修打磨及打磨处的检查提出了具体要求	返修焊接工艺规程的要求不同	EN 14163 标准规定较为合理。但 AS 2285.2 标准对返修打磨及打磨处的检查要求可以借鉴	SY/T 4103 相应标准要求来源于 API 1104
28	SY/T 4103 6.3.2 条	API 1104—1999 6.3.2 条、EN 14163:2001 6.7 条、AS 2285—1995 7.2 条	焊工资格范围	本标准明确规定取单项资格的焊工在发生焊接方法及组合、焊接方向、管径组别、壁厚组别、填充金属组别、焊接位置、坡口形式等因素变更时,或取全项资格的焊工在发生焊接方法及组合、焊接方向、填充金属组别等因素变更时需重新进行资格考试	API 1104:本标准例外规定取全项资格的焊工进行多种焊接方法组合焊接时,若焊工具有该组合工艺中各项焊接方法的资格证,则无需重新考试。其他规定与 SY/T 4103 标准相同。 EN 14163:本标准明确规定焊工在发生壁厚适用范围、管径范围、焊接方法、焊接方向、接头型式、焊接材料类型、保护气体种类及焊接设备等要素变更时需重新进行资格考试。 AS 2285:本标准明确规定取单项资格焊工发生壁厚适用范围、管径范围、影响熔滴过渡的电弧形态、坡口角度、根部间隙及钝边高度等基本参数变更时,或取全项资格的焊工在发生单面焊时是否背部衬垫板或在坡口中预置填充金属及电弧形态等要素变需重新进行资格考试	对影响焊接的一些重要因素发生变化或超出焊工原来资格范围时,焊工是否需要重新进行资格考试的要求不同	这 4 个标准考虑各有侧重,应全面考虑这 4 个标准的要求。其中,AS 2285.2 标准考虑全面且苛刻些	SY/T 4103 相应标准要求来源于 API 1104

续表 24-2

序号	中国标准对应条款	国外标准对照条款	对应技术内容	中国标准要求	对应国外标准要求	主要技术差异	评述	相应标准要求的技术来源
29	SY/T 4103 7.2条	API 1104—1999 7.2条、 EN 14163:2001 7.7条、 AS 2285—1995	管口组对	组对同一公称壁厚的管口时，其错边量应不大于1.6mm。如果由于尺寸偏差造成一个较大的集中错边，应沿管口圆周均匀地将其分布	API 1104：与SY/T 4103—1995标准规定相同 EN 14163：相邻两管埋弧焊焊缝应错位≥50mm，直缝应位于3点到9点之间的上部。 错位应均匀分布，且≤3mm或管外径的1%的较小值。当管端被打磨或机加工成坡度≤1∶4椎形，且满足最小规定管壁厚时，允许大尺寸的错边。 AS 2285：关于错变量和错边放置无明确规定	管口组对错边量的要求不同	应综合考虑SY/T 4103—1995标准和EN 14163:2001标准的相关规定，最大错边量应从严要求	SY/T 4103相应标准要求来源于API 1104
30	SY/T 4103 7.5条	API 1104—1999 7.5条、 EN 14163:2001 7.4条、 AS 2285—1995	气候条件	当恶劣气候条件影响焊接质量时，应停止焊接。恶劣气候条件包括(但不仅限于)大气潮湿、风沙或大风。如有条件，可使用防风棚焊接。业主应规定适于焊接的气候条件	API 1104：与SY/T 4103—1995标准规定相同。 EN 14163：当钢管表明有湿气或当环境温度低于5℃时，应预热≥50℃。 当环境温度低于−20℃时，经过批准才允许继续焊接。 AS 2285：无相应规定	恶劣气候条件影响焊接质量时，是停止焊接还是采取相应措施继续焊接的要求不同	EN 14163标准对焊接许可的环境温度有明确规定，这一规定较为合理。其他标准均未明确提及	SY/T 4103相应标准要求来源于API 1104
31	—	API 1104—1999 EN 14163:2001 7.18条、 AS 2285—1995	部分完成焊缝的要求	无相应规定	API 1104：无相应规定。 EN 14163：尽可能完成整口焊接，管件的焊接应至少完成一周。 中止焊接之前必须完成焊接工艺规程要求的最小焊道数，如规程无规定，则协商确定。 部分完成的焊接接头应保温覆盖。 未完成3层而中止的焊道将视为不合格，如果允许，需做额外检测。 AS 2285：无相应规定	未完成的焊缝仅EN 14163:2001作具体要求	EN 14163标准对部分完成的焊缝提出的相应规定较为合理	

续表 24-2

序号	中国标准对应条款	国外标准对照条款	对应技术内容	中国标准要求	对应国外标准要求	主要技术差异	评述	相应标准要求的技术来源
32	SY/T 4103 9.7条	API 1104—1999 9.7条、EN 14163:2001 9.4.8条、AS 2285—1995 22.2.11条	咬边的外观检查	焊缝内外咬边深度≯12.5% $T\cap$0.8mm。深度>(6%～12.5%)T或>(0.4～0.8mm)，取二者较小值，要求300mm的连续长度中，累计咬边长度应≤50.8mm。咬边深度<6% $T\cap$0.4mm，任何长度均为合格。余高应≤1.6mm。相邻焊层引弧点应相互错开。焊缝宽度应大于坡口表面宽度3.2mm	API 1104：与SY/T 4103—1995标准规定相同。 EN 14163：焊缝内外表面的咬边深度≤10% $T\cap$1.0mm。 咬边在以下情况下是不可接受的： (a)在任何300mm的连续焊道上，咬边在内外焊道的总长度超过50mm； (b)咬边在内外焊道的总长度超过焊道总长度的15%。 焊缝宽度要求没定量规定。 AS 2285：深度大于0.8mm的单个咬边(包括外咬边和内咬边)或在连续300mm焊缝长度内咬边(包括外咬边和内咬边)累计长度超过50mm。 深度大于0.8mm的单个咬边(包括外咬边和内咬边)或咬边(包括外咬边和内咬边)累计长度超过焊缝长度的20%	评定合格焊缝允许的咬边要求不同	SY/T 4103标准对咬边的相应规定要严一些	SY/T 4103相应标准要求来源于API 1104
33	SY/T 4103 9.3.1条、9.3.2条	API 1104—1999 9.3.1条、9.3.2条、EN 14163:2001 9.4.1条 AS 2285—1995 22.2.3条	未焊透	本标准将未焊透区分为根部未焊透和错边未焊透，并提出了相应的验收指标。且错边未焊透验收指标要求松些	API 1104：该标准增加中间未焊透的划分并提出相应的验收指标。其他要求与SY/T 4103—1995标准规定相同。 EN 14163：该标准未将未焊透进行细分，除例外规定在300mm的双面焊道上，未焊透总长超过50mm或占焊道长度的15%之外，其他验收指标与SY/T 4103—1995标准中根部未焊透验收指标一致。 AS 2285：该标准允许存在错边未焊透，除非该处同时存在未熔合缺欠。其他规定与SY/T 4103—1995标准要求一致	未焊透的分类不同，要求也有相应的不同	应综合考虑API 1104—1999标准和EN 14163:2001标准要求	SY/T 4103相应标准要求来源于API 1104

续表 24-2

序号	中国标准对应条款	国外标准对照条款	对应技术内容	中国标准要求	对应国外标准要求	主要技术差异	评述	相应标准要求的技术来源
34	SY/T 4103 9.3.3、9.3.4条	API 1104—1999 9.3.3、9.3.4条、EN 14163:2001 9.4.2条、AS 2285—1995 22.2.4条	未熔合	在焊缝任何304.8mm连续长度中，夹层未熔合累计长度超过焊缝长度的8%时，则不合格	API 1104：与SY/T 4103—1995标准规定相同。 EN 14163：在焊缝任何300mm连续长度中，夹层未熔合累计长度超过焊缝长度的15%时，则不合格。 AS 2285：当焊缝长度小于300mm时，夹层未熔合累计长度超过焊缝长度的20%时，则不合格	评定合格焊缝要求的未熔合的长度要求不同	未熔合是一种较严重的缺欠，故执行SY/T 4103标准关于未熔合的验收规定较为合理	SY/T 4103相应标准要求来源于API 1104
35	SY/T 4103 9.3.5条	API 1104—1999 9.3.5条、EN 14163:2001 9.4.3条、AS 2285—1995 22.2.6条	根部内凹	当根部内凹处的射线底片黑度不超过相邻最薄母材的射线底片黑度时，任何长度均允许	API 1104：与SY/T 4103—1995标准规定相同。 EN 14163：当根部内凹处的射线底片黑度不超过相邻最薄母材的射线底片黑度时，凹陷累计长度不得超过焊缝长度的25%。 AS 2285：与SY/T 4103—1995标准规定相同	评定合格焊缝要求的根部内凹长度不同	EN 14163:2001标准关于根部内凹的验收规定较为合理	SY/T 4103相应标准要求来源于API 1104
36	SY/T 4103 9.3.6条	API 1104—1999 9.3.6条、EN 14163:2001 9.4.4条、AS 2285—1995 22.2.7条	烧穿	除规定管外径≥60.3mm时，焊缝任何≤304.8mm的连续长度中，射线底片黑度大于相邻较薄母材射线底片黑度的烧穿的最大长度的累计不得超过12.7mm之外，其他规定与EN 14163:2001标准相同	API 1104：与SY/T 4103—1995标准规定相同。 EN 14163：烧穿符合下列任一条，则不合格： 烧穿处的射线底片黑度超过相邻较薄母材的射线底片黑度，且其最大长度超过6mm或超过较薄母材的公称壁厚； 烧穿处射线底片黑度大于相邻较薄母材射线底片黑度的烧穿多于一处。 AS 2285：与SY/T 4103—1995标准规定相同	评定合格焊缝对烧穿的要求不同	SY/T 4103标准关于烧穿的验收规定较为合理	SY/T 4103相应标准要求来源于API 1104

续表 24-2

序号	中国标准对应条款	国外标准对照条款	对应技术内容	中国标准要求	对应国外标准要求	主要技术差异	评述	相应标准要求的技术来源
37	SY/T 4103 9.3.7条	API 1104—1999 9.3.7条、EN 14163:2001 9.4.5条、AS 2285—1995 22.2.8条	夹渣	本标准对管径进行了分组，并规定管外径<60.3mm时： (a)单个细长夹渣长度应≤3T(较薄侧)。 (b)细长夹渣的宽度超过1.6mm。 (c)宽度>1/2T(较薄侧)的独立夹渣累计长度应≤2T(较薄侧)。 管外径≥60.3mm时： (a)在焊缝任何304.8mm连续长度中，独立夹渣的累计长度超过12.7mm； (b)细长夹渣和独立夹渣的累计长度超过焊缝长度的8%	API 1104：本标准除例外规定管外径<60.3mm时细长夹渣和独立夹渣的累计长度不得超过焊缝长度的8%外，其他规定与SY/T 4103—1995标准相同。 EN 14163：本标准未对管径进行分组，并规定： (a)在焊缝任何300mm的连续长度中，独立夹渣的累计长度超过50mm。 (b)独立夹渣的宽度超过1/2T。 (c)细长夹渣和独立夹渣的累计长度超过焊缝长度的15%。 (d)夹铜或夹钨的宽度超过3mm或壁厚的50%。 (e)在焊缝任何300mm连续长度中，夹铜或夹钨的累计长度超过12mm，或存在多于4个夹铜或夹钨缺欠。 其他规定与SY/T 4103—1995标准中管外径≥60.3mm时的规定相同。 AS 2285：与API 1104—1999标准要求相同	评定合格焊缝对独立夹渣和细长夹渣尺寸的要求不同	API 1104—1999、SY/T 4103—1995标准将夹铜或夹钨视为独立夹渣，而EN 14163:2001、AS 2285.2.2—1995标准则进行了区分，另外，API 1104—1999、SY/T 4103—1995标准在规定夹渣的验收规定时对管径进行了分组处理。 总的来看API 1104—1999标准关于夹渣的验收规定较为全面、细化和严一些	SY/T 4103相应标准要求来源于API 1104
38	SY/T 4103 9.3.8条	API 1104—1999 9.3.8条、EN 14163:2001 9.4.6条、AS 2285—1995 22.2.9条	气孔	所有空心焊道的累计长度超过焊缝长度的8%，则不合格	API 1104：与SY/T 4103—1995标准规定相同。 EN 14163：所有空心焊道的累计长度超过焊缝长度的15%，则不合格。 AS 2285：与SY/T 4103—1995标准规定相同	评定合格焊缝对气孔尺寸的要求不同	SY/T 4103、API 1104和AS 2285.2.2标准关于气孔的验收规定较严一些	SY/T 4103相应标准要求来源于API 1104

续表 24-2

序号	中国标准对应条款	国外标准对照条款	对应技术内容	中国标准要求	对应国外标准要求	主要技术差异	评述	相应标准要求的技术来源
39	SY/T 4103 9.3.11 条	API 1104—1999 9.3.11 条、EN 14163:2001 9.4.9 条、AS 2285—1995 22.2.12 条	缺陷累积	除了咬边和错边未焊透外，当累计缺陷长度超过焊缝长度的 8%时不合格	API 1104：与 SY/T 4103—1995 标准规定相同。 EN 14163：当累计缺陷长度超过焊缝长度的 15%时不合格。 AS 2285：除了咬边和错边未焊透外，当累计缺陷长度超过焊缝长度的 20%时，则不合格	评定合格焊缝对缺陷累积尺寸的要求不同	SY/T 4103 和 API 1104 标准关于缺陷累积的验收规定较严一些	SY/T 4103 相应标准要求来源于 API 1104
40	SY/T 4103 9.4.2、9.5.2 条	API 1104—1999 9.4.2、9.5.2 条、EN 14163:2001 9.6.2 条、AS 2285—1995 20 条	表面探伤验收标准	出现以下任一条时，则不合格： (a)线性缺陷评定为弧坑裂纹或星形裂纹，其长度超过 4mm 或评定为非上述裂纹的其他裂纹的线性缺陷； (b)评定为未熔合的线性缺陷在焊缝任何 304.8mm 的连续长度中，缺陷累计长度超过焊缝长度的 8%	API 1104：与 SY/T 4103—1995 标准规定相同。 EN 14163：当表面探伤符合以下任一条时，则不合格： (a)线性缺陷评定为裂纹； (b)评定为未熔合的线性缺陷，在焊缝任何 300mm 的连续长度中缺陷累计长度超过焊缝长度的 15%。 AS 2285：与 SY/T 4103—1995 标准规定相同	表面探伤验收的要求不同	SY/T 4103、API 1104 和 AS 2285.2.2 标准关于表面缺陷的验收规定较严和科学一些	SY/T 4103 相应标准要求来源于 API 1104
41	SY/T 4103 9.6.2 条	API 1104—1999 9.6.2 条、EN 14163:2001 9.5.3 条、AS 2285—1995 19 条	超声波探伤验收标准	内部非裂纹线形缺陷累计长度超过焊缝长度的 8%，则不合格	API 1104：与 SY/T 4103—1995 标准规定相同。 EN 14163：内部非裂纹线形缺陷累计长度超过焊缝长度的 15%，则不合格 AS 2285：内部非裂纹线形缺陷累计长度超过焊缝长度的 20%，则不合格	超声波探伤验收的要求不同	SY/T 4103 和 API 1104 标准关于内部非裂纹线形缺陷累计长度的验收规定要严一些	SY/T 4103 相应标准要求来源于 API 1104
42	SY/T 4103 10 条	API 1104—1999 10 条、EN 14163:2001 10 条、AS 2285—1995 23 条	缺陷的清除和返修	除非业主同意返修，否则所有带裂纹的焊口必须按相应规定从管线上切除。 当裂纹长度小于焊缝长度的 8%时，可以使用评定合格的返修焊接规程进行返修	API 1104：与 SY/T 4103—1995 标准规定相同。 EN 14163：对于非全壁厚返修，返修焊道总长不得超过焊缝总长的 30%。 对于全壁厚返修，返修焊道总长不得超过焊缝总长的 20%。 AS 2285：对于带缺陷焊口是否切除无定量规定	进行清除和返修缺陷的尺寸要求不同	应综合考虑 SY/T 4103—1995 与 EN 14163:2001 两标准关于返修的要求	SY/T 4103 相应标准要求来源于 API 1104

表 24-3　运行和维护方面的标准比较表

序号	中国标准对应条款	国外标准对照条款	对应技术内容	中国标准要求	对应国外标准要求	主要技术差异	评述	相应标准要求的技术来源
1	SY/T 5536—2004 3.6	ISO 13626:2000 12.2、13.2.3、AS 2885.3—1997 3.6.3、3.6.5	清扫规程	清管次数不少于3次;应采用机械式清管器,可采用空气或清水做清扫介质;清管污物不应进入管网系统,污物的排放处理应符合环保要求	ISO 13626:可能要求补充清扫……;保护管道部件免遭清扫工具或清扫液体损害……; AS 2885.3:清扫烃类液体时,清扫流体应是水、空气或非可燃性气体;当烃类具有的闪点等于或低于61℃而且打算用水清扫烃类液体时,应在空气和烃类液体之间送入分隔清管球、分隔清管器或两球之间的水隔离段		SY/T 5536 清扫规程中注意了污物的排放,ISO 具体说明了哪些是需要清扫的对象和清扫的要求,AS 内容是专门清扫烃类液体的规程	
2	SY/T 5536—2004 8、B.3	ISO 13626:2000 13.2.3	清管	SY/T 5536:全线清管和整体试压应在管线投油前进行;技术要求;操作要求。 B.3 中清管前的检查	ISO 13626:要求确认管子内无任何障碍物或……;		SY/T 5536 详细具体 ISO 13626 仅是对操作的要求; AS 2285 没有清管的操作环节的要求	
3	SY/T 5536—2004 8.4	ISO 13626:2000 13.3.5.4 AS 2885.3—1997 5.9	清管器的维护	从接收筒内取出清管器后,应对清管器进行清洗、检测和分析;清管器的皮碗如有损坏或皮碗唇边厚度小于原尺寸1/3时,应更换皮碗;软质清管器不宜重复使用	ISO 13626:装有快开盲板以及其他控制系统的清管器……; AS 2885.3:清管器收发筒的所有部件……		SY/T 5536 和 ISO 13626 是清管器的维护;AS 2885.3 是清管器收发筒的检测与维护	
4	SY/T 5536—2004 9	IP-10:10、SAA/AS 2885:3.3、3.4	应急预案	简单的应急预案、措施	IP-10:包含描述、责任、控制中心、事故通知、报警程序、应急设备、最初行动、补救行动等详细内容;SAA/AS 2885:应急计划的准则		SY/T 5536 不详细;SAA/AS 2885.3 具体	
5	SY/T 5536—2004 4.1.6	AS 2885.3—1997 3.2.3.2、4.2 ASME B 31.4—1992 451.1、451.7 AS 2018—1981 7.2.8.2	工作压力	根据管道状况的变化,应及时调整管道最高工作压力值		SY/T 只说明应及时调整管道最高工作压力;ASME B31.4 中451.7给出公式计算管道降级到较低运行压力的方法		

表 24-4　NACE RP0502、GB/ T 19285、SY/ T 0087 检验检测标准比较

比较项	ECDA	GB/T 19285	SY/T 0087	评　述
1 适用范围	(1)适用于陆上埋地钢质管道； (2)可用于且不局限于以下管道的外腐蚀评价： (a)其他方法无法检测(ILI 或压力试验)的； (b)为控制未来的腐蚀，已使用过其他检测方法的； (c)为确定评价周期，已使用过其他检测方法的； (d)当主要想控制将来的腐蚀情况，但还没有使用过其他检测方法的	适用于埋地钢质管道腐蚀防护工程的施工及验收过程和腐蚀防护系统投用后的检验	(1)埋地钢质管道外壁腐蚀与防护调查； (2)钢制储罐外壁及储存原油、水的罐内壁腐蚀与防护调查； (3)输送原油、水介质管道内壁腐蚀与防护调查； (4)输送其他介质的钢质管道或容器的内、外壁，站(库)内的工艺管道的外壁及长输管道的内壁腐蚀与防护均可参照执行	从适用范围看，ECDA 所面对的应该是已经在用的埋地钢质管道的腐蚀状况的控制；GB/T 19285 不仅应用于投用的，还适用于施工及验收过程，即从施工到在用维护的整个过程；SY/T 0087 应用的对象也是在用的，但是其范围更广，不仅包括内壁腐蚀的调查，还包括储罐的腐蚀与防护调查(本文只考虑管道外腐蚀的调查)
2 检测评价工作方法流程	ECDA 的整个工作流程主要分为预评价、间接检测、开挖直接检测和后评价四个阶段，并提出了具体工作流程	主要依据管道从设计施工到在用检测的顺序进行： 1)安装过程：环境调查、覆盖层保护、阴极保护； 2)定期检验等	日常调查 数据支持 全线普查 加深、细化扩展 重点调查	从流程图可见，ECDA 的整个工作流程是一个非常结构化、系统化的过程，它的预评价、间接检测、开挖直接检测和后评价四个阶段相辅相成，前者为后者提供数据基础，后者又通过反馈对前者的结果进行不断的修正，各个评价阶段内工作具有继承性，且各阶段之间是持续推进的。相对而言，GB/T 19285 和 SY/T 0087的系统性要差一些，但各种关系要简单些，对于操作者要容易些，GB/T 19285强调了环境调查在防腐系统设计时的重要作用，其环境调查、覆盖层保护和阴极保护与定期检验之间相互具有一定独立性；SY/T 0087 所进行的日常调查、全线普查和重点调查在数据上具有一定的继承性，其操作上又是相对松散的

续表 24-4

比较项	ECDA	GB/T 19285	SY/T 0087	评述
3 间接检测	ECDA 的现场间接检测的目的是为了确定防腐层破损的严重程度、其他异常及腐蚀已经发生或可能将要发生的区域，相关的要求有：至少使用两种间接检测工具检测整个管段并对检测数据进行整理比较；检测前，要进行管段划分；每一种间接检测方法须应用于整个 ECDA 管段；间接检测要保证足够的检测密度；间接检测在时间上不可间隔太长；地面位置应做到精确定位；间接检测之后，要对检测数据整理并比较，可分为严重、中等和轻微三个级别	标准中未明确指明间接检测分类，其全文及附录中提出的各种检测方法中没有可分类为间接检测	标准中未明确指出间接检测概念、在其所有的检测项及检测方法中，防腐层绝缘电阻和防腐层缺陷检查所使用的方法可归类于间接检测。防腐层绝缘电阻测试方法标准要求执行 SY/T 5919 附录 B，而防腐层缺陷检查则规定使用防腐层地面检漏仪进行检测	ECDA 的间接检测是其系统中 4 个主要组成部分之一，它的目的是为了确定防腐层破损的严重程度、其他异常及腐蚀已经发生或可能将要发生的区域；使用的方法就是在地面利用非接触性间接检测工具进行检测；标准提出了检测中的一些基本要求。 GB/T 19285 和 SY/T 0087 的组织结构均与 ECDA 不同，都未明确提出间接检测的概念，这是由于国内间接检测技术水平与国外差距较大有关。 总体来说在埋地钢质管道间接检测方面，国内的标准方面还相当薄弱
4 直接检测	(1)在间接检测结束后进行。直接检测的目的是判定间接检测测得的最严重的异常指示及收集数据进行腐蚀性评价； (2)直接检测过程中如发现外腐蚀以外的机械损伤，应力腐蚀裂纹等管道缺陷时。可选择其他的方法评价缺陷的影响。 (3)直接检测要进行的工作有：(a)间接检测异常指示开挖优先级排序；(b)在最可能有腐蚀活动的管段进行开挖并收集数据；(c)测量外防腐层破损和管体腐蚀缺陷；(d)剩余强度评价；(e)腐蚀主要原因分析；(f)过程评价。 (4)评价人员要对发现的腐蚀缺陷的管体进行剩余强度计算，但是没有给出计算方法，而是推荐了几种方法。 (5)评价人员应对间接检测数据、剩余强度评价和腐蚀主导原因综合分析进行过程评价，以评价管道维修的优先级排序准则和间接检测异常指示严重性准则的合理性，并以开挖的实际腐蚀状况对两个准则进行调整	标准中所列检测方法较少，提出的检测参量有：土壤电阻率、管地电位、管地电位和土壤表面电位梯度、交流干扰电位测试、管道覆盖层检漏、绝缘法兰(接头)绝缘性能、牺牲阳极输出电流、接地电阻、管内电流、管道外覆盖层电阻	(1)选取好调查点； (2)提出探坑调查点的密度，应对事故多的管段宜以 200～500m 实行等距坑探；当腐蚀严重时，应在探坑两侧按 10～30m 间距增加探坑； (3)提出了管道本体腐蚀状况检查项目及方法； (4)提出土壤腐蚀性检测项目及方法； (5)提出防腐(保温)层保护效果检测项目和方法； (6)提出阴极保护技术状况检测要求	ECDA 的直接检测步骤也依然如其全文一样，具有系统性，保持了与前后步骤的紧密联系与继承性。并提出一般原则性与具体的操作要求。如强度评定与剩余寿命预测的方法等。 GB/T 19285、SY/T 0087 提出的方法较为原则，内容较少，难以细化
5 数据分析与评价	数据的分析评价一直贯穿于 ECDA 的整个过程： (1)预评价阶段中历史数据的收集，各个数据项对间接检测工具选择的影响，对 ECDA 管段划分的影响，与检测结果解释的影响都需进行分析； (2)通过管道评价人员建立的 ECDA 程序的长期有效性准则，分析评价 ECDA 长期应用的有效性	GB/T 19285 标准定期检测中要求检验前，应在完成资料的调查审查。 要求评价阴极保护有效性，杂散电流的情况	SY/T 0087 明确要求先对以下几项进行单项评价：土壤腐蚀性、特殊环境条件的危险性(如直流干扰评价等)、自然电位状况、阴极保护效果、管体腐蚀状况，并给出了评价指标	由于 ECDA 是一种系统的结构化管道完整性评价方法，所以它自始至终都不断的对其在所应管道情况下的适用性及应用的有效性进行评价，这是其他两标准所不具有的内容
6 下次检测评价周期	(1)ECDA 的检测周期可根据检测评价的结果确定，也可依照 ASME B31.4，ASME B31.8，API 1160 的内容作进一步分析确定； (2)计算再评价周期一般是基于通过保守方式计算的剩余寿命的一半； (3)提出选择缺陷的具体原则	对全面检验内容提出推荐周期缺少具体针对性	对全面检验内容提出推荐周期缺少具体针对性	3 个标准都对再次检测或评价的周期提出了要求，ECDA 要求下次检测的周期是依据本次检测评价的结果给出的；两个中国标准都是直接给出了下次检测的时间间隔。 比较而言，应该是 ECDA 的方法更加科学

三、国内外压力管道安全评价标准比较

1. 含体积型缺陷的国内外压力管道安全评定标准比较

腐蚀是油气管道中最常见的现象，由于埋设的长输管道穿越地域广、地形复杂、土壤性质的千差万别、管道结构形式多种多样、输送介质性质各异，因而造成长输管线大量地出现内外壁腐蚀缺陷。腐蚀造成的直接后果是长输管道的壁厚减薄，腐蚀是威胁油气管道安全运行的主要因素。当腐蚀造成的壁厚减薄发展一定程度时，就会造成管道局部破裂，而发生大面积泄漏。因此，对于已发生腐蚀的管道，即含体积型缺陷的管道必须对其剩余强度进行评定，才能作出正确决策——继续服役、维修或更换，这样既可以避免事故的发生又能节约维护费用。

GB/T 19624—2004《在用含缺陷压力容器安全评定》与 SY/T 6477—2000《含缺陷油气输送管道剩余强度评价方法　第 1 部分：体积型缺陷》与 API RP579—2000《服役适用性准则》的 3 个标准进行比较。

(1) 规范属性

GB/T 19624—2004 为中国特种设备检测研究中心提出的在用含缺陷压力容器、压力管道安全评定标准。

SY/T 6477—2000 为原国家石油与化学工业局颁布的体积型缺陷管道评估标准。

API RP579—2000 为美国石油学会颁布的压力设备标准，非强制性标准。

(2) 适用的容器范围

GB/T 19624—2004 为在用含缺陷压力容器规定工况是否可继续使用，锅炉、压力管道的安全评定。

SY/T 6477—2000 适用于原设计标准与 GB 50251《输气管道工程设计规范》或 GB 50253《输油管道工程设计规范》相一致的在役油气输送管道。

API RP579—2000 适用于炼油厂和化学工业的压力设备(压力容器、管道、储罐等)。

(3) 评价缺陷范围

GB/T 19624—2004 为评价平面缺陷：裂纹、未熔合、未焊透、深度大于等于 1mm 的咬边等；体积缺陷：凹坑、气孔、夹渣、深度小于 1mm 的咬边等。

SY/T 6477—2000 仅对均匀腐蚀和局部腐蚀缺陷进行评价。

API RP579—2000 为评价脆断、均匀和局部金属损失、点蚀、鼓泡、夹层、裂纹类等。

(4) 缺陷评价等级

GB/T 19624—2004 未进行分级。

SY/T 6477—2000 分两级评价。

API RP579—2000 分为三级评价，其中第三级评价主要用来评价第一、二级评价会产生保守结果的那些结构：1)壳体上主要的中断结构，如：壳-顶连接、加强环、结构附件、支撑单元；2)靠近底-板连接的储罐的底壳有无重大的基础下沉；3)一、二级评定方法不包括的承受附加载荷的元件；4)带有基于验证试验设计的元件；5)在蠕变范围内运行的元件；6)循环服役元件。

(5) 缺陷类型辨别分类

GB/T 19624—2004 标准：凹坑缺陷满足条件：1)$B_0/R<0.18$ 的筒壳；2)材料韧性满足压力容器设计规定，未发现劣化；3)凹坑深度 Z 小于计算厚度 B 的 60%，且坑底最小厚度($B-Z$)不小于 2mm；4)凹坑长度 $2X\leqslant 2.8\sqrt{RB}$；5)凹坑宽度 $2Y$ 不小于凹坑深度 Z 的 6 倍。平面缺陷：对于上述限定条件或在服役表面有可能生成裂纹的凹坑缺陷。

SY/T 6477—2000 在 L·L 的腐蚀区域至少选 16 个厚度测试点，如测试数据的标准差与平均值之比小于 20%，定为腐蚀缺陷，否则为局部金属损失。

API RP 579—2000 未明确说明。

(6) 一、二级均匀腐蚀评价的适用性

GB/T 19624—2004：无。

SY/T 6477—2000：1)管道材料是延性，且在运行中不会因为温度或其他工艺环境发生脆断；2)管道

不含裂纹缺陷;3)可以评价直管段和弯头。

API RP579—2000:1)元件不能在蠕变范围运行;2)腐蚀区域应相对平滑,无凹槽(可不计的应力集中);3)元件不是循环服役;4)元件不含裂纹缺陷;5)可评价直管,弯头,锥形筒节,球形、椭球形、准球形顶盖等。

(7) 金属损失的定量方法选择

GB/T 19624—2004:表面不规则凹坑缺陷按其外接矩形将其规则化为长轴长度、短轴长度及深度为 $2X$、$2Y$ 及 $2Z$ 的半椭球凹坑,并确定其所在位置的计算厚度 B 和平均半径 R。

SY/T 6477:如果最小剩余壁厚与最小要求壁厚之比大于 0.7,宜用点测厚法对金属损失进行定量化;反之,宜采用厚度截面法。

API RP579:如果从测量区域获得数值中没有很大的差别,选取点测厚法。如果剩余壁厚记录值起伏变化较大,金属损失可能是局部的情况,用厚度截面法来表示剩余厚度和金属损失区域尺寸。

(8) 推荐的检测截面间距 L_s

GB/T 19624—2004:无。

SY/T 6477:

$$L_s = \max[0.18\sqrt{D_i t_{min}}, 12.7\text{mm}]$$

式中:D_i——管子内径,mm;

t_{min}——最小要求壁厚,mm。

API RP579:

$$L_s = \min[0.36\sqrt{D t_{min}}, 2t_{nom}]$$

式中:t_{nom}——管道的名义厚度;

D 含义同上式中 D_i;其余符号相同。

从 SY/T 6477 标准中可知,公称直径为 100～550mm 的管道,最小管壁厚度为 2.5～6.0mm,公称直径为 600～1600mm 的管道,最小管壁厚度为 6.5～13.0mm。对于公称直径为 100～550mm 的管道,SY/T 6477 的检测截面间距至少为 12.7mm,而 API RP579 检测截面间距最大为 5～12mm。推荐的检测截面间距,SY/T 6477 选取值肯定大于 API RP579,可能会影响确定最小测量壁厚的精确性。笔者认为,仅从这一点可说明 SY/T 6477 标准没有考虑管道公称直径这个参数不太合理,而 API RP579 更趋于合理。

(9) 推荐的检测技术

GB/T 19624—2004:无。

SY/T 6477—2000:超声法(UT)和射线法(RT)来测量管子剩余壁厚,超声法的准确性高于射线法,射线法在许多方面应用有限制。管道智能检测器有超声波检测器和漏磁两种,可以不开挖取管,就可以对管线腐蚀情况进行全面检测。

API RP579—2000:超声法可以用来点厚度测定和获得厚度截面。不适用于粗糙的表面和入口。为获取高温元件厚度,需要温度补偿和专门的超声法耦合。在元件厚度和温度范围适当标定后,所有的超声法厚度记录将得到。射线法也可确定金属损失,只适用于移动的由金属损失元件,或移动发射源围绕元件,进而来获得准确数据。可以联合超声法确定元件的金属损失属于均匀还是局部的损失。

API RP579—2000 相对于 SY/T 6477,未提及管道智能检测器;但是它优于 SY/T 6477 的是,它说明了超声法和射线法的优缺点,从对检测人员的方法选取的指导上更胜一筹。

(10) 均匀腐蚀未通过一级评估的备选方案

GB/T 19624—2004:无。

API RP579—2000 提供的其他方案:通过(标准中 4.6 段)提供的补救技术来调整未来腐蚀裕度(FCA);通过进行附加的检查和重复评估来调整焊缝影响因数(E)。

SY/T 6477 提供的方案:基于最小测试壁厚,利用附录 A 中 MAWP 计算公式重新确定 MAWP。

2. 含平面型缺陷的国内外压力管道安全评定标准比较

裂纹在管道中的存在是一个不能回避的客观事实，其原因是：①在管道制造过程中产生的缺陷，如焊缝和母材的分层、夹渣、未焊透等。②在管道现场安装过程中，管道在运输、装卸、组装、下沟等过程中造成的表面机械损伤，如划痕、压坑等；管道的现场焊接也可能在焊缝中产生分层、夹渣、未焊透等缺陷。③在管道的服役过程中，管内介质和土壤外部环境使金属管道表面滋生应力腐蚀裂纹。

管道上的裂纹在荷载和外部环境的作用下，有一个十分缓慢的扩展，这种扩展称为裂纹的稳定扩展。当稳定扩展发展到某一程度，即达到起裂条件时，则稳定扩展突变成失稳扩展，失稳扩展速度决定于材料的性质和当时所处的温度，扩展的速度非常快，破坏性大。

以下针对含裂纹型缺陷管道的国内外标准进行了比较，具体比较GB/T 19624—2004《在用含缺陷压力容器安全评定》与BS 7910:1999《金属结构内可接受缺陷的评定指南》。

(1) 适用评定范围

GB/T 19624—2004适用于钢制含超标缺陷压力容器的安全评定，也适用于锅炉、管道以及其他金属材料制容器的承压元件的安全评定。

BS 7910:1999虽然其重点放在了铁素体和奥氏体钢以及铝合金构件的焊接结构上，但是该评定方法还是可以扩展使用到其他的金属材料以及非焊接结构和构件上的。

GB/T 19624—2004适用范围较小，BS 7910未规定不适用范围。

(2) 适用缺陷范围

GB/T 19624—2004适用缺陷范围为平面缺陷（主要针对裂纹）、体积缺陷（包括凹坑、气孔和夹渣等）。

BS 7910:1999适用缺陷范围为：平面缺陷：裂纹、未熔合或者穿透缺陷、咬边、根切、中陷及重迭。非平面型缺陷：孔、固体夹渣、局部减薄（因为腐蚀等）。形状缺陷：焊接未对准、不良外形。

两者之间主要区别：GB/T 19624没有对缺陷类型进行具体描述，但后面章节对缺陷表征进行了阐述。BS 7910对缺陷类型描述得更具体，所涉及的缺陷类型也更广泛，更详细。GB/T 19624中没有针对形状缺陷的评定。

(3) 失效模式

GB/T 19624—2004考虑了断裂失效；塑性失效；疲劳失效的失效模式。

BS 7910:1999主要针对缺陷的断裂和塑性坍塌失效、疲劳损伤、蠕变和蠕变疲劳损伤失效、容器泄漏失效、腐蚀或磨损损伤、环境辅助开裂损伤、失稳失效模式进行评价。

主要区别在于：对于失效模式的规定，BS 7910标准要比GB/T 19624更详细、更广泛；除这些失效模式外，BS 7910还增加了GB/T 19624所没有的对材料破坏机制的描述。

(4) 评定所需资料和数据

GB/T 19624—2004：安全评定所需参考资料：（见GB/T 19624—2004的4.3.4.1）；安全评定所需基础数据：（见GB/T 19624—2004的4.3.4.2）。

BS 7910:1999：评定所需基本数据：见BS7910的6.2。

除这些数据和信息外，BS 7910中还列举了一些获得数据的无损检测的方法，并对这些检测方法做出简要评述。除此之外，BS 7910中还对评定中所需考虑的应力（初始应力、二次应力已经由于各种原因引起的应力集中等）进行了详细的描述。

(5) 材料性能的确定

GB/T 19624—2004：1）对于基本的材料拉伸数据可按GB/T 228—2002测定；在未能实测被评定材料拉伸性能的情况下，可以参照GB 160—1998和相应的钢号的材料标准选取材料的有关拉伸性能指标；未能实测而又不能从有关标准中查到相应数据时，可以通过可靠的方法利用硬度测定值估算材料强度的参考值；2）材料的断裂韧度可以按GB/T 2368—1994规定的方法测得；在未能获得实测断裂韧度数据的情况下，对于有经验使用的钢材，容许从规范性应用文件有关标准或资料中选用数据，但个别数据的选取做出有足够依据的说明。

BS 7910:1999:可按 BS EN 10002-1 和 BS 3688-1 确定材料拉伸数据;按 BS 7448 确定材料断裂韧度。

四、平面缺陷的简化评定方法

GB/T 19624—2004:简化失效评定图见该标准中图 6-10 所示,由纵坐标$\sqrt{\delta_r}$、横坐标 S_r 以及$\sqrt{\delta_r}=0.7$ 的水平线和 $S_r=0.8$ 的垂直线所围成的矩形安全区,该安全区之外为非安全区。若确定的评定点位于安全区内,则安全或可以接受;否则应为不能保证安全或不可接受。

BS 7910:1999:简化评定对应于该标准中的等级 1A 和等级 1B 两种评定。①等级 1A 失效评定图中,坐标轴和评定曲线所围是一个矩形。当 K_r 或者 δ_r 小于 $1/\sqrt{2}$(即 0.707),并且 S_r 小于 0.8 时缺陷可以接受;②等级 1B 不包含失效评定图,见 BS 7910:1999 附录 N。

BS 7910:1999 标准简化评定,不但可使用失效评定图外,而且可通过计算极限裂纹尺寸来评定缺陷(等级 1B);在简化试销评定图中,GB/T 19624 中失效评定图的纵坐标$\sqrt{\delta_r}$范围比 BS 7910:1999 的要小一点,显得比其保守一点。

(1) 平面缺陷的常规评定方法

由失效评定曲线方程的定义不难看出,BS 7910:1999 评定级别划分要比 GB/T 19624—2004 详细得多。由于 BS 7910:1999 针对连续屈服材料和具有屈服平台材料分别给出了评定曲线的截止线,因此同一级别的评定 BS 7910:1999 也要比 GB/T 19624—2004 精确一些。同时在 BS 7910:1999 中还给出了等级 2B 的与材料相关的评定曲线,因此是使得评定可以更加精确。

除此之外 BS 7910:1999 还给出了更高的评定等级:等级 3A、等级 3B、等级 3C 的延性撕裂评定。等级 3A、等级 3B 评定曲线分别与等级 2A、等级 2B 相同,而等级 3C 则使用了更加精确的 J 积分评定。随着评定级别的升高,对数据的需求也随着提高,相应地评定精度也会大大提高。

因此,可以说使用 BS 7910 可以给出比使用 GB/T 19624—2004 更高的评定精度。

(2) 压力管道体积型缺陷安全评定方法适用范围

两个标准之间差别:BS 7910:1999 主要针对腐蚀缺陷而定;两个标准都规定了适用于具有良好延性材料,但 BS 7910:1999 的附录对此做出明确规定,仅用于塑性坍塌失效而不推荐用于具有脆性断裂发生情况;对于最大缺陷深度的要求也略有不同(国标为不大于壁厚的 70%,且缺陷底部最小壁厚不小于 2mm;BS 7910:1999 的附录规定最大缺陷深度不大于管道壁厚的 86%);BS 7910:1999 的该附录只针对管道腐蚀缺陷,不适用于焊缝缺陷,国标对此无规定;BS 7910:1999 的附录不适用于应力集中区域的缺陷评定,国标对此未明确规定;BS 7910:1999 的附录还规定了明确的包括材料最小屈服强度、屈强比、载荷类型等的不适用范围;国标中仅适用于直管段体积缺陷的评定。

第二十五章 启示与建议

在广泛调研发达国家法规标准体系的建设状况后，总结其先进的成功经验，针对国内长输管道实际存在的问题，对我国的长输管道标准化工作得到如下启示和建议：

一、完善我国现行的长输管道法规标准体系，形成具有中国特色的长输管道安全监管体系

目前，有关长输管道的法律法规尚需进一步完善与健全，形成长输管道法规标准体系。

1. 建立一整套包括长输管道在内的压力管道安全监管体系

在目前的相关法规中，已对设计、制造、安装、使用、检验单位与人员资格提出明确的监管主体，但在过程质量安全监管方面，除检验检测与元件外，对压力管道7个相关环节的过程质量安全监管尚处于缺位状况。需要制定相关的法律或条例明确过程安全监管责任主体。

目前，国家质检总局在包括长输管道在内的压力管道的法规方面已作了大量工作，颁布了从设计、安装、使用、相关人员管理、定期检测等安全监管的行政规章与技术规范。但在关于长输管道在内压力管道安全监管理法规中，缺少关于管道安全技术监察类规程，应提出关于长输管道安全的最低要求；同时，检验检测的技术规定也不完整，因为目前只有《在用工业管道定期检验规程》，没有关于长输管道与公用管道类的监察规定。

美国、加拿大等发达国家都已经将管道完整性管理写入政府法规，而且管道运营商对管道实施完整性管理的效果要得到公众的监督。因此，鉴于国外提出了基于完整性的安全监管思路，为尽快提高我国油气管道完整性管理水平，应加大力度，建议我国政府参照国外法规与标准，结合中国国情，尽快将管道完整性管理纳入油气管道安全生产的监督管理法律法规之中，统一和规范油气管道运营企业的完整性管理行为，建立以管道完整性理念为基础的包括从7个环节的单位与人员资格到相应环节的过程质量安全的监管法规体系。

因此，急需建立的法规有：管道安全监察规程、管道完整性管理指南、管道风险评估实施指南、管道定期检测规则（长输管道与公用管道）、相关元件制造的监检规则、管道安装安全质量监督检验规则（应分为长输、公用、工业）、管道设计文件鉴定评审规则、管道应急救援指南等法规。

2. 提出基于完整性管理，建立适合我国国情的长输管道完整性标准体系

(1) 建立以完整性为基础的中国长输管道标准体系

应从设计、材料、制造、安装、检验、使用、维修、改造以及安全环境等8个环节建立基于完整性的长输管道全过程的安全技术标准体系。

由上述分析可知，长输管道涉及的技术标准分布在石油工业标准体系中的设计、施工、管材、储运、安全、节能、海洋等多个专业中，目前，以石油行业标准为基础的长输管道标准太过于零散，引用拿来的较多，缺少关于管道安装技术类的核心标准，同时，现有的部分核心标准应尽快上升为国家标准，加快对现行石油行业标准的有效整合。同时，借鉴国际发达国家的管道完整性管理经验，结合我国油气管线的特点（特有的破坏形式：打孔盗油等），参照国外的标准体系，形成具有中国特色的长输管道完整标准体系。

完善管道完整性检测评价标准的制修订，特别是在“含缺陷管道适用性评价”、“管道风险评估”、“管道防腐层的有效保护寿命预测”、“管道数字可视化”等方面急需在以有的研究成果基础上，提出方法标准。

(2) 建立统一的油气输送管道标准

由上述分析可知，美国是将长输输气管道与城市配气管道融合在一起，而我国则是将两者分开。如

1.6MPa 以上城市燃气管道的地区级别划分方面与长输管道划分方法不同，导致的使用上的混乱。由于这两种管线具有明显的上下游关系，且输送介质具有连续性、敷设方式多数均为埋地敷设，应尽快将公用管道与长输管道按国外的理念进行整合，以保持继承性与连贯性。

(3) 在三大类管道中，加强互通性，特别是在元件类标准方面

压力管道分为工业管道、公用管道、长输管道三大管道领域，标准间的沟通与互通性较差。因此，在长输管道方面，在管道元件等与其他两类有共通性的标准方面应加大互通性。从而在管道专业标准方面，可在元件方面形成互融的标准内容。

二、加快技术研究，提高法规与技术标准的科学性与实用性

针对国内管道安全管理的现状，应当在现有的研究和实践基础上从以下几个方面进行更深入地研究。

1. 安全管理体系研究

主要目的是建立完善的安全管理体系标准，指导管道运营公司全面实施管道的安全管理，包括安全管理的内容、技术标准体系、安全管理的文件体系、安全管理的管理模式。同时，积累并完善与完整性管道相关的基础数据，如风险评估数据、防腐层的失效数据、管体腐蚀数据、特殊工况与不良地质条件管道失效数据、管道材料数据、检验检测技术研究与方法开发等多个方面的工作。

2. 安全管理监管机构的设置

成立专门的国家级的管道安全管理监管机构，全面对管道的运营进行监管，全盘负责管道安全管理的规划，并通过立法加强管道安全管理，明确管道安全管理的职责。在此基础上推动政府行政部门和国家立法部门制定相应的法规和法律，保证所有管道依法实施。

3. 加强安全管理软件和硬件研究

组织科研单位和制造企业进行安全管理软件和硬件研究开发，早日形成国产的安全管理软硬件产品，促进管道安全管理的深入和实施。

4. 加强安全管理人才的培养培训

管道的安全管理既是一种管理模式、也是一种管理理念，为更好地实施管道的安全管理，通过各种渠道加强安全管理人才的培养，树立起牢固的安全管理理念，将这一先进的管理模式贯彻到管道管理实践中去。

5. 加大检测力度

进一步加强检验检测力度，做到管道数据的及时更新；深入开展 RBI 检测方法；加深外腐蚀直接评估(ECDA)及内腐蚀直接评估(ICDA)方法在国内管道检测评价中的实际应用。

本篇由薛振奎、白世武、冯斌、邵云巧、杨天冰、焦如义、肖利明、尹长华等编写。

附录　长输管道主要标准法规目录

一、中国长输管道主要法规

1. 中国石油天然气保护条例([2001]国务院令第 313 号)

2. 危险化学品管理条例([2002]国务院令第 344 号)

3. 特种设备安全监察条例([2003]国务院令第 373 号)

4. 国务院确需保留的行政审批项目设定行政许可的决定([2004]国务院令第 412 号)

5. 石油天然气管道安全监督与管理暂行规定([2000]原国家经贸委 17 号令)

6. 锅炉压力容器压力管道特种设备事故处理规定([2001]质检总局令第 2 号)

7. 压力管道安全管理与监察规定([1996]原劳动部第 140 号令)

8. 压力容器压力管道设计单位资格许可与管理规则([2002]原国质检局锅 235 号)

9. 压力管道安装单位资格认可实施细则([2000]原国质检局锅 99 号)
10. 压力管道使用登记管理规则(试行)([2003]原国质检局锅 213 号)
11. 压力管道安装安全质量监督检验规则([2002]原国质检局锅 83 号)
12. 在用工业管道定期检验规程(试行)([2003]原国质检局锅 108 号)
13. TSG D6001—2006 压力管道安全管理人员和操作人员考核大纲
14. 锅炉压力容器压力管道特种设备安全监察行政处罚规定
15. 锅炉压力容器压力管道及特种设备检验人员资格考核规则
16. 锅炉压力容器压力管道焊工考试与管理规则

二、中国长输管道主要标准

1. GB/T 9711.1—1997　石油天然气工业　输送钢管交货技术条件　第 1 部分:A 级钢管
2. GB/T 9711.2—1999　石油天然气工业　输送钢管交货技术条件　第 2 部分:B 级钢管
3. GB/T 9711.3—2004　石油天然气工业　输送钢管交货技术条件　第 3 部分: C 级钢管
4. GB 50236—1998　现场设备、工业管道焊接工程施工及验收规范
5. GB 50160—1992　石油化工企业设计防火规范
6. GB/T 16805—1997　液体石油管道压力试验
7. GB/T 17745—1999　石油天然气工业套管和油管的维护及使用
8. GB 50369—2006　油气长输管道工程施工及验收规范
9. GB/T 19285—2003　埋地钢质管道腐蚀防护工程检验
10. GB/T 19624—2004　在用含缺陷压力容器安全评定
11. JB4730.1～4730.6—2005　承压设备无损检测
12. SYJ 30—1987　埋地钢质管道及储罐防腐蚀工程基本术语
13. SYJ 4006—1990　长输管道阴极保护工程施工及验收规范
14. SY/T 0061—1992　埋地钢质管道外壁涂敷有机覆盖层技术规定
15. SY/T 0061—1992　埋地钢质管道外壁涂敷有机覆盖层技术规定　条文说明
16. SY 4052—1992　油气管道焊接工艺评定方法
17. SY 4052—1992　油气管道焊接工艺评定 条文说明
18. SY/T 0072—1993　管道防腐层高温阴极剥离试验方法标准
19. SY/T 0073—1993　管道防腐层补片材料试验方法标准
20. SY/T 0074—1993　管道防腐层补口绝缘密封性试验方法标准
21. SY 4056—1993　石油天然气钢质管道对接焊缝射线照相及质量分级
22. SY 4058—1993　埋地钢质管道外防腐层和保温层现场补口补伤施工及验收规范
23. SY/T 0078—1993　钢质管道内腐蚀控制标准
24. SY/T 0082—1993　原油及天然气地面工程初步设计内容规范
25. SY 4065—1993　石油天然气钢制管道对接焊缝超声波探伤及质量分级
26. SY/T 0526—1993　煤焦油瓷漆覆盖层试验方法
27. SY/T 0526.1—1993　煤焦油瓷漆覆盖层　底漆　干提取物灰分测定
28. SY/T 0526.10—1993　煤焦油瓷漆覆盖层　瓷漆　吸水率测定
29. SY/T 0526.11—1993　煤焦油瓷漆覆盖层　瓷漆　灰分测定
30. SY/T 0526.12—1993　煤焦油瓷漆覆盖层　瓷漆　低温脆裂和剥离试验
31. SY/T 0526.13—1993　煤焦油瓷漆覆盖层　瓷漆　冲击试验
32. SY/T 0526.14—1993　煤焦油瓷漆覆盖层　瓷漆　阴极剥离试验
33. SY/T 0526.15—1993　煤焦油瓷漆覆盖层　瓷漆　拉伸强度测定
34. SY/T 0526.16—1993　煤焦油瓷漆覆盖层　缠绕带　耐水性试验
35. SY/T 0526.17—1993　煤焦油瓷漆覆盖层　缠绕带　热稳定性试验
36. SY/T 0526.18—1993　煤焦油瓷漆覆盖层　缠绕带　柔韧性试验

37. SY/T 0526.19—1993 煤焦油瓷漆覆盖层 缠绕带 单位面积质量测定
38. SY/T 0526.2—1993 煤焦油瓷漆覆盖层 瓷漆 试样准备
39. SY/T 0526.20—1993 煤焦油瓷漆覆盖层 缠绕带 厚度测定
40. SY/T 0526.21—1993 煤焦油瓷漆覆盖层 热烤缠带 瓷漆取样
41. SY/T 0526.22—1993 煤焦油瓷漆覆盖层 热烤缠带 粘结性试验
42. SY/T 0526.3—1993 煤焦油瓷漆覆盖层 瓷漆 针入度测定
43. SY/T 0526.4—1993 煤焦油瓷漆覆盖层 瓷漆 冷弯试验
44. SY/T 0526.5—1993 煤焦油瓷漆覆盖层 瓷漆 压痕测定
45. SY/T 0526.6—1993 煤焦油瓷漆覆盖层 瓷漆 流淌性测定(ISO 法)
46. SY/T 0526.7—1993 煤焦油瓷漆覆盖层 瓷漆 流淌性测定(BS 法)
47. SY/T 0526.8—1993 煤焦油瓷漆覆盖层 瓷漆 粘结相容性试验
48. SY/T 0526.9—1993 煤焦油瓷漆覆盖层 瓷漆 加热变化试验
49. SY/T 4054—1993 辐射交联聚乙烯热收缩带
50. SY/T 4057—1993 液体环氧涂料内防腐涂料层钢管技术条件
51. SY/T 4062—1993 长输管道线路敷设流水作业施工工艺
52. SY/T 4071—1993 管道下向焊接工艺规程
53. SY 5225—1994 石油与天然气钻井、开发、储运防火防爆安全生产管理规定
54. SY 0049—1994 油田地面建设规划设计规范
55. SY/T 0084—1994 管道防腐层环状弯曲性能试验方法
56. SY/T 0085—1994 管道防腐层自然气候曝露试验方法
57. SY/T 6068—1994 油气管道架空部分及其附属设施维护保养规程
58. SY/T 6069—1994 原油管道输送数据采集与监控系统技术规范
59. SY/T 0533—1994 清管设备设计技术规定
60. SY 4104—1995 石油建设工程质量检验评定标准管道穿跨越工程
61. SY 5737—1995 原油管道输送安全规定
62. SY/T 4074—1995 钢质管道水泥砂浆衬里涂敷机涂敷工艺
63. SY/T 4075—1995 钢质管道粉煤灰水泥砂浆衬里离心成型施工工艺
64. SY/T 4076—1995 钢质管道液体涂料内涂层风送挤涂工艺
65. SY/T 4077—1995 钢质管道水泥砂浆衬里风送挤涂工艺
66. SY/T 4078—1995 钢质管道内涂层液体涂料补口机补口工艺
67. SY/T 4079—1995 石油天然气道穿越工程施工及验收规范
68. SY/T 4080—1995 管道、储罐渗漏检测方法
69. SY/T 4083—1995 电热法消除焊接应力工艺规程
70. SY/T 4091—1995 滩海石油工程防腐蚀技术规范
71. SY/T 4092—1995 滩海石油工程保温技术规范
72. SY/T 4103—1995 钢质管道焊接及验收
73. SY/T 0087—1995 钢质管道及储罐腐蚀与防护调查方法标准
74. SY 6186—1996 石油天然气管道安全规程
75. SY 6137—1996 含硫气井安全生产技术规定
76. SY 0043—1996 油气田地面管线和设备涂色标准
77. SY/T 0305—1996 滩海管道系统技术规范
78. SY/T 0415—1996 埋地钢质管道硬质聚氨酯泡沫塑料防腐保温层技术标准
79. SY/T 0447—1996 埋地钢质管道环氧煤沥青防腐层技术标准
80. SY/T 0017—1996 埋地钢质管道直流排流保护技术标准
81. SY/T 0019—1997 埋地钢质管道牺牲阳极阴极保护设计规范

82. SY/T 0315—1997　钢质管道熔结环氧粉末外涂层技术标准

83. SY/T 0316—1997　新管线管的现场检验推荐做法

84. SY/T 0420—1997　埋地钢质管道石油沥青防腐层技术标准

85. SY/T 0442—1997　钢质管道熔结环氧粉末内涂层技术标准

86. SY/T 6331—1997　气田地面工程设计节能技术规定

87. SY/T 6276—1997　石油天然气工业健康、安全与环境管理体系

88. SY 6320—1997　陆上油气田油气集输安全规定

89. SY/T 0037—1997　管道防腐层阴极剥离试验方法

90. SY/T 0038—1997　管道防腐层特定可弯曲性试验方法

91. SY/T 0039—1997　管道防腐层化学稳定性试验方法

92. SY/T 0041—1997　管道防腐层与金属粘结的剪切强度试验方法

93. SY/T 0015.1—1998　原油和天然气输送管道穿跨越工程设计规范　穿越工程

94. SY/T 0015.2—1998　原油和天然气输送管道穿跨越工程设计规范　跨越工程

95. SY/T 0029—1998　埋地钢质检查片腐蚀速率测试方法

96. SY/T 0379—1998　埋地钢质管道煤焦油瓷漆外防腐层技术标准

97. SY/T 0414—1998　钢制管道聚乙烯胶粘带防腐层技术标准

98. SY 0401—1998　输油输气管道线路工程施工及验收规范

99. SY 0453—1998　石油建设工程质量检验评定标准油田集输管道工程

100. SY/T 0063—1999　管道防腐层检漏试验方法

101. SY/T 0066—1999　钢管防腐层厚度的无损测量方法(磁性法)

102. SY/T 0067—1999　管道防腐层耐冲击性试验方法(石灰石落下法)

103. SY/T 0094—1999　管道防腐层阴极剥离试验方法(粘结电解槽法)

104. SY/T 0007—1999　钢质管道及储罐腐蚀控制工程设计规范

105. SY/T 6393—1999　原油长输管道工程设计节能技术规定

106. SY/T 6423.1—1999　石油天然气工业　承压钢管无损检测方法埋弧焊钢管焊缝缺欠的射线检测

107. SY/T 6423.2—1999　石油天然气工业　承压钢管无损检测方法电阻焊和感应焊钢管缝纵向缺欠的超声波检测

108. SY/T 6423.3—1999　石油天然气工业　承压钢管无损检测方法　埋弧焊钢管焊缝纵向和/或横向缺欠的超声波检测

109. SY/T 6423.4—1999　石油天然气工业　承压钢管无损检测方法　焊接钢管焊缝附近分层缺欠的超声波检测

110. SY/T 6423.5—1999　石油天然气工业　承压钢管无损检测方法　焊接钢管制造用钢带/钢板分层缺欠的超声波检测

111. SY/T 6423.6—1999　石油天然气工业　承压钢管无损检测方法　无缝和焊接(埋弧焊除外)钢管分层缺欠的超声波检测

112. SY/T 6423.7—1999　石油天然气工业　承压钢管无损检测方法　无缝和焊接钢管管端分层缺欠的超声波检测

113. SY/T 0032—1999　埋地钢质管道交流排流保护技术标准

114. SY/T 0321—1999　钢质管道水泥砂浆衬里技术标准

115. SY 6457—2000　含硫天然气管道安全规程

116. SY/T 0062—2000　管道防腐层针入度试验方法(钝杆法)

117. SY/T 0064—2000　管道防腐层水渗透性试验方法

118. SY/T 0065—2000　管道防腐层耐磨性能试验方法(滚筒法)

119. SY/T 5037—2000　低压流体输送管道用螺旋缝埋弧焊钢管

120. SY/T 0032—2000　埋地钢质管道交流排流保护技术标准

121. SY 0470—2000　石油天然气管道跨越工程施工及验收规范

122. SY/T 6445—2000　石油管材常见缺陷术语

123. SY 6506—2000　含硫气田干气输送安全生产管理规定

124. SY/T 0321—2000　钢质管道水泥砂浆衬里技术标准

125. SY/T 6475—2000　石油天然气输送钢管尺寸和单位长度重量

126. SY/T 6476—2000　输送钢管落锤撕裂试验方法

127. SY/T 6477—2000　含缺陷油气输送管道剩余强度评价方法　第1部分:体积型缺陷

128. SY/T 6470—2000　输油气管道通用阀门操作、维护、检修规程

129. SY/T 0036—2000　埋地钢质管道强制电流阴极保护设计规范

130. SY/T 0324—2001　直埋式钢质高温管道保温预制施工及验收规范

131. SY/T 0325—2001　钢质管道穿越铁路和公路推荐做法

132. SY/T 0042—2002　防腐蚀工程经济计算方法标准

133. SY/T 0413—2002　埋地钢制管道聚乙烯防腐层技术标准

134. SY/T 0452—2002　石油天然气金属管道焊接工艺评定

135. SY/T 0518—2002　油气管道钢制对焊管件设计规程

136. SY/T 6530—2002　非腐蚀性气体输送用管线管内涂层

137. SY/T 10037—2002　海底管道系统规范

138. SY/T 0003—2003　石油天然气工程制图标准

139. SY/T 0055—2003　长距离输油输气管道测量规范

140. SY/T 0086—2003　阴极保护管道的电绝缘标准

141. SY/T 0327—2003　石油天然气钢质管道对接环焊缝全自动超声波检测

142. SY/T 5922—2003　天然气管道运行规范

143. SY/T 6567—2003　天然气输送管道系统节能经济运行规范

144. SY/T 0009—2004　石油地面工程设计文件编制规程

145. SY/T 0061—2004　埋地钢质管道外壁有机防腐层技术规范

146. SY/T 0330—2004　现役管道的不停输移动推荐做法

147. SY/T 0450—2004　输油(气)钢质管道抗震设计规范

148. SY/T 6597—2004　钢质管道内检测技术规范

149. SY/T 5749—2004　油气田集输工艺安装工程劳动定额

150. SY/T 4106—2005　管道无溶剂聚氨酯涂料内外防腐层技术规范

151. SY/T 4107—2005　复合防腐涂层各层厚度破坏性测量方法

152. SY/T 4108—2005　输油(气)管道同沟敷设光缆(硅芯管)设计、施工及验收规范

153. SY/T 4109—2005　石油天然气钢质管道无损检测

154. SY/T 5225—2005　石油天然气钻井、开发、储运防火防爆安全生产技术规程

155. SY/T 6069—2005　油气管道仪表及自动化系统运行技术规范

156. SY/T 6151—1995　钢质管道管体腐蚀损伤评价方法

157. SY/T 6621—2005　输气管道系统完整性管理

158. SY/T 6631—2005　危害辨识、风险评价和风险控制推荐做法

159. SY/T 6553—2003　管道检验规范,在用管道系统检验,修理,改选和再定级

160. SY/T 6635—2005　管道系统组件检验推荐做法

161. SY/T 6637—2005　输气管道系统能耗测试和计算方法

162. SY/T 6638—2005　天然气长输管道和地下储气库工程设计节能技术规范

163. SY/T 6652—2006　成品油管道输送安全规程

164. SY/T 6649—2006　原油、液化石油气及成品油管道维修推荐做法

165. SY/T 6648—2006　危险液体管道的完整性管理

三、美国长输管道主要法规

1. 美国联邦规章(CFR)第 49 部第Ⅷ分册—管道第 601 章

2. 美国 2002 年管道安全法第 49 部运输第Ⅶ篇管道第 601 章安全

3. 联邦法第 29 部—公共卫生第 403 章—环境保护天然气管道的定线

4. 美国联邦规章第 30 部第 185 条穿过联邦土地的管道通行权

5. 联邦危险品法(Federal Hazardous Materials Transportation Law)

四、美国长输管道主要标准

1. ASTM G 20—1988 管道涂层抗化学药物腐蚀性的试验方法(Test Method for Chemical Resistance of Pipeline Coatings)

2. ASTM G 42—1996 在高温条件下管道覆盖层阴极剥离合作用的试验方法(Standard Test Method for Cathodic Disbanding of Pipeline Coatings Subjected to Elevated Temperatures)

3. ASTM G 55—1988 评定管道涂覆搭接材料的试验方法(Test Method for Evaluating Pipeline Coating Patch Materials)

4. ASTM G 62—1987 漏点检测管道覆层的测试方法(Standard Test Methods for Holiday Detection in Pipeline Coatings)

5. ASTM G 70—1981 管道涂层环形可弯曲性的试验方法(压实试验)(Test Method for Ring Bendability of Pipeline Coatings(Squeeze Test))

6. ASTM G 80—1988 管道覆层比阴极剥落性的试验方法 (Test Method for Specific Cathodic Disbonding of Pipeline Coatings)

7. ASTM G 95—1987 管道覆层阴极剥离检测的测试方法(化学腐蚀电解槽法)(Test Method for Cathodic Disbondment Test of Pipeline Coatings (Attached Cell Method))

8. ANSI/API 1104—1999 管道和相关设施的焊接(Welding of Pipelines and Related Facilities)

9. ANSI/API 1160—2001 危险液体管道的管理系统完整性(Managing System Integrity for Hazardous Liquid Pipeline)

10. ANSI/API RP 1162—2003 管道操作者的公共注意项 (Public Awareness Programs for Hazardous Liquid Pipeline)

11. ANSI/ASME S376. 2—1998 地下热塑灌溉管道的设计、安装和性能(Design, Installation ,And Performance of Underground Thermoplastic Irrigation Pipelinds)

12. ANSI/ASME B31. 8S—2004 燃气管道的管理系统完整性(Managing System Integrity of Gas Pipelines)

13. ANSI/ASME B31G—1991 用于测定受腐蚀管道剩余强度的手册(Manual for Determining the Remaining Strength of Corroded Pipelines)

14. ANSI/ASTM F1743—1996 通过现场硫化热固性树脂管的现场拉入安装对已有管道进行修复的操作规程(Practice For Rehabilitation of Existing Pipelines and Conduits by Pulled-In-Place Installation of Cured-In-Place Thermosetting Resin Pipe (CIPP))

15. ANSI/ASTM F771—2005 聚乙烯热塑性高压灌溉管道系统规范(Specification for Polyethylene(PE) Thermoplastic High-Pressure Irrigation Pipeline Systems)

16. ANSI/NACE RP0502—2003 管道外部腐蚀的直接 评估方法(Pipeline External Corrosion. Direct Assessment Methodology)

17. ANSI/NACE TM0284—2003 耐逐级断裂的管道钢的评价(Evaluation of Pipeline and Pressure Vessel Steels for Resistance to Hydrogen-Induced Cracking)

18. ASME B31. 4—2002 液烃和其他液体用管道输送系统(Pipeline Transformation Systems for Liquid Hydrocarbons & Other Liquids)

19. ASME B31. 8S—2004 燃气管道的管理系统完整性(Managing System Integrity of Gas Pipelines)

20. ASME B31G—1991 用于测定受腐蚀管道剩余强度的手册.(MSME B31 压力管道规范的补充件 Manual for Determining Remaining Strength of Corroded Pipelines: Supplement to B31 Code-Pressure Piping)

五、加拿大长输压力管道法规

1. 北部管道法(Northern Pipeline Act)
2. 加拿大油气经营法(Canada Oil and Gas Operations Act)
3. 石油资源法(Canada Petroleum Resources Act)
4. 加拿大运输法(Canada Transportation Act)
5. 危险品运输法(The Transportation of Dangerous Goods Act)
6. 国家能源局法(National Energy Board Act)
7. 管道法(Pipeline Act)
8. 压力焊工规则(Pressure Welders Regulation)
9. 管道规则(Pipeline Regulation)
10. 危险品运输规则(The Transportation of Dangerous Goods Regulations)
11. 陆地管道规则(Onshore Pipeline Regulation)
12. 油气生产和储存规则(Canada Oil and Gas Production and Conservation Regulations)
13. 国家能源局管道跨越规则(National Energy Board Pipeline Crossing Regulations)
14. 加拿大油气操作规则(Canada Oil and Gas Operations Regulations)
15. 加拿大油气安装规则(Canada Oil and Gas Installations Regulations)

六、加拿大长输压力管道标准

1. CSA Z662 油气管线系统(Oil and Gas Pipeline System)
2. CSA Z245.1 钢制管线(Steel Pipe)
3. CSA Z245.20 钢制管道外涂层用溶解环氧涂料/聚乙烯(External Fusion Bond Epoxy Coating for Steel Pipe/External Polyethylene Coating for Pipe)
4. CSA B51 锅炉、压力容器和压力管道系统规范.(Boiler,Pressure Vessel,and Pressure Piping Code)
5. CSA Z169 铝管与压力管道系统.(Aluminum Pipe and Pressure Piping System)
6. CSA Z267 液化天然气的生产、储存和处理.(Liquefied Natural Gas(LNG)-Production,Storage and Handling)
7. CAN/CSA B149.3 燃料及相关设备和配件的现场批准规范.(Code for the Field Approval of Fuel-Related Components on Appliances and Equipment)
8. CSA W178.2 焊接检验师的资格证书(Certification of Welding Inspectors)
9. PLUS 663 陆上管线:当地政府、开发者及管线运行者的指导方针(Land use planning for pipelines: A guideline for local authorities,developers,and pipeline operators)
10. Z187-M87-CAN/CSA 海上管线(Pipelines Offshore)
11. CAN/CSA-B137.4 气体聚乙烯管道系统.(Gas Polyethylene Piping System)
12. CSA Z341 地下碳氢物质储存.(Storage of Hydrocarbons in Underground Formation)

七、澳大利亚长输压力管道法规

1. 管道授权法(1993)(Pipeline Authority Act)
2. 管道法(Pipeline Act)
3. 管道规则(Pipeline Regulation)
4. 气体安全法(Gas Safety Act)
5. 气体工业法(Gas Industry Act)
6. 气体安全规则(Gas Safety Regulations)

八、澳大利亚长输压力管道标准

1. AS 4041—1998 压力管道(Pressure Piping)

2. AS 1697 SAA 气体管道规范(Gas Pipeline Code)

3. AS 2885 气体与液体石油压力管道(Pipeline Gas and Liquid Petroleum)

4. AS 2885.1—1997 气体和液化石油 管道 设计与建造(Pipelines-Gas and Liquid Petroleum Part1: design and construction)

5. AS 2885.2—1995 气体和液化石油 管道 焊接(Pipelines- Gas and Liquid Petroleum Part2: welding)

6. AS 2885.3—1997 气体和液化石油 管道 运行和维护(Pipelines-Gas and Liquid Petroleum Part3: operation and maintenance)

7. AS 2885.4 气体和液化石油 管道 海底管线系统(Pipelines-Gas and Liquid Petroleum Part4: Offshore submarine pipeline systems)

8. AS/NZS 2885.5 气体和液化石油管道 第5部分:现场测试(Pipelines-Gas and Liquid Petroleum Part5: Field Pressure Testing-Supersedes)

9. MP 88—2000 澳大利亚压力容器用钢规范的进展(Evolution of Australian Standard for Pressure Vessel Steel Plate)

10. AS 1958—1981 气体和液化石油气海下管道(Gas and Liquid Petroleum Submarine Pipelines)

11. AS 3680 柔性钢管线用的聚乙烯套管(Polyethylene Sleeving for Ductile Iron Pipelines)

12. AS 3681 柔性钢管线及配件用的聚乙烯套管导则(Guidelines for the Application of Polyethylene Sleeving to Ductile Iron Pipelines and Fittings)

13. AS 4799 铁路地下管线的安装(Installation of Underground Utility Services and Pipelines within Railway Boundaries)

14. AS/NZS 2566.1 埋地柔性管线 第1部分:结构设计(Buried Flexible Pipelines Part 1: Structural Design-Supersedes)

15. AS/NZS 2566.1 SUPP 1 埋地柔性管线 第1部分:结构注释 作为 AS/NZS 2566.1:1988 的补充(Buried Flexible Pipelines Part 1: Structural Design-Commentary-Supplement to AS/NZS 2566.1: 1988)

16. AS/NZS 2566.2 埋地柔性管线 第2部分:安装(Buried Flexible Pipelines Part 2: Installation)

17. DR 99331 Amendment 1 to AS 4041—1998 压力管道(对 AS 4041—1998 第1次修订)(Pressure Piping)

18. AS 1548—1995 承压设备用钢(Steel Plate for Pressure Equipment)

19. AS/NZS 1554.1 钢结构焊接 第1部分:钢结构焊接(Structural Steel Welding-Part 1: Welding of Steel Structural)

20. AS 2214 焊接检查员资格—钢结构焊接(Certification of Welding Supervisors-Structural Steel Welding)

21. AS/NZS:ISO 3834 焊接质量要求 金属熔化焊(Quality Requirements for Welding-Fusion Welding of Metallic Materials)

22. AS 4942—2001 承压设备 专业术语列表(Pressure Equipment-Glossary of terms)

23. RUL PE.0—2002 承压设备标准限制—限制:介绍及限制列表(Rulings to Pressure Equipment Standards-Part 0-Introduction and List of Ruling)

24. RUL PE.8—2002 承压设备标准限制—限制:无缝钢管钎焊连接(对 AS4041 的限制)(Rulings to Pressure Equipment Standards-Part 8-Seamless Copper Pipe Joined by Brazing(Rulings to AS4041))

25. AS 2574—1982 钢的超声波探伤(Ultrasonic Testing-Steel)

26. AS 2177.1—1994 无损检测 金属材料对焊焊接接头的 X 射线探伤 检测方法(Non-Destructive testing-Radiography of Welded Butt Joints in Metal-Methods of Test)

27. AS 2207—1994 无损检测 碳钢和低合金钢熔化焊接接头的超声探伤(Non-Destructive testing-Ultrasonic Testing of Fusion Welded Joints in Carbon and Low Alloy Steel)

28. AS 3545—1988 焊接位置(Welding Positions)

29. AS 1697　气体输送及分配系统(Gas Transmission and Distribution Systems)

30. AS 1978　气体和液体石油现场压力测试(Pipelines-Gas and Liquid Petroleum-Field Pressure Testing)

31. AS 2018　液体石油管线(Liquid Petroleum Pipelines)

32. AS/NZS 4853 金属管线的电危险(Electrical Hazard on Metallic Pipelines)

33. SAA HB105 与 AS 2885.1 一致的管线风险评估导则(Guide to Pipeline Risk Assessment in Accordance with AS 2885.1)

九、欧盟主要长输管道法规

德国：

1. 设备安全法(GSG)

英国：

1. 气体安全法(GAS SAFETY ACT 1995(C.45))

2. 承压设备规程(The Pressure Equipment(Amendment)Regulations 2002)

3. 管道安全规则 1996(The Pipelines Safety Regulations 1996)

4. 管道安全(增补)规则 2003(The Pipelines Safety (Amendment) Regulations 2003)

5. 管道安全规则(北爱尔兰)1997(Pipelines Safety Regulations (Northern Irelan))

十、欧盟主要长输管道标准

1. EN ISO 10380:2003　管道系统　波纹状金属软管和软管组件

2. EN ISO 13680:2002　石油和天然气工业　用作套管、铺设管道和连接器材的耐腐蚀合金无缝管技术交货条件

3. EN ISO 6708:1995　管件　DN(公称宽度)的定义和选择

4. EN 10208-1:1998　易燃液体或气体用管道钢管　交货技术条件　第 1 部分：要求等级为 A 的管

5. EN 10208-2:1997　可燃流体用钢管　技术交付条件　B 级管要求

6. EN 10216-1:2002　压力载荷用无缝钢管　交货技术条件　第 1 部分：特定室温特性的非合金钢管

7. EN 10216-2:2002　压力载荷用无缝钢管　交货技术条件　第 2 部分：具有较高温度下规定性能的非合金和合金钢管

8. EN 10216-3:2002　压力无缝钢管　交货技术条件　合金细粒钢管

9. EN 10216-4:2002　压力无缝钢管　交货技术条件　规定低温特性的非合金和合金钢管

10. EN 10217-1:2002　压力载荷用焊接钢管　交货技术条件　第 1 部分：具有室温下规定性能的非合金钢管

11. EN 10217-2:2002　压力载荷用焊接钢管　交货技术条件　第 2 部分：具有较高温度下规定性能的电焊非合金和合金钢管

12. EN 10217-3:2002　压力载荷用焊接钢管　交货技术条件　第 3 部分：细粒合金钢管

13. EN 10217-4:2002　压力载荷用焊接钢管　交货技术条件　第 4 部分：具有低温下规定性能的电焊非合金钢管

14. EN 10217-5:2002　压力载荷用焊接钢管　交货技术条件　第 5 部分：具有较高温度下规定性能的埋弧焊接非合金和合金钢管

15. EN 10217-6:2002　压力载荷用焊接钢管　交货技术条件　第 6 部分：具有低温下规定性能的埋弧焊接非合金钢管

16. CEN/TC 234 长输天然气管道标准

17. CEN/TC 267　工业管道标准

英国标准：

1. BS EN 1295:1998　不同条件下承压的地下管道的结构设计

2. BS EN 12007-1:2000　燃气供应系统最大使用压力小于等于 16bar 的管道　第 1 部分：一般功能推荐规范

3. BS EN 12007-3:2000　燃气供应系统最大使用压力小于等于 16bar 的管道　第 3 部分：钢管专用功能

推荐规范

4. BS EN 12007-4:2000 燃气供应系统最大使用压力小于等于16bar的管道 第4部分:修复管道专用功能推荐规范

5. BS EN 1295—1998 不同条件下承压的地下管道的结构设计

6. BS EN 12007-1:2000 燃气供应系统最大使用压力小于等于16bar的管道 第1部分:一般功能推荐规范

7. BS EN 12007-3:2000 燃气供应系统最大使用压力小于等于16bar的管道 第3部分:钢管专用功能推荐规范

8. BS EN 12007-4:2000 燃气供应系统最大使用压力小于等于16bar的管道 第4部分:修复管道专用功能推荐规范

9. BS EN 10208-1:1998 易燃流体用管道钢管交货技术条件 第1部分:A级管要求

10. BS EN 10208-2:1997 易燃流体用管道钢管交货技术条件 第1部分:B级管要求

11. BS EN 4512-1:2000 近海和陆地钢管焊接规范 第1部分:碳及碳锰钢管

12. BS EN 4512-2:1999 近海和陆地钢管焊接规范 第2部分:双相不锈钢管

13. BS EN 12327:2000 燃气供应系统 压力试验、交付使用和停运过程 功能要求

14. BS EN 13480-1:2002 金属工业管道 第1部分:通则

15. BS EN 13480-2:2002 金属工业管道 第1部分:材料

16. DIN EN 969/A1 天然气管道柔软管、管件、配件和接头要求与试验方法

17. BS EN 14163:2001 石油和天然气工业管道运输系统管道焊接

18. BS EN 13509:2003 阴极保护测量技术

19. BS PD 6493:1991 焊接结构可接受缺陷的评价方法指南

十一、ISO标准

1. ISO 10380:2003 管道系统 波纹状金属软管和软管组件

2. ISO 10400:1993 石油和天然气工业 套管、油管、钻杆和管线管性能公式与计算

3. ISO 10405:2001 石油和天燃气工业 套管和管道的维护和使用

4. ISO 10420:1994 石油和天然气工业 海底及海洋提升设备用软管系统

5. ISO 10422:1993 石油和天然气工业 套管 油管和管线管 螺纹的加工、测量和检验规范

6. ISO 13623:2000 石油和天然气工业 管道输送系统

7. ISO 13678:2000 石油和天然气工业 对套管、管道和管线用的螺纹绝缘膏的评价和试验

8. ISO 13680:2002 石油和天然气工业 用作套管、铺设管道和连接器材的耐腐蚀合金无缝管 技术交货条件

9. ISO 13847:2001 石油和天然气工业 管道输送系统 管道焊接 技术勘误1

10. ISO 14313:1999 石油和天然气工业 管道输送系统 管道阀

11. ISO 15463:2003 石油和天然气工业 新套管、管和平端钻管的现场检验

12. ISO 15589-1:2003 石油和天然气工业 管道运输系统的阴极保护 第1部分:陆地管线

13. ISO 15649:2001 石油和天然气工业 管道

14. ISO 3183-2:1996 石油和天然气工业 管道用钢管的技术交货条件 B级要求的钢管

15. ISO 3183-3:1999 石油和天然气工业 管道用钢管的技术交货条件 C级要求的钢管

16. ISO 6412-1:1991 技术制图 管道的简化表示法 第1部分:通则和正交表示法

17. ISO 6412-2:1989 技术制图 管道的简化表示法 第2部分:等角投影

18. ISO 6412-3:1994 技术制图 管道的简化表示法 第3部分:通风和排放系统终端部件

19. ISO 7657:1995 管道工程 带绕金属软管的一般要求

20. ISO 11960:2001 石油和天然气工业 油井套管和油管用钢管

21. ISO 11960TechnicalCorrigendum1:2002 石油和天然气工业 油井套管或油管用钢管 技术勘误1

22. ISO 12095:1994 压力用途的承压无缝和焊接钢管 液体渗透试验

23. ISO 13:1978 灰口铸铁管、特种铸件和耐压主管道的灰口铁部件

24. ISO 3183-1:1996 石油和天然气工业 管道钢管 交货技术条件 第1部分:A级钢管的要求

25. ISO 3183-2:1996 石油和天然气工业 管道钢管 交货技术条件 第2部分:B级钢管的要求

26. ISO 3183-3:1999 石油和天然气工业 管道钢管 交货技术条件 第3部分:C级钢管的要求

27. ISO 3545-3:1989 钢管和管件 规范中使用的符号 第3部分:圆形截面管件

28. ISO 4144:2003 管道系统 符合 ISO 7/1 螺纹标准的不锈钢配件

参 考 文 献

[1] 张纲.中国特种设备安全监察现状和对策.特种设备安全国际论坛,北京:2005-11-15～16.

[2] 压力管道安全管理与监察规定.1996年4月23日劳动部劳部发[1996]140号发布.

[3] 特种设备安全监察条例.2003年2月19日国务院第68次会议通过,2003年6月1日起施行.

[4] 关于实施《特种设备安全监察条例》若干问题的意见.国家质检总局[国质检法(2003)206号],2003年7月11日.

[5] 国家质检总局特种设备安全监察局 编.国(境)外特种设备安全管理丛书.

[6] 梁燕君.发达国家标准体系的特色和启示.全球科技经济瞭望,2006年第7期.

[7] 吴苏,李景.美国标准体系及战略分析.中国标准化.

[8] 石油工业安全标准汇编,油气储运.北京:石油工业出版社.

[9] 石油工业安全标准(合订本).北京:石油工业出版社.

[10] 中国安全生产科学研究院 编.安全评价法规汇编.北京:化学工业出版社.

[11] 中国石油天然气股份有限公司企业标准合订本.天然气与管道,2004.

第六篇

公用管道

第二十六章 公用管道标准法规制修订管理模式

第一节 中国公用管道标准法规制修订管理模式

一、法规标准的政府管理部门和职能及运作模式

1. 公用管道监察管理机构和职能

按照压力管道的分类，我国目前城镇管道约 40 万公里，随着“西气东输”天然气管线工程、“重庆忠县～武汉”天然气管线的投用，我国城镇燃气的用量将得到极大地提高。

1996 年颁布的《压力管道安全监察条例》(劳动部[1996]140 号令)明确将城镇燃气管道与热力管道作为公用管道纳入到原劳动部锅炉局进行监管；2003 年颁布的《特种设备安全监察条例》(国务院令 373 号)明确压力管道是特种设备之一，并纳入到安全监察范畴；2004 年颁布的《国务院对确需保留的行政审批项目设定行政许可的决定》(国务院令 412 号)第 249 项明确了“压力管道的设计、安装、使用、检验单位和人员资格认定由国家质检总局和县级以上地方人民政府质量技术监督实施行政许可”。

我国特种设备的安全监察体制是以国家质量监督检验检疫总局的特种设备安全监察局及各省、自治区和直辖市质检等政府部门为监管主体，实行政府立法和执法统一的体制，采用行政许可与安全监督检查相结合的方式，对特种设备进行监督管理。因此，国家质检总局特种设备安全监察局专门设置有压力管道与气瓶处开展包括公用管道在内的压力管道的安全监察工作。

除了国家质检总局特种设备安全监察局承担了公用管道安全监管的政府职能外，建设部与公用管道相关的职能为：①研究拟定市政公用事业的方针、政策、法规，以及相关的发展战略、中长期规划并指导实施，进行行业管理。②指导城市燃气、热力、市政设施工作。建设部下设城市建设司市政管理处承担公用管道的指导工作。

2. 公用管道标准化管理机构和职能

(1) 国家标准化管理机构

1) 国家标准化管理委员会。根据《中华人民共和国标准化法》，国家质量监督检验检疫总局统一管理全国标准化工作，并授权国家标准化管理委员会分管，统一规划组建和管理全国专业标准化技术委员会。国务院有关行政部门分工管理本部门本行业的标准化工作，并由国家标准化管理委员会统一组建本部门本专业标准化技术委员会。省、自治区及直辖市质检监察部门统一管理本行政区域的标准化工作，并由省、自治区及直辖市政府有关行政主管部门分工管理本行政区域内本部门、本行业的标准化工作。市、县标准化行政主管部门和有关行政主管部门，按照省、自治区、直辖市政府规定的职责，管理本行政区域内的标准化工作。国家质量监督检验检疫总局组织制定国家标准并组织实施和监督检查。

省、自治区、直辖市政府标准化行政主管部门组织制定地方标准，指导协调本地区标准化工作，组织实施标准和监督检查。省、自治区、直辖市政府有关行政主管部门承担省、自治区、直辖市人民政府下达的草拟地方标准并在本地区组织本部门、本行业实施标准和监督检查。

2) 国家建设部。根据国务院有关部委的三定原则，建设部还承担部分国家标准制修订的职能：组织制定工程建设的国家标准，由国家质量监督检验检疫总局统一编号并发布；组织制定和发布全国统一定额和部管行业标准、经济定额的国家标准。国家建设部设有专门的标准定额司。

(2) 行业标准管理机构。对没有国家标准而又需要在全国某个行业范围内统一的技术要求，可以制定行业标准。行业标准报批稿由国家发展与改革计划委员会审批、编号、发布。复审周期不超过5年。

涉及压力管道的专业标准化委员会和管理机构主要有：石油工业标准化委员会、全国锅炉压力容器标准化技术委员会、建设部标准定额研究所、中国工程建设标准化协会等。

二、法规标准制修订机构的设置及职能

公用管道法规包括：法律、法规、规章、安全技术规范等。

1. 公用管道行政法规制修订机构

法律是指由全国人民代表大会及其常委会制定的规范性文件。依据制定机关的不同分为两大类，基本法律，由全国人民代表大会制定；基本法律以外的其他法律，由全国人民代表大会常委会制定。就特种设备安全监管法律而言，目前正在争取制定《特种设备安全法》。

公用管道的法规包括行政法规和地方性法规。行政法规是由最高行政机关（国务院）根据宪法和法律或者全国人大常委会的授权决定，依照法定权限和程序，制定颁布的有关行政管理的规范性文件；地方性法规是指法定的地方国家权力机关依照法定的权限，在不与宪法法律和行政法规相抵触的前提下，制定和颁布在本行政区域内实施的规范性文件。行政法规和地方性法规在中国立法体制中具有重要地位，是仅次于法律的重要立法层次，一般用条例、规定、规则、办法等称谓。《特种设备安全监察条例》、《危险化学品安全管理条例》等属于行政法规，是目前公用管道监察与管理的最高法律文件。另外，中国的一些省（如江苏省、广东省、浙江省、黑龙江省等）地方人大颁布了地方特种设备安全监察条例（规定）。

规章通常称行政规章，是国家行政机关依照行政职权所制定、发布的针对某事件或某一类人的一般性规定，是抽象行政行为的一种。规章包括部门规章（也称部委规章）和地方人民政府规章。部门规章是指国务院各部门（包括具有行政管理职能的直属机构）根据法律和国务院的行政规定、办法、决定、命令在本部门的权限内按照规定的程序所制定的规定、办法、细则、规则等规范性文件的总称。地方政府规章是指省、自治区、直辖市和较大的市的人民政府依照法律和法规，并按照法定的程序所制定的只适用于本行政区域的规定、办法、细则、规则等规范性文件的总称。目前，《压力管道安全管理与监察规定》是包括公用管道在内的安全监察与管理的行政规章，其作为法律、法规的补充形式，对压力管道的安全监察与管理起到了重要的作用。

公用管道的安全技术规范是拥有特种设备行政立法权的行政机关（即国家质检总局和国家建设部）制定和发布的除行政法规、规章以外的具有普遍约束力的其他规范性文件，其作用是把法律、法规和行政规章的原则规定具体化，这些文件与法规和规章相比，效力要弱。近年来，随着特种设备法规体系的不断完善，制定包括公用管道在内的特种设备安全技术规范已成为特种设备安全监察管理的重点任务之一。特种设备安全技术规范涉及特种设备的安全性能和相应的设计、制造、安装、修理、改造使用管理和检验检测方法，以及许可、考核条件、程序的一系列具有行政强制力的文件。

国家质检总局颁发有关公用管道安全管理的规定等行政规章，并由下设的特种设备安全监察局颁布有关的公用管道的安全监察的规范性文件。受国家质检总局的委托，中国特种设备检测研究中心设置有专门的技术法规部具体承担包括公用管道在内的特种设备法规的组织起草工作。

国家建设部发布有关公用管道安全宏观管理的规定等行政规章，并由下设的相应司局颁布有关的公用管道的的规范性文件。

包括公用管道在内的安全技术规范文件由国家质检总局特种设备安全监察局组织国内专家，以公开、透明、相对均衡为原则而制定的，其具体制定程序包括：

(1) 国家质检总局特种设备安全监察机构根据安全监察工作重点，提出安全技术规范制定计划，向社会征求意见后，确定安全技术规范立项任务；

(2) 进行社会调查，收集国内外相关法规标准，在一定范围内组织国内相关专家成立起草组，召开安

全技术规范起草工作会议，提出安全技术规范征求意见稿；

(3) 向社会征求意见，起草组处理社会意见，修改征求意见稿，向国家质检总局特种设备安全技术委员会(安全技术委员会由与特种设备安全有关的各行业专家组成，是国家特种设备安全领域的最高技术权威)提交安全技术规范送审稿征求意见；

(4) 起草组对安全技术委员会提出的意见进行讨论，修改送审稿，向国家质检总局上报报批稿，由国家质检总局批准颁布特种设备安全技术规范。

2. 公用管道标准制修订机构

(1) 国家标准。国家标准化管理委员会统一管理、监督和综合协调全国标准化工作；国务院有关行政主管部门设有的标准化管理机构，分工管理本部门的标准化工作；有关行业协会设有的标准化管理机构，分工管理本行业的标准化工作。

全国锅炉压力容器标准化技术委员会负责公用管道相关的国家和行业标准标准的制修订工作。

公用管道建设实施阶段的国家标准组织起草工作的机构有建设部标准定额研究所和中国工程建设标准化协会。

1) 建设部标准定额研究所。该所前身是原国家计划委员会基本建设标准定额研究所，成立于1983年，1988年隶属建设部改为现名。现主要承担建设部管辖工程建设行业标准、工程项目建设标准与用地指标、建筑工业与城镇建设产品标准、全国统一经济定额、建设项目可行性研究评价方法与参数的研究和组织编制与管理以及产品质量认证工作，建设部所属18个专业标准归口单位、4个标准化技术委员会和建设领域国际标准化组织(ISO)国内的归口管理工作，以及标准定额的信息化和出版发行管理等工作，为保证建设工程质量和公众利益提供标准定额服务，为工程项目决策与宏观调控和工程建设实施与监督提供依据。该所属公益型的科研事业单位，主要工作领域为：

① 承担工程建设标准化、工程造价、工程项目建设标准与建设用地指标、建设项目评价方法与经济参数、建设部管工业产品标准和质量认证管理的有关法规、制度的研究工作。

② 组织工程建设强制性国家标准、建设部管行业标准、全国统一经济定额和建设部管行业经济定额、工程项目建设标准与建设用地指标、建设项目评价方法与经济参数和建设部管工业产品标准的制定、修订工作。

③ 参与工程建设国家标准、建设部管行业标准、全国统一经济定额和建设部管行业经济定额以及建设部管工业产品标准的实施与监督工作。

④ 组织开展产品质量认证和产品准用证的具体工作。

⑤ 承担建设部管行业的国际标准化组织(ISO)国内归口的具体管理工作。

⑥ 承担标准定额信息和出版发行管理工作。

⑦ 开展工程建设标准、经济定额和建设项目评价方法与经济参数的研究、编制与咨询服务工作。

2) 中国工程建设标准化协会。该协会前身为中国工程建设标准化委员会，成立于1979年10月。1991年7月经民政部社团管理司审查后，批准以中国工程建设标准化协会名义注册登记。

根据协会章程，该协会的会员分为个人会员和团体会员。

协会的主要活动包括：学术任务(主要由所属学术委员会与各专业委员会开展)；国际交流与合作；干部培训；制定、修订标准规范；编制标准体系表；技术咨询服务。

协会的专业标准技术委员会是根据工程建设标准化工作的需要而设立的，是理事会领导下的二级专业学术组织，现共设有32个专业标准技术委员会；地方标准化协会是根据各省、自治区的工程建设标准化发展需要而建立的，现已在黑龙江省、内蒙古自治区、山东省、四川省、河南省、山西省、上海市、广东省等省市设立了地方标准化协会。

该协会的性质：中国工程建设标准化协会是依法成立的全国工程建设标准化工作者的全国性学术社团。业务主管部门为中华人民共和国建设部。

该协会的宗旨：遵照国家有关方针、政策、法律、法规，本着“务实精干”的原则，团结和组织全国工程建设标准化工作者，充分发扬学术民主，开展工程建设标准化的科学技术水平，加速社会主义现代化建设服务。

该协会的主要任务:①接受政府部门委托,组织制定和管理工程建设推荐性标准;②组织会员参与工程建设标准的制定、修订、审查、宣传贯彻及有关科学试验工作;③开展工程建设标准化学术活动;④宣传普及工程建设标准化知识;⑤组织开展工程建设标准化的培训工作;⑥接受委托对工程建设标准化成果进行鉴定或评议;⑦组织开展工程建设标准化的咨询服务;⑧出版工程建设标准化的书刊、资料;⑨组织开展工程建设标准化的国际合作与学术交流活动;⑩向有关部门和单位反映工程建设标准化工作者的意见和建议。

(2) 行业标准。与公用管道相关性最大的行业标准制修订机构为建设部标准定额研究所、中国工程建设标准化协会与石油工业标准化委员会。

目前,关于公用管道方面的行业标准不多,主要有 CJJ 34—2002《城市热力管网设计规范》、CJJ 105—2005《城镇供热管网结构设计规范》、SY 0007—1997《钢质管道与储罐腐蚀控制工程设施规范》、CJJ 65—1995《聚乙烯燃气管道工程技术规范》、CJJ 81—1998《城镇直埋供热管道工程技术规程》、CJJ 33—2005《城镇燃气输配工程施工及验收规范》、CJJ 38—1990《城镇供热管网工程质量检验评定标准》、CJJ 28—2004《供热管网工程施工及验收规范》、CJJ 95—2003《城镇燃气埋地钢质管道腐蚀控制技术规程》、CJJ 51—2001《城镇燃气管网抢修和维护技术规程》、CECS 121—2001《城镇供热管网维修技术规程》等。

三、标准法规制修订程序

(1)国家标准。公用管道国家标准由国家标准化技术委员会按照规定的程序组织制定,由国家标准化管理委员会批准发布。其制定程序包括:

1) 向国家标准化管理委员会或有关建设部等主管部门提出公用管道国家标准制修订项目的建议;

2) 根据批准下达的公用管道国家标准制修订计划,成立标准工作组或指定项目负责单位,组织计划的实施;

3) 标准工作组或项目负责单位在调查研究、分析计算或试验验证的基础上,提出标准草案征求意见稿,提交技术委员会有关委员和有代表性的单位及个人征求意见,标准工作组或项目负责单位对所提意见进行综合分析后,对标准草案进行修改,提出标准送审稿;

4) 标准送审稿提交全体委员审查,标准必须获得全体委员人数三分之二以上的赞成票和全体单位委员数一半以上的赞成票方可通过;

5) 标准工作组或项目负责单位根据收集到的意见,综合分析修改后,提出标准报批稿,经有关的标准化技术委员会或主管部门审核后,报国家标准化管理委员会批准发布。

(2) 行业标准。行业标准归口部门制定行业标准计划并负责组织制定本行业的行业标准。负责起草单位提出征求意见稿后经征求各方面意见修改后为送审稿,送全国专业标准化委员会或专业标准化技术归口单位组织审查,并经修改后成为行业标准报批稿。行业标准由国家发改委审批、编号、发布。复审周期不超过 5 年。

第二节　美国公用管道标准法规制修订管理模式

一、标准法规政府(含州政府)管理机构及运作模式

1. 美国公用管道管理部门

美国的公用管道由美国联邦政府运输部提出管道运输和管道设施最低安全标准的限定,授权各州自行设立的市政管理部门管理。如果在收到市政机构许可证明后,运输司认为州市政机构没有按照 49USC60105 所指的适用性安全标准执行,运输司可以驳回许可证明,维护美国政府的司法权,或采取其他适当措施来达到充分执行的目的。运输司应该通知州市政机构并在按照本子节规定采取最终措施前

给其申辩机会。当发过通知后，州市政机构有责任去检查其是否按照标准要求来执行。

按照49USC60105条款的要求，如果州内部管道由各州自行立法设立管理机构进行管理，该州每年应向美国联邦政府运输部(U. S. Department of Transportation，简称DOT)提供一份证明，证明其管道管理符合联邦法规的要求，则DOT可以不要求该州执行联邦的规章的要求。如果DOT没有收到州的管道管理证明，DOT也可以每年与州的管道管理机构达成协议，委托州管理机构对州内部管道实施所需要的检查(甚至也可以包括州际管道)，州管理机构发现的潜在或可能的违法情况报告DOT。联邦可以从鼓励基金中部分返还州管道管理计划实施成本，最高可达总成本的50%。

美国联邦政府运输部将压缩气体、液化气体等作为第二类危险性物品管理，其有关的管道纳入DOT危险性物品运输包装物管理的范畴，保证了危险性较大的公用管道得到更有效的管理。运输部协调和解决各州之间发生的问题，提出管道运输和管道设施最低安全标准的限定。

1967年联邦政府将危险品的管理由州际商业委员会转到美国运输部的原料运输局，运输部于1977年整合原料运输局、运输规划局和运输安全研究院，成立研究和特殊项目管理部(RSPA)。研究和特殊项目行政管理局(RSPA)(CFR 49 part 100～199)分管危险品运输、油品运输、管道安全等工作，RSPA下属危险品办公室(OHM)和管道安全办公室(OPS)两机构，分别负责对危险品及危险品运输容器(含气瓶、罐车)和压力管道等的管理，负责制定有关的法律、规程及进行行政管理。

联邦通过与有关的州建立合作伙伴关系，为这些州提供必要的技术和财政支持，鼓励各州积极参与联邦的管道安全活动。

2. 州管道管理机构

各州内部管道(含公用管道)由各州自行立法设立管理机构进行管理，各州每年应向DOT提供一份证明，证明其管道管理管理符合联邦的要求，则DOT可以不要求该州执行联邦规章的要求。美国运输部也可以根据州管道管理机构的实际情况，将跨州管道交由州管理。各州管道理机构所属部门有差别，如加利福尼亚是工业关系部、阿拉斯加为管道管理委员会、纽约州等大数州是州劳动部。

美国各州的管道管理由各州自行立法设立管理机构(委员会)管理，各州委员会人员可由上级部门委派、州长任命、选举产生。各委员会负责制定有关的法律、规程及进行行政管理。

州际公用管道由联邦运输部监督管理；其他管道由各州政府的行政部门监督管理，如阿拉斯加州是阿拉斯加管道委员会，缅因州是缅因州公用事业委员会，伊利诺斯州是伊利诺斯州商业委员会，新墨西哥州是新墨西哥州州立自治委员会、公共法规委员会，佛罗里达州是佛罗里达公共服务委员会、农业和消费性服务部门，夏威夷州是公用事业委员会。

下面以阿拉斯加州为例进行介绍。

阿拉斯加州有专门的州管道法律，其管道部门为阿拉斯加管理委员会。其主要职能有：①应该对州内管道及管道承运人进行管制；②可以按照州发布的租约条款对投诉或委员会提出的动议、等级、分类、规章、制度、价格、服务、准则、管道承运人的设备，及义务的履行情况进行调查；③可以为管道承运人制定、规定或要求公正、公平及合理的等级、分类、制度、准则、服务及设备；④可以要求管道承运人及相关利益方向委员会提交本章条款要求或被允许要求提交的报告及其他的信息和数据；⑤可以在履行本章规定的义务时，制定其他必要的规定，包括指导委员会准则及程序的制度；这些制度不可以与州法律相矛盾；⑥在正常工作时间应该有权，也可以指派任何雇员、代理或顾问对管道承运人保存的或其他人为其保存的直接影响到州的利益且直接与位于州内的管道相关的账目、金融及财产报告、账簿、地图、库存、鉴定、评估及相关报告进行审查和检查；⑦可以面对任何官员、部门、董事会、委员会或州法庭，亲自或由律师出面，发起、干预涉及管道承运人且影响到州的利益的诉讼程序，且为其提供证据并参与其中；⑧应该服从必要的及合理的条款、条件及限制，对建筑、扩建及增容，扩展，连接及交连，任何油或气管道设备或设施的开始运行或废弃这些行为要求许可证；⑨可以规定账目制度并对油或气管道设备的服务进行管制；⑩面对任何官员、部门、董事会、委员会、其他州的法庭，或美国联邦法庭，在涉及管道承运人或相关利益方的且影响到州利益的诉讼程序中进行干预、提供证据且参与其中时，应该向法律部门提供所有合理的帮助。

运作模式:委员会可以指派一名合格的、没有偏见的及公平的,且具有一般法律实务经验的行政法法官来举行本章下的听证会。行政法法官可以履行与本章下的行政管理或其他法律相关的义务。在接受本分项下任命前,受雇举行本章下听证会的行政法官应至少有5年资格执法的经验。

二、公用管道法规标准的制修订机构设置与职能

1. 美国公用管道法规制修订机构

美国法规制定部门和机构有:美国商业部、国家标准技术研究院、美国国防部、美国能源部、美国劳动部、美国运输部、FAA操作管理局、美国环境保护局(EPA)、EPA软件公司、科学技术局、EPA出版公司、国家航天航空管理局、联邦通讯委员会、美国食品和药品管理局、总服务局、美国网络法律代表机构THOMAS美国网络委员会。美国政府法规数量约4.4万个。另外,美国职业安全与健康管理局、消费者产品安全委员会、环境保护局、联邦贸易委员会、商业部、能源效率标准局等都各自颁布法规。美国技术法规由美国国家档案管理局所属联邦注册办公室归口管理。

美国运输部下设有管道安全办公室(OPS),其研究项目主要支持法规修订,为管道安全项目的计划、评估、执行提供技术和分析支持。与管道安全相关法规的审议由美国运输部的两个安全标准委员会〔1968年天然气管道安全法要求设立的管道安全标准委员会(TPSSC),1979年的危险液体安全法要求设立技术性危险液体管道安全标准委员会(THLPSSC)〕负责。两个标准委员会的主要作用是审议被提议的法规的技术可行性、合理性、成本效益和实用性。

2. 美国公用管道标准制修订机构

由于美国社会的多元性和自由化状态,形成了美国独特的分散化标准体制,除各企业、公司制定标准外,尚有许多专业机构和学会、协会团体制定和发布各自专业领域的标准,因而参加标准化活动的组织更多。美国对于标准化工作,虽没有像欧洲那样强制性进行标准化的程序,但"技术的转移和普及法(National Technology Transfer and Advancement Act)"倡导政府积极参与民间占主导地位的标准的制定,此外政府的协调基准、强制法规等规定了采用任意标准以促进标准的统一等。

(1) 美国国家标准协会(ANSI)。ANSI成立于1918年,现有工业学会、协会等团体会员约250多个,公司(企业)会员约1400个。是一个非营利性民间标准化团体,联邦政府机构的代表以个人名义参加其活动,不接受政府的资助。ANSI是美国自愿性标准体系管理和协调机构。主要职能是协调国内各机构、团体的标准化活动;审核批准美国国家标准;代表美国参加国际标准化活动;提供标准信息咨询服务;与政府机构进行合作。美国国家标准学会使政府有关系统和民间系统相互配合,起到了联邦政府和民间标准化系统之间的桥梁作用。它协调并指导全国标准化活动,给标准制定、研究和使用单位以帮助,提供国内外标准化情报。它又起着行政管理机关的作用。

美国国家标准协会本身很少制定标准,而是通过委任团体法和征求意见法从各专业团体制定发布的标准中,将其对全国有重大意义的标准经审核后提升为国家标准,并给以ANSI代号。目前,经ANSI认可的标准制定机构近200多个,制定的标准总数约有4万多个,占非政府标准的大部分。

(2) 美国机械工程师学会(ASME)。美国机械工程师学会(American Society Of Mechanical Engineers)于1880年成立,今天的"ASME国际"是一个非营利的教育和技术的组织,服务于全世界的12.5万个会员,是世界上专业技术刊物出版量最多的几家学会之一。ASME每年主持30多个技术协调会议和200个专业的报告,制定许多工业和制造业的标准。涵盖了包括从机械力学到太阳能的所有机械工程问题。涉及压力管道的ASME标准是其B31系列,其中包括了一些具有重大影响的管道安全评价与完整性管理标准。与公用管道相关的标准有ASME B31.8、ASME B31.8S、ASME B31G等。

(3) 美国腐蚀工程师学会(NACE)。美国腐蚀工程师国际协会(NACE International)是国际腐蚀与防护领域的民间学术团体,成立于1943年。该协会在1993年正式由美国国内协会变更为国际协会。NACE是目前国际腐蚀与防护学术及技术领域有较大影响的社团组织。NACE每年的的主要技术活动有综合性年会、专题技术交流及研讨会、标准编制、人才培训及取证等。NACE技术委员会和工作组集中了防腐相关领域的国际专家,其涉及领域有石油、石化、海洋、电力、航空、化工、船舶、运输等。在年会上

技术委员会的主要工作是举行技术研讨会、制修订NACE标准，发布最新技术发展动态信息、论文、手册等。目前与石油领域中油气储运、油气集输、炼油、化工、化学相关的技术委员会有：STG01～08、10、31～37、39、45、60～63。

NACE标准的编写可由一个技术委员会编写，也可由几个技术委员会联合编写。NACE标准主要针对石油、石化、海洋石油，标准种类和内容较为系统，标准实用性和可操作性较强。在国内外腐蚀与防护工程等领域应用广泛。

(4) 美国石油学会(API)。美国石油学会(API)是美国工业主要的贸易促进协会之一，它是代表整个石油行业的勘探开发、储运、炼油与销售的主要国家同行业组织，是个非营利机构，成立于1919年。API勘探开发部下设的油田设备和材料标准化执行委员会是一个专业标准化组织，旨在通过促进油田设备和材料广泛的安全性和互换性，以及满足国内和全球油气勘探开发工业的需要。API在33个州设有石油理事会，它以适当的合法方式为石油天然气工业所有企业追求优先公用的方针目标和该行业整体效益提供了标准化论坛。

API有三个标准化委员会，分别服务于石油天然气工业三个不同的领域。API标准委员会的成员主要是由用户组成。

1) 油田设备和材料标准化执行委员会(ECSOEM)。ECSOEM为高效率的制定与维护标准而提供一个领导机构，满足国内及全球石油天然气勘探开发工业的优先需求，尽可能减少各企业的标准数量，促进安全、可互换的油田设备和材料广泛的有效性，促进检验和操作实践的广泛的有效性、API油田设备和材料标准化执行委员会下设四个分委员会，分别负责开发、海洋、钻井及质量方法的标准的制修订。

2) 石油计量委员会(COPM)。COPM在开发和制修订有一定技术发展水平的烃类计量标准方面得到行业一致认同，其在提出得到行业公认的商业结算、工程惯例的和现有计量技术一致性等基于可靠技术的计量程序方面居于领导地位。

3) 炼制设备委员会(CRE)。CRE在设计、制造、安装、检测、原材料的使用、炼油设备及有关处理设备已经制定了大约500项用于全世界的设备和操作标准。这些标准是石油行业从钻井设备到环境保护等一系列专业中总结出的集体智慧的结晶。美国联邦政府及国家法律和法规长期引用API标准，而且越来越积极地被国际标准化组织ISO所采用。

(5) 美国材料与试验学会(ASTM)。ASTM成立于1898年。ASTM前身是国际材料试验学会(IATM)。学会的主要任务是制定材料、产品、系统和服务等领域的特性和性能标准，试验方法和程序标准，促进有关知识的发展和推广。美国材料与试验学会标准制定一直采用自愿达成一致意见的制定。标准制度由技术委员会负责，由标准工作组起草。经过技术分委员会和技术委员会投票表决，在采纳大多数会员共同意见后，并由大多数会员投票赞成，标准才获标准，作为正式标准出版。在一项标准编制过程中，对该编制感兴趣的每个会员和任何热心的团体都有权充分发表意见，委员会对提出的意见都给予研究和处理，以吸收各方面的正确意见和建议。

三、美国公用管道标准的制修订程序

美国国家标准协会(ANSI)本身很少制定标准。其ANSI标准的编制，主要采取以下三种方式：

(1) 投票调查法。由有关单位负责召集、邀请专家或专业团体投票，将结果报ANSI设立的标准评审会审议批准。

(2) 委员会法。由ANSI的技术委员会和其他机构组织的委员会的代表拟定标准草案，全体委员投票表决，最后由标准评审会审核标准。

(3) ANSI各技术委员会审核法。从各专业学会、协会团体制定的标准中，将其较成熟的，而且对于全国普遍具有重要意义者，经ANSI各技术委员会审核后，提升为国家标准(ANSI)并冠以ANSI标准代号及分类号，但同时保留原专业标准代号。

因此，美国国家标准协会的标准，绝大多数来自各专业标准。另一方面，各专业学会、协会团体也可依据已有的国家标准制定某些产品标准。当然，也可不按国家标准来制定自己的协会标准。ANSI的标准是自愿采用的，但被法律引用和政府部门制定的标准，一般属强制性标准。

作为美国国家标准的文件，每5年经过一次审查，以确保标准的有效性。在5年之内，标准也可能被重新颁布、修订或撤销。

第三节 欧盟公用管道标准法规制修订管理模式

一、标准法规的政府管理部门和职能及运作模式

欧盟(EU)不是单一的国际机构，也不是联邦国家。欧盟是由原欧洲共同体发展而来的，是一个集政治实体和经济实体于一身、在世界上具有重要影响的区域一体化组织，具有独立的司法、立法和行政机关。目前拥有25个成员国。成员国之间工业品可以自由流通，免除了成员国之间的关税，对欧盟以外实行统一关税，统一的市场使成员国关于商品的技术法规和标准趋于统一，贸易手续简化，统一货币和海关税制大大避免了货币、税率差异对价格的影响，有利于欧盟成员国之间的经济交流和商品的进出口。

欧盟的“条例”、“指令”、“决定”等法规提案由欧洲委员会提出，经欧洲议会审议，由欧洲理事会裁决，并由欧洲委员会执行。

欧盟的法律以及政策主要由欧盟理事会(代表各加盟国)、欧洲议会(代表的各加盟国民众)和欧洲委员会(代表欧洲全体的利益、政治上独立的机构)3个机构来决定。

欧盟政府只管立法，执法是政府授权民间检验机构。欧盟领导的企业总司下属的法规标准司(G-Single Market：Regulatory Environment，Standardization and New Approach)负责组织各工业协会、研究机构、成员国政府管理机构等制定有关欧盟指令，组织有关标准化机构制定相关欧洲统一标准。法规标准司的主要职责：通过研究和创新、培训，促进投资和简化法规，调整贸易、健康、安全和竞争力等方面的政策，增强企业的竞争力；通过实施一些行政措施，促进法规的统一，形成欧盟统一市场，同时寻求在欧盟以外扩大市场份额的途径；核心职能是保证劳动者和消费者的安全。该司的主要工作：通过与各工业协会、研究机构、成员国政府管理机构以及其他相关人员、团体的协商、对话和调研，组织制定有关欧盟指令，并根据指令的要求，组织有关标准化机构制定相关欧洲统一标准。

二、标准制修订机构的设置及职能

欧洲标准化委员会(CEN)有300多个标准化技术委员会，其主要任务就是编写欧洲标准，正式文本为英文、法文和德文。

1. 欧盟标准化委员会

欧洲标准化委员会(CEN)的宗旨在于促进成员国之间的标准化协作，制定本地区需要的欧洲标准(除电工行业以外)和协调文件。从形式上欧盟委员会委托欧洲标准化委员会进行标准化工作，技术细节由各标准化技术委员会制定。

与公用管道相关的欧盟标准化组织为CEN/TC 234。其主要范围为：①天然气供给领域的标准化建设；②与其他CEN/TC机构或其他组织协调处理有关天然气供给的技术；③在天然气供给领域发布的有关技术规定。

CEN/TC 234的工作目标为：①天然气供给领域的标准化建设；②TC 234组织中关于天然气供给方面的事项决策与协调；③天然气供给领域技术年会论坛；④天然气供给领域技术交流与讨论；⑤对已出版的TC 234标准进行定期修订。

与CEN/TC 234的组织构成：①WG 1，天然气装置(Gas installation for buildings)；②WG 2，天然气输配(Gas distribution)；③WG 3，天然气输送(Gas transmission)；④WG 4，天然气地下储存(Gas storage-underground)；⑤WG 5，天然气计量(Gas metering)；⑥WG 6，天然气调压(Gas pressure regulation)；⑦WG 7，天然气压缩(Gas compression)。

2. 欧盟各成员国的标准化机构

欧盟各成员国都有自己的制定标准机构，如法国的AFNOR，德国的DIN，意大利的UNI，西班牙的AENOR，英国的BSI等。这些机构同时也参与欧洲标准化机构工作。根据欧盟各成员国约定，新制定的国家标准在生效前应通知欧盟主管标准管理的单位。下面以英国为例介绍。

英国标准除BS标准外，其IGE标准对于城镇燃气行业来说是非常重要的标准。

英国气体工程师学会(The Instituion of Gas Engineers，IGE)成立于1863年，目的为联系燃气工业内的工程师及学者，增进技术交流及推动发展。学会关注一切有关燃气的知识领域，包括开采、输配、储存、销售、市场、安装、保养、安全、研究、标准、教育等，气体工程师学会获英国工程局授权制定认可工程师及工程技术人员的专业资格要求。IGE现拥有包括来自65个国家的会员，分为8个分会，设有25个科技小组，负责研究有关燃气工业的发展和制定标准。其中制定的IGE/TD系列标准至今已有50多本，覆盖了燃气的输配、储存、应用等各个环节的设计、施工、运行、维护保养和管理，在英国及其影响国家和地区的城镇公用燃气行业得到了广泛的应用。例如IGE/TD/1《高压燃气输送的钢管的铺设》(第4版)，可以用来支持EN 1594《燃气供应系统最高运行压力大于16bar的管线技术条件》的详细标准。

三、法规标准制修订程序

欧洲有许多适用于承压设备制造和使用的法规。近年来，欧盟为了协调各成员国的承压设备法规，消除贸易障碍，颁布了许多EC指令。EEC/EC指令是欧盟承压设备法规的主要形式，它的形成均需先由欧盟委员会(Commission)向部长理事会(Council)提出指令的提案，再由理事会征求欧洲议会(European Parliament)和经济社会委员会(Economic and Social Committee)的意见，然后提交欧盟委员会修改，最后由理事会通过或继续研究。EEC/EC指令是欧盟各成员国制定相关法律的指南。指令颁布生效后，欧盟各成员国必须把指令转化为本国监察规程或国家法律，并在指令规定的期限内强制执行。

欧盟层次的技术协调及标准制定有两种方式：第一是制定某类产品所有的有关规定，即"完全强制协调"，该方法主要涉及与安全、健康有关的产品，如药品、食品及车辆；第二是只制定某类产品的关于安全、健康项目的基本要求，然后由欧洲三个标准制定机构(欧洲标准化委员会CEN、欧洲电工标准化委员会CENELEC、欧洲通信标准化委员会ETSI)制定自愿性技术规范，再将此技术规范定为欧洲标准或协调文件。

欧洲标准化委员会(CEN)得到授权后，将授权转给各相关技术委员会，各委员会的成员都是各国标准化委员会的代表，他们或者是工业界、政府代表，或者完全是工业界代表。在技术委员会中的表决票分配与欧洲理事会一样按各国人口数比例划分，德国与法国的票数最多，然后依次递减。技术委员会在制定标准后将他们呈给欧洲标准化委员会。

第四节　加拿大公用管道标准法规制修订管理模式

一、标准法规的政府管理部门和职能及运作模式

1. 公用管道法规管理部门

加拿大是1931年成为英联邦国家之一，其宪法将政府的管辖权分别划给联邦政府和省政府，两级政府在许多方面还享有共同管辖权利。省级政府结构与联邦政府相似。

加拿大将压力管道分为管线(Pipeline)和管道系统(Piping System)。管线相当于我国的长输管道和城镇燃气管道，管道系统相当我国的工业管道。

凡属于加拿大联邦，或跨越不同的省，或与国外管道相连的压力管道，属于联邦政府能源局管辖；而属于加拿大各省，在省内建设运营的管道，由该省负责。

加拿大联邦政府安全管理机构和各个省安全管理机构各自独立存在，分别负责，是一种关联度很小的松散体制。加拿大各省犹如一个国家那样单独行使公用管道的安全管理职责，而且这种职责只停留在

省一级政府层面，不再向下分权。所有受管辖的公用管道及设施安全管理和相关单位与人员的管理均由省政府管辖部门或授权机构直接负责。与我国不同的是，具体哪些压力级别的管道列入安全管理范围由联邦政府或拥有省内管道管辖权的省政府自行决定。

加拿大联邦政府和各省政府也没有设立统一管理特种设备的安全监察管理机构。在加拿大联邦，由劳动部、运输部、能源局、运输事故调查与安全局、公共工作与政府服务部等政府部门均参与管理。

加拿大不同省份主管公用管道的机构与不同，如在安大略省的公用管道归技术标准与安全机构(TSSA)等。

(1) 加拿大能源管理委员会。加拿大国家能源委员会于1959年成立，其实施监管权力依据的主要法律有：国家级大法及行业性法规，如《能源管理法》、《石油和天然气操作法》、《环境评价法》、《石油资源法》、《竞争法》、《竞争委员会法》、《国家能源理事会法案》、《加拿大资源法案》、《加拿大石油天然气经营法案》、《加拿大管道法》和《北部管道法》等，以及由国家能源委员会制定的规章，如《天然气管道统一会计条例》、《陆上石油天然气管道条例》、《管道仲裁委员会处事规则》、《管道公司资料保护条例》等70多项具有法律效力并与相关大法配套的规章。此外加拿大各省也都有自己的监管法律法规，例如阿尔伯塔省的能源与公共设施委员会实施监管的法律依据就有《阿尔伯塔能源与公共设施委员会法》、《公共设施委员会法》、《能源资源保护法》、《天然气设施法》、《天然气资源保护法》等40多项。其中《加拿大管道法》是加拿大管道运输系统的基本法规，它于1998年10月23日生效实施。

对特种设备安全管理法规由联邦政府和省级政府分别立法。加拿大联邦政府专门制定了一些安全管理法规；而在各省管辖范围内使用的设备设施则完全由该省自行制定的法律法规进行管理。各省制定的特种设备管理的法律法规与加拿大联邦法律法规没有上下管辖关系，也不一定必须采纳或完全采纳加拿大国家标准机构制定公布的标准规范。对各类特种设备的定义、管理范围、设计制造资格管理、检验单位管理、作业人员资格管理、使用安全管理等方面，也没有全国统一规定。

加拿大联邦能源局的权力和管辖范围是由加拿大《国家能源局法》、加拿大《油气经营法》和加拿大《石油资源法》的部分条款分别授予的。该局通过加拿大自然资源部部长向国会报告。能源局的一项主要工作是对国际和跨省的管线以及对与管道连为一体的加工厂的管理。虽然管线安全的主要责任是由拥有管道设备所有权的公司负责，但为了保证从管道设计到管道废置等环节均符合安全要求，能源局从国家主管部门的角度对管道的设计、建设、运行、维护、停运、重新启运和废置的申请书进行审查，对管道设施进行定期安全检查，进行事故调查，调研制定或完善有关规则。能源局调查管道事故的目的是确定有关管道管理规则是否得到遵守，这些规则是否有需要调整之处。

(2) 部分省的公用管道管理机构

1) 阿尔伯塔省特种设备安全管理由三部分构成。第1部分是阿尔伯塔省市政事务部安全管理体系，第2部分是管辖管线的阿尔伯塔省能源与设施局系统，第3部分是阿尔伯塔省人力资源与雇佣部系统。阿尔伯塔能源与设施局(EUB)是与阿尔伯塔省市政事务部平行的省政府部门。具体负责阿尔伯塔省的能源供应、有关设施建设与管理、安全监督检查。在输送油气的管线管理方面，能源与设施局负责阿尔伯塔省境内管线和相关设备的设计审查、建造安装批准、在用管线设施管理与安全监督检查、管道废置处理、事故调查与处理、违章处罚、有关人员管理等。

在阿尔伯塔省境内，除下列管道以外的所有管线都在能源局的管辖范围：①炼油厂、加工厂、煤处理厂、销售单位等厂区范围内的管道；②加拿大国家能源局管辖范围的管道；③用户使用的储罐及输送燃料或油、气的管道；④属于阿尔伯塔省《安全规范法》管辖的压力管道系统；⑤阿尔伯塔省环境管道，如供排水管道。

管线管理包括对与管道相连的设备设施的管理。设备设施是指管道、管件、附件、阀门、控制装置、压缩站、压力调节站、计量站和泵站，不包括用户的管道、附件、阀门或用户的控制装置。

阿尔伯塔省能源与设施局管辖的管线共有近30万公里，其中天然气管道17.3万公里、原油管道1.7万公里、酸性气体管道1.6万公里。阿尔伯塔省天然气管道占全加拿大天然气管道的80%。

2) 安大略省特种设备监察与检验实行的是“政府部门—授权机构—检验机构”的混合体制。政府作用仅限于调查研究、制定政策方针与法律法规和对授权管理组织的监督等方面。安大略省唯一获得省政府授权的特种设备管理与检验组织"安大略省技术标准与安全权威机构(TSSA)",在安大略锅炉压力容器等特种设备日常监察管理与检验方面起到十分关键作用。

在特种设备管理体制方面,安大略省与阿尔伯塔省不同之处在于,安大略省只授权TSSA一家负责管理锅炉、压力容器、压力管道系统、电梯游乐设施、管线等全部安全事务,而阿尔伯塔省是由锅炉安全协会、电梯协会、能源设施局和人力资源雇佣部分别负责。在政府管理层面,安大略省政府主管部门介入也很少,且政府主管部门与授权机构之间没有中间层,而在阿尔伯塔省则在授权社团组织和政府管理部门之间尚有阿尔伯塔省安全规范委员会。

TSSA的燃料安全管理部门负责管辖《油气管道系统》、《丙烷储存和处理》、《气体燃料》、《燃料汽油》、《压缩天然气》、《燃料工业证书》、《石油设备机械师资格》、《液化燃料》等项规则。

2. 公用管道标准管理部门

加拿大的国家标准均由加拿大标准委员会(Standards Council of Canada,SCC)批准发布,SCC是官方的标准管理机构。加拿大标准理事会(SCC)成立的宗旨是为了进一步加强和协调国内的标准化工作并代表加拿大参加国际标准化活动,于1970年10月7日,根据加拿大议会法令成立了全国性标准协调机构。SCC成立之初,曾经也只是一个半官方的学术性机构。随着经济的发展,人们越来越认识到标准化对于发展本国工业以及促进本国产品进入国际市场的重要性,于是现在的SCC已经成为加拿大政府机构中的一个重要部门,在政府事务上取代了有着80多年悠久历史的加拿大标准协会(CSA),代表加拿大政府参加ISO、IEC等国际间的标准活动。

具体的标准制修订工作由政府指定的机构承担。加拿大国家标准以基础性和通用性标准为主,一般不制定具体产品描述性标准。加拿大现行的国家标准中,约有1/2采用ISO、IEC和ITU等国际标准。目前,获得国家认可的标准制修订机构共有5个:加拿大标准协会(CSA)、加拿大气体协会(CGA)、加拿大通用标准局(CGSB)、加拿大保险商实验室(ULC)和魁北克省标准局(BNQ)。

加拿大公用压力管道标准化团体机构主要有:加拿大标准协会(CSA)、加拿大标准理事会(SCC)、加拿大通用标准局(CGSB)、加拿大燃气协会(CGA)和加拿大环境保护者协会(CCME)。

二、标准制修订机构的设置及职能

加拿大与公用管道相关的标准制定机构有:加拿大标准协会(CSA)、加拿大通用标准局(CGSB)、加拿大燃气协会CGA等。

(1) 加拿大标准协会(Canadian Standards Association,CSA)。CSA成立于1919年,是加拿大首家专为制定工业标准的非营利性机构,拥有8000多成员。其职能是通过产品鉴别、管理系统登记和信息产品化来发展和实施标准化。CSA负责制定标准,为产品和服务提供检验和认证。

(2) 加拿大通用标准局(Canadian General Standards Board,CGSB)。CGSB负责制定70多个领域的国家标准。该委员会向私营企业和公共部门提供标准在说明、资格、认证方面的协助。应政府的要求,CGSB也制定产品和服务资格认证的程序和规定。在某种程度上可影响政府的配额政策。CGSB是目前加拿大两大质量体系认证机构之一,另一家是CSA下属的质量管理研究所(Quality Management Institute,QMI)。

(3) 加拿大燃气协会(CGA)。CGA成立于1907年,它是加拿大燃气输送工业的代言组织。该协会由200多家涉及加拿大和美国燃气输送的公司、组织及个人组成。CGA成员都是典型的气体销售公司、输送公司及相关的设备生产商和其他的服务商。同时,CGA成员输送安全、可靠和环保的天然气在加拿大有5 000 000多万消费者,也在美国占据了主要市场。CGA成员在加拿大雇用约15 000人供应商业部门39%的能源需求,生活部门48%和生产制造部门51%的能源需求。

三、法规标准制修订程序

标准制修订机构必须具有技术能力的独立性和公允性的政府级机构,压力管道的工业协会和行业协会不被认可，工业界不能私自制定国家级标准；标准制定要具有广泛的社会代表性，要有政府部门、劳动部门、技术组织的代表；标准制定一般由技术委员会组织进行，草案交 CSA 投票表决后，再进行非技术内容的审查；标准编写格式必须符合 SCC 的《加拿大标准编写规定》的规章；国家标准的审查必须提交英/法两种文字版本并交纳审查费用；采用 ISO/IEC/ITU 标准应注明与之一致或不一致之处。

标准制定要求严格按照 SCC 经过议会批准的宪章（即法案）进行编制和审查，必须做到：标准化技术委员会应代表各方利益；各方技术意见（利益）应该取得一致，不同意见必须充分考虑；在技术内容上强调与 ISO/IEC/ITU 等国际标准协调一致。

当加拿大国家标准从发布之日起满 5 年时应进行复审，复审工作主要由认可的标准组织负责组织复审，各利益相关方参与。加拿大国家标准的复审结论包括：重申有效、修改、修订、废止、对当前标准给出补充文件，复审结果需经加拿大标准理事会批准。

第二十七章　公用管道法规标准体系介绍

第一节　中国公用管道法规标准体系

一、法律法规体系

在法规体系上，我国实行的是多层次法规，从全国人大、国务院、部门到地方政府的法规有 4 个层次，即法律、行政法规、部门规章与规范性技术文件。

目前，我国与公用管道直接有关的法规还不多，1996 年，原劳动部颁布了《压力管道安全管理与监察规定》，第一次明确提出将压力管道的分为长输管道、公用管道（含燃气管道与热力管道）、工业管道，并明确了安全管理责任划分原则，提出了安全管理的基本环节与要素。2003 年颁布了《特种设备安全监察条例》，第一次明确将压力管道纳入特种设备的产品之一。公用管道相关的法规具体包括：法律、法规、规章、安全技术规范。

（1）法律：《中华人民共和国安全生产法》（中华人民共和国主席令第 70 号，2002 年 6 月 29 日）；《中华人民共和国特种设备安全法》（已列入本届全国人大立法规划）。

（2）法规：《特种设备安全监察条例》；《国务院对确需保留的行政审批项目设定行政许可的决定》；《国务院关于特大安全事故行政责任追究的规定》。

（3）规章：《压力管道安全管理与监察规定》[原劳动部（1996）140 号令]；《锅炉压力容器压力管道特种设备事故处理规定》（国家质检总局（2001）2 号令）；《城市燃气安全管理规定》[建设部、原劳动部、公安部（1991）10 号令]；《城市燃气管理办法》[建设部（1997）62 号令]。

（4）安全技术规范：TSG D2001—2006《压力管道元件制造许可规则》；TSG D2002—2006《燃气用聚乙烯管道焊接技术规则》；TSG D7001—2005《压力管道元件制造监督检验规则》（埋弧焊钢管与聚乙烯管）；TSG D7002—2006《压力管道元件型式试验规则》；TSG D6001—2006《压力管道安全管理人员和操作人员考核大纲》；TSG ZF001—2006《安全阀安全技术监察规程》；TSG ZF002—2005《安全阀维修人员考核大纲》；锅炉压力容器压力管道及特种设备检验人员资格考核规则；锅炉压力容器压力管道焊工考试与管理规则；压力容器压力管道设计单位资格许可与管理规则；压力管道安装单位资格认可实施细则；压力管道使用登记管理规则；压力管道安装安全质量监督检验规则；在用工业管道定期检验规程。

二、标准体系

根据《中华人民共和国标准化法》，我国实施国家标准、行业标准、地方标准、企业标准等四级标准。

国家标准由国务院标准化行政主管部门制定；行业标准由国务院有关行政部门制定，并报国务院标准化行政主管部门备案；地方标准由省、自治区、直辖市标准化行政主管部门制定，并报国务院标准化行政主管部门和国务院有关行政部门备案；企业标准由企业制定，并报当地政府标准化行政主管部门和有关行政主管部门备案。

（1）国家标准主要有：GB 50028—2005《城镇燃气设计规范》；GB/T 19285—2003《埋地钢质管道腐蚀防护工程检验》；GB/T 9711《石油天然气工业输送管道交货技术条件》。

（2）城镇燃气管道行业标准主要有：CJJ 65—1995《聚乙烯燃气管道工程技术规范》；CJJ 33—2005

《城镇燃气输配工程施工及验收规范》;CJJ 51—2001《城镇燃气管网抢修和维护技术规程》;CJJ 95—2003《城镇燃气埋地钢质管道腐蚀控制技术规程》;SY 0007—1997《钢质管道与储罐腐蚀控制工程设施规范》。

(3) 城镇热力管道行业标准主要有:CJJ 34—2002《城市热力管网设计规范》;CJJ 105—2005《城镇供热管网结构设计规范》;CJJ/T 81—1998《城镇直埋供热管道工程技术规程》;CJJ/T 104—2005《城镇供热直埋蒸汽管道技术规程》;CJJ 38—1990《城镇供热管网工程质量检验评定标准》;CJJ 28—2004《供热管网工程施工及验收规范》;CECS 121—2001《城镇供热管网维修技术规程》;CJ/T 129—2001《玻璃纤维增强塑料保护层聚氨酯泡沫预制直埋保温管》;CJ/T 114—2000《高密度聚乙烯外保护管聚氨酯泡沫塑料预制直埋保温管》;CJ/T 155—2001《高密度聚乙烯外保护管聚氨酯泡沫塑料预制直埋保温管件》;CJ/T 200—2005《城镇供热预制直埋蒸汽保温管技术条件》;CJJ/T 88—2000《城镇供热系统安全运行规程》。

三、现行法规与标准体系评述

1. 法规体系

相对于锅炉与压力容器等承压设备,公用管道行业的法律法规相对滞后,总体的管理水平较低。主要原因在于目前的公用管道管理部门不清,相关法律、法规授于的权限不明确,未完全涉及设计、制造、安装等7个过程,同时,安全监察部门的权限不明确。因此,在管理体制上尚没有提出核心的公用管道安全监察与安全管理体系。

2. 标准体系

公用管道的标准极不完善。在城镇燃气管道方面,缺少关于腐蚀与防护方面的标准,由于长输管道的腐蚀防护系统与城市燃气管道的腐蚀防护系统截然不同,等同采用长输管道的腐蚀防护系统标准是不妥当的;在材质方面,钢管引用了长输管道管材标准;在安装检验方面,设计标准中缺少相应的关于燃气管道的检测规定,且没有具体的安装过程检验检测的要求与技术评定标准;在修订时间方面,城镇燃气管道的标准修定周期过长,如 CJJ 33—2005 是从 CJJ 33—89 修订的。因此,城镇燃气管道的标准中国家标准数量较少,修定过长,标准体系不完善,部分标准的技术含量不高。

在热力管道方面,缺少国家标准;在过程方面,缺少关于安装构建类的核心标准;在防腐保温方面,缺少针对热力管道的防腐保温相关的技术标准;部分的制修定时间过长。

第二节 美国公用管道法规标准体系

一、法规体系

美国公用管道由美国运输部的专门机构制定最低的基本安全管理要求,由各州相关部门,如市政进行安全监管。

(1) 法律。49 USC 601《管道安全法》;HR 3609—2002《管道安全改进法》;15 USC 717《天然气法》。

(2) 规章。《风险管理程序标准(草案)—1996》。《美国联邦规章》第49篇 危险品运输 第190部分:管道安全计划与管理程序;第191部分:天然气和其他气体的管道运输年度报告、事故报告以及相关安全条件报告;第192部分:天然气和其他气体的管道运输的联邦最低标准;第193部分:液化天然气(LNG)设施联邦安全标准;第194部分:陆上石油管道应急方案;第195部分:危险液体的管道运输;第198部分:州管道安全帮助与授权规则。

除了美国DOT有上述与管道安全相关的法律与规章外,每个州还有自己的法律与规章。州的法律与法规必须满足美国联邦法律法规的基本要求。

二、标准体系

美国公用管道的安全标准极为完全,基本涵盖从设计、制造、安装、改造、维修、使用、检验等环节的标准。设计、制造、安装类的标准主要为ASME标准，腐蚀防护类标准主要为NACE标准，改造维修类主要为ASME和API标准，检验检测与评价主要为API与NACE标准，管道材料主要为ASTM标准。

如ASME B31.8《天然气输送与配气管道系统》涵盖了管道设计、安装、使用、检验的总体技术要求，在设计与安装方面较具体和详细；ASME B31G《腐蚀管道剩余强度手册　压力管道规范的补充》主要是评价范围。NACE 0502—2002《埋地钢质管道外腐蚀评价方法》则主要为检验检测标准。API RP 1120《液体管道维修人员的培训与认证》、API 570—1998《管道检验规范　在用管道系统检验，修理，改造和再定级》由主要是关于管道使用阶段的检验检测标准。

第三节　欧盟公用管道标准体系

公用管道相关的技术标准由CEN/TC 234标准委员会制定。欧盟关于公用管道的压力级别为0.5MPa及以下、0.5MPa～1.6MPa、1.6MPa以上等三个等级，这与我国的分类略有不同，我国是以0.2MPa、0.4MPa、0.8MPa、1.6MPa、2.5MPa、4.0MPa这阶梯状划分的。欧盟公用管道的标准涉及管道设计、制造、安装、使用、检验、修理与改造等各个环节的技术要求与规定。

为了使欧盟指令得到有效实施，欧盟委员会委托欧洲标准化组织(CEN)等技术组织，制定协调标准(简称标准)，作为支持指令的技术文件，这些标准贯彻欧盟指令中规定的基本安全要求，制定具体的技术要求。欧洲协调标准(EN)由企业自愿采用，若采用了协调标准，则被认为满足了指令的基本安全要求。在欧洲共同体的官方公报上，公布支持相应指令的协调标准的编号。从而使欧盟标准成为支持欧盟指令法规的基础，使欧盟指令得以具体实施。

目前，由CEN/TC 234标准委员会制定的主要标准如下：

1. 强制性的技术标准

CEN/TS 15173:2006《气体供给系统　管道完整性管理参考框架PIMS》

CEN/TS 15174:2006《气体供给系统　天然气输送管线系统安全管理指》

CR 13737:2001《CEN/TC 234“天然气供给”技术要求标准实施指南》

2. 自愿采用的协调标准

EN 12007-1:2000《气体供给系统　小于等于16bar管线的最大操作压力　第1部分:总体功能要求》(满足97/38/EEC指令)

EN 12007-2:2000《气体供给系统　小于等于16bar管线的最大操作压力　第2部分:聚乙烯管线应用技术标准》(满足97/38/EEC、90/531/EEC指令)(满足97/38/EEC指令)

EN 12007-3:2000《气体供给系统　小于等于16bar管线的最大操作压力　第3部分:钢质管线应用技术标准》(满足97/38/EEC指令)(满足97/38/EEC指令)

EN 12007-4:2000《气体供给系统　小于等于16bar管线的最大操作压力　第4部分:管道维修更新技术要求》(满足97/38/EEC指令)

EN 12732:2000《气体供给系统　钢质管道焊接基本要求》(满足97/38/EEC、90/531/EEC指令)

EN 12583:2000《燃气供应系统　天然气压缩机技术要求》(满足97/38/EEC指令)

EN 1594:2000《燃气供应系统　最高运行压力大于16bar的管线　技术条件》

EN 12186:2000《燃气供应系统　输配气燃气调压站功能要求》(满足97/38/EEC指令)

BS EN 12279:2000《燃气供应系统调压设备技术标准》(满足97/38/EEC指令)

BS EN 12327:2000《燃气供应系统　压力试验、开工和停工程序功能要求》(满足97/38/EEC指令)

BS EN 1776:1998《燃气供应系统　天然气计量站功能要求》(满足97/38/EEC指令)

BS EN 1775:1998(A:2000)《燃气供应系统　最高运行压力5bar的建筑物管道》(满足97/38/EEC指令)

EN 1918-(1,2,3,4,5):1998《燃气供应系统　天然气地下储存》(满足97/38/EEC指令)

第四节　加拿大公用管道法规标准体系

一、公用管道法规体系框架、层次

1. 加拿大公用管道法规体系

加拿大压力管道中的管线分别由联邦及各省管理。具体到公用管道，其管辖部门为省下属机构。各省管理公用管道的法规体系为："法律—法规—法规引用标准"三个层次。加拿大联邦的与管道相关的法规体系为如表27-1。

表 27-1　加拿大联邦法规体系统

联邦部门	联邦法律	联邦法规
能源局	1. 能源管理法 2. 油气经营法 3. 北部管道法 4. 石油资源法 5. 国家能源局法	1. 陆地管道规则 2. 油气生产和贮存规则 3. 能源局法第五卷(油气)规则 4. 能源局管道跨越规则 5. 油气职业安全与卫生规则 6. 加工处理工厂规则 7. 油气安装规则

2. 部分省公用管道法规体系

(1) 阿尔伯塔省公用管道法律法规。阿尔伯塔省包括公用管道在内的特种设备的安全管理分别由锅炉安全协会、电梯装置与游乐设施安全协会、能源与设施局和人力资源与雇佣部负责。公用管道中的燃气管道管线由阿尔伯塔省能源与设施局依据阿尔伯塔省《管道法》进行管理。阿尔伯塔省的公用管道法律法规体系是由《安全规范法》、《管道法》、《职业安全与卫生法》三部各自独立的法律法规体系构成。

《管道法》的法律法规体系为："法律—法规—法规引用标准—修改与变更文件"四部分。该法律法规体系构成情况见图27-1。

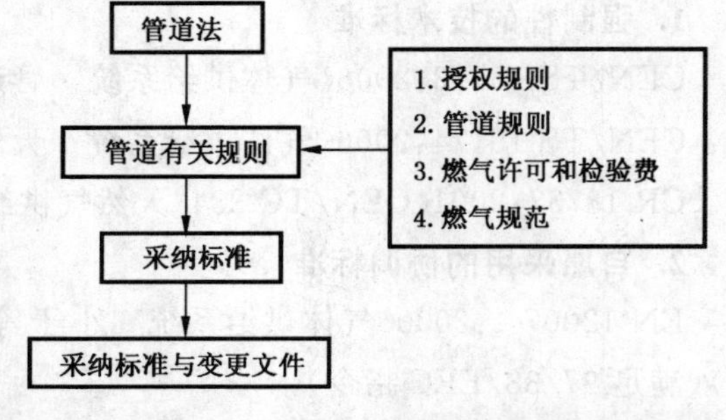

图 27-1　阿尔伯塔省《管道法》法律法规体系构成

能源与设施局依据《管道法》、《管道规则》负责管辖阿尔伯塔省内的管线。在管道设计、建造、试验、运行、维护与修理等方面，阿尔伯塔省能源与设施局全部采纳加拿大标准 CSA Z662《油气管道系统》。

(2) 安大略省公用管道法律法规体系。安大略省并不是像阿尔伯塔省那样在有关法律或技术安全规则上直接明确采纳或引用标准或另行制定标准，而是直接在《技术标准与安全法》和相关规则中规定本省技术安全管理，按照本省"规范采用文件"(Code Adoption Document)执行。这种"规范采用文件"实际就是安大略省自己的标准，它是将有关加拿大标准、美国标准、有关行业标准和自己的技术安全和管理要求共同融合在一起形成的混合体。

安大略省的特种设备安全管理法律法规框架如图27-2所示。

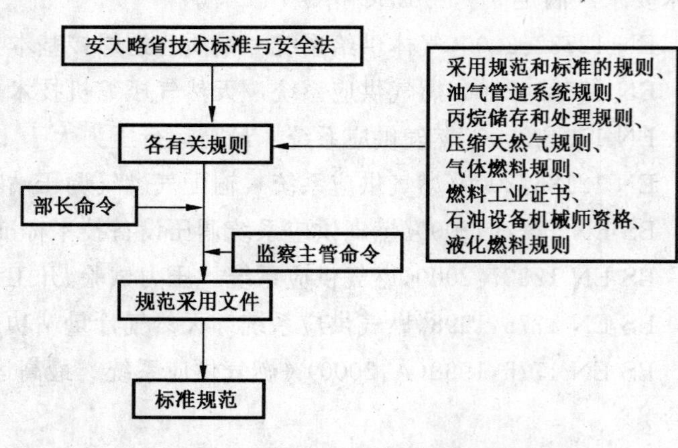

图 27-2　安大略省法律法规体系

二、公用管道标准体系

1. 加拿大国家标准

关于加拿大体制的松散并不说明加拿大在特种设备的安全管理方面联邦与省、省与省之间没有共性。很多弥合或缩小联邦与省、省与省之间差别的工作是由非政府的标准化组织进行的。这些标准化组织成员来自不同政制府的安全管理机构、制造商、使用者和有关利益团体，他们所起草制定或修订的有关特种设备标准，最大限度地考虑了技术和安全管理需求的共性，将这些共同的内容纳入标准。当联邦或省政府管理机构将这些标准或其他标准全部或部分采纳到他们各自的管理法规里面，就自然地达到了特种设备安全管理的趋同。

加拿大联邦机构之一能源局与所管辖长输管道所依据的体系分别为针对管道所属的各个不同环节而定。具体标准为：CSA Z662《油气管道系统》；CSA Z276《液化天然气的生产、储存和处理》；CSA Z341《地下碳氢物的储存》；CSA B149.1《天然气和丙烷安装规范》；CSA B149.2《丙烷储存及处理规范》。

2. 加拿大部分省的标准体系

(1) 阿尔伯塔省公用管道法规与标准的关系。加拿大阿尔伯塔省能源与设施局管辖公用与省内长输管道所引进的标准体系较为国际化。该省本身并未制定相应的省一级的关于公用管道安全的技术标准，主要是引进国外较先进实用的以及国内已有的国家标准。具体的公用管道的标准为：CSA Z662《油气管道系统》；ASME B31.8《输气管道与配送系统》；ASME B31.5《制冷管道》；NFPA 58《储存与处理液化石油气标准》。

(2) 安大略省公用管道法规与标准的关系。安大略省没有自行制定与公用管道相关的标准，其采用的公用管道标准体系均来自于联邦的标准体系统。

第五节　澳大利亚公用管道法规标准体系

将压力管道分为长输、配送与管道系统等三大类，对应于我国的长输管道、公用管道与工业管道等。其中配送管道是指压力不超过 1050kPa 压力管道，包括管道及与管道直接连接的配件、发射与接收器、压力容器、压缩机、过滤器、分离器、与天然气管道连接的冷却器、泵、储罐等。

一、公用管道法规体系

澳大利亚是联邦制国家，无论联邦还是各州(地区)，在公用管道的相关法律法规的立法和执法由各州(地区)负责，联邦和各州(地区)的法律法规体系近乎一样，基本结构如图 27-3 所示。澳大利亚涉及公用管道法律框架是由法律、法规及其支持性材料(如实施规范和标准等)构成。

1. 澳大利亚国家法规体系

(1) 法律(Act 或 Stature)。法律由议会制定，由政府部门强制实施。主要有：《国家职业健康与安全委员会法》；《职业健康与安全(联邦)法》；《工作场所关系法》；《澳大利亚职业健康与安全资格许可法》；《安全、康复与赔偿法》；《管道授权法》等。

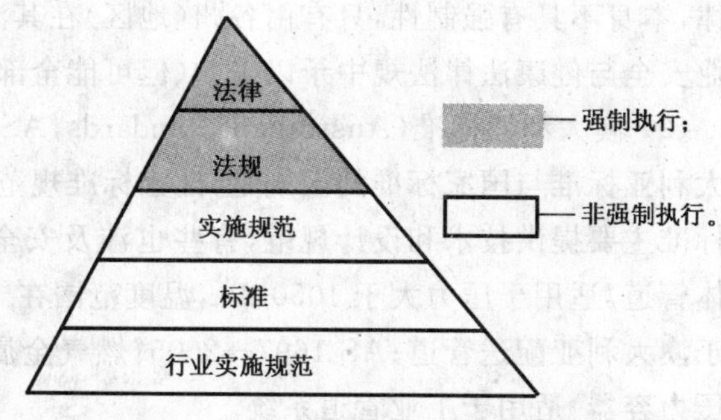

图 27-3　澳大利亚涉及公用管道的法规标准结构图

(2) 法规。法规则根据管辖职业安全与健康的主要法律制定，通常管辖某类安全与健康方面的事务，如压力管道管理等。违犯法律和法规是违法行为，可以被处以罚款，责令改进或禁止、监禁。主要的法规有：《职业健康与安全(联邦)(国家标准)规则》；《职业健康与安全(设备使用和操作人员资格许可)规则》；《工作场所关系规程》等。

(3) 实施规范。图 27-3 中的第三层"实施规范"(Codes of Practice)是由澳大利亚国家职业安全与健康委员会(NOHSC)负责制定和颁布。各州(地区)可以在本州职业安全与健康法中采纳实施规范，使其具有法律效力，或自行制定本州的实施规范。实施规范列出如何更好地履行职业安全与健康法律规定职责的建议和指导，如果仅仅违反实施规范不是违法行为，但是实施规范可以在法庭上被用来作为验证雇主如何遵守职业安全与健康法的证据。从这个角度出发，应遵守实施规范的要求。

2. 澳大利亚各部分州的公用管道公用管道法规体系

澳大利亚各州(地区)的职业安全与健康法度包括了对工作场所危险装置的安全监督管理,也同时对工作场所职业安全与健康管理方面所涉及各方的法律责任予以明确规定。但由于历史原因,各州(地区)在管理机构、管辖范围与装置种类以及管理方式等方面存在一定差异。但从总体上看,澳大利亚各州的管理范围、管理方式与方法等差别不大,尤其经过澳大利亚联邦近些年的整合,公用管道安全管理基本趋向一致。本节只选择具有代表性的首都地区和维多利亚州予以介绍。

(1) 首都地区。澳大利亚首都地区职业安全与健康(有关公用管道)法规体系见表 27-2。

表 27-2 澳大利亚首都地区职业安全与健康(有关公用管道)法规体系

层 次	法律法规名称
法律	职业健康与安全法(1989),基础设施法(2000),气体安全法(2000)
法规	职业安全与健康规则(1991),职业健康与安全(装置使用和操作资格)规则(2000),气体安全规则(2001),基础设施管网(公共安全)规则(2001)

(2) 维多利亚州。维多利亚州职业安全与健康(有关公用管道)法规体系见表 27-3。

表 27-3 维多利亚州职业安全与健康(有关公用管道)法规体系

层 次	法律法规名称
法律	管道法(1967),职业健康与安全法(1985),装置(公共场所)法(1994),气体安全法(1997)
法规	职业健康与安全(装置使用和操作资格)规则(1994),职业健康与安全(装置)规则(1995),装置(公共安全)(总则)规则(1995),装置(公共安全)(事故上报)规则(1997)

二、公用管道标准体系

澳大利亚公用管道标准有可分为国家标准与澳大利亚标准,前者往往是规定工作场所的安全与健康问题,后者往往是技术规范标准,有时也涉及安全与健康问题。

(1) 国家标准(National Standards)。由国家职业安全与健康委员会与各州(地区)职业安全与健康管理机构、工会和雇主协会协商后制定和颁布的国家标准(National Standards),同实施规范一样,在涉及公用管道的危险方面,国家委员会牵头制定并颁布国家标准,国家标准提出最低要求。国家标准不是法律,本身不具有强制性,只有由各州(地区)在其法规中采纳后才具有强制性。通常,各州(地区)均在其职业安全与健康法律法规中予以采纳(但可能全部或部分采纳,有所区别)。

(2) 澳大利亚标准(Australian Standards,AS)。另一种标准则是由澳大利亚标准机构制定的 AS。澳大利亚标准与国家标准的区别是,国家标准规范往往规定的是工作场所的安全与健康问题,而澳大利亚标准主要提供技术和设计规范,有些也涉及安全与健康问题。AS 标准主要有:AS 2885《气体和石油液体管道》适用于压力大于 1050kPa,温度范围在-30℃～200℃的长输管道;AS 1697《气体管道规范》适用于澳大利亚配送管道;AS 1697—2005《燃气金属管道系统的安装与维护》;AS 1200《承压设备 锅炉和压力容器》适用于工业管道系统。

第二十八章 公用管道主要标准法规简介

第一节 中国公用管道主要标准法规

一、公用管道主要法规简介

1.《特种设备安全监察条例》

《特种设备安全监察条例》明确的公用管道等压力管道为特种设备类别之一，并明确了特种设备的生产（含设计、制造、安装、改造、维修，下同）、使用、检验检测及其监督检查，应当遵守本条例。如要求公用管道的生产单位，应当依照《特种设备安全监察条例》及国务院特种设备安全监督管理部门制定并公布的安全技术规范的要求，进行生产活动。公用管道生产单位对其生产的公用管道的安全性能负责。公用管道用管子、管件、阀门、法兰、补偿器等制造单位，应当经国务院特种设备安全监督管理部门许可，方可从事相应活动。公用管道的制造、安装、改造单位应当具备下列条件：有公用管道制造、安装、改造相应的专业技术人员和技术工人；有与公用管道设备制造、安装、改造相适应的生产条件和检测手段；健全的质量管理制度和责任制度。特种设备使用单位应当按照安全技术规范的定期检验要求，在安全检验合格有效期届满前1个月向特种设备检验检测机构提出定期检验要求。检验检测机构接到定期检验要求后，应当按照安全技术规范的要求及时进行检验。未经定期检验或检验不合格的特种设备不得继续使用。

2.《压力管道安全管理与监察规定》

《压力管道安全管理与监察规定》首次将压力管道划分为长输管道、公用管道与工业管道。明确了主管部门、使用单位的安全管理职责以及管理人员、检查人员和操作人员的职责；提出了设计、管道元件制造、安装、改扩建、维修改造等环节与相关人员的安全监察规定，并具体提出了公用管道的安全监察规定为：①公用管道的建设必须符合城市规划、消防和安全的要求。在选线的审查时，应征得当地劳动行政部门的同意；②公用管道工程的设计审查和竣工验收应有当地劳动行政部门派出的安全监察员参加；③任何单位和个人不得在公用管道上修筑建筑物、构筑物和堆放物品。并明确提出"在城市燃气和热力管道附近进行施工时，施工单位须征得有关管理和使用单位同意，并经双方商定，采取相应的安全保护措施后方可施工。所在地劳动行政部门对此进行监督检查"。本规定还提出了压力管道检验单位的要求与规定。

3.《压力管道使用登记管理规则》

(1) 使用公用管道的单位和个人，应当按照《压力管道使用登记管理规则》的规定在省级质量技术监督行政部门或其授权的市（地级）级质量技术监督行政部门办理公用管道使用登记；公用管道的使用登记证由省级质量技术监督行政部门或其授权的市（地级）级质量技术监督行政部门负责。

(2) 公用管道使用登记应当符合的条件

1) 使用单位应当贯彻执行《压力管道使用登记管理规则》和有关压力管道安全的法律、法规、国家安全技术规范和国家现行标准；配备满足公用管道安全所需求的资源条件，建立健全公用管道安全管理体系，在管理层设由一名人员负责公用管道安全管理工作。派遣具备相应资格的人员从事公用管道的安全管理、操作和维修工作；

2) 公用管道安全管理人员和操作人员应当经安全技术培训和考核；

3）使用单位已经建立安全管理制度，对公用管道的安全管理内容做出了明确规定并有效实施；

4）使用单位已建立公用管道技术档案和公用管道标识管理办法；

5）使用单位的压力管道安全管理人员和操作人员能够严格遵守有关安全法律、法规、技术规范、标准和企业的安全生产制度。

二、公用管道主要标准简介

1. 城镇燃气管道

（1）GB 50028—2005《城镇燃气设计规范》

该规范共分7章和8个附录。其主要内容有：总则、用气量和燃气质量、制气、净化、燃气输配系统、液化石油气供应、燃气的应用、燃气管道的选材、强度计算、选线等。

1）适用范围。适用于向城市、乡镇或居民点供给居民生活、商业、工业企业生产、采暖通风和空调等各类用户作燃料用的新建、扩建或改建的城镇燃气工程设计。适用于4.0MPa（表压）以下的城镇燃气管道，对天然气而言，门站以后的高、中、低压燃气管道。

2）设计原则。城镇燃气输配系统压力级制的选择，以及门站、储配站、调压站、燃气干管的布置，用户的用气量及其分布、地形地貌、管材设备供应条件、施工和运行等因素，经过多方案比较，择优选取技术经济合理、安全可靠的方案。城镇燃气干管的布置，应根据用户用量及其分布，全面规划，并宜按逐步形成环状管网供气进行设计。城镇燃气管道的设计压力（p）分为7级，高压A、高压B、次高压A、次高压B、中压A、中压B、低压（表28-1）。在相关设计问题上分别针对压力不大于1.6MPa与大于1.6MPa的两种室外燃气管道两种情况。安全原则采用的强度安全与距离安全相结合。

表28-1　城镇燃气管道设计压力（表压）分级

名称		压力/MPa	名称		压力/MPa
高压燃气管道	A	$2.5<p\leqslant 4.0$	中压燃气管道	A	$0.2<p\leqslant 0.4$
	B	$1.6<p\leqslant 2.5$		B	$0.01\leqslant p\leqslant 0.2$
次高压燃气管道	A	$0.8<p\leqslant 1.6$			
	B	$0.4<p\leqslant 0.8$	低压燃气管道		$p<0.01$

3）水力学计算

① 低压燃气管道单位长度的摩擦阻力损失应按下式计算：

$$\frac{\Delta p}{l}=6.26\times 10^{7}\lambda\frac{Q^{2}}{d^{5}}\rho\frac{T}{T_{0}}$$

式中：Δp 为燃气管道摩擦阻力损失，Pa；λ 为燃气管道摩擦阻力系数；l 为燃气管道的计算长度，m；Q 为燃气管道的计算流量，m^3/h；d 为管道内径，mm；ρ 为燃气的密度，kg/m^3；T 为设计中所采用的燃气温度，K；T_0 为273.15，K。

② 高压、次高压和中压燃气管道的单位长度摩擦阻力损失，应按下式计算：

$$\frac{p_1^2-p_2^2}{L}=1.27\times 10^{10}\lambda\frac{Q^{2}}{d^{5}}\rho\frac{T}{T_{0}}Z\qquad \frac{1}{\sqrt{\lambda}}=-2\lg\left[\frac{K}{3.7d}+\frac{2.5l}{Re\sqrt{\lambda}}\right]$$

式中：p_1 为燃气管道起点的压力（绝对压力kPa）；p_2 为燃气管道终点的压力（绝对压力kPa）；Z 为压缩因子，当燃气压力小于1.2MPa（表压）时，Z 取1；L 为燃气管道的计算长度（km）；λ 为燃气管道摩擦阻力系数；K 为管壁内表面的当量绝对粗糙度（mm）；Re 为雷诺数（无量纲）。

4）大于1.6MPa的室外燃气管道地区等级的划分原则。沿管道中心线两侧各200m范围内，任意划分为1.6km长并能包括最多供人居住院的独立建筑物数量的地段，按划定地段内的房屋建筑密集程度，划分为四个等级。

① 一级地区：有12个或12人以下供人居住建筑物的任一地区分级单元。

② 二级地区：有12个以上，80个以下供人居住建筑物的任一地区分级单元。

③ 三级地区：介于二级和四级之间的中间地区。有80个和80个以上供人居住建筑物的任一地区

分级单元;或距人员聚集的室外场所 90m 内铺设管线的区域。

④四级地区:地上 4 层或 4 层以上建筑物普遍且占多数的任一地区分级单元(不计地下室层数)。

5) 材料的选择

① 压力不大于 1.6MPa 的室外燃气管道。中压和低压燃气管道宜采用聚乙烯管、机械接口球墨铸铁管、钢管或钢骨架聚乙烯塑料复合管,并应符合下列要求:聚乙烯燃气管应符合现行的 GB/T 15558.1《燃气用埋地聚乙烯管材》和 GB/T 15558.2《燃气用埋地聚乙烯管件》的规定;机械接口球墨铸铁管应符合现行的 GB/T 13295《水及燃气管道用球墨铸铁管、管件和附件》的规定;钢管采用焊接钢管、镀锌钢管或无缝钢管时,应分别符合现行的 GB/T 3091《低压流体输送用焊接钢管》、GB/T 8163《输送流体用无缝钢管》的规定;钢骨架聚乙烯塑料复合管应符合 CJ/T 125《燃气用钢骨架聚乙烯塑料复合管》和 CJ/T 126《燃气用钢骨架聚乙烯塑料复合管件》的规定。

次高压燃气管道应采用钢管,其管材和附件应符合本规范的要求。次高压钢质燃气管道直管段计算壁厚应按薄膜应力公司计算确定。最小公称壁厚不应小于表 28-2 的规定。

表 28-2 钢质燃气管道最小公称壁厚 mm

钢管公称直径 DN	公称壁厚	钢管公称直径 DN	公称壁厚
100～150	4.0	600～900	7.1
200～300	4.8	950～1000	8.7
350～450	5.2	1050	9.5
500～550	6.4		

② 高压燃气管道采用的钢管和管道附件材料应符合下列要求:燃气管道所用钢管、管道附件材料的选择,应根据管道的使用条件(设计压力、温度、介质特生、使用地区等)、材料的焊接性等因素,经技术经济比较后确定。燃气管道选用的钢管,应符合现行的 GB/T 9711.1《石油天然气工业输送钢管交货技术条件第 1 部分:A 级钢管》(L175 级钢管除外)、GB/T 9711.2《石油天然气工业输送钢管交货技术条件第 2 部分:B 级钢管》和 GB/T 8163《输送流体用无缝钢管》的规定,或符合不低于上述三项标准相应技术要求的其他钢管标准。燃气管道所采用的钢管和管道附件应根据选用的材料、管径、壁厚、介质特性、使用温度及施工环境温度等因素,对材料提出冲击试验和/或落锤撕裂试验要求。当管道附件与管道采用焊接连接时,两者材质应相同或相近。管道附件中所用的锻件,应符合行业标准 JB 4726、JB 4727《压力容器用钢锻件》的有关规定。管道附件不得采用螺旋焊缝钢管制伯,严禁采用铸铁制作。

6) 钢质燃气管道和储罐的防腐。钢质燃气管道必须进行外防腐。其防腐设计应符合现行行业标准 SY 0007《钢质管道及储罐腐蚀控制工程设计规范》的规定。地下燃气管道防腐设计,必须考虑土壤电阻率。对高、中压输气干管宜沿燃气管道途经地段选点测定其土壤电阻率。应根据土壤的腐蚀性、管道的重要程度及所经地段的地质、环境条件确定其防腐等级。

采用涂层保护埋地敷设的钢质燃气干管宜同时采用阴极保护。市区外埋地敷设的燃气干管,当采用阴极保护时,宜采用强制电流方式,其设计应符合 SY/T 0036《埋地钢质管道强制电流阴极保护设计规范》的规定。市区内埋地敷设的燃气干管,当采用阴极保护时,宜采用牺牲阳极法,其设计应符合国家 SY/T 0019《埋地钢质管道牺牲阳极保护设计规范》的规定。

(2) CJJ 33—2005《城镇燃气输配工程施工及验收规范》

本规范的主要技术内容:总则;土方工程;管道、设备的装卸、运输和存放;钢质管道及管件的防腐;埋地钢管敷设;球墨铸铁管敷设;聚乙烯和钢骨架聚乙烯管敷设;管道附件与设备安装;管道穿(跨)越;室外架空燃气管道的施工;燃气场站;试验与验收。

1) 适用范围。适用于设计压力不大于 4.0MPa(表压)的城镇燃气输配工程新建、改建和扩建的施工及验收,不适用于输送液态的长输燃气管道工程。

2) 埋地钢质管道的焊接。管道焊接应按现行国家标准 GB 50235《工业金属管道工程施工及验收规范》和 GB 50236《现场设备、工业管道焊接工程施工及验收规范》的有关规定执行。管道焊接完成后,强度试验及严密性试验之前，必须对所有焊缝进行外观检查和对焊缝内部质量进行检验，外观检查应在内部质量检验前进行。

3）焊缝内部质量。设计文件规定焊缝系数为1的焊缝或设计要求进行100%内部质量检验的焊缝，焊缝内部质量射线照相检验不得低于现行国家标准GB/T 12605《钢管环缝熔化焊对接接头射线透照工艺和质量分级》中的Ⅱ级质量要求；超声波检验不得低于现行国家标准GB 11345《钢焊缝手工超声波探伤方法和探伤结果分级》中的Ⅰ级质量要求。当采用100%射线照相或超声波检测方法时，还应按设计的要求进行超声波或射线照相复查。

对内部质量进行抽检的焊缝，焊缝内部质量射线照相检验不得低于现行国家标准GB/T 12605《钢管环缝熔化焊对接接头射线透照工艺和质量分级》中的Ⅲ级质量要求；超声波检验不得低于现行国家标准GB 11345《钢焊缝手工超声波探伤方法和探伤结果分级》中的Ⅱ级质量要求。

4）埋地钢质管道下沟前与回填后的防腐层检测。管道下沟前必须对防腐层进行100%的外观检查，回填前应进行100%电火花检漏，回填后必须对防腐层完整性进行全线检查。不合格必须返工处理直至合格。

5）埋地室外球墨铸铁管敷设。管道安装就位前，应采用测量工具检查管段的坡度，并应符合设计要求。管道或管件安装就位时，生产厂的标记宜朝上。已安装的管道暂停施工时应临时封口。管道敷设时，弯头、三通和固定盲板处均应砌筑永久性支墩。临时盲板应采用足够的支撑，除设置端墙外，应采用两倍于盲板承压的千金顶支撑。管材连接前，应将管材中的异物清理干净。应清除管道承口和插口端工作面的团块状物、铸瘤和多余的涂料，并整修光滑，擦干净。在承口密封面、插口端和密封圈上应涂一层润滑剂，将压兰套在管道的插口端，使其延长部分唇缘面向插口端方向，然后将密封圈套在管道的插口端，使胶圈的密封斜面也面向管道的插口方向。将管道的插口端插入到承口内，并紧密、均匀地将密封胶圈按进填密槽内，橡胶圈安装就位后不得扭曲。在连接过程中，承插接口环形间隙应均匀，其值及允许偏差应符合CJJ 33的规定。将压兰推向承口端，压兰的唇缘应靠在密封胶圈上，插入螺栓。

6）埋地聚乙烯管道敷设。直径在90mm以上的聚乙烯燃气管材、管件连接可采用热熔对接连接或电熔连接；直径小于90mm的管材及管件宜使用电熔连接。聚乙烯燃气管道和其他材质的管道、阀门、管路附件等连接应采用法兰或钢塑过渡接头连接。对不同级别、不同熔体流动速率的聚乙烯原料制造的管材或管件，不同标准尺寸比（SDR值）的聚乙烯燃气管道连接时，必须采用电熔连接。施工前应进行试验，判定连接质量合格，方可进行。热熔连接的焊接接头连接完成后，应进行100%外观检验及10%翻边切除检验，并应符合现行标准CJJ 63《聚乙烯燃气管道工程技术规程》的要求。电熔连接的焊接接头连接完成后，应进行外观检查，并应符合国家现行标准CJJ 63《聚乙烯燃气管道工程技术规程》的要求。聚乙烯燃气管道敷设时，应在管顶同时随管道走向敷设示踪线，示踪线的接头应有良好的导电性。聚乙烯燃气管道敷设完毕后，应对外壁进行外观检查，不得有影响产品质量的划痕、磕碰等缺陷；检查合格后，方可对管沟进行回填，并做好记录。

7）管道附件、设备安装。阀门、凝水缸及补偿器等在正式安装前，应按其产品标准要求单独进行强度和严密性试验，经试验合格的设备、附件应做好标记，并应填写试验记录。管道附件、设备安装完毕后，应及时对连接部位进行防腐。阀门、补偿器及调压器等设施严禁参与管道的清扫。管道附件、设备安装完成后，应与管线一起进行严密性试验。钢制凝水缸在安装前，应按设计要求对外表面进行防腐；安装完毕后，凝水缸的抽液管应按同管道的防腐等级进行防腐。

8）管道穿跨越。提出了管道顶管施工、水下敷设与定向钻施工等三种穿越方式的施工方式的技术要求；跨越宜按SY 0470《石油天然气管道跨越工程施工及验收规范》执行。

9）试验与验收。管道安装完毕后应依次进行管道吹扫、强度试验和严密性试验。进行强度试验时，压力应逐步缓升，首先升至试验压力的50%，应进行初检，如无泄露、异常，继续升压至试验压力，然后宜稳压1h后，观察压力计10min，无持续下降为合格。以清洁水为介质的试验合格后，应及时将管道中的清洁水放（抽）完，并将管道内的剩余水清扫干净。严密性试验应在强度试验合格，管线回填后，路面恢复前进行。

(3) CJJ 51—2001《城镇燃气管网抢修和维护技术规程》

1) 日常维修

① 带气进行维护检修时，应使用防爆工具或采取防爆措施，作业过程中严禁产生火花。

② 运行和维护管理制度应明确对燃气管道进行巡查、检查的周期。并应作好巡查、检查记录，在巡查、检查中发现问题应及时上报并采取有效的处理措施。对高压或次高压设备进行维护时，必须有人监护。

③ 燃气管道附件丢失或损坏，应及时修复并应及时清除各部位油污、锈斑，不得有腐蚀和损伤。

④ 在动火操作过程中应严密监测作业区内可燃气体浓度及管道内压力的变化，动火作业区内可燃气体浓度应小于其爆炸下限的20%。

⑤ 使用带压开孔、封堵设备在燃气管道上接支管或对燃气管道进行维修更换等作业时，应根据管道材质、输送介质、敷设工艺状况、运行参数等选择合适的开孔、封堵设备及不停输开孔、封堵施工工艺，并制定作业方案。

⑥ 燃气设施维护的资料应包括下列内容：a) 维修、检修、更新和改造计划；b) 维修记录和重要设备的大、中修记录；c) 管道和设备的拆除、迁移和改造工程图档资料。

2) 事故时维修(抢修)

① 燃气设施泄漏的抢修宜在降低燃气压力或切断气源后进行。

② 抢修作业时，与作业相关的控制阀门必须有专人值守，并监视其压力。

③ 处理地下泄漏点开挖作业时，应符合下列规定：

a) 抢修人员应根据管道敷设资料确定开挖点，并对周围建(构)筑物进行检测和监测；当发现漏出的燃气已渗入周围建(构)筑物时，应根据事故情况及时疏散建(构)筑物内人员并驱散聚积的燃气。

b) 应连续监测作业点可燃气体或一氧化碳浓度。当环境中可燃气体浓度在爆炸范围内或一氧化碳浓度超过规定值时，必须强制通风，降低浓度后方可作业。

c) 应根据地质情况和开挖深度确定作业坑的放坡系数和支撑方式，并设专人监护。

d) 对钢制管道进行维护、抢修作业后，应对防腐层进行恢复并达到原管道防腐层等级。

④ 铸铁管泄漏抢修时，除应符合上述条款规定外，还应符合下列规定：

a) 泄漏处开挖后，宜对泄漏点采取必要的措施进行临时封堵。

b) 如用阻气袋阻断气源时，应将管线内燃气压力降至阻气袋有效阻断工作压力以下，且阻气袋应在有效期内使用；给阻气袋充压时，应用专用气源工具或设施进行，且充气压力应在阻气袋允许充压范围内。

⑤ 当PE管道发生断管、开裂、意外损坏时，抢修作业应符合下列规定：

a) 采取关闭阀门、使用封堵机或使用夹管器等方法有效阻断气源后进行抢修，并应采取措施保证PE管熔接面处不带压力。

b) 抢修作业中应采取措施防止静电的产生和聚积。

c) 抢修作业中环境温度低于−5℃或大风(大于5级)天气时应采取防风、保温措施，并调整连接工艺。

⑥ 燃气设施维护、检修或抢修作业完成后，应进行全面检查；合格后应进行置换作业。

⑦ 燃气设施置换合格恢复通气前，应进行全面检查符合运行要求后，方可恢复通气。

⑧ 抢修工程的记录应包括下列内容：事故报警记录；事故发生的时间、地点和原因等；事故类别(中毒、火灾、爆炸等)；事故造成的损失和人员伤亡情况；参加抢修的人员情况；抢修工程概况及修复日期。

3) 对地下燃气管道的巡查应包括下列内容：在燃气管道设施的安全保护范围内不应有土壤塌陷、滑坡、下沉、人工取土、堆积垃圾或重物、管道裸露、种植深根植物及搭建建(构)筑物等。管道沿线不应有燃气异味、水面冒泡、树草枯萎和积雪表面有黄斑等异常现象或燃气泄出声响等，如有上述现象应查明原因并及时处理。对穿越跨越处、斜坡等特殊地段的管道，在暴雨、大风或其他恶劣天气过后应及时巡查。在燃气管道安全保护范围内的施工，其施工单位在开工前应向城镇燃气供应单位申请现场安全监护。对有可能影响燃气管线安全运行的施工现场，应加强燃气管线的巡查与现场监护，可设立临时警示标志；施工过程中造成燃气管道损坏、管道悬空等，应及时采取有效的保护措施。对燃气管道附件丢失或损坏，应及时修复。

4）地下燃气管道的泄漏检查应符合下列规定：高压、次高压管道每年不得少于1次；PE管或设有阴极保护的中压钢管，每两年不得少于1次；铸铁管道和没有设阴极保护的中压钢管，每年不得少于2次；新通气的管道应在24h之内检查1次，并应在通气后的第一周进行1次复查。

2. 热力管道

将CJJ 34—2002《城市热力管网设计规范》、CJJ 28—2004《城镇供热管网工程施工及验收规范》、CJJ/T 104—2005《城镇供热直埋蒸汽管道技术规程》、CJJ/T 81—1998《城镇直埋供热管道工程技术规程》按基本环节进行介绍。

（1）适用范围。CJJ 34—2002、CJJ 28—2004对于热水管网适用于工作压力≤2.5MPa，介质温度≤200℃；对于蒸汽管网适用于工作压力≤1.6MPa，介质温度≤350℃。CJJ/T 104—2005适用于介质温度≤150℃，公称直径≤500mm的钢制内管、保温层、保护外壳结合为一体的预制保温直埋热水管道。CJJ/T 81—1998适用于工作压力≤1.6MPa，介质温度≤350℃直埋敷设的保温蒸汽管道。

（2）设计原则。供热管道、管件在承受内压、持续外载及介质温度作用下，在设计寿命期限内，管道、管件不失效是中国供热管道设计准则。供热管道、管件的强度计算采用最大剪切力强度理论及第三强度理论。CJJ/T 81中规定采用应力分类法进行直埋热力管道的强度设计。一次应力采用极限分析，二次应力采用安定性分析，峰值应力采用疲劳分析。直埋热水管道的设计寿命，在120℃下连续工作30年；直埋蒸汽管道的设计寿命为不小于25年。

（3）材料。直埋保温管道和管件均采用工厂预制，预制保温管和管件的质量是保证工程质量及热网系统安全运行的重要一环。对管材，管件及保温制品，应进行化学成分分析和机械性能检验，检验值应符合国家现行标准的规定。

1）直埋热水保温管。钢管采用无缝钢管、电弧焊或高频焊焊接钢管，钢号为：Q235-A.F、Q235A、Q235-B及20号钢。外护管采用高密度聚乙烯塑料或玻璃纤维增强塑料。保温层采用聚氨酯硬质泡沫塑料。弯头、三通、变径管、固定节及保温接头的质量要求详见CJ/T 155—2001。

2）直埋蒸汽保温管。工作管性能和尺寸公差应符合CJ/T 3022、GB/T 3087、GB/T 3091、SY/T 5037、GB/T 8163、GB/T 9711.1的规定。保护垫层材料除应满足相应产品标准外，还应满足耐温、耐磨要求。采用聚氨酯泡沫塑料有机保温材料时，其泡沫结构、泡沫密度、压缩强度、吸水率和导热系数应符合CJ/T 114—2000的规定。外护管采用钢制外护管或玻璃纤维增强塑料外护管。

（4）制造

1）直埋热水管道

① 钢制管道、管件的加工。热煨弯管（$R\geqslant 2.5D$）、推制无缝弯头、压制对焊弯头的曲率半径、中心距、平面度、管端面垂直度、平面度等要求应符合GB/T 12459—1990、GB/T 13401—1992和SY 5257—1991相应的规定。三通支管和主管之间允许角度偏差为±2.0°。变径管壁厚应符合GB/T 12459—1990或GB/T 13401—1992中的要求。固定节壁厚至少和主管道壁厚相同，结构设计应满足管道轴向推力要求。

② 焊接焊接质量要求。焊缝表面不得有裂纹、焊瘤、未焊满和弧坑等缺陷。射线探伤时，焊缝质量应达到GB/T 12605—1995（钢管环缝）、GB/T 3323—1987（其他对接焊缝）规定的Ⅱ级水平。超声波探伤时按JB 4730—1994的规定进行，达到Ⅰ级为合格。用水做严密性试验，试验压力为1.25倍的设计压力，用气密性试验，钢制管件内的试验压力应至少高于外部压力0.02MPa。发泡前的表面条件应符合CJ/T 114—2000中锈蚀等级的要求。外购管件表面应有必要的产品标识。保温管的外护管及保温层的技术要求应满足CJ/T 114—2000的要求。

2）直埋蒸汽保温管。直埋蒸汽保温管的基本结构为：工作管—保温层—外护管。保温管总体抗压强度不应低于0.08MPa，空载时的移动推力与加0.08MPa荷载时的移动推力之比不应小于0.8；采用玻璃钢增强塑料外护管的蒸汽管，其整体抗冲击性能应符合CJ/T 114—2000中的规定。蒸汽保温管按直埋运行工况条件设计保温结构。外护管与工作管的最大轴线偏心距离应符合相关规定；保温管外观无明显凹坑、鼓包及裂纹等缺陷，防腐层划痕深度不应超过防腐层厚度的20%；外护管任意一点的厚度不应小于其设计值。

(5) 安装

1) 直埋热水管网。直埋热水管道安装分有补偿安装和无补偿安装两大类。无补偿安装中又分预热安装及冷安装两种。各种安装方式根据工程条件由设计选用。直埋保温管道和管件均由工厂预制，现场施工只做补口及节点处理等工作。

2) 直埋蒸汽管网。直埋蒸汽管道不允许锚固管段存在，工作管必须采用有补偿敷设方式。安装类同于直埋热水管道，由工厂预制保温管道及管件，现场只负责组装工作。

(6) 检验

1) 产品检验。预制直埋热水保温管的检验规则依据GB/T 2828标准；预制直埋保温管件的检验包括工序检验、工艺检验、出厂检验、型式检验；预制直埋蒸汽保温管的检验包括出厂检验和型式检验。

2) 安装检验。直埋保温管道安装质量的检验项目及检验方法；钢管除锈、涂料质量标准；保温层施工允许偏差及检验方法；保护层表面不平度允许偏差及检验方法；水压试验的检验内容及检验方法；焊接质量检验。

3) 工程验收。竣工验收，应在一个或多个单位工程验收和试行合格后进行，并且应在施工单位自检合格的基础上进行。竣工验收时，应对主要项目应进行复检。竣工验收应由建设单位、监理单位、设计单位、施工单位、管理单位等单位参加。竣工验收时，施工单位应提供施工技术材料和施工管理资料，检查项目应满足相关规定。工程质量验收分为“合格”和“不合格”。不合格的不予验收，直到合格。工程质量的验收应按分项、分部、单位工程三级进行。

(7) 运行维护。热网运行的一般规定应满足相应的规范要求，在投入运行前，应编制运行方案。运行前应对系统进行全面检查。运行过程中，应作对相应的维护工作。热网停运前应编制停运方案，停运的各项操作应严格按运行方案或调度指令进行。

(8) 事故与应急救援。运行管理部门应设置设管网维修站，并配备事故抢修车及必备的设备、工具和备品材料，一旦发生事故保证在24小时内抢修完毕恢复供热。抢修期间可启动联网热源提供补充。

第二节 美国公用管道主要标准法规

一、美国公用管道主要法规

本节主要介绍燃气类公用管道的管理法津与法规。

美国的燃气类公用管道的安全管理须遵从国家运输部的法律法规的要求，同时，各州也可制定相应法规进行公用管道的安全管理，但不得与联邦的相应法律规章相冲突。

1. 联邦危险品法(Federal Hazardous Materials Transportation Law)

该法是美国关于危险品运输的基本法律，列入《美国规章》第49篇 运输(United States Code Title 49, Transportation)，章节编号是49 U. S. C. §5101(1999年修订，也称为“危险品运输法 Hazmat transportation Act of 1999, 49 App. U. S. C. §1801”)。

2. 管道安全法 (The Pipeline Safety Laws, 49 U. S. C. 60101)

该法是美国关于管道输送危险品的基本法律，列入《美国规章》第49篇 运输(United States Code Title 49, Transportation)，其第8部分：管道(Subtitle Ⅷ Pipelines)，共分三个章，第601章是“安全”(Chapter 601 Safety)，第603章是“用户缴费”(Chapter 603 User fees)，第605章是“州际商业规则”

(Chapter 605 Interstate commerce regulation)。

(1) 第601、603与605的章节结构

60101节 定义、60102节 综合管理、60103节 液化天然气管道设施、60104节 要求和限制、60105节 州管道安全计划证明、60106节 州管道安全协议、60107节 州管道安全许可、60108节 检查和维护、60109节 高密度人口区和高环境敏感区域、60110节 溢流阀、60111节 液化天然气设施的财务责任、60112节 管道设施对生命及财产的危险、60113节 用户自己拥有的天然气服务管线、60114节 电话通知系统、60115节 技术安全标准委员会、60116节 公共教育计划、60117节 管理、60118节 符合与放弃、60119节 司法审查、60120节 执行、60121节 个人行为、60122节 民事处罚、60123节 刑事处罚、60124节 两年一次的报告、60125节 拨款授权、60126节 风险管理、60127节 居民侵犯、60128节 在管线通道上卸料、60302节 用户缴费、60501节 能源部长、60502节 联邦能源管理委员会、60503节 立法的目的。

该法规定了在管道立法、制定规则、执行相关法规时，运输部的责任和义务。

(2) 主要内容简介

1) 适用范围。本法律给出管道运输和管道设施最低安全标准的限定。①适用于管道设施的所有者和运营者；②也适用于管道设施的设计、安装、检测、紧急方案和程序、测试、建造、扩展、运营、替换以及维护；③包括关于运行、维护管道设施的个体应具有相应资质的要求。

2) 管道设施运行信息要求。运输司应该制定最低标准，要求管道设施的运营者按照本节要求进行维护。实际应用中，设施的运营信息是满足本法律所规定的必要条件，并且在需要时，应将信息提供给运输司，以及运输司认为适合的州政府。信息应该包括：①运营者的商业名称、地址和电话号码，包括运营者的运行紧急号码；②精确地图和相关地理的补充描述，包括本标题节60109制定的法规中描述的地区识别，可以显示州内运营者的主要燃气管道设施，包括传输线和分配线及主要危险液体管道设施的位置；③ 州内的管道性质；通过州内管道输送的产品；④ 指导州内管道设施运行和维护的手册；⑤ 描述泄漏等事故的紧急反应计划，包括：在发现泄漏时，运营者所采取的特别措施；打通州府与当地管理者间的紧急反应通道；在泄漏发生时能迅速通知州府和当地管理部门的通信和警报程序；⑥ 其他运输司认为有助于通知管道所在州以及州内运营机构的信息。

3) 与“智能清管器”相关的安全技术要求。新天然气或危险液体管道设施的设计与建造；当需要对现有天然气或危险液体管道设施进行更换时，要求能具备进行内检测的条件，以便于使燃气或危险液体管道设施可以使用管道内检测仪器(通常叫做“智能清管器”)。运输司要求现有的天然气或危险液体管道设施的基础建造按照便于管道内检测仪器的运行来改造。在必要的情况下，运输司应该制定出附属标准来规范每一条管道(本标题节60109所定义的)的检测周期。

4) LNG运行和维护标准。运输司应该为液化天然气管道设施建立最低运行和维护标准。①组成或与设施相关的设备和结构。其状况、特点、以及类型等；②设施的防火、消防设备；③对可导致液化天然气事故的故意行为的预防措施；④维护方案和设备；⑤对本节明确的员工进行培训；⑥关于安全管理液化天然气的其他因素和条件。

5) 州内管道管理机构的规定。①已按60105(a)要求得到授权的州管道管理当局，只要州管道当局制定的安全规定与本法律规定的最低安全要求一致的话，州管道管理当局可以对所管辖的州内或州际管道采用更严格或额外的安全规定。但仍建议采用一站通讯联络方式。②除60105、60114和60121中规定，运输司可不为州内管道设施或州内管道运输制定或实施安全标准和策略。③获得授权州管道管理当局应每年向运输司提交年度报告，报告内容为：权限的调整；采纳的标准情况以及采纳新的技术规定的时间表；采用多种方式执行已制定的安全规定；采取多种措施防止并预防由拆迁、挖掘、开隧道、或管道设施建造等行为引起的第三方破坏；按照60117的要求对维修、报告以及检测进行记录；对60108(a)和(b)提到的检测和维修计划审批的情况；按照与60120和60122(a)(1)和(b)～(f)提出类似，按照州刑事与民事处罚规定内，加强州法律实施机构制定的管道安全标准执行情况。④如果DOT在收到许可批示后，运输司认为州机构没有按照本章所指的适用性安全标准执行，运输司可以收回许可批示，维护美国政府的司法权，或采取其他适当措施来达到充分执行。运输司应该通知州机构并在按照本节的规定，在采取最终

措施前给其申辩机会。当DOT发出通知后，州管理机构有责任去检查是否按照规定。⑤当DOT没有与州管理机构制定许可协议时，DOT可与州机构（包括市政部门，如果协议适应于州内燃气管道运输）达成其他协议，授权其采取必要的措施。⑥当DOT与州管理机构有许可协议时，如果DOT接受60105的许可协议，并按本法律规定，DOT就可以授权与DOT有许可协议的州管理机构参与到州际管道的安全监管中。此时，DOT应提出该州管理机构参与在用管道与新建设的特别计划。⑦如果州管道管理机构不能满足本法律安全技术要求，DOT可按60118(b)的规定发布通告，或者采取其他适当措施以确保满足本法律的规定，或者向州管理机构提供一份DOT书面解释。⑧DOT可以按本法律的规定制定监督管理程序以对州管理机构的活动进行监督，州管理机构应该按照本法律的要求配合DOT。DOT在依照本法规定终止协议前，应该通告州机构，并给州机构申辩的机会。DOT可以给州管理机构提供在终止协议前纠正错误的机会。终止协议的裁决和决定应该在联邦公报中公布，并在公布的至少15天内不会生效。

6）检测和维护。每个州内燃气管道设施或危险液体管道设施的所有者或运营者都应该制定一个适时的检测和维护书面计划（包括任何变动）。检测和维护计划应针对于每条管线与设施。计划的副本应上报给DOT。同时，DOT也会督促管道设施的所有者和运营者遵照本章规定归档检测和维护计划，并得到DOT的批准。

7）燃气铸铁管的更换。DOT定期出版由气体管技术委员会颁布的适于公用管道领域中的铸铁管线的更换技术通知，并在该通知发布的2年内，对铸铁燃气管线安全状况进行调查。并确认已采用计划或已完成铸铁管道更换的数量；所提出的更换计划中的预期比例。

8）提出开展天然气管理与危险液体管道完整性管理的要求、程序，以及风险评估的实施措施。提出完整性管理计划可由州管理机构依照节60106的规定进行审查，州政府部门可以按照本法的规定审查风险分析和完整性管理程序。但州管理机构，应向DOT提供一份书面的风险分析和完整性管理程序的评价，并做适当的推荐，以消除关于运营者的风险分析或完整性管理系统不够充分的可能性；还应提交书面证据来解释州的建议修正。

9）技术安全标准委员会。DOT设有管道安全标准技术委员会和危险液体管道安全标准技术委员会，这两个委员会应该被视为审查委员会。委员会实施的审查，应该被视为符合任意此类法律的审查要求，以满足所有关于风险评价和同行审查的联邦法律（包括在1996年管道安全和合作法颁布日后生效的法律）规定。

3.《美国联邦规章》

《美国联邦规章》(Code of Federal Regulations，简称CFR)第49篇是“运输”(Title CFR 49，Transportation)，运输篇由两个分篇组成，共有1332个部分，其中A分篇(CFR 49 Part 1～99)为与运输部长办公室有关的内容；B分篇是其他与运输有关的规程，按运输部不同的行政管理部门分为：研究和特殊项目行政管理局(RSPA)(CFR 49 Part 100～199)、联邦铁路行政管理局(FRA)(CFR 49 Part 200～299)、联邦公路行政管理局(HFWA)(CFR 49 Part 300～399)、海岸警卫队(USCG)(CFR 49 Part 400～499)、国家公路交通安全行政管理局(NHTSA)(CFR 49 Part 500～599)、联邦运输行政管理局(FTA)(CFR 49 Part 600～699)、国家铁路旅客行政管理局(CFR 49 Part 700～799)，国家运输安全理事会(CFR 49 Part 800～999)、陆路及水路运输理事会(CFR 49 Part 1000～1399)。CFR每年修订和出版一次。

《联邦规章》CFR 49 Part 190～192，194，195，198是关于管道安全的。CFR 49 Part 190～193，198的主要管理环节简述如下。

(1) 有关管道设计、制造、安装的要求

美国运输部管道安全办公室(OPS)负责监管天然气和危险性液体管道和强制性执行管道的设计、制造、运营、维修、和事故的紧急反应的有关规章要求。

《联邦规章》CFR 49 190规定了管道安全计划和规则制订程序；该部分主要是一些法律上的规定，如传讯、作证、诉状、听证、警告、行政处罚、刑事处罚等，还包括规则制定的要求。

《联邦规章》CFR 49 191规定了用管道传输天然气和其他气体时，对管道运营者提交年度报告、事故报告、安全状况报告的要求。在CFR 49 191.5中规定，管道运营者应在事故发生时尽快用电话向有关方面报告，报告的内容包括：报告人的姓名和电话，事故发生的位置、时间，受伤或死亡的人数，与事故有关的其他事情及损失程度等。报告人还应报告如下情况：腐蚀情况、应力水平、环境（如地震、滑坡、洪水）引起的意外移动和不正常载荷、裂纹及材料缺陷、任何泄漏。

《联邦规章》CFR 49 192 规定了用管道传输天然气和其他气体时的联邦最低安全技术要求，包括对管道材料、管道设计、部件设计、焊接、制造、仪表及调节装置、腐蚀控制要求、试验要求及操作、保养、记录要求。管道包括收集管线、外大陆架管线、石油气系统等。管道设计包括钢管的设计公式、钢管的屈服强度、钢管的公称壁厚、设计系数、纵缝系数、温度系数等。还包括了塑料管的设计和限制、铜管的设计，对阀门、法兰、管件等也有规定。CFR 49 192.221～245 是关于管线焊接、焊工资格、焊接检查、无损探伤的内容。CFR 49 192.455～481 是关于暴露管线、埋藏管线、水下管线的外部腐蚀、内部腐蚀以及大气腐蚀的。管道的运营管理和维护应根据 CFR 49 192.601～755 中的有关规定。CFR 49 192.601～755 规定了线路巡检、泄漏调查、修理工艺、卸放装置的试验、管件的试验等，对石油和天然气管线还要符合 ANSI/NFPA58，59 的规定。该法规规定，管道要按该法规设计、建造、操作和维护，如达不到要求，应增加试验，以保证管道系统的安全。在管道所经过的区域内，所有地上的管段和经过挑选的地下管段必须进行外观检查。所有安全隐患必须被消除。运营者必须保存管线的调查、试验、修理、更换及其他变更记录。使用板材预装的管线按 ASME 规范进行设计、制造和检验。焊接钢管的焊工必须取得 API 1104 或 ASME V 的资格。焊缝应进行无损检测，进行无损检测的人员应具备相应的资格，检测要按照书面制定的工艺进行，并按 CFR 49 192.243 进行评定。

《联邦规章》CFR 49 193 是关于液化天然气设施的联邦安全技术法规。CFR 49 193.2051～2917 规定了天然气管道的设计、建造、修理、操作、维护等方面的要求，以及材料、焊接、无损探伤、LNG 罐、人员安全等方面的要求。天然气设施还应符合 ANSI/NFPA 59A 的要求。

《联邦规章》CFR 49 198 是对州管道安全项目给予批准的规程。该部分规定了如何设置电话报警系统，并规定在管道施工现场必须设置一个电话报警系统。该部分特别规定了联邦如何对各州的管道安全计划给予财政支持。该部分的依据是 49 U.S.C. 60101“管道安全法”，授权 RSPA 的行政主管按规定根据各州的管道安全计划执行情况给各州分配基金。对没有电话损失防备计划的州将得不到运输部长的批准得到资金。对于管道事故，该部分做了如下定义：①管道或液化天然气系统泄漏，有人员死亡或受伤住院；②估计的财产损失，包括气体泄漏、人员安置等超过 5000 美元；③导致天然气装置紧急切断的事件。

（2）管道检查

根据 DOT 规程，管道组成部分应由企业按照一定的周期进行维持性定期检查，管道阀门和过压保护装置必须每年检查 1 次；全部管道的巡逻必须每年进行 2～4 次，取决于管道周围人口稠密程度；预防腐蚀的设备检查每一个月～两个月；泄漏检测调查在无人居住区每年至少 1 次，在居民区每年 4 次。企业也可以按危险因素和事故情况增加检查次数。OPS 和州的管道安全机构对企业进行监督检查，确保企业符合规章规定的检查要求。政府的监督检查按照危险程度、被检查单位的以往违法记录和事故情况进行轻重缓急排序。OPS 还实施了系统完整性检查示范项目（System Integrity Inspection Pilot Program），即 SII 项目。所谓 SII 项目，就是由运营商制定自查计划，OPS 进行抽检。SII 要求运营商提供全面、详细的自查计划。OPS 组成 SII 工作组，工作组通常由 OPS 的 5 大区各派一人，由参加 SII 项目的运营商所在州派出一个代表组成。SII 工作组将定期抽查运营商的记录及自查计划的完成情况。SII 项目是 OPS 提高管道安全性及检验效率的一种尝试。所以参与 SII 项目的运营商将从中得到许多好处，其中包括及时得到 OPS 的重要信息和咨询，对出现的问题 OPS 会帮助解决，找出补救措施，同时只要运营商的记录良好，就不会因此被处罚。

SII 项目将通过在更大的范围内关注管道的整体问题加强管道检验，管道运营商的参与使管道管理更有针对性，水平更高，从而保护了环境和管道运行的的可靠性。

（3）管道事故统计

OPS 对管道事故原因进行统计，表 28-3、表 28-4 给出了部分年限的管道事故分析。

表 28-3　管道事故原因分析(2001.1.1～2001.12.3)

原因	事故数量	占事故总量的%	财产损失	占总损失的%	死亡	伤害
操作者引起	6	4.91	$ 112 865	0.8	0	4
结构、操作错误	4	3.27	$ 186 000	1.33	0	2
外部腐蚀	2	1.63	$ 180 000	1.28	0	3
其他腐蚀	3	2.45	$ 160 000	1.14	0	1
外力破坏	79	64.75	$ 11 145 371	79.77	3	28
原因不明	1	0.81	$ 50 000	0.35	0	0
其他	27	22.13	$ 2 136 250	15.29	2	5
总计	122		$ 13 970 486		5	43

表 28-4　OPS 天然气管道事故年度统计(1986.1.1～2002.07.31)

年度	事故量	死亡	伤害	财产损失	年度	事故量	死亡	伤害	财产损失
1986	83	6	20	$ 11 166 262	1995	64	2	10	$ 9 957 750
1987	70	0	15	$ 4 720 466	1996	77	1	5	$ 13 078 474
1988	89	2	11	$ 9 316 078	1997	73	1	5	$ 12 078 117
1989	103	22	28	$ 20 458 939	1998	99	1	11	$ 44 487 310
1990	89	0	17	$ 11 302 316	1999	54	2	8	$ 17 695 937
1991	71	0	12	$ 11 931 238	2000	80	15	18	$ 17 868 261
1992	74	3	15	$ 24 578 165	2001	85	2	3	$ 23 142 743
1993	95	1	17	$ 23 035 268	2002	53	1	5	$ 15 660 930
1994	81	0	22	$ 45 170 293	Totals	1340	59	222	$ 315 648 547

4. 美国各州公用法规标准

美国是联邦制国家，联邦法律没有规定的地方事物管理权均为各州保留，美国各州的法规都在联邦法规前提下确定，各州之间的法规相互独立。美国各州政府对管道安全非常重视，体现在依法行政的安全监察管理体制和完善、配套的标准化体系。美国各州的法规相关的政令或文件包括免除令、澄清函、简讯、公告、规范修改提案。

目前我们共收集了阿肯色州、伊利诺斯州、新墨西哥州、阿拉斯加州、缅因州、佛罗里达州、夏威夷州、德克萨斯州、加利弗尼亚州等 9 个州的部分法规标准，其中阿肯色州资料比较全面，以下将美国部分州的法规简介如下：

(1) 阿肯色州采用《联邦规章》CFR 190、191 和 192。

1) CFR 第 190 部分：管道安全执行程序。阿肯色州公共服务委员会按照 1971 年阿肯色州天然气管道安全法(1971 年法案 285，修正版)。

2) CFR 第 191 部分：天然气及其他气体的管道输送的年度报告及事故报告。对事故、安全状况、以及年度管道总结数据进行报告的要求，该要求适用于从事气体输送的所有人。

3) CFR 第 192 部分：天然气及其他气体的管道输送的最低安全标准。

① 适用范围。第 192 部分规定了阿肯色州内管道设施和气体输送的最低安全要求。阿肯色州气体管道法规的要求优先于与隶属阿肯色州公共服务委员会管辖权的气体设施的建造、运行及维护有关的任何其他要求。本部分不适用于位于任何联合或非联合城市、城镇或村庄、或任何划定的居住区或商业区(如小区、商务或购物中心)之外的农村地区的集气系统。

② 输气管线和干管的一般施工要求。每条输送管线或干管的建造施工都必须遵守与本法规相一致的综合性书面规范或标准的要求。具有总计量仪表的移动房屋停放处、联邦住宅开发项目或综合楼群的每个运营者，必须在建造开始前向当地气体运营者递交施工计划以获得批准。

③ 腐蚀控制的要求。规定了保护金属管线不受内、外及大气腐蚀的最低要求。规定符合本章使用

要求的所有管道，都必须满足本节专门适用于1971年8月1日前安装的管道的要求，以及管道准备供气起1年内的所有其他相关要求。但是，本节也适用于1971年7月31日后安装的管道。

腐蚀控制程序：包括阴极保护系统的设计、安装、操作和维护程序，必须由经培训或凭其具备的经验而认定在管道腐蚀控制方法上具有资格的人员执行，或在其指导下执行。

(2) 伊利诺斯州

1) 伊利诺斯州地下公用事业设备损害预防法案。该法案为伊利诺斯州地下公共事业设备损害预防法案，并作为伊利诺斯州地下公共事业设备损害预防法案被引用。该法案提出了挖掘要求，必须采取的措施，施工前协商通告，紧急性开挖或拆毁，损坏与错位，义务、责任与违法，义务与财务责任，紧急性电话系统中断的赔偿等规定。

2) 伊利诺斯州燃气管道安全法案(220ILCS20)。该法案下确立的标准可以用于管线设备的设计、安装、检查、测试、建设、扩建、置换以及维修。影响设计、安装、建设、初步检查和初步测试的标准不适用于在标准采用之日前修建的现有管线设备。公共事业法案仍适用于管线设备及从事燃气输配或管线设备运作的人员。

(3) 新墨西哥州

运输与公路 第60章：管道建设与维护。适用于新墨西哥州内所有气体管道和危险液体管道操作者及设备。于1996年6月5日生效。本法就挖掘管道所导致的伤害以及地下公共设施线路提出了管理方法，其目的是阻止因爆破和挖掘管道、地下公共设施线路、有线电视线路及其他相关的设施而导致的事故中产生的人员伤害和财产损失。提出在挖掘过程中的控制：标记(设备的标记；地下设施位置的固定彩色代码)、责任与处罚(对地下设施伤害的责任、尽管获得信息仍然承担疏忽的责任、强制、替代选择争论决议)。

(4) 阿拉斯加州

42.06章 管道法。规定了权责，包括一般权责、与受联邦政府管制的承运人有关的权责。适用于受联邦管制的承运人。

(5) 缅因州(407公用事业委员会)

1) 公用事业服务地区及基础设施地图。适用于缅因州内所有燃气公用事业单位、电力传送及输配公用事业单位，水公用事业单位、负有职责的本地转换承担者、由委员会指定作为合格电信承担者的有竞争力的本地交换承担者电话公用事业单位，以及具有设施的交互转换承担者。

2) 燃气传送及输配系统的安全性。有关燃气传送和输配系统的设计、制作、安装、检查、报告、测试及运行和维护的安全性的最低管理标准，包括燃气管道、压气站、燃气测量和调节站、燃气总管、以及直到客户端仪表出口的服务线路，应该属于联邦管理法规第49标题下第191和192部分的规定，此外还包括所有的修正、修订案。

对天然气管道公用事业单位进行药物测试检查的最低管理标准应属于联邦管理法规第49标题下第199部分的规定，第199部分合并了同一标题下第40部分的内容。第199部分的规定应该仅适用于位于缅因州内并服从缅因州公用事业委员会检查的天然气管道公用事业单位。

3) 地下设备损坏防护要求。目的是为了执行标题"地下设备的防护"中有关本州防止地下设备损坏要求的规定。本规则设立了挖掘者、运营者及挖掘安全系统有限公司的职责。同时也建立了公用事业委员会执行程序的过程。挖掘安全系统有限公司应是在缅因州内运营的损坏防止系统；本规则的规定适用于所有地下设备的运营者、挖掘者、挖掘的建筑师及其他设计师以及挖掘安全系统有限公司。

4) 在公共道路上的公用设施。2101节的要求并为该节中指定的目的而组建的所有燃气公用事业单位，可以在其许可供气的任何城市中沿着公路和街道，或在公路和街道的上面或下面铺设管道。

5) 天然气管道公用事业。天然气管道公用事业单位向委员会提交资料。

(6) 佛罗里达州

州内天然气管道运输的调整法令，立法机构决定天然气在州内的运输与买卖的法令。

(7) 夏威夷州

气体管道系统内容:标准仪表系统、运营者、遵守、检查、强制等规定与要求。

(8) 德克萨斯州

第118章 管道的评估与测试。范围:州际管道、州内管道、铁路委员会管理的管道系统、集气管道、输送任何介质的管道。内容:管道评估与测试的审定要求;对管道计划的要求;计划的内容;管道计划的批准;铁路委员会可以批准计划;计划批准的效力。

(9) 加利弗尼亚州

管道安全条例。本章内制订法规过程中,州会的意图是州消防司法官应执行独特的安全法规和行使高于州际危险液体管道之上,达到州消防司法官与美国运输部长公认的协议的程度,并以美国运输部长总代理的身份,履行联邦政府危险管道安全的条文和联邦管道安全规则,如同本州内的管道一样,必须每年获得联邦政府的证书。

二、美国公用管道标准

在美国,与公用管道最为相关的技术标准为 ASME B31 管道安全技术规范,它包括:ASME B31.8《气体输送与输配管线系统》、ASME B31.9《建筑室内管道》。

ASME B31 系列与 ASME/ASTM/ANSI/API/AWS/MSS/AWWA 等一系列标准互相配合、协调,构成了美国的压力管道标准/技术规范体系。

下面主要介绍 ASME B31.8—1999,该规范由一般规定和定义、材料和设备、焊接、管道系统组件和制作细则、设计、安装和试压、操作和维修程序、腐蚀控制、其他、近海气体输送、含硫气体系统、附录构成。

1. 适用范围

本规程适用于输气管道设施的设计、制作、安装、检查和试压。本规程还适用于这些设施的安全操作和维护。不适用:属于 BPV 规范①管辖的压力容器的设计和制造;金属温度超过 450℉或低于−20℉的管道(属于本规范范围内的低温问题);用户量气表组装件出口后的管道;炼油厂或天然汽油抽提厂中的管道、气体处理厂管道(作为输气系统组成部分的脱水和其他加工厂的气流总管除外)、煤气厂及工业厂矿的管道;在常压下操作的各种废气放空管道;井口装置(包括各种调节阀)、井口至捕集器或分离器间的采气管道、海洋生产平台上的连接管道,以及气井或油井的套管和油管(有关近海平台生产设施管线,见 API RP 14E);专有的设备、仪器或仪表的设计和制造;换热器的设计和制造;液体石油输送管道系统;浆液管道输送系统;二氧化碳管道输送系统;液化天然气管道系统。

2. 材料

(1) 入场检验。符合本规范引用的标准或材料技术条件的器材,可按本规范规定的限定的范围合理使用,无需进一步鉴定。不符合本规范规定引用的标准或材料技术条件的重要器材,如管子类、阀类和法兰器材,应按规定鉴定。能符合某一书面技术条件的材料。而该技术条件与本规范规定引用的标准或材料技术条件出入不大,同时该材料的质量和制作质量均能符合本规范的最低要求,则该材料可以使用。本条不得解释成允许会对可焊性和延性产生不良影响的那些差异。若某些差异使强度有所降低,则应在设计时给予足够的裕量。

不符合本规范规定引用标准或材料技术条件但相对不重要的器材。在具备下列条件时也可使用:经试验或分析研究,证实适合于提出的用途;所用的单位应力不大于本规范对可比材料规定的许用应力的50%;本规范并不特别禁止使用的器材。对材料技术条件不明或用过的管子,除禁止用在海底处,如能满足要求,则可使用。

某些符合本规范的引用材料技术条件的材料,有可能不具备适应本规范使用温度范围中的较低温带的性能。为此要注意暴露在地温或气温特低处的各种设施所用材料的低温冲击性能。

所有阀门、管件、法兰、螺栓连接件、管子及管集,应按与本规范结合使用的标准的规范中有关标记部分的要求作标记。或按照 MSS SP-25 中的要求作标记。

(2) 质量要求。可采用经过鉴定的管子。

1）钢管。遵照下列标准生产的钢管可以使用：API 5L《管线管》、ASTM A53《焊接管与无缝管》、ASTM A106《无缝管》、ASTM A134《电熔焊管》、ASTM A135《电阻焊管》、ASTM A139《电熔焊管》、ASTM A333《无缝与低温焊接管》、ASTM A381《金属 ARC 焊管》、ASTM A67I《电熔焊管》、ASTM A672《电熔焊管》。

2）球墨铸铁管。按照 ANSI A21.52 制造的。在金属模或砂衬模中离心浇铸，专用于输送气体的球墨铸铁管可以使用。

3）塑料管和塑料构件。按 ASTM D2513 和 ASTM D2517 标准制造的塑料管和塑料构件可以使用。

3. 设计

（1）基本准则与强度理论

1）本规范的设计要求是要在气体输送中遇到的各种情况下，足以保证公共安全。对管线任何部分或其附属物上可能产生的附加应力的情况，应采用工程上最佳作法予以解决。

2）人们沿着管线线段所进行的各项活动，是损坏管线造成输气干线故障的最主要的原因。因此，确定地区等级，是一种估计管线遭受损坏机会多少的方法。根据不同的地等级，在管线设计中采用适当的设计系数。1级地区中的1类管线的设计系数是在操作应力水平高于本规范以前推荐使用的应力水平的输气管道的运行经验基础上制定的。

3）断裂控制和止裂。如管径等于或大于 NPS16 的管子按操作时的环向应力为 40％SMYS～80％SMYS 设计时，或管径小于 NPS16 的管子按操作时的环向应力为 72％SMYS～80％SMYS 设计时，应规定断裂韧性准则或其他方法以控制裂纹扩展。

如果采用断裂韧性准则，则可以通过保证管子具有足够的延性、或者规定足够的韧性，或在管线上安装裂纹控制器。以阻止裂纹扩展等办法。从而达到控制断裂和止裂的目的。

（2）强度计算公式

1）钢管设计公式。钢管输气管线系统的设计压力或一定设计压力下的公称壁厚应按下式决定：

$$p=2St/D\times FET$$

式中：p 为设计压力，psig；S 为规定的最低屈服强度，psi；D 为管子的公称外径，in；t 为公称壁厚，in；F 为设计系数，在确定设计系数 F 的数值时，对管子材料技术条件所列的，并由本规范批准使用的各种壁厚负公差，已适当考虑，并且加了裕量；E 为纵向焊缝系数；T 为温度降级系数。

2）塑料管线的设计。塑料输气管道系统的设计压力，或在指定设计压力下的公称壁厚(在 842.32 的限制范围内)应按下列公式确定。

$$p=2S\times 0.32/(D-t)$$

式中：p 为设计压力，psig；S 为长期静水压强度，对于热塑性塑料制的管子和管集，按规范中所列温度等于 73℉、100℉、120℉或 140℉条件下的值确定；对于强化热固性塑料管子，则为 11kpsi；t 为规定的管壁厚度，in；D 为规定的外径，in。

（3）安全系数。安全系统包括根据地区等级的基本设计系数 F、钢管结构的设计系数，钢管的温度降级系数 T，纵向焊缝系数 E。

（4）腐蚀防护系统设计。

1）内腐蚀控制。①新建管线内腐蚀控制。设计新管线系统时，或对现有管线系统进行更换，扩建或改造设计时，应采取措施以防止或/和抑制内腐蚀。需考虑的方法有：内涂层，缓蚀剂，设计清管系统，设计腐蚀挂片、腐蚀探针或测试短管，气体处理以降低腐蚀性，使用耐腐蚀的材料。②原建管线内腐蚀控制。干线内腐蚀控制纲要应包括(但不限于)以下内容：检测、防止或减轻有害内腐蚀的工作；在确认已发生内腐蚀之处，且会影响公众和职工安全，应采取防止或纠正措施以控制有害内腐蚀；应根据检查和监测计划对内腐蚀控制措施进行评价。

2）外腐蚀控制。凡按本规范新建的输气干线、压缩机站管道、配气总管、用户支线、管式和瓶式气柜，除 862.113 中允许的情况及能用试验或经验证明材料在所处的环境下能耐腐蚀外，应采用外壁防腐层和阴极保护。当选择防腐层材料时，应考虑装卸、运输、贮存、安装等条件，及使用环境和阴极保护的要求。

所有加防腐层的输配气系统应在与外部系统(包括用户的燃料气管线)相连的接头处实行电绝缘,若地下金属构筑物之间是电连通的。并作为一个整体进行阴极保护,可不受此限。钢质金属管道与铸铁、球墨铸铁或有色金属管线和构件之间应保持电绝缘。

(5) 障碍穿(跨)越。对铁路、公路、道路或街道下的穿越有套管的要求。套管应设计成能承受过载,在套管可能被水侵入的地方,套管两端要加密封。若管端密封属于能承受输气管线最高允许操作压力的那种类型。则该套管就应按此压力设计,而且至少应按设计系数 0.72 设计。密封的套管不一定要有排气口,但若装有排气口,则应能防风雨,以免雨水进入套管。

(6) 安全距离。管线或总管与其他地下构筑物之间的间距。任何埋地管线与任何不用于同该管线相接的其他地下构筑物之间,若有可能,至少有 6in 的间距。当不能满足这一间距时,应采取保护管线的预防措施,例如安装套管、跨桥或绝缘材料。

任何埋地钢管与任何不用于同该钢管相接的其他地下构筑物之间,若有可能,至少应有 2in 的间距。当不能满足这一间距时,应采取保护总管的预防措施,例如安装绝缘材料或套管。

(7) 地区级别。沿管线走向任何 1mile(1/4mile 宽)地带内,供人居住的建筑特的户数多少作为划分地区级别的原则,共分为一级、二级、三级、四级等 4 个地区等级。

4. 管道系统组件和制作细则

(1) 总则。为管道系统提供一套实用的标准,包括:管道系统中除管子本身外所有器材和附件所用的材料技术条件和选择方法;制作支管接头的适用方法;对付温度变化影响采取的措施;露天和埋地管道系统中准予使用的支撑方法和锚固方法。

(2) 管道系统的组成件。管道系统的所有构件,包括阀门、法兰、管件、汇管、特殊组合件等,应按本规范中的有关要求和公认的工程作法进行设计,以能承受操作压力和其他规定的载荷。

5. 焊接和探伤

(1) 焊接。涉及干线、仪器或设备连接口上锻钢和铸钢材料制管子接头的焊接,包括管子、阀门、法兰和管件上的对焊和角焊接头;分支管、平焊法兰及承插管件上的角焊接头。若阀门或设备具有适于直接与干线焊接的焊接端,则其结构、材料成分、所用的焊接工艺和应力消除工艺等必须保证在焊接或应力消除过程中不会对设备和管线产生显著损害。本章不适用于制管焊缝的焊接。

可采用任何焊接方法或综合几种方法进行焊接,只要焊成的焊缝的质量能符合本规范中有关焊接工艺中的焊缝鉴定要求即可。焊缝可用定位焊或工件转动焊焊接,也可将定位焊和工件转动焊结合使用。

在焊接本规范包括的管子、管道组件或有关设备前,先应制定并评定焊接工艺。每个焊工或焊接操作工在按本规范安装的任何管子、管道组件或有关设备上进行焊接前,应按所制定的程序对其进行考核。

若管道系统在等于或大于 20%SMYS 的条件下操作,则焊缝的验收标准应采用 API 1104。

(2) 探伤。本规范的探伤分为:①预定操作应力小于 20%SMYS 的管道系统焊缝的检验;②预定应力大于或等 20%SMYS 的管道系统的焊缝质量控制检验和试验。

6. 配气管道的维修

(1) 巡线。应在需要观察可能影响安全操作的各种因素的地区进行配气总管的巡线。在进行施工活动的地区,外露的管线和支承受到外界损坏及由于自然原因可能造成管线损害的地区均应考虑巡线。巡线频率应根据那些能够引起管线损坏或漏气的条件及危及公共安全的严重程度确定。

(2) 漏气调查。管道作业公司,均应在操作和维修计划中制定对系统进行定期漏气调查的措施。

所选用的调查方法应能有效地发现漏气隐患。主要方法有:地下气体检测调查(包括钻孔调查)、植物调查、压力试验、鼓泡漏气试验、超声波漏气试验。

漏气调查的范围与频率应根据供气区域的具体特征确定。在主要商业区内的配气系统宜每年至少调查一次。

(3) 配气设施的舍弃、断开和恢复使用的要求。每个作业公司应为已停用而尚无使用计划的配气设施,如用户支线、总管、控制管线、设备和附件等,制订舍弃计划。当临时切断供气支线,应当采取适当的安全措施。恢复使用舍弃的设施和临时断开的用户支线时需进行试压。

(4) 塑料输送管的维修。塑料输送管的维修包括控制压力用的热塑性塑料输送管和管集的收口和开口,塑料输送管或管集的修理等规定。

(5) 阀门的维护。对于在紧急情况下需要操作的干线阀门应逐个作定期检验,并且每年至少进行一次部分启闭操作,使其处于安全和良好的操作状态。

(6) 腐蚀管子的修理。如腐蚀程度已使某一设施的强度降低到最大许用操作压力,则该部分应进行修理、翻新或更换;或者降低操作压力。使其与被腐蚀管子的剩余强度相称。对于应力在等于或大于40%SMYS条件下操作的钢干线,被腐蚀管子的剩余强度可按照附录L确定。

(7) 阳极保护系统的操作和维护。为保持阴极保护系统连续而有效地运转,应对其进行检验。应定期试验电气,并按适用准则判断管线系统确已得到保护。

采用的检测类型、周期和位置,应足以准确地确定管线系统被保护的程度。测试周期的决定宜根据(但不限于)下列因素:管子腐蚀状况、阴极保护方法、环境的腐蚀性、阴极保护系统失效或发生障碍的概率,包括检查和测漏在内的运行经验,阴极保护装置的设计寿命,公共安全和职工安全;如测试或调研结果表明阴极保护系统并未起到充分的保护作用,则应采取适当的纠正措施。

7. 各环节涉及的单位人员资格

检验人员的资格评定,从事检验工作的人员应通过培训或实际经验或两者相结合方法审定其履行本规范有关要求和推荐作法的资格。

焊工重评的要求,如由于某些特定原因对某一焊工的技能发生怀疑。或者该焊工6个月或以上未从事某种指定的焊接方法的焊接作业,则应重新评定。所有其他焊工每年至少重新评定一次。

第三节 欧盟公用管道主要标准

一、欧盟公用管道标准

1. 设计

1) 基本准则。燃气供应系统的设计目的在于安全、连续地向用户供应燃气。设计要考虑技术、操作以及保护环境和公众安全等各方面的问题。

2) 基础数据。任何燃气供应系统或其中一部分的设计应当从收集基础数据和确定设计参数开始。这些基础数据和设计参数包括:燃气成分、设计流量、设计压力、管径材料、现有管道系统情况、调压站、预计管道走向等。

管道设计流量应考虑下列因素:燃气成分、现状和预计用户的位置、数量和用户类型,压力级制及其运行参数,管径计算公式和特殊工业用户的流量变化等。

2. 主管线敷设

主管线应当被支持、锚固或者埋于地下,使得该管段在使用周期内相对于其安装位置没有移动或位移在允许范围内。水下管线应当有足够的自重或外加负荷以保证在施工和运行期间其水平和垂直方向的稳定性。管子壁厚的选择应具有足够的强度。承受管道内压以及运输和装卸过程中产生的外力。同时,应采取防止管子受第三方损坏的措施。

(1) 沿公共道路敷设的管线应当符合法规要求,其位置、距离应经批准。若有选择可能,主管应敷设在人行道下或其附近。如果在私有区内敷设主管或配套装置时,应与土地主人签署协议,以充分保证运行安全及日后进出许可,便于维修,并防止遭到第三方破坏。

(2) 在敷设地上管道时,应考虑降低紫外线、热膨胀、地面力负荷、干扰性破坏和腐蚀因素对管道的不良影响。

(3) 当管线跨越桥梁时,应当根据桥的类型及规模,采取合适的措施,防止管道由于静态负荷或动态负荷(热膨胀)、车辆负荷或在管下穿过时对管线造成损害,以及防止干扰损害。

(4) 水下穿越可采取管沟穿越、无管沟技术和穿入现有管道等方式。设计时，应搜集有关地质资料，并采取相应的保护措施，如：敷设在河床稳定段、锚固或加载、合适敷设深度和管位标志等。

(5) 降低外部因素的干扰。因其他埋地装置、土地位移、树、其他建设项目或交通对燃气供应系统的干扰应在设计时，考虑采用有效措施将其降低。

与铁路、有轨电车和其他地下设施水平和交叉时应保持最小安全间距。应避开环境灾害的干扰，如：不良地质地段的沉降和滑坡、洪水危害区、腐蚀土壤等。交通车辆和电气(杂散和感应电流、电击)的干扰。

管道运行者应与上述有关部门就间距等达成协议或采取有效保护措施将干扰和危害降低至最小限度。

3. 材料

管子、管件及部件的材料特性及施工方式应适合所供应的燃气种类以及操作条件。

材料和产品应当符合相关的欧洲标准，若无有关标准应当符合国家标准或其他标准，且其质量符合目的要求。应考虑到气候条件对材料的影响及产生的后果。在极端气候状态下，长期工作或贮存，材料的技术性能有变坏的危险。为了获得更详细的关于材料的信息，应当查阅其有关的标准。

(1) 聚乙烯管组件。PE 管材通常选用 SDR 系列：SDR17.6 和 SDR11，更新时也可选用其他 SDR。采用的 PE 材料和组件应符合 PrEN 1555-1、PrEN 1555-2、PrEN 1555-3、PrEN 1555-4 和 PrEN 1555-5 的要求。不包括上述标准中的其他组件应符合相关欧洲标准。若不存在相关标准时，应符合国家标准或者其他有关标准的要求，且应与使用目的相符。

(2) 钢管及管件。管子和管件应符合相关欧洲标准的要求，该标准存在或不完整时，管道运行者和制造商之间应当就最终产品的化学和机械性能、尺寸规格、制造方法或试验程序签定协议。

基础材料管子和管件应当用镇静钢制造。管子和管线组件应当能够在现场条件下可靠地进行焊接。为满足可焊性的要求，对于 SMYS(规定最低屈服强度)不超过 260MPa 等级的管子和其他管线组件的碳当量值应当小于或等于 0.45，管道运行者和制造商另有协议者除外。对于所有等级的钢材，其最高碳含量不能超过 0.21%，硫和磷的最高保证值均不得超过 0.035%，或者取样分析的二者总含量不超过 0.05%。在特例情况下，如果使用的钢材等级不能满足这些要求，制造商应当提供材料可焊性的详细数据。若提供的数据不足，管道运行者可以选定进行材料的可焊性试验。

对于最高运行压力小于等于 5bar 的组件应当具有符合 EN10204 中 2.2 要求的检验合格证书。对于最高运行压力超过 5bar 的组件，应当具有符合 EN10204 中 3.1B 要求的检验合格证书。外径小于等于 1625mm 的钢管应符合 EN 10208-1 的要求；对外径大于 1625mm 的钢管的要求，应当由管道运行者和制造商商定。

对于除了列入 EN10208-1 中的钢材之外的其他新钢材，当其钢材类型或等级的适用性被证实后，也可以使用。应当使用相关的标准要求，作为确定新材料特性的指南。

绝缘接头、阀门、直管上连接的支管和机械接头等管件应符合的欧洲标准的规定。

4. 施工、安装

(1) 施工安装通用规则。在整个施工周期内，都应确保参加燃气供应系统建设的人员和公众的人身安全。

管道施工应当由有资格的人员按照管道运行者和/或管道制造商提供的技术要求进行。EN12007-1 中给出了压力高达 16bar 管线的一般施工指南。EN12007-2 是针对 PE 管线的，EN12007-3 是针对钢管道的。

在运输、贮存和装卸之后，现场组装之前，应当对管子、管子涂层和管件的质量进行检查。在组装敷设之前，应检查所有管子和管件，看是否有不畅或堵塞。

当敷设埋地主管和用户支线时，其埋深应考虑气候条件、燃气成分、受第三方损害的可能性、土壤性质、其他埋地装置的位置、其他埋地障碍物的位置、交通负荷、敷设技术、最高运行压力等因素确定。在某些特定条件，不能满足正常埋深需要时，应当考虑额外的保护措施。

管沟的底部不应有任何可能损坏管道或其外涂层的尖锐物体。

燃气供应系统建设过程中的开挖部分应当适当地回填，按当地要求复原或重修道路、人行道。

(2) PE管的施工。管子、管件和其他组件在运输、装卸和贮存过程中应小心，确保其特性和状态不受那些环境因素的影响而改变，避免受到实质性损坏或变形。施工人员应当能胜任用适当的方法进行的连接工作。管子和其他管线组件应当采用熔接方式，应当认真遵守连接的操作规程，以获得高质量的接头。

管子和管件的熔接作业应按熔接操作规定进行，当没有熔接操作规程时，应当按 ISO 11413 和 ISO 11414 要求操作。对接设备应符合 ISO 12176-1 要求，电熔接设备应符合 ISO 12176-2 的要求。熔接端 SDR 值不同的管子和/或管件不应采用对接。

所有机械接头都应按照生产商的说明进行组装。管件的金属部分应当是耐腐蚀的，或者有防腐保护。组装作业应按机械连接规程进行。若还没有机械连接规程，应当采用 ISO/DIS 10838-1 和 ISO/DIS 10838-2。

在全部敷设过程中应当小心，防止管子和管件受损。PE 管改变方向时应当用预制弯头或在其挠性限度内拐弯。当拐弯半径大于等于 $25d_n$ 时，可以利用管子的自然挠性拐弯。当拐弯半径更小时，根据 SDR 和材料特性，操作经验处理。

PE 管、管件及相关设备在安装前应进行检查，根据管子和管件上的标志检查所用的燃气使用标志、管径、SDR、MRS 和误差级别。检查贮存时间是否超限，有否明显缺陷等。

敷设过程中应当按照管道运行者批准的规程对接头进行目视检查，EN 12007-2 附录 B 给出了检查方法的更详尽的信息。试验压力的选择应符合 MOP 的要求。试验规程应符合 EN12327 要求。

(3) 钢管施工。管子及管件装卸、运输和贮存过程中都应保证工作人员的安全。应当提供合适、安全地进出现场的手段。所有参加装置和组件装卸的人员都应被告知动态人工装卸和提升的原则及相关的危险。在所有作业过程保证材料和设备不遭受任何损坏。管子和管线组件应尽量采用焊接连接。从事连接的工作人员应胜任其连接工作。焊接应按 PrEN 12732 的要求进行。

当管线焊完后应尽早放入管沟内，敷设在干燥的基础上。所用的提升装置的数量应当确保不使弯曲了的管子或管线损坏，采取措施确保管道不发生永久性变形，宜采用辅助装置保护管道的涂层。管道应当被平稳地放在管沟底部，当复土后管道有可能浮起时，应考虑采用配置重物、混凝土重块或螺旋锚固。这种情况下应安装位置标志。回填材料中不应有锋利边缘的石头，管道周围要认真压实。应注意避免任何可能损坏管道或涂层的物质进入与管子接触。在施工中不应使管内存留任何杂物。如果施工中断或完成，管子应当用档板、盖子或类似东西密封起来。

最高运行压力超过 5bar 的管道的焊接和敷设工作都应有记录。都应当保存管道使用周期内的记录。

应当按照管道运行者的技术要求对管道涂层和现场补口的涂敷的接头质量进行检查。且当回填和夯实管沟后，应对涂层的完整性进行检查。气压和水压试验的方法和程序见 EN 12327。

5. 运行、检查和维修

在燃气供应系统的适当地点安装装置，记录燃气压力。管道运行者应采取适当的手段维持燃气加臭浓度、系统压力，保证系统安全。管道运行者应为主管建立一套记录系统，在整个运行期间保持不断更新。系统应包括如下信息：燃气成分；初始施工、试验和开工数据；路由；通行权和出入权；非标准埋深的管位；管线特性、阀门和调压站；运行和维修用的虹吸管和系统内的装置等。上述信息，应向有关政府当局与相关机构提供。

为了确保安全连续地运行，管道运行者应建设对供气网络的连续监视和控制设施，并告知所有主管部门与运行中心联系的办法。运行中心应有足够的通信手段通知自己的工作人员和公共安全部门，以便发生紧急事故时能在最短时间内采取安全措施。管道运行者应向任何主管部门提供在发生运行事故时，采取的措施和确保安全的手段。

管道运行者应当组织有资格的人员进行系统地、周期性的泄漏检查。为了合理安排检修的先后顺序，应当对检查发现的泄漏按其严重程度进行分级，并应建立泄漏处理程序，以便采用应急处理措施。

为了保证管道系统安全连续地运行。燃气管道企业应设置维修部门，及时进行管道维修。

阴极保护应定期检查，检查包括保护设备和被保护的燃气供应系统的自由电位。

二、部分欧盟国家公用管道法规标准

1. 德国公用管道法规标准

德国的公用管道标准分别是：VOGL《高压气体管道条例》，为德国法规条例；G463《气体输送、气体管道的建造技术规范》（规定最高工作压力大于16bar），为德国国家技术规范；G462-Ⅱ《气体输送/气体分配气体管道的建造技术规范》（规定最高工作压力为4～16 bar），为德国国家技术规范；G260《气体输送/气体分配气体管道的建造技术规范》（工作压力小于等于4bar），是德国国家技术规范。

(1) VOGL《高压气体管道条例》

本条例适用于下述高压气体管道的建造及运行：工作压力高于16bar的公共高压气体输送管道的运行；入口压力高于16bar的测量和调压装置，若测量、调压装置的出口压力低于16bar也应遵守本条例的相应条款；工厂企业中使用的非公共高压气体输送管道，或者在危险范围内危及操作人员安全的高压气体管道，即使这些管道已不在厂区范围内，也应遵守本条例。

本条例不适用于按矿山法制定的企业规划程序敷设的高压气体管道。

(2) G463规范《气体输送、气体管道的建造技术规范》

最高工作压力大于16bar的钢制气体管道的敷设，应依据德国供气供水专业人员协会的规范G463的规定。

本技术规范适用于钢制气体管道设施，这些设备用于公用气体输送，输送的气体根据德国供气供水专业人员协会(DVGW)/E作规范G260/1和G260/1t而定，工作压力大于16bar。输送气体的管道设施如与工作规范中G260/Ⅰ和G260/Ⅱ规定不符，只要注意到气体的特殊性质以及其他现有的规程也可以使用本技术规范。

(3) G462-Ⅱ规范《气体输送/气体分配气体管道的建造技术规范》

最高工作压力为4～16bar的钢制气体管道的敷设，应依据德国供气供水专业人员协会的规范G462-Ⅱ的规定。

本技术规范适用于建造用于公用供气的，允许运行压力大于4bar至小于16bar的钢制气体管道。其中气体根据德国供气供水专业人员协会规范G260-Ⅰ规定。对不属于德国供气供水专业人员协会规范G260-Ⅰ规定的气体的气体管道的建造（如液化气），如果了解了气体的特殊西和可能存在的其他规定，则可以适当地适用本技术规范。对在装置内的供气管道和流程管道的建造，德国供气供水人员协会规范G496是适用的。

(4) G260规范《气体输送/气体分配气体管道的建造技术规范》

对于工作压力小于等于4bar的钢制气体管道，采用G260的规定。本技术规范适用于公共输气钢管气体管道的建设，其中的气体根据德国供气供水专业人员协会规范G260的规定，其最高许用压力为4bar。用于非公用供气目的的气体管道的建造，在考虑到其气体的特性和其他规定条件下，可以相应的使用本技术规范。

2. 英国公用管道标准(IGE/TD/1《高压输气管线标准》第四版)

本推荐标准适用于输送干天然气（主要是甲烷，加臭或不加臭），最大工作压力(MOP)为16bar～100bar和温度为－25℃～120℃（含120℃）钢质管线和配套设施的设计、施工、检查、试验、运行和维护。

当本推荐标准可能适用于其他燃气时，应考虑这种燃气的特性及其对管线的设计、材料、运行和维护的后果影响。在这里，其他燃气指BS 1179规定的第一类燃气、第二类燃气和第三类燃气。

本推荐标准适用于陆上二点之间的管线，包括跨水路管线。对于部分位于海上的管线，海上部分可能需要另外的或替代的指导性资料，但本推荐标准大部分仍保留有效。对燃气压力的所有参考值均为表压，除非另有规定。凡引用标准之处，等同的国家标准和国际标准均可适用。

本标准IGE/TD/1（第四版）《高压输气钢质管线标准》（推荐标准）由引言、使用范围、资格、质量保证与管线完整性、制气计划与法律依据、材料、设计、施工、试压、试运行、防腐、运行与维护和附录构成。

第四节　加拿大公用管道主要标准法规

加拿大联邦有关管线的法律有:《能源管理法》、《油气经营法》、《北部管道法》、《石油资源法》、《国家能源局法》;阿尔伯塔省有关管线的法律是《管道法》;安大略省有关管线的法律是《技术标准与安全法》。

加拿大国家标准 CSA Z662《油气管道系统》是在联邦及各省有关公用管道的法规中被引用的主要技术标准。除此,美国的相关标准 ASME B31.1～B31.5 在阿尔伯塔省相关法规中也被采纳。

一、加拿大公用管道法规

1. 联邦法规管道法规的要求

本节按维修改造、定期审查检验、应急救援三个环节介绍联邦政府对管道安全管理法规要求。

(1) 联邦政府对管线的维修改造要求

1) 维护与修理工作。可由管道公司进行。也可委托其他单位进行。如果管道公司与他人签订管道维修合同,这个公司必须告诉与之签订合同的维修者下述情况与要求:有关管道维修的特殊条件;所有有关维修的特殊安全做法及要求;采取所有合理的步骤确保维修活动符合已制定的手册要求。同时,管道公司要指定人员监督维修活动,制止维修现场发生的不安全行为。在对检验发现的超标缺陷修理时,除非没有其他替代方案,否则不得对碳当量等于或大于 0.50%的承载液体的管道实施焊接。一旦实施这种焊接,只能是临时性焊接,并尽早予以更换;如果作为永久性使用,管道公司必须将焊接规范、焊接工艺试验结果和修理工艺报能源局批准。

2) 管道的停运启运。如果公司拟暂停全部或部分管道 12 个月或更长时间,或已经保持停运状态 12 个月或更长时间,则公司要向能源局提出申请。申请中必须包括停运理由和为停运所采取的措施。

如果公司拟重新启运已停运 12 个月或更长时间的管道,公司须向能源局提出申请。申请须包括启运理由和为启运所采取的措施。

未经能源局批准,管道公司不得卖出、转让或出租全部或部分管道;不得从别的公司买或租管道;不得与别的公司签订合并/兼并协议;不得废置管道。

(2) 联邦政府对管线的定期审查与检验要求

能源局要对管道公司进行定期审查和检查。定期审查项目包括管道控制系统审查、安全项目审查和环境保护项目审查。主要审查工艺、记录、运行和维护手册、紧急情况程序、安全训练项目、检验、维护和训练记录以及公司其他管理文件等。通过这些资料的审查,可以发现管道公司是否遵循有关法律法规、是否重视安全问题。能源局检查官在审查结束后,要向管道公司出具审查文件,审查文件必须包括任何发现的问题和要求管道公司采取的改正行动。在能源局管辖下的公司,每 2～4 年要被审查一次。审查也可以单独针对某项特殊的运行问题。

在管道检验方面,能源局要求管道公司对管道进行有关检验、试验或评定。在检验时,如果管道公司发现管道缺陷水平超过加拿大标准 CSA Z662 允许的范围时,公司应记载这些缺陷,以及这些缺陷可能造成的后果、拟采取的改正措施等,并在必要时上报能源局。除管道公司自行检查检验或委托其他机构检验外,能源局检查官也定期对管线、加压站设备、阀门系统等进行检查检验。发现问题时,检查官有权下达命令要求公司停止危险活动,或采取措施保证人员、财产和环境安全。如果有必要,能源局也可以命令公司修理、重建或更改部分管道,也可以要求那部分管道不被使用或有条件使用。

(3) 联邦政府对管线事故的管理

在管道和碳氢化合物加工厂的建设、运行或废置过程中发生导致人身伤亡、着火、爆炸、油料泄漏、管道断裂或别的管道失效和管道故障,公司必须立即向能源局报告。能源局专门开通了一条 24h 的事故报告电话,随时接收和处理事故信息。

根据加拿大《运输事故调查与安全局法》、《劳动规范》,管道与油气加工处理厂发生事故由加拿大运输事故调查与安全局调查,但也要报告能源局。对于少量漏气、溢油事故或其他没有造成人员伤亡的事故,由能源局处理,并需要由公司向运输事故调查与安全局提供事故报告。运输事故调查与安全局主要调查事故原因和相关因素,不对是否违反能源局的规定进行调查;能源局可从事故本身是否违反规则、是否需采取管理改进方面进行调查。但这种调查不是法定性质的。

运输事故调查与安全局完成事故调查后,针对发生事故的原因提出消除或减少安全隐患的建议。能源局根据建议做出改进工作的计划,并采取相对应的管理行动。

如果一个重大事故暴露出公司管理安全的做法或安全设施有较大缺陷,或再次发生同样事故,能源局和管道公司会召开很多次会议研究解决方案。直到防止以后类似事故发生的切实改正措施被采取后,事故才能最后结案归档。

2. 阿尔伯塔省关于公用管道法规的要求

以下介绍阿尔伯塔省对管线的修理改造、定期检查与检验、应急救援的法规基本要求。

(1) 修理改造。管道改造或更改位置时,要向能源与设施局提交申请。申请包括:标明改造或更改管道的现在位置、管道公司名称与管道许可号、拟改造或更改后管道的位置、改造或更改管道位置所作的地面工作或改进等内容;管道图、管道技术规范、有关管道改造或更改位置目的、影响管道的地面工作证据以及完成改造或更改位置的总费用估计和费用分配等内容;受管道改造或更改位置所影响的土地所有者和居民名单、新占的管道区域状况,以及土地所有者与居民的同意意见等。

能源与设施局在审定管道改造申请时,可以对管道改造或更改位置提出必要的试验要求。

对于硫化氢气体体积含量达到1%的天然气或高压液化气体介质管道,管道公司在更换部分管道进行内部检验前48h,必须通知能源与设施局所在地区官员。

如果管道发生泄漏、断裂或损坏,能源与设施局可以指定修理方法。

管道公司停止管道运行必须向能源与设施局提出申请。如果能源与设施局同意管道或部分管道停运,管道公司必须在6个月内完成停运工作。如将停运管道与其他设备设施断开,必要时需用清水、空气或惰性气体对管道进行净化。管道公司还必须对停运管道采取有效的防腐措施。

停运不超过12个月的管道,恢复运行时也要向能源与设施局提出申请。能源与设施局根据情况可以要求对管道进行压力试验或无损探伤,合格后才可批准重新投入运行。

废置管道时,必须向能源与设施局提出申请,经批准后,将管道与其他运行设备设施断开,必要时用清水、空气或惰性气体进行管道置换,塞紧所有管道开口,并保持废置管道在安全状态。管道公司对于被批准废置的管道仍负有进一步处理的责任。

(2) 检验与检查要求

在管道运行中,管道公司必须经常巡回检查管道表面条件和相邻的管道区域,检查是否有泄漏、附近是否有施工活动以及其他可能影响管道安全和运行的情况。对于2、3、4级低压管道汇集与输送部分和2、3、4级高压管道,每周进行1次上述检查。对于1级低压管道输送部分和1级高压管道每2周检查1次,对于低压管道的汇集部分,每月检查1次。对于钢或铝制管道,为确定内外部防腐工艺执行效果,钢或铝管道公司必须每年进行1次检验或试验。对于管道传输系统控制与监测装置、压力限制装置和压力排放装量每年也必须进行1次检验。

有关观察、巡逻、检验、泄漏调查和紧急情况处理演习等记录,管道公司必须保留至少2年;对于钢或铝制管道每年1次的内外部防腐检验或试验记录保存6年。这些记录在能源与设施局要求时上报。管道输送系统控制与监测装置、压力限制装置和压力排放装置检验记录必须永久保存并随时接受能源与设施局检查。

管道检验和运行检查工作由能源与设施局现场监督部门负责,检验和调查可以随时进行,并可以规定检验、试验和调查的方式方法、收集有关问题数据和确定改进要求。如果能源与设施局认为管道在许可规定的运行压力下继续操作不安全,可以要求管道公司对管道进行压力试验。当能源与设施局或其代表发现管道运行违反管道法或管道规则时,可以下达命令暂停管道运行。

(3) 管线事故的管理

发生管道泄漏或断裂事故时,管道公司必须立即通知能源与设施局所在地方官员,并报告管道泄漏或断裂发生的位置。发生造成人员伤亡或环境破坏情况时，还要报告警察部门和环境保护部门。发生管道事故，能源与设施局通常派现场代表到事故发生地进行事故检验。

当挖掘施工作业与管道接触导致管道穿孔、开裂、划伤、压扁或弯曲，或造成管道保护层破坏时，施工作业者必须立即停止作业，并立即向管道公司报告损坏发生的位置和形式。管道公司必须立即向能源与设施局报告所发生的情况。当施工造成的管道损坏已经被修理后，事故单位要向能源与设施局上报书面报告。

所有的管道事故，都由能源与设施局事故所在地官员将管道事故数据输入数据库，作为以后评价管道安全状况和检查检验参考。事故数据主要包括：事故日期、地理位置、管道规格参数、操作条件、有关事故细节、事故原因(分为内部腐蚀、外部腐蚀、焊接腐蚀、建筑损坏、其他原因)等。

二、加拿大公用管道主要标准

加拿大 CSA Z662《油气管道系统》为国家标准，该标准没有专门提出异常或非正常条件的要求，也未规定工程和建造方面的全部细节。该标准是在材料和油气工业系统策略指导委员会的授权下由油气工业管线技术委员会制定、并经技术委员会正式批准。它已提交到加拿大标准委员会批准作为加拿大国家标准。可供从事管道设计、施工和管理等工程技术人员参考使用。该标准系统地规定了油气管线(除常规的内容，还包括近海管线系统，塑料管线，油田蒸汽输配管线和铝管道)的设计、材料、安装、连接、试压、腐蚀控制、操作、维护和升级等方面的要求。其中，第 1～10 条是针对标准适用范围内所有油气管线的技术要求；第 12 条(配气管线，即城镇燃气管道)主要针对的是配气系统，该条对标准前 10 条某些具体条款进行了补充、修改或废除。

1. 适用范围

本标准适用于油气工业管线系统的设计、施工、操作和维护。它包括：液烃，包括原油、多相流体、凝析油、液体石油产品、天然气液体和液化石油气；油田水；油田蒸汽；在油田强化开采方案中使用的二氧化碳；气体(设计者要注意本标准的要求有可能不适用于除天然气、人造气或合成天然气之外的气体)。

本标准范围包括：石油工业流体近海管线的管道和设备、岸上管线、油库区、泵站、调压站和计量站；油泵站、管线油库和管线终端站；二氧化碳管线系统：岸上管线的管道和设备、调压站和计量站；气体工业流体：近海管线的管道和设备、岸上管线、压缩机站、计量站和调压站；气体压缩机站；储气管线、管式和瓶式储气柜。

本标准不适用于：金属温度在－70℃以下的管道；金属温度在 230℃以上的管道(油田蒸汽分配管道除外)(虽然本标准没有专门涉及，但是只要考虑了更高温度的影响，可以采用更高温度的设计)；用户计量装置总成(在 CGA 标准 CAN/CGA-B149.1 中包含)出口以后的气体管道；天然气液体回收厂、天然气处理厂(除了作为气体管线系统组成部分安装的脱水和其他加工厂中主气流管道以外)、气体制造厂、工业工厂和矿井中的管道；炼油厂、除管线末站之外的终端站和销售石油站；废弃的管道；工厂内用于饮用水、补充水或锅炉给水的管道；油或气井中的套管、油管或管子、井口装置、分离器、产品罐和其他生产设备；在或接近大气压下的各种废气排泄管道；热交换器；液化天然气系统(在 CSA 2276 标准中内容)；流体燃料分配系统；油船或驳船的装卸设备；加燃料的设备；地下烃类储库和相关设备(在 CSA Z341 标准中内容)。

本标准旨在制订油气工业管线系统设计、施工和操作的基本要求和最低标准。它不是设计手册，在按其用途使用的同时必须要求进行充分的工程评价。

2. 设计

(1) 基本准则与强度理论

1) 设计准则。该标准的第 4.3 条是设计的基本准则要求。该本标准中的应力设计要求在通常遇到的条件下可以认为适用于常规管线系统的一般应力设计；设计因素和应力极限保证该标准(第 4.2 条)中规定的载荷影响不会超过一定的最低强度，这些强度是薄膜强度，疲劳强度和原有的抗弯强度。

设计人员应负责确定结构不连续性，高温热弹性，疲劳评定的局部应力设计补充准则，而且还要确定埋地管道中的凹痕、褶皱、附加拉力载荷、弯曲应力等结构限制和结构稳定性。

需要说明：该标准的设计要求并不提供所有设计条件准则；标准中的第 4.3 条和 4.6 条中未包括的应力条件，可以参考标准附录 C 或 ASME 锅炉与压力容器规程（第Ⅷ篇，第 2 章）；要特别注意管道在某种载荷条件下的非线性特性，还要认识到普通挠性分析使用的线性弹性应力分析方法可能不足以分析变形和相关的破坏或损坏条件；该标准不提供非线性变形条件的准则。

应提供充分的保护以防止因异常或特殊的外部条件对管道造成不允许的损坏。如增加管子壁厚，采用附加复盖层，修建护坡或采取其他适当的机械保护措施提供抗侵蚀的保护，安装锚固，用稳定土壤替换潜在的不稳定土壤，使用绝缘材料，采用伴冷或伴热，采用特殊施工程序以减少地面干扰，在管道专用地带再植被，也可考虑采用地面和架空安装。

设计管道系统应考虑能适应在管内使用检查设备，包括：清管器收发筒的尺寸和位置，全开式干线截断阀，弯曲半径和清管器指示。

2）地区等级。地区等级划分应根据地区等级评估区域和该区域内的建筑物，居住单元，公共设施场所和工业装置等进行确定。地区等级评估区域是长 1.6km 并从管道中心线两侧外延 200m 的区域，在一系列连续评估中地区等级评估区域用于确定地区等级级别；两个地区等级评估区域的相邻区用于确定以居住单元密度为基础的地区等级末端边界的位置。

在确定地区等级划分时，应适当考虑该地区发展的可能性，如果在计划一条新管线时，看到这种发展的可能足以改变该地区的等级，则这种可能性应在设计和试压时予以考虑。

3）强度计算。常规设计的钢管设计计算公式（在标准第 4.3.3 条中）如下：

$$p=2S\cdot t/D\times 103\times F\times L\times J\times T$$

式中：p 为设计压力，kPa；S 为规定的最小屈服强度，MPa；t 为设计壁厚，mm；D 为管子外径，mm；F 为设计系数，0.8；L 为地区系数；J 为焊缝系数；T 为温度系数。

对于未知来源的管子，计算采用的规定最小屈服强度不超过 172MPa。对于操作压力不高于 860kPa 的配气用钢管，计算中操作压力取 860kPa。

聚乙烯管道设计计算公式（该标准第 12.4.2.1 条）如下：

$$p=2S\cdot t/(D-t)\times 103\times F\times L\times J\times T$$

式中：p 为设计压力，kPa；S 为 23℃时的静水压设计基准，MPa；R 为标准量纲比值；D 为最大平均外径，mm；t 为最小壁厚，mm；F 为设计系数，取 0.4；T 为温度系数，当温度≤23℃时，取 1.0，当温度＞23℃时，取 0.8。

S，R，D 和 t 应遵照 CSA-B137.4 的要求。

4）应力分析。标准是关于管道的应力分析要求（详见该标准的第 4.6 条）。应力分析是在标准设计条件下的弹性应力分析。内容包括：通常的应力设计、管线系统约束部分的应力设计、管线系统未受约束部分的应力设计、管子支座的载荷、管子支座部件的设计五部分内容。分为管线系统约束段的应力设计、管线系统未受约束段的应力设计。本标准未见关于管道设计寿命的有关规定。

（2）管道敷设。本标准在第 4.7 条和第 12.4.5.2 条是规定管道敷设中关于覆土层厚度和间距。

（3）管道穿、跨越要求。主要指穿、跨越公用设施、公路、铁路和水路的管线，其他穿、跨越应参照执行。

若有可能，除水路穿越以外，管道穿越应使被穿越的铁路、公路或公用设施的中心线和管线的中心线之间的夹角不得小于 45°，尽可能的接近于 90°。

1）公用设施的穿越。若有可能，管线或公用设施应保持直线对准，并且在管线带整个宽度范围内都处于适合保持覆土层要求厚度。

2）公路和铁路的穿越。

① 无套管穿越公路。应允许在公路下无套管穿越有焊接接头的钢管线，但要如果满足以下条件：设计的管子能承受在穿越下的载荷并符合本标准的要求；管子公称壁厚不小于在本标准给出的适用的最小公称壁厚或者不小于本标准所要求的输送管的适用最小公称壁厚，取两者较大者。

② 无套管铁路穿越。应允许在铁路下穿越无套管钢管线，如果满足以下条件：设计的管子能承受在

穿越下的载荷并符合本标准的要求；对于焊缝系数为1的钢管，输送管的环向应力不超过管子规定最小屈服强度的50％；对于焊缝接头系数小于1的钢管，输送管的环向应力不超过一定百分比的屈服强度。

对聚乙烯管线，当管线被良好地支撑在钻孔内、或是有压实回填物，在输送管子顶上铁路路基的高度不小于200cm，管子SDR等于或小于11时，无套管的聚乙烯管线横穿铁路。

③ 有套管的穿越。该标准还具体的提出了有套管穿越公路和铁路的技术规定与要求。

3）水道穿跨越。水道穿越时的管子壁厚应按该标准第4.2.4.3条和4.6条的要求确定。应特别注意穿越的自然特性如：河床和河岸的结构和稳定性，水浪、水流、河床冲刷、洪水、水路交通的型式和密度以及可能产生不良影响其他地形等。应采用加大管道埋深，在河流段时应采用加重块、锚固或其他措施以保持在预计浮力和水流动条件下管道的位置。

如果设计人员认为跨越结构优于水下穿越时，则可采用空中跨越。悬索跨越管线所用的高架结构的设计应遵照相应的工程标准。

（4）阀门的安装位置与间距。安装在聚乙烯管道中的阀门应设计成用来保护当阀门开启或关闭时不会受到无穷大的扭转力或剪切力，以及由阀门或其配件施加的任何其他二次应力。应当允许使用铸铁阀体的阀门作为配气系统的管道部件。当使用这种阀门时，无论是作为管道制造中的部件还是安装时这种阀门都不应当用焊接。为防止外部载荷对铸件的破坏，应采取适当预防措施。

为了在紧急情况下缩短截断一段管线所需的时间，除低压配气系统外，都应安装阀门。阀门间距的确定应考虑操作压力、配气管线的尺寸、当地的具体条件、以及由于停气可能影响到用户类型和数量。

配气系统应装上阀门，用于截断供应控制流量或压力的各个调压站的气体。阀门和调压器之间应有足够的间距，以便能在紧急情况下操作阀门。无论是操作用或是急用，阀门应安装在出现紧急情况时便于接近和操作的地方。当阀门装在埋地的阀箱或阀室时，则只要求易于接近操作杆或操作机构。阀箱或阀室的安装应避免外界载荷作用于配气管线上。进入用户建筑物的配气管线，阀门应装在建筑物外。当该阀门是埋地时，要求在建筑物内尽可能靠近管线入口处装上第三个阀门。

3. 材料

（1）材料性能分析与检验。该标准明确提出的关于材料的检验要求（详见该标准第5章）。

凡按CSA Z662《油气管道系统》要求建造的管线系统，作为其部件的材料和设备应适用于所处的环境。材料的使用应按该标准适用条款的要求加以限定（除根据ASME标准B31.3设计的压缩机和泵站管道外）。当使用符合本标准中所列合适的标准或规范的材料时，这些材料的使用不需进一步的鉴定。当使用该标准未列出标准或规范的某些类型材料，只要有管道安装公司认可的文件或技术数据证明这些材料适用于所处的条件，应当允许使用。该标准明确提出应允许使用符合重新使用条件的材料。

该标准明确提出，当钢材的最高设计温度超过120℃时，应特别注意钢材的抗拉性能。此外，该标准还提出了金属冲击性能试验的条件与要求。

（2）质量要求。关于材料的质量，要求满足相关的引用标准。该标准的第5.2.4条是针对钢管的标准；第12.5.2条是聚乙烯管道相关材料；第12.5.3条是对铸铁管的要求。

（3）新材料的使用。该标准不限制新设备或新方法的开发，但也未提出如何进行这些方面的创新。

（4）材料的重新使用。只要符合该标准第5.7.2至5.7.4条的适用要求，应当允许将拆下的管道用于同一管线系统或其他管线系统。

如果每一件经检验确定它适合预期用途，应允许重新使用符合CSA Z662标准中认可的目前或以前的标准或规范版本中要求的材料。如果材料经测试符合某一认可的标准或规范（非CSA Z662认可的标准），但应允许重新使用。但同时，应每10个至少随机取一个试件作化学和机械性能的试验。

该标准还提出应当允许重新使用未知来源的管子，但前提条件是：每根管子经检查、测试并证实符合某一认可的标准或规范，管子的最小屈服强度不超过172MPa且焊接系数不超过0.6。

4. 施工安装

（1）安装。CSA Z662的第6条及第12.6.1条是关于钢管安装的要求；第12.6.2和12.6.3分别是针对聚乙烯管道和铸铁管道的安装要求。

1）钢管安装。钢质管道的安装的规定，适用于新安装和维修改造安装，以及使用新材料和已用材料的要求。该标准明确提出，在配气系统的钢管新安装过程中允许使用斜接弯头与褶皱弯管。

2）聚乙烯管道安装。提出在配气系统中关于聚乙烯管道的安装要求。重点强调注意聚乙烯管道易受外力损伤及温度的敏感性。

3）铸铁管道安装。提出了在配气系中关于铸铁管道的安装要求。为避免外部载荷的破坏，要求最浅覆土层厚度为 0.75m，当不能满足时应采用套管或用跨桥支承进行保护；在未加约束的转向位置处，如果推力作用可能引起接头脱开，应加装适当的拉杆或支墩。

(2) 连接。CSA Z662 标准的第 7 条是关于钢管焊接的要求；第 12.7.3 和 12.7.5 分别是针对聚乙烯管道和铸铁管道连接的要求。

1）钢管的连接主要是采用电弧焊、气焊、爆炸焊和机械连接等方法，提出了利用上述连接方法将管子、构件和不带压附件连接到压力管道上的技术要求。

2）聚乙烯管道连接。热熔接头应遵照经试验证明的程序进行制作。热熔和电熔的熔接工具必须专门设计，如套筒熔接、对接式熔接或鞍式熔接工具。禁止直接用火焰加热。

当应用不同等级的聚乙烯管子材料制作热熔接头，除非两者之间的相容性是经过试验证明或厂家认可。

电熔接头应按经试验证明过的程序制作。应将电熔焊接头夹层或其设备保持到冷却为止。在操作程序中应说明最少保持时间和暴露安装应力之前的最少时间。

如果采用机械接头，接箍中的垫圈材料不应损害管材。在采用任何压力型接箍的连接中应当采用内加强管。加强管应在管子或管条的端部补强。聚乙烯管线中的机械接头应满足 CAN/CSA、B137.4 标准要求的抗拔拉力。

3）铸铁管道连接。机械接头应装有弹性材料制成的垫圈作为密封介质。垫圈应当使用不受配气系统中的气体和任何凝析液腐蚀的材料。法兰的钻孔和尺寸应遵照标准 ASME B16 系列。若在与管件或阀门连接中使用法兰时，这种法兰应整体铸造。铸铁管子连接不得使用螺纹接箍。铸铁管接头应遵照操作压力 700kPa 或以下的钢管的严密性试压的要求进行试漏。

(3) 试压。CSA Z662 第 8 条是管线试压较全面要求；第 12.8.3 条是聚乙烯管道试压补充要求。

1）钢质管线的压力试验。分为预计操作压力在 700kPa 以上和以下两种类型的管道压力试验规定。

预计操作压力在 700kPa 以上的管道应在严密性试验成功后进行强度试验。如果在试压期间管道和预制件全部暴露的，则不要求作严密性试压，只需在强度试验后立即按至少 110% 的预计最大操作压力下该标准第 8.7.5 条的要求进行完全目视查漏检查。

一般情况下，应采用水作试压介质。当用气介质进行压力试验时，如果采用合适的检漏方法，应允许强度和严密性试压同时进行，此时的试验压力按强度试压的压力确定。试验压力详见 CSA Z662 中的表 8.1。

预计操作压力在 700kPa 及以下的管道只需进行严密性试验，最低严密性试验压力应为 700kPa。

2）聚乙烯管道试压。聚乙烯管道应在安装后并在投产之前试压，使用空气、气体或适合的液体作试压介质，而碰口管段和碰口接头应进行试漏。

(4) 钢管的腐蚀控制。CSA Z662 第 9 条包括了直埋、水下敷设或暴露在大气的钢管线系统腐蚀控制的要求，第 12.9.2 条是针对铸铁管道的腐蚀控制要求。

1）埋地或水下管线系统的外腐蚀控制。对于已裸露的在用管道，应进行裸露管道腐蚀影响程度调查，当调查指出继续腐蚀会有危险性时，应采取腐蚀控制或提供其他补救办法。

应防止不同金属间有害的电流作用，为避免与其他金属构筑物的电接触，必要时加绝缘件，以便阴极保护的应用。阴极保护系统应提供足够的阴极保护电流，从而符合阴极保护选择的准则。管道管理公司应定期验证阴极保护系统处于操作良好的状态。

2）内部腐蚀控制。介质是否具有腐蚀性主要由水露点的高低及是否含有硫化氢及二氧化碳来判定。根据腐蚀剂定期试验结果，管道管理公司应制定并实施减缓内部腐蚀的方案，应保存运行和使用管道的内部和外部腐蚀控制程序的记录。

3）铸铁管道的腐蚀控制。某些土壤会产生一种延性铸铁腐蚀，如已知的石墨腐蚀。如果在这样条件下使用延性铸铁管，并且这种腐蚀会引起管子迅速损坏，应当用涂层或其他方法进行保护以延缓腐蚀。

5. 运行使用

CSA Z662 的第 10 条和第 12.10 条包括管线使用的技术要求。

(1) 操作和维护程序。经营公司应该按该标准要求的程序进行操作和维护管线系统，准备和保存适当的地图和图纸，保存正确实施这些程序必要的记录，并且在技术方法与操作条件发生改变时，要经常性的修改这些程序。

(2) 管线紧急事故。经营公司应制订应急措施，它包括在万一发生事故或其他管线紧急事故时，部分或整条管线系统的关闭或安全控制的措施，在事故现场人员的安全措施。

(3) 通信设施。通信设施应该满足管线系统安全操作和维修的要求。

(4) 防治污染。经营公司应当制订有效的污染预防和控制方法，使管线系统的运行对环境的影响保持在允许水平上。①防止溢出物的扩散；②通过线路的敏感性地形；③培训过的和负责人员的效能；④更换与修复；⑤有毒物质的清除和处理；⑥植被；⑦噪声污染；⑧鱼类和野生动物；⑨热污染；⑩审美学；⑪公众健康；⑫给公众造成的不便；⑬相应设备的位置，效能和运行的准备状况；⑭对现有措施的重新评价。

(5) 对液烃管线系统应进行检漏，管道经营公司应当定期地审查其检漏方法以确定方法适合性。

(6) 腐蚀控制。应该按照 CSA Z662 中第 9 条的要求实施内、外防腐计划。

(7) 管线标志。应当给现有管线作标志以便识别，从而排除管线损坏和干扰的可能，这些标志应当沿着管线专用地带布设。管线标志设置的间距应根据输送的流体、人口密度、土地使用、地形特点、围墙、公众进出管线专用地带的通道和公众了解的需要来确定。

(8) 记录。应当备有管线系统操作和维修的记录，该记录应该保存使需要这些记录的操作和维修人员能及时和易于得到。

1）管线系统记录内容包括：①管线和主要设施（如压缩机或泵站、计量站、终端站、油库、水域穿越、公路、主要公用设施穿越、截断阀和阴极保护整流器的位置。②安装的各种管径的管子长度和位置，注明管壁厚度、级别和标准或规范、现场试验压力，若有可能包括埋深。③主要设备的最大操作范围、技术规范和铭牌数据。④安全阀的阀门位置，并有关于检查及维修的日期和现在预计是在打开或关闭的操作位置等资料。⑤元件的位置、型号和压力额定值。⑥穿越：任何水域、公路、铁路、管线和其他主要公用设施的穿越位置和详细情况。⑦特殊设计和施工方法的位置和详细情况。⑧在发生不均匀沉降或膨胀的不稳定区域的测量。

2）管线紧急事故。应当保持记录有助于在管线紧急事故期间的紧急预案程序内容。这些记录应该包括（但不限于），在紧急事故期间需要联系机构的清单、负责人的姓名和电话号码、主要维修设备的位置和说明。应该保持管线紧急事故的记录，以便分析每次事件。这些记录应该包括（但不必限于），每次事件的日期、位置和说明以及维修程序，包括验收试验。

关于泄漏和破裂，应备有发现任何管线泄漏或断裂以及所做维修的证明记录，应详细记录破裂的位置。还应有故障调查证明的记录。只要管道系统受影响管段还在运行，经营公司就应保存上述记录。

(9) 配气系统维护。应定期巡查敷设在由于异常自然运动或异常外部载荷造成破坏或泄漏的地区或建筑物上的配气管线，巡查的次数根据情况的严重程度和对安全的危害程度而定。管道管理公司应在操作和维护计划中制定有关定期泄漏调查的规定。应允许进行气体检测调查、腐蚀调查、植被调查、钻孔调查或地面检测调查。泄漏调查的次数应由系统状况、人口密度和土壤条件等诸因素来决定，并应在管道管理公司的操作和维护计划加以确定。对可能产生危险漏气的管子应按该标准的适当要求进行修理，并应做出修理记录。泄漏调查出的漏气处应进行及时研究，应进行必要的修理和记录。

如果根据泄漏记录或目视观察表明配气管线或用户管线已坏到不能维持运行时，应进行更换，翻修或报废。

该标准还专门提出了关于配气管线的报废和停用的措施。配气系统安全操作所需要的阀门应按一定的间隔时间内进行检查（局部操作和维护包括必要的润滑）以保证其可靠性。这些检查、操作和维护的频率次数应在经营公司的操作和维护计划中确定。压力控制装置、限压和泄压设备的维护。为了供气到用户而安装的压力控制装置，限压泄压装置必须定期检查和测试，以确定它们是否处于安全操作状态。检查频率应在管道管理公司的操作和维护计划中加以确定。

6. 管线修理改造

CSA Z662 第 10 条和第 12.10 条分别包括了针对管线修理改造的内容。标准第 10 条是有关管线修理改造的主要技术要求；第 12.10 条是针对配气管线的一些补充条款。

（1）地区等级的变更。如果由于人口密度增加或地区发展而变更区等级时，在该地区的管线应当服从更高一级地区的所有要求，或应当通过工程评价。

（2）现有管线的穿越。如果现有管线是穿越公路或铁路，当在该地区级别升高后，管线应当升级以满足规范的要求，或进行工程评价。

（3）焊接修理。该标准提出管线带压接管、补强、带压施焊等焊接修理的规定。

（4）管道的停用和重新使用。当管道停用时，管道经营公司停用管道应当用堵头法兰、焊帽或盲板来隔离管道；如果需要，安装一个泄压系统；用适合的介质充满管道，为此要考虑预计停用的持续时间，介质以管道的完整性的影响和泄漏可能造成的后果。

对于停用管道，经营公司应按该标准的第 9 条要求保持内外腐蚀的控制，并在适当时，按按相关规定的要求完成其他维护工作，保存记录；如停用期超过 18 个月，每年要确证实所采用停用方法的有效性，腐蚀控制和其他维修工作的效果。

已停用管道在重新使用前，应进行工程评价，以确定管道是否适用于预计的用途，如果工程评价指出管道不适用预计的用途，则应在管道重新使用之前采用必要的补救措施。

（5）该标准还提出了针对钢质配气管线系统的修理补充序。

（6）聚乙烯管道维修的补充要求。该标准提出的聚乙烯维修的补充要求，如管子接口、缺陷的修理、静电消除等规定。

7. 安全评定与完整性评价

CSA Z662 第 10.8 条是管道的缺陷评价，是针对有缺陷的管道能否继续使用；第 10.11 条是管线系统完整性评价规定；第 12.10.11 条是针对配气管线的补充条款。

（1）缺陷的评价。主要涉及管道缺陷的评价方法、缺陷的类型以及缺陷的修复方式等。工程评价应包括使用历史和载荷的考虑、预计的使用情况、缺陷形成的机理、缺陷的尺寸、缺陷成长机理、破坏形式和材料性质（包括断裂韧性性能）。对于可能存在内腐蚀缺陷的管线系统，外缺陷评定应包括所有同时存在的内腐蚀缺陷评定。管子表面的应力集中点（包括表面裂纹）都应视为缺陷。另一种主要缺陷是焊缝缺陷。如果管道由于存在的缺陷在规定的操作压力下不适于继续使用时，管道应在经认可的工程评价确定的压力下操作，或者按要求对受损管道进行维修。主要的修复方法有：打磨修复、管段切除替换、加设补强修理套筒等。

（2）管线系统的完整性。管道经营公司应制订有效的完整性程序，从而确保油气输送系统连续使用。若管道经营公司发觉管线系统中可能产生破坏危险情况时，应当作出工程评价以确定哪些管段处于破坏敏感段，哪些管段适合于连续使用。

若经营公司试图将管线系统操作压力提高并大于目前或曾经使用过的操作压力，而且会导致该系统中产生破坏危险时，应作出工程评价，以决定哪些管段能适用于预计操作压力。

第五节　澳大利亚公用管道标准

澳大利亚关于管道的管理与美国类似，在 1981 年前，基本是以美国的标准为主体，所颁布的 AS 1697—1970《气体管道规范》更多的也是采用美国 ASME 的技术体系。自此以后，经过多年的发展，澳大利亚的标准逐渐完善，形成了具有特色的油气管道标准体系。目前，与公用管道中的燃气管道相关的标准有 AS 4041—1998《压力管道》(Pressure Piping)、AS 1697《气体管道规范》(SAA Gas Pipelines Code)、

AS 2885《气体与液体石油气压力管道》(Pipelines Gas and Liquid Petroleum)、AS 1697—2005《燃气金属管道的安装与维护》(Intallation and Maintenance of Stell Pipe Systems for Gas)、NOHSC《国家装置规范》(National Standard for Plant)等，其中 AS 1697—2005 综合了其他标准内容，为此本节主要介绍该标准。

一、范围和一般规定

该标准是据澳大利亚标准新西兰油气 ME/38 号的联合标准制定，旨在代替 AS 2018—1981，SA1697(SAA Gas Pipelines Code)，AS 2885—1987，以及 MAOP(最大操作允许压力)超过 1050kPa 或者环绕应力超过 20%屈服强度的相关部分，修订了 AS 2885—1987 的 9、10、11、12、13、14 条中有关操作与维护的部分，主要包括澳大利亚油气协会碳氢化合物管线巡查与维护实践。

二、设计

管道应密闭输送并具有一定的储气功能。按照本标准要求，需确定管线输送效率、安全性、操作要求，在此基础上，开展结构设计过程。

设计中应考虑以下有关设计、建设和运行因素：公众和管线安全至上；管线与使用目的和负附属设施的适用性；设计是针对指定流体；路线选择应考虑既存的土地使用和未来土地计划以及环境因素；已知负荷情况和条件的工程计算；应力、拉力、移位、偏离有指定限度；压力控制材料符合标准并可追踪其来源；要求折断控制计划以限制快速折断；适当的控制和限制压力；投入服务之前，运用静液压试验确定完整性；管线设计应考虑完整性维护措施，包括(第三方保护、减轻腐蚀、可能的完整性监控、根据已定计划的运行与维护措施)；设计复查的原始设计准则变化；设计寿命。

设计过程应还考虑：管线风险评估和管线一致性；反映设计方的职责；以保持管线一致性和为管线提供保护，预防风险评估危险因素的不良影响。

1. 工艺设计

应书面定义管线系统工艺设计，并与批准的设计寿命相符。工艺设计应包括但不限于以下内容：外部和内部设计压力；操作压力；设计温度；外部和内部腐蚀余量；操作和维护系统设置；输送介质及输送工艺流程；设计寿命。

需指出的是，设计寿命是设计的基础，在接近设计寿命的管线应做废弃处理，除非有获准的工程调查显示其可以继续安全使用。设计寿命应获有关政府职能部门批准。

2. 设计压力

设计压力包括内部压力与外部压力。管线任何组件和部件的内部设计压力不得小于其可以稳定操作的最高内部压力。外部压力包括：

1）土壤负荷，管线埋土层深度超过 3m 时，应确定土壤负荷和其他负荷的联合作用引起的管内应力；管线埋盖深度未超过 3m 时，土壤负荷引起的管内应力可忽略。

2）流体静压，是由于虑流体静压的影响，当流体静压影响明显时，应根据相关标准来设计管线。

3. 设计温度

设计温度的选取应考虑：断裂控制、材料强度、涂层表面、腐蚀分解、流体/状态变化。埋地部分的管线设计温度与流体和地面温度紧密相关；地上架空管线，应整体或部分考虑的周围温度。设计温度应上报主管部门。

4. 设计系数

管件设计系数不应超过 0.72，以下部位的设计系数不超过 0.60：1 组成部件、MAOP(最大操作允许压力)的测试压力系数小于 1.25 的套管、桥上管段或其他结构。

5. 应力与应变

设计时，应保持应变、应力、误差、移位等量在本标准的规定范围内，设计时需应用确定的工程方法计算应变、应力、误差、移位。在最大允许压力下的管道环向应力小于等于最小屈服应力的 20%。

6. 钢管外套

对主干管和设备，其金属外壳最小壁厚应该能在主干管和设备设计年限内提供有效的承载能力，其厚度不应小于表 28-5 中的壁厚。

表 28-5　金属管的最小壁厚　mm

管道名义外径	名义最小壁厚		管道名义外径	名义最小壁厚	
	公路	铁路		公路	铁路
≤114.3	3.18	3.18	610.0	6.35	8.47
144.3	3.96	3.96	660.0	6.35	9.52
168.3	4.78	4.78	711.0	6.35	10.31
219.1	4.78	4.78	762.0	6.35	10.31
273.0	4.78	4.78	813.0	6.35	11.13
323.9	4.78	4.78	864.0	6.35	11.91
355.6	4.78	5.56	914.0	6.35	11.91
406.4	4.78	5.56	965.2	7.92	12.70
457.0	4.78	6.35	1016.0	7.92	12.70
508.0	4.78	7.11	1068.8	7.92	12.70
559.0	4.78	7.92			

三、材料

该标准明确列出了要求采用的材料与组件标准，当采用该标准中所引用的材料和组件标准时，所采用的材料无需批准。具体管道与管件的标准见表 28-6。

表 28-6　材料标准

组　成	标　　准
管道	API 5L，ASTM A 53，ASTM A 106，ASTM A 524
配件	AS 1074，AS 3688，ASME B16.1，ASME B16.11，BS 143，BS 1256，BS 1640-3，BS 1640-1，BS 3799
阀门	ASME B16.34，API Spec 6A，API Spec 6D，API 600，API Std 603，MSS SP25，MSS SP67
调压器	IGE/TD/13
法兰	AS 2129，ASME B16.1，ASME B16.5，BS EN 1759-1，ASME B16.21，BS 1560.3.1，BS 1560.3.2，BS 3293，MSSSP6，MSSSP44
垫圈	ASME B16.20，ASME B16.21，BS 3381
螺栓连接	AS 1110.1，AS 1111.1，AS 1112.1，AS 1112.2，AS 1112.3，AS 1112.4，AS 2528，ASME B16.5，ASME B18.2.1，ASME B18.2.2，ASTM A193/A 193M，ASTM A194/A 194M，ASTM A307，ASTM A320/320M，ASTM A325，ASTM A354，ASTM A449
流量计	AS 1349
外防腐和内称	`AS/NZS 1518，AS/NZS 3862
焊接损耗	AS 2885.2

四、焊接

钢管的连接应采用焊接，可根据 AS 2885.2 合适的工艺标准进行焊接。管子的切割应按 AS 4041 的氧气切割。预热和焊接前处理应按照 AS 2885.2 的要求执行。

焊接部位的选择和焊接要求应该按照 AS 2885.2 执行，但对于焊接质量评定的焊接测试评估应该按照条款 4.5 执行。焊接测试按照如下的方式和顺序进行评估焊接工序的质量：视觉检查，非破坏性检查，破坏性测试。直至焊接试板评定合格后，才能施焊。焊接完成 24h 后方可进行最后的非破坏性检查。焊工资格认证按照 AS 2885.2 执行。

五、建造与维修

管道在装载、运输、卸载时，其运输与吊装方式应确保管道及管道防腐层不受破坏，尽可能确保施工过程的管道承受的外力作用最小。

在安装阶段，下到管沟中的管末端应加帽使之封闭，以防止动物，水和其他外来物质的进入。施工结束后和测试前，应使用清管器对管道内部进行彻底清洁。

在焊接过程中焊缝处用绝缘件进行电桥接，并且要小心，预防过热。绝缘件的性能需要在回填时进行测试。阴极保护测试点连接件应该在管沟回填时候安装完毕。

六、维护

AS 4645 中规定了运行和维护要求。AS 4645 和 AS 2832.1 中规定了监控和腐蚀保护的维护要求。

钢管上易出杂散电流干扰，应采取相应的排流措施，确保管道上尽可能不产生杂散电流腐蚀。

有损伤的管道的修理应该在安全行为下进行。应定期对设施进行维护，同时，应定期进行泄漏检测。维修设备的时候需要遵守以下预防措施：阀门出现在被破坏的服务线时，阀门应该被关闭。在缺少合适阀门的时候，设施需要被隔开。所有设施需要做防漏测试和核实被检漏。

第六节　国际标准化组织公用管道标准

国际标准化组织(ISO)与公用管道有关的主要标准有以下 9 个：

ISO 13623:E2000 《石油天然气工业　管道输送系统》、ISO 10405 《石油和天然气工业保护管及管道维护和使用》、ISO 15589-1 《石油和天然气工业管道运输系统的阴极保护　第 1 部分：陆地管线》、ISO 3183-1 《石油天然气行业输送钢管　交货技术条件　第 1 部分：A 级钢管》、ISO 3183-2 《石油天然气行业输送钢管　交货技术条件　第 2 部分：B 级钢管》、ISO 3183-3 《石油天然气行业输送钢管　交货技术条件　第 3 部分：C 级钢管》、ISO 9349 《预绝缘球墨铸铁管道系统》、ISO 10803 《球墨铸铁管的设计方法》、ISO 15649 《石油天然气工业管道》。

一、ISO 13623:E2000《石油天然气工业　管道输送系统》

1. 适用范围

(1) 对石油天然气工业中输送用管道系统的设计、材料、施工、试压、操作、维护和报废的提出了要求与建议。

(2) 适用于陆上和近海管道系统，也适用于连接油气井、生产装置、处理装置、炼油厂和储存设施的管理系统，包括建造在这类设施区域内的与管道连接的任何管段。

(3) 适用于刚性金属管道，不适用于柔性管道或由玻璃纤维增强塑料等其他材料的制造的管道。

(4) 适用于所有新建管道系统，也适用于对原有管道系统的改造。本标准无意对原有管道系统进行追溯。

(5) 论述了管道系统的功能要求，为管道系统的安全设计、施工、试压、操作、维护和报废提供了依据。

2. 总则

(1) 本标准的宗旨是石油天然气工业用管道系统从设计、材料选择、施工、压操作、维护直至报废，在运行可靠、公共安全和环保等方面提出应考虑的方面。

(2) 与管道系统设计、施工、试压、操作、维护和报废有关的所有工作，必须由具有相应资格的和能胜任的人员承担。

二、ISO 10405《石油和天然气工业保护管及管道维护和使用》

这个国际标准建立了关于管道系统以及保护套管的使用和维修规则。该标准详细介绍了管道系统和保护套管的使用与维护，还包括了故障原因分析以及附加装置的运输、处理、存储、查核现场焊接。

三、ISO 15589—1《石油和天然气工业管道运输系统的阴极保护　第1部分:陆地管线》

1. 适用范围

(1) 详细说明了在ISO 13623中定义的石油和天然气工业的陆地管线阴极保护系统安装前的调查、设计、材料、设备、制作、安装、委托、操作、检查和维修要求,并给出相应的建议。

(2) 本部分是用于地下的碳钢和不锈钢陆地管线。它还可应用于水下管线的陆上部分。水下管线由陆地上的阴极保护装置保护。

(3) 可以用于对于现有管线系统的更新,维修和维护。

(4) 由于阴极保护可能失效或部分失效,存在一些特殊情况,包括环境温度,绝热保温层,腐蚀防护层,微生物腐蚀和电解液的侵蚀。

2. 总则

对于任何一项新工程,阴极保护系统的设计是整个管道设计和腐蚀控制管理的一部分,本标准本文中包含管道绝缘和保护层的详细知识。阴极保护系统的设计、制作、安装、操作和维修由资深人员执行。

四、ISO 3183—1《石油天然气行业输送钢管 交货技术条件　第1部分:A级钢管》

本部分规定了非合金钢、合金钢、无缝钢管的交货技术条件,适用于可燃流体输送用管道,如酸性运输,海岸运输和低温运输。本部分不适用于铸铁管。

五、ISO 9349《预绝缘球墨铸铁管道系统》

本标准的测试方法适用于预绝缘体燃烧球墨铸铁管道和地上管道系统,也适用于预烧和末烧的绝缘混凝土制成的管道。在有压力的情况下这些管道传送水和其他流体(如热力管道和低温绝缘管道),并包含开放式和闭合环路操作。

由输送管道与传送管道构成的管线,以及由球墨铸铁制成的设备同样符合ISO 2531,甚至可延伸到带管座、凹接头和凸接头等设备。它们的直径大约在DN60～600mm。热绝缘应用于工厂和额外的防护设备。

传送热流体的绝缘体管道正常可以容纳的最大温度是120℃,同时可以容许最高点温度不超过140℃(这些管道可用于装置,这些装置的压力可达到3MPa(DN＜300mm)或达到2.5MPa(DN＞300mm)。当这些管道系统用于防护冰点(低温绝缘管道)时它们就可能有不同的需求,特别关系到接头或热绝缘体。

六、ISO 10803《球墨铸铁管的设计方法》

本标准适用于球墨铸铁管道的设计,该种管道用于饮用水,废水及其他液体的输送。在有无内压,地面和交通载荷的情况下都可应用。

七、ISO 15649《石油天然气工业管道》

本标准详述了石油和天然气企业设计和建造管道的要求,包括相关的审查和测试。

本标准适用于流水和手动操作生产化学品石油和天然气及其他相关产品中的所有管道。例如,石油精炼场货运终端天然气生产线(包括液化天然气厂家)、海上气油栈桥化学设备、大型设备、复合设备、水田。

本标准也适用于流水线和手动操作、生产化学品、石油、天然气及其他相关产品的包装设备装配中连接各部分及各段的包装设备管道。

本标准不适用于长输管道和联合设备。如泵站管道、压缩站管道、水田管道、海上栈桥海线等。

第二十九章　国内外公用管道主要标准法规比较

第一节　中国与美国公用管道标准法规比较

一、材料(表 29-1)

表 29-1

要素	中国 GB 50028	美国 ASME B31.8—1999	美国 CFR 49 Part 192
入场检验	管道施工所用管材、管件、设备等,应符合国家现行的有关产品标准,必须具有生产厂质量检验部门的产品质量检验报告和合格证,其质量不得低于国家现行标准,否则不得使用。在入库或进入施工现场前,应对管材、管件进行复验,其材质、规格、型号应符合设计文件和合同的规定,并按国家现行产品标准进行外观检查,对外观质量有异议或设计有要求的管材、管件应进行有关质量检验,不合格者不得使用	813 标记 813.1　所有阀门、管件、法兰、螺栓连接件、管子及管集,应按与本规范结合使用的标准的规范中有关标记部分的要求作标记。或按照 MSS SP-25 中的要求作标记。 813.2　若用冲印法作标记,则应采用钝棱或圆棱的硬印。以便把应力集中减到最小。 816　管线管的运输　外径与壁厚之比等于70∶1(或大于 1)的任何管子。如果用于环向应力等于大于 20%SMYS 的干线上,并已用或将用铁路、内陆水路或海路运输,应分别按照 API RP 5L1 或 API 5LW 的要求装载。如不可能确认管子是按相应的推荐方法装运的,那么必须对运到的管子进行至少 2h 的静水压试验。安装在 1 级地区的管子,水压试验压力至少为最大许用操作压力的 1.25 倍;安装在 2、3、4 级地区的管子,试验压力至少为最大许用操作压力的 1.5 倍	材料的检查:在安装现场必须对每根管子和每个其他部件进行目视检查,保证不存在任何有损于其使用性的、可目视确定的损伤。 管子和部件用材料必须: (a)在可预计的温度和其他环境条件下,能保持管道结构的完整性; (b)化学性质与输送的任何气体及与管道中接触的任何其他物质相适应; (c)按照有关要求进行了鉴定

续表 29-1

要素	中国 GB 50028	美国 ASME B31.8—1999	美国 CFR 49 Part 192
质量要求	2.1 公用压力管道管材、管道附件材料的选择应根据管道的使用条件(设计压力、温度、特性、使用地区等)、材料的焊接性能等因素确定;其性能必须符合相应管材、管件国家现行标准的规定。 2.2 管道组成材料应当符合下列6项各项基本要求:(略)	810.1 所有作为管道系统永久性组成部分的材料和设备,在规定的使用条件下,既适用又安全。所有这些材料和设备应遵照有关材料技术条件、标准和本规范的特殊要求	规定了压力管道用管子和部件的选择和鉴定方面的最低要求
管材管件要求	2.3 压力大于1.6MPa的燃气管道高压燃气管道采用的钢管和管道附件材料应符合下列要求: (a)GB/T 9711.1《石油天然气工业 输送钢管交货技术条件第1部分:A级钢管》(L175级钢管除外)。本标准包括的钢级为L175,L210,L245,L290,L320,L360,L390,L415,L450,L485和L555以及介于表2所列的L290和较高钢级之间的中间钢级。凡指明钢管尺寸界线(或尺寸范围)处,除注明为GB/T 9711.2《石油天然气工业 输送钢管交货技术条件 第2部分:B级钢管》和GB/T 8163《输送流体用无缝钢管》的规定,或符合不低于上述三项标准相应技术要求的其他钢管标准。三级和四级地区高压燃气管道材料钢级不应低于L245。 高压管道接口直径大于50mm时,应考虑接口补强。 (b)输气压力小于等于0.4 MPa(表压)的燃气管道宜采用聚乙烯燃气管、机械接口球墨铸铁管、钢管或钢骨架聚乙烯塑料复合管,并应符合下列要求: 聚乙烯燃气管应符合GB/T 15558.1和GB/T 15558.2的规定;机械接口球墨铸铁管应符合GB/T 13295;钢管采用焊接钢管、镀锌钢管或无缝钢管时应分别符合GB/T 3091、GB/T 8163的规定; (c)钢骨架聚乙烯塑料复合管管材和管件应符合CJ/T 125和CJ/T 126的规定。 2.4 燃气管道附件的设计和选用应符合下列规定: (a)管件的设计和选用应符合GB/T 12459、GB/T 13401、GB/T 17185、SY/T 0510和SY/T 5257等有关标准规定。 (b)管法兰的选用应符合GB/T 9112～GB/T 9124、GB/T 13402或HG/T 20592～HB/T 20635的规定。 (c)绝缘法兰、绝缘接头的设计应符合SY/T 0516的规定。 (d)非标钢制异径接头、凸形封头和平封头的设计,可参照GB 150的有关规定。 (e)除对焊管件之外的焊接预制单体(如集气管、清管器接收筒等),若其所用材料、焊接及检验不同于本规范所列要求时,要参照GB 150进行设计、制造和检验。 (f)用于改变管道走向的弯头、弯管应符合GB 50251的相应规定	814.11 钢管 (a)遵照下列标准生产的钢管可以使用: API 5L《管线管》 ASTM A53《焊接管与无缝管》 ASTM A106《无缝管》 ASTM A134《电熔焊管》 ASTM A135《电阻焊管》 ASTM A139《电熔焊管》 ASTM A333《无缝与低温焊接管》 ASTM A381《金属 ARC 焊管》 ASTM A671《电熔焊管》 ASTM A672《电熔焊管》 (b)冷扩管应符合API 5L中的各项强制性要求	(1)新钢管应按表列规范要求制造并符合本章附件B的Ⅱ部分要求。 (2)使用过的钢管应符合所列规范要求制造或已经用于压力相同或更高压力的现有管线并能满足本章附件B的Ⅱ-C条要求。 (3)新的或使用过的钢管可以在环向应力小于6000psi(41MPa)的压力下无弯曲处使用,且目视检查表明管子条件良好,没有会产生泄漏的裂纹和其他缺陷。如果要进行施焊,对未按所列规范制造的钢管,还必须按本章附件B的II-B条要求进行可焊性试验

二、设计

1. 基本准则与强度理论（表 29-2）

表 29-2

要素	中国 GB 50028	美国 ASME B31.8—1999	美国 CFR 49 Part 192
强度理论	管道设计压力必须基于不小于在操作中可能遇到的最大内压或外压。装有安全泄放装置的管道，其设计压力不得低于安全阀的整定压力或者爆破片装置的最大标定爆破压力。未设计安全泄放装置或者与安全泄放装置隔离的管道，设计压力应当不低于可能产生的最大压力。管道设计温度应当是管道运行压力和温度相耦合的最严重情况下的温度。对于0℃以下的管道，应当考虑流体及环境影响，设计温度应当取高于或者等于管道材料允许使用的最低温度		根据 192.123 条的限制，塑料管子的设计压力按以下任一公式确定：$p=2St\times0.32/(D-t)$ 或 $p=2S\times0.32/(SDR-1)$。对热塑性塑料管，在温度为 73°F(23℃)、100°F(38℃)、120°F(49℃)或 140°F(60℃)条件下，按所列规范确定；对加强型热固性塑料管，取 11 000psi(75 842kPa)。t＝规定壁厚，mm(in)。D＝规定外径，mm(in)。SDR＝标准尺寸比。规定外径平均值与最小规定壁厚之比，相对于从美国国家标准协会优选数系10得出的通用编号系统中的一个值

2. 计算公式（表 29-3）

表 29-3

要素	中国 GB 50028	美国 ASME B31.8—1999	美国 CFR 49 Part 192
计算公式	最高压力大于或等于 0.1MPa 的燃气管道属于公用管道，其设计、制造、安装等监察、检验应符合《压力管道安全管理与监察规定》，而燃气管道的工艺设计应按 GB 50028《城镇燃气设计规范》和 GB 50251《输气设计规范》的有关要求执行。 计算公式（略） 输气压力大于 0.4 MPa(表压)不大于 1.6 MPa(表压)的燃气管道的壁厚除按公式计算外，最小公称壁厚不应小于标准的规定值。 表 1 钢质燃气管道最小公称壁厚（略）	841.11 钢管设计公式 钢输气管线系统的设计压力或一定设计压力下的公称壁厚应按下式决定（公式限用条件见 841.111）：$p=2St/D\times F\times E\times T$ 842.3 塑料管线的设计 本条中的设计要求，其目的主要是将塑料管线限用在操作压力等于或小于 100psi 的典型配气系统中的总管和用户支线上。在 1 级和 2 级地区内，塑料管道可在本规范规定的限制范围内，用于其他用途。 842.31 塑料输送管和管集的设计公式。塑料输气管道系统的设计压力，或在指定设计压力下的公称壁厚（在 842.32 的限制范围内）应按下列公式确定：$p=2S\times0.32/(D-t)$	钢管的设计压力可按下式确定： $p=(2St/D)\times F\times E\times T$

3. 应力分析(表 29-4)

表 29-4

要素	中国 GB 50028	美国 ASME B31.8—1999	美国 CFR 49 Part 192	美国 CFR 49 Part 191
应力分析	管道应力分析中应考虑各类重荷载的影响以及其他原因产生的荷载和作用力的相关作用。包括: 介质压力、管道自重(包括防腐层、管道组成件及介质重量)等持久荷载;风荷载、地震荷载以及由于阀门关闭引起的压力短时升高、泄放阀打开时对管道的冲击反力等临时荷载;温差荷载、固定支吊架或者端点位移对管道所作用的交变或非交变荷载	833　组合应力的计算 833.1　各重要结点上由于膨胀引起的各种应力和反作用力应采用以上各项约定规则进行分析。 833.2　各种膨胀应力的组合要求(略)。 833.3　组合的膨胀实力范围 S_E 最大不应超过 0.72S,并受 833.4 的其他限制。 833.4　下列各项应力的总和不应超过规定的最低屈服强度 S:(a)膨胀引起的组合应力 S_E;(b)纵向压力应力;(c)各种外载荷,如管子自重和内盛物重量,风荷载等引起的纵向应力。833.4(b)和 833.4(c)两项应力之和不应超过 0.75S。 (钢管)1 级地区中的 1 类钢质管线的设计系数是在操作应力水平高于本规范以前推荐使用的应力水平的输气管道的运行经验基础上制定的。使用者宜注意,根据 854.2 要求。 断裂控制和止裂(略) 842.32　热塑性塑料的设计限制　(a)设计压力不应超过 100psig。(b)热塑性塑料制的输送管、管集和管件,不应用于材料操作温度达到下列温度的场合:(1)低于−20 ℉;(2)高于按 842.31 中设计公式确定长期静水压强度时所用的温度,但绝不能超过 140℉。(c)热塑性塑料输送管的壁厚 t,不应小于 842.32(c)中所列值。(d)热塑性塑料管集的壁厚 t,不应小于 0.062in。	(a)对按本章附件 B 的Ⅰ条中所列规范制造的管子,192.105 条设计公式中要用的屈服强度,就是所列规范中的规定最低屈服强度,如果该值已知。 (b)不是按本章附件 B 的Ⅰ条中所列规范制造的管子或不知道管子的技术条件或拉伸特性时,192.105 条设计公式中要用的屈服强度,为以下值中一个: (1)如果按本章附件 B 的Ⅱ—D 条对管子进行拉伸试验,取以下值中的较小者:(i)通过拉伸试验所确定的平均屈服强度的 80%。(ii)通过拉伸试验所确定的最低屈服强度。 (2)如果没有按本条(b)(1)款规定对管子进行拉伸试验,取 24 000psi (165MPa)	(a)用于以下地方的塑料管,其设计压力不得超过表压 689 kPa (100psi):(1)配气系统;(2)3 级和 4 级地区。 (b)在以下管子操作温度条件下,不得采用塑料管:(1)其操作温度低于−20°F(−29℃);或低于−40°F(−40℃)。如果所有管子和管线组件的操作温度低于−20℉(−29℃)、且工厂标定的温度额定值与该操作温度一致的话;或(2)在高于下列相关温度条件下:(i)对热塑性塑料管,为 192.121 条设计公式用的按长期静水压强度条件确定的温度。(ii)对加强型热固性塑料管,150℉(66℃)。 (c)热塑性塑料管的壁厚不能低于 0.062in(1.57mm)

4. 设计寿命(表 29-5)

表 29-5

要素	中国 GB 50028	美国 ASME B31.8—1999	美国 CFR 49 Part 192
设计寿命	压力管道设计时,应有足够的腐蚀余量。压力管道的寿命和介质对管道的腐蚀速率所留有的腐蚀余量有关,同时还应考虑介质流动时对压力管道或受压元件的冲蚀量和局部腐蚀的影响		

5. 安全系数（表 29-6）

表 29-6

要素	中国 GB 50028	美国 ASME B31.8—1999	美国 CFR 49 Part 192
安全系数	输气压力大于 1.6MPa（表压）但不大于 4.0MPa（表压）的高压输气管道强度计算应按 GB 50028 的规定执行，输气管道的强度设计系数（*F*）应符合该标准的规定	表 841.114A 基本设计系数 *F*（地区等级/设计系数 *F*）1 级地区 1 类/0.80；1 级地区 2 类/0.72；2 级地区/0.60；3 级地区/0.50；4 级地区/0.40。 表 841.116A 钢管的温度降级系数 *T*（温度℉/温度降级系数 *F*）。 表 841.115A 纵向焊缝系数 *E*。 表 841.114B 钢管结构的设计系数	为了满足规定的最低屈服强度进行了冷扩的钢管，之后又进行了加热（不是焊接或作为焊接部分的应力消除），管子的温度不限时间超过 900℉(482℃)、或保持在 600℉(316℃)以上超过 1h，则其设计压力应限制到按本条（a）款所确定压力的 75%。钢管的设计系数按标准中的表格选用。 192.113 钢管纵向焊缝系数，可按如下选用（技术规范/管材/纵向焊缝系数 *E*）（略）。 A192.115 钢管温度折减系数（*T*）（略）

三、主要技术规定（表 29-7）

表 29-7

要素	中国标准要求	美国 ASME B31.8—1999	美国 CFR 49 Part 192
城镇燃气管道的敷设的有关规定	4.1 地下燃气管道与建筑物、构筑物或相邻管道之间的水平净距按 GB 50028 的规定。 4.2 地下燃气管道与构筑物或相邻管道之间垂直净距，按 GB 50028 的规定。 压力大于 1.6MPa（表压）但不大于 4.0MPa（表压）一级或二级地区地下燃气管道与建筑物之间的水平净距不应小于 GB 50028 的规定；三级地区地下燃气管道与建筑物之间的水平净距不应小于该标准的规定。 高压地下燃气管道与构筑物或相邻管道之间的水平和垂直净距，不应小于该标准的规定。但高压 A 和高压 B 地下燃气管道与铁路路堤坡脚的水平净距分别不应小于 8m 和 6m；与有轨电车钢轨的水平净距分别不应小于 4m 和 3m。 一级或二级地区地下燃气管道与建筑物之间的水平净距不提出要求。 三级地区地下燃气管道与建筑物之间的水平净距不应小于该标准规定。 表 8 三级地区地下燃气管道与建筑物之间的水平净距（m）。 高压地下燃气管道与构筑物或相邻管道之间的水平和垂直净距，不应小于标准中 $0.8<p\leqslant1.6$ 的规定。但压力为 $1.6<p\leqslant4.0$ 地下燃气管道与铁路路堤坡脚的水平净距分别不应小于 8m 和 6m；与有轨电车钢轨的水平净距分别不应小于 4m 和 3m。	（1）防腐 862.1 新建管线外腐蚀控制 862.111 总则。凡按本规范新建的输气干线、压缩机站管道、配气总管、用户支线、管式和瓶式气柜，除 862.113 中允许的情况及能用试验或经验证明材料在所处的环境下能耐腐蚀外，应采用外壁防腐层和阴极保护。 862.112 防腐层要求。（略）在装卸、贮存和安装过程中应注意防止损坏防腐层，并提出具体措施。 862.113 阴极保护要求。除能用试验或经验证明不需要阴极保护及为短期使用而安装的设施外，所有具有绝缘防腐层埋地或水下设施在施工后应尽快实行阴极保护。对于为短期使用而安装的设施，如能证实该设施不会因受腐蚀而产生危害社会及环境的后果，则不需实行阴极保护。阴极保护系统的设计应使全部的埋地或水下系统受到保护。当某一设施的情况符合附录 K 所列准则中一条或几条时，则考虑该设施已经得到阴极保护。 862.114 电绝缘（a）所有加防腐层的输配气系	（1）防腐 规定了保护金属管线不受内、外及大气腐蚀的最低要求。 192.455 外腐蚀控制一般规定：设计、安装、操作和维护程序，必须由在管道腐蚀控制方法上具有资格的人员编制，或在其指导下编制。 192.461 外腐蚀控制：保护涂层 （a）所有用于外腐蚀控制的外防腐层，无论是导电的还是绝缘的，都必须。 （b）电绝缘类的所有外防腐层，必须具有低吸水性和高电阻性能。 （c）在管道下沟和回填前，必须对所有外防腐层进行检查，对有效腐蚀控制不利的任何损伤都必须进行修补。 （d）必须对所有外防腐层进行保护，防止管沟的不利条件或支承部件对其造成损坏。 （e）如果采取钻孔、顶管或其他类似方法进行涂层管的安装，必须采取措施将安装时对涂层的损坏减小到最低限度。

续表 29-7

要素	中国标准要求	美国 ASME B31.8—1999	美国 CFR 49 Part 192
城镇燃气管道的敷设的有关规定	4.3 燃气管道敷设的位置 GB 50028 对燃气管道敷设位置的规定(略)。特别提出了燃气管道利用城镇已有桥梁跨越河流的规定。 重要的燃气管道所在位置应设置统一、明显的安全警示标志。 4.4 地下燃气管道埋设的埋设深度 地下燃气管道埋设的最小覆土厚度(路面至管顶)应符合下列要求： (a)埋设在车行道下时,不得小于 0.9m; (b)埋设在非车行道(含人行道)下时,不得小于 0.6m; (c)埋设在庭院(指绿化地及载货汽车不能进入之地)内时,不得小于 0.3m; (d)埋设在水田下时,不得小于 0.8m。 4.5 阀门的设置 因可能受到各类灾害和事故的影响,输气管道可能会产生断裂、气体外漏、起火爆炸等问题,在高压燃气干管上,应设置分段阀门;分段阀门的最大间距;以四级地区为主的管段不应大于 8km;以三级地区为主的管段不应在于 13km;以二级地区管段不应大于 24km;以一级地区为主的管段不应大于 32km。管道的分段阀门应采用遥控或自动控制。高压燃气支管的起点处,应设置阀门 在次高压、中压燃气干管上,应设置分段阀门,并应在阀门两侧设置放散管。燃气管线上选用量最大的阀门主要为:闸阀、球阀、紧急切断阀等。阀门的连接形式为:法兰连接和对接焊两种。阀门的驱动方式有:手动、电动、气动等驱动形式 4.6 调压站(或调压箱或调压柜)的设置应符合下列规定:(略) 5.7 钢质燃气管道和储罐的防腐 5.7.1 钢质燃气管道和储罐必须进行外防腐。其防腐设计应符合国家现行标准《钢质管道及储罐腐蚀控制工程设计规范》SY 0007 的规定 5.7.4 地下燃气管道的外防腐涂层的种类根据工程的具体情况,可选用石油沥青、聚乙烯防腐胶带、环氧煤沥青、聚乙烯防腐层、氯磺化聚乙烯、环氧粉末喷涂等。当选用上述涂层时,应符合国家现行的有关标准的规定 5.7.6 采用涂层保护埋地敷设的钢质燃气干管宜同时采用阴极保护 市区外埋地敷设的燃气干管,当采用阴极保护时,宜采用强制电流方式,其设计应符合 SY/T 0036《埋地钢质管道强制电流阴极保护设计规范》的规定。	统应在与外部系统(包括用户的燃料气管线)相连的接头处实行电绝缘,若地下金属构筑物之间是电连通的。钢质金属管道与铸铁、球墨铸铁或有色金属管线和构件之间应保持电绝缘。对输配气系统应进行电气试验,以便测出与其他地下金属构筑物之间的并非故意的接触点。间距要求见 841.143。 (b)如输气干线与架空输电线路平行,则应考虑干扰(略)。 867 记录(a)作业公司应保存实行阴极保护的管线、阴极保护的设施和受阴极保护系统影响的其他构筑物,或其他构筑物对阴极保护系统的影响等各种记录。 (b)对评价腐蚀控制措施的有效性所必需的测试、调查、检查结果、泄漏等记录,应长期保存,直至管线停用为止。 863.2 新建管线内腐蚀控制 设计新管线系统时,或对现有管线系统进行更换,扩建或改造设计时,应采取措施以防止或/和抑制内腐蚀。 863.3 原建管线内腐蚀控制 干线内腐蚀控制纲要应包括(但不限于)以下内容:(a)检测、防止或减轻有害内腐蚀的纲要宜包括下列工作;(b)在确认已发生内腐蚀之处,且会影响公众和职工安全,应采取下列防止或纠正措施中之一条或几条,以控制有害内腐蚀;(c)应根据检查和监测计划对内腐蚀控制措施进行评价,该计划包括(但不限于)下列内容 (2)安全距离 841.143 钢质管线或总管与其他地下构筑物之间的间距 (a)任何埋地管线与任何不用于同该管线相接的其他地下构筑物之间若有可能,至少有 6in 的间距。 (b)任何埋地总管与任何不用于同该总管相接	内腐蚀控制:一般规定 (a)腐蚀性气体不得用管道输送,除非已对气体对管道的腐蚀作用做过调查,并采取措施将内部腐蚀减小至最低限度。 (b)对任何时候因任何原因从管道上拆除的管子都必须检查其内壁,寻找腐蚀迹象。 (c)在标准条件(4×10^{-6})下,每 100ft 中硫化氢含量超过 0.25 格令的气体,不得用管式或瓶式容器储存。 (2)安全距离 (a)安装的每条输气管道与任何其他与本输气管道无关的地下构筑物之间的间距,必须至少 12in(305mm)。 (b)安装的每条干管与其他任何地下构筑物之间必须有足够的间距,以便进行维护和避免因靠近其他构筑物可能受到的损坏。 (c)除满足本条(a)或(b)款的要求外,安装的每条塑料输气管道或干管与任何热源之间必须有足够的间距、或必须进行绝热,避免任何热源给管子的使用性能带来不利影响。 (3)管道埋深 (a)除本条(c)、(e)、(f)和(g)款的规定外,对每条埋地输气管道覆盖层的最小厚度必须符合以下:1 级地区 in(mm):常规土壤 30(762),固结岩石 18(457);2、3 和 4 级地区 in(mm):常规土壤 36(914),固结岩石 24(610);公路和铁路穿越排水沟 in(mm):常规土壤 36(914),固结岩石 24(610)。 (4)阀门 配气管道阀门 (a)在高压配气系统中必须按一定间距设置阀门,以缩短事故时切断干管管段的时间。阀门间距根据操作压力、干管直径和当地实际条件确定。

续表 29-7

要素	中国标准要求	美国 ASME B31.8—1999	美国 CFR 49 Part 192
城镇燃气管道的敷设的有关规定	市区内埋地敷设的燃气干管，当采用阴极保护时，宜采用牺牲阳极法，其设计应符合现行标准 SY/T 0019《埋地钢质管道牺牲阳极保护设计规范》的规定	的其他地下构筑物之间，若有可能，至少应有 2in 的间距。 (3)管道埋深 841.141　对埋地的钢质管线和总管覆盖层的要求。埋地总管至少应有 24in 厚的覆土层。在不能满足这个覆盖厚度的要求或外载荷过大的地方，总管外应加套管或设跨桥，或设计成能承受此种预计到的任何外载荷。 841.142　对管线覆土层的要求。除海底管线外，埋地管线的覆盖层应不小于下表所列之厚度(略)。 在不能满足这些规定覆土厚度或者外载荷过大的地方，管线外应套套管或设跨桥，或设计成能承受此种预计到的任何外载荷	(b)在配气系统中控制气体流量或压力的每个调压站的入口管线上，必须安装 1 只阀门，其安装位置距调压站应有足够的距离，以便在发生事故不能靠近调压站时，能对阀门进行操作。 (c)干管上安装的操作或应急用的每只阀门，必须满足下列要求。 每个阀室必须设置在易于接近的地方，尽量避开繁华处(略)

四、制造(表 29-8)

表 29-8

要素	中国法规要求	美国 ASME B31.8—1999	美国 CFR 49 Part 192
制造	公用管道的生产单位，应当依照《特种设备安全监察条例》及国务院特种设备安全监督管理部门制定并公布的安全技术规范的要求，进行生产活动。 公用管道生产单位对其生产的公用管道的安全性能负责。 公用管道用管子、管件、阀门、法兰、补偿器等制造单位，应当经国务院特种设备安全监督管理部门许可，方可从事相应活动。 公用管道的制造、安装、改造单位应当具备下列条件： (一)有公用管道制造、安装、改造相应的专业技术人员和技术工人； (二)有与公用管道设备制造、安装、改造相适应的生产条件和检测手段； (三)健全的质量管理制度和责任制度	830　管道系统组件和制作细则 831.32　特种管件 831.33　支管连接口 831.35　焊制的特种组件	焊制组件 (a)除环形焊缝连接的支线接头、标准管子和管件的组装件外，每个不能确定其强度的焊制组件的设计压力，必须根据 ASME 锅炉和压力容器规程第 1 部分Ⅷ章 UG-101 条的规定确定。 (b)每个采用了板材和纵向焊缝的预制部件必须按照 ASME 锅炉和压力容器规程第 1 部分Ⅰ章、Ⅷ章、或第 2 部分Ⅷ章的规定进行设计、制造和试验。但以下除外：(ⅰ)常规制造的对焊管件。(ⅱ)已按照本章附件 B 中所列规范制造和试验的管子。(ⅲ)部分装配件，如开口环或接箍。(ⅳ)制造厂证明已按预计操作条件下会遇到的最大压力至少 2 倍进行了试验的预制部件。 (c)在环向应力等于或大于管子规定的最低屈服强度 20%条件下操作的管道上，不能采用多瓣形大管堵和多瓣形大小头。 (d)扁平盲板和鱼尾槽，除按 ASME 锅炉和压力容器规程Ⅷ章设计的扁平盲板以外，不能用在操作压力等于或大于 100psi(689kPa)(表)的管子上或公称直径大于 3in(76mm)的管子上

五、安装维修改造(表 29-9)

表 29-9

要素	中国标准要求	美国 ASME B31.8—1999	美国 CFR 49 Part 192
安装	1 安装一般要求 CJJ 33 的规定,施工时必须按设计文件进行,如发现施工图有误或在施工的燃气设施与其他市政设施的安全距离不能满足 GB 50028 时,不得自行更改,应及时向建设单位或设计单位提出变更设计要求,修改设计或材料代用应经原设计部门同意。 2 开槽 管道沟槽应按设计规定的平面位置和标高开挖。人工开挖且无地下水时,槽底预留值宜为 0.05～0.10m;机械开挖或有地下水时,槽底预留值应不小于 0.15m。管道安装前应人工清底至设计标高。 3 埋地燃气钢管敷设 3.1 管道应在沟底标高和管基质量检查合格后,方可安装。 3.2 管材、管件及设备在安装前应按设计要求核对无误,并应进行外观检查,其内外表面应无疤痕、裂纹、严重锈蚀等缺陷方准使用。 3.3 设计文件要求进行低温冲击韧性试验的材料,供货方应提供低温冲击韧性试验结果的文件,否则应按现行 GB/T 229《金属低温冲击试验法》的要求进行试验,其指标不得低于规定值的下限。 3.4 钢管的材质、规格、压力等级、加工质量应符合设计规定。钢管使用前应核对质量证明书,并应符合现行 GB/T 2102《钢管的验收、包装、标志和质量证明书》的规定; 3.5 钢制管件的几何尺寸允许偏差应符合现行 GB 12459《钢制对焊无缝管件》的规定; 3.6 管道的切割及坡口加工宜采用机械方法,当采用气割等热加工方法时,必须除去坡口表面的氧化皮,并进行打磨。 3.7 焊接材料的选用、保管及使用必须符合现行 GB 50235《工业金属管道工程施工及验收规范》的规定并可按以下原则确定: 同种钢管材料焊接时,焊接材料的金属机械性能和化学成分应与母材相当,工艺性能良好; 异种钢管材料焊接时,焊接材料可按合金含量较低一侧的管材选用。 3.8 对于设计压力大于或等于 1.6MPa 的配气管道的焊接工程,应进行焊接性能试验和焊接工艺评定。 3.9 坡口应符合 GB 50235 的有关规定。 3.10 焊接应符合下列要求: a)燃气钢管的焊接应采用全焊透的焊接结构(包括永久性内堵板);对于设计压力大于或等于 1.6MPa 及管道壁厚大于 6mm 的管道应采用多层焊接。施焊时,层间熔渣应清除干净,并进行外观检查,合格后方可进行下一层焊接。 b)对于要求热处理的焊缝,应按焊接工艺指导书的要求进行焊前预热及焊后热处理。预热方法要保证加热均匀,并在施焊期间温度不降至规定的最低值;	820 焊接 821 焊接总则 821.1 适用范围 涉及干线、仪器或设备连接口上锻钢和铸钢材料制管子接头的焊接。包括管子、阀门、法兰和管件上的对焊和角焊接头;分支管、平焊法兰及承插管件上的角焊接头。若阀门或设备具有适于直接与干线焊接的焊接端,则其结构、材料成分、所用的焊接工艺和应力消除工艺等必须保证在焊接或应力消除过程中不会对设备和管线产生显著损害。不适用于制管焊缝的焊接。 821.2 可采用任何焊接方法或综合几种方法进行焊接,只要焊成的焊缝的质量能符合本规范中有关焊接工艺中的焊缝鉴定要求即可。焊缝可用定位焊或工件转动焊焊接。也可将定位焊和工件转动焊结合使用。 821.3 在焊接本规范包括的管子、管道组件或有关设备前,先应制定并评定焊接工艺。每个焊工或焊接操作工在按本规范安装的任何管子、管道组件或有关设备上进行焊接前,应按所制定的程序对其进行考核。 821.4 若管道系统在等于或大于 20%SMYS 的条件下操作,则焊缝的验收标准应采用 API 1104。 821.5 按本规范进行的焊接,应符合 823.11 或 823.21 中适用的引用的标准之一。 821.6 在设有气体设施的构筑物或区域中(或其周围)进行焊接前,应进行一次彻底检查,确定有无可燃气体混合	焊接一般规定: (a)必须由合格的焊工根据批准的焊接程序施焊,完成的焊缝必须满足本节的要求。用于鉴定焊接程序的试验焊缝,其质量应通过破坏性实验确定。 (b)对焊接程序,包括鉴定试验的结果,必须加以详细记录。对这种记录必须加以保存,并能随时可以提用。 192.241 焊缝的检查和试验 (a)对焊接必须进行目视检查,以确认焊接作业是否符合焊接程序,并按本条(c)款确认焊缝是否合格。 (b)对在操作压力产生的环向应力等于或大于规定的最低屈服强度 20% 的管道上的焊缝,必须按 192.243 条进行无损探伤。但经有资格的焊缝鉴定人员通过目视检查的焊缝,不需进行无损探伤,条件是(略)。 (c)经无损探伤或目视检查的焊缝的合格性,按 API 1104 第 6 章的规定确定。但是,如果按该规定环形焊缝不合格,但不是因裂纹所致,可根据 API 1104 的附件对该焊缝的合格性作进一步鉴定。 192.243 无损探伤 (a)对焊缝的无损探伤,必须采用除钻孔试验以外的能清楚显示影响焊缝整体性的缺陷的任何方法。 (b)焊缝的无损探伤必须进行。 (c)书面程序必须规定对焊缝的无

续表 29-9

要素	中国标准要求	美国 ASME B31.8—1999	美国 CFR 49 Part 192
安装	c)管道焊接完成后，强度试验及气密性试验之前，必须对所有焊缝进行外观检查和按设计要求的抽检数量对焊缝内部质量进行检验，外观检查应在内部质量检验前进行。 d)设计文件规定焊缝系数为1的焊缝或设计要求进行100%内部质量检验的焊缝，其外观质量不得低于GB 50236表11.3.2中Ⅱ级焊缝标准；对内部质量进行抽检的焊缝，其外观质量不得低于表11.3.2中Ⅲ级焊缝标准。 e)焊缝内部质量应符合下列要求： 设计文件规定焊缝系数为1的焊缝或设计要求进行100%内部质量检验的焊缝，焊缝内部质量射线照相检验不得低于GB/T 12605的Ⅱ级焊缝要求；超声波检验不得低于GB 11345的Ⅰ级焊缝要求； 对内部质量进行抽检的焊缝，焊缝内部质量射线照相检验不得低于GB/T 12605的Ⅲ级焊缝要求；超声波检验不得低于GB 11345的Ⅱ级焊缝要求。 3.11　对埋地城镇燃气钢质管道必须进行外防腐。其防腐设计应符合现行CJJ 95《城镇燃气埋地钢质管道腐蚀控制技术规程》、SY 0007《钢质管道及储罐腐蚀控制工程设计规范》的规定 防腐绝缘层材料应符合下列要求： (a)防腐层绝缘电阻不应小于10 000Ω·m²； (b)耐击穿强度，采用电火花检测 4　埋地室外球墨铸铁管敷设 4.1　使用橡胶密封圈密封时，其性能必须符合燃气输送管的使用要求。 4.2　将管道的插口端插入到承口内，并紧密、均匀的将密封胶圈按进填密槽内，橡胶圈安装就位后不得扭曲。 4.3　螺栓宜采用可锻铸铁，如采用钢螺栓时，必须采取防腐措施。 5　埋地聚乙烯管道敷设 聚乙烯燃气管道的设计施工与验收应符合国家现行标准CJJ 63。聚乙烯燃气管道安装过程中，可对接头抽样，按管家现行GB 15558.2、GB/T 6111进行短静液压试验，检验接头的可靠性；连接结束后，应进行外观质量检查，不合格的必须返工，并重新进行外观质量检查，直到合格为止。 6　管道附件、设备安装 管道附件、设备及阀门的安装应按CJJ 33执行。 7　试验与验收 设计压力不大于4.0MPa的城镇燃气输配工程的施工及验收应按CJJ 33中的有关规定执行。 管道安装完毕后应依次进行管道吹扫、强度试验和严密性试验。 燃气管道的强度试验压力和介质应符合表10的规定。 严密性试验应在强度试验合格，管线回填后，路面恢复前进行。 所有未参加严密性试验的设备、仪表、管件，如调压器燃气表等，严密性试验合格后进行复位，然后按设计压力对系统升压，以发泡剂检查设备、仪表、管件及其与管道的连接处，不漏为合格。	物存在，仅当证明为安全时方可开始焊接。 822　焊接坡口准备 822.1　对焊焊缝 822.2　角焊焊缝 822.3　密封焊缝 824　预热 824　应力消除	损探伤做出正确的解释，保证焊缝的合格性符合192.241(c)款的要求。 (d)当要求按192.241(b)款进行无损探伤时，由经营者随机抽查，必须对每天现场对焊焊缝按下述百分比进行全周长无损探伤：(ⅰ)在1级地区，近海除外，至少10%。(ⅱ)在2级地区至少15%。(ⅲ)在3级和4级地区，在大型或通航河流、近海的穿越段，在铁路或公路路权范围内包括隧道、桥梁和公路的跨越段达到100%。不可能时，至少达到90%。未经检查的环形焊缝必须是不可能进行无损探伤的。(ⅳ)管道碰死口处，包括更换管段的死口，达到100%。 (e)除其工作与主要焊接活动不相干的焊工外，对每个焊工每天的焊接工件，必须抽样按192.241(b)款的要求进行一个抽样的无损探伤。 (f)当按192.241(b)款进行无损探伤时，每个经营者必须在管道的使用期内保存测试记录，保存时间为管道的使用寿命：标出里程碑、工段或标出地形特征、环形焊缝数量、无损探伤数量、不合格焊缝数量及不合格焊缝的处理。 192.245 缺陷的修理或去除　对不合格的焊缝必须去除或加以修理。焊缝最终修理完成后，原始焊缝焊接程序规定的最低机械性能能得到满足。

续表 29-9

要素	中国标准要求	美国 ASME B31.8—1999	美国 CFR 49 Part 192
维修改造	8　维修改造 8.1　日常维修 CJJ 51《城镇燃气设施运行维护和抢修安全技术规程》对燃气管道的日常维修做出如下的规定： 带气进行维护检修时，应使用防爆工具或采取防爆措施，作业过程中严禁产生火花。 供气高峰季节应选点检测管网高峰供气压力，分析管网的运行工况；对运行工况不良的管网应提出改造措施。 运行和维护管理制度应明确对燃气管道进行巡查、检查的周期。并应做好巡查、检查记录，在巡查、检查中发现问题应及时上报并采取有效的处理措施。 对燃气管道附件丢失或损坏，应及时修复并应及时清除各部位油污、锈斑，不得有腐蚀和损伤。 对高压或次高压设备进行维护时，必须有人监护。 对高压或次高压设备进行拆装维护保养时，宜用惰性气体进行置换。当用惰性气体置换燃气时，应连续 3 次测定燃气浓度，每次间隔不少于 5min，燃气浓度值均不大于爆炸下限的 20%时，方可以进行维护保养；当采用燃气置换惰性气体时，应连续 3 次测定燃气浓度值均大于 90%时，方可以投入运行。 在动火操作过程中应严密监测作业区内可燃气体浓度及管道内压力的变化，动火作业区内可燃气体浓度应小于其爆炸下限的 20%。 动火作业过程中，操作人员严禁正对管道开口处。 停气动火操作过程中，应严密观测管段或设备内可燃气体浓度的变化。 使用带压开孔、封堵设备在燃气管道上接支管或对燃气管道进行维修更换等作业时，应根据管道材质、输送介质、敷设工艺状况、运行参数等选择合适的开孔、封堵设备及不停输开孔、封堵施工工艺，并制定作业方案。 作业前应对施工用管材、管件、密封材料等做复核检查，对施工用机械设备进行调试。 在不同管材、不同管径、不同运行压力的燃气管道上首次进行开孔、封堵作业时应进行模拟试验。 8.2　事故时维修(抢修) 燃气设施泄漏的抢修宜在降低燃气压力或切断气源后进行。 抢修作业时，与作业相关的控制阀门必须有专人值守，并监视其压力。 当抢修中暂时无法消除漏气现象或不能切断气源时，应及时通知有关部门，并做好事故现场的安全防护工作。 燃气设施维护、检修或抢修作业完成后，应进行全面检查；合格后应进行置换作业。	852　配气管道的维修 852.1　巡线　应在需要观察可能影响安全操作的各种因素的地区进行配气总管的巡线。在进行施工活动的地区，外露的管线和支承受到外界损坏及由于自然原因可能造成管线损害的地区均应考虑巡线。巡线频率应根据那些能够引起管线损坏或漏气的条件及危及公共安全的严重程度确定。 852.2　漏气调查 852.42　临时切断供气支线。当临时停止向用户供气时，应采取下列措施之一。 852.5　塑料输送管的维修 852.51　控制压力用的热塑性塑料输送管和管集的收口和开口： 852.52　塑料输送管或管集的修理。不论何时在塑料输送管或管集上发现有槽痕，凿痕或凹痕等缺陷，应进行适当修理，或更换已遭损坏或有缺陷的管段。修理工作应按已建立的并已通过试验证明为合格的程序进行，并遵照下列要求： 853.4　阀门的维护 853.41　对于在紧急情况下需要操作的干线阀应逐个作定期检验，并且每年至少进行一次部分启闭操作，使其处于安全和良好的操作状态。 862.213　腐蚀管子的修理。如腐蚀程度已使某一设施的强度降低到最大许用操作压力，则该部分应进行修理、翻新或更换；或者降低操作压力。使其与被腐蚀管子的剩余强度相称。对于应力在	维护 192.703　一般规定 (a)任何人都不得操作未按本节的要求进行维护的管段。 (b)对所有不安全管道都必须更换、修理或拆除。 (c)对危险的泄漏必须立即修理。 192.711　输气管道：修理程序的一般要求 (a)一旦出现以下情况，经营者应立即采取临时措施保护群众。 (b)除 192.717(b)(3)款的规定外，任何经营者不得把焊接补片作为修补措施。 192.713　输气管道：缺陷和损伤的现场永久性修补 (a)当缺陷或损伤会危及在等于或大于规定的最低屈服强度 40%条件下运行的钢质输气管道的操作性能时，都必须(略)。 (b)在修补期间，操作压力必须处于安全水平。 192.715　输气管道：焊缝的永久性现场修补　对每个按 192.241(c)款要求不合格的焊缝，都必须按以下方法进行修补： (a)如果该输气管道可以暂停使用，则必须按 192.245 条的相应要求对焊缝进行修补。 (b)在下列情况下，可按 192.245 条对运行的输气管道进行焊缝修补。 (c)对不能按本条(a)或(b)款要求进行修补的缺陷焊缝，必须通过加装个设计合适的全包围焊接对开式套管进行修补。

续表 29-9

要素	中国标准要求	美国 ASME B31.8—1999	美国 CFR 49 Part 192
维修改造	燃气设施置换合格恢复通气前，应进行全面检查符合运行要求后，方可恢复通气。 抢修工程的记录应包括下列内容：(略)	等于或大于 40%SMYS 条件下操作的钢干线，被腐蚀管子的剩余强度可按照附录 L 确定。附录 L 的基础资料参见 ANSI/ASME B31G Manual for Determing the Remaining Strength of Corroded Pipelineso。 862.214　阳极保护准则(a)如果某一设施的情况符合附录 K 规定的一条或几条准则，则可考虑该设施已得到阴极保护。(b)如能用其他方法证明已得到充分的腐蚀控制，则不受附录 K 的准则所限制。 862.217　阳极保护系统的操作和维护 (a)为保持阴极保护系统连续而有效地运转，应对其进行检验。 (b)应定期试验电气，并按适用准则判断管线系统确已得到保护。 (c)采用的检测类型、周期和位置，应足以准确地确定管线系统被保护的程度。测试周期的决定宜根据(但不限于)下列因素：(1)管子腐蚀状况；(2)阴极保护方法；(3)环境的腐蚀性；(4)阴极保护系统失效或发生障碍的概率；(5)包括检查和测漏在内的运行经验；(6)阴极保护装置的设计寿命；(7)公共安全和职工安全。 (d)如测试或调研结果表明阴极保护系统并未起到充分的保护作用，则应采取适当的纠正措施	(a)切除并更换一段管子以消除泄漏，或 (b)采用下述方法消除泄漏。 塑料管的修理　会危害塑料管使用性能的每种缺陷或损伤必须用补片加以修理或去除。 钢管的修理 (a)对有损于钢管使用性能的每个缺陷或损伤，必须加以修理或去除。如果采用打磨法进行修理，则打磨后的壁厚必须至少满足本法规的厚度要求。 (b)操作压力产生的环向应力等于或大于规定的最低屈服强度 20%的钢管上的下列每种凹痕，必须予以去除，除非这种凹痕通过经可靠工程试验和分析证明可以永久恢复管道使用性能的方法加以修复。 (c)操作压力产生的环向应力等于或大于规定的最低屈服强度 40%的钢管中的每个焊弧烧痕，必须加以修理或去除。如果采用打磨法进行修理，则必须将焊弧烧痕完全去除，且修理后的壁厚必须满足本法规的厚度要求。 (d)对划痕、沟槽、焊弧烧痕或凹痕的修理，不能采取填补法或敲打修理。 (e)对划痕、沟槽、焊弧烧痕或凹痕从管段上的去除，必须将损坏部分整段切割掉

六、使用（表 29-10）

表 29-10

要素	中国标准要求	美国 ASME B31.8—999	美国 CFR 49 Part 192
使用	1 使用公用管道的单位和个人，应当按《压力管道使用登记管理规则》的规定在省级质量技术监督行政部门或其授权的市（地级）级质量技术监督行政部门办理公用管道使用登记； 2 公用管道的使用登记证由省级质量技术监督行政部门或其授权的市（地级）级质量技术监督行政部门负责； 3 公用管道可分区域填报使用注册登记汇总表； 4 公用管道使用登记应当符合下列条件： (a)使用单位应当贯彻执行《压力管道使用登记管理规则》和有关压力管道安全的法律、法规、国家安全技术规范和国家现行标准；配备满足公用管道安全所需求的资源条件，建立健全公用管道安全管理体系，在管理层设由一名人员负责公用管道安全管理工作。派遣具备相应资格的人员从事公用管道的安全管理、操作和维修工作。 (b)公用管道安全管理人员和操作人员应当经安全技术培训和考核。 (c)使用单位已经建立安全管理制度，对公用管道的安全管理内容做出了明确规定并有效实施。 (d)使用单位已建立公用管道技术档案和公用管道标识管理办法。 (e)使用单位的压力管道安全管理人员和操作人员能够严格遵守有关安全法律、法规、技术规范、标准和企业的安全生产制度。 5 公用管道的使用单位应具备： (a)事故预防方案（包括应急措施和救援方案）。 (b)巡线检查制度。 (c)根据要求要建立抢险队伍，并且定期演练。 6 运行维护制度 燃气管道的运行与维护应制定下列管理制度和操作规定运行和维护管理制度应明确对燃气管道进行巡查、检查的周期。并应做好巡查、检查记录，在巡查、检查中发现问题应及时上报并采取有效的处理措施。 7 对地下燃气管道的巡查应包括下列内容： (a)在燃气管道设施的安全保护范围内不应有土壤塌陷、滑坡、下沉、人工取土、堆积垃圾或重物、管道裸露、种植深根植物及搭建建（构）筑物等。	852 配气管道的维修 852.1 巡线 应在需要观察可能影响安全操作的各种因素的地区进行配气总管的巡线。在进行施工活动的地区，外露的管线和支承受到外界损坏及由于自然原因可能造成管线损害的地区均应考虑巡线。巡线频率应根据那些能够引起管线损坏或漏气的条件及危及公共安全的严重程度确定 852.2 漏气调查 拥有配气系统的每家作业公司，均应在操作和维修计划中制定对系统进行定期漏气调查的措施 852.21 所选用的调查方法应能有效地发现漏气隐患。以下所列为可供使用的几种方法： (a)地面气体检测调查； (b)地下气体检测调查（包括钻孔调查）； (c)植物调查； (d)压降试验； (e)鼓泡漏气试验； (f)超声波漏气试验。各种调查和漏气检测方法的详细描述示于附录 M。 852.22 漏气调查的范围和频率应根据如下因素确定（略） 852.3 漏气的研究和行动 852.31 漏气的分级和修理。经调查或研究确定的漏气部位宜按附录 M 中 M5 规定的准则进行评定、分级和控制。在采取任何修理行动前，宜先确定漏气点的精确位置，并且在确认不会立刻发生危险或已采取如疏散	192.605 操作、维护和应急程序手册 (a)概述。每个经营者都应对每条管道制定并执行用于指导操作和维修、用于应急响应的书面程序手册。对于输气管道，该手册还必须包括处理非正常操作的程序。经营者必须对手册进行审查和修订，间隔时间不超过 15 个月，但每个日历年度至少一次。该手册的制定必须在管道系统开始运行之前完成。手册中的相关部分必须保存在进行操作和维修活动的地方。 (b)维护和正常操作。为了维护和操作的安全，提出应急程序手册的要求。 (c)异常操作。对于输气管道，本节(a)款规定的手册必须包括以下内容的程序，以便在超过操作设计限制时提供安全。 (d)安全状况报告。 (e)监测、应急反应和事故调查。 192.616 公众教育所有经营者都应制定进行不断教育的计划，使用户、公众、有关政府部门机构和从事相关挖掘活动的人员能够辨别输气管道事故，并向经营者或有关政府官员报告。该计划和所用媒体必须全面，尽可能涉及经营者供气的所有地区。编制计划的语言必须为英语，或经营者所在地绝大多数和集中的非英语人口都能理解的其他语言。 192.751 意外着火的预防 所有经营者都应采取措施，把任何结构物中因气体存在引起的火灾或爆炸意外着火的危险降至最低。

续表 29-10

要素	中国标准要求	美国 ASME B31.8—999	美国 CFR 49 Part 192
使用	(b)管道沿线不应有燃气异味、水面冒泡、树草枯萎和积雪表面有黄斑等异常现象或燃气泄出声响等，如有上述现象应查明原因并及时处理。 (c)对穿越跨越处、斜坡等特殊地段的管道，在暴雨、大风或其他恶劣天气过后应及时巡查。 (d)在燃气管道安全保护范围内的施工，其施工单位在开工前应向城镇燃气供应单位申请现场安全监护。对有可能影响燃气管线安全运行的施工现场，应加强燃气管线的巡查与现场监护，可设立临时警示标志；施工过程中造成燃气管道损坏、管道悬空等，应及时采取有效的保护措施。 (e)对燃气管道附件丢失或损坏，应及时修复。 8　地下燃气管道的泄漏检查应符合下列规定： (a)高压、次高压管道每年不得少于1次。 (b)PE管或设有阴极保护的中压钢管，每两年不得少于1次。 (c)铸铁管道和没有设阴极保护的中压钢管，每年不得少于2次。 (d) 新通气的管道应在24h之内检查1次，并应在通气后的第一周进行1次复查。 9　地下燃气管道的检查应符合下列规定： (a)泄漏检查可采用仪器检测或地面钻孔检测，可沿管道方向和从管道附近的阀门井、窨井或地沟等地上(下)建构筑物检测。 (b)对燃气管道设置的阴极保护系统应定期检测，并应做好记录；检测周期及检测内容应符合国家现行标准CJJ 95—2003《城镇燃气埋地钢制管道腐蚀控制技术规程》中第8.2节的有关要求。 (c)在役管道防腐涂层检查和维护的周期、方法与内容应符合现行CJJ 95—2003《城镇燃气埋地钢质管道腐蚀控制技术规程》中第8.1节的有关要求。 (d)应对沿PE管道敷设的可探示踪线及信号源进行检测。 (e)运行中的钢制管道第一次发现腐蚀漏气点后，应对该管道选点检查其防腐涂层及腐蚀情况，并应针对实测情况制定运行、维护方案；钢制管道埋设20年后，应对其进行评估，确定继续使用年限，制定检测周期，并应加强巡视和泄漏检查。 10　安全防护 (a)在燃气管道设施的安全控制范围内进行爆破工程时，应对燃气管道设施采取安全保护措施。 (b)对架空敷设的燃气管道应有防碰撞保护措施和警示标志；应定期对管道外表面进行防腐蚀情况检查和维护	人员、封锁该区域、重新安排交通线路，消除火源、排空或停止气体流动等紧急措施而得到控制之后。宜遵从附录M中M6提供的精确定点指南。 852.32　外来报告的研究 852.33　来自异源的气味或迹象	这些措施包括： (a)当气体放空的量达到危险程度时，必须将潜在的火源撤离该区域，且必须配备灭火器。 (b)不得在含有气体和空气易燃混合物工作区内的管道或管道部件上实施电、气焊接或切割作业。 (c)在相关地方张贴警示标志

七、定期检验(表 29-11)

表 29-11

要素	中国法规标准规定	美国 ASME B31.8—1999	美国 CFR 49 Part 192
定期检验	1 根据《特种设备安全监察条例》的规定:特种设备使用单位应当按照安全技术规范的定期检验要求,在安全检验合格有效期届满前1个月向特种设备检验检测机构提出定期检验要求。 2 检验检测机构接到定期检验要求后,应当按照安全技术规范的要求及时进行检验。 3 未经定期检验或检验不合格的特种设备不得继续使用。 4 特种设备使用单位设立的特种设备检验检测机构,经国务院特种设备安全监督管理部门核准,负责本单位一定范围内的特种设备定期检验工作。 5 特种设备检验检测工作应当符合安全技术规范的要求。 6 特种设备检验检测机构进行特种设备检验检测,发现严重事故隐患,应当及时告知特种设备使用单位,并立即向特种设备安全监督管理部门报告		外腐蚀控制:监测 (a)对每条处于阴极保护下的管道,每个日历年度必须至少测试一次,但间隔时间不得超过 15 个月,以确定阴极保护是否满足 192.463 条的要求。但是,对于干管或输气干线中分开保护的长度不超过 100ft(30m)的短管段,或分开保护的用户支线,如果无法按这种间隔时间进行测试时,可进行抽样调查。每个日历年度必须对受保护结构至少 10%进行调查,调查点分布在整个系统,下一年又对另外 10%进行调查,这样,每 10 年期间整个系统都能得到调查。 (b)对阴极保护整流器或其他强制电流电源,每个日历年度必须检查 6 次,但间隔时间不得超过 2 个半月,以确保它们正常运行。 (c)每个逆向电流开关,每个二极管和每个干扰跨接,它们的故障可能会危及结构的保护,对它们每个日历年度必须进行 6 次电气检查,检查性能是否正常,但间隔时间不得超过 2 个半月。对每个其他的干扰跨接,每个日历年度必须至少检查一次,但间隔时间不得超过 15 个月。 (d)所有经营者都必须采取迅速的补救措施,纠正检查中发现的任何缺陷。 (e)在 192.455(b)、(c)和 192.457(b)款所要求的初步评估后,所有经营者都应以不超过 3 年的间隔,按本节要求,重新评估未保护管道,并对发现腐蚀活跃区域内的管道实施阴极保护。经营者应通过以下方法确定腐蚀活跃范围:电测法或在不能进行电测的地方,通过研究腐蚀和泄漏历史记录的方法;泄漏探测法或其他方法。 192.721 配气系统:巡线 (a)巡查干管的频次必须根据可能造成的故障或泄漏情况的严重程度,及其对公众安全的危害予以确定。 (b)在干管所处地方或所处结构物上,如果预计的实际移动或外部载荷可能造成故障或泄漏时,巡线必须按具体地点确定(略)。 192.723 配气管道:泄漏调查 (a)配气系统的经营者应按本条的要求定期进行泄漏调查。 (b)泄漏控制计划的形式和范围,必须根据操作特性和当地条件确定,但必须满足以下最低要求。 192.719 输气管道:修补检验 (a)更换管子的试验。如果对输气管道是采用切去其损伤部分管段后予以更换修复的,对更换的管子必须按对同一地区安装的新管道所规定的压力进行试压。可在管子安装前对其进行试压。 (b)焊接修补的试压。对按 192.713、192.715 和 192.717 条要求采用焊接方式进行的所有修补,必须按 192.241 条要求进行试压

八、各环节涉及的单位人员资格(表 29-12)

表 29-12

要素	中国法规标准要求	美国 ASME B31.8—1999	美国 CFR 49 part 192	美国 CFR 49 Part 191
人员资格	《特种设备安全监察条例》中对各环节涉及的单位人员资格规定如下： 1　资格从事公用管道的设计单位及其设计审批的工作人员必须取得国家质量技术监督局或省质量技术监督行政部门颁发的《压力管道设计证书》、《压力管道设计审批人员资格证书》，取得设计单位资格和人员资格方可从事压力管道设计及审批工作。 2　作业人员及其相关管理人员应当按照国家有关规定经特种设备安全监督管理部门考核合格，取得国家统一格式的特种作业人员证书，方可从事相应的作业或者管理工作。 3　从事特种设备的监督检验、定期检验等人员应当经国务院特种设备安全监督管理部门组织考核合格，取得检验检测人员证书，方可从事检验检测工作。 检验检测人员从事检验检测工作，必须在特种设备检验检测机构执业，但不得同时在两个以上检验检测机构执业。 4　特种设备安全监督管理部门的安全监察人员应当熟悉相关法律、法规、规章和安全技术规范，具有相应的专业知识和工作经验，并经国务院特种设备安全监督管理部门考核，取得特种设备安全监督人员证书。 国务院 412 号令：压力管道设计、制造、安装、使用、检验单位与人员资质由国家质检总局或县以上质量技术监督局负责行政许可	802.25　检验人员的资格评定，从事检验工作的人员应通过培训或实际经验或两者相结合方法审定其履行本规范有关要求和推荐做法的资格。 823　焊接工艺鉴定和焊工考核。 823.1　对在环向应力小于 20％SMYS 条件下操作的管道系统的要求。 823.2　对在环向应力等于或大于 20％SMYS 条件下操作的管道系统的要求。 823.3　焊工重评的要求　如由于某些特定原因对某一焊工的技能发生怀疑。或者该焊工 6 个月或以上未从事某种指定的焊接方法的焊接作业，则应重新评定。所有其他焊工每年至少重新评定一次。 823.4　考核记录　为审定焊接工艺所作的试验记录。在该工艺的有效使用期内应妥善保存。作业公司或承包商在施工期间应保存合格焊工考核记录，记录上应载有考核日期和试验结果	焊工资格：对每个焊工必须按 API 1104 的第 3 章或 ASME 锅炉和压力容器规程Ⅸ章的要求进行考核。对焊工的限制(略)	适用范围 (a)规定了在管道设施上执行有关任务的经营者个人资质的最低要求。 (b)有关任务是指由经营者确认的如下活动：(1)是在管道设施上进行的；(2)是一项操作或维护任务；(3)是按本章某一要求实施的；(4)能影响管道的运行和完整性。 定义：异常操作条件是指经营者判明的部件失灵或偏离正常操作的条件，它可以： (a)表现为一种超过设计范围的条件； (b)导致对人身、财产或环境的危害。 评价是指经营者制定并形成文件的、按以下任一方式确定经营者个人执行有关任务的能力： (a)书面考核； (b)口头考核； (c)工作履历审查； (d)以下期间的考察：(1)工作期间；(2)工作培训期间；或(3)模拟考核； (e)其他形式的评价 合格是指个人通过了评议并： (a)能执行所指派的相关任务； (b)能识别异常操作条件并采取措施。 资格考核计划 所有经营者都应制定并执行书面资格考核计划(略)。 记录保存 所有经营者都应保存好能证明与本节相符的各种记录。 (a)资格考核记录；(略) (b)个人执行相关任务期间，应保存好支持该个人现有资格的记录。对以前的资格证明记录和不再执行相关任务的个人的记录应当保存 5 年。

九、事故与应急救援(表 29-13)

表 29-13

要素	中国法规标准规定	美国 ASME B31.8—1999	美国 CFR 49 Part 192
事故与应急救援	1　城镇燃气供应单位应制定事故抢修制度和事故上报程序，抢修制度应包括应急预案，并根据具体情况对应急预案及时进行调整和修订。 2　应急预案应报有关部门备案并定期进行演习，每年不得少于1次。 3　城镇燃气供应单位应根据供应规模设立抢修机构，并配备必要的抢修车辆、抢修设备、抢修器材、通讯设备、防护用具、消防器材、检测仪器等装备，并保证设备处于良好状态	853.45　防止事故性操作。应采取警戒措施谨防对853.41和853.42中涉及的阀门发生事故性操作。预防措施中宜考虑防止由作业公司人员和一般群众产生的事故性操作。可能情况下所要采取的行动建议如下： (a)一般群众容易接近的布置在地面未被建筑物或围墙封闭的阀门应上锁； (b)阀室内的阀门若一般群众可以接近则也应上锁； (c)将阀门加标签，作色标或其他适当的识别方法以资识别	192.615　应急计划 (a)所有经营者都应制定书面程序，把输气管道事故造成的危害减小到最低限度； (b)所有经营者都应满足本法规的规定(略)； (c)所有经营者都应与消防、警察和其他有关政府官员建立和保持联系。 192.617　事故调查 每个经营者都应建立分析各种事故和故障的程序，必要时包括从故障设施或设备中采样进行实验室检查，以确定故障原因，把重复发生的可能性减至最低限度

第二节　中国与欧盟公用压力管道标准法规比较

一、材料(表 29-14)

表 29-14

要素	中国	欧盟
质量要求	2.1　公用压力管道管材、管道附件材料的选择应根据管道的使用条件(设计压力、温度、特性、使用地区等)、材料的焊接性能等因素确定；其性能必须符合相应管材、管件国家现行标准的规定。 2.2　管道组成材料应当符合下列各项基本要求：(略)	2　质量要求 2.1　管子、管件及部件的材料特性及施工方式都应适合所供应的燃气种类以及操作条件。 2.2　材料和产品应当符合相关的欧洲标准，若无有关标准应当符合国家标准或其他标准，且其质量符合目的要求。应考虑到气候条件对材料的影响及产生的后果。在极端气候状态下，长期工作或贮存，材料的技术性能有变坏的危险。为了获得更详细的关于材料的信息，应当查阅其有关的标准。 2.3　聚乙烯管 (a)材料和组件 PE管材通常选用SDR系列：SDR17.6和SDR11，更新时，也可选用其他SDR。 采用的PE材料和组件应符合PrEN 1555-1、PrEN 1555-2、PrEN 1555-3、PrEN 1555-4和PrEN 1555-5的要求，不包括在PrEN 1555-1、PrEN 1555-2、PrEN 1555-3、PrEN 1555-4和PrEN 1555-5中的其他组件应符合相关欧洲标准，若不存在相关标准时，应符合国家标准或者其他已有标准的要求，且应与使用目的相符。

续表 29-14

要素	中国	欧盟
管材管件要求	2.3 压力大于 1.6MPa 的燃气管道高压燃气管道采用的钢管和管道附件材料应符合下列要求： (a)燃气管道选用的钢管，应符合 GB/T 9711.1(L175 级钢管除外)以基本的质量和试验要求(A 级)规定了石油天然气工业中用于输送可燃流体和非可燃流体(包括水)的非合金钢和合金钢(不包括不锈钢)无缝钢管和焊接钢管的交货技术条件。螺纹及螺纹量规的尺寸要求、测量方法规定、量规技术要求与检定、检验螺纹的仪器、方法在 GB/T 9253.4、GB/T 9253.7 和 SY/T 5994 中给出，且适用于本标准所涉及的产品。 高压管道接口直径大于 50mm 时，应考虑接口补强。补强圈的形状应与主管道相符，并与主管道紧密贴合。 (b)输气压力小于等于 0.4 MPa(表压)的燃气管道宜采用聚乙烯燃气管、机械接口球墨铸铁管、钢管或钢骨架聚乙烯塑料复合管，并应符合下列要求： 聚乙烯燃气管应符合 GB/T 15558.1 和 GB/T 15558.2 的规定；机械接口球墨铸铁管应符合 GB/T 13295；钢管采用焊接钢管、镀锌钢管或无缝钢管时应分别符合 GB/T 3091、GB/T 8163 的规定； (c)钢骨架聚乙烯塑料复合管管材和管件应符合 CJ/T 125 和 CJ/T 126 的规定 2.4 燃气管道附件的设计和选用应符合下列规定(略)	2.4 钢管及管件 (a)材料。管子和管件应符合相关欧洲标准的要求，该标准存在或不完整时，管道运行者和制造商之间应当就最终产品的化学和机械性能、尺寸规格、制造方法或试验程序签定协议。 (b)基础材料。管子和管线组件应当用镇静钢制造，用马丁炉炼出的钢不准使用。 (c)质量。由相关标准规定的用于管线组件的质量水平应当和管线的质量水平一致。 (d)可焊性。管子和管线组件应当能够在现场条件下可靠地进行焊接。 为满足可焊性的要求，对于 SMYS(规定最低屈服强度)不超过 260MPa 等级的管子和其他管线组件的碳当量值 CE 应当小于或等于 0.45，管道运行者和制造商另有协议者除外。该值应当由制造商保证。对于所有等级的钢材，其最高碳含量不能超过 0.21%，硫和磷的最高保证值均不得超过 0.035%，或者桶样分析的二者总含量不超过 0.05%。 (e)冲击特性。如果环境条件要求材料具有可靠的冲击特性，应当参阅 EN 10208-2。 (f)检查组件的文件。对于最高运行压力小于等于 5bar 的组件应当具有符合 EN 10204 中 2.2 要求的检验合格证书。对于最高运行压力超过 5bar 的组件，应当具有符合 EN 10204 中 3.1B 要求的检验合格证书。 (g)其他钢材。除了列入 EN 10208.1 中的那些钢材外，其他类型或等级的钢材当其适用性被证实后，也可以使用。应当使用相关的标准要求，作为确定材料特性的指南。 2.5 管子和管件 (a)外径小于等于 1625mm 的钢管应符合 EN 10208-1 的要求。对外径大于 1625mm 的钢管的要求，应当由管道运行者和制造商商定。 (b)管件应符合合适的欧洲标准的要求。工厂预制的弯头和变径管的安全系数应当至少等于管子的安全系数。其他管件的安全系数应至少为 1.8。对于用直管加热成型的弯管，其曲率半径小于 1.5 倍的管外径时，如果壁厚小于在 EN 10220 结构系列 D 及最终屈服强度小于 240N/mm² 时，应当进行设计计算。 2.6 绝缘接头 (a)型式试验。对绝缘接头应当进行型式试验。 (b)强度试验。对任何绝缘付都应当进行静压试验，试验压力为 1.5 倍的组件设计压力。 (c)气密性试验。通过静压试验后，任何绝缘付都应接着进行空气压力为 5bar 的气密性试验。不应有泄漏。 (d)电气试验。任何绝缘接头都应在干燥条件下进行 1min 最低电压为 2000V 交流(50Hz)的电气试验。不应发生电晕或绝缘击穿。通过静压试验后，如果可行的，用最低为 500V 直接电压测试，在干燥情况下其电阻不应小于 0.5MΩ。 (e)检查文件。应当按照 EN 10204 中 3.1B 要求，给合格的绝缘接头签发检查合格证书。 2.7 阀门 阀门应符合相关的欧洲标准的要求，如果没有欧洲标准，可以使用一个成员国的标准。注：阀门的标准正在由 CEN/TC 69 制定中

二、设计

1. 强度理论与基本准则(表 29-15)

表 29-15

要素	中国	欧盟
强度理论基本准则	强度理论 管道强度计算的管道设计压力必须基于不小于在操作中可能遇到的最大内压或外压。装有安全泄放装置的管道,其设计压力不得低于安全阀的整定压力或者爆破片装置的最大标定爆破压力。未设计安全泄放装置或者与安全泄放装置隔离的管道,设计压力应当不低于可能产生的最大压力。管道设计温度应当是管道运行压力和温度相耦合的最严重情况下的温度。对于 0℃以下的管道,应当考虑流体及环境影响,设计温度应当取高于或者等于管道材料允许使用的最低温度	基本准则 燃气供应系统的设计目的在于安全、连续地向用户供应燃气。设计要考虑技术、操作以及保护环境和公众安全等各方面的问题。 在设计阶段,系统的各部分可分别考虑。 应当把基础数据和设计原则及与此建设的燃气供应系统有关的数据一起归档。只要该燃气供应系统还在运行,其有关资料,如:管径、材料、燃气成分、管线路由图等应随手可得,见第 5.2(EN 12007-1,13.2)

2. 安全系数(表 29-16)

表 29-16

要素	中国法规标准规定	欧盟
设计系数	1.6MPa 高压以上的高压 A 级与 B 级管线根据地区级别分别定出一般情况下的设计系统,同时,还有专门针对穿越等的设计系统规定	1 聚乙烯管 燃气供应系统最高工作压力(MOP)小于等于 10bar 时,应选用两个常用的 PE 管 SDR 系列,SDR17.6 和 SDR11。其他 SDR 也可选用,如管道更新。 燃气供应系统的管材选用聚乙烯管时,应满足下列条件: 1.1 总设计系数验证: 总设计系数 C 应当用标准中的公式计算,其值应低于或等于 2,该系数 C 考虑了工作条件及管线组件的特性。公式中的部分取值在 PrEN 1555-5 中列出。 1.2 RCP 准则验证 临界 RCP 压力是在一定的参数温度下 PE 管发生快速裂纹传播压力和。P_{RCP} 与 MOP 之比应大于等于 1.5。 RPC 准则是临界 RCP 压力,取决于管子口径和材料,应当按 PrEN 1555-2 确定。 临界 RCP 压力基于温度 0℃。 当管子的温度低于 0℃时,应当使用管子预期最低运行温度下的 RCP 压力值,按 PrEN 1555-5 的要求重新计算 P_{RCP}/MOP 比值。如果需要的话,应当降低 MOP 以维持 P_{RCP}/MOP 大于等于 1.5。 2 钢管及管件 钢管外径小于等于 1625mm 时,应符合 EN 10208-1 的规定,外径大于 1625mm 时,由管道运行者和制造商商定。 2.1 钢管 2.1.1 主管 当管子公称壁厚大于或等于标准中的给出值时,从内力角度考虑,不需进行应力计算

3. 计算公式(表 29-17)

表 29-17

要素	中国	欧盟
计算公式	最高压力大于或等于 0.1MPa 的燃气管道属于公共压力管道,公共压力管道的设计、制造、安装等监察、检验应符合《压力管道安全管理与监察规定》,而燃气管道的工艺设计应按 GB 50028 和 GB 50251 的有关要求执行。 计算公式 GB 50028《城镇燃气设计规范》和 GB 50251《输气设计规范》均规定:输气压力大于 0.4 MPa(表压)的燃气管道应采用钢管,管道直管计算壁厚应按式标准中给定的公式计算。 输气压力大于 0.4 MPa(表压)不大于 1.6 MPa(表压)的燃气管道的壁厚除按公式计算外,最小公称壁厚不应小于标准中的规定。 输气压力大于 1.6 MPa(表压)但不大于 4.0 MPa(表压)的高压输气管道强度计算应按 GB 50028 的规定执行,输气管道的强度设计系数(F)应符合标准中的规定	在某些特定条件下,使用管道壁厚大于标准中给出值时应当注意。 如果考虑使用壁厚小于标准中给定值时,应当进行设计计算。 承受内压的最小壁厚按标准中的公式计算: EN 10208-1 中规定的壁厚按计算最小壁厚再加上低壁厚裕度

4. 设计主要规定(表 29-18)

表 29-18

要素	中国标准规定	欧盟
城镇燃气管道的敷设的有关规定	地下燃气管道与建筑物、构筑物或相邻管道之间的水平净距应符合 GB 50028 的规定。 地下燃气管道与构筑物或相邻管道之间垂直净距,应符合 GB 50028 的规定。 压力大于 1.6MPa(表压)但不大于 4.0MPa(表压)一级或二级地区地下燃气管道与建筑物之间的水平净距不应小于 GB 50028 表 7 的规定;三级地区地下燃气管道与建筑物之间的水平净距不应小于 GB 50028 表 8 的规表。 GB 50028 对燃气管道敷设位置的规定:地下燃气管道不得从建筑物和大型构筑物的下面穿越。 地下燃气管道埋设的深度(路面至管顶)应符合: (a)埋设在车行道下时,不得小于 0.9m; (b)埋设在非车行道(含人行道)下时,不得小于 0.6m; (c)埋设在庭院(指绿化地及载货汽车不能进入之地)内时,不得小于 0.3m; (d)埋设在水田下时,不得小于 0.8m。	在对管道流量设计方面至少应考虑,但不限于如下几个方面: (a) 燃气成分(略)。 (b) 实际和预计用户的位置和数量,预计用户类型、用气方式和当地气候条件。在确定设计流量时,应考虑用气需求的多样性。 (c) 要采用的运行参数如(略)。 (d) 管径计算公式。根据压力范围从经常使用的公式中选择。燃气网络复杂时,采用合适的计算机程序。在设计过程中上述确定的参数应当被明确指出。 (e)对特殊的工业用户,应了解其燃气流量的动态变化。 防腐蚀 对埋地钢质主管、用户支线和埋地的用户入口装置应当予以保护,防止外腐蚀。其方法应采用被动法,若需要的话,采用主动法。 被动法使用的连续涂层应当有合适的电阻值和与金属的附着力,不透水,空气与土壤中含的物质呈化学惰性,具有塑性,且在管道安装和运行温度条件下,具有足够的强度。 管线运行者选择被动法防腐时,应当符合埋地管线预期寿命周期要求。 当钢管放置在金属套管内时,应采取防腐蚀措施,保护管道和套管。对于塑料管的金属套管,也应采取适当的保护措施,限制对环境的影响

三、安装维修改造(表 29-19)

表 29-19

要素	中国标准规定	欧盟
安装	1 安装一般要求 CJJ 33《城镇燃气输配工程施工及验收规范》的规定，施工时必须按设计文件进行，如发现施工图有误或在施工的燃气设施与其他市政设施的安全距离不能满足国家现行标准 GB 50028《城镇燃气设计规范》时，不得自行更改，应及时向建设单位或设计单位提出变更设计要求，修改设计或材料代用应经原设计部门同意。 2 埋地燃气钢管敷设 2.1 管道应在沟底标高和管基质量检查合格后，方可安装。 2.2 管材、管件及设备在安装前应按设计要求核对无误，并应进行外观检查，其内外表面应无疤痕、裂纹、严重锈蚀等缺陷方准使用。 2.3 设计文件要求进行低温冲击韧性试验的材料，供货方应提供低温冲击韧性试验结果的文件，否则应按 GB/T 229 的要求进行试验，其指标不得低于规定值的下限。 2.4 钢管的材质、规格、压力等级、加工质量应符合设计规定。 2.5 钢制管件的几何尺寸允许偏差应符合国家现行标准 GB 12459 的规定。 2.6 管道的切割及坡口加工宜采用机械方法，当采用气割等热加工方法时，必须除去坡口表面的氧化皮，并进行打磨。 2.7 焊接材料的选用、保管及使用必须符合 GB 50235 的规定并可按以下原则确定：同种钢管材料焊接时，焊接材料的金属机械性能和化学成分应与母材相当，工艺性能良好；异种钢管材料焊接时，焊接材料可按合金含量较低一侧的管材选用。 2.8 对于设计压力大于或等于 1.6MPa 的配气管道的焊接工程，应进行焊接性能试验和焊接工艺评定。 2.9 坡口应符合 GB 50235 的有关规定。 2.10 焊接应符合下列要求： (a)燃气钢管的焊接应采用全焊透的焊接结构(包括永久性内堵板)；对于设计压力大于或等于 1.6MPa 及管道壁厚大于 6mm 的管道应采用多层焊接。施焊时，层间熔渣应清除干净，并进行外观检查，合格后方可进行下一层焊接。	Ⅰ 施工安装通用规则 1 总则 在运输、贮存和装卸之后，现场组装之前，应当对管子、管子涂层和管件的质量进行检查。在组装敷设之前，应检查所有管子和管件，看是否有不畅或堵塞。 主管和用户支管的敷设应当只用有资格的人员，施工安装所需的设备，应符合相关标准。 当敷设埋地主管和用户支线时，其埋深应考虑一些因素，这些因素包括，但不限于如下内容：气候条件；燃气成分；受第三方损害的可能性；土壤性质；其他埋地装置的位置；其他埋地障碍物的位置；交通负荷；敷设技术；最高运行压力。 管沟的底部不应有任何可能损坏管道或其外涂层的尖锐物体。如果不可能做到，则管子应当用适当方法保护，如碎石粉、砂子或其他机械保护。燃气供应系统建设过程中的开挖部分应当适当地回填，按当地要求复原，重修道路，人行道。 在敷设期间，回填之前，对管道及保护性涂层应进行缺陷检查，必要时进行修理。 2 与现有系统连接 应当对现有系统进行检查，找到准备进行连接的部位。 在连接的设计和施工中应考虑到现有管道系统材料的任何特殊要求。EN 12007-2，EN 12007-3 和 EN 12007-4 给出了燃气供应系统基础材料方面的专门的注意事项。 3 压力试验 管道的运行者应当负责确保，新系统开工之前用适当的压力进行压力试验。 验证主管和用户支线的完整性的压力试验规程应当由管道运行者从 EN 12327 中选择适合于管径、材料、试验条件下体积和 MOP 下的试验压力。 使用 CTP 等于 STP，强度试验和气密性试验可以结合进行。 压力试验应当由有资格的人员进行。可以由管道运行者授予资格也可以由权威机构授予。如果试验介质气用空气或隋性气体，应当考虑采取特殊措施，保护人身和财产安全。当进行了压力试验或者有第三方见证，应当提供确认书，说明燃气供应系统的有关部分是按照相关标准和/或实施细则敷设的。压力试验记录应有详细的日期和结果。压力试验，气压和水压试验的方法和程序由 EN 12327 给出。 4 开工和停工 系统应按 EN 12327 要求进行开工和停工。主管和支线的开工和停工应当考虑到其压力范围、容积、分支程度及燃气成分等选择合适的操作步骤，这些工作和操作应当认真计划，

续表 29-19

要素	中国标准规定	欧盟
安装	(b)对于要求热处理的焊缝,应按焊接工艺指导书的要求进行焊前预热及焊后热处理。预热方法要保证加热均匀,并在施焊期间温度不降至规定的最低值; (c)管道焊接完成后,强度试验及气密性试验之前,必须对所有焊缝进行外观检查和按设计要求的抽检数量对焊缝内部质量进行检验,外观检查应在内部质量检验前进行。 (d)设计文件规定焊缝系数为 1 的焊缝或设计要求进行 100% 内部质量检验的焊缝,其外观质量不得低于 GB 50236 表 11.3.2 中Ⅱ级焊缝标准;对内部质量进行抽检的焊缝,其外观质量不得低于表 11.3.2 中 Ⅲ 级焊缝标准。 (e)焊缝内部质量应符合下列要求: 设计文件规定焊缝系数为 1 的焊缝或设计要求进行 100% 内部质量检验的焊缝,焊缝内部质量射线照相检验不得低于 GB/T 12605 的Ⅱ级焊缝要求;超声波检验不得低于的Ⅰ级焊缝要求; 对内部质量进行抽检的焊缝,焊缝内部质量射线照相检验不得低于 GB/T 12605 的Ⅲ级焊缝要求;超声波检验不得低于 GB 11345 的Ⅱ级焊缝要求。 2.11 对埋地城镇燃气钢质管道必须进行外防腐。其防腐设计应符合 CJJ 95、SY 0007 的规定。防腐层绝缘电阻不应小于 10 000Ω·m²。 下沟前必须对防腐层进行 100%的外观检查和电火花检漏;回填前应用防腐层检漏仪再进行 100%电火花检漏,不合格必须返工,并对返工部位检漏至合格。 3 埋地室外球墨铸铁管敷设 3.1 使用橡胶密封圈密封时,其性能必须符合燃气输送管的使用要求。 3.2 将管道的插口端插入到承口内,并紧密、均匀的将密封胶圈按进填密槽内,橡胶圈安装就位后不得扭曲。在连接过程中要保持承插接口环形间隙应均匀,其值及允许偏差应符合标准的规定。 3.3 螺栓宜采用可锻铸铁,如采用钢螺栓时,必须采取防腐措施。 4 埋地聚乙烯管道敷设 聚乙烯燃气管道的设计施工与验收应符合现行标准 CJJ 63《聚乙烯燃气管道工程技术规程》。聚乙烯燃气管道安装过程中,可对接头抽样,按 GB 15558.2、GB/T 6111 进行短静液压试验,检验接头的可靠性;连接结束后,应进行外观质量检查,不合格的必须返工,并重新进行外观质量检查,直到合格为止。	若需要的话,应当写出书面的操作步骤及安全计划。 所有开工和停工的工作都应当由管道运行者授予的有资格的人员承担,并批准将主管用于供气。 管道运行者应当采取所有合理的步骤,确保提前通知受影响的终端用户。 Ⅱ PE 管的施工 1 贮存、装卸和运输 管子、管件和其他组件在运输、装卸和贮存过程中应小心,确保其特性和状态不受那些环境因素的影响而改变,避免受到实质性损坏或变形。 对管子和管件应当进行检查,表面缺陷深度大于 10%公称壁厚时,不应使用。 EN12007-2 附录 A 给出了 PE 管贮存、装卸和运输的更详尽的指导。 2 连接(略) 3 敷设 在全部敷设过程中应当小心,防止管子和管件受损。 PE 管改变方向时应当用预制弯头或在其挠性限度内拐弯,当拐弯半径大于等于 25×dn 时,可以利用管子的自然挠性拐弯,当拐弯半径更小时,根据 SDR 和材料特性,操作经验和好的工程实践处理。 当使用支撑管时,燃气管应全部被支撑或者装上支撑环,在燃气管进出支撑管处应避免与锋利边口接触,防止燃气管受损。 4 与现有系统的连接(略) 5 质量控制 PE 管、管件及相关设备在安装前应进行检查。敷设过程中应当按照管道运行者批准的规程对接头进行目视检查,可以让做接头的人员进行检查。EN 12007-2 附录 B 给出了检查方法的更详尽的信息。 Ⅲ 钢管施工 1 管子连接:管子和管线组件应尽量采用焊接连接。从事连接的工作人员应胜任其连接工作。焊接接头,焊接应按 PrEN 12732 的要求进行。 2 施工记录 最高运行压力超过 5bar 的管道的焊接和敷设工作都应有记录 。在管道的使用周期内,记录都应当被保存。 3 打孔、支撑和冲击开挖,当采用打孔、支撑和冲击开挖操作时,应当注意防止管道涂层被破坏。沉降问题也应考虑。PrEN1594 给出了进一步指南。

续表 29-19

要素	中国标准规定	欧盟
安装	5 管道附件、设备及阀门的安装应按 CJJ 33 执行。 6 试验与验收 设计压力不大于 4.0MPa 的城镇燃气输配工程的施工及验收应按 CJJ 33 中的有关规定执行。管道安装完毕后应依次进行管道吹扫、强度试验和严密性试验。 7 维修改造 7.1 日常维修 CJJ 51 对燃气管道的日常维修做出如下的规定。 7.1.1 使用带压开孔、封堵设备在燃气管道上接支管或对燃气管道进行维修更换等作业时，应根据管道材质、输送介质、敷设工艺状况、运行参数等选择合适的开孔、封堵设备及不停输开孔、封堵施工工艺，并制定作业方案。 7.1.2 作业前应对施工用管材、管件、密封材料等做复核检查，对施工用机械设备进行调试。 7.1.3 在不同管材、不同管径、不同运行压力的燃气管道上首次进行开孔、封堵作业时应进行模拟试验。 7.1.4 带压开孔、封堵作业必须按照操作规程进行，并应遵守下列规定(略)。 7.1.5 在对 PE 管道进行开孔、封堵作业时除应遵守以上部分有关规定外还应符合下列要求(略)。 7.1.6 燃气设施维护的资料应包括下列内容：(a)维修、检修、更新和改造计划；(b)维修记录和重要设备的大、中修记录；(c)管道和设备的拆除、迁移和改造工程图档资料。 7.2 事故时维修(抢修) 7.2.1 燃气设施泄漏的抢修宜在降低燃气压力或切断气源后进行。 7.2.2 抢修作业时，与作业相关的控制阀门必须有专人值守，并监视其压力。 7.2.3 当抢修中暂时无法消除漏气现象或不能切断气源时，应及时通知有关部门，并做好事故现场的安全防护工作。 7.2.4 处理地下泄漏点开挖作业时，应符合下列规定(略)。 7.2.5 铸铁管泄漏抢修时，除应符合上述条款规定外，还应符合下列规定(略)。 7.2.6 当 PE 管道发生断管、开裂、意外损坏时，抢修作业应符合下列规定(略)。 7.2.7 燃气设施维护、检修或抢修作业完成后，应进行全面检查；合格后应进行置换作业。 7.2.8 置换作业应符合下列规定(略)。 7.2.9 燃气设施置换合格恢复通气前，应进行全面检查符合运行要求后，方可恢复通气。 7.2.10 抢修工程的记录应包括下列内容：(a)事故报警记录；(b)事故发生的时间、地点和原因等；(c)事故类别(中毒、火灾、爆炸等)；(d)事故造成的损失和人员伤亡情况；(e)参加抢修的人员情况；(f)抢修工程概况及修复日期	4 应当按照管道运行者的技术要求对管道涂层和现场涂覆的接头进行检查。在回填和夯实管沟后，应对涂层的完整性进行检查。例：使用 Pearson 或类似检测系统。 Ⅳ 开工和停工(略) Ⅴ 泄漏检查与跑气报告 管道运行者应当组织有资格的人员使用适当方法进行系统地、周期性的泄漏检查。检查的频率应取决于下列因素(如果适用的话)：燃气供应系统相关部分的特性及使用年限；是否存在第三方施工；人口密度；燃气供应系统的泄漏历史；土壤性质和气候影响。 Ⅵ 维修 为了保证运行的安全性和连续性，管道运行者应当建立一个维修部门，负责所有的维修任务，使系统安全运行。阴极保护应定期检查，包括检查保护设备，检查被保护的燃气供应系统的自由电位。 Ⅶ 管道更新 最高运行压力高达 16bar 的管道系统的更新技术选择应当由有资格的人员担任。材料、规格和组装技术的选择应当是管道运行者的责任，并符合 EN 12007-1 的要求。燃气供应系统中 PE 管的设计指导见 EN 12007-2。燃气供应系统中钢管的设计指导见 EN 12007-3。要更新的系统升级是管道运行者的责任，且应遵循相关规程。更新系统的最高运行压力(MOP)应受到系统最薄弱点的限制。 Ⅷ 压力升级 燃气供应系统的更新可以是最高运行压力升级计划的一部分。有些更新技术导致管径变小，因此，有必要提高压力，以维持系统的输气流量。 MOP 的升级是管道运行者的责任，他应当保证所有管道组件在强度和气密性方面能承受新的压力水平。 Ⅸ 向第三方咨询 当制定燃气供应系统更新工程计划时，应当与系统附近其他装置的所有者和道路当局联系。与计划施工的工程有关任何相邻装置的有关信息都应当从第三方那里收集到

四、使用（表 29-20）

表 29-20

要素	中国法规标准规定	欧盟
使用	1 使用公用管道的单位和个人，应当按《压力管道使用登记管理规则》的规定在省级质量技术监督行政部门或其授权的市（地级）级质量技术监督行政部门办理公用管道使用登记。 2 公用管道的使用登记证由省级质量技术监督行政部门或其授权的市（地级）级质量技术监督行政部门负责。 3 公用管道可分区域填报使用注册登记汇总表。 4 公用管道使用登记应当符合下列条件： (a)使用单位应当贯彻执行《压力管道使用登记管理规则》和有关压力管道安全的法律、法规、国家安全技术规范和国家现行标准；配备满足公用管道安全所需求的资源条件，建立健全公用管道安全管理体系，在管理层设由一名人员负责公用管道安全管理工作。派遣具备相应资格的人员从事公用管道的安全管理、操作和维修工作。 (b)公用管道安全管理人员和操作人员应当经安全技术培训和考核。 (c)使用单位已经建立安全管理制度，对公用管道的安全管理内容做出了明确规定并有效实施。 (d)使用单位已建立公用管道技术档案和公用管道标识管理办法。 (e)使用单位的压力管道安全管理人员和操作人员能够严格遵守有关安全法律、法规、技术规范、标准和企业的安全生产制度。 5 公用管道的使用单位应具备：事故预防方案；巡线检查制度。 6 运行维护制度 燃气管道的运行与维护应制定下列管理制度和操作规定运行和维护管理制度应明确对燃气管道进行巡查、检查的周期。并应做好巡查、检查记录，在巡查、检查中发现问题应及时上报并采取有效的处理措施。 7 对地下燃气管道的巡查应包括下列内容： (a)在燃气管道设施的安全保护范围内不应有土壤塌陷、滑坡、下沉、人工取土、堆积垃圾或重物、管道裸露、种植深根植物及搭建建（构）筑物等。 (b)管道沿线不应有燃气异味、水面冒泡、树草枯萎和积雪表面有黄斑等异常现象或燃气泄出声响等，如有上述现象应查明原因并及时处理。 (c)对穿越跨越处、斜坡等特殊地段的管道，在暴雨、大风或其他恶劣天气过后应及时巡查。	1 总则 应当考虑在燃气供应系统的适当地点安装装置，记录燃气压力。 管道运行者应当确保以适当的手段维持燃气加臭浓度、系统压力，保证系统安全。 2 记录系统及可跟踪性 管道运行者应当为安装的主管建立一套记录系统，在整个运行期间保持不断更新。系统可以包括，但不限于下列内容：燃气成分；初始施工、试验和开工数据；路由；任何相关的通行权和进出权详情；主管在局部位置的不标准埋深；管线特性、阀门和调压站；用于运行和维修的虹吸管和其他集成到系统的装置。 应具备装置定位所须数据，并可向感兴趣的公用部门或当地管理部门提供。 管道运行者应当有用户支线定位的手段。 3 运行中心 为了确保安全连续地运行，管道运行者应当建设供气网络的连续监视和控制设施。管道运行者应当告知所有主管部门与运行中心联系的办法。 运行中心应当有足够的通信手段通知自己的工作人员，必要的话，通知公共安全部门，在紧急事故时能在最短的时间内采取安全措施。管道运行者有责任向任何主管部门提供在发生运行事故时，采取的措施和确保安全的手段。 4 管道运行者的施工 当燃气供应系统计划施工时，管道运行者应当与其附近的其他有关装置的运行者和其他有关组织进行联系，搜集与施工有关的数据，做施工计划。应当向现场施工人员提供附近有关装置的详情及特别的安全注意事项，以保护这些装置，还应当提供紧急事故呼叫的电话号码。 根据成员国的要求，在施工过程中，工作人员及公众的健康和安全应予以保证。 如果准备进行的施工会中断燃气供应，管道运行者应当作出适当的准备，通知受影响的消费者，以便他们可以做好适当准备，确保停气期间及恢复正常供应时的安全。 应当告知有关道路使用者施工安排时间表和施工各阶段对道路的影响。根据成员国或者当地的有关当局的要求，应当发出通告，说明即将进行的施工从计划到完工的各个阶段。 5 第三方施工 根据成员国的法定要求，第三方任何可能影响燃气供应系统的施工都应提前通知管道运行者。通知应尽早发出，至少应在一个法定时间界限以内。在任何法定时间界限以内的通知中，还应给出实际开工时间。

五、各环节涉及的单位人员资格(表 29-21)

表 29-21

要素	中国法规标准规定	欧盟
人员资格	《特种设备安全监察条例》中对各环节涉及的单位人员资格规定如下： 1 从事公用管道的设计单位及其设计审批的工作人员必须取得国家质量技术监督局或省质量技术监督行政部门颁发的《压力管道设计证书》、《压力管道设计审批人员资格证书》，取得设计单位资格和人员资格方可从事压力管道设计及审批工作。 2 作业人员及其相关管理人员应当按照国家有关规定经特种设备安全监督管理部门考核合格，取得国家统一格式的特种作业人员证书，方可从事相应的作业或者管理工作。 3 从事特种设备的监督检验、定期检验等人员应当经国务院特种设备安全监督管理部门组织考核合格，取得检验检测人员证书，方可从事检验检测工作。 检验检测人员从事检验检测工作，必须在特种设备检验检测机构执业，但不得同时在两个以上检验检测机构执业。 4 特种设备安全监督管理部门的安全监察人员应当熟悉相关法律、法规、规章和安全技术规范，具有相应的专业知识和工作经验，并经国务院特种设备安全监督管理部门考核，取得特种设备安全监督人员证书	1 主管机构：由成员国授权用来保证管道运行者实现本标准和其他相关标准要求的实体。 2 管道运行者：有权设计、施工运行和维修燃气供应系统的私人或公众组织。 要取得一贯的，合适的质量管理标准，管道运行者应当有组织方面的、运行方面的及行政管理的规程来保证安全地、技术性地进行各种活动。管道运行者应当有适当的技术审计、安全审计和运行评价系统来保证所形成的规程和培训项目能持续满足对用户义务。这些应包括所取得的经验。 3 有资格人员：经过培训、实践，被批准进行与燃气供应系统有关活动的人

六、事故与应急救援(表 29-22)

表 29-22

要素	中国法规标准规定	欧盟
事故与应急救援	城镇燃气供应单位应制定事故抢修制度和事故上报程序，抢修制度应包括急预案，并根据具体情况对应急预案及时进行调整和修订。 1 应急预案可包括下列主要内容： (1)基本情况； (2)危险目标及其危险特性、对周围的影响； (3)危险目标周围可利用的安全、消防、个体防护的设备、器材及其分布； (4)应急救援组织机构、组织人员和职责划分； (5)报警、通讯联络方式； (6)事故发生后应采取的处理措施； (7)人员紧急疏散、撤离； (8)危险区的隔离； (9)检测、抢险、救援及控制措施； (10)受伤人员现场救护、救治与医院救治； (11)现场保护； (12)应急救援保障； (13)预案分级响应条件； (14)事故应急预案终止程序； (15)应急培训和应急救援预案演练计划； (16)附件。 2 应急预案应报有关部门备案并定期进行演习，每年不得少于1次。 3 城镇燃气供应单位应根据供应规模设立抢修机构，并配备必要的抢修车辆、抢修设备、抢修器材、通讯设备、防护用具、消防器材、检测仪器等装备，并保证设备处于良好状态	1 事故 管道运行者应当建立一套重大事故或危险发生的记录系统。 主管部门应当能查看、访问记录。至少下列信息应当记录下来： ——事故种类； ——发生的日期和地点； ——导致事故的原因； ——事故造成的影响； ——处理事故，恢复到安全状态所采取的措施。 此外，管道运行者还应当及时地通知其他管理部门、公用设施部门或者有关抢险服务部门，燃气供应系统附近的损坏情况，这种损坏可能直接或间接地危及人身或财产安全。 2 应急计划及预案 管道运行者应当建立、试验和更新内部的应急预案，以便及时处理在供气中可能发生的事故，预案应包括如下内容：应急预案的制定单位，实施单位和现场协调单位；燃气成分；与燃气供应系统有关的监视、报警设施；运行中心收到早期报警的安排及提醒和召唤程序；负责协调工作的当地或国家机构的名称；执行预案所需资源的协调安排；根据燃气成分，事故的性质和规模，所需有资格的人员和设备资源情况；如需要的话各种比例的地图的可得性。 应急计划还应包括一个后期工作，研究事故原因。提出目前阶段的改进措施，防止事故再次发生。管道运行者应当派有资格人员推动此项工作，在预案发生增补时，及时告诉他们

第三节　中国与澳大利亚公用管道标准比较

本节对 GB 50028—2006《城镇燃气设计规范》、CJJ 33—2005《城镇燃气输配工程施工及验收规范》与加拿大公用管道标准 AS 1697—2005《气体钢质管道系统安装与维护》进行比较。

一、GB 50028《城镇燃气设计规范》与 AS1697《气体钢质管道系统安装与维护》

1. 命名、适用范围和不适用范围

GB 50028 适用于压力不大于 4.0MPa(表压)的城镇燃气室外输配燃气工程的设计。

AS 1697 适用于压力不大于 1050kPa，管材运行温度在－30℃～120℃的民用、商业用或工业用管道；AS 1697 还规定了管道的环向应力不大于该管道系统的最小屈服应力的 20%；此外 AS/T 还规定了管道不适用范围。

2. 管道压力分级

GB 50028 规定城镇燃气管道应按燃气设计压力分为高压 A、高压 B、次高压 A、次高压 B、中压 A、中压 B、低压 7 级。

AS 1697 规定了管道运行压力分为低压、中压、高压三类。

3. 管材与管构件

GB 50028 分别规定了压力不大于 1.6MPa 的室外燃气管道和压力大于 1.6MPa 的室外燃气管道采用的管材应遵守的标准规范，在压力大于 1.6 MPa 的室外燃气管道部分阐述了燃气管道附件的设计和选用应符合的规定。

AS 1697 更为详细的规定了燃气管道的管材及管件应遵守的标准规范，在管件中分类阐述了管道、配件、阀门、法兰、调压器、垫圈、螺栓连接等的相关规定，AS 也规定了钢管的材质并进行了详细的规定，但是所有规定都只是针对压力不大于 1050kPa 的燃气管道且燃气温度在－30℃～120℃。

4. 设计

GB 50028 只是简单的给出钢质燃气管道不应小于的最小公称壁厚，地下燃气管道与建筑物、构筑物或相邻管道之间的水平间距，地下燃气管道与构筑物或相邻管道之间垂直净距，地下燃气管道的埋设最小覆土厚度等相关规定。

AS 1697 给出了管道环向应力计算公式，对套管进行了分类，对于管道来说仅仅是给出了管道壁厚应该考虑的方面；AS 1697 还阐述了腐蚀缓解方面的内容，对支撑件、弯头、阳接件等进行简略的介绍。

5. 焊接

GB 50028 在焊接方面并未作相关的单独的规定，仅在压力大于 1.6MPa 的室外燃气管道部分的某些条款中的焊接支管连接口、燃气管道附件等有关部分作了简略规定。焊缝及其检验参照执行 GB 150《钢制压力容器》的设计规范。

AS 1697 在焊接方面作了详细的规定，包括焊接实施的前提条件、焊接质量检测、焊接件的设计、焊接修补和焊接后的测评等，在焊接部分的相关规定主要参照标准 AS 2885.2。

6. 施工与安装

GB 50028 只是规定了地下燃气管道的埋设厚度及燃气管道穿越铁路、高速公路、电车轨道和城镇主要干道、河流等符合的要求，也规定了架空燃气管道的安装要求，根据一级、二级、三级地区的划分还规定了燃气管道与建筑物之间的水平间距。

AS 1697 在管道的处理、保护、定位方面作了简略的叙述，管道施工的埋设方面进行了详细的规定。

两规范的覆土深度方面中各自规定的不一样，GB 50028 中主要规定了燃气管道的埋设深度，而 AS 1697则分别规定了燃气管道和燃气设施的覆土深度，并且根据管道压力和管径共同设定在不同地面情况下的管道覆土厚度。

7. 压力测试方面

GB 50028 中对于管道施工压力测试方面较少阐述。AS 1697 从安全、测试的压力、压力测试时间方面、试压前的准备、加压、测试程序、对试压的评估等方面进行了较为详细的叙述。

8. 试运行方面

GB 50028 中无相关方面的叙述。而 AS 1697 则从清扫、主干管的试运行、加臭剂、调压器方面进行了规定，其中在主干管方面较为详细的说明。

9. 维护方面

GB 50028 中无相关内容的阐述；AS 1697 中简略的阐述了此方面的内容。

GB 50028 中对门站和储配站、调压站和调压装置方面有较为详细的规定，而 AS 1697 在这些方面没有专门的叙述。

二、CJJ 33《城镇燃气输配工程施工及验收规范》与 AS 1697《气体钢质管道系统安装与维护》

1. 总则

CJJ 33 规定了适用于城镇燃气设计压力不大于 4.0MPa 的新建、改建和扩建输配工程的施工及验收。

AS 1697 规定适用于压力不大于 1050kPa，管材运行温度在－30℃～120℃的民用、商业用或工业用管道；还规定了管道的环向应力不大于该管道系统的最小屈服应力的 20%。还规定了管道不适用范围，规定更为详细也更为具体。

2. 材料与组件

CJJ 33 中对这一部分中无专门的说明，只是在各个章节中有较少的叙述；AS 1697 用几个表给出了相关的管道及管道配件应遵守的规范，并且分别详细的说明了法兰、法兰配件、垫片及圈连接、阀门及调压器的使用要求及规范。

3. 设计

CJJ 33 中无设计方面的说明。AS 1697 给出设计的一般要求、最大允许运行压力、最大环向允许压力、壁厚、支撑件、弯曲及弯曲处的设计方面进行了阐述。

CJJ 33 专门作管道腐蚀方面进行了说明，并提出了防腐施工及验收所应遵守的现行标准、防腐预处理所应遵循的现行国家标准；AS 1697 在减轻腐蚀方面仅仅提出需要考虑的方面。

4. 焊接方面

CJJ 33 中对管道焊接作出说明，提出了应遵循的国家规范、施焊环境所遵守的规范、坡口尺寸应符合的现行国家标准等，提出了焊缝内部质量检验和外观质量所应遵循的国家标准，并对焊缝内部质量符合的要求、焊缝内部质量的抽样检验符合的要求作了专门的说明，主要遵守 GB 50236 的相关规定。

AS 1697 提出焊接的一般规定，预热及焊接前预热测试、焊接位置、焊接程序的合理所应遵循的规范，其中对焊接合格程序中焊接测试的评估作了详细的说明，还规定了焊工合格与不合格应该遵守 AS 2885.2，在焊接件的设计方面也作了较为详细的说明。

5. 施工与安装

CJJ 33 中专门叙述了管道、设备的装卸、运输和存放的相关规定；AS 1697 从装卸、保护措施、定位、敷设、监测及监测项目、组件及焊接配件进行了说明。

CJJ 33 关于敷设方面分别从警示带敷设、钢管敷设、球墨铸铁管敷设、聚乙烯管道敷设、钢骨架聚乙烯复合管道敷设管道穿越的水下敷设等方面进行了规定，而把回填和路面恢复进行说明；还分别对阀门安装、凝水缸安装、补偿器安装、绝缘法兰安装、管道安装的要求进行了规定。AS 1697 从地下保护和覆盖要求、地沟宽度、分级、埋藏、涂层保护、钢管的保护、回填、复原进行了说明。

6. 压力测试

CJJ 33 中关于压力测试方面在试验与验收中分别从管道吹扫、强度试验、严密性试验、工程竣工验收 4 个部分进行说明；AS 1697 从测试的压力、主干管和设备的测试、稳压时间、试验部分的准备、增压、压力测试的检验、测试介质的处理、报告和归档进行叙述。

第三十章　启示与建议

我国公用管道属于城镇公用事业的一个重要组成部分，由国家建设部管辖的城镇公用管理部门管理，是以城镇为单位的管理模式；国家质检总局负责公用管道的设计、制造、安装、使用、检验单位与人员资格的行政许可。而欧美等国家则是以燃气从开采、生产、加工、处理、输气、配气直至供应用户的全线经营管理模式。由于管理体制上很不相同，以及我国公用事业发展的滞后，因此，在法规标准体系与法规标准技术内容上有很大的差异。

根据对国外公用管道法规标准建设状况的比较研究，得到如下一些启示与建议。

一、尽快建立中国公用管道法规标准体系

1. 充实完善特种设备法规标准体系，适应新形势要求

我国自建国以来，就十分重视标准化工作。特别是改革开放以来，把工作重点放在经济建设上来并实行由计划经济转向商品经济体制的改革，已初步形成我国法规标准体系，但与经济发达国家相比，仍有较大差距。

目前，我国已加入世界贸易组织，如何使标准化工作与国际接轨，成为世界大家庭中在特种设备法规标准方面负责任的一员，也越来越重要。

我国在 1989 年颁发了《中华人民共和国标准化法》。这是我国关于标准化的法律。但由于加入 WTO/TBT 后，如何明确法律法规及标准方向的准确含义与相互关系，做到法规与标准概念明确，并按 TBT 协定要求，使我国制定的标准与国际标准相一致，为此，尽快调整我国的《标准化法》，并应结合我国特种设备的实际状况，制定我国的《特种设备安全法》，形成一个法律、法规、规章、安全技术规范、标准等完善健全的具有中国特色的特种设备法规标准体系。

2. 加快建立公用管道法规标准体系

美国的压力管道（包括公用管道）按天然气开采、集输、处理、输气、配气直至用户由联邦运输部(DOT)制定相应的法规，如《管道安全法》，列入《美国联邦规章》第 49 篇，同时由运输部制定了《美国联邦规章》第 49 篇 CFR49；并由美国机械工程师学会、石油学会、腐蚀协会制定了 ASME B31.8《输气与配气管线系统》、API 574—1998《管道系统组件的检验》、NACE 0502《埋地钢质管道外腐蚀直接评价方法》等标准，形成了设计、制造、安装、运行、检验等法规标准完善体系，保证了压力管道的安全运行。

我国公用管道应在现有法规标准编制的基础上，参照经济发达国家的法规标准体系，加速制定公用管道法规标准体系。

(1) 公用管道法规体系。我国压力管道于 1996 年后才正式纳入原劳动部（现国家质检总局）的安全监察范围，法规标准建设远远落后，公用管道更滞后于其他压力管道，更滞后于欧美经济发达国家，加之压力管道状况复杂，因此，为适应快速发展的燃气与热力事业市场和用户需要，必须加快建成一个完善的法规体系。

中国特种设备法规主要有《特种设备安全监察条例》、压力管道的行政规章有《压力管道安全管理与监察规定》，而针对公用管道的法规、规章较少，仅有有关部委颁发的《城市燃气安全管理规定》及一些安全事故通报、通知等针对性文件。因此，加快法规建设，十分重要，以保证压力管道安全。既要从关于管道设计、制造、安装、检验、维修、改造、使用等 7 个环节上颁布相应的与管理相关的法规，同时，更应引入国外先进的安全管理理念，吸纳最先进的科学技术，颁布上述 7 个环节相关的技术方面的法规。这可以充分借鉴美国的法规要求，建立与中国国情相适应的公用管道安全法规体系。

(2)公用管道标准体系。我国的公用管道标准体系不尽完善，现目前为止，燃气管道仅有国家标准GB 50028《城镇燃设计规范》、行业标准CJJ 33《城镇燃气输配工程施工及验收规范》等少数标准，在关于公用管道的设计、制造、安装、检验、维修、改造、使用等7个环节上，标准极不规范，也不完善，多数环节缺少标准，如在管道的安装、检验、制造、使用等。同时，城镇燃气管道在材料、焊接、检验、腐蚀防护专业领域方面基本无标准，基本引用石油等其他行业相关标准。而在热力管道方面，目前尚无国家标准，仅有CJJ 34《城市热力网设计规范》。

2002年建设部编制的公用管道标准体系，根据公用事业发展的需要，梳理了以往使用的标准，并将标准分为基础、通用、专用三个层次，有了很大进步，但这一体系所列标准是否全面，尚需进一步研究，并应充分考虑《特种设备安全监察条例》所提出的安全方面要求，以保证公用管道安全运行。我国公用管道的标准应在上述思路基础上，制定出与上述三个层次相关的标准内容清单，同时，借鉴国外的完整性理念，将国内最新的先进技术纳入标准中，提高我国公用管道标准的完善程度与技术水平。

3. 建立强制性法规与自愿性技术标准体系

美国的法规标准体系采用了政府强制性法规与民间推荐性标准相结合的法规标准体系。这种法规标准体系，具有政府制定强制性法规，以保证人身财产安全、卫生环保等最基本的要求。是政府行为，由立法程序制定。标准则由私营民间机构制定，是市场行为，由市场需要出发，并由市场检验，这样能较好的保持标准的科学性、准确性与可靠性。并可保证标准的不断更新和提高技术水平。我国的法规与标准如何逐步实现世贸组织提出的按立法程序制定强制性的法律文件法规；由公认的民间机构在一定范围内，协商一致制定、颁布并推荐的文件为标准，以建立一个强制与自愿相协调的法规标准体系。

4. 加大科技投入，提高压力管道法规标准的技术水平

加强包括城镇燃气管道在内的公用管道设计、材料、制造、安装、检验、维修改造、使用等环节的技术含量与管理理念水平。目前，美国在管道管理方面的理念处于国际一流，制定的一整套的相关技术法规标准体系统。全盘照用不能适应中国国情，应开展有针对性的研究，特别是在基础性研究方面，应有较大的投入。

由于公用管道多数是埋地敷设，一旦埋入地下后，检验与维修改造均有一定的难度。因此，加强优生优育，加强对管道投用前的相关技术研究，强化新的基于安全可靠的设计理论，确保安装过程中尽可能少出缺陷并能对之有效检测。在使用过程中，开展不开挖在用检验检测技术以及安全评定技术、基于风险的检验技术等完整性管理技术研究，提出适合我国的新技术、新工艺、新方法。在通过相关的工程试应用后，纳入到我国的压力管道法规标准中，从而提高我国包括公用管道在内的法规标准技术水平。

二、关于公用管道法规与标准

1. 建立完善的公用管道法规

欧美国家，针对压力管道均有较完善的法规，使从事压力管道(其中包括长输与公用管道工业管道)的设计、制造、施工、运行、检验和经营者均有法可依，以保证安全。如美国联邦规章49CFR191中对天然气和其他气体管道输送所出现的安全事故如何通报，以及192章中天然气和其他气体输送的联邦最低安全标准均有系统、详细的规定。在这些规章中从管道材料、组件、焊接和其他连接、用户调压计量、试压、运行、操作、维修以及对管道经营人员均有明确要求。而我国目前只有一些针对各个过程和各阶段的标准，尚无一个完整的针对压力管道(包括公用管道)的统一的从设计、制造直至报废的整套的法规。建立一个完善的公用管道法规体系，这对于目前正在快速发展的燃气与热力工业是一件十分重要而紧迫的任务。

目前，急需在技术方面建立的法规是关于城镇燃气管道安全监察技术规程、在用燃气管道定期检验规程、燃气管道风险评估规则、有关元件的制造监督检验规则、公用燃气管道的应急救援要求等，修改完善压力管道安装监督检验规则。在管理方面，需制定新的压力管道安全监察规定、事故处理调查与日常登记备案规定、压力管道设计文件鉴定评审规定，补充完善压力管道相关环节单位与人员安全管理规定等。

在制定公用管道的安全法规时，应做好前期调研工作，吸收国外的先进理念以及国内外的先进技术，消化吸收并结合中国国情，将最新的适用的技术与管理理念，纳入到中国的公用管道法规中。

2. 建立健全完善的公用管道标准

建立一个健全完善的标准体系，对于压力管道来讲十分重要，也是法规、规章以及安全技术标准有关安全等原则性要求的具体落实。欧美等国在标准体系的建设上十分注意标准系列配套使用。美国以ASMEB 31.8《输气与配气管道系统》为主体标准，而加拿大则是以国家标准 CSAZ662《油气管线系统》为主体标准，再配合其他标准对输气配气管道进行设计、制造、施工、运行、检验等工作，而欧盟则是以协调标准 BS EN 1594《最高运行压力大于 16bar 的管线技术条件》、EN 12007-1《燃气供应系统　最高运行压力小于等于 16bar 的管线通用技术要求》、EN 12007-2《聚乙烯管应用技术标准》(最大使用压力小于等于 10bar)、BS EN 1755《燃气供应系统　最高运行压力 5bar 的建筑物管道》等 10 余个协调标准组成系列，指导燃气管道的设计、安装、运行等工作。

我国公用管道标准还没有形成系列，缺口很大，缺位现象严重，如材料、安装、焊接等，所以，在设计、施工、维护管理等过程分别遵循不同的标准，不能形成一个主体标准指导燃气管道的设计、建设与维护管理等全过程工作。为了更有效利用标准指导公用管道的建设工作，应从整体出发，编制一整套公用管道标准系列。

3. 在标准建设中注意贯彻安全原则

欧美国家在制定标准时，重点放在保证安全上，而我国在制定公用管道标准时，较多地考虑技术与满足输配供应的需要上，致使编制的标准较多内容是如何在技术上保证需求，相对而言，安全上的问题则规定较少。而目前采取的安全措施较多以控制安全间距来保证安全，而利用控制管道自身的安全性来解决安全问题、以及关于施工、使用与维修改造等过程中的安全规定较少。显然，应多从严格控制管道及其附件的强度和严密性，并贯穿到管道运行、设备材料选用、施工、生产、防护，更新改造的全过程，来解决管道的安全，从而对周围建筑物提供安全保证。

4. 加快法规标准的修订速度

目前，在公用管道方面，标准的修订周期过长，如 GB 50028 从 1993 年颁布以来，一直是只作小的修改，2006 年才出版的 GB 50028—2006，将近 14 年的时间；CJJ 33—1989 自 1989 年颁布以来，直到 2005 年才颁布了 CJJ 33—2005；CJJ 38—1990 现在还在使用。标准的更新速度十分缓慢，不能满足现场实际需要，如 CJJ 33—1989 原先只适用于 0.8MPa 以下的燃气管道的施工验收，而我国在 1998 后就有部分大型城市，如北京等，高压干线的压力就超过了 0.8MPa。

因此，加快公用管道标准的修订工作，尽快实现 5 年更换一次的目标，满足现场的安全管理与生产。

三、加强法规标准建设的领导，搞好相关部门协调

1. 加强标准工作的领导

欧美国家由于市场经济发达，实力雄厚，经过长期的努力，已建立起一整套组织机构，领导标准化工作。我国历来重视标准化工作，早在 1949 年便设立了相应的标准化机构。但由于体制与多种因素，致使我国标准化工作滞后于经济发达国家。

2001 年，国务院授权国家标准化管理委员会履行标准化行政管理职能，统一管理全国标准化工作。由于明确了职责，加强了领导。全国将在国家标准化管理委员会统领下使标准化工作迈上新台阶，并在法规标准建设上取得丰硕成绩。

2. 加强协作，共同做好标准化工作

国外经济发达国际的标准化工作比我国起步早，逐步健全了组织机构，形成了一个共同协作法规标准制定管理的队伍，因而，标准化工作不断完善，并满足社会发展和市场的需要。

根据我国《标准化法》规定，我国标准化由国务院标准化行政主管部门领导，国务院各有关行政部门和各地方政府负责行业标准与地方标准。并在一定范围内均有制定法规、规章的权利，因此必须紧密配合，各负其责，共同做好标准化工作。

3. 加强沟通、互相支持，建立长效联系制度

由于国务院标准化行政主管部门与各有关行政部门和各省市地方政府均可制订规章，因而各方加强

沟通十分必要。

压力管道涉及面广，各行各业均有应用，且三种不同类型压力管道（长输、公用、工业）各有特点，也有很多共性，因而各有关部门均在所管辖的行业制定了一些规章和标准。由于各自出发点可能不同，造成制定的规章与标准内容重复交叉，甚至相互矛盾。为了解决好这些问题，在法规方面，各有关部委应互相沟通，协调。

目前，公用管道的标准分别有国家标准与行业标准，为了使公用管道的标准具有较为完善的体系，各行业标准委员会应在应在国家标准化管理委员会的统一领导下，建立必要的联系机构与制度，以保证标准体系健康发展。

本篇由江孝褀、何仁洋等编写。

附录　公用管道主要标准法规目录

一、中国公用管道主要法规

1. 特种设备安全监察条例（[2003]国务院令第373号）

2. 国务院对确需保留的行政审批项目设定行政许可的决定（[2004]国务院令第412号）

3. 压力管道安全管理与监察规定（[1996]劳动部令第140号）

4. 特种设备质量监督与安全监察规定（[2000]国家质检局令第13号）

5. 城市燃气安全管理规定（[1991]建设部、原劳动部、公安部令10号）

6. 城市燃气管理办法（[1997]建设部令62号）

7. TSG D2001—2006 压力管道元件制造许可规则

8. TSG D2002—2006 燃气用聚乙烯管道焊接技术规则

9. TSG D7001—2005 压力管道元件制造监督检验规则（埋弧焊钢管与聚乙烯管）

10. TSG D7002—2006 压力管道元件型式试验规则

11. TSG D6001—2006 压力管道安全管理人员和操作人员考核大纲

12. TSG ZF001—2006 安全阀安全技术监察规程

13. TSG ZF002—2005 安全阀维修人员考核大纲

14. 锅炉压力容器压力管道及特种设备检验人员资格考核规则

15. 锅炉压力容器压力管道焊工考试与管理规则

16. 压力容器压力管道设计单位资格许可与管理规则

17. 压力管道安装单位资格认可实施细则

18. 压力管道使用登记管理规则

19. 压力管道安装安全质量监督检验规则

20. 在用工业管道定期检验规程

二、中国公用管道主要标准

公用管道国家标准10项：

1. GB 50028—2006　城镇燃气设计规范

2. GB 50251—2003　输气管道工程设计规范

3. GB 50235—1997　工业金属管道工程施工及验收规范

4. GB 50236—1998　现场设备、工业管道焊接工程施工及验收规范

5. GB 15558.1—2000　燃气用埋地聚乙烯管材

6. GB 15558.2—1995　燃气用埋地聚乙烯管件

7. GB 16802—1997　城镇燃气调压器

8. GB/T 19285—2003　埋地钢质管道腐蚀防护工程检验

9. GB/T 9711—1999　石油天然气工业输送钢管交货技术条件

10. GB 50369—2006　油气长输管道工程施工及验收规范

城镇燃气管道行业标准共10项：

1. CJJ 65—1995　聚乙烯燃气管道工程技术规范

2. CJJ 33—2005　城镇燃气输配工程施工及验收规范

3. CJJ 51—2001　城镇燃气管网抢修和维护技术规程

4. CJJ 95—2003　城镇燃气埋地钢质管道腐蚀控制技术规程

5. SY 0007—97　钢质管道与储罐腐蚀控制工程设施规范

6. CJJ/T 125—2002　燃气用钢骨架聚乙烯塑料复合管

7. CJJ/T 126—2002　燃气用钢骨架聚乙烯塑料复合管件

8. CJJ 95—2003　城镇燃气埋地钢质管道腐蚀控制技术规程

9. CJJ 51—2006　城镇燃气管网抢修和维护技术规程

10. CJYT QB 001—2006　城镇燃气输配工程施工工艺标准

城镇热力管道行业标准共12项：

1. CJJ 34—2002　城市热力管网设计规范

2. CJJ 105—2005　城镇供热管网结构设计规范

3. CJJ/T 81—1998　城镇直埋供热管道工程技术规程

4. CJJ/T 104—2005　城镇供热直埋蒸汽管道技术规程

5. CJJ 38—1990　城镇供热管网工程质量检验评定标准

6. CJJ 28—2004　供热管网工程施工及验收规范

7. CECS 121—2001　城镇供热管网维修技术规程

8. CJ/T 129—2001　玻璃纤维增强塑料保护层聚氨酯泡沫预制直埋保温管

9. CJ/T 114—2000　高密度聚乙烯外保护管聚氨酯泡沫塑料预制直埋保温管

10. CJ/T 155—2001　高密度聚乙烯外保护管聚氨酯泡沫塑料预制直埋保温管件

11. CJ/T 200—2005　城镇供热预制直埋蒸汽保温管技术条件

12. CJJ/T 88—2000　城镇供热系统安全运行规程

三、美国公用管道主要法规

1. 49 U. S. C. 5101　联邦危险品法

2. 49 U. S. C. 60101　管道安全法

3. 49 HR3609　管道安全促进法案

4. CFR 190　管道安全程序与规则制定程序

5. CFR 191　天然气与其他气体管道输送　年度报告，事故报告与安全状况报告

6. CFR 192　天然气与其他气体管道输送最低联邦安全标准

7. CFR 193　液化天然气设施联邦安全标准

8. CFR 198　州管道安全程序授权规则

四、美国公用管道主要法规

1. ASME B31. 8　气体输送与输配系统

2. ASME B31. 8S　输气管道完整性管理

3. NACE RP0502—2002　管道外部腐蚀的直接评估方法

4. NACE RP0175—2003　管道内腐蚀的直接评估方法

5. NACE RP0169　埋地及水下金属管道外腐蚀控制

6. NACE TM0102　埋地管道外覆盖层绝缘性导电测试方法

7. NACE RP0102　管道在线内检测

8. API 5L　管线钢

9. ASME B31G—1991　腐蚀管道剩余强度手册

10. API RP 1120　液体管道维修人员的培训与认证

11. API 570—1998　管道检验规范　在用管道系统检验、修理、改造和再定级

五、欧盟公用管道主要标准

强制执行的技术标准：

1. CEN/TS 15173:2006　气体供给系统　管道完整性管理参考框架 PIMS
2. CEN/TS 15174:2006　气体供给系统　天然气输送管线系统安全管理指南
3. CR 13737:2001　CEN/TC234“天然气供给”技术要求标准实施指南

推荐标准：

1. EN 437:1993　试验气体　试验压力　应用目录
2. EN 1594　燃气供应系统　运行压力超过 16bar 的管线　技术标准
3. EN 1775　燃气供应　建筑物燃气管道　最高运行压力≤5bar　技术标准(满足 97/38/EEC 指令)
4. EN 1776　燃气供应　天然气计量站　技术标准
5. EN 12007-1　燃气供应系统　最高运行压力小于等于 16bar 的管线　第 1 部分:一般通用技术标准
6. EN 12007-2　燃气供应系统　运行压力小于等于 16bar 的管线　第 2 部分:聚乙烯管线应用技术标准(最高运行压力小于等于 10bar)
7. EN 12007-3　燃气供应系统　运行压力小于等于 16bar 的管线　第 3 部分:钢管应用技术标准
8. EN 12007-4　燃气供应系统　运行压力小于等于 16bar 的管线　第 4 部分:管道维修更新的技术标准
9. EN 12186　燃气供应系统　输配调压站
10. EN 12279　燃气供应系统　用户调压装置
11. EN 12327　燃气供应系统　压力试验、开工和停工步骤技术标准(满足 97/38/EEC 指令)
12. PrEN 1555-1　燃气供应用塑料管　聚乙烯(PE)　第 1 部分:总则
13. PrEN 1555-2　燃气供应用塑料管　聚乙烯(PE)　第 2 部分:管材
14. PrEN 1555-3　燃气供应用塑料管　聚乙烯(PE)　第 3 部分:管件
15. PrEN 1555-4　燃气供应用塑料管　聚乙烯(PE)　第 4 部分:阀门
16. PrEN 1555-5　燃气供应用塑料管　聚乙烯(PE)　第 5 部分:系统目的的适用性
17. EN 12176-1　塑料管和管件　熔接聚乙烯系统的设备　第 1 部分:对接
18. ISO/DIS 12176-2　塑料管和管件　熔接聚乙烯系统的设备　第 2 部分:电熔接
19. EN1 2732　燃气供应系统　焊接钢管:技术标准
20. PrEN 1092-1　法兰和法兰接头　管道、阀门、管件和附件用圆法兰,指定公称压力　第 1 部分:钢法兰
21. EN 1514-1　法兰和法兰接头　指定公称压力法兰的垫片尺寸　第 1 部分:非金属平垫片
22. EN 1514-2　法兰和法兰接头　指定公称压力法兰的垫片尺寸　第 2 部分:钢法兰用缠绕垫片
23. EN 1514-3　法兰和法兰接头　指定公称压力法兰的垫片尺寸　第 3 部分:非金属 PTFE 包复垫片
24. EN 1514-4　法兰和法兰接头　指定公称压力法兰的垫片尺寸　第 4 部分:钢法兰用带齿平垫片或金属充填垫片
25. PrEN 1515-1　法兰和法兰接头　螺栓　第 1 部分:螺栓的选择
26. PrEN 1515-2　法兰和法兰接头　螺栓　第 2 部分:指定公称压力　钢法兰和螺栓材料组合
27. PrEN 1591　法兰和法兰接头　带垫片圆形法兰连接的设计规定　计算方法
28. EN 10204　金属制品　检查文件的类型
29. EN 10208-1　可燃流体管线用钢管　交货技术条件　第 1 部分:A 级要求钢管
30. EN 10208-2　可燃流体管线用钢管　交货技术条件　第 2 部分:B 级要求钢管
31. ENV 10220　无缝和焊接钢管　外形尺寸和单位长度质量
32. PrEN 10226-1　气密性能钢管螺纹　第 1 部分:命名、尺寸及公差
33. PrEN 10285　近海管线用钢管和管件　外三层挤压聚乙烯基涂层
34. PrEN 10286　近海管线用钢管和管件　外三层挤压聚丙烯基涂层
35. PrEN 10287　近海管线用钢管和管件　熔融聚乙烯基外涂层
36. PrEN 10288　近海管线用钢管和管件　双层挤压聚乙烯基外涂层

37. PrEN 10289　近海管线用钢管和管件　液态涂覆环氧和改性环氧外涂层
38. PrEN 10290　近海管线用钢管和管件　液态涂覆聚氨酯和改性聚氨酯外涂层
39. EN 1 2068　阴极保护　带有阴极保护的埋地或水上管线的有机物外保护层　分支管和可收缩材料
40. PrEN 12560-1　法兰和法兰接头　定级法兰的垫片尺寸　第 1 部分:非金属平垫片
41. PrEN 12560-2　法兰和法兰接头　定级法兰的垫片尺寸　第 2 部分:钢法兰用缠绕垫
42. PrEN 12560-3　法兰和法兰接头　定级法兰的垫片尺寸　第 3 部分:非金属 PTEE 包复垫片
43. PrEN 12560-4　法兰和法兰接头　定级法兰的垫片尺寸　第 4 部分:钢法兰用带齿平垫片或金属填充垫片
44. EN 12583:2000　燃气供应系统　天然气压缩机技术要求(满足 97/38/EEC 指令)
45. EN 12186:2000　燃气供应系统　输配气燃气调压站功能要求(满足 97/38/EEC 指令)
46. BS EN 12279:2000　燃气供应系统　调压设备技术标准(满足 97/38/EEC 指令)

六、德国公用管道标准目录

1. G463 气体输送、气体管道的建造技术规范(规定最高工作压力大于 16bar)
2. G462-Ⅱ气体输送/气体分配气体管道的建造技术规范(规定最高工作压力为 4～16bar)
3. G260 气体技术规范(工作压力小于等于 4bar)
4. VOGL 高压气体管道条例

七、加拿大公用管道主要法规

1. 北部管道法
2. 加拿大油气经营法
3. 石油资源法
4. 加拿大运输法
5. 危险品运输法
6. 国家能源局法
7. 管道法
8. 压力管道焊工规则
9. 管道规则
10. 危险品运输规则
11. 陆地管道规则
12. 油气生产和储存规则

八、加拿大长输压力管道标准

1. 油气管线系统
2. 钢制管线
3. 钢制管道外涂层用溶解环氧涂料/聚乙烯
4. 锅炉、压力容器和压力管道系统规范

九、澳大利亚公用管道主要法规

澳大利亚公用:

1. 国家职业卫生安全法
2. 1973 管道授权法
3. 1996 工作场所关系
4. 1985 国家职业健康与安全委员会法
5. 职业健康与安全(联邦)(国家标准)规则

澳大利亚首都直辖区:

1. 职业健康与安全法
2. 气体安全法
3. 职业安全与健康规则

4. 气体安全规则
5. 基础设施网络(公共安全)规则
6. 气体安全(实施规范)决定

维多利亚州：

1. 职业健康与安全法
2. 管道法
3. 气体安全法
4. 管道规则
5. 装置实施规范

十、澳大利亚公用管道主要标准目录

AS 4041—1998 工业管道

AS 1697 ASAA 气体管道规范

AS 2885 气体与液体石油气压力管道

AS 1697—2005 燃气金属管道的安装与维护

十一、ISO 公用管道主要法规目录

1. ISO 3183-1：1996　石油和天然气工业　管道钢管　交货技术条件　第 1 部分：A 级钢管的要求
2. ISO 3183-2：1996　石油和天然气工业　管道钢管　交货技术条件　第 2 部分：B 级钢管的要求
3. ISO 3183-3：1999　石油与天然气工业　管道钢管　交货技术条件　第 3 部分：C 级钢管的要求
4. ISO 10405：2000　石油和天然气工业　套管和油管的维护和使用
5. ISO 10838-1：2000　煤气用聚乙烯管道系统的机械式管件　第 1 部分：公称外径小于或等于 63mm 的管道用金属管件
6. ISO 10933：1997　燃气分配系统用聚乙烯(PE)阀门
7. ISO 11413：1996　塑料管材和管件　聚乙烯(PE)管和电熔配件的组装试件的制备
8. ISO 12096：1996　压力用途的承压埋弧焊接钢管 焊接缺陷检测用 X 射线检查
9. ISO 11922-1：1997　流体输送用热塑性塑料管材　尺寸和偏差　第 1 部分：公制系列
10. ISO 12162：1995　压力用热塑性塑料管材和管件分级和命名　总体使用(设计)系数
11. ISO 12176-1：1998　塑料管和管配件　熔接聚乙烯装置的设备　第 1 部分：对熔接
12. ISO 12176-2：2000　塑料管材和管件　聚乙烯系统的焊接设备　第 2 部分：电熔焊
13. ISO 12176-3：2001　塑料管道与配件　熔化焊接聚乙烯体系的设备　第 3 部分：操作者的证章
14. ISO 3834-1：1994　焊接质量要求　金属材料的熔化焊　第 1 部分：选择和使用指南
15. ISO 3834-2：1994　焊接质量要求　金属材料的熔化焊　第 2 部分：完整质量要求
16. ISO 3834-3：1994　焊接质量要求　金属材料的熔化焊　第 3 部分：标准质量要求
17. ISO 3834-4：1994　焊接质量要求　金属材料的熔化焊　第 4 部分：基本质量要求
18. ISO 4059：1978　聚乙烯(PE)管机械式管道连接系统压降　试验方法和要求
19. ISO 4437：1997　燃气用埋地聚氯乙烯(PE)管材　公制系列　规范
20. ISO 6993：1990　燃气用埋地、高抗冲聚氯乙烯(PVC-HI)管材　规范
21. ISO 6993：2001　燃气用埋地、高抗冲击聚氯乙烯(PVC-HI)管材　规范
22. ISO 4126-1：2004　安全阀　第 1 部分：通用要求
23. ISO 4126-5：2004　过压保护安全设备　第 5 部分：可控安全减压系统
24. ISO 4126-6：2003　过压保护安全设备　第 6 部分：防曝板安全设备的应用、选择和安装
25. ISO 4126-7：2004　过压保护安全设备　第 7 部分：通用数据
26. ISO 15649：2001　石油和天然气工业　管道输送(英文)
27. ISO 13623：2000　管道输送系统
28. ISO 15589-1　石油和天然气工业管道输送系统的阴极保护　第 1 部分：陆地管线
29. ISO 9349　预绝缘球墨铸铁管道系统
30. ISO 10803　球墨铸铁管的设计方法

参考文献

[1] 国家质检总局特种设备安全监察局组编.美国特种设备安全管理.北京:中国计量出版社,2005.10.

[2] 国家质检总局特种设备安全监察局组编.加拿大特种设备安全管理.北京:中国计量出版社,2005.10.

[3] 国家质检总局特种设备安全监察局组编.澳大利亚特种设备安全管理.北京:中国计量出版社,2005.10.

[4] 国家质检总局特种设备安全监察局组编.欧盟特种设备安全管理.北京:中国计量出版社,2005.10.

[5] 陈钢,何仁洋等.埋地钢质管道完整性检测评价技术进展与工程应用.2006年8月第三届全国管道技术学术会议,压力管道技术研究进展精选集.北京:机械工业出版社,29～36.

[6] 何仁洋,沈功田等,中国压力管道与储罐安全法规标准与检测技术研究综述.中国国际石油天然气安全技术管理高层研讨会论文集,2005,8～18.

[7] 中国标准化院.中国标准化发展研究报告.北京:中国标准出版社.2006.

[8] 中国技术标准发展战略研究课题组."十五"国家重大科技专项"中国技术标准发展战略研究"课题研究报告.2005.

[9] 国家技术标准体系建设研究课题组."十五"国家重大科技专项"中国技术标准体系建设研究"课题研究报告.

[10] 陈钢,李学仁.我国特种承压设备安全科技攻关回顾与展望.特种设备安全国际论坛论文集.2005.

[11] 陈钢."依靠科技进步,着力自主创新,实现标准化事业的跨越式发展".第四届中国标准化论坛论文集,深圳:2006.

[12] 江孝禔,修长征,李建勋,失奇慧,何仁洋等.城镇燃气与热能供应.北京:中国石化出版社,2006.

第七篇

工 业 管 道

第三十一章　工业管道标准法规制修订管理模式

国际由于各国在政治体制和管理体制以及历史、文化背景上的差异，负责特种设备的机构和管理方式有所不同。下面按中国、美国、日本、欧盟以及国际标准化组织几个主要国家或组织分别进行介绍。

第一节　中国工业管道标准法规制修订管理模式

一、法规标准的政府管理部门及职能、运作模式

中国的法(律)由全国人民代表大会批准发布，法的实施条例和行政法规由国务院批准发布，令由各部门批准发布，监察规程由国家质量监督检验检疫总局批准发布。

包括工业压力管道在内，我国的特种设备监管体制中政府部门为监管主体，国务院特种设备安全监督管理部门负责全国特种设备的安全监察工作。监督方式为行政许可和监督检查两项基本制度。前者包括设计、制造、安装改造维修、充装和检验检测单位的许可、检验检测和作业人员的考核和使用登记。后者包括：强制检验、现场监督、事故调查处理、安全责任追究和安全状况公布等制度。树立"各负其责"的管理思想：生产、使用单位对设备安全质量负主体责任；检验机构负把关责任；政府部门负监管责任；各级政府对设备安全统一领导，负责协调、解决工作中的重大问题。我国实行的是政府立法和执法统一的体制。执法部门是各级政府所属的检验机构。

对从事包括工业压力管道在内的特种设备的检验检测机构，我国根据《特种设备检验检测机构管理规定》，有7条核准条件：一是独立公正准则；二是负责人为检验师以上工程技术人员的资质准则；三是与检验检测项目相适应的技术力量准则；四是与检验检测项目相适应的仪器、设备和设施准则；五是与检验检测项目相适应的测试、办公和环境准则；六是实施质量管理体系准则；七是具有所需法规、技术规范和标准的准则。国家质量监督检验检疫总局(以下简称：国家质检总局)拥有核准和监督检验检测机构的权力。

在标准化管理方面，中国政府实行统一管理与分工负责相结合的管理体制。按照国务院授权，在国家质检总局管理下，国家标准化管理委员会统一管理全国标准化工作。国务院有关行政主管部门和国务院授权的有关行业协会分工管理本部门、本行业的标准化工作。省、自治区、直辖市标准化行政主管部门统一管理本行政区域的标准化工作。省、自治区、直辖市政府有关行政主管部门分工管理本行政区域内本部门、本行业的标准化工作。市、县标准化行政主管部门和有关行政部门主管，按照省、自治区、直辖市政府规定的各自的职责，管理本行政区域内的标准化工作。

工业管道领域的国家标准由国家标准化管理委员会批准的专业标准化技术委员会和建设部标准定额司进行管理，行业标准由石油、石化、化工、电力、机械等各行业进行管理。

二、法规标准制修订机构的设置及职能

与工业管道有关的行政法规由国务院、国家质检总局等部门颁布。技术标准由全国专业标准化技术委员会或相关行业协会或主管部门委托的技术归口单位负责制修订等。

相关行业协会有中国石油和化学工业协会、中国石油和化工勘察设计协会、中国电力规划设计协会等。专业标准化技术委员会有全国锅炉压力容器标准化技术委员会以及下属各分会(锅炉分会、固定式压力容器分会、压力管道分会、移动式压力容器分会、热交换器分会)、全国钢标准化技术委员会钢管分技

术委员会、全国管路附件标准化技术委员会、全国阀门标准化技术委员会、全国紧固件标准化技术委员会等。全国锅容标委压力管道分技术委员会是全国性压力管道标准化的技术工作组织，承担本专业技术领域的标准化工作，包括压力管道的设计、制造、使用、检验等国家标准和行业标准的制定、修订、审查、宣贯、解释、有关技术咨询和培训等工作。

三、法规标准制修订程序

根据“特种设备安全技术规范制定程序导则”，法规的制修订分为立项、起草、审查/征求意见与审议、批准/颁布、修订/解释几个阶段。立项是由国家质检总局提出立项计划，下达任务书，组织起草单位编写任务书。起草指组织起草单位进行组织编写，国家质检总局进行指导和协调。审查、征求意见与审议是经国家质检总局对征求意见稿进行审查，征求各有关部门意见，由起草单位形成送审稿，提交国家质检总局特种设备安全技术委员会审议。批准、颁布是起草单位按审议要求，形成报批稿和起草说明，由国家质检总局批准、颁布。修订、解释是国家质检总局负责解释，定期组织起草单位修订。

国家标准制定程序划分为九个阶段：预阶段、立项阶段、起草阶段、征求意见阶段、审查阶段、批准阶段、出版阶段、复审阶段、废止阶段。预阶段是标准计划项目的提出阶段，任务是提出新工作项目建议。立项阶段是标准新工作项目的确立阶段，任务是确立新工作项目。起草阶段是标准的编写阶段，任务包括成立起草工作组、编制标准征求意见稿及“编制说明”，时间周期一般不超过10个月。征求意见阶段是将标准草案的征求意见稿印发给相关部门，广泛征求意见，并进行协调，提出征求意见汇总处理表，完成标准草案送审稿。时间周期一般不超过5个月。审查阶段是利用会议审查或信函审查的方式对标准草案送审稿进行审查，完成标准草案报批稿。时间周期一般不超过5个月。批准阶段内容包括标准草案的上报、审批和发布，任务为批准发布国家标准，提供标准出版稿。出版阶段是将标准出版稿编辑出版，提供标准出版物；复审阶段是在国家标准实施后，根据科学技术的发展和经济建设的需要适时进行复审，复审周期一般不超过5年；复审结论包括确认其继续有效、需进行修改、提议废止。废止阶段是对已无存在必要的国家标准，由国务院标准化行政主管部门予以废止。

为了缩短标准制定周期，以适应企业对市场经济快速反应的需要，规范采用快速程序制定国家标准的工作，原国家技术监督局于1998年发布了“采用快速程序制定国家标准的管理规定”。对下列情况，制定国家标准可以采用快速程序：

(1) 对等同采用、等效采用国际标准或国外先进标准的标准制、修订项目，可直接由立项阶段进入征求意见阶段，省略起草阶段；

(2) 对现有国家标准的修订项目或中国其他各级标准的转化项目，可直接由立项阶段进入审查阶段，省略起草阶段和征求意见阶段。

经复审后的标准，若标准主要技术内容需要做较大修改才能适应当前生产、使用的需要和科学技术发展需要的，则应作为标准修订项目。标准修订的程序按制定标准的程序执行。修订后的标准顺序号不变，年号改为重新修订发布时的年号。

第二节　美国工业管道标准法规制修订管理模式

一、法规标准的政府管理部门及职能、运作模式

美国是联邦体制国家，联邦运输部负责各州际管道法规的制定等，没有统一的以工业管道为主体的联邦法规。但大多数州都有相应的政府机构负责本州法规、标准的制定等，对工业管道安全进行规范管理。

美国的强制性标准由联邦政府负责制定，主要涉及制造业、交通、环保、食品和药品等。美国私营标准机构就有400多个，由工业界自愿参加编定和采用。美国国家标准协会本身并不制定标准，仅是所谓“自愿标准体制”的协调者。由于不同机构制定标准，造成的结果是技术标准数量繁杂，要求比较苛刻。

二、法规标准制修订机构的设置及职能

美国国家标准协会(ANSI)是一个非营利性民间标准化团体,是自愿性标准体系的协调中心。联邦政府机构的代表以个人名义参加其活动,不接受政府的资助。详细内容可见第一篇有关内容。

美国国家标准协会的主要职能是协调国内各机构、团体的标准化活动;审核批准美国国家标准;代表美国参加国际标准化活动;提供标准信息咨询服务;与政府机构进行合作。美国国家标准协会使政府有关系统和民间系统相互配合,起到了联邦政府和民间标准化系统之间的桥梁作用。它协调并指导全国标准化活动,给标准制定、研究和使用单位以帮助,提供国内外标准化情报。它又起着行政管理机关的作用。

美国国家标准协会本身很少制定标准,而是通过委任团体法和征求意见法从各专业团体制定发布的标准中,将其对全国有重大意义的标准经审核后提升为国家标准,并给以 ANSI 代号。目前,经 ANSI 认可的标准制定机构有 180 多个,制定的标准总数有 3.7 万个,占非政府标准的 75%。其中一小部分经 ANSI 批准为国家标准。

美国石油学会(API)制定的行业标准(API 标准)旨在解决石油和天然气行业涉及的几大关键问题,其中包括:勘探与生产、炼油、消防与安全、石油测量以及海运等。

美国机械工程师学会(ASME)是国际性非营利教育和技术组织,制定众多工业和制造业行业标准,涵盖内容包括机械设备的设计、制造和安装等规范和标准。

美国材料与试验学会(ASTM)编制供给美国联邦管理和政府采购使用的标准,这已经成为一项持续性的活动。现在,在 23 个联邦政府机构里有 1500 多名人员是 ASTM 的会员,其中的 500 名是美国国防部(DOD)的代表,其余 1000 名是联邦政府各管理机构的代表。联邦条例法典(CFR)中规定引用 ASTM 标准达 900 次之多。

其他的标准制修订组织机构还有美国焊接学会、阀门和管件工业制造标准学会、美国水工学会等。

三、标准制修订程序

由于美国社会的多元性和自由化状态,形成了美国独特的分散化标准体制,除各企业、公司制定标准之外,尚有许多专业机构和学会、协会团体制定和发布各自专业领域的标准,而参加标准化活动的组织则更多。企业标准一般不对外。

美国国家标准协会本身很少制定标准。其 ANSI 标准的编制,主要采取以下 3 种方式:

(1) 由有关单位负责草拟,邀请专家或专业团体投票,将结果报 ANSI 设立的标准评审会审议批准。此方法称之为投票调查法。

(2) 由 ANSI 的技术委员会和其他机构组织的委员会的代表拟订标准草案,全体委员投票表决,最后由标准评审会审核批准。此方法称之为委员会法。

(3) 从各专业学会、协会团体制定的标准中,将其较成熟而且对于全国普遍具有重要意义的,经 ANSI 各技术委员会审核后,提升为国家标准(ANSI)并冠以 ANSI 标准代号及分类号,但同时保留原专业标准代号。

因此,美国国家标准协会的标准,绝大多数来自各专业标准。另一方面,各专业学会、协会团体也可依据已有的国家标准制定某些产品标准。当然,也可不按国家标准来制定自己的协会标准。ANSI 的标准是自愿采用的,但被法律引用和政府部门制定的标准,一般属强制性标准。

作为美国国家标准的文件,每 5 年经过 1 次审查,以确保标准的有效性。在 5 年之内,标准也可能被重新颁布、修订或撤销。

第三节　欧盟工业管道标准法规制修订管理模式

一、法规标准的政府管理部门及职能、运作模式

欧洲联盟(简称欧盟,European Union,EU)不是单一的国际机构,也不是联邦国家,是由原欧洲共同

体 (European Communities) 发展而来的，是一个集政治实体和经济实体于一身，在世界上具有重要影响的区域一体化组织，具有独立的司法、立法和行政机关。目前拥有 25 个成员国。

欧盟的“规则”、“指令”、“决定”等法规提案由欧洲委员会提出，经过欧洲议会审议，由欧洲理事会裁决，并由欧洲委员会执行。

欧盟的法律以及政策主要由欧盟理事会(代表各加盟国)、欧洲议会(代表各加盟国民众)和欧洲委员会(代表欧洲全体利益、政治上独立的机构)3 个机构来决定。

欧盟是政府只管立法、执法是政府授权的民间检验机构。欧盟委员会领导的企业总司下属的法规标准司负责组织各工业协会、研究机构、成员国政府管理机构等制定有关欧盟指令，组织有关标准化机构制定相关欧洲统一标准。如欧洲标准化协会，下有 300 多个标准化技术委员会，其主要任务就是编写欧洲标准。

二、法规标准制修订机构的设置及职能

欧洲标准化委员会(CEN)的宗旨在于促进成员国之间的标准化协作，制定本地区需要的欧洲标准(除电工行业以外)和协调文件。从形式上欧盟委员会委托欧洲标准化委员会进行标准化工作，技术细节由各标准化技术委员会制定。

欧盟各成员国都有自己的制定标准机构，如法国的 AFNOR，德国的 DIN，意大利的 UNI，西班牙的 AENOR，英国的 BSI 等。这些机构同时也参与欧盟洲标准化机构工作。根据欧盟各成员国约定，新制定的国家标准在生效前应通知欧盟主管标准管理的单位。

三、法规标准制修订程序

欧盟层次的技术协调及标准制定有两种方法：第一种是制定某类产品所有的有关规定，即“完全强制协调”，该方法主要涉及与安全、健康有关的产品，如药品、食品及车辆；第二种是只制定某类产品的关于安全、健康项目的基本要求，然后由欧洲 3 个标准制定机构(欧洲标准化协会 CEN、欧洲电工标准化委员会 CENELEC、欧洲通讯标准化委员会 ETSI)制定自愿性技术规范，再将此技术规范定为欧洲标准或协调文件。

欧洲标准化委员会(CEN)得到授权后，将授权转给各相关技术委员会(比如卫生、轨道交通/运输或者气体)，各委员会的成员都是各国标准化委员会的代表，他们或者是工业界、政府界代表，或者完全是工业界代表。在技术委员会中的表决票分配与欧洲理事会一样按各国人口数比例划分，德国与法国的票数最多，然后依次递减。技术委员会在制定完标准后将它呈给欧洲标准化委员会(CEN)。

第四节　日本工业管道标准法规制修订管理模式

一、法规标准的政府管理部门及职能、运作模式

根据日本的《工业标准化法》，由政府机构制定、颁布、实施国家标准(JIS)。设置在经济产业省的日本工业标准调查会(Japanese Industrial Standards Committee，JISC)负责与工业标准化有关标准的组织制定和审议。如日本国家标准 JIS 的草案可以由主管大臣制定，也可以委托有关团体(工业会、学会、日本标准协会等)制定或有关团体自主制定后提交主管大臣，由 JISC 审议通过。所以，日本标准体系靠团体的支持，团体的每个成员促进其发展，并得到它的保护。

安全工作由劳动省、经济产业省等有关部门分别管理，负责制定法律、政令、省令、公告、规范、标准等，具体检验工作由有关协会作为国家的代行检查机关实施。

在日本由于经济产业省的严格控制，制定标准与在欧洲相比困难得多。

二、法规标准制修订机构的设置及职能

法规由厚生劳动省、经济产业省内相关部门负责。如《气体事业法》、《高压气体保安法》由经济产业

省原子安全/保安院负责,《劳动安全卫生法》由厚生劳动省劳动基准局负责。

日本工业标准调查会(JISC)是根据日本工业标准化法建立的全国性标准化管理机构。其主要任务是:组织制定和审议日本工业标准(JIS);调查和审议 JIS 标志指定产品和技术项目。它是政府各部门在工业标准化方面的咨询机构,就促进工业标准化问题答复有关大臣的询问和提出的建议,经调查会审议的 JIS 标准和 JIS 标志,由主管大臣代表国家批准公布。

调查会由总会、标准会议、部会和专门委员会组成。标准会议是它的最高权力机构,负责管理调查会的全部业务,制定综合规划,审议重大问题,审查部会的设置与撤销,以及规定专门委员会的比例,协调部会之间的工作。标准会议按审议工作范围设立 29 个部会,负责审查专门委员会的设置与撤销,协调专门委员会之间的工作,对专门委员会通过的 JIS 标准草案进行终审。

日本规格协会(JSA)是致力于标准化和质量管理知识技能开发和宣传普及的公益性民间组织,在全国设有 7 个分部。其主要任务是:出版发行 JIS 标准和标准化刊物、标准化与质量管理图书;制作和发行 JIS 标准样品;举办各种标准化与质量管理培训班;研究制定技术术语和管理通则等 JIS 基础标准草案;标准化与质量管理宣传普及和交流活动,每年定期举办全国标准化大会、标准化与质量管理大会和质量月活动;质量体系和环境管理体系审核员登记注册工作;参与国际标准化活动。

三、法规标准制修订程序

法规的制修订分别由政府各相关机构审议通过并颁布实施。如《高压气体保安法》(法律)是经国会审议通过,《联合企业等保安规则》(省令)是各省大臣制定的命令。

JIS 标准是依据工业标准化法制定,分为以下几个阶段:

(1) 调查研究,为提出 JIS 标准草案做准备

为了制定 JIS 标准草案,主管大臣进行技术资料的调查分析,必要时,进行实验验证,以收集调查研究的基础数据。通常,主管大臣参与的调查研究对象限于基础领域、公共事业领域、为实施政策普及而必要的领域、由民间组织进行有困难的领域。

(2) JIS 标准草案的制定

JIS 标准草案可以由主管大臣制定(包括委托民间有关团体如学会、协会等)和由民间团体等自发提出,并提交主管大臣批准。由主管大臣制定 JIS 草案的范围同(1)条。

(3) 标准草案的调查审议

由主管大臣提出的 JIS 标准草案,经确认属其管辖范围后,提交日本工业标准调查会讨论。原则上,讨论由各专门技术委员会承担,并向 JISC 会长提交意见,由 JISC 会长向主管大臣提交意见。

由民间团体提出的标准草案,原则上由承担部门进行调查审议,简化审议程序。

(4) JIS 标准的制定

主管大臣确认由 JISC 提交的标准正确地反映了各有关方的意见,无偏差偏见等不妥地方以后,决定作为 JIS 标准公布。

(5) 确保 JIS 标准制定的透明性

公开 JIS 草案以及制修订过程的有关信息,提供外国有关方参加草案讨论、陈述意见的机会以及公示有关文件等。

第五节　国际标准化组织工业管道标准制修订管理模式

一、标准的政府管理部门及职能、运作模式

国际标准化组织(ISO)是一个国际性非政府标准化机构(有 156 个国家参加,截止 2005 年底制定的标准数量为 15649 项),制定并出版国际标准。ISO 成立于 1947 年,是根据瑞士的《民法》发展起来的公

共事业组织，它作为国际标准化机构，主要制定工业领域的国际标准。ISO 的技术委员会（TC）和分委员会（SC）负责对 ISO 标准的内容进行审议；ISO 的工作组（WG）负责标准详细内容的讨论。与石油化工管道有关的技术委员会是 TC 67：石油、石化和天然气工业用设备材料及海上结构技术委员会；TC 86：制冷和空气调节技术委员会；TC 92：防火安全技术委员会；TC 138：输送流体用塑料管、管件和阀门技术委员会等。分技术委员会有 SC 2：长输管线系统；SC 6：工艺设备和管道系统等。

二、标准制修订机构的设置及职能

国际标准化组织的主要活动是制定国际标准，协调世界范围的标准化工作，组织各成员国和技术委员会进行情报交流，以及与其他国际组织进行合作，共同研究有关标准化问题。ISO 下设技术委员会（TC）192 个，分委员会（SC）541 个，工作组（WG）2188 个。标准的制修订由各个技术委员会、分技术委员会和工作组承担。

三、标准制修订程序

ISO 标准的制修订程序分为以下几个阶段：

(1) 审议：ISO 标准由各技术委员会 TC 按以下步骤对相关领域的标准进行讨论。有时候也启用快速程序（Fast-track procedure），采用 ISO 以外的机构编制的标准作为 ISO 标准。

——准备阶段：工作组对标准化项目进行讨论；

——提案阶段：工作组讨论标准的适用范围，并进行提案投票；

——编制阶段：工作组编制草案，并讨论；

——委员会阶段：技术委员会根据需要，对意见进行审议，并投票；

——协调阶段：国际标准草案提出，5 个月投票；

——承认阶段：国际标准草案定稿，2 个月投票；

——发行阶段：校对、印刷、发行。

(2) 投票：由参加技术委员会的各国在规定的时间内按规定的程序进行投票表决。为了便于管理，在各主要的阶段用编号来表示，每个阶段完成以后都要进行登录。

第三十二章 工业管道法规标准体系介绍

第一节 中国工业管道法规标准体系

一、法规标准体系框架、层次、发展趋势

在法规体系上，中国实行的是多层次法规，从人大、国务院、部门到地方政府由法律、行政法规、行政规章（含部门规章和地方政府规章）和安全技术法规 4 个层次构成。具体到工业管道则如表 32-1 所示。

表 32-1 中国压力管道法规体系

中华人民共和国特种设备安全法 （正在起草制定中）
特种设备安全监察条例
压力管道安全管理与监察规定 锅炉压力容器压力管道特种设备事故处理规定 特种设备质量监督与安全监察规定等
压力容器压力管道设计单位资格认可与管理办法 压力管道元件制造单位安全注册与管理办法 压力管道元件制造单位安全注册与压力管道安装许可证评审员考核注册与管理办法 压力管道元件型式试验机构资格认可与管理办法 压力管道安全技术监察规程（工业管道篇）（征求意见稿）等

相对于锅炉与压力容器等承压设备，管道行业的发展相对滞后，总体的管理水平和标准化水平较低。由于历史的发展经历了从社会主义计划经济体制到社会主义市场经济体制过程，虽然管道行业的发展至今，规模不小，但由于种种原因，长期以来始终未成为一个独立的行业，而依附于锅炉、压力容器等承压设备行业，处于部门分割管理的状态。因此，在相应的标准制定以及体系的建设方面不可避免地存在不适应时代发展的地方，也尚未形成一个系统的、完善的工业管道标准体系。

作为工业管道安全工作技术基础的技术规范/标准体系的现状、错综复杂，比较混乱。由于长期以来行业和管理条块分割，基本上不相往来，各行业各自为政，自成一体。如：动力管道属于电力部门管辖；核电管道和核电容器一起属核安全部门管辖；建筑管道属建筑部管辖等。造成标准多（其中许多标准是重复性编制），标准引用混乱，内容不统一、不协调的问题。可以说尚未建成一个系统的，配套的和完善的，能满足不断发展变化的市场和用户需要的工业压力管道标准/技术规范体系。

与国外经济发达国家相比，我国的工业管道标准建设还存在很大的差距。主要表现在标准体系结构不合理、内容的重复和交叉、标准的技术内容和水平低、标龄过长、老化现象、标准制定的周期长等。因此，如何结合我国的国情，以科学发展观和自主创新精神开发具有我国特色、能与欧洲抗衡的工业压力管道标准，建立和完善工业管道标准体系，并在激烈的国际竞争中赢得主动，且获得行业发展的最佳秩序，取得最大社会和经济效益，是当前摆在我们面前的、时代对我们的挑战。全国锅炉压力容器标准化技术委员会压力管道分技术委员会的成立，标志着国家对压力管道安全标准化工作的重视，同时也表明各行业对建立健全我国压力管道标准体系，完善我国压力管道标准化工作的迫切要求。

二、法规标准间的关系

全国人民代表大会于1988年12月通过了《中华人民共和国标准化法》，国务院于1990年颁布了《中华人民共和国标准化法实施条例》，规定了强制性标准与推荐性标准相结合的标准体制，这一体制目前仍在执行。由于强制性标准范围过宽，内容不尽合理，且强制性标准中含有许多推荐性内容，对于如何实施才算符合和执行了强制性标准，一直存在争议。2000年颁发了《关于强制性标准实行条文强制的若干规定》，将强制性标准分为全部强制和条文强制两种。

在标准的层次上，我国将标准分为国家标准、行业标准、地方标准和企业标准4级。根据法律的约束性分强制性标准、推荐性标准、标准化指导性技术文件；根据标准的性质分技术标准、管理标准、工作标准；根据标准化的对象和作用分基础标准、产品标准、方法标准、安全标准、卫生标准、环境保护标准。

在技术法规上，我国实行的是“部门法”，而不是“国家法”，政出多门，相互之间存在不协调之处。对于技术法规还没有明确的规定，难以明确界定技术法规和标准。

因此，在框架结构上，法规和标准是分离的，但在内容上，法规里面存在不少技术规定，且技术标准在许多地方不一致，从而产生矛盾。

根据WTO/TBT协定规定，技术法规应包括为正当目标所必须的条款。这里所说的正当目标是指国家安全、防止欺诈行为、保护人身健康或安全、保护动植物的生命和健康、保护环境。WTO/TBT协定中对于“标准”的定义是为了通用或反复使用的目的，由公认机构批准的、非强制性的文件。前者是强制性文件，而后者除非被法规引用，否则是自愿性文件。所以，WTO/TBT协定定义的标准是自愿性的，没有给出强制性标准的定义。

目前，我国的标准化管理部门基于这种认识来履行《TBT协定》项下的透明度义务，将新拟定的强制性标准作为技术法规通报，并已经获得国际上基本认可。但是，法规是法律行为，应按立法程序来制定，标准是市场行为，以市场为主体，以企业为主导来制定。两者的内涵、影响力及法律效力是完全不同的。两者的混同会与我们已经构建的市场经济体制发生冲撞，阻碍国家科技发展和参与国际竞争的能力和进程。因此，由强制性标准向自愿性标准体系过渡，实现与国际惯例接轨，应尽快建立自愿性标准体系。

第二节　美国工业管道法规标准体系

一、法规标准体系框架、层次、发展趋势

美国是联邦制国家，联邦法律没有规定的地方事物管理权均为各州保留。美国政府对管道安全非常重视，体现在依法行政的安全监察管理体制和完善、配套的标准化体系。

美国的法规体系由法律(law)、法规(rule/code)、行政指导(bulletin/information/notice等)、指南(guide)等组成，相关的政令或文件包括免除令、澄清函、简讯、公告、规范修改提案、联邦公告。

美国标准体系大致由联邦政府标准体系和非联邦政府标准体系，即各专业标准化团体的专业标准体系。美国国家标准学会本身很少制定标准，主要是将上述两部分标准经协商后冠以ANSI代号，成为美国国家标准。

在管道技术有关的标准规范中，美国的标准规范由于其技术的先进性和普及使用而成为人们所熟悉的实用标准，被包括中国在内的许多国家广泛的参考和使用。作为管道的安全技术规范由ASME B 31系列构成：

——B31.1 动力管道(Power Piping)；

——B31.3 工艺管道(Process Piping)；

——B31.4 液态烃和其他液体的管线输送系统(Pipeline Transportation Systems for Liquid Hydrocarbons and Other Liquids)；

——B31.5 制冷管道(Refrigeration Piping)；

——B31.8 气体输送和分配管道系统(Gas Transportation and Distribution Piping Systems);

——B31.9 建筑管道(Building Services Piping);

——B31.11 泥浆输送管道系统(Slurry Transportation Piping Systems)。

它与 ASME/ASTM/ANSI/API/AWS/MSS/AWWA 等一系列标准互相配合、协调,构成了美国的压力管道标准/技术规范体系。与工业管道有关的是 ASME B31.3《工艺管道》(Process Piping)。

美国对于标准化工作,虽没有像欧洲那样强制性进行标准化的程序,但《技术的转移和普及法(National Technology Transfer and Advancement Act)》倡导政府积极参与民间占主导地位的标准的制定,此外政府的协调基准、强制法规等规定了采用任意标准以促进标准的统一等,为领导国际标准积极筹备。

近年来,美国深感欧洲的标准化发展战略的影响,开始加强国际标准化的应对,重视并积极参加国际标准化活动,扩大承担干事国的工作范围。2000 年 9 月美国国家标准协会等出台了《国家标准战略》,明确提出在国际标准化舞台上积极倡导制定反映美国技术的国际标准,利用美国标准体系的优势,整合各方面资源,大力推进美国标准的国际化,使美国标准更容易被国际市场接受,进一步控制国际市场。

二、法规标准间的关系

美国标准的制定主要依靠专业学会、行业协会等民间机构,企业和专家在非政府专业组织内协同制定并出版标准。他们的活动不受国家任何规章的制约,不同组织之间自由竞争。制定的标准一旦被立法机构采纳,就成为强制性法规。因此,在美国实行双重体系,明确划分强制原则和自愿原则。美国的法规体系部分相当封闭,使其公开化需要进行复杂的政府间谈判,并涉及联邦机构内部职能程序等问题。

第三节 日本工业管道法规标准体系

一、法规标准体系框架、层次、发展趋势

依据法律约束力的不同,日本的法规体系由法律、政令、省令、告示、训令和通知组成。法律是由国会审议通过制定的,它规定了最基本的事项,称为法,如《高压气体保安法》。政令是由内阁制定的命令,为法律实施时有关规定,称为“法施行令”,如《高压气体保安法施行令》。省令是由各省大臣制定,实施政令时有关的详细规定,或针对政令的特别委任事项制定的命令,称为“规则”,如《联合企业等保安规则》。告示是为了完善法律、政令、省令而由行政厅发布的行政公告,包括技术标准的详细规定。训令是上级行政机关向下级行政机关下达的命令。通知是行政机关向所管辖的各机关部门、地方团体下达的注意事项或指示等通知。其他还有都道府县发布的行政指导、协会等自主标准等。

另外,与中国的称呼不同,在日本被称为“条例”的是由地方议会审议通过,由地方公共团体制定的,与地方有关的规定。

日本的经济产业省工业技术院,为了避免国际贸易间的摩擦,正不断地积极推进 JIS 与 ISO 标准的接轨。

与配管技术有关的法规主要有《石油管道事业法》、《高压气体保安法》、《电气事业法》、《气体事业法》、《劳动安全卫生法》、《消防法》。JIS 只规定了配管材料、配管元件以及试验等相关标准,配管的设计、施工等所遵循的技术准则主要依赖于 JPI 等团体标准或以 ASME 为主的美国标准。作为工业管道基础标准的 JPI-7S—77 石油工业用工厂的配管基准主要就是参考了美国的 ASME B31.3 工艺管道。其配管体系框架示意如图 32-1:

日本的标准和法规带有强烈的保护色彩,名目繁多的法规标准中只有极少数是与国际标准一致的。从 20 世纪 80 年代和 90 年代开始,日本逐步积极参与国际标准化活动。《日本工业标准化法》提出了以

制定标准控制市场的原则，积极推进JIS标准与国际标准的整合。经济产业省工业技术院为了避免贸易摩擦，根据WTO/TBT协定，正积极推进JIS标准与ISO标准接轨，使JIS标准与国际标准协调以及采用国际标准，积极推荐JIS标准为国际标准。目前，日本承担了多个国际标准化技术委员会、分委员会等的工作，已成为一个在国际标准化活动中有影响的国家。

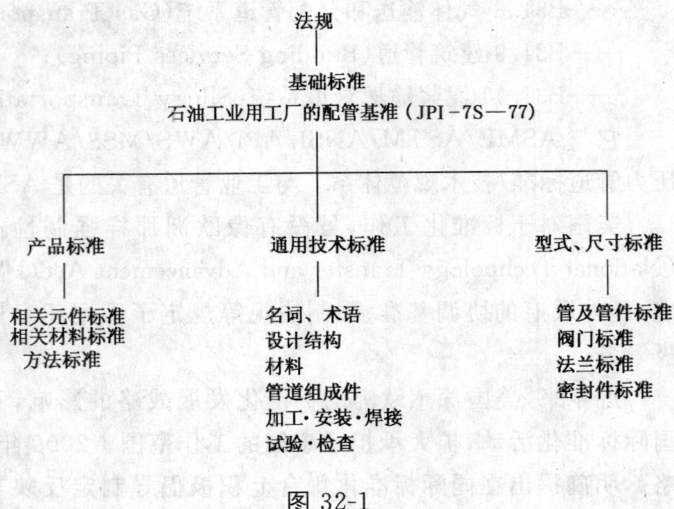

图 32-1

二、法规标准间的关系

日本的法规由政府的内阁、各省大臣、行政厅或行政机关，以及地方政府制定，是强制性规定。工业管道标准由专业组织的企业主与相应部门密切合作来制定。比较重要的工业管道标准由日本国家机构批准。企业自愿采用的标准(/条款)常常被各部纳入法规文本，作为其技术法规。

日本的协会依靠的是加盟团体的支持，是根据特别法律设立的具有法人资格的机构。日本的标准化体系主要面向本国市场。其标准化战略已经提出标准化机制的改革思路，即要发挥基础技术研究机构和国立研究所在标准化活动中的作用，以提高制定标准的速度和透明度。

第四节　欧盟工业管道法规标准体系

一、法规标准体系框架、层次、发展趋势

欧盟的法规，按照执行力度的强弱依次分为：规则(Regulation)，其相当于议会通过的法令，一经通过立即生效，各加盟国直接采用，等同于本国的法律；指令(Directive)，其在官方刊物上发布3年以内，各加盟国按指令要求，修改或重新制定本国的相应法律/法规，并执行；决定(Decision)，其约束范围是特定的加盟国、企业或者个人，对具体的行为措施进行规定；劝告(Recommendation)，是对加盟国、企业或者个人等推荐性规定，非强制性；意见(Opinion)，是针对某一论题提出的，表明欧洲委员会的意见，非强制性。

欧盟的压力管道法规标准体系只有2个层次。指令(Directives)下面就是标准，后者也叫做欧洲标准，或协调标准，或和谐标准(Harmonized Standards)，因为它是与指令要求和谐一致的标准。指令是针对欧盟的25个成员国的，颁布指令的语言有3种(英，法、德)。各个成员国必须按照指令要求在规定期限内，通过本国的立法程序和本国的语言转化为本国的法规(Regulations)。转化后的法规在内容上除了去掉指令中对成员国政府的要求外，应与指令的内容相同。因此，转化的法规不能看作是一个层次。这种单一层次、一步到位的法规形式，是欧盟“新方法”指令的一大特色，实现了“一个欧洲，一个声音”。

为了简化立法程序，欧盟的指令又分为两种。一种是欧委会(Commission)提出后经欧洲部长级理事会(Council)和欧洲议会(European Parliament)两级批准，最后由欧洲议会主席签字颁布的指令，这种指令一般为重大指令，《承压设备指令》即是这类指令，在指令编号中以EC表示，例如《承压设备指令》的编号为97/23/EC；另一种指令是欧委会提出后只要经欧洲部长级理事会批准即可发布，这种指令一般为涉及范围较小的指令，在指令编号中以EEC字样表示，例如：《喷雾器指令》，编号为75/324/EEC。这是从高层源头上简化层次的做法。如把所有非核承压设备都包括在内，则欧盟目前的承压设备法规框架是由4个指令组成的：97/23/EC(承压设备)、87/404/EC(简单压力容器)、99/36/EC(移动式压力设备)和75/324/EEC(喷雾器)，大体相当于我国的锅炉、固定式压力容器、移动式压力容器、压力管道、气瓶等，但范围要广泛得多，这里不及细论。

欧洲标准化委员会把“标准化”作为产业竞争的战略手段，如同欧洲货币的统一(欧元)，在基础标准领域里，也朝着欧洲统一的目标积极不断地实践。

欧洲的工业压力管道标准体系由原德国 DIN 和英国 BS 标准体系转化、整合成 EN(欧共体)标准体系。这些 EN 标准贯彻欧盟指令中规定的基本安全要求，制定具体的技术要求，由企业自愿采用，若采用 EN 协调标准，则被认为满足了指令中的基本安全要求。

近年来，随着欧盟的建立和不断扩大，加盟国之间法规标准趋向于统一，在国际标准化活动中的影响越来越大，成为国际标准的倾向。欧洲的企业也将国际标准化作为企业活动的一个环节，给予重要的位置。主要企业内部设置了标准部门，并配备了专门的人才。

欧盟的标准化战略强调建立强大的欧洲标准化体系，进一步扩大欧洲标准化体系的参加国范围，在财政上继续支持各欧洲标准化委员会的活动，统一在国际标准化组织中进行标准化提案。欧洲委员会也构筑了标准化战略，第一方面支援欧洲单一市场的形成，第二方面强化欧洲产业在世界市场中的竞争力，第三方面在国际标准化中确立欧盟的地位，第四方面促进以欧洲标准(EN)为基础制定国际标准，以扩大欧洲技术对世界的影响。

二、法规标准间的关系

20 世纪 80 年代以来，欧盟就技术立法和标准化相继出台了一系列政策。其中 1985 年颁布实施的《技术协调与标准化新方法》决议明确规定，在欧共体技术立法文件中，只规定产品投放市场所应达到的基本要求，而满足这些基本要求的技术标准，则委托欧洲标准化机构以“协调标准”形式制定，从而使欧洲标准成为支持技术立法、消除贸易技术壁垒的重要工具。

欧盟为了统一欧洲各国的压力设备，于 1997 年由欧洲委员会提出，经欧洲部长理事会和欧洲议会批准采用了《压力设备指令》(PED)，2002 年 5 月开始强制实施。欧盟现在的 25 个成员国过去各自的安全监察法规从此失效，被 PED 所代替，从而在欧盟内部打破贸易技术壁垒。PED 是纯粹的管理规范，只有定性和定量的规定。其核心部分是安全基本要求，它在体系上把强制性的安全监察管理法规和非强制性的技术标准和谐地组成了一个新的体系，是一次创新。除了 PED 以外，每个产品还要遵守相应的标准，如欧洲标准(EN 标准)等，这是可以选择的。欧洲委员会认为采用 EN 标准，就可以认为是符合 PED 要求的，但并不反对采用其他标准，只是必须证明它是满足 PED 要求的。

基本安全要求 ESR(Essential Safety Requirement)是欧盟的行政法规和协调性技术标准的结合点，作为原则性基准是强制性的，只要是满足这个规定的产品，在欧洲范围内可以自由流通。

第五节　国际标准化组织的标准体系

国际标准化组织(ISO)作为国际标准化机构，制定自愿性技术标准。标准化体系由 ISO 下设的各技术委员会(TC)、分委员会(SC)和工作组(WG)组成。技术委员会(TC)和分委员会(SC)对 ISO 标准内容进行审议；各工作组(WG)负责标准的详细讨论。与石油化工管道有关的技术委员会有：

——TC67：石油、石化和天然气工业用设备材料及海上结构技术委员会；SC2：管线输送系统；SC6：工艺设备和系统；

——TC86：制冷和空气调节技术委员会；

——TC92：防火安全技术委员会；

——TC138：输送流体用塑料管、管件和阀门技术委员会等。

自从 1995 年 1 月，缔结了 WTO/TBT 协定以来，各参加国都必须将各自的技术法规、标准与 ISO 等国际标准协调一致，因此，ISO 标准作为国际标准而越来越得到重视。

ISO 在不断变化的国际标准化环境中，提出了各种标准化战略，调整标准化方针，目的是提高 ISO 标准的“市场适应性”。

第三十三章 工业管道主要标准法规简介

第一节 国内外工业管道主要法规

为了便于比较、分析，现将欧盟97/23/EC《承压设备指令》和我国《特种设备安全监察条例》及以下层次的行政法规和监察规程的相关要素进行对比，详见表33-1。

表33-1

要素	欧盟97/23/EC《承压设备指令》	我国《特种设备安全监察条例》及以下层次的行政法规和监察规程
目的	消除成员国之间的贸易技术壁垒，便于承压设备在欧盟和欧洲经济区(EEA)内的自由流通。协调成员国关于承压设备及其组合装置在设计、制造、检测和合格评定方面的法律。构建一个有利于新技术开发和提高国际竞争力的柔性监管环境	《特种设备安全监察条例》(以下简称《条例》)第一章第一条 加强特种设备的安全监察，防止减少事故，保障人民群众生命和财产安全，促进经济发展
适用范围	第1章第1条 许用最大工作压力PS高于0.5bar的承压设备及其组合装置的设计、制造和合格评定	《条例》第七章第八十八条 最高工作压力大于或者等于0.1MPa(表压)的气体、液化气体、蒸汽介质，或者可燃、易爆、有毒、有腐蚀性、最高工作温度高于或者等于标准沸点的液体介质，且公称直径大于25mm的管道
不适用的范围	第1章第3条 3.1　从位于装置界区内的最后一座隔离装置(包括这个隔离装置)起、用于从某一(陆上或海上的)装置输送或接受任何流体或物质、由管道或管系组成的长输管线，包括专门为长输管线设计的各种附属设备。这个例外不适用于标准承压设备，例如减压站或加压站中的一些设备； 3.2　给水、配水和排水管网以及其附属设备和引水渠，例如：水电站的压力水管、压力隧道、压力井及其相关的特殊附件等； 3.13　保护电力和电信传输系统的加压管道，例如电力和电信电缆的加压保护管道； 3.20　热水供暖系统中的散热器和管道	《压力管道安全管理与监察规定》(以下简称《规定》)第一章第四条 本《规定》不适用于下述管道： (一)设备本体所属管道； (二)军事装备、交通工具上和核装置中的管道； (三)输送无毒、不可燃、无腐蚀性气体、其管道公称直径小于150mm，且其最高工作压力小于1.6MPa的管道； (四)入户(居民楼、庭院)前的最后一道阀门之后的生活用燃气管道及热力点(不含热力点)之后的热力管道
总定义	第1章2.1 "承压设备"是指容器、管道、安全附件和压力附件。某些情况下，承压设备包括与受压件连接的元件，例如：法兰、接管、支座、吊耳等	《条例》第一章第二条 特种设备是涉及生命安全、危险性较大的锅炉、压力容器(含气瓶)、压力管道、电梯、起重机械、客运索道、大型游乐设施
管道的定义	第1章2.1.2 "管道"是指连接在一起整合成一个系统、用于输送流体的管道组成件。"管道"包括一根管子或一个管系、管子加工件(tubing)、配件、膨胀节、软管或其他的受压件。对空气进行冷却或加热、由若干管子组成的换热器应视作管道	《压力管道安全技术监察规程(工业管道篇)》(以下简称《监察规程》)第三条 管道包括：(一)管道元件，包括管道组成件和管道支承件；(二)管道元件间的连接接头、管道与设备或者装置连接的第一道连接接头、管道与非受压元件的连接接头；(三)管道所用的安全阀、爆破片装置、阻火器、紧急切断装置、压力表、测温仪表等安全保护装置

续表 33-1

要素	欧盟 97/23/EC《承压设备指令》	我国《特种设备安全监察条例》及以下层次的行政法规和监察规程
合格评定	第 10 章 1.1 承压设备在被投放到市场之前,制造商应将设备中的每一项根据本章规定的条件、按照附录Ⅲ某一合格评定程序进行评定 1.2 对承压设备中每一个拟带有 CE 标志的项目所拟采用的合格评定程序,应根据第 9 章对该设备所划定的级别来确定	
管道设计总要求	附录Ⅰ中 2.1 总则 在设计压力设备时必须考虑一切有关因素,保证在设备寿期内的安全。 设计时必须采用各种方法,考虑适当的安全系数,使设备在防范各种有关失效模式时有足够的安全裕度	《监察规程》第三十三条 管道的设计单位应当取得相应的设计资格证书。设计单位应对业主负责,保证管道工程设计符合《工业管道》和本规程的要求以及业主规定的附加要求,保证所设计的管道能够安全、持续、稳定正常地生产运行
强度设计要求	附录Ⅰ中 2.2 强度设计 2.2.1 承压设备的设计必须计及与使用有关的各种载荷,以及各种合理可预见的条件,特别要考虑下列这些因素:内压和外压;环境温度和操作温度;操作和试验条件下的静压和物料重量;交通载荷、风载荷和地震载荷;支撑、连接和管道引起的反作用力和力矩;腐蚀、冲蚀、疲劳等;不稳定流体的分解。 必须考虑不同载荷的同时出现,要计及这些载荷同时出现的几率。 2.2.2 强度设计必须基于 2.2.3 所述的计算方法,辅之以 2.2.4 所述的实验设计方法;PS. DN<3000bar 时,可采用 2.2.4 所述的无须计算的实验设计方法。 2.2.3 计算方法 (a)受压容器和其他载荷方面 考虑了在操作条件下各种合理可预见的失效模式时必须限制许用应力。为彻底消灭由于制造、实际操作条件、应力、计算模型、材料性能和行为等造成的一切不确定性,必须采用安全系数。各种计算方法中必须有与第 7 章要求相一致的、足够的安全裕度。满足以上要求可采用以下方法之一,或以另一种方法作为补充,或组合使用以下的方法:公式设计;分析设计;断裂力学设计。 (b)刚性(RESISTANCE) 必须采用适当的计算保证承压设备的刚性,特别是:计算压力不得小于最大许用压力,并且要计及静压头、流体动压和不稳定流体的分解。如容器被分隔成几个单独的受压室,则隔离壁必须计及相邻受压室可能最低压力下、按照受压室最大可能的压力进行设计;必须给计算温度有足够的安全裕度;设计必须充分计及在合理可预见的操作条件下、可能出现的温度与压力的一切可能的组合;必须把最大应力和峰值应力集中保持在安全范围以内;设计受压容器必须根据第 4 节的条款和适当的安全系数、根据有文件记载和与材料性能适合的数据进行计算。必要时,应考虑如下的材料性能:取计算温度下的 0.2%或 1.0%保证强度;抗	《监察规程》第三十八到四十七条 第三十八条 管道设计压力应当不小于在操作中可能遇到的最大内压或者外压与温度最高或者最低相耦合的最严重情况下的压力。装有安全泄放装置的管道,其设计压力不得低于安全阀的整定压力或者爆破片装置的最大标定爆破压力。未设置安全泄放装置或者与安全泄放装置隔离的管道,设计压力应当不低于可能产生的最大压力。 第三十九条 管道计温度应当是管道运行时压力和温度相耦合的最严重情况下的温度。对于 0℃以下的管道,应当考虑流体及环境影响,设计温度应当取高于或者等于管道材料允许使用的最低温度。 第四十条 无隔热层的管道中,不同的管道组成件可以具有不同的设计温度,管道组成件的设计温度应当符合以下规定:(一)流体温度低于 65℃时,管道组成件的设计温度可以与流体温度相同;(二)流体温度等于或者大于 65℃时,除非按传热计算或者试验确定有较低的平均壁温,管道组成件的设计温度应当不低于以下值: 阀门、管子、翻边端部、焊接管件以及厚度与管子相似的其他管道组成件的设计温度为流体温度的 95%; 法兰(除松套法兰外),包括在管件、阀门上的法兰的设计温度为流体温度的 90%; 松套法兰的设计温度为流体温度的 85%; 法兰紧固件的设计温度为流体温度的 80%。 第四十一条 当管道温度低于 0℃时,应当防止切断阀、控制阀、安全保护装置和其他管道组成件的活动部件外表面结冰。

续表 33-1

<table>
<tr><th>要素</th><th>欧盟 97/23/EC《承压设备指令》</th><th>我国《特种设备安全监察条例》及以下层次的行政法规和监察规程</th></tr>
<tr><td>强度设计要求</td><td>拉强度；与时间有关的强度，例如：蠕变强度；疲劳数据；弹性模量(杨氏模量)；适当的塑性应变量；冲击强度；断裂韧性；取决于无损检测类型、被连接材料和操作条件的接头系数；设计时必须适当计及与承压设备的使用有关的、一切合理可预见的损坏机制(例如：腐蚀、蠕变、疲劳等)；在 3.4 所述的说明书中，必须特别提醒用户注意与设备寿命有关的设计特点：例如：对于蠕变：在指定温度下的设计工作小时数；对于疲劳：在规定应力水平下的设计循环数；对于腐蚀：设计腐蚀裕量。
(c)结构稳定性方面
如计算得的厚度不能满足适当的结构稳定性，则必须计及运输和搬运所带来的风险，采取必要的措施改变这一状况。
2.2.4　实验设计方法
可采用适当的试验程序在代表设备的样品上进行全面或局部的验证。试验进行前，该试验程序必须获得负责该设计合格评定模式的 NoBo 的认可。
试验程序必须明确规定试验的条件和验收准则。试验前，应测量被试设备主要尺寸的实际值和被试设备所用材料的特性值。
试验过程中必须有可能对承压设备的危险区域以具有足够精度的、可记录应变和应力的适合仪器进行观察。
(a)承压强度试验，其目的是在相对于最高许用压力有一定安全裕量的压力下检查设备有无超过规定门槛值的重要泄漏或变形。试验压力必须基于试验条件下设备的几何量值及材料特性量值与它们设计值之间的差值来确定，尚必须计及试验温度与设计温度之间的差别。
(b)存在蠕变或疲劳破坏的风险，则必须根据设备的使用条件进行适当试验，例如：在规定温度下保持时间的试验，在规定应力水平下循环次数的试验等。
(c)有必要，可再进行涉及 2.2.1 所述其他因素的试验，例如：腐蚀、外部因素的破坏等</td><td>第四十二条　设计压力管道时，当金属管道外壁温度受大气环境条件影响时，其最低环境设计温度可按该地区气象资料，取历年来月平均最低气温的最低值。月平均最低气温是指当月各天的最低气温值相加后除以当月的天数。月平均最低气温的最低值，是气象局实测的 10 年逐月平均最低气温资料中的最小值。
全国月平均最低气温低于等于零下 20℃ 和零下 10℃ 的地区见附件 4。
第四十三条　管道组成件的强度计算应当符合《工业管道》的规定。凡与敏感机器、设备相连的或者高温、高压或者循环当量数大于 7000 等重要的以及工程设计中有严格要求的管道，应当采用计算机程序进行管道应力分析。
第四十四条　管道应力分析中应考虑各类重量荷载的影响以及其他原因产生的荷载和作用力的相关作用。包括：
(一) 介质压力、管道自重(包括隔热层、管道组成件以及介质重量)等持久荷载；(二) 风荷载、地震荷载以及由于阀门关闭引起的压力短时升高、泄放阀打开时对管道的冲击反力等临时荷载；(三) 温差荷载、固定支吊架或者端点位移对管道所作用的交变或者非交变荷载。
第四十五条　压力管道由于压力、重量或其他持久荷载所产生的轴向应力的总和 S_L 应不大于 S_h。由于压力、重量和其他持久荷载以及风荷载、雪荷载和地震等临时荷载共同作用引起的管道轴向应力 S_L 应不大于 $1.33S_h$。
S_h 为最高温度下材料的许用应力 S。对铸件应乘以相应的铸件质量系数 ϕ_c，对焊接件不必考虑纵向焊接接头质量系数 ϕ_w。
第四十六条　设计压力管道时，应当有足够的腐蚀裕量。腐蚀裕量应根据预期的压力管道使用寿命和介质对材料的腐蚀速率确定，还应考虑介质流动时对压力管道或受压元件的冲蚀量和局部腐蚀对压力管道的影响，以满足压力管道安全运行的要求。
第四十七条　管道组成件的最小厚度应当考虑包括腐蚀、冲蚀、螺纹深度或者沟槽深度所需的裕量。为了防止由于支承、结冰、回填、运输、装卸或者其他原因引起的附加荷载而产生超载应力，造成损坏、跨塌或者失稳，必要时，应当增加管壁厚度</td></tr>
</table>

续表 33-1

要素	欧盟 97/23/EC《承压设备指令》	我国《特种设备安全监察条例》及以下层次的行政法规和监察规程
管道设计中的特殊要求	附录Ⅰ第 6 条 管道的设计和建造必须： (a)保证以支撑、约束、锚固、对准和预紧等措施有效地控制不允许的自由移动对法兰、连接件、波纹管或软管造成的过大应力或力； (b)保证使管内气态流体可能出现的凝结和沉淀物得以在管道低凹处排出，以防止水锤或腐蚀； (c)保证充分考虑了由于形成湍流和涡流所带来的潜在危害； (d)保证充分考虑了管道振动引起的疲劳风险； (e)保证对输送第 1 组流体的管道设置了适当的隔离放液管道； (f)保证尽量减少由于疏忽排放带来的风险，必须在排放点的固定侧，清晰地标注所含的流体； (g)保证把埋地管道的位置和走向记录在技术文件中，以便于安全维护、检验和修理	—
设计要考虑检测要求	附录Ⅰ中 2.4 检测方法： (a)承压设备的设计和制造必须使一切保证安全所须的检测得以进行。 (b)当为了保证设备的安全必须进入设备内部进行安全检测时，必须有确定设备内部状况的方法。 (c)在以下情况下，也可采用别的保证设备安全状况的方法：由于门太小，人身不可能进入容器内部；或打开承压设备可能对设备内部产生不利影响；或所盛装的物料对设备材料无有害作用，并且不存在别的合理可预见的损坏机制	—
设计要考虑排液和放空的要求	附录Ⅰ中 2.5 在以下情况下承压设备必须有适当的排液和放空的措施：为避免出现水锤、真空垮塌、腐蚀和失控化学反应，必须有排液和放空措施。排液和放空措施必须考虑操作和试验的一切阶段，特别是试压阶段；为能安全地进行清洗、检验和维修，必须有排液和放空措施	《监察规程》第五十三条 对于可燃、有毒或者有腐蚀性的有害气体放空时，需用导管送至固定地点，集中处理后再放空。 排放的液体若为可燃、有毒或者有腐蚀性的有害介质，需经密封管道送至回收系统集中处理后排放，不得就地排放
设计中的特殊定量要求(许用应力和接头系数) R_e/t=屈服限，对于具有流动上限和流动下限的材料为计算温度下的流动上限值；对于	附录Ⅰ第 7 条 7.1.2　对于主要是静载荷和温度不在蠕变范围的材料，其许用总体薄膜应力不得大于以下的最小值：对于铁素体钢，包括正火(正火轧制)钢，不包括细晶粒钢和特殊热处理钢，取 R_e/t 的 2/3 和 $R_m/20$ 的 5/12；如为奥氏体钢，倘若断裂后延伸率＞30%，取 R_e/t 的 2/3；倘若断裂后延伸率＞35%，取 R_e/t 的 5/6 和 R_m/t 的 1/3；如为非合金钢或低合金铸钢，取 R_e/t 的 10/19 和 R_m/t 的 1/3；如为铝，取 R_e/t 的 2/3；如为不包括沉淀硬化合金的铝合金，取 R_e/t 的 2/3 和 $R_m/20$ 的 5/12	《监察规程》表 4 确定金属许用应力 S 的基准 许用应力应当不大于下列各值中的最小值(MPa)： 灰铸铁：$\sigma_b/10$ 球墨铸铁和可锻铸铁：$\sigma_b/5$ 碳钢、合金钢、铁素体不锈钢、断后伸长率小于 35%的奥氏体不锈钢、双相不锈钢、钛和钛合金、铝和铝合金：$\sigma_b/3$，$\sigma_s/1.5$，$\sigma_s^t/1.5$，$\sigma_D^t/1.5$，…

续表 33-1

要素	欧盟 97/23/EC《承压设备指令》	我国特种设备安全监察条例及以下层次的行政法规和监察规程
奥氏体钢和非合金铝为 1.0%保证强度；其他情况下为 0.2%保证强度。$R_m/20$=20℃下材料极限强度的最小值 R_m/t=计算温度下材料的极限强度值	7.2 接头系数 对于焊接接头系数不得大于下列值：对于接受破坏性试验和无损检测确认全部接头无重大缺陷的承压设备，接头系数取 1；对于接受随机无损检测的承压设备，接头系数取 0.85；对于除了进行目视检验不作无损检测的承压设备，接头系数取 0.7。必要时，还要考虑接头的应力类型、力学性能和工艺性能	断后伸长率大于等于 35%的奥氏体不锈钢和镍基合金：$\sigma_b/3$，…
对材料的定性要求	附录Ⅰ第 4 条 4.1 受压件材料必须： (a)对于一切合理可预见的操作条件和试验条件都具有适当的性能。如必要，材料性能必须符合 7.5 节的要求。此外，在选材时必须注意防止脆性破坏。如出于特殊理由必须采用脆性材料，则必须有适当措施。 (b)所选材料必须对承压设备所盛装流体有足够的化学稳定性。为保证操作安全所需的化学和物理性能在设备的设计寿期内不得受到严重影响。 (c)材料的性能不得因时效而出现重大变化。 (d)所选材料应适合于加工工艺。 (e)如不同材料将连接在一起，必须慎于选材以防出现重大负面效应。 4.2(a)承压设备制造商必须以适当方式定义 2.2.3 设计计算所必须的数据，以及 4.1 所述材料的重要特性和对材料的处理。 (b)制造商必须在技术文件中以下列格式之一说明与本指令材料标准符合：采用符合协调标准的材料；采用第 11 章欧洲承压设备材料批准书中所覆盖的材料；采用特殊鉴定的材料。 (c) 对于Ⅲ、Ⅳ级承压设备，上述对材料的特殊鉴定必须由负责该承压设备合格评定的 NoBo 来进行。 4.3 承压设备制造商必须采取适当措施保证所用材料符合要求的标准。特别是所有材料必须获得材料制造商编制的、确认材料与标准符合的文件。对于Ⅱ、Ⅲ、Ⅳ级承压设备的主受压件，文件必须是特殊产品控制证书。 如材料制造商建立了质保体系，并被一家在欧盟境内的有资质机构所认证，则可认为该材料制造商颁发的证书与本节有关要求是符合的	《监察规程》第二十条 管道组成件材料应当符合下列各项基本要求： （一）管道组成件的材料应当有足够的强度、塑性、韧性，以满足使用和试验条件的要求。在最低使用温度下亦应当具备足够的抗脆断能力。由于特殊原因必须使用脆性材料时，应当采取必要的防护措施； （二）在预期的寿命内，材料应当在使用条件下具有足够的稳定性（包括物理性能、化学性能、耐腐蚀性能、抗疲劳性能等）； （三）材料应当考虑在可能发生的明火、火灾和灭火条件下的适用性以及由此而带来的材料性能变化和次生灾害； （四）材料应当适合相应制造、制作加工（包括锻造、铸造、焊接、冷热成形加工、热处理等）的要求； （五）当几种不同的材料组合使用时，应当注意其可能出现的不利影响； （六）设计应当根据特定使用条件和介质选择合适的材料。 第二十四条 （一）铸铁（灰铸铁、可锻铸铁、球墨铸铁）不得应用于 GC1 级管道，灰铸铁和可锻铸铁不得应用于剧烈循环工况。 第二十五条 碳素结构钢管道组成件的使用应当符合下列规定： （一）碳素结构钢不得用于 GC1 级管道。 （二）沸腾钢和半镇静钢不得用于有毒、可燃介质管道。 （三）Q215A、Q235A 等 A 级镇静钢不得用于有毒、可燃介质管道。 （四）Q215B、Q235B 等 B 级镇静钢不得用于极度、高度危害有毒介质管道

续表 33-1

要素	欧盟 97/23/EC《承压设备指令》	我国《特种设备安全监察条例》及以下层次的行政法规和监察规程
对材料的定量要求	附录Ⅰ的 7.5 倘若在温度不高于 20°C，且不高于最低设计温度下以标准方法进行拉伸试验，其断裂后的延伸率不小于 14%，并且在 ISO V 型缺口试件上测得的弯曲断裂能不小于 27J，则可认为该钢材有足够延性，满足 4.1(a)的要求	《监察规程》第二十条 除 GC3 级管道外，金属材料的断后伸长率应当不低于 14%；用于焊接的碳钢、低合金钢的含碳量不大于 0.30%。 第二十四条 （二）球墨铸铁的使用温度应当高于 −20℃且不高于 350℃； （三）灰铸铁和可锻铸铁在下列条件使用时，应当采取防止过热、急冷急热、振动以及误操作等安全防护措施： 1. 灰铸铁的使用温度应当不低于 −10℃，且不高于 230℃，设计压力应当不大于 2.0MPa； 2. 可锻铸铁的使用温度应当高于 −20℃，且不高于 300℃，设计压力应当不大于 2.0MPa； 3. 灰铸铁和可锻铸铁用于可燃介质时，使用温度应当不高于 150℃，设计压力应当不大于 1.0MPa。 第二十五条 （二）沸腾钢和半镇静钢管道设计压力不得大于 1.6MPa，使用温度应当不高于 200℃，且不低于 0℃； （三）Q215A、Q235A 等 A 级镇静钢管道设计压力应当不大于 1.6MPa，使用温度应当不高于 350℃，最低使用温度按相关规范的规定； （四）Q215B、Q235B 等 B 级镇静钢管道设计压力应当不大于 3.0MPa，使用温度应当不高于 350℃，最低使用温度按相关规范的规定； （五）用于焊接的碳素结构钢厚度应当符合下列规定：1. 沸腾钢、半镇静钢，厚度不得大于 12mm；2. A 级镇静钢，厚度不得大于 16mm；3. B 级镇静钢，厚度不得大于 20mm
对制造的要求	附录Ⅰ第 3.1 3.1　制造程序 制造商必须采用适当的技术和工艺保证有效地执行设计规定，特别是： 3.1.1　在元件的准备过程（例如：成形、开坡口）中不得产生危及设备安全的缺陷、裂纹或力学特性上的变化。 3.1.2　在永久性接头及其附近区域不得存在任何危及设备安全的表面缺陷和内部缺陷。永久性接头的性能必须满足对被连接材料所规定的最低性能。执行承压件永久性连接的人员以及执行将元件直接与承压件连接的人员，必须经过资质评定。对于Ⅱ、Ⅲ、Ⅳ级承压设备，操作工艺和人员必须经一有资质的第三方批准。后者，可以是一家授权机构（NoBo），或承认的第三方组织。	《监察规程》 第六十条　所有管道受压元件的焊接，包括受压元件与非受压元件之间的焊接在内，必须采用经评定合格的焊接工艺，施焊单位必须严格执行对焊接工艺的管理。 管道受压元件的焊接工艺评定应当符合国家现行标准 JB 4708《承压设备焊接工艺评定》的规定，并且应当由施焊单位技能熟练的焊工使用本单位焊接设备焊接试件。施焊单位应当对焊接工艺指导书和焊接工艺评定报告负责。 焊接工艺评定完成后，焊接工艺评定报告和焊接工艺指导书应当经施焊单位焊接责任

续表 33-1

要素	欧盟 97/23/EC《承压设备指令》	我国《特种设备安全监察条例》及以下层次的行政法规和监察规程
对制造的要求	3.1.3 无损检测。永久性接头的无损检测必须由有资质的人员来进行。对于Ⅲ、Ⅳ级的承压设备,无损检测人员必须由某一承认的第三方组织批准。 3.1.4 热处理 如制造过程改变了材料的性能,以致产生危及设备安全的风险,则必须在制造的适当阶段进行适当的热处理。 3.1.5 材料必须有可跟踪性	工程师审核,技术负责人批准,并存入技术档案。焊接工艺指导书或者焊接作业指导书应当发给有关的部门和焊工。焊接工艺评定技术档案及焊接工艺评定试样应保存至该焊接工艺评定失效为止。 第六十一条 从事管道受压元件焊接的焊工,必须按照《锅炉压力容器压力管道焊工考试与管理规则》进行考试,取得焊工合格证后,方能在有效期内担任合格项目范围内的焊接工作。焊工应当按照焊接工艺指导书或焊接作业指导书的要求施焊。 第六十四条 对施工现场的焊接环境应当进行严格控制。焊接的环境温度应当保证焊件焊接所需的足够温度和焊工技能操作不受影响。焊件表面潮湿,或者在下雨、下雪、刮风期间焊工及焊件无保护措施时,不得进行焊接。 第六十五条 压力管道焊接接头的设置应当避开应力集中区,便于焊接和热处理。焊口组对时,除设计文件规定的管道预拉伸或者预压缩焊口外,一般情况不得强行组对。管道坡口的加工及清理质量、焊接接头的位置及组对质量、焊前预热等应当符合《工业管道》的规定。 第六十六条 焊接过程中不得锤击焊缝的根部焊道和盖面焊道。GC1 级管道的单面对接焊接接头,应当采用氩弧焊进行根部焊道焊接。设计温度小于或者等于－20℃的管道、淬硬倾向较大的合金钢管道、不锈钢及有色金属管道的表面不得有电弧擦伤等缺陷。 第六十七条 钛材焊接前和焊接过程中应当防止坡口污染。焊缝每焊完一道均应当进行表面颜色检查,表面颜色不合格者应当立即除去,然后重焊。表面颜色检查可参照相关标准执行。 第六十八条 焊缝焊完后,应当在焊缝附近做焊工标记。对无法直接在管道受压元件上作焊工标记的,可以采取在管道轴测图上标注焊工代号的方法代替。 第六十九条 对不合格焊缝的返修要求: (一) 返修前应当进行缺陷产生的原因分析,提出相应的返修措施; (二) 补焊应当采用经评定合格的焊接工艺,并且由合格焊工施焊; (三) 同一部位(指焊补的填充金属重叠的部位)的返修次数超过两次时,应当考虑对焊接工艺的调整,重新制定返修措施,经施焊单位技术负责人批准后方可进行返修;

续表 33-1

要素	欧盟 97/23/EC《承压设备指令》	我国《特种设备安全监察条例》及以下层次的行政法规和监察规程
对制造的要求		(四) 返修后应当按照原规定的检验方法重新检验,并连同返修及检验记录(明确返修次数、部位、返修后的无损检测结果)一并记入技术文件和资料中提交给用户; (五) 要求焊后热处理的管道,应当在热处理前进行焊接返修。如果在热处理后进行焊接返修,返修后应当再做热处理。 第七十条　管道受压元件在弯曲和成形后以及焊接接头在焊后,应当按照《工业管道》的规定进行热处理。热处理单位在热处理前应当编制热处理工艺文件。热处理装置应当配有自动记录曲线的测温仪表,并经计量检定合格。 第七十一条　对于进行消除应力热处理的焊接接头、热弯和热成形的管道受压元件,热处理后应当检测硬度值。焊接接头的硬度测定区域应当包括焊缝和热影响区,热影响区的测定区域应紧邻熔合线。异种金属材料的焊接接头,两侧母材热影响区均应当进行硬度测定。 硬度检测数量:炉内整体热处理或分段热处理的每一热处理炉次至少抽检 10%;局部热处理应进行 100%硬度检测。硬度值应当符合设计文件或者《工业管道》的规定
安全附件	附录Ⅰ的 2.11 2.11.1　安全附件的设计和制造必须可靠,适合所承担的工作,设计要考虑对装置的维修和测试的要求;除非不受其他功能的影响,安全附件的功能必须是独立的;为能达到适当而可靠的保护,安全附件应满足有关设计原理,特别是失效-安全模式原理、余度原理和自诊断原理。 2.11.2　压力限制装置 压力限制装置的设计必须使压力不得永久地超过最大许用压力 PS,但短暂时间的压力冲击允许不大于最高许用压力的 10%。 2.11.3　温度监控装置 从安全角度考虑,温度监控装置必须有一个与测温功能一致的适度反应时间	《监察规程》 第一百三十一条　安全泄放装置相关压力的确定应当符合以下要求: (一) 独立的压力管道系统,安全泄放装置以系统设计压力为基准确定相关压力。 1. 当安装一个安全泄放装置时,安全阀整定压力(或者爆破片装置最大标定爆破压力)应当不大于系统设计压力。而且最大泄放压力应当不超过系统设计压力的 10%或者 20kPa 中的较大值。 2. 当安装多个安全泄放装置时,其中一个安全阀整定压力(或者爆破片装置最大标定爆破压力)应当不大于系统设计压力。其余安全阀整定压力(或者爆破片装置最大标定爆破压力)不得超过系统设计压力的 5%。而且最大泄放压力均不大于系统设计压力的 12%或者 30kPa 中的较大值。 3. 防止火灾事故安装的安全泄放装置,最大泄放压力应当不超过系统设计压力的 16%。 (二) 防止液体因热膨胀导致管道超压的安全泄放装置,安全阀整定压力(或者爆破片装置最大标定爆破压力)应当不大于系统试验压力或者 120%管道设计压力中的较小值。而且最大泄放压力不超过相应温度下管道压力额定值或者材料许用应力值的 20%。

续表 33-1

要素	欧盟 97/23/EC《承压设备指令》	我国《特种设备安全监察条例》及以下层次的行政法规和监察规程
安全附件		(三)除上述两种情况外,当 GB2 级管道和 GB3 级管道满足 GB/T 20801.3 中 4.2.3.1 至 4.2.3.8 规定的全部要求时,最大泄放压力应当不超过该规范 4.2.3.9 规定的允许压力-温度变动值。 (四)GC1 级管道的安全阀整定压力(或者爆破片装置最大标定爆破压力)应当不大于设计压力。最大泄放压力应当不超过设计压力的 10%
火灾防护	附录Ⅰ的 2.12 如有必要,承压设备的设计必须配置适当的附件,或配件上有适当的措施,使其在遭遇火灾时满足使用性能有限损坏的要求	《监察规程》 第一百四十条　阻火器的设计、制造和检验应当符合 GB 13347《石油气体管道阻火器性能和试验方法》、GB 5908《石油储罐阻火器阻火性能和试验方法》和 SH/T 3413《石油化工石油气管道阻火器选用、检验及验收》的规定。 (一)产品投产前应当按上述规定进行型式试验(阻火性能试验和压力降试验),并出具型式试验报告。经检验合格,取得检验合格证后方可投产。 (二)阻火性能要求 1. 管端型阻火器应当能连续阻爆燃试验 13 次,每次都能阻火;应当能经受耐烧试验 1 小时,在此期间无回火。 2. 管道型阻火器:阻爆燃型阻火器必须连续经受 13 次阻爆燃试验,每次必须阻止亚音速火焰通过。阻爆轰型阻火器必须连续经受 13 次阻爆轰试验,每次必须阻止超音速火焰通过
最终评定	附录Ⅰ的 3.2 承压设备必须接受下述的最终评定: 3.2.1　最终检验 承压设备必须接受以目视法进行的最终检验和接受对随机文件是否符合本指令要求的检查。可以考虑在制造过程中所进行的试验。从安全角度考虑,如最终检验过程中无损检测不再可能,最终检验可在制造过程中尽可能地在设备的内、外部的每一个部位进行。 3.2.2　验证试验 承压设备的最终评定必须含对受压容器的试验,后者一般采取水压试验的形式,水压试验的压力至少应等于 7.4 的规定值。 对于成批生产的Ⅰ级承压设备,水压试验可以按统计基础进行。 如水压试验有害或不切实际,则也可以某一承认值进行别的试验。如所进行的试验不是水压试验,则在试验前必须施行附加的措施,例如无损检测或其他有相同效力的措施。	《监察规程》 第九十一条　管道安装完毕,经热处理和无损检测合格后,应当进行压力试验。压力试验一般采用液压试验。当不能进行液压试验时,经设计同意且设计压力小于或者等于 0.6MPa 时,可采用气压试验。气压试验时,必须采取有效的安全措施。脆性材料严禁使用气体进行压力试验。 第九十二条　现场条件存在下列情况而不允许使用液体或气体进行压力试验的管道,可采取替代性试验,但必须征得设计的同意。 (一)下列情况可采用替代性试验: 1. 液压试验会损害衬里或内部隔热层,或者会污染生产过程,或者由于低温而出现脆性断裂; 2. 气压试验存在危险性,或者由于低温而出现脆性断裂。

续表 33-1

要素	欧盟 97/23/EC《承压设备指令》	我国《特种设备安全监察条例》及以下层次的行政法规和监察规程
最终评定	3.2.3　安全装置的检验 对于组合装置，最终评定必须含对安全装置的检查，以确定是否与 2.10 所述要求完全符合。 7.4　水压试验的压力 3.2.2　所述水压试验的压力不得小于下列值：对应于压力容器工作时的最高许用压力和许用温度下的最大载荷，乘以系数 1.25；或者，最大许用压力乘以系数 1.43。取以上二者中的较大值	(二) 采用替代性试验时，应当同时满足下列要求： 1. 凡未经过液压或气压试验的管道受压元件焊接接头，包括制造管道和管件的焊接接头，按照下述规定进行检查： (1)焊接接头、纵向焊接接头以及螺旋焊焊接接头均应当进行 100％的射线检测或 100％超声波检测； (2)有未包括在上述(1)中的焊接接头应当进行 100％的渗透检测或者磁粉检测。 2. 应当按照《工业管道》的规定进行管道系统的柔性分析。 3. 管道系统应当使用敏感气体或者浸入液体的方法进行泄漏试验。试验要求应当在设计文件中明确规定。 第九十三条　液压试验应当符合下列要求： (一) 液压试验应当使用洁净水。当对奥氏体不锈钢管道或者对连有奥氏体不锈钢管道或者设备的管道进行液压试验时，水中氯离子含量不得超过 25×10^{-6}。如果水对管道或工艺有不良影响，可使用其他合适的无毒液体。当采用可燃液体介质进行试验时，其闪点不得低于 50℃。 (二) 液压试验时的液体温度不得低于 5℃，且应当高于相应金属材料的脆性转变温度。 (三) 承受内压的管道除本条(五)规定外，系统中任何一处的液压试验压力均应当符合下列规定： 1. 试验压力不低于 1.5 倍设计压力； 2. 管道的设计温度高于试验温度时，试验压力不得低于下式计算值： $P_T=1.5PS_1/S_2$ 式中：P_T——试验压力，MPa； P——设计压力，MPa； S_1——试验温度下，管子的许用应力，MPa； S_2——设计温度下，管子的许用应力，MPa； 当 S_1/S_2 大于 6.5 时，取 6.5。 当 P_T 在试验温度下产生超过管道材料的屈服强度的应力时，应当将试验压力 P_T 降至不超过屈服强度时的最大压力。 (四) 承受外压的管道，其试验压力应当为设计内、外压差的 1.5 倍，并且不得低于 0.2MPa。 (五) 管道与容器作为一个系统进行液压试验时，应当符合下列要求： 1. 当管道试验压力小于或者等于容器的试验压力时，应当按管道的试验压力进行试验； 2. 当管道试验压力大于容器的试验压力，

续表 33-1

要素	欧盟 97/23/EC《承压设备指令》	我国《特种设备安全监察条例》及以下层次的行政法规和监察规程
最终评定		且无法将管道与容器隔开，同时容器的试验压力大于或等于按本条(三)2 计算的管道试验压力的 77%时，经设计同意，可以按容器的试验压力进行试验。 (六) 夹套管内管的试验压力应当按照内部或者外部设计压力的高者确定。夹套管外管的试验压力按本条(三)确定。 (七) 液压试验应当缓慢升压，待达到试验压力后，稳压 10min，再将试验压力降至设计压力，保压 30min，以压力不降、无渗漏为合格。 第九十四条　气压试验应当符合下列要求： (一) 试验所用的气体应当为干燥洁净的空气、氮气或其他不易燃和无毒的气体； (二) 严禁使试验温度接近金属的脆性转变温度； (三) 试验时应装有超压泄放装置，其设定压力不得高于 1.1 倍试验压力； (四) 承受内压钢管及有色金属管道的试验压力应当为设计压力的 1.15 倍； (五) 试验前必须用空气进行预试验，试验压力为 0.2MPa； (六) 试验时，应当逐步缓慢增加压力，当压力升至试验压力的 50%时，如未发现异常或泄漏，继续按试验压力的 10%逐级升压，直至试验压力，然后将压力降至设计压力检查，以发泡剂检验不泄漏为合格； (七) 试验过程中严禁带压紧固螺栓。 第九十五条　输送极度危害、高度危害流体以及可燃流体的管道应当进行泄漏试验。泄漏试验应当符合下列规定： (一) 泄漏试验应当在压力试验合格后进行，试验介质采用空气； (二) 泄漏试验压力应当为设计压力； (三) 泄漏试验应当重点检验阀门填料函、法兰或螺纹连接处、放空阀、排气阀、排水阀等，以发泡剂检验不泄漏为合格； (四) 泄漏试验时应当逐级缓慢上升，当达到试验压力，并且停压 10min 后，用涂刷中性发泡剂的方法，巡回检查所有密封点，以不泄漏为合格。 第九十六条　管道压力试验合格后，应当按照《工业管道》和设计文件的规定进行吹扫或者清洗。用水清洗奥氏体不锈钢管道时，水中氯离子含量不得超过 25×10^{-6}。 对于强氧化性流体(氧或氟)管道，应当在管道预制后、安装前分段或者单件进行脱脂。脱脂的范围应当包括所有管道组成件与流体接触的表面。应当采取措施避免管道内部残存的脱脂介质与氧气形成危险的混合物

续表 33-1

要素	欧盟 97/23/EC《承压设备指令》	我国《特种设备安全监察条例》及以下层次的行政法规和监察规程
标志和标签	附录Ⅰ的 3.3 除 CE 标志和附有负责合格评定的 NoBo 的身份号外，还必须标明以下内容： (a)所有承压设备都必须有的内容：制造商名称和地址，或识别制造商的其他方法；必要时，制造商在欧共体内设立的授权代表机构的名称和地址；制造年份；根据承压设备特征确定识别号，例如：型号、批号和序列号。 (b)根据承压设备的型式，为安全安装、操作或使用，或维修和定期检验而必须有的内容，例如：管道尺寸 DN；试验压力 PT，bar 和试验日期；安全装置的整定压力，bar 等； (c)必要时，在设备上固定一块警示牌，警告可能出现的误操作	《监察规程》 第十八条　管道组成件应当逐件标记。标记内容至少应当包括制造单位商标或者厂名代号、安全标记、材料、规格、炉批号或者产品编号等，并且应当符合相应安全技术规范及现行国家标准的要求。产品规格较小，无法标记全部内容时，可以采用标签或者按有关标准规定省略部分内容。从产品标记应当能追溯到产品质量证明文件。 第一百四十三条　爆破片装置永久性标志应当标明下列内容： 1. 制造单位名称、安全注册标志和制造许可证编号。 2. 爆破片：(1)批次编号；(2)型号、型式；(3)规格(泄放口公称直径)，mm；(4)材料；(5)适用介质；(6)爆破温度，℃；(7)标定爆破压力或者设计爆破压力，MPa；(8)泄放侧方向。 3. 夹持器型号、规格、材料，以及流动方向。 4. 检验合格标志、监检标志。 5. 制造日期。 第一百四十四条　阻火器金属铭牌上应当标明下列内容： 1. 制造单位名称、安全注册标志和制造许可证编号； 2. 型号、型式、规格； 3. 产品编号； 4. 阻火性能(爆炸等级、安全阻火速度等)； 5. 气体流量和压力降； 6. 阻火侧方向(仅对于单向阻火器)； 7. 适用气体名称、温度； 8. 公称压力，MPa； 9. 检验合格标志、监检标志； 10. 制造日期。 第一百四十五条　紧急切断阀金属铭牌上应当标明下列内容： 1. 制造单位名称、安全注册标志和制造许可证编号； 2. 型号； 3. 公称压力、公称直径； 4. 产品编号； 5. 适用介质，温度； 6. 额定流量、关闭响应时间； 7. 易熔塞熔融温度； 8. 检验合格标志、监检标志； 9. 制造日期

第二节　国内外工业管道主要标准

本节主要对下述标准进行分析比对：

(1) GB/T 20801—2006　压力管道规范　工业管道

(2) ASME B31.3　工艺管道(Process piping)

(3) EN 13480　金属工业管道(Metallic industrial piping)

具体内容见表 33-2。

表 33-2

要素	GB/T 20801—2006 压力管道规范　工业管道	ASME B31.3 工艺管道 (Process piping)	EN 13480 金属工业管道 (Metallic industrial piping)
标准的适用范围及不适用范围	工业金属管道(除规范规定的不适用范围)，考虑压力介质和管直径	工艺管道	不考虑压力与管直径
管道分级	GC1、GC2、GC3	M类、一般、D类	O、Ⅰ、Ⅰ[b]、Ⅱ、Ⅱ[b]、Ⅱ[c]、Ⅲ
铸铁以及铝、钛、镍等有色金属	对球墨铸铁、灰铸铁和可锻铸铁以及铝、钛、镍等有色金属的使用限制		
铁素体钢的使用温度下限	表 8-1 及图 8-1(曲线 B 的使用温度下限从 −29℃ 提高至 −19℃)	表 323.2.2 及图 323.2.2A	B2.2 方法 1 和 B2.3 方法 2
材料标记和质量证明	材料标记和质量证明(结合国内具体情况、制定)		材料标记(对材料质量证明的、规定在 97/23PED 中作出规定)
设计压力和设计温度	设计压力、设计温度(没有计算压力和计算温度的定义。中国标准中设计压力和设计温度的含义对应于 EN 标准的计算压力和计算温度)	设计压力、设计温度	计算压力、计算温度(没有设计压力和设计温度的定义)
许用应力	许用应力由以下安全系数确定： ① 灰铸铁：$n_b=10$； ② 球墨铸铁、可锻铸铁：$n_b=5$； ③ 延伸率小于 35% 的奥氏体不锈钢和其他钢种、除镍基合金的其他合金和有色金属：$n_b=3$，$n_s=1.5$，$n_s^t=1.5$，$n_D=1.5$，$n_{Dmin}=1.25$，$n_n=1.0$； ④ 延伸率大于等于 35% 的奥氏体不锈钢和镍基合金：$n_b=3$，$n_s=1.5$，$n_s^t=1/0.9$，$n_D=1.5$，$n_{Dmin}=1.25$，$n_n=1.0$； ⑤ 压力试验时：$n_s=1/0.9$	与 GB/T 20801—2006 基本相同	(1)无铸铁许用应力； (2)不考虑蠕变的许用应力： ① 延伸率小于 30% 的奥氏体不锈钢和除奥氏体不锈钢之外的其他钢种：$n_s^t=1.5$，$n_b=2.4$； ② 延伸率大于 35% 的奥氏体不锈钢：$n_s^t=1.2$，$n_b^t=3$；30%≤延伸率大于等于≤35% 的奥氏体不锈钢：$n_s^t=1.5$，$n_b=2.4$； 压力试验时：$n_s=1/0.95$ 和 $n_b=1/0.45$； ③ 镍基和铬基合金由在室温下断裂时指定的最小延伸率确定； ④ 铸钢：$n_s^t=1.9$，$n_b=3.0$； ⑤ 压力试验时： a)除奥氏体不锈钢之外的其他钢种：$n_s=1/0.95$； b)奥氏体不锈钢：$n_s=1/0.95$ 和 $n_b=1/0.45$； c)铸钢：$n_s=1.4$ (3)考虑蠕变时的许用应力：$n_n=1.25$～1.5

续表 33-2

要素	GB/T 20801—2006 压力管道规范 工业管道	ASME B31.3 工艺管道 (Process piping)	EN 13480 金属工业管道 (Metallic industrial piping)
压力和温度的允许变动范围	对于GC2和GC3级管道在满足材料、应力限制、压力和温度的总变化次数和幅度等条件下，压力和温度允许变动	与GB/T 20801—2006基本相同；当满足一定的限制条件下，压力和温度允许变动	当满足各载荷的总变化次数、材料性能、材料厚度以及结构中最大应力的限制条件时，可免除详细的疲劳分析
球墨铸铁安全系数	表4-1(将球墨铸铁安全系数由3提高至5)	附录A球墨铸铁(取3)	
斜接弯头的适用条件	1)设计压力 $P\leqslant 2.0$MPa，且设计温度低于材料的蠕变温度； 2)斜接弯头的变方向角大于45°者，仅适用于GC3级管道； 3)斜接弯头的变方向角大于22.5°者，不得用于GC1级管道和剧烈循环工况	1)斜接弯头的变方向角大于45°者，仅适用于GC3级管道； 2)斜接弯头的变方向角大于22.5°者，不得用于GC1级管道和剧烈循环工况	1)设计温度低于材料的蠕变温度时，计算压力不大于2.0MPa； 2)设计温度高于材料的蠕变温度时，满足以下条件： a)管道系统的位移荷载全部由膨胀节补偿； b)内压力不大于0.4MPa； c)全压力循环次数不超过100次； d)要考虑高温循环效应。 3)变方向角大于22.5°的斜接弯头不应用于荷载循环次数大于7000次的场合
短半径弯头	规定其适用压力(参照ISO 13703以及ASNE B16.28)		
翻边接头、支管连接	适用(选用)规定	与GB/T 20801基本相同	
法兰	平焊法兰、松套法兰、承插焊法兰、螺纹法兰以及GC1、剧烈循环工况等使用规定	特殊要求中包括带颈平焊法兰、胀接法兰、承插焊法兰、螺纹法兰、以及GC1、剧烈循环工况等使用规定	
垫片	一般规定，结合国内生产和使用情况补充使用限制	原则规定，与GB/T 20801—2006基本相同	附录D
紧固件	紧固件强度分类； 连接不同强度等级法兰时紧固件使用规定(补充紧固件强度分类，表5-5)	低强度紧固件使用规定； 连接不同强度等级法兰时紧固件使用规定	附录D
阀门	一般规定； 阀盖与阀体采用螺栓连接阀门等	与GB/T 20801—2006基本相同； 一般规定； 阀盖与阀体采用螺栓连接阀门等	
管道组成件标准体系	包括美国及欧洲两大管道组成件标准体系	仅为ASME/API/MSS-AWWA美国管道组成件标准体系	仅为EN标准体系
直管的内压设计	$t=\dfrac{PD_o}{2(S\Phi+PY)}$ 当 $t\geqslant D/6$ 或 $P/S\Phi>0.385$ 时，计算时还应考虑失效机理、疲劳影响和温差应力等因素	与GB/T 20801基本相同	当 $D_o/D_i\leqslant 1.7$： $t=\dfrac{PD_o}{2S\Phi+P}$ 当 $D_o/D_i>1.7$：$t=\dfrac{D_o}{2}\left(1-\sqrt{\dfrac{S\Phi-P}{S\Phi+P}}\right)$

续表 33-2

要素	GB/T 20801—2006 压力管道规范 工业管道	ASME B31.3 工艺管道 (Process piping)	EN 13480 金属工业管道 (Metallic industrial piping)
直管、弯管或弯头的外压设计	1)按 GB 150 所给出的图算法进行计算;对于符合长圆筒条件的管子,可直接用下式计算许用外压: $$[p]=\frac{2.2}{3}E\left(\frac{T_e}{D}\right)^3$$ 2)对有加强圈的管子,需按 GB 150 校核加强圈的刚度(参照 EN 13480—2000,规定计算长度为外侧弧长)	采用 ASME Ⅷ-1 的图算法(仅规定按外压(真空)直管设计,未具体规定其计算长度)	按以下步骤计算: 1)计算使筒体周向应力达到屈服点的压力: $$p_y=\frac{\sigma_s\cdot\delta}{R_m};$$ 2)计算失稳压力: $$p_m=\frac{E_t\delta\varepsilon}{R_m};$$ 3)由比值 p_m/p_y 查得 p_r/p_y 的值,要求 $p_r \geqslant k\cdot p$,一般,钢材取 $k=1.5$; 4)对有加强圈的管子,还需校核加强圈的刚度以及加强圈和被加强管子的整体强度
弯管或弯头的内压设计	$$t=\frac{PD}{2[(S\Phi/I)+PY]}$$ 1)当计算弯管或弯头的内侧厚度时: $$I=\frac{4(R/D)-1}{4(R/D)-2}$$ 2)当计算弯管或弯头的外侧厚度时: $$I=\frac{4(R/D)+1}{4(R/D)+2}$$ 3)当计算弯管中心线处厚度时: $$I=1.0$$ 4)弯管在弯制成形后的端部最小厚度应不小于直管设计厚度	与 GB/T 20801—2006 基本相同	1)一般方法: $$t=t_{直管}\cdot I;$$ 系数 I 的定义同左栏的说明。 2)另一方法: 需满足以下要求: a)弯头上任意一点的厚度应不小于直管所需要的厚度; b)当材料许用应力考虑蠕变因素,且弯头半径小于 6 倍管子外径时,弯头的内侧厚度应不小于: $$t_{int}=t_{直管}\cdot\frac{2R-r}{2R-2r}$$ 其中,$r=\frac{D-t_{直管}}{2}$; c)当不考虑蠕变因素,且弯头半径小于 3 倍管子外径时,弯头的内侧厚度应不小于: $$t_{int}=\max\left(t_{直管};\frac{t_{直管}}{1.25}\cdot\frac{2R-r}{2R-2r}\right)$$ 3)更精确的方法: 弯头的内侧计算厚度: $$t_{int}=t_{直管}\cdot B_{int}$$ 弯头的外侧计算厚度: $$t_{ext}=t_{直管}\cdot B_{ext}$$ 计算系数按 EN 标准附录 B 中公式(B.4.1-2)和(B.4.1-8)计算
异径管的内压设计	1)适用范围: a)半锥角小于等于 60°的异径管; b)当半锥角大于 30°,锥壳大端需采用带过渡段的折边结构。 2)不带折边的结构中,锥壳与筒体连接处需要的加强厚度: $$t_r=\frac{Qp_cD_i}{2[\sigma]^t\phi-p_c}$$ 其中,Q 按半锥角和 $p_c/[\sigma]^t\phi$ 查相关曲线确定。 锥壳加强段长度:	1)适用范围与 GB/T 20801—2006 基本相同。 2)不带折边的结构中,锥壳与筒体连接处是否需要加强: a)以 $p/[\sigma]^t\varphi$ 查表 1-5.1 和表 1-5.2,得到相对于大端的 Δ 和相对与小端的 Δ。如 Δ 大于半锥角 α,不需加强;如 Δ 小于	1)适用范围: a)半锥角小于等于 75°; b)$\frac{t_e\cdot\cos\alpha}{D_c}>0.001$; c)对于不带折边的结构,锥壳与筒体必须对接焊,连接处的壁厚无局部减薄。焊接接头应经 100%无损探伤,但如焊接接头处的厚度大于 1.4 倍的壳体计算厚度,则可按一般部位探伤要求进行。 2)不带折边的结构中,锥壳与筒体连接处的需要的加强厚度按以下步骤计算: $$t_r=\frac{p_cD_i\beta}{[\sigma]^t}$$

续表 33-2

要素	GB/T 20801—2006 压力管道规范 工业管道	ASME B31.3 工艺管道 (Process piping)	EN 13480 金属工业管道 (Metallic industrial piping)
异径管的内压设计	$L_1=2\sqrt{\dfrac{0.5D_i\delta_r}{\cos\alpha}}$ 筒体加强段长度: $L=2\sqrt{0.5D_i\delta_r}$ 3)大端带折边锥壳的过渡段半径 r 应不小于 $0.1D_i$,且不小于过渡段厚度的3倍;小端带折边锥壳的过渡段半径 r 应不小于 $0.05D_{is}$,且不小于过渡段厚度的3倍。 4)当半锥角大于45°,小端应采用有折边结构,否则,小端可采用无折边结构。 5)无折边和有折边锥壳小端与筒体连接处加强厚度计算如下: $t_r=\dfrac{Qp_cD_{is}}{2[\sigma]^t\phi-p_c}$ 系数 Q 的值按半锥角 α 和 $p_c/[\sigma]^t\phi$ 从有关曲线上查得	α,则需要加强; b)计算大端需加强的面积 A_{rL} 和起加强作用的面积 A_{eL},应满足: $A_{eL}\geqslant A_{rL}$ 计算小端需加强的面积 A_{rs} 和起加强作用的面积 A_{es},应满足: $A_{es}\geqslant A_{rs}$ 3)折边锥壳的过渡段半径 r 应不小于 $0.06D_i$,且不小于过渡段厚度的3倍。 4)当半锥角大于30°,大、小端均应采用有折边结构	其中,β 按半锥角和 $p_c/[\sigma]^t$ 查相关曲线确定。 锥壳加强段长度: $L_1=1.4\sqrt{\dfrac{D_i\delta_r}{\cos\alpha}}$ 筒体加强段长度: $L=1.4\sqrt{D_i\delta_r}$ 3)折边过渡段半径 r 应小于0.3倍连接处筒体的内径。 4)当锥壳和小端筒体厚度相同时,可以采用小端有折边结构。 5)无折边和有折边锥壳小端与筒体连接处加强厚度按以下步骤计算: a)假定锥壳段和筒体段的加强厚度 e_2 和 e_1,计算 $s=e_2/e_1$; b)如 $s<1$, $\tau=s\sqrt{\dfrac{s}{\cos\alpha}}+\sqrt{\dfrac{1+s^2}{2}}$ 如 $s\geqslant1$, $\tau=1+\sqrt{s\left\{\dfrac{1+s^2}{2\cos\alpha}\right\}}$ $\beta_H=0.4\sqrt{\dfrac{D_{is}}{e_1}}\dfrac{\tan\alpha}{\tau}+0.5$ c)如满足 $p\leqslant\dfrac{2[\sigma]^t\phi\cdot e_1}{D_{is}\cdot\beta_H}$ 则认为厚度值 e_2 和 e_1 是可接受的;否则,回到a)重新计算
碟形封头的内压计算	碟形封头的计算厚度: $\delta=\dfrac{Mp_cR_i}{2[\sigma]^t\phi-0.5p_c}$ 其中 $M=\dfrac{1}{4}\left(3+\sqrt{\dfrac{R_i}{r}}\right)$	与 GB/T 20801—2006 基本相同	碟形封头所需要的最小厚度取以下3个值中的大值: $e_s=\dfrac{p_cR_i}{2[\sigma]^t\phi-0.5p_c}$ $e_{kny}=\dfrac{\beta\cdot p_c(0.75R_i+0.2D_i)}{[\sigma]^t}$ $e_{knb}=(0.75R_i+0.2D_i)\left\{\dfrac{p_c}{111f_b}\left(\dfrac{D_i}{r_i}\right)^{0.825}\right\}^{\frac{1}{1.5}}$ 其中,系数 β 按7.1.5节计算
椭圆封头的内压计算	椭圆封头的计算厚度: $\delta=\dfrac{Kp_cR_i}{2[\sigma]^t\phi-0.5p_c}$ 其中 $K=\dfrac{1}{6}\left[2+\left(\dfrac{D_i}{2h_i}\right)^2\right]$ 适用范围为: $1\leqslant\dfrac{D_i}{2h_i}\leqslant2.6$	与 GB/T 20801—2006 基本相同	椭圆封头的厚度按碟形封头进行计算,但需满足: a)$K=\dfrac{D_i}{2h_i}$,$1.7<K<2.2$; b)焊缝系数应取1; 计算时,当量碟形封头的球冠部分半径和折边半径以下公式计算: $R_i=D_i(0.44K+0.02)$ $r_i=D_i(0.5/K-0.08)$

续表 33-2

要素	GB/T 20801—2006 压力管道规范 工业管道	ASME B31.3 工艺管道 (Process piping)	EN 13480 金属工业管道 (Metallic industrial piping)
平盖计算	$\delta_p = D_c\sqrt{\dfrac{K\cdot p_c}{[\sigma]^t\phi}}$ 计算系数 K 按 GB 150 取值如下：(GB 150《钢制压力容器》、ASME Ⅷ-1) 1)带直边段的平盖： $K=\dfrac{1}{4}\left[1-\dfrac{r}{D_c}\left(1+\dfrac{2r}{D_c}\right)\right]^2$ 2)与圆筒角焊或其他非对接焊的平盖，按不同的结构，分别取 0.30m、0.35m、0.44m； 3)窄面法兰螺栓连接平盖： $K=\begin{cases}0.3+\dfrac{1.78WL_G}{p_c D_c^3}(\text{操作时})\\ \dfrac{1.78WL_G}{p_c D_c^3}(\text{予紧时})\end{cases}$ 取大值。 4)宽面法兰螺栓连接平盖： $K=0.25$	与 GB/T 20801—2006 基本相同	1)带直边段的平盖： $\delta_p = C_1 D_c\sqrt{\dfrac{p_c}{[\sigma]^t}}$ 其中，计算系数 C_1 按与管子内径 D_i 和厚度有关的公式计算得到。 2)与圆筒角焊或其他非对接焊的平盖： $\delta=\max\left(C_1 D_i\sqrt{\dfrac{p_c}{[\sigma]^t}}, C_2 D_i\sqrt{\dfrac{p_c}{[\sigma]^t_{min}}}\right)$ 其中，计算系数 C_1 和 C_2 按比值 $p_c/[\sigma]^t$ 和 δ/D_i 查相关曲线取值。 3)窄面法兰螺栓连接平盖： 平盖部分的厚度按下式计算： $\delta=\max(\delta_A,\delta_p)$ $\delta_A=\sqrt{\dfrac{3(D_b-D_p)b\cdot y}{[\sigma]}}$ $\delta_p=\sqrt{\left\{0.31D_p^2+3\left(\dfrac{D_p}{4}+2bm\right)(D_b-D_p)\right\}\dfrac{p_c}{[\sigma]^t}}$ δ_A 为予紧工况下的计算厚度，δ_p 为操作工况下的计算厚度。其中： D_p——垫片平均直径； b——垫片有效宽度； m、y——垫片系数和予紧密封比压。 与法兰连接部分的厚度按下式计算： $\delta_1=\sqrt{3\left(\dfrac{D_p}{4}+2bm\right)(D_b-D_p)\dfrac{p_c}{[\sigma]^t}}$ 4)宽面法兰螺栓连接平盖： $\delta=0.41D_b\sqrt{p_c/[\sigma]^t}$
管法兰、法兰盖、盲板	压力设计刚度校核	与 GB/T 20801—2006 基本相同	仅有压力设计部分
支管连接的开孔补强	1)补强计算方法为等面积补强法； 2)适用范围： a) $D_h/T_h<100$ 时， $D_b/D_h\leqslant 1.0$； $D_h/T_h\geqslant 100$ 时， $D_b/D_h\leqslant 0.5$。 D_h——主管外径； D_b——支管外径； T_h——主管壁厚； T_b——支管壁厚； b)支管轴线与主管轴线的夹角 $\beta\geqslant 45°$。 3)压力面积补强计算方法，列于附录 G	等面积补强计算方法仅用于支管连接型开孔补强，且有一定适用范围； 未规定压力面积补强计算方法。	1)标准推荐的补强计算方法为压力面积法，等面积补强法作为另一方法在标准 BS 31-3 中给出。 2)适用范围： a) $T_b/T_h\leqslant 2.0$； b)开孔直径限制如下： ① $T_b/T_h\leqslant 1.0$ 时，$D_b/D_h\leqslant 1.0$； ② $1.0<T_b/T_h\leqslant 2.0$ 时，许用应力≤250MPa 的材料 $\dfrac{D_b}{D_h}=1.5-0.5\cdot\dfrac{T_b}{T_h}$ 许用应力>250MPa 的材料 $\dfrac{D_b}{D_h}=1.3-0.5\cdot\dfrac{T_b}{T_h}$

续表 33-2

要素	GB/T 20801—2006 压力管道规范 工业管道	ASME B31.3 工艺管道 (Process piping)	EN 13480 金属工业管道 (Metallic industrial piping)
管道应力分析(适用范围)	适用范围不包括铸铁等脆性材料	无(ASME B31.3 包括铸铁等脆性材料)	不包括铸铁材料的内容
管道应力分析压力波动	如需考虑压力波动对管道元件产生的疲劳效应,可参照 JB 4732 所给出的应力分析方法和评定准则	对高压管道有此要求	与 GB/T 20801 原则相同,但 EN13480 为强制性条款。 当循环荷载包括压力和其他荷载,并不符合免除疲劳分析的条件时,应按 EN 12952-3 或 EN 13445-3 进行疲劳分析
管道应力分析详细管道应力分析	进行管道系统应力分析时,应计及膨胀节和其他管道元件的刚度	与 GB/T 20801—2006 同样要求	无
管道应力分析免除条件	可免除和必须进行详细管道应力分析的条件(这些条件的提出可方便工程应用)	无	可免除详细疲劳分析的条件
管道应力分析应考虑的荷载组合工况	要求考虑端点或支吊架永久性位移对管道作用的荷载,在结构设计时应尽可能消除该荷载的影响	无	要求考虑端点或支吊架永久性位移对管道作用的荷载,并给出了应力计算公式和强度条件
管道应力分析应考虑临时性荷载的条件和要求	1)给出了必须考虑地震荷载的条件; 2)临时性荷载之间无需进行组合	无	1)风和雪荷载不需同时考虑; 2)作用时间与总操作时间之比小于 1/100 的临时荷载之间不需进行组合 没有给出必须考虑地震荷载的条件; 在临时性荷载之间的组合条件上更加量化)(EN 标准在临时性荷载之间的组合条件不易操作)
管道应力分析持久荷载产生的应力计算和强度条件	$S_L=\frac{[P]\cdot D}{4T_e}+\frac{M_A}{Z}$ $S_L\leqslant S_h$ $M_A=\sqrt{(i_iM_{Ai})^2+(i_oM_{Ao})^2}$ (应力增大系数 i 来源于疲劳试验,对于如何使用该系数,B31.3 没有说明)	与 GB/T 20801 基本相同。(应力分析和强度条件)	$\sigma_1=\frac{P_c\cdot d_o}{4e_n}+\frac{0.75iM_A}{Z}\leqslant kf_h$ $0.75i\geqslant1.0$ (考虑管件应力增大系数 i 时,乘了 0.75,但规定 $0.75i$ 不小于 1)
管道应力分析持久荷载和临时荷载产生的应力计算和强度条件	$S_{L2}=\frac{\lvert P\rvert\cdot D}{4T_e}+\frac{M_B}{Z}$ $S_{L2}\leqslant1.33S_h$	与 GB/T 20801—2006 基本相同	$\sigma_1=\frac{P_c\cdot d_o}{4e_n}+\frac{0.75iM_A}{Z}+\frac{0.75iM_A}{Z}$ $\leqslant kf_h$
管道应力分析柔性分析中用于计算许用应力范围的折减系数	许用应力范围的折减系数取值范围为: $1.0\geqslant f\geqslant0.15$ 对应于当量循环次数: $7000\leqslant N\leqslant\infty$	与 GB/T 20801—2006 基本相同	许用应力范围的折减系数取值范围为对应于当量循环次数: $7000\leqslant N\leqslant2\ 000\ 000$ 如当量循环次数大于 2 000 000,折减系数由设计者决定

续表 33-2

要素	GB/T 20801—2006 压力管道规范 工业管道	ASME B31.3 工艺管道 (Process piping)	EN 13480 金属工业管道 (Metallic industrial piping)
管道应力分析免除柔性分析的条件	当符合 7.3.3.5 中条件 a)、b)、c)中之一时,可免除柔性分析	与 GB/T 20801—2006 基本相同	当符合所给出的 3 个条件之一时,无需进行正式的柔性分析
管道应力分析柔性分析方法的假定和要求	在柔性分析时要考虑支吊架处的摩擦力和反力,并假定所有支吊架具有足够的强度和刚度(对分析中要考虑的因素要求的更为详细)	与 GB/T 20801—2006 基本相同	要求建立正确的计算模型,考虑摩擦力的影响;要求考虑所有的约束、连接设备对分析结果的影响
支承反力的确定	计算支承反力时,要求考虑所有可能组合的最大荷载工况	在 B31.3 中仅考虑位移荷载范围产生的支吊架反力	支吊架设计要考虑风、雪、冰等荷载以及地震、结构位移、振动等外载,还要考虑水压试验工况
管道支吊架	管道系统的设计应确保所有的管道支吊架具有足够的强度(我国另有专门支吊架标准给出材料、结构、连接等方面的要求,但仍没有提供强度设计方法)	无明确要求	给出了各种支吊架的设计计算方法和强度条件,并在附录 I 和附录 J 给出了支吊架形式试验的要求和方法(EN 标准具体给出了有关支吊架的材料、设计方法、连接结构以及零部件设计要求等条款)
制作与安装一般规定	提出了质量管理体系或质量保证体系要求、需保存的施工记录及见证文件以及应提交的技术文件和资料(要求管道制作和安装方应建立质保体系)	制作和安装过程中的焊接、预热、热处理及加工等要求的条款。	对制造方和安装承包方(含分包方)的要求;对竣工文件的要求
管道组成件及管道支承件的检查与验收	材料标记和质量证明文件的验收;外观检查;材质检查;阀门试验;无损检测;硬度检查;加倍抽样检查;检测或试验;材料的保管。		
标记移植	标记移植方法和要求(采纳 EN13480 条款,并结合国内具体情况和经验,作出规定。部分参照 GB 50235)		标记移植方法和要求
弯管的减薄	弯管制作前后的管子壁厚要求(增加了弯管前的壁厚要求,参照 ASME B31.1)		弯制后的壁厚要求
板焊管的制作要求	公称直径大于等于 400mm 板焊管的规定(参照 GB 50235 等)		
斜接弯头、翻边接头、夹套管	斜接弯头、翻边接头、夹套管的制作规定	典型翻边接头以及制作规定	

续表 33-2

要素	GB/T 20801—2006 压力管道规范 工业管道	ASME B31.3 工艺管道 (Process piping)	EN 13480 金属工业管道 (Metallic industrial piping)
支吊架	支吊架的现场制作规定(引用 GB/T 17116.1 的规定。)		
焊接工艺评定和焊工技能评定	焊接工艺评定和焊工技能评定(焊接工艺评定直接引用 JB 4708—2000)	焊工资格要求(直接引用各自相关的焊接工艺评定和焊工技能评定标准)	焊工资格、WPS 的编制等(直接引用各自相关的焊接工艺评定和焊工技能评定标准)
焊接材料	焊接材料的检查和验收、储存、复验、清洁等规定。(结合了国内的焊接材料管理现状,比国外标准的规定更具体。主要参照 JB/T 3223—1996)	焊条、焊环材料、自耗嵌块等	填充金属的储存、保管和使用
焊接环境	焊接环境温度、风速等(主要参照 GB 50236,比国外标准更具体)	焊接的一般规定	焊接的气候条件
定位焊缝	定位焊缝的施工、尺寸、检查等(参照了 GB 50236)	与 GB/T 20801 基本相同定位焊缝的施工、材料等	
焊缝设置	焊缝间距等要求		
填角焊缝	角焊缝形状、尺寸等要求	角焊缝形状、尺寸等要求(与 GB/T 20801 基本相同)	
支管的焊接连接	支管的焊接连接形式与尺寸要求	与 GB/T 20801 基本相同	
焊缝返修	焊缝返修的工作程序、返修工艺要求、返修质量的检查等。(结合国内实际,强调对焊接返修的管理要求)	一般规定	焊缝返修方法、返修工艺及无损检测的要求
中断焊接	参考了 ASME B31.3 的规定	与 GB/T 20801 基本相同	
硬度检查	热处理后硬度检查的部位、数量和合格标准	与 GB/T 20801 基本相同	
管道安装	管道预拉伸(或压缩)、连接设备的管道、埋地管道、夹套管、阀门、管道补偿装置、支吊架的安装要求、静电接地	与 GB/T 20801 基本相同	管道支吊架、膨胀节、管道冷拉伸及现场安装管道的要求、静电接地
不锈钢和有色金属管道	不锈钢、铝及铝合金、铜及铜合金、镍及镍合金、钛及钛合金管道的防护要求		不锈钢和非铁基金属管道的防污染要求

续表 33-2

要素	GB/T 20801—2006 压力管道规范 工业管道	ASME B31.3 工艺管道 (Process piping)	EN 13480 金属工业管道 (Metallic industrial piping)
超标缺陷的检查	当局部或抽样检查发现有超标缺陷时，应另取两个相同件进行相同的检查； 如两个被检件检查合格，则附加检查所代表的批应视为合格，但有缺陷件应予返修或更换并重新进行检查； 如两个被检件中任何一件发现有超标缺陷，则针对每个缺陷项应再增加两个相同件进行检查； 如要求的两个被检件检查合格，则附加检查所代表的批应视为合格，但有缺陷件应予返修或更换并进行重新检查；如要求的两个被检件中任何一件发现有超标缺陷，则该批应全部进行检查，不合格者应进行返修或更换并进行重新检查	与 GB/T 20801 基本相同	当局部或抽样检查发现有超标缺陷时，应另取两个相同件进行相同的检查； 如两个被检件检查合格，则附加检查所代表的批应视为合格，但有缺陷件应予返修或更换并重新进行检查； 如两个被检件中任何一件发现有超标缺陷，则该批应全部进行检查，不合格者应进行返修或更换并进行重新检查
检查类型和方法	目视检查、无损检测、制作过程中的检查、硬度检查； 允许对不同类型的管道提出专门的检查方法，并在工程设计中明确这些专门检查方法的验收准则	范围、D类流体、剧烈循环工况、硬度检查等(与 GB/T 20801 基本相同)	设计文件的确认、制作过程中的检验和检测、非破坏性检测(包括硬度检测和无损检测)、破坏性检测、焊前检验、焊中检验和检测、焊后检验(包括破坏性检测)
制作过程中的检查	焊接接头的制备和清洗； 预热； 连接前的装配、连接间隙以及内侧对准； 焊接工艺规定的技术参数，包括填充材料、焊接位置等； 焊接清理后的根部焊道(包括外侧和可及内侧)状况，必要时，可辅之以磁粉检测或渗透检测； 焊渣的清除和焊道间的焊接情况； 完工后焊接接头的外观	与 GB/T 20801 基本相同	材料确认； 加工成形承压件确认(形状和尺寸要求、光洁度或热处理)； 非破坏性检测(包括壁厚测量、尺寸检查、硬度检测和无损检测等)；破坏性检测； 焊中检验和检测； 焊后检验
检查等级、方法、判据及比例	按管道的检查等级、检查方法和焊缝类型确定检查比例。 表 5-1	341.4	按材料分组和管道压力等级、检查方法以及焊缝类型确定检查比例，对接环缝的表面无损检测比例考虑管道壁厚
射线和超声波检测方法的选用	管道的名义厚度小于或等于 30mm 的对接环缝，应采用射线检测；名义厚度大于 30mm 的对接环缝可采用超声波检测代替射线检测；当规定采用射线检测但由于条件限制需改用超声波检测时，应征得设计和业主的同意		管道最小厚度＜8，采用 RT； 8≤管道最小厚度＜15，铁素体(对接环缝和 T 形接头)采用 TR 或(UT)，奥氏体(对接环缝和 T 形接头)采用 RT； 15≤管道最小厚度＜40，铁素体(对接环缝和 T 形接头)采用 TR 或 UT，奥氏体(对接环缝和 T 形接头)采用 RT 或(UT)； 管道最小厚度≤40，铁素体(对接环缝和 T 形接头)采用 UT 或(TR)，奥氏体(对接环缝和 T 形接头)采用 UT 或 RT

续表 33-2

要素	GB/T 20801—2006 压力管道规范 工业管道	ASME B31.3 工艺管道 (Process piping)	EN 13480 金属工业管道 (Metallic industrial piping)
合格证和记录	检查人员应通过审阅合格证、质量证明书、标记和其他证明文件，确信材料和组成件均为规定等级并已经过要求的热处理、检查和试验。检查人员应向检验人员提交一份说明规范和工程设计规定的全部质量控制要求已经执行的证明文件	与 GB/T 20801 基本相同	内容在文件包中规定
压力试验种类	液体试验、气压试验、液压-气压试验	与 GB/T 20801 基本相同	水压试验、气压试验、其他试验（100%RT 或 UT 和 100%PT 或 MT，需经协商同意）
液压试验和气压试验	① 内压管道的试验压力不得低于 1.5 倍设计压力，当设计温度高于试验温度时，试验压力应不小于 $P_T=1.5PS_1/S_2$ P_T——试验压力，MPa； P——设计压力，MPa； S_1——试验温度下，管子的许用应力，MPa； S_2——设计温度下，管子的许用应力，MPa； （S_1/S_2 大于 6.5 时，取 6.5） ② 内压管道的试验压力应为设计压力的 1.15 倍	与 GB/T 20801 基本相同	① 试验压力不小于下面两者中大者： $P_{test}=1.25PS(f_{test}/f)$ 或 $P_{test}=1.43PS$ PS——管道设计压力，bar； P_{test}——试验压力，MPa； f_{test}——试验温度下，公称设计应力，N/mm²； f——设计温度下，公称设计应力，N/mm²。 ② 试验压力按上述①的规定
泄漏试验、真空度试验	① 对于输送极度和高度危害流体以及可燃流体的管道，应进行泄漏试验，并规定了要求。 ② 真空管道系统在压力试验合格后，还应按设计文件的规定进行 24 小时的真空度试验，增压率应不大于 5%	与 GB/T 20801 基本相同	

第三十四章 国内外工业管道主要标准法规比较

第一节 国内外工业管道标准体系比较分析

现行国际上运作的比较好、比较完整的主要有美国及欧洲两大压力管道标准体系，国际标准化组织(ISO)还没有形成一个完整的ISO压力管道标准体系。

美国ASME/ANSI压力管道规范相对较为原则、笼统，但其体系的完整性，API/MSS等行业或协会标准、公司标准、项目规定的互相配合和补充、具体化，保证了它的安全性和可操作性。改革开放以来，我国压力管道行业，尤其是长输管道及工业管道领域使用较多，有相当一部分的配管元件等国家及行业标准也采用了美国标准体系，如管件标准以及钢制对焊管件、承插焊管件标准等。

欧洲标准化委员会(CEN)把"标准化"作为产业竞争的战略手段，如同欧洲货币的统一(欧元)，在基础标准领域里，也朝着欧洲统一的目标积极不断地实践着。欧洲体系由原德国DIN和英国BS标准体系转化、整合成EN(欧共体)标准体系。欧洲标准，尤其德国标准及国外公司标准十分具体，可操作性强。从20世纪50年代以来，我国承压设备行业沿袭前苏联标准体系，实际上就是采用了欧洲标准体系。因此，在我国包括工业压力管道行业在内也有根深蒂固的影响，如压力等级中的PN16、PN25、PN40，钢管外径系列，管螺纹及紧固件螺纹标准等均已纳入ISO标准，并已广为我国相关行业采用。我国的锅炉、压力容器、压力管道的安全监察、检验部门较多地接受欧洲体系的影响。同时，能源、石化等领域近年来与欧洲国家经济来往更为频繁，这些都是我们在建立我国工业压力管道标准体系时必须考虑的因素。

自从签署了WTO/TBT协议以来，ISO作为一个追求公共利益的国际组织机构，其制定的标准的重要性也越来越高。所以，我们也应重视加强与国际标准化组织的合作与参与，以便及时了解、跟踪国际有关标准的制、修订动向。充分利用与国外工程公司合作的机会，研究有关的公司标准、规定、手册、规格书、管道等级，这对迅速提高我国工业压力管道行业标准化水平将会有很大的帮助。

我国的标准体系和先进国家标准的最大区别，主要表现在标准性质和内容、标准体系构成等方面。国际/欧洲标准以及发达国家的标准都是自愿采用的，WTO/TBT中所指的标准也是自愿性的。而中国标准根据法律的约束性分强制性标准、推荐性标准。

第二节 国内外工业管道主要法规比较分析

为使比较能在相同层次上进行，首先必须弄清楚我国特种设备安全监察条例及以下层次的行政法规和监察规程和欧盟97/23/EC承压设备指令的层次、体系、理念、概念、定义、政府职能和合格评定等方面的差异所在。

第一，我国把压力管道划为"特种设备"。在特种设备这个概念下有涉及生命安全、危险性较大的锅炉、压力容器(含气瓶)、压力管道、电梯、起重机械、客运索道和大型游乐设施7类设备。欧盟把压力管道划为"承压设备(Pressure Equipment)"。所谓"承压设备"是一切以"压力"为主要设计参数的设备。在这个概念下涵盖了容器、管道、安全附件、压力附件以及这4类设备的组合。从表面看，"承压设备"概念下所管辖的设备只是"特种设备"所管辖的前3种；而实际上在"承压设备"概念下所管辖的设备十分广泛，例如：安全阀属于承压设备中的安全附件，而起隔离和调节压力作用的其他阀门则属于承压设备中的压力附件。又如：手提式灭火器是承压设备，高压锅是承压设备，空调器是"承压设备"，空调器中的心脏设备“全封闭压缩机”也是承压设备，因为全封闭压缩机的外壳主要设计参数是“压力”，必须能防止冷媒的泄漏。上述这些都不属于我国的特种设备范畴。

第二，我国实行的是多层次法规标准体系，从法律、行政法规、行政规章、安全技术法规到标准共有5个层次，具体到压力管道则如第三十二章表32-1所示。欧盟的压力管道法规标准体系只有两个层次。指令(Directives)下面就是标准，后者也叫做欧洲标准，或协调标准，或和谐标准(Harmonized Standards)，因为它是与指令要求和谐一致的标准。指令是针对欧盟的25个成员国的。各个成员国必须按照指令要求在规定期限内、通过本国的立法程序和本国的语言转化为本国的法规(Regulations)。转化后的法规在内容上除了去掉指令中对成员国政府的要求外，应与指令的内容相同。因此，转化的法规不能看作是一个层次。这种单一层次、一步到位的法规形式，是欧盟“新方法”指令的一大特色，实现了“一个欧洲，一个声音”。为了简化立法程序，欧盟的指令又分为两种。一种是欧委会(Commission)提出后经欧洲部长级理事会(Council)和欧洲议会(European Parliament)两极批准，最后由欧洲议会主席签字颁布的指令，这种指令一般为重大指令，承压设备指令即是这类指令，在指令编号中以EC表示，例如承压设备指令的编号为97/23/EC；另一种指令是欧委会提出后只要经欧洲部长级理事会批准即可发布，这种指令一般为涉及范围较小的指令，在指令编号中以EEC字样表示，例如：喷雾器指令，编号为75/324/EEC。这是从高层源头上简化层次的做法。如把所有非核承压设备都包括在内，则欧盟目前的承压设备法规框架是由4个指令组成的：97/23/EC(承压设备)、87/404/EC(简单压力容器)、99/36/EC(移动式压力设备)和75/324/EEC(喷雾器)，大体相当于我国的锅炉、固定式压力容器、移动式压力容器、压力管道、气瓶等，但范围要广泛得多，这里不加述。

第三，50年来我国把包括工业压力管道在内的特种设备法制建设的核心放在强化设计、制造、安装、改造、维修、使用、检验7个环节的全过程安全监察，亦即把制造和使用两个领域的安全监察放在一起，形成一条龙式的监管。而欧盟的做法是把两个领域分开，在承压设备指令里面只限于新设备的投放市场为止，以CE作为市场准入的标志，至于投入使用之后的监管则由别的指令施行。这种做法的特点是着眼于市场，一个指令不但适用于欧盟所属的25个成员国，也适用于欧盟境外厂家制造的承压设备进入欧盟市场和在欧盟境内的自由流通。欧盟承压设备指令的目的是消除成员国之间的贸易技术壁垒和协调成员国关于承压设备及其组合装置在设计、制造、检测和合格评定方面的法律。这里，“合格评定(Conformity Assessment，CA)”一词是WTO乌拉圭回合确定下来的国际贸易规则，是承压设备指令的核心内容。在我国特种设备条例里面还未见到这个词。

第四，我国特种设备法规的目的是：加强特种设备的安全监察，防止和减少事故，保障人民群众生命和财产安全和促进经济发展。欧盟承压设备指令的目的除了上述消除贸易技术壁垒和协调在设计、制造、检测和合格评定方面的法律外，还在于构建一个有利于新技术开发和提高国际竞争力的柔性监管环境。这也是欧洲“新方法”指令的另一特色。我国的法律是从安全监察角度立法，欧盟是从市场角度立法，两者以安全要求为核心的内容是一致的。欧盟所谓“柔性监管环境”，是指既有强制性的规定，又有自主选择的内容，它给予制造商有很大的选择空间。强制性的部分只有一个，即“基本安全要求(Essential Safety Requirements，ESR)”；自愿性内容包括：设计和制造所用标准不强制使用欧洲标准，制造商可自愿选择别的标准，但要能满足ESR；合格评定的模式有很多，针对所制造产品的级别在指令中规定了几种模式，但制造商可不限于所规定的模式，从经济和适用角度，可选择比规定的模式更高级的模式。制造商可自主选定执行合格评定的授权机构，当选定一家授权机构时，如对其服务不满意，可更换为另一家。制造所用的材料可不限于欧洲标准的材料，但使用别的材料必须满足ESR，必须得到欧洲授权机构的批准。ESR中的强制性规则以定性要求为主，少量的定量要求不是强制性的，只要能达到“总体相同安全水平”就可以了，例如：对设计裕度(过去叫安全系数)的定量规定，欧洲承压设备指令和欧洲标准的规定与ASME规范有不少差异，但采用ASME规范仍然可满足欧洲承压设备指令的ESR(虽然在某些细节上ASME规范必须有所补充)，因为ASME规范能达到“总体相同安全水平”。在ESR中的定性要求中随处可读到“要考虑各种合理可预见(reasonably foreseeable)的……”的这种提法，这是在传统法规里面首次见到的，是欧盟新方法指令的又一创新概念。例如：

——合理可预见的条件；

——合理可预见的失效模式；

——合理可预见的操作条件；

——合理可预见的操作条件和试验条件；

——合理可预见的损坏机制；

——合理可预见的风险等。

这里，"合理可预见的条件"包括：内压和外压；环境温度和操作温度；操作和试验条件下的静压和物料重量；交通载荷、风载荷和地震载荷；支撑、连接和管道引起的反作用力和力矩；腐蚀、冲蚀、疲劳；不稳定流体的分解；不同载荷的同时出现和同时出现的几率等。"合理可预见的损坏机制"包括：腐蚀、蠕变、疲劳等。在解读"合理可预见"这一词语时，必须与时俱进，结合当前的技术水平和现行的实际情况，以及在保证安全和健康条件下技术和经济的最佳结合。因此，这一词语具有很大的弹性，在当前世界科技日新月异的发展时代，这一词语对于不同的发展阶段都是适用的。

第五，我国在包括工业压力管道在内的特种设备的监管体制上确定政府部门为监管主体，国务院特种设备安全监督管理部门负责全国特种设备的安全监察工作。监督方式为行政许可和监督检查两项基本制度。前者包括设计、制造、安装改造维修、充装和检验检测单位的许可、检验检测和作业人员的考核和使用登记。后者包括：强制检验、现场监督、事故调查处理、安全责任追究和安全状况公布等制度。树立"各负其责"的管理思想：生产、使用单位对设备安全质量负主体责任；检验机构负把关责任；政府部门负监管责任；各级政府对设备安全统一领导，负责协调、解决工作中的重大问题。我国是实行的政府立法和执法统一的体制。执法部门是各级政府所属的检验机构。欧盟是政府只管立法，执法是政府授权的民间检验机构。对民间检验机构的综合素质或资质有 7 条核准条件：一是独立性准则；二是道德准则或廉洁执法准则；三是用人和配置设备的自主准则；四是从事检验人员的资质准则；五是不得按照检验数量或结果而定报酬的准则；六是检验机构必须办理责任险的准则；七是保守职业秘密准则。政府对授权的检验机构行使监督，一旦发现有不符合上述 7 条准则的检验机构，将立即撤销对它的授权并通告欧委会和其他的成员国。我国对从事包括工业压力管道在内的特种设备的检验检测机构，根据《特种设备检验检测机构管理规定》，也有 7 条核准条件：一是独立公正准则；二是负责人为检验师以上工程技术人员的资质准则；三是与检验检测项目相适应的技术力量准则；四是与检验检测项目相适应的仪器、设备和设施准则；五是与检验检测项目相适应的测试、办公和环境准则；六是实施质量管理体系准则；七是具有所需法规、技术规范和标准的准则。国家质检总局拥有核准和监督检验检测机构的权力。由此看来中、欧差距还是较大的。

第六，欧盟把第三方检验机构分为 3 类：一是授权机构(Notified Body，简称 NB，为了与美国的 NB 相区别，也可简称 NoBo)；二是承认的第三方机构(简称 RTPO)；三是使用单位检验机构。后两个都没有批准标贴 CE 标志的权力。NoBo 有两项最大的权力：一是颁发欧洲材料批准书；二是对制造商执行合格评定，批准标帖 CE 标志。RTPO 有 3 项权力：一是执行 NDE 人员的资质评定；二是执行焊接人员的资质评定；三是执行焊接工艺评定。这三项 NoBo 也可申请兼有之而成为五项全能的 NoBo。在我国按照《特种设备检验检测机构管理规定》，相当于欧盟第三方的检验和检测机构也分为 3 类：一是政府部门设立的检验检测机构，职能是：监督检验，定期检验和型式试验；二是特定领域的检验检测机构，职能是：定期检验、型式试验和无损检测；三是使用单位的检验检测机构，职能限于定期检验。中、欧差距较大。

第七，我国按用途把压力管道分为长输管道(GA)、公用管道(GB)和工业管道(GC)3 类。在《压力管道安全技术监察规程(工业管道篇)》第八条中把工业管道分为 GC1、GC2、GC3 3 个等级。各个等级的条件如下。

(一) GC1 级：

1. 毒性程度为极度危害的介质；

2. 毒性程度为高度危害的气体，工作温度高于标准沸点的高度危害的液体；

3. 设计压力大于等于 4.0MPa，火灾危险性为甲、乙类可燃气体或者甲类可燃液体；

4. 设计压力大于等于 10.0MPa 的管道和设计压力大于等于 4.0MPa 且设计温度大于等于 400℃的管道。

（二）GC2 级：

除本条（三）规定的 GC3 级管道外，介质毒性程度、火灾危险性、设计压力和设计温度低于本条（一）规定（GC1 级）的管道。

（三）GC3 级：

无毒、非可燃流体介质，设计压力小于等于 1.0MPa 且设计温度高于－20℃但不高于 185℃的管道。

我国对工业管道的分级是采取定性和定量相结合的办法。在定性分类中把管道所输送的流体分为气体和液体，把流体的毒害性质分为可燃、有毒和火灾危险；在定量分类中以设计压力 4.0MPa 为界，分成大于等于 4.0MPa 和小于 4.0MPa 两种情况，另考虑设计温度，不考虑管道直径 DN。

欧盟承压设备指令对管道的分级原则同样是从风险分析角度出发，从定性和定量两个方面综合考虑，也有 3 个等级，即Ⅰ、Ⅱ、Ⅲ。其划分等级的步骤是：首先确定管道所输送的流体状态是气体、还是液体，然后确定流体的性质是危险性还是非危险性的。最后根据最高许用压力 PS 和管道的公称直径号 DN（无量纲）在 4 个名为表（table）、形似图（figure 或 chart）的表达形式上决定该管道被划分的级别。这里，“流体”的定义是：气体，液化气体，加压溶解气体，蒸气，以及在最高许用温度下蒸汽压力比标准大气压力（1013mbar）大 0.5 bar 的液体。“危险性流体”为第 1 组，其范围是：爆炸性流体，极易燃流体，高度易燃流体，易燃流体（其最高许用温度高于其闪点），剧毒流体，有毒流体和氧化性流体 7 类，它们的定量性的定义见文献 14。非危险性流体是第 1 组以外的流体，为第 2 组。

图 34-1～34-4 引自欧盟承压设备指令。在每一个图上都有 3 个区域，一是非承压设备管辖区（NON-PED），二是无须有 CE 标志区（SEP），三是 CE 标志区。在 CE 标志区里面分为 3 个等级：Ⅰ、Ⅱ、Ⅲ。

第八，我国的 GB/T 20801—2006《压力管道规范 工业管道》中对“管道”的定义是：用以输送、分配、混合、分离、排放、计量、控制或截止流体流动的管道组成件总成。管道除管道组成件外，还包括其支撑件，但不包括支撑建筑物，如建筑框架、排架、管廊和基础等。欧盟指令对“管道”的定义（见 PED 2.1.2）：“管道”是指打算连接在一起、整合成一个压力系统、用于输送流体的管道组成件（‘Piping’ means piping components intended for the transport of fluids, when connected together for integration into a pressure system.）。仔细研究这两种定义，我国把“管道组成件的总成”称之为管道，而欧盟则是把“管道组成件”称之为管道。在欧盟对“管道”的概念里包括一根管子或一个管系（a pipe or system of pipes）、一个管子加工件（tubing）、一个配件、一个膨胀节、一根软管或其他的受压件（pressure-bearing components）。此外，对空气进行冷却或加热、由若干管子组成的换热器也视作为“管道”。概念上的这种差别影响到对法

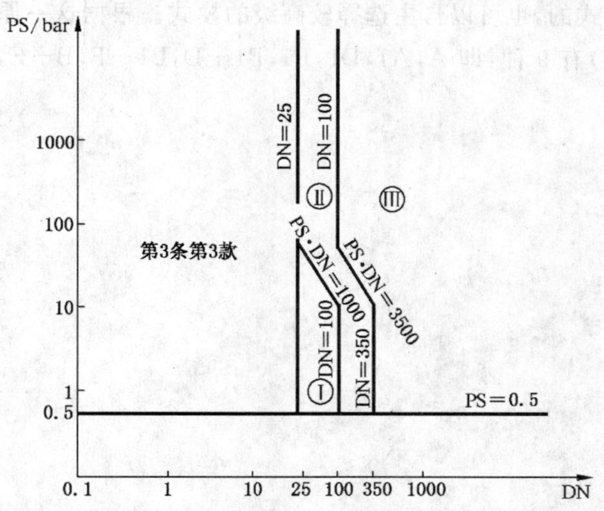

图 34-1　第 3 条 1.3 款(a)第 1 项所述的压力管道例外，根据图 34-1 属于第Ⅰ、Ⅱ类的压力管道，但介质为不稳定气体时，应划为第Ⅲ类承压设备。

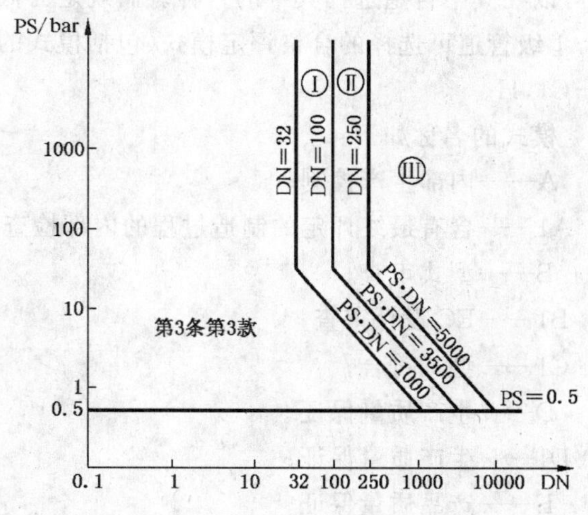

图 34-2　第 3 条 1.3 款(a)第 2 项所述的压力管道例外，根据图 34-2 属于第Ⅱ类的压力管道，若介质温度高于 350℃，则应划为第Ⅲ类承压设备。

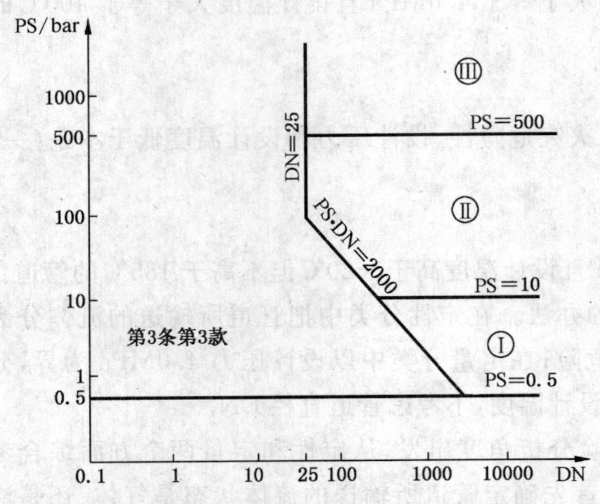

图 34-3 第 3 条 1.3 款(b)第 1 项所述的压力管道

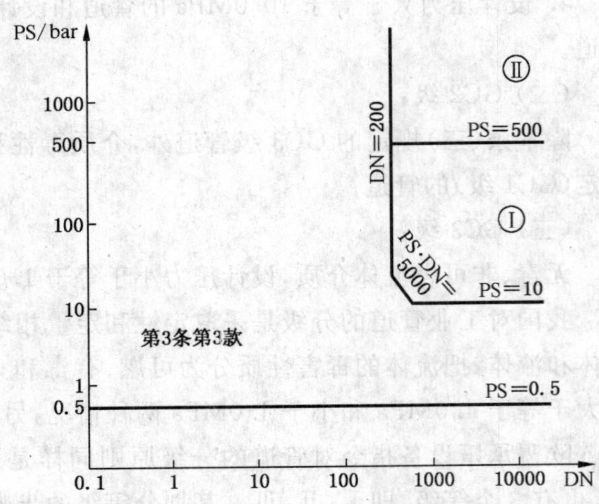

图 34-4 第 3 条 1.3 款(b)第 2 项所述的压力管道

规条款的解释。欧盟从市场准入角度出发，如一根或一组管子，一个管件，一个膨胀节，一根软管或一个其他承压件，当作为孤立的或独立的零件投入市场时，这样的管道组成件不是“管道”。但如一根或一组管子的一切有关制作工序(例如：弯曲、成形、翻边、热处理等)都已完成，则可视为“管道”。膨胀节之类的管道组成件可视为压力附件。“压力附件”的定义是：有一定操作功能，且具有受压壳的装置，例如阀门、膨胀节。由于“压力附件”是承压设备，故阀门之类的设备也应按照上述对管道等级的划分，分为Ⅰ、Ⅱ、Ⅲ级，并接受下面所述的合格评定。

第九，合格评定的模式。合格评定是市场准入的一道程序。产品进入什么市场就要遵守该市场的合格评定规则，如采用国际公认的权威规范的合格评定模式，就可以进入许多国家的市场，例如：采用 ASME-PP 标志合格评定模式的压力管道可以进入许多国家的市场。在我国工业管道规程(报批稿)中含有合格评定的部分内容，但还没有合格评定的提法。欧盟承压设备指令规定压力管道的合格评定有：A、A1、B、B1、C1、D、D1、E、E1、F、H 等 11 种模式和规定的模式组合。对于 3 种等级的管道所规定的模式和模式的组合是：

Ⅰ级管道：A

Ⅱ级管道：A1，D1，E1

Ⅲ级管道：B1+D，B1+F，B+E，B+C1，H

对于同一等级的管道规定有几种模式时，因为无论采用哪一种都具有相同的安全水平，因此制造商是可以在其中自主选择其中的一种。而规定为低级模式的，也可以自主选择较高级的模式。根据这一原则，Ⅰ级管道可选择的合格评定模式(包括模式的组合)有 9 种：即 A，A1，D1，E1，B1+D，B1+F，B+E，B+C1，H。

模式的名称如下：

A——内部生产控制；

A1——含有最终评定的制造过程的内部检查；

B——型式审查；

B1——EC 设计审查；

C1——型式符合；

D——生产质量保证；

D1——生产质量保证；

E——产品质量保证；

E1——产品质量保证；

F——产品验证；

H——全面质量保证。

第十，欧盟《承压设备指令》中设计、制造、检测和合格评定4项主要内容都是针对制造商的，制造商承担设计和制造的责任，而我国的习惯做法是设计由专门的设计机构承担，制造商只管制造，二者是分离的。设计者不熟悉制造，造成修改设计图纸的情况经常发生。监管部门必须制定《压力容器压力管道设计单位资格认可与管理办法》之类的文件，这类文件欧洲没有，其相当部分是含于对制造商的合格评定中。

第十一，法规条文的写法和写到什么深度，我国有句话叫做“法网恢恢，疏而不漏”。法规中每一条规则应抓住核心部分，反映当前成熟的科技水平。哪些规则应放在法规里面，哪些规则应放在标准里面，这方面欧盟《承压设备指令》和我国的各层次法规显示有很多差距。在进行比较时，发现我国的法规比较仔细，同类设备（例如：安全附件）有很多重复的地方，但尚不够全面，还有一些空缺点；欧盟的法规则虽比较原则，但比较全面。这一点是立法的艺术和文化，是我们应当研究的地方，也是法规本身可以有所创新和改革的地方。

第十二，法规与技术标准的接口是强制性的基本安全要求（ESR）。法规主要以定性的语言表达ESR，标准是把定性的ESR作进一步的诠释和量化，使法规的要求可以执行，可以衡量。标准必须符合ESR。因此，欧盟规定：在每一个标准中必须有一个附录Z，逐项说明该标准是符合ESR中的有关要求的。法规与标准的这种依存关系，一方面强化了指令的权威性，另一方面也使得直接采用与指令和谐一致的标准就可以认为是符合指令要求的。ESR分为设计ESR、制造ESR和材料ESR 3个部分。在我国的技术监察规程里面所规定的强制性要求，相当于欧盟指令的ESR，但没有正面指出这些要求是基本安全要求。

第三节 国内外工业管道主要标准比较分析

我们可以从以下几个方面对GB/T 20801—2006《压力管道规范 工业管道》与ASME B31.3 Process Piping和EN13480 Metallic Industrial Piping做比较分析。

1. 命名、适用范围和不适用范围

GB/T 20801—2006《压力管道规范 工业管道》（以下简称GB/T 20801）参照采用了EN 13480的命名《金属工业管道》，其适用范围和不适用范围比ASME B31.3《工艺管道》有所扩大。GB/T 20801的范围定义考虑到与《特种设备安全监察条例》和《压力管道安全技术监察规程（工业管道篇）》相对应，并参照了EN 13480的适用范围和不适用范围。从技术上涵盖的内容来看，亦可扩大到工艺管道外的其他工业管道。此外，GB/T 20801对压力与管径有所限制。

2. 管道分级

确定分级的界线及判据各有所不同。

GB/T 20801根据介质的毒性危害程度、火灾危险性、设计压力和设计温度，将管道分为GC1、GC2、GC3。它结合了国内压力管道行业的分级概念，与安全监察规程协调一致，并以此为基础进行分级，逐步统一国内现存各种相关规定。ASME B31.3根据流体介质的危害性程度，分为M类、一般、D类。EN 13480按欧盟的压力设备指令（97/23EC）分为O、Ⅰ、$Ⅰ^{b}$、Ⅱ、$Ⅱ^{b}$、$Ⅱ^{c}$、Ⅲ，它从定性和定量两个方面综合考虑，根据所输送的流体状态、危险性、压力和管径等采用图表的形式确定。

3. 对铸铁及铝，钛，镍等有色金属的使用限制

GB/T 20801对铸铁的使用方面，考虑了国内工业压力管道用铸铁材料标准及质量水平、行业使用情况，对铸铁的使用范围限制更为严格和具体，并参照JPI 7S-77标准对铸铁使用范围和安全系数均有限制及提高。EN 13480标准不包括铸铁及铝，钛，镍等有色金属的内容。

4. 结构钢

GB/T 20801结合国内压力管道用结构钢材标准及质量水平、行业使用现况，对结构钢的使用范围限制更为严格和具体。EN 13480标准不包括结构钢材料标准。

5. 高温下材料的使用限制

在高温材料的使用方面，GB/T 20801较详细地规定了材料使用温度上限、高温下材料的选用原则等。EN 13480 未作具体的规定，使用温度上限一般较低。但相应的材料标准中均给出用于设计的中温屈服强度和高温长期强度值。

6. 使用温度下限及冲击功要求

GB/T 20801 考虑国内相应钢材的性能水平，对铁素体钢的使用温度下限从－29℃提高至－19℃。低温界线上移 10℃，体现了标准对脆性风险的关注。同时，也与压力容器的低温界线保持一致。

EN 13480 采用附录的形式提出了防止脆性破坏的要求，一般都将冲击作为保证要求，且冲击功较高。另外，对于冲击试验，在 EN 13480 中包括了 3 种方法，其中方法 1 适用于所有金属材料；方法 2 主要用于低合金或细晶粒高强度钢。GB/T 20801 没有包括该方面规定，因为我国工业管道对此类材料使用较少；当方法 1 和方法 2 都不适用时，可采用方法 3 来确定材料的低温冲击要求。

7. 球墨铸铁安全系数

GB/T 20801 参照 JPI 7S—77 标准规定的，将球墨铸铁安全系数由 3 提高至 5，这主要是考虑国内球墨铸铁的标准及产品质量水平和使用惯例。

8. 管道组成件标准体系

GB/T 20801 参照相关 ISO 标准的编制方法，在管道组成件标准体系中以美国标准体系为基准的基础上，结合国情，融合了欧洲标准体系，包括美国及欧洲两大管道组成件标准体系。

ASME B31.3 仅为 ASME/API/MSS/AWWA 美国管道组成件标准体系。EN 13480 为欧洲管道组成件标准体系。

9. 材料标记和质量证明

GB/T 20801 结合国内具体情况，制定了材料标记和质量证明的有关规定。EN 13480 对材料质量证明的规定在 97/23PED 中作出规定。

10. 压力和温度的允许变动范围

GB/T 20801 的相关内容实际相当于给出了免除疲劳分析的条件（参照 ASME B31.3）；ASME B31.3 与 GB/T 20801 规定基本相同，当满足一定的限制条件时，压力和温度允许变动。

EN 13480 不考虑管道分级的因素，其限制的是包括应力集中的最大应力，而 GB/T 20801 限制的是名义应力，对材料尺寸没有限制。

11. 许用应力

（1）我国标准对 n_b 都是取 3.0，而 EN 标准对 n_b 取 2.4 或 3.0；

（2）EN 13480 对镍基和铬基合金没有给出确定的安全系数；

（3）GB/T 20801—2006 对蠕变极限 n_n 取 1.0，EN 13480 对蠕变极限（safty factor ot mean creep rupture strength）取 1.25～1.5；

（4）GB/T 20801—2006 对持久极限的安全系数 n_D 取 1.25～1.5，而 EN 13480 没有给出针对持久极限的安全系数。

（5）对于压力试验时的应力校核，两个标准对确定许用应力的安全系数取值不同。

12. 斜接弯头的适用条件

（1）EN 13480 对变方向角没有限制；

（2）EN 13480 允许斜接弯头用于设计温度高于材料蠕变温度的场合，但需满足一定条件；

（3）对变方向角大于 22.5°的斜接弯头，EN 标准仅规定不能用于荷载循环次数大于 7000 次的场合；而 GB/T 20801 规定不得用于 GC1 级管道和剧烈循环工况。

13. 直管的内压设计

EN 13480 对于厚壁管采用拉美公式进行计算，而对于薄壁管采用中径公式计算；GB/T 20801 不分厚壁管或薄壁管都用中径公式计算，但对厚壁管指出了还需考虑失效的其他因素。另外，公式中的计算系数 Y 与所选材料、使用温度和管子内外径有关。

（依据：薄壁管的计算公式来源于薄壳理论；厚壁管的计算公式来源于弹性力学的拉美公式。）

14. 直管、弯头和弯管的外压设计

(1) GB/T 20801 与 ASME B31.3 一样，采用的是图算法。

ASME B31.3 采用 ASME Ⅷ-1 的图算法，GB/T 20801 采用 GB 150 的图算法，直接列出许用外压的计算公式。EN 13480 采用的是解析法。

(2) 对于加强圈，GB/T 20801 只需进行刚度校核，而 EN 标准除此之外，还需进行加强圈和被加强管子的整体强度计算。

(3) EN 13480 的方法不需对每一种材料做实验以得到 B 值曲线图，因此，其适用性较广。但由于要通过失稳波数为自变量求 ε 的最小值，计算稍显麻烦。

(4) GB/T 20801 的图算法来源于米赛斯公式结合美国海军水槽试验的结果；EN 标准的方法基本只源于米赛斯公式。

15. 弯头和弯管的内压计算

(1) EN 13480 中的一般方法与 GB/T 20801 给出的方法基本相同；

(2) EN 13480 针对是否考虑蠕变效应及弯曲半径小于一定范围时，给出了另一计算方法；

(3) EN 13480 在附录 B 中给出了一个更精确的方法，以使得计算结果不至太过于保守。

16. 异径管的内压设计，参照 GB 150《钢制压力容器》

(1) 适用范围与 ASME B31.3 基本相同：

① GB/T 20801 规定，当半锥角大于 60°时，锥壳要按平盖计算。但 EN 标准中的锥壳计算方法可用到半锥角小于等于 75°；

② EN 13480 中，半锥角达 60°时，仍允许用不带折边的结构；

③ EN 13480 对锥壳和筒体连接的焊缝检验要求较严。

(2) 不带折边的结构中，锥壳与筒体连接处的需要的加强厚度计算公式形式与 EN13480 基本相同，但公式中的系数值有差异。ASME B31.3 采用查表方式确定是否需要加强。

(3) GB/T 20801 对大端折边锥壳的过渡段半径 r 规定了最小值，但没有规定最大值；而 EN 13480 正好相反，规定了最大值，而没有规定最小值。ASME B31.3 对折边锥壳的过渡段半径 r 规定了最小值，但数值与 GB/T 20801 不同。

(4) 小端是否应采用有折边结构无强制性规定。

(5) 无折边和有折边锥壳小端与筒体连接处加强厚度计算方法 GB/T 20801 和 EN 13480 不一样。

17. 碟形封头的内压计算

EN 13480 对碟形封头的厚度按球冠部分和过度部分分别计算，允许在球冠部分和在过度部分取不同的厚度。如按 EN 13480，在碟形封头的球冠部分和在过度部分取不同的厚度，则在制造上比较麻烦，会提高制造成本。

GB/T 20801 按 GB 150《钢制压力容器》、ASME Ⅷ-1 规定。

18. 椭圆封头的内压计算

EN 13480 将椭圆封头作为一当量碟形封头进行计算；GB/T 20801 的计算公式来自于美国规范 ASME Ⅷ-1，是将椭圆封头上的最大应力与筒体周向应力之比用一经验公式拟合而得到其应力计算公式。EN 13480 算法的适用范围较窄。

19. 平盖计算

GB/T 20801 和 EN 13480 都是按圆平板受均布压力的力学模型得到平盖的厚度计算公式，但考虑的边界条件有差异，使得计算系数取值不同。另外，对于窄面法兰螺栓连接平盖，EN 13480 还要求计算与法兰连接部分的厚度，而 GB/T 20801 中没有要求。

EN 13480 要求计算与法兰连接部分的厚度，由于这部分厚度一般总是比其他部分薄，而又受到螺栓力的作用，因此，EN 13480 的要求是合理的。

20. 开孔补强

GB/T 20801 参照 ASME B31.3，推荐的方法为等面积补强法，且有一定适用范围。在等面积法不适用的范围及其他型式的开孔补强领域，以压力面积法进行补充(附录)。

EN 13480 及国内石化、电力行业标准均有压力面积法使用规定。美国核动力装置规范亦规定可采用压力面积法进行该类压力设计方法。EN 13480 推荐的补强计算方法为压力面积法，等面积补强法作为另一方法在标准 BS 31-3 中给出。

两个标准的补强计算方法不同之处在于，EN 13480 对支管轴线与主管轴线的夹角 β 没有限制；支管直径和主管直径之比的限制条件也有差别。

由于计算方法不同，使得两个标准开孔补强计算的适用范围不同。除了支管连接开孔补强计算在所列结构尺寸上有所不同之外，在适用结构上也存在较大的差异。从既满足安全性，又考虑经济性的角度出发，压力面积法的适用范围更大一些，如压力面积法可用于 Y 形管、锻制三通、四通等结构的计算，而等面积法对这些结构不能计算。

21. 管道应力分析：可免除详细管道应力分析的条件

GB/T 20801 指的是免除针对机械静载和循环位移荷载的管道应力分析条件。

EN 13480 指的是免除针对循环(机械和位移)荷载的疲劳分析条件。且 EN 13480 中的疲劳分析条款 10.3、10.4、10.5、12.4 是强制性的。

22. 管道应力分析：荷载分类

在 EN 13480 中，将地震、风、雪等荷载又分成临时性和或然性两种不同性质，为了与后面规定的强度条件相对应；GB/T 20801 参照我国标准 GB 50009 和 GB 50011，将这些荷载都仅作为临时性荷载处理。

地震、风、雪等荷载的性质应与本国的荷载标准相对应。

23. 管道应力分析：荷载组合工况

GB/T 20801 要求考虑端点或支吊架永久性位移对管道作用的荷载，在结构设计时应尽可能消除该荷载的影响。但标准中没有要求进行计算，也没有给出强度条件。

EN 13480 要求考虑端点或支吊架永久性位移对管道作用的荷载，并给出了应力计算公式和强度条件。其依据是该荷载引起的应力虽是二次应力，但当位移应变很大时，也可能使管子破裂。

24. 管道应力分析：持久荷载和临时荷载产生的应力计算和强度条件

GB/T 20801 在强度条件中，对许用应力的放大系数统一取 1.33；EN 13480 对许用应力的放大系数按临时荷载作用时间的相对长短而定。理论上，EN 13480 的规定较为合理，但在工程实践中难以操作。

25. 管道应力分析：折减系数

对于柔性分析中用于计算许用应力范围的折减系数，当量循环次数大于 2 000 000 次的情况下，EN 13480没有给出折减系数的取值。

GB/T 20801 按 B31.3 导则(Guide to B31.3，Edition 2)的说明，当量循环次数大于 2 000 000 次，最小折减系数可取为 0.15。

26. 压力波动

由于所有荷载的波动都可能对结构产生疲劳，不管用于管道还是容器，材料的疲劳性能是一样的，GB/T 20801 参照我国的压力容器规范和标准，规定如需考虑压力波动对管道元件产生的疲劳效应，可参照 JB 4732 所给出的应力分析方法和评定准则，而 ASME B31.3 仅对高压管道有此要求。

EN 13480 与 GB/T 20801 原则上相同，但是 EN 13480 为强制性条款。

27. 端点或支吊架永久性位移对管道作用的荷载

由于端点或支吊架永久性位移对管道作用的荷载引起的应力虽是二次应力，但当位移应变很大时，也可能使管子破裂。因此，GB/T 20801 参照 EN 13480 对该应力的强度条件，要求考虑在结构设计时应尽可能消除该荷载的影响。

在 ASME B31.3 中不要求考虑该荷载。

28. 支吊架反力

GB/T 20801 要求计算所有可能载荷同时作用时的支吊架反力。在 ASME B31.3 中仅考虑位移荷载范围产生的支吊架反力。

29. 管道组成件及管道支承件的检查与验收

GB/T 20801 中规定了管道组成件及管道支承件的检查与验收，包括材料标记和质量证明文件的验收、外观检查、材质检查、阀门试、无损检测、硬度检查、加倍抽样检查、检测或试验、材料的保管等。(参照 GB 50235、GB 50236 等)

由于我国管道元件制造单位的产品安全注册工作起步不久，产品制造过程的监督检验工作尚未全面展开，部分规章制度和安全技术规范还在制定过程中，为了保证压力管道的安全运行必要的复验程序仍不可少。

30. 对于检验的定义，中国标准中将对管道组成件制造厂出具的质量证明书的质量控制过程亦称为“检验”

31. 检查等级、方法、判据及比例

GB/T 20801 把管道对接环缝、角焊缝及支管连接焊缝的检查等级分为Ⅰ～Ⅳ级，无损检查方法及评据，采用与锅炉、压力容器行业协调统一。并根据国内安装施工质量现状，将检查等级细化一些并提高了比例：

(1) 局部检查的比例由原 ASME B31.3 的 1%提高至 5%～20%。

(2) 射线及超探的采用标准及判据有所差异。

(3) 对 GC1、GC2 级的检查等级比 ASME B31.3 均有提高。

第三十五章　启示与建议

欧盟《承压设备指令》的范围限于制造领域，到市场准入或合格评定为止，故本文对中、欧压力管道法规的对比也在这个领域里面进行。由于包括压力管道在内的“承压设备”是一个很宽泛的名词，它既包括以压力为主要参数的压力系统（成套装置），又包括系统中以压力为主要设计参数的组成件，即容器、管道、安全附件和压力附件。因此，承压设备的等级划分和承压设备的最终评定都是指的这些带有CE标志的设备，不可把它局限于容器、管道或锅炉。管道是压力系统，谈到管道，必然要涉及安全附件和压力附件。锅炉是压力系统，谈到锅炉，必然要涉及容器、管道、安全附件和压力附件。如此类推下去，“承压设备”的产品和市场极为庞大，其中欧洲市场的规模就近900亿美元。把承压设备的各种法规整合为一个法规，其本身就是一种创新。压力管道法规是含于这个法规之中的。对于包括压力管道在内的欧盟承压设备指令中的各种定义和概念、法规安全基本要求中的用语以及法规结构与我国法规的差别，是中、欧承压设备法规的视点和聚焦所在。

我国的工业管道法规标准体系以及技术标准和法规与国外经济发达国家相比，还存在很大的差距。主要表现在以下几个方面：

(1) 工业管道标准数量繁多，但不齐全、配套性较差。很多标准存在重复性编制或部分内容重复。主要表现在各行业自行编制，各自管理，基本上不相往来，即使是通用的基础标准也存在重复不配套问题。如：管子、管件标准，钢管尺寸标准有国家标准，化工、石化、机械行业标准，外径系列上分大外径系列（国家标准，化工、石化行业标准）和小外径系列（化工、机械行业标准）；壁厚有壁厚优选系列（国家标准）和管标号（化工、石化行业标准），两者之间不能互相套用；其他阀们标准等也有类似情况。带来使用上的不便和混乱，使管道产品的通用性受到限制。

(2) 工业管道的涉及面广，种类繁多，主要涉及电力、核电站、石油、化工、输油、输气、市政工程、建筑、制冷、料浆、矿业等。从大类上可分为基础标准、设计标准、材料标准、管道组成件标准、安装和施工标准、检验和试验标准、在用标准。由于长期以来各行业各部门管理上的条块分割，缺乏系统性和配套性，没有形成一个完善的工业管道标准体系。

(3) 标准的技术水平千差万别，总体的标准化水平较低，与市场需求脱节。标准的内容缺乏一致性和系统性，部分标准内容不完整，强调历史原因，与国际不接轨，如管件标准。零部件标准多，缺乏涉及管道系统全过程各个环节的总体标准。

(4) 行业标准中涉及工业管道领域的标准数量不少，但大多数为零部件标准。标准内容老化，部分标准内容不全，强调历史现状，与国际不接轨。

(5) 标准的管理部门与技术归口分开。技术归口由各标准化技术委员会、标准提出单位或其下属某个部门、设计院或研究院（所）等进行归口。标准的管理上，国家标准由国家标准化管理委员会或其批准的专业标准化技术委员会和建设部工程建设归口管理；行业标准由石油、石化、化工、机械、电力等行业归口管理。

(6) 法律、法规尚不健全，各个环节上的管理规程不齐全。技术法规和标准不明确，强制性标准或强制性条文中存在不合理和不完整部分。

管道是一个涉及面极其广泛的系统工程，其涉及的行业多、标准多。管道的标准和规范涉及的对象不是一个产品，而是整个管道系统。因此，构成的标准和规范都有系统特性，各相关标准互相配合、衔接，各司其职。我国的压力管道标准化工作的发展经历了从社会主义计划经济到社会主义市场经济的经济体制的过程，压力管道从依附于锅炉、压力容器等行业到作为特种设备纳入国家安全监察的范围，加上长期以来受各行业或行政部门各自管辖的影响比较深，虽然相关标准众多，尚存在协调性差，技术水平不高、不齐全等方面问题。因此，我们认为首先有必要建立健全一个适应我国国情和经济市场发展的压力管道标准体系，并按体系框架对现有各相关标准进行梳理、整合，并不断进行完善，以指导压力管道标准化工作合理地、又好又快地发展。

在压力管道标准体系中，安全建造规范涉及压力管道安全设计和建造的整个过程，起着重要的作用。由全国锅炉压力容器标准化技术委员会压力管道分技术委员会负责组织制定的工业管道领域的综合性建造标准 GB/T 20801—2006《压力管道规范 工业管道》近期已颁布，但是，和长输管道规范、公用管道规范一样，动力管道规范尚空缺，对管道系统的设计、施工的规范化以及安全运行造成较大的困难，建议应加强此类管道系统综合性建造规范的制定工作。

此外，现有的相关工业管道标准数量中，大量的是基础性、通用性标准和产品标准，如何在完善的压力管道标准体系下，依托各相关标准化技术委员会，协调和明确各相关标准化技术委员会的工作，在现有的基础上，加强工业管道的通用性、基础性和系统性标准的制修订工作，显得很重要。目前，我国压力管道标准化工作的基础尚十分薄弱，各个方面专业技术人员的素质和技术水平都也有待提高，对于基础标准的研究不够，很多数据缺乏。所以，应借助于各产业部门现有的标准以及标准化工作力量，进行不断地完善和提高。

标准和法规或规程是不同的。标准一般不包括行政管理方面的内容，但直接为提出安全要求的法规或规程服务的标准又必须与法规或规程密切配合，因此协调两者的关系，明确标准和法规的界定是十分关键的。我国压力管道行业的法规和标准在框架体系上是分离的，但在内容上，法规里面存在不少标准的规定，标准对于法规或规程的技术支撑作用尚需要加强和完善。制定标准是市场行为，以市场为主，应与时俱进，制定法规是法律行为，应按立法程序来制定，应保持相对的稳定性。混淆两者的关系会和我们已构建的市场经济体制发生冲突，影响整个压力管道行业的竞争能力。

中国加入世界贸易组织将近 5 年。WTO/TBT 明确规定各成员必须尽量采用国际标准作为本国制定技术法规、标准和合格评定程序的基础，且认为“凡是为实现某一正当目标并根据相应的国际标准制定、批准和实施的技术法规、标准和合格评定程序，均应有理由被认为是没有给国际贸易造成不必要的障碍”。所以，我们应积极参与国际标准化组织的广泛合作，并把采用国际标准作为消除各成员技术性贸易壁垒的重要手段。

本篇由黄正林、蔡暖姝、陈登丰、秦叔经、应道宴、夏节文、郭亚利等编写。

附录　工业管道主要标准法规目录

一、中国工业管道主要法规

1. 特种设备安全监察条例

2. 锅炉压力容器压力管道特种设备事故处理规定

3. 锅炉压力容器压力管道特种设备安全监察行政处罚规定

4. TSG D 2001—2006　压力管道元件制造许可规则

5. TSG D 2002—2006　燃气用聚乙烯管道焊接技术规则

6. TSG D 7001—2005　压力管道元件制造监督检验规则(埋弧焊钢管与聚乙烯管)

7. TSG D 7002—2006　压力管道元件型式试验规则

8. TSG D 6001—2006　压力管道安全管理人员和操作人员考核大纲

9. TSG R 6003—2006　压力容器压力管道带压密封作业人员考核大纲

10. TSG ZF001—2006　安全阀安全技术监察规程

11. TSG ZF002—2005　安全阀维修人员考核大纲

12. 锅炉压力容器压力管道及特种设备检验人员资格考核规则

13. 锅炉压力容器压力管道焊工考试与管理规则

14. 压力容器压力管道设计单位资格许可与管理规则

15. 压力管道安全管理与监察规定

16. 压力管道设计单位资格认证与管理办法

17. 压力管道安装单位资格认可实施细则

18. 压力管道使用登记管理规则

19. 压力管道安装安全质量监督检验规则

20. 在用工业管道定期检验规程

二、中国工业管道主要标准

1. GB/T 20801.1—2006　压力管道规范　工业管道　第1部分:总则

2. GB/T 20801.2—2006　压力管道规范　工业管道　第2部分:材料

3. GB/T 20801.3—2006　压力管道规范　工业管道　第3部分:设计和计算

4. GB/T 20801.4—2006　压力管道规范　工业管道　第4部分:制作与安装

5. GB/T 20801.5—2006　压力管道规范　工业管道　第5部分:检验与试验

6. GB/T 20801.6—2006　压力管道规范　工业管道　第6部分:安全防护

7. GB 4962—1985　氢气使用安全技术规程

8. GB 6222—1986　工业企业煤气安全规程

9. GB 11984—1989　氯气安全规程

10. GB 196—1981　普通管螺纹　基本尺寸

11. GB 197—1981　普通管螺纹　公差与配合

12. GB 7306.1—2000　55°密封管螺纹第1部分:圆柱内螺纹和圆柱外螺纹

13. GB 7306.2—2000　55°密封管螺纹第2部分:圆锥内螺纹和圆锥外螺纹

14. GB 7307—1987　非螺纹密封管螺纹

15. GB 12716—2002　60°圆锥管螺纹

16. GB 1414—1978 管路旋入端用普通螺纹尺寸系列

17. GB 1415—1992　米制锥螺纹

18. GB 1031—1983　表面粗糙度参数及其数值

19. GB/T 1047—2005　管道元件的公称通径

20. GB/T 1048—2005　管道元件的公称压力

21. GB 2555—1981　一般用途管法兰连接尺寸

22. GB 2556—1981　一般用途管法兰密封面型式和尺寸

23. GB 17395—1998　无缝钢管尺寸、外形、重量及允许偏差

24. GB/T 4216—1984　灰铸铁管法兰

25. GB 1237—2000　紧固件的标记方法

26. GB 2102—1988　钢管的验收、包装、标志和质量证明书

27. GB 2894—1996　安全标志

28. GB 13495—1992　消防安全标志

29. GB 3099—1982　螺栓、螺钉、螺母及附件　名词术语

30. GB 3375—1982　焊接名词术语

31. GB 3505—1983　表面粗糙度术语、表面及其参数

32. GB 4132—1984　绝热材料名词术语

33. GB/T 12604—1990　无损检测术语

34. GB 14791—1993　螺栓术语

35. GB 6567.1—1986　管路系统的图形符号　基本原则

36. GB 6567.2—1986　管路系统的图形符号　管路

37. GB 6567.3—1986　管路系统的图形符号　管件

38. GB 6567.4—1986　管路系统的图形符号　阀门和控制元件
39. GB 7231—2003　工业管路的基本识别色、识别符号和安全标识
40. GB 50013—2006　室外给水设计规范
41. GB 50014—2006　室外排水设计规范
42. GB 50029—2003　压缩空气站设计规范
43. GB 50074—2003　石油库设计规范
44. GBJ 87—1985　工业企业噪声控制设计规范
45. GB 50030—1991　氧气站设计规范
46. GB 50031—1991　乙炔站设计规范
47. GB 50117—1993　氢氧站设计规范
48. GB 50160—1992　(1999 版)石油化工企业设计防火规范
49. GB 50187—1993　工业企业总平面设计规范
50. GB 50316—2000　工业金属管道设计规范
51. GB 4272—1992　设备及管道保温技术通则
52. GB 8175—1987　设备及管道保温设计导则
53. GB 11790—1989　设备及管道保冷技术通则
54. GB 15586—1995　设备及管道保冷设计导则
55. GB 50264—1997　工业设备及管道绝热工程设计规范
56. GB 50185—1993　工业设备及管道绝热工程　质量验收评定标准
57. GB 50235—1997　工业金属管道工程施工及验收规范
58. GB 50236—1998　现场设备,工业管道焊接工程施工及验收规范
59. GB 3288—1982　可锻铸铁管路连接件验收规则
60. GB/T 699—99　优质碳素结构钢
61. GB 700—1988　碳素结构钢
62. GB 710—1991　优质碳素结构钢薄钢板和钢带
63. GB 711—1988　优质碳素结构钢厚钢板和宽钢带
64. GB 713—1997　锅炉用钢板
65. GB 715—1989　标准件用碳素钢热扎圆钢
66. GB 912—1989　普通碳素结构钢及低合金结构薄钢板技术条件
67. GB/T 1220—1992　不锈钢棒
68. GB/T 1221—1992　耐热钢棒
69. GB 1470—1988　铅及铅锑合金板
70. GB/T 1591—1994　低合金高强度结构钢
71. GB 2054—1980　镍及镍合金板
72. GB 2518—1988　连续热镀锌薄钢板和钢带
73. GB 2965—1987　钛及钛合金棒材
74. GB 3077—1988　合金结构钢技术条件
75. GB 3191—1982　铝及铝合金挤压棒材
76. GB 3192—1982　高强度铝合金挤压棒
77. GB 3193—1982　铝及铝合金热扎板
78. GB 3194—1982　铝及铝合金板材的尺寸及允许偏差
79. GB 3274—1988　普通碳素结构钢及低合金结构热轧厚钢板技术条件
80. GB 3277—1991　花纹钢板
81. GB 3280—1992　不锈钢冷轧钢板
82. GB 3281—1982　不锈耐酸钢及耐热钢板技术条件

83. GB/T 3524—1992　碳素结构钢及低合金结构钢热轧钢带
84. GB 3531—1996　低温压力容器用低合金钢钢板
85. GB/T 3621—1994　钛及钛合金板材
86. GB/T 3880—1997　铝及铝合金轧制板材
87. GB 4230—1984　不锈钢热轧钢带
88. GB 4246—1984　不锈钢冷加工钢棒
89. GB 4237—1992　不锈钢热轧钢板
90. GB 4238—1992　耐热钢板
91. GB 4239—1991　不锈钢和耐热钢冷轧钢带
92. GB/T 4423—1992　铜及铜合金拉制棒
93. GB/T 4454—1996　硬聚氯乙烯层压板材
94. GB/T 5574—1994　工业用橡胶板
95. GB/T 10009—1988　ABS 塑料挤出板材
96. GB/T 12024—1989　改性聚丙烯层压板材
97. GB 5681—1985　压力容器用热轧钢带
98. GB 6654—1996　压力容器用钢板
99. GB/T 8164—1993　焊接钢管用钢带
100. GB 8165—1997　不锈钢复合钢板及钢带
101. GB/T 8546—1987　钛-不锈钢复合板
102. GB/T 8547—1987　钛-钢复合板
103. GB/T 8749—1988　优质碳素结构钢热轧钢带
104. GB/T 11251—1989　合金结构钢热轧厚钢板
105. GB/T 11253—1989　碳素结构钢及低合金结构钢冷轧薄钢板及钢带
106. GB 11263—1989　热 H 型钢尺寸、外形、重量及允许偏差
107. GB/T 14164—1993　石油天然气输送管用热轧宽钢带
108. GB/T 1176—1987　铸造铜合金技术条件
109. GB/T 1348—1988　球墨铸铁件
110. GB/T 2100—1902　一般用途耐蚀钢铸件
111. GB/T 7659—1987　焊接结构用碳素钢铸件
112. GB/T 8491—1987　高硅耐蚀铸铁件
113. GB/T 8492—2002　一般用途耐热钢和合金铸件
114. GB 2100—1980　不锈耐酸钢铸件技术条件
115. GB 8492—1987　耐热钢铸件
116. GB/T 9437—1988　耐热铸铁件
117. GB/T 9439—1988　灰铸铁件
118. GB/T 9440—1988　可锻铸铁件
119. GB 9439—1988　灰铸铁件
120. GB 9440—1988　可锻铸铁件
121. GB/T 983—1995　不锈钢焊条
122. GB/T 984—2001　堆焊焊条
123. GB 3669—2001　铝及铝合金焊条
124. GB/T 3670—2001　铜及铜合金焊条
125. GB/T 5117—1995　碳钢焊条
126. GB/T 5118—1995　低合金钢焊条
127. GB/T 5293—1999　埋弧焊用碳钢焊丝和焊剂

128. GB/T 9460—1988 铜及铜合金焊丝
129. GB/T 10044—1988 铸铁焊条及焊丝
130. GB/T 10858—1989 铝及铝合金焊丝
131. GB/T 12470—1990 低合金钢埋弧焊用焊剂
132. GB/T 13814—1992 镍及镍合金焊条
133. GB/T 3003—1982 普通硅酸铝耐火纤维毡
134. GB/T 3996—1983 硅藻土隔热制品
135. GB/T 10303—2001 膨胀珍珠岩绝热制品
136. GB/T 10699—1998 硅酸钙绝热制品
137. GB/T 10801—2002 绝热用聚苯乙烯泡沫塑料
138. GB/T 10802—1989 软质聚氨酯泡沫塑料
139. GB/T 11835—1998 绝热用岩棉、矿渣棉及其制品
140. GB 13350—1992 绝热用玻璃棉及其制品
141. GB/T 1186—1992 压缩空气用橡胶软管
142. GB 1472—1988 铅及铅锑合金管
143. GB/T 1527—1997 铜及铜合金拉制管
144. GB/T 1528—1997 铜及铜合金挤制管
145. GB 2882—1981 镍及镍铜合金管
146. GB 3087—1982 低中压锅炉用无缝钢管
147. GB 3089—1982 不锈耐酸钢薄壁无缝钢管
148. GB 3090—1982 不锈钢小直径钢管
149. GB/T 3091—1993 低压流体输送用镀锌焊接钢管
150. GB/T 3092—1993 低压流体输送用焊接钢管
151. GB 3421—1982 砂型离心铸铁管
152. GB 3422—1982 连续铸铁管
153. GB/T 3624—1995 钛及钛合金管
154. GB/T 3639—1983 冷拔或冷轧精密无缝钢管
155. GB/T 4436—1995 铝及铝合金管外形尺寸及允许偏差
156. GB 4437.1—2000 铝及铝合金热挤压管 第1部分:无缝圆管
157. GB 4437.2—2003 铝及铝合金热挤压管 第2部分:有缝管
158. GB 5310—1995 高压锅炉用无缝钢管
159. GB 6479—1986 化肥设备用高压无缝钢管
160. GB 6483—1986 柔性机械接口灰口铸铁管
161. GB/T 6893—2000 铝及铝合金拉(扎)制无缝管
162. GB 8163—1999 输送流体用无缝钢管
163. GB 9711.1—1997 石油天然气工业输送钢管交货技术条件 第1部分A级钢管
164. GB 9711.2—1997 石油天然气工业输送钢管交货技术条件 第2部分B级钢管
165. GB 9948—1988 石油裂化用无缝钢管
166. GB/T 10546—2003 液化石油气(LPG)用橡胶软管和软管组合件
167. GB/T 10798—2001 热塑性塑料管材通用壁厚表
168. GB 11258—1989 双层卷焊钢管
169. GB 12771—2000 流体输送用不锈钢焊接钢管
170. GB 13295—1991 离心铸造球墨铸铁管
171. GB/T 13793—1992 直缝电焊钢管
172. GB/T 14975—1994 结构用不锈钢无缝钢管

173. GB/T 14976—1994　流体输送用不锈钢无缝钢管
174. GB/T 14980—1994　低压流体输送用大直径电焊钢管
175. GB/T 15000—1994　一般用途高温合金管
176. GB 20537.3—1992　化工装置用奥氏体不锈钢焊接钢管技术要求
177. GB 20537.4—1992　化工装置用奥氏体大口径焊接钢管技术要求
178. GB/T 3287—2000　可锻铸铁管路连接件
179. GB/T 3420—1982　灰口铸铁管件
180. GB/T 3733～3765—1983　卡套式管接头、接头体
181. GB/T 5625～5653—1985　扩口式管接头、接头体
182. GB/T 8259～61—1987　卡箍式柔性管接头
183. GB/T 8715—1988　柔型机械接口铸铁管件
184. GB 8716—1988　排水用灰口铸铁直管及管件
185. GB/T 10752—1995　偏心异径对焊接头
186. GB/T 11618—1999　铜管接头
187. GB 12459—1990　钢制对焊无缝管件
188. GB/T 12465—1996　管路松套伸缩接头
189. GB/T 12777—1999　金属波纹管膨胀节通用技术条件
190. GB 13294—1991　球墨铸铁管管件
191. GB 13401—1992　钢板制对焊管件
192. GB 14383—1993　锻钢制承插焊管件
193. GB/T 14525—1993　波纹金属软管通用技术条件
194. GB/T 14525—1994　金属波纹管
195. GB 14626—1993　锻钢制螺纹管件
196. GB/T 6070—1995　真空法兰
197. GB/T 4982—1985　夹紧型真空快卸法兰
198. GB/T 4983—1985　拧紧型真空快卸法兰
199. GB/T 6070—1995　真空法兰
200. GB 9112—2000　钢制管法兰　类型与参数
201. GB 9113～9122—2000　钢制管法兰
202. GB 9123—2000　钢制管法兰盖
203. GB/T 9124—2000　钢制管法兰　技术条件
204. GB/T 9125—2003　管法兰连接用紧固件
205. GB/T 9126—2003　管法兰用非金属平垫片
206. GB/T 12385—1990　管法兰用垫片密封性能试验方法
207. GB/T 12622—1990　管法兰垫片应力松弛试验方法
208. GB/T 13402—1992　大直径碳钢管法兰
209. GB 17185—1997　钢制法兰管件
210. GB 17186—1997　钢制管法兰连接强度计算方法
211. GB/T 17241—1998　铸铁管法兰
212. GB/T 539—1995　耐油石棉橡胶板
213. GB/T 3985—1995　石棉橡胶板
214. GB/T 4216.9—1984　灰铸铁管法兰用石棉橡胶垫片尺寸
215. GB 4622—2003　缠绕式垫片
216. GB 5651—1985　扩口式管接头密和垫
217. GB 5652—1985　扩口式管接头锁紧螺母垫圈

218. GB 12387—1990　凸面型球墨铸铁管法兰用石棉橡胶垫片
219. GB/T 15601—1995　管法兰用金属包覆垫片
220. GB 9126～9130—1988　钢制管法兰用垫片
221. GB/T 9128—1988　钢制管法兰连接用金属环垫
222. GB/T 9129—1903　管法兰用非金属平垫片　技术条件
223. GB/T 9130—1988　钢制管法兰连接用金属环垫　技术条件
224. GB/13403—1992　大直径碳钢管法兰用垫片
225. GB/T 13404—1992　管法兰用聚四氟乙烯包覆垫片
226. GB/T 19066—2003　柔性石墨金属波齿复合垫片
227. GB/T 8—1988　方头螺栓 C 级
228. GB 30—1988　六角螺栓
229. GB/T 37—1988　T 型槽用螺栓
230. GB 39—1988　方螺母 C 级
231. GB 41—1986　I 型六角螺母—C 级
232. GB 52—1988　六角螺母
233. GB 56—1988　六角厚螺母
234. GB/T 90—2002　紧固件　验收检查、标志与包装
235. GB/T 152.4—1988 紧固件　六角头螺栓和六角螺母用沉孔
236. GB/T 897～900—1988　双头螺柱
237. GB/T 901—1988　等长双头螺柱—B 级
238. GB/T 953—1988　等长双头螺柱—C 级
239. GB/T 1237—2000　紧固件标记方法
240. GB 3098—2000 紧固件机械性能
241. GB/T 3106—1982　螺栓、螺钉和螺柱的公称长度和普通螺栓的螺纹长度
242. GB 3769～3765—1983　卡套式管接头用螺母
243. GB/T 5276—1985　紧固件　螺栓、螺钉、螺柱及螺母　尺寸代号和标注
244. GB/T 5277—1985　紧固件　螺栓、螺钉通孔
245. GB/T 5647～5650—1985　扩口式管接头螺母、锁紧螺母、空心螺栓
246. GB 5780～5786—2000 六角头螺栓
247. GB 6170～6171—1986　I 型六角螺母
248. GB/T 578—2000 六角头螺栓
249. GB 6170～6171—1986　1 型六角螺母
250. GB 6172～6174—1986　六角薄螺母
251. GB 6175～6176—1986　2 型六角螺母
252. GB 6178—1986　1 型六角开槽螺母 A 和 B 级
253. GB 16723.2—1997　螺纹紧固件紧固通则
254. GB/T 16938—1997　紧固件、螺栓、螺钉、螺柱和螺母通用技术条件
255. GB/T 8464—1998　水暖用内螺纹连接阀门
256. GB/T 12220—1989　通用阀门　标志
257. GB/T 12221—1989　法兰连接金属阀门　结构长度
258. GB/T 12224—1989　钢制阀门　一般要求
259. GB/T 12225—1989　通用阀门　铜合金铸件技术条件
260. GB/T 12226—1989　通用阀门　灰铸铁件技术条件
261. GB/T 12227—1989　通用阀门　球墨铸铁件技术条件
262. GB/T 12228—1989　通用阀门　碳素钢锻件技术条件

263. GB/T 12229—1989　通用阀门　碳素钢锻件技术条件
264. GB/T 12230—1989　通用阀门　奥氏体钢铸件技术条件
265. GB/T 12232—1989　通用阀门　法兰连接铁制闸阀
266. GB/T 12233—1989　通用阀门　铁制截止阀与升降式止回阀
267. GB/T 12234—1989　通用阀门　法兰和对焊连接钢制闸阀
268. GB/T 12235—1989　通用阀门　法兰连接钢制截止阀和开降式止回阀
269. GB/T 12236—1989　通用阀门　钢制旋启式止回阀
270. GB/T 12237—1989　通用阀门　法兰和对焊连接钢制球阀
271. GB/T 12238—1989　通用阀门　法兰和对夹连接碟阀
272. GB/T 12239—1989　通用阀门　隔膜阀
273. GB/T 12240—1989　通用阀门　铁制旋赛阀
274. GB/T 12241—1989　安全阀　一般要求
275. GB/T 12242—1989　安全阀　性能试验方法
276. GB/T 12243—1989　弹簧直接载荷式安全阀
277. GB/T 12244—1989　减压阀　一般要求
278. GB/T 12245—1989　减压阀门性能试验方法
279. GB/T 12246—1989　先导式液压阀
280. GB/T 12247—1989　蒸汽疏水阀　分类
281. GB/T 12248—1989　蒸汽疏水阀　术语
282. GB/T 12249—1989　蒸汽疏水阀　标志
283. GB/T 12250—1989　蒸汽疏水　结构长度
284. GB/T 12251—1989　蒸汽疏水　试验方法
285. GB/T 12712—1991　蒸汽供热系统凝结水回收及蒸汽输水阀技术管理要求
286. GB/T 13927—1992　通用阀门　压力试验
287. GB/T 13932—1992　通用阀门　铁制旋启式止回阀
288. GB/T 15185—1994　铁制和铜制球阀
289. GB/T 15188—1994　阀门的结构长度(对焊、对夹、内螺纹、外螺纹)
290. GB/T 15930—1995　防火阀试验方法
291. GB/T 15931—1994　排放防火阀试验方法
292. GB 567—1989　拱形金属爆破片技术要求
293. GB 10181—1988　恒力弹簧支吊架
294. GB 10182—1988　可变弹簧支吊架
295. GB 10867—1989　弹簧减震器
296. GB 12465—1990　管路松套伸缩接头
297. GB 12522—1990　不锈钢波形膨胀节
298. GB 13554—1992　高效空气过滤器
299. GB 12777—1991　金属波纹管膨胀节通用技术条件
300. GB 14295—1993　空气过滤器
301. GB/T 14382—1993　管道用三通过滤器
302. GB 10181—1988　恒力弹簧支吊架
303. GB 10182—1988　可变弹簧支吊架
304. GB/T 17116—1997　管道支吊架
305. GB 50235—1997　工业金属管道工程施工及验收规范
306. GB 50236—1998　现场设备、工业管道焊接工程施工及验收规范
307. GB 50268—1997　给水排水管道工程施工及验收规范

308. GB 985—1988 气焊、手工电弧焊及气体保护焊焊缝坡口的基本型式与尺寸
309. GB 986—1988 埋弧焊焊缝坡口的基本型式与尺寸
310. GB/T 12605—1990 钢管环缝熔化焊对接接头射线透明工艺和质量分析
311. GB/T 13148—1991 不锈钢复合钢板焊接技术条件
312. GB/T 15830—1995 钢制管道对接环焊缝超声波探伤方法和检验结果的分级
313. GB 8923—1988 涂装前钢材表面锈蚀等级和除锈登记
314. GB/T 2102—1988 钢管验收、包装、标志和质量证明书
315. GB 50184—1993 工业金属管道工程质量检验评定标准
316. GB 50185—1993 工业设备及管道绝热工程质量验收评定标准
317. GB 50235—1997 工业金属管道工程施工及验收规范
318. GB 50236—1998 现场设备、工业管道焊接工程施工及验收规范
319. GB 50268—1997 给水排水管道工程施工及验收规范
320. GB 3288—1982 可锻铸铁管路连接件验收规则
321. GB/T 2970—1991 中厚钢板超声波检验方法
322. GB/T 6402—1991 钢锻件超声波检验方法
323. GB/T 7233—1987 铸钢件超声波探伤及质量评级标准
324. GB 7734—1987 复合钢板超声波探伤方法
325. GB 8651—1988 金属板材超声波探伤方法
326. GB 9444—1988 铸钢件磁粉探伤及质量评级标准
327. GB/T 12605—1990 钢管环缝熔化焊对接接头射线透照工艺和质量分析
328. GB/T 12606—1990 钢管及钢圆棒的漏磁探伤方法
329. GB/T 5777—1996 无缝钢管超声波探伤方法
330. GB 4163—1984 不锈钢管超声波探伤方法
331. GB/T 7735—1995 钢管涡流探伤方法
332. GB/T 15830—1995 钢制管道对焊环焊缝超声波探伤方法和检验结果分级
333. GB/T 12969.1—1991 钛及钛合金管材超声波检验方法
334. GB/T 12969.2—1991 钛及钛合金管材涡流检验方法
335. GB/T 241—1997 金属管液压试验方法
336. GB 12385—1990 管法兰用垫片密封性能试验方法
337. GB/T 13927—1992 通用阀门 压力试验
338. GB 4981—1985 工业用阀门的压力试验
339. GB 242—1982 金属管扩口试验方法
340. GB 243—1982 金属管缩口试验方法
341. GB 244—1982 金属管弯曲试验方法
342. GB 245—1982 金属管卷边试验方法
343. GB 246—1982 金属管压扁试验方法
344. GB 2650—1989 焊接接头冲击试验方法
345. GB 2651—1989 焊接接头拉伸试验方法
346. GB 2653—1989 焊接接头弯曲及压扁方法
347. GB 2654—1989 焊接接头及堆焊金属硬度试验方法
348. GB 2655—1989 焊接接头应变时效敏感性试验方法
349. GB 2656—1981 焊缝金属和焊接接头的疲劳试验方法
350. GB/T 3251—1982 铝及铝合金管材压缩试验方法
351. GB 3652—1983 金属管材高温拉伸试验方法
352. GB 4218—1984 化工用硬聚氯乙烯管材的腐蚀度试验方法

353. GB/T 7032—1986 T型角焊接头弯曲试验方法
354. GB 9447—1988 焊接接头疲劳裂纹扩展速率试验方法
355. GB 12385—1990 管法兰用垫片密封性能试验方法
356. GB/T 12621—1990 管法兰用垫片应力松弛试验方法
357. GB/T 12622—1990 管法兰用垫片压缩率及回弹率试验方法
358. GB/T 14180—1993 缠绕式垫片试验方法
359. GB 13347—1992 石油气体管道阻火器阻火性能和试验方法
360. GB 50184—1993 工业金属管道工程质量检验评定标准
361. GB 16723.3—1997 螺纹紧固件拧紧试验方法
362. GB 12242—1990 安全阀 性能试验方法
363. GB 12245—1990 减压阀 性能试验方法
364. GB 12251—1990 蒸汽疏水阀门 试验方法
365. HG 20503—1992 化工建设项目噪声控制设计规范
366. HG 20560—1994 化工工艺防静电设计导则
367. HG 20553—1993 化工配管用无缝及焊接钢管尺寸选用系列
368. HG 20537.1—1992 奥氏体不锈钢焊接钢管尺寸选用规定
369. HG/T 20570.2—1995 安全阀的设置和选用
370. HG/T 20570.3—1995 爆破片的设置和选用
371. HG 20614—1997 钢制管法兰、垫片、紧固件选配规定(欧洲体系)
372. HG 20635—1997 钢制管法兰、垫片、紧固件选配规定(美洲体系)
373. HG 20670—1989 化工厂管架设计规定
374. HGJ 20520—1992 玻璃钢/聚氯乙烯/复合管道设计规定
375. HG/T 20549—1998 化工装置管道布置设计规定
376. HG 20550—1993 球形补偿器配置设计规定
377. HG 20570.1—1995 设备和管道系统设计压力和设计温度的确定
378. HG 20645—1998 化工装置管道机械设计规定
379. HG 20646—1999 化工装置管道材料设计规定
380. HG/T 20679—1990 化工设备管道外防腐设计规定
381. HG/T 20696—1987 化工管道设计规范
382. HG/T 20570.2—1995 安全阀的设置和选用
383. HG/T 20570.3—1995 爆破片的设置和选用
384. HG/T 20570.18—1995 安全阀的设置
385. HG/T 20570.19—1995 阻火器的设置
386. HG/T 20570.21—1995 蒸汽输水阀的设置
387. HG/T 20570.22—1995 管道过滤器的设置
388. HG 20225—1995 化工金属管道工程施工及验收规范
389. HG/T 2741—1995 压力容器用碳钢铸件技术条件
390. HG/T 3191—1980 石墨直管
391. HG/T 2059—1991 不锈性石墨管、管件技术条件
392. HG/T 2130—1991 搪玻璃管
393. HG/T 2183—1991 耐稀酸碱橡胶软管
394. HG/T 2184—1991 输水通用橡胶软管
395. HG/T 2435—1993 搪玻璃管和管件
396. HG 20538—1992 衬塑钢管和管件
397. HG 20539—1992 增强聚丙烯管子和管件

398. HG 21501—1993 衬胶钢管和管件
399. HG/T 21579—1995 聚丙烯玻璃钢复合管和管件
340. HG/T 21562—1994 衬聚四氟乙烯钢管和管件
341. HG/T 21633—1991 玻璃钢管和管件
342. HG/T 21636—1987 玻璃钢/聚氯乙烯复合管和管件
343. HG/T 21577—1994 快速特种管接头
344. HG/T 2435—1993 玻璃管和管件
345. HG/T 2436—1993 玻璃管和管件耐压试验方法
346. HG/T 2437—1993 钢塑复合管与管件
347. HG/T 20538—1992 衬塑(PP、PE、PVC)钢管和管件
348. HG/T 20539—1992 增强聚丙烯(FRPP)管和管件
349. HG/T 20559.3—1993 管道仪表流程图管道和管件图形符号
350. HG/T 21501—1993 衬胶钢管和管件
351. HG/T 2128—1991 耐酸酚醛料制化工设备、管及管件技术条件
352. HG/T 2131—1991 搪玻璃 30°弯头
353. HG/T 2132—1991 搪玻璃 45°弯头
354. HG/T 2133—1991 搪玻璃 60°弯头
355. HG/T 2134—1991 搪玻璃 90°弯头
356. HG/T 2135—1991 搪玻璃 180°弯头
357. HG/T 2136—1991 搪玻璃三通
358. HG/T 2137—1991 搪玻璃四通
359. HG/T 2138—1991 搪玻璃同心异径管
360. HG/T 2139—1991 搪玻璃偏心异径管
361. HG/T 2142—1991 搪玻璃距件
362. HG/T 3192—1980 石墨直角弯头
363. HG/T 3193—1981 石墨 45°弯头
364. HG/T 3194—1981 石墨三通
365. HG/T 3195—1981 石墨四通
366. HG/T 3196—1981 石墨外接头
367. HG/T 3197—1981 石墨管丝堵头
368. HG/T 3198—1981 石墨管端头
369. HG/T 3199—1981 石墨管丝埋头
370. HG/T 3200—1981 石墨管凸缘
371. HG/T 3201—1981 石墨内接头
372. HG/T 3202—1981 石墨管温度计套管
373. HG/T 3204—1981 石墨管螺纹系列
374. HG/T 3207—1981 石墨管凸缘连接
375. HG/T 21561—1994 丙烯晴-丁二烯-苯乙烯(ABS)管和管件
376. HG/T 21562—1994 衬聚四氟乙烯钢管和管件
377. HG/T 21579—1995 聚丙烯/玻璃钢(PP/FRP)复合管及管件
378. HG/T 21630—1990 补强管
379. HG/T 21631—1990 钢制有缝对焊管件
380. HG/T 21633—1991 玻璃钢管和管件
381. HG/T 21634—1988 锻钢承插焊管件
382. HG/T 21635—1987 碳钢、低合金钢无缝对焊管件

383. HG/T 21636—1987 玻璃钢/聚氯乙烯(FPR/PVC)复合管和管件
384. HG/T 2105—1991 搪玻璃设备活套法兰
385. HG/T 2140—1991 搪玻璃异径法兰
386. HG/T 2141—1991 搪玻璃法兰盖
387. HG/T 3203—1981 石墨管道通用钢制对开法兰
388. HG 20527—1992 不锈钢突面对焊环钢制管法兰
389. HG 20528—1992 衬里钢管用承插环松套钢制管法兰
390. HG 20529—1992 不锈钢衬里法兰盖
391. HG 20530—1992 钢制管法兰用焊唇密封环
392. HG 20592～20605—1997 钢制管法兰(欧洲体系)
393. HG 20615～20626—1997 钢制管法兰(美洲体系)
394. HG 20606～20612—1997 钢制管法兰用垫片(欧洲体系)
395. HG 20627～20633—1997 钢制管法兰用垫片(美洲体系)
396. HG 21606—1996 管法兰用聚四氟乙烯-橡胶聚丙烯垫片
397. HG 20613—1997 钢制管法兰用紧固件(欧洲体系)
398. HG 20634—1997 钢制管法兰用紧固件(美洲体系)
399. HG 5-21-1981 放料阀技术条件
400. HG/T 20570.18—1995 阀门的设置
401. HG/T 21551—1995 柱塞式放料阀
402. HG/T 21576—1994 双切换旋塞阀
403. HG/T 2144—1991 搪玻璃视镜
404. HG/T 3205—1981 石墨补偿器
405. HG/T 3206—1981 石墨管道视镜
406. HG/T 3207—1981 石墨管凸缘连接
407. HG/T 21620—1986 带颈视镜
408. HG/T 21622—1990 衬里视镜
409. HG/T 21623—1990 硬聚氯乙烯视镜
410. HG/T 21627—1990 多层 U 型波纹管膨胀节系列
411. HG/T 21629—1986 视镜
412. HG/T 21637—1991 化工管道过滤器
413. HG/T 21628—1990 SPE 自紧填函式管道伸缩节
414. HG/T 20570.22—1995 管道过滤器的设置
415. HG 21505—1992 组合式视镜
416. HG 21547—1993 管道用钢制插板、垫环、8 字盲板
417. HG/T 21577—1994 快速特种管接头
418. HG/T 21578—1994 管道减振器
419. HG/T 3205—1981 石墨补偿器
420. HG/T 3206—1981 石墨管道视镜
421. HG20225—1995 化工金属管道工程施工及验收规范
422. HG25002—1991 阀门管道维护检修规程
423. HG J229—1991 工业设备管道防腐蚀工程施工及验收规范
424. HG 20225—1995 化工金属管道工程施工及验收规范
425. HG J217—1986 钛管道施工及验收规范
426. HG/T 2436—1993 玻璃管和管件耐压试验方法
427. SH 3405—1996 石油化工企业钢管尺寸系列

428. SH 3043—1991　石油化工企业设备管道表面色和标志
429. SH 3051—1993　石油化工企业配管工程术语
430. SH 3052—1993　石油化工企业配管工程设计图例
431. SH 3032—1992　石油化工企业总体布置设计规范
432. SH 3053—1993　石油化工企业厂区总平面布置设计规范
433. SH 3059—1994　石油化工企业设计器材选用通则
434. SH 3064—1994　石油化工阀门选用、检验及验收
435. SH 3405—1996　石油化工企业钢管尺寸系列
436. SH 3012—2000　石油化工管道布置设计通则
437. SH 3009—2000　石油化工企业燃料气系统和可燃性气体排放系统设计规范
438. SH 3010—2000　石油化工设备和管道隔热技术规范
439. SH 3022—1999　石油化工设备和管道涂料防腐蚀技术规范
440. SH 3034—1999　石油化工给水排水管道设计规范
441. SH 3039—1991　石油化工企业非埋地管道抗震设计通则
442. SH 3040—2002　石油化工管道伴管和夹套管设计规范
443. SH 3041—1991　化工企业管道柔性设计规范
444. SH 3054—1993　石油化工企业厂区管线综合设计规范
445. SH 3055—1993　石油化工企业管架设计规范
446. SH 3073—1995　石油化工企业管道支吊架设计规范
447. SH/T 3108—2000　炼油厂全厂性工艺及热力管道设计规范
448. SH/T 3508—1996　石油化工工程施工及验收统一标准
449. SH 3408—1996　钢制对焊无缝管件
450. SH 3409—1996　钢板制对焊管件
451. SH 3410—1996　锻钢制承插焊管件
452. SH 3406—1996　石油化工钢制管法兰
453. SH 3401～3403—1996　管法兰用垫片(石棉橡胶板、聚四氟乙烯包覆垫片、金属环垫)
454. SH 3407—1996　管法兰用缠绕式垫片
455. SH 3404—1996　管法兰用紧固件
456. SH 3064—1994　石油化工钢制通用阀门选用、检验及验收
457. SH 3518—2000　阀门检验与管理规程
458. SH 3505—1999　石油化工施工安全技术规程
459. SH 3514—1990　石油化工设备安装工程质量检验评定标准
460. SH 3533—1995　石油化工排水管道工程施工及验收规范
461. SH 3509—1988　石油化工工程焊接工艺评定
462. SH 3505—1999　石油化工施工安全技术规程
463. SH 3502—1990　钛管道施工及验收规定
464. SH 3501—1997　石油化工剧毒,易燃,可燃介质管道工程施工验收规范
465. SH 3503—1993　设备管道安装工程
466. SH/T 3522—1991　石油化工绝热工程施工工艺标准
467. SH/T 3517—1991　石油化工钢制管道工程施工工艺标准
468. SH 3520—1991　石油化工工程铬钼耐热管道焊接技术规程
469. SH 3523—1999　石油化工铬镍奥氏体钢,铁镍合金和镍合金管道焊接规程
470. SH 3525—1992　石油化工低温钢焊接规程
471. SH 3526—1992　石油化工异重钢焊接规程
472. SH/T 3527—1999　石油化工不锈钢复合钢焊接规程

473. SHJ 22—1990　石油化工企业设备管道涂料防腐设计与施工规范
474. SH 3502—200　钛管道施工及验收规定
475. SH3518—2000　阀门检验与管理规程
476. SH 3064—1994　石油化工钢制通用阀门选用、检验及验收
477. SH/T 3412—1999　石油化工管道用金属软管阀门选用、检验及验收
478. SH/T 3413—1999　石油化工石油气管道阻火器选用、检验及验收
479. JB 2765—1981　阀门名词术语
480. JB 4726—2000　压力容器用碳素钢和低合金钢锻件
481. JB 4727—2000　低温压力容器用低合金钢锻件
482. JB 4728—2000　压力容器用不锈钢锻件
483. JB 6400—1992　大型压力容器锻件用钢
484. JB/T 6402—1992　大型低合金钢铸件
485. JB/T 6403—1992　大型耐热钢铸件
486. JB/T 6404—1992　大型高锰钢铸件
487. JB/T 6405—1992 大型不锈钢铸件
488. JB/T 7248—1994　阀门用低温钢铸件技术条件
489. JB/T 450—1992　PN16.0～32.0MPa 锻造角式高压阀门、管件、紧固件技术条件
490. JB/T 2768—1992　PN16.0～32.0MPa 管子、管件、阀门端部尺寸
491. JB/T 2771—1992　PN16.0～32.0MPa 接头
492. JB/T 2778—1992　PN16.0～32.0MPa 透管件和紧固件温度标记
493. JB/T 2768—1992　PN16.0～32.0MPa 管子、管件、阀门端部尺寸
494. JB/T 7572—1994　聚丙烯-玻璃纤维增强塑料复合管和管件
495. JB/T 74—1994　管路法兰技术条件
496. JB/T 75—1994　管路法兰类型
497. JB/T 79—1994　铸钢制管法兰
498. JB/T 81～86—1994　钢制管法兰
499. JB/T 2769—1992　PN16.0～32.0MPa 螺纹法兰
500. JB/T 2772—1992　PN16.0～32.0MPa 盲板
501. JB 2769～2778—1992　螺纹法兰、管件、紧固件、透镜垫
502. JB/T 87—1994　管路法兰用石棉橡胶垫片
503. JB/T 88—1994　管路法兰用金属齿形垫片
504. JB/T 89—1994　管路法兰用金属环垫
505. JB/T 90—1994　管路法兰用缠绕式垫片
506. JB 2248—1977　高温高压法兰齿形垫片
507. JB/T 2776—1992　PN16.0～32.0MPa 透镜垫
508. JB/T 2777—1992　PN16.0～32.0MPa 无孔透镜垫
509. JB/T 4704—2000　非金属软垫片
510. JB/T 4705—2000　缠绕垫片
511. JB/T 4706—2000　金属包垫片
512. JB/T 6369—1992　柔性石墨金属缠绕垫片技术条件
513. JB/T 1308.2—1999　PN250MPa　阀门、管件和紧固件　技术条件
514. JB/T 2770—1992　PN16.0～32.0MPa 接头螺母
515. JB/T 2773—1992　PN16.0～32.0MPa 双头螺柱
516. JB/T 2774—1992　PN16.0～32.0MPa 阶端双头螺柱及螺孔尺寸
517. JB/T 2775—1992　PN16.0～32.0MPa 螺母

518. JB 4707—2000　管法兰用等长双头螺栓
519. JB/T 106—1978　阀门标志和识别涂漆
520. JB/T 308—1975　阀门型号编制方法
521. JB/T 450—1992　PN16.0～32.0MPa 锻造角式高压阀门、管件、紧固件技术条件
522. JB/T 1308—1999　PN250MPa 阀门
523. JB/T 1691—1992　阀门结构要素　阀杆头部尺寸
524. JB/T 1717—1992　阀门结构要素　上密封座尺寸
525. JB/T 1732—1992　阀门结构要素　锥形密封尺寸
526. JB/T 1733—1992　阀门结构要素　阀体铜密封面尺寸
527. JB/T 1734—1992　阀门结构要素　闸阀和阀瓣铜密封面尺寸
528. JB/T 1750—1992　阀门结构要素　氨阀阀体密封面尺寸
529. JB/T 1751—1992　阀门结构要素　承插焊连接和配管端部尺寸
530. JB/T 1752—1992　阀门结构要素　外螺纹连接端部尺寸
531. JB/T 1756—1992　阀门结构要素　卡套连接端部尺寸
532. JB/T 1762—1992　阀门结构要素　板体尺寸
533. JB/T 6495—1992　阀门结构要素　闸板(或阀瓣)T 形槽尺寸
534. JB/T 6497—1992　阀门结构要素　阀杆端部尺寸
535. JB/T 6498—1992　阀门结构要素　阀瓣与阀杆连接槽尺寸
536. JB/T 6496—1992　阀门结构要素　填料函尺寸
537. JB/T 2203—1999　弹簧式安全阀　结构长度
538. JB/T 2205—2000　减压阀结构长度
539. JB/T 5296—1991　通用阀门　流量系数和流阻系数的试验方法
540. JB/T 2766—1992　PN16.0～32.0MPa 锻造高压阀门结构长度
541. JB/T 2768—1992　PN16.0～32.0MPa 管子、管件、阀门端部尺寸
542. JB/T 2769—1992　PN16.0～32.0MPa 螺纹法兰
543. JB/T 2770—1992　PN16.0～32.0MPa 接头螺母
544. JB/T 2771—1992　PN16.0～32.0MPa 接头
545. JB/T 2772—1992　PN16.0～32.0MPa 盲板
546. JB/T 2773—1992　PN16.0～32.0MPa 双头螺柱
547. JB/T 2774—1992　PN16.0～32.0MPa 阶端双头螺柱及螺孔尺寸
548. JB/T 2775—1992　PN16.0～32.0MPa 螺母
549. JB/T 2776—1992　PN16.0～32.0MPa 透镜垫
550. JB/T 2777—1992　PN16.0～32.0MPa 无孔透镜垫
551. JB/T 2778—1992　PN16.0～32.0MPa 透管件和紧固件温度标记
552. JB/T 5298—1991　管线用钢制平板闸阀
553. JB/T 5299—1998　液控止回碟阀
554. JB/T 5300—1991　通用阀门　材料
555. JB/T 6441—1992　压缩机用安全阀
556. JB/T 6446—1992　真空阀门　技术条件
557. JB/T 6899—1993　阀门的耐火试验
558. JB/T 7248—1994　阀门用低温钢铸件技术条件
559. JB/T 7746—1995　缩颈锻钢阀门
560. JB/T 7749—1995　低温阀门技术条件
561. JB/T 8527—1997　金属密封碟阀
562. JB/T 7927—1999　阀门铸钢件　外观质量要求

563. JB/T 7928—1999　通用阀门　供货要求

564. JB/T 9092—1999　阀门的检验与试验

565. JB/T 6169—1992　金属波纹管

566. JB/T 7538—1994　管道用篮式过滤器

567. JB/T 8132—1995　弹簧减振器

568. JB/T 8130—1995　弹簧支吊架

569. JB 2634—1981　管道成型焊接技术条件

570. JB/T 6899—1993　阀门的耐火试验

571. YB 822—1957　圆锥状管螺纹

572. YB/T 5264—1993　耐蚀合金锻件

573. YB/T 5263—1993　耐蚀合金焊丝

574. YB 4102—2000　低中压锅炉用电焊钢管

575. YB/T 5188—1993　排水用灰口铸铁直管及管件

576. YB/T 029—1992　通用型球型补偿器技术条件

577. SYJ 7—1984　钢制管道及储罐防腐工程设计规范

578. SYJ 4—1964　管子法兰标准

579. SY/T 0516—1997　绝缘法兰设计技术条件

580. SY 12—1964　非金属垫片标准

581. SY 13—1964　波形金属把包石棉垫片标准

582. SY 14—1964　缠绕式垫片标准

583. SY 15—1964　椭圆形(八角形)截面金属垫圈标准

584. SY/T 0511—1996　石油储罐呼吸阀

585. SY/T 6470—2000　输油气管道通用阀门操作、维护、检修规程

586. SY/T 0512—1996　石油储罐阻火器

587. SY 4052—1992　油气管道焊接工艺评定方法

588. SY/T 4103—1995　钢制管道焊接及验收

589. SY/T 4071—1993　管道下向焊接工艺规程

590. SYJ 8—1984　埋地钢制管道石油沥青防腐涂层技术标准

591. SYJ 4013—1987　埋地钢制管道包覆聚乙烯防腐层施工及验收规范

592. SYJ 4014—1987　埋地钢制管道聚乙烯胶带防腐层施工及验收规范

593. SYJ 4015—1987　埋地钢制管道聚乙烯、硬质聚氨酯泡沫塑料一次成型防腐保温层施工及验收规范

594. SYJ 4016—1987　埋地钢制管道聚乙烯、硬质聚氨酯泡沫塑料“管中管”法成型防腐保温层施工及验收规范

595. SYJ 4018—1987　设备及管道散热损失测试方法

596. DLGJ 23—1981　火力发电厂汽水管道设计技术规定

597. DL/T 473—1992　大直径三通锻件技术条件

598. SDGJ 6—1978　火力发电厂汽水管道应力计算技术规定

599. SD 263—1988　焊工技术考核规程

600. SDJ 56—1979　电力建设施工及验收规范技术规程(管道篇)

601. FJJ 211—1986　夹套管施工及验收规范

602. FZ/T 90076—1995　管子、板材、圆钢的弯曲半径

603. CECS71:94　工程建设施工现场焊接目视检验规程

三、美国工业管道主要法规

1. 美国法典(USC),第 29 篇 劳工

2. 美国联邦规章(CFR),第 29 篇 劳工

3. 有关压力管道的法案 AB592(加利福尼亚州)
4. 管道安全法(亚利桑那州)
5. 管道安全规则(亚利桑那州)
6. 气体管道安全法(伊利诺斯州)
7. 气体及气体管道设施最低安全标准(伊利诺斯州)
8. 管道法(阿拉斯加州)
9. 气体管道安全规则(康涅狄格州)
10. 气体设备与管道规范(康涅狄格州)
11. 气体安全法 1967(佛罗里达州)
12. 气体管道安全执行程序(乔治亚州)
13. 气体管道系统(夏威夷州)
14. 气体和管道(爱达荷州)
15. 气体管道安全(印地安那州)
16. 气体管道保全(印地安那州)
17. 管道和地下气体储存设施(爱荷华州)
18. 危险液体管道(爱荷华州)
19. 危险液体管道与地下存储(爱荷华州)
20. 管道安全规范(堪萨斯州)
21. 气体管道安全、泄露报告(肯塔基州)
22. 液化气体设施及危险液体管道(马里兰州)
23. 管道安全(明尼苏达州)
24. 气体存储与管道(明尼苏达州)
25. 管道安全与执行与认可(明尼苏达州)
26. 典型管道收缩规定(明尼苏达州)
27. 气体管道传送系统(密西西比州)
28. 管道法(内布拉斯加州)
29. 管道(新墨西哥)
30. 管道建设与维护(新墨西哥)
31. 气体管道安全(俄亥俄州)
32. 气体管道安全执行标准(罗得岛州)
33. 气体管道报废规定与规则(罗得岛州)
34. 管道安全(南达科它)
35. 气体管道(得克萨斯州)
36. 酸性气体管道设施建造许可(得克萨斯州)
37. 管道安全规范(得克萨斯州)
38. 危险液体管道安全法(佛吉尼亚)
39. 州内危险液体管道系统安全规则(佛吉尼亚)
40. 气体及危险液体管道(华盛顿州)
41. 气体管道安全(西弗吉尼亚)

四、美国工业管道主要标准

1. ASME B 16.23—2002 铸铜合金钎焊接排水配件:DWV
2. ASME B 16.29—2001 锻铜和锻铜合金钎焊接排水配件 DWV
3. ASME B 16.33—2002 125 表压及以下的气体管道系统中使用的手动金属气阀
4. ASME B 16.40—2002 气体分配系统中手动热塑性气体截流阀和阀门
5. ASME B 16.44—2002 表压 5PSI 及以下的地上管道系统中使用的手动金属气阀

6. ASME B 16.49—2000　传输和分配系统用工厂预制锻钢对焊感应管弯头

7. ASME B 16.50—2001　锻造铜和铜合金铜焊接压力配件

8. ASME B 31.1—2004　动力管道

9. ASME B 31.3—2002　工艺管道

10. ASME B 31G—1991　用于测定受腐蚀管道剩余强度的手册

11. ASME PCC-1—2000　压力边界螺栓法兰连接组件指南

12. ANSI/NSF 14—2003　塑料管系统配件和相关材料

13. ANSI/SMACNA 005—2003　圆形工业管道建造标准

14. API RP 526　法兰连接钢制泄压阀

15. API RP 574　管道系统组成件检验

16. API RP 576—2000　压力泄放装置检验

17. API RP 581　基于风险的检测

18. API RP 941 炼油厂和石化厂高温高压碳氢介质用钢

19. API RP 1162—2003　管道操作的公共注意项

20. API RP 1632　地下石油储罐和管道系统的阴极防护

21. API RP 2028　管道系统阻火器

22. API Std 527—1992　泄压阀的密封性

23. API Std 598　阀门检验和试验

24. API Std 1104　管道及有关设施的焊接

25. API Std 1160—2001　危险液体管道的管理系统完整性(ANSI/API Std 1160—2001)

26. API 2510—1996　船上及输油管总站、天然气加工厂、炼油厂、石油化工厂及油罐区的液化石油气装置的设计及制造

27. API SPEC 5L　管线钢

28. API 工程 5LE　聚乙烯管线管规范

29. API Spec 6D/ISO 14313　管线阀

30. API RP 11V2　气体提升阀性能试验

31. API Spec 14A/ISO 10432：1999　埋地安全阀规定

32. NACE TMO 102—2002　埋地管道外覆盖层绝缘导电性能测量

33. NACE TMO 284—2003　耐逐级断裂的管道钢的评价

34. NACE TMO 497　埋地及水下金属管道阴极保护测量技术

35. NACE RPO 169　埋地及水下金属管道系统外腐蚀控制

36. NACE RPO 502—2002　管道外腐蚀直接评价方法

37. NACE MRO 175　油田设备用抗硫化物应力开裂金属材料

38. ASTM A 20—2001　压力容器用钢板的一般要求规范

39. ASTM A 126—95(2001)　阀门、法兰和管配件用灰铁铸件

40. ASTM A 178—95(2000)　电阻焊接碳素钢钢管及碳锰钢锅炉和过热器管的技术规范

41. ASTM A 179—90a(2001)　热交换器和冷凝器用无缝冷拉低碳钢管

42. ASTM A 182—2001　高温设备用锻制或轧制的合金钢管法兰、锻制管件、阀门及零件规范

43. ASTM A 192—91(1996)e1　高压用无缝碳素钢锅炉管

44. ASTM A 194—01a　高温和高压设备用碳素钢与合金钢螺栓和螺母的规格

45. ASTM A 202—93(1996)　压力容器用铬锰硅合金钢板

46. ASTM A 203—97　压力容器用镍合金钢板

47. ASTM A 204—93(1999)　压力容器用钼合金钢板

48. ASTM A 209—98　锅炉和过热器用无缝碳钼合金钢管

49. ASTM A 210—96(2001)　锅炉和过热器用无缝中碳素管

50. ASTM A 213—01a　无缝铁素体和奥氏体合金钢锅炉、过热器和换热器管
51. ASTM A 225—93(1999)　压力容器用锰矾镍合金钢板
52. ASTM A 240—02　压力容器用耐热铬及铬镍不锈钢板、薄板及带材
53. ASTM A 249—02　锅炉、过热器、换热器和冷凝器用焊接奥氏体钢管
54. ASTM A 250—95(2001)　锅炉和过热器用电阻焊铁素体合金钢管
55. ASTM A 252—98e1　焊接钢和无缝钢管
56. ASTM A 266—99　压力容器部件用碳素钢锻件规格
57. ASTM A 275—98　钢锻件的磁粉检查试验方法
58. ASTM A 278—01　适用于650F容压部件用灰铸铁件的技术规范
59. ASTM A 285—01　压力容器用低和中等抗拉强度的碳素钢板
60. ASTM A 299—01　压力容器用锰硅碳钢板规范
61. ASTM A 302—97e1　压力容器用锰钼和锰钼镍合金钢板
62. ASTM A 333—99　低温用无缝与焊接钢管规格
63. ASTM A 334—99　低温设备用无缝与焊接碳素和合金钢管
64. ASTM A 335—01　高温用无缝铁素体合金钢管
66. ASTM A 336—99e1　压力与高温部件用合金钢锻件规格
66. ASTM A 351—00　容压零件用奥氏体及奥氏体铁素体铸铁的技术规范
67. ASTM A 353—93(1999)　压力容器用经二次正火及回火处理的含9%镍的合金钢板
68. ASTM A 372—99　薄壁压力容器用碳素钢及合金钢锻件
69. ASTM A 381—96(2001)　高压输送用金属弧焊钢管
70. ASTM A 387—99e1　压力容器用铬钼合金钢板
71. ASTM A 389—93(1998)　适合高温受压部件用经特殊热处理的合金钢铸件规格
72. ASTM A 414—01　压力容器用碳素薄钢板
73. ASTM A 455—01　压力容器用高强度碳锰钢板
74. ASTM A 479—02　锅炉及压力容器用不锈钢和耐热钢棒与型材
75. ASTM A 487—93(1998)　受压钢铸件
76. ASTM A 508—95(1999)　压力容器用经回火和淬火真空处理的碳素钢与合金钢锻件
77. ASTM A 515—01　中温及高温压力容器用碳素钢板
78. ASTM A 516—01　中温及低温压力容器用碳素钢板
79. ASTM A 517—93(1999)　压力容器用经回火与淬火的高强度合金钢板
80. ASTM A 533—93(1999)　压力容器用经回火和淬火的锰钼及锰钼镍合金钢板
81. ASTM A 537—95(2000)　压力容器用经热处理的碳锰硅钢板
82. ASTM A 539—99　天然气和燃料油管线用电阻焊钢盘管
83. ASTM A 541—95(1999)　压力容器部件用经淬火和回火的碳素钢及合金钢锻件
84. ASTM A 542—99e1　压力容器用经回火和淬火的铬钼、铬钼钒及铬钼钒钛硼合金钢板
85. ASTM A 543—93(1999)　压力容器用经回火和淬火的镍铬钼合金钢板
86. ASTM A 553—95(2000)　压力容器用经回火和淬火的含8%及9%镍的合金钢板
87. ASTM A 562—90(2001)　搪玻璃或扩散金属镀层的压力容器用锰钛合金碳素钢板
88. ASTM A 571—01　适用于低温压力容器零件的奥氏体球墨铸铁件
89. ASTM A592—89(1999)　压力容器用经回火和淬火的高强度低合金钢锻制附件和零件
90. ASTM A 608—1991　高温受压设备用离心铸造的铁铬镍高合金钢管规范
91. ASTM A 645—99a　压力容器用经特殊热处理的5%镍合金钢板
92. ASTM A 662—01　中温和低温压力容器用锰碳钢板规格
93. ASTM A 672—96　中温高压用电熔焊钢管
94. ASTM A 688—2001　焊接的奥氏体不锈钢给水加热器管规范

95. ASTM A 696—90a(2000) 压力管道部件专用热锻或冷精轧碳素钢棒
96. ASTM A 703—01b 受压部件用钢铸件
97. ASTM A 723—94(1999) 高强度压力元件用合金钢锻件
98. ASTM A 724—99 叠层焊接的压力容器用经淬火及回火的碳素钢压力容器板
99. ASTM A 734—87a(1997) 经淬火和回火的合金钢与高强度低合金钢压力容器板
100. ASTM A 735—99 中温和低温用低碳锰钼钶合金钢压力容器板
101. ASTM A 736—88(2000) 低碳时效硬化的镍铜铬钼铌和镍铜锰钼铌合金钢压力容器板
102. ASTM A 737—99 高强度低合金钢压力容器板
103. ASTM A 738—00 中温和低温设备用经热处理的碳锰硅钢压力容器板
104. ASTM A 748—87(1998) 压力容器用静态铸造的激冷白口铁-灰口铁双金属轧辊
105. ASTM A 757—00 低温下承压设备及其他设备用铁素体和马氏体钢铸件
106. ASTM A 765—01 具有强制性韧性要求的碳素钢及低合金钢压力容器部件锻件
107. ASTM A 778—01 焊接未退火的奥氏体不锈钢管形制品
108. ASTM A 782—90(2001) 经淬火和回火的锰铬钼硅锆合金钢压力容器板
109. ASTM A 789—2001 普通设备用无缝与焊接铁素体/奥氏体不锈钢管规范
110. ASTM A 815—2001 锻制铁素体、铁素体/奥氏体和马氏体不锈钢管配件规范
111. ASTM A 832—99e1 压力容器板用铬钼钒及铬钼钒钛硼合金钢
112. ASTM A 836—02 搪瓷管和压力容器设备用钛稳定碳素体钢锻件
113. ASTM A 841—01 压力容器用温度机械控制工艺加工的钢板
114. ASTM A 844—93(1999) 压力容器用直接淬火加工的含镍9%的合金钢板
115. ASTM A 859—95(1999) 压力容器部件用时效硬化镍铜铬钼钶低碳合金钢锻件
116. ASTM A 965—02 压力和高温零件用奥氏体钢锻件的技术规范
117. ASTM A 988—98 高温下使用的热等静加压成形的不锈钢法兰盘、管配件、阀及零件的技术规范
118. ASTM A 988—98 高温下使用的热等静加压成形的不锈钢法兰盘、管配件、阀及零件的技术规范
119. ASTM A 989—98 高温下使用的热等静加压成形的合金钢法兰盘、管配件、阀及零件的技术规范
120. ASTM B 171—99e2 压力容器、冷凝器及热交换器用铜合金中厚板和薄板
121. ASTM B 548—90(1997) 压力容器用铝合金板的超声波检验
122. ASTM B 834—95 压力固结粉末冶金铁镍铬钼和镍铬钼钶(Nb)合金管法兰，管配件，阀门和零件
123. ASTM B 861—01 钛和钛合金无缝管的标准规范
124. ASTM B 862—01 钛和钛合金焊接管的技术规范
125. ASTM F 683—2003 管道和机械设备用绝热材料的选择和应用实施规程
126. ASTM F 704—1997 管道系统法兰接头用螺栓长度的选择的实施规程
127. ASTM F 1000—1997 管道系统制图符号实施规程
128. ASME B 18.2.1—1996(R1997) 方形和六角螺栓和螺钉(英制系列)
129. ASME B 18.2.2—1987(R1999) 方形和六角螺母(英制系列)
130. ASME B 16.1—1998 铸铁管法兰及法兰配件 25、125 和 250 类
131. ASME B 16.3—1998 可锻铸铁螺纹配件 150 和 300 类
132. ASME B 16.4—1998 灰铸铁螺纹配件 Class125 和 Class250
133. ASME B 16.5—2003 管法兰及法兰式管件 NPS1/2 至 NPS24
134. ASME B 16.9—2003 工厂制锻钢对焊配件
135. ASME B 16.10—2000(R2003) 阀的面对面及端对端尺寸
136. ASME B 16.11—2005 锻制配件、承插焊接配件和螺纹配件
137. ASME B 16.14—1991 带有管螺纹的铁管塞、管套和防松螺母
138. ASME B 16.15—1985(R2004) 铸造青铜螺纹配件 125 和 250 类
139. ASME B 16.18—2001 铸铜合金钎焊接压力配件

140. ASME B 16.22—2001 锻铜和铜合金钎焊压力配件
141. ASME B 16.24—2001 铸铜合金管法兰和法兰配件:150、300、400、600、900、1500和2500类
142. ASME B 16.26—2006 青铜扩口管用铸铜合金配件
143. ASME B 16.28—1994 锻钢对焊连接短半径弯头和回弯头
144. ASME B 16.34—1996 阀门-法兰连接、螺纹连接和焊接
145. ASME B 16.36—1996 小孔法兰
146. ASME B 16.39—1998 锻铁螺纹管活接头 150、250和300类
147. ASME B 16.42—1998 球墨铸铁管法兰和法兰配件 150和300类
148. ASME B 16.47—1996 大直径钢法兰
149. ASME B 1.1—2003 统一英制螺纹(UN和UNR螺纹形状)
150. ASME B 1.20.1—1983(R2001) 通用管螺纹(英制)
151. ASME B 1.20.3—1976(R2003) 干密封管螺纹(英制)
152. ASME B 1.20.7—1991(R2003) 软管连接螺纹(英制)
153. ASME B 16.20—1998(R2004) 管法兰用金属垫片:环垫、缠绕垫和包覆垫
154. ASME B 16.21—1992 管法兰用非金属平垫片
155. ASME B 16.25—2003 对焊端部
156. ASME B 46.1—2002 表面特征(表面粗糙度、表面波度和表面状态)
157. ASME B 36.10—2004 焊接和无缝锻钢管
158. ASME B 36.19—2004 不锈钢管
169. API 526 法兰连接钢制安全阀
160. API Std 594 止回阀:对夹和双法兰连接
161. API Std 598 阀门的检验和试验
162. API 599 钢制柱塞阀,法兰连接货焊接
163. API 600/ISO 10434 石油和天然气用螺栓连接 Bolted 帽状闸阀
164. API 602 炼油用小型碳钢闸阀
165. API 603 炼油用150磅防腐闸阀
166. API 608 金属球阀-法兰连接、螺纹连接和焊接
167. API 609 碟阀,150psig和150F
168. API 5B 套管、油管和管线螺纹的加工检验
169. AWWA C110—2003 水和其他液体用球墨铸铁和灰口铁配件3至48英寸(75mm～1200mm)
170. AWWA C115 法兰连接铸铁管和铸铁或灰铸铁螺纹法兰
171. AWWA C207 用于水介质的钢制管法兰,4英寸到144英寸(100mm～3600mm)
172. AWWA C208 钢制水管管件尺寸
173. AWWA C500—2002 排水和污水系统闸门阀
174. AWWA C504—2006 橡胶垫密封碟阀
175. AWWA C150—2002 球墨铸铁管的厚度设计
176. AWWA C151—2002 离心铸造的球墨铸铁水管
177. AWWA C111—2000 球墨铸铁压力管和配件用橡胶垫接头
178. AWWA C800—2001 地下管道阀门和配件
179. MSS SP-6 阀门及管件法兰密封面的光洁度
180. MSS SP-9 青铜,铸铁,钢法兰的沉头座
181. MSS SP-25 阀门,管件,法兰与管接头的标志
182. MSS SP-42 150磅级法兰和对焊连接耐腐蚀的闸阀,截止阀,角式阀和止回阀
183. MSS SP-43 锻制不锈钢对焊管件
184. MSS SP-44 钢制管法兰

185. MSS SP-45　旁通和排污连接

186. MSS SP-51　150 磅级防腐蚀法兰和铸铁法兰连接管件

187. MSS SP-65　高压化工法兰和透镜垫螺纹短管

188. MSS SP-70　法兰和螺纹连接的铸铁制闸阀

189. MSS SP-71　法兰和螺纹连接的铸铁制螺旋启式止回阀

190. MSS SP-72　一般用法兰和对焊连接的球阀

191. MSS SP-75　锻钢对焊管件

192. MSS SP-79　承插焊异径插入件

193. MSS SP-80　青铜闸阀和止回阀

194. MSS SP-81　不锈钢带罩法兰连接闸阀

195. MSS SP-83　承插焊和螺纹活接头

196. MSS SP-85　铸铁球阀和角阀，法兰连接和螺纹连接

197. MSS SP-88　隔膜阀

198. MSS SP-95　缩径管和圆堵头

199. MSS SP-97　承插焊、螺纹和对焊端的整体加强式管座

200. MSS SP-105　仪表阀门

201. SAE J513—1999　制冷剂管接头一般规范

202. SAE J514—2001　液压管接头

203. SAE J518　液压凸缘管及 4 螺栓分裂凸缘型软管接头

五、欧盟工业管道主要法规

1. 97/23/EEC 压力设备指令

2. 设备安全法

3. 承压设备规程 2002

六、欧盟工业管道主要标准

1. EN 12560-5:2001　法兰及其接头、分级标识法兰用垫圈　第 5 部分：钢法兰用的金属环接头垫圈

2. EN 12583:2000　供气系统　压缩机泵站　功能要求

3. EN 12627:1999　工业阀门　钢阀门的焊接端部

4. EN 1295-1:1998　不同条件下负荷的地下管道的结构设计　一般要求

5. EN 13313:2002　制冷系统和热泵

6. EN 1333:1996　管道部件　PN 的定义和选择

7. EN 13480-1:2002　金属工业管道　第 1 部分：通则

8. EN 13480-2:2002　金属工业管道　第 2 部分：材料

9. EN 13480-3:2002　金属工业管道　第 3 部分：计算和设计

10. EN 13480-4:2002　金属工业管道　第 4 部分：生产和安装

11. EN 13480-5:2002　金属工业管道　第 5 部分：检验和测试

12. EN 13480-6：2004　金属工业管道　第 6 部分：埋地管道的附加要求

13. EN 13480Bb. 1:2002　金属工业管道　第 7 部分：合格评定程序使用指南

14. EN 13509:2003　阴极保护测量技术

15. EN 1736:2000　制冷系统和热泵　软管元件、隔振器和膨胀节　要求、设计和安装

16. EN 1759-4:2003　法兰及其接头　指定类别的管、阀、配件和附件用圆形法兰　第 4 部分：铝合金法兰

17. EN 1861:1998　制冷设备和热泵　系统流程图和管道流程及仪器流程图　结构布置和符号

18. EN 378-1:2000　冷冻系统和热泵　安全和环境要求　第 1 部分：基本要求、定义、分类和准则

19. EN 378-2　冷冻系统和热泵　安全和环境要求　第 2 部分：设计、结构、试验、标记和文件

20. EN 378-3　冷冻系统和热泵　安全和环境要求　第 3 部分：安装场地和人员防护

21. EN 378-4　冷冻系统和热泵　安全和环境要求　第4部分:操作、维护、维修和恢复
22. EN 45510-7-1:2000　发电厂设备和系统购置指南　第7-1部分:管件和阀门　高压管道系统
23. EN 45510-7-2:2000　发电厂设备和系统购置指南　第7-2部分:管件和阀门　锅炉和高压管道阀门
24. EN 488:2003　区域供暖管道　直埋式热水供应网用预先绝热连接的管道系统　聚氨酯热绝缘和聚乙烯外覆层钢管用钢阀门组件
25. EN ISO 10380:2003　管道系统　波纹状金属软管和软管组件
26. EN ISO 10807:1997　管道工程　在爆燃性空气中电缆保护用皱纹软金属软管组件
27. EN ISO 13136：2001　冷冻系统和热泵　压力泄放装置及其管道　计算方法
28. EN ISO 13846:2001　塑料管道系统　热塑性压力管用端负载和无端负载支承组件和接头　内部水压下长期密封性的试验方法
29. EN ISO 6708:1995　管件　DN(公称宽度)的定义和选择
30. EN 10208-1:1998　易燃液体或气体用管道钢管　交货技术条件　第1部分:要求等级为A的管
31. EN 10208-2:1997　可燃流体用钢管　技术交付条件　B级管要求
32. EN 10216-1:2002　压力载荷用无缝钢管　交货技术条件　第1部分:特定室温特性的非合金钢管
33. EN 10216-2:2002　压力载荷用无缝钢管　交货技术条件　第2部分:具有较高温度下规定性能的非合金和合金钢管
34. EN 10216-3:2002　压力无缝钢管　交货技术条件　合金细粒钢管
35. EN 10216-4:2002　压力无缝钢管　交货技术条件　规定低温特性的非合金和合金钢管
36. EN 10217-1:2002　压力载荷用焊接钢管　交货技术条件　第1部分:具有室温下规定性能的非合金钢管
37. EN 10217-2:2002　压力载荷用焊接钢管　交货技术条件　第2部分:具有较高温度下规定性能的电焊非合金和合金钢管
38. EN 10217-3:2002　压力载荷用焊接钢管　交货技术条件　第3部分:细粒合金钢管
39. EN 10217-4:2002　压力载荷用焊接钢管　交货技术条件　第4部分:具有低温下规定性能的电焊非合金钢管
40. EN 10217-5:2002　压力载荷用焊接钢管　交货技术条件　第5部分:具有较高温度下规定性能的埋弧焊接非合金和合金钢管
41. EN 10217-6:2002　压力载荷用焊接钢管　交货技术条件　第6部分:具有低温下规定性能的埋弧焊接非合金钢管
42. EN 1092-2:1997　法兰及其连接　按PN标注的管、管件、异形件和附件用圆形法兰　第2部分:铸铁法兰
43. EN 1092-4:2002　法兰及其连接件　按PN标注的管件,阀门,配件和附件用圆形法兰　第4部分:铝合金法兰
44. EN 12266-1:2003　工业阀门　阀门试验　第1部分:压力试验
45. EN 12288:2003　工业阀门　铜合金闸阀
46. EN 12334：2001/AC：2002　工业阀门　铸铁止回阀
47. EN 12351:1999　工业阀门　带法兰联接的阀门用护罩　德文标准12351：1999
48. EN 12434：2000　低温容器　低温软管
49. EN 12982:2000　工业阀门　末端对末端和中心对末端尺寸
50. EN 13397：2001　工业阀门-金属隔膜阀
51. EN 1349：2000/AC:2001　工业过程用控制阀
52. EN 13789：2002　工业阀门　铸铁球阀
53. EN 1503-1:2001　阀门　阀体、阀盖和阀套用材料　第1部分:欧洲标准中规定的钢
54. EN 1503-2:2001　阀门　阀体、阀盖和阀套用材料　第2部分:欧洲标准中没有规定的钢
55. EN 1503-3:2001　阀门　阀体、阀盖和阀套用材料　第3部分:欧洲标准中规定的铸铁

56. EN 1515-2：2001　法兰和法兰接头　紧固件　第 2 部分:钢法兰用紧固件材料分类,PN 系列

57. EN 1591-1：2001　法兰和法兰接头　法兰连接设计方法　第 1 部分:计算方法

58. EN 1626　低温容器　低温阀门

59. EN 19：2002　工业阀门　金属阀门标记

60. EN 1984:2000　工业阀门　钢门阀门

61. EN 1982　铜和铜合金　纯铁和铸铁

62. EN 288-3:1992　金属材料焊接程序的规范和认可　钢的电弧焊焊接程序试验

63. EN 288-7:1995　金属材料焊接方法的要求鉴定　第 7 部分:电弧焊一般焊接方法认定

64. EN 288-8:1995　金属材料焊接程序的规范和认可　用预生产焊接试验进行认可

65. EN 729-1:1995　焊接质量要求　金属材料熔焊　选择和使用指南

66. EN 729-2:1995　焊接质量要求　金属材料熔焊　全面质量要求

67. EN 729-3:1995　焊接质量要求　金属材料熔焊　标准质量要求

68. EN 729-4:1995　焊接质量要求　金属材料熔焊　基本质量要求

69. EN ISO 12797:2000　铜焊(接)-铜焊接头破坏试验

70. EN ISO 15609-2:2001　金属材料焊接程序的规范和合格评定　焊接程序规范　第 2 部分:气焊

71. EN ISO 17654:2003　金属材料焊缝的破坏检验　电阻焊接　电阻缝焊的压力试验

72. EN ISO 5817:2003　焊接　钢、镍、钛及其合金的熔焊接头(束焊除外)　缺陷的质量等级

73. EN ISO 9606-3:1999　焊工的认可试验　熔焊　铜及铜合金

74. EN ISO 9606-4:1999　焊工合格检验　熔焊　第 4 部分:镍和镍合金

75. EN ISO 9606-5:2000　焊工考试　熔焊　第 5 部分:钛和钛合金、锆和锆合金

76. EN ISO 9692-3:2001　焊接和相关工艺　接头的准备　铝及其合金的金属极惰性气体保护焊和钨极惰性气体保护焊

77. EN 1043-1:1996　金属材料焊接的破坏试验　硬度试验　第 1 部分:电弧焊接的硬度试验

78. EN 1043-2:1996　金属材料焊接的破坏试验　硬度试验　第 2 部分:焊接连接的显微硬度试验

79. EN 12797:2000　铜焊　铜焊接头的破坏试验

80. EN 1320:1997　金属材料焊接的破坏试验　断裂试验

81. EN 1321:1997　金属材料焊接的破坏试验　焊接的宏观和微观检验

82. EN 1597-1:1997　焊料　试验方法　第 1 部分:钢、镍和镍合金中全焊接金属试样的试件

83. EN 875:1995　金属材料焊接的破坏试验　冲击试验　试样定位、槽口取向和检验

84. EN 876:1995　金属材料焊接的破坏试验　熔焊接头中焊接金属的纵向拉伸试验

85. EN 895:1995　金属材料焊接的破坏试验　横向抗拉试验

86. EN 910:1996　金属材料焊接的破坏试验　弯曲试验

87. EN ISO 14324:2003　电阻点焊　焊接的有损检验　点焊接头的疲劳试验方法

88. EN ISO 6508-1:1999　金属材料　洛氏硬度试验(等级 A、B、C、D、E、F、G、H、K、N、T)第 1 部分:试验方法

89. EN ISO 6508-2:1999　金属材料　洛氏硬度试验(等级 A,B,C,D,E,F,G,H,K,N,T)第 2 部分:试验机械的标定与校验

90. EN ISO 6508—2Bb.1:1996　金属材料　洛氏硬度试验(等级 A,B,C,D,E,F,G,H,K,N,T)第 2 部分:硬度试验机械的标定与校验　根据标定及为试验机械与冲头所作推荐

91. EN 875:1995　金属材料焊接的破坏试验　冲击试验　试样定位、切口定向和检查

92. EN 876:1995　金属材料焊接的破坏试验　熔焊接头焊接金属的纵向抗拉试验

93. EN 895:1999　金属材料焊接破坏试验　横向抗拉试验

94. EN 10160:1999　厚度大于或等于 6mm 的钢板制品的超声波检验(平面反射法)

95. EN 10308:2002　无损检验　钢棒的超声检验

96. EN 1043-1:1996　金属材料焊接的破坏试验　硬度试验　第 1 部分:电弧焊接的硬度试验
97. EN 1043-2:1997　金属材料焊接的破坏试验　第 2 部分:焊接连接件的显微硬度试验
98. EN 1092-4:2002　法兰及其连接件　按 PN 标注的管道、阀门、配件和附件用圆形法兰　铝合金法兰
99. EN 12062:2002　焊缝的无损检验　金属材料的一般规则
100. EN 12517:2003　焊缝的无损检验　焊接接头的 X 光透视检验　允许极限值
101. EN 1289:2002　焊缝的无损检验　焊缝的渗透试验　允许极限值
102. EN 1290:2002　焊缝的无损检验　焊缝的磁粉探伤
103. EN 1320:1996　金属材料焊缝的无损试验　断裂试验
104. EN 1321:1996　金属材料焊缝的无损检验　焊接接缝的宏观和微观检验
105. EN 1330-10:2003　无损检验　术语　第 10 部分:外观检测中使用的概念
106. EN 1712:2002　焊缝的无损检验　焊接连接件的超声波检验　允许极限值
107. EN 1713:2002　焊缝的无损检验　超声波检验　焊缝的表示特征
108. EN 1714:2002　焊缝的无损检验　焊接连接件的超声波检验
109. EN 1779:1999　无损检验　泄漏检验　选择检验方法和检验程序的标准
110. EN 4179:2000　无损检验人员的资格和鉴定
111. EN 473:2001　无损检验　无损检验人员的资格鉴定和认证　一般规则
112. EN 571-1:1997　无损检验　渗透探伤　通用原理
113. EN 583-1:1999　无损试验　超声波检验　一般规则
114. EN 970:1997　熔焊的非损检验　视觉检查
115. EN ISO 12706:2001　无损检验　术语　渗透性检验用术语
116. EN ISO 3059:2002　无损检验　渗透法检验和磁粉检验　观察条件
117. EN 10207　简单压力容器用钢板、条和棒材技术交货条件
118. EN 10028-1:2003　压力容器用扁平钢轧材　第 1 部分:一般要求
119. EN 10028-2:2003　压力容器用扁平钢轧材　第 2 部分:具有规定的耐高温性能的非合金钢与合金钢
120. EN 10028-3:2003　压力容器用扁平钢轧材　第 3 部分:经过正火处理的可焊细晶粒钢
121. EN 10028-4:2003　压力容器用扁平钢轧材　第 4 部分:具有规定的低温特性的镍合金钢
122. EN 10028-5:2003　压力容器用的扁平钢轧材规范　第 5 部分:热机滚轧可焊细粒钢
123. EN 10028-6:2003　压力容器用扁平钢制品　第 6 部分:淬火和回火的可焊接细粒钢
124. EN 10028-7:2000　压力容器钢板　第 7 部分:不锈钢
125. EN 10113-2:1993　适于焊接的细晶粒结构钢热轧制品　第 2 部分:正火/正火轧制钢的交货条件
126. EN 10113-3:1993　适于焊接的细晶粒结构钢热轧制品　第 3 部分:热工机械轧制钢的交货条件
127. EN 10208-1:1998　易燃液体或气体用管道钢管　交货技术条件　第 1 部分:要求等级为 A 的管
128. EN 10208-2:1997　可燃流体用钢管　技术交付条件　B 级管要求
129. EN 10213-1:1996　压力容器用铸钢的交货技术条件　第 1 部分:概述
130. EN 10213-2:1996　压力容器用铸钢的交货技术条件　第 2 部分:室温和高温下使用的钢种
131. EN 10213-3:1996　压力容器用铸钢的交货技术条件　第 3 部分:低温下使用的钢种
132. EN 10213-4:1996　压力容器用铸钢的交货技术条件　第 4 部分:奥氏体和奥氏体铁素钢种
133. EN 10216-1:2002　压力载荷用无缝钢管　交货技术条件　第 1 部分:特定室温特性的非合金钢管
134. EN 10216-2:2002　压力载荷用无缝钢管　交货技术条件　第 2 部分:具有较高温度下规定性能的非合金和合金钢管
135. EN 10216-3:2002　压力无缝钢管　交货技术条件　合金细粒钢管
136. EN 10216-4:2002　压力无缝钢管　交货技术条件　规定低温特性的非合金和合金钢管
137. EN 10217-1:2002　压力载荷用焊接钢管　交货技术条件　第 1 部分:具有室温下规定性能的非合金钢管

138. EN 10217-2:2002　压力载荷用焊接钢管　交货技术条件　第 2 部分:具有较高温度下规定性能的电焊非合金和合金钢管

139. EN 10217-3:2002　压力载荷用焊接钢管　交货技术条件　第 3 部分:细粒合金钢管

140. EN 10217-4:2002　压力载荷用焊接钢管　交货技术条件　第 4 部分:具有低温下规定性能的电焊非合金钢管

141. EN 10217-5:2002　压力载荷用焊接钢管　交货技术条件　第 5 部分:具有较高温度下规定性能的埋弧焊接非合金和合金钢管

142. EN 10217-6:2002　压力载荷用焊接钢管　交货技术条件　第 6 部分:具有低温下规定性能的埋弧焊接非合金钢管

143. EN 10222-1:2002　压力容器用钢锻件　第 1 部分:自由成型锻件的一般要求

144. EN 10222-2:2000　压力容器用钢锻件　第 2 部分:特定高温性能的铁素体和马氏体钢

145. EN 10222-3:1999　压力罐用钢制锻件　第 3 部分:低温下有确定性能的镍钢

146. EN 10222-4:2001　压力容器用钢锻件　第 4 部分:高弹限强度的可焊接细晶粒钢

147. EN 10222-5:2000　压力容器用钢锻件　第 5 部分:马氏体、奥氏体和奥氏体铁素体不锈钢

148. EN 10272:2001　压力设备用不锈钢棒材

149. EN 10273:2000　规定高温性能的压力容器用热轧可焊钢棒

150. EN 1653:1998　铜和铜合金　锅炉、压力容器和水蓄热器用的平板、薄板材和圆形材

151. EN 10269　高温和/或低温下紧固件用钢和镍合金

152. EN 10272:2000　承压不锈钢棒

153. EN 10273:2000　承压热轧可焊钢棒

154. EN 12392:2000　铝和铝合金　锻件

155. EN 12420　铜和铜合金　铸件

156. EN 10213-1　承压铸钢技术交货条件　第 1 部分:总则

157. EN 10213-2　承压铸钢技术交货条件　第 2 部分:室温和高温钢等级

158. EN 10213-3　承压铸钢技术交货条件　第 3 部分:低温钢等级

159. EN 10213-4　承压铸钢技术交货条件　第 4 部分:奥氏体和奥氏-铁素体钢等级

160. EN 1092-2:1997　法兰及其连接　按 PN 标注的管,管件,异形件和附件用圆形法兰　第 2 部分:铸铁法兰

161. EN 1092-4:2002　法兰及其连接件　按 PN 标注的管件,阀门,配件和附件用圆形法兰　第 4 部分:铝合金法兰

162. EN 12288:2003　工业阀门　铜合金闸阀

163. EN 12982:2000　工业阀门　末端对末端和中心对末端尺寸

164. EN 1503-1:2001　阀门　阀体、阀盖和阀套用材料　第 1 部分:欧洲标准中规定的钢

165. EN 1503-2:2001　阀门　阀体、阀盖和阀套用材料　第 2 部分:欧洲标准中没有规定的钢

166. EN 1503-3:2001　阀门　阀体、阀盖和阀套用材料　第 3 部分:欧洲标准中规定的铸铁

167. EN 1984:2000　工业阀门　钢门阀门

七、日本工业管道主要法规

1. 高压气体保安法

2. 劳动安全卫生法

3. 石油联合企业灾害防止法

4. 消防法

5. 高压气体保安法实施令

6. 高压气体保安法有关手续费令

7. 一般高压气体保安规则

8. 液化石油气保安规则

9. 联合企业等保安规则

10. 特定设备检查规则

11. 冷冻保安规则

12. 容器保安规则

13. 根据高压气体保安法制定的与高压气体制造保安责任者试验等有关的规则

14. 根据高压气体保安法制定的与指定试验机关等有关的省令

15. 根据高压气体保安法制定的与外国容器等制造业者及外国特定设备制造业者登记申请手续费计算方法有关的省令

16. 高压气体保安协会规则

17. 关于高压气体保安协会财务及会计方面的省令

18. 根据高压气体保安法制定的有关公听会程序规则

19. 高压气体保安法施行令相前告示

20. 关于高压气体保安法有关印纸交纳费用额的规定

21. 制造设施的位置、构造、设备及制造方法技术基准细目的告示

22. 高压气体设备等耐震设计基准

23. 根据一般高压气体保安规则第四十六条第二项一号规定经济产业大臣制定规定的气体

24. 根据液化石油气安全规则的规定，制定容器放置在室外明显困难时的事宜

25. 制定与制冷剂设备容器制造相关的技术标准细则的告示

26. 根据高压气体取缔法的规定，令高压气体保安协会进行试验事务的事宜

27. 根据容器保安规则确定标识等细目、容器再检查方法等的告示

28. 制定固定在铁路车辆上的容器的检查以及再检查时的规格

29. 制定根据高压气体保安法确定的指定试验机构有关的、省令第六十六条之四规定的与研修有关的告示。

八、日本工业管道主要标准

1. JIS B 0011-1—1998　技术制图　管道的简化表示法　第1部分：通则和正交表示法

2. JIS B 0011-2—1998　技术制图　管道的简化表示法　第2部分：等角投影

3. JIS B 0011-3—1998　技术制图　管道的简化表示法　第3部分：通风和排水系统终端部件

4. JIS B 2293—2000　真空管道接头的安装尺寸

5. JIS F 7008—2001　管道保温　防热标准

6. JIS F 7008—2001　管道保温隔热标准规范

7. JIS Z 3050—1995　管道焊接部位的无损检验方法

8. JIS Z 8209—1988　化学工厂设备用管路图形符号

9. JIS Z 9102—1987　管路系统识别标志

10. JIS G 3429—1988　高压气体容器用无缝钢管

11. JIS G 3442—2004　水管用镀锌钢管

12. JIS G 3452—2004　配管用碳素钢管

13. JIS G 3454—1988　压力管路用碳素钢钢管

14. JIS G 3455—1988　高压管路用碳素钢钢管

15. JIS G 3456—1988　高温管路用碳素钢钢管

16. JIS G 3457—1988　管路用电弧焊接碳素钢钢管

17. JIS G 3458—1988　管路用合金钢钢管

18. JIS G 3459—2004　配管用不锈钢管

19. JIS G 3460—2006　低温配管用钢管

20. JIS G 3461—1988　锅炉与热交换器用碳素钢钢管

21. JIS G 3462—2004　锅炉与热交换器用合金钢管

22. JIS G 3463—1994　锅炉与热交换器用不锈钢钢管
23. JIS G 3468　配管用电弧焊大口径不锈钢管
24. JIS G 3469—2002　聚乙烯衬里钢管
25. JIS G 3473—1988　汽缸套用碳钢管
26. JIS G 4903—1991　配管用无缝镍铬合金管
27. JIS H 3300—2006　铜和铜合金无缝管
28. JIS H 3320—2006　铜和铜合金焊接管
29. JIS H 3401—2001　铜和铜合金管件
30. JIS H 4080—2006　铝和铝合金无缝管
31. JIS H 4090—1990　铝和铝合金焊接管
32. JIS H 4630—2001　镍和镍合金无缝管
33. JIS H 4630—2001　钛及钛合金无缝管
34. JIS H 4635—2001　钛及钛合金管焊接管道
35. JIS K 6774—1998　煤气用聚乙烯管
36. JIS K 6775-1—1998　煤气用聚乙烯管接头　第 1 部分:热熔接头
37. JIS K 6775-2—1998　煤气用聚乙烯管接头　第 2 部分:龙头配件
38. JIS K 6775-3—1998　煤气用聚乙烯管接头　电熔配件
39. JIS B 0151—2001　铁管和钢管配件　词汇
40. JIS B 1180—2004　六角螺栓
41. JIS B 1181—2004　六角螺母
42. JIS B 2201　铁钢制法兰的压力等级
43. JIS B 2202　管法兰的垫片尺寸
44. JIS B 2203　管法兰的尺寸公差
45. JIS B 2210　铁钢制法兰的基准尺寸
46. JIS B 2220—2004　钢制焊接连接法兰
47. JIS B 2240—2006　铜合金制管法兰的基准尺寸
48. JIS B 2301AMD1—2001　螺纹连接可锻铸铁管件(修改件 1)
49. JIS B 2302—1998　螺旋式钢制管件
50. JIS B 2311—1997　一般用途钢制对焊管件
51. JIS B 2311AMD1—2001　一般用途钢制对焊管件(修改件 1)
52. JIS B 2312—1997　钢制对焊管件
53. JIS B 2312AMD1—2001　钢制对焊管件(修改件 1)
54. JIS B 2313—1997　钢板制对焊管件
55. JIS B 2313AMD1—2001　钢板制对焊管件(修改件 1)
56. JIS B 2316—1997　钢制套筒式焊接管件
57. JIS B 2321　配管用铝及铝合金对焊连接管件
58. JIS B 2352　波形膨胀节
59. JIS B 2404　管法兰用缠绕垫
60. JIS B 8261—1995　液化石油气用软管组件
61. JIS S 2120—2000　煤气阀门
62. JIS W 1904—1995　管配件、扩口管和液压连接器
63. JPI-7S-4　石油工业用石棉垫片
64. JPI-7S-14　石油工业配管用电弧焊钢管
65. JPI-7S-15　石油工业用法兰
66. JPI-7S-16　配管用非金属垫片尺寸

67. JPI-7S-18 配管用衬里钢管
68. JPI-7S-23 石油工业用环垫及槽
69. JPI-7S-36 钢制小型阀门
70. JPI-7S-37 铸铁制法兰形状外螺纹截止阀
71. JPI-7S-39 阀门的检查基准
72. JPI-7S-41 配管用缠绕垫
73. JPI-7S-43 石油工业用大口径法兰
74. JPI-7S-46 铸铁法兰连接及对焊连接阀
75. JPI-7S-48 钢制法兰连接球阀
76. JPI-7S-57 轻量钢制阀(2B 以下)(class800)
77. JPI-7S-58 不锈钢铸钢制法兰连接轻量耐腐蚀阀
78. JPI-7S-64 调节阀的选用和维护
79. JPI-7S-65 钢制阀门的压力-温度基准
80. JPI-7S-67 石油工业用阀门的基础规格
81. JPI-7S-69 轻量钢制阀(21/2B 以上)(class150～2500)
82. JPI-7S-73 石油工业用锻钢孔板法兰
83. JPI-7S-74 石油工业用铝合金法兰
84. JPI-7S-75 配管用衬 PTFE 垫片和 PTFE 垫片
85. JPI-7S-79 配管用膨胀石墨密封垫
86. JPI-7S-81 配管用垫片基准
87. JPI-7S-82 钢制小型高压阀
88. JPI-7S-83 石油工业用碟阀
89. JPI-7S-84 石油工业用钢制凸缘、支管座及管塞
90. JPI-7S-85 石油工业用阀门密封性能试验
91. JIS Z3211—2000 低碳钢用涂剂焊条
92. JIS Z3212—2000 高拉伸强度钢涂覆电焊条
93. JIS Z3223—2000 钼钢及铬钼钢焊条
94. JIS Z3251—2000 硬化堆焊用涂剂焊条
95. JIS Z3324—1999 不锈钢涂药电焊丝及焊接
96. JIS Z3325—2000 低温钢用 MAG 焊接焊丝
97. JIS Z3400—1999 焊接的质量要求、金属材料的熔焊
98. JIS Z3700—1987 焊接后的热处理方法
99. JIS Z3801—1997 手工焊接技术鉴定标准方法
100. JIS Z3805—1997 钛焊接技术鉴定标准方法
101. JIS Z3821—2001 不锈钢焊接技术合格鉴定标准程序
102. JIS Z3841—1997 半自动焊接技术鉴定标准方法
103. JIS Z3101—1990 焊接热影响区最大硬度试验方法
104. JIS Z3103—1987 熔焊接头反复拉伸疲劳试验方法
105. JIS Z3111—1986 熔敷金属拉伸及冲击试验方法
106. JIS Z3114—1990 熔敷金属硬度试验方法
107. JIS Z3115—1973 焊接热影响区锥形硬度试验方法
108. JIS Z3121—1993 对焊接头抗拉试验方法
109. JIS Z3122—1990 对焊接头定向弯曲试验方法
110. JIS Z3128—1996 焊接接头冲击试验方法
111. JIS Z3131—1976 正面角焊缝拉伸试验方法

112. JIS Z3132—1976　侧面角焊缝抗剪试验方法
113. JIS Z3134—1965　T 型角焊缝弯曲试验方法
114. JIS Z3138—1989　点焊接头疲劳试验法
115. JIS G0568—1993　钢产品的涡流探伤试验方法
116. JIS G0581—1999　钢铸件的放射线检验法
117. JIS G0582—1998　钢管的超声波探伤检验方法
118. JIS G0584—1998　电弧焊钢管的超声波探伤检验方法
119. JIS G0801—1993　压力容器用钢板的超声检验
120. JIS H0515—1992　钛管道的涡流检验
121. JIS H0516—1992　钛管道的超声检验
122. JIS H0522—1999　铝铸件的放射线检验方法和射线照相的分级方法
123. JIS Z2305—2001　无损检验　人员的资格鉴定和认证
124. JIS Z2343—2003　压力容器耐压试验时声发射试验方法
125. JIS Z3043—1990　不锈钢焊接过程质量试验方法
126. JIS Z3050—1995　管道焊接用无损检验法
127. JIS Z3070—1998　铁素体钢焊接的自动超声检验方法
128. JIS Z3080—1995　铝板对焊用超声波斜角束检验法
129. JIS Z3081—1994　铝管焊缝超声波斜角束检验法
130. JIS Z3082—1995　铝板 T 型焊接用超声波检验法
131. JIS Z3104—1995　钢焊接接点的 X 射线照相检验法
132. JIS Z3106—2001　不锈钢焊接接头的放射线检验方法
133. JIS Z3107—1993　钛焊接 X 射线照相检验法
134. JIS Z3861—1979　焊接区 X 射线照相试验技术合格检定标准规程
135. JIS Z3871—1987　铝和铝合金焊接超声波试验技术的标准合格过程
136. JIS G3103—2003　锅炉及压力容器用碳钢及钼钢钢板
137. JIS G3115—2000　中间温度压力容器用钢板
138. JIS G3116—2000　压力容器用钢薄板、板及钢带
139. JIS G3118—2000　中、常温压力容器用碳素钢钢板
140. JIS G3119—2003　锅炉及压力容器用锰钼钢及锰钼镍钢钢板
141. JIS G3120—2003　压力容器用经淬火和回火处理的锰钼钢及锰钼镍钢钢板
142. JIS G3124—1987　中、常温压力容器用高强度钢板
143. JIS G3126—2000　低温压力容器用碳素钢板
144. JIS G3127—2000　低温压力容器用镍钢板
145. JIS G3128—1999　焊接结构的高弯曲度钢板
146. JIS G3202—1988　压力容器用碳素钢锻钢件
147. JIS G3203—1988　高温压力容器用合金钢锻钢件
148. JIS G3204—1988　压力容器用淬火和回火的合金钢锻件
149. JIS G3205—1988　低温压力容器用锻件
150. JIS G3206—1993　高温下压力容器用高强度铬-钼合金钢锻件
151. JIS G3214—1991　压力容器用不锈钢锻件
152. JIS G3429—1988　高压气体容器用无缝钢管
153. JIS G3442—2004　水管用镀锌钢管
154. JIS G4110—2004　高温下压力容器用高强度铬-钼合金钢板
155. JIS H4630—2001　钛及钛合金无缝管
156. JIS H4635—2001　钛及钛合金管焊接管道

157. JIS B2316—1997 钢制套筒式焊接管配件
158. JIS B8261—1995 液化石油气用软管组件
159. JIS W1904—1995 管配件、扩口管和液压连接器

九、ISO 工业管道主要标准

1. ISO 10380:2003 管道系统 波纹状金属软管和软管组件
2. ISO 10802:1992 球墨铸铁管道 安装后水压试验
3. ISO 10803:1999 球墨铸铁管的设计方法
4. ISO 10804-1:1996 球墨铸铁管道用减震连接系统 第1部分:设计规则和定型试验
5. ISO 10806:2003 管道工程 波纹状金属软管用配件
6. ISO 10807:1997 管道工程 在爆燃性空气中电缆保护用皱纹软金属软管组件
7. ISO 13623:2000 石油和天然气工业 管道输送系统
8. ISO 13704:2001 石油和天然气工业 石油炼油厂内加热管管粗的计算
9. ISO 13846:2001 塑料管道系统 热塑性压力管用端负载和无端负载支承组件和接头 内部水压下长期密封性的试验方法
10. ISO 13847:2001 石油和天然气工业 管道输送系统 管道焊接 技术勘误1
11. ISO 14313:1999 石油和天然气工业 管道输送系统 管道阀
12. ISO 15348:2002 管道工程 金属波纹管膨胀节 总则
13. ISO 15590-1:2001 石油和天然气工业 管道输送系统用诱导弯头、管件和法兰 第1部分:诱导弯头
14. ISO 15590-2:2003 石油和天然气工业 管道输送系统用进气弯管、管件和法兰 第2部分:管件
15. ISO 15649:2001 石油和天然气工业 管道
16. ISO 228-1 非螺纹密封的管螺纹 第1部分:尺寸、公差和标记
17. ISO 2531:1998 输水和输气用球墨铸铁管、配件、附件及其接头
18. ISO 3183-1 石油和天然气工业 管道钢管 交货技术条件 第1部分:A级钢管的要求
19. ISO 3183-2:1996 石油和天然气工业 管道用钢管的技术交货条件 B级要求的钢管
20. ISO 3183-3:1999 石油和天然气工业 管道用钢管的技术交货条件 C级要求的钢管
21. ISO 6708:1995 管件 公称尺寸的定义和选择
22. ISO 6761:1981 钢管 焊接用管端和配件的预处理
23. ISO 7-1:1994 用螺纹密封的管螺纹 第1部分:尺寸、公差与标记
24. ISO 7268:1983 管道元件 公称压力的定义
25. ISO 7268AMD1:1984 管道元件 公称压力的定义 修改1
26. ISO 7369:1995 管道工程 柔性金属软管 一般术语词汇 两种语言版
27. ISO 7657:1995 管道工程 带绕金属软管的一般要求
28. ISO 7658:1984 管道工程 带绕金属软管 特性试验和验证
29. ISO 9349:1991 预绝缘球墨铸铁管道系统
30. ISO 12095:1994 压力用途的承压无缝和焊接钢管 液体渗透试验
31. ISO 13:1978 灰口铸铁管、特种铸件和耐压主管道的灰口铁部件
32. ISO 13680:2000 石油和天然气工业 用作套管、油管和接箍的防腐合金无缝钢管交货技术条件
33. ISO 3183-1:1996 石油和天然气工业 管道钢管 交货技术条件 第1部分:A级钢管的要求
34. ISO 3183-2:1996 石油和天然气工业 管道钢管 交货技术条件 第2部分:B级钢管的要求
35. ISO 3183-3:1999 石油和天然气工业 管道钢管 交货技术条件 第3部分:C级钢管的要求
36. ISO 3419:1981 非合金钢和合金钢对焊管件
37. ISO 4144:2003 管道系统 符合 ISO 7/1 螺纹标准的不锈钢配件
38. ISO 4179:1985 压力和非压力管道用球墨铸铁管 离心法水泥砂浆内衬 一般要求

39. ISO 4399:1995 流体传动系统和元件 管接头及其附件 公称压力系列

40. ISO 4991:1994 压力用途的铸钢件

41. ISO 65:1981 按照 ISO 7/1 车螺纹的碳素钢管

42. ISO 7005-1:1992 金属法兰 第 1 部分:钢法兰

43. ISO 7807:1983 空气配给 有锁紧型螺旋缝焊的圆形薄金属直管和矩形薄金属直管 尺寸

44. ISO 8444:1985 管道工程 双搭接金属软管(包括铜垫、限定紧密度、圆形截面、涂层防护碳素钢)

45. ISO 8445:1995 管道工程 双搭接金属软管(石棉密封、防漏、圆形截面、涂层防护碳素钢)

46. ISO 8446:1995 管道工程 双搭接金属软管(石棉密封、防漏、圆形截面、奥氏体不锈钢)

47. ISO 8447:1986 管道工程 单搭接金属软管(橡胶密封、限定紧密度圆或多边形截面、涂层防护碳素钢)

48. ISO 8448:1986 管道工程 双搭接金属软管(无密封、限定紧密度、多边形截面、涂层防护碳素钢)

49. ISO 8449:1995 管道工程 单搭接金属软管(石棉密封、限定紧密度、圆形或多边形截面、涂层防护碳素钢)

50. ISO 8450:1986 管道工程 单搭接金属软管(无密封、无紧密度、圆形或多边形截面、涂层防护碳素钢)

51. ISO 8513:2000 塑料管道系统 玻璃纤维增强热固性塑料(GRP)管材 纵向抗拉特性的测定

52. ISO 9327-1:1999 压力用途的钢锻件和轧制或锻造的棒材 交货技术条件 第 1 部分:一般要求

53. ISO 9327-2:1999 压力用途的钢锻件和轧制或锻造的棒材 交货技术条件 第 2 部分:具有规定的高温度特性的非合金和合金钢(钼、镉和镉钼)

54. ISO 9327-3:1999 压力用途的钢锻件和轧制或锻造的棒材 交货技术条件 第 3 部分:具有规定的低温度特性的镍钢

55. ISO 9327-4:1999 压力用途的钢锻件和轧制或锻造的棒材 交货技术条件 第 4 部分:高强度可焊接细粒钢

56. ISO 9327-5:1999 压力用途的钢锻件和轧制或锻造的棒材 交货技术条件 第 5 部分:不锈钢

57. ISO 9329-1:1989 压力用途的无缝钢管 交货技术条件 第 1 部分:规定室温性能的非合金钢

58. ISO 5752:1982 法兰连接的管道系统用金属法兰 结构长度和端面至中心的尺寸

参考文献

[1] 张纲(国家质量监督检验检疫总局特种设备安全监察局局长).中国特种设备安全监察现状和对策.特种设备安全国际论坛,2005-11-15～16,北京.

[2] 压力管道安全管理与监察规定.1996 年 4 月 23 日劳动部劳部发[1996]140 号发布.

[3] 特种设备安全监察条例.2003 年 2 月 19 日国务院第 68 次会议通过,2003 年 6 月 1 日起施行.

[4] 关于实施《特种设备安全监察条例》若干问题的意见.国家质检总局[国质检法(2003)206 号],2003 年 7 月 11 日.

[5] 国家质检总局特种设备安全监察局组.国(境)外特种设备安全管理丛书.

[6] WTO/TBT 协定.

[7] 压力管道安全技术监察规程(工业管道篇)(征求意见稿).

[8] GB/T 20801—2006 压力管道规范 工业管道.

[9] ASME B31.3 Process Piping.

[10] EN 13480 Metallic Industrial Piping.

[11] 97/23/EC Pressure Equipment Directve(PED).

[12] Guide to the Implementation of Directives Based on the New Approach and the Global Approach.

[13] Simple Pressure Vessel Directive 87/404/EEC.

[14] Transportable Pressure Equipment Directive 199/35/EC.

[15] 陈登丰.压力设备必须迎接新的挑战-ASME 规范与 PED 的比较.化工设备与管道,2003 No.1.

[16] 陈登丰.欧盟和 ASME 非受火压力容器标准问答(上).ASME 在中国,2003No.4.

第八篇

电　梯

第三十六章　电梯标准法规制修订管理模式

第一节　中国电梯标准法规制修订管理模式

一、法规管理模式

为适应社会主义市场经济体制的要求，应对我国加入 WTO 后面临的新情况，加强和规范特种设备安全管理，根据《特种设备安全监察条例》的规定，在研究吸取工业国家成功做法的基础上，结合我国特种设备安全监察的实际情况，自 2003 年 10 月，国家质量监督检验检疫总局特种设备局开始建设以安全技术规范为主要内容的特种设备安全监察法规体系，由"法律—行政法规—部门规章—安全技术规范—引用标准"5 个层次构成，其中包括电梯的法规体系。

电梯是指动力驱动，利用沿刚性导轨运行的箱体或者沿固定线路运行的梯级(踏步)，进行升降或者平行运送人、货物的机电设备，包括载人(货)电梯、自动扶梯、自动人行道等。

目前在《特种设备安全监察条例》规定下实施电梯的设计、制造、安装、修理、改造、使用和检验检测以及许可、安全监督等管理工作。

二、标准管理模式

新中国成立后 20 多年里，我国电梯数量很少，总共生产安装电梯还不到 1 万台。那时电梯产品归属于起重运输机械类，生产厂不超过 10 家。20 世纪 70 年代初，电梯由当时的机械工业部归口管理，为规范我国电梯制造安装的质量，委托北京起重机械研究所牵头，组织了上海交通大学及国内的几家电梯制造及工业设备安装企业起草电梯产品行业标准。1974 年，机械工业部颁布了行业标准 JB 816—1974《电梯技术条件》，这是我国第一个关于电梯的行业技术标准。该标准在以后的多年中起到了良好的指导作用。

80 年代后随着电梯工业的快速发展，一些合资企业先后成立，从国外引进了较先进的电梯技术，也促使了我国的电梯标准逐渐完善，并向国际靠拢和接轨。1987 年，我国发布的 GB 7588—1987《电梯制造与安装安全规范》就是等效欧洲标准 EN 81—1985 版。1988 年还相继发布了 GB 10058—1988《电梯技术条件》、GB 10059—1988《电梯试验方法》、GB 10060—1988《电梯安装验收规范》等国家标准，使我国电梯设计、制造、安装和检验基本上有了依循，我国电梯标准体系初步建立。90 年代中期后，又根据我国电梯发展的实际情况，对电梯标准进行了大规模的修订与补充，使电梯标准体系进一步完善。

1992 年 7 月，国家质量技术监督局以[1992]339 号文正式批准成立全国电梯标准化技术委员会(以下简称电梯标委会)，编号为 SAC/TC 196。

电梯标委会由全国电梯设计、制造、安装、维保、科研、教学及监督检验等方面的有关专家和学者组成，是全国性的电梯标准化归口管理组织，也是电梯标准化领域中最具权威性的技术性组织。其宗旨是：促进我国电梯、自动扶梯和自动人行道(以下简称电梯)标准化工作的发展。电梯标委会分别于 1998 年和 2004 年进行了两次换届调整。目前是第三届，由 33 名委员和 3 名顾问组成，其中主任委员 1 名、副主任委员 4 名、秘书长 1 名，秘书处设在中国建筑科学研究院北京建筑机械化研究院。

第一、二届电梯标委会由原国家质量技术监督局及国家标准化管理委员会委托建设部领导和管理，第三届电梯标委会由国家标准化管理委员会直接领导和管理。

电梯标委会承担电梯国家标准和行业标准的制定、修订、审查、宣贯、解释、复审以及咨询等方面的工作,参与国际标准化组织 ISO/TC 178 对口的各项日常工作,负责向政府主管部门提出有关我国电梯标准化工作的建议。电梯标委会成立以来,迄今已组织 20 多项国家标准和行业标准的制修订工作。

1985 年我国参加了国际标准化组织 ISO/TC 178 技术委员会,是 ISO/TC 178 的 P 成员国,同时参加了 WG 6(电梯防火)工作组,又是 WG 4(从事世界范围电梯,液压梯安全规范比较)工作组的联络员,同时也参加了 WG 5(从事世界范围内自动扶梯与自动人行道安全规范比较)工作组。我国曾多次派代表参加国际标准化组织 ISO/TC 178 技术委员会组织的会议,参与议题研讨,提出我国的建议与意见。我国代表在年会与工作组中的积极活动,受到了与会各国电梯专家的欢迎及高度重视,也使得我国电梯行业在国际电梯界的影响日益扩大。电梯标委会还以荣誉会员的身份参加了亚太电梯、扶梯协会(PALEA),该协会的宗旨之一是"协调亚太地区标准,保证该地区要求在国际标准上有所体现"。因此参加该协会能进一步了解亚太地区电梯、扶梯标准的信息,对促进亚太地区电梯企业间交流和合作起到一定的作用。

电梯标委会还多次承办和协办 ISO/TC 178 技术委员会在中国召开的会议。如 1998 年 11 月,ISO/TC 178 技术委员会 WG8 工作组在北京召开的"世界范围内各主要的电磁干扰和电磁兼容标准进行比较"研讨会。2001 年 3 月 ISO/TC 178 技术委员会在上海召开的第 17 届年会等。

第二节 美国电梯标准法规制修订管理模式

中国是大陆法系国家,美国属于普通法系(也称海洋法系)国家。虽然制定法或成文法在当代美国的法律制度中占有重要位置,但是,判例法或不成文法仍然是美国法律制度的基石。从表面上看,普通法系似乎就是一个由许多单个判例组成的法律体系,然而实际上,普通法系是由一代代法官表述出来并不断重复的法律理念和规则的组合。成文法或制定法是相对于普通法或判例法而言的一个概念,是指由立法机关通过一定程序制定的具有普通约束力的法律。从 19 世纪后期开始,美国国会的立法大量增加,内容涉及社会的许多领域。成文法在规范和管理社会生活中发挥越来越大的作用。

一、美国联邦法规管理模式

1996 年通过的《1995 年美国国家技术转让与发展条例》规定:所有联邦机构和部门都应该使用由自愿协商标准组织制定或采纳的技术标准,作为执行政策或从事活动的方法。尽管,该法针对的是联邦机构和部门,但对州或城市的管理部门也有导向作用。同时,美国联邦机构和部门制定技术法规时必须要考虑成本效益,只有管理的效益大于管理的成本时才能通过。尤其针对安全健康方面的法规更是如此。

在美国联邦政府层面上,没有针对电梯的特殊法律法规规定。电梯如同其他消费品一样必须保证消费者免遭不合理的伤害,因此必须符合《消费产品安全法案》(Consumer Product Safety Act)、联邦规章第 16 篇(Code of Federal Regulations 16,即 16 CFR)。电梯的制造、安装、改造、维修等也如同其他的作业场所一样必须保证作业人员在作业过程中的安全,也就是必须符合《美国职业安全卫生法》(Occupational Safety and Health Act of 1970)及其授权制定的劳动安全卫生规章(联邦规章第 29 篇,Code of Federal Regulations 29)中的有关规定,这些法规规定了劳动作业场所(包括船、码头等场所)中有关起重机、电梯、升降机、楼宇维修设备等的具体要求,以及制造、安装、维修、使用过程中的劳动安全要求。同时,根据《残疾人法案》的要求,电梯的设计、制造和设置必须满足残疾人的需要。另外,电梯的设计、制造、安装等也必须符合建筑消防的要求,如电梯必须设置消防服务功能等。

《美国职业安全卫生法》授权建立了劳工部职业安全卫生管理局(U. S. Department of Labor Occupational Safety and Health Administration,简称 OSHA),并阐释了 OSHA 的基本权力。OSHA 可以主动地启动《美国职业安全卫生规程》(收录到 CFR 第 29 篇)的制定程序,也可以作为来自其他要求的反映而启动规程制定程序,这些要求可以来自卫生福利部部长,国家职业安全卫研究所(NIOSH),州和地方政府,任何产生全国性认可的标准组织,雇主或劳动者代表,或任何其他感兴趣的人。

1. 制定规程的建议

(1) 顾问委员会建议。如果 OSHA 确定需要一个特定的规程,可能要求其中一个顾问委员会制定一个专门的建议。有两个常务顾问委员会和一些特别委员会可能被任命调查 OSHA 关心的专门领域。所有的顾问委员会,不管是常务委员会还是特别委员会,必须有成员代表管理者、劳动者和州机构和一或多个由卫生福利部部长指派的代表。两个常务顾问委员会是:

1) 国家职业安全卫生顾问委员会 (NACOSH),它与卫生福利部部长和劳工部部长建议和商议并向两位部长推荐关于《职业安全卫生法》的行政管理事宜。

2) 建筑安全卫生顾问委员会,建议劳工部长在建筑安全和健康标准和其他的规章的方案。

(2) 国家职业安全卫生研究所推荐。规程的推荐也可以来自国家职业安全卫生研究所(NIOSH),NIOSH 由《职业安全卫生法》确立作为卫生福利部的一个机构。NIOSH 对各种各样的安全和健康问题进行研究,为 OSHA 提供技术上的协助,推荐规程给 OSHA。在进行研究时,NIOSH 可能对工作地点进行调查,收集来自雇主和雇员的陈述,而且要求雇主测量并报告雇员暴露在潜在危险的情况。NIOSH 也可能要求雇主提供医学检查和测试,以决定在雇员中职业疾病的影响方式。当 NIOSH 为研究这样的目的要求所作的检查和测试,费用由 NIOSH 而并非雇主支付。

2. 公告

一旦 OSHA 已经提议改进或撤销一个规程,它应以制定规章通知的形式在《联邦公告》上公布这一意图。在必需的时候,可采用一个预先通知,请求提供有关信息。该通知将包括新规程条款并给出专门时间 (从发布之日起至少 30 天,通常是 60 天或更长) 让公众予以回应。如果没有按上述要求发布公告时,提交书面的意见和相关的证据的感兴趣者,可以请求就提议举行公众听证会。当听证会被请求时,OSHA 应为其安排时间、地点,并预先在《联邦公告》中公布。

在征求意见期结束之后,举行一次公众的听证会。OSHA 必须在《联邦公告》中将要修订和采纳的规程最后版本全文、生效日期、解释和实施的原因刊登。OSHA 也可以刊登没有必要制定或修订规程的决定。必须适当地考虑争论、从公众书面或在听证会收到资料后,形成永久性规程的决定。

3. 紧急状况临时规程

在特定情况下,OSHA 被授权发布即时生效的紧急临时规程,这种规程可以生效至被永久规程替代之前。

当工人们由于暴露在有毒物质而处于严重的危险,或代理人认为存在有毒的、对身体有伤害的或其他新的危险时,OSHA 决定需要一个紧急规程来保护他们;然后,OSHA 在《联邦公告》刊登紧急临时规程,同时它也作为一项永久性规程的提议;6 个月内决定是否进入采纳永久性规程制定的正常程序。临时规程的有效性可以在相关的美国法院被提出申诉。

4. 上诉

可能因规程的实施造成不利影响的任何人,可以向其居住地或其主要营业地的美国巡回申诉法院递交诉状(在规程发布 60 天内),申请对该规程进行司法审查。递交诉状申请,不会延迟规程的强制性执行,除非申诉的法院明确地发出命令。

5. 变通

如果在生效日期仍不能够完全遵守规程,由于材料、设备或专业人士或技术人员的不足,或能证明他们的操作设备或方法所提供给雇员的保护与 OSHA 要求的"至少同样有效",雇主可以要求 OSHA 变通。雇主所在的州在实施本州的职业安全和健康计划时,应该向该州申请变通的允许。如果雇主在联邦 OSHA 司法管辖下的州和在实施州计划的州中都在使用这类设备,雇主可以直接地向联邦 OSHA 申请单一变通的允许,适用于所有确定的问题,OSHA 将会与有关实施州计划的州合作,决定是否允许一项变通以便满足该州和联邦 OSHA 的要求。

(1) 临时变通。由于专业人士或技术人员,材料或设备的原因,或因为必需建筑或设备的改造不能及时完成,雇主在规程生效日期不能够遵从,允许暂时变通。雇主必须向 OSHA 证明,他们同时正在采取有效的步骤维护雇员的安全,且雇主已经采取有效的计划,尽可能快地符合规程要求。允许临时变通的期限是达到符合要求所需的时间,但最长不得超过 1 年。它可以重新更新两次,每次 6 个月。临时变通的申请必须确定请求的是哪个规程或规程的一部分变通,以及雇主不能够遵从规程的理由。雇主必须证明为了遵从规程哪些措施已经实施或将实施(包括实施日期)。雇主必须证明工人已经被告知变通的申请,副本已经交给雇员授权代表,而且申请摘要应张贴在正常张贴通知的地方。必须通知雇员,他们有权利要求在申请允许变通举行听证会。

(2) 永久性变通。即允许雇主在特别需求或符合规程两者之间选择。雇主应证明其条件、实务、手段、方法、操作或程序能够提供一个安全和健康的工作地点,其与符合规程的作法同样有效。在作出决定时, OSHA 衡量雇主的证据,且要安排变通检查和适当的地方听证。如果 OSHA 认为请求有效,它将允许永久性变通,并在裁决中详细说明雇主特殊的例外和职责。当申请永久性变通的时候,雇主必须通知雇员有关申请的情况,以及他们要求听证的权利。在永久性变通的签发 6 个月之内,雇主或职员可随时请求 OSHA 修正或撤销。

6. 临时命令

变通决定被作出之前,在现存的条件下,为了雇主可以继续运作,他们可以向 OSHA 申请一个临时的命令。临时的命令申请可以变通的申请的同时或之后,命令被允许的理由可能被包含在临时的命令申请中。如果 OSHA 拒绝请求,拒绝的理由将会通知雇主。如果临时的命令被同意,雇主和其他的关心人士被告知有关命令,而且命令的条款将在《联邦公告》中刊登。

雇主必须把副本给经雇员授权的代表,并在正常张贴通知处张贴一份副本,以便通知雇员有关命令。

7. 实验性变通

如果雇主正在参与实验,证明或证实新的工作安全和健康技术有效,而且实验已经被劳工部部长或健康与福利部部长核准,允许实验性变通。

8. 其他

除了临时的、永久性的和实验性变通,当国家的防卫被损害的时候,劳工部部长也可以确定专门的变通。有关在申请变通方面进一步的资料和协助,可以联络最近的 OSHA 办公室。

此外,变通是不可追溯的。当雇主已经传唤违反规程,不可能借由申请变通来寻求减轻。但传唤未解决的事实,并不阻止该雇主提出一个变通申请。

9. 民众请愿

OSHA 不断地检讨它的规程以便赶上不断发展和变化的工业技术。因此,雇主和雇员应该知道:他们可以请求 OSHA 发展规程,也可以请求 OSHA 修正或废止规程。

二、美国各州法规管理模式

在州法律层面,绝大多数州都有自己管理电梯安全的法规。在各州,许多劳动安全管理部门获当地立法机关授权,将电梯的监督管理从劳动安全扩大到公众安全。一些独立立法的较大城市则由建筑物管理部门对电梯安全进行监督管理,如纽约市、芝加哥市。还有一些州或市则由其他政府部门对电梯安全进行监督管理。美国各州一般都有电梯方面的法规,并且有相应的行政管理规章。依据《美国职业安全卫生法》,OSHA 负责职业安全卫生法及其授权制定的劳动安全卫生规程的监督执行。各个州得到 OSHA 的批准,可实行本州劳动安全卫生计划,并且可从联邦政府中获得最多达到本州计划经费的一半的拨款。至今,至少已有 24 个州和 2 个地区实施自己的职业安全卫生计划。

1. 各州职业安全计划的设定

从以上可以看出,并不是每个州都有自己的职业安全计划。对于是否制定职业安全计划的情况主要有以下几种形式:

(1) 根据《美国职业安全卫生法》及其授权规章,制定州职业安全卫生计划。

(2) 有许多州在联邦 OSHA 1970 年成立之前就获当地立法机关授权,开始监督锅炉的安全性能,并将电梯的监督管理从劳动安全扩大到公众安全,成立了专门的机构管理锅炉和电梯等危险性较大的设备。

(3) 一些州没有实施本州职业安全卫生计划，其职业安全卫生由联邦 OSHA 在该州设立办事处直接监督管理，如纽约州，政府雇员的职业安全卫生由州自行监管，但本州私营机构雇员的职业安全卫生由联邦 OSHA 在该州设立办事处直接监督管理。

2. 州计划的批准

劳工部部长同意州计划的条件：

(1) 指定一个或几个州的机构作为负责管理全州计划的机构。

(2) 选定一个或多个安全或卫生问题来制定和实施安全卫生规程(作为州技术法规)，这些规程(以及规程的实施)应至少在提供安全卫生的就业与就业场所方面与依据《职业安全卫生法》第 6 节针对同样问题颁布的规程是同样有效的，这些规程在适用于州与州之间贸易中分配或使用的产品时，应符合地方条件，并不给州与州之间贸易带来不应有的负担。

(3) 规定进入隶属《职业安全卫生法》范畴的工作场所视察的权利，这种权利应至少与《职业安全卫生法》第 8 节规定的权利是同样有效的，并包括禁止事先通知视察的规定。

(4) 包含令人满意的保证，让这种州管理机构拥有或将拥有法定权威和素质合格的人员，以便实施这些标准。

(5) 给人以满意的保证，即该州将提供恰当的基金以管理和实施这些规程。

(6) 包含令人满意的保证，该州将在州法律允许的范围内制订和维系适用于该州公共机构及其所属行政机构的全体雇员的有效而全面的职业安全卫生规划，这种规划应与已批准计划中包括的规程同样有效。

(7) 要求该州雇主向部长提出报告，报告的方式和程度应如同州计划生效前一样。

(8) 规定负责的州机构应如部长不时要求的那样，按部长要求的形式和内容提交报告。

3. 州计划的撤销

劳工部部长应在各州机构报告和亲自视察的基础上，对于拥有依据本节批准计划的各州执行该计划的方式，作出持续性评估。

当劳工部部长发现，在发出通知和举行听证会以后，某州计划的管理仍然存在失误，不能从实质上符合州计划中某一规定(或其中的某一保证)，此时，劳工部将通知该州机构，撤销对该计划的批准。自接到该通知起，该计划应停止生效。

但在事件处理过程中，至撤销决定前，该州保留裁决权，以便在有关问题不涉及撤销计划的情况下继续实施该计划。对于劳工部撤销批准或否决州计划的决定，州可以要求州所在地的美国上诉法院进行审理，该州应在收到有关决定后 30 天内向该法院递交一份申请书，要求改变或弃置全部或部分的劳工部部长决定。

三、美国标准管理模式

美国标准体制特点是自愿性和分散化。美国长期推行民间标准优先的标准化政策，鼓励政府部门参与民间团体的标准化活动，调动了各方面的积极因素，形成了相互竞争的多元化标准体系。

1. 制定技术法规时使用协商一致技术标准的原则

1996 年 3 月 7 日，当时的美国总统克林顿签署《1995 年美国国家技术转让与发展条例》(The U. S. National Technology Transfer and Advancement Act，公共法 104-113)，新法规定了政府在制定技术法规时使用协商一致技术标准的原则：

(1) 总则。除下面“例外原则”中所述情况外，所有联邦机构和部门都应该使用由自愿协商标准组织制定或采纳的技术标准，作为执行政策或从事活动的方法。

(2) 协商与参与原则。在执行总则时，联邦机构和部门应该与自愿民间协商标准组织进行协商。如果技术标准涉及公共利益并与该机构或部门的职责、职能、优选权和预算资源相符合，应该与标准机构一起参与技术标准的制定。

(3) 例外原则。如果在执行总则时发现与现行法律相矛盾或无法实施，联邦机构和部门可以选用不是自愿协商标准组织制定或采纳的技术标准，但是该机构和部门的负责人需向预算与管理办公室(OMB)提交说明报告。

2. 美国国家标准协会与美国的国家标准制定和协调的程序

美国国家标准协会(American National Standards Institute 简称 ANSI)创立于1918年10月18日，是私营的、非营利组织[登记号:501 (c) 3]，负责管理和协调自愿标准化和合格评定系统。ANSI的使命是通过促进和协助自愿一致的标准和合格评定系统工作，来提高美国商业全球的竞争力和美国人民的生活质量。ANSI一般情况下并不起草标准，只是批准经ANSI接受的标准制定组织起草，按照《美国的国家标准制定和协调的ANSI程序》制定的标准作为美国国家标准。简单地说，ANSI是标准起草组织组成的协会，起着协调标准的起草和制定，减少重复性工作，提高标准的权威性的作用。

为了要维持ANSI授权，标准的制定组织要遵守一系列需求或程序，用于管理一致性发展程序，即《美国的国家标准制定和协调的程序》。程序的关键是保证美国国家标准的制定是在对各种不同的利益的人的需求公平地理解和回应的环境下进行。公开和公平的美国标准程序确定所有被影响和感兴趣的人有机会参与标准的制定。

为了保护公众的利益，标准的制定组织被ANSI接受的条件必须是符合公开、平衡、一致和其他的保护程序。美国的国家标准程序的特点包括：

(1) 由包括实质上受影响和感兴趣者代表的一个团体或"一致意见团体"提议的标准被一致同意；

(2) 在标准草稿上有广泛基础的公众评论和意见；

(3) 考虑和回应有关一致意见团体投票成员提交的意见和公众批评家的意见；

(4) 任何参与者根据ANSI的认可的标准的制定者的程序，认为正当的程序和原则在标准的制定过程中没有充分遵守时拥有上诉的权利。

关于合格评定。合格评定这个词用于描述制造商和独立性第三方对标准的符合性评定过程。合格评定也是ANSI高度优先的项目，ANSI授权第三方证实的计划在最近几年中有重大发展。协会将继续努力使得全世界接受美国实施的产品证书，并促进美国被授权者与持证者的互惠协议的签订。

近85年来，ANSI作为美国自愿的标准系统的协调者这一独特的、多元化的联盟，包括行业的标准制定组织，贸易协会，专业和技术学会，政府，劳动和消费者团体。

3. 美国机械工程师学会及其标准的制修订程序

美国机械工程师学会(American Society of Mechanical Engineers，简称ASME)于1880年成立，是一个非营利的教育和技术的组织，服务于全世界的

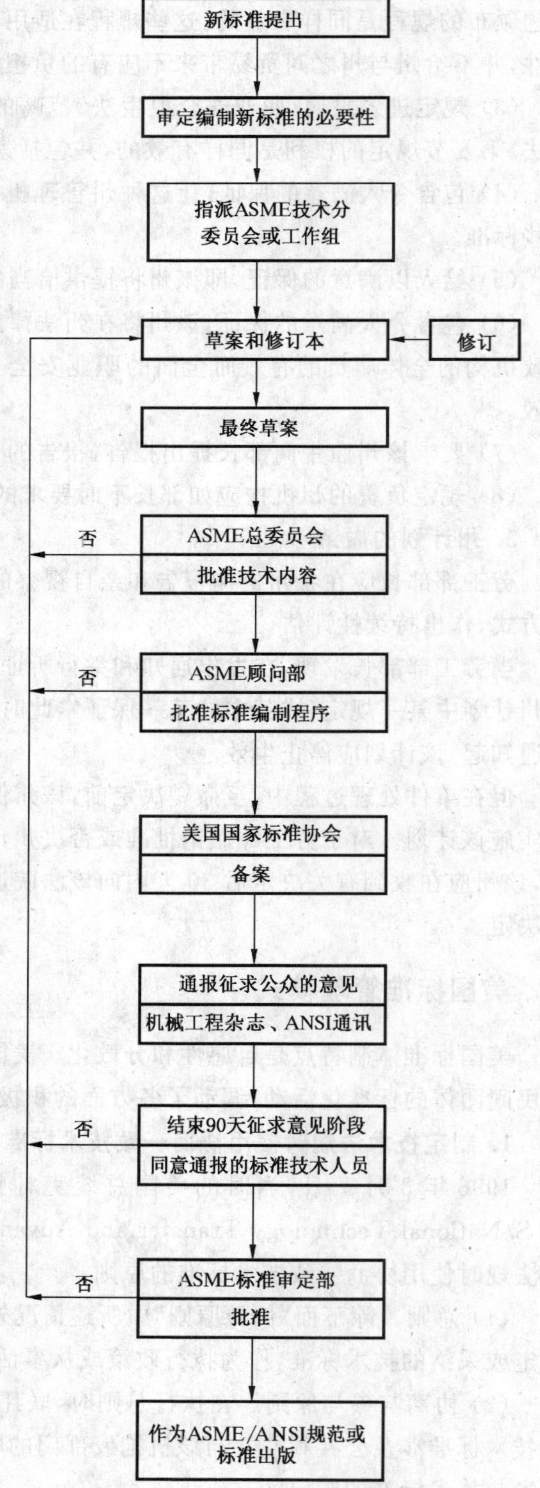

图36-1 ASME标准的编制和修订程序

125 000个会员，管理世界上最大技术出版业务。ASME 每年主持 30 多个技术协调会会议和 200 个专业的发展报告，制定许多工业和制造业的标准。在特种设备方面，ASME 制定锅炉、压力容器、电梯、起重机械、索道技术标准。ASME 标准本身并没有强制性，只有被联邦法规（通常是规章）或各州法规指定采用，才被强制执行。ASME 标准的编制和修订程序见图 36-1。美国联邦和大多州采用的电梯标准是 ASME A17.1。

4. ASME A17.1《电梯和自动扶梯安全规范》

ASME A17.1 第一版于 1921 年发布，它是由机械工程师学会产业工人保护委员会制定的。这个委员会当时由有相关利益关系的制造商、保险商、制定规章的机构和技术团体的代表组成，它是因工厂工人针对从电梯井道坠落事故的游行示威而发起成立的。

本规范覆盖下列位于建筑物结构内或旁边的设备的设计、制造、操作、检查、测试、维护、改造和修理。

(1) 装备有一个轿厢或平台，在两层或更多楼层之间移动的升降机械，包括但不限于电梯。

(2) 动力驱动的楼梯或人行道，用于楼层之间人员输送，包括但不限于自动扶梯和自动人行道。

(3) 装备有一个轿厢，服务于两层或更多楼层，由于限制了轿厢入口和轿厢尺寸，只能用于装载货物的升降机械。这种设备包括但不限于餐梯和杂物梯。

第三节　欧盟电梯标准法规制修订管理模式

一、欧盟电梯的定义

根据欧盟电梯指令(95/16/EC)，欧盟所称“电梯”是指能达到特定高度的一种设备，该设备有一个沿着固定的且与水平面成 15℃以上角度的导轨移动的、用以运送下列项目的轿厢：人；人和货物；只有货物，如果轿厢可以进入，也就是说，一个人可以毫不费力地进入，而且轿厢内部配有控制器或者轿厢内的人伸手可及控制器。

沿着固定的路线而非固定的导轨移动的电梯（如剪形电梯）属于本指令适用范围之内。

该指令应不适用于：用于公众旅客运输的索道起重机（包括缆车）；专为军队和公安部门设计制造的电梯；矿井内的提升传送装置；剧院内的升降台；运输工具内的电梯；与机械设备相连且专用于进入工作场所的电梯；建筑工地用于运送人或者人和货物的升降机。

自动扶梯和自动人行道属于欧盟机器设备指令适用范围。

二、政府管理

欧盟负责特种设备安全监察的机构主要是欧盟委员会领导的企业总司下属的法规与标准司。该司中的 G/3 处负责机电设备。

法规标准司的主要职责是：通过研究和创新、培训、促进投资和简化法规，调整贸易、健康、安全和竞争力等方面的政策，增强企业的竞争力；通过实施一些行政措施，促进法规的统一，形成欧盟统一市场，同时寻求在欧盟以外扩大市场份额的途径；核心职能是保证劳动者和消费者安全。

该司主要工作是通过与各工业协会、研究机构、成员国政府管理机构，以及其他相关人员、团体的协商、对话和调研，组织制定有关欧盟指令，并根据指令的要求，组织有关标准化机构制定相关欧洲统一标准(Harmonized Standards)。

欧洲电梯执行的法规是 95/16/EC《电梯指令》，自动扶梯及自动人行道执行的法规是 89/392/EC《机械安全指令》。

三、欧盟的合格评定程序和 CE 标志

合格评定程序是指直接或间接用来确定产品是否达到技术法规或标准相关要求的任何程序。包括

取样、测试和检查程序,评估、验证和合格保证程序,注册、认可和批准程序,以及它们的综合程序。

合格评定程序的内容主要包括两大类:一是对产品的安全、功能特性等进行的实验室检测程序,即产品认证;二是由国家认可机构对企业或他组织机构内部质量管理或环境管理等进行的认可程序,即所谓体系认证。其中,产品认证又分为安全认证和合格认证两种。安全认证是强制性的,合格认证和体系认证是自愿性的。但有些国家对一些招标工程或投放市场的产品要求企业完成相应的体系认证。如欧盟的医疗器械指令及电梯指令等,都规定制造商在生产过程中必须满足质量管理体系的要求,因而体系认证在某些场合也带有强制性倾向。

合格评定程序是检验产品质量的主要手段,同时也是影响出口贸易的一个重要因素。欧盟规定,凡是新方法指令所覆盖的涉及安全、健康及环境保护等的产品,都必须通过相应的合格评定程序,并加附 CE 标志后方能进入欧盟市场,否则,将一律不予进口。近年来,在欧洲市场上使用的 CE 标志对国际贸易的影响越来越大。据美国有关网站介绍,美国出口到欧洲市场的产品有 50%以上均受到 CE 标志的影响,很多人不知道或不确切知道 CE 标志是怎么一回事。我国出口企业也面临着同样的问题。

CE 标志是一种管理产品使其符合相关指令要求的标志制度。它是目前欧盟实施市场监督的一种重要手段。CE 是法语“Conformite Europeene”的缩写,中文含意是“符合欧洲(要求)”。某一产品一经加附上 CE 标志后,便表明该产品符合欧盟新方法指令中关于安全、健康或环境保护等基本要求,可以在欧盟市场自由流通。

CE 标志不是由某一认证机构或政府管理机构颁发的,而是由制造商或其代理商自己加附在产品上的。它只代表产品责任人的一种声明,告诉消费者,该产品符合欧盟有关法规的要求,并已完成了必要的合格评定程序。给产品加附 CE 标志虽然由产品制造商或代理商自己完成,但它是强制实施的一种标志制度,即对于欧盟新方法指令中所涵盖的要求贴附 CE 标志的产品,都必须在加附 CE 标志后才能进入市场销售或投入使用。对于没有按要求加附 CE 标志却已进入市场销售或投入使用的这类产品,则必须采取相应的纠正措施,直至强制撤出市场。

为了防止 CE 标志被滥用或误用,欧盟各国都通过立法来保障 CE 标志制度的有效实施。欧盟各国在进行市场监督的过程中,如果发现应该加附 CE 标志的产品却没有加附,或者产品虽贴附了 CE 标志,但该产品却不属于任何一个要求加贴 CE 标志的指令范畴,这种的做法会被认为是误导消费者的欺诈行为,市场监督机构或其主管部门会运用法律武器来处理这类事情(包括限制产品流通、处罚、向其他成员进行通报等等)。

对于从欧盟以外国家进口的产品,欧盟各成员同样有一套管理措施:一是所有的欧盟指令对进口产品普遍适用,而且制造商的责任与欧盟成员国的制造商相同。二是欧盟各成员国的海关会密切注意进口产品的情况,如果某一成员的海关发现产品没有按欧盟的要求携带必要的文件,或者应该加附 CE 标志却没有加附,该海关将会对产品进行扣留,拒绝通关。而且,欧盟各成员的任何一个海关,一旦在检查入关产品时发现这方面的问题,不仅有权中止报关手续,而且会立即通知欧盟成员的所有海关口岸采取相应的措施,杜绝这类产品进入市场。所以说,CE 标志是进入欧盟市场的通行证。

四、欧洲标准化委员会

欧洲标准化委员会英文全称为 European Committee for Standardization,法语为 COMITÉ EUROPÉEN DE NORMALISATION,按照法语缩写为 CEN。CEN 是一个协会,它是由欧盟(EU)15 个成员国各自的国家标准化组织(The National Standards Organizations)和欧洲自由贸易协会(The European Free Trade Association)的三个成员国组成的。为支持欧盟的技术法规,欧洲标准化委员会制定了约 13 000项满足技术法规基本要求的技术标准。

CEN 的主要任务是编写欧洲标准(European Standards, EN),正式文本为英文、法文和德文。

CEN 主要的机构标准化技术委员会,一共有 300 多个,每个委员会由某个成员国的标准化组织负责。电梯标准化技术委员会情况见表 36-1。

表 36-1 欧盟电梯标准化技术委员会

CEN/TC 10 电梯标准化技术委员会	
秘书处:法国标准化协会	
工作组编号(SC/WG)	工作组名称
CEN/TC 10/WG 1	电梯和服务电梯(Lifts and service lifts)
CEN/TC 10/WG 2	自动扶梯和人行道(Escalators and passenger conveyors)
CEN/TC 10/WG 4	数据记录和远程控制(Data logging and remote control)
CEN/TC 10/WG 6	消防员电梯(Fire figting lifts)
CEN/TC 10/WG 8	残疾人垂直升降平台和楼梯升降机(Stairlifts and vertical platforms for the disabled)
CEN/TC 10/WG 9	斜行电梯(Inclined lifts)
CEN/TC 10/WG 10	在用电梯安全性的改善(Improvement of safety of existing lifts)

第四节 英国电梯标准法规制修订管理模式

与绝大多数国家的宪法不同,英国的宪法不是一个独立的文件,而是由成文法、习惯法、惯例组成。主要有大宪章(1215 年)、人身保护法(1679 年)、权利法案(1689 年)、议会法(1911、1949 年)以及历次修改的选举法、市自治法、郡议会法等。英国有三种不同的法律体系:英格兰和威尔士实行普通法系,苏格兰实行民法法系,北爱尔兰实行与英格兰相似的法律制度。英国奉行三权分立原则,即由议会行使立法权,政府行使行政权,法院行使司法权。

英国议会由上院(贵族院)、下院(贫民院)、国王共同组成,行使国家的最高立法权。上院的立法职权主要是:提出法案,在立法程序中可以拖延法案生效,审判弹劾案,行使国家最高司法权。下院的立法职权主要是:提出重要法案,先行讨论,通过法案,提出质询,财政法案只能由下院提出和通过。国王批准并颁布法律,但必须先经由议会通过,国王只是履行一下手续。英国虽然奉行三权分立原则,但是英国的分权制度并不十分严格,尤其是立法与行政两种权力的界限不甚明了,因此,政府在立法方面的权限是比较多的,政府对于议会立法的参与、渗透和控制也比较明显。特别是政府可以行使授权立法权,即议会可以授权法授予内阁、部长或者其他权力机构立法权。根据有关法律,授权立法是具有立法权性质的,而不是行政权性质,尤其是由政府部门制定的法规(Regulation)具有立法权性质。这样做可以减少立法时间,适应经济增长对立法的需求,特别是需对紧急事件作急速处理、应付紧急情况以保障人民利益时,授权立法具有明显的优势。而且授权立法可以保证现代立法内容的专业技术水平,并有从容实验、不断完善的机会。在英国,政府的授权立法比议会立法超出 30 倍。

一、法规管理模式

按照法律的授权和要求,法规由相关部门草拟,经国会备案后,由国务大臣(部长)批准颁布。法规同法律一样具有强制性,必须执行。《劳动健康与安全法 1974》第 15 条授权国务大臣制定相关的健康与安全法规(Health and Safety Regulations)。通常,由英国健康与安全委员会(HSC)与相关各方广泛协商后,向相关的国务大臣提出健康与安全法规提案,国务大臣根据提案制定法规。这些法规提案需提交国会,提交后满 21 天自动成为法规(除非有反对案提出)。

在劳动健康与安全法规的立法方面,英国奉行以下原则:①透明清晰:语言清晰易懂,民众和企业有对其评头论足的机会,在实施前有时间做好准备;②目标明确:立法的目标应当集中在解决问题上,并将不利的副作用减至最低,还应当对立法效果进行定期评价;③协调一致:新颁布的法规要和现有法律协调一致，在健康和安全方面要与国际法律和标准相兼容；④适当平衡：法规的执行效果应当在风险和成本之间获得平衡，并应当考虑到遵守法规途径的可选择性。

为遵循上述原则，政策制定者在立法提案阶段负责考虑各种选择。起始阶段将从各种渠道广泛收集资料，如现有法律的执行经验，科研数据以及特别委托的研究结果等等，各种选择都将被考虑，包括选择不予立法。各种方案所带来的影响都将被评估；是否与现有法律和欧洲法律矛盾或协调一致也应考虑。还要特别考虑是否对民众或团体产生不公正的歧视。

一旦确定了立法方案，则有关分析材料将向各种利益群体和公众公布，以征求意见。通常采取两个步骤：一是公布"讨论文件"，描述存在的问题，征求如何采取合适行动的意见；二是公布"咨询文件"，具体陈述各种选择方案，征求如何切实可行的意见。这一阶段的结果以及协商意见随后将提交给英国健康与安全委员会(HSC)，由其向大臣和部长们提供立法适宜性的建议。如各方都同意应当立法，则制定相关的指南，该指南将在法规的实施日前发布。这样做的目的是为了获得广泛的公众支持，避免非预期的后果，提供可实施的符合法规要求的方法，并在风险、成本和获益之间达到平衡。

所有对工商业、慈善团体的和志愿者组织有影响的立法方案及其公布的指南都要定期进行影响评估(Regulatory Impact Assessment，RIA)。通过评估来明确存在的问题和立法方案的具体目标，评价风险，对各种选择的益处和成本进行比较、分析出谁或者何部门承担成本及获得利益，明确有关公平和公正的因素，概括其对小型企业的影响以及帮助他们遵守法规的措施，明确如何监视和改进法规及政策，明确如何制裁违法者。

上述评估过程贯彻整个法规起草阶段。各种反馈意见被用于完善分析结果。最终结论被呈递给相关的大臣或部长，大臣或部长阅读过 RIA 报告后将签署声明，表明将要实施的法规满足"与将获得的利益相比，所花费的成本是值得的"这一原则。

在法规实施之前，要作出对法规的影响进行评价的计划。一旦法规实施，就要按照预定的时间表进行评价，判断其是否达到了预期目标，确定是否需要修订或者废止。这样可以避免不断出现大量过时的法规，因为这可能是源于英国长期、连续的立法历史的一个潜在问题。

二、标准管理模式

英国是世界上标准化工作起步最早的国家之一。英国标准学会(The British Standards Institution，BSI)是发展英国标准的国家机构，组织制定了大量的英国标准(British Standard，BS)。

英国标准的制修订过程如下：

(1) 立项。公众各方认为有必要制定标准，或因标准化的要求而需制定标准时，可以提议制定标准，经相关利益方评审通过后立项。评审时应当考虑《皇家宪章》及其附属法律和《联合王国政府和英国标准学会标准备忘录》中的相关准则。

国家标准的制定或者修订计划应当由 BSI 通知欧洲标准化组织及欧洲委员会。国际标准或欧洲标准的制定计划则需提交相关的国际或欧洲标准化组织批准。

(2) 标准制定公告。在国家标准、欧洲标准和国际标准的制定开始阶段，向社会公告，以保证标准制定的透明性，并引起关注。

(3) 制定草案。

(4) 将标准的征求意见稿(Draft for Public Comment，DPC)向社会公布，广泛征求意见。

(5) 技术委员会批准。

(6) 签发。在国家标准发布之前，应当由相关技术委员会或子委员会的主席和秘书长、欧洲/国际标准执行秘书处或者国家标准开发部门的主管、BSI 执行主管或其指定代理人签字同意。

(7) 正式发布。

(8) 维护。BSI 确保每个标准都有一个技术委员会负责对其维护，使标准得到更新以与当前实际相适应，并避免重大错误。技术委员会每 5 年至少对其负责的每个国家标准进行一次评价；对于所采用的国际或欧洲标准，则按照相应国际或欧洲标准的相应情况，适时进行评价。相关技术委员会根据评价情况，作出确认标准（confirmation of standard）、编辑修改（editorial changes）、技术修改（technical changes）、全面修订（full revision）、废止（obsolescence）或撤回（withdrawal）的决定。需要注意的是，如果某标准被宣布废止，表明标准不再有效，且不能用于新的产品，但仍需保留以用于已有设备的维修保养等。

第五节 俄罗斯电梯标准法规制修订管理模式

原苏联解体后，俄罗斯从宪法开始，对法律、法规作了一系列修改。1993 年颁布了新的宪法，主要确立了总统、上院、下院及其下属联邦主体（包括公民）的法律地位，紧接着新的民法法典（1995）、刑法法典（1997）等问世，这些法律、法规的特点主要是适应了市场经济的发展。到目前为止，俄罗斯已与大部分 WTO 成员达成了双边准入协定，一些尚未商妥的必要法规正按 WTO 的要求进行修改，为此俄罗斯政府采取了一系列的改革措施，颁布了一系列新的法律、法规，并取得了很大的成效，如《俄罗斯联邦标准化法》、《保证计量统一法》、《产品与服务认证法》、《消费者权益保护法》、《俄罗斯联邦技术调整法》等。

一、法规管理模式

俄罗斯法律法规的制修订模式如下：

（1）首先由国家杜马提出制定或修改法律、法规的要求；

（2）然后由法律科学院和各大学（主要是莫斯科大学和圣彼得堡大学）的法律系拟定草案，递交国家杜马审批；

（3）国家杜马讨论后决定采用哪个草案；

（4）递交国家总统签字，在《俄罗斯报》刊登后生效。

俄罗斯国家杜马于 2002 年 12 月 15 日通过了《俄罗斯联邦技术调整法》（Russian Federation Federal Law On Technical Regulating），该法于通过后 6 个月正式生效。通过该法，俄罗斯从立法层面，明确了技术法规、标准的法律地位，以及技术法规、标准、合格评定的关系。

二、标准管理模式

《俄罗斯联邦标准化法》（以下简称《标准化法》）于 1993 年 6 月 10 日签署决议通过。

《标准化法》包括：总则；标准文件及其应用；对执行国家标准要求的国家检查和监督；违反本法规定的责任；国家标准化和国家检查监督工作的拨款，对采用国家标准的鼓励等。

其中，特别强调了标准化实现的要求；标准文件包括国家标准和按一定程序采用的跨国（独联体）标准、规程、标准化规范与建议，全俄技术经济信息分类，部门标准、企业标准以及社团标准；规定了实施国家标准检查和监督的国家检查员制度，明确了国家标准委员会和其他授权的国家管理机构是对国家标准强制性要求

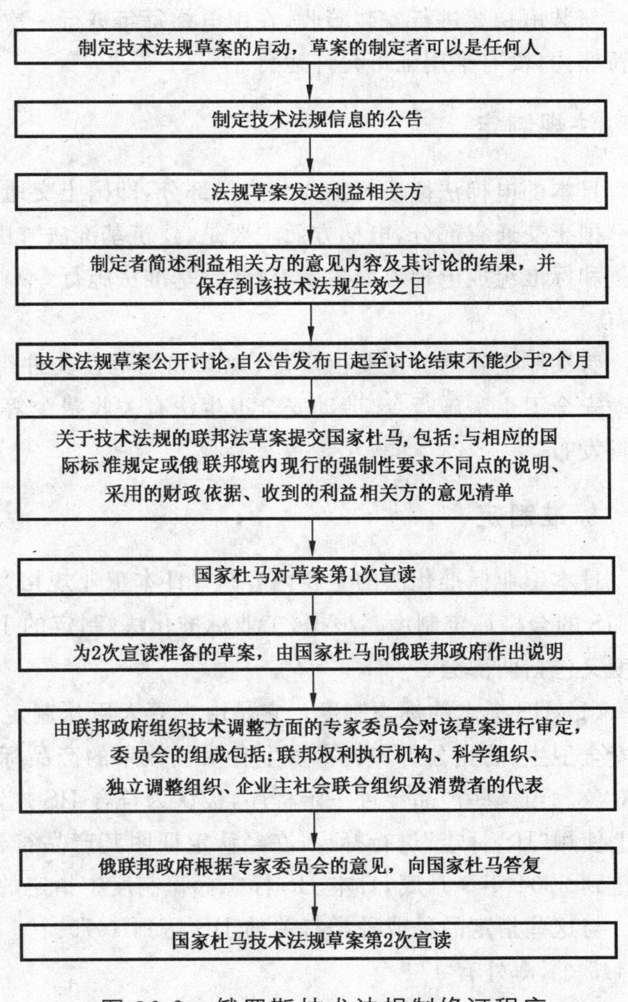

图 36-2 俄罗斯技术法规制修订程序

执行情况实行国家检查与监督的机构，还规定了国家总检查员、各联邦主体国家总检查员和国家检查员的权利，以及开展检查监督工作的拨款来源等。

俄罗斯技术法规制修订程序如图 36-2。

第六节　日本电梯标准法规制修订管理模式

日本电梯安全管理分为两个部分，国土交通省负责公共住宅、办公等商业楼宇电梯安全管理，具体安全检查工作由日本升降机等检查协会承担，并由检查单位直接张贴检查合格标志，并对检查的设备登记；厚生劳动省负责工业企业生产楼宇中的电梯检查，并由日本起重机协会等几家检查机构负责检查。

国土交通省是直接管理日本全国建筑活动的主管部门，各都道府县的建筑部及土木部是地方上建筑活动的主管部门，同时在业务上受国土交通省的领导。国土交通省设有大臣官房，主持日常行政事务，并设有综合政策、国土计划、土地及水资源、都市及地域整备、河川、道路、住宅、铁道、汽车交通、海事、港湾、航空、北海道等职能局和业务局，分别进行政策的制定、调整和业务行政管理。国土交通省还设有由有关专家和学者组成的各种审议会，其中有国土审议会、社会资本整备审议会、中央建设工事纷争审议会、中央建设业审议会、中央建筑士审议会等，都是国土交通省的行政咨询机构。

电梯作为建筑设备纳入建筑的管理范围，国土交通省负责电梯制造、安装、验收和日常维保、定期检查的监督管理工作，具体工作由国土交通省授权的认定机构、检验机构和地方特别行政厅负责实施，并对国土交通大臣负责。

根据日本《劳动安全卫生法》(第 53 条之 2)，由劳动大臣指定的起重机、流动式起重机、桅杆式起重机、电梯及吊篮的性能检验代检机构，主要负责工业企业生产楼宇中的电梯检查。

新装电梯要进行安装验收，在用电梯每年进行一次安全检查，通过验收和检查的电梯发给准用证贴在轿厢内，没有准用证不允许运行。

一、法规制定

日本的电梯法律法规主要分为两部分，即国土交通省部分和劳动厚生省部分。

国土交通省部分，电梯方面主要是《建筑基准法》；由内阁审议的基准法实施令、实施规则、相关规定、条例和标准组成电梯方面主要有《建筑基准法施行令》；政令、省令、告示，由国土交通省(前名为建设省)发布。

劳动厚生省部分主要由法规、规章和规范性文件组成。包括劳动安全卫生法、劳动基准法等法规。劳动安全卫生法施行令、劳动安全卫生法有关收费令等规章和起重机安全规则等规范性文件，由劳动厚生省发布。

二、标准制定

日本工业标准化法的主要内容是“日本工业规格”(Japanese Industrial Standards，简称 JIS)的制定和 JIS 的合格评定制度。根据《工业标准化法》制定的 JIS 标准就是日本的国家标准，而 JIS 的合格评定制度又包括两部分：

(1) JIS 标志的标识制度。它是由主管大臣从制定的 JIS 标准中挑选出对保护普通消费者利益、保证安全卫生、防止公害和灾害发生有明显效果的产品标准或者加工技术，指定其作为 JIS 标志标识制度的对象。当这些产品经过一定程序，被认为符合 JIS 规定的各个要件，作为一种证明，可以在其产品或包装上使用“JIS 标志”进行标识，在经认定证明其产品符合 JIS 标准的同时，对其产品质量也是一种保证。截止到 2004 年 3 月底，日本 JIS 标志标识制度中指定的产品，达到了 532 个品种，其中包括 10 种加工技术。与这些指定品种或种类有关的 JIS 达到 1079 个。在日本经认定获得 JIS 标志的工厂，日本国内有 12 449 个，海外有 474 个。

(2) 试验检验者认定制度(Japan National Laboratory Accreditation System，简称 JNLA)。其对象

是对于JIS标志标识制度对象以外的工矿产品，当这些产品的生产和经营者想要标识自己的产品符合JIS标准时，为了提高这些企业特别是中小企业、海外企业这种“自认符合JIS标准”的可信性，可以由能按照JIS规定的试验方法、具有一定能力的“试验检验者”进行认定。JNLA由日本经济产业大臣来认定，经认定的试验检验者在经认定的试验方法范围内，可以发行带有特别标志的试验成绩表，也即证明书。

第七节 新加坡电梯标准法规制修订管理模式

新加坡政府对电梯的管理实施负责的主要政府部门有：建筑与建设管理局（Building and Construction Authority，BCA）、消防局（Fire Safety Bureau，FSB）、新加坡市民的防御力量（Singapore Civil Defence Force，SCDF）、生产力与标准局（Productivity and Standards Board，PSB）。

一、新加坡法规标准的立法程序

新加坡实行议会共和制，总统为国家元首，由全民选举产生，任期6年。总统委任议会多数党领袖为总理。总统有权否决政府财政预算和公共部门职位任命；可审查政府行使内部安全法令和宗教和谐法令所赋予的权力以及调查贪污案件。总统顾问理事会受委托向总统提供咨询与建议。总统在行使某些职权，如主要公务员任命时，必须先征求总统顾问理事会的意见。总统和议会共同行使立法权。议会又称国会，实行一院制。议员由公民投票选举产生，任期5年。

新加坡国家标准、法规条例由SPRING（标准化、生产力、改革局，类似以前的PSB）通过它的标准委员会和各种各样的技术委员会来起草并颁发。与电梯有关的主要标准有：CP 2《客梯和货梯的安装、操作和保养实施规范》、CP 15《自动扶梯和自动人行道的安装、操作和保养实施规范》。

二、主要电梯法规制修订历史

新加坡是一个法制国家，电梯被作为建筑管理的一部分纳入规范的法制管理范畴，相关的法律主要有《建筑管理法》、《建筑维护与各阶层管理法 2004》、《建筑物维护与各阶层管理（电梯与建筑管理）规则2005》、《工厂法》、《消防法》等。

第八节 国际标准化组织电梯标准制修订管理模式

一、ISO/TC 178技术委员会的组织及分工

1. ISO/TC 178技术委员会的参加国

国际标准化组织ISO（International Organization for Standardization ）是世界各国标准化团体（ISO的成员团体）的联合会。国际标准化组织的成员国（团体）大约有140个。自1947年至今，已出版的国际标准约15 000多个。几乎涉及所有贸易活动的内容，如农业，建筑，机械工程，医疗器械以及多媒体用的视频数字编码等。如果某一国家标准化组织对某项目感兴趣，可以参加国际标准化组织已建立的这一项目的技术委员会。与国际标准有联系的政府或者非政府性机构，亦可参加此类工作。国际标准的具体工作是由国际标准化组织的各技术委员会（TC）承担。根据工作需要，每个技术委员会可以设立若干分技术委员会（SC），TC和SC下面还可以设立若干工作组（WG）。目前，ISO大约有3000个技术工作组（包括187个技术委员会、550个分委会及众多的工作组），每年约有5000个技术专家在参与制定国际标准（我国共有300多个标准化技术委员会与ISO和IEC的技术委员会相对应）。

ISO/TC 178技术委员会是专门研究垂直、倾斜和水平运送人和货设备国际标准的技术委员会（不包括连续机械搬运设备和矿井提升机），其秘书处设在法国标准化协会（AFNOR），主要承担电梯、服务电梯、自动扶梯和自动人行道及类似设备安全标准的制定、比较和研究。1990年时，ISO/TC178技术委员会的成员国为40个，至今已发展到51个。其中参加国共25个（参加国称为P成员国，对国际标准审议

有投票权，我国是P成员国），分别是澳大利亚、奥地利、比利时、巴西、加拿大、中国、捷克、芬兰、德国、伊朗、以色列、意大利、日本、韩国、马来西亚、荷兰、挪威、俄罗斯联邦、南非、西班牙、瑞士、美国、乌克兰、英国。还有26个观察国(地区)(称为O成员，可参加讨论但无投票表决权)，分别是阿根廷、保加利亚、克罗地亚、古巴、丹麦、中国香港、匈牙利、冰岛、印度、印度尼西亚、爱尔兰、牙买加、摩尔多瓦、新西兰、波兰、葡萄牙、沙特阿拉伯、塞尔维亚、新加坡、斯洛伐克、瑞典、泰国、特立尼达和多巴哥、突尼斯、委内瑞拉、越南。

我国是1985年开始参加了国际标准化组织ISO/TC 178技术委员会。

2. ISO/TC 178技术委员会的各工作组及分工

根据不同的垂直、倾斜及水平运输设备，ISO/TC 178技术委员会下设了若干工作组，具体承担各类设备(或部件)标准的起草编写工作。各工作组的分工内容及会议召集单位见表36-2。

二、ISO/TC 178技术委员会的工作目标

为了进一步促进电梯及其部件的标准化，ISO/TC 178技术委员会进行了较大范围的区域性电梯安全标准(规范)的比较，出版了一系列的技术报告，这些报告给出了这些地区和国家标准中几种规定的设计和有关的安全规范可能协调改进的方向。

表36-2 ISO/TC178技术委员会的各工作组及分工

委员会	制定标准的内容	委员会	制定标准的内容
TC 178/WG 2	导轨	TC 178/WG 7	电梯和服务电梯的控制装置和信号系统
	会议召集单位：法国标准化组织协会(AFNOR)		会议召集单位：法国标准化组织协会(AFNOR)
TC 178/WG 4	安全要求和风险评估	TC 178/WG 8	电气要求
	会议召集单位：加拿大标准委员会(SCC)		会议召集单位：美国国家标准协会(ANSI)
TC 178/WG 5	自动扶梯和自动人行道	TC 178/WG 9	电梯乘坐品质的测量
	会议召集单位：德国标准协会(DIN)		会议召集单位：澳大利亚标准协会(SA)
TC 178/WG 6	电梯安装	TC178/WG 10	能量效率
	会议召集单位：英国标准协会(BSI)		会议召集单位：韩国技术和标准协会(KATS)

ISO/TC 178技术委员会在行业中有两个主要的活动领域：新或老楼中新设备的制造和安装；已经安装设备的维修和改造。

据ISO国际标准化组织的统计，2002年全球生产了297 000台，包括22 000台自动扶梯及自动人行道。至2002年底，全球共安装的电梯总计约7 430 000台，即1000个居民就有116台电梯。1998年时这个比值是，1000个居民有108台，2002年比1998年提高了7.4%。每年安装设备的增长率小于4%，这种现象在欧洲有所加剧，因为那里已有的电梯中50%已超过20年了。

ISO国际标准化组织对电梯类的供应商的型式定义为以下几种：

1) 完整的公司，包括了电梯的设计、制造、安装、维修和改造，这是跨国公司在国际上运作的模式；

2) 部件制造商和整机制造商，专注于设计和主要部件或配套件的制造的较大的公司，一般这种是较大的跨国公司；

3) 专注于安装、维保或改造的地区性公司。

世界上大多数国家，对新大楼中配置电梯，一般由总建造师指定。技术上由咨询师或建筑师决定。大楼中的电梯一般由楼的业主或业主代表来管理。在某些国家中，维保工作要求是涵盖在地区法规中的，维保单位的选择也由大楼业主或其代表来决定。改造工作有的国家也是涵盖在地区法规中的，如法国法律，比利时的皇家法律等。为了有追溯效力，改造要消除重要的安全危险(如电梯无轿门)。改造每年的业务量低于2%。是否改造也由大楼业主或其代表决定。

ISO/TC 178的目标是为全球所有的使用电梯、自动扶梯和自动人行道的人制定一个共同的安全水平。即，通过使用风险分析和风险评估技术，达到ISO/TC 178制定的电梯基本安全要求。

三、国际标准的起草与批准程序

一般国际标准草案提交各成员国投票表决，只有得到至少75%参与表决的成员国的同意，国际标准草案才能作为国际标准正式发布。

国际标准的起草与批准程序如下：

国际标准的确认必须要通过一个准备及技术委员会达成意见一致的过程。如果一个文本要立项为国际标准，只要技术委员内协商统一意见即可。假设委员会内部不统一，须经投票表决，当2/3的P成员体投票赞成，就可同意立项。然后形成国际标准的草案(Draft International Standard,DIS)，草案提交5个月后，委员会进行投票，如果2/3的P成员体投票赞成，且投反对票的成员体不超过1/4，则认为草案获准通过。在草案基础上成员体继续讨论修改，形成最终的国际标准草案(Final Draft International Standard,FDIS)。如果这个最终文本在委员会投票时获2/3的P成员体投票赞成，且投反对票的成员体不超过1/4，则这个文本被批准为正式的国际标准，由中央秘书处予以出版发行。

在某些特殊需求下，技术委员会可能出版其他类型的标准化文件。如：

ISO/PAS(Publicly Available Specification)公众规范，是市场急需并在ISO组织内的技术专家已达成的共识文件，当得到上一级委员会中超过50%的成员投票同意后，就可公布该文件。一般该类文件不可与已有的国际标准内容相抵触。

ISO/TS(Technical Specification)技术规范，是标准化文件，是技术委员会的成员之间达成的共识，如果2/3的成员投票同意，就可以获得公布。同样该类文件也不可与已有的国际标准内容相抵触。

ISO/TR(Technical Report)技术报告，它包含有不同信息量的资料性文件，也是市场需求的产物。TR目前有三种形式：第一种有可能成为标准，但尚未达到一致同意的程度；第二种描述了特定领域标准的方向或者在某些情况下实践经试用是有效的文件；第三种仅仅是资料性的文件。将来ISO/TR只保留第三种的资料性文件，第一种和第二种将趋于作为TS规范处理。

ISO也提供国际工作组协议(International Workshop Agreement,IWA)，它是一些ISO直接感兴趣的成员体之间讨论的一种文件，它不具有国际标准的地位。

一份ISO/PAS或ISO/TS每3年要重新审查1次，以决定是否可以升级为技术标准，或延长执行期3年，或者撤销。即ISO/PAS或ISO/TS最长经过6年以后不转换为国际标准就是被取消。

第三十七章 电梯法规标准体系介绍

第一节 中国电梯法规标准体系

一、法规体系

以安全技术规范为主要内容的特种设备安全监察法规体系，由"法律—行政法规—部门规章—安全技术规范—引用标准"5 个层次构成，其中包括电梯法规体系。

1. 法律

(1)《中华人民共和国产品质量法》。该法于 1993 年 2 月 22 日第七届全国人民代表大会常务委员会第三十次会议通过，2000 年 7 月 8 日第九届全国人民代表大会常务委员会第十六次会议修正。该法的目的是为了加强对产品质量的监督管理，明确产品质量责任，保护用户、消费者的合法权益，维护社会经济秩序。在中华人民共和国境内从事产品生产、销售活动必须遵守本法。该法所称产品是指经过加工、制作，用于销售的产品。该法不适用建设工程。

(2)《中华人民共和国安全生产法》。该法于 2002 年 6 月 29 日第九届全国人民代表大会常务委员会第二十八次会议通过，自 2002 年 11 月 1 日起施行。该法制定的目的是为了加强安全生产监督管理，在生产过程中防止和减少生产安全事故，保障人民群众生命和财产安全，促进经济发展。在中华人民共和国领域内从事生产经营活动的单位(以下统称生产经营单位)的安全生产适用本法；有关法律、行政法规对消防安全和道路交通安全、铁路交通安全、水上交通安全、民用航空安全另有规定的，适用其规定。

(3)《中华人民共和国进出口商品检验法》。该法于 1989 年 2 月 21 日第七届全国人民代表大会常务委员会第六次会议通过，自 1989 年 8 月 1 日起施行。该法的目的是为了加强进出口商品检验工作，保证进出口商品的质量，维护对外贸易有关各方的合法权益，促进对外经济贸易关系的顺利发展。

该法第五条规定"列入《种类表》的进出口商品和其他法律、行政法规规定须经商检机构检验的进出口商品，必须经过商检机构或者国家商检部门、商检机构指定的检验机构检验。前款规定的进口商品未经检验的，不准销售、使用；前款规定的出口商品未经检验合格的，不准出口。本条第一款规定的进出口商品，经收货人、发货人申请，国家商检部门审查批准，可以免予检验"。

2. 法规

(1)与电梯相关的行政法规。《特种设备安全监察条例》(以下简称《条例》)。《条例》是我国特种设备主要的行政法规。2003 年 3 月 11 日第 373 号国务院令公布了《条例》，2003 年 6 月 1 日起实施。《条例》是为了加强特种设备的安全监察，防止和减少事故，保障人民群众生命和财产安全，促进经济发展，适用于涉及生命安全、危险性较大的锅炉、压力容器(含气瓶，下同)、压力管道、电梯、起重机械、客运索道、大型游乐设施等特种设备。《条例》对特种设备的生产(含设计、制造、安装、改造、维修，下同)、使用、检验检测及其监督检查规定了具体的安全要求，同时也明确了法律责任。

(2) 地方性法规。《江苏省特种设备条例》、《深圳经济特区电梯及自动扶梯安全管理条例》等。

3. 规章

与电梯相关的部门规章主要有：

(1)《特种设备质量监督与安全监察规定》。该规定于 2000 年 6 月 27 日经原国家质量技术监督局局务会议通过，以国家质量技术监督局第 13 号令公布，自 2000 年 10 月 1 日起施行。该规定的主要目的是为了规范特种设备质量监督与安全监察工作，确保特种设备的产品质量和安全使用，保障人身和财产安全，促进经济发展和社会稳定。该规定约定了特种设备的设计、制造、安装、使用、检验、维修保养和改造等要求。

应当指出，该规定中的"特种设备"包括"电梯、起重机械、厂内机动车辆、客运索道、游艺机和游乐设施、防爆电气设备等"，与《条例》是不一致的。

(2)《电梯安全监察规定》(正在制定过程中)。《电梯安全监察规定》是国家质检总局依据《特种设备安全监察条例》，为了确保电梯安全运行，防止和减少事故，保障人民群众生命和财产安全，规范电梯安全监察工作，促进经济发展和社会稳定而制定的部门规章。在中华人民共和国境内从事电梯及其安全保护装置与主要部件的设计、制造、安装、使用、维修、改造和检验活动，以及行政部门的管理与安全监察工作，必须遵守该规定。该规定同时指出，从事电梯制造、安装、改造、维修单位的行政许可管理和电梯检验、试验的程序、内容、要求、方法与合格判定，应当按照国家质检总局颁布的电梯安全技术规范和相关特种设备行政规范性文件执行。从事电梯型式试验、监督检验和定期检验工作的技术机构(以下简称检验机构)，应当具备相应的条件，经国家质检总局核准后，方可开展授权项目的试验或检验检测工作。

2001年颁布的《特种设备质量监督与安全监察规定》，由于是在《条例》颁布前实施，其中部分内容与《条例》规定不一致。因此正在起草中的《电梯安全监察规定》颁布时，《特种设备质量监督与安全监察规定》中关于电梯的内容同时废止。

(3) 如下特种设备的部门规章和规范性文件，虽没有特指电梯，但各类特种设备均须遵守。

——《锅炉压力容器压力管道特种设备事故处理规定》(质检总局令第2号)；

——《特种设备检验检测机构监督管理办法》；

——《特种设备人员检验检测人员监督管理办法》；

——《特种设备作业人员监督管理办法》(质检总局令第70号)；

——《特种设备现场安全监察规定》等。

(4) 地方政府规章。《北京市电梯安全监察办法》；《上海市电梯安全监察办法》；《南京市电梯安全监察和质量监督办法》。

4. 安全技术规范

安全技术规范是特种设备技术法规的重要组成部分，其作用是把法律、法规和行政规章原则规定具体化。《条例》所指安全技术规范是规定特种设备的安全性能和相应的设计、制造、安装、修理、改造、使用管理和检验检测方法，以及许可、考核条件、程序的一系列具有行政强制力的文件。现有的电梯安全技术规范有：《机电类特种设备安装改造维修许可规则》(试行)；《机电类特种设备制造许可规则》(试行)；《电梯监督检验规程》(《电梯安装监督检验及定期检验规则》正在起草，该规则颁布实施时，《电梯监督检验规程》同时废止)；《液压电梯监督检验规程》(试行)；《自动扶梯和自动人行道监督检验规程》(试行)；《杂物电梯监督检验规程》(试行)。

正在起草的电梯安全技术规范包括《电梯安全技术监察规程》(含曳引及强制驱动式电梯、液压电梯、杂物电梯等所有垂直升降梯)、《自动扶梯及自动人行道安全技术监察规程》、《电梯安装监督检验及定期检验规则》、《电梯型式试验规程》及细则等近40个安全技术规范。

5. 引用标准

引用标准是指在安全技术规范或部门规章中直接引用的国家或行业标准，当该标准或标准的部分条款被引用时，则该标准或标准的该部分条款将被强制执行。在电梯的安全技术规范中，主要引用的标准有：GB 7588—2003《电梯制造与安装安全规范》；GB 16899—1997《自动扶梯和自动人行道的制造与安全规范》；GB 10060—1993《电梯安装验收规范》；GB/T 10058—1997《电梯技术条件》；GB/T 10059—1997《电梯试验方法》等。

二、标准体系

中国的电梯标准体系主要由电梯国家标准、行业标准、地方标准和企业标准组成。

按照《中华人民共和国标准化法》的规定,对需要在全国范围内统一的技术要求,应当制定国家标准。国家标准由国务院标准化行政主管部门制定。对没有国家标准而又需要在全国某个行业范围内统一的技术要求,可以制定行业标准。行业标准由国务院有关行政主管部门制定,并报国务院标准化行政主管部门备案,在公布国家标准之后,该项行业标准即行废止。对没有国家标准和行业标准而又需要在省、自治区、直辖市范围内统一的工业产品的安全、卫生要求,可以制定地方标准。地方标准由省、自治区、直辖市标准化行政主管部门制定,并报国务院标准化行政主管部门和国务院有关行政主管部门备案,在公布国家标准或者行政标准之后,该项地方标准即行废止。

企业生产的产品没有国家标准和行业标准的,应当制定企业标准,作为组织生产的依据。企业的产品标准须报当地政府标准化行政主管部门和有关行政主管部门备案。已有国家标准或者行业标准的,国家鼓励企业制定严于国家标准或者行业标准的企业标准,在企业内部适用。

法律对标准的制定另有规定的,依照法律的规定执行。

国家标准、行业标准分为强制标准和推荐性标准。保障人体健康,人身、财产安全的标准和法律、行政法规规定强制执行的标准是强制标准,其他标准是推荐性标准。标准目录见本篇附录。

第二节 美国电梯法规标准体系

一、法规体系

1. 美国联邦的相关电梯法规概况

(1) 美国职业安全卫生法(Occupational Safety and Health Act of 1970,联邦规章第 29 篇,Code of Federal Regulations 29,即 29 CFR)及其判例。

(2) 美国消费产品安全法(Consumer Product Safety Act,联邦规章第 16 篇,Code of Federal Regulations 16,即 16 CFR)及其判例。

(3) 美国产品质量法及其判例。《职业安全卫生法》及其授权制定的劳动安全卫生规章和判例主要涉及电梯在制造、安装、维修、改造、日常维护保养等生产过程中雇员的安全防护。《消费产品安全法》及其授权制定的消费产品安全规章和判例主要涉及电梯产品在使用过程中使用者的安全。《产品质量法》及其授权制定的规章和判例主要涉及电梯产品的安全质量责任。

美国联邦的相关电梯法规的基本组成,包括:联邦法律(Act)、规章(Regulation)、判例(Case)、引用标准(Standard)、参考手册(Reference Manual)或指南(Guideline)。

2. 州电梯法规概况

美国现有 50 个州和华盛顿哥伦比亚特区。其中本土 48 个州,远离本土有 2 个州,一个是北美洲西北部的阿拉斯加州和中太平洋北部的夏威夷州。美国有 2700 多个行政县。

在州法律层面,绝大多数州都有自己管理电梯安全的法规。在各州,许多劳动安全管理部门获当地立法机关授权,将电梯的监督管理从劳动安全扩大到公众安全。一些独立立法的较大城市则由建筑物管理部门对电梯安全进行监督管理,如纽约市、芝加哥市。还有一些州或市则由其他政府部门对电梯安全进行监督管理。美国各州一般都有电梯方面的法规,并且有相应的行政管理规章。另外,若州有得到美国劳工部批准的劳动安全卫生计划,也应当遵守并实施。

一般地,州的电梯法规体系基本上包括的内容。

州法律(Act)、州规章(Regulation)、判例(Case)、引用标准(Standard),如 ASME A17。州职业安全卫生计划、参考手册(Reference Manual)或指南(Guideline)。

3. 职业安全卫生规程与各州职业安全卫生计划的关系

OSHA 负责职业安全卫生法及其授权制定的劳动安全卫生规程的监督执行。各个州得到 OSHA 的批准,可实行本州劳动安全卫生计划,并且可从联邦政府中获得最多达到本州计划经费的一半的拨款。至今,至少已有 24 个州和 2 个地区实施自己的职业安全卫生计划。

根据美国联邦规章第 29 篇第 15 章 职业安全卫生 第 667 节 州的权限和计划规定：

(1) 在缺乏可适用的联邦标准时主张应用州标准。本法应不阻止任何州机构或法院，第 655 节中在没有安全或健康标准的问题上，应用州的职业安全卫生法律权力。

(2) 服从州计划而发展和实施的州标准优先于联邦标准的应用。

二、标准体系

无论是联邦法律法规还是州法律法规，它们在电梯标准引用方面，基本上引用了美国机械工程师学会(ASME)制定的电梯安全标准全部或部分内容，即 ASME A17。ASME A17 已经过美国国家标准协会(ANSI)认可，颁布为美国国家标准，有时也称为 ANSI A17 电梯标准。

ASME 电梯标准在美国 80%以上的州得到了普遍的采用，当然，采用的标准未必是其最新版本。同时，努力使电梯标准在更广泛的范围内达到协调一致，如同加拿大的标准协调。1988 年，ASME 就和加拿大 CSA 联合成立了专家组，经过近 3000 多人的努力工作 A17 和 B44 达到了完全统一。因此，在电梯标准方面，美国和加拿大是完全一致的。

ASME 的电梯标准主要是 A17，但也包括其他 2 个标准。主要包括：

(1) A17.1《电梯和自动扶梯安全规范》(Safety Code for Elevators and Escalators)；

(2) A17.2《电梯、自动扶梯及自动人行道检验指南》(Guide for Inspection of Elevators, Escalators, and Moving Walks)：

——A17.2.1《电梯检查员手册》；

——A17.2.2《液压电梯检查员手册》；

——A17.2.3—1998《自动扶梯和自动人行道检查员手册》；

(3) A17.3《在用电梯和自动扶梯安全规范》(Safety Code for Existing Elevators and Escalators)；

(4) A17.4《紧急人员指南》(Guide for Emergency Personnel)；

(5) A17.5《电梯和自动扶梯电气设备》(Elevator and Escalator Electrical Equipment)；

(6) ASME A90.1《带式乘客电梯安全》；

(7) ASME QEI-1《电梯检查员资格标准》。

在美国所有标准都是自愿性的，即便是经国家标准协会 ANSI 批准的美国国家标准，只有由法规指定才具有强制性。美国机械工程师学会 ASME A17 电梯自动扶梯系列标准是美国各州通用电梯标准，被大多数州法规指定为部分或全部采用，或作为参考标准。ASME A17 电梯标准也被具有很大影响力的建筑物法规范本起草机构——国际规范协商会(International Code Council, ICC)所接受，作为参考标准。

第三节 欧盟电梯法规标准体系

一、欧盟法律体系

欧盟虽然是一个国际性的多国组织，但它带有明显的联邦特征，有自己的盟旗和盟歌，而且各成员自愿将国家的部分主权移交给了欧盟。欧盟的组织体制以"法制"、"分权制衡"和"共享"为原则。在机构组成和权力分配上，强调每个成员的参与作用。所以，有人称欧盟是一个超级国家。

在欧盟条约框架内，欧盟辅助性法规按照其实施目标可分为 4 种类型：条例、指令、决议、建议和意见。这 4 种法规的性质和法律效力各有不同。

(1) 条例(Regulations)。条例是一种具有普遍适用性和总约束力的法规，它们适用于所有成员包括成员中的自然人。条例一经生效，各成员都必须执行，没有必要再制定相应的本国法律。

(2) 指令(Directives)。指令虽然对各成员均有约束力，但对于实施指令的具体方式方法，各成员可以各不相同，只要能达到指令所要求的目标。指令是针对成员颁布的，不针对自然人。

(3) 决议(Decisions)。执行决议的对象可以是成员团体,也可以是个人,这要根据决议的具体内容来确定。决议一经颁布,各成员必须遵照执行,没有选择变通的余地。

(4) 建议和意见(Recommendation and opinions)。建议和意见不具有约束力。但一经发布,对有关国家的公众舆论具有一定的影响力。建议和意见不是法律,可由理事会或委员会通过。

欧盟的各项政策就是通过以上这一系列法令、指令、决议、建议和意见的颁布和实施来完成的,比如欧盟内部的货物、资金和人员的自由流通,建立关税同盟,消除成员之间的贸易壁垒,统一欧洲货币以及建立贸易同盟和共同外交等等。

二、欧盟"新方法指令"与协调标准

为加速建立统一大市场的进程,克服原有技术法规存在的诸多问题,欧共体于1985年通过了《关于技术协调和标准化的新方法》(简称新方法)决议,确立了在欧共体内制定和实施技术法规与技术标准的原则,即欧共体技术法规只规定有关安全、健康、消费者权益及可持续发展的基本要求,而详细的技术规范和定量指标由协调性标准来规定。运用新方法制定的技术法规称为新方法指令。

新方法指令属于完全协调化的指令,成员国在进行转换时,必须废除所有与之抵触的国家法律。另外,原则上不允许成员国保留或引入超越指令要求的更为严格的措施。由于新方法指令只规定了有关安全、健康等方面的基本要求,而商品自由流通需要对基本要求进行较为详细的解释,因此,在《关于技术协调和标准化的新方法》中规定了"与指令所提出的基本要求相符的产品技术规范,在协调标准中予以规定"这一重要原则。新方法指令批准后,欧盟委员会要求欧洲标准组织[欧洲标准化委员会(CEN);欧洲电工标准化委员会(CENELEC);欧洲电信标准协会(ETST)]依据新方法指令组织制定详细的参考性技术标准,由欧盟委员会批准。这些参考性技术标准主要表现为协调标准。协调标准对指令所确立的基本要求提供可担保程度的保证,为指令的实施提供技术支撑。因此,新方法指令赋予协调标准以特殊的法律地位:协调标准可直接作为符合相关指令基本要求的推论,也就是说,满足了协调标准,就可推论为满足了相关指令的有关基本要求,而其他标准或技术规范一般不具备这一效力。

根据欧洲标准组织内部的规定,已公布的协调标准应被等同转换为国家标准,并公布由协调标准转换成的国家标准的编号,这样就为协调标准提供了满足基本要求的推断。也就是说,如果产品符合由协调标准转化而来的国家标准,且协调标准的编号已在欧共体官方公报上公布,就可推断该产品符合相应的基本要求。

第四节　英国电梯法规标准体系

英国有英格兰和威尔士、苏格兰、北爱尔兰三套不同的法律体系。下面介绍涉及面最广的英格兰和威尔士的有关电梯的法规标准体系,它分为法律、法规、实务守则、标准四个层次。

1. 法律

第一层次为法律(Act)。法律须经国会上、下两院分别审议通过后方可颁布。法律具有强制性,必须执行。英国虽然没有专门针对电梯安全监督管理的法律,但英国于1974年颁布了《劳动健康与安全法1974》(The Health and Safety at Work etc. Act 1974,以下简称HSWA1974),其现有的劳动健康与安全管理系统、健康与安全法规体系等就是根据这个法律建立健全的。英国法定的健康与安全管理机构——健康与安全委员会(The Health and Safety Commission,HSC)和健康与安全执行署(The Health and Safety Executive,HSE)亦由该法授权成立。

2. 法规

第二层次为法规(Regulations,或称"条例")。按照法律的授权和要求,法规由相关部门草拟,经国会备案后,由国务大臣(部长)批准颁布。法规同法律一样具有强制性,必须执行。

与电梯有关的主要法规有:

——《电梯条例1997》(The Lifts Regulations 1997),该条例对电梯及其安全部件的设计、制造、安装、投放市场等方面的基本健康与安全要求等作出了规定；

——《升降操作与升降设备条例 1998》(Lifting Operations & Lifting Equipment Regulations 1998)，该条例对包括电梯在内的升降设备的使用、检验等作出了规定。

相关的法规还有：

——《劳动健康与安全管理条例 1999》(The Management of Health and Safety at Work Regulations 1999)；

——《工作场所健康、安全与福利条例 1992》(The Workplace (Health Safety and Welfare) Regulations 1992)；

——《建筑设计和管理条例 1994》(The Construction Design and Management Regulations 1994)；

——《伤害、疾病和危险事件报告条例 1995》(The Reporting of Injuries, Diseases and Dangerous Occurrences Regulations 1995)；

——《工作设备供应和使用条例 1998》(The Provision and Use of Work Equipment Regulations 1998)等等。

3. 经核准的实务守则

第三层次为经核准的实务守则(Approved Codes of Practice,ACOPs)。相关的实务守则有：

——《升降设备的安全使用实务守则和指引:升降操作和升降设备条例》(Safe Use of Lifting Equipment: Lifting Operations and Lifting Equipment Regulations 1998: Approved Code of Practice and Guidance L113 HSE Books 1998)；

——《劳动健康与安全管理实务守则和指引》(Management of Health and Safety at Work:Management of Health and Safety at Work Regulations 1999. Approved Code of Practice and Guidance L21 (Second Edition) HSE Books 2000)；

——《工作设备的安全使用实务守则和指引:工作设备供应和使用条例》(Safe Use of Work Equipment:Provision and Use of Work Equipment Regulations 1998. Approved Code of Practice and Guidance L22(Second Edition) HSE Books 1998)等等。

4. 标准

第四层次为标准(Standard)。英国是世界上标准化工作起步最早的国家之一，英国标准化协会(The British Standards Institution,BSI)是发展英国标准的国家机构，组织制定了大量的英国标准(British Standard,BS)。这些标准中，大部分是对欧洲或国际标准的转化。BSI 代表英国参加欧洲标准委员会(Comité Europeen de Normalisation ,CEN)和国际标准化组织(International Organization for Standardization,ISO)，以及欧洲电气技术标准委员会(Comité Europeen de Normalisation Electrotechnique,CENELEC)和国际电工委员会(International Electrotechnique Commission,IEC)。

第五节 芬兰电梯法规标准体系

芬兰也把欧盟的技术法规作为本国的法律文件来执行。电梯(包括乘客和载货电梯以及杂物电梯、自动扶梯和自动人行道)的基本安全要求和符合性评审程序等在欧盟《电梯指令》(95/16/EC)和欧盟《机械指令》(98/37/EC)中阐明。而 EN81 系列和 EN115 等欧洲标准则为推荐性标准。芬兰有关电梯的主要法律法规如下：

——《电气安全法》(Electrical Safety Act,410/1996;as amended 913/2002,220/2004)；

——《电气安全法令》(Electrical Safety Decree,498/1996,323/2004)；

——贸易工业部发布的有关电气安全(包括电梯)的各项决定(例如 Decision of the Ministry of Trade and Industry (516/1996))。

对于电梯行业，下列欧盟技术法规在芬兰具有同等法律地位：

——(95/16/EC)《电梯指令》(Lift Directive)；

——(98/37/EC)《机械指令》(Machinery Directive);

——(04/108/EC)《电磁兼容指令》(Electromagnetic Compatibility)。

第六节　德国电梯法规标准体系

一、有关电梯的法律

德国的最高立法机构为联邦议院,至目前为止,由其颁布的涉及电梯产品的法律有:

——《设备和产品安全法》(英语名称:Equipment and Product Safety Act),2004 年 1 月 6 日颁布。该法是贯彻实施欧盟的各项指令,包括《电梯指令》、《机械指令》等。

——《劳动安全法》(英语名称:Labor Safety Law)。

——产品责任法(英语名称:Product Liability Law)。

二、有关电梯的法规

在德国,涉及电梯等特种设备的法规由德国国家劳动和社会事务部根据德国的法律制定并执行。涉及电梯的法规有:

(1)《设备和产品安全法第 12 号法令(电梯法令)》(英语名称:Twelfth Ordinance to the Equipment and Product Safety Act (Lifts Ordinance - 12th GPSGV))。

(2)《安全操作条例》(英语名称:Operational Safety Regulation)。

(3)《电梯技术规则》(英语名称:Technical Rules for Lifts)。

(4)《安全操作技术规则》(英语名称:Technical Rules for Operational Safety)。

其中《安全操作技术规则》尚在起草中。

第七节　俄罗斯电梯法规标准体系

一、法规体系

俄罗斯目前涉及电梯安全的法律、法规主要有:《俄罗斯联邦技术调整法》、《危险生产项目工业安全法》、《关于在危险生产项目中对遵守工业安全要求的生产监督》、《关于对生产中发生的人员伤亡进行调查和统计的条例》、《关于危险生产项目事故原因技术调查程序条例》等。

二、标准体系

1. 标准体系概况

前苏联解体后,前苏联的国家标准 ГОСТ 全部转化为独联体跨国标准,标准符号采用前苏联国家标准符号,由独联体跨国标准化、计量与认证委员会(简称:独联体跨国标委)管理这些标准。俄罗斯联邦在前苏联解体后,立即成立了俄罗斯联邦国家标准化与计量委员会(简称:俄罗斯国家标委),并陆续制定了俄罗斯联邦的国家标准,标准符号 ГОСТ Р,在 ГОСТ 后加 Р(Россия——俄罗斯)以区别于跨国标准。

1993 年～2000 年是俄罗斯为适应市场经济体制,探索标准化改革和发展的重要时期。《标准化法》、《保证计量统一法》等一系列法律法规的相继发布,俄罗斯联邦主席团和联邦政府也通过了相应的决议。

俄罗斯执行的标准化规范性文件主要是推荐性的,只有少量是强制性的。强制性的又分为全文强制和条文(个别章节)强制之分。但是,俄罗斯的标准化规范性文件不论是推荐性的还是强制性的,在其代号上都没有体现。只是在强制性的标准化规范性文件的前言中(或在第一页的"适用范围"中)指明其性质。

2. 电梯标准

目前俄罗斯现行的电梯、自动扶梯标准主要有：

——GOST(即 ГОСТ，下同)18988—1990《船用电梯通用技术要求》(Lifts on ships. General technical requirements)；

——GOST 22011—1995《乘客和载货电梯规范》(Passenger and goods lifts. Specifications)；

——GOST 22845—1985《电力驱动乘客和载货电梯的装配和验收》(Electric passenger and goods lifts. Arrangement for assembly, assembly and acceptance)；

——GOST 26334—1984《电力驱动电梯的载荷与速度范围》(Electric lifts. Load capacity and speed ranges)；

——GOST 28911—1998《电梯和杂物电梯的控制装置　信号装置及附件》(Lifts and service lifts. Control devices, signals and additional fittings)；

——GOST 5746—2003《乘客电梯的基本参数和尺寸》(Passenger lifts. Basic parameters and dimensions)；

——GOST 8823—1985《电力驱动载货电梯的基本参数和尺寸》(Electric goods lifts. Basis parameters and dimensions)；

——GOST 8824—1984《电力驱动小型载货电梯的主参数和尺寸》(Electric small goods lifts. Main parameters and dimensions)；

——GOST R ISO/TS 14798—2003《电梯、自动扶梯和自动人行道的风险分析方法》(Lifts (elevators), escalators and passenger conveyors. Risk analysis methodology)；

——GOST 4.476—1987《产品质量指标体系，自动扶梯，指标术语》(Product-quality index system. Escalators. Index nomenclature)；

——ПБ10-558—2003《电梯制造与安全使用规范》；

——РД10-172—1997《逐层式自动扶梯和自动人行道结构和安装建议》；

——ПБ10-77—1994《自动扶梯安装和安全使用规范》。

俄罗斯电梯合格评定、设计、制造、安装、维修、改造、使用、管理等方面的要求，分布在俄罗斯法规、俄罗斯全国标准、政府主管部门发布的规范、标准化技术文件中，而且许多标准中规定的要求都是强制性的，因此电梯法规标准体系的层次不是非常明晰。随着 2003 年 6 月《俄罗斯联邦技术调整法》的正式生效，在以后的 7 年过渡期内，根据技术调整法的规定，将逐渐理顺技术法规、标准的关系，部分标准化技术文件中的内容将在相应的技术法规中体现，最终形成技术法规是强制性的，标准化技术文件是自愿采用的，完全符合 WTO/TBT 协议的法规、标准体系。

第八节　日本电梯法规标准体系

一、法规体系

1. 日本国土交通省相关电梯法规(见图 37-1)

2. 日本厚生劳动省相关电梯法规

法律：《劳动安全卫生法》、《劳动基准法》。政令(行政法规)：《劳动安全卫生法施行令》、《劳动安全卫生法有关收费令》。省令(部门规章)：《起重机等安全规则》。行政公告和通知：厚生劳动省告示、通知；相关技术法规：起重机等结构要求。

二、标准体系

日本的工业标准化制度包括两个主要方面：(1)根据工业标准法制定日本工业标准；(2)根据工业标准化法实施日本工业标准标记制度，即 JIS 标记制度。为了推荐工业标准化工作，日本政府确立了制定

法律

建设业法

建设许可、建设工程的承包等建筑物内设置升降机的相关事项

建筑基准法

昭25 法律第201号(改、平10法律第100号)

- 第6条 建筑物的建筑相关申请及确认
- 第6条-2 接受建设大臣的指定进行确认
- 第7条 建筑物相关检查
- 第7条-2 接受建设大臣的指定进行完成检查
- 第8条 建筑物的构造及其建筑设备的维护
- 第12条-2 有资格者对升降机进行定期检验及报告的义务
- 第34条-1 升降机及升降机的机构
- 第34条-2 消防电梯的设置
- 第36条 升降机及其他技术基准的指定
- 第37条 建筑材料的品质
- 第68条-10 型式适合认定
- 第68条-11 型式部材制造者的认证
- 第86条-7 对现有建筑物的限制的宽限
- 第87条-2 建筑设备(升降机及其他)方面的适用
- 第88条 工作物的适用
- 第97条-4 手续费

节省能源法

昭54 法律 第49号(改 平14)

Hart building law

平6 法律 第44号(改、平14)
(促进高龄者、身体残疾有障碍者使用特殊建筑物的建筑相关法律)

耐震改造法

平7 法律 第123号
(促进建筑物防震改造的相关法律)

制造物责任法

政令

建设业法实施令

建设业法实施令

昭25 政令第338号(改 平12 政令第211号)

- 第112条 防火区域划分及消防设置
- 第129条-2-5 电梯井道内禁止设置与电梯无关的配置设备的规定
- 第5章-4 建筑设备 第2节 升降机
- 第129条-3 适用范围
- 第129条-4 电梯结构的主要部分
- 第129条-5 电梯的载重
- 第129条-6 电梯的轿厢结构
- 第129条-7 电梯的井道结构
- 第129条-8 电梯驱动装置机控制器
- 第129条-9 电梯机房
- 第129条-10 电梯的安全装置
- 第129条-11 适用的除外
- 第129条-12 自动扶梯的结构
- 第129条-13 杂物梯的结构
- 第129条-13-2 不须设置消防电梯的建筑物
- 第129条-13-3 消防电梯的设置及结构
- 第136条-2-9 型式适合认定对象的建筑物部分及其相关规定
- 第144条-2 型式适合认定对象的工作物的范围及其相关规定
- 第137条-3-3 建筑物增建、改造时可不设置消防电梯的情况
- 第138条第2项 观光电梯或扶梯的工作物指定
- 第143条 观光电梯或扶梯适用规定的范围
- 第146条 电梯、自动扶梯的确认申请、检查的适用

合理使用能源相关法律的实施令

平14 政令第404号

省令

建筑基准法施行规则

昭25 建设省令 第40号(改正)

- 第11条-2-2 手续费的缴纳方法
- 第11条-2-3 手续费的金额
- 第1条-3 确认申请书的格式
- 第2条 确认完毕证的格式
- 第3条 工作物相关确认申请书及确认完毕证格式
- 第4条 结束检查申请书格式
- 第5条 定期检验

劳动安全卫生法第41条第2项

条例

地方自治体的条例

东京都建筑安全条例

- 第76条 电梯机房
- 第77条 电梯机房检修用插座
- 第78条 升降机的电气配线

图 37-1

相关基准

各行政机构通用规格书

(社)日本电梯协会

升降机技术基准解说

日本工业规定

JIS A 4302 升降机的检查标准

JIS G 3525 钢缆

JIS G 3546 异形绳索

(社)日本电梯协会

JEAS-406F 自动扶梯安全措施标准
其他标准

日本工业规定

JIS A4301 电梯轿厢机井道尺寸

(财)日本建筑设备・升降机中心

升降机防震设计・施工指南

告示、通知

升降机的维护及其运行管理的相关基准和细则(昭 60 建设省住指发 第 593 号)

特殊建筑物定期检查报告及其升降机等建筑设备的定期检查报告的推进(昭 46 建设省住指发 第 918 号)

定期调查和检查报告制度的指定方针(昭 53 建设省住指発 第 36 号)

定期检查的升降机的指定方针(昭 54 建设省告示 第 232 号)

特殊建筑物调查资格者及其建筑设备等的检查资格者[昭 45 建设省告示 第 1825 号(改、平 3 建设省告示 第 534 号)]

为了成为有资格的升降机检查者,使其学会必要的知识及技能的讲习的指定[昭 46 建设省告示 第 798 号(改、平 3 建设省告示 第 536 号)]

特殊结构或使用状态的电梯及自动扶梯的结构方法(平 12 建设省告示 第 1413 号)

电梯强度验证法的适用电梯,有关电梯强度验证法及室外设置的电梯的构造计算的基准(平 12 建设省告示 第 1414 号)

扶梯强度验证法的适用扶梯,及扶梯强度验证的方法(平 12 建设省告示 第 1418 号)

特殊用途的电梯及其轿厢载重(平 12 建设省告示 第 1415 号)

防火上无障碍的电梯轿厢和井道及杂物电梯井道(平 12 建设省告示 第 1416 号)

电梯控制器的构造方法(平 12 建设省告示 第 1429 号)

电梯的制动装置的构造方法(平 12 建设省告示 第 1423 号)

正常使用状态下没有人或物被夹,且没有障碍物冲突的自动扶梯的结构及自动扶梯倾角对应的梯级的额定速度(平 12 建设省告示 第 1417 号)

自动扶梯的制动装置的构造方法(平 12 建设省告示 第 1424 号)

自动扶梯的安全措施 (昭 52 建设省住指発 第 25 号)

自动扶梯的安全措施的推进 (昭 54 建设省住指発 第 31 号)

确保消防电梯的功能的必要结构方法(平 12 建设省告示 第 1428 号)

消防电梯乘场口设置向外开启的窗口及排烟设备的构造方法(平 12 建设省告示 第 1466 号)

决定消防电梯轿厢、出入口尺寸及轿厢载重的日本工业规格指定(昭 45 建设省告示 第 112 号)

日本工业规格指定(平 12 建设省告示 第 1446 号)

续图 37-1

工业标准规划的长期计划，目前已是第八个长期计划。

在日本，标准体系分为官方标准和团体标准。官方标准是由日本国家机关规划，并由内阁各主管大臣下达制定、修订任务，指定制定、修订归口机关和具体起草团体，经内阁各主管大臣批准施行的标准。日本有关资料称之为日本的“国家标准”通常大量使用的是“日本工业标准”，简称 JIS。

团体标准，又称民间标准或者专业团体标准，即由民间各行各业的团体被称之为学会、协会、联合会、同业会、工业会、研究所、委员会，某某中心等，以及个别政府机构中的特殊部门，根据其所在行业和他们自己的需要，自行组织规划、设置标准化职能机构、制定或修订本行业需要的标准或规范，由本行业相应机关审查、讨论、通过、公布执行的标准。JEAS 标准是日本电梯协会制定的推荐性行业标准。

日本的电梯法规覆盖面广，从建筑物本身以及相关的电梯、扶梯、自动人行道等设备出发，对材料品质、建筑物检查、升降机结构、消防设置、无障碍设置、耐震措施及检查要求、型式认定、人员资格、费用、处罚等方面都进行了明确规定。

第九节　瑞士电梯法规标准体系

一、电梯法规

在瑞士，政府机构并不直接参与电梯制造、安装、使用的管理。主要是由相应企业按照联邦及各州的法律法规自律，并由评审机构进行技术、质量监督。在工业、商业及公共建筑电梯市场方面则由政府指定的基金会进行监督，其他私人建筑电梯则完全市场经济化。

对于电梯行业来说，瑞士联邦的主要法律法规如下：

——联邦技术设施和设备安全法(Bundesgesetz über die Sicherheit von technischen Einrichtungen und Geräten，STEG)；

——技术设施和设备安全法令(Verordnung über die Sicherheit von technischen Einrichtungen und Geräten，STEV)；

——电梯安全法令(Verordnung über die Sicherheit von Auzügen (Aufzugsverordnung)；

——联邦贸易技术壁垒法(Bundesgesetz über die technischen Handelshemmnisse，THG)；

——联邦产品责任法(Bundesgesetz über die Produktehaftung，PrHG)。

对于电梯行业，下列欧洲技术法规在瑞士具有同等法律地位：

——95/16/EC 欧洲电梯指令 (Lift Directive)；

——98/37/EC 欧洲机械指令 (Machinery Directive)；

——04/108/EC 欧洲电磁兼容指令 (Electromagnetic Compatibility)。

二、电梯标准

瑞士现行的相关电梯标准均为非强制性协调标准，均为欧洲标准(EN)，主要为 EN81 标准系列。以下为瑞士/欧洲相关电梯法规引用的标准：

——EN 81-1:1998 电梯制造与安装安全规范　第 1 部分:电梯(1999-03-31)；

——EN 81-2:1998 电梯制造与安装安全规范　第 2 部分:液压梯(1999-03-31)；

——EN 81-28:2003 电梯制造与安装安全规范　客货两用电梯　第 28 部分:客货两用电梯遥控警铃(2004-02-10)；

——EN 81-58:2003 电梯制造与安装安全规范　第 58 部分：电梯层门一防火试验(2004-02-10)；

——EN 81-70:2003 电梯制造与安装安全规范　第 70 部分:电梯对于包括残疾人在内的人员的可接近性(2003-05)；

——EN 81-72:2003 电梯制造与安装安全规范　客货两用电梯特殊应用　第 72 部分:消防电梯(2004-02-10)；

——EN 115:1995 自动扶梯和自动人行道制造与安装安全规范;

——EN 12016:2004 电磁兼容性—电梯,扶梯和自动人行道产品系列标准—抗干扰;

——EN 13015:2001 电梯和自动扶梯维保—维保规程规则(2004-02-10);

——EN 12015:2004 电磁兼容性—电梯,扶梯和自动人行道产品系列标准—放射;

——EN 81-80 电梯制造与安装安全规范 在用梯 第 80 部分:提高在用客梯和客货两用梯安全性的规则。

第十节 新加坡电梯法规标准体系

新加坡电梯法规标准体系如图 37-2。标准一般由"行政院"所属"经济部标准检验局"统一颁布。

法律、行政命令、标准都具有强制性。一般法律、行政命令主要提出一些管理要求、办事流程和处罚原则等,不涉及到具体的技术方面内容;而标准一般只针对产品提出具体的技术方面的要求(一般包括:安全、性能和检查方面等要求)。

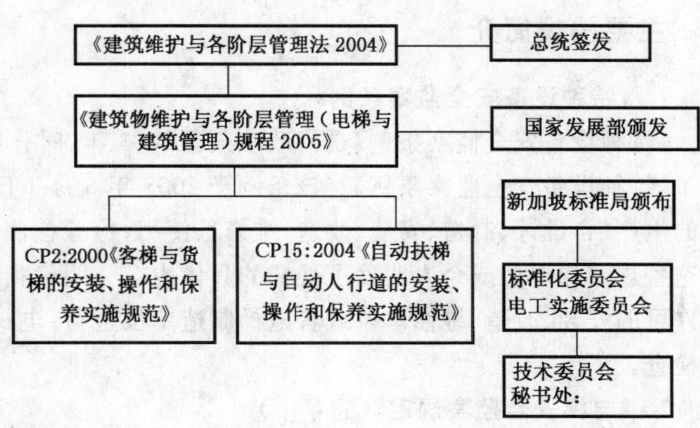

图 37-2 新加坡电梯法规标准体系

若有关单位对标准条款的内容提出相关问题,必要时"内政部"、"劳工委员会"等会以解释令的形式进行答复并予以公示。所有的解释令会统一编制在《升降机具相关解释令》中。

新加坡电梯法规规定了对建筑物及电梯的基本要求,偏重于行政管理,标准明确了电梯的安装及维护操作要求,更偏重于技术管理。

《建筑物维护与各阶层管理(电梯与建筑管理)规则 2005》是新加坡新出台的最重要的电梯法规,它从属于《建筑维护和各阶层管理法 2004》;《建筑物维护与各阶层管理(电梯与建筑管理)规则 2005》、CP 2《客梯与货梯的安装、操作和维修保养实施规范》、CP 15《自动扶梯与自动人行道的安装、操作和保养实施规范》标准基本上已经覆盖了新加坡对电梯的管理和具体要求。

第三十八章　电梯主要标准法规简介

第一节　中国电梯主要标准法规

一、主要法规简介

1.《特种设备安全监察条例》

《特种设备安全监察条例》是行政法规。2003 年，时任国务院总理朱镕基签署国务院第 373 号令发布了《特种设备安全监察条例》。该条例于 2003 年 6 月 1 日实施。在该条例中对包括电梯在内的特种设备的生产（含设计、制造、安装、改造、维修）、使用、检验检测及其监督检查等，作出了相应的规定，并对违反这些规定的单位或个人明确了处罚的具体内容。明确指出电梯的日常维护保养必须由依照本条例取得许可的安装、改造、维修单位或者电梯制造单位进行、电梯应当至少每 15 日进行一次清洁、润滑、调整和检查。

2.《电梯安全监察规定》（起草中）

《电梯安全监察规定》是国家质检总局依据《特种设备安全监察条例》，为了确保电梯安全运行，防止和减少事故，保障人民群众生命和财产安全，规范电梯安全监察工作，促进经济发展和社会稳定而制定的部门规章。在中华人民共和国境内从事电梯及其安全保护装置与主要部件的设计、制造、安装、使用、维修、改造和检验活动，以及行政部门的管理与安全监察工作，必须遵守该规定。该规定同时指出，从事电梯制造、安装、改造、维修单位的行政许可管理和电梯检验、试验的程序、内容、要求、方法与合格判定，应当按照国家质检总局颁布的电梯安全技术规范和相关特种设备行政规范性文件执行。从事电梯型式试验、监督检验和定期检验工作的技术机构（以下简称检验机构），应当具备相应的条件，经国家质检总局核准后，方可开展授权项目的试验或检验检测工作。

原国家质量技术监督局 2001 年颁布实施了 13 号令《特种设备质量监督与安全监察规定》，该规定同样也明确了电梯及其部件的设计、制造、安装、使用、维修、改造和检验活动，以及行政部门的管理与安全监察工作所应遵守的内容，由于其在《条例》颁布前实施，其中部分内容与《条例》规定不一致。因此正在起草中的《电梯安全监察规定》颁布时，《特种设备质量监督与安全监察规定》中关于电梯的内容同时废止。

3.《电梯监督检验规程》

2002 年 1 月 9 日，国家质量监督检验检疫总局颁布实施了《电梯监督检验规程》，是安全技术规范。该规程主要目的是为了加强对电梯监督检验工作的管理，规范电梯验收检验和定期检验的行为，提高监督检验工作质量。在该规程中给出了电梯监督检验的形式、监督检验前应当具备的条件、检验单位的行为规范、检验的判定规则、检验结果的处理形式以及检验必备的仪器设备和具体的检验内容和方法等。

在该规程中所述的“电梯”和《条例》、《电梯安全监察规定》中所述的“电梯”内涵是不一致的，其范围已经缩小。该规程明确指出：“本规程不适用液压电梯、防爆电梯、杂物电梯、自动扶梯和自动人行道的验收检验和定期检验”。

随着《条例》的颁布实施，该规程的部分内容已经不能满足《条例》规定要求。2004 年，依据《条例》在《电梯监督检验规程》的基础上，开始制定《电梯安装监督检验及定期检验规程》，在该规程中将增加对安装、维修、改造过程监督检验的内容，同时也将规程的适用范围增加了无机房电梯、强制驱动电梯的检验内容。当该规程正式颁布时，《电梯监督检验规程》将废止。目前，《电梯安装监督检验及定期检验规程》

正处于最后的审定中。

4.《液压电梯监督检验规程(试行)》、《自动扶梯和自动人行道监督检验规程》、《杂物电梯监督检验规程》

《液压电梯监督检验规程(试行)》、《自动扶梯和自动人行道监督检验规程》、《杂物电梯监督检验规程》分别于 2003 年 2 月 1 日、2003 年 5 月 1 日起施行,分别适用于液压电梯、自动扶梯和自动人行道、杂物电梯的监督检验,在这些规程中,规定了监督检验的项目、内容、要求和检验方法以及检验的合格判定规则。和《电梯监督检验规程》一样,这些规程也将陆续修改,以满足《条例》的要求。

5. 机电类特种设备制造许可规则(试行)

为了规范机电类特种设备制造许可工作,确保机电类特种设备的制造质量和安全技术性能,根据《条例》和《特种设备质量监督与安全监察规定》,2003 年 6 月 17 日国家质检总局以国质检锅[2003]174 号文的形式,发布了《机电类特种设备制造许可规则(试行)》。

该规则规定电梯及其安全保护装置,取得制造许可后方可正式销售。电梯制造许可分为产品型式试验和制造单位许可两种方式。在该规则中规定了制造许可的适用范围、制造单位的许可条件、评审程序、评审的内容、评审机构和评审人员和监督管理的要求等。

6. 机电类特种设备安装改造维修许可规则(试行)

为了规范机电类特种设备安装、改造、维修单位的资格许可工作,确保机电类特种设备安装、改造、维修及电梯日常维护保养的质量与安全性能,根据《条例》和《特种设备质量监督与安全监察规定》,2003 年 8 月 8 日国家质检总局以国质检锅[2003]251 号文的形式,发布了《机电类特种设备安装改造维修许可规则(试行)》。

在该规则中规定了安装改造维修许可的适用范围、安装改造维修许可单位的许可条件、许可程序、评审的内容、评审机构和评审人员和监督管理的要求等。同时在发文还指出:

(1) 所有已经取得特种设备安装、改造、维修或电梯日常维护保养资格的企业,应按照该规则规定重新申请相关许可项目。

(2) 2004 年 5 月 31 日前,已取得的相关资格尚在有效期限内,并能够按照本规则规定及时提出相关资格申请的企业,可以从事相应特种设备安装、改造、维修及维护保养工作,不作为无证处理。

7. 特种设备注册登记与使用管理规则

为了加强和规范特种设备使用环节的管理,防止和减少事故的发生,根据《特种设备质量监督与安全监察规定》,原国家技术监督局于 2001 年 4 月 9 日以质技监局锅发[2001]57 号文的形式发布了《特种设备注册登记与使用管理规则》。

该规则规定了包括电梯在内的机电类特种设备,在监督检验后办理使用登记的条件、使用登记证的形式和特种设备代码的编号规则等内容。

应当指出,随着《条例》的颁布实施,依据《条例》第十七条"特种设备安装、改造、维修的施工单位应当在施工前将拟进行的特种设备安装、改造、维修情况书面告知直辖市或者设区的市的特种设备安全监督管理部门,告知后即可施工",该规则中关于设备备案的要求应作出相应的调整,以满足《条例》的要求。

按照《条例》第二十五条规定,特种设备在投入使用前或者投入使用后 30 日内,特种设备使用单位应当向直辖市或者设区的市的质监部门登记。在国家质量监督检验检疫总局文件 2003 年 7 月 11 日以国质检法[2003]206 号文的形式发布了《关于实施〈特种设备安全监察条例〉若干问题的意见》中指出"对于地级州、盟或者未设区的地级市,登记机关为该地级市、州、盟的质监部门。直辖市所属区(县)的质监部门,可以受直辖市质监部门的委托,办理所辖行政区域内的特种设备使用登记工作,并以直辖市质监部门的名义颁发使用登记证"。在国质检法[2003]206 号文中同时规定"更换、修理电梯、起重机械、客运索道、大型游乐设施影响强度的部件、安全装置的维修活动属于重大维修",补充和完善了《特种设备注册登记与使用管理规则》中"大修""改造"的内容,保持和《条例》一致。

8. 锅炉压力容器压力管道特种设备事故处理规定

该规定是部门规章。为了规范锅炉、压力容器、压力管道、特种设备的事故报告、调查和处理工作,国家质检总局于 2001 年 11 月 15 日以质检总局令第 2 号的形式施行了《锅炉压力容器压力管道特种设备事故处理规定》。在该规定规定了包括电梯在内的特种设备发生事故的报告、调查、处理以及事故的统计、分析要求。

按照所造成的人员伤亡和破坏程度，分为特别重大事故、特大事故、重大事故、严重事故和一般事故。

特别重大事故，是指造成死亡30人（含30人）以上，或者受伤（包括急性中毒，下同）100人（含100人）以上，或者直接经济损失1000万元（含1000万元）以上的设备事故。

特大事故，是指造成死亡10～29人，或者受伤50～99人，或者直接经济损失500万元（含500万元）以上1000万元以下的设备事故。

重大事故，是指造成死亡3～9人，或者受伤20～49人，或者直接经济损失100万元（含100万元）以上500万元以下的设备事故。

严重事故，是指造成死亡1～2人，或者受伤19人（含19人）以下，或者直接经济损失50万元（含50万元）以上100万元以下，以及无人员伤亡的设备爆炸事故。

一般事故，是指无人员伤亡，设备损坏不能正常运行，且直接经济损失50万元以下的设备事故。

二、主要标准简介

1. GB 7588—2003《电梯制造与安装安全规范》

本标准等效采用欧洲标准EN 81-1:1998，规定了乘客电梯及载货电梯制造与安装应遵循的安全准则，以防电梯运行时发生伤害乘客和损坏货物的事故。本标准适用于电力驱动的曳引式或强制式乘客电梯、病床电梯及载货电梯。本标准不适用于杂物电梯和液压电梯。

2. GB 16899—1997《自动扶梯和自动人行道的制造与安装安全规范》

本标准采用欧洲标准EN 115:1995《自动扶梯和自动人行道的制造与安装安全规范》，是自动扶梯和自动人行道的安全规范，其目的是保证在运行、维修和检查工作期间人员和物体的安全，防止意外事故的发生。

3. JG 5071—1996《液压电梯》

本标准规定了液压电梯的技术要求、试验方法、检验规则、安装和验收规范以及标志、包装、运输和贮存。本标准适用于利用液压油缸直接或间接驱动轿厢垂直升降，轿厢额定速度不大于1m/s的液压电梯。

4. JG 135—2000《杂物电梯》

本标准规定了电力驱动的，轿厢是用钢丝绳或链条悬挂的杂物电梯的结构和安装，检验、记录与维修，包装、运输与贮存等方面的技术要求。本标准适用于额定载重量不大于500kg，额定速度不大于1.0m/s，在层站地板水平面或高于层站地板水平面装载的电梯。

5. GB/T 10058—1997《电梯技术条件》

本标准规定了乘客电梯及载货电梯的技术要求、检验规则、标志、包装、运输与贮存等。本标准适用于额定速度不大于2.5m/s的电力驱动的曳引式或强制式的乘客电梯和载货电梯。本标准不适用于液压电梯和杂物电梯。

6. GB/T 10059—1997《电梯试验方法》

本标准规定了乘客电梯及载货电梯的整机和部件的试验方法。本标准适用于电力驱动的曳引式或强制式乘客电梯和载货电梯。本标准不适用于液压电梯和杂物电梯。

7. GB 10060—93《电梯安装验收规范》

本标准规定了电梯安装的验收条件、检验项目、检验要求和验收规则。本标准适用于额定速度不大于2.5m/s的乘客电梯及载货电梯，不适用于液压电梯、杂物电梯。

8. GB 50310—2002《电梯工程施工质量验收规范》

本规范适用于电力驱动的曳引式或强制式电梯、液压电梯、自动扶梯和自动人行道安装工程质量的验收；本规范不适用于杂物电梯安装工程质量的验收。本规范是对电梯安装工程质量的最低要求，所规定的项目都必须达到合格。

9. GB/T 18775—2002《电梯维修规范》

本标准规定了乘客电梯及载货电梯维修应遵守的准则,以保证电梯安全运行和防止维修时发生伤害人员、损坏货物和电梯的事故。本标准适用于电力驱动的曳引式或强制式乘客电梯及载货电梯。本标准不适用于杂物电梯和液压电梯。

10. SN/T 0814—1999《进出口电梯安全性能检验规程》

本标准规定了进出口电梯的抽样、检验及检验结果的判定,适用于乘客电梯、载货电梯的检验,不适用于液压电梯、杂物电梯、自动扶梯的检验。

11. CB/T 3878—1999《船用载货电梯》

本标准规定了船用载货电梯的产品分类、技术要求、实验方法、检验规则、标志、包装、运输和贮存。本标准适用于曳引轮驱动的船用载货电梯,也适用于船用厨房电梯。本标准不适用于载人的船用电梯。

12. GB/T 7024—1997《电梯、自动扶梯、自动人行道术语》

本标准规定了电梯、自动扶梯、自动人行道术语。本标准适用于制定标准、编制技术文件、编写和翻译专业手册、教材及书刊。

13. GB/T 7025.1—1997《电梯主参数及轿厢、井道、机房的型式与尺寸　第1部分:Ⅰ、Ⅱ、Ⅲ类电梯》

本标准规定了Ⅰ、Ⅱ、Ⅲ类电梯的主参数及轿厢、井道、机房的型式与尺寸。本标准适用于在住宅楼、非住宅楼(办公楼及旅馆等)和医院建筑物内新安装的具有一个入口的电梯。亦可作为旧建筑物内安装新电梯的依据。本标准不适用于额定速度大于2.5m/s的电梯。本标准不适用于液压电梯。

14. GB/T 7025.2—1997《电梯主参数及轿厢、井道、机房的型式与尺寸　第2部分:Ⅳ类电梯》

本标准规定了运输货物用Ⅳ类电梯的主参数及轿厢、井道、机房的型式与尺寸。本标准适用于安装在新建筑物的具有一个入口的轿厢的电梯。亦可作为旧建筑物内安装新电梯的依据。

15. GB/T 7025.3—1997《电梯主参数及轿厢、井道、机房的型式与尺寸　第3部分:Ⅴ类电梯》

本标准规定了广泛用于各类建筑物中的Ⅴ类电梯的主参数及轿厢、井道的尺寸。

16. GB/T 13435—1992《电梯曳引机》

本标准规定了额定速度小于25m/s的电梯曳引机技术要求和质量要求。本标准适用于乘客电梯、病床电梯、载货电梯用曳引机。不适用于杂物电梯和额定速度不小于2.5m/s的各类电梯用曳引机。额定速度小于2.5m/s的各类电梯用的其他曳引机可参照执行。

17. GB 8903—1988《电梯用钢丝绳》

本标准适用于乘客电梯或载货电梯的曳引用钢丝绳。本标准不适用于建筑工地升降机,矿井升降机以及不在永久性导轨中间运行的临时性升降机用钢丝绳。本标准等效采用ISO 4344:83《电梯用钢丝绳》。

18. GB/T 12974—1991《交流电梯电动机通用技术条件》

本标准规定了各类型交流电梯电动机的型式、基本尺寸参数与尺寸、技术要求、试验方法与检验规则以及标志与包装的要求。本标准适用于各类型乘客电梯、客货电梯、病床电梯及载货电梯用的交流电梯电动机。

19. JG/T 5072.1—1996《电梯T型导轨》

本标准规定了导轨以及连接板的型号与参数、技术要求、试验方法、检验规则、包装和储运要求。本标准适用于为电梯轿厢和对重装置提供导向的电梯“T”型导轨。本标准不适用于电梯空心导轨。

20. JG/T 5072.2—1996《电梯T型导轨检验规则》

本标准规定了电梯T型导轨和导轨连接板的试验方法、检验要求与判定规则。本标准适用于由T型钢筋机械加工方式或冷轧加工制作的导轨,不适用于由板材经折弯成型的T型空心导轨。

21. JG/T 5072.3—1996《电梯对重用空心导轨》

本标准规定了电梯对重用空心导轨及电梯对重用空心导轨连接件的型号与参数、技术要求、试验方法、检验规则以及标志、包装、运输、贮存。本标准适用于电梯不设安全钳的对重用导轨和连接件。

22. JG 5009—1992《电梯操作装置、信号及附件》

本标准等效采用国际标准 ISO 4190-5:1987《乘客电梯和杂物电梯 第 5 部分:操作装置、信号及附件》。

23. JG/T 5010—1992《住宅电梯的配置与选择》

本标准规定了住宅电梯的配置和选择方法。本标准适用于安装在住宅中的乘客电梯。在建筑设计阶段,按本标准即能确定电梯的数量和它的主要规格。

24. YB/T 5198—1993《电梯钢丝绳用钢丝》

本标准适用于电梯钢丝绳用冷拉光面钢丝。本标准等效采用 ISO 4101:1983《电梯钢丝绳用冷拉钢丝》。

25. JB/T 8545—1997《自动扶梯梯级链、附件和链轮》

本标准规定了自动扶梯用梯级链的规格、尺寸、链长精度、极限拉伸载荷、附件型式和链轮参数。本标准适用于自动扶梯带有梯级的输送链,同时也适用于自动人行通道的输送链。

26. GA 109—1995《电梯层门耐火试验方法》

本标准规定了电梯层门耐火试验的试验设备、试验条件、试验要求、试验程序和耐火时间判定条件等项内容。本标准适用于候梯一侧受火的电梯层门的耐火试验。

27. YB/T 157—1999《电梯导轨用热轧型钢》

本标准规定了电梯导轨用热轧型钢的型号、尺寸、外形、重量及允许偏差、技术要求、试验方法、检验规则、包装、标志及质量证明书。本标准适用于机械加工电梯 T 型导轨用热轧型钢。

28. GB 5013—1997《额定电压 450/750V 及以下橡皮绝缘电缆 第 1 部分:一般要求、第 2 部分:试验方法、第 4 部分:软线和软电缆、第 5 部分:电梯电缆》

GB 5013 第 1 部分适用于额定电压 U0/U 为 450/750V 及以下硫化橡皮绝缘和护套(如果有的话)的硬和软电缆,用于交流额定电压不超过 450/750V 的动力装置。各种型号的电缆在 GB 5013.3 、GB 5013.4等标准中规定。第 1～7 部分规定的试验方法见 GB 5013.2、GB 12666.2 及 GB/T 2951 的相关部分。

29. GB 5023—1997《额定电压 450/750V 及以下聚氯乙烯绝缘电缆第 1 部分:一般要求》

本标准第 1 部分适用于额定电压 U0/U 为 450/750V 及以下聚氯乙烯绝缘和护套(若有)的硬和软电缆,使用在交流标称电压不超过 450/750V 动力装置。

30. GB 50096—1999《住宅设计规范》

该标准经建设部 1999 年 3 月 24 日以建标[1999]76 号文批准。在该标准中的第 4 节公用部分提出了对电梯设置的条件。电梯是中高层、高层住宅的主要垂直交通工具,多少层开始设计电梯是个居住标准的问题,各国标准不同。在欧美一些国家,一般规定四层起应设电梯,前苏联、日本及我国台湾省规范规定六层起应设电梯。我国 1954 年《建筑设计规范》中规定:"居住房间在五层以上或最高层的楼板面高出地平线在 17 公尺以上时,应有电梯设备"。1987 年,《住宅建筑设计规范》规定了七层(含七层)以上应设电梯,但 10 多年来,全国除北京、上海严格执行规范外,很多城市仍大量地出现七层、八层乃至九层、十层都不设电梯的住宅。这类住宅在使用上极为不便,特别是对老、弱、残者上楼梯和搬运重物更为困难。

第二节 美国电梯主要标准法规

一、主要法规简介

1.《职业安全卫生规程》中关于电梯的内容

《职业安全卫生规程》是美国职业安全卫生工作的基础和核心。在职业安全卫生立法前后,由劳工部职业安全卫生管理局(OSHA),其前身是劳动标准局,主持制定了许多安全卫生规程。主要有四大类:一般工业、海运业、建筑业和农业规程等。OSHA 下设的安全、卫生两个规程处，负责组织制定各种规程。规定如何通过，变动，上诉，及应急临时规程。国家职业安全卫生研究所(NIOSH)研究各种安全与卫生技术措施，向 OSHA 提供技术帮助并建议采用哪些规程。

在《职业安全卫生规程》"§1926.552 载物升降机、载人升降机和电梯"中规定:《职业安全卫生法》所管辖的，由雇主监护，雇员使用固定升降机(电梯)必须符合美国国家标准学会附录 A17.1a-1967，A17.1b-1968，A17.1c-1969 和 A17.1d-1970，并根据 A17.2-1960、A17.2a-1965 和 A17.2b-1967 进行检查。

2.《职业安全卫生法》的判例

电梯的安装、改造、维修必须符合 OSHA 工作现场的有关安全规定，如跌落防护，孔洞防护、个人防护等。OSHA 的安全标准并未将电梯作为特殊的个例来考虑，它必须满足对工业和建筑方面的有关安全规定。

1997 年联邦邮局位于费城的办公楼进行改造，其中涉及到一台液压电梯的改造，包括液压缸的更换。为了放置液压缸改造单位首先在底坑转了一个 22m 深的洞，同时为了防止对油缸的腐蚀先后加了金属衬和 PVC 塑料管衬。由于 PVC 塑料管衬分成几段，需要用一种粘合剂进行粘合，而该粘合剂是一种高易燃物质。最后将油缸放入 PVC 管中并在端部进行联结固定。4 月 22 日改造单位准备在油缸端部进行焊接作业，当焊枪刚引出火苗，爆炸就发生了，PVC 管爆炸的碎片将作业人员严重击伤，一个月内无法工作。事故发生后，当地消防部门立即赶到进行救援，并将情况通知了 OSHA 设在费城的区域办公室。OSHA 监察人员第二天早晨到达事故现场。

经过调查，OSHA 监察人员认为改造单位的作业现场有多处违犯 29 CFR 中的有关规定，如违反进入限制区域的有关规定、在易燃环境中进行焊接作业的规定、在工作场所有化学品时对人员进行培训的规定、人员高空作业时防跌落规定、违反正确使用梯子的规定等等。

改造单位对于违反进入限制区域的有关规定表示不服，认为电梯底坑不属于限制区域。除此之外对于 OSHA 的处罚，包括 3500 美元的罚款，改造单位均无异议。

随后，改造单位向美国职业安全与健康复审委员会提出申诉，认为 OSHA 将电梯底坑作为限制区域不当，而判定他们违反相关规定不成立。1999 年 12 月 9 日复审委员作出判决，维持原判。该改造单位仍然不服，向联邦上诉法院哥伦比亚地区巡回法院提出上诉，2000 年 12 月 22 日上诉法院作出维持原判的判决。

3. 美国消费产品安全法

美国消费产品安全法(Consumer Product Safety Act，联邦规章第 16 篇，Code of Federal Regulations 16，即 16 CFR)是一个授权法案，于 1972 年经美国国会批准后颁布。该法授权建立了美国消费品安全委员会(Consumer Product Safety Commission，简称 CPSC)并阐释了它的基本权力。该法明确将电梯作为消费产品。

1996 年关于电梯产品的判例一方面再次明确了电梯是消费产品，另一方面对电梯标准的增补和完善也起到了推动作用。

1996 年安德森 4 岁儿子脚被夹入扶梯梯级与围裙板之间，并最终导致三个脚趾被截肢。1997 年安德森夫妇向消费者产品安全委员会提出诉求：要求该委员会制定强制性要求消除扶梯梯级与围裙板之间的缝隙。委员会受理了这一诉求，但也引起了许多争议。争议的焦点是扶梯是否属于消费品？工业界普遍认为扶梯是一种交通运输设备，而不属于消费品，但委员会的法律顾问始终认为电梯和扶梯属于消费品，委员会对其拥有管辖权。其理由关键是是否对消费者造成了不合理的伤害。因此"消费品"应该是广义的定义，只要该产品对普通消费者造成了不合理的伤害，委员会就拥有对该产品的管辖权。比如 1977 年(联邦地区法院)哥伦比亚地区法院就在一起判决中裁定游乐设施(Zipper，链式悬车)属于消费品，CPSC 委员会拥有管辖权。

基于此，消费者产品安全委员会两次召开了电梯工业界参加的会议，会议的主要内容就是如何减少扶梯梯级与围裙板之间夹入的风险。电梯工业界对此非常重视，花巨资请独立的研究公司 ADL 进行了为期两年的研究，包括夹入机理研究和如何减少夹入风险研究等，并进行了大量的试验，最终该公司提出了“扶梯性能指数”。该指数被引入到 ASME A17.1—2000 版本及其后的版本中。同时，电梯工业界中的几大公司都写信给 CPSC 委员会保证其生产的扶梯符合 A17.1 新标准的要求，并保证逐步将其所维修保养的扶梯进行改造以符合新标准的要求。

4. 加利福尼亚州《电梯安全令》的主要内容

(1) 电梯的管辖范围。职业安全和健康管理局负责加州地区所有电梯的管理，但不包括以下几种情况：属于联邦政府管辖的电梯；单个单元的私人住宅中安置的电梯且公众不可能进入；多户型的住宅但住户不超过两户且公众不可能进入。

(2) 安装、改造、运行许可。任何个人或组织准备安装新电梯必须提交安装计划供职业安全和健康管理局审核，通过后得到许可才可以安装。改造也必须进过许可才可以进行。而更换客梯或货梯的门锁装置、安全装置、限速器、缓冲器等不需要许可，但在更换工作完成后应通知职业安全和健康管理局来进行检验并准备好接受检验。新的设备必须经过职业安全和健康管理局检验员的检验并取得许可才可以投入运行。改造过的电梯也必须经过职业安全和健康管理局检验员的检验并重新取得许可后才可以投入运行。职业安全和健康管理局在收到检验费用后才签发运行许可证。

(3) 检验员。在加州检验员分为三种类型：职业安全和健康管理局本身的检验员、保险公司的检验员和地方市政府的检验员，但后两种有一定的条件限制。如保险公司必须对电梯进行保险业务。地方市政府则必须维持有固定的电梯检验机构，且在条例或规则下运作，并至少等效于电梯安全令的要求。

检验人员必须具有一定的经验，至少有在机械或电气方面的工作经验且至少有一年的电梯设计、制造、安装、修理或检验经验。同时必须参加考试职业安全和健康管理局组织的考试，通过后取得资格证书后才能开展检验工作。考试分为理论考试和实操考试两部分。当然，在考试之前要进行不少于 90 天的电梯检验方面的集中培训，该培训在持证电梯检验员的直接监督指导下进行。另外对检验人员还有一定的职责要求，如具有良好的品质，无生理缺陷，能安全有效地完成其工作等等。

(4) 检验。对于新装设备的验收检验由职业安全和健康管理局本身的检验员进行。定期检验可由保险公司的检验员和地方市政府的检验员进行。所有电梯每年至少检验一次，当其签定了全维保养合同并处于安全运行状态时检验周期可延长到两年。

运行许可证或者许可证的复印件必须张贴在轿厢的显著位置，且张贴应该牢固可靠。通常情况下，许可证的有效期不超过一年。当职业安全和健康管理局调查和检验表明电梯处于安全运行状态且与电梯服务公司(须持有 C-11 许可证)签定有全维保合同，则许可证有效期可不超过两年。同时该电梯服务公司必须在 60 天内将下列资料提交职业安全和健康管理局：电梯服务公司 C-11 许可证复印件；全维保合同复印件。在两年有效期内，当该电梯服务公司的全维保合同终止或更改则其必须在 30 天内通知职业安全和健康管理局。

检验人员检验工作结束后，应按照职业安全和健康管理局规定的要求填写报告书，并必须在 21 天之内将其寄给职业安全和健康管理局。如果违反该项规定职业安全和健康管理局就可以取消该检验员的资格证。

(5) 违法行为的处罚。加州对于违法行为的处罚是相当严厉、相当细致的。如对于无证使用的处罚，该州规定：设备所有人或者设备监护人、管理者以及可以控制设备运行的人在未取得运行许可证的情况下使用设备是违法行为。可处以 1000 美元以下的罚金或 10 天以下的拘留，或者同时处以罚金和拘留。更严厉的是每天每使用一台无证设备就构成一次违法。如果有 3 台设备无证运行 10 天，就是 30 次的违法行为，可处以 3 万元以下的罚金或 300 天以下的拘留，或者同时处以罚金和拘留。可见处罚是相当严厉。对于无证从事设备制造、安装、改造的可处以 7000 美元以下的罚金或一年以下的拘留，或者同时处以罚金和拘留。

同时，加州对于违法行为规定的相当细致。如运行许可证或者许可证的复印件必须张贴在轿厢的显著位置，且张贴应该牢固可靠。

二、主要标准简介

1.《电梯和自动扶梯安全规范》

ASME A17.1 第一版于 1921 年发布，它是由机械工程师学会产业工人保护委员会制定的。这个委员会当时由有相关利益关系的制造商、保险商、制定规章的机构和技术团体的代表组成，它是因工厂工人针对从电梯井道坠落事故的游行示威而发起成立的。

本规范覆盖下列位于建筑物结构内或旁边的设备的设计、制造、操作、检查、测试、维护、改造和修理。

(1) 装备有一个轿厢或平台，在两层或更多楼层之间移动的升降机械，包括但不限于电梯。

(2) 动力驱动的楼梯或人行道，用于楼层之间人员输送，包括但不限于自动扶梯和自动人行道。

(3) 装备有一个轿厢，服务于两层或更多楼层，由于限制了轿厢入口和轿厢尺寸，只能用于装载货物的升降机械。这种设备包括但不限于餐梯和杂物梯。

本规范除了第一部分，以及 5.10、8.1、8.6、8.7、8.9、8.10、8.11 应用于新安装和已有电梯外，其余部分只适用于新装电梯。

2. A17.2《电梯、自动扶梯、自动人行道检验指南》

本指南覆盖符合 A17.1—1955 及以后版本的《电梯和自动扶梯安全规范》和 A17.3《已有电梯和自动扶梯安全规范》的电梯、液压电梯、自动扶梯、自动人行道推荐的检查和测试程序。

本手册也强调了 A17.1—1955 以前版本的《安全规范》要求。

3. A17.2.1《电梯检查员手册》

本手册为检查员提供钢丝绳电梯检查与测试程序指南，以及所引用的各种标准要求。

4. A17.2.2《液压电梯检查员手册》

覆盖符合 A17.1—1995 及以后版本的《电梯和自动扶梯规范》以及 A17.3《已有电梯和自动扶梯安全规范》油缸液压电梯被推荐的检查和测试程序。

5. A17.2.3《自动扶梯和自动人行道检查员手册》

本手册覆盖自动扶梯和自动人行道被推荐的检查和测试程序。

6. A17.3《在用电梯安全规范》

本规范覆盖已有电梯、自动扶梯以其井道的最基本的安全要求。

7. A17.4《紧急人员指南》

本指南分为两大部分，第 1 部分为紧急操作人员（如消防员、警察等）、大厦业主、承租人和大厦的管理人员解释从停止运行的电梯中释放被困乘客的正确程序；第 2 部分为在火灾情况下消防人员如何正确使用电梯。

8. A17.5《电梯和自动扶梯电气设备》

本标准覆盖应用于电梯、自动扶梯、自动人行道、餐梯和残疾人士提升装置（轮椅和升降楼梯）的电气设备，包括电力驱动、控制逻辑器件控制运行装置以及起动、停止、控制或保护电动机、发电机或其他设备的附属装置。

第三节 欧盟电梯主要标准法规

欧盟的电梯法规标准体系主要由电梯技术法规——《电梯指令》和各种电梯协调标准组成。

1995 年 6 月 29 日欧盟发布了《电梯指令》(European Parliament Council Directive 95/16/EC of 29 June 1995 on the Approximation of the Laws of the Member States Relating to Lifts)，其章节和附件如下：

前言

第一章 范围、投放市场和自由流动

第二章 合格评定程序

第三章　CE标识
第四章　最终规定
附件Ⅰ　有关电梯及安全部件的设计和制造的基本健康与安全要求
附件Ⅱ　EC合格声明
附件Ⅲ　CE合格标识
附件Ⅳ　第1(1)条和第8(1)条所指的安全部件清单
附件Ⅴ　EC型式检验(B模式)
附件Ⅵ　最终检查
附件Ⅶ　各成员国评审机构的最低标准
附件Ⅷ　产品质量保证(模式E)
附件Ⅸ　全面质量保证(模式H)
附件Ⅹ　单件检验(模式G)
附件Ⅺ　符合随机检查的型式检验(模式C)
附件Ⅻ　电梯的产品质量保证(模式E)
附件XⅢ　电梯的全面质量保证(模式H)
附件XⅣ　生产质量保证(模式D)

该指令对电梯的基本健康与安全要求、允许电梯及安全部件投放市场和投入使用的条件、电梯及其安全部件的合格评定程序、对电梯和安全部件加贴CE标记的要求以及各成员国为符合该指令而应当采取的措施等作出了规定。其全文译文参见国(境)外特种设备安全管理丛书之《欧盟分册》附件3 3-2。鉴于英国已将该指令转化为本国的技术法规《The Lifts Regulations》,故将在本报告的英国部分将结合英国的具体实施情况介绍电梯指令的相关内容。

该指令要求欧盟各成员国在1997年1月1日之前通过并公布必要的法律、法规和管理规定以遵守本指令。从该指令通过之日起至1999年6月30日之前,各成员国应当允许与他们国家实施的规定相符的电梯及其安全部件的投放市场和投入使用。

欧盟各成员国大都将该指令转换为本国的法律、法规。

需要指出的是,该指令适用于用来运送人或者人和货物的电梯,以及只用来运送货物但人可以毫不费力地进入轿厢的电梯,而不适用于自动扶梯、自动人行道和人员不能进入轿厢的载货电梯及杂物电梯。对于自动扶梯、自动人行道以及杂物电梯,应当符合《机械指令》(Directive 98/37/EC of the European Parliament and of the Council of 22 June 1998 on the approximation of the laws of the Member States relating to machinery)的要求。

第四节　英国电梯主要标准法规

一、《电梯条例1997》内容介绍

1995年6月29日欧盟发布了《电梯指令》(European Parliament Council Directive 95/16/EC of 29 June 1995 on the approximation of the laws of the Member States relating to lifts)。为了贯彻实施《电梯指令》,主管电梯及电梯部件的英国贸工部国务大臣被授权制定了《电梯条例1997》(The Lifts Regulations 1997,Statutory Instrument 1997 No. 831)(以下简称"LR1997")。该条例主要内容如下:

1. 第1部分:序言。

第1条:引用、实施日期和废止。规定了该条例的实施日期(1997年7月1日),并宣布《电力驱动、液压驱动以及电-油驱动的电梯(部件)(EEC要求)条例1991》同时废止。

第2条:名词解释。对该条例使用的一些名词术语如"电梯指令"、"EEA"、"CE标志"、"委员会"、"执法机构"、"基本健康与安全要求"、"协调性标准、"电梯企业(安装者)"、"电梯"、"安全部件制造者"、

“电梯样机”、“评审机构(第三方认证机构)”、“电梯的投放市场”、“相关的基本健康与安全要求”、“责任人”、“电梯或者安全部件的安全”、“安全部件”、“标准”、“供应”、“被转换的协调性标准”给出了解释。此外还规定,如某人将为个人使用而制造的电梯及安全部件投入使用,或者将从欧共体之外的国家或地区进口的电梯及安全部件投入使用,这样的人即为“责任人”,并被认定已经将那种电梯或者安全部件投放市场。其中特别应当引起注意的几个名词是:

——电梯:指服务于规定楼层的设备,它具有一个轿厢,该轿厢沿着与水平面间的倾斜角大于15°的刚性导轨运行,或者沿着与水平面间的倾斜角大于15°的固定的路线(而非沿着刚性的导轨运行,例如剪叉式电梯)运行,用于:运送乘客;运送乘客和货物;仅运送货物,但人员可以毫无困难地进入轿厢,且轿厢内装有人员可触及的控制设备。

——电梯企业(安装者):承担电梯的设计、制造、安装和投放市场的责任,并负责附有CE标记、作出EC合格声明的自然人或法人。

——安全部件制造者:承担安全部件的设计、制造的责任,并负责附有CE标记、作出EC合格声明的自然人或法人。

——电梯样机:同一系列中1台有代表性的电梯,其技术文件表明:该系列电梯技术特征一致,以同一方式满足基本安全要求,使用相类型的安全部件。

——责任人:就电梯而言,指电梯企业;就安全部件而言,指安全部件的制造者或者其在共同体内的授权代表;当电梯企业、安全部件制造者或其授权代表都不履行第8(2)或9(2)的规定时,指将电梯或者安全部件投放市场的人。

——电梯的投放市场:除了“责任人”的定义中以及第9(3),14和19条所述的情况,当电梯企业首次将电梯提供给使用者时即为投放市场。

——执法机构:对于在工作场所使用的电梯和安全部件,在英国,是指依据《HSWA1974》之第10部分成立的安全卫生执行署,在北爱尔兰,指经济发展部;对于私人使用的电梯和安全部件,在英国,指国务大臣,在北爱尔兰,指经济发展部。

——电梯或者安全部件的安全:指电梯或者安装在电梯上的安全部件在正确的安装、维修并且按照预期目的使用的情况下,不易于危及人员的健康与安全以及财产安全(适用时),可据此作出类似的解释。

——基本健康与安全要求:指附录1列出的要求。

2. 第2部分:适用范围。共5条(第3条～第7条),阐明了该条例的适用和不适用范围。

3. 第3部分:通用要求。共11条(第8条～第18条)。

第8条:有关电梯的投放市场和投入使用的通用责任。该条规定,只有满足以下要求时,责任人才能将电梯投放市场和投入使用:电梯满足相关的基本健康与安全要求;按照规定进行了适当的符合性评审;电梯企业将CE标志附在了电梯上;电梯企业作出了合格声明;电梯是事实上安全的。

第9条:有关安全部件投放市场和投入使用的通用责任。该条规定,只有满足以下要求时,责任人才能将电梯安全部件投放市场和投入使用:安全部件满足相关的基本健康与安全要求;按照规定进行了适当的符合性评审;安全部件制造者或其授权代表将CE标志附在了安全部件上,或者附在了与安全部件不可分离的标签上;安全部件制造者或其授权代表作出了合格声明;安全部件是事实上安全的。

第10条:有关电梯或安全部件供应的通用责任。该条规定,如电梯或安全部件的供应者不是第8和第9条所述的制造者时,确保电梯和安全部件的安全的责任由供应者承担。

第11条:有关信息的提供,电梯井道免于障碍以及文件保持的特殊责任。该条规定:负责房屋建筑施工的人员和电梯的安装者应当保持联系,并采取必要的措施保证电梯的正确操作与安全使用,特别是确保电梯的井道内没有任何与电梯的操作与安全无关的管道、电缆或其他装置;对于电梯而言,当采用的符合性评审程序是13(2)(a),(b)或(c)之一时,负责电梯设计的人员必须向电梯制造、安装、试验人员提供所有必要的文件和信息,以使后者能够绝对安全地操作电梯;电梯的制造者应当向欧共体委员会、成员国和任何其他的提出请求的评审机构(认证机构)提供合格声明的副本,作出合格声明的人应当将其保存10年。

第 12 条:有关电梯和安全部件投放市场的例外。该条规定:对于在共同体国家之外投入使用的电梯或安全部件,为了再次出口到共同体之外的国家而进口的电梯或安全部件(条件是未附 CE 标记或者易与 CE 标记混淆的铭牌),以及在商品交易会上展出的不符合该条例要求的电梯和安全部件(条件是有关于该电梯和安全部件不符合要求的说明,并表明只有当符合要求时才能投放市场或供应,以及采取了适当的措施保证人员安全),不被视为投放市场或供应。

第 13 条:合格评定程序。该条规定了对电梯和安全部件应当完成的合格评定程序。

第 14 条:将电梯或安全部件投放市场的人员应当满足的要求。该条规定:电梯企业、电梯安全部件制造者或其授权代表未能满足第 8、9、11、13 条要求时,投放市场者应当满足这些要求,但本条并不影响执法机构按照本条例第 4 部分的规定,对违反这些规定或未能符合这些规定的电梯企业、电梯安全部件制造者或其授权代表采取行动。

第 15 条:评审机构。该条规定,就本条例而言,英国的评审机构是指按照第 16 条被指定的实施第 13 条所述合格评定程序的机构;或者是指被非英国的某成员国指定的,已被欧共体委员会成员国认定的,或按照电梯指令之 9(1)由其他成员国认定的实施合格评定程序的机构。

第 16 条:被国务大臣指定的评审机构。该条规定:国务大臣可以指定其认为合适的人员作为评审机构;可以根据情况终止评审机构的评审工作;如果评审机构拒绝签署 EC 型式试验证书,应当书面通知申请者这样做的理由,等等。

第 17 条:费用。该条对评审机构的收费原则作出了规定。

第 18 条:电梯和安全部件被认定符合电梯指令规定的条件。该条规定:附有符合 8(2)(c)或 9(2)(c)的 CE 标记,以及符合 8(2)(d)或者 9(2)(d)的符合性声明的电梯和安全部件,应当被认定符合本条例的全部相关要求,包括第 13 条所述的适当的符合性评审程序要求,除非有理由怀疑其不符合;但当某人拒绝或者未能应执法机构要求向其提供有关电梯和安全部件符合性评审程序文件时,则不能用前述条款认定。

4. 第 4 部分:执法。共 6 条(第 19 条～第 24 条)。

第 19 条:附录 15 的应用。该条规定:本条例附录 15 适用于对本条例的执法行为以及由此而来的附加事项,其主要要求有:

除非执法机构认为电梯或者安全部件有危及人员安全及财产安全(适用时)的倾向,否则不能采取附录 15 所规定的行动。

当执法机构有理由怀疑 CE 标记是否已经附在在电梯或者安全部件上,以及怀疑有关 CE 标记的相关条款未被遵守时,执行机构可以向相关的电梯企业、安全部件的制造者或其授权代表以及投放市场者发出书面通知;只有当发出了这样的通知,而且通知接受者未能遵守通知的要求时,执法机构才能对上述电梯或安全部件采取附录 15 所规定的行动,或采取第 20 条规定的行动。

虽然有了前述规定,但为了证实 CE 标记是否被正确地附加,依据《HSWA1974》第 20 条,对于北爱尔兰则依据《北爱尔兰劳动安全健康令 1978》第 22 条,执法机构可以采取附录 15 所规定的行动。

第 20 条:罪行。任何人违反或者未能遵守本条例第 8,9,10 或者 11(1)或(2),或者未能提供、保持第 11(3)所要求的符合性声明副本,都将被定罪。

第 21 条:处罚。该条规定:依据第 20(a)而被定罪的人,将可能被即席判处不超过 3 个月的监禁,或者被处不超过标准等级 5 的罚款,或二者并处;依据第 20(b)而被定罪的人,将可能被即席判处不超过标准等级 5 的罚款。

第 22 条:恪尽职守的辩护。该条规定,在根据第 20 条而起诉任何人时,应当为该人辩护,以显示该人已经采取了所有合理的步骤并努力尽职以避免犯罪。

第 23 条:非主犯者的责任。该条规定,非主犯者(如其他不尽职的人,同意、默许犯罪的法人团体的主管、经理等)应当被定罪并被起诉。

5. 附录:该条例还包括 15 个附录(略)。

二、《升降操作与升降设备条例 1998》介绍

《升降机操作与升降设备条例 1998》(Lifting Operations & Lifting Equipment Regulations 1998，以下简称 LOLER1998)于 1998 年 12 月 5 日起实施，替代了《建筑(升降操作)条例 1961》(The Construction (Lifting Operations)Regulations 1961)、《升降设备设施(测试和检查报告等)条例 1992》(Lifting Plant and Equipment (Records of Test and Examination etc) Regulations 1992)等法规。该条例的目的是减少工作中使用的升降设备对人们的健康和安全带来的风险。条例所称升降设备包括所有在工作中用于起升或下降载荷(包括人员)的设备及附属装置，如起重机、叉车、电梯、升降机、升降工作平台、车辆检验升降平台等，以及链条、吊索、吊环螺栓等等。但该条例不适用于自动扶梯，自动扶梯应当符合《工作场所(健康，安全和福利)条例 1992》(the Workplace (Health, Safety and Welfare) Regulations 1992)等法规的要求。本条例不适用于那些由公众使用的电梯(例如购物中心里设置的供顾客使用的电梯)，但是，这些电梯的拥有者必须满足《HSWA 1974》第 3 条和第 4 条的要求。HSE 指出，这些电梯的拥有者只要满足《工作健康与安全管理条例 1999》(The Management of Health and Safety at work Regulations 1999)、《工作设备供应和使用条例 1998》(The Provision and use of Work Equipment Regulations 1998)以及《LOLER1998》，就符合了法律规定。HSE 的《升降操作和升降设备条例简明指南》(Simple Guide to the Lifting Operations and Lifting Equipment Regulations 1998)表明，该条例的适用场所包括工厂、办公室、商店、医院、旅馆和娱乐场所等。

第五节　俄罗斯电梯主要标准法规

一、主要法规简介

1.《危险生产项目工业安全法》(俄罗斯联邦法律汇编，1997，№30 第 3588 页)

《危险生产设施的工业安全法》规定，电梯(包括自动扶梯)作为一种危险生产设施进行管理。该法确定了电梯使用安全的法律、经济、社会基础。特别是，该联邦法规定危险生产设施使用单位应在设施整个运行期间，参加强制保险。

2.《俄罗斯联邦技术调整法》主要内容

(1) 技术法规，采用俄联邦的国际协议，以俄罗斯法典，或联邦法，或俄联邦总统令，或俄联邦政府法令规定的程序批准的文件，并规定对于采用及执行技术调整对象(产品，其中包括楼房、建筑及设施、生产过程、运营、贮存、转运、销售和回收再利用)的强制性要求。

标准，规定目的在于自愿的多次使用的规则和特性的活动，以达到生产和产品流通的有序性，及提高产品、工程和劳务竞争能力。

合格评定的形式，产品或其他对象、生产过程、运营、贮存、转运、销售和回收再利用、完成工程或提供劳务符合技术法规、标准规定或协议条件要求的书面证明的一定的程序。

(2) 技术调整的原则。技术调整与跨国经济发展水平、物质技术基础发展水平以及科学技术发展水平相一致；认可机构、认证机构与制造者、销售者、执行者和消费者无关；统一的认可体制和规则；实现认可及认证时不允许限制竞争；不允许兼有国家检验(监督)机构与认证机构的权利；不允许一个机构兼有认可和认证权利。

(3) 技术法规的目的。保护公民的生命或健康、自然人或法人的财产、国家或私人的财产；保护周围环境、动物和植物的生命或健康；消费者发生错误行为的警告。

(4) 技术法规的内容。技术法规应根据导致危害的风险等级，建立最低的必要的要求；技术法规应包含详尽的产品、生产过程、运营、贮存、转运、销售和回收再利用的清单，规定出其适用对象的识别规则，以便于采用技术法规；技术法规应包含产品特性，生产过程、运营、贮存、运转、销售和回收再利用特性的要求，而不应包含结构及执行尺寸的要求，除非是在对于结构和执行尺寸如果没有要求的情况下，考虑到

引起损害的风险程度,不能达到本联邦法的制定目的;在技术法规中,考虑到引起损害的风险程度,可包含特殊要求,以保证向个别范畴的公民(未成年人、哺乳的母亲、残疾人)提供保护;国际标准和/或跨国标准可以全部或部分作为制定技术法规草案的基础。

(5) 技术法规的应用。技术法规所包含的强制要求,在俄联邦的全境内有直接作用,并且只有通过相应技术法规修改和补充的方法才可更改;联邦法或俄联邦政府法令采用的技术法规,自其正式公布之日起不早于6个月生效;采用技术法规所必需的试验及测量的规则和发放,以及进行试验和测量的样品的抽样规则,由在其职权范围内的联邦的权利执行机构制定,在自技术法规正式发布之日起6个月内由俄联邦政府批准。

二、主要标准简介

1.《电梯制造和安全使用规范》

俄罗斯联邦国家矿业技术监督局于2001年3月19日以32号令形式,发布了2003版《电梯制造和安全使用规范》ПБ(工业安全)10-558—2003。

该标准根据俄罗斯联邦1997年7月21日颁布的《危险生产项目工业安全法以及俄罗斯联邦国家矿业技术监督局1992年2月11日批准的《电梯制造和安全使用规范》制定,并与欧洲标准EN81《电梯制造和安装安全规范》的第1部分《电力驱动电梯》及《欧洲电梯指令95/16 /EC》协调。其内容与我国等效采用EN 81-1:1998的GB 7588—2003《电梯制造和安装安全规范》相似,但也有一些的不同之处,例如该标准对钢丝绳作了报废标准要求,GB 7588则未作规定。

2.《逐层式自动扶梯和自动人行道结构和安装建议》

俄罗斯国家矿山技术监督局于1994年8月发布ПБ10-77—1994《自动扶梯安装和安全使用规范》,在该标准中将自动扶梯按其使用场所分为逐层式自动扶梯和隧道式自动扶梯,其中逐层式自动扶梯是指装在建筑物和构筑物楼层间的自动扶梯;隧道式自动扶梯是指装在隧道(通道)中的自动扶梯。隧道式自动扶梯一般用于地铁车站等场所,由于这些地方比较特殊,因此俄罗斯目前还未对外开放隧道式自动扶梯市场。随着逐层式自动扶梯进口量不断增加以及俄罗斯国内合资企业的兴起,ПБ10-77—1994已不能适应按EN 115制造自动扶梯的检验,因此俄罗斯矿山技术监督局又发布了РД10-172—1997《逐层式自动扶梯和自动人行道结构和安装建议》,作为对逐层式自动扶梯和自动人行道安全问题的另一个解决方法。该标准基本根据EN 115:1995编制,但做了部分修改。

第六节 日本电梯主要标准法规

一、主要法规简介

1.《建筑基准法》

本法规定了"建筑物的建造等申请及确认,关于建筑物的检查、维护保养,特殊材料或结构的电梯或建筑设备的适用条款,工作设施(升降机、烟囱、广告塔、水塔等)的适用条款,对升降机进行定期检验及报告的义务,升降机及其结构,消防电梯的设置,升降机及技术基准的指定,第68条 型式适合认定、型式部材制造者认证"等内容。

2.《建筑基准法施行令》

该法令规定了"关于建筑设备和工作设施的确认申请手续,楼梯尺寸,防火区域的消防设置,供排水等管线的设置及结构,电梯的曳引机钢丝绳、绳轮、卷筒、支承架及导轨的结构,电梯的载重,电梯轿厢结构,井道结构,电梯驱动装置、控制器,电梯机房,电梯安全装置,自动扶梯的结构(倾角、梯级、制动、强度计算、梯级载重等),杂物梯的结构,电梯及自动扶梯结构的强度计算,不须设置消防电梯的建筑物,消防电梯的设置及其结构、功能,型式适合认定对象的建筑物部分及其相关规定,型式适合认定对象的工作物的范围及其相关规定,建筑物增建、改造时可不设置消防电梯的情况,观光电梯或扶梯的工作物指定观光电梯或扶梯适用规定的范围，电梯、自动扶梯的确认申请、检查和适用的除外”的规定。

在建设省令《建筑基准法实施规则》中规定了手续费的金额、缴纳方法及各种申请书、检查证的格式。

3. 已颁布的建设省告示

有“认定贯穿耐火结构防火区域的供水管、配电管等不影响消防的基准；为确保排烟设备有效性的结构基准；设在消防电梯候梯厅的窗及排烟设备的基准；指定消防电梯轿厢及其出入口尺寸的日本工业标准的告示；液压电梯的结构标准；自动人行道结构标准；关于电梯厅层门等结构特例告示；指定电梯曳引钢丝绳等的日本工业标准的告示等。此外，建设省还发布了一些通告，如：关于自动扶梯的安全措施；关于高层建筑物的防灾计划指导；关于垂吊物的防止地震等振动的安全指南等等。”

4.《劳动安全卫生法》

其主要内容包含：1 总则、2 劳动灾害防止规划、3 安全卫生管理体制、4 防止劳动者的危险或健康损害的措施、5 机械及有害物的相关规则、6 促进劳动者就业的措施、7.1 促进保持健康的措施、7.2 为了形成舒适的职场环境的措施、8 免许、9 安全卫生改善规划、10 监督、11 杂则、12 罚则。其中，第 5 章机械及其有害物的相关规则中，对电梯等特定机械的制造许可和检验机构、人员、管理等作了相应规定。

二、主要电梯标准简介

1. JIS A 4301 电梯轿厢及井道尺寸

本标准主要包含曳引式电梯、液压电梯的轿厢及井道尺寸、顶间距离、底坑深度等规定。

2. JIS A4302—2006 升降机的检查标准

本标准主要规定了在建筑物、工作物内设置的曳引式电梯、无机房电梯、液压电梯（含能在有台阶上运行的装置和椅子式升降机）、自动扶梯（含人行道）及杂物梯的检查相关的检查项目、检查器具、检查方法及判定基准，是定期检查和安装完工检查的依据。

3. JEAS-406F 自动扶梯安全对策标准

自动扶梯的构造及安全管理要求。

第七节 新加坡电梯主要标准法规

一、《建筑物维护与各阶层管理（电梯与建筑管理）规则 2005》

1. 对电梯的定义

电梯：是指任何被安装或附在楼宇或建筑物的永久装置，通过动力而非手动地升降轿厢/笼/平台内人或货物，包括利用支撑结构、机械、装置、齿轮和轿厢围板来连接电梯。其中，轿厢是通过导轨来约束，使其主要沿垂直的方向运动。

家用电梯：是指安装于私人住宅 仅供其居住者使用的、非公共财产的电梯。

电梯承包商：是指已在楼宇和建筑物核准部门（BCA）注册的，最少具备 L2 或建筑专员确认的其他金融财政级别的实施电梯安装和维修的承包商。

2. 主要内容

本规则是在《建筑维护与各阶层管理法 2004》基础上制定主要针对电梯管理的配套规范，2005 年 4 月 1 日开始实施。它的主要内容有：

引用和开始实施、定义、适用范围、建筑物业主的通用维护责任、作为电梯操作资质的《电梯维护和试验证书》的申请、申请费用、《电梯维护和试验证书》的有效期、电梯须保持清洁及良好的运行状态、电梯承包人的定期保养、周期检查、检验与测试、电梯操作的暂停或终止、电梯事故的调查、电梯承包人的责任、业主和核准人在重大改造或变更时的责任、通用处罚、废除、保留和过渡期规定。

3. 对各阶层的责任规定(如表38-1)。

表38-1 对各阶层的责任规定

各阶层	主要责任
建筑物业主	确保楼宇外墙表面要整洁、干净;楼宇外墙的油漆是在不超过5年或类似时间间隔内涂刷,并达到建筑专员满意的程度;在任何特殊案件中,建筑专员可自行决定上述的时间间隔;外侧门和安全栅(包括墙安全栅和扶手),当受损时应及时修理,如已经油漆或即将油漆,须达到建筑专员满意的油漆效果; 在电梯的重大改造或更换工作进行之前,电梯业主必须书面通知建筑专员;在每一次电梯的定期检查、检验和试验3个月之内提供适时的、完善的《电梯维护和试验证书》向建筑专员备案
电梯承包商	对电梯进行保养(依据新加坡标准CP 2:2000中定期保养的规定;当电梯是住宅用电梯或为残疾人士设计的电梯时,遵照制造商定期保养的建议); 保存他从事维护的每一台电梯的所有维保记录(包括试验证书和其他文件),自该事件或该记录形成后至少6年
核准人 注册工程师	核准人在电梯维护和试验证书中证实,依照SS CP2:2000中的要求或制造商的建议(若建议是可获得的),电梯已在核准人在场的情况下进行检查、检验和试验,并处于适合运行的状态。 依照专业工程师法注册的专业工程师(PE)在过渡期内,可以依照本法规执行核准人的职责
任何人	任何人违反本法规规定的任一条,或没有明确规定处罚的任何建筑专员指令,均属于违法,并应该受到$3000～5000以下的罚款

4. 检验费用收取

电梯所有者负责向建筑专员提出申请。若证书仅涉及在同一栋楼宇或相同地址的两台或以上楼宇的一台或以上电梯,一个或以上的《电梯维护和试验证书》可以向建筑专员在同一次申请中提出。

需要支付的费用标准如下:

(1) 证书中备案电梯总数小于或等于10台时,每台电梯收取20新加坡元;

(2) 证书中备案电梯总数大于10台时,费用是除了(1)中的所述之外,超过10台的电梯按照台数每台另交10新加坡元。

5. 电梯检验证书的有效期

新加坡对电梯维护和试验证书的有效期规定也是十分明确。在建筑专员那里备案的《电梯维护和试验证书》以及适当的申请费用有效期为12个月,从电梯维护和试验证书在建筑专员处备案之日起。在任何先前的电梯维护与试验证书失效之日的第二天,无论哪一个的日期较晚,从那天起12个月当月的最后一天将会失效。

当对电梯开始进行任何大的改造或者更换作业,或者建筑专员根据《建筑物维护与各阶层管理(电梯与建筑管理)规则2005》第11条要求终止电梯的运行的情况下,这台电梯的维护和试验证书的有效性应当终止。

二、CP2《客梯与货梯的安装、操作和保养实施规则》

该标准的目的是在新加坡建立电梯行业的统一规范,该标准是建立在人身和财产安全的基础上,主要适用于曳引驱动电梯的设计,建造,安装,测试,检验和维修。服务于确定楼层,有为运送人,或人和货物而设计的轿厢,由钢丝绳悬挂且在与垂直方向倾斜角不超过15°的导轨间运行。

对于部分封闭井道的观光梯,CP2之3.11.2条规定:应在乘客通道区域附近的地方设置保护,如:通道,楼梯,电梯层门。保护装置可以是固定围栏,或者是离电梯移动部分有足够的距离,或者是两者结合,这样就保证不与电梯直接接触。在离井道距离1m,高度2m的地方应无普通通道。

对于防火要求,CP2之3.4规定:"对防火方面的要求比较具体,例如建筑材料应是不易燃的,并且在火灾的情况下不应当发出有害的气体。"4.2条机房地面的构造方面:"机房地面应采用混凝土或其他防火材料,其防火等级等同于建筑物地面的要求"。12.1.2条电梯井道的布线规定:"由电梯制造商提供的预制的 PVC 线绝缘护套线缆。这些线缆应符合 IEC/TR2 60332-3 的规定，是阻燃型的”。

CP2 之 7.5 条规定：在对重路径的附近的底坑应当设置一个固定的防护装置。这个装置应当设置在不低于底坑地面 300mm 的高度上，其高度不小于 2000mm。

CP2 之 3.12.1 条规定：当底坑深度（从底层端站测量）超过 1000mm，而且没有其他的通道方式存在，应当在底层端站能够到达的范围内设置一个永久固定的梯子。为了确保能安全进入底坑，梯子或者梯子的扶手应当伸到端站底部以上 1500mm 的位置。如果同一个底坑装有不止一台电梯时，则每台电梯底坑都应安装一个梯子。

CP2 之 4.7 条对通风温度有明确规定：机房应有自然或机械方式的通风以确保机房或附属设备 1000mm 以内任何一点测量的温度不超过 38℃。

CP2 之 4.1 条对机房地面的强度有具体的量化要求：地面上任何 $2500mm^2$ 的面积上应能承受 135kg 的负载。而且，作为主机房或辅助机房的地面，应当在所有开放的区域都能承受不低于 $6000N/m^2$ 的负载。

CP2 之 8.1.3 条端接强度规定：绳子和绳子端接的接合处至少应能承受钢丝绳最小破断负荷的 80%。

三、CP15《自动扶梯和自动人行道的安装、操作和保养实施规则》

新加坡 CP15 标准等效采用 EN115，条款内容基本保持对应一致。

CP15 在 5.1.5.10 防滑装置方面，规定：“如果从扶手带中心量测，裙板的外测边超过 300mm 或从相邻电梯的裙板处测量时，扶手带中心线的距离超过 400mm 时，就应当在裙板或者裙板接合处设置防滑装置”。

第八节　国际标准化组织电梯主要标准

1. ISO/TR 14799-1:2005《世界范围内自动扶梯和自动人行道安全标准的比较　第 1 部分：规范之间比较》

该技术报告选择比较的要求覆盖了下列有关国家的安全标准（除地区差异外）：

(1) 欧洲（CEN）EN 115，自动扶梯和自动人行道的制造和安装安全规范（1995 年 1 月版和补充件 A1:1998）。

(2) 美国 ASME A 17.1—1996，电梯和自动扶梯安全规范（加拿大的 B44 总体上与美国标准相同，差异在比较的文本中有叙述）。

(3) 澳大利亚 AS 1735，第 5 部分和第 6 部分（适用于扶梯和人行道），1996 版。

(4) 日本安全要求，主要包括建筑标准法律实施令（BSLJ-EO），建设省的通知书（MOC-N，No. 1110—1981），日本电梯协会标准草案（JEAS）。

(5) 俄罗斯 PUBEE 10-77—1994，自动扶梯的安全使用和安装规程（1995 版）。

(6) 韩国电梯检验标准，KATS 2001-414，根据韩国电梯法律 4482 的版本，它覆盖自动扶梯和自动人行道的安全要求。

除了上述所列的标准和规程外，扶梯和人行道可能被要求执行其他标准适用的要求。ISO/TC 178/WG 5 已了解到这些标准，它们已列在文献目录中。

2. ISO/TR 14799-2:2005《世界范围内自动扶梯和自动人行道安全标准的比较　第 2 部分：简略比较和注释》

该技术报告选择比较的要求覆盖了下列有关国家的安全标准（除地区差异外）：

(1) 欧洲（CEN）EN 115；自动扶梯和自动人行道的制造和安装安全规范（1995 年 1 月版和补充件 A1:1998）。

(2) 美国 ASME A 17.1—1996，电梯和自动扶梯安全规范（加拿大的 B44 总体上与美国标准相同，差异在比较的文本中有叙述)。

(3) 澳大利亚 AS 1735 第 5 部分和第 6 部分(适用于扶梯和人行道),1996 版。

(4) 日本安全要求,主要包括建筑标准法律实施令(BSLJ-EO),建设省的通知书(MOC-N,No. 1110—1981),日本电梯协会标准草案(JEAS)。

(5) 俄罗斯 PUBEE 10-77—1994,自动扶梯的安全使用和安装规程(1995 版)。

(6) 韩国电梯检验标准,KATS 2001-414,根据韩国电梯法律 4482 的版本,它覆盖自动扶梯和自动人行道的安全要求。

3. ISO/TR 11071-2:2006《世界范围内电梯安全标准的比较　第 2 部分:液压电梯》

该技术报告选择比较的要求覆盖了下列有关国家的安全标准(除地区和国家差异外):

(1) 欧洲 EN 81-2:1998,电梯制造和安装安全规范　第 2 部分:液压电梯。

(2) 美国 ASME A17.1—2004,电梯和自动扶梯规范(加拿大 CSA B44:2004 电梯安全规范)。

(3) 日本建筑标准法(BSLJ)。

(4) 澳大利亚 AS 1735-1:2003,电梯,自动扶梯和自动人行道　第 1 部分　一般要求。

(5) AS 1735-3:2002,电梯,自动扶梯和自动人行道　第 3 部分　电液乘客电梯和载货电梯。

本报告只适用于直顶和侧顶式液压电梯。编制组已注意到,除上述所列标准外,电梯还必须符合其他标准要求(如机械,结构,电气,建筑规范和环境规定等)。有些标准已在本技术报告中提到。

4. ISO/TS 14798:2006《电梯、自动扶梯和自动人行道　风险的评估和减小风险的方法》

该规范建立了评估风险的一般原则和规定的程序。其目的是为决策涉及电梯安全提供一套程序,如:设计,制造和安装电梯、电梯部件和系统;研究类似使用、操作、试验、符合性验证和电梯维修;研究涉及电梯安全的技术规范和标准。

该规范主要列举了对人伤害的例子,对评估电梯涉及财产和环境时,所制定的评估过程同样有效。

5. ISO 22199:2006《电磁兼容性　电梯,自动扶梯和自动人行道产品系列标准　发射》

该标准规定了在建筑物中永久安装的电梯,自动扶梯和自动人行道的发射极限值和试验条件。ISO/TC 178 关于电磁干扰问题有直接制定国际标准的职责。然而这些限值对无线电、电视接收的干扰在 ISO 22199:2006 规定的距离内并不能提供全部的保护。

因为电梯在建筑中运行的垂直距离很长,所以在实验室中或现场用试验装置去试验均是困难的(现场有不受控的环境可能影响试验方法和试验结果)。同样,受电梯轿厢内部尺寸的限制,在轿内试验也是困难的。对自动扶梯和自动人行道的试验,也有同样的问题。因此本标准适用于电梯、自动扶梯和自动人行道的子系统和/或组装件,不适用于照明设施,以及已证明是符合要求的其他室内设施。

6. ISO 22000:2006《电磁兼容性　电梯,自动扶梯和自动人行道产品系列标准　抗扰性》

该标准规定了在建筑物中永久安装的电梯,自动扶梯和自动人行道代表基本 EMC 要求的抗扰性等级和试验条件。ISO/TC 178 关于连续和瞬时传导和辐射干扰,包括静电问题有直接制定国际标准的职责。电梯、自动扶梯及自动人行道使用在原定的条件下通常出现与危险和危险状态有关的 EMC 问题,应控制在制造商的预期条件下。

7. ISO/TR 16764:2003《电梯,自动扶梯和自动人行道　世界范围内关于电磁干扰/电磁兼容性标准的比较》

本技术报告包括了对电梯业有意义的世界范围电磁干扰/电磁兼容性标准的比较。

8. ISO/TR 16765:2003《世界范围内消防员电梯安全标准的比较》

本技术报告对下列部分国家(地区)在用的标准中选择了一些要求组成比较:欧洲,澳大利亚,俄罗斯,日本,美国,加拿大,中国,中国香港,印度,韩国,马来西亚,新西兰,新加坡,中国台湾。

该报告只适用于电力驱动的曳引电梯,虽然有些章节也适用于强制驱动电梯和用绳和链悬挂的其他电梯。

9. ISO 9589:1994《自动扶梯　建筑尺寸》

该标准规定了最大额定速度为 0.5m/s,倾斜角为 30°和 35°,提升高度为 2～6m 的自动扶梯安装所需的建筑尺寸。其机房是金属结构的一部分。该标准不适用于某些特殊运行条件下的自动扶梯;如螺旋自动扶梯的特殊设计,自动扶梯和自动人行道的组合等。

10. ISO 8383:1985《船用电梯 特殊要求》

该标准制定了船用电梯的设计,安装和检验要求。这类电梯必须保证能符合适用与船相关的法规和规范等法定要求以及电梯安全规范。

11. ISO 4190-6:1984《电梯和服务电梯 第6部分:安装在住宅建筑的乘客电梯 规划和选择》

该标准了适用于Ⅰ类标准电梯,在建筑设计开始时,确定电梯的允许数量和它们的主要特性参数。并规定了电梯服务的三个质量水平。其中第1部分覆盖了Ⅰ,Ⅱ和Ⅲ类电梯,第2部分是Ⅳ类电梯,第3部分Ⅴ类服务电梯,第5部分是控制装置、信号和附件。

12. ISO 4190-3:1982《乘客电梯安装 第3部分:Ⅴ类服务电梯》

该标准制定了轿厢不能进入电梯的与安装相关的尺寸。这类电梯由于尺寸和结构的原因,运行在至少部分垂直或与垂直向的夹角不大于15°的刚性导轨之间。其中第1部分覆盖了Ⅰ,Ⅱ和Ⅲ类电梯,第2部分覆盖了Ⅳ类电梯,第5部分是控制装置,信号和附件,第6部分是乘客电梯的规划和选用。

第三十九章　国内外电梯标准法规比较

第一节　中国与美国电梯标准法规比较

一、美国电梯管理基本模式

(1) 管理部门。电梯的管理属于各州的管理权限。通常各州以及较大城市都有相应的政府机构负责监督管理电梯的安全。

根据能够检索到美国 50 个州中的 38 个州的情况，有 18 个州的电梯安全管理部门设在劳动部门，7 个州设在建筑物管理部门，4 个州设在商业部门，3 个州设在公共安全部门，2 个州设在社会服务部门，2 个州设在许可证管理部门，1 个州设在消费者和工业服务部门，1 个州设在防火和电气安全管理部门；而纽约市和芝加哥市则设在建筑物管理部门。

(2) 人员。除了有相应的电梯行政管理人员之外，还有一批电梯监督检查技术人员。这些监督检查员行使设备技术监督检查职能，检查设备是否符合法规规定的要求和业主是否遵守法规的规定，并按照规定开具违例通知单。

一般情况下，大约 500～1000 台电梯设有一名政府的检查员。如纽约市检查员数量约为每 1000 台电梯 1 人；有些市本来要求每 500 台电梯配 1 名检查员，但由于预算的限制，大约 1 名检查员要负责 750 台电梯的检查。

(3) 制造。美国对电梯制造资格和产品质量监督并没有成文的规定，电梯产品质量主要靠产品质量责任法、消费产品安全法(Consumer Product Safety Act)等法规来确定制造者的民事责任，通过消费产品安全委员会的干预和民事责任机制来确保电梯产品质量。

(4) 申请(告知)。各州法规通常规定，安装、改造之前需要向电梯监管机构申请。

(5) 资料审查。为确保安装、改造的电梯符合要求，在申请(告知)后，一般各州电梯监管机构要进行资料审查。资料审查的内容包括安装改造图纸、设备说明、同类电梯或安全装置是否已取得型式试验认证等。

(6) 检验。各州政府雇用的检查员要对新安装、改造的电梯进行验收检查，试验见证。电梯每年进行一次的空载安全钳测试，5 年进行一次满载额定速度安全钳测试，通常是要在本地政府检查员见证下进行。除安全钳等测试外，各州和各市对检查周期有不同规定，如纽约州，客梯每 3 个月检查一次，货梯每 6 个月一次。纽约市规定两年检查 5 次，其中 3 次为政府监督检查，2 次为业主聘请有资格检查员检查；加州则规定：由有资格的电梯维修保养公司保养且安全状况良好的电梯，检查周期和使用许可证可以延长至 2 年，其他的则是一年。乔治亚州规定：电梯的检查是每 6 个月一次，运行许可证则是 1 年内有效。有些州的规定则是更宽松的，没有规定检查的频率，尽管他们的首席检查员力争做到每个工地进行每年 1 次的安全测试。各州比较通用的检查员资格是 ASME 认可的 QEI 检查员资格。

(7) 运行许可。电梯检查合格后，由电梯监管机构颁发“运行许可证”给业主。

(8) 使用。许多城市和州在电梯和自动扶梯的使用安全监督管理上有相当大的差异。有一些把责任放在电梯公司上，并且要求定期报告安全方面的状况；一些则鼓励或利用与独立的检查机构合约来开展检查；另一些则是把所有正常的安全检查交给持证检查员做，政府只保留有见证新装和安全装置测试。当保险公司在电梯检查上是活跃时，一些管理部门依赖他们报告电梯安全状况。

一些地方规定：除了政府部门的监督检查外，业主还要按照法规要求聘请电梯公司、保险公司、顾问公司的持证检查员对电梯进行检查和试验，并将检查和试验结果报监管机构备案。另一些地方则规定：

电梯的业主可以选择聘请有资格的私人检查员检查，也可以交给政府监管机构检查；前者只需向政府交纳使用许可证费用，后者还要向政府交纳检查费用。应该特别强调的是，后一种做法中政府的监管机构实际上承担了两种不同的职能：一种是属于行政行为的监督检查；另一种是提供检查的服务（受业主委托），承担相应民事责任。

(9) 日常维护保养。各州对电梯日常运行安全状态由业主负责，各州对电梯日常维护保养规定各有不同。基本上存在以下形式：

① 业主自行维修保养，但必须符合政府的定期安全检查要求；

② 电梯维修保养公司向业主提供各种各样的维修保养服务。

(10) 事故报告。发生事故后，业主应当及时通报电梯安全管理机构。

二、加利福尼亚州电梯安全管理

加州电梯、游乐设施、架空索道安全管理由职业安全健康厅下设的电梯、游乐设施、架空索道处（The Elevator，Ride and Tramway Unit，简称 ERT）负责。

(1) 机构。ERT 总部设在加州首府萨克拉曼多，下属分布在全州各地 8 个管理电梯的区域办公室，2 个管理游乐设施的区域办公室。ERT 审查电梯、游乐设施、架空索道图纸和设备说明书，派授权代表检查新装电梯，颁发运行许可证，并可以对这些设备实施定期检查，还承担调查相关投诉和事故。

(2) 检查人员。电梯定期检查可以由持证检查员实施。电梯持证检查员应受雇于持有相应执照的电梯保险公司或受雇于自治市的电梯检查机构。持证检查员需经申请，由工业安全部门进行资历审查，申请者必须具有 4 年机械或电子方面工作经验，其中至少有 1 年电梯设计、制造、安装、维修或检查经验。大学工程教育可以相当于非电梯工作经验计算。通过资历审查的要经过至少 90 天的电梯检查培训，该培训应在持证电梯检查员监督之下进行。培训结束后要进行笔试和现场实操考试。合格后才能取得检查员证书。

(3) 安全责任。无证使用是一种轻微罪行，每一天无证运行将作为独立犯法事件。当任何电梯没有所需要的许可证或对生命有危险时，工业安全部门或其他任何受影响的人可向县高级法院申请一个限制电梯运行的命令，直到危险消除。

(4) 主要管理环节。设计、制造没有管理上的要求。法规规定当电梯安全法令与 ASME A17.1—1996 或其他标准之间有不同规定时以本法令为准。

① 安装。安装之前应由业主向安全管理机构提交图纸和说明。代替完整的装配图，可由被认可的电梯公司向安全管理机构提交相关说明，而进一步的说明在安装完成之后准备检查前提交。

② 检验。每一新装电梯应经检验合格，取得运行许可后才能投入运行，检查由工业安全部门（1978 年之前的名称）授权代表实施。新的电梯经检查后，征得授权检查代表同意，在运行许可证办理期间，电梯可以投入使用。

电梯的定期检查每年 1 次，但如果电梯由有资格的维修保养企业实行全面维修保养，保养间隙不超过 1 个月 1 次，且电梯安全状况良好，则年检周期可以 2 年 1 次，相应的运行许可证也由 1 年延至 2 年。定期检查由持证检查员实施，ERT 负责监督抽查。

③ 电梯必须持有效运行许可证，并将许可证贴在轿厢内显著地方才能投入使用。无证使用是一种轻微罪行，每一天无证运行将作为独立犯法事件。当任何电梯没有所需要的许可证或对生命有危险时，工业安全部门或其他任何受影响的人可向县高级法院申请一个限制电梯运行的命令，直到危险消除为止。

④ 未规定业主一定要与电梯服务公司签定维修保养合同，但如果与被认可的电梯服务公司签定全面保养合同，由电梯服务公司确保电梯符合电梯安全法令，保养间隔不少于 1 个月 1 次，可申请许可证延长至 2 年。

⑤ 改造前应按新装要求申报，改造后也按新装要求检查，任何人或公司更换已有电梯的门锁装置、安全钳、限速器、液压缓冲器应在工作完成后准备检查之前通知工业安全部门。除上述部件外，更换对重、轿厢壁、轿厢门、终端停止装置、运行装置和控制设备、控制器、应急和信号装置应在投入使用前由工业安全部门的授权代表检查。

三、纽约市电梯安全管理

1. 电梯安全管理概况

纽约市由纽约州管辖，人口七百多万，纽约市有自己的立法机关，属于地方事务的法律一旦生效，优先于州法律。纽约市的电梯、游乐设施、锅炉和建筑工地起重机管理部门是建筑物局（Department of Building，简称 DOB）。纽约市电梯总数为 57 500 台，电梯事故每年发生 50 次左右，事故发生率约万分之一。按照建筑物法规规定，当有任何人员受伤需要医疗照顾或造成超过 100 美元的财产或设备损失称为事故，必须报告 DOB。如有关责任人未能通知 DOB，可能要受到 2500 美元的罚款。电梯应经认可的私人检查公司或设备保险公司的有资格检查员每年的定期检查，包括电梯 5 年 1 次的负荷测试。检查报告交到政府部门，作为每年延续电梯使用许可证的依据。

DOB 对电梯类相关设备的管理范围包括电梯、杂物电梯、自动扶梯、自动人行道、工业电梯、装载斜坡、自动提升机、机械停车设备、升降舞台、动力驱动脚手架、游乐设施、专用提升和输送设备的设计、制造、安装、改造、维修、检查和测试。

2. 电梯安全管理主要管理环节

(1) 对制造厂无资格要求，但设备和部件的设计制造应按照标准 RS-18 要求，并取得国家认可实验室的测试结果。某些安全部件，如液压缓冲器、井道门板和门框、厅门联锁装置、楔型绳套和升降楼梯椅等需要预先取得 DOB 的 MEA 认可号码。

(2) 电梯安装、修理、改造或移装必须由电梯公司（承建商）向 DOB 专员提出书面申请，电梯安装申请使用表格 ELV-1 和 ELV-15，在私人住宅安装电梯也需要向 DOB 申请，取得电梯施工许可证后才能开始施工。

(3) 新装电梯检验。任何新安装、移装和改造过的电梯相关设备工程完工后，由专业工程师（DE）或注册建筑师（RA）填写电梯检查报告 ELV-3，确保符合有关要求，并约请 DOB 专员代表见证电梯测试。

(4) 定期检验。所有电梯、自动扶梯应每 2 年进行 5 次定期检查。其中 2 次由业主聘请私人电梯检查代理公司的持证检查员实施，检查报告送给政府部门备案，作为签发电梯使用许可证的主要依据。另外 3 次是由 DOB 对电梯、自动扶梯进行的监督检查。私人电梯检查代理公司可以是保险公司、电梯维修公司、电梯制造商、电梯检查公司或其他人，这些检查代理公司或检查员必须被专员批准接受。

(5) 电梯检验周期。电梯每 2 年应检查测试 5 次，除非专员作出其他规定。但是，轿厢和对重安全钳检查周期不超过 1 年，测试周期不超过 2 年；液压缓冲器和限速器定期检查和测试周期不超过 1 年；液压电梯的压力腔和绳索液压电梯的柱塞杆每 3 年应检查测试 1 次。自动扶梯每 2 年应检查测试 5 次。

电梯每 5 年需进行 1 次全面的安全测试，私人电梯检查公司必须在实施安全测试前 10 天，通知建筑物局电梯部，以便电梯部门实施抽查。电梯检查公司完成这些安全测试后，将测试结论提交给政府主管部门。

(6) 下列范围的电梯不需要进行定期检查和测试：业主住宅电梯，仅由业主使用，且住宅不被寄宿者、房客和其他投宿者使用；不会被其他人占用的修道院或教区内的电梯。

(7) 电梯必须取得 DOB 颁发的使用许可证，并将该证贴在电梯轿厢或扶梯上才能运行。

(8) 多层住宅的业主应与电梯修理人员或认可的电梯公司签定一份合同，由修理人员或电梯公司执行紧急修理任务。

(9) 改造、替换、拆除、移装电梯应符合本规定和标准的要求并按照新装电梯程序进行检查测试。

四、中国与美国电梯标准法规体系比较

2005 年，我国现有在用电梯 65.2 万台，每万人拥有电梯 4.98 台。相当于美国万人拥有电梯量的 18.75%。美国电梯管理的基本模式和我国基本趋同，但也存在部分差异。

1. 关于电梯法律规定

在联邦法律层面，没有专门的电梯法律，但在列入《美国联邦规章》中的、依据《美国职业安全卫生法》制定的职业安全卫生规程中，规定了电梯制造、安装、维修、改造、日常维护保养等生产过程中雇员的职业安全保护的要求；通过判例，电梯、自动扶梯和自动人行道被作为消费品列入美国消费产品法的适用范围，保护了电梯使用者在使用过程中的安全。

在州法律层面，在大多数州有专门的法律来约定电梯的生产、检验和使用要求，确保电梯安全运营。

如加州《电梯安全法令》、德州《电梯法令》等。

我国在法律层面没有专门的规定。即使我国的《安全生产法》同样是规定生产安全，并没有说明电梯原则性的安全要求。只是在国务院的政府法规上由专门的规定，即《特种设备安全监察条例》。

2. 关于安全管理部门设定方式

无论是美国职业安全卫生法、消费产品安全法，还是州电梯安全法令，都是授权法律，联邦 OHSA、CPSC 和各州电梯安全管理机构是根据这些授权法律成立的，然后才依法行政。

我国安全管理机构是先设置机构，再制定规定，再依法行政。

3. 关于法规与标准之间的关系

无论是联邦的法律法规还是州的法律法规，在涉及具体的技术要求时，一般是直接引用了标准的内容。法律法规中只是描述要求政府的管理性的内容，如机构的设置、安全管理的模式、电梯安装申请、型式试验要求、资料审查、验收检验时机和定期检验周期、运营许可证的发放、事故通报以及检验收费规定等管理性的内容。而标准主要侧重于具体的技术条款的描述。

与我国 GB 7588、GB 16899 不同的是：美国电梯标准 ASME A17 是自愿性标准，当其在法律法规中被引用时，才被政府强制执行。由于 ASME A17 已经被联邦法律和大部分州法律广泛采用，从某种意义上，它相当于一部美国强制性标准。这在美国的标准中是比较少见的。

4. 关于电梯检验方式

美国各州的电梯安全指令，都谈到了电梯的验收检验和定期检验，并规定了检验周期。其检验的具体技术要求主要按照 ASME A17.2《电梯、自动扶梯及自动人行道检验指南》执行。

一些州规定电梯应经认可的私人检验公司或设备保险公司的有资格检验员每年的定期检验，包括电梯 5 年 1 次的负荷测试。检验报告交到政府部门，作为每年延续电梯使用许可证的依据。根据规定，电梯检验是在企业检查、测试的基础上进行，安全管理机构的检验员大多只是出席见证企业的测试，或进行抽查。同时规定企业的检查、测试由其聘请有资格私人检查公司或设备的保险公司雇用的有主管部门批准资格的检查员实施。另一些州、市规定电梯在有资格检验员检验的基础上，还要有安全管理机构的检验人员进行检验，但两者周期不同，如纽约市规定电梯每两年检验 5 次，其中两次由有资格检验员进行，3 次为政府监督检验。

我国的电梯检验一方面要求每台电梯必须由电梯检验机构严格按照规定的周期进行检验，另一方面要求有资格的检验人员必须用检验器具按照《检规》的要求进行测试，有数据要求的必须填写检验测试数据结果。

5. 关于合格评定程序

在美国大部分州的电梯安全法令中，基本都涉及安装改造申请、验收和定期检验、运行许可、日常维护保养等内容。对于我国政府关于电梯制造、安装、维修单位的资格许可等行政许可的要求，基本都没有涉及。

对于日常维护保养，各州规定不一，有州不需要；有的州规定日常维护保养单位必须取得许可证。

6. 关于型式试验

关于型式试验的内容和要求主要体现以下几方面的不一样：

(1) 在州电梯安全法令中，大部分只要求是否按照标准进行了型式试验或是型式认证；有的州要求州安全管理机构按照标准要求自己进行型式试验或型式认可；

(2) 与我国需要进行整机和部件型式试验不同的是，标准(ASME A17—2004 8.3)中规定的型式试验只进行部件型式试验；

(3) 标准中关于型式试验的具体内容上，具体规定了型式试验试样要求、试验器具要求、试验项目和试验程序等具体的试验内容。

7. 事故推进标准的进步

从前面的判例中，不难发现，因电梯安全事故引发人身伤亡，如果涉及标准的缺陷，相关部门不仅会依法给出严厉的惩处，而且会要求标准进行修改。如前文列举的 1996 年自动扶梯案例中，自动扶梯踏步与裙板之间的间隙，导致了小孩手指受伤，最终导致了 ASME A17 中增加了防夹装置的安全内容。

8. 严格的法律实施是电梯的健康发展保障

在美国一旦违法，便会面对冗长的司法程序，最终还会得到严厉的惩处。如前所述，在 4 岁小男孩谢里夫的右脚被费城地铁站的扶梯挤伤并最终导致右脚被切除的电梯事故中，最终以赔偿谢里夫740万美元结案。并且宾州东南运输局承诺投资1600万对所有的扶梯进行维护和修理，地铁系统的许多执行官员被免职并改进了事故调查和赔偿程序。

严格的司法制度，促进了电梯法律法规的健全。具体的技术差异论述见标准比较的手册。

第二节 中国与欧盟电梯标准法规比较

一、欧盟电梯有关组织机构

1. 政府管理机构

欧盟负责特种设备安全监察的机构主要是欧盟委员会领导的企业总司下属的法规与标准司。该司中的G/3处负责机电设备。

法规标准司的主要职责是：通过研究和创新、培训、促进投资和简化法规，调整贸易、健康、安全和竞争力等方面的政策，增强企业的竞争力；通过实施一些行政措施，促进法规的统一，形成欧盟统一市场，同时寻求在欧盟以外扩大市场份额的途径；核心职能是保证劳动者和消费者安全。

该司主要工作是通过与各工业协会、研究机构、成员国政府管理机构，以及其他相关人员、团体的协商、对话和调研，组织制定有关欧盟指令，并根据指令的要求，组织有关标准化机构制定相关欧洲统一标准。

2. 检验协会(CEOC)

CEOC是以检验、检测、产品认证、体系认证和风险预防等机构为主组成的组织。该组织成立于1961年，1996年按照比利时法律，成为一个国际化的非营利协会。目前成员有30个，来自19个欧盟成员国和日本。该组织成员一般被授权从事锅炉、压力容器、电梯、起重机械、医疗设备、电力设施、核电站设备、建筑、玩具等产品及设备的检验和认证工作，大多成员是有关欧洲指令认可的授权检验机构(Notifitied Bodies，简称NB)。

CEOC的工作目标是：通过独立的检验、认证评审活动促进产品安全；向有关制定法规标准的机构、工业协会、消费者提出专业意见；向成员通报重大信息，如重大事故、法规标准制定；规范各检验机构工作，如检验程序、证书格式、宣贯法规等；参与欧洲和国际相关标准化工作；向欧盟委员会和其他政府提供技术咨询，并参与相关工作。

3. 欧洲合格评定组织

欧洲合格评定组织(European Organisation for Conformity Assessment，EOTC)是欧洲具有协会性质的机构，在检验检测、人员培训和评审工作中起到重要作用。

EOTC是为消除各国之间检验、培训和评审之间的技术壁垒而成立的。1990年，由欧盟委员会、欧洲自由经济联盟、欧洲标准化组织和欧洲电工标准化组织共同发起组织成立。当时在欧盟和欧洲自由经济去内，有16个国家的合格评定程序，互相不承认，同一个企业的产品若销往不同的国家，需要取得不同国家的证书，而这些合格评定工作在各国之间大同小异，造成企业成本增加，削弱了竞争力。正是为了消除这种重复认证或许可，有关方面成立了EOTC。

EOTC开发一些新型检验、评审方法和程序，咨询合格评定的有关问题，受欧盟委托管理授权机构事务，开展合格评定多边认可，同时开展与其他组织的合作。EOTC编制了许多证书，带有EOTC的标记，供其成员使用，便于用户识别。

二、中国与欧盟电梯标准法规体系比较

中国在特种设备安全监察方面与欧盟及其成员国有较长时间的接触。德国政府曾经在承压设备方面对中国进行援助，添置检测设备，培训检验人员。我国电梯的主体标准GB 7588—2003《电梯制造与安装安全规范》和GB 16899—1997《自动扶梯和自动人行道的制造与安装安全规范》分别等效采用等效采用欧洲标准EN 81-1:1998和EN 115:1995。

1. 关于电梯法规的评估机制

欧盟定期或不定期对法规进行评估，主要考查该法规的执行情况、可能存在的问题等进行评估并提

出改进的意见。欧盟对其95/16/EC《电梯指令》进行定期和不定期的评估。在最近的关于《电梯指令》的评估报告中对电梯的定义是否准确也进行了审视。2004年,欧盟发布了关于《电梯指令》实施情况的调查评估报告(Evaluation of the application of the Lifts Directive (95/16/EC)),报告声称,由于对电梯定义中的"它具有一个轿厢(having a car)"的理解不同,相关指令也何谓"轿厢"作出严格的规定,导致一些电梯制造商钻了空子,将某些不具有"轿厢"的、服务于规定楼层的、用于运送乘客和/或货物的设备不作为电梯看待,而将其纳入《机械指令》范围,从而不必满足《电梯指令》中关于电梯的基本健康与安全要求。该评估报告提出的一种解决方式是采纳ISO/TS《Safety Requirements for Lifts(Elevator) Part 1-Global essential safety requirements(GESRs)》中关于电梯的定义,将"car"改为"load carrying unit"。

法规的评估机制对建立我国电梯法规标准体系是一个良好的借鉴。

2. 关于电梯标准

欧盟的电梯标准是由EN 81和EN 115等17个协调性标准组成,各标准之间相互支持,适用范围明确,形成了电梯体系。我国的电梯与欧盟标准体系相比较,有些问题还是值得思考的:

(1) 在我国的国家标准中缺位的比较多,如液压电梯、防爆电梯、消防员电梯以及残疾人电梯等;

(2) 等效采用欧盟标准时,一般是等相关的欧盟标准正式出台后,国内的标准化组织再开始采标程序,因此,等效采用方式制定的标准一般滞后实施。我国电梯标准GB 7588—2003是等效采用的欧洲标准EN 81-1:1998,实施的时间相差整整5年,其执行的时效性还是值得思考的。

(3) 由于是等效采用,在我国标准的制定和实施上对其形成了强的技术依赖性。

(4) EN 81等标准本身是协调性的,但在95/16/EC《电梯指令》明确规定,凡符合EN 81的电梯,就符合《电梯指令》的要求,才使该标准具备了强制性的功能。

(5) 等效采用的本身,一方面,推进了电梯标准的进步;另一方面,也为按照EN标准生产的欧洲等国外电梯长驱直入中国电梯市场创造了有利条件。我国电梯标准等效采用欧洲标准,完全符合欧盟的区域标准战略。

第三节 中国与英国电梯标准法规比较

一、英国电梯管理基本模式

1. 有关组织机构

(1) 电梯安全监督管理机构

在英国,电梯的安全监督管理属于健康与安全管理范畴。英国法定的健康与安全管理机构是依据《HSAW1974》成立的健康与安全委员会(The Health and Safety Commission,以下简称HSC)和健康与安全执行署(The Health and Safety Executive,以下简称HSE)。

(2) 电梯检查机构

根据《升降操作与升降设备条例1998》(Lifting Operations & Lifting Equipment Regulations 1998)中的有关规定,电梯使用责任人应当定期请"有能力的人"来对电梯进行全面检验。所谓"有能力的人",是指具有足够的技术知识和实践经验,能够检查出电梯存在的缺陷,并对其危险程度进行评估的人。有能力的人应当保持独立、公正,以作出客观的评价。因此,从事日常维修保养的人不能从事全面检验工作,也即不能由其评价自己的工作。英国有关法律规定,建筑物业主有责任进行建筑物保险,而对于电梯由于存在第三方风险,因此大多数情况下建筑物业主都会为电梯投保,通常保险公司会推荐有资格的检查机构来进行电梯的全面检验。

(3) 电梯整机及安全部件的评审机构

电梯企业或者安全部件制造者通过了《LR1997》规定的合格评定程序,方可获准附有CE标志并可作出合格声明,将电梯及其安全部件投放市场。从事《LR1997》所述的合格评定工作的评审机构由贸工部大臣负责指定。

(4) 与电梯有关的组织机构

1) 英国标准学会(The British Standards Institution,BSI),负责制定电梯标准,也是英国的电梯评审机构之一。

2）电梯和自动扶梯工业协会（The Lift and Escalator Industry Association，LEIA），是英国电梯和自动扶梯行业的同业公会及咨询机构。现有会员单位154个，这些会员单位的生产范围包括乘客电梯、载货电梯、楼梯升降装置、家用电梯、升降平台、自动扶梯、自动人行道以及各种电梯部件，占有90%以上的英国电梯和自动扶梯市场，该协会提供各种电梯技术的咨询与培训，并出版《电梯与自动扶梯管理指南》（Guidance on the management of lifts and escalators）、《在用电梯安全改进建议》（Recommendations to improve the safety of existing lifts）、《电梯和自动扶梯工业协会评论》（LEIA Review）等刊物。该协会是英国EMTA Awards Limited（一家负责授予国家职业资格证书的机构）批准的英国电梯和自动扶梯国家职业资格（National Vocational Qualifications，NVQ）评定中心，负责对电梯和自动扶梯安装维修保养人员的职业资格水平进行评定和验证。

3）北汉普顿大学（University of Northampton），与LEIA合作开展电梯技术远程教育，向学员提供机械工程原理、各类电梯的机械和电气技术、电梯的商务管理和现场管理、安全管理等课程。

2. 电梯的设计、制造与安装环节的管理

（1）概述。英国将“电梯（lift）”纳入了健康与安全监察范围，对其投放市场、使用等进行系统的监察。而对于自动扶梯和自动人行道、不允许进入的杂物电梯等则将其纳入通用的机械装置，按照欧盟《机械指令》进行管理。以下的叙述均只涉及狭义的允许人员乘用或进入的电梯（即《电梯指令》所覆盖的电梯），而不涉及自动扶梯和自动人行道（escalator，passenger conveyor）和杂物电梯。

英国已将欧盟电梯指令转化为本国的健康与安全法规《LR1997》，自1997年7月1日起实施，其过渡期为2年。自1999年7月1日起，所有在英国投放市场和投入使用的电梯必须符合该条例。

该条例第8条规定，只有满足以下要求时，责任人才能将电梯投放市场和投入使用：电梯满足相关的基本健康与安全要求；按照规定进行了适当的符合性评审；电梯企业将CE标志附在了电梯上；电梯企业作出了符合性声明；电梯是事实上安全的。

该条例第9条规定，只有满足以下要求时，责任人才能将电梯安全部件投放市场和投入使用：安全部件满足相关的基本健康与安全要求；按照规定进行了适当的符合性评审；安全部件制造者或其授权代表将CE标志附在了安全部件上，或者附在了与安全部件不可分离的标签上；安全部件制造者或其授权代表作出了符合性声明；安全部件是事实上安全的。

因此，只要电梯或者安全部件附有CE标志，并作出了符合性声明，即可认定电梯和安全部件满足《LR1997》要求，可以投放市场和投入使用。

（2）合格评定程序。合格评定程序的目的是通过评审，确认电梯及其安全部件满足相关的基本健康与安全要求。《LR1997》提供了多种通过合格评定程序的方式供申请评审者选择，以满足各种类型的电梯企业的需要。

电梯合格评定包括电梯整机的合格评定和电梯安全部件的合格评定（略）。

3. 电梯的使用、维修保养与检验环节的管理

（1）电梯的全面检验与检查

《LOLER1998》对升降设备（包括电梯）的全面检验与检查以及后续的检验报告、缺陷整改等事项作出了明确的规定。为了便于电梯使用责任人理解、执行，HSE发布了《电梯的全面检验和测试：电梯拥有者简明指南》（Thorough Examination and Testing of Lifts：Simple Guidance for Lift Owners，INDG339），对全面检验的内容、要求等作出了规定。1998年，英国安全评估联合有限公司（The Safety Assessment Federation Ltd，SAFed）发布了《电梯全面检验和测试指导》（Guidelines on the thorough examination and testing of lifts），通称为LG1检验测试。此文件虽无法律效力，但被HSE认定为“良好的实践范例”，获得HSE的推荐。因此，英国大多数从事电梯全面检验的检查机构都按照LG1开展工作。上述两个文件的主要内容有：

1）“全面检验”是由有能力的人对电梯及其附属装置进行的系统、全面的检验，其目的是检查出电梯的任何导致危险或可能导致危险的缺陷，并由检验人员将这些缺陷报告给电梯责任人，必要时报告执法机构(HSE 或者地方当局 LAs),以便采取适当的措施。为了确定全面检验的范围和程度,检验人员需考虑电梯的使用场所、使用频率、使用时间、使用条件、工作载荷等因素进行风险评估。全面检验通常包括(但不限于):层门、轿门及其联锁装置;减速器;主驱动系统;限速器;安全钳;悬挂绳与悬挂链;超载检测装置;电气装置(包括接地与接地连接,安全装置,熔断器的选择等);制动系统;缓冲器;超速监测系统;液压系统等。

2) 在下述情况下,电梯应当进行全面检验:重大改变之后;对于乘客电梯,每 6 个月进行 1 次;对于仅用于载货的电梯,每 12 个月进行 1 次;或者按照检查计划的规定时间进行;发生毁坏、失效之后,长期停用后,或可能影响设备整体性能的操作条件发生重要改变后。

对于首次安装的新电梯,只要其制造和安装符合《LR1997》,并且具有在设备投入使用前不超过 12 个月内作出的符合性声明,则不要求进行全面检验。所谓新电梯是指:首次安装的电梯;已有的电梯被完全更换,或者仅保留导轨的已有电梯。

3)《LOLER1998》规定,在全面检验之后,检验人员应当尽快将导致危险或可能导致危险的缺陷通知电梯使用责任人。电梯使用责任人获知电梯存在严重缺陷,应当立即停止使用电梯,直到整改完毕。如未能停用电梯则属违法行为。

4)《LOLER1998》规定,检验人员应当尽可能快地向电梯使用责任人出具书面的并经签署的全面检验报告。通常应当在 28 日内出具,但如电梯存在严重缺陷需要整改,则电梯使用责任人可以要求提前出具。如果检验人员认为电梯存在可能导致人员伤害的风险,还应当将检查报告的副本报执法机构。检验报告应当包含的内容见本报告第四章有关章节,一份典型的检验报告见下表。如果检验报告的信息不全,电梯使用责任人不应接受,因为这可能引起违法后果;在这种情况下,可以与检验人员协商,如未能解决则应当与执法机构联系。

5)《LOLER1998》规定,电梯全面检验报告应当至少保存两年,或者保存到下一周期检查报告出具之时(取两者中的长者),以备执法检查员查看。只要能在需要时提供书面报告,也可采用电子存储的方式保存报告。

(2) 对升降设备检查机构的相关要求

英国的电梯使用责任人通常会根据保险公司的推荐,请有资格的升降设备检查机构来从事电梯的全面检验和检查工作。由于目前在欧盟有一种用 EN 45000 系列标准来衡量检查机构(inspection body)能力的趋势,因此英国的升降设备检查机构,通常会向 UKAS 提出申请对机构的能力进行评审,以获得检查资质,证明其能力。UKAS 于 1999 年 11 月发布了《升降设备在役检查的鉴定评审》(Accreditation for In-Service Inspection of Lifting Equipment,RG 6),用来指导对升降设备检查机构的鉴定评审工作。RG6 也可用于指导雇主按照 LOLER 的要求选择"有能力的人"。RG6 的内容略。

二、中国与英国电梯标准法规体系的比较

1. 关于电梯立法

英国《电梯条例 1997》(The Lifts Regulations 1997,Statutory Instrument 1997 No. 831)和《升降机操作与升降设备条例 1998》,对纳入国家管理的电梯的制造、安装、维修保养、使用、检验等环节的管理要求,以及电梯有关各方的责任等均作出了明确的规定,由于对电梯管理的立法层次较高,使得电梯管理的执行效力较强,责任追究力度较大。

我国目前涉及电梯安全管理的最高层次的法规是国务院行政法规《特种设备安全监察条例》。就电梯这一特种设备的安全管理而言,我国曾有相当一段时间存在多部门交叉、职能错位的现象,往往造成监管对象无所适从,加大了执法成本,加重了电梯企业和使用者的负担。虽然随着《特种设备安全监察条例》的颁布实施,这一现象得到了有效的遏制,但由于目前我国还没有在法律层面对有关电梯(乃至其他特种设备)的安全管理方面的要求作出具体规定,在电梯新技术/新工艺的安全评价,以及相关责任的追究方面仍然缺乏足够的法律依据。

2. 关于电梯安全技术法规的评估机制

在英国，法规的制定奉行透明清晰、目标明确、协调一致和适当平衡的原则。在法规实施之前，还要作出对法规的影响进行评价的计划。一旦法规实施，就要按照预定的时间表进行评价，判断其是否达到了预期目标，确定是否需要修订或者废止。

我国目前已经初步建立了特种设备的法规建设机制，有关电梯的安全技术法规建设也在不断完善。由于这些工作起步较晚，仍然存在电梯技术法规不够健全，相互之间不够协调，法规内容设定较为滞后等问题。这些问题的存在与我国尚未建立健全电梯法规评估机制有着很大关系。

3. 关于电梯的法规标准体系

英国的电梯法规标准体系分为法律、法规、经核准的实务守则以及标准等层次。我国的电梯法规标准体系则分为法律、行政法规、部门规章、安全技术规范和标准等层次。

在英国的电梯法规标准体系中，"实务守则"较有特色。发布实务守则的目的是向相关方提供如何遵守健康与安全法律法规的优良范例和指南。相对法规而言，实务守则的制定较为灵活，它无需国会批准，经国务大臣同意即可发布，因此便于不断更新，以适应科技发展的需要。

英国的电梯标准体系较为健全，涵盖了各种类型的电梯（如电力驱动的乘客电梯、载货电梯、杂物电梯，液压驱动的乘客电梯、载货电梯、杂物电梯，自动扶梯和自动人行道、汽车电梯、螺杆电梯、齿轮齿条电梯、导向链电梯，以及消防员电梯、残疾人用电梯等各种特殊用途的电梯等）和电梯生产与使用的各个环节（设计与制造、安装、维修保养、改造、测试与检验、安全作业以及新电梯的选择），且基础标准较为健全，对电梯的各种重要装置（如操纵装置、指示装置等）和零部件（如导轨、钢丝绳、电缆等）均制定了标准。相比较而言，我国的电梯标准体系仍不够完善。

4. 关于电梯法规与标准之间的关系

英国的电梯标准均属推荐性的，但这些标准一旦被法规引用，被引用的部分或条款即具有与法规相同的法律地位。而根据我国《标准化法》的规定，我国的标准分为强制性和推荐性的，强制性标准的地位等同于技术法规，这一点与英国以及欧美国家是不同的。

标准的制定是为了在一定的范围内获得最佳秩序，是为了促进最佳的共同效益，因此具有公共目的性；标准是在协商一致基础上制定的，因此具有广泛的可接受性；标准凝聚了科学、技术和经验的综合成果，反映了最新技术水平，对于解决技术问题具有先进性和合理性。例如，欧盟《电梯指令》规定，满足电梯协调性标准的电梯视为满足指令中有关基本健康与安全要求。

标准对于英国技术法规的制定和实施起到了支撑作用；而技术法规的强制实施上也推动了标准的应用。实际上，技术法规的强制实施推动标准应用的作用在我国的电梯制造、安装、维修保养过程中得到了验证，如《电梯监督检验规程》等电梯检验安全技术规范（这些安全技术规范中大量引用了 GB 7588 等电梯标准的内容）的贯彻实施，客观上促使了企业遵循 GB 7588 等电梯标准，这一点已经在业内得到了共识。

5. 关于电梯的投放市场和投入使用

在英国，只要电梯或者安全部件附有 CE 标志，并作出了符合性声明，即可认定电梯和安全部件满足《LR1997》要求，可以投放市场和投入使用。

CE 标志是欧盟理事会强制性实施的一种安全合格标志，是产品符合新方法指令规定的有关安全、健康、环境保护以及保护消费者基本要求的、且实施了指令规定的合格评定程序的特殊证明。新方法指令范围内的绝大部分产品，包括电梯，无论是否由欧盟成员国生产，在欧共体市场投放和投入使用前都必须贴附 CE 标志（除非特殊指令另有要求）。

我国则规定："锅炉、压力容器、电梯、起重机械、客运索道、大型游乐设施及其安全附件、安全保护装置的制造、安装、改造单位，以及压力管道用管子、管件、阀门、法兰、补偿器、安全保护装置等（以下简称压力管道元件）的制造单位，应当经国务院特种设备安全监督管理部门许可，方可从事相应的活动"（见《特种设备安全监察条例》第十四条）；"取得制造许可的特种设备（注：指电梯、起重机械、客运索道、大型游乐设施和厂内机动车辆等机电类特种设备）方可正式销售"（见《机电类特种设备制造许可规则（试行）》第二条);“制造许可分为以下两种方式:(一)产品型式试验;(二)制造单位许可”(《机电类特种设备制造许可规则(试行)》第二条);“凡在中国境内销售境外制造特种设备的产品或者部件,其同类型首台产品或者部件必须由国家质量技术监督局指定的监督检验机构进行型式试验,合格后方可以正式销售”(《特种设备质量监督与安全监察规定》第十条);对进口各类电梯的制造许可方式为产品型式试验(见《机电类特种设备制造许可规则(试行)》附件1“特种设备制造许可目录”);“取得《制造许可证》的单位,必须在产品包装、质量证明书或产品合格证上标明《制造许可证》编号及有效日期”(见《机电类特种设备制造许可规则(试行)》第二十二条)。

我国的电梯许可制度和英国以及欧盟关于电梯投放市场的规定,既有相似处,又有不同点,其主要区别在于:英国实施企业自我声明合格制度,我国则是由政府主导,对电梯制造单位实施许可制度;英国有各种不同的合格评定程序供电梯企业选择,具有较大的灵活性,而我国只有产品型式试验和制造单位许可两种制造许可方式;在英国,无论电梯是否由欧盟成员国生产,在市场投放和投入使用前都必须贴附CE标志,也即进口电梯和英国国产电梯一样,都要履行合格评定程序,并贴附CE标志;在我国对于进口电梯,则只需通过了型式试验就可正式销售,且对型式试验有效期等没有限制。

6. 关于电梯的安装和维修保养

根据《特种设备安全监察条例》和《机电类特种设备安装改造维修许可规则》的规定,我国对电梯的安装、维修和保养实行资格许可制度。

按照欧盟《电梯指令》以及英国《LR1997》中关于“电梯企业”的定义,电梯企业是指“承担电梯的设计、制造、安装和投放市场的责任,并负责附有CE标记、作出EC合格声明的自然人或法人。在英国,电梯安装是电梯制造过程的一个组成部分,通常由电梯制造商完成,我们在研究过程中也未发现英国有单独的对电梯安装进行资格许可等方面的规定。对电梯进行维修保养是电梯使用者的责任,通常电梯使用者选择有能力的电梯制造商进行。

7. 关于电梯的型式试验

英国按照欧盟《电梯指令》的要求,对电梯及其安全部件进行型式试验。需要进行型式试验的安全部件包括以下6种:层门门锁装置,防止轿厢坠落或非预期向上运行装置,防止超速装置,缓冲装置,安装在液压电梯液压系统中的用于防止轿厢坠落的装置,含有电子元件的安全开关型电气安全装置。

我国的《电梯型式试验规则》(报批稿)则规定,需要进行型式试验的电梯部件除前述几种安全部件外,还包括控制柜、曳引机、绳头组合、导轨、耐火层门、玻璃门和玻璃轿壁、液压泵站等。

8. 关于电梯的检验方式、检验周期和检验内容

《特种设备安全监察条例》规定:“锅炉、压力容器、压力管道元件、起重机械、大型游乐设施的制造过程和锅炉、压力容器、电梯、起重机械、客运索道、大型游乐设施的安装、改造、重大维修过程,必须经国务院特种设备安全监督管理部门核准的检验检测机构按照安全技术规范的要求进行监督检验;未经监督检验合格的不得出厂或者交付使用”(第二十一条);“特种设备使用单位应当按照安全技术规范的定期检验要求,在安全检验合格有效期届满前1个月向特种设备检验检测机构提出定期检验要求”(第二十八条)。现行《电梯监督检验规程》等电梯类特种设备检验规程则规定,在用电梯每年进行一次定期检验。

英国《LOLER1998》则对电梯的全面检验和检查作出了规定。全面检验是由有能力的人对电梯及其附属装置进行的系统、全面的检验,其目的是检查出电梯的任何导致危险或可能导致危险的缺陷,并由检验人员将这些缺陷报告给电梯责任人,必要时报告执法机构(HSE或者地方当局LAs),以便采取适当的措施。

英国的全面检验内容主要集中在安全装置、主要零部件、电气装置、液压系统上,检验项目较少且主要是外观检查,检验结论简单(均为定性的“是,否”);我国电梯的检验项目和内容较多,涉及电梯的各系统以及其所安装的井道、机房,对检验结果的记录由定性描述和定量描述两种要求。

英国的检验人员在进行全面检验时,可以根据情况,按照每年、每5年、每10年的周期,对接地连通性、电气安全装置、层门联锁、限速器和安全钳等、缓冲器等进行测试,以验证其安全状况。检验人员在风险评估的基础上，可以自行制定检验计划，确定与《LOLER1998》的规定不同的检验周期。例如，如果电梯的使用频率很低，载荷很轻，且电梯状况良好，则可以适当延长检验周期；反之，则可缩短检验周期。在这一点上，英国的电梯检验较我国具有较多的灵活性。

9. 关于电梯检验机构和评审机构

在英国，电梯使用责任人通常会根据保险公司的推荐，请有资格的升降设备检查机构来从事电梯的全面检验和检查工作。这些机构通常会向 UKAS 提出申请对机构的能力进行评审，以获得检查资质，证明其能力。我国则规定，电梯的监督检验和定期检验由依照《特种设备安全监察条例》经核准的特种设备检验检测机构进行。对电梯检验机构的分类、要求、从事检验工作的范围以及检验人员的资格和能力要求等，两国也有不同的规定。

对于乘客电梯，交付使用后第 4 年进行第 1 次检验，然后每 2 年进行 1 次检验；对于载货电梯，交付使用后第 4 年进行第 1 次检验，然后每 3 年进行 1 次检验；对于自动扶梯和自动人行道，正式投入使用后的 3 个月内进行第 1 次检验，第 4 年进行第 2 次检验，以后每 2 年检验 1 次。上述检验工作由某个电梯评审机构进行。评审机构按照 95/16/EC 和 EN 81，EN 115 系列标准进行检验，具体检验项目由各评审机构决定。检验后即出具检验报告。对于不合格的电梯和自动扶梯、自动人行道，通知申请者整改后再次检验。

第四节　中国与德国电梯标准法规比较

一、德国电梯管理概况

1. 电梯安全管理组织机构

德国在电梯方面管理欧洲法律的执行和电梯安全立法的最高部门为国家劳动和社会事务部。

负责各行政区域的电梯管理的部门为各联邦州的事务管理局，主要负责对新梯和现有梯进行法律申请的管理和电梯检验或型式试验机构的公布。每个联邦州都有安全技术中心，该中心根据授权标准授予认证体相关的认证资格。各州内的各地区的贸易和劳动事务部门实施对电梯的监督。

2. 对电梯型式试验机构(认证体)的基本要求

电梯型式试验机构(认证体)由各地的安全技术中心根据授权标准进行审核和委派，由各州的相关的事务管理局公布，并在欧洲委员会登记。电梯型式试验机构(认证体)必须具备以下基本条件：

(1) 不从事并与电梯及其相关部件的计划、设计、销售和操作独立。

(2) 最少有 10 名具有工程或技术专业本科以上学历人员，在电梯行业有一定的经验；如无，需有更长的教育和培训经验。

(3) 该机构具有 DIN EN 45004 要求的质量体系。

3. 有关型式试验

电梯型式试验是非强制性的。一般的型式试验无须重复进行，也没有时间限制，除非安装商或制造商特别需要重复进行。型式试验的地点由型式试验申请人与型式试验机构(认证体)共同确认。过程如下：

(1) 申请单位须向型式试验机构提交欧洲电梯指令所规定的技术文件，必要时提供风险评估报告；

(2) 试验地点由双方协商确定；

(3) 按标准规定的要求试验；若为特殊性质的试验，则由双方根据欧洲电梯指令、机器指令和相关标准商议试验工艺和要求；

(4) 收费通常根据人工耗时和特殊试验设备的造价作为依据；

(5) 型式试验机构根据试验结果出具报告，报告格式为型式试验机构各自规定的格式；

(6) 型式试验结论的覆盖范围由型式试验申请人与型式试验机构(认证体)根据欧洲电梯指令、机器指令和相关标准共同确定。

4. 德国对电梯安装检验的管理

(1) 电梯检验。电梯属特种设备而受到必要的监督和管理，自动扶梯和自动人行道不作为特种设备需要被监督和检验。

德国国家劳动和社会事务部颁布的《安全操作条例》的电梯技术规则中规定电梯须进行首次和定期的检验。

电梯原则上由电梯制造商安装，电梯制造商必须对使用的电梯的设计、制造、安装的安全性能负责。

电梯的检验由检验机构负责。检验机构由各地的安全技术中心根据授权标准进行审核和委派。检验机构根据《产品和设备安全法》的授权对现有电梯及改造梯进行检验。

(2) 电梯所有者的基本责任。电梯所有者应在电梯投入运行的半年内进行登记和申请检验。对所有乘客电梯进行定期检查，每 2 年要申请进行主要项目的定期检验。必须指定具有优质服务的公司进行保养。对改造电梯在竣工后应进行登记和申请检验。在特殊情况下，电梯所有者必须告知使用人在何种条件下按使用说明进行操作。必须向监管部门汇报事故情况，并由监管部门决定采取相关措施。只有发生重大安全事故，由监管部门上报州事务管理部门。

5. 保险赔付制度

在德国，按照地方安全技术中心的授权标准要求，责任保险为一种强制性的保险，对每起事故的赔偿金额至少为 250 万欧币。

二、中国与德国电梯标准法规体系比较

(1) 德国的电梯法律、条例、标准的划分简单而明确；社会分工层次分明，各司其职；赏罚分明，惩罚力度较大；标准详细，技术及质量的要求高；对人的保护始终放在第一位，社会保险的程度较高。

(2) 德国政府负责电梯管理的法律、法规、条例和安全标准的制定和颁布，按相应的标准确认和授权型式试验机构和检验机构，对电梯执行适当的监控。

(3) 政府监控电梯的方法是通过型式试验机构和检验机构对政府负责的方法来解决。政府基本不干预型式试验机构和检验机构所作的技术结论；型式试验机构和检验机构对其所作出的技术结论负责。德国的各种型式试验机构和检验机构是相当严谨而专业的，并能独立于电梯行业的商业操作之外，其结论比较公正。

(4)电梯设计、制造和安装的安全性能由制造商负责。电梯的维保质量由维保单位负责。电梯的安全操作和使用由电梯所有者负责。

第五节　中国与俄罗斯电梯标准法规比较

一、俄罗斯电梯管理基本模式

(1) 电梯许可证制度。电梯、自动扶梯制造单位应有俄罗斯联邦国家矿业技术监督局颁发的许可证。国外电梯的使用许可证由俄罗斯联邦国家矿业技术监督局全程颁发，申请人应提供俄文书写的技术文件。如果在电梯使用过程中会出现经书面确认的不足，或影响到使用者、维护人员和其他人员安全的未经许可的结构改变，颁发电梯使用许可证的俄罗斯联邦国家矿业技术监督局有权吊销该许可证。

(2) 电梯交付使用前的检验。新安装的电梯在交付使用前应根据 ПБ10-558-03《电梯制造与安全使用规范》进行全面技术检验。

全面技术检验包括以下内容：按电梯合格证资料与电梯设备进行对照；对电梯的安装进行直观检查和测量检查，并检查其是否符合安装图和本规范；检查电梯功能在所有状态下是否符合使用指南；进行试验；检查是否有电梯随机资料，及 ПБ10-558-03《电梯制造与安全使用规范》中规定的其他文件。

(3) 电梯定期检验。电梯使用期间应进行定期技术检验,每 12 个月至少 1 次。定期技术检验包括如下内容:对电梯进行进行直观检查和测量检查,使用过程中固定的尺寸除外;检查在所有状态下电梯的功能;进行试验;检查电梯使用单位是否符合 ПБ10-558-03《电梯制造与安全使用规范》要求。

(4) 电梯局部技术检验。出现以下情况的电梯要求局部技术检验:安全装置更换或安装后;减速箱、曳引轮、制动装置、悬挂绳更换或维修后;电气原理图改动后;控制柜(装置)更换后。

(5) 电梯的使用。在俄罗斯矿业技术监督局发布的 ПБ10-558-03《电梯制造与安全使用规范》中规定,使用单位(电梯所有者)通过组织应有的维护和维修,保证电梯处于良好状态及其安全使用。

(6) 电梯安全使用和警示标志。在电梯轿厢中和(或)主层站上悬挂电梯使用规则,以及标有与维护人员联络和紧急服务电话的铭牌。

(7) 电梯的日常维护保养。电梯日常维护保养由司机负责,并应在电梯每一班次时进行检查。对于装设调度监控系统的电梯,经俄罗斯联邦国家矿业技术监督局同意,可以按另外的周期进行检查。

(8) 电梯的使用期限。超龄(标准文件、结构文件和使用文件、标准、安全规范中规定的服务期)电梯应进行观察,以确定是否延长其安全运行的期限。

(9) 电梯事故保险。使用单位保证电梯服务期内发生事故,并给他人造成生命、健康或财产损失时的责任风险保险。

俄罗斯联邦《危险生产项目工业安全法》中规定危险设备运行企业应办理人身伤害、财产损失、环境破坏责任险,最低保险额为签定合同当天俄联邦政府公布的最低月工资的 1000 倍。

(10) 电梯专业人员考核体系和管理办法。电气机械师、电梯司机和调度员的培训和考核在职业学校和拥有理论和实践培训基地,和规定数量的经俄罗斯联邦国家矿业技术监督局规定程序考核的在编专家(教师)的其他机构中进行。

二、中国与俄罗斯电梯标准法规体系的比较

1. 关于电梯的超龄评估

在俄罗斯,超龄(指电梯设备使用时间超过标准文件、结构文件和使用文件、标准、安全规范中规定的服务期)电梯应进行观察,以确定是否延长其安全运行的期限。通过对电梯进行直观检查、测量、试验、无损检测等,对电梯的运行状况进行综合分析,确定其剩余寿命,决定是否延长其安全运行期限。延长电梯安全使用期限的工作应在其达到标准规定的期限前进行。允许在 1 年范围内把观察和技术检查工作合并。

ПБ10-558-03《电梯制造与安全使用规范》的附录 2“电梯合格证”中要求,在企业发布的电梯合格证中应提供电梯制造依据的标准文件(规范、国家标准、技术条件等)、规定的电梯使用期限等电梯基本信息,这些参数应与申请电梯使用许可证(由国家矿业技术监督局颁发)的资料一致。我国尚无类似规定。

2. 关于电梯用户责任保险

在俄罗斯,电梯使用单位应当进行电梯服务期内发生事故并给他人造成生命、健康或财产损失时的责任风险保险。根据《俄罗斯联邦危险生产项目工业安全法》,危险设备运行企业应办理人身伤害、财产损失、环境破坏责任险,最低保险额为签定合同当天俄联邦政府公布的最低月工资的 1000 倍。我国尚无类似规定。

3. 关于电梯专业人员考核

在俄罗斯,电气机械师、电梯司机和调度员以及俄联邦矿业技术监督局的检查员均须经过培训和考核。电气机械师分成三级、电梯司机和调度员分成二级进行考核;检查员则须参加电气机械师考核。电气机械师、电梯司机、调度员在开始工作一个月内进行一次业务考查,定期业务考查至少每 12 个月进行一次。

我国对特种设备作业人员也要进行培训考核,但与俄罗斯相比,在电梯作业人员方面的培训考核尚不够具体、详细。

第六节　中国与日本电梯标准法规比较

一、日本电梯标准法规的特点

(1) 升降机定义。升降机主要包括电梯(含客梯、货梯、客货共用梯、医用梯、汽车电梯)、自动扶梯(广义上包含自动人行道)、小货物专用升降机等

(2) 对升降机的检查人员资格要求。升降机的检查人员应当经过国土交通大臣指定的培训,是掌握了必要的知识和技能的具有一定资格的人员,如一级建筑师、二级建筑师或国土交通大臣认定的有资格的人(建筑基准适合判断资格者,特殊建筑物等调查资格者等)。并且每年需完成国土交通大臣指定的升降机检查资格培训。培训机构为日本的财团法人日本建筑设备、升降机中心。

(3) 型式构件的制造认可。由制造厂按规定项目进行申报,主要包括生产条件、制造经验、产品规格、质量管理体系等。由建筑基准法规定的机构负责进行鉴定,收取的手续费有明确规定(平成 13 年 建设省令第 128 号)。

(4) 电梯制造许可。企业制造电梯要获得制造许可资质,由厚生劳动省(原劳动省)审核后发放,没有注明有效期,但新品电梯(如超过原许可的最大吨位或速度,或类似无机房等新结构)需要追加许可申请核准。

(5) 施工许可申请(日本称为确认申请)。电梯企业在拿到一个项目订单后,先要协助客户到当地政府办理报批手续,由负责城市规划与建设的部门(如建筑指导课)负责审查电梯建设项目。审查资料由建设方和电梯公司提供,如果符合建筑基准法,就可得到批准,然后才能制造、安装。

(6) 完工验收。施工项目完成后,需在规定时间内(工程完工后 4 日内)向“建设指导课”或“建筑中心”提出完工验收申请,“建设指导课”或“建筑中心”(收到申请后 7 日内)派人审查电梯完工后是否符合原方案,如符合,发给合格证书,此时电梯即可交付业主使用。

完工验收的检验项目、判定基准及使用器具由 JIS A 4302—2006《升降机的检验标准规定》的规定。

(7) 定期检验。按照建筑基准法中的规定进行,电梯交付使用后每年规定要进行一次定期检查。这类检查一般由电梯维修保养公司内持有升降机检查资格的人员进行,并将检查结果向法规指定的行政部门(省长或区长或市长)报告和备案。或者是经(财团法人)日本建筑设备・升降机中心(政府的民间受理委托单位)向法规指定的行政部门(省长或区长或市长)报告和备案,然后,由行政部门发行“定期检查报告安装完工证”。

二、中国与日本电梯法规体系比较

1. 管理体系

(1) 相同点。两国都有专门的职能部门主管电梯的安全检验、维护保养等工作,并且在各级行政机构都组成稳定的电梯管理组织架构。电梯的安全使用与管理在两国从上级到下级都深受重视,为此制定了比较完备的法律体系,为电梯从制造、安装到维修保养等的管理提供了法律依据。有关电梯管理的法律法规为使用单位、制造厂家、管理部门,当事人等明确了权责利的范围,起到了规范电梯管理市场、维护电梯使用安全的作用。两国都强调电梯的日常维护保养和电梯的紧急救援。

(2) 不同点。我国尚未将电梯的管理升级到国家法律,目前还停留在行政条例阶段。而在日本,电梯作为建筑内的特殊用途设备,纳入了日本《建筑基准法》的范畴,增强了电梯的监管力度。

在中国电梯作为事关社会公共安全的设备,被纳入国家的特种设备管理范围,电梯的管理法规和规章约有 20 余部,但只有新规范的发布,没有旧规范的废止。在日本,电梯的管理以《建筑基准法》作为指导,国土交通省根据《建筑基准法》制定出具体的《建筑基准法施行令》,以及在实施过程中根据标准的执行情况适时发布公告或者告示作补充,此外,日本厚生劳动省又对工业楼宇中的电梯进行管理,使日本电梯管理涉及多个政府部门。

日本的法规对电梯的紧急救援做了较多的阐述。这是日本根据国情开展的科学技术研究成果的体现。

目前我国关于电梯的报废规定只有北京市技术部门曾经出台过相关规定,报废年限定为15年。在日本电梯的报废是作为建筑物相关活动的一部分,由建筑业主向都道府县报告。

2. 制造许可

(1) 相同点。两国都要求特殊构件或者设计特殊构件的产品上市销售之前,需要获准制造许可,在日本称型式认定。两国都规定了制造许可申请的条件、制造许可的申请材料、制造许可申请的程序、制造许可的受理条件做了详细的规定。对制造许可的评审机构、评审人员的资格都做了规定。制造许可都是由两家机构分别完成构件的型式试验和制造许可的评审工作。

(2) 不同点。在我国,乘客电梯、液压客梯、防爆液压客梯的制造许可申请,由国家特种设备安全监察机构受理。载货电梯(含液压)、杂物电梯、自动扶梯和人行道的制造许可申请,由省级特种设备安全监察机构受理。在日本,企业制造电梯要获得制造许可资质,由厚生劳动省(原劳动省)审核后发放,而电梯产品需经过国土交通大臣指定的机构进行结构认定、型式试验。

关于制造许可评审的费用,中国没有在法规中体现。在日本的《建筑基准法施行令》中则做了明确的规定,对安装检查和定期检验的收费标准在《建筑基准法施行规则》中规定。

在有关制造许可评审细节上,日本规定则更为详细。

中国的制造许可证有效期为4年,而日本的型式认定有效期为5年。

3. 施工许可

在我国,单独将电梯的安装、改造、维修分别做了规定,而在日本则是安装、改造和维修是不分家的,由制造商负责到底。

4. 型式试验

(1) 相同点。型式试验和型式适合认定均实行定期报告制度。均要求所有规定的项目达到合格。

(2) 不同点。在我国,是按照电梯的类型以及部件来规定型式试验范围的,而在日本是按照建筑设备的构件来划定型式适合认定范围的。日本对试验人员的专业资格做了较为细致的规定,而我国对此则较为笼统。日本对试验检查中出现不合格的产品,只有取消鉴定的说法,没有整改和复检的概念。日本对型式试验的机构设备、仪表和器具不做规定。而我国则提出较多的规定。型式试验内容,中国的内容较日本多,而且许多内容与安装验收内容重复。日本的型式试验注重结构、材质、性能的认定,而且是在。

5. 电梯检验

(1) 相同点。电梯安装完成以后,初次投入使用,都需要得到电梯管理部门授权的检验机构的验收,合格者发给使用证,并报主管部门备案,不合格者也须报告电梯管理部门,由电梯管理部门监管。

都要求对电梯进行定期检验与报告。对于不合格的电梯,都要采取及时有效的安全措施。

(2) 不同点。在中国,电梯、自动扶梯和自动人行道均作为特种设备监管;在日本的建筑基准法中电梯、自动扶梯、自动人行道都作为建筑物内的设备依照建筑基准法及相关规定进行管理;此外,日本的工业楼宇电梯由厚生劳动省进行管理。在日本,电梯的定期检验无需申请,只需国土交通省认定的维保公司的一、二级建筑师检查,并将检查结果报送国土交通省,向特别行政厅负责。由日本电梯协议会代表国土交通省核发准用证。在我国,使用单位需要在安全检验合格证有效期截至日期前一个月向规定的检验机构提出申请;由厚生劳动省认定的检验机构则负责工业楼宇电梯检验和发证。在中国,检验人员由国家检验检疫总局核准,且只能受雇于一家法定检验机构。在日本,检验人员由一级建筑师或者二级建筑师,或国土交通部认定资格的人士组成,对其工作单位无规定。

6. 标准制定

日本电梯标准来自三个方面。(1) JIS电梯检查标准;(2) JEAS电梯协会标准制度;(3) 国土交通省的告示。其中JIS电梯检查标准是电梯检查须强制执行的,而国土交通省的告示作为补充规定执行,JEAS协会标准制度的约束力是参考性的。

第七节　中国与瑞士电梯标准法规比较

1. 制造许可

如果企业声明符合95/16/EC《电梯指令》(对于自动扶梯、自动人行道、杂物电梯及家用电梯，适用98/37/EC《机械指令》，下同)相关条文并粘贴CE标记，则产品可正式销售。在瑞士，不强制执行CE标记，而合格声明是必需的。制造企业与评审机构确定了合格评定程序，就允许正式生产。同样，发布产品合格声明，就能够销售。

与我国相比，上述做法具有以下优点：

(1) 政府无需投入大量的人力和物力来进行具体的制造许可管理；

(2) 企业和评审机构对各自的行为及产品负责；

(3) 企业可根据专业能力、时间、地点安排等不同情况随时自由选择评审机构；

(4) 符合欧洲指令相应的协调标准即为符合指令的相应要求，但并不强制执行这些标准；符合性评审有多条途径可供选择，有利于企业根据不同的产品、产量及企业模式来选择最合适的符合性评审，为产品、技术的突破创新开辟了合法通道。

2. 施工许可

在瑞士乃至所有欧盟国家，电梯的安装改造企业被视同制造企业，因此与制造许可一样适用欧洲法令。只要与评审机构确定了符合性验证流程，就允许实施相应的施工。改造工程的实施还需符合各州的法律。

与我国相比，上述做法具有以下优点：

(1) 政府仅监管国内的评审机构，而由专业评审机构负责企业施工作业能力的评审，节约了政府大量的资源；

(2) 企业和评审机构对各自的行为及产品负责；

(3) 企业可根据专业能力、时间、地点安排等不同情况随时自由选择评审机构；

(4) 明确了制造企业和业主在电梯使用过程中的责任。电梯的维保明确由业主负责，有利于维保市场的健康发展，使维保工作更专业化，从而更大程度地保证了电梯的安全运行。

3. 型式试验

对于电梯指令覆盖的所有电梯，如果设计电梯的制造企业没有建立电梯的全面质量保证体系，就可以用电梯的型式试验进行符合性验证(95/16/EC附录XIII，电梯模块H)。

与我国相比，上述做法具有以下优点：

(1) 企业和评审机构对各自的行为及产品负责。

(2) 若无设计更改，相应型式试验证书永久有效。避免了重复进行型式试验而导致企业及评审机构有效资源的耗费。

(3) 对部分主要部件不作型式试验要求，并不意味着对其不进行测试，而是包含在了整机型式试验之中。事实上，有些部件如控制柜等单独在实验室中进行型式试验是难以实施的，瑞士/欧盟其他国家的规定比较务实。

4. 监督检验

瑞士没有联邦的检验在用梯的规范，监督和检验行为属州法令协调范围，仅有3个州有定期检查本州内在用梯的规定。

根据欧洲指令，制造企业应提供使用手册。电梯使用手册至少应包括供正常使用的设计图和接线图，以及关于保养、检验、修理、定期检查和营救操作等信息。

与中国相比，上述做法具有以下优点：

(1)《电梯指令》和《机械指令》通过使用手册明确了业主的电梯维保责任。业主、有资质的维保企业及检验(评审)机构各自承担的责任通过相互之间的商业合同明确。政府无需投入太多的资源来进行专门监管。

(2) 改造和重大更换项目比我国规定得更细，凡涉及安全部件除原型号更换外的任何变动都属于该范畴，有利于更好地保障电梯的安全运行。

第八节　中国与新加坡电梯标准法规比较

1. 法规方面

中国和新加坡均有政府颁布的电梯管理法规，对电梯的安装完工检验、定期检验、维护保养及改造都有具体规定。

我国对电梯的管理是纳入特种设备管理范畴，主要依据是国务院于2003年3月颁发的《特种设备安全监察条例》(简称373号令)。373号令首次将锅炉、压力容器、压力管道、电梯、游乐设施、起重机械、客运索道等与公共安全密切相关的设备作为“特种设备”，纳入统一的政府安全监察范围。对于电梯的检验，按照国家质量监督检验检疫总局正在制修订的《电梯安全技术监察规程》、《自动扶梯及自动人行道安全技术监察规程》、《电梯安装监督检验及定期检验》等电梯安全技术规范要求进行。

新加坡的电梯法规主要是国家发展部颁发的《建筑物维护与各阶层管理(电梯与建筑管理)规则2005》。

2. 标准方面

与我国电梯主体标准GB 7588—2003《电梯制造与安装安全规范》和GB 16899—1997《自动扶梯和自动人行道制造与安装安全规范》相对应的，新加坡也有自己的国家标准:CP 2《客梯、货梯的安装、操作和保养实施规范》、CP 15《自动扶梯、自动人行道的安装、操作和保养实施规范》。

我国GB 7588—2003规定的适用范围是“本标准适用于电力驱动的曳引式或强制式乘客电梯、病床电梯及载货电梯。本标准不适用于杂物电梯和液压电梯”。新加坡的CP2:2000的适用范围明显不同:“本标准适用于曳引驱动电梯的设计，建造，安装，测试，检验和维修。服务于确定楼层，有为运送人，或人和货物而设计的轿厢，由钢丝绳悬挂且在与垂直方向倾斜角不超过15°的导轨间运行”。新加坡标准CP2不适用于汽车电梯、家用电梯等12类电梯。

3. 定期检查、检验和试验

新加坡法规规定“任一电梯的检查、检验和试验必须在核准人面前，根据SS CP 2:2000中定期检查、检验和试验的规定，由承包商执行。当电梯是住宅用电梯或为残疾人设计的电梯时，遵照制造商的推荐要求”。可见新加坡对电梯的检验，实际上是按照新加坡标准CP2进行的。

我国与新加坡的电梯的检验周期规定相同，通常都是一年。电梯检验的费用收取标准方面，新加坡规定更为清晰，前文已经提及。

4. 电梯事故处理

电梯事故处理方面，新加坡电梯法规规定:如果有因为电梯或电梯的任一部件而发生的人员死亡或严重受伤的事故，电梯的最新承包商需应专员的要求在7天之内让一名经检验合格的人员提供一份关于事件的调查报告，并把这份调查报告提交至特派专员。并且，专员可能要提交电梯拥有者所写的通知(第一段所提及到的)，在一个约定的时间内提交一个由独立的检验人员提供的关于该事件的调查报告。我国对电梯事故处理方面的规定比较笼统。

5. 责任界定

新加坡对涉及电梯的各阶层责任有清晰界定，具体见《建筑物维护与各阶层管理(电梯与建筑管理)规则2005》。上述法规中明确规定了各类人员在责任和义务，电梯经过大的改造或者置换工作后，任何的电梯所有者不应开始电梯的操作或者恢复电梯的操作，必须由一定资格的操作人员才可以操作。

我国国务院颁发的373号令《特种设备安全监察条例》中也对各界的责任和义务提出了具体要求，对电梯制造单位实施制造许可制度，对电梯维修保养单位明确规定“电梯应当至少每15日进行一次清洁、润滑、调整和检查”，新加坡则无类似要求。

6. 处罚

新加坡对违反电梯法规的行为，会处以3000～5000新加坡元以下的罚款，我国的处罚幅度范围更宽，在2000元以上，20万元以下。

第四十章　启示与建议

一、加快电梯安全立法进程

列入美国《联邦规章》中的、依据美国《职业安全卫生法》制定的“职业安全卫生规章”以及美国大多数州专门设立的电梯法律；日本的《建筑基准法》、《建筑基准法实施令》；新加坡的《建筑管理法》、《建筑物维护与各阶层管理(电梯与建筑管理)规则 2005》；欧盟的《电梯指令》；德国的《设备和产品安全法》等，由于对电梯管理的立法层次高，电梯管理的执行效力强，责任追究力度大，电梯市场的有序与规范管理机制能得以有效实现。我国特种设备法律法规体系由法律、行政法规、地方性法规和规章(包括部门规章和地方政府规章)，到目前涉及电梯安全管理的最高层次的法规是国务院行政法规《特种设备安全监察条例》。法律的效力高于行政法规，行政法规的效力高于规章。由于目前我国还没有一部专门针对特种设备的法律，在法律层面对电梯的安全管理作出规定，因此电梯安全管理的权威性不够，相关责任的追究力度较弱，仍然存在部门交叉、职能错位的现象，电梯市场的有序与规范管理机制难以有效运转，这与我国拥有近 70 万台电梯、近 35％的城市人口使用的状况是不相称的。

建议有关部门借鉴发达国家的做法，加快《特种设备法》的立法进程，明确对电梯这一特种设备的管理要求和相关各方的责任，通过立法来加强电梯法规体系、安全管理体系和安全责任体系的建设，提高我国的电梯安全管理水平。

二、完善电梯安全法规的评估、修订以及实施指导工作

在欧美和日本、新加坡法规的制定奉行透明清晰、目标明确、充分协调、各方利益充分表达和适当平衡的原则。在法规的起草过程中，对相关各方有影响的立法方案都要进行影响评估，通过评估来明确存在的问题、立法方案的具体目标、有关公平和公正的因素、如何制裁违法者等方面的内容。在法规实施之前，还要作出对法规的影响进行评价的计划。法规实施后，要按照预定要求进行评价，判断其是否达到了预期目标，确定是否需要修订或者废止。如 2004 年，欧盟委托欧洲评估协会对 95/16/EC《电梯指令》进行了评估，针对指令实施中的问题，提出了许多建设性的修改意见，这些意见中已有一部分被吸纳到《电梯指令》的修正案中。此外，一些国家还组织制定了大量的法规实施指导文件，提供优良的执行范例和指南。例如，英国制定了《升降设备的安全使用实务守则和指引:升降操作和升降设备条例》、《劳动健康与安全管理实务守则和指引》、《工作设备的安全使用实务守则和指引:工作设备供应和使用条例》等实务守则以及《电梯条例指导性说明》、《升降操作和升降设备条例简明指南》、《电梯全面检验和测试指导》、《电梯条例 1997:指定实施符合性评审程序之检查和证实的评审机构的指导》等指南性文件，以指导相关方正确地遵守有关电梯的法律、法规，使得这些法律法规得以有效地实施。

我国目前已经初步建立了特种设备的法规建设机制，有关电梯的安全技术法规建设也在不断完善。由于这些工作起步较晚，仍然存在电梯法规不够健全，相互之间不够协调，法规内容设定不够科学和较为滞后等问题。例如，《电梯监督检验规程》、《自动扶梯和自动人行道监督检验规程》、《杂物电梯监督检验规程》和《液压电梯监督检验规程》存在着项目设置不够合理、部分规定表述不够严谨甚至错误等问题，这些规程已经实施数年但存在问题仍未得到有效纠正；GB 7588—2003《电梯制造与安装安全规范》已实施近 3 年，但引用 GB 7588—1995 标准的《电梯监督检验规程》仍在使用，未能及时进行修订，等等。这些问题的存在与我国尚未建立健全电梯法规评估、修订机制有着很大关系。此外，我国的法规条文解释等文件在功效上与英国的实务守则有类似之处，但这类文件的灵活性、指导性和可操作性与实务守则相比，仍

有一定距离。而且目前缺少有关电梯规章、安全技术规范的解释性文件或者指导人们正确执行这些法规的指南性文件,往往造成理解和执行上的不统一,影响了法规的执行效能。

三、建立和完善电梯等效安全评估体系

为了避免现有标准阻碍技术的进步,应当建立一套较为完善的电梯等效安全评估体系,建议制定突破现有规范与标准要求产品进入市场程序的规定。对不符合我国现行试验或检验的安全技术规范与强制性国家标准的电梯(含自动扶梯和自动人行道,下同)或者部件,其进入市场应有批准程序,要求其在投入使用前,均应当进行等效安全性评价,并在得到国家质检总局特种设备安全监察局(以下简称特种设备局)批复,办理制造许可手续后方可进入市场。

1. 等效安全性评价的申请单位首先应当向特种设备局提出申请,提供申请等效安全评价项目的技术介绍和风险评估报告;建议的型式试验、安装监督检验及定期检验的内容、要求、方法与合格的判定规则;其他国家或地区的试验及认可情况与相关文件。

2. 申请单位应当约请国家质检总局核准的电梯型式试验机构,商定对申请等效安全性评价产品进行验证试验的内容和方法并进行试验。试验结束后,受约请的型式试验机构应当针对等效安全性评价应考虑的因素逐项提出结论性意见和是否批准的建议,并形成等效安全性评价的书面报告。

3. 特种设备局受理上述申请并收到型式试验机构的等效安全性评价报告后,委托专业技术组织专家进行审议,并提出等效安全性评价意见。

4. 特种设备局收到专家的等效安全性评价意见后,将酌情予以批复。

四、建设中国特色的电梯标准体系

1. 要建立配套协调的电梯标准体系

(1) 我国电梯的相关标准不配套。我国电梯的主体安全标准等效采用欧洲的电梯标准,但欧洲的电梯标准是由一系列的标准族组成(如 EN 81 的系列标准有数十个),而我们仅等效采用了其中的 EN 81-1 和 EN 115 两个标准。

(2) 我国的标准不协调。由于我国电梯管理体制上的问题,已经颁布的标准之间尚存在较大的差异,如建设部为主起草的 GB 50310《电梯工程施工质量验收规范》和国家电梯标委会起草的 GB 10060《电梯安装验收规范》就存在较大的差异,与现行的电梯监督检验规程的要求也不协调。

(3) 我国电梯标准的缺位多。电梯的种类较多,由于使用对象和使用场合不同,其结构设计的差异性较大,因此其安全要求也存在不同。GB 7588 只适用于曳引驱动和强制式驱动的电梯,而液压电梯、防爆电梯、消防电梯、无障碍电梯等都没有相应的国家标准。很多国家和地区的相关法规和标准都对这些类型的电梯作出了规定。

2. 要建立具有我国特色的电梯标准体系

(1) 在等效采用国外先进标准的同时,应结合国情进行修改和补充。通过比较研究发现,相当一部分国家在采用先进国家的标准时,都结合本国的国情,对一些项目和参数作出适当的修订。如澳大利亚在采用 EN 81-1 时,对电梯的井道防火、照明、入口爬梯、电梯材料的选用等提出了新的要求,对容易出事故的电梯层轿门门锁装置增加了旁路短接的严格规定。俄罗斯在参考采用 EN 标准时,也结合国情,在井道围封、玻璃壁的轿厢等方面修改了 EN 的要求,增加了电梯的重要部件钢丝绳的更换标准,使标准更加完善。而我国的 GB 7588(等效采用 EN 81-1)标准在等效采用时,结合国情修改和新增的条款极少。

(2) 应投入人力和物力开展电梯安全指标和性能参数的研究,提高电梯安全标准的科学性和适用性。欧洲的电梯系列标准和美国的 ASME 系列标准是国际上具有特色的电梯标准,其制修订制度是值得我们借鉴。这些标准中的安全性能指标都是经过大量理论和试验研究后再作出规定的,因此,具有坚实的基础。如美国电梯标准 A17.1 中提出的电梯门运行过程中的动能指标,以及缓冲器受冲击过程中的减速度指标,历经 50 多年,至今仍被世界电梯工业所采纳;ASME 针对自动扶梯的梯级和裙板之间的间隙造成的挤夹事故,提出原先规定的“要减少梯级与裙板之间滞阻的可能性”难以判定,为

此，组织了一个专题研究组，历时两年多时间，提供了梯级与裙板的强度以及相应摩擦系数的定量数据的研究报告，最终被 2004 版的 A17.1 采纳。因此，建议制修订我国电梯标准时，主管部门投入一定的资金，针对标准实施中出现的主要问题，成立专题研究小组，通过理论和试验研究，提出专题报告，供标准制修订时参考。

五、逐步理顺电梯技术法规与标准的关系

一些国家的电梯标准均属推荐性的，但这些标准一旦被法规引用，被引用的部分或条款即具有与法规相同的法律地位。例如，美国各州的电梯法令大量引用 ASME 电梯标准内容；日本、新加坡有关电梯的法律法规中也不同程度的引用相关电梯标准。具有法律地位的欧盟《电梯指令》规定，满足该指令协调性标准的电梯被视为已满足指令中有关基本健康与安全要求。

标准对于技术法规的制定和实施起到了支撑作用；而技术法规的强制实施也推动了标准的应用。实际上，技术法规的强制实施推动标准应用的作用在我国的电梯制造、安装、维修保养过程中得到了验证，如《电梯监督检验规程》等电梯安全技术规范(这些安全技术规范中大量引用了 GB 7588 等电梯标准的内容)的贯彻实施，客观上促使了企业遵循 GB 7588 等电梯标准制造产品，这一点已经在业内得到了共识。建议相关部门开展以下方面的研究探索工作：

1. 按照 WTO/TBT 协定有关技术法规和标准的定义，逐步明晰电梯技术法规和标准的定位和作用。

2. 增加电梯技术法规的可操作性。在制定电梯技术法规时，应当注重利用标准和科研成果，增加技术法规的可操作性。

3. 电梯安全技术法规制定机构应当与电梯标准制定机构建立良好的沟通协调机制。法规制定机构在制定技术法规时可就引用标准的适宜性与标准机构进行充分沟通；标准机构有义务就法规所引用标准的修改或修订情况及时报告法规制定机构，便于其掌握相关标准的最新情况，以作出及时的反应。

六、关于电梯的检验模式

大多数国家都通过相关法律法规，建立了电梯的安全检验制度，对电梯的检验程序和要求、不合格处理、检验报告、检验合格标志(或运行许可证)、检验周期等作出了规定。一些国家的电梯检验内容主要集中在安全装置、主要零部件、电气装置、液压系统上，检验项目较少且主要是外观检查，检验结论简单(均为定性的"是，否")；并且检验人员在风险评估的基础上，可以自行制定检验计划，确定不同的检验周期(例如，英国规定如果电梯的使用频率很低，载荷很轻，且电梯状况良好，则可以适当延长检验周期，反之，则可缩短检验周期；美国加州规定所有电梯每年至少检验 1 次，但当其签定了全维保养合同并处于安全运行状态时检验周期可延长到两年)；美国加州还规定，在设备修理或改造期间，如果不造成对人身直接的危险，职业安全和健康管理局可以签发不超过 30 天的临时运行许可。这些规定大都切合实际，便于操作，并体现了责任主体是用户，政府主要是实施监督的理念。

我国的电梯监督检验和定期检验制度虽然建立不久，但在确保电梯安全运行、提高电梯安装维修保养质量方面起到了积极的作用。目前我国电梯产量每年以 20%以上的速度在增长，按照目前的检验模式，检验人员的检验工作量越来越大，一些电梯拥有量较大的地区已经出现了检验人员疲于应付的现象。应当考虑开展电梯检验模式的研究，在电梯制造和安装、维修保养质量日趋提高、制造单位诚信自律机制逐步建立、生产单位和使用单位的责任意识不断增强、监督管理效能不断提高的基础上，引入注册检验工程师逐台检验和法定检验机构监督抽查相结合的电梯检验模式。

七、其他

1. 关于电梯的定义

一些国家对电梯、自动扶梯和自动人行道都分别有严格的定义，通过对其形式特性进行描述(使用场所、结构型式、运行特征等)，以及枚举不属于电梯的设备，将电梯与其他设备加以区分，明确管理对象。

我国《特种设备安全监察条例》第八十八条规定:“电梯,是指动力驱动,利用沿刚性导轨运行的箱体或者沿固定线路运行的梯级(踏步),进行升降或者平行运送人、货物的机电设备,包括载人(货)电梯、自动扶梯、自动人行道等”,没有描述载人(货)电梯的“服务于规定楼层”的特性。此外,同一条款中关于起重机械定义下的升降机也符合电梯的定义,导致载人(货)电梯和施工升降机相混淆。

建议参考ISO的方法,将电梯定义为“一种利用动力驱动的承载单元(注:不仅指“轿厢”或“厢体”)将人或货物从一个楼层运往另一个楼层的升降设备,该承载单元通过固定的与水平面的夹角大于75°的导向系统导向(不包括大楼或建筑物施工过程中使用的工作平台、吊篮等提升设施或可移动设备)”。对于自动扶梯和自动人行道以及不能载人的杂物电梯,也应当给出明确的定义。并且,取消起重机械中的升降机。

2. 关于进口电梯的制造许可方式

在欧盟,无论电梯是否由欧盟成员国生产,在市场投放和投入使用前都必须贴附CE标志,即进口电梯和国产电梯一样,都要履行相同的合格评定程序。在我国,国内的电梯制造企业,其产品正式销售的条件不仅要通过样机的型式试验,而且还要通过制造许可的鉴定评审,而对于进口电梯,则只需通过首台样梯的型式试验就可正式销售,且对型式试验有效期等没有限制。显然,国产电梯和进口电梯的市场准入条件是不一样的。建议有关部门对此问题进行研究,统一国产和进口电梯的制造许可方式。

本篇由朱昌明、姚泽华、李宁、黄文和、马凌云、贺清、唐文杰、张晓松等编写。

附录　电梯主要标准法规目录

一、中国电梯法规

1. 中华人民共和国产品质量法(1993年2月22日颁布)
2. 中华人民共和国安全生产法(2002年6月29日颁布)
3. 中华人民共和国进出口商品检验法(1989年2月21日颁布)
4. 特种设备安全监察条例(2003年3月11日颁布)
5. 深圳经济特区电梯及自动扶梯安全管理条例(1995年11月3日颁布)
6. 江苏省特种设备条例(2002年12月17日颁布)
7. 特种设备质量监督与安全监察规定(13号令)(2000年6月27日颁布)
8. 锅炉压力容器压力管道特种设备事故处理规定(2号令)(2001年9月5日颁布)
9. 特种设备作业人员监督管理办法(70号令)(2005年1月10日颁布)
10. 质量技术监督行政执法过错责任追究规定(10号令)(2000年6月8日颁布)
11. 北京市电梯安全监察办法(2003年5月22日颁布)
12. 上海市电梯安全监察办法(2004年5月15日颁布)
13. 南京市电梯安全监察和质量监督办法(2001年8月30日颁布)
14. 特种设备检验检测机构监督管理办法(2003年8月8日颁布)
15. 特种设备检验检测机构鉴定评审细则(2004年12月3日颁布)
16. 特种设备检验检测机构质量管理体系要求(2004年12月3日颁布)
17. 特种设备检验检测机构核准规则(2004年12月3日颁布)
18. 特种设备鉴定评审人员考核大纲(2005年9月16日颁布)
19. 机电类特种设备制造许可规则(试行)(2003年6月17日颁布)
20. 机电类特种设备安装改造维修许可规则(试行)(2003年8月8日颁布)
21. 电梯监督检验规程(2002年1月9日颁布)
22. 液压电梯监督检验规程(试行)(2003年2月1日颁布)
23. 自动扶梯和自动人行道监督检验规程(试行)(2003年5月1日颁布)
24. 杂物电梯监督检验规程(试行)(2003年5月1日起施行颁布)

二、中国电梯标准

1. GB 7588—2003 电梯制造与安装安全规范

2. GB 16899—1997 自动扶梯和自动人行道的制造与安全规范

3. GB 10060—1993 电梯安装验收规范

4. GB 50310—2002 电梯工程施工质量验收规范

5. GB 50096—1999 住宅设计规范

6. GB 50045—1995(2001 版) 高层民用建筑设计防火规范

7. GB 8903—1998 电梯用钢丝绳

8. GB/T 12974—1991 交流电梯电动机通用技术条件

9. GB 50182—1993 电气装置安装工程电梯电气装置施工及验收规范

10. GB 4208—1993 外壳防护等级 CIP 代码

11. GB 5013—1997 额定电压 450/750V 及以下橡皮绝缘电缆

12. GB 5023—1997 额定电压 450/750V 及以下聚氯乙烯绝缘电缆

13. GB 14048.4～14048.5—1993 低压开关设备和控制设备

14. GB/T 4728—1982 电气图用图形符号

15. GB/T 7159—1987 电气技术中的文字符号制定通则

16. GB/T 10058—1997 电梯技术条件

17. GB/T 10059—1997 电梯试验方法

18. GB/T 18775—2002 电梯维修规范

19. GB/T 7024—1997 电梯、自动扶梯、自动人行道术语

20. GB/T 7025.1—1997 电梯主参数及轿厢、井道、机房的形式与尺寸 第 1 部分

21. GB/T 7025.2—1997 电梯主参数及轿厢、井道、机房的形式与尺寸 第 2 部分

22. GB/T 7025.3—1997 电梯主参数及轿厢、井道、机房的形式与尺寸 第 3 部分

23. GB/T 12974—1991 交流电梯电动机通用技术条件

24. GB/T 13485—1992 电梯曳引机

25. GB/T 13435—1992 电梯曳引机

26. JG 135—2000 杂物电梯

27. JG 5071—1996 液压电梯

28. JG/T 5009—1992 电梯操作装置、信号及附件

29. JG/T 50010—1992 住宅电梯的配置及选择

30. JG/T 5072.1—1996 电梯 T 型导轨

31. JG/T 5072.2—1996 电梯 T 型导轨检验规则

32. JG/T 5072.3—1996 电梯对重空心导轨

33. CB/T 3878—1999(GB/T 11625—1989) 船用载货电梯

34. SN/T 0814—1999 进出口电梯安全性能检验规程

35. YB/T 157—1999 电梯导轨用热轧型钢

36. GA 109—1995 电梯层门耐火试验方法

37. JJ 45—1986 电梯、液压电梯产品型号编制方法

38. JB 4013.1—1985 控制电路电器和开关元件

39. ZJQ00-SG-004-2003 电梯工程施工工艺标准

三、美国电梯法规

1. 美国职业安全卫生法(Occupational Safety and Health Act of 1970,联邦规章第 29 篇,Code of Federal Regulations 29,即 29 CFR)及其判例。

2. 美国消费产品安全法(Consumer Product Safety Act,联邦规章第 16 篇,Code of Federal Regulations 16,即 16 CFR)及其判例。

3. 美国产品质量法及其判例

4. 加利福尼亚州劳动法 第五篇 第3部分:在建筑物的安全

第1章　第7200～7205节　建筑电梯

第2章　第7300～7322节　电梯

5. 加利福尼亚州《电梯法令》

6. 纽约州劳工法

7. 纽约州工业规章 第8部分:工厂及商业机构的电梯、餐梯、自动扶梯、升降机及其井道的建造、装备、维护、使用和防护

8. 纽约市建筑物法

第1分章　管理与强制执行

第18分章　电梯与输送设备

9. RS-18 电梯及输送机械

10. 纽约市电梯安全法令等

四、美国电梯标准

1. ASME A17.1 电梯和自动扶梯安全规范

2. ASME A17.2 电梯、自动扶梯及自动人行道检验指南

A17.2.1《电梯检查员手册》、A17.2.2《液压电梯检查员手册》、A17.2.3—1998《自动扶梯和自动人行道检查员手册》

3. ASME A17.3《在用电梯和自动扶梯安全规范》

4. ASME A17.4《紧急人员指南》

5. ASME A17.5《电梯和自动扶梯电气设备》

6. ASME A90.1《带式乘客电梯安全》

7. ASME QEI-1《电梯检查员资格标准》

五、欧盟涉及电梯法规

1. 95/16/EC　电梯指令(European Parliament Council Directive 95/16/EC of 29 June 1995 on the approximation of the laws of the Member States relating to lifts)

2. 98/37/EC　机械指令(Directive 98/37/EC of the European Parliament and of the Council of 22 June 1998 on the approximation of the laws of the Member States relating to machinery

六、欧盟电梯标准

1. EN 81-1:1998　电梯制造与安装安全规范　电力驱动电梯(Safety rules for the construction and installation of lifts. Electric lifts)

2. EN 81-2:1998　电梯制造与安装安全规范　液压驱动电梯(Safety rules for the construction and installation of lifts. Hydraulic lifts)

3. EN 81-3:2001　电梯制造与安装安全规范　电力驱动和液压驱动杂物电梯(Safety rules for the construction and installation of lifts. Electric and hydraulic service lifts)

4. EN 81-28:2003　电梯制造与安装安全规范　乘客和客货电梯遥控警报装置(Safety rules for the construction and installation of lifts. Remote alarm on passenger and goods passenger lifts)

5. EN 81-58:2003　电梯制造与安装安全规范　检查和试验　层门防火测试(Safety rules for the construction and installation of lifts. Examination and tests. Landing doors fire resistance test)

6. EN 81-70:2003　电梯制造与安装安全规范　乘客和客货电梯的特殊应用　人员(包括残疾人员)对电梯的易接近性(Safety rules for the construction and installation of lifts. Particular applications for passenger and goods passenger lifts. Accessibility to lifts for persons including persons with disability)

7. EN 81-71:2005　电梯制造与安装安全规范　乘客电梯与客货电梯的特殊应用　防捣乱电梯(Safety rules for the construction and installation of lifts. Particular applications to passenger lifts and goods passenger lifts. Vandal resistant lifts)

8. EN 81-72：2003 电梯制造与安装安全规范 乘客和客货电梯的特殊应用 消防员电梯(Safety rules for the construction and installation of lifts. Particular applications for passenger and goods passenger lifts. Firefighters lifts)

9. EN 81-73：2005 电梯制造与安装安全规范 乘客和客货电梯的特殊应用 火灾时电梯的特性(Safety rules for the construction and installation of lifts. Particular applications for passenger and goods passenger lifts. Behaviour of lifts in the event of fire)

10. EN 81-80：2003 电梯制造与安装安全规范 已有电梯、已有乘客和客货电梯的安全改进规范(Safety rules for the construction and installation of lifts. Existing lifts. Rules for the improvement of safety of existing passenger and goods passenger lifts)

11. EN 115：1995 自动扶梯和自动人行道制造与安装安全规范(Safety rules for the construction and installation of escalators and passenger conveyors)

12. EN 627：1996 电梯、自动扶梯和自动人行道数据记录与监测规范(Specification for data logging and monitoring of lifts，escalators and passenger conveyors)

13. EN 12015：2004 电磁兼容性 电梯、自动扶梯和自动人行道产品系列标准 辐射(Electromagnetic compatibility. Product family standard for lifts，escalators and moving walks. Emission)

14. EN 12016：2004 电磁兼容性 电梯、自动扶梯和自动人行道产品系列标准 抗干扰性(Electromagnetic compatibility. Product family standard for lifts，escalators and moving walks. Immunity)

15. EN12385-5：2002 钢丝绳 安全 电梯用多股钢丝绳(Steel wire ropes. Safety. Stranded ropes for lifts)

16. EN 13015：2001 电梯和自动扶梯维修 维修指导规范(Maintenance for lifts and escalators. Rules for maintenance instructions)

七、英国电梯法规

1. 劳动健康与安全法 1974(The Health and Safety at Work etc. Act1974)

2. 电梯条例 1997(Lifts Regulations 1997)

3. 升降操作与升降设备条例 1998(Lifting Operations & Lifting Equipment Regulations 1998)

4. 工作设备供应和使用条例 1998(The Provision and Use of Work Equipment Regulations 1998)

5. 劳动健康与安全管理条例 1999(The Management of Health and Safety at Work Regulations 1999)

6. 工作场所健康、安全与福利条例 1992(The Workplace (Health Safety and Welfare) Regulations 1992)

7. 建筑设计和管理条例 1994(The Construction Design and Management Regulations 1994)

8. 伤害、疾病和危险事件报告条例 1995(The Reporting of Injuries，Diseases and Dangerous Occurrences Regulations 1995)

八、英国电梯安全管理实务守则

1. 升降设备的安全使用实务守则和指引:升降操作和升降设备条例(Safe Use of Lifting Equipment：Lifting Operations and Lifting Equipment Regulations 1998：Approved Code of Practice and Guidance L113 HSE Books 1998)

2. 劳动健康与安全管理实务守则和指引(Management of Health and Safety at Work：Management of Health and Safety at Work Regulations 1999. Approved Code of Practice and Guidance L21 (Second Edition) HSE Books 2000)

3. 工作设备的安全使用实务守则和指引:工作设备供应和使用条例(Safe Use of Work Equipment：Provision and Use of Work Equipment Regulations 1998. Approved Code of Practice and Guidance L22(Second Edition) HSE Books 1998)

九、英国电梯标准

1. BS 5655-1：1979，EN 81-1：1977 电梯和杂物电梯 电力驱动电梯的制造与安装安全规范(Lifts and service lifts. Safety rules for the construction and installation of electric lifts)

2. BS 5655-1：1986，EN 81-1：1985 电梯和杂物电梯 电力驱动电梯的制造与安装安全规范(Lifts and service lifts. Safety rules for the construction and installation of electric lifts)

3. BS 5655-2：1988，EN 81-2：1987 电梯和杂物电梯 液压驱动电梯的制造与安装安全规范(Lifts and service lifts. Safety rules for the construction and installation of hydraulic lifts)

4. BS 5655-6：2002 电梯和杂物电梯 新电梯选择和安装实务守则(Lifts and service lifts. Code of practice for the selection and installation of new lifts)

5. BS 5655-7：1983 电梯和杂物电梯 手动控制装置、指示器及其附属装置规格(Lifts and service lifts. Specification for manual control devices，indicators and additional fittings)

6. BS 5655-8：1983 电梯和杂物电梯 电梯悬挂吊环螺栓规格(Lifts and service lifts. Specification for eyebolts for lift suspension)

7. BS 5655-9：1985 电梯和杂物电梯 导轨规格(Lifts and service lifts. Specification for guide rails)

8. BS 5655-10：1986 电梯和杂物电梯 电力驱动和液压驱动电梯测试与检验规范(Lifts and service lifts. Specification for the testing and inspection of electric and hydraulic lifts)

9. BS 5655-10.1.1：1995 电梯和杂物电梯 电梯和杂物电梯的测试与检查规范 电力驱动电梯 新装电梯的试运转(Lifts and service lifts. Specification for the testing and examination of lifts and service lifts. Electric lifts. Commissioning tests for new lifts)

10. BS 5655-10.2.1：1995 电梯和杂物电梯 电梯和杂物电梯的测试与检查规范 液压电梯 新装电梯的试运转(Lifts and service lifts. Specification for the testing and examination of lifts and service lifts. Hydraulic lifts. Commissioning tests for new lifts)

11. BS 5655-11：2005 电梯和杂物电梯 已有电力驱动电梯改造业务实务守则(Lifts and service lifts. Code of practice for the undertaking of modifications to existing electric lifts)

12. BS 5655-12：2005 电梯和杂物电梯 已有液压电梯改造业务实务守则(Lifts and service lifts. Code of practice for the undertaking of modifications to existing hydraulic lifts)

13. BS 5655-13：1995 电梯和杂物电梯 防捣乱电梯推荐(Lifts and service lifts. Recommendations for vandal resistant lifts)

14. BS 5655-14：1995 电梯和杂物电梯 手动杂物电梯和平台升降机规范(Lifts and service lifts. Specification for hand-powered service lifts and platform hoists)

15. BS 5656-1：1997 自动扶梯和自动人行道制造与安装安全规范 新装设备的测试和检查规范与形式(Safety rules for the construction and installation of escalators and passenger conveyors. Specification and proformas for test and examination of new installations)

16. BS 5656-2：2004 自动扶梯和自动人行道 自动扶梯和自动人行道制造与安装安全规范 新自动扶梯和自动人行道的选择、安装和装设场所实务守则 Escalator and moving walks. Safety rules for the construction and installation of escalators and moving walks. Code of practice for the selection，installation and location of new escalators and moving walks

17. BS EN 81-1：1998 电梯制造与安装安全规范 电力驱动电梯(Safety rules for the construction and installation of lifts. Electric lifts)

18. BS EN 81-2：1998 电梯制造与安装安全规范 液压驱动电梯(Safety rules for the construction and installation of lifts. Hydraulic lifts)

19. BS EN 81-3：2001 电梯制造与安装安全规范 电力驱动和液压驱动杂物电梯(Safety rules for the construction and installation of lifts. Electric and hydraulic service lifts)

20. BS EN 81-28：2003 电梯制造与安装安全规范 乘客和客货电梯遥控警报装置(Safety rules for the construction and installation of lifts. Remote alarm on passenger and goods passenger lifts)

21. BS EN 81-58：2003 电梯制造与安装安全规范 检查和试验 层门防火测试(Safety rules for the construction and installation of lifts. Examination and tests. Landing doors fire resistance test)

22. BS EN 81-70：2003 电梯制造与安装安全规范 乘客和客货电梯的特殊应用 人员(包括残疾人员)对电梯的易接近性(Safety rules for the construction and installation of lifts. Particular applications for passenger and goods passenger lifts. Accessibility to lifts for persons including persons with disability)

23. BS EN 81-71：2005 电梯制造与安装安全规范 乘客电梯与客货电梯的特殊应用 防捣乱电梯(Safety rules for the construction and installation of lifts. Particular applications to passenger lifts and goods passenger lifts. Vandal resistant lifts)

24. BS EN 81-72：2003 电梯制造与安装安全规范 乘客和客货电梯的特殊应用 消防员电梯(Safety rules for the construction and installation of lifts. Particular applications for passenger and goods passenger lifts. Firefighters lifts)

25. BS EN 81-73：2005 电梯制造与安装安全规范 乘客和客货电梯的特殊应用 火灾时电梯的特性(Safety rules for the construction and installation of lifts. Particular applications for passenger and goods passenger lifts. Behaviour of lifts in the event of fire)

26. BS EN 81-80：2003 电梯制造与安装安全规范 已有电梯、已有乘客和客货电梯的安全改进规范(Safety rules for the construction and installation of lifts. Existing lifts. Rules for the improvement of safety of existing passenger and goods passenger lifts)

27. BS EN 115：1995 自动扶梯和自动人行道制造与安装安全规范(Safety rules for the construction and installation of escalators and passenger conveyors)

28. BS EN 627：1996 电梯、自动扶梯和自动人行道数据记录与监测规范(Specification for data logging and monitoring of lifts，escalators and passenger conveyors)

29. BS EN 1493：1999 汽车电梯(Vehicle lifts)

30. BS EN 12015：2004 电磁兼容性 电梯、自动扶梯和自动人行道产品系列标准 辐射(Electromagnetic compatibility. Product family standard for lifts，escalators and moving walks. Emission)

31. BS EN 12016：2004 电磁兼容性 电梯、自动扶梯和自动人行道产品系列标准 抗干扰性(Electromagnetic compatibility. Product family standard for lifts，escalators and moving walks. Immunity)

32. BS EN12385-5：2002 钢丝绳 安全 电梯用多股钢丝绳(Steel wire ropes. Safety. Stranded ropes for lifts)

33. BS EN 13015：2001 电梯和自动扶梯维修 维修指导规范(Maintenance for lifts and escalators. Rules for maintenance instructions)

34. BS EN 50214：1998 电梯柔性电缆(Flexible cables for lifts)

35. BS ISO 4190-1：1999 Ⅰ类、Ⅱ类、Ⅲ类和Ⅵ类电梯安装(Lift (US：Elevator) installation. Class Ⅰ，Ⅱ，Ⅲ and Ⅵ lifts)

36. BS ISO 4190-2：2001 Ⅳ 类电梯安装(Lift (US：Elevator) installation. Class Ⅳ lifts)

37. BS ISO 18738：2003 电梯的乘坐品质测量(Lifts (elevators). Measurement of lift ride quality)

38. BS 7255：2001 电梯安全作业实务守则(Code of practice for safe working on lifts)

39. BS 7980：2003 汽车电梯 安装、维修、全面检查和安全使用实务守则(Vehicle lifts. Installation，maintenance，thorough examination and safe use. Code of practice)

40. BS 5900：1999 具有部分封闭轿厢、无井道围壁的动力驱动家用电梯规范(Specification for powered domestic lifts with partially enclosed cars and no lift-well enclosures)

41. BS 2655-1：1970 电梯、自动扶梯和自动人行道及无门电梯规范 电力驱动、液压驱动和手动电梯的通用要求(Specification for lifts，escalators，passenger conveyors and paternosters. General requirements for electric，hydraulic and hand-powered lifts)

42. BS 2655-4：1969 电梯、自动扶梯、自动人行道和无门电梯规范 自动扶梯、自动人行道通用要求(Specification for lifts，escalators，passenger conveyors and paternosters. General requirements for escalators and passenger conveyors)

43. BS 2655-5：1970 电梯、自动扶梯、自动人行道和无门电梯规范 无门电梯通用要求(Specification for lifts，escalators，passenger conveyors and paternosters. General requirements for paternosters)

44. BS 2655-6：1970 电梯、自动扶梯、自动人行道和无门电梯规范 建筑结构要求(Specification for lifts，escalators，passenger conveyors and paternosters. Building construction requirements)

45. BS 2655-7：1970　电梯、自动扶梯、自动人行道和无门电梯规范　测试和检验(Specification for lifts，escalators，passenger conveyors and paternosters. Testing and inspection)

46. BS 2655-8：1971　电梯、自动扶梯和自动人行道及无门电梯规范　电梯、自动扶梯和无门电梯的改进和改造(Specification for lifts，escalators，passenger conveyors and paternosters. Modernization or reconstruction of lifts，escalators and paternosters)

47. BS 2655-9：1970　电梯、自动扶梯和自动人行道及无门电梯规范　定义(Specification for lifts，escalators，passenger conveyors and paternosters. Definitions)

48. BS 2655-10：1972　电梯、自动扶梯、自动人行道和无门电梯规范　保护的通用要求(Specification for lifts，escalators，passenger conveyors and paternosters. General requirements for guarding)

十、英国电梯法规标准指导性文件

1. 劳动健康与安全法 1974 指南(A Guide to the Health and Safety at Work etc. Act1974 L1 HSE Books 1990)

2. 劳动健康与安全要素指引[Essentials of Health and Safety at Work (Third Edition)](Guidance HSE Books1994)

3. 工作场所的健康　安全和福利：管理人员简明指南(Workplace Health，Safety and Welfare：A Short Guide for Managers，HSE Books 1997)

4. 电梯条例指导性说明(LIFTS：Guidance Notes on the UK Regulations，DTI，URN 99/1167)

5. 升降操作和升降设备条例简明指南(Simple Guide to the Lifting Operations and Lifting Equipment Regulations 1998，HSE)

6. 电梯全面检验和测试指导(Guidelines on the Thorough Examination and Testing of Lifts (SAFed Lifts Guidelines) LG1 Safety Assessment Federation 1998)

7. 风险评估指南(A Guide to Risk Assessment Requirements，HSE)

8. 机器(安全)供应条例指导性说明(Machinery：Guidance Notes on the UK Regulations，DTI，URN 95/650)

9. 电梯条例 1997：指定实施符合性评审程序之检查和证实的评审机构的指导(The Lifts Regulations 1997：Guidelines on the Appointment of Notified Bodies to Undertake Inspection and Certification for the Purposes of the Conformity Assessment Procedures in the Regulations，DTI，URN 97/717)

十一、芬兰电梯法律法规

1. 电气安全法(Electrical Safety Act，410/1996；as amended 913/2002，220/2004)

2. 电气安全法令(Electrical Safety Decree，498/1996，323/2004)

3. 贸易工业部发布的有关电气安全(包括电梯)的各项决定(例如 Decision of the Ministry of Trade and Industry (516/1996))

十二、德国电梯主要法规

1. 设备和产品安全法(英语名称：Equipment and Product Safety Act)

2. 劳动安全法(英语名称：Labor Safety Law)

3. 产品责任法(英语名称：Product Liability Law)

4. 设备和产品安全法第 12 号法令(电梯法令)(英语名称：Twelfth Ordinance to the Equipment and Product Safety Act (Lifts Ordinance-12th GPSGV))

5. 安全操作条例(英语名称：Operational Safety Regulation)

6. 电梯技术规则(英语名称：Technical Rules for Lifts)

7. 安全操作技术规则(英语名称：Technical Rules for Operational Safety)

十三、俄罗斯法规

《俄罗斯联邦技术调整法》(Russian Federation Federal Law On Technical Regulating)《危险生产项目工业安全法》

十四、俄罗斯电梯标准

1. GOST(即 ГОСТ,下同)18988—90 船用电梯通用技术要求(Lifts on ships. General technical requirements)

2. GOST 22011—95 乘客和载货电梯规范(Passenger and goods lifts. Specifications)

3. GOST 22845—85 电力驱动乘客和载货电梯的装配和验收(Electric passenger and goods lifts. Arrangement for assembly, assembly and acceptance)

4. GOST 26334—84 电力驱动电梯的载荷与速度范围(Electric lifts. Load capacity and speed ranges)

5. GOST 28911—98 电梯和杂物电梯的控制装置,信号装置及附件(Lifts and service lifts. Control devices, signals and additional fittings)

6. GOST 5746—2003 乘客电梯的基本参数和尺寸(Passenger lifts. Basic parameters and dimensions)

7. GOST 8823—85 电力驱动载货电梯的基本参数和尺寸(Electric goods lifts. Basis parameters and dimensions)

8. GOST 8824—84 电力驱动小型载货电梯的主参数和尺寸(Electric small goods lifts. Main parameters and dimensions)

9. GOST R ISO/TS 14798—2003 电梯、自动扶梯和自动人行道的风险分析方法(Lifts (elevators), escalators and passenger conveyors. Risk analysis methodology)

10. GOST 4.476—87 产品质量指标体系,自动扶梯,指标术语(Product-quality index system. Escalators. Index nomenclature)

11. ПБ10-558-03《电梯制造与安全使用规范》

12. РД10-172-97《逐层式自动扶梯和自动人行道结构和安装建议》

13. ПБ10-77-94《自动扶梯安装和安全使用规范》

十五、日本电梯法规

1. 建筑基准法

2. 建筑基准法实施令

3. 劳动安全卫生法

4. 劳动基准法

5. 劳动安全卫生法施行令

6. 劳动安全卫生法有关收费令

7. 起重机等安全规则

十六、日本电梯标准

1. JIS A 4301—1983 电梯轿厢及井道尺寸

2. JIS A 4302—2006 电梯、自动扶梯、轻型运货电梯的检查标准

3. JEAS—1996/平成 8 年 1 月 10 日 日本电梯协会标准汇编

4. JEAS—406F 自动扶梯安全对策标准

5. JIS G 3525 钢缆

6. JIS G 3546 异形钢丝绳

十七、瑞士电梯法律法规

1. 联邦技术设施和设备安全法(Bundesgesetz über die Sicherheit von technischen Einrichtungen und Geräten, STEG)

2. 技术设施和设备安全法令(Verordnung über die Sicherheit von technischen Einrichtungen und Geräten, STEV)

3. 电梯安全法令(Verordnung über die Sicherheit von Auzügen (Aufzugsverordnung)

4. 联邦贸易技术壁垒法(Bundesgesetz über die technischen Handelshemmnisse, THG)

5. 联邦产品责任法(Bundesgesetz über die Produktehaftung, PrHG)

十八、新加坡电梯法规

1. 建筑维护与各阶层管理法 2004(Building Maintenance and Strata Management Act 2004)

2. 建筑物维护与各阶层管理(电梯与建筑管理)规则 2005(Building Maintenance and Strata Management (Lift and Building Maintenance) Regulation 2005)

十九、新加坡电梯标准

1. CP 2《客梯、货梯的安装、操作和保养实施规范》(Code of Practice for Installation, Operation and Maintenance of Electric Passenger and Goods Lifts)

2. CP 15《自动扶梯、自动人行道的安装、操作和保养实施规范》(Code of Practice for Installation, Operation and Maintenance of Escalators and passenger conveyors)

二十、ISO 国际标准组织电梯主要标准

1. ISO 4190-1:1999　电梯安装　第 1 部分:Ⅰ,Ⅱ,Ⅲ和Ⅵ类电梯

2. ISO 4190-2:2001　电梯安装　第 2 部分:Ⅳ类电梯

3. ISO 4190-3:1982　乘客电梯安装　第 3 部分:Ⅴ类电梯(服务电梯)

4. ISO 4190-5:1987　电梯和服务电梯　第 5 部分:控制装置,信号系统和附加装置

5. ISO 4190-6:1984　电梯和服务电梯　第 6 部分:住宅电梯的配置与选择

6. ISO 7465:2001　乘客电梯和服务电梯　用于轿厢和对重的 T 型导轨

7. ISO 8383:1985　船用电梯的特殊要求

8. ISO 9386-1:2000　用于残疾人的动力提升平台　安全规则,尺寸和功能操作　第 1 部分:垂直提升平台

9. ISO 9386-2:2000　用于残疾人的动力提升平台　安全规则,尺寸和功能操作　第 2 部分:带有座椅,站立平台和轮椅的倾斜运行的动力楼梯升降机

10. ISO 9589:1994　自动扶梯建筑尺寸

11. ISO 18738:2003　电梯乘坐品质的测量

12. ISO/TR 11071-1:2004　世界范围内电梯安全标准的比较　第 1 部分:电梯

13. ISO/TR 11071-2:2006　世界范围内电梯安全标准的比较　第 2 部分:液压电梯

14. ISO/TR 11071-2:1996/Amd 1:1999　包括日本和澳大利亚标准

15. ISO/TS 14798:2000　电梯、自动扶梯和自动人行道　风险评估方法

16. ISO/TR 14799-1:2005　世界范围内自动扶梯和自动人行道安全标准的比较　第 1 部分:规范间比较

17. ISO/TR 14799-2:2005　世界范围内自动扶梯和自动人行道安全标准的比较　第 2 部分:简略比较和注释

18. ISO/TR 16764:2003　电梯和自动扶梯、自动人行道　世界范围内电磁干扰/电磁兼容性标准的比较

19. ISO/TR 16765:2003　ISO/TR16765:2003/Cor　世界范围内消防员电梯安全标准的比较　勘误,修正和其他

20. ISO/TS 22559-1:2004　电梯安全要求　第 1 部分:全球基本安全要求(GESRs)

21. ISO 22199:2006　电磁兼容性　电梯,自动扶梯和自动人行道产品系列标准　发射

22. ISO 22000:2006　电磁兼容性　电梯,自动扶梯和自动人行道产品系列标准　抗扰性

参考文献

[1]　姚泽华,李宁.中国电梯法规体系概述.中国电梯,2006,18.

[2]　姚泽华,李宁.中国电梯标准体系概述.中国电梯,2006,19.

[3] 李宁,朱昌明,姚泽华.英国电梯法规标准体系概述.中国电梯,2006,23.

[4] 黄英,黄文和,冯宏景.香港澳门地区电梯法规标准体系概述.中国电梯,2007,5.

[5] 梁广炽,李家骥,胡军编译.美国特种设备安全管理.北京:中国计量出版社.

[6] 沈吟,严子杨,李宁.俄罗斯电梯法规标准体系简介.中国电梯,2007,2.

[7] 唐文杰,贺清,黄文和,姜微.日本电梯标准法规体系概述.中国电梯,2006,3.

[8] 贺清,陈国丰,黄文和.新加坡电梯法规标准概述.中国电梯,2007,4.

[9] 孙黎,汤晓英编译.欧盟特种设备安全管理.北京:中国计量出版社.

[10] 李宁,姚泽华.欧盟电梯法规标准体系概述.中国电梯,2006,22.

[11] 张晓松,李宁.瑞士电梯法规标准体系简介.中国电梯,2007,1.

[12] 马凌云,李宁.芬兰电梯法规标准体系简介.中国电梯,2006,24.

[13] 朱昌明,冯宏景,张晓峰. ISO/TC 178 介绍及电梯国际标准概述(上).中国电梯,2006,20.

[14] 朱昌明,冯宏景,张晓峰. ISO/TC 178 介绍及电梯国际标准概述(下).中国电梯,2006,21.

[15] 刘兆彬等.特种设备安全监察条例释义.北京:中国标准出版社,2003.

[16] Evaluation on application of the lifts Directive 95/16/EEC. The European Evaluation Consurtium(TEEC),21,June 2004.

[17] 子易.2005 年中国电梯市场回顾.电梯,2006,1.

[18] 王秦平.国家质检总局特种设备安全技术委员会 2006 年度工作报告.2006,12.

[19] G. varisco. The European enlargement and lifts industry. Elevotori,March 2005.

第九篇

起 重 机 械

第四十一章 起重机械标准法规制修订管理模式

第一节 中国起重机械标准法规管理模式

一、法规管理模式

随着我国加入 WTO 及市场经济体制的建立，国内特种设备安全监察面临一些新形势、新情况、新问题，对我国特种设备安全监察法规制度的建立和完善提出了新的要求。为适应这一新的要求，近几年来，国家质量监督检验检疫总局提出了特种设备法规体系框架结构，以及特种设备法律法规、行政规章、技术法规的制定和修订的总体规划思路。

国家质检总局提出的特种设备法规体系框架和总体思路考虑了《安全生产法》及配套的法规体系、建筑安全规范体系、船舶检验规范体系、消防规范体系、民用航空安全规范体系、两大基准体系（计量、标准）、检验检疫体系、认证认可体系等相关的安全、质量法规体系，并考虑了理论研究环境、法规基础环境、国际接轨环境和社会关注等的制约和要求。既体现融入，又保持特点。

目前在《特种设备安全监察条例》的规定下实施对额定起重量大于或者等于 0.5t 的升降机，额定起重量大于或者等于 1t 且提升高度大于或者等于 2m 的起重机和承重形式固定的电动葫芦等在制造、安装、改造、维修、使用、检验检测及其监督检查方面进行法定管理，但不包括军事装备、核设施、航空航天器、铁路机车、海上设施和船舶以及煤矿矿井使用的起重机械。房屋建筑工地和市政工程工地用起重机械的安装、使用的监督管理，由建设行政主管部门依照有关法律、法规的规定执行。起重机械的范围包括桥式起重机、门式起重机、塔式起重机、流动式起重机、铁路起重机、门座起重机、升降机、缆索起重机、桅杆起重机、旋臂式起重机、轻小型起重设备、机械式停车设备等。根据起重机械的不同品种和起重能力，实行国家质检总局或省级质量技术监督局的分级管理。

二、标准管理模式

中国标准化管理体制为：国务院标准化行政主管部门国家质量监督检验检疫总局统一管理全国标准化工作；国务院有关行政主管部门分工管理本部门、本行业的标准化工作。

目前我国起重机械标准化管理部门是中国机械工业联合会。管理机构是北京起重运输机械研究所，该所是原国家科委 1964 年公布的第一批标准化技术归口单位。

为了更好地开展起重机械专业领域的标准化工作，充分发挥起重机械生产、使用、科研、教学、监督检验、认证认可等方面专家的作用，适应市场经济与国际贸易的需要，淡化归口管理，与国际接轨，按照原国家技术监督局的统一规划并由其批准组建了跨行业跨部门的全国起重机械标准化技术委员会。由国家标准化管理委员会委托中国机械工业联合会领导和管理。它是在起重机械专业领域内，从事全国性标准化工作的技术工作组织，负责起重机械专业领域的标准化技术归口工作。第一届标准化技术委员会成立于 1997 年 7 月，共有委员 41 人，其中主任委员 1 人，副主任委员 4 人，秘书长 1 人。由企业 20 人，科研院所 9 人，高等院校 5 人，行政管理机构 4 人，检验部门 1 人，使用部门 2 人构成。第二届标准化技术委员会成立于 2003 年 3 月，共有委员 40 人，其中主任委员 1 人，副主任委员 2 人，秘书长 1 人。由企业 22 人，科研院所 9 人，高等院校 4 人，行政管理机构 2 人，检验部门 1 人，使用部门 2 人构成。秘书处均设在北京起重运输机械研究所。

起重机械标准化技术委员会的主要工作是按照国家有关的制修订标准原则，以及采用国际标准的计划，提出起重机械专业制定修订、复审国家标准和采用国际标准的建议；组织起重机械专业国家标准和相关的行业标准送审稿的审查工作，对标准中的技术内容、采用国际标准情况等提出审查结论意见，提出强制性标准或推荐性标准的建议；受国家标准化管理委员会的委托，统一承担国际标准化组织 ISO/TC 96（起重机械技术委员会）和 ISO/TC 111（钢制圆环链、吊链、部件及附件技术委员会）的对口的标准化技术业务工作，我国是 ISO/TC 96 的 P 成员，是 ISO/TC 111 的 O 成员，主要负责处理日常收到的国际标准文件，包括对国际标准的投票，定期派人参加国际会议，审查国际标准的中文译稿，以及提出对外开展标准化技术交流活动的建议等；积极收集国际标准和国外先进标准的发展动态，翻译国际标准和国外先进标准，向企业提供咨询服务；受国家标准化管理委员会和中国机械工业联合会的委托，在产品质量监督检验、认证、审定免检产品和认定国家名牌产品等工作中，承担本专业标准化范围内产品质量标准水平的评价工作。同时承担起重机械产品型号的备案工作；负责本专业国家标准和相关行业标准的解释，负责组织标准的宣讲、培训，推动标准的贯彻实施。

第二节　美国起重机械标准法规管理模式

一、法规管理模式

美国联邦没有特种设备方面统一的专项法律法规。美国起重机安全管理的政府主管部门是劳工部职业安全卫生管理局（OSHA）。OSHA 以职业安全为目的，依据《职业安全卫生法》，建立了一套起重机械使用安全管理制度，除了实施本州职业安全卫生计划的 26 个州外，职业安全卫生管理局分布在全国 10 个区域办公室直接负责全国起重机械安全监督管理，包括建筑业、工业、海运业各种起重机械。实施本州职业安全卫生计划的州，起重机械安全管理制度也应至少是同样有效的，它们的起重机械安全管理制度与联邦 OSHA 基本上没有多大区别。

OSHA 对起重机械的安全管理主要侧重在使用环节，设计、制造和安装环节主要通过产品质量责任法规规定的民事责任机制调整。起重机械与锅炉、电梯不同，其使用状况和环境复杂多变，使用过程存在很多不安全因素，很大程度上需要依靠起重机械操作人员的技术水平和经验来预测并防止事故的发生。侧重在使用环节监督正是针对起重机械的这种特性而定，并对有效地减少事故起重要作用。

起重机械法规是劳工部按照《职业安全卫生法》授权，依照法定程序制定并在《联邦公告》公布的职业安全卫生规章（收录入《美国联邦规章》CFR 第 29 章，有时也称 OSHA 标准）。起重机械的规章主要有 3 类：第一类是工业类（1910）；第二类是建筑业类（1926）；第三类是航运业，航运业又分为造船厂起重机（1915）、码头起重机（1917）、海岸起重机（1918）和船舶起重装置（1919）4 种。

不管是 ASME 标准、其他机构制定的标准，还是再由 ANSI 确认的美国国家标准，都是自愿性的。但是，OSHA 往往在规章中指定起重机械应遵守的标准，从而使有关的起重机械标准具有强制性。另一方面，从产品质量责任法规中，遵守公认的标准对证明产品没有不合理缺陷有重要作用，以便于减低不可预见责任的风险。

OSHA 管理起重机械的主要方式与其管理其他职业危害因素类似，主要是制定并以联邦规章形式颁布职业安全卫生（标准），对雇主提出职业安全卫生的要求，包括许多起重作业安全措施，并由雇主指定"有能力的人（Competent Person）"实施检查。起重机械作业的检查包括起重机械的检查、作业中载荷情况的检查和作业环境的检查。

起重机械的检查包括最初检查（投入使用前）、经常性检查（每天检查到每月检查）、定期检查（隔 1 至 12 个月）、钢丝绳检查、不定期使用的起重机械检查和测试等安全检查。OSHA 对起重机的技术规定都是规章的形式颁发，效力很高，一旦违反这些规定并被 OSHA 的巡查官员在现场检查发现，将按照《职业安全卫生法》的规定进行处罚，其自由裁量权的掌握参照《OSHA 现场检查参考手册》执行。工会和雇员对雇主的起重机械有关的工作安全条件也进行有效的监督，这种监督发现的问题除了通过协商解决外，另一个重要手段是通过向OSHA投诉,再由OSHA安排专项检查来解决。除船上的起重装置和少数州对建筑塔式起重机械实施强制性第三方检查外,OSHA并不要求第三方检查,雇主可以指定自己有能力的雇员进行起重机械的检查,也可以请专门的检查机构进行检查。前者只需经OSHA认可的培训机构培训并获该培训机构颁发相应证书的人,后者所述的专门检查机构需经OSHA认可。

OSHA在一封解释公函中声称:有关的联邦规章对只用在建筑工地和工业上的起重机械、桅杆起重机和其他物料处理装置不要求任何证书,OSHA有关的规章要求所有以上设备应由有能力的人或一个政府机构或美国劳工部认可的私人中介代理(检查机构),在初次使用前和今后每年进行一次的检查,业主必须(也只需)保留这些检查记录。按照OSHA规定,雇主也不需要向任何机构注册登记或备案这些检查记录,只要在OSHA巡查官员现场检查时,能够出示这些检查记录就符合要求。

美国起重机事故,依照劳动统计局报告的致命的职业伤害(CFOI)数据,在1993年美国涉及起重机的致命的职业伤害相应的危险大于正常的工伤水平(每1000个工人45年的工作生涯中有1个死亡)。由于起重机经常在市区作业,起重机的危险不仅对工人构成威胁,也同时对公众构成威胁。提高了公众对起重机安全问题的关注。

根据劳工统计局的统计数据,建筑业是职业伤害率最高的行业,建筑和维修中有25%~33%的死亡事故与起重机有关。

对起重机有关伤害的数量和类型的统计是比较困难的,原因是职业伤害事故中通常把起重机事故纳入"工业车辆和设备"或"机械设备"大类别中,根据劳工统计局分类,17%的建筑业死亡事故属于"工业车辆与设备"。实际上与建筑车辆和设备有关的伤害比例可能更大,例如:电击、坠落、物体冲击都可能与起重机有关,这些类别都是建筑业的重要死亡因素,但在分类中并不包括在工业车辆和设备之中。

一项由Hinze和Bren(1996年)做的OSHA研究报告显示,在建筑业有关重型设备的284宗电击伤害事故中有108宗(占38%)与起重机有关。

二、标准管理模式

美国是当今世界上商品经济高度发达的国家,又是现代化工业标准化的发源地,积累了国家标准化和参与世界标准化的丰富经验。美国标准化工作始于1886年,由民间团体组织进行,现有600多个学(协)会团体,制定和发布各自领域内的标准,并有三分之一的这种团体积极参与国际标准化工作。美国标准不是强制性的,但其影响却很大。

美国起重机标准主要由美国机械工程师学会ASME B30索道、起重机、臂架式起重机、提升机、吊钩、千斤顶和吊索安全标准委员会起草制定,颁发为AMSE标准,再经ANSI认可颁布成为美国国家标准。也有一少部分起重机标准采用其他机构的标准,如动力臂架式起重机和铲车协会的《移动式液压臂架式起重机2号标准》等。

不管是ASME标准、其他机构制定的标准,还是再由ANSI确认的美国国家标准,都是自愿性的。但是,OSHA往往在规章中指定起重机的设施和制造必须遵守的标准,从而使有关的起重机标准具有强制性。

(1) 美国与大多数国家不同,各标准团体在标准制定上各自为政,各团体标准的修订形式、标准代号与编号也不相同。美国全国约有33000个机构与标准化工作有关,可见美国自愿标准体系的力量及规模,在世界上是首屈一指的。

(2) 美国的标准分为国家标准、学(协)会标准(或行业标准)、政府标准和公司标准(或企业标准)4个类别。

1) 国家标准。经各方面协商一致的标准作为美国国家标准。美国此类标准不多,约8500件,但涉及面较广。此类标准大都是各学(协)会编制的那些对国家有普遍意义的标准,符合美国国家标准协会(ANSI)有关国家标准的要求,由ANSI批准为美国国家标准。

2) 学(协)会标准(或行业标准)。为各专业学会或行业协会制定的适用于本专业或本行业的标准。

此类标准数量很多，是美国标准中最重要的组成部分，许多标准不仅在美国，而且在世界上也有重大影响。如 ASME、ASTM 等标准。

3）政府标准。由政府各部门特别是为采购而制定的标准。值得注意的是美国各政府部门根据法律的授权，颁布的一些行政规章有时也称为“标准”，但这些行政规章是法律法规的一部分，收录入联邦规章 CFR 或州行政规章之中。

4）公司标准（或企业标准）。用于公司内部设计、制造、采购和质量控制的标准。此准涉及的范围最广，包括各种产品标准。各企业为了竞争的需要，争相采用新技术，纷纷制定本公司的标准以获得更大的利润。有些公司标准因涉及本公司的特有技术，因此对外界是绝对保密的。

（3）美国联邦政府鼓励各部门在自己的规定中和在采购要求中均采用自愿性标准。标准都是自愿性的，但被法律法规引用强制执行的标准带有强制性。

第三节　欧盟起重机械法规管理模式

欧盟法中有大量的直接或间接产品安全指令。这些指令的立法方法往往有两种，即旧方法和新方法，指令也分为旧方法指令和新方法指令。所谓旧方法指令是指按传统的协调模式，针对某些或某类产品具体地确定技术条件和技术标准而制定的指令。欧共体理事会已经相继颁布了一些关于产品设计和生产的技术协调指令，其中包括关于有毒物质、化妆品、食品添加济等方面的协调指令。到 20 世纪 80 年代之前，欧共体已颁布了近 300 个协调指令，但就有待协调的技术法规来讲，已做的这些工作仅仅是一小部分，并且存在若干问题：①指令的内容过于具体，不仅涉及具体产品，甚至还涉及产品的个别部位，过多地强调个别产品的技术细节，而批准技术协调指令又要求理事会取得一致同意，因此只要有一个国家反对就会阻碍共同体内的整个协调进程；②各成员国制定互有差别的技术标准或法规的速度远远快于欧共体的协调速度。正是由于上述这些问题，导致协调工作进展缓慢，严重制约了欧共体内部商品的自由流通。

而新方法是指只是一般地规定产品必须满足的基本安全要求以及实施措施，而将制定用于技术协调的技术规范的任务交给欧洲标准化组织完成，使法律通过“采用标准”（主要是欧洲标准）的方式对技术进步做出快速反应，通过这一方法制定出的指令就被称为新方法指令。采用新方法进行立法，其好处是显而易见的，从实现产安全目标而言，是很难针对现有的和将来可能出现的某类具体的产品进行立法的，因而仅规定通用产品的安全要求，赋予生产者和销售商生产和销售安全产品的通用安全义务，确实是个很好的办法。这样一方面保证产品在基本的健康和安全方面的要求，另一方面又充分发挥了生产者和销售商的主观能动性。

欧共体指令由欧洲部长理事会颁布，而法律则由各成员国议会制定；欧洲的技术协调是通过制定欧共体指令来实现的，这些指令必须通过各成员国将其转化为国内法。欧共体指令通常应当在一年内转化为成员国的国内法，欧共体指令和成员国的国内法的适用是完全强制性的。

CEN/CENELEC（欧洲标准化委员会及欧洲电工标准化委员会）根据欧洲委员会的授权制定的标准，除非各成员国议会声明该协调形式是具有约束力的，否则其适用性是完全自愿的。

标准是技术建议方案。标准的本意是为了支持共同体指令的执行。作为一个整体，标准反映的是大家所公认的技术规则，因此，从这个意义上说，标准也间接地与产品责任相关。

第四节　日本起重机械法规管理模式

1. 管理范围

日本起重机安全管理所涉及的设备范围为：3t 以上的起重机（不包括移动式与桅杆起重机）；3t 以上的移动式起重机；2t 以上的桅杆起重机；载重量超过 1t 的电梯（指货用电梯）；施工升降机等。

2. 管理部门

国家主管部门:厚生劳动省。具体负责部门为厚生劳动省劳动基准局安全卫生部。

地方主管部门:都道府县的劳动基准局、市的劳动基准监督署。

日本现有都道府县劳动基准局47个,劳动基准监督署348个。

此外,还有日本起重机协会、锅炉和起重机安全协会、安全和卫生技术考试协会等非政府机构承担起重机械的安全管理和检验工作。

日本起重机协会在全国设有27个分部,有会员约8000个,设有7个地区检查事务所,47个县检查事务所(检查员约170人)和一个型式实验室,设有3个起重机培训中心。

3. 日本起重机协会授权工作范围

(1) 对起重机等进行性能检查、超负荷装置的型式检定、委托检查、出口检查及定期自主检查的指导。

(2) 除授权工作范围外,日本起重机协会还进行技术调研(成立了技术审议会和起重机委员会等11个专门委员会,从事起重机等的结构、使用、维修保养、管理等技术的调查研究);是ISO/TC 96、ISO/TC 111的国内委员会、是日本工业标准协会(JIS)的起重机标准审议机构;出版《起重机月刊》、《起重机年鉴》等读物。

(3) 该协会作为指定的培训考核机构,除了对起重机等驾驶员进行驾驶执照的考试,还进行各种技能培训以及检验员资格的短期培训和长期培训。

(4) 起重机安全协会从事起重机的性能检查等工作。

4. 政府对上述协会的授权程序和监督管理的内容

(1) 授权程序。由代行机构(包括起重机过负荷防止装置的型式检定)向劳动大臣提出书面申请。根据指定的基准(例如对法人的要求、检查长的要求、检查人员的要求、检查设备及仪器的要求等)进行审查。符合要求,由厚生劳动省发出指定的告示。

(2) 监督管理方式。代行机构必须定期向有关厚生劳动部门汇报工作。例如:性能检查代行机构必须在检查完成两个月之内向劳动基准监督署长提出性能检查结果报告书。有关性能检查的事项记载应保存3年;型式检定代行机构必须在年度6个月之内向劳动大臣报告一次型式检定结果,有关型式检定的事项记载应保存10年。

第五节 国际标准化组织起重机械标准管理模式

国际标准化组织(International Organization for Standardization, ISO)是世界各国国家标准化团体的联合组织,每个国家由一个标准化团体参加。ISO是一个非政府间组织,始建于1947年。ISO的宗旨是开展世界性标准化活动和相关活动。促进国际间货物和服务的交流,推动全球文化、科学、技术和经济的合作。制定国际标准的工作通常由ISO的技术委员会完成。各成员团体若对某技术委员会确定的项目感兴趣,均有权参加该委员会的工作。

技术委员会是承担ISO技术工作的组织,主要任务是制定ISO标准。技术委员会由各相关专业的专家组成,专家总数达3万之众,分别由各国家成员领导。技术委员会不是集中设在ISO总部日内瓦,而是分散在许多国家,目前是35个国家。技术委员会下设分委员会,分委员会下设工作组,工作组是ISO的技术工作细胞。所有ISO标准及相关文件均出自工作组。目前约有3000个技术工作实体,是它们使ISO这架庞大的机器在不歇运转。

制定ISO标准遵循的是以下“三原则”。

(1) 协商一致原则。制定ISO标准时要充分考虑所有各方面的意见,包括制造商、销售商、用户、消费者人群、试验实验室、政府、工程专业和研究机构。大家集思广益、相互协商,最终达成一致,制定出的标准自然被广泛接受。

(2) 全行业原则。ISO标准要成为全球性解决办法,成为世界标准,能满足全世界各工业行业和用户的要求，不是只满足某些国家或某些企业的要求。

(3) 自愿原则。ISO 认为，国际标准化是一种市场驱动的技术活动，因而只能是对市场感兴趣者自愿介入。这三项原则是对国际标准化活动实践的深刻总结和升华。其中协商一致原则反映了标准化的本质，标准化的本质就是协调统一，不同类标准在不同范围内协调统一，国际标准则在国际范围内协调统一，而要做到统一，协商一致是必由之路。第二、三两项原则反映了 ISO 的个性特征，ISO 是当今世界规模最大代表性最强的国际标准化组织，人们形象地称它是标准化界的联合国，它所制定的标准应当是面向世界各国，面向全世界的各工业行业；同时由于世界各国的国情千差万别，对世界市场的态度、竞争能力各异不可能强制世界各国执行所有 ISO 标准，只能根据本国国情自愿选用。

制定 ISO 标准遵循以下"三步走"。

第一步：立项。由某个工业行业提出标准化需求，通过本国在 ISO 中的国家成员统一向 ISO 提出新课题要求，经有关工作专家讨论同意，并确定了标准的技术内容范畴后，即成为一项新的 ISO 标准课题，立项阶段亦告完成。

第二步：草案。新标准的技术框架达成协议后，即进入草案阶段。在该阶段，各参与国国家成员协商讨论标准的具体技术条款，也就是所谓协商一致阶段，协商一致的成果便是一项新 ISO 标准的草案。

第三步：批准。ISO 草案定稿上报批准，批准分两个步骤完成。首先是积极参与该标准制定过程的成员(P 成员)以 2/3 多数通过；再经所有参加投票的成员以 75%的赞成票通过。被批准的标准文本随后发布，一项 ISO 标准即告诞生。

ISO 标准研制阶段：

ISO 标准是 ISO 国家成员协商一致的结果。ISO 标准由 ISO 技术委员会(TC)或分委员会(SC)按如下六个阶段要求进行研制。

第一阶段：建议阶段证实此标准是需要的，指定课题组长。

第二阶段：准备阶段组成的工作组，准备工作草案。

第三阶段：委员会阶段提交作为国际标准草案(DIS)。

第四阶段：咨询阶段 由 ISO 中央秘书处在五个月内发给 ISO 国家成员进行投票和征求意见。提交作为国际标准的最终草案(FDIS)。

第五阶段：批准阶段由 ISO 中央秘书处在两个月内发给 ISO 国家成员进行最后赞成/反对投票。

第六阶段：出版阶段由 ISO 中央秘书处负责国际标准的出版。

ISO/TC 96 起重机技术委员会成立于 1960 年，其成员由各国的制造企业、使用单位、检验机构、研究机构、保险公司和政府的健康和安全机构组成，成员代表来自 5 大洲。

ISO/TC 96 主要工作领域为：在空间范围内起升和移动载荷的陆上起重机及相关设备的标准化工作，尤其是在术语、载荷分级、试验、安全、通用设计原则、维修和使用等方面的标准化工作。ISO/TC 96 起重机技术委员会所关注的起重机类型广泛应用于建筑、制造和运输行业，这些行业都需要安全的起升和移动载荷。

ISO/TC 96 起重机技术委员会致力于标准的起草以及标准颁布后的定期复审和维护，以确保尽可能在国际上达到普遍接受的最低安全水平，而不强加给制造企业不必要的或不经济的要求，并且也不阻碍工业技术的发展。

所有的起升操作都存在潜在的危险，因此 ISO/TC 96 及其分技术委员会制定标准的目的就是减少和避免操作人员及附近人员的遭受严重事故和避免财产破坏或损失。

因此除了术语标准外，ISO/TC 96 委员会制定的标准全部与安全有关，遵守这些标准的操作人员将从中受益。当委员会制定的标准颁布和使用后，技术贸易壁垒就会消除，在所有市场上同一产品只有一个国际上都能接受的性能要求和安全水平，从而得到实现更大的经济利益。这也与 ISO 标准的最终目的——通过消除技术贸易壁垒促进货物和服务的流通相一致。

第六节　德国起重机械标准管理模式

德国的标准化体系呈现高度的协调性。尽管除DIN外，德国还有近140个其他组织涉及标准的研究制定，但DIN是唯一的国家权威标准制定机构，该机构在地区或国际领域代表关于产品标准问题的德国权益。

德国的标准化体系不允许存在相互矛盾的标准。只要DIN发布一项新的产品标准，或是引入欧洲或其他国际性产品标准，德国国内的其他相关标准一概废除。

德国法律没有强制要求企业参与标准制定，也未要求企业必须采纳DIN制定的产品标准。但绝大多数情况下，德国的法律法规常常引用DIN标准。尽管DIN并不具备直接的法律效力，但在德国法庭上享有特殊的认同地位，这种特殊的法庭认同使得DIN标准享有事实上的法律约束力。

DIN标准必须有利于维护并促进德国的国家公共利益。德国政治、经济界人士在涉及标准化建设的讨论中一致认为，能够服务于社会公益的国家标准化体系才是“健康”的标准体系，国家标准体系应有助于促进经济增长、增强企业的国际竞争力、协助政府管理经济、保护消费者的健康与安全。DIN在与德国联邦政府签署的法律协议中对此也作出了承诺，同时承诺遵循透明的标准制定程序；联邦政府对于DIN的上述承诺进行法律监督并对DIN施以有力的财政扶持。德国标准化建设给国家带来的经济收益占国民生产总值的1%左右，约合150亿欧元。

德国的标准化体系建设历时久远，早已自成一体。目前，同欧盟标准化组织及国际标准化组织的合作也越来越密切。

DIN采用了会员制作为基本组织形式。会员资格并不是参与技术标准制定的前提，但会员制的结构使得股东、不论是来自政府部门还是私人都可以参与德国的标准化建设。目前，DIN有1 682个会员，绝大多数会员来自于企业界，主要是大型及中型企业。三分之二的会员企业雇员数超过100人，三分之一会员企业人数超过了500人。会员中还包括23所大学、7个协会和2个联邦部门。

雇员数在100至500名间的企业是DIN会员的最大组成部分。DIN的执行董事会成员及下辖各技术委员会工作人员大多是大型企业的代表。这在一方面造成了德国的标准制定并没有完全代表德国中小企业，包括消费者的利益。

DIN管理体制由会员大会、主席、主任及标准委员会组成；每个标准委员会下设有为数不等的工作组。

会员大会是DIN最高层也是最重要的管理机构，但在实际工作中，该大会的管理作用并不明显。会员大会两年一届，届时选出DIN的执行董事会，负责管理DIN的日常事务。执行董事会选举产生董事会主席，各业务领域主任，并决定设立或取消某一标准委员会。执行董事会的另一重要权力是可以投票决定修改DIN的成立章程。

德国产品标准的实际制定者是DIN下辖的标准委员会及该标准委员会下设的工作组。但这并不意味着DIN的执行董事会对某一具体标准的开发制定没有任何影响力。DIN为这些标准委员会制定工作程序框架，但具体标准的制定就由企业选派的代表在标准委员会中完成。

DIN实际的标准制定工作是由其下属的76个标准委员会(2003年)，及其所属的3 700个工作组来完成。1994年来，DIN所颁布的标准数量逐年急剧上升，主要原因是落实欧盟统一的产品标准以及国际标准组织和国际工程委员会(ISO/IEC)的相关标准。同时由DIN颁布的仅适用于德国国内的标准数量大幅度下降。在2002年，DIN颁布的标准只有20%是国内标准，其他80%都是落实欧盟或国际标准。

目前的德国标准化体制建设与欧盟标准化建设是密不可分的。最近20年来，DIN所颁布的绝大多数新标准原本都是欧盟或国际标准。例如2002年，DIN共颁布了2 478项标准，其中只有519项是德国标准(DIN)，仅占到了20%；50%多的标准，1 311项是落实并采用欧盟标准(DIN/EN)，另外572项在是国际标准(ISO或IEC)的框架下开发的，然后被欧盟及德国采用，也就是说，在2002年DIN所颁布标准的20%多是与欧盟及国际标准完全一致的。

第七节　英国起重机械标准管理模式

英国政府认为，标准的自愿性质决定了标准类文件应由非政府机构直接管理。政府应管理涉及国家安全、人类健康等应由政府强制执行的法规类文件，涉及技术问题的自愿性标准应由协会来管理。英国标准的产生是在1929年的皇家宪章中提出的，同其他国家不同，其标准制定工作不是由政府主导的，它将英国国家标准制定工作委托给了一个民间团体——英国标准协会(Britain Standard Institute，简称BSI)。

英国的标准化工作开展较早，1901年创立的英国工程标准委员会(ESC)是世界上第一个全国性的标准化组织，1931年正式定名为英国标准协会(BSI)。该学会性质上为独立的、非营利的民间团体，但英国政府通过向它授予皇家宪章(Royal Charter)而予以特殊承认并赋予特殊地位。它是英国唯一的全国性标准化机构，制定和修订英国标准(即BS标准)，并促进其贯彻执行。同时代表英国参加国际和地区的标准化工作。BS标准为自愿性的标准，广泛应用于所有专业领域，可以作为仲裁依据，也可以作为技术条件的根据。BSI制定和贯彻标准、开展产品质量和企业质量体系认证、参与国际标准化活动都是政府授权进行的。在经费上政府给予资助。政府制定质量和标准化政策，BSI为推行政策服务。

政府与BSI间有明确的分工，英国政府以皇家宪章和签订备忘录的形式确定了政府与BSI的法律关系。英国贸工部标准与技术法规司是制定标准、测试和认证政策的政府主管部门，但其仅负责政策层面的管理。具体的标准、测试和认证管理职能分别赋予两个机构：标准管理职能由BSI实施，测试和认证资格管理职能由英国认证服务局负责。BSI共有标准研发、标准技术信息提供、产品测试、体系认证和商检服务五大业务，但仅仅在标准研发这一业务上拥有英国国家标准机构的职能，而其他业务，如产品测试、体系认证等，同社会上其他认证公司一样，必须通过英国认证服务局的资格认证，才有资格从事这些业务。

BSI组织机构包括全体会员大会、执行委员会、理事会、标准委员会和技术委员会。执行委员会是BSI的最高权力机构，负责制定BSI的政策，但需要取得捐款会员的最后认可。执委会由政府部门、私营企业、国有企业、专业学会和劳工组织的代表组成，设主席1人，副主席5人。下设电工技术、自动化与信息技术、建筑与土木工程、化学与卫生、技术装备、综合技术6个理事会，以及若干个委员会。BSI有工作人员1200余人，设标准部、测试部、质量保证部、市场部、公共事务部等业务部门。标准部是标准化工作的管理和协调机构。BSI每3年制定一次标准化工作计划，每年选行一次调整，并制定出年度实施计划。与6个理事会相对应，标准部下设6个标准处，分别承担6个理事会的秘书处工作。理事会下设标准委员会，标准委员会下设技术委员会(TC)，技术委员会可设立分委员会(SC)和工作组(WG)。1998年共有3000多个TC和SC。亨普斯特德检验所是隶属于测试部的检验测试中心，成立于1959年。下设化学、物理、电工、机械、光学等10多个实验室。最初只承担摩托车安全头盔的检验工作，随着服务范围的逐年扩大，目前已成为英国规模最大、经营范围最广的独立检验机构。该中心所承担的检测任务，30%来自BSI质量保证部，其余的来自外单位和国外的委托。质量保证部负责合格评定、认证审核以及BSI风筝标志、安全标志和企业注册标志签发工作。市场部的主要任务是协助政府为英国出口商调研欧洲和世界市场情况，向出口商提供国外标准、技术法规和认证制度等方面的技术咨询服务，承担BS标准的出版发行工作。BSI于1966年成立了世界上第一个出口商技术服务部(THE)。

第四十二章　起重机械法规标准体系介绍

第一节　中国起重机械法规标准体系

一、法规体系介绍

目前我国规划建立的是以“安全技术规范”为核心内容的法规体系结构，分为五个层次：

第一层次：法律——特种设备安全法(制定中)。法律是由全国人民代表大会或全国人民代表大会常务委员会制定，由国家主席签署主席令予以发布。

第二层次：行政法规——特种设备安全监察条例。行政法规由国务院组织起草。国务院年度立法工作计划确定行政法规由国务院的一个部门或者几个部门具体负责起草工作，也可以确定由国务院法制机构起草或组织起草，由国务院常务委员会审议，或者由国务院审批，报请国务院总理签署国务院令公布施行。

第三层次：部门规章——事故处理规定等总局令。部门规章由国务院部门组织起草，部门规章经部务会议或者委员会会议决定，报请本部门首长签署命令予以公布。

第四层次：安全技术规范——各项技术规程、规则。安全技术规范是特种设备技术法规的重要组成部分，其作用是把法律、法规和行政规章原则规定具体化。安全技术规范是规定特种设备的安全性能和相应的设计、制造、安装、修理、改造、使用管理和检验检测方法，以及许可、考核条件、程序的一系列具有行政强制力的文件。国家质检总局负责安全技术规范立项、审查、征求意见、批准和颁布，国家质检总局特种设备安全监察机构负责具体实施。中国特种设备检测研究中心负责组织有关单位或个人进行安全技术规范的起草。质检总局特种设备安全技术委员会负责安全技术规范的审议。特种设备安全技术规范报批稿由国家质检总局批准后颁布实施。国家质检总局将批准的特种设备安全技术规范的名称、编号、颁布日期、实施日期等予以公告。

第五层次：引用标准——技术法规引用的标准。引用标准是指在安全技术规范或部门规章中直接引用的国家标准或行业标准，当该标准或标准的部分条款被引用时，则该标准或标准的该部分条款将被强制执行。

目前起重机械已在安全监察规定、型式试验规程、监督检验规程、型式试验细则和制造监督检验规则方面制定或正在制定相应的各项法规体系。

二、标准体系介绍

根据中华人民共和国标准化法的规定，我国的标准分为国家标准、行业标准、地方标准和企业标准四大类。保障人体健康、人身、财产安全的标准和法律、行政法规规定强制执行的标准是强制性标准，其他标准是推荐性标准。

目前起重机械国家标准共有 93 项。其中，强制性标准 9 项，推荐性标准 84 项，构成情况见表 42-1。

表 42-1　起重机械国家标准构成情况表

标准类别	基础	产品	安全卫生	管理	方法
数量	23	28	10	8	24

其中强制性标准占 9.7%,推荐性标准占 90.3%。基础标准占 24.7%,产品标准占 30.1%,安全标准占 10.8%,管理标准占 8.6%,方法标准占 25.8%。从构成上看,还是基本合理的。

目前起重机械行业标准共 215 项,包括机械行业标准 JB,建筑行业标准 JG,交通行业标准 JT,林业标准 LY,汽车行业标准 QC 和铁路行业标准 TB。其中强制性标准 8 项,占 0.7%,推荐性标准 207 项,占 96.3%。其中大多数标准为产品标准。标准构成情况见表 42-2。

表 42-2 起重机械行业标准构成情况表

标准类别	基础	产品	安全卫生	管理	方法
数量	6	167	13	0	29
比例	2.8%	77.7%	6%	0	13.5%

从中可以看出,起重机行业标准的构成不尽合理,这是由于在制定行业标准时各部门各自为政,缺少全国范围的统筹安排所造成的。其中产品标准占了 2/3,而国外极为重视的管理标准在行业标准中为零,此外基础标准、安全标准和方法标准比例也偏低。按行业分类,标准构成情况见表 42-3。

表 42-3 起重机械行业标准按行业分类构成表

行业	机械	建筑	交通	林业	汽车	铁路
数量	125	28	44	5	1	12
比例	58.1%	13%	20.5%	2.3%	0.5%	5.6%

众多行业都制定起重机标准是由于原先计划经济、条块划分和部门分割造成的结果,甚至出现同一种起重机由不同部门按不同用途制定出不同的标准,有些内容还相互矛盾,让生产企业和用户无所适从。目前国家标准委推行组建跨行业跨部门的全国起重机械标准化技术委员会,就是为了扭转这一局面。但要真正实现科学的统一的标准体系,还要有一个过程。

将国家标准和行业标准合并统计,共有起重机标准 308 项,其中强制性标准 17 项,占 5.5%,推荐性标准 291 项,占 94.5%。目前国际标准和国外先进标准的转化率只有 16.9%;采标率为 5.8%。标准构成情况见表 42-4。

表 42-4 起重机械国家和行业标准构成情况表

标准类别	基础	产品	安全卫生	管理	方法
数量	29	195	23	8	53
比例	9.4%	63.3%	7.5%	2.6%	17.2%

第二节 美国起重机械法规标准体系

一、法规体系介绍

美国起重机法规是劳工部按照《职业安全卫生法》授权,按照法定程序制定并公布的职业安全卫生规章(有时也称"标准")。起重机的规章有三类:第一类是工业类(1910);第二类是建筑业类(1926);第三类是航运业,航运业又分为造船厂起重机(1915)、码头起重机(1917)、海岸起重机(1918)和船舶起重装置(1919)四种。

有一些实施本州职业安全卫生法规的州(如加利福尼亚、康涅狄格、密歇根、内华达、纽约、俄勒冈等 6 个州)对起重机械的检查要求有些不同,但不低于联邦的要求。

二、标准体系介绍

与起重机械有关的美国国家标准可分为两大类,一类是安全标准,即 ANSI B30 标准。它是由 ASME(美国机械工程师学会)B30 委员会负责起草和修定的,共有 20 个标准;另一类是有关产品设计计算和性能的技术规范。它由 ASME 或其下属的分委员会负责起草并由 ASME 发布,经 ANSI 确认后成为国家标准。

在美国起重机械安全标准中，其类别主要包括：桥式起重机、门式起重机、堆垛起重机、臂架起重机、单轨起重机、葫芦和简易起升设备等。就其标准体系而言，有以下几个特点：

(1) 标准性质是推荐性的，标准使用者自愿采用。如前所述，许多标准都是协会、学会起草的标准，符合要求并经 ANSI 确认后成为国家标准。

(2) 标准体系比较合理，配套性好。不受部门间条块分割的影响，标准体系的合理性、完整性、一致性、更强。

(3) 标准内容繁简比较合理，方便企业使用。如设计规范、分类标准、术语标准等基础标准内容比较详尽，这为标准的各个方面使用者提供了统一的依据。对产品标准规定的范围较广。但定性的内容多，定量的内容少，属于贸易型标准。这样可以促进制造厂相互间的竞争，促进技术进步，同时满足不同使用者的要求。

(4) 标准修订周期短。根据使用的需要随时对原标准作修改或补充，有时不重新印刷标准文本，仅出版对原标准的变动之处，与原标准一起使用。这种情况在美国国家标准较多出现。

第三节　欧盟起重机械法规体系

(1) 通用产品安全的指令。通用产品安全(2001/95/EC)的指令涵盖了消费者安全和健康保护等方面。这是一个无所不包的指令，当特别指令不能适用时，则可以适用该指令。在其新修订的版本中同时还规定可以适用于作为工业用途的产品，只要该产品也可能进入消费市场即可。在该指令中并未指明要使用 CE 标志。该指令的前身(92/59/EEC)已经于 2004 年 1 月 15 日废除。

(2) 特殊(特定产品)指令。特殊产品或技术装置必须满足技术安全性要求，这是该产品或装置能够在欧洲单一市场上销售的前提条件，也是特殊产品的法律的重要原则，而这些技术安全性要求往往规定在特殊指令之中。

在这些指令中最为重要的是涉及机械安全的指令(欧共体机械指令 98/37/EC)。这是一个纲要性指令，明确规定了很多技术结构问题。这些问题同时也可能与其他类型的产品有关。

除了机械指令，还有其他涉及电器设备、玩具、压力容器、人身保护装置、医疗设备等的指令。每年都会制定出很多新的或经过修订的指令。制造商和分销商要完全符合这些新的要求往往非常困难，也很难将这些相关的新要求付诸实践。

符合适用的欧盟协调标准，是机械指令达到基本健康及安全规定的建议方法。该标准在欧盟指令的施行中扮演重要角色，所有指令都会参照“协调”的欧盟标准推定是否能符合各指令的规定。与指令相关的协调标准必须在欧盟官方刊物颁布。欧盟标准委员会(CEN)致力于制定一个综合版以涵盖以下三个类别的欧洲标准来支持机械指令。

第一类标准(A)包括各类机械设计的一般原则(例如：EN 292 机械设计，或 EN 1050 风险评估)。

第二类标准(B)涵盖特定的安全装置及机械类型的人体工效学(例如：EN 418 紧急停止设备，或 EN 574 双手控制)。

第三类标准(C)涵盖引用前两类标准的特定机械分类，且着重于此特定机械的规定(例如：成型机械的 EN 201，或推土机械的 EN 474)。

至今为止，大部分 A 类及 B 类标准均已颁布，但约有 600 个技术委员会及工作小组仍然致力于制定 C 类标准，但以附件Ⅳ的机械优先。预估仍需数年 C 类标准方能全数公布。同时，透过 A 类及 B 类标准及采用大部分一般性产品标准，即可证实符合该法规的基本规定。

综上所述，现在欧盟各国已经建立起通用立法与专项立法互为补充，通用立法、专项立法与技术标准互为补充的产品安全法规标准体系。新方法进一步规定了强制性的法律规定(比如指令、条例等)与自愿适用的标准之间的关系。一般而言，由法律规定产品在安全方面的基本要求，而标准则对产品技术细节作出详细规定。

第四节 日本起重机械法规体系

起重机械安全管理法规是日本劳动安全卫生法管理内容中的一部分。日本建立的起重机械安全管理法规体系层次为:法律—政令—省令—告示—通告。已形成的主要有:

法律:《劳动安全卫生法》。

政令:《劳动安全卫生法施行令》、《劳动安全卫生法相关手续费法令》。

省令:《劳动安全卫生规则》、《与按照劳动安全卫生法实施制造时等检查及型式检测手续费加算金额相关的省令》、《起重机等安全规则》。

告示:《起重机等构造规格》、《起重机和移动式起重机过负荷防止装置的构造规格》、《起重机等制造许可基准》、《起重机、移动式起重机及桅杆式起重机操作人员许可考试规程》、《起重机等与操作有关的技能讲座规程》、《吊装工技能讲座规程》、《起重机操作业务等特别教育规程》、《起升吊运操作实技讲习、起重机操作实技讲习、移动式起重机操作实技讲习及桅杆起重机操作实技讲习规程》。

第五节 国际标准化组织起重机械标准体系

ISO/TC 96 起重机技术委员会下设 9 个分技术委员会,它们分别是:TC 96/SC 2 术语分技术委员会;TC 96/SC 3 钢丝绳的选择分技术委员会;TC 96/SC 4 试验方法分技术委员会;TC 96/SC 5 使用、操作和保养分技术委员会;TC 96/SC 6 流动式起重机分技术委员会;TC 96/SC 7 塔式起重机分技术委员会;TC 96/SC 8 臂式起重机分技术委员会;TC 96/SC 9 桥式和门式起重机分技术委员会;TC 96/SC 10 设计-原则和要求分技术委员会。

至 2006 年 7 月 10 日共制定标准 89 项。其中包括 TS,TR,Amd, Add,Cor 各一项,实际标准为 73 项,各分技术委员会标准制定情况见表 42-5。从表中也不难看出,20 世纪 90 年代后,使用方面的标准的比例得到了很大的提高。

表 42-5 TC 96 技术委员会标准制定情况一览表(按年代划分)

	总数	1990 年前	1990 年后
TC 96 秘书处	2	2	0
SC 2 术语分委员会	5	1	4
SC 3 钢丝绳的选择分委员会	2	0	2
SC 4 试验方法分委员会	6	2	4
SC 5 使用、操作和保养分委员会	10	0	10
SC 6 流动式起重机分委员会	18	5	13
SC 7 塔式起重机分委员会	15	0	15
SC 8 臂式起重机分委员会	15	4	11
SC 9 桥式和门式起重机分委员会	12	2	10
SC 10 设计-原则和要求分委员会	4	4	0
总数	89	20	69

第六节 德国起重机械标准体系

德国工业标准(DIN)的起重机标准以零部件标准为主,没有起重机的整机标准,只是通过对起重机通用的零部件的性能和质量控制,再加上起重机钢结构设计和起重机传动设计两个重要的基础设计标准，来控制各类起重机的性能和质量。德国 DIN 共有起重机标准 160 个，其中零部件标准 130 个，占 81.3%，基础标准 19 个，占 11.9%，设计标准 11 个，占 6.8%。这种标准的构成模式与其他国家的起重机标准是完全不一样的。由于抓住了构成起重机的基本要素——零部件的关键点，又不会因过于具体详尽的整机标准造成限制起重机的创新发展，使得没有一个起重机整机标准的德国，其起重机的技术水平在世界上却始终处于领先地位。

第七节　英国起重机械标准体系

英国（BS）起重机标准种类比较齐全，覆盖面较广，包括了桥式起重机、门式起重机、堆垛起重机、臂架起重机、单轨起重机、葫芦和简易起重设备等。从目前收集到的起重机整机标准和零部件标准来看，以零部件标准居多，包括了吊钩、钢丝绳、环链、滑轮、卷筒、制动器、车轮、联轴器等方面，通过对起重机零部件的性能和质量的控制来保证整机的性能和质量。从标准的内容看，以安全要求的标准居多，目前收集到的标准中的安全相关标准占据了十分重要的地位。

英国（BS）起重机标准是推荐性质的，以自愿使用为原则，如前所述，标准的制定和推广都是由民间团体——英国标准协会（BSI）进行的，有很大的灵活性和适应性。标准有两种代号，即 BS 与 BS EN，后者是欧盟通用标准。

第四十三章　起重机械主要标准法规简介

第一节　中国起重机械主要标准法规

一、主要法规简介

1. 起重机械安全监察规定

颁布起重机械安全监察规定的目的是：加强起重机械安全监察工作，防止和减少起重机械事故，保障人身和财产安全。其主要内容包括：起重机械调整范围，监察职责分工，制造单位资格许可，许可分级和许可程序，型式试验，主要受力结构件外协制造，用户现场制造，出厂文件，制造监督检验，安装单位资格许可，安装单位条件，安装单位责任，安装告知，安装监督检验，档案移交，使用注册登记，注册登记变更、注销，使用单位义务，安全技术档案，自行检查，维护保养，定期检验，安全教育，事故预防，事故隐患处理，报废，事故报告和处理，吊具、索具管理承租，监督检查，法律责任等。规定了改造、维修、重大维修用语的含义。

2. 机电类特种设备制造许可规则(试行)

颁布机电类特种设备制造许可规则的目的是：规范机电类特种设备制造许可工作，确保机电类特种设备制造的制造质量和安全技术性能。其主要内容包括：适用范围，安全监察机构，检验检测机构，制造许可单位的条件，制造许可的程序，评审机构和评审人员和监督管理等。

规则明确了起重机械制造许可分为产品型式试验和制造单位许可两种方式。

对不同特种设备制造的许可方式列出了《特种设备制造许可目录》，规定了须有满足保证产品质量的生产设备、工艺装备、计量器具和检验测试的仪器设备，并应有与申请项目相适应的场地、厂房、实验和办公条件等《基本条件》。并要求必须结合本单位情况和申请取证产品的技术管理要求，建立质量管理体系，制定相关的管理制度，编制质量手册、质量管理体系程序和作业指导书等质量管理体系文件。

3. 机电类特种设备安装改造维修许可规则(试行)

颁布机电类特种设备安装改造维修许可规则的目的是：规范机电类特种设备安装、改造、维修单位的资格许可工作，确保机电类特种设备安装、改造、维修的质量与安全性能。其主要内容包括：资格许可条件，资格许可程序，评审机构和评审人员和监督管理等。

规则明确了机电类特种设备施工单位分类分级，施工单位在注册资金、技术人员、作业人员、技术负责人、专职质量检验人员、设备、厂房、场地和施工业绩等方面的要求。

4. 起重机械制造监督检验规程(试行)

监督检验定义是指起重机械在制造过程中，在企业自检合格的基础上，由国务院特种设备安全监督管理部门核准的检验机构按照安全技术规范的要求依法对其制造过程进行的验证性检验。

适用范围：适用于桥式起重机、门式起重机、塔式起重机、门座起重机和升降机等起重机械。

新产品可以先进行监督检验，待取得型式试验合格证书后方可领取《起重机械制造监督检验报告》，未获得《监检报告》的产品不得出厂或交付使用。

起重机械制造监督检验内容要求与方法：检验机构应根据本规程制定包括监检程序、监检流程图、监检原始记录及其注意事项在内的监检实施细则，并对监督检验过程实施严格控制。

起重机械的制造监督检验项目分为A、B两类。A类：是指对产品安全性能影响较大、进入下道工序后难以检验的隐蔽工程或发现后较难整改的项目。监检人员必须到现场进行验证确认。B类:是指对产品安全性能影响不大、发现后较易整改或现场不具备试验条件的项目。监检人员可以通过查阅制造单位提供的技术资料予以确认,必要时也可以到现场进行抽检予以确认。

整机出厂的起重机械产品应按规定进行监督检验,部件出厂的或需要到现场安装、调试的起重机械的部分检验项目按《起重机械安装监督检验规程》的规定进行监督检验。

5. 起重机械型式试验规程(试行)

规程明确了应该进行型式试验的起重机械及其安全保护装置的目录。规定了起重机械产品和安全保护装置应该进行型式试验的四种情况及其处理原则。型式试验以产品型号规格为基本单位进行型式试验。明确了型式试验程序。规定了型式试验机构的条件和要求。规定了型式试验的原始记录表格的试验内容与形式。并规定了型式试验报告、标识、变更、异议及复检、罚则、监督抽查等内容。

6. 起重机械监督检验规程

规程明确了适用于桥架型起重机、塔式起重机、流动式起重机和门座起重机(以下统称起重机)的验收检验和定期检验要求。

规定了安装、大修或改造后拟投入使用的起重机,应当按照验收检验规定的内容进行检验;在用起重机应当按照本规程对定期检验规定的内容,每两年进行1次检验。遇可能影响其安全技术性能的自然灾害或者发生设备事故后的起重机,以及停止使用1年以上再次使用的起重机,进行设备大修后,应当按照验收检验的要求进行检验。

规定检验机构应根据本规程制定包括检验程序和检验流程图在内的检验实施细则,并对检验过程实施严格控制。

明确了检验机构应当在安装、大修或改造等施工单位自检合格的基础上进行验收检验。施工单位自检的内容、要求与方法应当符合国家有关法规和标准的规定,并应当出具完整的自检报告。

明确了实施现场检验时应具备的检验条件,以及检验人员资质、技术资料、起重机监督检验项目、监督检验记录、检验报告、不合格的处理及现场防护等内容。

二、主要标准简介

目前国内共有起重机械标准308项,以下是其中重要标准的一部分。

1. GB/T 3811《起重机设计规范》

本标准是起重机设计计算的必要准则和共同遵守的技术依据。内容包括:起重机工作级别,计算载荷,起重机抗倾覆稳定性和防风抗滑安全性,起重机的安全保护,结构计算原则,载荷分类与载荷组合,材料及其许用应力,结构件和连接的强度计算,稳定性计算,结构疲劳强度计算,刚性要求,构造要求,机构的设计计算原则,零件的强度计算原则,零部件,电动机,制动器驱动元件,电阻器,保护装置,传动系统,馈电装置,导线及其敷设,电压损失,起重电磁铁,照明、信号、通信,接地等。目前该标准正在修订之中。

2. GB 6067《起重机械安全规程》

本标准对起重机械的设计、制造、检验、报废、使用与管理等方面的安全要求作了最基本的规定。内容包括:结构件的布置,结构件焊接要求,高强度螺栓连接,司机室,走台、栏杆、扶梯,金属结构的报废,主要零部件,气动系统,液压系统,润滑,专用辅具,常用简易起重设备,电气设备,供电及电路,对主要电气元件的安全要求,电气保护装置,照明和信号,安全防护装置及要求,使用,管理,检验及维修等。目前该标准正在修订之中。

3. GB/T 5905《起重机试验规范和程序》

本标准规定了检验起重机是否符合其工作性能参数和技术要求,以及是否能够起升额定载荷所应遵循的试验及程序。对额定载荷取决于稳定性起重机,还规定了用来检验稳定性的试验程序和试验载荷。该标准等同采用国际标准ISO 4310《起重机试验规范和程序》。内容包括:适用范围,试验种类和样机的数量,试验程序,合格试验,目测检查,静载试验,动载试验,稳定性试验,试验报告,试验条件等。

第二节　美国起重机械主要标准法规

一、主要法规简介

1. 起重机使用环节安全管理一般规定

(1) 起重机的操作与更改

无论何种类型的起重机的实际操作，雇主必须遵循其制造商的技术要求和说明。如制造商未提供说明，则应以行业内资深专业工程师的决定为准，并应将此决定制成文件保存。未取得制造商书面同意，雇主不得随意更改影响设备的工作能力或安全操作的安全系数。如果确实做了这些修改，那么，工作能力、操作和维护指示图，标签或印花都要随之进行相应修改。在任何情况下都不得减少设备原来的安全系数。

起重机附加装置的使用不得超过额定起重量、额定负载力矩或制造商提供的载荷范围。雇主应将额定载荷量、工作速度、特别危害警示或说明张贴于设备的显著位置，且将操作说明或警示牌张贴在司机能见到的显著的地方。起重机司机的手势应符合 ANSI 标准中该型号起重机的使用规定，并将手势图示贴于施工现场。

(2) 起重机使用环节安全管理还应特别注意载重的大小、附加负载、移动负载等事项。

(3) 起重机使用过程中的检查

雇主必须指定一名有能力的人在每次使用之前或使用过程中检查所有的机器设备，确定没有异常的响声和干扰正常操作的动作，以确保其安全运作。任何故障或损坏的零部件，经过维修或更换之后方可投入使用。

(4) 工作环境的检查

1) 雇员在操作中必须远离即将吊起或正在吊起的装载物。

2) 在起重机上部旋转部分尾部，无论它们是永久性还是临时性安装上去的，其旋转半径以内人可以进入的部分，都应用路障将其挡住，以免雇员被起重机碰撞或碾伤。雇员在执行日常操作中可能接触到的排气管，都应施加防护或绝缘装置。内燃机驱动设备在密闭场所排气时，必须进行测试并做好记录，以确保雇员免遭毒气或缺氧所造的影响。操作室内应配置安全玻璃或相关设施，保证不会造成视觉变形，从而影响机器的安全操作。

3) 如需对设备进行装配或维修时，应提供一部梯子以便爬上操作室的顶棚。根据美国国家标准学会 ANSI B 30.5 规定，为了能方便进入机仓和操作室，起重机上应配备护栏、手柄及梯子。

4) 平台或通道必须是防滑地面。应正确放置和保护燃油箱的输油管，以防止燃油因溢出而流到正在加注燃料的发动机、排气装置或电气设备上。在司机的工作场所或操作室都需配备额定值为 5BC(或更高)的灭火器以供随时使用。所有燃料的运输、储存和使用都必须遵照防火灭火条例附件 F 的规定。如车辆在高速公路上运输燃料时，应遵循 CFR49 中第 177 和 393 部分运输部门关于车辆运输的规定。

5) 为防止人员接触电力线路，除非该场所的电气分布和传输线路已被切断电源，和能明显看出工作场所已经接地，或已安装隔离障碍物(不是指机器设备的一个部分或其附加设备)，才能在此场所操作。否则，只有在以下情况下才能在接近电源线的场所操作。

2. 起重机检查与测试

OSHA 起重机管理的主要方式与其他有职业危害因素管理类似，主要是制定并以联邦规章形式颁布职业安全卫生标准，对雇主提出职业安全卫生的要求，包括许多起重机安全措施。如日常雇主指定“有能力的人(Competent Person)”实施的最初检查(投入使用前)、经常性检查(每天检查到每月检查)、定期检查(隔 1 至 12 个月)、钢丝绳检查、不定期使用的起重机检查和测试等安全检查。在实施过程中“有能力的人”要做好书面记录，并对预防性维修保养和调整修理做了详细的规定。这些规定都是以规章的形式颁发，效力很高，一旦违反这些规定并被 OSHA 的巡查官员在现场检查发现，将按照《职业安全卫生法》的规定进行处罚,其自由裁量权的掌握参照《OSHA 现场检查参考手册》执行。工会和雇员对雇主的起重机有关的工作安全条件也进行有效的监督,这种监督发现的问题除了通过协商解决外,另一个重要手段是通过向 OSHA 投诉,再由 OSHA 安排专项检查来解决。除船上的起重装置和少数州对建筑塔式起重机实施强制性第三方检查外,OSHA 并不要求第三方检查,雇主可以指定自己有能力的雇员进行起重机的检查,也可以请专门的检查机构进行检查。前者只需经 OSHA 认可的培训机构培训并获该培训机构颁发相应证书的人,后者所述的专门检查机构需经 OSHA 认可。

OSHA 有关的联邦规章对只用在建筑工地和工业上(《联邦规章》CFR29 篇 1926.550、1910.179 和 1910.180 节管辖范围)的起重机、臂架起重机和其他物料处理装置不要求任何证书。然而,OSHA 有关的规章要求所有以上设备应由有能力的人或一个政府机构或美国劳工部许可的私人中介代理,在初次使用前和今后每年进行一次的检查,业主必须(也只需)保留这些检查记录。按照 OSHA 规定,雇主也不需要向任何机构注册登记或备案这些检查记录,只要在 OSHA 检查官员现场检查时,能够出示这些检查记录就符合要求。检查记录应包括检查日期,实施检查人员签名,系列编号或其他标识。但是,有些州、市以保障公众安全和财产安全为理由,通过地方立法要求建筑工地起重机或建筑塔式起重机要取得运行许可证,如加州和纽约市。

3. 起重机悬空载人工作平台的要求

使用起重机或臂架式起重机提升人员将给被升降的雇员带来很大危险。为避免人员伤亡,职业安全卫生管理局 OSHA 规章(《联邦规章》第 29 篇 1926.550)限制了在建筑行业用起重机升降人员,并对此等操作采取的安全措施予以规定。

《联邦规章》(CFR)第 29 篇 1926.550(g)对施工中使用的悬空载人平台作了规定。但是,OSHA 规章第 1910 部分就悬空载人平台并无特别规定,1910.180 (h) (3)(v)有关条款作了一般性规定,即当有人在载荷或吊钩上,禁止提升、下降、摆动和移动。然而,OSHA 也规定,当使用适当的方式进入上升的工作地点是不可能或更危险时,若雇主遵守了 1926.550(g)(3)、(4)、(5)、(6)、(7)与(8)的规定,则可以在载荷或吊钩上有人时进行升降、摆动和移动。

职业安全卫生管理局对提升人员的规定是采用指导性语言编写的,要求雇主为升降人员提供最佳保障,以避免升降操作产生危险,在符合有关要求与标准的前提下使升降人员安全到达目的地。OSHA 规定除非无更为安全的其他选择,否则禁止使用起重机或臂架式起重机升降人员。

常规运送方式(如脚手架、梯子)确认为不安全时,雇主则可考虑批准采用符合要求的方式升降人员。OSHA 强调应把雇员的安全(而非实用性或便利性)作为雇主选择有关方式的前提。OSHA 将根据记录进行审查,判断出使用起重机或臂架式起重机悬空载人平台升降是否对升降人员构成危险,除非使用常规运送雇员的方式不可行或将会带来更大的危险,否则判断为不可允许使用。OSHA 规定,当必须进行此等限制性情况下的升降,应根据规章的规定给被升降的人员提供最好的保护措施。

二、主要标准简介

(1) 由美国起重机制造协会(CMAA)制定和颁布的标准有:CMAA 规范第 70 号《电动桥式起重机规范》;CMAA 规范第 74 号《上部和下部运行电动单梁桥式起重机规范》。

(2) 由美国单轨制造商协会制定并被确认为美国国家标准的有。ANSI/MH27.1《悬挂起重机和单轨系统规范》。

(3) 由美国机械工程师学会(ASME)葫芦标准委员会(HST)负责制定,ASME 颁布并被 ANSI 确认为美国国家标准的葫芦系列标准有:ANSI/ASME HST-1M《环链电动葫芦》;ANSI/ASME HST-2M《手拉葫芦》;ANSI/ASME HST-3M《环链手扳葫芦》;ANSI/ASME HST-4M《钢丝绳电动葫芦》;ANSI/ASME HST-5M《环链气动葫芦》;ANSI/ASME HST-6M《钢丝绳气动葫芦》。

(4) 由美国机械工程师学会所属的汽车起升装置委员会(PALD)制定,由颁布并经确认为美国国家标准的便携式汽车式汽车起升装置系列标准如下:

ANSI/ASME PALD-1《手动液压千斤顶》;ANSI/ASME PALD-2《汽车变速箱千斤顶》;ANSI/

ASME PALD-3《发动机支承架》;ANSI/ASME PALD-4《汽车支承架》;ANSI/ASME PALD-5《螺旋千斤顶》;ANSI/ASME PALD-6《机械缓冲式千斤顶》;ANSI/ASME PALD-7《剪叉式千斤顶》;ANSI/ASME PALD-8《框架式千斤顶》;ANSI/ASME PALD-9《直立型汽车起升装置》;ANSI/ASME PALD-10《维修千斤顶》;ANSI/ASME PALD-11《轮式台车》;ANSI/ASME PALD-12《车间起重机》;ANSI/ASME PALD-13《回转式汽车起升装置》;ANSI/ASME PALD-14《剪叉式汽车起升装置》;ANSI/ASME PALD-15《附属的支承架》;ANSI/ASME PALD-16《斜台》;ANSI/ASME PALD-17《轮式台车》;ANSI/ASME PALD-18《重载气动液压千斤顶》。

第三节　欧盟起重机械主要法规

一、(92/95/EEC);2001/95/EC《通用产品安全指令》

1. 生产者和经销商的责任和义务

(1) 生产者应当承担的责任和义务。生产者的基本义务是确保将安全产品投放市场。只要存在营销不安全产品的事实,则无需考虑生产者付出注意的程度,就可以认定生产者违反了指令所规定的通用安全义务。因而该义务对生产者而言,可谓是一项"严格责任"。

除基本义务外,指令还为生产者规定了以下两项补充责任和义务。

信息提供:生产者应向消费者提供信息,以使消费者能够对产品在正常或可以合理预见的使用期限内的内在危险作出评价,并采用适当措施加以防范。

对产品实施监控:生产者应当采取与其所供应的产品性质相一致的措施,以便他们能够收到这些产品可能造成的危险的通知;如果必要则需要采取适当的行动,包括将这些危险产品从市场撤回、适当且有效地警告消费者或从消费者手中召回产品。

(2) 制造商应当承担的责任和义务。在新方法指令中制造商的义务包括以下内容:

按照指令规定的基本要求设计、生产产品。制造商有责任了解产品的设计和结构,以便能够对符合相关新方法指令的所有条款承担责任。这项责任适用于制造商自己设计、生产、包装盒为产品贴上自己的标签,也同样适用于由分包商完成部分或全部上述操作的情况。

按照指令规定的程序进行合格评定。关于合格评定,制造商所承担的义务要根据所采用的合格评定程序而定。通常制造商必须采取一切必要的措施确保:产品生产过程能够保证产品符合指令要求;给产品贴附 CE 标志;建立技术文档;起草 EC 合格声明。根据指令,制造商可能被要求将产品提交给第三方(通常是公告机构)进行产品检验并出具证明。或由公告机构审查其质量体系并出具证明。

在整个加工过程保证产品的安全。

制造商对产品安全性的责任并不随着产品的出售而终止。

(3) 经销商应当承担的责任和义务。与生产者的严格责任相比,经销商的责任可以说是"过错责任",其有关产品安全的义务也只是一项辅助义务。经销商应当付出应有的注意,尤其是向消费者提供其已经确定或者应当推定不符合安全要求的产品;他们应当积极参与对投放市场的产品的安全监控,如传递有关产品危险的信息、保有或提供跟踪产品原产地所必需的各项条件,配合生产者和有关机构为避免危险而采取的行动等。

经销商应对产品予以应有的关注并对相关法规要求有基本的了解。

(4) 生产商和经销商共同的责任和义务。为实施有效的市场监控,及时将不安全产品移出市场,2001 年指令还为生产者和经销商新增了两项共同的义务(第 5 条第 3 款):通知的义务;合作的义务。

(5) 包括召回在内的纠正措施责任。这些纠正措施的目的在于消除由于生产商或分销商投放到市场上的非食品类产品所产生的安全隐患。

(6) 制造商或其于欧盟的授权代表的另一项责任是建立技术档案。

2. 欧盟成员国的市场监管责任和义务

成员国应该通过必要的法律、法令和行政法规，确保生产者和销售商履行通用产品安全指令所规定的各项义务并确保投放市场的产品的安全性；成员国应该建立和指定监控产品安全的相应机构（以下简称成员国的有权机构），并为该机构规定必要的权力以采取适当的措施；成员国还应确定有关机构的任务、权力和合作安排，并将此通知委员会，委员会应将此信息转递给其他成员国；成员国应该在 2004 年 1 月 15 日前将实施指令的国内规定通知委员会，国内实施措施应当对违反该国内规定所应该受到的处罚做出规定。

3. 信息快速交换程序

信息快速交换程序（RAPEX）是在紧急情况下所采用的通知程序（指令第 8 条）。该制度最早确立于 1984 年，RAPEX 制度最终被纳入 1992 年指令（第 8 条），即当产品对消费者的安全和健存在"严重和紧迫的危险"，成员国采取了或决定采取紧急措施以对该类产品在其领内可能的销售和使用进行阻止、限制或施加特别条件时，成员国应当立即通知委员会，委员会收到信息后，就应该立即检查采取紧急措施是否符合指令规定的条件，然后将信息转发给其他成员国，其他成员国也应该将其采取的相应措施通知委员会。指令附件对其具体的运用程序也做了详细规定。该制度确立了共同体各成员国间危险产品信息的共享制度。

4. 共同体紧急程序

为了使欧盟成员国建立起一整套专门程序以防止和应对危险产品，1992 年指令第 9 条向委员会授权，规定委员会可以通过向成员国发布"决定"的方式。要求成员国集体采取适用于整个共同体的措施。该条是最早的实现产品安全法律规制欧洲化的萌芽。

二、98/37/EC《机械指令》

1. 适用范围、投放市场与自由流通

（1）适用范围。机械指令给出了一般性的规定，适用于机械和单独投放市场的安全零部件。

也适用于二手或翻修机械，其中包括：首次由欧盟（欧洲经济区）以外国家进口到该地区内的二手或翻新机械；来自世界各地，经拆解及重组后组装成新的机械，存在新的设计和新的风险。

（2）投放市场。机械指令规定了投放市场的前提条件是"只有在正确安装、维护和按预定使用目的且不危及人身，甚至家畜及财产的健康与安全时，才可投放市场及投入使用"。应符合附件Ⅰ所规定的基本安全与卫生要求。

（3）自由流通。对符合指令的机械及安全零部件，成员国应不禁止、不限制或妨碍在其境内投放市场或投入使用。当编号已在欧洲共同体公报中发布的协调标准，已转换为国家标准，且包含一项或多项基本安全要求，若机械或安全零部件按照该标准制造，应视为符合相关的基本要求。

2. 合格评定程序

（1）为证明机械及安全零件符合本指令，制造商或其在欧共体内确定的授权代理应按给定的模式拟定 EC 合格声明，还必须在机械上加贴 CE 标志。

（2）机械投放市场前，制造商或其在欧共体内确定的授权代理应：

1）如果不是附件Ⅳ所提及的机械，应编制附件Ⅴ所提的文件。

2）如果是附件Ⅳ所提及的机械，其制造商不符合或仅部分符合第 5 条第 2 款所提到的标准，或没有这类标准时，应提交机械样品以进行附件Ⅵ所规定的 EC 型式试验。

3）如果是附件Ⅳ所提及的机械，且其制造符合第 5 条第 2 款所提的标准时：

——将附件 VI 所提的文件提交公告机构，该机构简明验证已正确应用第 5 条第 2 款所提及的标准，并开具该文件适用的证书；

——或提交机械样品以进行附件Ⅵ所提的 EC 型式试验。

（3）对安全零部件，公告机构应验证该安全零部件适合于实现制造商所声明的安全功能。

（4）当机械要符合其他指令有关方面的规定，而这些规定也要求加贴 CE 标志的情况下，则加贴的

CE 标志应表示该机械也要符合其他指令的这些规定。

(5) 成员国应将被认可(批准)执行程序的机构连同被指定执行的特定任务,以及由委员会事先为这些机构的识别编号,通知委员会和其他成员国。

(6) 成员国应采用附件Ⅶ所规定的准则来评价这些机构,并在通告中指明。符合相关协调标准规定的评价准则的机构,应视为符合这些准则。如发现认可的机构不再符合附件Ⅶ的准则时,成员国应撤销通告,并立即告委员会及其他成员国。

3. CE 标志体制

通过 CE 标志体制,欧盟已经为其设定了协调和改善欧洲产品安全的目标。现代产品在技术上正在变得越来越复杂,并且很难进行控制,因此,采用新的安全标准正变得日益紧迫。在世界范围内,产品责任方面的立法正变得日益严格,产品安全对于商家而言,已经变成一个极其重要的战略因素,在某种意义上是关乎其生存和发展的重要问题。

在新方法的规定之下,安全证书不再由有权机构颁发。取而代之的是,制造商自己作出适当的声明,表明其产品满足欧盟当前的安全性要求。各成员国的监管当局则负责检查市场中的产品是否符合安全方面的要求。

欧洲的产品安全体制是基于制造商和分销商自己做出的检查。由经销商负责其出售的产品满足欧共体指令所规定的基本的安全和健康要求,并且应当确保其出售的产品已经通过"合格评定程序"。制造商通过在其产品上粘贴 CE 标志和附随合格声明来确认其产品已经满足在安全方面的要求。制造商通常可以在不同的符合性评定程序中进行选择,这些符合性评定程序一般都规定在有关的欧共体指令当中。

指令规定 CE 标志应加贴在机械的明显处,必须禁止在机械上加贴容易使第三方对 CE 标志的含义和式样产生混淆的标志。其他标志在不影响 CE 标志的清晰性和易辨认性的情况下可以加贴在机械上。

第四节　日本起重机械主要法规

1. 设计

(1) 在申请起重机械制造许可时,由都道府县劳动标准局长审查设计是否符合要求,设计中的计算公式、假定条件及实验值必须是公认的。

(2) 安全装置必须符合厚生劳动大臣规定的规程,且需要通过厚生劳动大臣或其指定检查代行机关进行型式检验,达到合格要求。

(3) 起重机的构造必须符合劳动省批准的《起重机等构造规格》(相当于我国起重机的设计规范)的要求。

2. 制造

(1) 起重机制造者,必须取得都道府县劳动标准局长的批准并获得许可证。都道府县劳动标准局局长在接到制造特定机械的申请时,对该申请进行审查。当认为与申请有关的特定机械的构造符合厚生劳动大臣批准的标准时,必须批准该项许可。

(2) 起重机的构造必须符合劳动省批准的《起重机等构造规格》的要求;制造企业的设备检查人员、主任设计师、从事起重机等制造负责人必须符合要求(具体要求略)。

3. 安装

(1) 起重机等的设置事业者,必须在该工程开工 30 日前预先将计划及有关技术资料填写书面材料向"所辖劳动标准监督署署长"呈报。安装完毕需向劳动标准监督署署长提出落成检查申请书,接受劳动标准监督署署长的检查。

对于移动式起重机,同样也要提出申请,接受所辖都道府县劳动标准局长的制造检查(相当于落成检查)。

(2) 按照厚生劳动省省令的规定,进口国外制造的起重机时,该起重机需接受所辖都道府县劳动标准局长或检查代行机关的检查。

4. 使用

(1) 企业经营者在雇用劳动者时,必须按照劳动省省令的规定对其从事的业务进行安全及卫生教育。

在起重机驾驶和操纵及其有关业务中,从业人员必须接受都道府县劳动标准局长或其指定机构进行的培训,合格者方可从事相关业务。

都道府县劳动标准局长根据劳动省省令规定的分类,进行许可考试。

(2) 根据起重机的型式和吨位及作业特点,确定从业人员需要进行培训上岗的业务范围。

(3) 有关法规对企业的安全管理提出了企业对安全装置进行检查、调整;企业工人在安全装置方面必须遵守的事项等要求;规定了从事起重机相关作业业务的工人需获得有关项目的许可(这些许可必须通过相应规定的考试而获得)方可从事对应的业务;规定企业在起重机发生有关项目的事故时必须及时向主管劳动标准监督署署长进行报告;起重机的作业指挥信号必须要统一。

(4) 对司机等操作及作业人员提出了培训、考试及合格后发作业许可制度。

5. 检验

(1) 对于按照厚生省劳动省令的规定检查合格的特定机械,移动式的由都道府县劳动标准局长或检查代行机关发给检验合格证;其他由劳动标准监督署署长发给检验合格证;对于停止使用的设备再次使用并经检查合格的,由劳动标准监督署署长在检查合格证上签证。合格证需注明有效期。

(2) 在用起重机有效期满后仍要使用时,有效期满前必须提出性能检查申请书,接受劳动标准署署长或其代行机关的性能检查。检查及合格证的有效期为 2 年。

(3) 企业经营者必须对特定机械进行自检,并记录检查结果。

企业必须按照规定的检验要求,进行日检、月检、年检等自检。

6. 改造

对起重机的构成部分进行改变时,必须接受劳动标准监督署署长的检查。经检查合格后,由劳动标准监督署署长在检查合格证上签证。

第五节　国际标准化组织起重机械主要标准

目前共有 ISO 起重机械标准 109 项,以下介绍两项主要标准。

1. ISO 4301-1《起重机和起重机械　分级　第 1 部分:总则》

起重机通过起升和移动质量在其名义起重量以内的载荷在物料搬运工作中起作用。然而它们的工作任务差别很大。为了达到适当的安全级别和根据用户要求的有效寿命,设计起重机应考虑工作条件。分级是为结构和机械设计提供一个合理基础的一种方法。它也是用户和制造商之间的协商参考范围,利用分级可使某一台机械能胜任需要完成的工作任务。

本标准根据起重机在预期寿命期间应完成的工作循环数和一个代表名义载荷状态的载荷谱系数规定了起重机的通用分级方法。

确定起重机所属级别应考虑的两个因素是利用等级和载荷状态。

本标准已成为全世界起重机分级普遍采用的方法。

2. ISO 7363《起重机和起重机械　技术性能和验收文件》

本标准规定了起重机和起重机械制造商应提交的文件表述方式及内容。文件包括起重机的技术资料及验收文件,以便于产品的安装、调试和使用。

由制造商提供的文件必须包括起重机的基本技术规范参数及各种额定值,必须列出与该台起重机预定用途相一致的工况及主要参数。

文件必须包括起重机及其组件的基本资料和技术性能以及验收文件。

基本资料必须包括起重机销售商和制造商双方的信息、设备的基本数据、环境和工作场地特点及其他基本信息。

有关技术性能必须按照外形尺寸、工作布置、起重机质量和其他有关参数详细给出起重机及其组件的技术性能。

验收文件必须记录起重机及其组件在实际工况中的技术数据，在验收之前的最终试验中必须有一位称职的人员在场并经其确认。

综上所述，本标准将起重机制造商、销售商和用户之间所需的信息规定得极其详尽，从而可以避免由于缺乏信息沟通造成的起重机事故。在这方面我国是有很大差距的。目前我国已将该国际标准转化为国家标准。

第六节　德国起重机械主要标准

德国的起重机标准以零部件标准为主，没有起重机的整机标准，只是通过对起重机通用的零部件的性能和质量控制，来控制各类起重机的性能和质量。

德国起重机零部件标准分为吊钩、滑轮、卷筒、制动器、车轮、钢丝绳、环链和万向轴等几大部分。每一部分相对独立、自成体系，分别包括零件设计计算、零件的结构形式和尺寸系列、相配套的零部件标准、零件的供货技术条件和使用检查等。这些标准配合钢结构设计、构造和稳定性计算等有关的设计标准，满足了各类起重机在设计和制造、订货和交货、使用和检查等多方面的需要。

德国起重机基础标准包括起重机分类、术语、基本参数、标志、试验规则等，这是各类起重机都要涉及的基本的标准，通用性强。

德国起重机设计标准主要包括钢结构设计规范、钢丝绳传动设计规范、起重机稳定性计算等。它只包含了起重机设计最基本和最重要的部分，并没有面面俱到，给起重机设计者留下了充分的发展空间。值得一提的是德国标准 DIN 15018 起重机钢结构设计规范十分详尽和全面，目前已成为世界许多国家设计起重机钢结构的依据，我国也将其作为制定起重机设计规范的主要参考资料。

德国起重机械的标准，其最大的特点体现在众多的零部件的标准中。现以起重吊钩为例说明标准的先进性。DIN 共有起重吊钩标准 21 个，与吊钩相配组成动滑轮组的标准 18 个，相互组合使用可形成以下特点：

(1) 标准构成科学合理，适用性好。吊钩按照加工方式分为片式吊钩和锻造吊钩，锻造吊钩又包括单钩和双钩，因此共有三种形式的吊钩。DIN 标准就包含了这三种吊钩的内容。而每种形式的吊钩都有毛坯、成品件、供货技术条件和使用检查四个方面的标准，能满足专业化生产的需要。吊钩配上吊钩横梁和滑轮及其他配套件可组成动滑轮组。如果按动滑轮组供货和使用，则按 DIN 15428《起重设备吊挂装置供货技术条件》和 DIN 15429《起重设备吊挂装置使用检查》标准执行。这样既可满足单个吊钩的供货，又可满足按动滑轮组供货的需要。

(2) 这些标准规定了吊钩的五个强度等级 M、P、S、T、V，分级的依据是吊钩成品材料的屈服点或屈服强度，其对应值分别为 235MPa、315MPa、390MPa、490MPa 和 620MPa，公比近似等于 1.25，与起重量系列采用的 R10 优先数系具有相同的公比。这个分级与国际标准 ISO 2766《起重量在 25t 以下的 M、P、S、(T、V)级自由锻和模锻带柄吊钩》相一致，只是国际标准的分级依据是以使吊钩开口度变形为 0.25% 的试验载荷。经试验验证，两者的分级是相同的。

(3) 吊钩的设计寿命考虑了起重量、起升机构的工作级别和所用材料的强度等级等因素，模块化程度好，通用化水平高，这使起重机对吊钩的选择更加准确、灵活，确保使用安全。与国际标准以及美国、英国和日本等国的吊钩标准相比，这是一个突出的特点。

(4) 用 30 种规格满足了 0.1～500t 共 38 个起重量，M3～M8 共 6 种工作级别(使用吊钩时对 M3 以下的工况一般不必考虑)，合计 283 种不同组合的需求。由于吊钩的起重能力是随起升机构的工作级别和材料强度等级而定，因此对于某一指定的吊钩，在不同的工作级别可以有 6 种不同的起重量，其优点是减少了吊钩的规格尺寸，便于生产管理。另外，对于某一指定的钩号，只要改变材质便可得到 10 种不同的起重量。也就是说，用同一吊钩模具经过改变材质，吊钩可有10种起重量。使生产吊钩的模具大大减少，节省生产成本。

(5) 标准规定了6号以上的吊钩柄部采用梯形圆螺纹。由于梯形圆螺纹接触面大，螺纹底部为圆弧过渡，减少了应力集中，提高了承载能力，增加了安全性，特别适用于大吨位吊钩。

(6) 吊钩钩身结构紧凑，截面形状合理，外形美观，自重轻。该标准规定的吊钩与我国传统生产的吊钩相比，自重平均减轻25.3%。

(7) 这些吊钩标准并没有规定吊钩的承载试验。它通过严格规定材料的机械性能，并对吊钩钩柄和钩身作无损探伤等措施确保吊钩质量。大型吊钩做试验实际是非常困难的，采用严格控制制造工艺来确保质量和安全性，不但可操作性强，而且能够保证安全性能的稳定和持久。

第七节　英国起重机械主要标准

1. 综合设计类主要标准

BS 2573-1:1983《起重机设计规程　第1部分:结构》;BS 2573-2:1980《起重机设计规程　第2部分:机构》;BS 2853:1957《架空吊车道钢梁的设计与试验规范》。

(1) 说明和分析。起重机的设计标准只有BS 2573《起重机设计规程》，规范了起重机的设计及计算行为，它主要依据ISO标准来制定。

以BS 2573-2:1980《起重机设计规程　第2部分:机构》为例，是起重机机构设计必须依据的规范，为起重机机构零部件的应力计算提供了依据，也为起重机机构零部件的选择提供了准则。

(2) 适用范围。适用于各种起重机零部件的设计和选择。

(3)组成部分。BS 2573-2:1980《起重机设计规程　第2部分:机构》共分11个部分，分别是范围、引用标准、机构或零部件的使用年限、机构的分类、机构设计中的考虑的载荷、零部件的检验、工作应力、零部件的选择、焊接、附录。

(4) 涉及的内容。适用范围和引用标准内容；在机构分类部分涉及机构类组、利用级别、载荷状态、工作级别的确定内容；还有考虑的载荷、检验；工作应力部分涉及强度校核、疲劳校核内容；零部件的选择部分涉及轴、轴承、齿轮钢丝绳和绳系零部件、吊钩、车轮内容；附录部分涉及机构的典型类别、机构扭矩载荷的估算、疲劳基准应力的确定、齿轮传动内容。

2. 整机制造类主要标准

BS 1757:1986《流动式动力起重机规范》;BS 2452:1954《电驱动高架式移动基座悬臂起重机(高架式门座悬臂起重机)规范》;BS 2799:1974《建筑与工程用动力驱动塔式起重机规范》;BS 466:1984《通用电动桥式起重机、半门式和门式起重机规范》等。

(1) 说明和分析。种类不多，规范起重机的制造行为，基本涵盖了各类起重机，是制造起重机通常情况下应当执行的规范。

以BS 466:1984《通用电动桥式起重机、半门式和门式起重机规范》为例，它以ISO 4301为基础，以符合BS 2573《起重机设计规程》为依据，规范桥门式起重机的制造行为。

(2)适用范围。适用于电动通用桥式、门式、半门式起重机，不适用于单轨起重机或臂架起重机以及驱动部分为直流、液压或气力驱动的条款。

(3) 组成部分。BS 466:1984《通用电动桥式起重机、半门式和门式起重机规范》共7个部分，分别是总则、结构、机构、电气、防护与涂漆、试验标志和证书、附录。

(4)涉及的内容。总则部分涉及适用范围、定义、所需提供的数据资料、分类、工作条件内容；结构部分涉及结构中的应力、垂直挠度、起重机结构的振动、结构截面、接头、桥架主梁、端梁、缓冲器、终端停止器、坠落停止器、通道走台梯子及阶梯、紧急撤离措施、司机室内容；机构部分涉及机构中的许用应力、制动器、限位器、载荷显示及限制装置、减速器、轴承润滑、键、防护装置内容；电气部分涉及电源、接地线、配电、控制设备、电阻器容量、电动机、外罩、制动器、辅助设备用电源、取暖器、无线电干扰、电线及导线内容;防护与涂漆部分涉及金属件和机械件的防护及涂漆内容;试验标志和证书部分涉及在制造厂试验、最终装配后和交付使用前的试验、标志、技术资料、检验合格证书内容;附录部分涉及查询或订货提供的资料、起重机性能、制造厂提供的资料、起重机和起重机机构分类、噪声、起重机支承构架、英国法规、净空高度平台和走台内容。

3. 零部件制造类主要标准(这部分较多)

BS 302-5:1987、BS 302-7:1989、BS 302-8:1989(3 个都是钢丝绳标准);BS EN 12385-1～12385-10《钢丝绳安全要求》;BS EN 818-1～818-7 《起升短节链安全要求》;BS EN 1677-1～1677-6 《吊索组件安全要求》;BS 6210:1983 《通用钢丝绳起重吊索安全使用规范》等。

(1) 说明和分析。标准都以安全要求为主,规范部件的制造行为,涵盖了包括钢丝绳、滑轮、卷筒、缓冲器、减速器司机室、部分安全装置、部分电器化等零部件。

以 BS 6210:1983《通用钢丝绳起重吊索安全使用规范》为例,是给钢丝绳指出正确的使用方法,防止由于使用不当和错误的起重引起的事故。

(2) 适用范围。BS 1290 中所述的通用起重设备的吊具。

(3) 组成部分。BS 6210:1983《通用钢丝绳起重吊索安全使用规范》共有 7 个部分,分别是范围、定义、吊具(索)的标注控制和发放、起吊方法、由负责起升载荷的人使用的钢丝绳吊索、检查全面的检验和报废标准、附录。

(4) 涉及的内容。给出适用范围和定义及标注方法、日常管理规定;在起吊方法部分涉及单腿吊具、同时使用两个单索吊具、多索吊具的起吊方法内容;在由负责起升载荷的人使用的钢丝绳吊索部分涉及起吊前、装配吊具、升起和降下、预防措施内容;在检查全面的检验和报废标准部分涉及了检查及报废标准内容;在附录部分涉及载荷的稳定性内容。

4. 安全及其他类主要标准(以整机安全操作和部件安全要求为主)

BS 7121-1～7121-12 起重机安全操作实用规程;BS 5733:1979《起重机安全使用实用规范》等。

(1) 说明和分析。标准都以整机安全操作、安全要求为主,规范各种起重机的使用行为,这部分标准较多较全面。

以 BS 5733:1979《起重机安全使用实用规范》为例,说明了所涉及起重机的主要特性,使人们注意在起重机使用时可能发生的常见事故和潜在危险,提出了应采取的一般措施和必须遵循的规程。

(2) 适用范围。桥门式起重机、门座式起重机、轻型起重机等桥架和臂架型起重机的选择、安装、试验、操作与维护及司机、挂钩工和信号员的选用。

(3) 组成部分。BS 5733:1979《起重机安全使用实用规范》内容较多,共分 7 个部分,分别是概述、桥式/悬挂移动式和门式起重机、门座式起重机、手动轻型起重机、集装箱起重机、轨道式低台车起重机、附录。

(4) 涉及的内容。概述部分涉及适用范围、参考文献、定义、法规、英国标准、一般原则、司机/挂钩工和信号员的必备条件、起重机的类型、起重机的设置、安装、规程与措施、安全工作载荷与工作条件、试验与检验、钢丝绳、链条、载荷的吊挂与搬运、维护内容;桥式/悬挂移动式和门式起重机部分、门座式起重机部分、手动轻型起重机部分、集装箱起重机部分、轨道式低台车起重机部分涉及的内容同概述部分;附录部分涉及起重附件和附具的使用。

第四十四章　国内外起重机械主要标准法规比较

第一节　起重机械主要标准法规比较

一、主要法规比较

国内外起重机械法规重点内容比较详见表 44-1。

二、主要标准比较

与国际标准和国外先进标准相比较，我国起重机标准存在的主要问题及原因分析如下。

1. 采用国际标准和国外先进标准的程度低

我国起重机械现行有效的国家标准和行业标准共 308 项，采用国际标准和国外先进标准的转化率只有 16.9％；采标率为 5.8％。主要原因是由于标准体系和国情不同所造成的。

国际标准和国外先进标准体系是以基础、方法、安全、管理标准为主，产品标准几乎很少。而我国标准体系基本上以产品标准为主占 63.3％，基础标准和方法标准占 26.6％，安全标准仅占 7.5％。

国外先进工业国家是按市场需求原则制定标准，市场需要什么标准就制定什么标准。而我国基本上还是计划经济体制，自上而下的原则制定标准。

2. 缺乏长远的标准制修订计划

标准的制修订必须密切结合企业、市场和科技发展的需要，分轻重缓急制定出切实可行的制修订规划，但多年来，我国起重机制造业一直没有制定出完善的标准体系，立项随意性大。

3. 技术法规和标准滞后

技术法规和标准滞后表现为与产品不同步，造成技术指标超前而难以达到，或技术指标落后无法参考。在采用国际标准和国外先进标准先进指标的同时，对我国国情估计不足，对相关的零部件、材料或标准研究不够，造成标准实施有困难。如 GB/T 10051《起重吊钩》和 JB/T 7687《起重吊钩附件》标准。另外，由于技术不断进步，标准中很多要求已经限制了技术的发展，标准长达 20 余年才进行修订。

4. 标准内容偏重生产技术，忽视经济贸易需求，与市场需求脱节

随着市场经济的发展，对标准化工作的要求越来越高，政府管理经济需要标准，企业的产品进入市场需要标准，用户和消费者也需要用标准来保护自己的经济利益和合法权益。形势变化了，要求标准是判定产品是否合格和进行产品质量认证、签订产品订货合同的依据。现行的起重机械制造业标准中偏重生产过程的制造要求、材料、工艺要求等，而忽视了交货验收条件、安全性能、可靠性等贸易要求。现有的标准难以满足市场需求，满足市场需求的标准又不能及时制修订，出现了标准与市场脱节现象。

5. 标准体系不完善，缺乏应有的配套性和协调性

有些标准在技术内容等方面不协调，尤其是某些涉及产品配套互换的标准，由于缺乏必要的统一协调，无法实现产品的配套使用。如我国的起重机制动器标准，根据制动臂形状、弹簧位置、振动器结构不同，执行不同的标准，采用不同的型号，造成型号混乱给设计和用户造成很大困难。而国外标准只规定制动器的安装尺寸、性能参数和基木技术要求，生产企业可以大胆创新。尽管在产品结构上有所差异，但却具有完全的互换性。

表 44-1　国内外起重机械法规重点内容比较

序号	项目	中　国	美　国	欧盟(2 个指令)	日　本	中国香港
1	适用范围	明确了军事装备、核设施、航空航天器、铁路机车、海上设施和船舶以及煤矿矿井使用的起重机械的安全监察不适用本规定。其他起重机械均适用本规定	联邦规章对只用在建筑工地和工业上的起重机械、桅杆起重机和其他物料处理装置不要求任何证书，这与我国有很大的不同	给出了一般性的规定，适用于机械和单独投放市场的安全零部件	与中国基本相同	与大陆基本相同
2	安全监察所涉及的环节	明确了安全监察所涉及的环节(调整范围)，包括：起重机械的生产(含制造、安装、改造、维修，下同)、使用、检验检测及其监督检查	对起重机械的安全管理主要侧重在使用环节，但美国在设计、制造和安装环节主要通过产品质量责任法规规定的民事责任机制调整	1. 组织安全性能检查； 2. 要求当事方提供必要的信息； 3. 对产品或生产线进行抽样安全检查； 4. 对产品可能存在的危险给予适当警告； 5. 对危险的产品，临时禁止供应或展示及投放市场； 6. 对已投放市场的危险产品，组织立即撤回，必要时立即销毁	与中国基本相同	与大陆基本相同
3	起重机械含义	监察范围内的起重机械含义：是指用于垂直升降或者垂直升降并水平移动重物的机电设备，其范围规定为额定起重量大于或者等于 0.5t 的升降机；额定起重量大于或者等于 1t，并且提升高度大于或者等于 2m 的起重机和承重形式固定的电动葫芦等	对起重量等无限制规定		3t 以上的起重机(不包括移动式与桅杆起重机)；3t 以上的移动式起重机；2t 以上的桅杆起重机；载重量超过 1t 的电梯(指货用电梯)；施工升降机等	包括起重机、挖掘机、打桩机、拔桩机、拉索挖机、架空缆车、架空缆道、运送机或架空轨道等
4	第三方监督检验	型式试验、验收检验、定期检验必须经第三方检验。少数在用设备的定期检验允许由自检机构自检。 日检、月检等经常性检查由企业进行	由雇主指定“有能力的人”实施最初检查(投入使用前)、经常性检查(每天检查到每月检查)、定期检查(隔 1～12 个月)、钢丝绳检查、不定期使用的起重机检查和测试等安全检查。工会和雇员对雇主的起重机有关的工作安全条件也进行监督，除船上的起重装置和少数州对建筑塔式起重机实施强制性第三方检查外，并不要求第三方检查	危险机械的 EC 型式试验由公告机构进行	与中国基本相同	由注册工程师进行检验

续表 44-1

序号	项目	中　国	美　国	欧盟(2个指令)	日　本	中国香港
5	标准性质	颁布标准时即已分成强制性标准和推荐性标准	国家标准或其他标准,都是自愿性的。但是,OSHA 规章中指定起重机械应遵守的标准,从而使有关的要求具有强制性	自愿采用,非强制性	标准均为推荐性	标准均为推荐性
6	操作必须遵循制造商的文件	强调操作必须遵循制造商的文件,更改必须取得制造商同意,且原设备的安全系数不能减少	与中国基本相同	与中国基本相同	与中国基本相同	与大陆基本相同
7	检验人员培训	我国的培训多从分类及原理讲起。目前尚无具体培训时数。培训由国家统一办理	检查人员的培训在有三年工作经验的基础上进行。培训时间较短(4 天)。培训内容、完全是针对所从事的工作。如流动式起重机检查员只培训检查计划、方法、程序、评价、识别部件、安全标准理解、应急救护等		与中国基本相同。 培训由都道府县劳动标准局长或其指定的机构进行培训和考试	注册工程师经过专门学校培训
8	管理者个人权力和责任	强调机构责任		见本表第 2 项	法规职责清楚,程序严格,强调个人权力和责任(如劳动大臣、局长、署长等)。有些事情的批准,级别很高,如对超载装置的试验,要向劳动大臣申请,起重机械型式试验结果每 6 个月要向劳动大臣报告一次等	强调个人权力和责任
9	检验员权责	检验员只能按规程检验,处理权在检验机构和行政部门				注册工程师管理很严,权责很大。进入名册的即有检验和出报告权,而无须依赖哪个组织。最高安全负荷可由检验员经测试后降载,并作为新的额定负荷。法纪方面的研讯由纪律审查委员会进行

续表 44-1

序号	项目	中国	美国	欧盟(2个指令)	日本	中国香港
10	检验周期	由检验机构每2年1次定期检验	只对用户提出日、周、月、年检要求		每1～2年1次	每12个月测试1次，升降机空载的情况下操作其安全设备；每5年测试1次满载的情况下操作其安全设备；超载装置每5年测试1次；制动器每5年测试1次
11	检验分段要求	多按检验规定下发后即一刀切执行新规定	有分段要求			分段要求，如对制动器： 1. B.S.5655第1部分公布之前设立的安全标准而设计及建造的升降机而言，该负载的重量须为升降机的额定负载的110%； 2. 就其他升降机而言，该负载的重量则须为升降机额定负载的125%
12	起重机械设计	强调制造环节，将设计责任归并于制造商	强调设计要求	强调各环节的风险分析和评估	进行设计审查，如在申请制造许可时，由都道府县劳动标准局长审查设计是否符合要求。设计中的计算公式、假定条件及实验值、安全装置的配置、构造规格等都要审查	
13	修理	对修理提出专门要求	由称职人员(企业)决定		未对修理提出要求	包括更新、改造、加配(相当于将修理、改造一并管理)
14	改造	有改造要求，但较粗。按制造厂要求进行	由称职人员(企业)决定		起重机械的改造由各市的署长批准	升降机列为主要更改(相当于改造、大修)的项目较多，共19项。就升降机进行的任何全部或部分属于主要的更改的升降机工程，以及任何可影响升降机安全操作的其他升降机工程，均须由注册升降机承建商进行

续表 44-1

序号	项目	中国	美国	欧盟(2个指令)	日本	中国香港
15	对使用环节的要求	规定较粗。多以各市为单位的属地化管理	对使用环节的要求很细。无使用证等规定		对使用环节的要求很细。移动式起重机械使用由都道府县劳动标准局长发证，其他由各市的署长发证	对使用环节的要求很细
16	建筑物要求	无明确要求	有一般性要求			构造的要求中对支撑的建筑物提出明确要求
17	载荷试验及稳定性			静载试验系数 1.5(手动操作的机械和起重附件)。 动载试验系数 1.1		强调起重机的稳定性：起重机重新架设后，对锚定装置施加 125％负荷试验。经历恶劣天气后，对稳定性要再检验
18	解体检查					经超载试验后的起重装置，要解体检查是否损坏
19	超载保护装置	$Q>20t$ 桥式起重机应装设；$Q>10t$ 门式起重机应装设；塔式起重机均应装设；$Q>16t$ 汽车轮胎起重机应装设；$Q>32t$ 履带起重机应装设	未明确要求，但对使用者要求很严，每 12 个月不得超载 2 次，且不得超过 125％Q，超载作业作为独立设计工程对待	对额定起重量不小于 1000kg 以及倾覆力矩不小于 40000 N·m 的机械，必须配备有下列情况下能向司机报警和防止载荷出现危险运动的装置。 机械过载； 超过额定起重量； 因超载产生力矩； 超过导致被起升载荷倾覆的力矩	由省令专门规定	1t 以下的起重设备以及抓斗、电磁起重机可不装设安全负荷显示器
20	设备与人的距离	未规定				起重机设备和吊物要远离有人的地点 6m
21	进口设备检验	未明确规定			进口起重机械要接受都道府县劳动标准局长或专门机构的检查	

6. 标准化人才短缺和标准经费长期不足

进入新世纪,国际形势正在发生深刻变化。随着经济全球化的发展,人才全球化趋势进一步增强。我国加入世贸组织后,面临的人才问题更加突出。全球范围内的经济结构调整对人才素质提出了更高要求,综合国力的竞争更加倚重于科技进步和人才开发。我国从事标准化工作人员由科研技术等人员组成。人才队伍现状同新形势、新任务的要求不相适应。主要是:

——我国长期以来的标准化工作状况很难适应加入 WTO 后标准更突出的贸易服务的需要,同时在同国际高新技术发展结合方面的能力尚嫌不足;

——由于诸多原因,严重缺乏能够有效、实质参与国际标准化活动的人才;

——标准化人才知识结构不合理,创新能力亟待提高;

——人才工作的制度和机制不够健全,人才的积极性、主动性、创造性还没有得到充分发挥。

尤其在国际标准化组织召开的国际会议中,我国能够实质性参与,代表我国对标准化工作及标准中技术内容提出重要修改意见,并在会上与各国代表能够自由、充分交流的人员寥寥无几。我国的标准化人员在国际会议上受制于技术、语言等多种因素。又由于我国的标准化运行机制、标准化经费等问题,能够与国际组织保持紧密联系,紧随标准发展并积极参与标准制定的人员并不多。这已成为阻碍我国标准化工作实施国际战略的主要障碍。

我国标准经费严重不足,与国际相比相差甚远,使标准工作举步艰难,制约了标准化工作的正常开展

7. 参与国际标准化的力度不够,影响产品参与国际市场竞争

由于我国起重机械制造业参与国际标准化的力度不够,使得我国起重机产品的技术标准相对落后,我国起重机械制造业的标准尚不能与国际标准完全接轨,因此导致:

我国大部分起重机械产品竞争力、技术质量水平偏低,给外贸出口造成了障碍,不利于我国产品出口,其主要原因之一是由于我国标准水平落后于国际标准和国外先进标准所致。

我国起重机械制造业不能较好地学习和借鉴国外经验,按照 WTO/TBT 原则,结合我国国情,研究制定有利于保护民族产业的我国标准,构筑合理的技术壁垒。缺乏研究制定符合我国地理、环境条件特定要求(我国地域跨度大,地理环境差异性强,因此对产品的适应性可规定特殊要求)的标准以抑制不必要的进口。另外,对国际标准转化不够,对进口产品的质量考核也缺乏依据。

起重机械制造业的部分国际标准没有或不能及时转化为我国标准,对设计和产品的技术质量水平考核缺乏依据,影响对市场的合理规范。

第二节　中国与美国起重机械主要标准法规比较

一、主要法规比较

主要不同点及相同点如下:

(1) 美国劳工部职业安全卫生管理局(OSHA)。建立了一套起重机械安全管理制度。这套制度比我国相应的规章详细得多,分类也较细,如 1910.179 桥式和门式起重机、1917.45 臂架式起重机、1918.81 吊辅具等。

(2) OSHA 对起重机械的安全管理主要侧重在使用环节,这一点与我国基本原则相同;但美国在设计、制造和安装环节主要通过产品质量责任法规规定的民事责任机制调整,这一点与我国不同。

(3) 联邦规章对只用在建筑工地和工业上的起重机械、桅杆起重机和其他物料处理装置不要求任何证书,这与我国有很大的不同。

(4) 美国国家或其他标准,都是自愿性的。但是,OSHA 往往在规章中指定起重机械应遵守的标准,从而使有关的起重机械标准具有强制性。我国则在颁布标准时即已分成强制性标准和推荐性标准。

(5) 强调操作必须遵循制造商的文件,更改必须取得制造商同意,且原设备的安全系数不能减少。这一点与我国基本相同。

(6) 对使用环节的要求很细，这一点与我国不同。我国往往规定的较粗，而将那些过细的要求视为企业的事。政府只在事故后去评价对错。

二、主要标准比较

美国 B30 系列标准，目前有 B30.1～B30.28 为一套起重机械安全标准，按起重机械的大类别和部件等分类，按类别单独形成分册，即有独立性，又有密切联系。当然也有不少重复的地方。

美国 B30 系列标准，相当于我国的起重机械安全规程，但我国的安全标准缺项较多，如目前只有 GB 6067 起重机械安全规程、GB 5144 塔式起重机安全规程、汽车起重机安全规程等，这些规程之前对同一问题的要求存在有矛盾，而且比较零散，未形成系列。

美国 B30 标准在前言中强调了设计因素的重要性，对使用、管理则更加强调，对使用、管理、检验及管理和操作人员的要求几乎贯穿标准全篇内容，而且要求很细，有些要求在我们看来甚至应该是企业自己管理的事情，都在国家标准中出现了。技术性的要求主要体现在“结构及安装”一章中，甚至电气设备的要求，也在“结构及安装”中体现。所涉及的技术性指标，也都是与安全有关的，如尺寸指标多与安全距离有关，电气指标多与安全电压和用电有关。

美国 B30 标准的前言内容丰富，而且都是实质性内容。除叙述该标准的形成历史及发展过程外，还有许多管理性内容，这方面的内容与我国的行政规章的要求相类似，如对设计、使用环节的强调、对说明的要求、对新旧设备时间段按不同要求对待、对企业的要求等。

我国的安全标准对使用、管理及管理和操作人员的要求较粗，对设备的技术要求相对较细，往往与技术条件标准重复，还易产生矛盾。在使用管理和安全装置设置方面，由于受行业归口管理的制约，很难达成一致。设备使用者和基层检验单位往往无所适从。

美国 B30 标准适用于千斤顶、电动起重机、单轨系统、起重机轨道、电动和手动操作的动臂式起重机和葫芦、起重装置、吊钩和索具，以及索道的构造、安装、使用、检查及维护。

本标准不适用：铁路及汽车千斤顶、铁路或汽车抢险起重机、船载起重机、船用货物搬运设备、钻井塔架、翻斗提升机、矿井提升机、车载提升机、车辆或船舶拖引设备、传送带和挖掘设备，以及来自于 A10、A17、A90、A92、A120、B20、B56、B77 委员会标准范围中的设备。

我国的 GB 6067 起重机械安全规程还适用于铁路起重机，但不适用于千斤顶。

第三节　中国与欧盟起重机械主要法规比较

(1) 欧盟的产品安全法规打破了欧洲经济区国与国的界限，强调欧共体内部的自由流通。特别重视产品安全问题，自由流通的前提是达到共同的安全标准要求。

(2) 欧盟的产品安全法规层次非常清晰，各层次的内容协调界定清楚。建立起通用立法与专项立法互为补充，通用立法、专项立法与技术标准互为补充的产品安全法规标准体系。

欧盟的产品安全法制已经经历了由传统协调模式向通用产品安全立法新模式的转变，新方法进一步规定了强制性的法律规定（如指令、条例等）与自愿适用的标准之间的关系。一般而言，由法律规定产品在安全方面的基本要求，而标准则对产品技术细节做出详细规定。

(3) 制定的安全指令目的明确，特点突出。指令意在实现两项相互补充的目的：第一，预防性目的，即确立欧盟所有的成员国以及制造商、经销商都必须遵从的共同体一体化产品安全要求的框架，通过确定通用产品安全要求及其具体实施方式，努力弥补现有共同体法律的缺漏；第二，矫正性目的，即建立对具有使用危险的产品的紧急应对处理机制，具体规定在成员国不能达成有效和一致处理的事项上采取共同体层面紧急干预的程序。

(4) 安全责任主体非常清楚。产品安全主要由制造商负责，政府机构只起监管作用，不靠发证控制，制造商发布一个 EC 合格声明，产品上自己加贴一个 CE 标志就行了。强调由于产品缺陷而引起的法律后果的处理：这往往导致产品的禁止销售、召回以及罚款。这实质上对制造商的要求是非常严格的，他们必须自觉地执行安全指令并制造出符合指令要求的产品。否则,企业将面临倒闭的危险。这样做的结果是既使企业感到自由,又有巨大的法律责任压力。这需要有强大的国家机器和全民普遍的法律责任意识。

(5) 标准虽然是自愿适用的标准,但标准的本意是为了支持共同体指令的执行。作为一个整体,标准反映的是大家所公认的技术规则,标准也间接地与产品责任相关。机械指令下的主要协调标准所规定的内容也都是一般性的通用性的要求,只是更为具体。产品标准则对产品技术细节做出详细规定。

(6) 制造商建立"安全概念",进行风险分析是政府部门进行监管的一个主要方面,这也是欧盟安全管理的一大特色。制造商要制造出符合指令要求的产品,必须首先建立"安全概念"。安全概念的基础是风险分析,进行风险分析能够获得与使用产品有关的实质性风险的大致情况。风险评估不只是要扩展到确定危险和估计风险,同时还应当对危险进行估计。

(7) 从立法思路和法规体系层次上看,我国现在的做法与欧盟的旧方法体系比较相近。但从具体要求上说,我国目前的规定还不能说是完全的以企业为主体。

第四节　中国与日本起重机械主要法规比较

日本与我国的法律法规体系较相近。如在法律法规的层次、主管理部门、技术机构设置、管理环节等都相似。其不同点主要有:

(1) 日本法规要求落到实处,职责清楚,程序严格,强调个人权力和责任(如劳动大臣、局长、署长等)。

(2) 进行设计审查。

(3) 培训由都道府县劳动标准局长或其指定的机构进行培训和考试。我国由国家统一办理。

第五节　中国与国际标准化组织起重机械主要标准比较

1. ISO/TC 96 标准的主题明确

ISO起重机械标准的一个显著特点是:每个标准均有非常明确的主题,针对性非常强。而我国的标准通常在一个标准中包罗万象,且大部分是引用相关标准。ISO/TC 96 标准命名基本上是以起重机和起重机械命名。

ISO起重机械标准通常是系列标准,由下列各部分组成:

第 1 部分:总则;第 2 部分:流动式起重机;第 3 部分:塔式起重机;第 4 部分:臂架式起重机;第 5 部分:桥式和门式起重机。

ISO起重机械标准通常先制定总则,其他由各分技术委员会负责起草,如以下系列标准,共 28 个:

ISO 4301　起重机和起重机械　分级(共 5 个);

ISO 4306　起重机　术语(共 3 个);

ISO 7752　起重机械　控制装置　布置形式和特性(共 6 个);

ISO 8566　起重机　司机室(共 5 个);

ISO 10245　起重机　限制器和指示器(共 5 个);

ISO 9374　起重机　供需双方应提供的资料(共 4 个)。

2. 重视术语的作用

术语(terminology)是在特定学科领域用来表示概念的称谓的集合,它是在专门语言中用于表示概念的字词,其统一性(包括不同语种之间的对应性),是人类活动共同的需要。它具有以下特点:

(1) 术语是通过语音或文字来表达或限定科学概念的约定性语言符号,是思想和认识交流的工具。作为人类文化交流的重要基础条件,术语的规范和统一始终也是人类知识传播过程中的关键环节。术语标准化工作在发达国家已经获得普遍的重视。

(2) 术语标准是重要的基础标准,各种相关的专业语言即术语的统一,方便进行交流与合作。

(3) 术语标准还是认识事物和学习知识的最佳途径,术语标准的编写有明确的规定,内容丰富,信息量大,利于对客体的认识。

正是由于术语的重要性,ISO 起重机械标准非常重视术语,有多个标准涉及术语:

ISO 2374:1983 规定了起重机最大起重量的推荐范围,同时也定义了两个非常重要的术语:最大起重量和基本型。

ISO 4306-1:1990 、ISO 4306-2:1994、ISO 4306-3:2003 和 ISO/TS 15696:2000 规定了起重机方面最常用的词汇表,涉及起重机主要类别、参数、一般概念和部件的术语。

ISO 7296-1:1991 和 ISO 7296-2:1996 规定了起重机方面图形符号,图形符号的特点是直观易于理解,传递非语言的信息。

ISO 11994:1997 规定了 ISO 4306-1 所定义的各类起重机的可用性通用术语和定义,有助于制定合同并使合同双方更易于理解。

这些术语和定义供起重机设计者、制造者、监督管理机构、人员及其他有关人员使用。如故障、事故和失效等。

3. 重视使用环节

ISO 起重机械标准对使用环节非常重视,体现在对人员的要求、资料(手册)、信息提示等方面。如 SC 5 使用、操作和保养分技术委员会共制定标准 10 个,且全部集中在 20 世纪 90 年代以后。也体现以人为本,比如 ISO 7752 系列标准提出了起重机械控制装置的基本原则和要求。该标准的基本出发点是:由于司机经常要驾驶不同型号或不同制造厂的起重机。明确规定起重机工作循环中基本控制器的布置及动作方式,能够减少司机在紧急情况下的混乱及错误操作。

另外,ISO 也非常注重实际情况,而我国标准通常采用简单的方法处理。如在起重机可否用来吊运人员方面,我国标准只是简单地采用禁止,而 ISO 却不同:在某些情况下,如果确实无法采用其他方法使人员到达某一高度,则可以允许使用起重机吊运人员。但必须采取一些安全措施,如防止吊运人员的载盘倾斜等。

(1) 重视人员

起重机的安全使用,人是关键环节。因此,人必须具有一定的资格。

ISO 12480-1:1997　起重机　安全使用　第 1 部分:总则。该标准提出了对各类人员的基本要求和职责。包括管理人员、起重机司机、吊装工、信号员、起重机安装人员、维护人员等。同时该标准也给出了起重机作业的行为准则。

ISO 9926-1:1990　起重机　司机培训　第 1 部分:总则。该标准规定了应给予受训起重机司机便于掌握基本操作技能和接受正确使用这些技能所需知识的最低培训要求。本标准制定了对各种型式起重机应接受的专门训练的总培训计划。本标准假定受训者以前没有起重机操作的实践经验。本标准没有规定评价受训者能力或熟练程度的任何方法。

ISO 15513:2000　起重机　司机(操作员)、吊装工、信号员和评审员的资格要求。该标准的目的在于对起重机司机(操作员)、吊装工、信号员及他们的评审员的资格提出一个统一的标准。

(2) 资料部分

ISO 对资料部分非常重视,总共涉及 11 个标准。我国标准对这方面缺乏重视。

ISO 7363:1986 起重机和起重机械　技术性能和验收文件。该标准规定了起重机和起重机械(以下简称"起重机")制造商应提交的文件表述方式及内容。文件包括起重机的技术资料及验收文件,以便于产品的安装、调试和使用。同时提供了验收文件样本。

ISO 9374　起重机　供需双方应提供的资料。该系列标准共 4 个,原则上规定了起重机买方和制造商应提供的资料,以便提供最适合于工作要求和工况的起重机。

ISO 9928-1:1990 起重机　起重机操作手册　第 1 部分:总则。该标准给出了起重机操作手册编写内容的指南。

ISO 10973:1995 起重机　备件手册。该国际标准给出了起重机备件手册在编写与表述上必须具备的基本要求的指南。

ISO 12478-1:1997 起重机　维护手册　第 1 部分:总则。本部分给出起重机维护手册的起草与表述所必需的基本要求的指南。

ISO 11661:1998 流动式起重机　额定起重量图表的表述。该标准规定了流动式起重机额定起能力在额定起重能力图表上标准的展示样式或格式。

(3) 图形符号、信息标牌、安全标志

ISO 对图形符号、信息标牌、安全标志等非常重视,这将关系到起重机的安全使用。

ISO 7296　起重机　图形符号。该标准规定了用于起重机控制的通用图形符号以及控制按钮和信号灯的颜色。其中图形符号分成以下几组:用于基本运动方向和开关位置的图形符号;用于操作员控制的图形符号和信息图形符号。同时要求所有符号应位于从司机工作位置易于识别的地方。

ISO 9942 起重机　信息标牌。该标准规定了用于起重机标志(标记)和操作的标牌的最低要求。

ISO 13200:1995　起重机　安全标志和危险图示　总则。该标准对安全标志做了详细规定。

(4) 重视使用环节

ISO 对使用环节非常重视,因为起重机的大部分事故是由于使用不当造成的,而由于设计和制造缺陷造成的事故并不多。如在 ISO 12480-1:1997《起重机　安全使用　第 1 部分:总则》中提出了起重机安全使用方面的要求,包括起重机的安全工作制度、管理、工作计划、选择、安装和拆卸;起重机的操作和维护以及司机、吊装工和信号员的选派。

同时为了保证起重机的安全使用要求进行的各种试验和检查,并对使用过程中的检查做了详细规定(主要集中在 ISO 9927-1:1994《起重机　检查　第 1 部分:总则》)。

1) 各种起重机需进行的定期检查。为保证安全运行,起重机应保持它们适合的工作和运行条件,因此所有起重机需进行经常性检查,保证查明不符合安全条件的状况并进行纠正。这类检查应由用户安排。

2) 运行前检查。运行前,起重机应由起重机司机进行检查。通常,运行前检查是按使用说明书对安全装置进行功能试验并对明显缺陷作目测检查。

3) 检查周期。根据运行时间、工况及工厂条件,在必要时由检查人员对起重机进行检查,但至少每年一次。

4) 检查人员。有经验的技师和专业工程师。

5) 检查方式。通常,定期检查包括目测检查、功能和有效性检验。通常不必拆卸任何零部件。但由专业工程师进行检查,可能要拆卸零部件从而评估起重机的安全条件。

6) 检查顺序。验证起重机标志,包括铭牌;根据损坏、磨损、腐蚀或其他变化验证部件和配件的状况;机构的功能试验;在额定载荷下验证安全装置和制动器的状况和效果。

7) 检查结果。定期检查的结果由检查人员作出记录。由有经验技师写的记录应详细列出所有观测所得。由专业工程师写的报告应包含由观察得出的结论。

8) 检查报告。包括:检查范围;尚应作何局部检查;已发现的缺陷;对起重机继续使用有无影响因素作出评估。

第六节　中国与德国起重机械主要标准比较

由于经济体制、发展历程、技术水平和管理方式的不同,中国与德国的起重机械标准之间存在着很大的差异,主要反映在以下几个方面。

1. 标准的管理体制

德国标准 DIN 是按照适应市场经济需求形成的自愿采用的标准体系。DIN 的管理体制是专业分工负责与综合管理相配合。德国标准实行由 DIN 统一管理,并按专业组建标准委员会分工负责各专业范围标准的管理体制。标准委员会的专业有宽有窄,但都随着经济发展逐步形成的。起重机械的 DIN 标准则由起重机械标准委员会在组织上和技术上全面负责，包括标准立项、技术审查、工作协调、组织会议和申办标准发布事宜等。

中国标准分为国家标准、行业标准和企业标准三级，而国家标准和行业标准之间由于管理部门的不同，有时会出现标准内容的不协调。虽然我国也成立了起重机械标准化技术委员会，委员来自于各个有关行业和层面，全面负责起重机械标准的立项、制定和技术审查，但也只局限于国家标准和部分行业标准，无法做到对全行业和全部起重机产品标准的管理和协调。

2. 标准的内容

德国起重机械的标准重点放在起重机械的零部件上(占全部起重机械标准数量的81.3%)，每一种重要零部件(包括吊钩、滑轮、卷筒、制动器、车轮、钢丝绳、环链等)都由数个标准组成，相对独立，自成体系，分别包括了零件设计计算、零件的结构形式和尺寸系列、相配套的零部件标准、零件的供货技术条件和使用检查等。德国起重机械的技术水平是全世界最高的，产值和出口量也是全世界最大的，但值得关注的是德国甚至没有一部包含了基本参数、设计计算、技术要求和试验方法的起重机的整机标准，而只是通过对起重机通用的零部件的性能和质量控制，再加上起重机钢结构设计和起重机传动设计两个重要的基础设计标准，来控制各类起重机的性能和质量。起重机的品种规格多种多样，发展也日新月异，但万变不离其宗，所采用的重要零部件是基本不变的。德国的这种起重机标准体系使得标准的应用面广、标准修订周期延长、标准的通用性好，且基本满足了各类起重机在设计和制造、订货和交货、使用和检查等多方面的需要。

中国起重机械的标准重点是在整机上。中国目前有起重机械标准308个，其中大部分是整机标准(55.8%)，而零部件标准只占一小部分(28.4%)。而且现有的零部件标准中吊钩和滑轮的十几个标准就是参照德国DIN标准制定的。由于起重机的新品种层出不穷，使得中国的起重机专家们需要不断紧跟形势，制定各种新型起重机的新标准，否则在对这些新型起重机进行检测验收时就会没有标准依据。由于中国起重机的标准又很具体和细致，规定又十分详尽，随着技术的进步和产品的创新，又需要对这些整机标准进行及时的修订和补充，否则就会造成阻碍起重机新技术、新工艺的发展，拉大与国外先进起重机的差距。但无论如何新标准的制定和现有标准的修订都无法跟上市场高速发展的需求。这实际涉及我国起重机械标准体系的定位问题。

3. 标准的应用

实际上德国的起重机械制造企业都各自制定详尽的起重机企业标准来保证其产品的竞争性和安全性。一般企业标准的要求和指标均高于DIN标准。企业也无需被强制执行DIN标准。但在与用户的订货合同中都会注明所执行的标准，以维护双方的利益。德国的企业标准化实行由企业自主管理体制，无论DIN或行业协会均不干预企业工作。企业标准无需向任何单位或组织备案。DIN的标准实践委员会会经常组织企业交流标准化经验，研讨共性问题，提供指导和帮助，但并不具体干预企业的标准化工作。

为了促进对标准的实施，德国广泛推行以技术法规和标准为依据的各种认证制度。按欧共体的规定，每个成员国应有统一的机构对认证与检测机构的资格进行评定认可。德国认可机构是德国认可委员会DAR。DAR是由官方、经济界和标准化机构代表联合组成的。认证内容主要有：质量体系认证；按国际标准或DIN标准进行的产品质量认证；以及CE认证。根据欧共体协议，凡进入欧洲共同体市场的机械产品应附有CE标记，表示该产品符合CE法规规定的安全要求。以上所有认证一般都不具有强制性。

中国起重机械的制造企业数量庞大，规模、能力和水平参差不齐，很多产品与国外先进产品差距很大，甚至还有假冒伪劣产品存在。目前国内企业很少有制定并实施高于国家标准的企业标准。在这种特定的环境中，如果像德国企业一样只是自愿采用国家标准，可能会留下重大安全隐患。因此目前中国必须依靠行政法规和强制性标准来监督起重机制造企业制造出符合基本安全要求的起重机械。但随着社会法制和诚信体系的完善，中国起重机标准的强制性功能就会逐渐淡化，也会与国际通行模式接轨。

4. 标准的国际化

德国目前致力于欧洲标准的统一并积极执行国际标准，为发展贸易和扩展市场服务。根据欧洲经济共同体与欧洲自由贸易联盟协议，为了适应欧洲统一市场的需要，欧洲共同体委员会和欧洲标准委员会从20世纪80年代后期就加快了欧洲技术法规和欧洲标准的统一工作。欧洲共同体委员会按照欧洲经济共同体条约和欧洲统一宪章精神，统一发布欧洲共同体法规，对涉及安全、健康、劳动保护、消费者保护、环境保护等方面的基本要求和准则作出原则性规定。目前的德国标准化体制建设与欧盟标准化建设是密不可分的。最近二十年来，DIN所颁布的绝大多数新标准原本都是欧盟或国际标准。如DIN标准采用了欧盟标准就用DIN EN表示。

目前中国也在大力推进采用国际标准和先进工业国家标准，大量的ISO起重机国际标准已经等同采用。由于国际标准大多为基础标准和方法标准，等同采用后，会对改善我国起重机械以整机为主的标准体系起到一个积极的推动作用，也能整体提高我国起重机械的标准化水平，促进中国的标准同国际接轨，推动中国的起重机制造企业走向国际市场。

第七节　中国与英国起重机械主要标准比较

1. 管理体制的差异

英国标准（BS）如前所述，是按市场规律的运作方式动作，是自愿采用的，基本是由民间组织BSI制定和推广的，政府只是给予支持和认可，管理线条清晰，有很大的适应性和灵活性。

我国起重机械标准分为国家标准、行业标准和企业标准，发布和管理部门比较多，也比较复杂。有国家标准局、标准化委员会发布的管理的，有各个主管部委发布管理的，还有一些专业标准。例如国家标准（GB）、部颁标准（JB、JG、JT、LY、TB、QC）等。由于发布管理部门层次上的不同，标准又有强制性和推荐性之分，有时各个标准重复、要求不一致，在标准执行时容易出现无所适从的情况。

2. 标准的使用程度不同

英国（BS）起重机标准虽然是民间、自愿的产物，但是能够被企业和政府接受和广泛使用，不是政府强制的，也没有任何组织强制执行，只提供指导和帮助，并不具体干预企业的标准化工作，却对起重机械制造企业保证其产品的竞争性和安全性起到了至关重要的作用。

我国的起重机标准部分是强制性的，大部分的标准是推荐性的，但是，工业企业执行标准的情况却是不尽如人意，小部分企业在生产过程中不执行标准，甚至根本不懂标准，只是照着过去的经验、图纸、样机等生产。与国外先进起重机技术差距较大。

3. 标准的国际化程度差距很大

英国标准（BS）及体系是国际上先进的标准体系，BS起重机标准同样是国际公认的优秀标准，在国际上享有很高的声誉，英国标准协会（BSI）一直致力于标准的国际化，并且为标准的国际化作出了努力和贡献。

目前我国正在全方位的与国际接轨，积极推进采用国际标准，起重机标准也同其他标准一样，正在逐步采用国际标准，同时工业企业也要有一个逐渐适应的过程，这就需要政府和企业付出更大的努力。

4. 行为的主体及强制程度不同

英国标准（BS）从制定到推动执行等过程全部由民间组织进行，主体是民间组织，是非强制的。而我国，不管是强制执行的还是推荐执行的标准，还是部颁标准等，都是政府行为或者是政府主导的，多少都有强制性。

第四十五章 启示与建议

一、法规方面

1. 欧美主要通过产品质量责任法规定的民事责任机制来约束起重机的制造企业,企业自觉执行,政府管理成本低。另一方面,起重机械使用过程中容易产生劳动安全事故,欧美相关的政府部门往往将起重机械作为劳动安全的监管对象之一,对起重机械的使用作出一些强制性法规要求,并在劳动安全巡查中进行检查。而我国则采用强制性法规和标准来约束企业的制造、安装和使用环节各个环节,政府管理成本高。但由于民事、行政和刑事责任追究不到位,企业违法成本却很低,使得一些小企业敢于不断生产假冒伪劣产品,造成安全事故频发。因此我国在加强管理的同时,还应加强特种设备民事责任机制的建立。

2. 欧盟的产品安全法已经经历了由传统协调模式向通用产品安全立法新模式的转变,新方法进一步规定了强制性的法律规定与自愿适用的标准之间的关系。法律规定了产品在安全方面的基本要求,而标准则对产品技术细节做出详细规定。而我国的强制性法规却包含了大量起重机性能方面的要求,安全方面反而要求不细或有遗缺,监控项目太多也不容易突出重点。建议今后强制性法规应逐步过渡到只含起重机基本安全要求,将起重机技术性能要求由标准或由供需双方合同约定。

3. 日本在起重机的安全管理问题上与我国类似,实行政府全过程的监督管理。日本的法规责任分明,尤其是关于政府、制造商、业主责任的有关规定值得我国借鉴。其中政府负责提出安全要求、制造商、业主负责达到安全要求的有关条款更是非常符合商品经济的特点。制造起重量 3t 以上普通起重机、3t 以上流动式起重机、2t 以上桅杆式起重机、1t 以上栈式立体仓库起重机、1t 以上塔式起重机、1t 以上的工厂内使用的电梯、高度大于 18m 的建筑升降机和吊篮,由都道府县劳动局长许可。起重机的安装改造都需要向政府管理部门申报,并经登录性能检查机构检验合格后才能投入使用。日本还强调产品的技术要求。日本在法律的层次上具体规定了各种人员的责任,而使用过程的中心环节是业主的责任。我国在制定有关法规时,应注意这种提出要求的方法,而不宜仅作出笼统的规定。

二、标准体系方面

1. 我国目前起重机的标准体系不完善,制定标准的重点还是以起重机整机标准为主,标准内容偏重生产技术,忽视经济贸易需求。起重机械的品种有成百上千,要针对所有的品种都一一制定整机标准是不可能的。不论起重机千变万化,都是由基础零部件组成,只有抓住起重机基础零部件这个关键点,才能充分保证整机的性能。德国起重机械能始终保持世界技术领先地位,与以起重机零部件作为标准体系的定位是分不开的。建议我国今后应重视起重机械基础零部件标准的制定,从而促进整机水平的提高。

2. 我国起重机械现行有效的国家标准和行业标准共 308 项,采用国际标准和国外先进标准的转化率只有 16.9%;采标率为 5.8%。由于我国起重机械制造业参与国际标准化的力度不够,使得我国起重机产品的技术标准相对落后,我国起重机械制造业的标准尚不能与国际标准完全接轨,因此导致我国大部分起重机械产品竞争力、技术质量水平偏低,给外贸出口造成了障碍,不利于我国产品出口,其主要原因之一是由于我国标准水平落后于国际标准和国外先进标准所致。如在短期内要制定与国际接轨又具有自主知识产权的标准会有很大难度。因此建议要加大国际标准和国外先进标准的转化率和采标率。

3. 在积极采用国际标准和先进工业国家标准的过程中还要充分考虑我国的国情。由于我国的基础工业与发达国家相比还很薄弱,尤其我国的起重机械生产企业受原先长期计划经济的影响,自主开发能力差，产品趋同化严重，产品性能水平与国外差距更大。积极采用国际标准能推动我国起重机械水平的快速提高，但也要考虑到我国目前的国情和大多数企业的接受能力。以起重吊钩标准为例，由于基础工业和材料配套的不完善，将DIN标准转化为国标已17年但标准还没有得到全面贯彻实施，就是因为该标准脱离了我国的实际造成的。因此，标准的提高还是一步一个台阶为好，否则欲速则不达，反而影响技术的进步。

4. 国外的起重机械制造企业都各自制定详尽的起重机企业标准来保证其产品的竞争性和安全性。一般企业标准的要求和指标均高于国家标准。在我国许多起重机械的国家标准和行业标准低于国际标准，这是造成我国起重机械与国外产品差距很大的根本原因。为了加速提高我国起重机械的国际市场竞争能力，政府部门应该鼓励国内企业制定并采用高于国际标准要求的企业标准，对这些企业实行政策上的倾斜，调动企业自主提高产品质量和安全性的积极性，在起重机械行业内部形成一个比、学、赶、超的良性循环态势，改变目前很多企业无奈接受特种设备管理的被动局面。

5. 美国B30系列标准(B30.1～B30.28)是一套起重机械安全标准，按起重机械的大类别和部件等分类，按类别单独形成分册，即有独立性，又有密切联系。其内容和形式都对我国起草起重机械安全标准具有借鉴意义。建议我国修订GB 6067《起重机械安全规程》时，应参照B30系列标准起草一套安全标准，成熟的先颁布，其他的再陆续补充。可以形成一个总的安全规程，以篇章的结构形式表述一般性要求和各机种的专门技术性要求，既有统一性，又有独立性；也可以按照美国B30系列标准的模式，结合我国特种设备安全管理的具体情况，制定我国的起重机安全系列标准，这是个比较简单的办法。就安全规程本身的内容而言，我国的相应规程更应参考美国B30标准的内容。与安全直接相关的内容不管那个环节都要说细说透，不惜篇幅，间接相关的内容简要表述，技术性很强的内容在专业技术性标准中。

三、标准内容方面

1. 从目前起重机械产品标准的技术内容看，侧重于满足生产需要，不太适应国内外贸易及认证、监督抽查的需要，有些内容规定的过细、过死或适用范围较窄，不利于促进行业的技术进步，不利于企业产品的市场竞争。应将“生产型标准”向“贸易型标准”转变，满足用户、市场的需求。因此，应在标准内容的调整上下大力气，提高标准的实效性，以满足国内外贸易的需要，还要为保证人身安全、保护环境、推广先进技术、国内外贸易及认证、检验、法律仲裁等提供依据。因此，产品标准的内容应满足生产和贸易等方面的需求，对材料牌号、规格不宜规定过死，属于工艺要求一般不列入产品标准。

2. WTO/TBT协定规定，产品标准“应尽可能按产品的性能要求，而不是按设计或描述特性制定”。就目前已有的起重机产品标准(或技术条件)来说，无论是国家标准还是行业标准，大多是从生产的角度，而不是以规定产品的性能要求为主制定的，由于对产品设计和加工等要求涉及较多，标准普遍存在过繁、过细，仅限于单一产品的缺点。同属一种类型的产品标准，大量的内容重复，即缺少技术包容性，在客观上对我国的技术进步、发展和贸易反而构成了障碍。为此，产品标准应当在遵循WTO/TBT协定规定的五个正当目标(维护国家安全；防止欺诈行为；保护人身健康与安全；保护动物、植物的生命与健康；保护环境)的前提下，从满足市场(用户)对产品的使用要求出发，着重规定产品的性能(功能)基本要求，随着科学技术的不断进步，结合市场调查和预测，应考虑采用新技术、新材料、新工艺带来实现新的功能的可能，体现产品的技术进步和使用现场相关人员对设备新功能的要求。最大限度地满足在各种环境条件下的使用要求(包括各种层次的需求)。

3. 从我国标准与国外先进工业国家标准的对比结果来看，差距是不小的。目前国外很多起重机械制造企业进入中国也给我们深入细致了解国外先进起重机提供了很好的机会。以桥式起重机为例，同样起重能力，欧洲设计生产的起重机自重要比国内的轻30%～150%，而试验载荷却要比中国标准要求高。又如钢丝绳电动葫芦，我国每年的市场需求量约30万台，使用在各行各业，使用工况千变万化，操作人员的素质也参差不齐，由于超载而经常发生事故，但在各种要求详尽细致的标准中却唯独没有超负荷限制器这一基本要求。由于标准没有规定，企业从降低成本考虑，国内生产的钢丝绳电动葫芦实际上绝大多数都不装超负荷限制器。而国外生产的每一台钢丝绳电动葫芦都装有超负荷限制器。有些为了确保用户的使用安全，在钢丝绳电动葫芦上除了超负荷限制器，还装有计数器，方便用户按时定期维修和明确报废时限，德马格公司新开发的钢丝绳电动葫芦还装有黑匣子，准确记录用户的全部操作过程，给用户自动发出需要维修保养的指令，发生故障后能进行故障的自动诊断，极大地提高了产品的安全性和可靠性。建议我国应在钢丝绳电动葫芦的技术规范中增加超载限制器的强制要求，确保使用安全。

4. 考虑到起重机设计理论的发展和结构形式的创新，以及欧美国家对起重机设计理念的改变，我国是否仍将起重机的上拱度、静刚度和动刚度作为判断起重机合格与否的重要指标就很值得进一步探讨。此外在标准中以安全为由对某些部件规定过死也不利于产品的创新和发展。例如国外起重机的手电门很多都采用了直接控制的方式，事实证明也是安全可靠的。但在我国的标准中就规定，必须采用安全电压进行控制。实际上目前防断裂工程塑料和绝缘技术早已过关。但由于标准有明确规定，任何企业也不敢越雷池一步，生产手电门的企业也无需在安全性上下功夫，在某种程度上标准保护了落后，也限制了技术的进步。因此，在法规和标准制定过程中如何能确实保障起重机的安全，又不限制新技术的发展，是今后需要特别关注的。

四、标准制定方面

1. 目前我国正逐渐成为起重机械的制造大国，港口集装箱起重机的设计制造水平处于国际领先地位，产品大量出口到欧美市场，仅上海振华港机公司集装箱起重机的国际市场份额已达75%。但我国在起重机国际标准制定方面却没有太多的话语权，标准制定都由欧美主持，标准内容没有体现我国起重机的设计制造特点，也很容易被欧美设定技术壁垒，给行业发展造成重大影响。建议我国要积极参与起重机械国际标准的制定工作，充分利用标准的协调功能，把我国起重机械制造业的技术特点和合理要求反映到国际标准中去，提高我们的国际影响。

2. 我国“十五”和“十一五”期间完成和即将完成大量的起重机械的研究开发工作，一些新装备、新技术被研发成功。建议通过标准的作用使科技成果转化为优势产品迅速推广应用。例如集装箱岸边起重机；集装箱自动化堆场系统；核电站用高精度定位、高可靠性的环形起重机等。技术成果如果没有相应的标准支撑，会影响新装备、新技术的推广应用，应争取更多的科研成果转化为国家标准和行业标准。为实现科技成果的推广应用应重视制定体现先进技术的产品标准，规定产品的技术要求、技术指标的测定与试验方法和检验规则等，以实现按标准组织生产，为产品的市场准入提供判定依据。

五、起重机安全性方面

1. 关于起重机的安全使用，通过国内外标准的比较和对照，可以明显地看出，我国技术标准的重点在技术，包括设计、工艺、检验、试验等，但国外标准却愈来愈重视和关注与起重机有关人员的素质要求、职责和安全要求。以ISO 12480-1：1997《起重机　安全使用　第1部分：总则》为例。该标准主要内容是起重机操作管理，人员的选择、职责和基本要求，安全性，起重机的选用，起重机的安置，安装和拆卸，工作程序及安全防护措施，工作状况等。对具体人员的要求占了很大的篇幅，其目的是保证起重机安全操作的同时，也集中体现了对人的爱护和关怀。建议我国应等同采用该国际标准。

2. 关于起重机的监督管理，目的是为了让起重机在使用寿命周期内经过评估认定，使其保持良好的工作状态和达到安全使用。我国本项内容的标准尚是空白，ISO 12482-1：1995《起重机　状态监控　第1部分：总则》就该内容作出了规定。标准的第一章 范围：ISO 12482本部分的目的是确保一台起重机预定用途的设计约束条件能确切地予以认定；在起重机使用一段时间后已接近这些约束条件时，定义需要采取的行动来确保一段新的安全使用期。描述了用于监控某一台起重机工作状态所需作的评估。但该标准提供的资料很局限，附录A仅有系列起重葫芦评估规定。ISO 12482目前发布出版的只是第一部分，估计针对不同的起重机类别还将陆续发布。目前我国正在起草制定技术法规，可以参照该标准结合国情来制定。

3. 近几年塔式起重机在顶升过程中，由于平衡掌握不好，造成的倒塔事故不少。建议我国的塔式起重机标准应对顶升状态的平衡位置处强调设置明显的标志，以便地面指挥人员准确识别。国外塔式起重机标准有很多特色之处值得我们借鉴，如欧洲标准《塔式起重机安全规程》对重大危险的隐患作出一个预测表；欧洲标准对塔式起重机群作业中防止各塔机之间的碰撞强调十分突出，要求有各种予警和显示装置进行控制；法国标准提出司机室取暖，应在国内的塔式起重机安全标准中采纳，目前我国有些地区在冬季进行施工，室外环境温度在北方有时低于0℃以下，在南方工作温度在0℃～10℃范围内。低温对司机的操作有影响，容易使司机在频繁的操作引发事故；法国标准规定使用单位不经设计单位准许，不得随意更改设计，而在我国，安装单位办理了安装、维修、改造资质就可以从事起重机械的改造工作；根据ISO标准和欧洲塔机安全标准，在塔式起重机的相应危险部位应悬挂危险性标志，警示人们塔式起重机的作业状态，避免事故发生，建议我国的标准中应进一步明确该项内容；国外很多标准都要求塔式起重机安装起重量和幅度的显示装置，建议在国内的标准中把幅度大于45m，起重量超过4t以上的塔机都需要安装该装置，避免一些不必要的事故发生。

4. 就施工升降机标准涉及的内容来看，国内标准在产品的驱动型式及安全装置等方面技术要求不够到位。例如英国标准中涉及了曳引式驱动的升降机要求，但在我国的施工升降机标准中缺少技术要求。国内标准提出的防坠落安全装置，没明确提到由限速器激发安全装置动作，而在英国标准中提出了由限速器激发的渐进式安全器。目前国内缺少有关施工升降机的一系列标准(如：名词术语；技术条件；试验方法；安全规则等)，而国外(例如美国)就专门制定了这方面的安全标准和规程。我国对施工升降机的管理已纳入到特种设备的制造许可的管理范围内，归类到起重机械，由政府进行管理。目前施工升降机的标准管理并没有纳入到全国起重机械标准化技术委员会的管理范畴内，仍由行业管理部门进行管理。作为起重机械类产品，建议应尽快完善标准体系的管理工作。

本篇由须雷、王福绵、董尚元等编写。

附录　起重机械主要标准法规目录

一、中国主要法规

1. 特种设备安全监察条例([2003]国务院令第373号)

2. 特种设备质量监督与安全监察规定 ([2000]国家质检局令第13号)

3. 特种设备注册登记与使用规则(质技监局锅发[2001]57号)

4. 特种设备作业人员培训考核管理规则(国质检锅[2001]202号)

5. 机电类特种设备制造许可规则(试行)(国质检锅[2003]174号)

6. 特种设备无损检测人员考核与监督管理规则(国质检锅[2003]248号)

7. 特种设备检验检测机构管理规定(国质检锅[2003]249号)

8. 机电类特种设备安装改造维修许可规则(试行)(国质检锅[2003]251号)

9. TSG Z7001—2004 特种设备检验检测机构核准规则

10. TSG Z7002—2004 特种设备检验检测机构鉴定评审细则

11. TSG Z7003—2004 特种设备检验检测机构质量管理体系要求

12. 特种设备检验检测机构监督考核规则(待发布)

13. 特种设备型式试验机构核准规则(待发布)

14. 特种设备型式试验机构鉴定评审细则(待发布)

15. TSG Z6001—2005 特种设备检验人员考核规则

16. TSG Z0003—2005 特种设备鉴定评审人员考核大纲

17. 起重机械安全监察规定(2006年12月29日国家质检局令第92号发布)

18. 起重机械型式试验规程(试行)(国质检锅[2003]305号)

19. 施工升降机监督检验规程(国质检锅[2002]121号)

20. 起重机械监督检验规程(国质检锅[2002]296号)

21. 起重机械型式试验细则(待发布,包括轻小型起重设备、桥式、门式、旋臂式、塔式、流动式、铁路、门座、桅杆、缆索起重机、升降机、机械式停车设备、重要安全保护装置及部件等13种)

22. TSG Z7001—2006 起重机械制造监督检验规则

二、中国主要标准

起重机械国家标准93项:

1. GB/T 783—1987 起重机械 最大起重量系列

2. GB/T 790—1995 电动桥式起重机跨度和起升高度系列

3. GB/T 3811—1983 起重机设计规范

4. GB/T 4307—1984 起重吊钩 名词术语

5. GB/T 5031—1994 塔式起重机性能试验

6. GB/T 5082—1985 起重吊运指挥信号

7. GB 5144—1994 塔式起重机安全规程

8. GB 5226.2—2002 机械安全 机械电气设备第32部分:起重机械技术条件

9. GB/T 5905—1986 起重机试验规范和程序

10. GB/T 5972—1986 起重机械用钢丝绳检验和报废实用规范

11. GB/T 5973—1986 钢丝绳用楔形接头

12. GB/T 5974.1—1986 钢丝绳用普通套环

13. GB/T 5974.2—1986 钢丝绳用重型套环

14. GB/T 5975—1986 钢丝绳用压板

15. GB/T 5976—1986 钢丝绳夹

16. GB 6067—1985 起重机械安全规程

17. GB/T 6068.1— 2005 汽车起重机和轮胎起重机试验规范 一般要求

18. GB/T 6068.2—2005 汽车起重机和轮胎起重机试验规范 性能试验

19. GB/T 6068.3—2005 汽车起重机和轮胎起重机试验规范 结构试验

20. GB/T 6974.1—1986 起重机械名词术语 起重机械类型

21. GB/T 6974.2—1986 起重机械名词术语 主要参数

22. GB/T 6974.3—1986 起重机械名词术语 一般概念

23. GB/T 6974.4—1986 起重机械名词术语 机构和零部件

24. GB/T 6974.5—1986 起重机械名词术语 安全指示装置

25. GB/T 6974.6—1986 起重机械名词术语 流动式起重机

26. GB/T 6974.7—1986 起重机械名词术语 铁路起重机

27. GB/T 6974.8—1986 起重机械名词术语 浮式起重机

28. GB/T 6974.9—1986 起重机械名词术语 塔式起重机

29. GB/T 6974.10—1986 起重机械名词术语 门座起重机

30. GB/T 6974.11—1986 起重机械名词术语 桅杆起重机

31. GB/T 6974.12—1986 起重机械名词术语 桥式起重机

32. GB/T 6974.13—1986 起重机械名词术语 门式起重机

33. GB/T 6974.14—1986 起重机械名词术语 绳索起重机

34. GB/T 6974.15—1986 起重机械名词术语 悬挂单轨系统

35. GB/T 6974.16—1986 起重机械名词术语 冶金起重机

36. GB/T 6974.17—1986 起重机械名词术语 堆垛起重机

37. GB/T 6974.18—1986 起重机械名词术语 港口起重机

38. GB/T 6974.19—1986 起重机械名词术语 集装箱起重机

39. GB/T 7920.3—1996 施工升降机 术语

40. GB/T 7950—1999 臂架起重机 起重力矩限制器 通用技术条件

41. GB/T 9462—1999　塔式起重机　技术条件
42. GB/T 10039—1988　电站建设扳起式塔式起重机
43. GB/T 10051.1—1988　起重吊钩　机械性能、起重量、应力及材料
44. GB/T 10051.2—1988　起重吊钩　直柄吊钩技术条件
45. GB/T 10051.3—1988　起重吊钩　直柄吊钩使用检查
46. GB/T 10051.4—1988　起重吊钩　直柄单钩毛坯件
47. GB/T 10051.5—1988　起重吊钩　直柄单钩
48. GB/T 10052—1996　施工升降机　分类
49. GB 10053—1996　施工升降机　检验规则
50. GB/T 10054—1996　施工升降机　技术条件
51. GB 10055—1996　施工升降机　安全规则
52. GB/T 10056—1996　施工升降机　试验方法
53. GB/T 10183—1988　桥式和门式起重机　制造及轨道公差
54. GB/T 10597.1—1989　卷扬式启闭机　型式和基本参数
55. GB/T 10597.2— 1989　卷扬式启闭机　技术条件
56. GB 12602—1990　起重机械超载保护装置　安全技术规范
57. GB/T 12932—1991　船用臂架起重机
58. GB/T 13330—1991　150t 以下履带起重机性能试验方法
59. GB/T 13752—1992　塔式起重机设计规范
60. GB/T 14405—1993　通用桥式起重机
61. GB/T 14406—1993　通用门式起重机
62. GB/T 14407—1993　通用桥式和门式起重机　司机室技术条件
63. GB/T 14560—1993　150t 以下履带起重机　技术条件
64. GB/T 14627—1993　大型液压式启闭机
65. GB 14734—1993　港口浮式起重机安全规程
66. GB/T 14743—1993　港口轮胎起重机　技术条件
67. GB/T 14744—1993　港口轮胎起重机　试验方法
68. GB/T 14783—1993　轮胎式集装箱门式起重机　技术条件
69. GB 15052—1994　起重机械危险部位与标志
70. GB/T 15360—1994　岸边集装箱起重机　试验方法
71. GB/T 15361—1994　岸边集装箱起重机　技术条件
72. GB/T 15362—1994　轮胎式集装箱门式起重机　试验方法
73. GB/T 16562—1996　港口高塔柱式轨道起重机　技术条件
74. GB/T 16905—1997　集装箱正面吊运起重机　试验方法
75. GB/T 17495—1998　港口门座起重机　技术条件
76. GB/T 17496—1998　港口门座起重机修理　技术规范
77. GB/T 17806—1999　塔式起重机可靠性试验方法
78. GB/T 17807—1999　塔式起重机结构试验方法
79. GB/T 17908—1999　起重机和起重机械　技术性能和验收文件
80. GB/T 17909.1—1999　起重机　起重机操作手册　第 1 部分:总则
81. GB/T 17992—1999　集装箱正面吊运起重机　安全规程
82. GB 18224—2000　桥式抓斗卸船机　安全规程
83. GB/T 18438—2001　港口起重机　验收试验规则
84. GB/T 18439—2001　港口起重机　稳定性基本要求
85. GB/T 18440—2001　港口起重机　技术性能和验收文件

86. GB/T 18441—2001 港口起重机 供需必备文件
87. GB/T 18453—2001 起重机 维护手册 第1部分:总则
88. GB/T 18874.1—2002 起重机 供需双方应提供的资料 第1部分:总则
89. GB/T 18874.5—2002 起重机 供需双方应提供的资料 第5部分:桥式和门式起重机
90. GB/T 18875—2002 起重机 备件手册
91. GB/T 19683—2005 轨道式集装箱门式起重机
92. GB/T 50256—1996 电气装置安装工程 起重机电气装置施工及验收规范
93. GB/T 50278—1998 起重设备安装工程 施工及验收规范

起重机械行业标准215项:

1. JB/T 1114—1994 手动梁式起重机
2. JB/T 1115—1994 手动桥式起重机
3. JB/T 1306—1994 电动单梁起重机
4. JB/T 1375—1992 汽车起重机和轮胎起重机 分类
5. JB/T 2603—1994 电动单梁悬挂起重机
6. JB/T 2629—1979 汽车起重机和轮胎起重机 技术条件
7. JB/T 3301—1983 汽车起重机和轮胎起重机 名词术语
8. JB/T 3695—1994 电动葫芦桥式起重机
9. JB/T 3775—1994 手动梁式悬挂起重机
10. JB/T 4030.1—2000 汽车起重机和轮胎起重机 试验规范 作业可靠性试验
11. JB/T 4030.2—2000 汽车起重机和轮胎起重机 试验规范 行驶可靠性试验
12. JB/T 4030.3—2000 汽车起重机和轮胎起重机 试验规范 液压系统试验
13. JB/T 4109.1—1999 中小型液压闸门启闭机 基本参数
14. JB/T 4109.2—1999 中小型液压闸门启闭机 技术条件
15. JB/T 4207.1—1999 手动起重设备用吊钩
16. JB/T 4207.2—1999 手动起重设备用吊钩闭锁装置
17. JB/T 4315—1997 起重机电控设备
18. JB/T 5242—1991 汽车起重机和轮胎起重机 回转机构试验规范
19. JB/T 5317.1—1991 环链电动葫芦 型式和基本参数
20. JB/T 5317.2—1991 环链电动葫芦 技术条件
21. JB/T 5317.3—1991 环链电动葫芦用电动机
22. JB/T 5318—1991 大型履带起重机 技术条件
23. JB/T 5663.1—1991 电动葫芦门式起重机 型式与基本参数
24. JB/T 5663.2—1991 电动葫芦门式起重机 技术条件
25. JB/T 5897—1991 防爆桥式起重机
26. JB/T 5898—1991 淬火起重机
27. JB/T 5899—1991 料耙起重机
28. JB/T 6042—1992 汽车起重机专用底盘 技术条件
29. JB/T 6126—1992 水电站门式起重机
30. JB/T 6391.1—1992 起重机滑接输电装置 型式和基本参数
31. JB/T 6391.2—1992 起重机滑接输电装置 技术条件
32. JB/T 6392.1—1992 起重机车轮 型式尺寸、踏面形状与轨道的匹配
33. JB/T 6392.2—1992 起重机车轮 技术条件
34. JB/T 6406.1—1992 电力液压块式制动器 型式、基本参数和尺寸
35. JB/T 6406.2—1992 电力液压块式制动器 技术条件
36. JB/T 6406.3—1992 电力液压块式制动器 推动器

37. JB/T 6471—1992 起重机电控设备 产品型号编制方法

38. JB/T 6748—1993 起重机控制台

39. JB/T 7017—1993 起重机用液压缓冲器

40. JB/T 7019—1993 盘式制动器 制动盘

41. JB/T 7020.1—1993 制动臂盘式制动器

42. JB/T 7020.2—1993 制动臂盘式制动器 制动块

43. JB/T 7020.3—1993 制动臂盘式制动器 制动衬垫

44. JB/T 7021.1—1993 块式制动器 连接尺寸

45. JB/T 7021.2—1993 块式制动器 制动瓦块

46. JB/T 7021.3—1993 块式制动器 制动衬垫

47. JB/T 7332—1994 手动单轨小车

48. JB/T 7333—1994 起重用夹钳

49. JB/T 7334—1994 手拉葫芦

50. JB/T 7335—1994 环链手扳葫芦

51. JB/T 7566—1994 起重机动力制动调速电控设备

52. JB/T 7685.1—1995 电磁块式制动器 型式、基本参数和尺寸

53. JB/T 7685.2—1995 电磁块式制动器 技术条件

54. JB/T 7687.1—1995 直柄吊钩 横梁 毛坯件

55. JB/T 7687.2—1995 直柄吊钩 横梁

56. JB/T 7687.3—1995 直柄吊钩 螺母

57. JB/T 7687.4—1995 直柄吊钩 螺母 定位板

58. JB/T 7688.1—1995 冶金起重机技术条件 通用要求

59. JB/T 7688.2—1995 冶金起重机技术条件 平炉加料桥式起重机

60. JB/T 7688.3—1995 冶金起重机技术条件 地面加料起重机

61. JB/T 7688.4—1995 冶金起重机技术条件 料箱起重机

62. JB/T 7688.5—1995 冶金起重机技术条件 夹钳起重机

63. JB/T 7688.6—1995 冶金起重机技术条件 整模起重机

64. JB/T 7688.7—1995 冶金起重机技术条件 揭盖起重机

65. JB/T 7688.8—1995 冶金起重机技术条件 脱锭起重机

66. JB/T 7688.9—1995 冶金起重机技术条件 板坯翻转起重机

67. JB/T 7688.10—1995 冶金起重机技术条件 锻造起重机

68. JB/T 7688.11—1995 冶金起重机技术条件 加热炉装取料起重机

69. JB/T 7688.12—1995 冶金起重机技术条件 料箱 电磁起重机

70. JB/T 7688.13—1995 冶金起重机技术条件 料箱 抓斗起重机

71. JB/T 7688.14—1995 冶金起重机技术条件 板坯搬运起重机

72. JB/T 7688.15—1995 冶金起重机技术条件 铸造起重机

73. JB/T 8108.1—1999 起重用短环链 验收总则

74. JB/T 8108.2—1999 起重用短环链 用于葫芦和其他起重设备的T(8)级校准链条

75. JB/T 8110.1—1999 起重机 弹簧缓冲器

76. JB/T 8110.2—1999 起重机 橡胶缓冲器

77. JB/T 8112—1999 一般起重用锻造卸扣 D形卸扣和弓形卸扣

78. JB/T 8319—1996 轻小型起重机电控设备

79. JB/T 8398—1996 双幅板压制滑轮

80. JB/T 8437—1996 起重机械无线遥控装置

81. JB/T 8521—1997 起重吊具 合成纤维吊装带

82. JB/T 8715—1998　汽车起重机和轮胎起重机回转机构验收规范
83. JB/T 8716—1998　汽车起重机和轮胎起重机　安全规程
84. JB/T 8847—1999　起重运输机械　产品类组划分与主参数系列
85. JB/T 8905.1—1999　起重机用三支点减速器
86. JB/T 8905.2—1999　起重机用底座式减速器
87. JB/T 8905.3—1999　起重机用立式减速器
88. JB/T 8905.4—1999　起重机用套装式减速器
89. JB/T 8906—1999　旋臂起重机
90. JB/T 8907—1999　绝缘桥式起重机　技术条件
91. JB/T 9003—2004　起重机　三合一减速器
92. JB/T 9005.1—1999　起重机用铸造滑轮　绳槽断面
93. JB/T 9005.2—1999　起重机用铸造滑轮　直径的选用系列与匹配
94. JB/T 9005.3—1999　起重机用铸造滑轮　型式、轮毂和轴承尺寸
95. JB/T 9005.4—1999　起重机用铸造滑轮　A型
96. JB/T 9005.5—1999　起重机用铸造滑轮　B型
97. JB/T 9005.6—1999　起重机用铸造滑轮　C型
98. JB/T 9005.7—1999　起重机用铸造滑轮　D型
99. JB/T 9005.8—1999　起重机用铸造滑轮　E型
100. JB/T 9005.9—1999　起重机用铸造滑轮　F型
101. JB/T 9005.10—1999　起重机用铸造滑轮　技术条件
102. JB/T 9006.1—1999　起重机用铸造卷筒　直径和槽形
103. JB/T 9006.2—1999　起重机用铸造卷筒　型式和尺寸
104. JB/T 9006.3—1999　起重机用铸造卷筒　技术条件
105. JB/T 9007.1—1999　起重滑车　型式、基本参数和尺寸
106. JB/T 9007.2—1999　起重滑车　技术条件
107. JB/T 9008.1—2002　钢丝绳电动葫芦　第1部分:型式、基本参数、技术条件
108. JB/T 9008.2—2002　钢丝绳电动葫芦　第2部分:试验方法
109. JB/T 9010—1999　手拉葫芦　安全规则
110. JB/T 9019.1—1999　螺杆式启闭机　型式和基本参数
111. JB/T 9019.2—1999　螺杆式启闭机　技术条件
112. JB/T 9737.1—2000　汽车起重机和轮胎起重机液压油　固体颗粒污染　等级
113. JB/T 9737.2—2000　汽车起重机和轮胎起重机液压油　固体颗粒污染　测量方法
114. JB/T 9737.3—2000　汽车起重机和轮胎起重机液压油　选择与更换
115. JB/T 9738—2000　汽车起重机和轮胎起重机液压油技术要求
116. JB/T 9739.1—2000　汽车起重机和轮胎起重机液压油平衡阀
117. JB/T 9739.2—2000　汽车起重机和轮胎起重机液压油滑轮
118. JB/T 10170—2000　汽车起重机和轮胎起重机　起升机构试验规范
119. JB/T 10218—2000　平衡吊
120. JB/T 10219—2001　防爆梁式起重机
121. JB/T 10222—2001　防爆钢丝绳电动葫芦
122. JB/T 10381—2002　柔性组合式悬挂起重机
123. JB/T 50103—1998　通用桥式起重机　可靠性考核评定试验规范(内部使用)
124. JB/T 51004—2000　汽车起重机专用底盘产品质量分等
125. JB/T 51060—2000　汽车起重机和轮胎起重机产品质量分等
126. JG/T 53—1999　塔式起重机车轮技术条件

127. JG/T 54—1999 塔式起重机司机室技术条件
128. JG/T 55—1999 履带起重机结构试验方法
129. JG/T 63—1999 塔式起重机结构试验方法
130. JG/T 71—1999 塔式起重机可靠性试验方法
131. JG/T 72—1999 塔式起重机用限矩型液力耦合器
132. JG/T 89—1999 起重设备吊钩防脱棘爪的设计要求
133. JG/T 93—1999 滑模液压提升机
134. JG/T 100—1999 塔式起重机操作使用规程
135. JG 121—2000 施工升降机 齿轮锥鼓形渐近式防坠安全器
136. JG/T 5025—1992 高处作业吊篮 性能试验方法
137. JG 5027—1992 高处作业吊篮 安全规则
138. JG/T 5033—1993 高处作业吊篮用提升机
139. JG 5034—1993 高处作业吊篮用安全锁
140. JG/T 5037—1993 塔式起重机分类
141. JG 5055—1994 履带起重机安全规程
142. JG/T 5058—1995 施工升降机 防坠安全器
143. JG/T 5059—1997 管道起重机
144. JG/T 5078.1—1996 建筑机械与设备 焊接滑轮
145. JG/T 5091—1997 钢丝绳柱形压制接头
146. JG 5099—1998 高空作业机械安全规则
147. JG/T 5100—1998 剪叉式高空作业平台
148. JG/T 5101—1998 臂架式高空作业平台
149. JG/T 5102—1998 套筒油缸式高空作业平台
150. JG/T 5103—1998 桅柱式高空作业平台
151. JG/T 5104—1998 桁架式高空作业平台
152. JG/T 5111—1999 长期堵转力矩电动机式电缆卷筒
153. JG/T 5112—1999 塔式起重机 钢结构制造与检验
154. JT/T 70.1—1993 港口门座起重机电气设备技术条件 电控设备
155. JT/T 70.2—1992 港口门座起重机电气设备技术条件 集电器
156. JT/T 70.3—1993 港口门座起重机电气设备技术条件 磁滞联轴器
157. JT/T 70.4—1993 港口门座起重机电气设备技术条件 联动控制台
158. JT/T 70.5—1993 港口门座起重机电气设备技术条件 成套电阻器
159. JT/T 79—1994 港口集装箱大型起重机械检测技术规范
160. JT/T 81—1994 港口门座起重机基本参数系列
161. JT/T 82—1994 港口轮胎起重机基本参数系列
162. JT/T 83—1994 港口浮式起重机基本参数系列
163. JT/T 90—1994 港口起重机风载荷规范
164. JT/T 93—1994 港口机械通用电气检测方法和技术要求
165. JT/T 99—1994 港口门座起重机试验方法
166. JT/T 233—1995 港口装卸用带式吊索使用技术条件
167. JT/T 234—1995 半剪式散货抓斗技术条件
168. JT/T 235—1995 异步启闭式多颚板废钢、块料双索抓斗技术条件
169. JT/T 236—1995 单索木材抓斗技术条件
170. JT/T 314.1—1997 港口电动起重机能源利用检测规程 第1部分:臂架型起重机
171. JT/T 314.2—1998 港口电动起重机能源利用检测规程 第2部分:桥架型起重机

172. JT/T 337—1997　港口固定起重机、台架起重机试验方法
173. JT/T 372—1997　港口装卸机械电气设备安装规范
174. JT 399—1999　港口大型装卸机械防风安全要求
175. JT 400—1999　港口门座起重机安全规程
176. JT/T 403—1999　港口散货抓斗基本类型及参数系列
177. JT 421—1999　港口固定起重机安全规程
178. JT/T 474—2002　港口轮胎起重机修理技术规范
179. JT/T 561—2004　港口台架式起重机安全规程
180. JT/T 562—2004　港口轮胎起重机安全规程
181. JT/T 563—2004　港口浮式起重机
182. JT/T 564—2004　港口缆车起重机
183. JT/T 565—2004　港口缆车起重机安全规程
184. JT/T 566—2004　轨道式集装箱门式起重机安全规程
185. JT/T 5019—1986　港口轮胎式集装箱门式起重机技术条件
186. JT/T 5020—1986　港口装卸机械司机室
187. JT/T 5021—1986　港口起重机轨道式行走台车基本参数及组合系列
188. JT/T 5022—1986　港口起重机轨道安装技术条件
189. JT/T 5024—1989　港口起重机金属结构静载及动载试验方法
190. JT/T 5025—1989　环眼吊钩
191. JT/T 5027—1989　港口起重机用钢丝绳使用技术条件
192. JT/T 5028—1990　轧制滑轮
193. JT/T 5030.1—1991　港口机械圆柱齿减速器　产品分类
194. JT/T 5030.2—1991　港口机械圆柱齿减速器　A系列技术条件
195. JT/T 5031—1992　长撑杆双颚抓斗参数系列
196. JT/T 5036.1—1993　内河港口固定起重机、台架起重机基本参数系列
197. JT/T 5036.2—1993　内河港口固定起重机、台架起重机技术条件
198. LY/T 518—1981　林用龙门起重机　基本参数
199. LY/T 519—1981　林用龙门起重机　技术条件
200. LY/T 1074—1992　林用门式起重机　技术条件
201. LY/T 1075—1992　林用门式起重机　型式与基本参数
202. LY/T 1076—1992　林用门式起重机　安全使用规程
203. QC/T 459—1999　随车起重运输汽车　技术条件
204. TB/T 1357—1992　铁路货场门式起重机技术条件
205. TB/T 1418—1989　铁路货场门式起重机起重量、跨度系列
206. TB/T 1428—1990　铁路货场桥式、门式起重机防风制动装置技术条件
207. TB/T 1696—1985　10t×10m电动葫芦门式起重机　技术条件
208. TB/T 1936.2—1987　铁路装卸作业标准　桥式、龙门式起重机作业
209. TB/T 2187—1991　16t及以下轨道起重车技术条件
210. TB/T 2334—1993　铁路货场集装箱门式起重机　技术条件
211. TB/T 2666—1995　门式起重机的检测工艺和方法
212. TB/T 2693—1996　轨道起重车型号与系列
213. TB/T 3081—2003　内燃铁路起重机　技术条件
214. TB/T 3082—2003　内燃铁路起重机　检查与试验方法
215. TB/T 10213—1999　铁路架桥机使用规范

三、美国主要法规

1. OSHA 规章　1910.179　桥式和门式起重机
2. OSHA 规章　1910.180　履带式、机车式和卡车式起重机
3. OSHA 规章　1910.181　臂架式起重机
4. OSHA 规章　1910.306　专门设备和装置
5. OSHA 规章　1915.115　起升和牵引设备
6. OSHA 规章　1917.45　起重机和臂架起重机
7. OSHA 规章　1918.55　起重机
8. OSHA 规章　1918.66　非船用的起重机和臂架起重机
9. OSHA 规章　1918.85　集装箱装卸操作
10. OSHA 规章　1919.15　定期测试、检验和检查
11. OSHA 规章　1919.28　起重机及附属装置测试证明
12. OSHA 规章　1919.71　起重机检查测试证明
13. OSHA 规章　1919.72　起重机定期检查
14. OSHA 规章　1926.550　起重机、臂架起重机、提升机、电梯和输送带的范围、应用和定义
15. OSHA 规章　1926.551　直升飞机
16. OSHA 规章　1926.552　物料升降机、载人升降机和电梯
17. OSHA 规章　1926.553　安装在基础的卷筒提升机
18. OSHA 规章　1926.554　高架提升机
19. OSHA 规章　1926.555　传送带
20. OSHA 规章　1910.261　纸浆、纸和纸板工厂
21. OSHA 规章　1917.46　载荷显示装置
22. OSHA 规章　1926.406　特殊用途的设备和装置
23. OSHA 规章　1915.115　提升和牵引设备
24. OSHA 规章　1917.71　码头处理交互模式集装箱和滚装船作业
25. OSHA 规章　1926.800　地下建筑
26. OSHA 规章　1919.22　设备制动装置和动力源
27. OSHA 规章　1919.75　起重机、臂架起重机安全工作载荷确定和缺乏制造数据时的限制
28. OSHA 规章　1919.21　安全工作载荷的制定和张贴
29. OSHA 规章　1918.98　机械操作员和监督员培训资格
30. OSHA 规章　1915.117　操作员资格
31. OSHA 规章　1910.253　氧气　燃料气体焊接和切割
32. OSHA 规章　1910.254　电弧焊和切割
33. OSHA 规章　1926.201　信号
34. OSHA 规章　1926.602　物料处理设备
35. OSHA 规章　1919.76　安全工作负荷减少
36. OSHA 规章　1919.73　臂架起重机检查测试证明
37. OSHA 规章　1918.62　各种辅助装置
38. OSHA 规章　1915.136　非船用内燃机
39. OSHA 规章　1917.114　装卸出入口
40. OSHA 规章　1910.24　固定作业楼梯
41. OSHA 规章　1926.601　机动车辆
42. OSHA 规章　1918.81　吊索具

四、美国主要标准

ASME B30 系列标准有：B30.1～B30.28

1. ASME B30.1—2004　千斤顶

2. ASME B30.2—2001　桥式和门式起重机(桥架、单梁或多梁、葫芦小车)

3. ASME B30.3—2004　建筑塔式起重机

4. ASME B30.4—2003　门座,塔式和立柱式起重机

5. ASME B30.5—2000　流动式和随车起重机

6. ASME B30.6—2003　旋臂式起重机

7. ASME B30.7—2001　固定式缆索起重机

8. ASME B30.8—1999　浮式起重机和浮式桅杆起重机

9. ASME B30.9—2003　吊索

10. ASME B30.10—2000　吊钩

11. ASME B30.11—1998　单轨和悬挂起重机

12. ASME B30.12—2001　直升机悬挂载荷操作

13. ASME B30.13—2003　仓储和堆垛设备(S/R)和多功能装卸设备

14. ASME B30.14—1996　固定式桅杆起重机

15. ASME B30.15—1973　移动式液压起重机(注:B30.15—1973 已被取消,现在的版本被包括在 B30.5—2000 版本中)

16. ASME B30.16—2003　桥式悬挂起重机(下悬式)

17. ASME B30.17—2003　桥式和门式起重机(桥架、单梁、悬挂起重机)

18. ASME B30.18—1999　堆垛起重机(顶行或底行桥架,多梁式带顶行或底行葫芦小车)

19. ASME B30.19—2000　索道

20. ASME B30.20—2003　吊钩下部起重装置

21. ASME B30.21—2000　手拉葫芦

22. ASME B30.22—2000　铰接臂式起重机(岸边起重机)

23. ASME B30.23—1998　升降机

24. ASME B30.24　集体箱起重机

25. ASME B30.25—2003　皮带与物料输送设备

26. ASME B30.26　碎屑设施

27. ASME B30.27　物料布置系统

28. ASME B30.28　平衡式提升系统

由美国起重机制造协会(CMAA)制定和颁布的标准有:

29. CMAA 规范第 70 号　电动桥式起重机规范

30. CMAA 规范第 74 号　上部和下部运行电动单梁桥式起重机规范

由美国单轨制造商协会制定并被确认为美国国家标准的有:

31. ANSI/MH27.1 悬挂起重机和单轨系统规范

由美国机械工程师学会(ASME)葫芦标准委员会(HST)负责制定,ASME 颁布并被 ANSI 确认为美国国家标准的葫芦系列标准有:

32. ANSI/ASME HST-1M　环链电动葫芦

33. ANSI/ASME HST-2M　手拉葫芦

34. ANSI/ASME HST-3M　环链手扳葫芦

35. ANSI/ASME HST-4M　钢丝绳电动葫芦

36. ANSI/ASME HST-5M　环链气动葫芦

37. ANSI/ASME HST-6M　钢丝绳气动葫芦

由美国机械工程师学会所属的汽车起升装置委员会(PALD)制定,由颁布并经确认为美国国家标准的便携式汽车式汽车起升装置系列标准如下:

38. ANSI/ASME PALD-1　手动液压千斤顶

39. ANSI/ASME PALD-2　汽车变速箱千斤顶

40. ANSI/ASME PALD-3　发动机支承架
41. ANSI/ASME PALD-4　汽车支承架
42. ANSI/ASME PALD-5　螺旋千斤顶
43. ANSI/ASME PALD-6　机械缓冲式千斤顶
44. ANSI/ASME PALD-7　剪叉式千斤顶
45. ANSI/ASME PALD-8　框架式千斤顶
46. ANSI/ASME PALD-9　直立型汽车起升装置
47. ANSI/ASME PALD-10　维修千斤顶
48. ANSI/ASME PALD-11　轮式台车
49. ANSI/ASME PALD-12　车间起重机
50. ANSI/ASME PALD-13　回转式汽车起升装置
51. ANSI/ASME PALD-14　剪叉式汽车起升装置
52. ANSI/ASME PALD-15　附属的支承架
53. ANSI/ASME PALD-16　斜台
54. ANSI/ASME PALD-17　轮式台车

五、欧盟主要法规

1. EN 292-1、EN 292-2　机械安全　基本概念、机械安全设计的一般原则
2. EN 1050　机械安全　风险评估原则
3. EN 60204-1　机械安全　机械电气设备
4. EN 954-1　机械安全　控制系统的安全零件
5. EN 294　机械安全　安全距离
6. EN 349　预防夹伤人体的最小间隙
7. EN 418:机械安全　紧急停车
8. EN 1088:机械安全　互锁装置
9. EN 75:自动机械装置

六、欧盟主要标准

1. EN 528:1996　有轨巷道堆垛起重机　安全性
EN 528/A1:2003　有轨巷道堆垛起重机　安全性(修改件)
2. EN 818-1:1996　起重用短环链　安全性　第 1 部分:通用验收条件
EN 818-1/AC:1996　起重用短环链　安全性第 1 部分:通用验收条件(修改件)
3. EN 818-2:1996　起重用短环链　安全性　第 2 部分:8 级吊链用中级公差链
4. EN 818-3:1999　起重用短环链　安全性　第 3 部分:4 级吊链用中级公差链
5. EN 818-4:1996　起重用短环链　安全性　第 4 部分:8 级吊链
6. EN 818-5:1999　起重用短环链　安全性　第 5 部分:4 级吊链
7. EN 818-6:2000　起重用短环链　安全性　第 6 部分:吊链　制造商提供的使用和维护信息技术规范
8. EN 818-7:2002　起重用短环链安全性　第 7 部分:T 级(T,DAT 和 DT 型)高精度葫芦链条
9. EN 1492-1:2000　编织吊索　安全性　第 1 部分:一般用途合成纤维扁平吊装带
10. EN 1492-2:2000　编织吊索　安全性　第 2 部分:一般用途合成纤维圆形吊装带
11. EN 1492-4:2004　编织吊索　安全性　第 4 部分:一般用途天然纤维和人造纤维吊装带
12. EN 1494:2001　便携式或移动式千斤顶及相关起重设备
13. EN 1677-1:2000　吊具组件　安全性　第 1 部分:8 级锻钢件
14. EN 1677-2:2000　吊具组件　安全性　第 2 部分:带闭锁装置的 8 级锻钢起重吊钩
15. EN 1677-3:2001　吊具组件　安全性　第 3 部分:8 级自锁锻钢起重吊钩
16. EN 1677-4:2000　吊具组件　安全性　第 4 部分:8 级连接环
17. EN 1677-5:2001　吊具组件　安全性　第 5 部分:带闭锁装置的 4 级锻钢起重吊钩

18. EN 1677-6:2001　吊具组件　安全性　第6部分:4级连接环
19. ENV 1993-6:1999　欧洲规范3;钢结构设计　第6部分:起重机支撑结构
20. EN 12077-2:1999　起重机　卫生和安全设计要求　第2部分:限制器和指示器
21. EN 12644-1:2001　起重机　使用和试验信息　第1部分:操作指南
22. EN 12644-2:2000　起重机　使用和试验信息　第2部分:标记
23. EN 12999:2002　起重机　随车起重机
EN 12999/At:2005　起重机　随车起重机(修改件)
24. EN 13000:2004　起重机流动式起重机
25. EN 13001-1:2005　起重机　通用设计　第1部分:一般原则和要求
26. EN 13001-2:2005　起重机　通用设计　第2部分:载荷效应
27. EN 13135-1:2004　起重机设备安全设计要求　第1部分:电气设备
28. EN 13135-2:2005　起重机　设备安全设计要求　第2部分:非电气设备
29. EN 13155:2003　起重机　非固定载荷提升装置的安全要求
EN 13155/A1:2005　起重机　非固定载荷提升装置的安全要求(修改件)
30. EN 13157:2004　起重机手动起重设备
31. EN 13411-1:2002　钢丝绳索扣　安全性　第1部分:钢丝绳吊索用套管
32. EN 13411-2:2001　钢丝绳索扣　安全性　第2部分:钢丝绳吊索的插编索扣
33. EN 13411-3:2004　钢丝绳索扣　安全性　第3部分:钢丝绳箍和绳箍卡
34. EN 13411-4:2002　钢丝绳索扣　安全性　第4部分:金属和树脂套管
35. EN 13411-5:2003　钢丝绳索扣　安全性　第5部分:V型螺栓夹绳器
36. EN 13411-6:2004　钢丝绳索扣　安全性　第6部分:非对称楔套
37. EN 13414-1:2004　钢丝绳吊具　安全性　第1部分:一般起重用吊索
EN 13414-1/Al:2005　钢丝绳吊具　安全性　第1部分:一般起重用吊索(修改件)
38. EN 13414-2:2004　钢丝绳吊具　安全性　第2部分:制造商应提供的使用和维护技术资料
EN 13414-2/Al:2005　钢丝绳吊具　安全性　第2部分:制造商应提供的使用和维护技术资料(修改件)
39. EN 13414-3:2004　钢丝绳吊具安全性第3部分:环状吊索和缆式吊索
40. EN 13557:2004　起重机　控制装置和控制台
EN 13557/Al:2006　起重机　控制装置和控制台(修改件)
41. EN 13586:2004　起重机　通道
42. EN 13852-1:2005　起重机　海上起重机第1部分:通用海上起重机
43. EN 13852-2:2005　起重机　海上起重机第2部分:浮式起重机
44. EN 13889:2003　一般起重用锻造卸扣　6级D形和弓形卸扣　安全性
45. EN 14238:2005　起重机手动载荷控制装置
46. EN 14502-1:2005　起重机　载人提升设备　第1部分:吊篮
47. EN 14502-2:2005　起重机　载人提升设备　第2部分:升降控制台
48. EN 45510-6-8:2000　电站设备采购指南第6部分:水轮机辅助设备　第8章:起重机
49. EN 60204-32:1999　机械安全　机械电气设备　第32部分:起重机械技术条件

七、日本主要法规

1. 起重机等安全规则
2. 起重机等构造规格
3. 起重机和移动式起重机过负荷防止装置的构造规格
4. 起重机等制造许可基准
5. 起重机、移动式起重机及桅杆式起重机操作人员许可考试规程
6. 起重机等与操作有关的技能讲座规程

7. 吊装工技能讲座规程

8. 起重机操作业务等特别教育规程

9. 起升吊运操作实技讲习、起重机操作实技讲习、移动式起重机操作实技讲习及桅杆起重机操作实技讲习规程

八、日本主要标准

1. JIS B 0146/1—2000 起重机术语 第1部分:总则
2. JIS B 0146/2—2000 起重机术语 第2部分:流动式起重机
3. JIS B 0148—2006 起重设备术语
4. JIS B 2801—1996 卸扣
5. JIS B 2803—1996 吊钩
6. JIS B 2809—1996 钢丝绳绳夹
7. JIS B 8801—2003 桥式起重机
8. JIS B 8802—1995 手拉葫芦
9. JIS B 8806—1992 起重机用铸钢车轮及锻钢车轮
10. JIS B 8807—2003 起重机滑轮
11. JIS B 8812—2004 手拉葫芦用链条
12. JIS B 8813—1999 电动卷扬机
13. JIS B 8815—1999 环链电动葫芦
14. JIS B 8816—2004 起重用吊链
15. JIS B 8817—1991 起重用钢丝绳吊具
16. JIS B 8818—1997 起重用编织带吊具
17. JIS B 8819—1996 环链手扳葫芦
18. JIS B 8820—2004 起重机额定起重量、额定速度及辐度(回转半径)
19. JIS B 8821—2004 起重机钢结构的计算标准
20. JIS B 8822/1—2001 起重机和起重机械 分级第1部分:总则(ISO 4301/1,IDT)
21. JIS B 8822/2—2001 起重机和起重机械 分级 第2部分:流动式起重机
22. JIS B 8822/3—2001 起重机和起重机械 分级 第3部分:塔式起重机
23. JIS B 8822/4—2001 起重机和起重机械 分级 第4部分:臂架起重机
24. JIS B 8822/5—2001 起重机和起重机械 分级 第5部分:桥式和门式起重机
25. JIS B 8823/1—2001 起重机 控制装置 布置形式和特性 第1部分:基本原则(ISO 7752/1—1983,IDT)
26. JIS B 8823/2—2001 起重机 控制装置 布置形式和特性 第2部分:流动式起重机
27. JIS B 8823/3—2001 起重机 控制装置 布置形式和特性 第3部分:塔式起重机
28. JIS B 8823/4—2001 起重机 控制装置 布置形式和特性 第4部分:臂架起重机
29. JIS B 8823/5—2001 起重机 控制装置 布置形式和特性 第5部分:桥式和门式起重机
30. JIS B 8824—2001 起重机 图形符号
31. JIS B 8830—2001 起重机 风载荷估算
32. JIS B 8831—2004 起重机 载荷和载荷组合的设计原则
33. JIS B 8832—2001 起重设备起重量
34. JIS C 3711—1993 绝缘滑接输电导管装置
35. JIS C 9620—1999 钢丝绳电动葫芦
36. JIS D 6301—2001 汽车起重机,轮式及履带式起重机构造和性能标准
37. JIS D 8101—1994 汽车用便携式油压千斤顶
38. JIS D 8102—1994 汽车用油压千斤顶
39. JIS D 8103—1994 汽车用携带式螺旋千斤顶

40. JIS D 81070—1994　汽车用举升器

41. JIS D 8108—1987　汽车用地面以上举升器

42. JIS F 2104—1995　一般用途的船用起重机

九、国际标准化组织主要标准

1. ISO 7363:1986　起重机和起重机械　技术性能和验收文件
2. ISO7752-1:1983　起重机械　控制装置　布置形式和特性　第1部分:一般原则
3. ISO 2374:1983　起重机械　基本型的最大起重量系列
4. ISO 4306-1:1990　起重机　名词术语　第1部分:总则
5. ISO 7296-1:1991　起重机　图形符号　第1部分:总则
6. ISO 11994:1997　起重机　可用性　术语
7. ISO/TS 15696:2000　起重机　等效术语列表
8. ISO 4308-1:2003　起重机和起重机械　钢丝绳选择　第1部分:总则
9. ISO 4309:2004　起重机　钢丝绳　检查、维护、安装、检验和报费
10. ISO 4310:1981　起重机　试验规范和程序
11. ISO 9373:1989　起重机和相关设备　试验中参数的测量精度要求
12. ISO 11629:2004　起重机　起重机及其部件质量的测量
13. ISO 11630:1997　起重机　车轮位置的测量
14. ISO 13202:2003　起重机　速度和时间参数的测量
15. ISO 14518:2005　起重机　载荷试验要求
16. ISO 9926-1:1990　起重机　司机培训　第1部分:总则
17. ISO 9927-1:1994　起重机　检验　第1部分:总则
18. ISO 9928-1:1990　起重机　起重机操作手册　第1部分:总则
19. ISO 9942-1:1994　起重机　信息标牌　第1部分:总则
20. ISO 10973:1995　起重机　备件手册
21. ISO 12478-1:1997　起重机　维护手册　第1部分:总则
22. ISO 12480-1:1997　起重机　安全作用　第1部分:总则
23. ISO 12482-1:1995　起重机　状态监控　第1部分:总则
24. ISO 15513:2000　起重机　司机(操作员)、司索工、信号员和评审员资格要求
25. ISO 23853:2004　起重机　司索工、信号员培训
26. ISO 4301-2:1985　起重机械　分级　第2部分:流动式起重机
27. ISO 4305:1991　流动式起重机　稳定性的确定
28. ISO 4306-2:1994　起重机　名词术语　第2部分:流动式起重机
29. ISO 4308-2:1988　起重机和起重机械　钢丝绳选择　第2部分:流动式起重机　利用系数
30. ISO 7296-1:1991/Amd 1:1996　起重机　图形符号　第1部分:总则　修改件1
31. ISO 7296-2:1996　起重机　图形符号　第2部分:流动式起重机
32. ISO 7752-2:1985　起重机械　控制装置　布置形式和特性　第2部分:流动式起重机基本布置和要求
33. ISO 7752-2:1985/Add 1:1986　ISO 7752-2:1985 补充件1
34. ISO 8087:1985　流动式起重机　卷筒和滑轮尺寸
35. ISO 8566-2:1995　起重机　司机室　第2部分:流动式起重机
36. ISO 8686-2:2004　起重机　载荷和载荷组合设计原则　第2部分:流动式起重机
37. ISO 10245-2:1994　起重机　限制器和指示器　第2部分:流动式起重机
38. ISO 11660-2:1994　起重机　走道,扶手、护栏　第2部分:流动式起重机
39. ISO 11661:1998　流动式起重机　额定能力表的表示
40. ISO 11662-1:1995　流动式起重机　起重机性能试验确认　第1部分:倾覆载荷和倾覆半径

41. ISO 13200:1995　起重机　安全标志和危险图示　总则

42. ISO 15442:2005　起重机　装运起重机安全要求

43. ISO/TR 19961:2005　起重机　流动式起重机安全规范

44. ISO 4301-3:1993　起重机　分级　第3部分:塔式起重机

45. ISO 4306-3:2003　起重机　名词术语　第3部分:塔式起重机

46. ISO 7752-3:1993　起重机械　控制装置　布置形式和特性　第3部分:塔式起重机

47. ISO 8566-3:1992　起重机　司机室　第3部分:塔式起重机

48. ISO 8686-3:1998　起重机　载荷和载荷组合设计原则　第3部分:塔式起重机

49. ISO 9374-3:2002　起重机　供需双方所需提供的资料　第3部分:塔式起重机

50. ISO 9942-3:1999　起重机　信息标牌　第3部分:塔式起重机

51. ISO 10245-3:1999　起重机　限制器和指示器　第3部分:塔式起重机

52. ISO 10972-3:2003　起重机　各机构的要求　第3部分:塔式起重机

53. ISO 11660-1:1999　起重机　走道,扶手、护栏　第1部分:总则

54. ISO 11660-3:1999　起重机　走道,扶手、护栏　第3部分:塔式起重机

55. ISO 12485:1998　塔式起重机　稳定性要求

56. ISO 9926-3:2005　起重机　操作人员培训　第3部分:塔式起重机

57. ISO 9927-3:2005　起重机　检验　第3部分:塔式起重机

58. ISO 12480-3:2005　起重机　安全使用　第3部分:塔式起重机

59. ISO 4301-4:1989　起重机和相关设备　分级　第4部分:臂架式起重机

60. ISO 7752-4:1989　起重机械　控制装置　布置形式和特性　第4部分:臂架起重机

61. ISO 8566-4:1998　起重机　司机室　第4部分:臂架式起重机

62. ISO 9374-1:1989　起重机　供需双方所需提供的资料　第1部分:总则

63. ISO 9374-4:1989　起重机　供需双方所需提供的资料　第4部分:臂架式起重机

64. ISO 10245-1:1994　起重机　限制器和指示器　第1部分:总则

65. ISO 10245-4:2004　起重机　限制器和指示器　第4部分:臂架式起重机

66. ISO 10245-4:2004/Cor 1:2006

67. ISO 12210-1:1998　起重机　锚定装置　第1部分:总则

68. ISO 12210-4:1998　起重机　锚定装置　第4部分:臂架式起重机

69. ISO 12210-4:1998/Cor 1:2000　起重机　锚定装置　第4部分:臂架式起重机/勘误

70. ISO 12488-1:2005　起重机　车轮及导轨公差　第1部分:总则

71. ISO 12488-4:2004　起重机　车轮及导轨公差　第4部分:臂架式起重机

72. ISO 8686-4:2005　起重机　载荷和载荷组合设计原则　第4部分:臂架式起重机

73. ISO/TR 25599:2005　起重机　臂架式起重机　设计、制造、使用和维修的要求和建议国际标准

74. ISO 4301-5:1991　起重机　分级　第5部分:桥式和门式起重机

75. ISO 4306-5:2005　起重机　词汇　第5部分:桥式和门式起重机

76. ISO 7752-5:1985　起重机械　控制装置　布置形式和特性　第5部分:桥式和门式起重机

77. ISO 8306:1985　起重机　桥式和门式起重机　起重机和轨道公差

78. ISO 8566-1:1992　起重机　司机室　第1部分:总则

79. ISO 8566-5:1992　起重机　司机室　第5部分:桥式和门式起重机

80. ISO 8686-5:1992　起重机　载荷和载荷组合设计原则　第5部分:桥式和门式起重机

81. ISO 9374-5:1991　起重机　供需双方所需提供的资料　第5部分:桥式和门式起重机

82. ISO 10245-5:1995　起重机　限制器和指示器　第5部分:桥式和门式起重机

83. ISO 10972-1:1998　起重机　各机构的要求　第1部分:总则

84. ISO 11660-5:2001　起重机　走道,扶手、护栏　第5部分:桥式和门式起重机

85. ISO/TR 16880:2004　起重机　桥式和门式起重机　设计、制造要求和建议的国际标准

86. ISO 16881-1:2005　起重机　轨道车轮和小车道轨支撑系统结构设计计算　第1部分:总则
87. ISO 4301-1:1986　起重机和起重机械　分级　第1部分:总则
88. ISO 4302:1981　起重机　风载荷估算
89. ISO 4304:1987　除流动式和浮式起重机以外的起重机　稳定性基本要求
90. ISO 8686-1:1989　起重机　载荷和载荷组合设计原则　第1部分:总则
91. ISO 1834:1999　起重用短环链　验收总则
92. ISO 1835:1980　起重用短环链　吊链等用M(8)级非校准链条
93. ISO 1837:2003　起重吊钩　术语
94. ISO 2262:1984　一般用途钢丝绳套环　技术要求
95. ISO 2308:1972　起重能力30t以下的货物集装箱吊钩　基本要求
96. ISO 2415:2004　起重用锻造卸扣　D形和弓形卸扣
97. ISO 3056:1986　非校准起重圆环链和吊链　使用和维护
98. ISO 3075:1980　起重用短环链　吊链等用S(6)级非校准链条
99. ISO 3076:1984　起重用短环链　吊链等用T(8)级非校准链条
100. ISO 3077:2001　起重用短环链　用于葫芦和其他起重设备的T(8)级校准链条
101. ISO 3266:1984　一般起重用吊环螺钉
102. ISO 4778:1981　M(4)、S(6)和T(8)级焊接吊钩
103. ISO 4779:1986　M(4)级链条配用的锻制环眼起重吊钩
104. ISO 7592:1983　起重钢制圆环校准链　正确使用和维护导则
105. ISO 7593:1986　T(8)级非焊接吊链
106. ISO 7597:1987　T(8)级链条配用的锻制环眼吊钩
107. ISO 8539:1986　使用T(8)级链条的锻造吊具
108. ISO/TR 23602:2005　环链用钢的韧性
109. ISO 16798:2004　吊链用8级链

十、德国主要标准

1. DIN 536/1:1991　起重机轨道　尺寸　静态值　带A型底翼缘的起重机轨道用钢的品种
2. DIN 536/2:1974　起重机轨道　F型(扁型)　静载荷　钢品种
3. DIN 685/1:1981　钢制圆环校准链　试验术语
4. DIN 685/2:1981　钢制圆环校准链　安全要求
5. DIN 685/3:1981　钢制圆环校准链　试验方法
6. DIN 685/4:1981　钢制圆环校准链　识别标志和试验验证
7. DIN 695:1986　带吊钩或环形端头附件的2级吊链
8. DIN 766:1986　3级钢制圆环校准链
9. DIN 766/1:1990　钢制圆环非校准短环链
10. DIN 766/2:1990　2级钢制圆环校准链
11. DIN 3088:1989　起重用钢丝绳绳具安全要求和试验
12. DIN 3095/1:1988　带钢箍的线匝索环　钢箍安全要求和试验
13. DIN 3095/2:1988　带钢箍的线匝索环　型式、安全要求和试验
14. DIN 4132:1981　起重机轨道承载梁　钢结构　设计和结构计算原则
15. DIN 4212:1986　起重机轨道承载梁　钢筋混凝土或预应力混凝土设计和结构
16. DIN 5684/1:1984　起重用5级钢制圆环校准链条
17. DIN 5684/2:1984　起重用6级钢制圆环校准链条
18. DIN 5684/3:1984　起重用8级钢制圆环校准链条
19. DIN 5688/1:1986　带吊钩或环形端头附件的5级链式吊索
20. DIN 5688/3:1986　带吊钩或环形端头附件的8级链式吊索和环形吊索

21. DIN 5691:1990　连接用锻造吊具零件　术语、技术要求和试验
22. DIN 6899:1988　纤维绳用钢套管
23. DIN 7355:1970　系列起重设备　千斤顶
24. DIN 7540:1980　5级环眼吊钩
25. DIN 7541:1984　起重机械　5级大眼吊钩
26. DIN 15001/1:1973　起重机　一般概念(按结构型式分类)
27. DIN 15001/2:1975　起重机　一般概念(按用途分类)
28. DIN 15002:1980　起重机械　吊挂装置　术语
29. DIN 15003:1970　起重机械　吊挂装置　载荷和力的定义
30. DIN 15004:1978　汽车起重机　主要部分名称
31. DIN 15006:1981　汽车起重机　控制器的布置和操作方向
32. DIN 15012:1992　起重机械　控制符号
33. DIN 15018/1:1984　起重机　钢结构　验证和分析
34. DIN 15018/2:1984　起重机　钢结构　设计和构造原则
35. DIN 15018/3:1984　流动式起重机　钢结构计算原则
36. DIN 15019/1:1979　起重机　稳定性
37. DIN 15019/2:1979　流动式起重机(无轨式)　稳定性试验载荷和计算
38. DIN 15020/1:1974　起重机械　钢丝绳传动设计和计算的基本原则
39. DIN 15020/2:1974　起重机械　钢丝绳传动使用中检查的基本原则
40. DIN 15021:1979　起重机械　起重量
41. DIN 15022:1979　起重机　起升高度和工作速度
42. DIN 15023:1979　悬臂式起重机及门座起重机　回转半径
43. DIN 15024:1968　起重机和系列起重设备　双轨小车轨距
44. DIN 15025:1978　起重机　司机室内控制器的操作方向和布置
45. DIN 15026:1978　起重设备　危险部位标志
46. DIN 15053:1976　起重机　传动连接尺寸　外形尺寸　输出力矩
47. DIN 15030:1977　起重机械　起重机安装验收试验规则
48. DIN 15055:1982　冶金和轧钢厂设备与起重机　压力油过盈联接的应用、尺寸
49. DIN 15057:1978　起重机　球轴承和滚子轴承盖　连接尺寸
50. DIN 15058:1974　起重机械轴端挡板
51. DIN 15061/1:1977　起重机械　钢丝绳滑轮绳槽断面
52. DIN 15061/2:1977　起重机　钢丝绳卷筒绳槽断面
53. DIN 15062/1:1982　起重机　钢丝绳滑轮直径和总宽度尺寸的选用系列与匹配
54. DIN 15062/2:1982　起重机　钢丝绳滑轮　轮毂和支座尺寸
55. DIN 15063:1977　起重设备　钢丝绳滑轮　供货技术条件
56. DIN 15069:1977　起重机械　垫圈
57. DIN 15070:1977　起重机　车轮计算基本原理
58. DIN 15071:1977　起重机　车轮轴承载荷的计算
59. DIN 15072:1977　起重机　车轮踏面形状及起重机轨道与车轮直径的匹配
60. DIN 15073:1977　起重机　车轮一览表
61. DIN 15074:1978　起重机　带轮缘和滑动轴承无齿圈的车轮
62. DIN 15075:1977　起重机　带轮缘和滑动轴承有齿圈的车轮
63. DIN 15076:1977　起重机　带轮缘和轮箍及滑动轴承无齿圈的车轮
64. DIN 15077:1977　起重机　带轮缘和轮箍及滑动轴承有齿圈的车轮
65. DIN 15078:1977　起重机　带轮缘和滚动轴承无齿圈的车轮

66. DIN 15079:1977　起重机　带轮缘和滚动轴承有齿圈的车轮
67. DIN 15080:1977　起重机　带轮缘和轮箍及滚动轴承无齿圈的车轮
68. DIN 15081:1977　起重机　带轮缘和轮箍及滚动轴承有齿圈的车轮
69. DIN 15082/1:1977　起重机　车轮用法兰连接的齿圈
70. DIN 15082/2:1977　起重机　带滚动轴承车轮压装齿圈
71. DIN 15083:1977　起重机　带加工轮箍的车轮
72. DIN 15084:1977　起重机　带滚动轴承的车轮挡盖
73. DIN 15085:1977　起重设备　车轮供货技术条件
74. DIN 15086:1977　起重机　带滚动轴承车轮　内衬扁销
75. DIN 15090:1982　起重机　主动和从动车轮组　总成
76. DIN 15091:1982　起重机　主动和从动车轮组　轮轴
77. DIN 15092:1982　起重机　主动和从动车轮组　挡盖
78. DIN 15093:1982　起重机　主动和从动车轮组　车轮
79. DIN 15094:1982　起重机　主动和从动车轮组　保持架轴承环
80. DIN 15095:1982　起重机　主动和从动车轮组　安全挡圈、轴套和接头
81. DIN 15100:1967　系列化轻小型起重设备名称
82. DIN 15105:1985　起重机械用吊钩　带环单钩
83. DIN 15106:1982　起重吊钩　单钩钩口闭锁装置
84. DIN 15120:1976　系列起重设备　载人用活动平台　基本计算准则和稳定性
85. DIN 15350:1992　有轨巷道堆垛起重机　钢结构计算规范
86. DIN 15400:1990　起重吊钩　材料机械性能、起重能力和应力
87. DIN 15401/1:1982　起重吊钩　单钩毛坯件
88. DIN 15401/2:1983　起重吊钩　带螺纹柄单钩
89. DIN 15402/1:1982　起重吊钩　双钩毛坯件
90. DIN 15402/2:1983　起重吊钩　带螺纹柄双钩
91. DIN 15403:1969　葫芦用起重吊钩　圆螺纹
92. DIN 15404/1:1989　起重吊钩　锻造吊钩供货技术条件
93. DIN 15404/2:1988　起重吊钩　片式吊钩供货技术条件
94. DIN 15405/1:1979　起重吊钩　锻造吊钩的使用检查
95. DIN 15405/2:1988　起重吊钩　片式吊钩的使用检查
96. DIN 15406:1969　起重吊钩　手锻吊钩的打样要求
97. DIN 15407/1:1977　起重吊钩　钢铁浇注盛钢桶用片式单钩　装配及主要尺寸
98. DIN 15407/2:1989　起重吊钩　钢铁浇注盛钢桶用片式单钩零件
99. DIN 15408:1982　起重机　双轮式动滑轮组　总成
100. DIN 15409:1982　起重机　四轮式动滑轮组　总成
101. DIN 15410:1982　系列化起重设备　用于电动葫芦的单轮、双轮动滑轮组总成
102. DIN 15411:1983　起重机械下滑轮用的吊钩悬挂装置
103. DIN 15412/1:1983　起重机械用动滑轮组　吊钩横梁毛坯件
104. DIN 15412/2:1983　起重机械用动滑轮组　吊钩横梁
105. DIN 15413:1983　起重机械用动滑轮组　吊钩螺母
106. DIN 15414:1983　起重机械用动滑轮组　防松件
107. DIN 15417:1982　起重机　动滑轮组带滑动轴承的D型钢丝绳滑轮
108. DIN 15418/1:1982　起重机　动滑轮组带向心球轴承无内轴套的C型钢丝绳滑轮
109. DIN 15418/2:1982　起重机　动滑轮组带向心球轴承无内轴套的C型钢丝绳滑轮用隔套
110. DIN 15418/3:1982　起重机　动滑轮组带向心球轴承无内轴套的C型钢丝绳滑轮用挡盖

111. DIN 15421/1:1982　起重机　动滑轮组带向心球轴承和内轴套的 B 型钢丝绳滑轮
112. DIN 15421/2:1982　起重机　动滑轮组带向心球轴承和内轴套的 B 型钢丝绳滑轮用内轴套和隔套
113. DIN 15421/3:1982　起重机　动滑轮组带向心球轴承和内轴套的 B 型钢丝绳滑轮用挡盖
114. DIN 15422/1:1982　起重机　动滑轮组带圆柱滚子轴和内轴套的 A 型钢丝绳滑轮
115. DIN 15422/2:1982　起重机　动滑轮组带圆柱滚子轴承和内轴套的 A 型钢丝绳滑轮用内轴套及隔套
116. DIN 15422/3:1982　起重机　动滑轮组带圆柱滚子轴承和内轴套的 A 型钢丝绳滑轮用挡盖
117. DIN 15428:1978　起重设备　吊挂装置　供货技术条件
118. DIN 15429:1978　起重设备　吊挂装置　使用检查
119. DIN 15433/1:1980　动力传动工程　盘式制动器　连接尺寸
120. DIN 15433/2:1992　动力传动工程　盘式制动器　制动衬带
121. DIN 15434/1:1989　动力传动工程　鼓式和盘式制动器　计算原则
122. DIN 15434/2:1989　动力传动工程　鼓式和盘式制动器　使用中的维护原则
123. DIN 15435/1:1992　动力传动工程　鼓式制动器　连接尺寸
124. DIN 15435/2:1992　动力传动工程　鼓式制动器　制动瓦块
125. DIN 15435/3:1992　动力传动工程　鼓式制动器　制动衬垫
126. DIN 15436:1989　动力传动工程　块式和盘式制动器　制动衬垫技术要求
127. DIN 15437:1989　动力传动工程　制动鼓和制动盘　供货技术条件
128. DIN 15450:1978　起重机　万向轴的计算
129. DIN 15451/1:1978　起重机　万向轴的连接尺寸
130. DIN 15451/2:1978　起重机　万向轴法兰盘连接
131. DIN 15452:1978　起重机　万向轴连接法兰盘
132. DIN 15453:1978　起重机　万向轴的安装、维修、运输和存放的指导性文件
133. DIN 15460:1979　建筑材料用的起重机吊篮　安全要求
134. DIN 21371:1988　钢绳联接装置　组装
135. DIN 21381:1988　吊架装置　圆钢丝绳套环用连接板
136. DIN 21382:1988　吊架装置　外连接板　内连接板
137. DIN 21383:1988　吊架装置　螺栓
138. DIN 21386:1988　吊架装置　钢丝绳套环
139. DIN 21388:1988　吊架装置　插销
140. DIN 21389:1988　吊架装置　夹环
141. DIN 24900/21:1979　流动式起重机　图示符号
142. DIN 30785:1977　起重用吊索　型式和术语
143. DIN 32891:1996　2 级非校准钢制圆环链条
144. DIN 45635/61:1990　机器噪音测量　空气载声测量　包面法　起重机
145. DIN 61360/1:1986　人造纤维起重吊具　概念、尺寸和装配方式
146. DIN 61360/2:1986　合成纤维起重吊具　安全要求和试验方法
147. DIN 83302:1990　纤维绳吊具　安全要求和试验
148. DIN EN 528:1996　有轨巷道堆垛设备　安全性
149. DIN EN 818/1:1996　起重用短环链　安全性　第 1 部分:一般验收条件
150. DIN EN 818/2:1996　起重用短环链　安全性　第 2 部分:8 级吊链平均公差
151. DIN EN 818/3:1999　起重用短环链　安全性　第 3 部分:4 级吊链平均公差
152. DIN EN 818/4:1996　起重用短环链　安全性　第 4 部分:8 级吊链
153. DIN EN 818/5:1999　起重用短环链　安全性　第 5 部分:4 级吊链
154. DIN EN 818/6:2000　起重用短环链　安全性　第 6 部分:使用和维护说明

155. DIN EN 1494:1994 移动式千斤顶和相关起重设备
156. DIN EN 1570:1998 升降台
157. DIN EN 1677/1:2000 吊具用部件 安全性 第1部分:8级锻造钢制部件
158. DIN EN 1677/2:2000 吊具用部件 安全性 第2部分:带闭锁装置的8级锻造钢制起重吊钩
159. DIN EN 1677/4:1995 吊具用部件 安全性 第4部分:8级链节
160. DIN EN 12077/2:2000 起重机 安全性 卫生和安全设计要求 第2部分:限制器和指示器

十一、英国主要标准

1. BS 1757:1986 流动式动力起重机规范
2. BS 2452:1954 门座起重机(高架式门座悬臂起重机)规范
3. BS 2573-1:1983 起重机设计规程 第1部分:结构
4. BS 2573-2:1980 起重机设计规程 第2部分:机构
5. BS 2799:1974 建筑与工程用动力驱动塔式起重机规范
6. BS 2853:1957 架空吊车道钢梁的设计与试验规范
7. BS 302-5:1987 钢丝绳 拖拉用途绳规范
8. BS 302-7:1989 钢丝绳 一般用途大直径绳规范
9. BS 302-8:1989 钢丝绳 高强度绳规范
10. BS 3037-1:1958 起重机轨轮用轮箍规范 第1部分:双法兰平行轮距轮箍
11. BS 3037-2:1975 起重机轨轮用轮箍规范 第2部分:锻制或轧制双法兰钢轨轮与钢轮箍(米制单位)规范
12. BS 3125:1959 物料用电动桅杆式吊升机规范
13. BS 327:1964 动力驱动的桅杆起重机规范
14. BS 357:1958 电动移动式臂架起重机(有轨低台车型)规范
15. BS 4018:1966 最大组合提升力为25t的钢丝绳滑轮组规范
16. BS 4436:1978 前伸式和龙门式起重叉车规范 稳定性试验
17. BS 4536:1970 与钢丝绳配合使用的重型滑轮组规范
18. BS 463-1:1958 钢索槽规格 英寸单位
19. BS 463-2:1970 金属丝绳套规范 米制件
20. BS 466:1984 一般用动力龙门起重机、半重型龙门起重机和重型龙门起重机规范
21. BS 525:1991 钢丝绳用纤维芯规范
22. BS 5776:1996 机动升降阶梯规范
23. BS 5777:1979 托盘码垛机和高升程平台货车的稳定性验证试验方法
24. BS 6037-1:2003 永久性安装的入口设备的规划、设计、安装和使用的实施规范 悬挂式入口设备
25. BS 6210:1983 通用钢丝绳起重吊具安全使用实用规范
26. BS 643:1970 浇制钢丝绳端头用白色合金锭规范
27. BS 6521:1984 校准圆钢链节起重链正常使用和维修导则
28. BS 6570:1986 钢丝绳的选择、保养和维修实用规程
29. BS 7121-11:1998 起重机安全操作实施规程 海上起重机
30. BS 7121-1:1989 起重机安全操作实用规程 总则
31. BS 7121-12:1999 起重机安全操作实施规程 救援机械和设备 实施规程
32. BS 7121-2:2003 起重机安全操作实用规程 验收、试验和检验
33. BS 7121-3:2000 起重机安全操作规程 移动式起重机
34. BS 7121-4:1997 起重机安全使用实施规程 汽车式装载机
35. BS 7121-5:1997 安全使用起重机的操作规程 塔式起重机
36. BS 7212:1989 施工吊车安全使用实用规程
37. BS 7262:1990 自动安全负载指示器规范

38. BS 7333:1990　回转式动臂起重机规范
39. BS EN 12077-2:1999　起重机安全　卫生和安全要求　限制及指示设备
40. BS EN 818-1:1996　起升短节链安全要求　第 1 部分:验收一般条件
41. BS EN 818-2:1997　起升短节链安全要求　第 2 部分:吊链用中等精度链条　8 级
42. BS EN 818-3:1999　起升短节链安全要求　第 3 部分:吊链用中等精度链条　4 级
43. BS EN 818-4:1997　起升短节链安全要求　第 4 部分:吊链　8 级
44. BS EN 818-5:1999　起升短节链安全要求　第 5 部分:吊链　4 级
45. BS EN 818-6:2000　起升短节链安全要求　第 6 部分:吊链　生产厂家提供使用和维护信息规范
46. BS EN 818-7:2002　起升短节链安全要求　第 7 部分:T 级高精度提升链、T 级(T 型、DAT 型及 DT 型)
47. BS EN 1492-1:2000　编织吊索安全要求　第 1 部分:一般用途带形人工合成纤维吊索
48. BS EN 1492-2:2001　编织吊索安全要求　第 2 部分:一般用途圆形人工合成纤维吊索
49. BS EN 1492-4:2002　编织吊索安全要求　第 3 部分:一般服务用途天然和人工合成纤维提升索
50. BS EN 1493:1999　车辆升降机
51. BS EN 1677-1:2000　吊索组件安全要求　第 1 部分:锻钢组件　8 级
52. BS EN 1677-2:2000　吊索组件安全要求　第 2 部分:带锁锻钢吊钩　8 级
53. BS EN 1677-3:2001　吊索组件安全要求　第 3 部分:自锁锻钢吊钩　8 级
54. BS EN 1677-4:2000　吊索组件安全要求　第 4 部分:链条　8 级
55. BS EN 1677-5:2001　吊索组件安全要求　第 5 部分:带锁锻钢吊钩　4 级
56. BS EN 1677-6:2001　吊索组件安全要求　第 6 部分:链条　4 级
57. BS EN 12385-1:2002　钢丝绳安全要求　第 1 部分:通用要求
58. BS EN 12385-2:2002　钢丝绳安全要求　第 2 部分:定义、名称和分级
59. BS EN 12385-4:2002　钢丝绳安全要求　第 4 部分:一般提升用多股绳索
60. BS EN 12385-5:2002　钢丝绳安全要求　第 5 部分:提升用多股绳索
61. BS EN 12385-6:2002　钢丝绳安全要求　第 6 部分:矿山设备轴件用多股绳索
62. BS EN 12385-7:2002　钢丝绳安全要求　第 7 部分:矿山设备轴件用锁定盘绳索
63. BS EN 12385-8:2002　钢丝绳安全要求　第 8 部分:客运索道牵引和携带牵引多股绳索
64. BS EN 12385-9:2002　钢丝绳安全要求　第 9 部分:客运索道锁定盘面携带绳索
65. BS EN 12385-10:2002　钢丝绳安全要求　第 10 部分:一般结构使用的螺旋绳索
66. BS EN 13135-1:2003　起重机　安全　设计　设备要求　第 1 部分:电器设备
67. BS EN 13411-2:2001　钢丝绳绳端安全要求　第 2 部分:钢丝绳用眼插接
68. BS EN 13411-4:2002　钢丝绳绳端安全要求　第 4 部分:金属和树脂 U 形槽
69. BS EN 13411-5:2003　钢丝绳绳端安全要求　第 5 部分:钢丝绳夹紧卡扣
70. BS EN 13414-1:2003　钢丝绳索安全要求　第 1 部分:用于一般提升设备的绳索
71. BS EN 13414-2:2003　钢丝绳索安全要求　第 2 部分:生产厂家提供使用和维护信息规范
72. BS EN 13414-3:2003　钢丝绳索安全要求　第 3 部分:锁环及多股吊锁
73. BS EN 13557:2003　起重机　控制和控制台
74. BS EN 13586:2004　起重机　通道
75. BS EN 13889:2003　用于一般起升用途的锻造钢环、D 字形和弓形环　6 级　安全
76. BS EN 60204-32:1998　机械安全　机器上的电器设备　第 32 部分:起重装置的要求
77. BS 3243　手动链式葫芦
78. BS 3579　冶金重型桥式起重机和特种起重机

十二、俄罗斯主要标准

1. ГОСТ 4.22—1985　质量评定体系　起重机　质量特性术语
2. ГОСТ 4.474—1987　产品质量索引体系　建筑塔式起重机　一般安全要求

3. ГОСТ 12.2.053—1985 职业安全标准体系 堆垛起重机 安全要求
4. ГОСТ 12.2.058—1985 职业安全标准体系起重设备处于研制中的起重机危险部件的色彩要求
5. ГОСТ 12.2.071—1990 职业安全标准体系 起重设备 集装箱起重机 安全要求
6. ГОСТ 534—1978 桥式起重机跨度
7. ГОСТ 1451—1977 起重机风载荷测定标准和方法
8. ГОСТ 1575—1987 起重机基本参数系列
9. ГОСТ 2105—1975 锻造和模锻吊钩 技术条件
10. ГОСТ 2224—1993 钢丝绳用钢制套环
11. ГОСТ 4121—2001 起重机轨道技术规范
12. ГОСТ 4751—1973 吊环螺栓
13. ГОСТ 6619—1975 单钩和双钩片式吊钩
14. ГОСТ 6627—1974 单钩吊钩毛坯 型式、结构和尺寸
15. ГОСТ 6628—1973 双钩吊钩毛坯 型式、结构和尺寸
16. ГОСТ 7075—1980 手动桥式起重机技术条件
17. ГОСТ 7352—1988 门式起重机型式和参数
18. ГОСТ 7890—1993 电动单梁悬挂起重机技术条件
19. ГОСТ 12840—1980 单钩吊钩的安全锁紧装置 型式和尺寸
20. ГОСТ 13556—1991 建筑用塔式起重机 技术要求
21. ГОСТ 16553—1988 堆垛起重机 型式和主要参数
22. ГОСТ 16765—1987 通用自行式臂架式起重机 验收试验方法
23. ГОСТ 19494—1974 固定式手动悬臂起重机 型式、主要参数和尺寸
24. ГОСТ 19811—1990 固定式悬臂起重机 型式、主要参数和尺寸
25. ГОСТ 22045—1989 电动单梁桥式起重机 技术条件
26. ГОСТ 22584—1996 钢丝绳电动葫芦 技术条件
27. ГОСТ 22827—1986 通用自行式起重机 技术条件
28. ГОСТ 24390—1999 电动集装箱门式起重机 基本参数和尺寸
29. ГОСТ 24407—1980 建筑机械维修大修后的臂架起重机及其零部件 技术要求
30. ГОСТ 24599—1987 散料搬运用钢丝绳抓斗 一般技术条件
31. ГОСТ 25032—1981 起重吊钩类型 分类和一般技术要求
32. ГОСТ 25251—1982 电动门式起重机试验方法
33. ГОСТ 25546—1982 起重机 工作条件
34. ГОСТ 25835—1983 起重机机械部件分级
35. ГОСТ 27551—1987 起重设备控制布置和特性 第2部分:流动式起重机的基本结构和要求
36. ГОСТ 27552—1987 流动式起重机术语和定义
37. ГОСТ 27553—1987 起重设备操作方式分类
38. ГОСТ 27555—1987 起重设备术语 第1部分:总则
39. ГОСТ 27584—1988 电动桥式和门式起重机 通用技术条件
40. ГОСТ 27873—1988 装备堆垛起重机的自动仓库的输入输出设备类型
41. ГОСТ 27913—1988 起重机械 控制、布置和特性 第1部分:总则
42. ГОСТ 27914—1988 流动式起重机 卷筒和滑轮尺寸
43. ГОСТ 28296—1989 桅杆起重机 安全要求
44. ГОСТ 28408—1989 手动滑轮组一般技术条件
45. ГОСТ 28433—1990 台式堆垛起重机 通用技术条件
46. ГОСТ 28434—1990 桥式堆垛起重机通用技术条件
47. ГОСТ 28448—1990 可移动电动悬臂起重机

48. ГОСТ 28609—1990　起重机　基本构造
49. ГОСТ 28648—1990　起重机车轮技术条件
50. ГОСТ 28710—1990　台式堆垛起重机基本计算
51. ГОСТ 28776—1990　3 系列集装箱用自动抓取装置　类别、技术要求和试验方法
52. ГОСТ 28792—1990　起重机　应提供的资料　总则
53. ГОСТ 29168—1991　建筑桅杆货运起重机　技术条件
54. ГОСТ 29266—1992　起重机和相关设备　试验中测量参数的精度要求
55. ГОСТ 29321—1992　桥式堆垛起重机　基本计算
56. ГОСТ 30188—1997　高强度校准起重链　技术规范
57. ГОСТ 30321—1995　起重机液压设备安全要求
58. ГОСТ 30441—1997　起重用短环链　T8 级非校准链　技术规范
59. ГОСТ Р 51248—1999　地面有轨起重机　轨道主要技术规范
60. ГОСТ Р ISO 7752/5—1995　桥式和门式起重机　控制装置　布置形式和特性
61. ГОСТ Р EN 818-1—2005　起重用短环链　安全性　第1部分:通用验收条件
62. ГОСТ Р EN 818-2—2005　起重用短环链　安全性　第 2 部分:8 级吊链用中级公差链
63. ГОСТ Р EN 818-3—2005　起重用短环链　安全性　第 3 部分:4 级吊链用中级公差链
64. ГОСТ Р EN 818-4—2005　起重用短环链　安全性　第 4 部分:8 级吊链
65. ГОСТ Р EN 818-5—2005　起重用短环链　安全性　第 5 部分:4 级吊链

参考文献

[1]　全国起重机械标准化技术委员会.起重机械标准汇编.2004.
[2]　全国起重机械标准化技术委员会.起重机械国际标准译文集.2004.
[3]　全国起重机械标准化技术委员会.物料搬运装备制造业“十一五”标准化发展规划.2005.
[4]　尚洪.中国的起重机械制造许可制度.2005 国际特种设备安全论坛,2005.
[5]　须雷.起重机的发展趋势.物流.2004(8).
[6]　王福绵,赵鑫.起重机械安全及管理状况综述.中国特种设备安全,2006(3).
[7]　须雷.21 世纪的起重机.物流技术与应用,2001(1).
[8]　王福绵.起重机械技术检验.北京:学苑出版社,2000.
[9]　商务部驻德国经商参赞处.德国标准化体系建设概况,2004.

第十篇

场（厂）内机动车辆

第四十六章　场(厂)内机动车辆标准法规制修订管理模式

第一节　中国场(厂)内机动车辆标准法规制修订管理模式

介绍中国场车法规标准制修订管理模式,首先要说明“场车”的含义。场车是中国特有名词,源于原劳动部在安全生产管理中,为满足对未在公安交管部门监管范围内、在“厂区”内作业的机动工业车辆的安全监察需要,在 GB/T 16178—1996《厂内机动车辆安全检验技术要求》中使用了“厂内机动车辆”一词,随着《特种设备安全监察条例》(国务院 373 号令)和《国务院对确需保留的行政审批项目设定行政许可的决定》(国务院 412 号令)的发布实施,进一步确定了场(厂)内机动车辆的制造、改造、维修、使用、检验的行政许可项目。场车确定的产品范围,我国与之相对应的是工程机械行业中的土方机械、建筑机械和机动工业车辆族;欧盟、美国、日本和 ISO 与之相对应的是建筑机械(土方机械)和机动工业车辆。

一、场车法规管理模式

为适应社会主义市场经济体制的要求,应对我国加入 WTO 后面临的新情况,根据《特种设备安全监察条例》的规定,在研究吸取发达工业国家成功做法的基础上,结合我国特种设备安全监察的实际情况,自 2003 年 10 月,国家质检总局特种设备局开始建设以安全技术规范为主要内容的特种设备安全监察法规体系,由“法律—行政法规—部门规章—安全技术规范—引用标准”5 个层次构成。

法律是由全国人民代表大会或全国人民代表大会常务委员会制定,由国家主席签署主席令予以发布。

行政法规由国务院组织起草。国务院年度立法工作计划确定行政法规由国务院的一个部门或者几个部门具体负责起草工作,也可以确定由国务院法制机构起草或组织起草,由国务院常务委员会审议,或者由国务院审批,报请国务院总理签署国务院令公布施行。

地方性法规由地方(指各省、自治区、直辖市和较大的市)人民代表大会或其常委会批准发布实施。

部门规章由国务院部门组织起草,地方政府规章由省、自治区、直辖市和较大的市的人民政府组织起草。部门规章经部务会议或者委员会会议决定,报请本本部门首长签署命令予以公布。地方政府规章经政府常务会议或者全体会议决定,报请省长、自治区主席、市长签署命令予以公布。

特种设备安全技术规范是依据《特种设备安全监察条例》(国务院第 373 号令)的授权,由国务院特种设备安全监督管理部门制定并公布。特种设备安全技术规范是特种设备法律法规的重要组成部分,其作用是把法律、法规和行政规章原则规定具体化。安全技术规范是规定特种设备的安全性能和相应的设计、制造、安装、修理、改造、使用管理和检验检测方法,以及许可、考核条件、程序的一系列具有行政强制力的文件。

国家质检总局负责安全技术规范立项、审查、征求意见、批准和颁布,国家质检总局特种设备安全监察机构负责具体实施。中国特种设备检测研究中心(以下简称组织起草单位)负责组织有关单位或个人(以下简称起草者)进行安全技术规范的起草。国家质检总局特种设备安全技术委员会负责安全技术规范的审议。特种设备安全技术规范报批稿由国家质检总局批准后颁布实施。国家质检总局将批准的特种设备安全技术规范的名称、编号、颁布日期、实施日期等予以公告。

特种设备安全技术规范的局部内容需要修订，由国家质检总局提议，组织起草单位组织起草者进行修订，修订的内容经国家质检总局批准后对外颁布。经国家质检总局颁布的修订内容与原规范具有同等效力。特种设备安全技术规范应当定期进行全面修订，必要时可随时进行全面修订。特种设备安全技术规范的全面修订工作参照《特种种设备安全技术规范制修订导则》规定的程序进行。《特种种设备安全技术规范制修订导则》规定“制定特种设备安全技术规范应当遵循以下原则：(一)符合法律、法规和规章规定；(二)保障公民、法人及其他组织的合法权益；(三)公开、透明；(四)体现改革精神，推进技术进步；(五)广泛听取意见和建议”。

二、场车标准管理模式

目前，中国标准化管理体制为“统一管理，分工负责”，国家标准化管理委员会统一管理全国标准化工作；国务院有关行政主管部门分工管理本部门、本行业的标准化工作。各省、自治区、直辖市标准化行政主管部门统一管理本行政区域的标准化工作。各省、自治区、直辖市政府有关行政部门分工管理本行政区域内的本部门、本行业的标准化工作。各地方市、县标准化行政主管部门和有关行政主管部门，按照省、自治区、直辖市政府规定的各自职责，管理本行政区域内的标准化工作。

涉及场车的两个相关标准化技术委员会按照标准层级经过中国机械工业联合会，最终分别对口国家标准委、国家发改委和国家环保总局，标准资金来源主要为国家有关部门支持。管理模式见图 46-1。

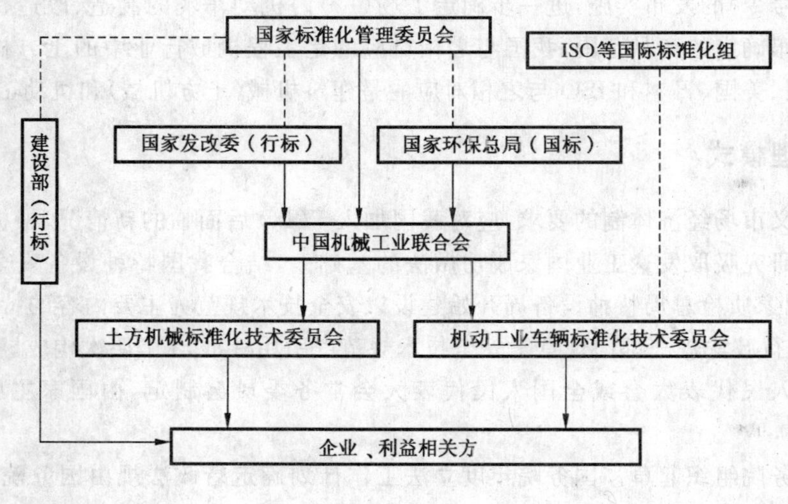

图 46-1

第二节　美国场(厂)内机动车辆标准法规制修订管理模式

美国属联邦制国家，也是场车产品世界 4 大生产和使用国之一，拥有卡特匹勒、凯思、海司特等世界著名企业。

一、法规制修订管理模式

联邦宪法作为最高法律文件，明确规定了以“国民主权”和“有限政府”的原则作为政府权利来源和运作的基本原则。在联邦宪法基础上，实行联邦法律和各州自主立法相互结合、相互补充的法律框架体制，对特种设备的监管由联邦法律和各州法律共同完成。

美国联邦和各州涉及场车监管的法规主要有环保和劳动安全两个方面：一是根据联邦《大气污染法》

授权,联邦环境保护署(EPA)制定发布《非道路机动设备排放标准 Tier1—Tier3》,对于"车辆和发动机达到联邦排放标准、发动机使用中的符合性和分析燃料/燃料添加剂和排放化合物"加以严格限制,全国统一由 EPA 的授权机构——美国国家车辆与燃油排放实验室(NVFEL)(EPA 交通与空气质量办公室下属的机构,负责执行机动车辆发动机和燃料空气污染的法律)检测验证产品的符合性。二是根据《职业安全卫生法》授权,职业安全卫生管理局(OSHA)制定发布有工业类——1910.178《机动车辆》和建筑类——1926.601《机动车辆、机械设备》规章,规章对于场车产品安全未做明确规定,设计制造主要通过产品质量责任法规规定的民事责任机制调整,劳动安全也未实施行政许可制度,但对用户有必须遵守制造商使用维修规定、驾驶维修人员应通过培训、进行有关记录等方面的要求,监管机构在劳动安全巡查中进行检查,并实施违规事后处罚。

二、标准制修订管理模式

美国标准化体制具有自发性的特点,谁都可以起草标准,其中主要力量是 ASME,ASTM,IEEE,NFPA,UL 等行业协会、工程学会。制定的标准中包括健康与安全、财产与环境保护以及为实现协作而制定的标准,美国国家标准协会(ANSI)对于某些标准按照规定的程序,经成员和利益相关方协商一致后批准为国家标准。

美国《国家技术转化与促进法》(NTTAA)鼓励美国政府部门参与到自发统一标准的制定和应用中来(包括的主要机构有美国标准与技术研究院、国防部、消费品安全委员会、食品和药品管理局、环保局、职业安全健康管理局和国土安全部等),但不作为标准管理者出现,这样做的好处在于可以减少政府开支并减轻遵守机构规定带来的负担,同时促进各行业的发展,提高行业竞争力及工作效率。

美国机械工程师学会(American Society Of Mechanical Engineers,简称 ASME)于 1880 年成立,是一个非营利的教育和技术的组织,制定了许多工业和制造业的标准。在特种设备方面,ASME 制定有锅炉、压力容器、电梯、起重机械、索道标准,与场车相关的 ASME 标准主要是 ASME B56.1~B56.11,其中,ASME B56.1—1992《低起升和高起升车辆安全标准》、ASME B56.9a—1992《机动与非机动工业车辆——司机控制的工业牵引车的安全标准》(作为 ASME B56.9—1992 的附录)和 ASME B30.13—2003《仓储机械及相关设备安全标准》等多数标准被批准为 ANSI 标准。

第三节 欧盟场(厂)内机动车辆标准法规制修订管理模式

欧盟自由贸易区是世界 3 大主要经济联合体之一,也是世界场车 4 大生产和使用区(生产主要集中在德国和英国),拥有利勃海尔、林德、宝马格等世界著名企业。与欧盟技术法规相关的标准体系呈现"自上而下"的形态,即:欧盟当局提出、欧盟标准化委员会组织、专业机构起草制定、广泛协商一致、发布实施。

一、法规制修订管理模式

1957 年"罗马条约"签署后,促进产品标准的统一化工作被欧共体各国首脑作为扩大完善欧洲统一市场的一项重要政治举措。欧洲委员会意识到,只有在统一的法规标准体系之上,欧洲统一市场才能实现。欧共体开始了解决问题的漫长征程,1975 年至 1980 年间,欧共体尝试以颁布包括详细技术标准的一系列统一指令来协调各国标准,目前这一措施被称为"旧方法";结果在某些案例上的统一指令谈判持续了近 15 年,各国方才达成统一的欧洲标准。为加快欧洲统一市场的进程,欧盟后来出台了名为"新方法"的一系列统一指令,并要求各国将统一指令落实到本国法律;新的统一指令并未规定详细的技术标准,只是对广义产品领域规定了最主要的标准。

欧盟指令(技术法规)必须满足下列条件,由 EC 指令和 EEC 指令两种类型组成,EC 指令由欧盟理事会制定发布，EEC 指令由欧洲议会和欧盟理事会共同制定发布，具有相同的法律效力。

制定指令的条件：

1. 涉及安全、人体健康、消费者权益。

2. 指令中只提出要求，不涉及实际方法，细节由协调标准规定。

3. 新方法(《关于技术协调和标准化的新方法》)不能直接提及最终产品相关危险因素的要求。

二、标准制修订管理模式

新的标准统一框架将制定欧洲协调标准的任务授予欧洲标准委员会(CEN)、欧洲电子标准委员会(CENELEC)和欧洲电信标准协会(ETSI)，其中 ETSI 仅负责开发欧洲信息及通讯产品的技术标准。截止到 2001 年底，CEN 下设有 276 个技术委员会，其中涉及场车的制定机构是机械安全技术委员会(CEN/TC 150 秘书处设在英国 BSI)和建设机械与施工机械技术委员会(CEN/TC 151 秘书处设在德国 DIN)，CEN 及 CENELEC 标准并不仅仅局限于欧盟“新方法”所颁布的指令的需求，到 2001 年底，仅有 CEN 制定标准的 13％及 CENELEC 标准的 17％是根据欧盟官方要求及资助完成的。

CEN 与 CENELEC 根据欧盟统一指令中规定的“最主要技术标准”来制定欧洲的产品技术标准，由于各成员国的标准制定机构一般都是 CEN 或 CENELEC 的成员，所以它们有建议本国政府将 CEN 及 CENELEC 制定的标准转化为本国标准的责任。

可以看出，欧盟场车法规和标准是通过指令提出要求、以协调标准规定方法细节，“粗细结合”的机制协调法规与标准的关系，这样较好地解决了有效执法和不限制场车技术进步的问题。

第四节　日本场(厂)内机动车辆标准法规制修订管理模式

日本作为世界主要 3 大经济实体之一，是仅次于美国的场车产品世界 4 大生产国和使用国之一，拥有小松、丰田、尼桑、TCM、力至优等国际著名企业。日本具有完备的法律法规体系，对于社会公共安全的管理，政府采用有所为有所不为的管理手段，在对公共安全作出科学评估的基础上，发挥市场经济“两只手”的作用，即实行政府依法监管和“适合性认定”(等同于合格评定)两种模式对存在重大危险源和较大危险源的设备进行管理和规范。

根据日本现行行政管理体制，经济产业省(原通商产业省)负责全面的产业标准化法规制定、修改、颁布及有关的行政管理工作，具体工作由日本工业标准调查会(JISC)执行，其他各个行政管理省厅负责本行业技术标准的制定。根据日本《工业标准化法》第 69 条之 2 的第 1 款的 1、2、3、4 项和第 2 款的规定，对于不同领域的日本工业标准，分别由总务大臣、文部科学大臣、厚生劳动大臣、农林水产大臣、经济产业大臣、国土交通大臣和环境大臣等主管大臣管辖。

在确定了上述工业标准的主管大臣的情况下，根据日本《工业标准化施行规则》第 1 条第 1 款、第 2 款规定，各主管大臣根据日本《工业标准化法》行使规定的权限，涉及其他大臣权限范围或与其他大臣职责交叉重合时，主管大臣必须与这些大臣进行协商。从管理体制来看，日本采取的模式是根据职能不同，各主管大臣分工负责，在涉及职能交叉或重合时，相关主管大臣采取协商的方式进行处理。

在日本工业标准的制定中，JISC 发挥着非常关键的作用。JISC 是设在日本经济产业省下的一个机构。它除了对属于由法律赋予权限的事项进行调查审议外，还可对有关工业标准化的促进和相关大臣的咨询给予答复解释，或向相关大臣提供建议。

JISC 必须按照主管大臣所颁布省令中规定的公正程序，审议工业标准方案，并将结果报告主管大臣。主管大臣对于现有的工业标准是否还适用、是否需要修改和废止，必须在该标准制定、重新确认或者加以修改后的至少 5 年内，交付 JISC 审议，以决定是否继续加以确认，或者必要时加以修改，抑或予以废止。

JISC人员由30人以内的委员组成。这些委员由相关大臣从有学识经验者中推荐,由经济产业大臣任命,委员的任期为两年,但有特殊事项时,并不妨碍在其任期内解任。如需对特别事项进行调查审议且有必要时,可设临时委员。在JISC可设专门委员,专门委员接受会长的命令,调查专门事项,专门委员由会长提出申请,经济产业大臣任命。自2001年1月起,JISC事务局的工作由经济产业省产业技术环境局基准认证课承担。其下设基准认证振兴室(负责强制法规中的技术标准与JIS的整合工作)、标准课(负责JIS标准的制定、普及及JIS标准与强制法规的协调,国际标准的审议、制定等);标准认证国际室(负责与国际标准化机构的联络协调;WTO、APEC中有关国际标准化的国际谈判、国际合作事宜);认证课[负责任意"非强制性"合格评定制度的计划制定和实施;政府间的认证互认协定的谈判;管理体系标准的制定和推广普及;JIS标志制度有关事项的计划制定和运作;与试验事业者认定(JNLA)相关的业务]及基准认证政策课、工业标准调查室、产业基础标准化推进室;环境生活标准化推进室、信息电气标准化推进室、管理体系标准化推进室、相互认证推进室总务、产品认证业务室等机构。

日本对于场车产品安全和劳动安全没有明确的法规(规章)专门要求,只要求制造商制定执行不低于国家标准的企业标准,设计制造主要通过《产品责任法(PL)》规定的民事责任机制调整;制造商通常是按照"非强制性"适合性评定程序,自愿到有资质的审查登记机构(建筑综合试验所体系认证中心等)进行最新设计技术文件和相关测试结果的备案即可。

第五节　国际标准化组织场(厂)内机动车辆标准制修订管理模式

国际标准化组织(ISO)创立于1962年,起初是鉴于有利于国际贸易、促进国际分工与合作、降低生产成本和保护用户(消费者)的权益等主要目的,由各国政府(ISO成员国)组成的世界性联合会。各技术委员会根据其专业主题而设立,各成员国若对此主题感兴趣,均有权加入技术委员会;与ISO有联系的各国政府或非政府组织也可参加此项工作;在所有电工技术标准化活动中,ISO与国际电工委员会(IEC)密切合作。每一个国际标准均是在成员充分讨论、必要妥协和广泛一致的基础上,通过投票表决而形成的(赞成票应超过75%)。因此,国际标准一旦发布,一般都具有广泛的认同性和可实现性。随着经济全球化进程的加快,国际标准已成为越来越多国家和地区优先采用的标准,虽然国际标准本身不属于法律法规范畴,属于指导性文件或规范,但由于有严密的组织体系和科学的工作程序做保证,使得其中涉及重大职业安全卫生的标准被很多国家政府和地区通过等同转化成为其国家标准而纳入法律法规引用的范围。

与场车相关的两个标准化技术委员会是ISO/TC 127土方机械技术委员会(秘书处设在美国)和ISO/TC 110工业车辆技术委员会(秘书处设在德国),负责定期评审、提出并组织场车标准的制修订工作,其下设的分技术委员会(土方机械为SC1～SC4,工业车辆为SC1～SC3)分别负责相关领域标准的具体起草工作,按照规定的程序表决通过后发布实施。

第四十七章 场(厂)内机动车辆法规标准体系介绍

第一节 中国场(厂)内机动车辆法规标准体系

一、场车法规体系

我国涉及场车的法规目前仅有国务院[2004]第412号令;行政规章有原国家质量技术监督局第13号令《特种设备质量监督与安全监察规定》;规范性文件有国质检锅[2003]172号《特种设备安全监察实施办法》、国质检锅[2003]174号《机电类特种设备制造许可规则(试行)》和国质检锅[2003]305号《起重机械型式试验规程(试行)》(适用叉车);经国家质检总局备案试行的安全技术规范有《轮胎式装载机型式试验细则》等15部(详见表47-1)。已基本形成了比较合理、健全的法规标准框架体系,但存在着部分规范性文件不全,强制性标准部分安全指标相互矛盾等问题。

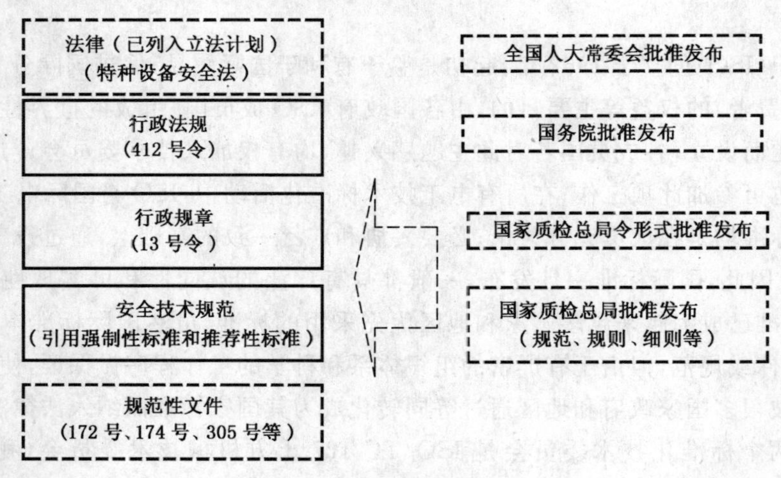

图47-1

二、场车标准化体系

1. 土方机械(施工机械与建筑机械)标准化体系

国内担任土方机械领域标准技术归口的单位是机械工业工程机械标准化技术委员会(归口单位为天津工程机械研究院),主要对口ISO/TC 127(土方机械技术委员会设在美国ANSI)。ISO/TC 127制定的标准涉及推土机、装载机、挖掘装载机、挖掘机、挖沟机、自卸车、铲运机、平地机、回填压实机、压路机、吊管机等机械产品和设备类别。内容包括名词术语、图形符号和标记、试验规范和方法、操作与维护、机器控制系统、性能指标、质量要求、安全、人类工效学、环境、振动和噪声等。已颁布的ISO/TC 127土方机械国际标准共122项(含8项Cor技术勘误文件和9项Amd修正案文件,国际标准为105项),其中由TC 127/SC 1负责的国际标准有29项(含3项技术勘误文件和1项修正案文件)、由TC 127/SC 2负责的国际标准有43项(含2项技术勘误文件和2项修正案文件)、由TC 127/SC 3负责的国际标准有26项(含4项修正案文件)和由TC 127/SC 4负责的国际标准有24项(含3项技术勘误文件和2项修正案文件)。

表 47-1

法规体系	类别	发布时间	状态				
			起草	征求意见	审议	报批	发布实施
		……					
《国务院对确需保留的行政审批项目设定行政许可的决定》(国务院令第 412 号)	行政法规	2004.06.29					√
国家质量技术监督局第 13 号令《特种设备质量监督与安全监察规定》	部门规章	2000.06.29					√
《轻小型起重机械型式试验细则》(适用叉车)	安全技术规范						试行
《各类场车型式试验细则》							试行
《场内机动车辆监督检验规程》(国质检锅[2002]16 号)							√
国质检锅[2003]172 号关于印发《特种设备行政许可实施办法(试行)》的通知	规范性文件	2003.06.02					√
国质检锅[2003]174 号关于印发《机电类特种设备制造许可规则(试行)》的通知		2003.06.17					√
《起重机械型式试验规程(试行)》		2003.09.18					
国质检锅[2003]305 号							
《场车安全技术监察规程》			√				
《场车型式试验规程》			√				

至今十多年的时间里，工程机械标委会按照国家对标委会工作的各项要求，积极工作，开展了多方面的标准化工作，制定出一批国家和行业需要的重点标准，在行业中起到了工程机械行业标准化工作的领导核心作用，起到了指导和为行业服务的作用，使行业的标准化工作提高到一个新的阶段。其特点为政府主导型，政府主导性在标准化发展初期和开拓标准化服务领域发挥了重要的作用。随着市场经济的需要和政府职能的转变，标准化作为一项技术性很强的活动，现有的管理模式受到自身的局限，标准化应有的功能和效率难以得到充分发挥。

目前，我国土方机械的国家标准和行业标准的构成和数量情况见表 47-2。

表 47-2

标准类别	国家标准数量	行业标准数量	合　计
基　础	22	14	36
产品质量	17	108	125
方 法	22	58	80
安全环卫	11	6	17
材料及工艺	0	17	17
共 计	72	203	275

我国土方机械标准采用ISO国际标准的统计见表47-3。

表47-3

分　类	国家标准		行业标准		合　计
	数量	采标率/%	数量	采标率/%	数量
采用版本与现行ISO相同	28	26.17	18	16.82	46
采用版本与现行ISO不同	13	12.15	13	12.15	26
已有国标、行标合计	41	38.32	31	28.97	72
已列制定计划	22				
未列制定计划	13				
无我国标准的ISO数量	35				
ISO标准总计	107(含与其他TC共同制定的5个国际标准)				

2. 机动工业车辆标准化体系

国内担任机动工业车辆领域标准技术归口的单位是机械工业机动工业车辆标准化技术委员会(归口单位为北京起重运输机械研究所),主要对口ISO/TC 110(工业车辆技术委员会,设在德国DIN)。ISO/TC 110制定的国际标准涉及叉车、牵引车、托盘堆垛车固定平台搬运车、托盘搬运车等机械产品和设备类别。内容包括名词术语、图形符号和标记、试验规范和方法、操作与维护、机器控制系统、性能指标、质量要求、安全、环境、振动和噪声等。同时,也在积极收集研究和消化欧盟和日本标准,根据行业实际情况,在相关通用标准和产品标准中部分进行应用。

机动工业车辆标委会按照国家对标委会工作的各项要求,开展了多方面的标准化工作,制定出一批国家和行业需要的重点标准,在行业中起到了标准化工作的领导核心作用,起到了指导和为行业服务的作用。政府主导性在标准化发展初期和开拓标准化服务领域发挥了重要的作用,但随着市场经济的发展、机动工业车辆技术的日益国际化和政府职能的转变,标准化作为一项技术性很强的活动,现有的管理模式受到自身的局限,为此,近些年探索开展了"引入先进企业,开放制定标准"的标准化制修订新模式,逐步显现出既符合行业实际,又有利于提高产品国际竞争力的机动工业车辆标准的新局面。

3. 主要场车标准

GB 10827—1999　机动工业车辆安全规范

GB 16710.1—1996　工程机械噪声限值

JB 6030—2001　工程机械通用安全技术要求

JB 6028—1998　土方机械　安全标志和危险图示　通则

GB/T 5143—2001　乘驾式高起升车辆　护顶架技术要求和试验方法

JB/T 5141—2005　平衡重式叉车　稳定性试验

JB/T 2391—1994　0.5t～10t　平衡重式叉车技术条件

JB/T 3688.2—1998　轮胎式装载机技术条件

GB/T 9139.2—1996　液压挖掘机技术条件

第二节　美国场(厂)内机动车辆法规标准体系

一、国外法规标准体系的相同点

1. 多层次的法规体系

美国、欧盟、日本等发达国家和地区的技术法规体系建设表现形式上有所不同,但有其共同特点:

(1) 建立不同层次的技术法规体系,如欧盟理事会批准发布的指令只提出基本要求,至于满足这些基本要求的方法细则则以标准形式制定。

(2) 重点提出安全、卫生、健康、环保等方面的要求是技术法规的主要内容。

(3) 在法律法规等法律形式文件中引用标准、使标准成为法律法规的组成部分,是发达国家法制化的重要特征。比如:美国联邦法规和州法律中许多条款引用了美国机械工程师学会(ASME)标准,日本的《高压气体保护法》、《劳动安全卫生法》、《食品法》、《消防法》等均引用了日本工业标准(JIS),欧盟的许多指令也引用了欧洲标准(CEN CENELEC ETSI)。

2. 涉及场车的法规标准情况

我国工程机械行业包括了国外的建筑施工机械和机动工业车辆两大行业,发达国家覆盖场车的法规相同点在于环保(排放)方面,如美国联邦环保署 Tier 技术标准,欧盟 2004/44/EC 指令,日本建设省排放限值规章;主要差别在于:欧盟侧重于产品安全,美国适度关注劳动安全,日本则由制造商和使用方自行管理。

二、场车法规体系

1. 特种设备法规体系状况

(1) 联邦政府层面

美国联邦环保署(EPA)作为直属总统领导的政府部门,负责对全美环境进行评估和调查,并制定相关国家标准,制定发布的 Tier 标准属于强制执行的技术法规,从 1997 年 9 月 1 日起,所有进入美国市场的道路、非道路机动设备(场车)及发动机均须取得 EPA 强制性认证证书。

联邦政府劳工部(DOL)职业安全卫生管理局(OSHA)并未涉及场车产品管理,但有劳动安全方面的相关要求。

联邦政府运输部(DOT)公路运输安全管理局(FMCSA)负责公路交通秩序的监管控制、对道路车辆的安全等依法实施监管,由于场车在美国属于"转场设备",不允许上路行驶,故未纳入监管范围。

联邦政府住房与城市发展部对城市规划、投资和建筑安全与质量依法实施监管,也未对施工设备/建筑机械和工业车辆(场车)提出监管要求。

(2) 州法律层面

美国各州在不低于联邦法律相关要求的条件下,经联邦政府部门批准后可以实施本州的安全卫生计划,否则由联邦政府部门 10 个区域办公室实施监管。如加利福尼亚州对于场车排放限值的要求就高于 EPA—Tier 法规的要求,即进入加州的场车不仅需通过联邦国家排放实验室的测试,还须获得其环保认证证书。纽约州政府劳工部监督管理的特种设备只包括锅炉、压力容器、电梯、游乐设备和索道,未将场车纳入监督管理,但对场车业主有劳动安全方面的要求。

2. 适用场车的法规与规章

虽然美国联邦和各州两级政府未明确将场车产品安全纳入法制监管范围。但存在适用场车的法规,对于场车产品在环保和劳动安全方面的要求具有强制约束力。主要包括:

(1) EPA 制定的《非道路机动设备排放标准》(Tier1—Tier3)。

(2)《联邦规章》29 篇—OSHA 制定的工业 1910. 178《机动车辆》及附录 A、建筑业 1926. 601《机动车辆　机械设备》。

三、场车标准体系

1. 涉及场车的主要标准或规范(只涉及机动工业车辆)

ASME/ANSI B56. 1　低起升和高起升车辆安全要求

ASME B56. 5—1993　工业轨道式车辆和载人工业车辆自动化功能的安全标准　附录

ASME B56. 5a—1994　动力与无动力工业车辆

ASME/ANSI B56. 6　越野叉车

ASME B56.7　工业起重车

ASME B56.8　载人和载货搬运车

ASME/ANSI B56.9a—1992 作为 ASME B56.9—1992 的附录《机动与非机动工业车辆　司机控制的工业牵引车的安全标准》

ASME B56.10 人力推动的高起升工业车辆

ASME/ANSI B56.11.4a—1994 作为 ASME-B56.11.4—1992《机动和非机动工业车辆机动工业车辆挂钩型货叉和货叉架》的附录

ASME/ANSI B30.13—2003(ASME B30.13—1996 修订版)仓储机械及相关设备安全标准

2. 美国制造商和利益相关方普遍认同并遵守的国际标准

ISO 13562-1:2000(E)工业用可变程前移式叉车　第 1 部分:稳定性试验

ISO 13562-2:2001(E)工业用可变程前移式叉车　第 2 部分:搬运长度≥6m 的货运集装箱叉车　附加稳定性试验

ISO 13563-1 第 1 版 2001-03-01　侧面式叉车　第 1 部分:稳定性试验

ISO 15794 第 1 版 2001-02-15　双向和多向叉车　稳定性试

ISO 2330:2002　叉车　货叉　技术要求和试验

ISO 3184:1998　前移式和插腿式叉车　稳定性试

ISO 5057:1993(E)　工业车辆　叉车货叉在使用中的检查和维修

ISO 5766:1990　托盘堆垛车和高起升平台搬运车　稳定性试验

ISO 3184:1998　前移式和插腿式叉车　稳定性试

ISO 3287:1999　机动工业车辆　操纵控制和其他显示符号

ISO 10658:1996(E)　在特定堆垛条件下工作并通过动力装置　横向移动载荷的工业车辆　附加稳定性试验

ISO 13563-2 第 1 版 2001-03-01　侧面式叉车　第 2 部分:搬运 6m 级以上长度集装箱的叉车的附加稳定性试验

ISO 13562-1 第 1 版 2000-01-15　工业伸缩前移式叉车　第 2 部分:长不小于 6m 的货运集装箱搬运叉车附加稳定性试验

ISO 13562-1 第 1 版　2000-12-15　工业伸缩前移式叉车　第 1 部分:稳定性试验

ISO 15870 第 1 版　2000-11-01　机动工业车辆—安全标志和危险图示通则

第三节　欧盟场(厂)内机动车辆法规标准体系

一、法规体系(见表 47-4)

表 47-4

<table>
<tr><td colspan="2">法律法规名称</td><td>发布机构</td><td>性质</td><td>约束力</td></tr>
<tr><td colspan="2">条　例</td><td>欧洲议会</td><td>法律</td><td>所有成员国强制等同执行</td></tr>
<tr><td rowspan="2">指令(见表 47-5)</td><td>新方法</td><td>欧洲议会/欧洲理事会(EC)</td><td rowspan="2">技术法规</td><td rowspan="2">对所有成员国均有约束力,但方式不限,通过转换为国家标准实现</td></tr>
<tr><td>旧方法</td><td>欧洲理事会(EEC)</td></tr>
<tr><td colspan="2">决　定</td><td>欧盟委员会</td><td>协调文件</td><td>仅对部分成员有约束力</td></tr>
<tr><td colspan="2">意　见</td><td>欧盟专门机构</td><td>技术文件</td><td>无约束力</td></tr>
</table>

表 47-5

项　目	新 方 法	旧 方 法
适用期不同	1985 年开始	1985 年截止
指令内容不同	一般的必要的要求	详细的技术要求
适用范围不同	适用于产品组	适用于具体产品
与产品技术水平的适应性	通过引入协调标准与技术发展同步	滞后于技术发展

欧盟技术法规涉及场车产品的 5 个指令，由欧盟理事会或与欧盟委员会共同发布，均属于“新方法”指令，即只对监管产品安全或公众安全提出一般通用要求，但并不规定具体的方法，由各成员国根据自己的情况采取符合指令要求的技术途径。指令涉及机械、电磁兼容、噪声、排放和人体振动 5 个方面的安全要求。这些指令是：

——98/37/EC《关于统一各成员国有关机械法律的欧洲议会和欧洲理事会指令》。

——92/31/EEC《关于统一各成员国有关电磁兼容法律的 89/336/EC 号指令进行修改的理事会指令》。(89/336/EC《关于统一各成员国有关电磁兼容法律的欧洲议会和欧洲理事会指令》)。

——2000/14/EC《关于统一各成员国有关噪声法律的欧洲议会和欧洲理事会指令》。

——2004/44/EC《关于统一各成员国有关非道路用移动机械内燃机的气体和颗粒污染物排放法律的 97/68/EC 号指令进行修改的欧洲议会和欧洲理事会指令》。(97/68/EC《关于统一各成员国有关非道路用移动机械内燃机的气体和颗粒污染物排放法律的欧洲议会和欧洲理事会指令》)。

——2002/44/EC《关于统一各成员国关于物理量(振动)对工人承受致险的最低健康和安全要求的欧洲议会和欧洲联盟理事会指令》。

二、标准体系

1. 标准化组织体系(见表 47-6)

表 47-6

机 构 名 称	标准代号	与国际组织对应关系	标准规划与识别
欧洲标准化协会(CEN)，下设 300 多个标准化技术委员会。其中涉及场车两个委员会为： 机械安全技术委员会 CEN/TC 150(秘书处设在英国 BSI)； 施工设备和建筑机械安全技术委员会 CEN/TC 151(秘书处设在德国 DIN)	EN	国际标准化组织 ISO，下设 200 多个技术委员会。涉及场车 工业车辆技术委员会 ISO/TC 110(秘书处设在德国 DIN)； 土方机械技术委员会 ISO/TC 127(秘书处设在美国 ANSI)	EN 001～EN 40000 ——由 CEN 制定(基础技术) EN 40001～EN 49999 ——由 CEN/CENELEC 联合制定(IT 行业) EN 50000～EN 59999 ——由 CENELEC 制定(非 IT 电子行业) EN 60000～EN 69999 ——由 CENELEC 等同采用 IEC 标准
欧洲电子标准化协会(CENELEC)		IEC	
欧洲电信标准化协会(ETSI)(只限欧洲)		—	

2. 欧盟场车主要标准

(1) 机动工业车辆类产品：

EN 1726.1:1999　机械安全　负载量小于等于 10 000kg 的机动车辆和牵引力小于等于 20 000N 的牵引车　第 1 部分:通用技术条件

EN 1726.2:2000　机械安全　负载量小于等于 10 000kg 的机动车辆和牵引力小于等于 20 000N 的牵引车　第 2 部分:操作位置可起升的车辆和专门设计的用来带着起升的载荷运行的车辆的附加技术要求

EN 1175-1　机械安全　电气要求　第 1 部分:电动车辆的通用技术条件

EN 1175-2　机械安全　电气要求　第 2 部分:内燃车辆的通用技术条件

EN 1175-3　机械安全　电气要求　第 3 部分:内燃车辆电动传动系统的专用技术条件

EN 1757.1:2001　机械安全　手推步行式车辆　第 1 部分:堆垛式叉车

EN 1757.2:2001　机械安全　机械安全性　工业车辆　步行式控制手动和半手动车辆　第 2 部分　最大起升高度为 300mm 的托盘搬运车

EN 1757.3:2002　机械安全　步行式手动控制和半手动控制的车辆　第 3 部分:平台搬运车

EN 1755:2000　机械安全　在有潜在的可燃性气体和粉尘环境作业的工业车辆的安全

(2) 建设机械类产品：

EN 474.1:1995　土方机械　安全　第 1 部分:通用要求

EN 474.3:1996　土方机械　安全　第 3 部分:装载机的要求

EN 474.4:1996　土方机械　安全　第 4 部分:挖掘装载机的要求

EN 474.5:1996　土方机械　安全　第 5 部分:液压挖掘机的要求

EN 474.7:1998　土方机械　安全　第 7 部分:铲运机安全要求

EN 474.8:1998　土方机械　安全　第 8 部分:平地机的要求

Pr EN 500.3:2002　移动式筑路机械　安全　第 3 部分:稳定土拌和机专用要求

(3) 专项安全技术要求：

EN 12895:2000　工业车辆　电磁兼容性

EN 12053:2001　机械安全　噪音辐射的测量方法

EN ISO 8178-1:1996　往复式内燃机排放测试　第 1 部分　气体和颗粒状排放污染物的实验台测定方法

EN ISO 5349-1:2001　机械振动　人身手臂接触表面的振动评定　第 1 部分　一般要求　第二部分　操作测量方法

EN ISO 2631-1:1997　机械振动和冲击　人身承受全身振动的评估　第 1 部分　通用要求

EN 13059　机械安全　振动的测量方法

Pr EN ISO 13564　机动车辆的视野测量方法(ISO/DIS 13564:1996)

三、欧盟场车法规与标准的关系

欧洲法规标准体制的最大特点在于欧盟颁布的指令与 CEN 及 CENELEC 协调标准间的直接法律联系。产品符合 CEN 及 CENELEC 制定的“最主要标准”,即被视为符合欧盟统一指令要求,可以在欧盟自由流通。所以说,欧洲协调标准本身虽然是自愿采用的,但现实中却有“安全技术规范”的性质,这样就促使越来越多的企业愿意参与到标准制定工作中。

欧洲标准对于各成员国标准的重要性不断加强,并不意味各成员国标准化组织的作用在减弱,相反,欧盟成员国标准组织是构成了欧洲标准化体系的中坚力量,欧洲标准化组织的管理委员会中的各国代表也都是在欧盟层面上,并通过欧盟在世界层面上极力维护各成员国的相关利益。

第四节　德国、英国场(厂)内机动车辆法规标准体系

德国场车法规标准体系(见图 47-2),英国场车法规标准体系(见图 47-3)。

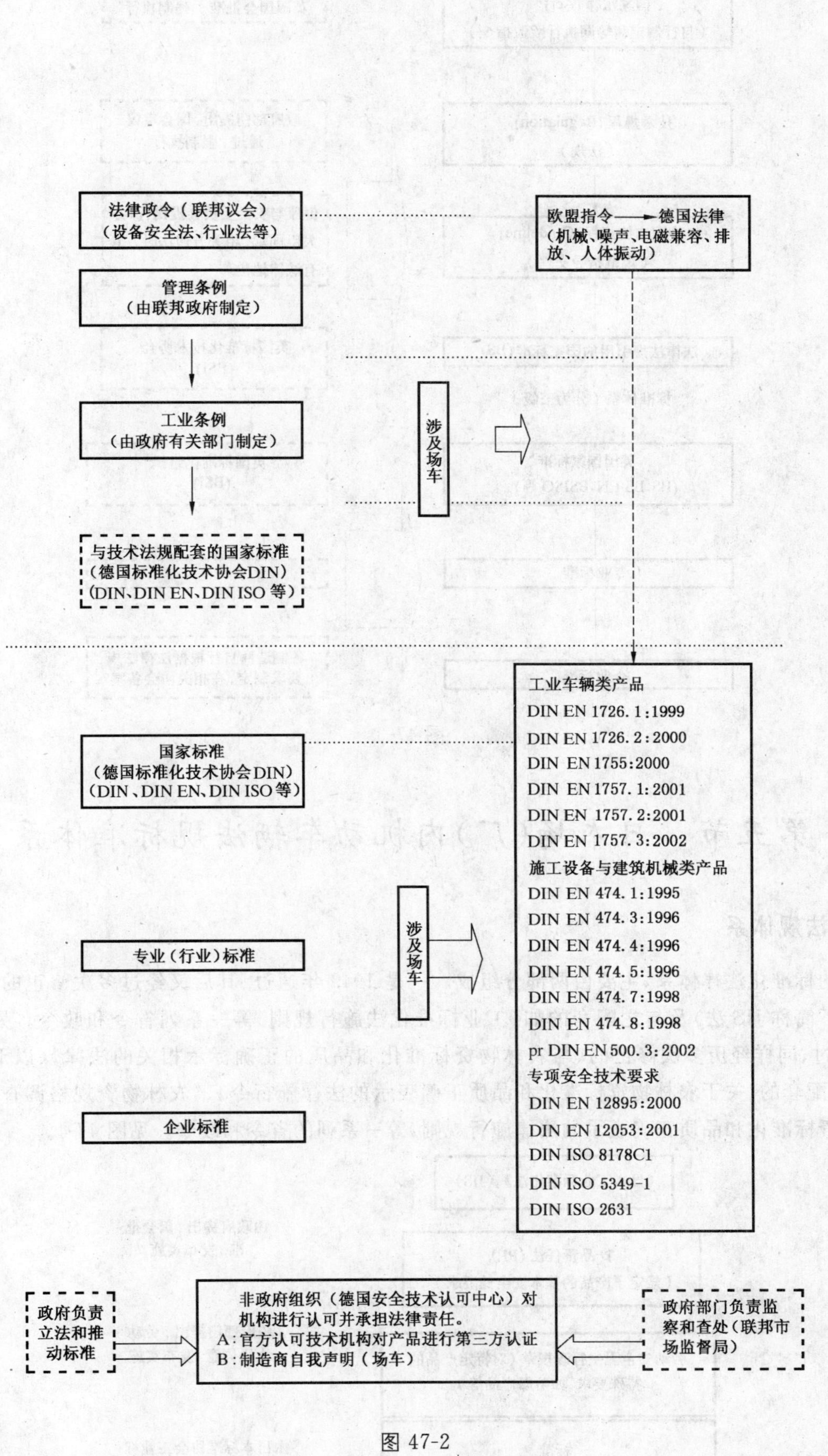

法律政令（联邦议会）
（设备安全法、行业法等）
欧盟指令——→德国法律
（机械、噪声、电磁兼容、排放、人体振动）
管理条例
（由联邦政府制定）
工业条例
（由政府有关部门制定）
涉及场车
与技术法规配套的国家标准
（德国标准化技术协会DIN）
（DIN、DIN EN、DIN ISO 等）
工业车辆类产品
DIN EN 1726.1:1999
DIN EN 1726.2:2000
DIN EN 1755:2000
DIN EN 1757.1:2001
DIN EN 1757.2:2001
DIN EN 1757.3:2002
施工设备与建筑机械类产品
DIN EN 474.1:1995
DIN EN 474.3:1996
DIN EN 474.4:1996
DIN EN 474.5:1996
DIN EN 474.7:1998
DIN EN 474.8:1998
pr DIN EN 500.3:2002
专项安全技术要求
DIN EN 12895:2000
DIN EN 12053:2001
DIN ISO 8178C1
DIN ISO 5349-1
DIN ISO 2631
国家标准
（德国标准化技术协会DIN）
（DIN、DIN EN、DIN ISO 等）
涉及场车
专业（行业）标准
企业标准
政府负责立法和推动标准
非政府组织（德国安全技术认可中心）对机构进行认可并承担法律责任。
A：官方认可技术机构对产品进行第三方认证
B：制造商自我声明（场车）
政府部门负责监察和查处（联邦市场监督局）

图 47-2

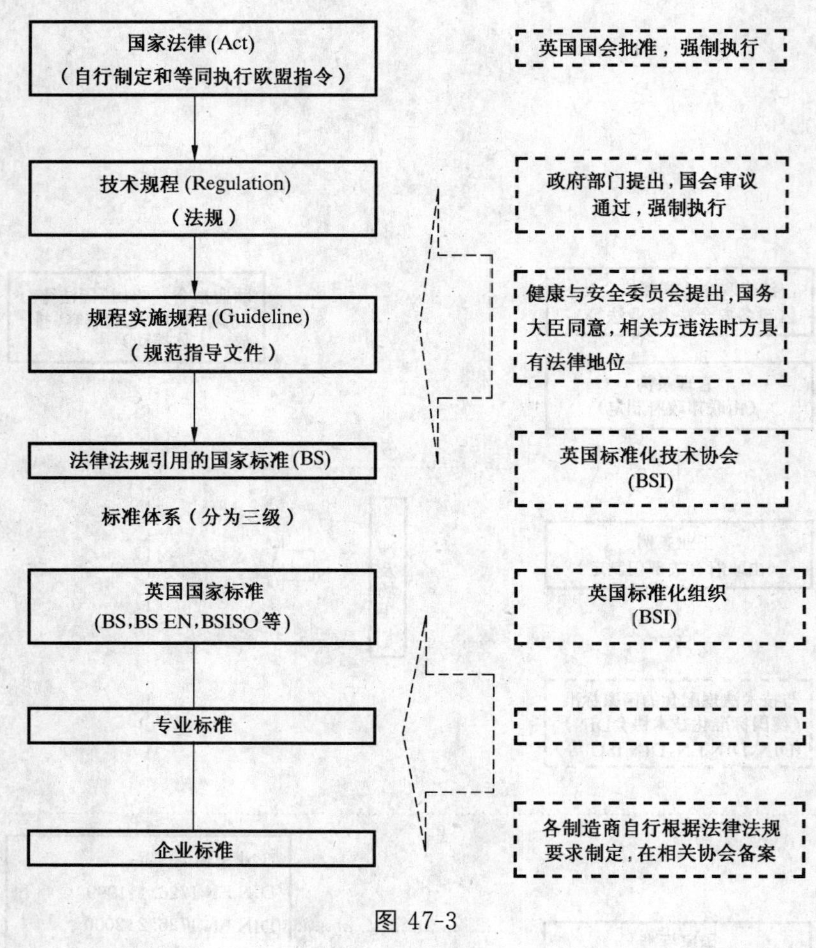

图 47-3

第五节　日本场(厂)内机动车辆法规标准体系

一、日本法规体系

日本的标准化法律体系，主要由两部分组成。一是1949年通过、其后又经过多次修正的《工业标准化法》(以下简称JIS法)及与之配套的如《工业标准化法施行规则》等一系列省令和政令。另一部分是1950年通过、同样经历多次修正的《与农林物资标准化和品质的正确标示相关的法律》(以下简称JAS法)及与之配套的《关于农林物资标准化和品质正确表示的法律施行令》、《农林物资规格调查会令》、《关于农林物资标准化和品质正确表示的法律施行规则》等一系列的省令和政令。见图47-4。

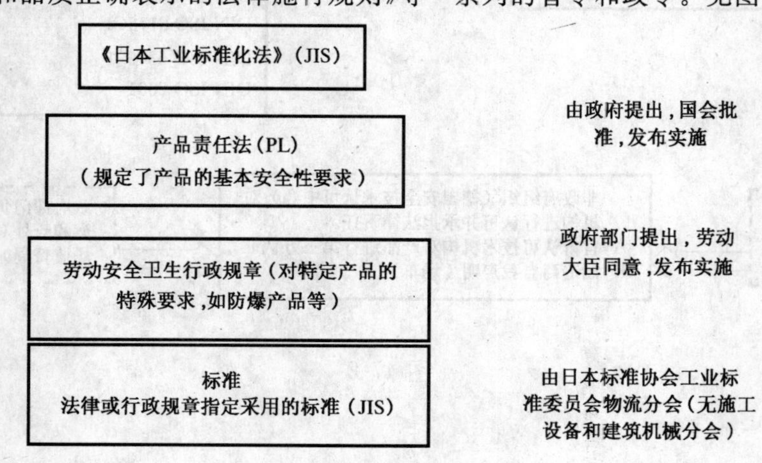

图 47-4

二、日本场车标准体系（见图 47-5、图 47-6）

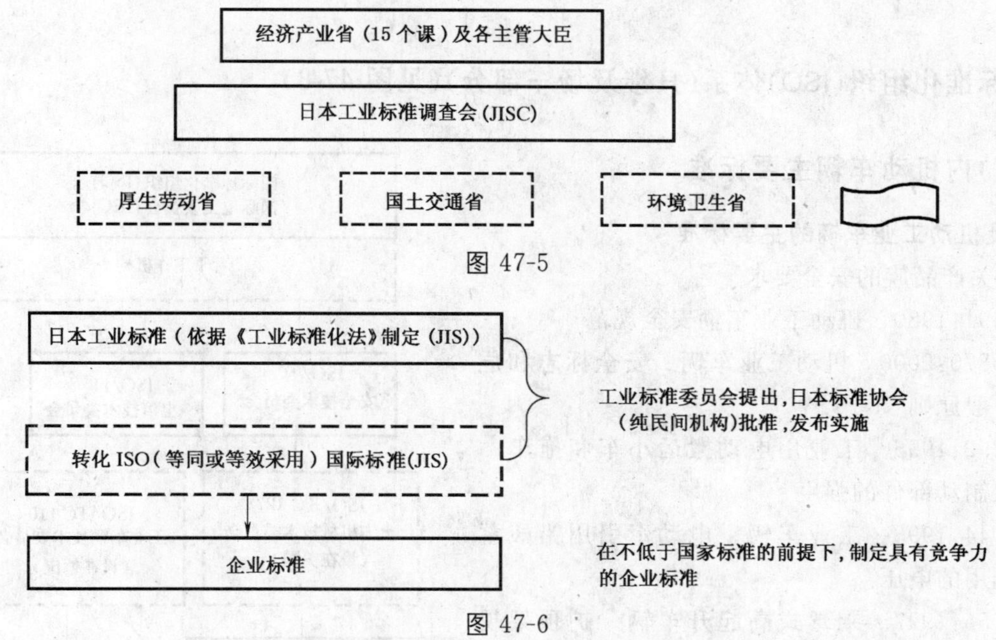

图 47-5

图 47-6

日本场车国家标准仅涉及工业车辆领域中的叉车产品，仅对叉车的特别危险项目作出了明确规定。主要有：JIS D 6011：1999 日本工业标准《叉车　稳定性和稳定性试验》、JIS D 6011b1：1999 日本工业标准《叉车　稳定性和稳定性试验》、JIS D 6011b2 ：1999 日本工业标准《叉车　稳定性和稳定性试验》、JIS D 6021 ：1999 日本工业标准《叉车护顶架》、JIS D 6023：1999 日本工业标准《叉车　制动器性能和制动试验》

三、日本场车适合性评定及有关组织体系（见图 47-7）

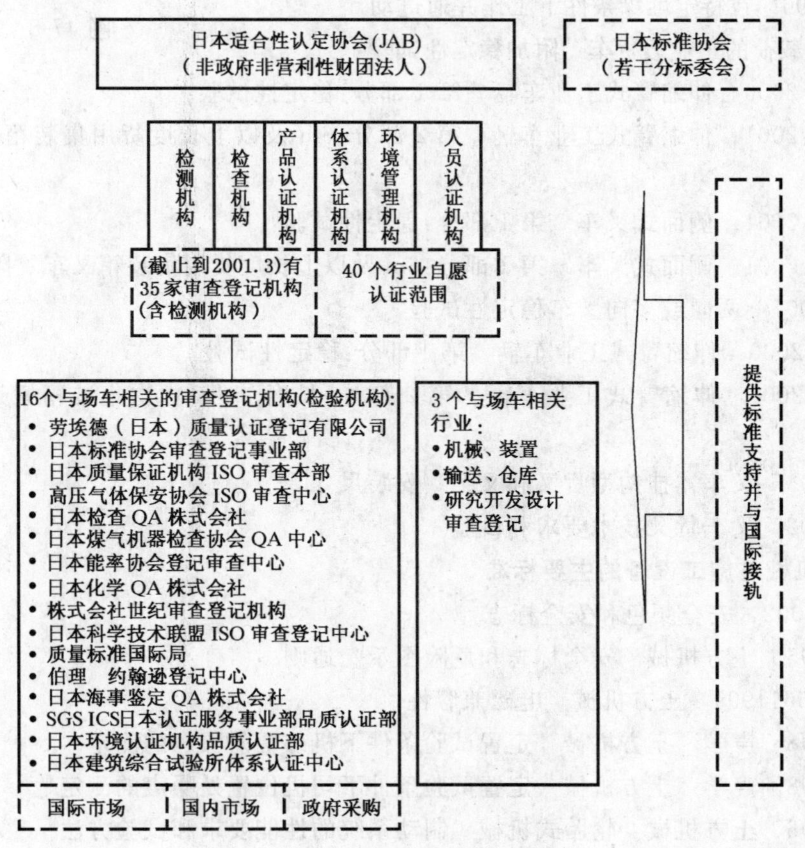

图 47-7

第六节 国际标准化组织场(厂)内机动车辆标准体系

一、国际标准化组织(ISO)体系(只涉及场车部分)(见图 47-8)

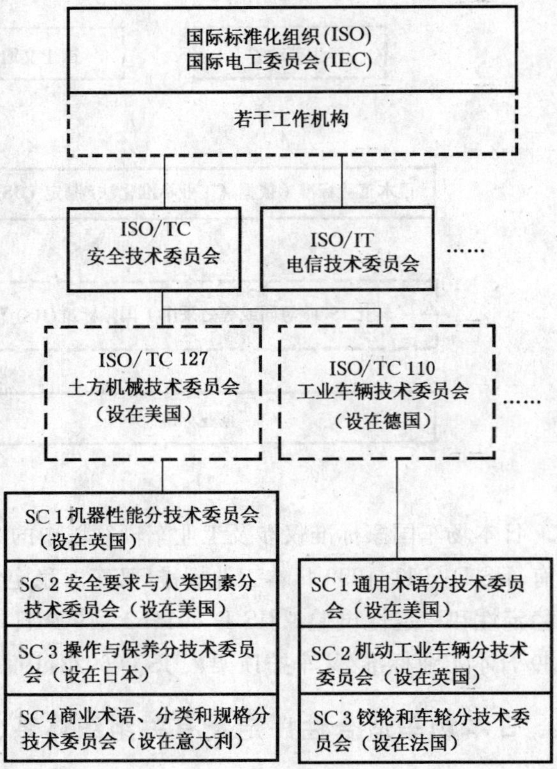

国际标准化组织(ISO)
国际电工委员会(IEC)

若干工作机构

ISO/TC
安全技术委员会

ISO/IT
电信技术委员会

……

ISO/TC 127
土方机械技术委员会
(设在美国)

ISO/TC 110
工业车辆技术委员会
(设在德国)

……

SC 1 机器性能分技术委员会(设在英国)

SC 2 安全要求与人类因素分技术委员会(设在美国)

SC 3 操作与保养分技术委员会(设在日本)

SC4 商业术语、分类和规格分技术委员会(设在意大利)

SC 1 通用术语分技术委员会(设在美国)

SC 2 机动工业车辆分技术委员会(设在英国)

SC 3 铰轮和车轮分技术委员会(设在法国)

图 47-8

二、场(厂)内机动车辆主要标准

1. 涉及机动工业车辆的主要标准

(1) 有关产品族的安全要求

ISO 3691:1980 机动工业车辆安全规范

ISO 15870:2000 机动工业车辆 安全标志和危险图示 一般原则

ISO 6292:1996 工业用电动搬运小车和拖车 制动性能及制动部件的强度

ISO 1044:1993 工业车辆 电动牵引用铅酸蓄电池有限选用的电压

ISO 6055:1997 乘驾式高起升车辆 护顶架规范和试验方法

(2) 有关具体产品的专项安全要求

ISO 1074:1991 平衡重式叉车稳定性试验

ISO 3184:1998 前移式和叉腿式叉车稳定性试验

ISO 5766:1990 托盘堆垛车和高起升平台车稳定性试验

ISO 10658:1996 在特定堆垛条件下工作并通过动力装置 横向移动载荷的工业运货车 附加稳定性试验

ISO 13562.1:2000 伸缩臂式工业车辆 第 1 部分:稳定性试验

ISO 13562.2:2001 伸缩臂式工业车辆 第 2 部分:6m 及以上长度货用集装箱叉车 附加稳定性试验

ISO 13563.1:2001 侧面式叉车 第 1 部分:稳定性试验

ISO 13563.2:2001 侧面式叉车 第 1 部分:6m 及以上长度货用集装箱叉车 附加稳定性试验

ISO 15794:2001 两向或多向叉车稳定性试验

ISO 13562-1:2000 伸缩臂式工业车辆 第 1 部分:稳定性试验

ISO 13562-2:2001 伸缩臂式工业车辆 第 2 部分:长度≥6m 货物集装箱搬运车 附加稳定性试验

ISO 2328:1993 叉车 挂钩型货叉和叉架 安装尺寸

ISO 2330:2002 叉车货叉技术要求和试验

2. 涉及建筑机械与施工设备的主要标准

ISO 3864-1:2002 安全颜色和安全标志

ISO 9244:1995 土方机械 安全标志和危险图示 通则

ISO/DIS 13766:1999 土方机械 电磁兼容性

ISO 6393:1998 声学 土方机械 定置试验条件下机外辐射噪声的测定

ISO 6394:1998 声学 土方机械 定置试验条件下司机位置处噪声的测定

ISO 3450:1996 土方机械 轮胎式机械 制动系统的性能要求和试验方法

ISO 3449:1992 土方机械 落物保护结构 实验室试验和性能要求

ISO 3471:1994　土方机械　翻车保护结构　实验室试验和性能要求

ISO 3457:2003　土方机械　护板和护罩　定义和技术要求

ISO 3795:1989　路面车辆和拖拉机　农林用机器　内饰材料燃烧性能的测定

ISO 5006-1:1991　土方机械　司机视野　第 1 部分:试验方法

ISO 5006-2:1993　土方机械　司机视野　第 2 部分:评定方法

ISO 5006-3:1993　土方机械　司机视野　第 3 部分:准则

ISO 5010:1992　土方机械　轮胎式机械的转向能力

ISO 6014:1986　土方机械　行驶速度的测定

ISO 6405-1:1991　土方机械　司机操纵和其他显示符号　第 1 部分:通用符号

ISO 6405-2:1993　土方机械　司机操纵和其他显示符号　第 2 部分:机器工作装置和附件的特殊符号

ISO 6682:1986　土方机械　舒适的操作区域和操纵装置的可及范围

ISO 6683:1981　土方机械　座椅安全带及其固定器

ISO 7096:2000　土方机械　司机座椅　振动的实验室测定

ISO 8643:1997　土方机械　液压挖掘机和挖掘装载机动臂下降控制装置　性能要求和试验方法

ISO 10263-4:1994　土方机械　司机室内环境　第 4 部分:司机室的换气、采暖和(或)空调试验方法

ISO 10264:1990　土方机械　钥匙锁起动系统

ISO 10567:1993　土方机械　液压挖掘机　起重能力测试方法

ISO 10570:1992　土方机械　铰接车架锁紧装置的性能要求

ISO 10968:1995　土方机械　司机操纵装置

ISO 12509:1995　土方机械　照明、信号和标志灯以及反射器

ISO 14397-1(2):2002　土方机械　装载机和挖掘装载机　第 1 部分:额定工作性能和验证计算倾翻载荷的试验方法

第四十八章　场(厂)内机动车辆标准法规简介

第一节　中国场(厂)内机动车辆标准法规

一、法规

国务院2004年6月颁布的《国务院对确需保留的行政审批项目设定行政许可的决定》(国务院令第412号),明确了对场车实行行政许可制度,由县级以上安全监察机构负责组织实施,同时,明确提出对场车设计、制造、使用、维修改造和检验环节进行监管。

二、行政规章

国质检锅[2003]172号关于印发《特种设备行政许可实施办法(试行)》的通知,明确了机电类特种设备的8种许可制度,并规定了许可权限和方式。国质检锅[2003]174号关于印发《机电类特种设备制造许可规则(试行)》的通知,明确规定了机电类特种设备实施制造许可的范围、条件、程序和方法;其中场车的监管范围为牵引车/推顶车、搬运车、装载机、挖掘机、挖掘装载机、铲运机和进口厂内机动车辆,由国家质检总局直接管理制造许可工作。国家质量技术监督局第13号令《特种设备质量监督与安全监察规定》中有关进口产品实施型式试验方式进行制造许可等条款仍适用于场车。

三、主要标准及内容要求

1. 设计制造要求

(1) 机动工业车辆

GB 10827—1999是我国机动工业车辆安全的主体标准与防爆等其他专项标准构成了安全标准体系。该标准规定了“用来搬运、推顶、牵引、起升、堆垛或码放各种货物的动力驱动的机动工业车辆在制造、使用、操作和维护方面的安全要求”。

该标准及其引用标准对的对机动工业车辆设计制造方面的要求基本不涉及材料和制造工艺,主要为产品安全功能与特性、使用和维护方面的要求,有关设计、制造的要求主要包括以下内容:

1) 标牌:工业车辆铭牌、可卸属具的铭牌、电动车辆蓄电池铭牌、特殊作业条件用的信息铭牌。

2) 稳定性:不同结构产品分别提出稳定性试验要求。

3) 制动器:行驶制动控制和停车制动要求。

4) 运行方向控制:车辆前端和车辆运行方向、操纵手柄、操作控制和其他显示符号。

5) 控制符号:意外的开动、载荷移动控制。

6) 对动力和附件的要求:行驶、燃油箱、燃油系统、对使用液化石油气内燃车辆的附加要求、液压起升系统、液压倾斜系统、液压回路、防止不希望发生的油回流、滤油器、蓄能构件、冷却系统。

7) 用于起升、倾斜及其他动作的装置和附件:挂钩型货叉、挡货架和货叉架、起升链和钢丝绳、工作属具。

8) 保护装置:车轮和车轮甩出物保护、充气轮胎用分开式轮辋的车轮、报警装置、锐边和棱角、接近发动机室、防止烧伤、防止挤压、剪切和夹注、过压保护、最低标记(警告符号或文字方式表明轮胎气压、注油部位)、(工业车辆的)运输。

9）人机工程学与其他因素：驾驶室、司机座椅、驾驶台、辅助操作台、耳边噪声、照明。

其他特殊要求：司机控制的工业牵引车、设计和制造要求、工业轨道式车辆和载人工业自动化功能设计与制造要求、高架仓库用叉车安全技术要求、在有潜在的可燃性气体和粉尘环境下作业的工业车辆的专门安全技术要求。

(2）建筑机械和施工设备

我国规范该类机械设备安全的主体标准是 JB 6030—2001《工程机械通用安全技术要求》和 JB 6028—1998《土方机械　安全标志和危险图示　通则》与 GB 16710.1—1996《工程机械噪声限值》等其他专项标准构成建筑机械和施工设备安全的标准体系。

JB 6030—2001 标准规定了工程机械产品在设计、制造、使用与维护等方面基本的安全技术要求。适用于推土机、装载机、挖掘机、挖掘装载机、铲运机和平地机。

1）一般安全要求

① 工程机械产品应能满足预期物理和化学方面的各种性能要求，而不应产生任何危险。

② 工程机械产品应采用安全技术措施，防止可能出现的超载、材料缺陷或其他损伤而产生的危险。工程机械产品上应采用 JB/T 3249 规定的护板和护罩。

③ 工程机械产品上各检修部位的最小人口尺寸应符合 GB/T 17299 的规定，通道装置应符合 GB/T 17300的规定。

④ 工程机械产品上安装司机座椅时，座椅的舒适性要求应符合 GB/T 8419 的规定。

⑤ 工程机械产品的噪声限值应符合 GB 16710.1 的规定。

⑥ 工程机械产品上设置的安全标志应符合 JB 6028 的规定。

2）专项安全要求

主要包括以下内容：

① 对驾驶员保护结构的要求；

② 对发动机与传动系的要求；

③ 对气、液压系统的要求；

④ 对照明、报警与电气系统的要求；

⑤ 对司机室、操纵装置与制动系统的要求(见表 48-1，表 48-2)。

表 48-1

操纵力/N	<150	>150
最小净宽距/mm	>25	>50

表 48-2

踏板位置	踏板前方	踏板两侧
最小净宽距/mm	>100	>50

轮胎式工程机械制动系统的性能要求和试验方法应符合 JG/T 48 的规定。

场车噪声应符合 GB 16710.1—1996《工程机械噪声限值》的规定。见表 48-3。

表 48-3

标定功率 N_{ed}/kW	声功率级/dB(A)/lpW	标定功率 N_{ed}/kW	声功率级/dB(A)/lpW
$N_{eb}\leqslant 40$	<106	100～130<N_{eb}	<116
40～50<N_{eb}	<108	130～160<N_{eb}	<118
50～65<N_{eb}	<110	160～200<N_{eb}	<120
65～80<N_{eb}	<112	200～250<N_{eb}	<122
80～100<N_{eb}	<114	250～350<N_{eb}	<124

2. 使用(改造)要求(只适用于机动工业车辆)

(1) 对用户的操作安全规则

所谓用户是指车辆的所有者或承租的个人或企业。

1) 驾驶员的资格。机动工业车辆的驾驶员必须经过培训并通过考核取得操作证。

2) 车辆在易燃、易爆环境中作业。只有得到国家权利机关的认可并获得可在易燃、易爆环境中作业许可证的机动工业车辆,才可以在此环境下作业。这类车辆必须清楚地用适当的类型符号标明,有关的建筑物或场地也必须同样标明。建筑物或场地环境状况的分类必须由用户与国家有关权利机关商定。

3) 乘客。除了备有乘客专座外,车辆不得载客。禁止乘客登在起升机构或属具上,但规定允许的情况除外。

4) 车辆的使用。车辆能力和标牌的更改。车辆在使用时不得超过制造厂规定的额定能力。未经制造厂批准,不得进行任何设计上的修改,也不得在车上附加任何物体,以免影响车辆的能力和作业安全。由于采用附属装置而引起的修改,不得降低安全性并符合本规范的要求。采用了附属装置后,车辆的能力、操作和维修指示牌、标签或图案也必须作相应更改。用户必须确保所有的标牌和标志都在规定的位置上,保持字迹清晰。

5) 稳定性。用户应注意关于车辆在作业条件下的稳定性条款。在正确操作时,符合规定的高起升车辆是稳定的;但不正确的操作或错误的保养可能使车辆产生不稳定状态;可能影响稳定性的因素是地面和地板的情况、坡度、车速、载荷、蓄电池重量、动态力和静态力以及驾驶员所受的判断训练情况;车辆作业时如与规定的正常作业条件不同时,必须按要求减少载荷;装有属具的车辆无载作业时,应视为部分承载。

6) 防护要求和保护装置。车辆必须涂有与周围环境有明显区别的颜色;乘驾式高起升车辆必须安装护顶架,在载荷不会掉落到驾驶员身上的场合可以例外;用高起升车辆搬运可能会掉落危及驾驶员人身安全的载荷(如高的或多件堆叠货物)时,必须采用具有足够高度、宽度以及开口尺寸足够小的挡货架以防整个载荷或部分载荷掉到驾驶员身上;在需要表示作业状态时,车辆必须附加警示装置,如灯光或闪光灯;只有在制造厂允许的情况下,才允许在原来不带把手的方向盘上安装转向把手。

7) 燃料搬运和储存。车辆必须在规定的地点加燃料。燃料站必须设有通风口,以使可燃气体的积累减至最少;在露天坑、地道人口、电梯井道或其他类似场合附近不得灌注液化石油气和更换可拆式液化石油气容器;在加燃料地区禁止吸烟,并用标牌警告;如果液体燃料不是由管道输送的,那么必须以密闭容器搬运。

只有经过培训和指定的人员才允许灌注或更换液化石油气容器;储存和搬运液化石油气容器时,必须关紧灌注阀,并且安全阀必须直接与容器的汽化空间相通;容器储存时,在连接口上必须拧上保护盖;在灌液和/或重新使用之前,必须检查容器,以确保不漏气。尤其注意阀和连接部位不得漏气;已损坏的容器不得使用,只有得到批准的企业才可以修理液化石油气容器。

8) 蓄电池充电和更换。蓄电池充电站必须设置在指定的区域内。充电站必须备有用于冲洗和中和溢出电解液的设备、消防设施、防止车辆损坏充电装置的措施和驱散从蓄电池中所排出气体的适当通风设施。在充电区域内禁止吸烟并用标牌警告。只有经过培训和得到批准的人员才允许更换蓄电池或为蓄电池充电。蓄电池维修人员必须穿防护服。所有的蓄电池更换工作必须按制造厂的说明书进行。在重新安装蓄电池时,必须采取措施使蓄电池正确连接、定位和固定。不得在无盖的蓄电池顶部放置工具和其他金属物品。

未得到专门的批准(例如指车辆制造厂),电动车辆不得换用不同电压、重量或尺寸的蓄电池。必须采用制造厂规定的蓄电池。必须备有安全更换蓄电池的装置。使用起重设备起吊蓄电池时必须使用绝缘吊杆。如采用环链葫芦,必须配备链条箱。如采用手拉葫芦,无盖的蓄电池必须用一层胶板或其他不导电材料加以覆盖,以防链条与蓄电池单格间的连接线或接线端子短路。

9) 失效或损坏的车辆。如果发现机动工业车辆存在不安全因素,必须停止使用并撤离现场。经过维修恢复安全状态后,才可重新投入使用。

10）事故。一旦发生事故，例如人员伤害，车辆对建筑物或设备的损坏，首先要组织抢救，尽可能保护事故现场，并立即向主管人员报告。

11）作业条件。标准对于场车作业的通道和堆垛场地、跳板或过渡板、灯光、在作业区必须有足够照度的灯光、车辆的起吊、车辆的同步使用、电梯(升降机)、在公路车辆(拖车)和铁路车辆上作业等均规定了详细的要求。

(2) 对驾驶员的操作安全规则

机动工业车辆的安全作业在很大程度上取决于驾驶员对车辆的操纵方式。适用于驾驶员的安全规则有以下几个主要方面的要求。

1）一般规则

①只有经过培训并通过考核取得操作证的人员，才允许驾驶机动工业车辆。②机动工业车辆不得载客，除非其上专门配备了可供乘客乘坐的设施。③驾驶员必须特别注意作业环境，包括在附近的其他人员以及固定的或移动的物体，且必须随时提防行人；无论车辆起升部件有无载荷，必须禁止任何人通过或站在车辆起升部件下面；发生人员、建筑物、结构或设备事故必须立即向有关人员汇报；驾驶员未经批准不得修改、增加或拆除车辆零件以免影响车辆性能。④除了已由车辆制造厂装上的以外，不得在车辆方向盘上附加或安装手把。⑤驾驶员必须在车辆的使用范围内使用车辆。用乘驾式高起升车辆进行高堆垛作业、搬运高的或多件叠装的单元货物时，必须使用带有护顶架和挡货架的车辆。用步行式车辆进行高堆垛作业、搬运高的或多件叠装的单元货物时，必须使用挡货架。

2）载荷搬运(起升或堆垛)规则

标准明确规定了以下安全作业要求：载荷工业车辆或工业车辆与属具的联合体(当装有属具时)只允许搬运不大于其额定起重量的载荷。装有属具的工业车辆的起重量可能小于属具标牌上标出的能力。对于载荷的拣取和放下、堆垛和拆垛等典型工况的安全作业明确提出了要求。

3）运行(驾驶)规则

① 一般规则：

驾驶员必须沿通道的右侧驾驶车辆，驾驶员必须能清楚地看到运行的道路，并注意其他车辆、行人及安全间距。驾驶员必须遵守一切交通规则，包括厂内规定的车速限制。必须与前面运行的车辆保持一定的安全距离。驾驶员必须时刻以认真负责的态度驾驶车辆。禁止突然起步、停车及高速转弯。除作业状况要求外，在车辆起步时方向盘不应处于极限位置。如果需在极限位置起步，则应小心操作。在车辆运行时载荷或承载装置必须保持在运行高度，若有可能，车辆运行时应后倾载荷。除堆垛作业外，不得起升载荷。此规定不适用于专门设计的可带着起升载荷运行的车辆。在运行(即运输)状态时，如果载荷有碍视线，那么当车辆运行时，载荷必须位于车辆运行方向的后方。

② 行驶规则：

该标准对于车速、通过间隙、在公路车辆和铁路车辆上作业、在跳板或过渡板上运行、车辆在电梯(升降机)中使用、停车等特殊工况下的安全作业明确提出了具体要求。

4）驾驶员维护车辆规则

① 一般规则：

使用车辆之前，必须检查车辆的技术状况。依据车辆的型式不同，必须特别注意一些特殊部位如：燃油系统、警示装置、动力系统、制动器、转向机构、灯光、车轮以及充气胎气压(即充气式)和起升系统(包括起升链条、钢丝绳、限位开关和液压缸)。如发现车辆需要修理，或在作业期间缺陷有所发展，则必须立即向指定上级报告。除了专门批准外，驾驶员不得自行修理或调整车辆。燃油系统有渗漏的车辆，未经修复不得使用。

② 加燃料：

加燃料前必须关闭发动机，制动车辆，驾驶员必须离开车辆。在加燃料时禁止明火和吸烟。

使用液体燃料(如汽油和柴油)的车辆必须在指定地点加燃料，在取走加油设备、盖好加油口盖和清除外溢燃料之前，发动机不得起动。

液化石油气燃料(液化石油气)只有经过培训和指定的人员才可灌注或更换液化石油气容器。负责灌注液化石油气的人员必须穿防护服(即长袖服和手套)。固定式液化石油气容器的灌注和可拆式液化石油气容器的灌注或更换,必须在指定的地点进行。在运输或搬运液化石油气容器时必须小心,容器不得掉落,也不得被抛扔、滚动或拖拉。如果一次需要运送几个容器,则必须使用适当的搬运装置。液化石油气容器不得过量灌注。在灌注燃料前必须关闭发动机,制动车辆,驾驶员必须离开车辆。

在检查渗漏时必须使用肥皂液。

液化石油气驱动的车辆不得停靠在热源、明火或类似的点火源旁边,也不得靠近露天坑、地下通道人口、电梯井道或其他类似地区,也不得在上述地区更换可拆式液化石油气容器。

所有液化石油气容器在灌注燃料之前以及所有的可拆式液化石油气容器在重新使用之前,都必须检查是否有下列缺陷或损坏:

a) 压力容器的凹痕、划伤和沟槽;

b) 各种阀和液位计的损坏;

c) 安全阀中的碎屑;

d) 安全阀帽的损坏或丢失;

e) 在阀或螺纹连接处的渗漏;

f) 在灌注或供气连接处的挠性密封变质、损坏或丢失。

如发现上述缺陷和/或损坏,此容器未经修复不得继续使用。

液化石油气驱动的车辆要停车过夜,或在室内停放较长时间而液化石油气容器仍留在车上时,必须关闭该容器的供气阀。

③ 蓄电池充电和更换:

所有蓄电池充电和更换必须由经过培训和指定的人员按蓄电池或车辆制造厂的说明书进行。通常可指定驾驶员担任。在为蓄电池充电或更换蓄电池之前,车辆必须正确定位并制动。充电时,排气帽必须处在正确位置上以防电解液溅出,并确保通气孔有效。打开蓄电池(或隔间)的盖以放出气体和散去热量。在蓄电池充电区域内必须采取措施以防出现明火、火花或电弧。工具或其他金属物品必须远离未加盖的蓄电池顶部。蓄电池上部应保持干燥,接线端子应保持清洁,涂上少许凡士林并正确拧紧。未经批准不得使用不同电压、重量或尺寸的蓄电池代替原电动车辆上的蓄电池。重新安装蓄电池时,蓄电池必须放在车辆的正确位置上。禁止用明火检查蓄电池的电解液液面。取用酸坛中的溶液时,必须使用酸坛倾斜装置或虹吸管。稀释浓硫酸配制电解液时,只允许把浓硫酸加入水中,而不得把水加入浓硫酸中。禁止吸烟。

3. 维护

机动工业车辆能否满意地使用,取决于细心的维护。忽视维护时,车辆便可能危及人身安全和损坏财物。

(1) 维护项目

所有的机动工业车辆必须根据计划日程,按照下列项目,特别是按制造厂提供的维护说明书进行防护性检查、润滑、保养和维修。只有专业维修人员,才允许对工业车辆进行检查、维护、调整和修理。

1) 制动器、转向机构、操纵机构、警示装置、灯光、调节器和起升过载保护装置必须保持在安全作业状态。

2) 起升和倾斜机构的所有部件及构件必须定期检查,并保持安全作业状态。

3) 安全防护架和安全装置必须定期检查,并保持安全作业状态。

4) 所有的液压系统都必须定期检查和维护。必须检查油缸、阀和其他类似部件,以确保内漏和外漏不会发展到危险的程度。

5) 必须检查和维护蓄电池、电动机、控制器和接触器、限位开关、保护装置、导线和接插件,使其处于良好状态。特别要注意电气绝缘状态。

6) 必须检查内燃车辆的排气系统、汽化器的调节器、蒸发器和燃油泵是否有损坏和渗漏。

注意:内燃机在封闭场所维护作业时,会产生有害物质。建议此时应采取足够的通风。

7) 必须检查充气轮胎的踏面、侧面和轮辋的损坏程度。必须使轮胎保持在制造厂规定的气压,从对开式轮辋上拆卸充气轮胎之前,必须预先释放轮胎内的气体。

8) 必须检查实心轮胎和金属轮箍或轮辋的粘接情况。必要时,应清除轮胎踏面的杂质。

9) 必须确保所有的标牌、指示牌和标签(图案)字迹清晰。

10) 必须检查燃油系统有无渗漏及所有配件是否完好。液化石油气系统必须用肥皂液进行渗漏检查。燃油系统有渗漏时,车辆必须离开作业现场,只有将所有的渗漏处修补完好之后,车辆才能重新投入使用。

所有液化石油气容器重新灌注燃料前以及所有的可拆式液化石油气容器在重新使用前均必须检查是否有下列缺陷或损坏:

① 凹痕、划伤和沟槽;

② 各种阀和液位计的损坏;

③ 安全阀中的碎屑;

④ 安全阀帽的损坏或丢失;

⑤ 阀和螺纹连接处的渗漏;

⑥ 在灌注或供气连接处挠性密封的变质、损坏或丢失。

如发现上述缺陷和/或损坏,此容器未经修复不得继续使用。

11) 未经制造厂批准,不得进行任何设计上的修改,也不得在车上附加任何物体,以免影响车辆的能力和作业安全。此时标牌和说明书上的内容也必须作相应更改。

12) 设计用于危险场合和被批准用于危险场合的专用车辆或设备,必须加以特别注意,确保在维护后能保持车辆原有的安全作业性能。

13) 所有更换的零件必须是原型的零件,或至少与原车辆中零件的质量相同。

14) 工业车辆必须保持清洁以防失火,及时发现松动或有缺陷的零件,保持起升装置和承载装置、踏板、脚蹬和车辆地板清洁,无油脂、油污和脏物等。

(2) 检查

1) 如经检查发现车辆存在任何可成为安全隐患的缺陷、磨损或损坏,则必须采取有效的措施,修复后车辆才能重新投入使用。

2) 应遵照计划日程对车辆进行防护性维护、润滑和检查。对要求记录的数据必须保存好。

第二节　美国场(厂)内机动车辆标准法规

一、场车法规内容介绍

美国涉及场车的主要法规是由联邦环保署(EPA)制定发布的 Tier,对于非公路用机动设备排放,按照不同功率要求达标的时间表,指标水平与欧洲和日本的水平相当。其内容要求见表 48-4。

二、场车主要标准内容介绍(涉及机动工业车辆)

ASME 56.9—1992《司机控制的工业牵引车的安全标准》是为数不多的美国重要场车标准之一,其内容结构和要求具有代表性。该标准对于设计制造、使用(改造)和维护环节的安全要求作出了详尽的规定,科学性和操作性均较好。主要内容有:

1. 设计与制造

(1) 定义

拉杆牵引力:拉杆牵引力的测定是基于水平,干燥的地面,具有与驱动和制动轮最小为 0.6 的摩擦系数。如果适用的话,所使用蓄电池的重量和尺寸应该在车辆铭牌上所申明的范围内。

表 48-4 美国联邦环保署非公路机动设备排放标准 Tier 1-Tier 3

克/千瓦小时(克/制动马力小时)

发动机功率	排放标准	实施年份	一氧化碳	碳氢化合物	非甲烷碳氢化合物＋氮氧化物	氮氧化物	颗粒物
kW＜8 (hp＜11)	Tier 1	2000	8.0(6.0)	—	10.5(7.8)	—	1.0(0.75)
	Tier 2	2005	8.0(6.0)	—	7.5(5.6)	—	0.80(0.60)
8≤kW＜19 (11≤hp＜25)	Tier 1	2000	6.6(4.9)	—	9.5(7.1)	—	0.80(0.60)
	Tier 2	2005	6.6(4.9)	—	7.5(5.6)	—	0.80(0.60)
19≤kW＜37 (25≤hp＜50)	Tier 1	1999	5.5(4.1)	—	9.5(7.1)	—	0.80(0.60)
	Tier 2	2004	5.5(4.1)	—	7.5(5.6)	—	0.60(0.45)
37≤kW＜75 (50≤hp＜100)	Tier 1	1998	—	—	—	9.2(6.9)	—
	Tier 2	2004	5.0(3.7)	—	7.5(5.6)	—	0.40(0.30)
	Tier 3	2008	5.0(3.7)	—	4.7(3.5)	—	—1)
75≤kW＜130 (100≤hp＜175)	Tier 1	1997	—	—	—	9.2(6.9)	—
	Tier 2	2003	5.0(3.7)	—	6.6(4.9)	—	0.30(0.22)
	Tier 3	2007	5.0(3.7)	—	4.0(3.0)	—	—1)
130≤kW＜225 (175≤hp＜300)	Tier 1	1996	11.4(8.5)	1.3(1.0)		9.2(6.9)	0.54(0.40)
	Tier 2	2003	3.5(2.6)	—	6.6(4.9)	—	0.20(0.15)
	Tier 3	2006	3.5(2.6)	—	4.0(3.0)	—	—1)
225≤kW＜450 (300≤hp＜600)	Tier 1	1996	11.4(8.5)	1.3(1.0)		9.2(6.9)	0.54(0.40)
	Tier 2	2001	3.5(2.6)	—	6.4(4.8)	—	0.20(0.15)
	Tier 3	2006	3.5(2.6)	—	4.0(3.0)	—	—1)
450≤kW＜560 (600≤hp＜750)	Tier 1	1996	11.4(8.5)	1.3(1.0)		9.2(6.9)	0.54(0.40)
	Tier 2	2002	3.5(2.6)	—	6.4(4.8)	—	0.20(0.15)
	Tier 3	2006	3.5(2.6)	—	4.0(3.0)	—	—1)
kW≥560 (hp≥750)	Tier 1	2000	11.4(8.5)	1.3(1.0)	—	9.2(6.9)	0.54(0.40)
	Tier 2	2006	3.5(2.6)	—	6.4(4.8)	—	0.20(0.15)

1)未采用，发动机必须满足 Tier 2 颗粒物标准

最大拉杆牵引力：以磅(牛顿)为单位，应由制造商定义为在上述的条件下，在特定的连接器高度上，当以 44 英尺/分(0.22m/s)的最低速度运行时测定的，至少持续 30s。

连续额定拉杆牵引力：是最大连续牵引力，以磅(牛顿)为单位，可以在额定载荷条件和规定试验条件下持续。额定拉杆牵引力试验应按下列规定进行：

1）试验条件

① 跑道表面；

② 一列拖车组加载到预计的拉杆牵引力，等于连续额定拉杆牵引力；

③ 一列拖车组加载到预计的拉杆牵引力，等于连续额定拉杆牵引力的 10%。

2）试验方法

① 60%的总试验时间，车辆将牵引试验载荷；

② 试验循环的组成为：

a) 行驶200英尺(61m),拖车载荷(100%);

b) 行驶200英尺(61m),拖车载荷(10%);

c) 车辆在每次行驶中都应加速到最大档位速度,载荷每小时至少循环6次;

d) 持续试验直到部件达到稳定的温度范围,持续至少1h。

3) 除上述试验外,也可以进行替代的额定拉杆牵引力测试,以适应用户操作。

(2) 安全技术要求

该标准对于牵引车的铭牌与标记、转向装置、转向要求、行车(脚)制动系统的性能、方向操纵杆上的标记、行驶操纵杆(电动牵引车,坐驾)、行驶操纵杆(电动牵引车,站驾)、行驶操纵杆(内燃牵引车,坐驾)、行驶操纵杆(内燃牵引车,站驾)、行驶操纵杆(电动手扶和手扶/驾乘式牵引车)、报警设备、对轮胎飞溅的防护、对运动零件的防护、踏板和平台的表面等10个方面的危险要素提出了设计制造应遵循的安全准则。

2. 使用(改造)

(1) 一般安全措施

如果使用或维护不当,牵引车会引起伤害,可适用于牵引车操作的广泛安全标准,只有经过严格坚持上面叙述的操作规程培训的授权驾驶员才能允许操作牵引车。不寻常的操作环境可能需要额外的安全防范和特殊的操作规程。

(2) 安全使用规则(适用用户)

该标准对于下述使用情况下,用户应当遵循的安全原则作出了详尽的规定:

1) 改装,铭牌,标记与负荷

2) 停车距离

3) 燃料的搬运与保存

4) 危险部位

5) 通道和障碍物

6) 作业场地的照明

7) 有害气体和烟尘的控制

8) 噪声

9) 报警设施

10) 牵引车的搬运

11) 转向

12) 驾驶员资格(只有经过培训并取得资格的人员才能被允许操作牵引车。牵引车的司机应该在视力,听力,体力和智力上有能力安全地操作设备)

13) 驾驶员培训

(3) 操作安全规程和措施(适用驾驶员)

1) 驾驶员职责

① 安全操作是司机的职责。

② 该设备如果使用不当是危险的。司机应该养成安全操作的习惯,并意识到有危险的环境,以便做好对自身,其他员工,牵引车和其他材料的防护。

③ 司机在承担驾驶牵引车之前应该熟悉牵引车的操作和各控制手柄的功能以及仪器。

④ 在驾驶任何牵引车之前,牵引车司机应该阅读并熟悉将要操作的特定牵引车的操作手册,他们也应该遵守有关安全规则。

2) 启动前的安全规则

标准对于牵引车启动之前的驾驶员预备动作、车辆整备状态及各操纵杆位置、作业区环境适宜性(照明、不阻碍通道)和不准擅自加装改装牵引车等方面作出了详尽的规定。

3) 行驶

① 遵守所有交通规章,包括经审定的厂内速度限制。在正常交通情况下,靠右行驶。与前车保持基

于行驶速度的安全距离，保持牵引车随时在掌控之下。

② 给行人和紧急车辆，如救护车和消防车，让路。

③ 不要在交叉路口，盲点，或其他危险处超越同向行驶的其他车辆。

④ 在交叉的过道和其他视线受到阻碍的地方减速并鸣笛。

⑤ 尽可能以直角穿越铁路轨道。不要在离最近铁轨 6 英尺(1.8m)之内停放。

⑥ 总是面向行驶方向。保持对行驶道路清楚的视线，观察其他车辆，人员和安全距离。

⑦ 谨慎而缓慢地上、下坡。上、下坡时尽可能避免转弯，并对于坡道、斜面或舷梯给予特别的注意；上、下坡时垂直直线行驶。

⑧ 在所有运行条件下，操作牵引车以这样一种速度行驶，该速度允许牵引车以安全的方式停车。

⑨ 平稳地起步、停车、转弯或倒车，以便不致使载荷移动。

⑩ 不要沉湎于特技驾驶或玩笑。在潮湿和光滑的路面减速。在开上跳板或过桥前，确认其经过良好的固定。不要将牵引车开上任何提升机，除非经过特殊批准。避免碾过车道表面上松动的物体。通过转弯处时，把速度降低到与行驶环境协调的安全水平，平稳地以摆动的方式转动手动转向机构。

4）司机对于牵引车的维护

① 每班的开始，在操作牵引车之前，检查其状态，特别注意下列问题：

a）轮胎和充气轮胎的充气压力；

b）报警和安全装置；

c）灯具；

d）蓄电池；

e）控制杆；

f）制动器；

g）转向机构；

h）燃料系统；

i）连接器。

② 如果牵引车被发现需要修理或有任何不安全，或对安全有负面影响，问题应立即向用户的指定机关报告，牵引车在被恢复到安全运行状态之前不得行驶。

③ 牵引车在运行期间以任何方式变得不安全了，问题应立即向用户的指定机关报告，牵引车在被恢复到安全运行状态之前不得行驶。

④ 除非经明确授权，不要做修理或调整工作。

⑤ 当添加燃料时，发动机应熄火，牵引车上不得有人。

⑥ 燃料或油料的溢出应仔细地吸收或蒸发干净，在启动发动机前把油箱盖好。

⑦ 在检查蓄电池电解液的液面，燃料箱的液面，或 LPG(液化石油器)的管路与接头的状态时，不要使用明火。

3. 维修

(1) 维修准备

如果忽视维修，或修理、翻新、调整没有按照制造商的设计标准来进行的话，牵引车的运行就可能有危险。因此，应该提供维修设施(备品、备件)，训练有素的人员和详细的维修保养工艺。

1）零件手册和维修手册可以从牵引车制造商那里获得。

2）在手册没有覆盖的异常情况下，向牵引车的制造商咨询。

(2) 维修实施

所有牵引车的维修与检查的进行应该与制造商和用户的维护规则一致，并遵循下列惯例：

1）应遵循定期的计划保养、润滑和检查体系。

2）只有经过培训和授权的人员允许，遵照制造商的说明，维护、修理、调整和检查牵引车。并特别注意以下事项：

① 在开始检查和修理牵引车之前：

a) 升起驱动轮脱离地面，脱开电池，或采用楔子或其他实际的能使牵引车定位的装置；

b) 在切断汽油机等依靠重力供油的发动机驱动的牵引车的燃油系统的任何部分之前，采取预防措施，消除任何无意燃油泄漏的可能性；

c) 在切断液化石油气驱动的牵引车燃料系统的任何部分之前，关闭液化气瓶的阀门并运转发动机直到系统中的燃料耗尽停车为止。如果发动机不能运转，关闭液化气瓶的阀门，在无危险的区域排出燃料；

d) 在电气系统上工作前断开电池；

e) 充电插头应只能插入电池连接器，决不能插入牵引车连接器。

② 开始操作牵引车之前应该：

a) 进入操作(驾驶)位置；

b) 对装备人力变速箱的牵引车踩开离合器，对装备动力换档或自动档传动系统的牵引车和电动牵引车则施加制动；

c) 将方向杆置于空挡位置；

d) 启动发动机，或将电动牵引车的开关置于"开(接通)"的位置；

e) 检查方向与速度控制杆、转向、报警设施和制动器的作用。

③ 在离开牵引车之前：

a) 停止牵引车；

b) 将方向杆置于空挡位置；

c) 施加停车制动；

d) 停止发动机或切断电源；

e) 关闭钥匙或点火线路；

f) 如果牵引车必须停留在斜坡上，塞好轮子。

④ 避免火灾风险，使工作现场有防火设备。在检查燃料液面或泄漏、或电解液或冷却液状态时，不要使用明火。不要使用开口的油盘或可燃性清洁液来清洗零件。

⑤ 制动器、转向机构、操纵机构、报警装置、灯具、调速器、防护与安全装置、悬挂部件、车体构件和连接器(挂钩)应定期仔细检查，并保持其安全运行状态。

⑥ 特殊设计准予在危险区域工作的牵引车或设备应特别关注，确保维护能保持其最初得到批准的安全工作特性。

⑦ 牵引车制造商给出的额定能力，操作和保养提示牌，标签或贴纸都应该保持清晰可见。

⑧ 只有经制造商事先书面许可，影响负载能力和牵引车安全运行的改装和加装才能实施。负载能力，操作和维修指令牌，标签或贴纸，都应作相应的更改。

⑨ 当拆卸轮胎时，遵循工业安全常规。最重要的是，在拆卸前先对充气轮胎完全放气。把轮胎装上多片轮缘之后，当充气时使用安全笼或约束装置。

⑩ 为电动牵引车更换蓄电池时，安装的蓄电池的工作重量应该落在制造商铭牌上规定的最小与最大值的范围之内。

第三节　欧盟场(厂)内机动车辆标准法规

一、主要法规内容要求

1. 98/37/EC《关于统一各成员国有关机械法律的欧洲议会和欧洲理事会指令》

该指令是适用场车的最主要的技术法规之一，该指令规定了指令的适用范围、合格评定程序、有关机械设备及安全零件的设计和制造的健康与安全基本要求、制造商或其在欧洲共同体内的授权代表的声明内容、单独投放市场的安全零件的EC合格声明内容、必须由指定官方机构实施合格评定程序的机械设备和安全零件的类型(指令中附录Ⅳ)、附录Ⅵ EC型式检验、多个成员国指定机构时应依据的最低要求准则。主要涉及设计、制造和检验环节,而未对使用、维修、改造环节提出安全技术要求。

其主要内容为:

(1) 指令适用范围

1) 机械设备是指:

① 若干部件或零件连接在一起的组合装置,其中至少有一个零部件通过适用的驱动件、控制和功率电路等而运动,这些零部件的组合是为了某一特定的应用,特别是为了用于材料加工、处理、运送或包装;

② 若干机器的组合装置,这些机器是为了达到共同的目的被组合和控制,使其作为一个整体运转;

③ 调整机器功能的可互换设备,这种设备投放市场的目的是用来装配在一部机器或一系列不同的机器上,或者由操作者装在牵引车上,但是这类设备不是备件或工具。

2) 安全零件是指:

一种零件,它不是可互换的设备,制造商或其在欧洲共同体内确定的授权代表将这种零件投放市场是为了在使用时履行一种安全功能,它的失效或故障会危及暴露的人员的安全与健康。

3) 下列机械设备不包括在本指令适用范围内:

——仅由人力驱动的机械设备,用于升降载荷的机械设备除外;

——与病人直接接触的医疗用机械设备;

——使用在游乐场和/或赛场的专用设备;

——蒸汽锅炉、储罐或压力容器;

——为核用途而专门设计或投入使用的机械设备,其发生故障时会产生核辐射;

——构成机器一个组成部分的辐射源;

——枪、炮;

——用于汽油、柴油、可燃性液体及危险物质的储罐及输送管线;

——运输工具:即通过空中、铁路、水路只运送乘客的运载工具及其拖车,以及用于空中、公路、铁路或水路运送商品的运输工具。采矿业所用的车辆除外;

——装上设备的海船和近海移动设施;

——公共或专用载人架空索道,包括缆车;

——74/150/EEC指令的第1条第1款定义的农业及林业用拖拉机;

——为军用或警用专门设计制造的机器;

——在特定高度建筑物或设施上永久性使用的升降设备,其坐厢在两条与地平面呈15°以上倾角的刚性导轨之间移动;

——使用齿条齿轮轨道式车辆运送人员的运输工具;

——矿井卷扬传动装置;

——剧场升降机;

——用于升降人员或人员和商品的建筑工地升降机。

(2) 合格评定程序

为证明机械设备及安全零件符合该指令,要求制造商或其在欧洲共同体内的授权代表必须根据附录Ⅱ的A部分或的C部分规定的适当模式,为其所制造的所有机械设备或安全零件编写EC合格声明。此外,只是对机械设备的情况,制造厂商或其在欧洲共同体内的授权代表必须在机器上加贴CE标志。合格评定流程图见图48-1。

(3) 有关机械设备及安全零件的设计和制造的健康与安全基本要求

1) 基本安全理念

该指令规定的健康与安全基本要求是强制性的。然而,考虑到技术现状,也许不太可能完全符合上

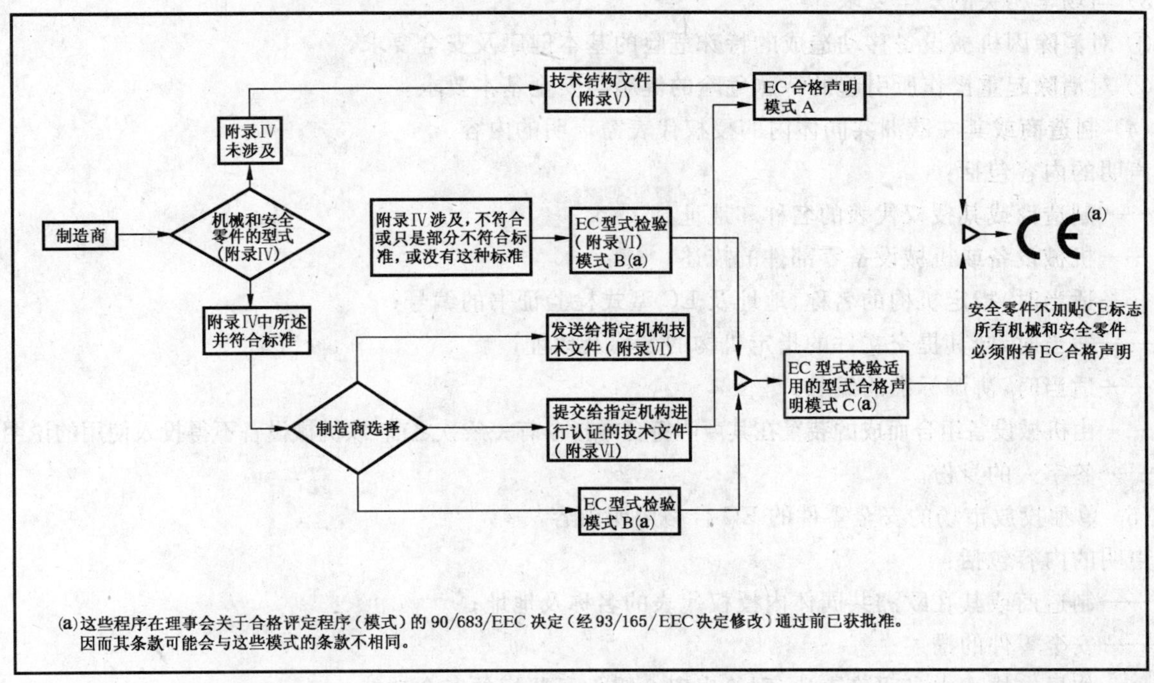

图 48-1　机械设备 98/37/EC 指令规定的合格评定程序流程图

述要求所设定的目标,在这种情况下,机械设备必须尽可能按照接近这些目标的要求进行设计和制造。制造商必须对危险进行评定,以便识别其机器可能存在的所有危险,并且在其设计和制造机器时必须考虑这些评定结果。

① 以下定义适用于该指令:

危险区域——在机械设备的内外,可能对暴露人员的健康或安全造成危害的任何区域;

暴露的人员——局部或全部处于危险区域的任何人员;

操作人员——被分配执行机械设备的安装、操作、调试、维护、清洁、修理以及搬运的一个或多个人员。

② 安全组合的原则:

a) 机械设备的制造必须适合于它的功能,而且,在制造商可预见的条件下对调试和维修该设备的人员不会造成危险。

b) 在选择最适当的方法时,制造商必须按规定顺序采用下列措施:

——尽可能地消除或减小危险(机械设备的内在安全设计与制造);

——对于无法排除的危险,要采取必要的保护措施;

——将由于所采用的保护措施的任何缺陷导致的残留危险通知用户,说明是否需要进行任何特定的培训,并对提供人员保护装置的任何要求作出明确规定。

2) 通用安全要求内容(设计与制造)

对机械产品安全通用安全要求包括:概述(涉及材料及产品、照明、机械设备便于搬运的设计);控制器(控制系统的安全性及可靠性、控制装置、起动、停机装置、工作方式选择、电源故障、控制电路故障、软件);机械危险(稳定性、操作中断裂的危险、跌落或弹出的物体造成的危险、表面/边缘或尖角造成的危险、与组合式机械设备相关的危险、与刀具转速变化有关的危险、与运动部件有关的危险防护、与运动部件有关的危险防护方法的选择);防护罩及保护装置需要具备的特性(一般要求、对防护罩的特别要求、对保护装置的特殊要求);对其他危险的防护(电源、静电、非电能源、装配错误、极端温度、着火、爆炸、噪声、振动、辐射、外来的辐射、激光设备、粉尘/气体等的排放、被关进机器的危险、滑倒/绊倒或摔倒的危险);维护(机械设备维护、进出操作台和维修地点、能源的隔离、操作人员的干预、内部部件的清洁);指示器(信息装置、报警装置、残留危险的报警、标志、说明书)。

3）与场车相关的安全要求

① 对消除因机械设备移动造成的特殊危险的基本健康及安全要求。

② 对消除起重操作所引起的特殊危险的健康与安全基本要求。

(4) 制造商或其在欧洲共同体内的授权代表需声明的内容

声明的内容包括：

——制造商或其授权代表的名称和地址；

——机械设备或机械设备零部件的描述；

——适当时，指定机构的名称、地址及 EC 型式检验证书的编号；

——适当时，向其提交文件的指定机构的名称及地址；

——适当时，协调标准的编号；

——由机械设备组合而成的装置在其声明符合本指令有关条款之前，该机械设备不得投入使用的说明；

——签字人的身份。

(5) 单独投放市场的安全零件的 EC 合格声明内容

声明的内容包括：

——制造商或其在欧洲共同体内授权代表的名称及地址；

——安全零件的描述；

——如果在描述中未明确表达，则给出安全零件所履行的安全功能；

——适当时，指定机构的名称、地址及 EC 型式检验证书的编号；

——适当时，按规定向其提交文件的指定机构的名称及地址；

——适当时，协调标准的编号；

——适当时，所采用的国家技术标准和技术规范；

——被授权代表制造商或其授权代表签署文件者的身份。

(6) 关于合格声明和"CE"标志（见图 48-2）的规定

1）合格声明必须使用与原说明书相同的语言编写，必须用印刷体大写字母打印或手写，并随附该设备使用国的一种官方语言的译文。该译文必须按照与说明书译文相同的要求进行翻译。

2）商号和地址的全称。若是授权代表，还必须给出制造商的商号和地址。

3）机械设备的描述（构造、型式及系列号等）。

4）安全零件的描述（构造、型式及系列号等）。

图 48-2

(7) 必须由指定官方机构实施合格评定程序的机械设备和安全零件的类型（指令中附录Ⅳ）

1）机械设备

① 用于加工木材及类似材料或加工肉类及类似材料的圆锯（单刀片或多刀片）。

② 手工进料木工平面刨床。

③ 木工用单面厚板刨床，加工时手工装卸工件。

④ 用于加工木材及类似材料或加工肉类及类似材料、手动装料和/或卸料、具有固定式或移动式床身的带锯及具有可移动锯座的带锯。

⑤ 上述 1）～4）和下述 7）所述类型的，用于加工木材及类似材料的组合式机械设备。

⑥ 手工进料多刀夹木工制榫机。

⑦ 用于加工木材及类似材料的手工进料立轴造型机。

⑧ 木工用手提链锯。

⑨ 手工装卸的金属冷加工用压床（包括弯板机）。其可动工件的行程可达 6mm 以上，移动速度为 30mm/s 以上。

⑩ 手工上下料的注塑或压塑塑模机。

⑪ 手工上下料的注塑或压塑橡胶制模机。

⑫ 以下各类用于地下工作的机械设备:

轨道上运行的机械设备:机车及司闸车;

液力传动的顶架;

装在地下工作的机械设备上的内燃机。

⑬ 装有压实机构的用人工装载方式收集家庭垃圾的卡车。

⑭ 该指令附录Ⅰ中 3.4.7 所述的带有万向节的防护罩及可卸式传动轴。

⑮ 起重用的车辆。

⑯ 存在从 3m 以上垂直高度跌落危险的载人升降设备。

⑰ 制造烟火的机械设备。

2) 安全零件

① 为了确保人员安全而特别设计的电敏感装置(非物质阻挡层、传感器层、电磁探测器等)。

② 确保双手控制器的安全功能的逻辑装置。

③ 用于保护上述⑨、⑩和⑪压床的自动可移式屏蔽网。

④ 防倾覆装置(ROPS)。

⑤ 物体跌落防护罩(FOPS)。

(8) 该指令附录Ⅵ EC 型式检验(未涉及场车,不再赘述)

(9) 多各成员国指定机构时应依据的最低要求准则(略)

2. 2004/44/ EC《关于统一各成员国有关非道路用移动机械内燃机的气体和颗粒污染物排放法律的 97/68/EC 号指令进行修改的欧洲议会和欧洲理事会指令》

根据 97/68/EC 指令规定,在正常使用条件下,非道路用柴油机应保证其排放指标在整个使用寿命内均应满足 2004/44/EC 排放法规的限值要求(见表 48-5～表 48-9)。

表 48-5

阶段	发布日期	备　注
第 1	19980227	
第 2	19980227	
第 3	20021227	3A 阶段:加严气态污染物限值 3B 阶段:加严 PM 限值

表 48-6　欧洲第 1 阶段排放限值及实施日期

额定功率 P_e/kW	实施日期	CO	HC	NO_x	PM	烟度
	认证[1]	g/kW·h				
$130 \leqslant P_e < 560$	19980630	5.0	1.3	9.2	0.54	无
$75 \leqslant P_e < 130$	19980630	5.0	1.3	9.2	0.70	无
$37 \leqslant P_e < 75$	19980630	6.5	1.3	9.2	0.85	无

试验方法:采用 ISO 8178-4 之 C1 循环(8 工况)。
燃油含硫量要求:$(1000 \sim 2000) \times 10^{-6}$。
1) 不予认证的日期。

表 48-7　欧洲第 2 阶段排放限值及实施日期

额定功率 P_e/kW	实施日期		CO	HC	NO_x	PM	烟　度
	认证	投放市场	g/kW·h				
$130 \leqslant P_e < 560$	20001231	2001121	3.5	1.0	6.0	0.2	无
$75 \leqslant P_e < 130$	20011231	20021231	5.0	1.0	6.0	0.3	无
$37 \leqslant P_e < 75$	20021231	20031231	5.0	1.3	7.0	0.4	无
$18 \leqslant P_e < 37$	19991231	20001231	5.5	1.5	8.0	0.8	无

试验方法:采用 ISO 8178-4 之 C1 循环(8 工况)。
燃油含硫量要求:$(1000 \sim 2000) \times 10^{-6}$。

表 48-8　欧洲第 3A 排放限值及实施日期(建议稿)

额定功率 P_e/kW	实施日期	CO	NO_x+HC	PM	烟　度
		g/kW·h			
130≤P_e<560	20051231	3.5	4.0	0.2	无
75≤P_e<130	20061231	5.0	4.0	0.3	无
37≤P_e<75	20071231	5.5	4.7	0.4	无
18≤P_e<37	20051231	5.5	7.5	0.6	无
限值及实施日期等同 EPA Tier 3。 试验方法:采用 ISO 8178-4 之 C1 循环(8 工况)。 燃油含硫量要求(1000～2000)$\times10^{-6}$。					

表 48-9　欧洲第 3B 排放限值及实施日期(建议稿)

额定功率 P_e/kW	实施日期	CO	NO_x+HC	PM	烟　度
		g/kW·h			
130≤P_e<560	20101231	3.5	4.0	0.025	无
75≤P_e<130	20101231	5.0	4.0	0.025	无
37≤P_e<75	20111231	5.5	4.7	0.025	无
PM 较第 2 和第 3A 降低 90%,必须采用颗粒过滤器。 试验方法:PM 采用欧洲与美国 EPA 联合开发的 NRTC(瞬态循环),而气态污染物则采用 NRTC 或者 ISO 8178-4 之 C1 循环(8 工况) 燃油含硫量要求:(10～50)$\times10^{-6}$。					

第 1、2 阶段并无使用寿命的年限要求,只要型式认证和生产中抽查时达到法规限值即可。而第 3 阶段则对柴油机的最低使用寿命提出了要求。(见表 48-10)

表 48-10　欧洲第 3 阶段最低的使用寿命

发动机类别	≤37kW		>37kW	内河船机
	恒速机	非恒速机		
使用寿命/h	3000	5000	8000	10000

二、主要标准内容介绍

欧盟场车主要协调标准,主要以设在德国的建设机械与施工设备标准技术协会(CEN/TC 151 秘书处)制定的 DIN 标准为基础,其中多数标准经过欧盟成员国的投票,可以成为欧盟标准,随后通过各成员国等同转化为国家标准,构成支持成员国法律的标准。与特定产品直接相关的协调标准主要包括两类,一类是适用于特定产品族的“B 类”通用安全标准如 EN 1726.1:1999 和 EN 474-1,另一类是为在通用产品安全标准的框架内制定的适用具体产品的标准。

为证明符合技术法规要求,在 EC 型式试验时使用的标准遵循“贴近原则”,即采用适合标准的次序依次为:具体产品标准(C 类)——产品族通用标准(B 类)——基础标准(A 类)。相关协调标准对于不同类型产品,规定了《指令》基本要求的实现方法。详见的相关内容)。

1. EN 474.3:1996《土方机械　安全　第 3 部分:装载机的要求》内容介绍

该标准适用于轮式和履带式装载机、附属装置以及衍生机种。该标准(C 类)作为补充要求与 EN 474.1—1995(B 类)通用要求共同构成了对装载机的全部安全要求,标准对于装载机的通道入口、司机位置、司机保护装置、司机座椅、动臂支撑装置、司机控制件、照明信号和标志灯及反射装置、轮胎与轮辋、稳定性、辐射噪声、附属支架、附属装置、安全标志与危险图示、技术指令说明书等安全因素明确提出了相应的结构或指标要求。

2. EN 474.5:1996 《土方机械　安全　第5部分:液压挖掘机的要求》内容介绍

该标准适用于液压挖掘机、小型挖掘机、步履式挖掘机和附属装置。该标准(C类)作为补充要求与EN 474.1:1995(B类)通用要求共同构成了对液压挖掘机的全部安全要求,标准对于液压挖掘机的通道装置、司机室、司机保护装置、司机座椅、司机操纵装置、回转制动、稳定性、空中噪声、附属装置支架、附属装置;轮胎式和履带式挖掘机的遥控装置、小型挖掘机的停车制动、照明信号和标志灯及反射装置、轮胎与轮辋;步履式挖掘机的司机室、制动系统、司机保护装置、救援与拖拽;以及警告标志与危险图示、技术指令说明书等安全因素明确提出了相应的结构或指标要求。

第四节　日本场(厂)内机动车辆标准法规

一、场车法规

日本涉及场车的法律法规仅有排放法规。1996年日本建设省对某些工程机械制定实施了第一阶段排放法规,不久,又提出了第二阶段排放法规,但未明确其实施的具体时间。

排放限值:见表48-11。

表48-11　日本排放限值及实施日期

阶段	实施日期[1]	额定功率 P_e/kW	CO	HC	NO_x	PM	烟度(不投光)	适用工程机械
			g/kW·h					
第1阶段	19980401	$30 \leqslant P_e < 272$	5.0	1.3	9.2	0.2	50%	装载机/推土机
	19970401	$15 \leqslant P_e < 30$	5.7	1.9	10.5	0.3	50%	其他通用机械
	19940401	$7.5 \leqslant P_e < 15$	5.7	2.4	12.4	0.4	50%	隧道用
第2阶段		$130 \leqslant P_e < 560$	3.5	1.0	6.0	0.2	40%	
		$75 \leqslant P_e < 130$	5.0	1.0	6.0	0.3	40%	
		$37 \leqslant P_e < 75$	5.0	1.3	7.0	0.4	40%	
	20060401	$19 \leqslant P_e < 37$	5.0	1.5	8.0	0.8	40%	通用
	20050401	$8 \leqslant P_e < 19$	5.0	1.5	9.0	0.8	40%	隧道用

试验方法:

1. 污染物:采用ISO 8178-4之C1循环(8工况)
2. 烟度:按照日本JCMAS-T004标准规定的方法,在8工况稳态和无负荷加速状态下测定。
   试验燃油含硫量要求:500×10^{-6},2004年末:50×10^{-6}。

1)实施日期:第1阶段按机械使用日期计,第2阶段按机械生产日期计。

二、场车标准主要内容(只涉及机动工业车辆某些特性的安全要求)

1. JIS D 6011—1999《叉车——稳定性和稳定性试验》

该标准对于平衡重式叉车的纵向堆垛、横向堆垛、纵向运行和横向运行稳定性明确了试验要求和试验方法。对于不同试验工况的倾翻台角度、在倾翻台上的定位角、门架位置和试验载荷等均做了具体规定。

2. JIS D 6021—1999《叉车护顶架》

该标准以ISO 6055为基础。《高起升的坐乘式车辆　护顶架　规格与检测》1997年第二版相应技术内容并没有更新,同时它给日本工业标准补充了一些相应国际标准没有说明的内容。

该工业标准详细说明了叉车护顶架的强度、结构、尺寸和强度的测试方法，这些说明适用于起升高度超过1800mm的坐乘式叉车(以下简称为叉车)。注意以下事项：

① 标准中使用的载荷和重量指的是质量。

② 对护顶架来说，除了该标准之外，工业安全和健康条例中第151—17款(护顶架)也有依法涉及的内容。相应的适用范围应根据叉车类型、用途等确定。

③ 以下国际标准符合该标准：

ISO 6055:1997《高起升的坐乘式车辆　护顶架　规格和检测》参照标准由以下的标准中包含的条款所构成，所有该标准引用的最近出版物同样适用。

——JIS D 6011 叉车　稳定性及稳定性试验

注意事项：引自以下文献的内容与该标准的内容均一致：

- ISO 1074:1991 平衡重式叉车　稳定性试验
- ISO 3184:1998 前移和跨越式式叉车　稳定性试验
- ISO 5766:1990 托盘堆垛车和高起升平台搬运车　稳定性试验
- ISO 10658:1996 特定工况下使用的堆垛载荷能够被机动侧移的工业车辆　附加稳定性试验

——JIS D 6021 叉车专业术语

注意事项：引自以下文献的内容与本标准的内容均一致：ISO 5053:1987，机动工业车辆　专业术语

护顶架经过第七条指定的测试之后，不应出现可见的裂纹或零部件的开裂。驾驶员座椅参考点或站立位置中心的正上部的顶棚(可调节座椅位于中间位置)在直径600mm的圆形范围内顶棚底部不准出现超过20mm的永久性垂直变形(参见JIS D 6011的附件)。附属件如网格的外衣、钢化玻璃、透明塑料嵌板等的失效问题可以忽略(见图48-2，图48-3)。

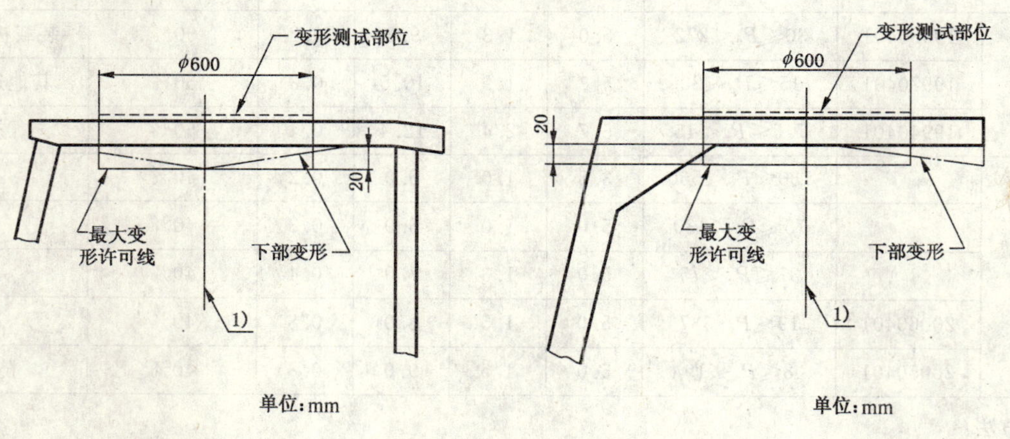

驾驶员站立位置中心或座椅参考点的正上部(可调节座椅位于中间位置)

图48-3　护顶架的允许变形　　　图48-4　单边支撑护顶架的允许变形

(1) 护顶架结构

护顶架结构应达到如下要求：

① 护顶架应位于驾驶员上方并延伸至足以保护驾驶员在工作位置执行正常操作时不被落下的物体砸到。这个规定适用于护顶架固定在门架上的情况，也同样适用于门架倾斜时。

② 操纵杆的把手位于中间位置，一切没有保护设施的踏板和方向盘可以超出护顶架前缘150mm。非制动状态的手制动手柄的位置不考虑。对驾驶员脚和腿的保护，如果护顶架前部到叉车底盘前脸(仪表板)后部的水平距离没有超过150mm，可认为是令人满意的。

③ 当护顶架和门架固定在一起时，不应出现倾斜机构直接或间接失效的情况，那将由于护顶架而使驾驶员处于危险状态。

④ 护顶架的结构应设计成不干扰驾驶员良好视线的式样。

(2) 尺寸

尺寸应达到如下要求:

① 护顶架上部的开口尺寸在两个方向上均不应超过150mm,即长和宽。

② 对于坐乘式叉车,从驾驶员座椅的上表面(考虑驾驶员体重引起的最大变形)至驾驶员头部上,由护顶架提供的令人满意的安全保护护顶架下部结构应保证至少有1000mm的垂直空间。

驾驶员的体重应该为90kg,如果提供座椅的垂向调整功能,应将其设定在平均位置点。

③ 对于站立式叉车,从驾驶员站立的平台至驾驶员头部上方护顶架下部结构应保证至少1880mm的垂直空间。

④ 如果用户需要,制造商适当可以降低护顶架下驾驶员头部的垂直空间,以实现顶部空间限制叉车高度尺寸的特定工况下的操作。

检测应在护顶架安装在叉车上或将其固定在一个相似的状态下进行。采用同一个护顶架,应先对其进行静态测试,再进行动态测试。

对于拣选叉车,如果有一起升限制器安装在护顶架的顶部或护顶架具有足够的强度来承受限位时安全阀的压力,则可以不进行静态测试。

(3) 静态测试　静态测试应按如下步骤进行:

① 试验载荷

试验载荷(见表48-12,图48-5)应与叉车的额定起重量相关联。

表48-12

额定起重量/kg	试验载荷	额定起重量/kg	试验载荷
$Q \leqslant 2000$	$2Q$	$5000 < Q \leqslant 10\,000$	$4500 + Q/2$
$2000 < Q \leqslant 5000$	$2000 + Q$	$10\,000 < Q$	9500

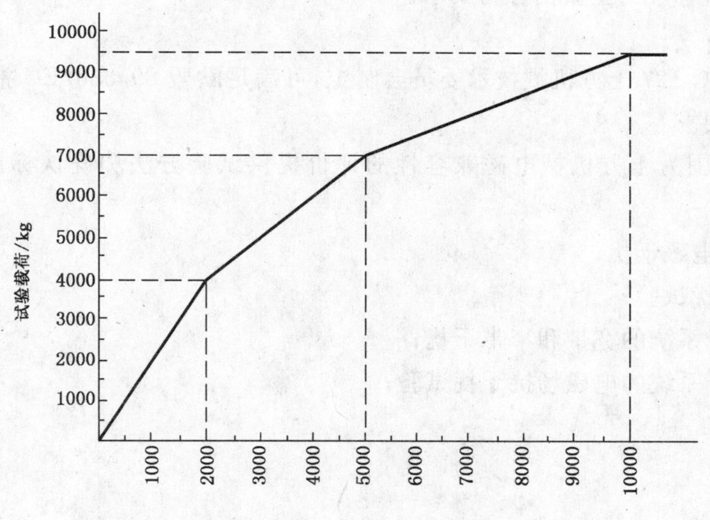

图48-5　静态试验载荷(单位:kg)

② 试验程序

对于静态测试,试验载荷应均匀分布在护顶架的上部,持续时间至少为1min。

(4) 动态测试

动态测试应按如下步骤进行:

① 试验载荷

载荷应为一边长为300mm重为45kg的硬木立方体或等价物。该物体的质量可以通过铅或其他高密度物质的充填来达到。规定其木质表面的厚度至少为50mm。试验载荷物体的边缘和棱角的半径应为10～15mm。

② 检测程序

对于动态测试，应使试验载荷从护顶架上方1500mm处自由下落10次，以一大致平行与护顶架上表面的木质平面撞击，应避免以试验载荷的棱角或边缘撞击护顶架。其中1次冲击必须落在驾驶员座椅参考点的垂直上方(可调节座椅位于中间位置)或驾驶员站立位置正上方的护顶架上。其他9次冲击应随机落在驾驶员座椅参考点的垂直上方(可调节座椅位于中间位置)或驾驶员站立位置的正上方直径为600mm范围的护顶架上。

第五节 国际标准化组织场(厂)内机动车辆标准

一、国际标准化组织(ISO)场车标准概述

涉及场车的ISO标准主要以产品族通用安全要求和具体产品专项安全技术要求相互结合、相互补充的方式构成对场车的安全标准体系，与欧盟、美国、日本、中国均有差异。

欧盟标准主要以产品为主线，由产品族一般要求和具体产品要求构成场车标准体系；美国标准则要素为主线，由具体产品和安全环节组成“集成型”标准，涉及设计制造、使用、改造维修等方面；日本标准与美国基本类同；中国标准是多元化标准体系，由产品族、具体产品和专项安全要求组成场车标准体系。具体比较情况见后详述。

二、主要标准内容介绍

有关机动工业车辆安全规范，土方机械安全标志、危险图示、噪声、司机保护结构等方面的安全要求，与我国等同或等效采用ISO的标准中的相关条款基本对应。为此仅简要介绍ISO/DIS 13766:1999《土方机械　电磁兼容性》标准的主要内容与要求。

1. 概述

该标准由ISO/TC 127土方机械技术委员会制定，可满足欧盟89/336/EC指令要求，但不一定全部满足92/31/EEC的要求。

该标准的适用范围为土方机械电磁兼容性的评价提供试验方法和确认标准。评价的电磁兼容现象为：

(1) 宽带和窄带电磁干扰；

(2) 电磁场抗干扰试验；

(3) 电气/电子子系统的宽带和窄带干扰；

(4) 电气/电子子系统的电磁场抗干扰试验；

(5) 放电；

(6) 瞬间导电率。

2. 定义

(1) 电磁兼容性(electromagnetic compatibility，EMC)

土方机械或元件或电气系统在其电磁环境中不给此环境中能正常工作且不对该环境中任何事物构成不能接受的电磁骚扰的能力。

(2) 电磁抗扰性(electromagnetic disturbance)

土方机械或元件或电气系统在特定的电磁干扰下不降低其性能的能力。

(3) 电磁环境(electromagnetic environment)

存在于给定的场所的所有电磁现象的总和。

3. 满足该标准的证明方式

可选择下列两种方式验证符合此标准：

(1) 电气/电子子系统符合本标准的应用规范且根据电子系统的推荐要求进行了安装。

(2) 整机满足本标准性能要求,则电气/电子子系统不再需要测量。

4. 该标准附录(附录 A~附录 E 为标准条款,附录 F 为参考信息)的主要内容

——附录 A 参考限值

——附录 B 土方机械宽带电磁电磁辐射发射测量方法

——附录 C 土方机械窄带电磁电磁辐射发射测量方法

——附录 D 电气/电子子系统(ESA)宽带电磁电磁辐射发射测量方法

——附录 E 电气/电子子系统(ESA)窄带电磁电磁辐射发射测量方法

——附录 F 试验样品配置选择指导

第四十九章　国内外场(厂)内机动车辆标准法规比较

第一节　场(厂)内机动车辆法规和监管理念比较

对于场车整机产品的监督管理而言，比较国的法规标准和监管实施模式也存在着较大的差异，从法规制定、安全要求和监管力度方面相比较可以归集为三种情况：

宽松管理　美国和日本都未对场车直接制定任何法规，仅有环保规章和部分劳动安全规章适用于场车，采用了由非政府机构实施或监管部门适时检查事后处罚的方式，相对于其他国家要宽松得多。

适度管理　欧盟(德国、英国等)虽然没有直接针对场车制定技术法规，但存在5个适合性指令，包括产品安全、人身健康、公众安全和部分劳动安全等内容；具有完备、要求详细的协调标准(多数为具体产品标准)；除噪声、排放指令的符合性必须由官方公告机构实施外，其他指令均属于制造商(代理商)和业主自愿声明范畴。政府部门不参与符合性认定过程，仅做违章后的处罚工作。

从紧管理　我国明确制定有场车的行政规章(412号令)，实施全过程行政许可制度；安全要求涉及产品安全、劳动安全和公众安全，具有比较完善的安全技术规范和技术标准支持；符合性的活动由政府安全监察机构和授权技术机构共同完成。

第二节　场(厂)内机动车辆标准管理体制比较

一、标准的立项与编制

发达国家各类标准的编制是一种建立在市场经济基础上的自愿行为。任何一个组织包括专业协会、学会、制造商等，都可以由自己投资编制那些有市场需求的技术标准，作为任何一项标准，在得到标准化学会或其他权威性机构的认可前，实际上是一种无人问津的技术资料，也只有在这些权威的机构通过一定的程序(公告、征询各方意见、修改)成为技术标准后，才可能被工程所参考。他们自愿编制技术标准，并不是出于营利的目的，而是要突出自己在行业的地位，并履行企业推动技术进步的义务。

我国在标准编制方面具有中国特色。以工程机械技术标准为例，标准项目主要由机械工业工程机械标准化技术委员会提出，企业参与提出较少，属于国家标准，其编制计划由机械工业工程机械标准化技术委员会上报中国机械工业联合会；工程机械行业标准的编制计划由机械工业工程机械标准化技术委员会提出，标准化技术归口单位即机械工业工程机械标准化技术委员会将组织行业标准项目的申报工作。

二、标准的审查和批准

其他国家十分重视标准的审查和批准工作，政府部门授权标准化学会或专设机构来负责标准的审查和批准工作，并有一套严格的程序(如标准公告、征询各方意见、修改)。因为各国在标准编制方面实施“宽进严出”的通行做法，即任何单位和个人都可投资编制自认为有市场前景的技术标准资料。但标准技术资料要成为公认的标准，一方面，其技术指标和参数要经过授权认可的科研技术机构审查；同时要经过标准化学会或专设机构的认可程序。如美国标准化学会是联邦政府授权的民间标准协调机构，是一个国家标准的认可机构，同时它也对标准编制单位的资格进行认证。

我国标准的审查和批准工作则由标准化主管部门负责，主要做法是标准化主管部门委托有关专业组织对标准进行审查，根据标准审查意见，由政府标准化行政主管部门批准。以土方机械和机动工业车辆标准为例，标准的审查和报批均由机械工业工程机械标准化技术委员会负责组织进行，国家标准的审批和发布由国家标准化管理委员会负责，行业标准的审批和发布由国家发展和改革委员会负责。

第三节　场(厂)内机动车辆标准内容比较

从以上介绍情况可以看出，发达国家都积极参加国际标准化组织活动，非常重视采用国际标准和国外先进标准，不仅标准数量较多，而且等效或等同采用国际标准程度高。它们的标准有以下基本特点：

(1) 重视基础标准的制定，特别是术语标准、符号和标记标准、互换性和兼容性标准；

(2) 测试方法标准占有极其重要的地位；

(3) 突出安全标准和卫生标准；

(4) 注重发展产品标准，但产品性能标准数量很少。

以土方机械为例，虽然我国对土方机械安全方面的技术标准要求按基础标准、产品质量标准、方法标准、安全环卫标准、材料及工艺标准等类别(详细数据见下表)划分现已具备了多样性、齐全性和一致性的特点，但随着当今世界的飞速发展，有关暴露者和操作者的安全、环保、卫生的要求就显得尤为重要，单从这方面讲我国就土方机械安全方面的标准要求与发达国家还存在着较大差距。见表 49-1。

表 49-1

标准类别	国际标准数量	国家标准数量	行业标准数量	已有标准合计
基础标准	46	22	14	36
产品质量标准	132	17	108	125
方法标准	87	22	58	80
安全环卫标准	21	11	6	17
材料及工艺标准	17	0	17	17
共　计	303	72	203	275

第四节　场(厂)内机动车辆标准化发展趋势比较

纵览国际标准化组织和发达国家标准化现状，随着美国、欧盟、日本等发达国家的科技水平和标准化事业的发展，标准化管理体制均经历过由政府主导型向学术团体主导、企业广泛参与型过渡的历程。其标准化管理体制表现出一个共同特点：国家委托标准化协会或学会统一规划和协调全国性标准化事务，政府对标准化机构实行监督、管理和支持。标准化协会或学会在标准的制定、发布、出版发行以及实施管理具有充分的自主权、并形成了效率较高的工作程序和管理模式。

美国、欧盟、日本等发达国家的标准化管理体制虽有所差异，但基本上都体现了标准制定以市场为主导，标准的自愿性原则，学习和借鉴国外标准化工作中成功经验，对建立我国新型国家技术标准体系是非常有益的。

第五节　覆盖场(厂)内机动车辆车产品情况比较

国内外法规标准覆盖场车产品情况。见表 49-2。

表 49-2

国家、地区 / 覆盖产品类型	欧盟（德国、英国）		美国		日本		中国		ISO
	法规	标准	法规	标准	法规	标准	法规	标准	标准
装载机	★	○					★	○	
挖掘机	★	○					★	○	
挖掘装载机	★	○	☆ EPA［标准］ OSHA［规章］	—	☆（建设省法规）	—	★	○	*
平地机	★	○					★	○	
铲运机	★	○					★	○	
叉车/堆垛类	★						★	○	
牵引/推顶车类	★	*		○	—	*	★	○	*
固定平台搬运车	★						★	○	

注 1：★ 表示有针对整机产品的法规要求。

注 2：☆表示专项法规要求。

注 3：*表示产品组标准或专项标准。

注 4：○表示具体产品标准。

从表 49-3 对比结果可以看出，针对场车类产品中国和欧盟的法规及标准有相似之处，表现在：一是法律法规只明确规定监管属种，再由政府部门提出型号类别和监管模式要求（行政规章）报经政府同意后发布执行，与我国初步制定的场车目录基本相同；二是针对贯彻实施法规的需要均自上而下地指令制定产品组通用安全一般要求标准和具体产品安全要求标准相结合的方法，作为法律法规的基础技术支持，即通过满足协调标准要求来证明满足技术法规要求；但欧洲没有“安全技术规范”层次法规文件，只是必要时制定一些指导性文件推荐使用。不同之处在于欧盟一般通过不同的技术法规（指令）共同规范约束同一类产品，涉及场车的有《机械指令》、《电磁兼容指令》《排放指令》《振动指令》、《噪音指令》；而我国是通过一项行政法规《特种设备安全监察条例》（412 号令）约束多组产品，这是很大的差异点。

同时也可以看出，针对场车类产品，美国/日本的法规标准与中国有较大的差异。表现在：一是对场车类产品未纳入法律法规进行监管的范围，二是基于未纳入政府依法监管范围，整机产品基本没有指令制定或采纳国际相关标准。但对于场车类产品的排放，美国联邦环保署（EPA）专门制定了《对于非公路机动设备排放标准》并强制执行，对于在人员货物相对集中场所中作业的工业车辆类产品的重大作业危险因素，美国和日本均制定了涉及完善的作业稳定性、司机护顶架保护结构、行车制动器及制动性能的 3 项本国国家标准；三是虽然政府未对场车整机产品实施强制性行政许可或市场准入措施，但制造商均根据市场化原则通过制定企业标准自觉自愿地遵守 ISO 和欧盟指令以及 EN 标准的相关要求，事实上，美日制造的场车产品的安全技术处于较高的水平，具备很强的国际竞争力。

第六节 覆盖场（厂）内机动车辆产品安全因素情况比较

EN 1050:1996《风险评价原则》的附录 A 对于通用机械安全可能造成的危险予以全面的描述，不同国家标准对涉及场车危险因素的控制情况见表 49-3。

表 49-3

国别 / 机械危险因素列表	欧盟（德国、英国）	美国	日本	中国
4.1　机械的危险				
4.1.1　挤压的危险	√	×	×	√
4.1.2　剪切的危险	√	×	×	√
4.1.3　切或切断的危险	√	×	×	√
4.1.4　夹住的危险	√	×	×	√
4.1.5　拉入或夹住的危险	√	×	×	√
4.1.6　碰撞危险	√	×	×	√
4.1.7　刺穿的或破坏的危险	◇	◇	◇	◇
4.1.8　摩擦或磨损的危险	√	√	√	√
4.1.9　高压液体喷出造成的危险	√	×	×	√
4.1.10　部件甩出造成的危险	√	×	×	√
4.1.11　稳定性的降低	√	√	√	√
4.1.12　滑行，短距离行驶和下落的危险	√	×	×	√
4.2　电气危险				
4.2.1　触电	√	×	×	√
4.2.2　静电操作	√	×	×	×
4.2.3　热辐射	√	×	×	×
4.2.4　外部作用	√	×	×	√
4.3　热的危险				
4.3.1　烫伤和烧伤	√	×	×	×
4.3.2　恶劣环境下的情况	√	×	×	×
4.4　噪声危害				
4.4.1　听力受损（致聋）	√	×	×	√
4.4.2　妨碍语言交流（理解）	√	×	×	×
4.5　振动产生的危险	√	×	×	√
4.6　放射线产生的危险	◇	◇	◇	◇
4.7　材料产生的危险				
4.7.1　接触或吸入	◇	◇	◇	◇
4.7.2　着火和爆炸	√	×	×	×
4.7.3　生物学的和微生物学的危险	◇	◇	◇	◇
4.8　忽视人机工学产生的危险				
4.8.1　不健康的姿势或疲劳	√	×	×	×
4.8.2　令人体不适的结构或设备	√	×	×	×
4.8.3　忽视个人保护装置产生的危险	√	×	×	√
4.8.4　局部不适当的照明	√	×	×	×
4.8.5　精神的过度紧张或放松	√	×	×	×
4.8.6　人为的错误	√	×	×	√
4.9　危险的组合	√	×	×	×
4.10　由于功能的失效而产生的危险				
4.10.1　供能故障（发动机熄火）	√	×	×	×
4.10.2　零部件甩出造成的危险	√	×	×	√
4.10.3　控制系统故障	√	×	√	√
4.10.4　组装错误	√	×	×	×
4.10.5　车辆失稳	√	×	√	√
4.11　由于缺乏安全意识而产生的危险	√	×	×	√
4.12　作业区域照明不充分	√	×	×	×
4.13　作业中由于突然的运动、不稳定及其他因素造成的危险	√	×	×	√
4.14　操作位置不适当，不符合人机工程学的设计				

续表 49-3

机械危险因素列表 \ 国别	欧盟（德国、英国）	美国	日本	中国
4.14.1 由于危险的环境而造成的危险(接触运动的零件,废气)	√	√	×	√
4.14.2 操作位视野不良(步行操作式工业车辆)	√	×	×	×
4.14.3 座位位置不当或坐姿不良	√	×	×	×
4.14.4 操作件的布置和结构不合理	√	×	×	√
4.14.5 机动工业车辆的起动和运行				
踏板的布置	√	×	×	√
副驾驶员位置	◇	◇	◇	◇
4.14.6 机动顶推车在公路行驶时	√	×	×	×
4.14.7 步行操作式工业车辆的行驶	√	×	×	×
4.15 机械的危险				
4.15.1 因运动失控而对没有防备的人员造成的危险	√	×	√	√
4.15.2 零部件的损坏或甩出造成的危险	√	×	×	√
4.15.3 翻车造成的危险(变形)	√	×	×	√
4.15.4 物体坠落产生的危险	√	×	√	√
4.15.5 不合理的结构布置	√	×	×	×
4.15.6 由于拖、离合、联结、传输等引起的危险	√	×	×	√
4.15.7 由于使用蓄电池、着火、废气(辐射)等引起的危险	√	×	×	√
4.15.8 起升过程中产生的其他危险	√	×	×	√
4.16 作业稳定性				
4.16.1 稳定性差	√	×	√	√
4.16.2 车辆脱轨	◇	◇	◇	◇
4.16.3 车辆和起升机构的机械强度不够产生的危险	√	×	×	√
4.16.4 失控运动引起的危险	√	×	×	√
4.17 运动件作业范围视野不良	√	×	×	√
4.18 雷击引起的危险	◇	◇	◇	◇
4.19 超载造成的危险	√	×	×	√
4.20 压力容器产生的危险	√	×	×	√

注 1：√表示国家标准(或行业标准)对消除或降低危险因素已规定相关要求。

注 2：×表示国家标准(或行业标准)对消除或降低危险因素未规定相关要求(但并不说明制造商没有采取控制措施，事实上很多美国、日本企业均参照国际标准(主要为 ISO)制定了企业标准，并强制执行)。

注 3：◇表示场车不涉及该类危险。

以上统计情况表明：欧盟 EN 标准中，机械安全涉及场车产品的安全因素约有 57 项内容，而美国 ANSI 标准的项目覆盖率只有 5.3%；日本 JIS 标准的项目覆盖率只有 12.3%，中国的国家标准和行业标准的项目覆盖率为 66.7%，国际标准 ISO 项目覆盖率为 86%。说明中国通过从国家(行业)标准层面对场车安全进行规范约束的程度远远高于美国和日本，但低于国际标准和欧盟水平。但这并不表明我国场车的本质安全高于美国和日本，事实上，美日虽未制定发布国家标准，但这些安全要求基本上均已被各场车制造商自愿采纳并制定了企业标准，并强制执行。

第七节　场(厂)内机动车辆各环节安全技术要求(指标)比较

一、设计与制造

1. 工业车辆类

工业车辆主要包括叉车、堆垛车、牵引车、推顶车、固定平台搬运车等，国内外对这些工业车辆的安全技术要求，按照适用性分为通用要求和特殊要求，按照相关性分为对整机产品安全要求和部件安全要求。

(1) 安全技术要求

1) 通用要求

——涉及本质安全:抗干扰性、电器要求、车辆前端和车辆运行方向、蓄能构件、无意的开动、意外的开动、行驶速度、制动、行驶和制动控制、操纵手柄、载荷移动控制、控制符号、排气系统、冷却系统、燃油箱、燃油系统、对使用液化石油气内燃车辆的附加要求、起升链和钢丝绳、机械起升系统、液压起升系统、液压倾斜系统、液压回路、过压保护、防止不希望发生的油回流、滤油器、司机座椅、驾驶台、辅助操作台、视野、工作属具、挡货架、货叉架、(工业车辆的)运输、报警装置、充气轮胎用分开式轮辋的车轮、照明、在易爆环境中使用、工业车辆铭牌、可卸属具的铭牌、电动车辆蓄电池铭牌、特殊作业条件用的信息铭牌、最低标记(警告符号或文字方式表明轮胎气压、注油部位)、操作控制和其他显示符号、安全标志和危险图示通则、稳定性、使用说明书。

——涉及公共安全:电磁干扰辐射、车轮和车轮甩出物保护、辐射噪声、排放。

——涉及驾驶员及维修人员安全:锐边和棱角、接近发动机室、防止烧伤、防止挤压、剪切和夹注、驾驶室、振动、耳边噪声。

2) 特殊要求

叉车货叉、挂钩型货叉和货叉架、司机控制的工业牵引车、设计和制造要求、工业轨道式车辆和载人工业自动化功能设计与制造要求、高架仓库用叉车安全技术要求、在有潜在的可燃性气体和粉尘环境下作业的工业车辆的专门安全技术要求:

——3G 级工业车辆 12 项;

——2G 级工业车辆 12 项;

——3D 级工业车辆 9 项;

——2D 级工业车辆 13 项。

(2) 差异性比较与分析

1) 宏观层面的比较

归集以上对工业车辆安全技术要求可以看出,对于 109 项具体安全技术要求,不同国家对于落实这些要求的方式途径(法规和标准)不尽相同,从项目覆盖率角度看,欧盟协调标准涉及 90 项,覆盖率为 82.6%;ISO 标准涉及 35 项,覆盖率为 32.1%;中国国家和行业标准涉及 76 项,覆盖率为 70%;美国国家标准只涉及 3 项,覆盖率为 2.8%;日本国家标准只涉及 2 项,覆盖率为 1.8%。说明我国对于工业车辆安全的控制处于较高水平,见图 49-1。

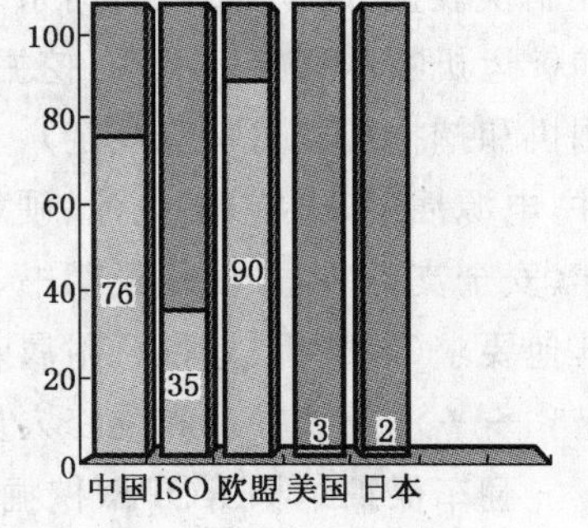

图 49-1

2) 结构层面的比较

基于对安全理念的认识,主要涉及工业车辆本质安全、驾驶员和维修人员安全和公共安全三方面的要求。由于欧盟经济社会高度发达,标准法规的要求较全面,广泛涉及本质安全、人员安全和公共安全;中国国家和行业标准也比较完善,但对于保证驾驶员安全和公共安全方面尚不够充分,比如:缺少防止驾驶员受到伤害的"防止烧伤、司机座椅、视野、照明"等要求,以及影响公共安全的"抗干扰性、电磁干扰辐射"等要求。ISO 标准作为各方协调的结果,目前主要涉及本质安全和驾驶员的基本安全,未对涉及公共安全的电磁兼容和防爆环境下特殊要求作出规定。美国国家标准或 ASME 规范仅对危险性较大的起升承载部件、轨道工业车辆和无人驾驶车辆(AGV)专门提出了要求,其他则由制造商通过制定企业标准自律(制造商一般采用国际标准);日本国家标准与美国情况基本类同,只对行车制动和稳定性作出了明确规定。

3) 指标层面的比较

通过比较分析可以看出,中国标准 76 项安全要求指标中,等同国际水平的有 57 项,高于国际水平的有 9 项,两项合计安全指标等同和高于国际水平的占 86.8%,低于国际水平的占 13.2%,由此说明我国工业车辆安全技术的指标总体情况处于较高的水平,主要差异性见表 49-4。

表 49-4

序号	项目名称	安全要求与指标	
		中　国	欧　盟
1	电磁兼容	无要求	有电磁干扰和电磁骚扰要求
2	人体振动	无要求	手臂(8h)均方根≤$5m/s^2$ 全身(8h)均方根≤$1.15m/s^2$
3	载荷最大下降速度	任何情况下≤1m/s	任何情况下≤0.6m/s
4	钢丝绳安全系数	≥实际工作拉力3倍	≥实际工作拉力5倍
5	液压回路承载压力	≥设计工作压力2倍	≥设计工作压力3倍
6	机外噪音限值	≤90dB(A)	≤87dBA
7	排放	≤5Bouch	CO:3.5～5.5,NO/HC:4～7.5,颗粒物:0.2～0.6(美国类同)

通过以上比较分析表明:我国在工业车辆领域的标准,无论是安全要素的覆盖率,还是指标先进性水平基本处于国际先进水平,分别达到70%和88%。同时,对于我国标准尚未提出要求的项目(人有我无)和部分指标规定太低的情况不容忽视,应在今后的标准制修定中加以补充和完善。

2. 建筑机械与施工设备类

指装载机、挖掘机、挖掘装载机、平地机、铲运机等产品,对该类产品的安全技术要求由对产品组、整机和专项要求组成。

(1) 通用安全技术要求

主要包括以下内容(共83项):(括号内为特定产品有特殊要求)

——涉及本质安全(56项):

司机位置(挖掘机、装载机特殊规定,最小活动空间)、有司机室的司机位置(挖掘机、装载机、平地机和铲运机特殊规定,司机保护装置)、操纵装置和指示器(装载机、平地机和铲运机特殊规定)、指示标牌和控制仪表盘、起动系统、转向系统(平地机特殊规定)、制动系统(挖掘机转台特殊规定)、司机视野(平地机和铲运机特殊规定)、照明(挖掘机、平地机和铲运机特殊规定)、指示器和标记灯装置、稳定性(装载机、挖掘机和挖掘装载机特殊规定)、救助与拖拽(铲运机特殊规定)、铰接车架锁紧装置、运输与吊装、电器元件、电源插座、电路、蓄电池、硬管和软管、液压软管、油箱、加油口、压力容器、阻燃材料、灭火器、维修保养、安全支撑装置、使用说明书、服务指南(挖掘机、平地机和铲运机使用手册规定)、机器标识、过程控制、其他要求(装载机、挖掘机附属装置支架,轮胎和轮辋)。

——涉及驾驶员和维修人员安全(15项):

翻车保护结构ROPS(挖掘机除外)、落物保护结构FOPS(挖掘机、平地机除外)、司机位置的声级、司机座椅(挖掘机、装载机座椅尺寸及调整尺寸,挖掘机、装载机和平地机座椅振动)、通道装置(挖掘机、装载机)、装载机和挖掘装载机采暖和通风换气系统、发动机舱通道、护板和护罩(平地机和铲运机特殊规定:挡泥板)。

——涉及公共安全(12项):

尾气排放、警告牌、警告标志和危险图示、报警装置、电磁兼容(装载机、挖掘机、平地机和铲运机特殊规定)、机外辐射噪声(挖掘机、装载机、平地机和铲运机特殊规定)。

(2) 差异性比较与分析

1) 宏观层面的比较

从以上对建设机械和施工设备的83项具体安全技术要求可以看出,不同国家落实这些要求的程度有很大差别。从项目覆盖率角度看,美国联邦法律只对排放有限制要求(EPA签署的Tier1～Tier3),日本国家标准无任何要求;欧盟协调标准基本全部涉及,覆盖率为100%;ISO标准涉及49项,覆盖率为

59%;中国国家和行业标准涉及57项,覆盖率为68.7%。说明我国对于建设机械和施工设备安全的控制介于欧盟和ISO之间,处于较高的水平。见图49-2。

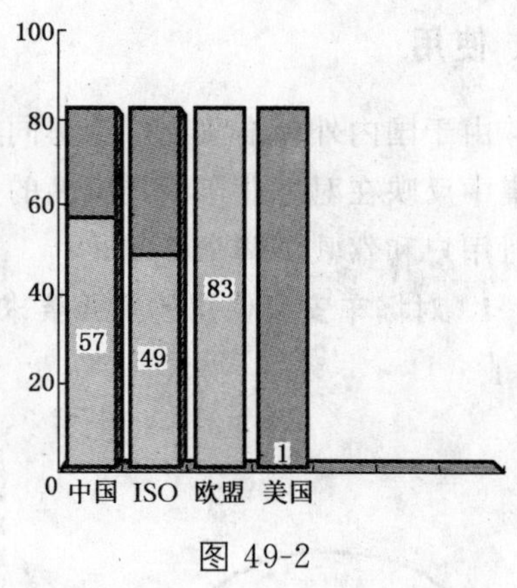

图 49-2

2)结构层面的比较

建设机械和施工设备的安全技术要求同样涉及本质安全、驾驶员和维修人员安全和公共安全3方面的内容。由于欧盟经济社会高度发达,标准要求较全面,广泛涉及本质安全、人员安全和公共安全并得到强制执行。中国国家和行业标准相对也比较完善,但对于影响公共安全的电磁兼容、排放和对于保证驾驶员安全的翻车保护结构ROPS、落物保护结构FOPS以及驾驶室采暖和通风换气系统并未提出要求或未要求强制执行,使得我国该类产品的安全性不能充分得到保证,影响到产品出口到欧洲市场。ISO标准目前主要涉及本质安全和驾驶员的基本安全,未对涉及公共安全的电磁兼容、排放和机外辐射噪声的限值作出明确规定。美国和日本国家标准对该类设备无专门要求。

3)指标层面的比较

通过比较分析可以看出,中国国家和行业标准所规定57项安全要求和指标水平,总体上与ISO标准相当(等同或等效),但与欧洲标准相比较有较大差距。统计结果表明:等同欧洲标准要求和指标的有32项,高于欧洲标准要求和指标的有1项,占57.9%。由此说明,我国标准与ISO标准实现了较好的接轨,一方面为进入国际市场创造了有利条件,另一方面由于安全要求和指标严重滞后或低于欧盟标准水平,已经成为进入欧洲市场的技术瓶颈。

"人有我无"项目:安装司机室要求、挖掘机回转制动、救助与拖拽、挖掘机运输与吊装、电源插座、电磁兼容、压力容器、阻燃材料、灭火装置、安全支撑装置、机器标识、警示牌、挖掘机附属装置支架、过程控制、挖掘机附属装置安装与使用技术规范、使用说明书、采暖和通风换气。

我国标准与欧盟标准的主要指标差异见表49-5。

表 49-5

项 目 名 称	安全要求与指标	
	中　国	欧　盟
排放	5～6Bouch	CO:3.5～5.5,NO/HC:4～7.5,颗粒物:0.2～0.6(美国类同)
司机耳边噪声	≤92dB(A)	≤85dBA
机外辐射噪声	≤112～124 dB(A)/lpW	≤106～112dB(A)/lpW
报警装置	仅对起步有要求	多种作业状态有要求
制动系统	指标低,静压传动无要求	指标高,静压传动有要求
稳定性	安全要求相关性低	安全要求相关性高
液压软管保护	距驾驶员0.5m内要求	距驾驶员1m内要求
照明	要求不具体,不便于操作	要求较具体,便于操作
视野	无除霜和清洗器要求	要求全面
护板、护罩保护装置	要求不明确	要求明确

通过以上比较分析表明:我国在建设机械和施工设备领域的标准,在安全要素的覆盖率和要求指标先进性水平与ISO国际标准基本同步,但与欧洲标准存在较大差距,主要表现在安全项目要求不充分和指标要求较低两个方面。

二、使用

由于国内外标准法规对于不同类型场(厂)车危险性的认识存在差异,对于使用环节的安全要求,主要集中反映在对工业车辆类产品的要求上,而对建筑机械和施工设备则在劳动安全的要求中,主要体现在对用户和驾驶员两个方面。

1. 对场车安全使用的主要要求对照索引(见图49-3)

通用要求　　　　　　　　　　　　特殊要求

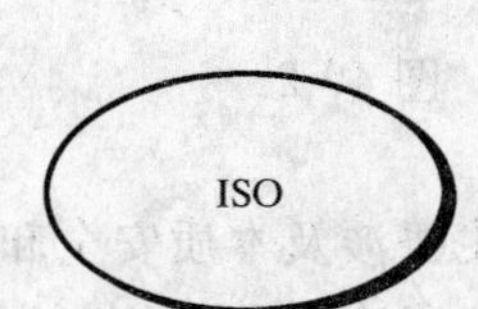

ISO 3691:1980 机动工业车辆安全规范
用户:
- 驾驶员资格
- 必须选用国家权利机关认可的防爆机动车辆　　——
- 对乘客严格限制
- 车辆安全使用制度
- 作业条件

驾驶员:
- 一般规则(经培训取得认可资格等)
- 载荷搬运规则
- 运行规则　　——
- 驾驶员维护车辆规则

ASME 56.9—1992《工业牵引车安全规范》
ASME 56.8—1992《重型轨道车安全规范》
ASME 56.1—1992《低起升高起升车辆安全规范》等
用户:(工业牵引车为例)
- 一般要求
- 停车距离(常规/下坡)
- 燃油搬运和保存
- 蓄电池更换与充电
- 危险部门
- 通道与障碍物
- 作业场地照明
- 有害气体和烟尘控制
- 噪声
- 报警装置
- 牵引车搬运

驾驶员:(工业牵引车为例)
- 安全驾驶职责
- 行驶
- 转向操作安全规程
- 驾驶员对车辆的维护

ASME 56.5—1993《工业车辆的自动功能安全规范》
第二部分　第4、5、6条
安全生产概述:
- 适用范围
- 改装、标识、标记、装载能力、稳定性
- 停车距离
- 传感器
- 电池组的更换和充电
- 危险位置
- 巷道和门
- 作业区照明
- 安全装置
- 在紧急和非紧急状态的控制和装置

装卸(对作业场所的要求):
- 一般规则
- 作业环境

——场地表面
——物理环境
——辐射环境(电磁兼容、噪音、粉尘等)

作业(对用户和驾驶员的要求)
- 用户责任
- 使用驾驶员的规定
- 驾驶员训练有素
- 驾驶员责任
- 一般驾驶规则
- 人工作业要求

——起升类车辆符合 ASME 56.1—1992
——重型轨道车辆符合 ASME 56.8—1992
——工业牵引车符合 ASME 56.9—1992

图 49-3

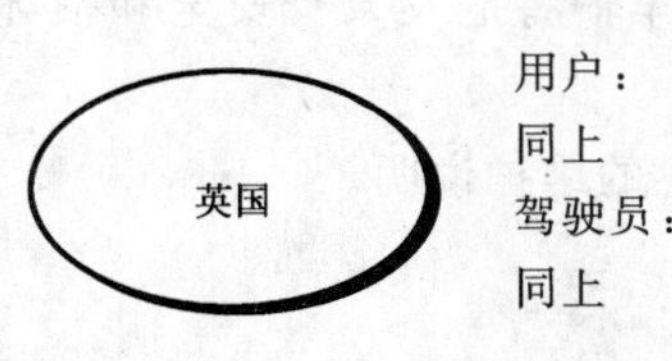

	BS4430：Ⅱ—1969《叉车安全规范》
	离车时关闭发动机
用户：	货叉下严禁站人
同上	不得擅自改变属具和超载
驾驶员：	叉货安全
同上	运行时门架后倾
	坡道上行驶时叉车状态
	堆垛
	拆垛

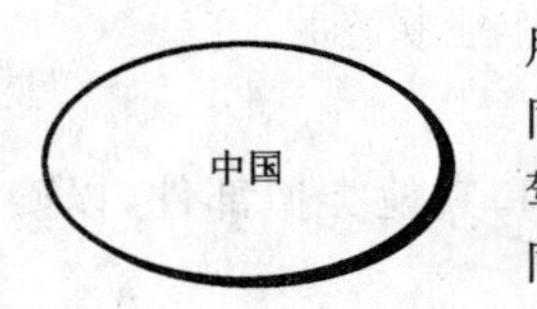

用户：
同上
驾驶员：
同上

续图 49-3

2. 差异性比较与分析

从以上对场车安全使用要求的主要内容进行比较可以看出，标准之间存在着较大的差异。

一是对场车安全使用环节的要求不同，可概括为不要求（欧盟、日本）、通用要求（ISO 标准和中国）、专门要求（美国和英国）三种情况。欧盟主要重视场车的设计制造方面的安全，强调设备本质安全；ISO 标准作为国际通用标准，充分考虑了不同国家和地区经济发展、用户和操作者素质等因素的差别，提出了涉及用户和驾驶员的较宽泛的普适性规则，但对于具体场车产品的安全使用并未提出具体要求；中国国家标准基于与 ISO 标准的一致性，类同 ISO 标准要求，专业性和针对性不够；美国 ASME 规范较系统地对于工业车辆类不同产品分别提出了不同的具体的要求，比如对于起升类、搬运类、轨道类等均分别、专门提出了针对用户和操作者的具体要求，具有很强的指导性和操作性；英国作为欧盟成员国，尽管欧盟标准未提出安全使用场车方面的要求，但各成员国的劳动安全法规中也有很多与美国类同的专门的要求。

二是对落实相关安全使用要求的途径和方法不尽相同。按照国际惯例，标准本身并不具有强制性（只有中国有强制性标准），多数情况下，也未对产品的监督主体作出明确规定，但美国、英国、日本和其他发达国家的制造商均从保护自身和客户共同利益的角度，一般采用合同约定方式和充分培训的方法将用户安全使用落实在合同和法律框架下，即在法制和市场规则下运行，因此，场车的安全使用得到较好落实；而在中国，即使是国家强制性标准对于用户使用有明确要求，但在多数情况下也并不能较好地落实。《标准化法》贯彻不到位，标准在不同相关责任方的贯彻并不对称，强制性标准更多的情况是约束制造商而非用户。虽然我国目前对于场车的使用实施了“行政许可制度”，对用户和驾驶员分别实施备案审查许可和驾驶员职业安全资格认可，但由于场车产品巨大的市场保有量和流动性，实际上政府有关监察部门的监管不够充分和有效，由此造成我国场车使用环节的用户安全责任、驾驶员操作和维护、擅自改造和维修等环节疏于规范，成为场车事故的首要原因。

那么，对于如何加强场车使用环节的有效监管就显得尤其重要。

三、维修与改造

除欧盟和日本外，其他国家和国际标准化组织均对工业车辆类场车的维修和改造提出了维护要求（未涉及建筑机械和施工设备），这些要求主要包括一般规则、定期维护、维护内容和维护人员要求四个方面。

1. 维修与改造要求

（1）对于场车维护改造的总体要求

目前主要有 ISO 3691：1980《机动工业车辆安全规范》14.2.4 和 15 条、GB 10827—1999《机动工业车辆安全规范》（idt ISO 3691）和 BS 4430-2：1969，《工业机动车辆安全推荐　第 2 部分：操作和维护》3.2

等，其内容要求基本相同。包括：

1）一般规则：

① 机动车辆可靠的工作应依靠合理的定期的维护保养，如果忽略维护车辆将危及人身安全和损坏财物。

② 所有机动车辆的维护必须根据计划日程进行，特别是遵守制造厂提供的维护说明。

③ 只有专业维修人员，才允许对工业车辆进行检查维护。

2）维护准则：

① 安全部件。制动器、转向机构、操纵机构、警示装置、灯光、调节器和起升过载保护装置必须保持在安全作业状态。

② 工作装置。起升和倾斜机构的所有部件及构件必须定期检查，并保持安全作业状态。

③ 安全保护。安全防护和安全装置须定期检查，并保持安全作业状态。

④ 液压系统。所有的液压系统都必须须定期检查和维护。必须检查油缸、阀和其他类似部件，以确保内漏和外漏不会发展到危险程度。

⑤ 电器系统。必须检查和维护蓄电池、电动机、控制器和接触器、限位开关、保护装置、导线和接插件，使其处于良好状态。特别注意电气绝缘状态。

⑥ 轮胎。必须检查充气轮胎的踏面、侧面和轮辋的损坏程度，必须使轮胎保持在制造厂规定的气压，从对开式轮辋上拆卸充气轮胎之前，必须预先释放轮胎内的气体。必须检查实心轮胎和金属轮箍或轮辋的粘结情况。必要时，应清除轮胎踏面的杂质。

⑦ 安全标识与标牌。必须确保所有的标牌、操作指示牌和标签字迹清晰。

⑧ 失火源清理。工业车辆必须保持清洁以防止失火，及时发现松动或有缺陷的零件。

⑨ 危险场所使用的场车。设计用于危险场合和被批准用于危险场合的专用车辆或设备，必须加以特别注意，确保在维护后能保持车辆原有的安全作业性能。

⑩ 零件更换。所有更换的零件必须是原型的零件，或至少与原车辆中零件的质量相同。

⑪ 不准隐患车作业。如经检查发现车辆存在任何可成为安全隐患的缺陷、磨损或损坏，则必须采取有效的措施，修复后车辆才能重新投入使用。

(2) 对特定产品和零件的维护要求

针对工业牵引车、工业轨道车辆和载人工业车辆自动化功能、叉车货叉等具体工业车辆产品和重要安全零件，美国和 ISO 标准提出了详细的规定，以保证维修不对场车的安全性造成影响。

对这些特定产品进行维护的原则是：

1）依据制造商提供的规范进行，包括更换零件的一致性。

2）维修人员应经过相应的培训，且训练有素。

3）实施维修的内容(18 项)。

4）叉车货叉在修复后，必须进行相关的试验，确认符合规定要求后方可投入使用。

2. 差异性比较与分析

除欧盟和日本外，比较各国家的相关标准和国际标准对于场车的维修改造主要针对工业车辆类产品提出，既有对于产品组进行维修的通用要求，也有针对具体产品的特定要求，主要遵循 4 项基本原则，即遵守制造商对于产品维护的规则、维护人员具备专业素质的规则、涉及产品的安全特性和安全部件的规则、定期检查维护并记录的规则。

发达国家对于场车的维护改造，无论是否有标准或规范要求，制造商和用户均能较好地通过合同约定和培训使得维护改造过程在保证产品本质安全的前提下进行，比较而言，我国对于场车产品的维护和改造差距较大，场车维护不充分和擅自改造现象较普遍，主要原因是：

(1) 标准体系不够完善，对于具体产品的维修改造要求不够明确；

(2) 制造商的维护手册操作性较差(甚至大量存在维护规则与产品不统一的情况)，对用户或代理商维修人员的培训不充分；

(3) 场车租赁市场庞大,用户安全责任落实不够,安全生产制度不健全;

(4) 对维护改造的监管有效性较低。

四、人员要求

依据本课题组采集的信息表明,欧盟和日本对于涉及场车安全设计、制造、使用、维护改造、检验各环节的人员资质尚未提出明确的要求。ISO、美国国家标准对于场车操作和维护改造人员虽提出了"驾驶人员必须经过培训考核并取得操作证,才允许驾驶机动工业车辆",以及"维护人员应训练有素,具有维护经验"的要求,但并未规定这些人员资格认可的机构,以体现客观性和市场化原则,一般情况下,发达国家对这些人员的资格确认是通过制造商或授权中介机构有效的培训来完成的,即由制造商和用户共同确认。我国目前实施的场车安全行政许可制度,主要涉及场车检验、操作人员两类人员的职业资格许可,其中场车操作人员的培训遵循了普适性原则,并使用了统一教材,由政府部门授权机构进行资格确认。

五、型式试验

不同国家和地区对于场车型式试验的要求,主要从是否做?做什么?谁来做来进行比较分析。

前面已提及,美国和日本对于场车产品未纳入政府实施强制市场监管范畴,主要通过市场化原则对该类产品的安全建立信任,政府不要求对场车进行型式试验。虽然美国对场车产品无市场准入和整机型式试验要求,但EPA法规却强制要求国外场车产品(非公路用机动设备)的排放指标必须经过其授权的美国官方机构的检验认可,方可进入其市场流通。

欧盟技术法规和成员国法律对于场车产品强制实施粘贴CE标志制度,作为市场准入的条件,法规也明确要求型式试验是表明产品满足适合指令相关协调标准的必须程序;场车相关的机械指令、电磁兼容指令、噪声指令、排放指令和人体振动指令对应的协调标准是进行型式试验的主要依据,型式试验主要包括电磁兼容、噪声、排放、人体振动、结构验证、功能验证、安全使用说明书、维护保养规则等内容;针对不同产品,欧盟分别实施了对锅炉、压力容器、医疗器械、汽车和"附表Ⅳ规定的17类机械产品"等特别危险产品由官方公告机构强制性认证和一般产品由制造商自我声明并进行备案的两种管理制度,场车产品属于由制造商自我声明的范围,我国一般的做法是由国内第三方检验机构进行型式试验和安全评估、再由制造商进行自我声明,均得到了欧盟的认可。

中国对于场车安全实施政府行政许可制度,对于包括国外企业在内的所有在国内销售场车的制造商,型式试验是制造商获得《特种设备制造许可证》的必要条件,型式试验的依据是根据国家和行业强制性标准和部分推荐性标准制定的《安全技术规范》——场内机动车辆型式试验细则(试行),试验项目多数为涉及安全卫生的项目,部分可靠性项目是基于零部件安全尚未纳入规范管理或认证而设立的。承担型式试验的技术机构由政府有关部门依法考评后核准,视同于欧盟官方指定机构,承担核准范围内场车产品的型式试验工作。

六、定期检验

发达国家对于场车的定期检验未做明确要求,仅ISO 5057:1993标准对叉车货叉提出了"应在间隔不超过12个月内进行定期检查,以及时发现任何缺陷或永久变形时应进行检查"的要求。我国目前只有《场内工业车辆监督检验规程》(国质检锅[2002]16号)规定监督检验周期为1年。

七、事故处理

在本课题研究领域内,对于场车事故的处理,仅有ISO 3691:1980标准和我国等效采用该标准的GB 10827—1999的有关条款涉及,标准规定了"一旦发生事故,例如人员伤害,车辆对建筑或设备的损坏,首先要组织抢救,尽可能保护事故现场并立即向主管人员报告",对事故界定、抢救、保护现场和及时报告4个事故基本要素提出了明确要求。但对于事故调查主体、事故责任认定、组织救援等未提出明确要求。

第五十章 启示与建议

一、关于场车监管模式

对于场车整机产品的监督管理而言，比较国的法规标准体系和监管实施模式也存在着较大的差异，从法规制定、安全要求和监管力度方面相比较可以归集为3种情况：①宽松管理方式。美国和日本都未对场车直接制定任何专项法规，仅有环保规章和部分劳动安全规章适用于场车，采用了由非政府机构实施或监管部门适时检查事后处罚的方式，相对于其他国家要宽松得多。②适度管理方式。欧盟（德国、英国等）虽然没有直接针对场车制定技术法规，但存在5个适合性指令，包括产品安全、人身健康、公众安全和部分劳动安全等内容；具有完备、要求详细的协调标准（多数为具体产品标准）。除噪声、排放指令的符合性必须由官方公告机构实施外，其他指令均属于制造商（代理商）和业主自愿声明范畴，政府部门一般不参与符合性认定过程，仅做违章后的处罚工作。③从紧管理方式。我国行政法规（412号令），明确规定对场车实施行政许可制度；安全要求涉及产品安全、劳动安全和公众安全，具有比较完善的安全技术规范和技术标准支持；符合性的活动由政府安全监察机构和授权技术机构共同完成。

我国经济社会发展水平尚处于社会主义初级阶段，无论在场车行业安全科技成熟度、市场诚信度、国民法制意识等方面均与发达国家存在较大差距，这就决定了我国对于场车的监管必须在一定时期内采取“从紧”监管政策，目前实施的场车行政许可制度基本是可行和适宜的。

在严格贯彻执行我国现行法律法规的基本原则下，对于场车的行政监管应重点在监管产品目录确定、监管模式选择、发挥社会技术资源3个方面进一步改进，借鉴国外发达国家的一些经验，进一步提高行政监管的有效性。具体建议：

1. 科学确定监管产品目录。应当在对不同产品的危险因素进行分析的基础上，进行事故可能和事故危害系统分析（RBI），广泛听取、吸收各方面专家的意见，使得“管什么项目”问题得到较好地解决。

2. 借鉴国外发达国家的监管经验，结合我国场车行业实际和场车流动性较大的特点，建议采取“有限许可，用户自律与加强监督检查、违法处罚相结合”的监管制度，即对于场所和人员相对固定的制造商、检验人员和驾驶人员实施严格的行政许可制度，对于流动性较大、难以监管的使用/维修/改造环节，实施业主自我约束、监察机构和社会监督、重在事故后处罚的监管模式。

3. 在设计制造环节继续发挥社会技术机构作用的基础上，对于改造、维修和驾驶人员的资格管理探索由授权中介技术机构实施的可能性。逐步将安全监察机构的工作重点在立法和违法处罚两个环节上。

二、关于法规与标准的关系

比较研究表明，欧盟及其成员国法规与标准的关系基本实现了相互依存、相互支持、协调统一，法规作为政府依法行政依据和实施市场监管的手段，根据执法需要，能够通过官方指令方式要求标准制定机构（标准化协会及其所属技术委员会）制定支持法规的有关标准。同时，也并不影响标准制定机构制定其他标准，事实上欧盟约有80%的标准是为产品（服务）贸易、促进国际产业合作和降低生产成本等商业目的，推荐利益相关方使用的。

比较研究还表明，我国法规与标准关系与发达国家存在差异性，总体上统一，局部出现不够协调。统一性指在《标准化法》框架下，政府实施国家/行业强制性标准，同时根据需要引用一些适宜、科学的国家/行业推荐性标准。不协调方面表现在政府各部门作为行政执法主体与标准化专业标委会之间关系上。为此建议：

基于建立法规与标准协调统一机制的需求，应当建立行政执法部门与标准管理机构的“互动通道”。一方面，政府部门根据行政执法需要可以直接向国家标准化管理/技术机构提出并表达标准制修定需求和意图；另一方面，标准化技术机构在标准的制修订过程中，设立“节点通报”程序，对于纳入政府监管产品范围的国家、行业标准，特别是强制性标准，应及时征求政府有关部门意见。通过标准化管理体制的改革，使得政府部门成为标准制修订的积极支持者、参与者和受益者，实现标准先进性与满足执法需求的有机结合，提高标准资源的价值。这也是发达国家法规标准管理模式给予我们的重要启示。

三、关于场车标准与法规制修订的建议

国内外标准法规对场(厂)车安全要求主要体现在是否全面、系统和合理 3 个方面。全面性是对设备本身安全、驾驶员安全和其他人员安全的提出要求的程度；系统性是对设备寿命期内全过程的易造成安全事故的因素作出规范要求的程度，合理性是指这些安全要求的科学性和可实现性的程度。

欧盟及其成员国针对场车安全的标准与法规“要求宽泛、指标合理”。表现在特别注重多数场车的本质安全和公众安全，既有技术法规方面的通用要求(5 项相关指令)，也有与法规相适应的具体产品标准，但对于使用、改造维修、检验和人员方面要求较少。

美国和日本的标准与法规“重点突出、操作性强”。法规仅对排放指标和部分劳动安全要素提出要求，标准针对个别安全因素(如制动性能、稳定性和驾驶员护顶架等)或个别场车机种(叉车、牵引车和无人驾驶工业车辆等)制定了相关标准(规范)，这些少数的法规和标准基本覆盖了场车安全的全过程(环节)，操作性较好。而对于防爆场车却未制定相关的法规和标准，但并不表明美日的场车产品安全性低于欧盟水平。

ISO 标准涉及场车安全的标准“通/专结合、关注人本”。其一，标准不涉及具体产品。通用要求一般针对产品族提出，如《机动工业车辆安全规范》、《土方机械危险标识与图示》等；专项要求一般针对重要危险源提出，适用于涉及该项安全的所有机型，如《土方机械　落物保护结构　实验室试验和性能要求》；由此可见，ISO 标准均不涉及到具体产品，这是 ISO 标准区别于其他国家和地区的最大不同点。其二，ISO 在关注本质安全和乘员安全的同时，对涉及公共安全的相关内容不够全面，缺少有关电磁兼容、防爆安全等方面的标准，这是由不同国家经济发展、社会进步和安全理念的差异性所决定的。

我国场车的法规标准与内容要求“完整尚需协调，具体有待合理”。涉及场车的中国标准与国际标准的接口主要为 ISO 标准，同时也制定了大量的具体产品标准，这些产品标准的部分参照了欧盟和日本有关标准的要求。除电磁兼容标准、人体振动外，我国场车安全标准广泛涉及本质安全、驾驶员安全和公共安全领域，但这些安全要求在部分内容和指标上与国外存在差异，如承载部件安全系数、排放指标、液压回路承载压力等要求较低，对性能指标和结构要求过于具体，一定程度上制约了行业的技术进步。另一方面，由于部分场车安全标准未作为强制性标准实施，一定程度影响了我国场车进入发达国家市场。

针对我国场车法规标准体系与比较国的差异性，为促进我国场车产品的安全技术水平与欧美较好地接轨，扩大出口，结合我国的实际情况，为此建议：

1. 尽快制定部分场车新标准。制定涉及公众安全卫生的《非道路移动设备电磁兼容通用要求》、《土方机械排放限值和试验方法》和涉及劳动安全的《人体振动限值与试验方法》、《机动工业车辆司机耳边噪声限值》4 项国家标准。

2. 对现行主要标准进行修订。对 GB 10827—1999《机动工业车辆安全规范》(eqvISO 3691:1980)标准进行修订，修订应包括电磁兼容、排放、噪音和人体振动等国外先进安全技术指标的内容；同时，基于我国技术配套水平的发展现状，对于钢丝绳安全系数、液压回路承载压力、机外辐射噪音、排放和载荷最大下降速度等限值指标应进行国际对标，进一步提高我国机动工业车辆的国际竞争力。

对 JB 6030—2001《工程机械通用安全技术要求》标准进行修订，建议纳入国家强制性标准修定计划。修订主要内容为：增加涉及驾驶员安全的“防止烧伤、视野、照明”等要求，以及涉及设备本质安全的安装司机室要求、救助与拖拽、电源插座、压力容器、阻燃材料、灭火装置、安全支撑装置、机器标识、使用说明书、采暖和通风换气等要求；通过引入电磁兼容、防滚翻/防落物、排放和人体振动等专项标准要求，使其

具有强制性;对噪声等个别安全指标进行国际对标。

3. 重视场车使用环节的监管要求。鉴于场车流动性大的特点,应借鉴发达国家的安全理念,在场车技术标准中增加补充有关用户和操作者的相关要求,同时,建议加强使用环节监管制度的建设,为进一步降低场车事故提供技术和制度保障。

4. 加快场车《安全技术规范》的制定进程。

在积极推进《特种设备安全法》立法的同时,应切实加快《场车安全监察技术规程》、《型式试验规程》等基础安全技术规范的制定进程,将分类监管的措施通过《规程》的制定予以确立,进一步规范场车的安全监察工作的规范性和有效性。

本篇由牛海军、尚海波、陶元芳等编写。

附录　场(厂)内机动车辆主要标准法规目录

一、中国主要法规

1. 国务院对确需保留的行政审批项目设定行政许可的决定(国务院令第412号)

2. 特种设备质量监督与安全监察规定(原国家质量技术监督局13号令)

3. 各类场内机动车辆型式试验细则(试行)

4. 场内机动车辆监督检验规程(国质检锅[2002]16号)

5. 机电类特种设备安装改造维修许可规则

6. 机电类特种设备制造许可规则

7. 特种设备注册登记与使用管理规则

二、中国主要标准

1. GB 10827—1999　机动工业车辆　安全规范

2. GB 16710.1—1996　工程机械　噪声限值

3. JB 6030—2001　工程机械　通用安全技术要求

4. JB 6028—1998　土方机械　安全标志和危险图示　通则

5. GB/T 5143—2001　乘驾式高起升车辆　护顶架技术要求和试验方法

6. JB/T 5141—2005　平衡重式叉车　稳定性试验

7. JB/T 2391—1994　0.5t～10t平衡重式叉车技术条件

8. JB/T 3688.2—1998　轮胎式装载机技术条件

9. GB/T 9139.2—1996　液压挖掘机技术条件

三、美国主要法规

1. EPA　非道路机动设备排放标准(Tier1～Tier3)

2. OSHA 1910.178　工业用 机动车辆及附录 A

3. OSHA 1926.601　建筑用 机动车辆、机械设备

四、美国主要标准

1. ANSI/ASME B30.13—2003　仓储机械及相关设备安全标准

2. ANSI/ASME B56.1—1992　低起升和高起升车辆安全标准

3. ANSI/ASME B56.5a—1994　无人驾驶工业车辆和有人驾驶工业车辆安全标准

4. ANSI/ASME B56.6—2002　越野叉车安全标准

5. ANSI/ASME B56.9a—1992　司机控制的工业牵引车的安全标准

6. ANSI/ASME B56.11.4—1992　机动工业车辆挂钩型货叉和货叉架

五、欧盟主要法规

1. 98/37/EC　关于统一各成员国有关机械法律的欧洲议会和欧洲理事会指令

2. 92/31/EEC　关于统一各成员国有关电磁兼容法律的89/336/EC号指令进行修改的理事会指令

3. 2000/14/EC 关于统一各成员国有关噪声法律的欧洲议会和欧洲理事会指令

4. 2004/44/EC 关于统一各成员国有关非道路用移动机械内燃机的气体和颗粒污染物排放法律的97/68/EC号指令进行修改的欧洲议会和欧洲理事会指令,欧盟的第1、第2、第3阶段(StageI、StageⅡ、StageⅢ)非道路排放法

5. 2002/44/EC 关于统一各成员国关于物理量(振动)对工人承受致险的最低健康和安全要求的欧洲议会和欧洲联盟理事会指令

六、欧盟主要标准

1. EN 292-1:1991 机器安全 基本概念,设计通则 第1部分:基本术语 方法学

2. EN 292-2:1995 机器安全 基本概念,设计通则 第2部分:技术原则与规范

3. E24N 286-2:1992 充装不宜燃的空气或氮气普通压力容器 第2部分:汽车和拖车气压制动和辅助系统用普通不宜燃连续产生压力的容器

4. EN 474-1:1995 土方机械 安全 第1部分:通用要求

5. EN 474-3:1996(PrEN 474.3:2001) 土方机械 安全 第3部分:装载机的要求

6. EN 474-4:1996 土方机械 安全 第4部分:挖掘装载机的要求

7. EN 474-5:1996 土方机械 安全 第5部分:液压挖掘机的要求

8. EN 474-7:1998 土方机械 安全 第7部分:铲运机安全要求

9. EN 474-8:1998 土方机械 安全 第8部分:平地机的要求

10. prEN 500-3:2002 移动式筑路机械 安全 第3部分:稳定土拌和机专用要求

11. ENV 1070:1998 机器安全 术语

12. EN 12643:1998 土方机械 轮式机械 转向要求

13. EN 60204-1:1993 机器安全 电气设备 第1部分 通用要求

14. EN 1726-1:1998 工业车辆安全规范 第1部分:最大起重量至10 000kg机动工业车辆和最大牵引力至20 000N的牵引车

15. EN 1757-1:2001 机械安全性 工业车辆 步行式控制手动和半手动车辆 第1部分:堆垛式叉车

16. EN 1757-2:2001 机械安全性 工业车辆 步行式控制手动和半手动车辆 第2部分:最大起升高度为300mm的托盘搬运车

17. EN 1755:2000 有潜在的可燃气体和粉尘环境作业的工业车辆的安全

18. EN 12895:2000 工业货车 电磁兼容性

19. EN 1726-2:2000 工业货车的安全 载荷能力为10 000kg的自动货车和拉杆拉力至20 000N的工业牵引车 带高驾驶位的货车和专为超负荷运行设计的货车的附加要求

20. EN 1757-2:2001 工业货车的安全 脚踏货车托盘货车

21. EN 1757-3:2002 工业货车的安全 脚踏货车 平板车

22. BS 4430-2:1969 工业机动车辆安全推荐:第2部分:操作和维护

七、日本主要法规

1. 第1阶段、第2阶段非道路排放法规

八、日本主要标准

1. JIS D 6001—1999 叉车安全规程

2. JIS D 6011—1999 叉车稳定性和稳定性试验

3. JIS D 6021—1999 叉车护顶架

4. JIS D 6023—1999 叉车制动性能和制动试验

九、ISO主要标准

1. ISO 2860:1992 土方机械 最小入口尺寸(GB/T 17299—1998 idt)

2. ISO 3164:1995 土方机械 翻车和落物保护结构的实验室鉴定 挠曲极限量的测定(GB/T 17772—1998 idt)

3. ISO 3449:1992 土方机械 落物保护结构 实验室试验和性能要求(GB/T 17771—1999 eqv)

4. ISO 3450:1996 土方机械 轮胎式机械 制动系统的性能要求和试验方法(JG/T 48—1999 eqv85)

5. ISO 3457:2003 土方机械 护板和护罩 定义和技术要求(JB/T 3249—1991 eqv)

6. ISO 3471:1994 土方机械 翻车保护结构 实验室试验和性能要求

7. ISO 3795:1989 路面车辆和拖拉机 农林月机器 内饰材料燃烧8性能的测定

8. ISO 3864-1:2002 安全颜色和安全标志

9. ISO 5006-1:1991 土方机械 司机视野 第1部分:试验方法(GB/T 7160—1993 eqv)

10. ISO 5006-2:1993 土方机械 司机视野 第2部分:评定方法(GB/T 16937.2—1997 eqv)

11. ISO 5006-3:1993 土方机械 司机视野 第3部分:准则(GB/T 16937.1—1997 eqv)

12. ISO 5010:1992 土方机械 轮胎式机械的转向能力(GB/T 14781—1993 eqv)

13. ISO 6014:1986 土方机械 行驶速度的测定(GB/T 10913—1989 eqv)

14. ISO 6016:1998 土方机械 整机及其工作装置和部件质量的测量方法(GB/T 3690—1999 idt)

15. ISO 6393:1998 声学 土方机械 定置试验条件下机外辐射噪声的测定(GB/T 16710.2—1996eqv IS95)

16. ISO 6394:1998 声学 土方机械 定置试验条件下司机位置处噪声的测定(GB/T 16710.3—1996 eqv)

17. ISO 6405-1:1991 土方机械 司机操纵和其他显示符号 第1部分:通用符号(GB/T 8593.1—1998 eqv)

18. ISO 6405-2:1993 土方机械 司机操纵和其他显示符号 第2部分:机器工作装置和附件的特殊符号(GB/T 8593.2—1998 eqv)

19. ISO 6682:1986 土方机械 舒适的操作区域和操纵装置的可及范围(JB/T 3683—2001 eqv)

20. ISO 6683:1981 土方机械 座椅安全带及其固定器(GB/T 17921—1999 idt)

21. ISO 7096:2000 土方机械 司机座椅 振动的实验室测定(GB/T 8419—1987 No eqv)

22. ISO 7135:1993(DIS 7135:1997) 土方机械 液压挖掘机术语和商业规范(GB/T 6572.1—1997 eqv)

23. ISO 7451:1997 土方机械 液压挖掘机和挖掘装载机反铲斗的容量标定(JG/T 5038.1—1993 eqv)

24. ISO 8643:1997 土方机械 液压挖掘机和挖掘装载机动臂下降控制装置 性能要求和试验方法(JG/T 5084—1996 eqv88)

25. ISO 9244:1995 土方机械 安全标志和危险图示 通则(JB 6028—1998 eqv)

26. ISO 9247:1990 土方机械 电线和电缆的识别标志通则

27. ISO 10263—2:1994 土方机械 司机室内环境 第2部分:空气滤清器的试验

28. ISO 10263—4:1994 土方机械 司机室内环境 第4部分:司机室的换气、采暖和(或)空调试验方法

29. ISO 10264:1990 土方机械 钥匙锁起动系统(JB/T 7309—1994No eqv)

30. ISO 10567:1993 土方机械 液压挖掘机 起重能力测试方法(GB/T 13331—1991 eqv 86)

31. ISO 10570:199 土方机械 铰接车架锁紧装置的性能要求(JB/T 7692—1995 eqv)

32. ISO 10968:1995 土方机械 司机操纵装置(GB/T 8595—2001 eqv)

33. ISO 12509:1995 土方机械 照明、信号和标志灯以及反射器

34. ISO/DIS 13766:1999 土方机械 电磁兼容性

35. ISO 14397-1(2):2002 土方机械 装载机和挖掘装载机第1部分:额定工作性能和验证计算倾翻载荷的试验方法

36. ISO 1044:1993 工业车辆 电动牵引用铅酸蓄电池有限选用的电压(GB/T 17938—1999 idt)

37. ISO 1074:1991 平衡重式叉车稳定性试验(JB/T 2391—1994)

38. ISO 2328:1993 叉车 挂钩型货叉和叉架 安装尺寸(GB/T 5184—1996 idt)

39. ISO 2330:2002 叉车货叉技术要求和试验(GB/T 5182—1996 idt 95)

40. ISO 3184:1998 前移式和叉腿式叉车稳定性试验(GB/T 5142—1985 idt 74)

41. ISO 3691:1980 机动工业车辆安全规范(GB 10827—1999eqv)

42. ISO 5766:1990　托盘堆垛车和高起升平台车稳定性试验

43. ISO 6055:1997　乘驾式高起升车辆　护顶架规范和试验方法(JB/T 2391—1994 idt)

44. ISO 6292:1996　工业用电动搬运小车和拖车　制动性能及制动部件的强度(GB/T 18849—2002　eqv)

45. ISO 10658:1996　在特定堆垛条件下工作并通过动力装置　横向移动载荷的工业运货车　附加稳定性试验

46. ISO 13562.1:2000　伸缩臂式工业车辆　第 1 部分:稳定性试验

47. ISO 13562.2:2001　伸缩臂式工业车辆　第 2 部分:6m 及以上长度货用集装箱叉车　附加稳定性试验

48. ISO 13563.1:2001　侧面式叉车　第 1 部分:稳定性试验

49. ISO 13563.2:2001　侧面式叉车　第 1 部分:6m 及以上长度货用集装箱叉车　附加稳定性试验

50. ISO 15794:2001　两向或多向叉车稳定性试验

51. ISO 15870:2000　机动工业车辆　安全标志和危险图示　一般原则

52. ISO /TR 12100.1:2003　机械安全　基本概念和设计通则　第 1 部分:基本术语、方法学(GB/T 15706.1—1995 eqv)

53. ISO /TR 12100.2:2003　机械安全　基本概念和设计通则　第 2 部分:基本原则与规范(GB/T 15706.2—1995 eqv)

54. ISO 13562-1:2000　伸缩臂式工业车辆　第 1 部分:稳定性试验

55. ISO 13562-2:2001　伸缩臂式工业车辆　第 2 部分:长度≥6m 货物集装箱搬运车　附加稳定性试验

56. ISO 6750:1984　土方机械　操作和维修手册的版式和内容(JG/T 36—1999)

57. ISO 3691:1980　机动工业车辆安全规范(GB 10827—1999 eqv)

58. ISO 5057:1993　工业车辆　叉车货叉在使用中的检查和修复

参考文献

[1]　梁广炽,李家骥,胡军.美国特种设备安全管理:第一章,第八章,第十章,第十一章有关内容.

[2]　孙黎,汤晓英.欧盟特种设备管理:第二章,第四章 第一节至第三节有关内容.

[3]　国家工程机械质检中心.工程机械与专用车辆最新标准目录.2005 版,2006 版.

[4]　国家工程机械质检中心.工程机械最新标准汇编.2005 版,2006 版.

第十一篇

游 乐 设 施

第五十一章　游乐设施标准法规制修订管理模式

第一节　中国游乐设施标准法规制修订管理模式

一、政府管理部门及职能、运作模式

随着游乐设施的发展，游乐设施的政府管理部门由过去多个部门机构统一到国家质量监督检验检疫总局(以下简称国家质检总局)。1994年4月13日，国家技术监督局、建设部、国家旅游局、公安部、劳动部、国家工商行政管理局等联合发布了《游艺机和游乐设施安全监督管理规定》，对游艺机和游乐设施设计、生产、销售、采购、安装、验收、运营、管理等各环节的安全监督管理进行规范，列出了高空、高速和可能危及人身安全的游艺机和游乐设施目录。1994年10月13日，国家技术监督局全国工业产品生产许可证办公室发出了《关于批准游艺机产品生产证实施细则及检验单位的通知》，中国有色金属工业总公司生产许可证办公室按批准的《游艺机产品生产许可证实施细则》，进行游艺机产品生产许可证的发证工作，游艺机产品的检验工作由国家游艺机质量监督检验中心承担。1997年10月13日，国家经济贸易委员会、国家技术监督局在《关于游艺机游乐园行业管理有关情况的报告》中规定：对游乐园内游艺机的使用实行运营证管理，运营证管理办法由国家经贸委、国家技术监督局会同建设部共同制定。1999年，国务院机构改革后，国家质量技术监督局将游艺机和游乐设施纳入特种设备管理。

2003年6月1日《特种设备安全监察条例》施行。在游乐设施安全管理方面，国家质检总局负责游乐设施安全管理方针政策与行政规章的制定，游乐设施设计、制造、安装、使用、检验、事故等全过程的安全监察，并负责有关制造与安装许可工作以及游乐设施设计文件鉴定、型式试验、监督检验、定期检验机构的核准；省级质量技术监督部门负责本辖区内的游乐设施设计、制造、安装、使用、检验、维修改造等全过程的安全监察与管理，同时接受国家质检总局的委托，承担本区域内的部分安装、改造与维修许可工作，并监督有关许可工作的实施；县级以上地方质量技术监督部门具体负责安全监察工作的实施、执法监督与违法行为的查处。

《特种设备安全监察条例》规定："大型游乐设施是指用于经营目的，承载乘客游乐的设备，其范围规定为设计最大运行线速度大于或者等于2m/s，或者运行高度距地面高于或者等于2m的载人大型游乐设施。"

游乐设施划分为A、B、C 3级。速度高、危险性大的游乐设施，如过山车、大型观览车、飞毯、探空飞梭、高空蹦极、空中飞人等设备为A级；速度较高、危险性较大的游乐设施，如滑行龙、转马、自控飞机、水滑梯等设备为B级；速度一般、高度一般的游乐设施，如碰碰车、小赛车等设备为C级。具体分级情况见《游乐设施安全技术监察规定(试行)》。

纳入监察范围的游乐设施的首台产品要进行型式试验。对A、B级游乐设施在型式试验前还需进行设计文件鉴定，鉴定合格后方能进行样机试制。A、B、C级游乐设施在安装后要进行验收检验。在用的游乐设施要进行定期检验，定期检验周期为1年。中国特种设备检测研究中心主要负责游乐设施设计文件鉴定、型式试验、A级游乐设施和首台B、C级游乐设施的验收检验，同时负责A级游乐设施定期检验工作；经国家质检总局核准的省级游乐设施检验机构负责本省的B、C级游乐设施定期检验。

二、法规标准制修订机构的设置及职能

1. 法规制修订机构

在特种设备方面，以国务院《特种设备安全监察条例》为依据的国家质检总局行政规章和安全技术规

范等构建了特种设备法规体系。特种设备行政规章由国家质检总局负责组织制修订(具体工作由特种设备安全监察局和法规司负责)。

特种设备安全技术规范的制修订工作由国家质检总局特种设备安全监察局负责。中国特种设备检测研究中心(以下简称组织起草单位)接受特种设备局委托,负责组织有关单位进行安全技术规范的起草工作。具体工作流程为:安全技术规范立项(国家质检总局)→下达起草任务(特种设备局)→组织起草(中国特检中心)→公开征求意见→审议(特种设备安全技术委员会)→形成报批稿提交(中国特检中心)→批准(国家质检总局)→颁布(国家质检总局)→解释(国家质检总局)。

2. 标准制修订机构

我国游乐设施应用从20世纪80年代开始,当时没有游乐设施技术标准。到1986年,游乐设施制造业发展迅速,一些大型游乐园相继建立,整个游乐设施行业初具规模。随着游乐产品数量与种类的增多,由于缺乏标准,设计、制造、安装、使用、检验与维修改造等涉及的各方行为不能得到有效规范,人身伤亡和重大设备质量事故屡有发生。在这个背景下,第一个游乐设施安全技术标准GB 8408—1987《游艺机和游乐设施安全》于1987年12月10日颁布。这个标准规定了游乐设施的基本技术要求,对游乐设施的运行速度、坡度等都做了具体规定,对设计、制造、安装、维护及管理也提出了要求,是游乐设施方面的主体标准。1988年初中国有色金属工业总公司(当时游乐设施行业归口管理单位)下达任务,委托国家游艺机质量监督检验中心制定游艺机和游乐设施有关行业标准。从1988～1994年之间国家游艺机质量监督检验中心根据游乐设施的运动形式或结构原理相类似的原则,将游艺机和游乐设施分为13大类,起草制定了YS系列13项标准。这些行业标准基本上覆盖了当时国内所有游艺机和游乐设施种类和型式,对游艺机和游乐设施的技术要求、试验方法、检验规则等,都做了比较详细的规定。

1998年,在GB 8408—1987《游艺机和游乐设施安全》实施10年左右的过程中,游艺机和游乐设施品种急剧增加,花样不断翻新,各种造型、各种结构和运动形式的游乐设施大量涌现,当时的游乐设施标准已经不能满足游乐行业发展的需要,无论当时的GB 8408标准还是YS系列行业标准修订势在必行。因此,原国家技术监督局下文,委托原国家游艺机质量监督检验中心负责对这些标准进行修订,经过一年多的工作,2000年初完成了修订稿,2000年11月1日开始实施。修订后的YS系列标准,经原国家质量技术监督局批准,全部上升为国家标准。目前,以GB 8408—2000《游艺机和游乐设施安全》为代表的游乐设施国家标准已有20项,这些标准已成为游乐设施相关单位开展工作的依据。基本上满足了设计、制造、安装、使用、维修改造、检验和监察等方面工作的需要,并且成为技术法规的重要支撑。

2000年7月7日,经原国家质量技术监督局批准,全国索道、游艺机及游乐设施标准化技术委员会(CSBTS/TC 250,以下简称游乐设施标委会)正式成立。该委员会是从事全国索道、游艺机及游乐设施行业标准化的组织,负责管理全国索道、游艺机及游乐设施行业标准技术归口工作。

该委员会是国家标准化管理委员会直属的标准化技术委员会,业务工作受国家质检总局特种设备安全监察局指导,挂靠在中国特种设备检测研究中心。标委会共有委员31名,分别来自索道及游乐设施方面的科研、设计、制造、安装、运营、检验和监察部门,是对索道或游乐设施行业熟悉,具有较高的理论水平和丰富实践经验的科技人员。

游乐设施标委会的主要工作是:

(1) 按照国家有关的方针政策,向国家质检总局特种设备安全监察局提出索道、游艺机及游乐设施标准化工作的方针、政策和技术措施的建议。积极采用国际标准和国外先进标准,努力提高我国索道、游艺机及游乐设施标准水平。

(2) 负责组织、修订《索道、游乐设施专业标准体系表》,提出索道、游乐设施专业国家标准的制修订规划和年度计划。

(3) 组织索道、游乐设施国家标准的制、修订和复审工作。

(4) 组织索道、游乐设施国家标准送审稿的审查工作,对标准中的技术问题提出审查结论意见,提出强制性标准或推荐性标准的建议。

(5) 负责索道、游乐设施国家标准的宣贯工作,检查已颁布标准的实施情况并向国家标准委及有关部门提出索道、游乐设施标准化成果奖励项目的建议。

(6) 承担国际标准化组织(ISO)和国际电工委员会(IEC)等相应技术委员会对口的标准化技术专业工作,组织中国索道、游乐设施标准化技术工作者参加国际标准化组织的会议和活动。

(7) 开展索道、游艺机及游乐设施标准化技术咨询服务,可接受省、市和企业的委托,承担本专业的行业标准、地方标准、企业标准的制修订、审查和咨询等技术服务工作。受有关部门委托,开展索道、游艺机及游乐设施标准化信息服务工作,在产品质量监督检验、质量认证等工作中,承担索道、游乐设施标准水平的评价工作。

(8) 承担国家质检总局特种设备安全监察局委托的有关索道、游艺机及游乐设施方面的工作。

第二节 美国游乐设施标准法规制修订管理模式

一、政府管理部门及职能、运作模式

美国的游乐设施安全管理由联邦政府和地方政府(主要为州一级)两个体系分别负责。联邦政府方面由美国消费产品安全委员会(U. S. Consumer Product Safety Commission,简称 CPSC)从消费者保护方面行使移动式游乐设备缺陷投诉受理、调查鉴定和召回的管辖权。州政府或一些主要城市政府负责固定式游乐设施及移动式游乐设施的安全管理、检验检测、事故调查与处理等。无论是移动式游乐设施还是固定式游乐设施,州政府或一些主要城市政府承担着大部分安全管理工作。

1. 联邦政府

美国消费产品安全委员会(CPSC)是在联邦政府层面负责移动式游乐设施的机构。这个委员会是由美国国会根据《消费产品安全法》于 1972 年批准建立起来的独立机构,直接向国会报告。这个机构负责监督包括移动式游乐设施在内的 15 000 种用于家庭、学校、运动和休闲等方面的消费产品安全(不含汽车、轮胎、游船、酒与食品药品、烟草、杀虫剂、化妆品、医疗设施等)。这个机构现有 480 名雇员,领导人员是由 3 个委员组成,其中 1 人任主席。3 人均由总统提名,国会任命,任期 7 年。消费产品安全委员会下的投诉办公室招回与投诉处负责协调有关移动式游乐设施安全活动,包括识别产品的危险缺陷,从消费者和消费链上召回指定的产品等。这个委员会的年度预算在 6000 万美元左右。

1981 年 8 月 13 日以前,根据《消费产品安全法》规定,固定式游乐设施也作为消费产品在美国消费产品安全委员会的监督之下。但是,1980 年 3 月 29 日,13 岁的 Kyle Foss 在一台过山车事故中身亡。在事故调查中,CPSC 发现游乐园隐藏了 15 箱有关记录,从这些记录中发现发生事故之前,游乐园已经发现造成与 Foss 死亡相类似的情况出现,而游乐园没有按照法律的要求,向 CPSC 报告这种潜在的实质性产品危害。面对 CPSC 发现的这些记录,游乐园同意接受 70 000 美元处罚。但其后不久,游乐园行业让国会确信,由于游乐设施由州或当地官员检查与检验,联邦没有再对游乐设施检查的必要,不需要直接监督游乐园行业。所以,美国国会通过修改《消费产品安全法》中消费产品的定义,把主题公园的固定游乐设施从消费产品中取消,消费产品安全委员会于 1981 年 8 月 13 日丧失固定游乐设施的司法管辖权,不再检查游乐园和他们的记录,也无权调查有关事故。1999 年 8 月在短短 6 天时间内,在美国游乐设施发生的 3 宗事故中造成 4 人死亡,众议院议员 Ed Markey 于 10 月在众议院提出将固定式游乐设施管辖权还给消费产品安全委员会。但是,Markey 的法案《国家游乐园游乐设施安全法》一直滞留在由佛罗里达州参议员 Cliff. Stearns 为主席的国会消费者保护附属委员会中。2001 年 4 月和 2003 年 5 月,Markey 分别再向第 107 届和第 108 届国会提出《国家游乐园游乐设施安全法》,但至今未获成功。CPSC 本身并不对产品颁发证书或从事试验检验工作。

CPSC 主要从事下列游乐设施安全的活动:

(1) 作为美国消费产品安全委员会调查员、州政府游乐设施安全官员和地方政府游乐设施安全官员信息交流中心,定期向州或地方传递有关游乐设施安全信息,或根据请求提供其他相关信息。

(2) 通过组织美国游乐设施安全委员会 (CARES)、美国游乐设施安全官员协会(NAARSO)、户外游乐业协会(OABA)和国际游乐行业制造者与供应商协会(AIMS)制定非强制性的移动式游乐设施安全标准。

(3) 发布并实施强制性标准或禁止消费产品(在没有适当的标准的情况下)。

(4) 开发移动式游乐设施专门安全技术。

(5) 负责对可能带有危及安全缺陷的特定移动式游乐设施和移动式游乐设施事故进行调查。当接到州政府游乐设施官员、消费者或其他人员投诉时,委员会有关人员评价投诉,然后采取适当的后续行动(包括起诉与处罚)。

(6) 通过确定州联络人的方式和提供法规范本协助个别州进行立法的准备。

(7) 向各州、地方和新闻媒体提供有关全国游乐设施造成的伤亡情况信息。

美国消费产品安全委员会协调、组织和举办移动游乐设施安全活动,为各种不同的游乐设施行业组织和对游乐设施安全感兴趣的协会提供联络方便。

2. 各州政府

美国州政府(包括哥伦比亚特区)基本上都有管理游乐设施安全的职能。但各州设立的安全管理部门和管理方式不尽相同。在美国的51个州(特区)中,有23个州游乐设施的安全管理机构是与锅炉、压力容器、电梯与乘客索道安全管理机构在同一个政府部门(劳动局、劳动工业局或消防局等),另有5个州分别设在农业局和健康局,还有一些州设在建筑、公共安全、商业、保险等政府部门或与电梯等特种设备归属于一个政府部门管理。这些州政府部门的管理机构主要工作是推动和参与有关游乐设施的法律法规制定,依据法律法规实施安全管理与监督、检验、事故调查等。

各州政府游乐设施安全管理机构设置情况如下:

阿拉巴马州　健康局

阿拉斯加州　劳动局

亚立桑那州　工业委员会

阿肯色州　劳动局

加州　工业关系部工业安全与健康局

克罗拉多州　劳动与雇用局

康涅狄格州　公共安全局

特拉华州　消防办公室

哥伦比亚特区　消费与管理事务局

佛罗里达州　农业与消费者服务局

乔治亚州　劳动局

夏威夷州　劳动与工业关系局

爱达荷州　建筑安全局

伊利诺斯州　劳动局

印第安那州　消防与建筑局

爱荷华州　劳动服务局

堪萨斯州　健康与环境局

肯塔基州　农业局

路易斯安那州　消防办公室

缅因州　公共安全局

马里兰州　劳动与工业局

麻萨诸塞州　密歇根州消费与工业服务局

明尼苏达州　劳动与工业局

密西西比州　总检察长办公室消费者保护办公室

密苏里州　防火安全局

蒙大纳州　公共健康与人力资源服务局

内布拉斯加州　工商局
新翰普郡州　安全局
新泽西州　消费者事务局
新墨西哥州　规则与许可局
纽约州　劳动局
北卡罗莱纳州　劳动局
北达科塔州　健康局
俄亥俄州　农业局
俄克拉荷马州　劳动局
俄勒冈州　消费者与工商服务局
宾夕法尼亚州　农业局
罗得岛州　劳动与训练局
南卡罗莱纳州　劳动、许可与规则局
南达科塔州　健康局
田纳西州　劳动局
德克萨斯州　工业保险局
犹他州　商业局
佛蒙特州　州务卿办公室企业处
佛吉尼亚州　房屋与社区发展局
威斯康星州　劳动与工业局
西佛吉尼亚州　劳动局
华盛顿州　劳动与工业局
怀俄明州　农业局

有些州除了安全管理机构外，还专门设立其他协会或委员会协助或监督游乐设施安全管理工作。如阿肯色州就通过法律设立了游乐设施安全咨询委员会，其成员由州长任命。伊利诺斯州设有嘉年华安全委员会，由5名州长任命的成员组成。该州法律规定嘉年华安全委员会必须阐述和宣传所有游乐设施的安全安装、维修、维护、使用、运行、检测的定义、规则和管理要求，以及强化公众保护措施等。

由于美国是一个非常典型的市场经济和联邦制国家，游乐设施协会在游乐设施管理方面发挥了很大的作用。这主要体现在美国各种游乐设施行业协会代表他们的会员协调行业关系，尤其在法律法规与标准的制定、实施，以及行业自律、统一资格等方面。这些组织包括美国游乐设施安全委员会(CARES)、美国游乐设施安全官员协会(NAARSO)、国际游乐设施协会(IAAPA)、户外游乐业协会(OABA)和国际游乐行业制造者与供应商协会(AIMS)等。

美国游乐设施安全委员会和美国游乐设施安全官员协会都是负责游乐设施安全管理与检验的政府官员组成的非营利性自愿组织。这两个协会会员除了游乐设施安全官员个人外，还有许多州(加拿大省)政府机构会员。目前有22个州和1个加拿大省加入了游乐设施安全委员会。有18个州是游乐设施安全官员协会会员。这两个协会的目标是致力于在美国境内建立相对一致的游乐设施安全方针政策，统一游乐设施法律法规，协调游乐设施安全活动，推动执法与管理程序等方面的趋同和有关游乐设施信息自由流动等。

美国各州实施游乐设施安全管理的起步时间与方法各异。到目前为止，美国在游乐设施安全管理方面尚不像锅炉压力容器那样成熟。作为联邦政府主管机构的美国消费产品安全委员会是在1972年建立起来的，而由各州政府游乐设施安全官员组成的游乐设施安全委员会是1996年刚刚建立的。在协调美国游乐设施安全管理差异，保障安全和促进游乐设施工业发展(消除各州间贸易壁垒)方面，游乐设施安全委员会和游乐设施安全官员协会目前所做的正是上个世纪初美国锅炉压力容器检验师协会(NB)所做的，而且正在积极借鉴锅炉压力容器检验师协会的做法。比如，游乐设施安全委员会拟对游乐设施在全美范围确立一个惟一的编号(USID),建立这个惟一号码的目的是为了使游乐设施在美国具有可追踪性。游乐设施制造厂在制造前向所在州申请得到USID号,并在制造后向游乐设施安全委员登记USID号。还有,这个委员会也在研究制定美国游乐设施检验规范。另外,在2002年的年度会议上,这个委员会有关负责人员已经提交了拟在全国统一的“游乐设施制造厂数据报告表”、“游乐设施修理/维护报告表”、“游乐设施事故报告表”3个表格,如果这些表格经游乐设施安全委员会各州会员讨论通过后,将首先在会员所在州实施,然后争取在全美国逐步推广。可以说这些表格是全美游乐设施检验项目协调统一的第一步。熟悉美国锅炉压力容器检验师协会情况的人员都知道,这些正是锅炉压力容器检验师协会目前的管理方式。

在固定式游乐设施安全管理与检验检测方面,共有39个州有相应的机构(有的落实到地方政府或私有机构)。有3个州完全由私有检验公司或保险公司开展检验。9个州没有检验机构,检验由经营业主负责,这9个州也没有游乐设施安全管理方面的法律法规。移动式游乐设施检验方面,有2个州完全由州政府或地方政府机构负责。41个州由州政府或地方政府设立的检验机构、私有检验机构或保险公司共同检验。有2个州完全由私有检验公司或保险公司检验。6个州没有检验机构,检验由经营业主负责,这6个州也没有移动式游乐设施管理法律法规。

二、标准制修订机构的设置及职能

美国游乐设施标准制修订的机构是美国材料与试验学会(American Society for Testing and Materials,ASTM)。ASTM成立于1898年,是美国成立最早、规模最大、成就显著的民间学术团体之一。ASTM出版有9100多个标准规范,其中包括游乐设施方面的主体标准近30件。

ASTM原来主要致力于制定各种材料的性能和试验方法的标准。从1973年起,扩大了业务范围,开始制定关于产品、系统和服务等领域的各类标准。在游乐设施方面,由于游乐设施的迅速普及,大型主要公园代表、家庭公园所有者、狂欢活动承办方、游乐设施制造商、检测人员及安全顾问在内的行业专家们与顾客代表和政府立法官员于1978年一起组成ASTM F-24游乐设施标准技术委员会,开始共同研究和起草制定游乐设施安全技术标准。F-24委员会每年召开两次会议,通常在2月和10月,每年来自全世界的约100名委员出席2天的技术会议。委员会现有会员约350名。F-24委员会管理现行14项标准,出版ASTM标准年鉴15.07卷。这些标准已经并继续在游乐设施的各个方面扮演非常重要角色。F-24委员会的工作范围包括制定测试方法、性能说明、定义、维护、保养、操作和管理指南等标准。ASTM颁布的标准有3种类型:正式标准、推荐标准和临时标准。

F-24委员会下属的6个分委员会,分别是:

——F-24.10测试方法分委员会;

——F-24.20说明和术语分委员会;

——F-24.30维修保养和检验分委员会;

——F-24.40操作分委员会;

——F-24.60特殊游乐设施分委员会;

——F-24.90行政分委员会。

ASTM F-24委员会存在的问题是由于ASTM F-24通过一致同意的方式制定标准,这使标准制定过程比较漫长,例如,水公园的标准花了8年时间才完成。此外,现行ASTM F-24委员会由1名消费者代表(游乐园安全协会saferparks),少数州的监管机构代表和400多名行业代表(包括许多主题公园的代理人)组成。安全技术标准首先由工作在行业内的代表的委员会起草,消费者仅仅是间接的参加。考虑到每年游览游乐园的3亿游客,标准对行业的指引应全面兼顾游客的利益,今后的F-24委员会将会吸收更强大的消费者代表参加。目前,任何人如果对ASTM标准有兴趣,每年交纳75美元即可加入ASTM F-24消费者联盟。

1998年,ASTM成立了F-24世界标准任务组,主要任务是起草编制游乐设施国际标准。他们与游乐设施有关社团组织和其他国家(地区)标准制定机构(如欧洲标准机构CEN)紧密合作,以避免各不同国家(地区)标准的重复。这个标准起草组织执行委员会的成员来自澳大利亚、巴西、加拿大、法国、德国、印度、意大利、日本、俄罗斯、瑞士、荷兰、英国和美国等国家。2003年3月，ASTM完成了内容广泛的F2291《游艺机和游乐设施设计》标准，这个标准既着眼于美国国内，也着眼于国际范围的应用。ASTM F-24系列中的其他标准(使用操作、检验与试验、维护等方面)也在为保持与F2291提供的指南一致性进行修订，以达到确保ASTM标准成为国际标准的终极目标。

第三节　欧盟游乐设施标准法规制修订管理模式

一、政府管理部门及职能、运作模式

欧盟负责游乐设备安全的是欧盟委员会内的健康与消费者保护总司(Health and Consumer Protection Directorate-General)。但企业总司(Enterprise Directorate General)下属的法规与标准司(G-Single market：regulatory environment，standardization & New Approach)中的G/3处(G/3 Mechanical and electrical engineering，and radio and telecom terminal equipment industries)负责的电梯等设备工作也与游乐设施有一定的关联。

健康与消费者保护总司的主要作用和目标是通过在食品和其他产品安全立法，维护消费者权益，保护消费者安全，帮助和促进消费者健康与安全水平的提高。健康与消费者保护总司在消费者健康与安全保护方面，不仅仅推动和参与对欧盟有关法律法规的制定和修订，而且监督检查欧盟内国家的消费者健康与安全保护法律法规(甚至国家内一些地方政府的法律法规)必须符合欧盟的法律法规要求，并能得到有效地贯彻实施。这个机构的管理对象延伸到贸易商、制造厂、食品生产商。

企业总司下的法规标准司的职责也与消费者安全有关。这个机构的职责主要是：通过研究和创新、培训、促进投资和简化法规，调整贸易、健康、安全和竞争力等方面的政策，增强企业的竞争力；通过实施一些行政措施，促进法规的统一，形成欧盟统一市场，同时寻求在欧盟以外扩大市场份额的途径。该司核心职能是保证劳动者和消费者安全，主要工作是通过与各工业协会、研究机构、成员国政府管理机构，以及其他相关人员、团体的协商、对话和调研，组织制定有关欧盟指令，并根据指令的要求，组织有关标准化机构制定相关欧洲统一标准(Harmonized Standards)。

作为欧盟的主要成员国，英国对游乐设施实施严格安全管理监管，负责游乐设施安全的机构是英联邦职业健康与安全委员会(HSC)。这个机构是根据英联邦《健康与安全工作法》设立，主要承担工作环境和公共场所的健康与安全综合管理等。职业健康与安全委员会成立于1977年，迄今已有25年历史。委员会由10名成员组成，一般来说，其中3席为雇主组织的代表，3席为雇员(工会)组织的代表，3席为地方政府的代表，1席应为公众利益的代表。委员会成员由主管健康与安全事务的国务大臣任命。在职业健康与安全委员会下还设有职业健康与安全执行局(HSE)，作为职业健康与安全委员会的执行机构开展监察执法工作。职业健康与安全执行局的局长、副局长等3名主要成员，经主管国务大臣同意后，由健康与安全委员会任命。

职业健康与安全执行局不是政府机构，主要职责是协助职业健康与安全委员会履行其职责，保护从业人员和公众的健康、安全与福利，确保职业工作对人们健康与安全的危险得到控制。除此之外，职业健康与安全执行局还具有自身独特的法定职责，特别在执行“职业健康与安全工作法”方面。职业健康与安全执行局的功能类似于我国行政体系中的政府监察机构及部分监督检验职能。具体工作范围包括在核工业装置、铁路、矿山、工厂、农场、医院、学校、海上油气田、危险物品运输以及诸多其他领域中对从业人员和公众的保护。

职业健康与安全委员会对职业健康与安全执行局的工作有权进行监督检查。在其职责范围内，委员会有权决定是否向职业健康与安全执行局授权，由其代为行使健康与安全委员会的监察管理的权力并履行相关职责。职业健康与安全委员会及职业健康与安全执行局的成员不属于政府序列，但国会通过政府部门向其拨款，保证职业健康与安全委员会、职业健康与安全执行局能正常开展工作。

职业健康与安全委员会(HSC)和职业健康与安全执行局(HSE)不是政府组成部门，但是作为政府

依法设立的独立执法机构，他们具有安全综合管理的职能和安全监察的权力。对涉及安全、健康的法律法规，具有立法建议权，并有权预审其适用性。职业健康与安全委员会制定的《规程实施范例》(Approved Code of Practice)在该国特种设备法规体系中具有重要作用。

一般情况下，职业健康与安全委员会、职业健康与安全执行局根据《健康与安全工作法》等法律，自主地履行职责、行使权力。在少数特殊情况下，根据与政府部门的协议，他们作为国务大臣的助理机构开展工作。

在游乐设施安全管理与执法方面，职业健康与安全执行局下设国家游乐园检查团队(the National Fairground Inspection Team，NFIT)。在处理游乐设施相关单位和人员违规方面，NFIT起到了非常关键的作用。当游乐设施行业和职业健康与安全机构联合制定有关游乐设施安全指南后，NFIT承担促使其强制和有效实施的角色。NFIT是由政府资助的，共有65名来自游乐设施不同行业的非全职工作的检查人员。这个机构的检查人员主要开展诸如游乐设施安全监督、乘客乘坐装置检查、电气安全与维护检查等方面的工作。

二、法律法规与标准制修订机构的设置及职能

欧洲议会、欧盟委员会和欧盟理事会承担有关欧洲宪法、条例、指令等的制修订工作。在游乐设施安全方面，健康与消费者保护总司与企业总司参与有关法律法规的制修订(目前还没有游乐设施的专门指令)。在欧盟区域，有3个代表不同领域的游乐设施利益团体介入有关消费者健康与安全保护的立法工作。这些团体分别为：欧洲游乐设备供应者协会(EAASI，由制造厂和供应商组成)、欧洲休闲乐园联合会(EUROPARKS，由主题公园或固定式设备游乐园组成)、欧洲表演者联盟(ESU/UFE，由移动式游乐设施业者组成)。

在欧盟成员国，法律法规的制修订同其他西方工业发达国家一样，法律由议会负责，法规由政府部门负责。比如在英国，与游乐设施相关的《工作场所职业健康与安全法》(1974)、《消费者保护法》(1987)均由英联邦议会制定，而《工作场所职业健康与安全管理规则》(1999)则根据上述法律，由政府机构制定。

欧洲标准的制修订机构是欧洲标准化委员会(CEN)、欧洲电工标准化委员会(CENELEC)和欧洲电信标准学会(ETSI)。特种设备标准制定机构是CEN。CEN由欧盟15个成员国的国家标准化组织和欧洲自由贸易协会(the European Free Trade Association)的3个成员国组成，共有300多个标准化技术委员会(TC)，每个委员会由某个成员国的标准化组织负责。负责游乐设施标准制修订的委员会是移动游乐园和游乐场的机械与结构安全技术委员会(Fairground and Amusement Park Machinery and Structures-Safety CEN/TC 152)。

在英国，特种设备的标准制修订机构是英国标准协会(BSI)，在游乐设施方面，BSI主要采纳欧洲EN游乐设施标准。

在立法与标准制修订方面，欧盟和其成员国充分发挥相关利益方的作用，以达到各方利益的最佳平衡。例如，英国在制修订游乐设施相关标准和贯彻实施有关法律法规的业界自律安全指南方面，充分发挥了英国游乐设施联合咨询委员会(Fairground Joint Advisory Committee，FJAC)、英国游乐设备协会(the Amusement Catering Equipment Society，AECS)、英国游乐行业联合会(the British Amusement Catering Trade Association，BACTA)、英国休闲乐园同业公会(the British Association of Leisure Parks and Piers，BALPPA)、英国休闲产业资格协会(the National Association for Leisure Industry Certification，NAFLIC)、英国马戏团同业协会(the Showmen Guild of Great Britain，SGGB)等各方的作用。

第四节　澳大利亚游乐设施标准法规制修订管理模式

一、政府管理部门及职能、运作模式

澳大利亚在政府中设立专门机构负责工作场所职业健康与安全工作(包括装置安全管理)。澳大利亚联邦政府与游乐设施安全管理有关的部门是职业与工作场所关系部、澳大利亚联邦国家职业健康与安

全委员会(National Occupational Health and Safety Commission,NOHSC)。澳大利亚联邦职业与工作场所关系部牵头负责制定澳大利亚全国有关工作场所职业健康与安全政策法规,协调各州(地区)装置安全管理立法(装置的定义中包括游乐设施),并负责联邦政府工作场所装置安全监督检查,但不负责装置的具体安全管理(如登记等)与检验。对于装置安全立法、执法、具体安全监督管理实施,以及检验检测、有关单位(机构)和人员管理等,均在各州(地区)管辖范围。澳大利亚各州(地区)都在政府部门设立工作安全机构(WorkCover)负责包括装置在内的职业健康与安全管理。

除政府安全管理机构外,其他一些政府机构、社团组织等,大量介入装置安全管理与检验工作,尤其社团组织起到不可或缺的作用。

二、标准制修订机构的设置及职能

游乐设施标准由澳大利亚标准公司(Standards Australia)负责出版。该公司为独立的有限责任公司。这些标准通过开放的程序,经过协商最后达成一致。在制定标准的过程中,相关各方(由来自产业界、政府,消费者和其他相关部门的专家)被邀请参与。该公司通过与联邦政府签订备忘录成为澳大利亚最高国家标准机构。

该公司负责确保在制定国际标准时提出澳大利亚的观点并把最新的国际标准动态引入本国标准中。出版的标准中的要求或建议融合了各有关代表性的利益方的观点,并考虑到其他方面的意见。他们反映了科学和产业领域的最新进展。澳大利亚标准在出版后会接受持续的评审,并在技术出现变化时有规律地加以更新。因此,澳大利亚在帮助本国产业参与国际竞争方面所扮演的角色是至关重要的。该公司在ISO(国际标准化组织)和IEC(国际电工委员会)里面代表澳大利亚的利益。

澳大利亚游乐设施标准由ME/51委员会起草,以澳大利亚标准化委员会的名义批准出版发行。ME/51委员会是由澳大利亚标准协会和新西兰标准协会组成的联合体,具体由澳大利亚游乐、休闲和消遣协会,新西兰劳工部等13个协会和政府部门组成。

澳大利亚标准注意与国家其他相关标准和法规的衔接,最具代表性的是与澳大利亚职业健康和安全委员会提出的要求相衔接。

第五十二章　游乐设施法规标准体系介绍

第一节　中国游乐设施法规标准体系

游乐设施法规标准体系同其他特种设备法规标准体系一样，分为法律(待制定)—法规—规章—技术规范—标准5层。在游乐设施法规标准体系中，主要相关法规和标准具体如下：

1. 相关法规

(1) 特种设备安全监察条例

(2) 特种设备质量监督与安全监察规定

(3) 特种设备注册登记与管理规则

(4) 特种设备作业人员培训考核管理规则

(5) 游乐园管理规定

(6) 游乐设施安全技术监察规程(试行)

(7) 机电类特种设备制造许可规则(试行)

(8) 机电类特种设备安装改造维修许可规则(试行)

(9) 大型游乐设施设计文件鉴定规则(试行)

(10) 游乐设施监督检验规程(试行)

(11) 蹦极安全技术要求

(12) 滑索安全技术要求

2. 标准

(1) GB 8408—2000　游艺机和游乐设施安全

(2) GB 18158—2000　转马类游艺机通用技术条件

(3) GB 18159—2000　滑行类游艺机通用技术条件

(4) GB 18160—2000　陀螺类游艺机通用技术条件

(5) GB 18161—2000　飞行塔类游艺机通用技术条件

(6) GB 18162—2000　赛车类游艺机通用技术条件

(7) GB 18163—2000　自控飞机类游艺机通用技术条件

(8) GB 18164—2000　观览车类游艺机通用技术条件

(9) GB 18165—2000　小火车类游艺机通用技术条件

(10) GB 18166—2000　架空游览车类游艺机通用技术条件

(11) GB 18167—2000　光电打靶类游艺机通用技术条件

(12) GB 18169—2000　碰碰车类游艺机通用技术条件

(13) GB 18170—2000　电池车类游艺机通用技术条件

(14) GB/T 18168—2000　水上游乐设施通用技术条件

(15) GB/T 16767—1997　游乐园(场)安全和服务质量

(16) GB/T 18878—2002　滑道设计规范

(17) GB/T 18879—2002　滑道安全规范

(18) GB/T 120049—2006　游乐设施代号

(19) GB/T 20050—2006　游乐设施检验验收

(20) GB/T 20051—2006　无动力类游乐设施技术条件

游乐设施法规和游乐设施标准也引用了我国其他国标和行业标准，这些被引用的标准与游乐设施标准一同构成游乐设施法规标准体系，这些标准详见本篇附录。

第二节　美国游乐设施法规标准体系

美国游乐设施的安全管理事务主要由各州政府负责，因此，美国游乐设施法规体系应是各州的法规体系，目前已经有 39 个州有自己的游乐设施法规。多数州的游乐设施法规标准体系分为 3 层，分别是由州议会制定的法律(通常是法典中的某些章节)、州政府制定的法规(行政法典中的某些章节)和法规引用的标准。

一、联邦和各州的游乐设施法律法规情况

联邦和各州的游乐设施法律法规情况如下：

1. 美国联邦

美国消费产品安全法

2. 各州(举例 5 个州，其余州法规标准情况详见本篇附录)

(1) 加利福尼亚州

法律：游乐设施安全法(Amusement Rides Safety Law)

固定式游乐设施安全检验项目(Permanent Amusement Ride Safety Inspection Program)

法规：固定式游乐设施管理规程(Permanent Amusement Rides Administrative Regulations)

固定式游乐设施安全规则(Permanent Amusement Ride Safety Orders)

移动式游乐设施》(Portable Amusement Rides)

(2) 乔治亚州

法律：游乐设施法(Amusement Ride Laws)

嘉年华设施法(Carnival Ride Laws)

法规：游乐设施规则(Amusement Ride Rules)

嘉年华设施规则(Carnival Ride Rules)

(3) 伊利诺斯州

法律：嘉年华和游乐设施安全法(Carnival and Amusement Rides Safety Act)

法规：游乐设施安全委员会(Carnival-Amusement Safety Board)

嘉年华与游乐设施检验法(Carnival and Amusement Rides Inspection Law)

(4) 新泽西州

法律：嘉年华游乐设施法(N. J. S. A. 5:3-31)

嘉年华游乐设施安全—罚则(Carnival Amusement Ride Safety Violation—Fine)

游乐园安全(Playground Safety)

法规：嘉年华安全规则(Carnival Safety Regulation)

(5) 纽约州

法律：嘉年华、展会和游乐园安全(Carnival, Fair and Amusement Park Safety)

法规：嘉年华、展会和游乐园的游乐设施、观景台、帐篷(Amusement Devices, Viewing Stands and Tents at Arnivals, Fairs and Amusement Parks)

二、美国游乐设施标准情况

美国的游乐设施标准主要由 ASTM 标准构成，但在 ASTM 游乐设施标准中也引用一些其他标准(见本篇附录)。此处只列举 ASTM 游乐设施标准，具体如下：

(1) ASTM F698　为游艺机和游乐设施提供的物理信息

(2) ASTM F747　有关游乐设施的术语定义

(3) ASTM F770　游艺机和游乐设施操作程序

(4) ASTM F846　游艺机和游乐设施测试特性指南

(5) ASTM F853　游艺机和游乐设施维护程序惯例

(6) ASTM F893　游艺机和游乐设施检验指南

(7) ASTM F1148　家用游乐场器材消费者安全性能标准规范

(8) ASTM F1159　乘客操纵、人造攀墙、干滑道、投币运行和有目的的与水沉浸有关的游艺机和游乐设施以及空气支撑结构的设计制造标准惯例

(9) ASTM F1193　游乐设施制造质量保证项目和制造要求标准惯例

(10) ASTM F1292　游乐场器材下面和周围表面系统的减震性

(11) ASTM F1305　有关游乐设施伤疾等级划分指导标准

(12) ASTM F1950　在用游乐设施过户自然状况信息标准说明

(13) ASTM F2007　卡丁车及其设施分类、设计、制造、使用标准惯例

(14) ASTM F2011　游乐车安全和性能的标准规范

(15) ASTM F2012　固定活动中心的消费者安全标准性能规范

(16) ASTM F2075　置于运动场设备下面和周围的用作运动场安全表面的工程木纤维的标准规范

(17) ASTM F2137　游艺机和游乐设施动力特性测量惯例

(18) ASTM F2291　游艺机和游乐设施设计

(19) ASTM WK1041　水滑道游乐设施的划分、设计、制造、安装与使用标准指导标准

(20) ASTM WK527　游乐设施设计惯例

(21) ASTM WK529　水滑道游乐设施的划分、设计、制造、安装与使用指导

ASTM F2291-04《游艺机和游乐设施设计》是设计游艺机和游乐设施的设计准则以及游艺机和游乐设施改造设计的准则。该标准覆盖了多种类型游乐设施的设计，是其他各类游乐设施标准的基础。

应当说，美国游乐设施法律法规体系是由各州扮演主要角色，美国联邦政府层面没有这方面的专门法律法规。各州的游乐设施法规标准体系均由本州有关游乐设施方面的法律、法规和法规引用标准组成。各州法规引用的标准不尽相同，在引用某一标准时，有的州全部引用，有的州只是条款引用，还有的州将适合本州管理特点的各游乐设施标准条款拿来，加上本州提出的安全技术管理要求，形成涵盖游乐设施生产使用全过程的，非常详尽完善的技术法规（如新泽西州）。在法规与标准关系方面，美国各州均规定法规采用或包含的标准若与法规有矛盾，以法规规定为准。

第三节　欧盟（欧盟成员国）游乐设施法规标准体系

欧盟法律法规体系分为欧盟条约（宪法）、条例、指令、决定、建议和意见。其中条例、指令、决定具有约束力，建议和意见没有约束力。

目前欧盟已经颁布了压力容器、电梯、客运索道等指令，但游乐设施与游乐园管理方面，欧盟还没有专门的法律法规。但欧盟现有的一些法规规定可以适用游乐设施安全管理，如《工作场所职业健康与安全-框架》(Framework-health and safety at work, Directive 89/391/EEC)。这个指令在转化为各成员国法规时，有些国家进一步强调并规定了消费者安全方面的要求（例如英国）。产品安全指令(General Product Safety Directive)后来修订为Directive 2001/95/EC时，虽然进一步明确为只与产品有关（而不涉及消费者），但一些国家（如芬兰）在将这个指令转化为本国法规时，扩大到游乐设施服务领域。20世纪90年代初，欧盟曾提出游乐设施指令草案(Directive on Non-permanent Structures and Specific Equipment for Fairgrounds and Amusement Parks)，但这个草案在1992年被撤销，原因是当时一些成员

国争论，在这个领域规则应由成员国根据自己的情况自行确定。后来在2001年对Directive 95/16/EC机械设备指令进行修订时，欧洲议会建议游乐设备的安全要求应在这个指令中予以考虑，但遭到欧盟委员会的反对，理由是这个问题已经在1992年讨论过了。由于欧盟缺乏统一的游乐设施法律法规，不同的欧盟国家制定不同的法律法规和采纳不同的标准，这已经在欧盟国家之间造成了贸易壁垒，也使游乐设施制造单位增加了成本，但这种成本的增加并没有相应增加游乐设备的安全性。

在欧盟层面缺乏游乐设施专门法律法规的情况下，为了保障在游乐设施相关的服务领域的消费者安全，欧盟各国不得不制定自己本国的游乐设施安全管理政策和法律法规，采用不同的安全管理方法，而不是像其他特种设备那样，在整个欧盟范围用统一的方法来保障安全和保护消费者。在一些国家，由国家政府承担主要的安全管理职责，而在少数国家(如奥地利和西班牙)，则将这方面的管理权限下放到地方政府管辖。

一、欧盟各国有关游乐设施立法情况

1. 奥地利：国家层面无法律法规，但地方政府有规定。

2. 比利时：2001年6月10日《皇家法令》(Royal Decree of 10 June 2001)(规定游乐园运营)；2003年6月18日《皇家法令》(Royal Decree of 18 June 2003)，这个法令主要引用了PrEN 13814内容。

3. 丹麦：早在1988年就制定了游乐设施法规，1992年又进行了修改。

4. 芬兰：《产品安全法》(Product Safety Act)和《公共娱乐法》(Public Entertainments Act)。

5. 法国：已经制定了移动式游乐设施安全管理方面的法规，有专门的法律措施管辖游乐园设备安装和消费者安全。

6. 德国：《建筑法》(Building Act)和《游乐设施运营和使用指令》(Directive for the Operation and Use of Amusement Rides)。

7. 希腊《警察法令》22/18.11.71(Police Decree 22/18.11.71 Safety Measures Governing Amusement Parks)(主要规定管辖游乐园的具体措施)。

8. 冰岛：《计划和发展法》(Planning and Development Act，2000)。环境部2003年制定颁布了一项新的强制性要求，要求游乐园经营者获得许可，这项要求被加入到2000年的《计划和发展法》239条中。

9. 意大利：1996年8月19日部长令，《档案与检验技术》(Ministerial Decree 19 August 1996 Document and Verification Tecniques)(规定固定式游乐设施和移动式游乐设备要求)。

10. 卢森堡：无法律法规规定，由行业自律。

11. 荷兰：《游乐园安全令》(Decree on the Safety of Fairground Equipment 1996)。

12. 葡萄牙：309/2002号法令《关于公共观赏和游乐区域安装与运营》(Decree 309/2002 regulating the installation and operation of public spectacles and amusement spaces)；16/2003号法令《技术规范的建立与应用》(Decree 16/2003 establishes technical specifications to be employed)。

13. 西班牙：皇家法令2816/82号《公共休闲活动警察规则》(Royal Decree 2816/82 Police Regulation of Public Spectacles and Leisure activities)。

14. 瑞典：《公共秩序法》(Public Order Act)、《游乐设施检验法令》(the Ordinance on Inspection of Fairground and Amusement Park Devices)、《瑞士国家警察局规则和指南》(the Swedish National Police Board Regulations)。

15. 英国：无专门的游乐设施法律法规，但英联邦的一些法律法规部分条款适用游乐设施安全管理(如设计、制造、进口商和供应等)。正因为英国游乐设施无专门法律法规，为确保游乐设施安全，英联邦职业健康与安全委员会(HSC)会同游乐设施制造安装与使用行业，建立了广泛的非官方管理措施(non-regulatory)。这些自律管理措施虽然不属于法律法规，但高于自愿性的标准，一旦由政府管理机构与行业共同研究制定采纳后，将由行业企业自律和职业健康与安全执行局(HSE)强制执行，如果违反，将受到惩罚。这样，可以认为英国法规标准体系包括法律、法规、实施规则(或惯例、指南)以及标准等4个层次。具体情况见后续介绍。

如前所述，由于欧盟目前还没有统一的游乐设施法规，各成员国管理各不相同。有的国家鼓励行业自律，主要采取非政府性质的管理措施(如英国)；有的制定本国自己的法律法规，有专门的法律法规规范游乐设施安全管理行为，无任何非官方的管理措施(如比利时和荷兰)；也有的完全下放到地方政府，由地方政府负责游乐设施安全管理。

二、欧盟游乐设施标准

欧盟的游乐设施标准以 EN 13814《游乐场所机械和结构安全》为主。这个标准主要由德国南德 TUV 游乐设施检验部门作为 CEN/TC 152 技术委员会的主要成员，参照德国游乐设施相关标准起草制定。欧盟游乐设施标准如下：

(1) PrEN 13814　游乐场所机械和结构安全(虽尚未正式颁布，但已经为多数欧盟成员国采纳)

(2) EN 1069-1　2 米高或更高的水滑道　第 1 部分：安全要求和试验方法

(3) EN 1069-2　高度在 2 米以上的滑水道　说明书

(4) EN 1176-1　游乐场地设备　第 1 部分：一般安全要求和试验方法

(5) EN 1176-2　游乐场地设备　第 2 部分：秋千的附加特殊安全要求和试验方法

(6) EN 1176-3　游乐场地设备　第 3 部分：滑梯的附加特殊安全要求和试验方法

(7) EN 1176-4　游乐场地设备　第 4 部分：缆车索道的附加特殊安全要求和试验方法

(8) EN 1176-5　游乐场地设备　第 5 部分：旋转木马的附加特殊安全要求和试验方法

(9) EN 1176-6　游乐场地设备　第 6 部分：跷跷板的附加特殊安全要求和试验方法

(10) EN 1176-7　游戏场地设备　第 7 部分：安装，检验，维护和操作的指南

(11) EN 1176Bb. 1　游乐场器材　安全要求和试验方法　说明

(12) PrEN 13782　游乐场所机械和结构安全　帐篷

三、欧盟成员国的法规标准体系

由于欧盟成员国有关游乐设施的法规标准体系相互不一，此处仅以英国为例介绍欧盟成员国的游乐设施法规标准体系。英国的游乐设施法规标准体系主要构成如下：

1. 法律

(1) 工作场所职业健康与安全法(Health and Safety at Work Act,1974)

(2) 消费者保护法(Consumer Protection Act 1987)

2. 法规

(1) 工作场所职业健康与安全管理规则(Management of Health and Safety at Work Regulations 1999)

(2) 工作设备使用规则(The Provision and Use of Work Equipment Regulations 1998)

(3) 起重操作和起重设备规则(The Lifting Operations and Lifting Equipment Regulations 1998)

(4) 压力系统安全规则(主要涉及液压与气压系统)(Pressure Systems Safety Regulations 2000)

(5) 工作场所电力规则(Electricity at Work Regulations 1989)

(6) 建筑(设计与管理)规则〔Construction (Design and Management) regulations 1994〕

3. 行业实施规范(或惯例、指南)

(1) 游乐场所安全指南(Guide to Safety at Fairs in 1976)

(2) 健康与安全实施规范(Health and Safety Executive Code)

(3) 游乐场所安全技术惯例(Code of Safety Practice at Fairs: Technical Annex)

(4) 游乐园安全惯例指南(Fairgrounds and Amusement Parks Guidance on Safety Practice, HSG175)

4. 标准

英国将上述欧洲游乐设施标准全部转化为本国标准，并同时采纳或参考了本国一些其他标准，详见本篇附录。

第四节 澳大利亚游乐设施法规标准体系

澳大利亚是联邦制国家，各州(地区)有各自的议会和独立法律体系。在工作场所方面，有关职业健康与安全立法和执法由各州(地区)负责。虽然各州(地区)在职业健康与安全法律法规不完全相同，但与美国、加拿大等联邦国家比较，澳大利亚各州(地区)法律法规体系近乎一样，具体结构见图 52-1。须注意的是，这个图给出职业健康与安全法律法规体系的通常标题，各州(地区)法律法规的标题不完全相同。

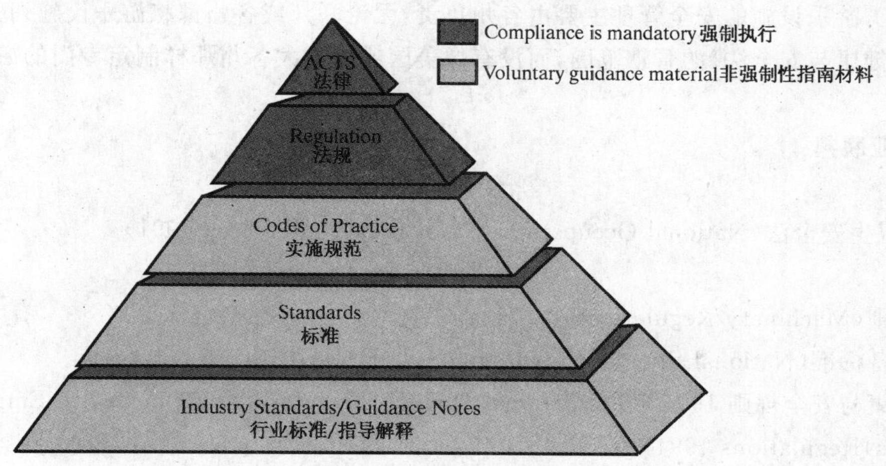

图 52-1 澳大利亚特种设备法规标准

从图 52-1 中可以看出，澳大利亚职业健康与安全法律法规体系框架是由法律、法规及其支持性材料(如实施规范和标准等)构成。职业健康与安全法律(Act 或 Statute)由议会制定，由政府部门强制实施。安全与健康法规则根据职业健康与安全的主体法律，由政府部门制定。违犯法律和法规是违法行为，可以被处以罚款，责令改进或禁止，或监禁。

第三层的“实施规范”(Codes of Practice)，则是在涉及特殊工作场所危险方面，由澳大利亚国家职业健康与安全委员会(NOHSC)负责制定和颁布。各州(地区)可以在本州职业健康与安全法中采纳实施规范，使其具有法律效力。实施规范给出如何更好地履行职业健康与安全法律规定职责的建议和指导，如果仅仅违反实施规范本身不算违法，但是实施规范可以在法庭上被用来作为验证雇主如何遵守职业健康与安全法的证据。从这个角度出发，最好遵守实施规范的要求。

第五层的“行业标准”(Industry Standards)由有关雇主协会、工会和相关产业共同制定，国家职业健康与安全委员会提供“国家指导解释”(National Guidance Notes)。工业特定标准和实施规范通常针对某一行业涉及安全与健康的共性问题，只适用于特定行业，而国家指导解释则适用于全澳大利亚。行业标准、实施规范和国家指导解释没有法律效力，但在缺乏更好选择的情况下，工业特定标准要比一般规定的国家标准和实施规范要好得多。

澳大利亚联邦政府制定的工作场所职业健康与安全法律法规只能在联邦政府所属的工作场所实施，对于各州(地区)没有强制力。为了协调统一各州(地区)在装置方面的安全管理，避免不必要的行政管理和技术壁垒，联邦政府只能依靠制定《国家装置标准》(包括其他标准)，建议各州(地区)采纳执行这些标准等手段来推行全国趋向一致的管理模式。这样，在澳大利亚工作场所职业健康与安全法律法规体系中，由国家职业健康与安全委员会推动制定的国家标准和澳大利亚标准组织制定的标准(AS)起到了非常重要的协调整合作用。

关于标准，澳大利亚有两种涉及安全与健康的标准来源。一种是由国家职业健康与安全委员会与各州(地区)职业健康与安全管理机构、工会和雇主协会协商后制定和颁布的国家标准(National Standards)，同实施规范一样，在涉及特殊工作场所的危险方面，国家委员会牵头制定并颁布国家标准，国家标准提出工作场所职业健康与安全的最低要求。国家标准不是法律，本身不具有强制性，只有由州(地区)

在他们的法规中采纳后才具有强制性。通常各州(地区)均在他们的职业健康与安全法律法规中予以采纳(但可能有所差别)。另一种标准则是由澳大利亚标准机构制定的澳大利亚标准(Australian Standards,AS)。澳大利亚标准与国家标准的区别是,国家标准规范往往规定的是工作场所的问题,而澳大利亚标准主要提供技术和设计规范,有些也涉及安全与健康。澳大利亚具有非常强大的澳大利亚 AS 标准体系。

一、澳大利亚联邦和各州(以维多利亚州为例)有关游乐设施的法律法规

在澳大利亚,游乐设施的安全管理主要由各州负责,无论联邦或各州都将游乐设施列为特种设备(装置),归入《职业健康与安全法》的管辖范围,而没有像美国或加拿大各州那样制定专门的游乐设施法律法规。具体如下:

1. 澳大利亚联邦

(1) 法律

国家职业卫生安全法(National Occupational Health and Safety Act 1991)

(2) 法规

1) 机器规则(Machinery Regulations)

2) 国家设备标准(National Standard for Plant)[NOHSC:1010(1994)]

3) 职业健康与安全规则 1994〔Occupational Health and Safety(Commonwealth Employment)(National Standards)Regulations 1994〕

2. 各州(以维多利亚州为例)

(1) 法律

1) 职业卫生安全法(Occupational Health and Safety Act 1985)

2) 设备(公共安全)法〔Equipment(Public Safety)Act 1994〕

3) 设备法〔Equipment(Public Safety)Act 1994〕

(2) 法规

1) 设备规则(公共安全)(一般规则)〔Equipment(Public Safety)(General)Regulations 1995〕

2) 设备规则(公共安全)(事故报告)〔Equipment(Public Safety)(Incident Notification)Regulations 1997〕

3) 职业卫生安全规则(设备)〔Occupational Health and Safety(Plant)Regulations 1995〕

4) 职业卫生安全规则〔Occupational Health and Safety(cert. of plant users and oper.)Reg. 1994〕

二、澳大利亚游乐设施主体标准

游乐设施标准方面,澳大利亚游乐设施主体标准如下:

(1) AS 3533.1 游艺机和游乐设施　第 1 部分:设计和制造(Amusement rides and devices: part1: Design and construction)

(2) AS 3533.2 游艺机和游乐设施　第 2 部分:操作与维修(Amusement rides and devices: part2: Operation and maintenance)

(3) AS/NZS 5848 蹦极操作规范(Code of practice for bungy jumping)

另外,澳大利亚游乐设施标准也参考和引用其他标准,共同构成本国游乐设施标准体系,具体见本篇附录。

第五十三章　游乐设施主要标准法规简介

第一节　中国游乐设施主要标准法规

一、《特种设备安全监察条例》

《特种设备安全监察条例》涉及游乐设施方面的规定主要有：

大型游乐设施生产(含设计、制造、安装、改造、维修,下同)、使用、检验检测及其监督检查应遵守本条例和以及国务院特种设备安全监督管理部门制定并公布的安全技术规范(以下简称安全技术规范)；特种设备生产、使用单位应当建立健全特种设备安全管理制度和岗位安全责任制度；特种设备生产单位对其生产的特种设备的安全性能负责,特种设备生产、使用单位的主要负责人应当对本单位特种设备的安全全面负责。

特种设备生产、使用单位和特种设备检验检测机构,应当接受特种设备安全监督管理部门依法进行的特种设备安全监察。

大型游乐设施的设计文件,应当经检验检测机构鉴定,方可用于制造；应当进行型式试验的特种设备产品、部件或者试制特种设备新产品、新部件,必须进行整机或者部件的型式试验；大型游乐设施及其安全附件、安全保护装置的制造、安装、改造单位,应当具备必要的生产条件、人员条件和健全的规章制度,且经国务院特种设备安全监督管理部门许可,方可从事相应的活动；大型游乐设施的制造过程和安装、改造、重大维修过程,必须经核准的检验检测机构按照安全技术规范的要求进行监督检验；大型游乐设施的设计文件,未经设计文件鉴定,擅自用于制造的,处 5 万元以上 20 万元以下罚款,应当进行型式试验而未做试验的,处 2 万元以上 10 万元以下罚款,制造、安装、改造、重大维修过程,未经检验检测机构进行监督检验的,可处 5 万元以上 20 万元以下的罚款。上述情况造成严重后果的,可以追究刑事责任。

国家鼓励推行科学的管理方法,采用先进技术,提高特种设备安全性能和管理水平,增强特种设备生产、使用单位防范事故的能力,对取得显著成绩的单位和个人,给予奖励。

二、《特种设备质量监督与安全监察规定》

这项法规适用于特种设备(此处主要指机电类设备)的设计、制造、安装、使用、检验、维修保养和改造等方面,主要包括了通用规定、特殊规定、罚则、附则等内容。这项法规规定设计必须符合相应的标准和安全技术要求,设计单位及其设计人员对所设计的特种设备的质量和安全技术性能负责；制造、安装、维修保养、改造单位对其工作的特种设备质量和安全技术性能负责；安装、大修、改造后特种设备的质量和安全技术性能,经施工单位自检合格后向监督检验机构提出验收检验申请,检验合格的,发给特种设备安全检验合格标志。

三、《机电类特种设备制造许可规则(试行)》

这项规则适用于电梯、起重机械、客运索道、大型游乐设施和厂内机动车辆等机电类特种设备及其安全保护装置。颁布这项规则的目的是规范机电类特种设备制造许可工作,确保机电类特种设备制造的制造质量和安全技术性能。规则主要内容包括适用范围,安全监察机构,检验检测机构,制造许可单位的条件,制造许可的程序,评审机构、评审人员和监督管理等方面。这项法规明确了游乐设施制造许可分为产品型式试验和制造单位许可两种方式。

对不同特种设备制造的许可方式列出了《特种设备制造许可目录》，规定了须有满足保证产品质量的生产设备、工艺装备、计量器具和检验测试的仪器设备，并应有与申请项目相适应的场地、厂房、实验和办公条件等基本条件。同时要求，必须结合本单位情况和申请取证产品的技术管理要求，建立质量管理体系，制定相关的管理制度，编制质量手册、质量管理体系程序和作业指导书等质量管理体系文件。

四、《游乐设施安全技术监察规程(试行)》

为加强游乐设施质量监督与安全监察，确保游乐设施安全使用，保障人身和财产安全，依据《特种设备质量监督与安全监察规定》，制定这个规程。这个规程是游乐设施质量监督和安全监察的基本要求，规程分为总则、技术要求、设计与制造、安装、维修保养与改造、使用与监督检验和附件 6 个部分。

这个规程所涉及的"游乐设施"是指用于经营目的，在封闭的区域内运行，承载游客游乐的设施。其具体范围和类型见表 53-1。

表 53-1 纳入安全监察的游乐设施范围及类型

设备特性或技术参数	设备类型
运行的最大线速度大于等于 2m/s 或运行高度距地面大于等于 2m 的游乐设施(不包括专用于体育竞技活动、文艺演出和个人非经营活动的设施)	转马类、滑行类(包括沿道)、观览车类、自控飞机类、陀螺类、飞行塔类、架空游览车类、赛车类、小火车类、碰碰车类、水上游乐类(水上摩托、快艇和游船除外)、蹦极、滑索和其他无动力类游乐设施(儿童用组合游乐设施除外)

游乐设施的设计、制造、安装、使用、检验、维修保养和改造必须符合该规程的规定。

根据游乐设施的危险程度，纳入安全监察的游乐设施划分为 A、B、C 3 级，具体见表 53-2。

表 53-2 游乐设施分级表

主要运动特点	典型产品举例	主要参数		
		A 级	B 级	C 级
绕水平轴转动或摆动	观览车、飞毯、太空船、海盗船、流星锤等	高度≥30m 或摆角≥90°	满足高度≥30m 或摆角≥45°，除 A 级之外	符合附 1 规定的条件，除 A、B 级之外的游乐设施
绕可变倾角的轴旋转	陀螺、三星转椅、飞身靠壁、勇敢者转盘等	倾角≥70°或回转直径≥10m	满足倾角≥45°或回转直径≥8m，除 A 级之外	
沿架空轨道运行或提升后惯性滑行	滑行车(过山车)、矿山车、疯狂老鼠、弯月飞车、急流勇进等(滑道、滑索属 A 级)	速度≥40km/h 或轨道高度≥5m	满足速度≥20km/h 或轨道高度≥3m，除 A 级之外	
绕垂直轴旋转、升降	波浪秋千、超级秋千、转马、章鱼、自控飞机等	回转直径≥12m 或运行高度≥5m	满足回转直径≥10m 或运行高度≥3m，除 A 级之外	
用挠性件悬吊并绕垂直轴旋转、升降	飞行塔、观览塔、豪华飞椅、波浪飞椅等	高度≥30m 或运行高度≥3m 且回转直径≥12m	满足高度≥30m 或运行高度≥3m，除 A 级之外	
在特定水域运行或滑行	直(曲)线滑梯、浪摆滑道等(峡谷漂流属 A 级)		高度≥5m 或速度≥30km/h	
弹射或提升后自由坠落(摆动)	太空飞梭、蹦极、空中飞人等	高度≥20m 或高差≥10m		

这个规程规定：设计单位应在设计文件中明确主要受力部件，并规定整机及关键零部件设计使用寿命；对新建和改建的首台(套)游乐设施，以及境外设计、制造在中国境内安装使用的首台(套)游乐设施，属于 A 级或 B 级的，必须进行设计审查及型式试验，通过后方可投入正式制造和安装；游乐设施的制造单位必须取得国家质检总局授予的相应资格后，方能从事相关产品的制造工作；游乐设施的安装、维修保

养与改造单位，必须对游乐设施安装、维修保养与改造的质量和安全技术性能负责；从事游乐设施的安装、维修保养、改造业务等作业人员，必须按照《特种设备作业人员培训考核管理规则》的要求，取得相应资格后，方能从事相关的工作。

五、《游乐设施监督检验规程(试行)》

这个规程主要针对的是游乐设施监督检验环节，规范检验单位所开展的验收检验和定期检验的行为。检验机构应当在安装、大修或改造等施工单位自检合格的基础上进行验收检验。施工单位自检的内容、要求、方法及自检报告应当符合有关国家标准的要求。安装、大修或改造后拟投入使用的游乐设施，检验机构应按照本规程对验收检验规定的内容进行检验；在用游乐设施应当按照本规程对定期检验规定的内容，每年进行 1 次检验；遇可能影响其安全技术性能的自然灾害或者发生设备事故后的游乐设施，以及停止使用 1 年以上再次使用的游乐设施，经全面检查并进行大修后，应当按照验收检验的要求进行检验。

这个规程的技术指标和要求主要引用了 GB 8408—2000《游艺机和游乐设施安全》和相应的各类游艺机通用技术条件(GB 18158～GB 18170—2000)等国家标准的规定。

这个规程同时对检验单位、检验人员、现场检验条件、原始记录、检验报告书、检验结论提出了具体的要求。

六、《大型游乐设施设计文件鉴定规则(试行)》

这个规则规定，符合设计文件鉴定范围的大型游乐设施，在制造、安装、改造前，必须进行设计文件鉴定。提交鉴定的设计文件必须包括设计说明书、设计计算书、图纸、电气资料、产品使用维修说明书及其他相关资料。只有通过设计文件鉴定后，制造单位制造样机，样机经自检合格后才可以向型式试验机构申请型式试验。型式试验通过后，设计文件鉴定机构在所鉴定的总图和主要部件图及设计计算书等设计文件上盖特种设备设计文件鉴定专用章后设计文件才能正式生效。鉴定合格的大型游乐设施设计文件，如变动主要受力结构、重要零部件等涉及安全的部分，必须经原设计单位和鉴定机构审核同意。

七、游乐设施标准

GB 8408—2000《游艺机和游乐设施安全规范》是我国游乐设施系列标准中的核心标准。这个标准规定了游乐设施的基本技术要求(如设计参数、运行速度、坡度、动载系数、计算、材料等)，并对设计、制造、安装、管理维护提出了具体要求。GB 8408 以外的其他分类标准对不同类型的游乐设备从其具有的技术特性上提出了明确而详细的要求，如：对技术性能、安全设施、零部件及其连接、机械系统、电气系统、液压(气动)系统都做了规定。对辅助设施如：安全栅栏、站台、操作室等作出了规定。同时也规定了试验方法和检验规则。列出了各类游乐设施的重大缺陷项目，使设计、制造、检验有章可循。

第二节 美国游乐设施主要标准法规

一、法律法规

美国各州的情况不同，以下只介绍美国一些州游乐设施法律法规中共性规定和一些主要内容。

1. 游乐设施分级

美国绝大部分州不对游乐设施进行分级，个别州根据危险程度对游乐设施进行了分级。如新泽西州技术法规《嘉年华游乐设施安全规则》将游乐设施分为“超级游乐设施”、“儿童游乐设施”、“成人游乐设施”(或“主要游乐设施”)3 级。超级游乐设施指向任何方向驱动乘客以高于 37.5m/h 的速度和高加速度(根据 N. J. A. C. 5:14A-7.5. 规定需要使用加速度测量仪进行测试的)运动的游乐设施。儿童游乐设施指设计的乘客重量在 90 磅以下的设施。凡不属超级游乐设施和儿童游乐设施的游乐设施均为“成人游乐设施”(不包括充气游乐设施)。

2. 游乐设施设计管理

美国多数州游乐设施法规都对游乐设施设计方面或多或少做了一些规定，一些州要求对建造旨在本州内使用、安装或销售到本州内的游乐设施进行设计审查，或对进入本州的游乐设施发放类似我国型式试验报告的证书。下面以新泽西州为例介绍设计要求与设计审查情况。该州的《嘉年华游乐设施安全规则》规定，游乐设施制造单位应进行游乐设施设计分析。设计分析包括“乘客安全限制和乘客束缚”分析、“乘客安全距离”分析、与安全有关系统的“失效分析”(失效分析包括失效树分析、失效模式和失效后果分析及其他可接受的工程做法)、针对目标乘客的舒适性评估(包括与乘客的年龄和身材有关的人体工程学因素分析)等。设计分析应识别那些最可能影响乘客安全的因素，并对每个因素采取应对措施。分析后应书面列明各个安全问题，以及针对每个安全问题采取的应对措施。游乐设施设计和计算应符合《嘉年华游乐设施安全规则》规定的详细设计要求，并需要计算证实游乐设施结构、机械部件、电气部件的适用性，计算可以预见的加速度、控制系统的性能和功能特点，以及对乘客和轿箱按照 ASTM F2137—2001 或 EN 的同等标准进行计算。

新泽西州公共事务局(Department of Community Affairs)对于进入本州的游乐设施进行工程审查(Engineering reviews)。制造厂或游乐设备所有者应提交符合法规规定内容的全套签名密封的图纸、设计计算(包括安全系统冗余设计)与认证资料、设计说明书、无损检测计划(哪些部件部位需要探伤，多长时间间隔等)与报告资料、安装资料、当地《统一建筑规范》执行机构关于基础建筑和场地许可及与之相关的注册职业工程师签名密封的基础建筑图纸和计算书(或者由注册职业工程师签名密封的信函，证明是已经存在的基础建筑)、支撑结构可以在所设计条件下支撑游乐设施的说明、当地土质报告(对于需要新的基础建筑的设施)、场地的特殊环境因素信息等各类资料。这些要求比我国设计文件鉴定和型式试验要求的内容要详实具体。

审查合格后，对首次进入本州的新制造游乐设施发放“型式证书”(type certification)，对于首次进入本州的在用游乐设施，发给设备所有者“单独批准”(Individual Approval)。对取得“型式证书”的设备改型后发放“修改的型式证书”(Amended Type Certification)，对取得“单独批准”的游乐设施改造审查通过后发放“补充的改造证书”(Supplemental Modification Certifacation)。制造厂(或设备所有者)至少在设备在本州安装前 60 天，向新泽西州公共事务局提出进行型式认证的申请。游乐设施“型式证书”有效期为 3 年，到期可以顺延，但需要事先提出申请。在顺延型式证书时，如果此设施没有经过任何修改，则不需要进行工程审查。

3. 游乐设施制造管理

在制造方面，美国各州虽然不对制造单位发放制造许可，但很多州均参照 ASTM 标准对游乐设施制造单位的管理作出相应的规定，如新泽西州明确规定游乐设施制造厂应根据 ASTM F1193—1997 规定的内容建立质量管理体系，并向公共事务局提供质量保证手册，应确保其所有设计和制造的游乐设施符合该州法律法规要求。在焊接方面规定只有经考试取得资格的焊工、焊接操作人员(自动焊)和点焊工可以进行游乐设施焊接。制造过程的检验员应通过金属加工、检验和实验方面的培训或具有相应的经验，方可以进行检验工作。在具体焊接方面，要求：

(1) 焊接工艺规程(WPS)应符合美国国家标准协会/美国焊接学会(ANSI/AWS)或美国机械工程师学会(ASME)标准，或其他同等标准。在制造、安装过程能够中采用的焊接方法应符合美国焊接协会 AWS D1. 1《结构焊接规范》或其他同等规范，详细规定的内容为：

1) 在图纸上标明所有关于焊接位置、种类、尺寸、有效焊缝长度、深度；

2) 图纸和文件中应清晰标明焊接符号，或画出凹槽焊缝的简图，说明为此准备的材料，用注解或详细解释来说明需要的特殊条件；

3) 采用的标准和焊接工艺评定记录(PQR)应能证明 WPS 可行；

4) 焊接过程必须按照规定的 WPS 进行；

5) 不得采用没有验收标准和工艺标准的焊接性能规范。

（2）焊接过程检验：

1）焊接检验员应证实所有的焊接符合相关标准的验收标准、工艺标准，符合图纸和文件的规定；

2）应使用适当的标尺对焊接的尺寸和轮廓进行测量；

3）应在强光、放大镜或其他类似设备的帮助下，对焊接裂纹、母材裂纹和其他不符合情况进行目视检验；

4）检验员应证实游乐设施制造只使用了符合图纸和文件中规定规格的材料；

5）检验员应审查所有的 WPS，并证实焊接工艺规程符合相关标准；

6）检验员在焊接过程中应进行抽样检验，以证实符合采用的相关标准；

7）检验员对采用的焊接设备进行检验，证实其符合相关的标准；

8）检验员应证实焊条、焊接位置符合规定，焊接电流的种类、极性符合其分类规定；

9）检验员审查焊工、焊接操作人员（自动焊）和点焊工资格考试记录的准确性和适用性；

（3）焊工、焊接操作人员（自动焊）和点焊工资格考试记录、WPS、其他焊接实验、检验等信息应按照记录保存制度进行保存，并应可以提供给有资格的人进行检查。

在无损检验方面，规定制造时的无损检测应由具备资格的人员（Ⅱ级资格，或者是 AWS 认证的焊接师）按照 AWS D1.1 标准进行等。

对于所有的产品质量文件，包括材料计算书、试验报告、检验报告、图纸和计算书应在游乐设施的设计寿命时间内保存，或者保存 20 年（两者取其较长者），直到游乐设施被销毁。在销毁这些文件 6 个月以前，应就此通知公共事务局。

当制造厂得到事故信息，此事故涉及人员重伤、重大结构和机械部件损坏的，无论此事故是在本州内还是其他地区，制造厂应立即评估此信息。如果有必要，应以安全公告的形式，将评估结果连同避免类似情况的解决建议，一并提交给公共事务局及所有此类游乐设施的拥有者。

当游乐设施制造单位没有履行有关法律法规规定的责任和义务设计，公共事务局有权禁止其在本州内销售、建造、使用和安装任何游乐设施，或吊销型式证书、修改的型式证书。导致吊销的原因主要如下：

——未按照法规规定报告其所设计制造的游乐设施发生的事故；

——若干次未按照政府要求发布安全公告；

——若干次未提供工程分析；

——被发现故意提交有关游乐设施设计的虚假、不符、错误和欺骗的信息；

——未遵守游乐设施法律、法规和公共事务局的有关规定。

另外，由于钢结构是游乐设施的重要组成部分，很多州法规对钢结构作出明确规定，如规定钢结构设计标准、钢结构用钢、防腐等。除钢结构外，一些州还对木结构游乐设施（包括用材）、软游戏设备（充气游乐设施）、游乐设施中的水泥结构、塑料和合成塑料结构，以及对作为游乐设施组成部分的建筑物，或容纳游乐设施的建筑物都有比较完整的规定。

4. 游乐设施使用管理

美国多数州要求游乐设施使用必须得到政府安全管理部门发放的使用证，有些州还要求游乐园运营也必须经政府有关部门的许可，只有同时具备这两种证书时游乐园才能运营。也有的州同时还要求使用单位获得当地消防机构或（和）当地建筑官员（主要针对游乐设施基础）发放的同意证书后才可以使用。每个州的游乐设施使用证有效期不同，但多为 1 年。新泽西州在发放有效期为 1 年的使用证时，还分配给每台游乐设施一个独一无二的“新泽西州序列号”。只要这个设施存在于新泽西州境内，这个识别码始终不变。在发放游乐设备使用证前，各州均要求申请使用证书时，必须提交申请文件和必需的资料，如纽约州规定固定或移动式游乐设施的使用证书申请应包括检验证明文件、公共责任保险金交纳证明、有关场地使用启事（嘉年华）、防火证明文件。伊利诺伊州规定当用户为在用游乐设施申请更换新的使用证时，应提交无损检测报告和公共责任险交纳证明。新泽西州规定，游乐设施投用后，如果政府安全管理机构发现使用单位无相关能力、重大疏忽、隐瞒事故或事故后未经过政府准许而继续运行游乐设施、提供虚假不符或欺骗性的设计与安全运行信息、未遵守法律、法令和安全管理部门的有关规定等行为，可以吊销游乐设施使用证或型式许可证件。

在游乐设施使用管理方面，一些州要求游乐设施的所有者每年向安全管理机构提交有关设备使用资料，如设备所有人及其代理人的姓名和住址，设备状况、责任保险单据、检验检测报告等，否则这些设备就是违法运行。阿肯色州还要求游乐设施的所有者提供书面声明，声明设备已经经过游乐设施检验员检测合格，在12个月内该固定游乐设施持续满足安全管理部门和法规标准相应要求。

在使用维护检验方面，要求用户进行日常检验维护，检验试验时应遵循制造厂的建议，检验试验内容包括但不局限于控制系统、限速设备、制动设备(锁定系统、紧急刹车、自动和手动降落设备)和其他有关安全设备等方面，并留有检验试验记录。记录应至少包含检验试验与维修日期、内容，检验试验与维修人员、检验试验与维修目的、结论等。如有设备或部件损坏，应记录毁坏的日期，毁坏的内容，机械部件的维修，谁进行的维修、维修是否符合制造厂规定的程序。如果这个程序是新程序，则政府安全管理部门应以书面形式告知，并将此新程序列入永久记录。在检验试验与维修完成后，应填写报告，并将此报告与设备一起保存至少3年。在用设备的无损检测也作为用户的职责，在法规中明确规定无损检验由游乐设施所有人负责，并制定无损检验计划上报政府安全管理机构，无损检验计划应至少包括需要检测的部分(包括照片和图示)、检测方法与比例、检测周期等。无损检验后游乐设施所有人应提交无损检验出具报告给政府安全管理机构。任何需要无损检验的设施，政府安全管理机构在没有收到无损检验报告，或无损检验报告与在政府存档的无损检验计划不相符时，不得使用。

5. 安装改造

新泽西州规定：未按照本州法规要求取得有效的型式证书、修改的型式证书证、单独批准、补充的改造证书的游乐设施，任何人不得进行安装、操作或允许其运行；未经过工程审查并得到修改的型式证书证或补充的改造证书的，任何人不得对具有新泽西序号的，已经取得型式证书、单独批准的设施进行改造。

由于不实行安装改造许可，很多州将安装改造维修(包括拆卸)的责任通过法规加到用户身上，规定的比较详细，从质量保证到具体的方法都作了规定(加州规定改造和重大维修还必须经该州劳动部门的检验师检验合格)。

6. 检验检测

州法律法规多规定游乐设施的检验要求。规定固定式游乐设施安装前和移动游乐设施移装后，以及使用一定时间后申报检验，经检查合格后并获得(更换)使用证后方可投入使用。定期检验周期各州规定不同，但多数州要求每年检验1次，还有的州，如佛罗里达、北卡罗莱纳和夏威夷州等州要求每半年检验1次，而检验期间最短的是宾夕法尼亚州。宾夕法尼亚州规定游乐设施每28天或每次安装(重新安装)必须由该州授权检验师检验1次，同时还要由州政府检验师对游乐设施经营安全质量控制情况进行随机性检验与监督。阿肯色州除规定州检验机构每年检验两次外，从事游乐设施安全保险的保险公司每年还应最少检测1次所保险的设备。

新泽西州规定的检验包括验收检验、重新安装检验、年度检验和运行检验。各项检验内容主要如下：

(1) 验收检验(Acceptance Inspection)

主要检查确认游乐设备是否与设计相符，检验内容包括但不限于下列内容：

1) 对维修记录、操作人员培训记录和制造厂有关证书的审查；

2) 对无损检验记录的审查；

3) 对制造厂检验记录与报告的审查，并审查其内容是否符合ASTM有关标准要求；

4) 对于固定的设施，要对安装合格证明进行审查。这些安装合格证明应保留在政府关于此游乐设施的档案内；

5) 某些部件在游乐设备安装过程是需要有人见证的，其安装时游设施所有者是否得到通知并见证了安装过程；

6) 机械部分彻底检验，此过程可能需要将游乐设施部分拆解；

7) 对冗余安全系统的检查；

8) 满载运行试验，在正常运行工况条件下，不断做循环运行，并检查所有安全系统。

(2) 重新安装检验(Reassembly Inspection)

每次重新组装时,政府都要对此进行重新安装检验。重新安装检验包括但不限于下列内容:

1) 对维修记录、使用日常检查记录和操作人员培训记录审查;

2) 机械部分彻底检验,或者在检验师同意的情况下,只对拆解的部分部件进行检验;

3) 满载运行试验,在正常运行工况条件下,不断做循环运行,并检查游乐设施的所有安全系统。

(3) 年度检验(Annual Inspection)

年度检验包括但不限于下列内容:

1) 对维修记录、使用日常检查记录和操作人员培训记录审查;

2) 用户开展(或委托开展的)无损检验报告审查;

3) 机械部分彻底检验,此时可能需要将设施部分地拆解;

4) 满载运行试验,在正常运行工况条件下,不断做循环运行,并检查游乐设施的所有安全系统;

5) 检验全部的紧急刹车、防倒转系统。

(4) 运行检验(Operational Inspection)

每年要进行若干次运行检验,运行检验的内容包括:

1) 在没有通知设施操作人员的情况下,对设施的运行情况进行观察;

2) 对操作人员培训记录的审查;

3) 审查以口头或者书面形式提交给设施拥有人的检验结论。

对于前 3 项检验,检验师在未得到制造单位的安装手册、维护手册、操作手册、日常维护检验单、日常操作检查单、维护日志、NDT 证明,将不进行检验,政府管理机构也不予发放使用证。加州同新泽西州一样,也由政府安全管理机构的游乐设施检验人员实施不预先通知的运行检验(结合年度使用维修记录审查)。

检验时,只有在游乐设施的所有者、操作人员或制造单位确认设施已经就绪的情况下,才可以申请进行检验。如果到预计的检验时间时,游乐设施没有准备就绪,则视为检验不合格。应重新申请检验。

7. 无损检测

无损检测方面各州也都有相应的规定。如伊利诺斯州规定:劳动部门应保留需要无损检测的游乐设施部件(部位)清单。这个清单应详细列出该台游乐设施重要部件探伤方法、比例、合格标准和检测周期。使用单位应向劳动部门提供根据制造厂或该州游乐设施局要求进行无损检测部件已经进行了检测的证明文件,同时还要提供执行探伤的人员资格证书等。

8. 检验机构和检验师

检验机构分为政府的检验机构、保险公司检验机构、私人顾问公司检验机构。有些州规定新安装的游乐设施由政府的检验机构中的有资格检验师检验,定期检验可以由业主选择经认可的私人检验机构,也可以委托州政府检验机构定期检验,如加利福尼亚州;另一些州的游乐设施不管是新装检验还是定期检验,都由政府检验机构实施,如内布拉斯加州;还有一些州的游乐设施全部由保险公司或私人检验机构实施检验,如亚历桑那州、特拉华州;还有一些州到目前为止仍不强制实施检验。对于游乐设施的检验师资格,有些州采用美国国家游乐设施安全检验官员协会(NAARSO)颁发的检验师证书,如阿肯色州、路易斯安那州、新墨西哥州等;也有一些州有自己的游乐设施检验师认可计划,如加州的 QSI(有资格的安全检验师)。很多州规定检验师首次获取检验资格证书后,每隔两年需再次考试换证。

阿肯色州除要求游乐设施检验师持有美国游乐设施安全协会认证的游乐设施检验师资格证书外,还必须持有该州颁发的专业工程师证书,或者其他州等效的证书,且须满足以下要求:

(1) 在游乐设施行业最少从业 5 年时间,其中在制造厂家、政府机构、游乐园、嘉年华、保险商单位从事实际游乐设施检测最少两年时间。

(2) 每年应在认可的学校进行不少于 15 小时的继续教育。内容包括维修和制造知识更新和探讨。

(3) 在过去 5 年里须在游乐设施管理部门认可的学校进行最少 80 个小时的正规教育。根据管理部门的要求,无损测试培训必须占 80 个学时的一半。

9. 操作人员要求与乘客责任

各州法规中均规定了操作人员要求与乘客责任，如规定操作人员必须确保在设备运行前，检查所有乘客的安全保护装置是否系(压)好，必须确保所有乘客不得携带任何可能威胁或对他人造成危害的物品，如食物、饮料、香烟、雨伞等。规定乘客必须遵守安全规则和游乐设施所有者、经理或者雇员代理人的口头指导；不得采取任何可能造成座舱或者其他损坏的行为，如改变、提高游乐设施原有的速度，方向和路线，伸出的腿和胳膊大大超过座椅的面积，在没有预定的时间和区域上下乘，从游乐设施上抛出、掉落物体，不满 18 岁的乘客无人监护等。另外，有的州还在乘客责任中增加游乐园和嘉年华的拥有人把捣乱者撤走的权力等。

10. 保险

公众责任保险用于保护乘客万一乘坐游乐设施发生伤害而自已又没有过错时，获得赔偿。美国有近 30 个州强制要求游乐设施经营业主必须购买游乐设施第三方伤害责任保险，责任保险金额一般为每台套游乐设施 100 万美元，也有超过 300 万美元，如新墨西哥要求每台套游乐设施必须保险 300 万美元责任保险。有些州还规定，如果保险商发现该游乐设施是不安全的，或者取消了保险覆盖，必须通报安全管理机构，安全管理机构应立刻颁布终止命令阻止该设备的运营，直到有证明该设备是安全的或者有保险覆盖的书面文档提交给管理机构后才可以再运行。在责任保险被撤销的情况下，保险公司应在一定时间期限前(纽约州规定 30 天)将撤销这项保险的情况通知给政府官员。

11. 事故报告与调查

各州均确定了事故定义和事故报告要求。要求游乐设施拥有者向安全管理机构报告有关伤害，但应报告的事故有很大的差异，如阿肯色州要求游乐设施任何机械、结构或者电子故障导致设备关闭 3 个小时以上，游乐设施所有人或者操作者必须亲自写出报告，并在游乐设施关闭的 24 小时内报告该州劳工部，而新泽西州要求每一个微小的碰伤和擦伤都要报告，而俄亥俄州的游乐园，只需要报告乘客死亡或立即确认入医院治疗的事故即可。

州安全管理机构有权调查事故，对事故的原因提出没有偏见的评定和采取某种措施防止同类事故的发生。但有些州允许大型游乐园自行调查其事故。

12. 处罚

如果安全管理部门认为任何游乐设施的所有人或者操作人蓄意违反法律法规规定，造成伤害后果，安全管理机构可以对所有人或者操作员进行罚款(罚款金额各州从数百美元到几万美元不等)；如果安全管理机构发现游乐设施所有人或者操作员没有遵照有关规定，可以停止设备运行，并处以一定金额的行政处罚。

13. 使用操作人员培训

各州均要求游乐设施的所有者必须为其雇员提供安全操作和维护培训，并规定了操作人员的资格条件、年龄要求、行为准则等。很多州采纳 ASTM F770 和 F853 规定内容，以及伤害预防程序 6401.7 的要求。此外，新泽西还规定如下：

(1) 游乐设施所有者应确保在本州内首次运行时，至少有一个经过制造单位培训的、具有制造单位颁发证书的人来操作此设施。

(2) 游乐设施所有者应确保操作人员已经具有了按照本规程相关规定操作设施的能力，并应确保每个操作人员签定声明文件，内容为：我(操作员)已经阅读并理解生产商关于设施操作的建议，及其他设施所有人提供的操作手册；知道与安全相关的限制，包括身高限制、体重限制或其他针对乘客的要求，熟知可能发生故障的情况，识别故障，尽快使设施和设施中的乘客到达安全位置，以减少伤害；我受到足够的培训来操作此设施，以及知道如何按照生产商的要求和设施所有者的要求进行游乐设施启动前的检验，知道如何在操作游乐设施前，证实日常维修检查已经完成，知道如何使用正常操作系统、紧急操作系统，并知道这些系统的作用等。

14. 公众安全教育

一些州的法规规定在中学、教堂和其他团体中实施教育计划，教育消费者游乐设施安全是防止事故的重要步骤。

二、游乐设施标准

美国大多数州引用 ASTM F2291—2004《游艺机和游乐设施设计标准惯例》，该标准作为设计游乐设施的设计准则以及游乐设施进行重要改造的准则。它是其他各方面的基础。该标准覆盖了多数种类与型式游乐设施的设计，但不适用于下述游乐设施：乘客操纵运行的游乐设施（如碰碰车、碰碰船等）、人造攀岩、充气结构、干滑道、投币运行的游艺机、涉及乘客身体部分或整个浸入水中或涉及乘客不少于偶然接触水的游乐设施（如游泳池、水滑道、缓流河道与水互动的玩水设施等）、ASTM 其他标准专门规定设计准则的其他游乐设施、不属于重要改造的游乐设施部件，或在原设计和安全要求得到保持或提高条件下游乐设施的电气线路电动机和电气元件的改进。

ASTM F2291 从以下几个方面对游乐设施的设计作出了详细的规定：

(1) 采用设计标准；

(2) 乘客约束物、安全距离和乘载设计规范；

(3) 加速度限制；

(4) 载荷和强度；

(5) 液压系统和元件；

(6) 气动系统和元件；

(7) 与安全有关的电的/电子的/可编程电子控制系统有关的控制系统；

(8) 电的要求；

(9) 机械系统和元件；

(10) 游乐设施的栅栏、护栏和扶手；

(11) 焊接；

(12) 连接件。

1. 载荷和强度

这个标准中最为重点的部分是载荷和强度。这一部分定义了应用于游乐设施设计过程和重大改造的设计过程的载荷和强度准则，同时给出了各种不同载荷的定义以及计算载荷所要考虑的各种不同情况，也规定了确保游乐设施足够强度的两个可接受方法。载荷组合、结构分析、冲击系数和稳定性等方面也都涉及在其中。重点突出了在设计过程中要从细节上充分考虑来自各个方面的因素影响，保证游乐设施的强度以及运行的稳定性，满足最终的要求。

2. 乘客约束物、安全距离和乘载设计规范以及加速度限制

乘客约束物、安全距离和乘载设计规范以及加速度限制也是美国游乐设施标准中所占篇幅较多的两个部分。这两个部分涉及乘客的安全问题，也是较为重要的部分。这两个部分从乘客装载系统的安全、约束物构造、乘客约束物、乘客安全距离分析以及加速度限制等多个方面规定了详细的要求，目的是为了确保乘客在游乐设施运行时候的人身安全，避免乘客的手脚等身体部位受到碰撞，避免乘客身体被抛离等情况的发生。同时，加速度的限制也和约束物的类型有关，在这里就出现了一些交叉的规定，使得标准更为完善。

3. 焊接

ASTM F2291 标准在焊接方面除引用了 ANSI/AWS D1.1/D1.1M《钢结构焊接规范》和 ANSI/AWS D14.4《机械设备焊接技术要求》标准外，还在 ASTM 2291 标准中对焊接作了大量详细全面的规定，主要如下：

(1) 焊接工艺应符合美国国家标准协会/美国焊接学会(ANSI/AWS)或美国机械工程师学会(ASME)的标准，或等同标准。

(2) 焊接位置、型式、尺寸、有效焊接长度和所有焊接的范围应清晰地在图纸上表示。图纸和文件用焊接符号或绘出细节应清晰显示坡口焊接接头和材料准备。特定情况应用另加注意事项和细节来充分解释。

(3) 焊接过程应根据引用标准规范规定的书面焊接工艺规程(WPS)执行。WPS应根据焊接工艺评定记录(PQR)制定,主要应包括:焊接操作过程、焊接接头设计、母材、焊接填充材料、焊接保护、预热、部位、焊接电流电压参数、技术和焊接速度等。

(4) 只有按照有关标准取得资格的焊二、焊接操作者、点焊工可以进行焊接工作。焊工、焊接操作者、点焊工应按照有关标准规定和焊接工艺评定文件进行焊工资格考试。

(5) 具体焊接时,焊接人员还应按照其所实际施焊游乐设施的WPS进行考试。

(6) 焊接检验员必须根据有关标准规定取得相应资格,焊接检验者应经过在金属件焊接制造、检验、试验方面的训练或有此方面经验的,并能胜任焊接检验工作的工程技术人员或技工。

(7) 焊接过程检验,包括审查WPS是否符合有关标准,检查核对所有焊接工人的合格证书和按所施焊WPS或其他要做的考试情况,检验核实材料是否符合图纸和文件规定,核实所有焊缝符合标准、图纸和有关文件规定,采用合适仪器设备检查焊缝尺寸和肉眼检查焊缝质量(包括裂纹),检查焊接设备是否与相关标准规定一致,检验员应检验电极只用于(有)被分类的焊接电流和极性的形式的位置上等。

(8) 检验员应对该工作作取样式和隔一定时间的检验,验证标准中牵涉的部分章段是否适宜。

(9) 所有焊接工人的合格证书,WPS资格证书,需要做的测试、检验,和其他一些适当的信息等应作记录,便于日后追踪和审核。

4. 无损检测

在无损检测方面,ASTM 846明确规定制造厂应详细列出推荐检测的游乐设施部件、探伤方法、合格标准,并在游乐设施手册中应指明需要进行无损探伤的部位、区域和时间间隔等,同时还规定使用单位的责任之一是贯彻执行游乐设施手册中规定的无损检测要求。

5. 连接件

连接件方面,ASTM F2291规定螺栓连接和铆钉连接等的设计应符合美国钢结构学会的钢结构手册或其他相当的标准。所使用的连接紧固件,如铆钉、螺栓、螺母和垫圈规格类型应符合ANSI、ASTM等标准,并应有准确的性能等级标记。设计时应避免螺纹紧固件受到剪切。如果不能避免紧固件受剪切,在可能之处应设计为紧固件双边受剪切。连接紧固件的张紧力信息应包括在设计者的图纸中(如螺母的扭矩或扭力)。设计者制定的维护和检验指寻书中应包括连接紧固件的所有信息。这个标准同时也对垫圈、锁紧系统、开孔及表面等设计作出详细明确规定。

6. 游乐设施的结构

美国标准允许游乐设施采用木结构,要求木结构设计应与美国农业部USDA-72《木材手册》或联邦设计标准NDS的《许用应力设计法》或美国土木工程师学会ASCE 16《木结构设计中的承载和阻抗要素》一致或接受结构用木材的相应标准,并对木结构的游乐设施参数、允许的载荷、应力与应力集中、冲击(震动)、动力学、载荷周期、危险等级和环境的特定组合等予以规范。当木制单元使用在游艺机和游乐设施上时,设计者应设计建筑的细节来避免或减轻因腐朽引起的损害。设计者/工程师应提供检查指南,指南应包括检查会影响结构的载荷承载量的其他损害或缺失的木材情况、检查螺栓或(和)其他紧固件的腐蚀情况、油漆损坏或脱落和潮湿情况、由于冰雪情况膨胀引起的失效和要求用于确定在木制单元腐烂的现况和扩展而要求采用的测验方法等。

对于用于游乐设施的混凝土结构、塑料和塑料合成物结构等在游乐设施上的使用,美国标准也有所规范。如ASTM F2291规定:塑料、塑料合成物和粘结结构的允许载荷和应力的评估应采用适合于特定材料和结构的方法进行。设计者应适当地选择和设计塑料和塑料合成物结构接头和连接细节等。

7. 稳定性

稳定性方面,ASTM F2291要求设计者应对移动式游乐设施所受到的最坏载荷情况(如不平衡载荷,风载)进行设计考虑,使移动式游乐设施有充分稳定性和有抵抗倾覆的能力。在制造商提供编写的检验指南内,应详细说明如何可以肉眼(宏观)检查移动式游乐设施的稳定性和可接受的沉降情况,包括移动式游乐设施运转允许的最大沉降量和出现的最大水平公差(倾斜情况)。

对于制造与安装、使用操作、检验试验(包括材料试验、性能试验 Performance Testing、运行试验 Operational Testing)、改造维修,以及二手游乐设施转让等其他方面,美国游乐设施标准同样有详细明确的要求,涵盖了游乐设施生产、销售、使用、设备投用后的检验试验、事故等全过程,并对制造(含设计)单位、销售者与购买者、使用单位、操作人员的责任都作出了详细具体地规定。从整个美国游乐设施标准体系来看,美国游乐设施标准体系的一个很明显的特点是:全面、完整、详细、明确,注意细节。不管是关于哪个方面,美国游乐设施标准体系的规定都是从细节入手,考虑所有可能出现的情况,并对各种情况进行分析,给出各种情况的具体规定,最大范围和限度地使游乐设施满足整体的要求。

第三节　欧盟游乐设施主要标准法规

一、法律法规

欧盟的《工作场所职业健康与安全　框架指令》虽然主要适用于工作场所员工的健康与安全,但这个指令也可以在设计制造安装以及使用危险设备的危险源识别方面,以及一旦发生事故紧急救援等方面适用于消费者。

1.《产品安全指令》的规定

《产品安全指令》(General Product Safety Directive)后来修订为 Directive 2001/95/EC 时,虽然进一步明确为只与产品有关(而不涉及消费者),但其规定对游乐设施较为适用。其主要规定如下:

(1) 只许合乎安全规定的产品才可推出市场;

(2) 产品符合成员国的国家法律规定或自愿性标准,才可视为安全;

(3) 产品如未能通过一般安全规则而引致风险,生产商及分销商必须向执法机关汇报;

(4) 生产商必须在情况需要时,有效处理回收工作;

(5) 分销商必须保留文件记录,以便发现不安全产品时,可追踪产品的流向;

(6) 如有需要,执法机构可下令进行产品回收。

2. 欧盟成员国中有关游乐设施法律法规和规定

在欧盟成员国中,有关游乐设施法律法规和规定简要情况如下:

(1) 比利时的两个皇家法令(2001 年 6 月 10 日、2003 年 6 月 18 日)主要规定游乐园的运营要求。

(2) 丹麦 1988 年制定的游乐设施法规规定了游乐设施运营由警察局批准,每台设备必须进行年度检验,必须具有符合要求的设备档案等。

(3) 芬兰的《产品安全法》规定了涉及游乐设施服务领域的管辖内容。《公共娱乐法》规定了嘉年华的安全管理要求,经营者必须取得警察局的许可,许可每年更换 1 次,设备每年至少检验 1 次等。

(4) 德国的《建筑法》和《游乐设施运营和使用指令》分别管辖游乐设施和游乐园(包括嘉年华)。在《建筑法》中引用了 DIN 4112《临时结构标准》,这个标准主要规范包括游乐设施在内的钢结构设计。1970 年首次颁布(1997 年修订)《游乐设施运营和使用指令》主要规定了游乐设施建造、运营、使用、维护等方面的内容。

(5) 意大利的 1996 年 8 月 19 日部长令《档案与检验技术》规定固定式游乐设施每年检验 1 次,移动式游乐设备每年至少检验 2 次,由官方机构负责。移动式游乐设施的安全管理应服从当地市政府的要求。

(6) 荷兰的《游乐园安全法》规定了游乐设施设计、运营、维护等方面内容。

(7) 瑞典的《公共秩序法》要求游乐设备使用前必须予以检验;游乐设施检验法令规定游乐设施必须由授权的检验机构进行检验,安装或改造后要进行验收检验,使用中要进行年度检验。这些法规还规定业主在建造和此后的运行中有责任对游乐设施安全进行自我控制,包括安装后的控制和日常控制。

(8)《瑞士国家警察局规则》和指南则规定了游乐设施检验方面的具体要求。

(9) 英国的《工作场所职业健康与安全法》规定了设计、制造、进口商和供应者的职责。而 1987 年颁布实施的《消费者保护法》修订补充了工作场所职业健康与安全法相关内容,明确了游乐设施的设计者、制造者、进口商和供应商的责任。

英国的《游乐园安全惯例指南》(HSG 175)主要为主题公园和移动式游乐园提供从设计审查开始到设备事故救援与调查的整个设备管理过程,以及相关单位(检验机构)和人员(检验人员、安全管理人员和操作人员)原则性指导。这个指南是由行业组织与职业健康与安全执行局共同制定的。这个指南通过强调风险评价、安全管理、设计审查、设计符合情况评价、首次检验、定期检验等为游乐设施安全质量把关和游乐园全面安全管理提供了非常好的实施指导。

HSG 175 规定,设计必须由有资格并有经验的设计者来进行。设计后必须进行设计审查(Design Review or Appraisal),设计审查由经行业组织与职业健康与安全执行局共同组成的机构予以登记的检验机构负责。设计审查重点确定设计是否采用合适的设计标准或规范,检验机构审查后提交设计审查报告(Report of Design Review)。

在设计审查方面,要进行审查的设计文件有:设计计算与分析、设计和制造图纸、设计说明、安装和操作程序、使用说明等。设计计算与分析必须进行所有重要安全零件的应力和疲劳分析,分析至少包括结构件和机械零件、液压和气压件、驱动装置与轴承、制动装置和安全装置。在设计审查时,如果设计是利用计算机程序进行计算,在设计审查时,对采用计算机计算的部分需要进行特殊审查。设计单位要提交有关软件、公式、单位等,并完整的打印出对设计重要的输入输出数据。这些计算的审查需要使用独立的软件进行。在设计审查期间,必须对有关的输入输出数据的正确性全面审核。

通过审查的设计可以投入制造,制造安装后的产品必须进行"符合设计的评定"(Assessment of Conformity to Design)。"符合设计的评定"仍需由经登记的检验机构负责,评定时,由检验机构对已经建造好的游乐设备根据设计规范进行检验核对,并到制造单位对制造质量控制情况进行审查,对制造过程中的游乐设施进行检验,对有关人员资格能力情况确认,然后提交符合性评定报告(Report of Assessment of Conformity to Design)。

游乐设施投用前或改造后,由检验机构根据设计规范和使用操作手册进行首次检验(Initial Test),检验合格后提交首次检验报告(Report of Initial Test)。

在用的游乐设施必须实行在用检验(In-service Inspection)每年至少进行 1 次,或可以根据制造厂或检验机构的规定,在更短的周期内进行在用检验。定期检验工作也由经登记的检验机构负责。

当在年度检验或其他缩短周期的检验中,如果机械部件难以接近检验,可以实施非常规检验(Extraordinary Check),非常规检验周期最长不得超过 10 年。

HSG 175 还要求使用手册中必须包括检验与维护指南。

对检验机构管理方面,HSG 175 游乐设施检验机构必须根据游乐设施检验程序计划(ADIPS)进行登记,未经登记不得从事设计审查、"符合设计的评定"、首次检验和在用检验。检验机构登记期限为 1 年,到期后需要重新进行登记。事实上,游乐设施检验机构的登记过程是一个非常严格的检验资格认证评价过程。

在游乐设施使用方面,欧盟成员国的一些国家(如德国、冰岛)要求使用者在游乐设施使用前必须取得使用证书或取得安全证书(A Safety Certificate),否则不得投入运行。

对于事故紧急救援预案管理方面,一些欧盟成员国(如英国)规定大型游乐园的紧急救援计划应由外部机构每年进行一次审查(费用约为 150 欧元),同时游乐园自己每月至少也要审核 1 次游乐设施事故的救援计划。

二、欧洲标准 PrEN 13814

1. 标准的内容

该标准包括以下几个部分内容:

(1) 应用范围

欧洲标准在"应用范围"中对游乐设施给出了相应的定义,以及该标准的适用范围。其内容如下:

此标准对移动的、临时安装或固定安装的游乐设施提出了设计、计算、制造、安装和拆卸、改造维修、操作、检验和检测等方面的基本要求,并针对管理人员、操作人员、服务人员和监督检验机构责任与行为作出规范。此标准管辖的游乐设施包括:旋转木马、秋千、游艇、大转盘、过山车、滑梯、看台、纺织或薄膜结构、小木屋、台阶、展览用设施及马戏表演棚等。此标准不适用固定看台、脚手架、支架、可拆卸的农用设施以及投币式承重两名以下儿童的简易儿童娱乐设施。

该标准也同样适用于这里没有详尽提及的所有类似的结构或载人设施。

该标准不涉及现有的有关工人安全的国家准则。

(2) 引用(参考)标准(见本篇附录)

(3) 术语、定义与符号

欧洲标准针对游乐设施的对各种术语进行了定义。例如:许可证、独立检验、安全关键零件、乘客约束、载人装置等进行了定义,便于准确地理解和执行标准。

(4) 游乐设施结构(原理)分析与设计

1) 欧洲标准详细说明了恒载荷、动载荷、风载荷、地震载荷、驱动力和制动力、惯性力等载荷,同时说明了计算载荷应考虑的各种情况,给出了其计算公式,并对载荷组合问题作出了明确规定。

2) 游乐设施结构(原理)分析,对不同运动型式的游乐设施(包括钢结构运动部件、载人装置、钢结构、安全装置、机械部件、紧固与连接件、绳索链条)在不同工况(运行、非运行、满载、部分加载和不平衡条件下)的受力情况分析[包括极限状态分析、疲劳极限状态分析、稳定性分析、刚度分析(需要的话)、动态分析],在此基础上进行强度与疲劳验算和稳定性验算(对游乐设施及其零部件的防翻转、防滑及防脱离性能进行验证)。

3) 欧洲标准要求对游乐设施进行稳定性验算。稳定性分为防止翻转、滑动和脱离的安全性能、地脚螺栓、更高要求、填充材料的地面支撑 4 部分分别论述,并有详细规定。

4) 欧洲标准从可拆性、紧固件用锁紧和保护装置、拆卸式连接、受脉动载荷零件的设计、支撑、重要的桅杆、防腐蚀等 7 个方面提出了结构设计及工艺要求。

5) 在上述结构分析与验算的基础上,欧洲标准提出游乐设施设计与制造的具体要求,并要求对载人装置、机械系统、液压装置和气压装置、起吊装置、驱动系统、保护装置、出入口、月台、斜坡、地板、楼梯和走廊、栏杆、篱笆和防护措施等进行危险分析,分析后通过有针对性的设计与制造措施降低危险。

6) 欧洲标准规定"如果结构类型不要求更高的值,那么动载荷(永久载荷和外载)就应该乘上不小于 1.2 的冲击因子",但是并没有就不同的设备提供不同的动载系数。

7) 为残疾人设计的游乐设施必须配备适合他们的乘客室及安全保险装置。安全装置必须保证残疾乘客的人身安全。

(5) 设计资料

设计资料包括有关结构、操作和安全使用、设计图纸和应力与疲劳及稳定性分析的说明。欧洲标准规定设计与使用说明应包括游乐设施的特性和可选的安装方式。还应包括主要尺寸和在主要尺寸外的活动空间、限制要求、设计特点和材料、运动系统、驱动方式、速度、加速度、电气设备、工作周期和操作顺序以及使用者范围限制等详细内容。图纸要求为:对于断裂或失效可能危及设施的稳定性和安全操作的装配件、组合件和零部件要求提供设计和制造图纸。图纸必须包括所有尺寸特征和测试所需的横截面值以及材料、结构件、紧固件、连接件和速度方面的详细资料。图纸至少应包括总的俯视图、主视图和剖面图,活动部件处必要的间隙的标志,还有在总图中不能清晰辨别的结构组件的零件图,另外影响设备安全和操作的结构、机械的或电气相关的个别组件和连结件的零件图应该用大一点的比例进行绘制。对于回转机构,提升和摆动机构(包括它们的支撑布置、驱动和控制,提升和摆动范围)马车、吊舱及类似结构,按照所有要求的视图和横截面图给出示例,标注出总体尺寸。对于乘客重要的内部结构尺寸(座椅、扶手、靠背、放手和脚的空间)应清晰表示。抓紧装置、锁紧装置和安全设施、有详细载荷的动轮、引导轮、上止轮、轴承、轴、杆及其安装方式、设备的相对移动自由度、操纵和控制、防反转设施、防脱轨和翻转的安全设施、缓冲装置、保护装置、驱动和制动装置及接地装置等应明确说明。相应的气动和液压原理图,电气和电子原理图应完整正确。

(6) 游乐设施制造

1）对制造、供应、交付等进行了详细说明，提出了明确的要求。如制造者必须确保整个游乐设施的制造完全符合设计说明的要求，并且达到了设计要求的质量。这些必须在最终检验的时候由委托方进行确认。制造商在制作上不能背离设计人员或独立检测机构的要求。如果在制造过程中出现了设计人员不能预见的困难，在没有与设计人员或独立检测机构商量并取得他们的同意之前不允许制造商进行修改来降低制造难度。

2）制造商必须保证从事游乐设施制造的工人是经过专门训练的合格的工作人员，焊接方法必须按照EN 288规定执行，焊接必须由通过EN 287-1（钢）或EN 287-2（铝）标准考核合格的工作人员完成。对于游乐设施的钢件或铝件焊接，特别是承受疲劳载荷和动载荷的焊接只允许由按照标准EN 287、EN 288、EN 719（铝）、EN 729-2、EN 729-3（钢）、EWF 1173取得疲劳载荷零件焊接资质及与标准有关的其他证书的制造商进行。对承受脉动应力（如疲劳载荷）的焊接件，必须达到标准EN 25817（钢）、EN 30042（铝）中的“B”级质量。如果焊接方法的改变影响应力和疲劳特性，必须进行一些特殊的检验。任何部件的安装、修改、调整或改动都必须由有经验的熟练工人来操作。

3）任何与安全相关的材料、部件、装配件或是零件都必须满足设计要求，其质量应满足相应的欧洲标准要求，采用成员国标准的则满足该国标准。这些部件都必须清楚地标上生产厂家、转包商或是供应商的名称，以便追踪查证。在最终检验时，制造商和供应商必须提供材料合格证书或零部件规格说明书。

4）任何游乐设施在初次投入使用前都要由独立检测机构进行设计审查、检查和测试工作。

5）对初审，检验和接收需要的资料和相关内容进行了详细定义。明确了官方技术档案需要的内容。设计师、工程师、静态计算工程师和检测机构在经济上必须相互独立有明确的界线（根据EN 45004独立的检测机构）。一般来说所有与安全相关的设计文件与游乐设施成品一样都要接受反复检验。只有在通过检测以后才能发给相关合格证书。不同的检测结果组成档案的核心部分，并对交付和使用前各种档案作了细致规定。

（7）游乐设施设计审查与检验

1）游乐设施交付前的批准程序（Pre-delivery Approval Procedure）包括设计通过、设计和计算验证、制造完成的产品材料符合性验证（制造时符合、安装时符合）、检验试验批准（检验机构签发或拒绝签发合格报告）。

2）游乐设施初始批准（Initial Approval）包括设计审查（Design Review）、制造过程检验（Inspection of Manufacturing Process）和初检（Initial Examination）。

3）定期检验，包括定期全面检验、日常检查、改造修理或事故后检验。

4）制造过程检验主要检验材料的正确性、适用性部件、组件、零件及其装配的正确性，内容包括：

——主要尺寸、间隙和尺寸与设计的一致性，活动部件的自由运转；

——在建造文件中的所有结构件是否存在；

——承载结构件的主要尺寸与其连接件的一致，不容易接近的结构件或构件组只有在怀疑其尺寸的一致性和装配/安装的正确性时才能拆卸下来；

——重量检查，如果部件的计算基于重量，超重会导致加在零部件或是连接件上的力超过许用值，而如果重量减轻可能会影响设备的安全，如发生飞出、滑出或翻车等危险；

——提供的有关材料说明与材料的质量相一致，如强度、耐磨度、耐火性能等；

——包括软件在内的带线和线路图的电的、电子的、液压/气压设备与相关的欧洲电气标准及可应用的规则和标准应该一致；

——失效时危及人身安全的轴承、电机、封闭驱动装置、开关和控制系统及类似机构。

5）独立初检和测试包括空载和满载工况下的功能测试、偏载工况测试等。在试运转过程中，至少要检查以下功能和条件：

——乘客装置间隙和运动部件相对于其他部件的间隙；

——连续的、受力状况下的互锁控制系统的正确工作状态；

——指定的速度、加速度和安全部件的相关重量；

——液压/气动系统的工作压力；

——倾斜控制开关、终端开关、其他控制开关及过载保护装置(如减压阀)的安装；

——安全装置(如车辆和轨道上的防反转设施)；

——制动效率及乘客能接受的负加速度；

——就飞出或是倾斜的操作性能；

——游乐设施的操作和在正常工作条件下和紧急情况下的加速度和减速度。

(8) 游乐设施的操作与使用

在操作和使用部分，提出指导和准则进行安装、建造和拆毁、操作、分解、拆卸、装卸、维修、改造和检验过程，针对管理人、操作人员、服务员和监督机构明确了相关的责任和义务。

(9) 官方档案

欧洲标准要求对于每台游乐设施都要建立官方档案，档案包括设计和使用说明、设计图纸(具有整个设施的重要安全尺寸)和详细图纸(给出所有零件及其连接件和所有的组装件的尺寸和材料)以及电与控制和液压或气动装置的基本装配路线图、应力分析、有关材料零部件证书、运行中的危险评估、逃生通道图纸及其尺寸(包括400人以上的封闭间计算说明，火灾的特殊指示等)操作或指导手册(安装、拆卸、运行维护)及要求定期更换的一系列的所有零部件清单、检验检测报告(包括初检和生产测试报告)。

(10) 附录

包括疲劳分析、具体的分析准则、验收报告、电气设备和控制系统、乘客装置的设计指导、作用在乘客身上的加速度效应、使用前需要提供的材料、游艺机的危险等7个部分。

2. 标准的特点

从整体上看，欧洲标准具有以下几个特点：

(1) 游乐设施作为特种设备中特种设备，是一种全生命周期的管理，从设计、原材料采购、制造、使用、维护、报废各个阶段都需相应的规定。设计是产品的源头，因此欧洲标准中对设计部分的描述较多。其设计部分不光是简单地规定安全系数，而且对典型的设备、运动形式进行了细致的描述和分析，给出了相应的计算公式，便于读者理解和把握，从而更好地指导设计。其设计结果要求强度分析、疲劳分析、稳定性验算，因而更加安全可靠。

(2) 从全方位管理的角度上看，游乐设施、单位、人员、资料都需进行相应规定。欧洲标准中对单位的概念没有较多提及，而是直接的“管理人、操作人员、服务员”的概念，其权利义务非常明确，便于分清与落实人员责任。

(3) 从标准的细节上看，欧洲标准更加细致和明确。例如：在对“游乐设施档案”中对需要何种文件，文件内容，内容多少都作了具体的规定，甚至在附录中给出简单的例子；在标准中大量采用图形表达，例如乘客装置组件、身体尺寸、各种运动分析借助图形的表达，更便于读者理解。

欧洲标准涉及游乐设施原材料选择、设计、制造、使用的各个阶段，是一个全生命周期的管理。其中设计(特别是机械部分的设计)和验算是其重点。它对设备、人员、资料都有严格的规定，是一个从软件到硬件的全方位管理。其内容中不光有硬性规定，而且有很多的分析和描述性内容，能够更好地指导读者使用。

第四节　澳大利亚游乐设施主要标准法规

一、法律法规

澳大利亚职业健康与安全法律法规对工作场所(包括消费场所)的危险机械设备和工具等均统一定义为“装置”(plant)。澳大利亚职业健康与安全委员会制定的《国家装置标准》包括我国特种设备定义中的锅炉压力容器、工业管道、电梯、起重机械、游乐设施、索道等。这个标准对列入管辖范围的所有“装置”，都从设计、制造、销售供应、安装、使用、检验试验、维修改造、拆卸与报废处理等环节，以及相关单位与人员(设计、制造、进口、供应、安装、维护和使用方)的责任与资格管理等,提出一整套通用性要求。同时对那些危险性较大的“装置”(包括游乐设施)实行设计鉴定评审、设计登记(给出登记号后才可以用于制造)、制造监检(承压设备)、使用前检验、使用登记、使用定期检验制度等。《国家装置标准》已经被澳大利亚各州所采纳,各州的职业健康与安全法律法规对游乐设施的安全管理要求应当基本上是一致的。但一些州在《国家装置标准》基础上,又增加了符合本地区特点的管理,或更具有操作性的要求,如工作场所执法监督检验、危险识别与风险评估、事故和投诉调查、处罚实施和起诉、事故预防、检验单位(人员)授权或认定、有关人员发证等方面的内容。

澳大利亚在特种设备安全管理方面的一个重要特色是将风险管理作为控制设备安全的主轴。如南澳州《职业健康、安全与福利规则》(Occupational Health, Safety and Welfare Regulations 1995)要求从游乐设施设计、制造、安装到使用全过程,识别各环节所有的、可以合理预见到的游乐设施自身或与游乐设施环境有关的系统风险。这可以从下面这个法规规定的有关游乐设施相关方责任中了解到。

设计者责任主要包括:必须确保所设计游乐设施风险得到识别和评估,评估时应评价运输、安装和使用环境与操作环境、乘坐人员的人文环境、安装、使用修理维护清扫拆卸游乐设施人员安全进出等方面。风险评估后,设计者必须确保消除风险,或在消除风险不可能的情况下减小风险;当发现其所设计的游乐设施出现疲劳迹象或裂纹,设计师或其他有资质的人必须对设计进行重新评估。当设备改造时,也必须重新进行设计风险评估;设计者必须确保制造者得到设备制造时需要做的检验或试验、装配安装、试车、操作、维护、修理、清洗、运输、储存、拆卸、使用人员和承担检验试验人员的应有知识与技能、紧急处理程序等有关方面的信息。

制造者的责任主要为:如果设计者在国外,制造者必须履行设计者的责任;如果在制造过程中发现设计或制造环节存在的风险,制造者必须进行风险评估,确保设计得到修改,或制造环节得以控制,以消除或减小风险。制造者必须确保游乐设施的制造、检验、试验严格符合相关标准和设计要求;如果设备制造后,发现有影响安全的缺陷,必须将缺陷情况通知到游乐设备的接收方;制造者必须确保游乐设备的接收方得到有关设备制造时做的检验或试验、装配安装、试车、操作、维护、修理、清洗、运输、储存、拆卸、安全使用的方法(制度)、承担检验与试验人员的应有知识与技能、紧急处理程序以及其他试验等有关方面的信息。

设备安装者责任为:设备安装者必须确保与设备安装相关的危险得到识别、评估、消除或减小;必须满足本规则和其他相关的法规标准关于安装方面的规定;设备安装必须由或在具备相应能力人员的监督下进行;固定设备必须固定在安全牢固的基础上,并能够防止动力供给或设备使用时产生移动。安装的所有的部件必须达到风险最小化。

游乐设施使用方的职责为:确保与使用环节有关的各种风险得到识别、评估、消除或减小,确保安全控制措施得到维持,制度得到贯彻实施并得到有效监督,以此减小风险;必须制定游乐设施维护与检验计划,以维持游乐设施的机械与结构完整性;游乐设施使用过程中发生的任何修理改造不得超过设计限制条件(除非重新设计并登记合格);对游乐设备实施危险识别和风险评估的人必须具备足够的知识来掌握游乐设备(或其零部件)现行的和过去的运行情况。评估人员应有能力确保按照管理部门的要求完成评估。游乐设施的所有者必须使所使用设备的设计得到登记,并使其取得合法的使用手续(登记);确保游乐设施已经由职业工程师予以定级,并将定级记录归入设备档案(log book);任命具有资格能力的人员为设备安全监督人员(一级设备除外)和操作人员,并使这些人员能够得到适当的培训;游乐设施所有者应给安装、拆卸或储存提供安全指导,确保设备被安装在适合该设备的位置,有足够的安全空间和适当的安全措施,确保设备档案符合法规与政府检察机构要求;对于在用游乐设施的拆卸与储存必须由或在具有相应资格能力人员的监督下进行等等。

二、澳大利亚标准

澳大利亚标准 AS 3533—1997 由两大部分组成,第一部分为设计和结构(AS 3533.1),第二部分为操作及维护(AS 3533.2)。

1. AS 3533 的内容

澳大利亚标准第一部分包括对固定式和移动式游乐设施和设备的设计、制造和结构规定了要求。其主要内容如下：

(1) 范围和总则，规定游乐设备不包括铁路模型团体，俱乐部或协会拥有和经营的微型火车，或者那些公共运输法律规定的同类产品。

(2) 设计部分包含游乐设施分类、危险识别，风险评估和风险控制、负荷计算、设计依据、材料、束缚和锁定系统、操控人员和服务人员用设施、制动、升降装置等内容。

(3) 制造和施工规定了质量保证、动力装置、防雷保护、材料防燃、液压装置、气动装置、电气设备、控制和指示灯等系统的制造中需遵守的要求。

(4) 在投入正式使用前，游乐乘具或设备必须通过下列试验，而这些试验包括负荷试验、失衡试验、紧急撤离程序的有效性，控制装置，限速装置，制动和其他设备的安全运行的验证试验、液压系统试验、气动系统试验、电气试验。

(5) 针对不同类型的游乐设施(如水上游乐设施、投币游乐设施、充气游乐设施等)提出了具体的要求。

(6) 资料部分要求提供有关安全安装和使用游乐设施的信息。

(7) 标志部分对信息铭牌上的内容进行了规定。

(8) 附录部分，增加了标准的指导性。附录中解释和分析了易疲劳游乐乘具和设备的设计和分析指南、人体加速度效应的基本情况、推荐的员工培训，资格认证和工作经验方面的要求、游客出口条款和标准等内容。

第二部分对固定式和移动式游乐设施和设备的场地布局、安装装配、电气设备、营运商和操作人员职责、特殊操作要求、维护、检验和防火措施作出了专门的要求。

2. AS 3533 的特点

澳大利亚标准具有以下特点：

(1) AS 3533—1997 对设计环节的内容，侧重于设计计算准则，即载荷的选取及集合、应力分析。设计指南始终贯彻危险识别和风险评估的要素。不同的设备性质有不同的设计原则。AS 3533—1997 的设计以疲劳计算为基本计算，并给出了不同设计疲劳寿命、使用寿命指标和概念。

(2) AS 3533—1997 采取用反映设备运行状态的主要参数(速度、高度和最大加速度系数)组合的动态乘积和内在安全性能评估将游乐设施分为 5 个安全等级。

动态乘积 $P=Vhn$(其中：V—速度，m/s；h—高度，m；n—最大加速度系数)

$n=\dfrac{\text{最大加速度的绝对值}}{g(9.81\text{m/s}^2)}$　　$g=$重力加速度(9.81m/s^2)

内在安全性能评估分为“安全性”和“不安全性”两种状态。内在安全性能由包括结构、控制和应急处理等 9 项要求评定，满足 9 项要求为具有“安全性”，其中有一项不满足，则判为“不安全性”。此分级方法比较科学合理。

(3) 相对于 GB 8408—2000 给定的基本要求，或者说一些共性要求。AS 3533—1997 则给出了一些特殊要求(第五节)，即对包括水上游乐设施、投币游乐设施、卡丁车、充气物、飞狐、滑水等非常规结构的项目的要求。澳大利亚标准(AS 3533)以对“游乐设施和设备”的设计、制造、运行、维护等环节的要求为主标准，没有制定分类设备标准。但其对 17 类非常规的设施作为特殊要求，专门另立一章。

(4) AS 3533—1997 非常详细具体的给出了关于三维空间 X、Y、Z 3 个坐标轴方向的加速度及其作用时间两个因素对人体产生的作用效应。同时明示正常健康人承受加速度作用效应的能力范围。这是控制设备运行不致给乘客造成内在伤害(不可见)指导设计的关键指标。

(5) AS 3533—1997 附录 E 对“可能产生疲劳的游乐设施的设计和分析指南”给出了具体要求。设计要采用适宜的分析和设计方法，设计疲劳寿命与名义寿命要形成有机的联系。使用中要加强检验和维修。标准规定了检验频率，检验和维修要由有资质的人员进行。

(6) 澳大利亚标准由始至终贯穿着危险识别和风险评估的理念,规定识别各环节可能产生的危险,确保对所识别危险的风险进行评估,并通过风险最小化或风险消除措施使风险处于可控状态之下。每件游乐设施或设备竖立前,必须经过由有资质的人员实施的危险识别和风险控制程序的审查。危险识别和风险评估所形成文件必须能够及时传递到制造商、供应商和使用者手中。附录 F“危险识别,风险评估和控制程序”详细列举了游乐设施存在的危险种类,规定了危险识别和风险评估的目的、内容、程序、控制措施。

(7) 澳大利亚标准适用范围涵盖游乐设施设计、制造、安装、使用、检验试验、改造、修理、拆卸等全过程,并对操作人员资格和游客行为(附录 G 游客责任)等予以规范。标准适用的产品范围不仅针对固定式室外游乐设施,同时也包括室内游乐设施、移动式设备、季节性或部分时间使用的游乐设备和充气游乐设施。

(8) 针对性较强,如针对移动式游乐设备经常移动装拆,电气系统比较容易发生故障和缺陷的情况,专门制定了附录 K“移动式游乐设备电气安全的检查和试验”。

第五十四章　国内外游乐设施主要标准法规比较

第一节　中国与美国游乐设施主要标准法规比较

一、法规标准体系比较

在法规方面，美国州一级的法规体系基本都是由法律、法规构成，游乐设施法律法规都以法典中的章节形式出现，管辖内容包括了设计、制造、安装、使用、检验检测、修理改造、事故报告、处罚，以及相关单位人员职责、能力资格与培训等方面的要求。我国的游乐设施法规是侧重不同方面（或环节）的，各自独立的成文法规。与之比较，我国尚在法律层面缺少有关游乐设施安全管理方面的条文规定。在法规方面，由于我国的管理体制与美国不同，安全管理的对象与要求比美国多（如制造安装单位许可等），成文技术法规相对较多，适合我国国情的安全管理要求考虑得比较周到。但由于游乐设施在我国是新兴产业，发展较快，目前尚缺少移动式游乐设施、充气游乐设施、非金属（包括木制）结构游乐设施、游乐设施型式试验（包括安全零部件）、大型（特大型）游乐设施紧急救援与事故救护方面的法规（或法规条款内容），关于游乐设施使用安全管理（包括安全评定）、大型游乐园安全管理法规也不尽完善。

在标准方面，与美国游乐设施标准及其所引用标准所构成的体系来看，我国有关游乐设施标准或其引用的标准中缺少包括下列方面内容的标准，或缺少这些标准的部分内容：

(1) ASTM F747　有关游乐设施的术语定义

(2) ASTM F770　游艺机和游乐设施操作程序

(3) ASTM F846　游艺机和游乐设施测试特性指南（包括无损检测要求）

(4) ASTM F853　游艺机和游乐设施维护程序惯例

(5) ASTM F1159—03　乘客操纵、人造攀墙、干滑道、投币运行和有目的的与水沉浸有关的游艺机和游乐设施以及空气支撑结构的结构设计制造标准惯例

(6) ASTM F1292—1999　游乐场器材下面和周围表面系统的减震性

(7) ASTM F1305　有关游乐设施伤病等级划分指导标准

(8) ASTM F1950　在用游乐设施过户自然状况信息标准说明

(9) ASTM F2012　固定活动中心的消费者安全标准性能规范

(10) ASTM F2075a　置于运动场设备下面和周围的用作运动场安全表面的工程木纤维的标准规范

(11) ASTM F2137　游艺机和游乐设施动力特性测量惯例

(12) MIL 882C　系统安全程序要求

(13) ASCE 7　建筑物和其他结构的最小设计载荷（ASCE 美国土木工程师协会）

(14) ASCE 16　工程木结构的载荷和承载系数设计（LRFD）标准

(15) ASME B15.1　机械传动装置安全标准

(16) ANSI/AWS D1.1/D1.1M　结构钢焊接规范（AWS 美国焊接学会）

(17) ANSI/AWS D14.4　机械设备焊接技术要求

(18) SAE HS 4000　安全带标准

(19) NFPA/JIC T2.25.1M　工业机械的气动系统标准

二、主要法规内容比较

1. 在管辖的游乐设施种类方面，美国一些州对木结构游乐设施（包括用材）、充气游乐设施、游乐设施中的水泥结构、塑料和合成塑料结构，以及对作为游乐设施组成部分的建筑物，或装设游乐设施的建筑物都作出明确规定，我国目前还没有这方面的法规或法规条款规定。

2. 中国将游乐设施根据其危险程度和发生事故后的伤害范围与程度，将游乐设施分 A、B、C 3 级，其中 A 级为最高级，其运行速度最快，高度最高，最具刺激性。C 级为最低级。分级的依据是游乐设施的高度、运行速度及摆角等，具体数值与游艺机的结构型式，运行形式，运行环境和乘客乘坐状态等等很多因素有关。而美国绝大部分州对游乐设施不分级，个别州实行分级（如新泽西州将游乐设施分为超级游乐设施、儿童游乐设施、成人游乐设施 3 级），但并没有特别突出不同的安全技术要求和安全管理要求。这方面我国规定的较好，有利于进行游艺机的生产质量控制，检验维护，运营管理。

3. 美国有些州的技术法规要求的设计分析包括“乘客安全限制和乘客束缚”分析、“乘客安全距离”分析、与安全有关系统的“失效分析”（失效分析包括失效树分析、失效模式和失效后果分析及其他可接受的工程做法）、针对目标乘客的舒适性评估（包括与乘客的年龄和身材有关的人体工程学因素分析）等。我国法规对此没有规定。

4. 钢制游乐设施的钢结构是游乐设施的重要组成部分，焊接是保障钢结构质量和机械件质量的关键，美国很多州的游乐设施技术法规对钢结构和焊接方面都作出明确详细的规定，而我国无论安全技术规范还是标准，都只是一般性粗线条规定。

5. 关于在用游乐设施的定期检验周期，不管游乐设施使用状况、使用环境和使用频率如何，我国规定 1 年只能检验 1 次，而美国则规定 1 年至少检验 1 次，有的州半年至少检验 1 次。将根据游乐设施具体使用情况确定检验周期的决定权力留给了实施具体检验检测的检验机构。另外，除正常定期检验外，一些州还增加了正常操作运行过程中的运行检验。

6. 很多州要求游乐设施所有者提供书面声明，声明设备已经经过游乐设施检验员检测合格，在 12 个月内该固定游乐设施持续满足安全管理部门和法规标准相应要求。这有利于落实使用者责任。另外，在用设备的无损检测也作为用户的职责，由用户或用户委托职业工程师制定无损检验计划并实施。我国没有使用单位开展无损检测方面的规定。

7. 在游乐设施事故补偿方面，美国各州均强制要求游乐设施经营业主必须购买游乐设施第三方伤害责任保险。

8. 关于移动式游乐设施安全管理与检验方面，美国多数州都有明确法律法规规定。我国目前尚没有这方面的法规。

9. 乘客责任方面，美国法规规定较多且明确，如乘客从游乐设施上抛出、掉落物体，不满 18 岁的乘客无人监护等，都是法规严格禁止的。另外，有的州还在乘客责任中增加游乐园和嘉年华的拥有人把捣乱者撤走的权力等。

10. 在违法处理方面，美国各州安全管理机构的处理通常与警察机构执法和法院刑事处罚联系在一起，这有利于维护执法严肃性，切实保障安全。另外，很多州的罚款计算不是依据一个事件，而是依据持续违反的天数计算。

三、主要标准内容比较

1. 在我国标准 GB 8408《游艺机和游乐设施安全》中，游艺机和游乐设施翻译成英文为 Amusement Machines and Amusement Park Equipments。其定义为：凡是以运动、娱乐为目的，产生高空、高速以及可能危及人身安全的游艺装置和设备，称为游艺机和游乐设施。其适用范围包含在定义之中。

美国标准 ASTM F747—1997《游艺机和游乐设施有关的术语》对游艺机和游乐设施（Amusement Rides and Devices）的定义是：一个用于运载，或者直接由人越过或通过一个已经定好区域的固定的受限制的进程，主要以娱乐为目的的装置或者装置或元件组成的联合机构。

同样，美国的游乐设施标准中也没有另外给出游乐设施的适用范围，而是包含在定义之中。

相对我国的定义，美国的定义要宽泛一些。在中国游乐设施的定义中，只有产生高空或高速的以运动或娱乐为目的的设备才称之为游乐设施。而从美国的定义来看，并不要求高空高速才算是游乐设施。

2. 美国标准中，有名词术语定义与解释，如美国的游乐设施标准对加速度予以清晰地定义，并加以图表说明。我国标准无名词术语定义与解释。

3. 在游乐设施参数控制方面，美国标准中只规定了加速度一项。我国标准规定限制的参数是速度、倾角或夹角，对加速度没有要求。

4. ASTM F2291 标准从 5 个方面对设计做了很详细的规定：乘载分析、必需计算、单位、图纸和记录、规定团体审查文件。GB 8408 并没有很明确地细化，而是总体描述。而 GB 8408 的规定是：游乐设施及其辅助设施的设计，应计算正确，结构应合理，能够保证乘人安全。可以看出，GB 8408 只是要求"计算正确"，而并没有像 ASTM F2291 那样明确规定所需要的计算类型。由此可以明显看出，ASTM F2291 的规定比 GB 8408 详细许多。

5. ASTM F2291 规定说明了载荷、永久载荷、可变载荷、工作（动力学）载荷、不工作载荷、环境载荷等定义，同时说明了计算载荷应该考虑的各种情况，还细化给出了风载下运行和风载下不运行两种情况，甚至还提到了在 34m/h 的风速下运行的情况。而 GB 8408 只是提到了几种特殊载荷，并没有继续详细延伸开去。GB 8408 中有些载荷的规定是 ASTM F2291 所没有提到的：乘人部分是立席以及游艺机的楼梯平台按 $4kN/m^2$ 活载荷计算，人群特别拥挤的楼梯平台可按 $5kN/m^2$ 活载荷计算，坐席与立席兼有的乘人部分，应按标明定员人数计算载荷。工作人员专用的阶梯和过人天桥等活载荷按 $1kN/m^2$ 计算。计算安全栅栏及栏杆水平推力按 1000N/m 计算。工作人员的阶梯和过人天桥，其栏杆水平推力按 500N/m 计算。作用于栏杆的水平推力是按高度为 1m 考虑的。这些规定明确地指出了载荷计算的一些确切数值，这一方面 ASTM F2291 并没有涉及到。ASTM F2291 对载荷组合以两个不同的方法作出了详细的规定，而 GB 8408 并没有对载荷组合进行有关的叙述和规定。

6. 冲击系数和安全系数部分：ASTM F2291 采用极限状态设计和疲劳设计。涉及安全系数的规定较少，相关规定有：链条≥5～6、钢丝绳及附件≥6。我国标准明确地规定了安全系数的定义，同时还提供了游艺机各部分安全系数的要求，从重要轴、销轴到活塞、链条等等各部件都有自己的安全系数。ASTM F2291 中只是对链条和钢丝绳的安全系数计算方法和要求倍数作出规定，没有涉及其他的部件。同时，GB 8408 中链条和钢丝绳要求的安全系数≥10（静载），比 ASTM F2291 要求的安全系数大。

对于冲击系数，ASTM F2291 规定"对所有运动载荷应给予一个不小于 1.2 的冲击系数"，但是并没有就不同的设备提供不同的动载系数，只要大于 1.2 就可以。而 GB 8408 在这方面规定得更为详细，不仅根据游艺机的不同分类明确给出不同的动载系数，而且同一类游艺机在运行速度，运行环境不一样的时候所给出的动载系数也不一样。另外，ASTM F2291 规定了一些计算冲击载荷过程中遇到问题的解决方法，这些是 GB 8408 所没有涉及的。

7. 关于乘客约束物，GB 8408 与 ASTM F2291 都有较为明确的规定。但 GB 8408 对乘客约束物安全分析方面与 ASTM F2291 比较，稍嫌不足。

8. 在钢结构方面，ASTM F2291 引用了美国钢结构研究所的 AISC 316《钢结构手册》、AISC M015《钢结构手册》、加拿大钢结构协会 CISC《哈罗结构部件联接和桁架—设计指南》、英国 BS 7608《钢结构疲劳设计和评估实施规范》、德国 DIN 15018-1《起重机；钢结构；检验和分析数据》、欧洲标准 EN 1993-1-9 Eurcode 3《钢结构设计，第 1.9 部分，钢结构疲劳强度》和 EN 1993-1-9 Eurcode 3《钢结构设计，第 1.9 部分，起重机支承结构——疲劳强度等标准规范》。这些标准的引入完善了游乐设施钢结构的设计。而 GB 8408对钢结构方面没有任何规定，也没有引用我国有关钢结构的标准。

9. 在移动式游乐设施稳定性方面，ASTM F2291 从保持设备的稳定性设计方面和要求制造单位提供稳定性检验测量指南方面提出了明确规定。GB 8408 目前还没有这方面的条款内容。

10. 美国标准对木结构游乐设施（或游乐设施中的木结构）、用于游乐设施中的塑料和混凝土结构都有所规范。GB 8408 无此方面规定。

11. ASTM F2291 在游乐设施钢结构和机械结构焊接方面除引用了 ANSI/AWS D1.1/D1.1M《钢结构焊接规范》和 ANSI/AWS D14.4《机械设备焊接技术要求》标准外，还在 ASTM F2291 标准中对焊接作了大量详细全面的规定，要求设计时应将焊缝位置、形式、尺寸、有效焊接长度和所有焊接的范围应清晰地在图纸上表示；图纸和文件上应用焊接符号或绘出清晰显示坡口焊接接头和制造它们的材料准备的细节，特定情况应用另加注意事项和细节来充分解释。在焊接工艺规程(WPS)制定、WPS 所包含内容、焊工与焊接检验人员考试内容与资格、焊接过程检验的内容与方法、记录等方面，ASTM F2291 也有详尽的规定。

GB 8408 标准在对游乐设施钢结构和机械机构的设计、制造与使用维护等方面均没有涉及焊接问题。在其他标准(如 GB 18158)中，只是简单规定“焊接接头基本型式与尺寸，应符合 GB/T 985 的规定，手工焊接用的焊条应符合 GB/T 5117、GB/T 5118 和 GB/T 983 的规定。选择焊条的型号应与主体构件材料及焊缝所受载荷的类型相适应；焊缝不应有漏焊，烧穿，裂缝，气孔，夹渣，未焊透和严重咬边等缺陷。所有焊瘤、熔渣等应清除干净”。

12. 连接件方面，ASTM F2291 采用很大篇幅详细明确地规定了螺栓连接、铆钉连接等连接件的设计要求，并对螺栓、螺母、垫圈、锁紧系统、孔及表面受力(力矩)、质量、等级、加工、安装等提出具体要求。GB 8408 标准对此规定较少，只有“游艺机的地脚螺栓必须采取防止松动的措施”一条要求。

13. 在无损检测方面，ASTM 846 明确规定制造厂应详细列出推荐检测的游乐设施部件、探伤方法、合格标准，并在游乐设施手册中应指明需要进行无损探伤的部位、区域和时间间隔等，同时还规定使用单位的责任之一是贯彻执行游乐设施手册中规定的无损检测要求。我国标准规定：对关键零部件及焊缝必须探伤检测，非关键零部件也应按图样技术要求及国家有关规定进行检验(重要焊缝指座席支承件焊缝、吊挂件焊缝、轨道对接焊缝)。

14. 美国 ASTM F2291 标准中对电方面具体条款规定不多，主要采取引用其他标准的方法(如接地方面规定参考国家电气规范 NFPA70 第 525 部分《嘉年华、马戏场、博览会和相近场合》)。而中国主要采取在主体标准详细条款规定方面的方式。

15. 乘客责任方面：ASTM F2291 规定乘坐游乐设施的乘客也要承担下列责任：

(1) 参与任何游艺机，游乐设施都存在固有的危险性。参与游艺机或者游乐设施的乘客必须意识到一旦参与，就要接受固有的危险性。乘客有责任在乘坐游艺机或者游乐设施的时候保持良好的判断和负责任的态度，同时在参与之前和参与之时遵守所有口头上或者书面上的警告，或者两者都遵守。

(2) 当乘客处于药物或者酒精影响的时候，乘客有责任不参与任何的游艺机或者游乐设施。

(3) 乘客有适当使用所有游艺机或者游乐设施提供的安全设备的责任。

GB 8408 中没有明确规定乘客责任的规定。

第二节　中国与欧盟游乐设施主要标准法规比较

一、法规标准体系比较

在游乐设施法规方面，欧盟至今尚没有统一法律法规，但《工作场所职业健康与安全　框架指令》、《产品安全指令》中的规定对游乐设施较为适用。一些欧盟成员国的法规体系基本都是由法律、法规构成，一些欧盟成员国(如德国)游乐设施法律法规管辖内容包括了设计、制造、安装、使用、检验检测、修理改造、事故报告等方面的管理要求。与欧盟一些国家比较，我国除在法律层面缺少有关游乐设施安全管理方面的规定外，法规方面相对健全(但未将某些特定种类游乐设施纳入管理范围)。很多欧洲国家的游乐设施法规体系正在发展完善过程中，但很多欧洲国家(如英国)的非官方管理措施(指南、惯例等)，比较完善，成为法律法规的必要补充。

在标准方面，与欧洲游乐设施标准及其所引用标准所构成的体系来看，我国有关游乐设施标准或其引用的标准中缺少包括下列内容的标准，或缺少这些标准的部分内容：

(1) EN 1176-1　游乐场地设备　第1部分:一般安全要求和试验方法

(2) EN 1176-7　游戏场地设备　第7部分:安装,检验,维护和操作的指南

(3) ENV 1991-2-3 Eurocode 1　设计基础和结构受载　第2-3部分:结构受载　雪载

(4) ENV 1992-2-4 Eurocode 1　设计基础和结构受载　第2-4部分:结构受载　风载

(5) ENV 1993(所有部分)Eurocode 3　钢结构设计

(6) EN ISO 12944(所有部分)　油漆　通过涂保护层防止钢结构出现腐蚀

(7) ENV 1995-1-1 Eurocode 5　木材结构设计　第1-1部分:一般规范和建筑规范

(8) ENV 1992(所有部分)Eurocode 2　混凝土结构设计

(9) ENV 1997-1 Eurocode 7　土建　第1部分:一般准则

(10) EN 292　设备安全　基本术语、方法、技术原理和说明

(11) EN 294　设备安全　防止人体上肢可触及位置的安全距离

(12) EN 418　设备安全　紧急停机装置,功能说明　设计原理

(13) EN 954-1　设备安全　控制系统相关零件的

(14) EN 982　机械安全　流体动力系统及其零部件的安全规范　液压

(15) EN 983　机械安全　流体动力系统及其零部件的安全规范　气压

(16) EN 1050　设备安全　危险评估准则

(17) EN 1677(所有部分)　吊环组成　安全

(18) EN 13411(所有部分)　钢丝绳端点　安全(包括绳索夹紧装置)

(19) PrEN 138899　提升通用铸钢钩　D型钩和弓形钩　六级　安全

(20) EN 60204　设备安全　设备电气装置

(21) EN 61496　设备安全　电敏感保护装置

(22) EN 287　焊工考试　熔化焊

(23) EN 719　焊接检查　任务和责任

(24) EN 729　焊接质量要求

(25) EN 1418　焊工　熔焊焊接操作和金属材料全自动电阻焊接工的考核要求

(26) EN 25817　钢件电弧焊　不规则等级鉴定规程(ISO 5817)

(27) EN 30042　铝和铝合金制品电弧焊　不规则等级鉴定规程(ISO 10042)

(28) EN 10160　厚度大于等于6mm的扁钢超声波探伤(反射工艺)

(29) EN 10204　金属制品　检测文件的类型

(30) EN 45004　不同检测机构进行检测时的一般标准

(31) HD 60364-7-740　建筑物的电气安装　第7-740部分:专门安装或位置　结构的温度电气安装,在露天市场、娱乐公园和马戏场用的娱乐设施和售货亭建筑物的临时电气安装

(32) IEC 61508(所有部分)　与系统相关的电气/电子/可编程电子的功能安全

(33) IEC 64/1021/CD　建筑电气安装　特殊安装位置要求　用于游乐场所的结构、游乐设备和亭子

除此以外,由于德国游乐设施安全管理较早,游乐设施标准体系比较健全,与德国游乐设施标准体系比较,我国标准缺少包括下列内容的标准,或缺少这些标准的部分内容:

(1) DIN 1050　建筑结构用钢;计算和结构设计

(2) DIN 4113　章1静态受力为主的铝合金构,计算和结构设计

(3) DIN 4115　轻型和管式钢结构,施工和设计、验收规则

(4) DIN 4132　通道、钢结构,计算、设计、构造准则

(5) DIN 18800　钢结构(设计和施工、制造与焊接配匹性验证、稳定设计原理和规则、操作及操作人员资格等)

(6) DIN 18808　(草图阶段)钢结构,箱型载面和承载结构,准静态应力。直接与临时设施的施工和操作相关

(7) DIN 15020　章 1　提升应用，钢丝绳传动原理，计算和构造

(8) DIN 15020　章 2　提升应用，钢丝绳传动原理，操作过程中的检测

(9) DIN 7471　安全带

(10) DIN 1054　地基；地基承载力

(11) DIN 1055-3:2002　建筑物承载设计

二、主要法规内容比较

1. 欧洲国家技术法规没有像中国技术法规那样，对游乐设施进行分级，并按照设备危险程度等级进行安全管理。

2. 欧盟一些国家规定的游乐设施设计审查、符合设计的评定、初始检验、定期检验、使用过程中的日常检查、改造修理或事故后检验与我国游乐设施技术法规规定基本相近。

3. 在设计审查资料准备方面，欧洲一些国家规定的非常明确详细，具有可操作性。在设计审查时，如果设计是利用计算机程序进行计算，对采用计算机计算的部分需要进行特殊审查。设计单位要提交有关软件、公式、单位等，并完整地打印出对设计重要的输入输出数据。这些计算的审查需要使用独立的软件进行。在设计审查期间，必须对有关的输入输出数据的正确性全面审核。我国技术法规中对设计文件鉴定时，设计单位需要准备的资料没有明确规定，对计算机软件设计的审查也缺乏规定。

4. 我国对验收检验(初始检验)项目没有对加速度(包括负加速度)、游乐设施部件重量、液压/气压系统的工作压力、制动效率等方面检验的规定。

5. 对于事故紧急救援预案管理方面，一些欧盟成员国(如英国)规定大型游乐园的紧急救援计划应由外部机构每年进行 1 次审查(费用约为 150 欧元)，同时也游乐园自己每月至少审核 1 次游乐设施事故的救援计划。我国无这方面的规定。

6. 英国要求，对于影响游乐设施安全的任何游乐设施和所有附属设施都要进行全面检测，要求至少每年检测 1 次，或根据制造商或检测部门的要求按更短的时间间隔进行检测。荷兰要求游乐设施每隔 1 年要进行全面检测。

只有通过独立检测机构进行了全面检测，并且确定设备满足设计条件、设备的稳定性和安全性能都能得到保证的情况下，才允许延长游乐设施的使用有效期。

我国规定 1 年检验 1 次，没有弹性规定。

三、主要标准内容比较

1. 欧洲标准适用范围包括移动游乐设施、临时安装的游乐设施、看台、纺织或薄膜结构(充气游乐设施)、秋千、展览用设施及马戏表演棚、玩具亭、射击场和射击挂车、射击器具等，我国标准除对移动式游乐设施有个别条款规定外，其他上述提及的游乐设备与设施均不在覆盖范围。另外，欧洲标准的管理环节包括了拆卸、销售供应等方面的要求，我国标准无这方面规定。

2. 欧洲标准中，有术语和定义部分，对标准中的重要的名称、术语和符号，以及容易引起歧义的名称与术语进行了严格的界定。我国标准缺少此部分内容。

3. 在游乐设施参数控制方面，欧洲标准中只规定了加速度一项，对加速度有明确的定义和严格地限制。我国标准规定限制的参数是速度、倾角或夹角，对加速度没有要求。

4. 游乐设施结构(原理)分析与设计部分，欧洲标准规定的非常详细全面，包括不同载荷分类与描述、载荷组合、游乐设施结构受力情况分析、疲劳验算、强度验算与稳定性验算、危险分析，以及从可拆性、紧固件用锁紧和保护装置、拆卸式连接、受脉动载荷零件、支撑、重要的桅杆、防腐蚀等提出的结构设计及工艺要求等方面。中国标准规定：大型游乐设施的设计，应考虑风载、地震、偏载等特殊载荷。当风载、地震超过设计范围时，必须进行校验。因而只是提到了几种特殊载荷，并没有继续详细延伸开去，也没有对载荷组合的情况进行规定。同样，我国标准在疲劳与稳定性分析验算方面亦无规定。

5. 安全系数和冲击系数部分，欧盟标准采用极限状态设计和疲劳设计。对于钢结构和机械件，局部

安全系数(屈服)≥1.1,局部安全系数(极限拉伸强度)≥1.35,振动系数≥1.2,冲击系数≥1.2。载荷组合系数:对永久载荷1.1～1.35,对可变载荷1.35。我国标准采取强度设计,规定安全系数为:钢结构≥4,重要轴类≥6,钢丝绳≥10(静载)。而中国标准在这方面规定得更为详细,不仅根据游艺机的不同分类明确给出不同的动载系数,而且同一类游艺机在运行速度、运行环境不一样的时候所给出的动载系数也不一样,其动载系数比欧盟规定普遍偏高。

6. 在选材方面,欧洲标准规定只有那些欧洲标准中用于建筑方面的有设计数据的材料可以用于结构件。设计者应该根据欧洲标准对需要焊接的结构连接点和所选金属材料的焊接性能给出特殊要求。同时在标准中推荐了游乐设施结构件用钢材、机械零件用钢、铝合金、木材、复合材料、混凝土、紧固件等的选用标准和要求。我国标准中关于材料方面的条款较少。

7. 我国标准中没有像欧洲标准那样,对设计资料、图纸、设计和使用说明书作出明确细致的规定。欧洲标准对于哪些装配件、组件和零部件应提供设计和制造图纸,提供什么样的图纸、图纸尺寸特征、内容,以及检验检测要求等,都作出详尽具体的规定。我国标准只简单规定游艺机和游乐设施的设计应有符合国家有关标准的全套施工图,制造厂应具备完整的产品图样。

8. 关于乘客约束物的规定。欧洲标准和中国标准中对乘客约束物的要求内容基本上相同,但是中国标准规定得比较具体,有具体的数值要求,而欧洲标准则较为笼统,指出了可能发生的危险,需要注意的设计问题,而没有明确的数值限制。欧洲标准对安全保险装置进行了细致的分类,并根据加速度的大小不同,划分了5个加速度区域,据此提出了不同的安全保险要求(侧重于类型)。中国标准对高危险(运动形式和高度要求)的设备强调了两道锁紧装置,但是对是何种安全保险实现要求不多。

9. 欧洲标准规定为残疾人设计的游乐设施必须配备适合他们的乘客室及安全保险装置。安全装置必须保证残疾乘客的人身安全。我国标准无此方面规定。

10. 欧洲标准没有在设计方面像美国标准那样详细明确地提出焊缝设计与图纸标注等要求,但在制造环节对焊接要求的内容较多,明确规定了不同焊接材料采用的焊接方法和执行标准、焊接单位与人员资格、重要焊缝应达到的质量等级、焊接方法改变的特殊检验要求等。与之相比,我国标准缺乏此类规定。

11. 在游乐设施制造与制造检验方面,我国标准与欧洲标准相比,缺乏下述方面的规定:

(1) 如果在制造过程中出现了设计人员不能预见的困难时,在没有与设计人员或独立检测机构商量并取得他们的同意之前不允许制造商进行修改来降低制造难度。

(2) 任何与安全相关的材料、部件、装配件或是零件都必须清楚地标注生产厂家、转包商或是供应商的名称,以便追踪查证。

(3) 详细规定制造过程中的检验项目与方法,所规定的检验项目除检验测试与试验外,还包括游乐设施部件重量、材料耐磨度与耐火性能、电气控制软件等方面的检验。

12. 我国标准规定"对关键零部件及焊缝必须探伤检测,非关键零部件也应按图样技术要求及国家有关规定进行检验"。欧洲标准对于无论制造还是定期检验方面,均没有明确提出无损检测要求,但在其引用的标准中有此方面规定。

13. 欧洲标准对游乐设施维护保养、修理和改造的内容与要求有明确规定,并将对游乐设施控制系统软件修改等同为硬件改造。我国标准无此方面规定。

14. 欧洲标准和我国标准在游乐设施操作和维修方面都有规定,都规定了有关人员的责任(中国标准要求使用单位建立有关制度),同时都对管理人员、工作人员的培训提出要求。但我国标准只是原则要求,没有像欧洲标准那样对有关人员职责的具体内容、应掌握的知识和培训内容作出具体规定。

15. 欧洲标准要求对于每台游乐设施都要建立官方档案并列出详细的档案内容,我国标准没有这方面的规定。

16. 我国标准与欧洲标准一样都规定了乘客说明(须知)要求,我国标准只规定"使用单位对各种游艺机和游乐设施必须制定乘客须知,并在明显的地方公布",而欧洲标准则给出了详细的内容。

第三节　中国与澳大利亚游乐设施主要标准法规比较

一、法规标准体系比较

在法规方面，澳大利亚州一级的法规体系都是由法律、法规构成，游乐设施法律法规管辖内容包括对游乐设施在内的“装置”的设计、制造、安装、使用、检验检测、修理改造、事故报告、处罚，危险识别与评估，以及相关单位人员职责、能力资格与培训等方面的要求。与之比较，我国欠缺有关法律或法律条款。在法规方面，我国单项法规和法规条款规定针对性较强，但在管辖对象和环节方面，欠缺内容与同美国比较情况基本相同。

在标准方面，与澳大利亚游乐设施标准及其所引用标准所构成的体系来看，我国有关游乐设施标准或其引用的标准中缺少包括下列内容的标准或这些标准的部分内容：

1. AS 3533.2　游艺机和游乐设施：第 2 部分操作与维修

2. AS 1170　各种结构的最小设计载荷

3. AS 1319　职业环境下的安全标记

4. AS 1403　旋转式钢轴的设计

5. AS 1538　冷成形钢结构件

6. AS 1554　钢结构焊接(包括一般结构、承受高水平疲劳负荷的钢结构和不锈钢的焊接)

7. AS 1554　第 2 部分螺栓焊接、第 3 部分钢筋焊接

8. AS 1657　固定平台、人行道、阶梯和梯子　设计，结构和安装

9. AS 1664　结构件上铝的使用细则

10. AS 1668　建筑物内的机械振动和空调的使用

11. AS 1720　木质结构

12. AS 1725　镀锌无轨链条钢丝安全栅栏和门

13. AS 1891.1　第 1 部分：安全带和护具

14. AS 2293.1　建筑物内紧急逃生用照明系统设计　安装和运行

15. AS 2788　液压　气动系统和元器件

16. AS 2626　安全带和护具　选择、使用与维护

17. AS 3002　电气安装　展览会和狂欢节环境

18. AS 3990　机械设备　钢制件

19. AS 3998　无损检测　人员资格与考试　一般操作

20. AS 4024　机器的安全防护装置

21. AS 4100　钢结构

22. AS 4360　风险管理

二、法规比较

1. 澳大利亚一些州的法规采纳澳大利亚标准，将游乐设施根据危险程度进行分级，从管理理念上与我国有相似之处。

2. 澳大利亚各州游乐设施的安全管理环节与作法同我国法规规定有很大的相同之处，但管理环节与我国比较增加了销售供应、运输、储存、拆卸、报废，在设计管理方面除设计审查外，还要求设计者到政府机构进行设计登记，给出设计登记号后才可以用于制造。

3. 在用游乐设施的定期检验周期，澳大利亚规定 1 年至少检验 1 次。我国则规定只能 1 年检验 1次。

4. 澳大利亚也同美国、欧洲一样，强制要求游乐设施经营业主必须购买游乐设施第三方伤害责任保

险。我国无此方面的规定。

5. 在澳大利亚法规中，特别重视风险识别与控制。无论联邦或州有关法规，均规定设计、制造、运输、安装、进口或销售、使用游乐设施的单位，首先要对危险源进行辨识，确定风险后进行风险评估、风险控制与消除，对不能消除且在可控范围的风险，法规规定上一道工作环节（如设计）必须向下一道工作环节传递。这种安全管理理念和方式对于控制和消除各生产环节的特种设备安全质量隐患非常有效。我国无此方面的规定。

6. 对设计、制造、安装、使用等单位（人员）责任规定明晰，首先落实他们在自己涉及的环节危险识别和风险评估的责任。其次对责任单位（人员）在其所涉及的环节的具体责任予以明确规定。如：设计者必须确保制造者得到设备制造时需要做的检验或试验、装配安装、试车、操作、维护、修理、清洗、运输、储存、拆卸、使用人员和承担检验试验人员的应有知识与技能、紧急处理程序等有关方面的信息。制造者必须确保游乐设施的制造、检验、试验严格符合相关标准和设计要求。设备安装者必须满足本规则和其他相关的法规标准关于安装方面的规定。游乐设施使用方必须制定游乐设施维护与检验计划，必须使所使用的设备取得合法的使用手续，任命具有资格能力的人员为设备安全监督人员和操作人员等等。我国游乐设施技术法规对各方责任也规定的比较明确全面，但无危险识别、评估和传递的责任规定。

三、标准比较

1. 澳大利亚标准 AS 3533 适用范围也涵盖移动游乐设施、室内游乐设施、索道（用于游乐目的）、投币游乐设备、充气物、气垫船、帆伞、滑水缆车（Cable Waterskiing）、微型自行车及其赛道等，我国标准除对移动式游乐设施和室内游乐设施有个别条款规定外，其他上述提及的游乐设施均不在覆盖范围。另外，AS 3533 标准的管理环节包括了拆卸、销售供应等方面的要求，我国标准也无这方面规定。

2. AS 3533 标准有术语和定义部分，对标准中的重要的名称、术语和符号，以及容易引起歧义的名称与术语进行了严格的界定。我国标准缺少此部分内容。

3. AS 3533 采取用反映设备运行状态的主要要素（速度、高度和最大加速度系数）组合的动态乘积的方法，对游乐设施进行安全等级划分。这种游乐设施分级方法，适宜于不断出现的结构形式各异的新游乐设施的考核及标准的贯彻。避免了类似 GB 8408 标准因分类归属不当而产生的标准内容适用不妥的问题。GB 8408 标准没有关于按照游乐设施危险程度分级的规定。

4. 在游乐设施参数控制方面，我国限制速度、倾角或夹角。AS 3533 标准没有参数限制，但其采用速度、高度和加速度 3 项动态乘积确定游乐设施安全等级的方式隐含了参数控制的理念，但不像我国标准那样成为不能逾越的强制性规定。

5. AS 3533 对加速度及其对人体的影响有明确的规定和说明。标准中给出了加速度的概念及产生加速度的几种可能性。明确地给出空间 X、Y、Z 3 维坐标各个方向的加速度矢量定义及其限定范围。特别是标准中对加速度作用时间对人体的影响的概念给出了明确的说明。加速度持续的时间超过 1 秒被定义为“长时间加速度”。标准中对不同大小加速度可能对人身造成的影响使人出现不正常体征，以及人体对加速度的耐受力给出了具体的指标。我国标准没有加速度方面的规定。

6. AS 3533 规定的载荷包括静载荷、活载荷（典型的活载荷——乘客质量：成人为 75kg，儿童为 38kg）、工作载荷（即运行产生的力）、风力载荷、地震载荷、其他特殊载荷（温度变化、基础或安装不当造成的力载荷等）。另外，AS 3533 标准规定对工作载荷和力矩的作用频率、摩擦以及对在运行中由于游客重心或其他类似物的移动而引起的特别运动，进而引起的对设备的影响效应必须在设计计算载荷时加以考虑。在对所有结构性零件进行应力和变形分析时，给出了不同载荷类型在不同情况下的比例系数，按照载荷组合进行计算与分析。

游乐设施设计以疲劳计算为基本计算，并给出了不同的设计疲劳寿命和使用寿命的指标和概念。同时要求进行设备的稳定性分析与计算。

我国标准载荷规定相对简单。设计计算基于强度理论，而不是疲劳理论。标准中也没有稳定性方面的规定。关于整机和部件寿命只原则性要求大中型游艺机应规定使用寿命，没有规定如何计算使用寿命。

7. AS 3533 标准中关于应力分析，依据故障性质及发生危险的可能性以及计算时应力选取，将设计分为 6 个等级(A、A1、B、C、C1、D)，并给出了选择指南(AS 3533 表 2.4)。6 个设计技术等级中的 A、A1、B 3 个等级采用分别给出不同允许应力的方法达到有安全裕度的目的。设计技术 C 和 C1——计算出的加在被考虑的零件上的最大应力应是最大正常应力，该应力是按照莫尔理论计算得出，还要考虑所有由应力引起的因素的效应。某些零件如车轮、轨道和木制装置，可根据非常充分的经验实例和数据进行设计。设计技术 D——设计某一具体零件时适用现有的设计程序，例如，AS 1418.1 适用车轮和轨道，AS 1720.1适用木质装置。除非有强有利的证据，否则设计师在设计时应严格遵循以前的实践经验。基于实践的设计(正如 AS 3990 和 AS 1664 所允许的)可以用于游乐设备，条件是原型中的各个零件已接受疲劳试验。我国标准只是按照强度理论进行设计，既没有对设计进行分级，也没有允许基于实践设计的规定。

8. 安全系数与冲击系数

在 AS 3533 6 种设计技术中，设计技术 C 和 C1 有关安全系数主要为：

钢(任意类型) ≥6、螺栓和其他带螺纹配件≥6、非铁金属≥7、钢丝绳和配件、焊接扁节链、玻璃-纤维-增强型塑料和非金属(普通)≥10、滚子链≥8。

冲击系数根据游乐设施的不同级别≥1.05～1.2。AS 3533 标准对冲击效应，要求采取合适的缓冲部件来抵消将产生的冲击效应。对于不能确定效应大小的情况，采取增加系数的方法，而且依据不同的设备等级，要求不同的系数，从一级至五级分别为 1.05～1.20。另外，因游客重心变化引起的影响也必须在计算中加以考虑，依据不同的设备等级，按游客的标准质量，从一级至五级，分别为 1.05～1.20。

GB 8408 安全系数为:钢结构≥4、重要轴类≥6、钢丝绳≥10(静载)。动载系数≥1.2～2。

我国未规定非铁金属、玻璃-纤维-增强型塑料和非金属(普通)的安全系数，但规定了油压胶管、活塞、油缸及压力配管的安全系数。GB 8408 在设计环节涉及具体结构处理方面的要求较多。对主要的零部件提出不同的安全系数，而且同一类设备(比如观览车类)采用同一动载系数，不同的工作性质采用同样的计算准则和同一的安全裕度。

9. AS 3533 标准“束缚和锁紧系统”，规定束缚装置既要保证对游客安全，同时还应舒适。强调游客应无法接近开启乘客束缚与锁紧机构，防止游客无意引起的开启。而其他有关人员能够很方便和迅速地接近并开启。AS 3533 标准还规定如果束缚与锁紧装置不可调节的话，则游乐设施上必须显示允许的游客的最大和最小身体尺寸。如果游乐设备的运转会导致游客有被甩出去的风险的话，则束缚锁紧装置必须与游乐设备的控制系统联锁。如果游客没有从游乐设备中被甩出去或掉下的危险，则允许游客自行操控开启机构。但标准没有明确要求设置两套独立的束缚装置。标准指出，束缚装置和载人工具的表面必须具有缓冲单元，游客与缓冲单元保持接触。AS 3533 标准对束身装置的设计提出了满足其上述功能的相关要求。

GB 8408 对束缚装置要求比较简单，仅提出安装安全带或其他安全装置。

10. 对于液压系统与气压系统，AS 3533 标准规定:所有用来升降游乐设备的任意部分的所有液压缸和液压顶，不管是直接的还是间接的，都应做到:在最不利的加速度或减速度环境下，抗爆裂的安全系数不小于 6；处于极限位移位置时，符合有关挠度的主要结构法规的要求;直接安装在升压端，带有限位器或类似装置，限位装置把所有载人工具的垂直速度限制在 6m/min 以下;并且当液压缸或液压顶在两个方向(偏心系统)都携带载荷时，则液压缸或液压顶应在两个压力端处都安装负荷控制装置。装有液压部件和控制装置的整个液压系统必须能满足设计负荷的要求，并能在游乐设备停止使用、使用或在运输途中，液压系统电源出现故障，对游乐设备和液压设备实施规定的试验时，确保设备安全。液压系统或液压部件正常运行时不应对游乐设备的任何部分或其他部件造成不良影响或施加过大的应力。

气动系统应在最不利的加速度或减速度条件下提供最大压力;处于极限位移位置时，符合有关挠度的主要结构法规的要求;应利用快动阀安装在压力端处，阀门能阻止气缸意外的回动和随之而来的被支撑负荷的跌落;在无法安装合适的负荷停车装置时，则采用一独立的自动系统支持气缸或气动夯锤，该自动系统在过速条件下启动，但是该系统更倾向于连续动作，除了要抑制的运动正在进行中之外。包含有气动部件和控制装置的整个气动系统应能承受设计负荷，并能在游乐设备停止使用、使用或在运输途中，气动系统电源出现故障，对游乐设备和液压设备实施规定的试验时，为游乐设备提供安全的工作条件。气动系统或气动部件正常运行时不应对游乐设备的任何部分或其他部件造成不良影响或施加过大的应力。

另外，应对液压或气动系统试验实施运行试验，以证明系统运行正确无误并且整个设备处于安全状态中。实施压力试验以证明在各种可能出现的使用条件下系统各个部分在最大工作压力下的性能。

我国标准没有这方面的详细规定，也没有对液压或气动系统进行运行试验和耐压试验的规定。

11. 无损检测方面，AS 3533 规定设计师应明确无误地在图纸上标出需要进行无损检测的部件和零件，这些图纸都应标示在操作手册和其他相关文件中。我国标准无此项规定。

12. 施工材料选用方面，AS 3533 要求所有材料都必须符合设计要求，应在施工图上标示出来。螺栓连接时，螺栓直径不能小于 12mm，并且不能采用自锁螺母。当玻璃-纤维-增强型塑料在使用时被要求具备结构功能，则应按规定具备合适的安全系数。材料的可燃性应符合标准要求，游乐设施和设备周边的部件和配件所使用的材料不应对游客，操控人员，或他们周围的环境产生危害。这些材料必须能承受安装应力的作用并符合预期的使用要求等。

13. AS 3533 附录 E 对“可能产生疲劳的游乐设施的设计和分析指南”给出了具体要求。设计要采用适宜的分析和设计方法，设计疲劳寿命与名义寿命要形成有机的联系。使用中要加强检验和维修。标准规定了检验频率，检验和维修要由有资质的人员进行；我国标准在这方面没有给出明确的要求。

14. AS 3533 标准由始至终贯穿着危险识别和风险评估的概念。要求在设计、制造、安装、运行和拆卸各个环节都要对可能产生的危险以及对其进行风险评估。危险识别、风险评估和控制程序因游乐设备的不同而不同，危险识别包括机械危险、电气危险、热危险、振动危险、有毒物质/材料危险、人及其环境引起的危险等方面。同时强调所采取的风险控制措施应形成文件并永久存档。GB 8408 无此方面的规定。

15. 对游乐设备的分析或设计（或兼而有之）必须有专职的设计师负责。设计师，或由设计师推荐的有资质的人必须参与新设备从制造，施工，试验和运行的全过程，他们的责任是确保对上述工作进行有效的监督，从而不会否决设计赖以形成的基础和前提。GB 8408 无此方面的规定。

16. 澳大利亚标准规定了游乐设施设计、制造、安装改造、使用、拆卸、检验等方面相关方及有关人员的责任、资格能力和培训要求，规定明确而具体，GB 8408 只是原则要求，没有具体规定。

17. AS 3533 标准对游乐设施维护保养、日常检查、修理和改造等方面均有明确规定，并要求必须由有资质的人员实施，对检查与维修提出明确的项目与内容要求，并强调对游乐设施中的运动部件，承载部件和结构件制定维护程序、检查制度和检查维修计划，以识别那些可能导致上述部件和结构件故障的因素，如过度锈蚀，磨损，疲劳或其他症状，确保设备机械和结构上的完整性。我国标准只规定使用单位要建立检验维护制度，实施检验与维护，没有详细的检验内容规定（但规定了轨道、链条、皮带、车轮、钢丝绳及轴的允许磨损或、伸长量或锈蚀量）。

18. 澳大利亚标准中“关键器件无损检测指南”（附录 L）根据游乐设施的危险等级，对不同等级的游乐设施无损检测的项目和时间间隔予以规定。我国标准对在用设备的检测方面，无此类要求。

19. 澳大利亚标准对游客行为（附录 G　游客责任）等予以规范，我国标准无此方面规定。

20. AS 3533 规定了“移动式游乐设备电气安全的检查和试验”要求，我国标准无此方面规定。

21. AS 3533 标准和 GB 8408 标准覆盖范围基本相近，即都包括设计、制造、安装、使用、检查维护，以及有关单位和人员要求等方面。但 AS 3533—1997 着重在确保产品先天内在质量的可靠性，即设计的可靠性。以危险识别、风险评估为前提，依照运行特性系数决定的不同设备等级，按疲劳寿命计算而且必须达到标准中要求的指标，并在对全过程各环节的提出具体要求，具有可操作性，在这方面优于 GB 8408。

第五十五章 启示与建议

一、启示

我国游乐设施行业是一个新兴的行业，在近30年的发展过程中，我国逐步发展起来的游乐设施法规标准体系对我国游乐设施安全起到了非常重要的作用。我国是目前世界上游乐设施年增长量最大的国家，随着我国游乐设施行业由较低级阶段快速向上发展，无论在设计制造还是在安全使用方面，如何建立一个可以持续满足我国游乐设施安全需求和产业发展的游乐设施法规标准体系，是一项十分迫切的任务。经过对国外一些发达国家(地区)游乐设施法规标准体系研究，我们发现，由于各国政体或经济体制不同，游乐设施行业发展与安全管理历史发展不同，标准与法规制定协调机制(包括参加人员)不同，法规、标准所规范涵盖的对象与环节也各自不同。一些国家(地区)的游乐设施标准涵盖设计、制造、销售、安装、使用、维修、改造、检验检测、拆卸等环节，以及有关单位和人员的能力资格与职责等全过程，也有的标准甚至还包含了事故报告、事故紧急救援方面的建议，而技术法规则主要引用标准或标准条款，并加入一些适合本国(地区)的特定管理要求。经研究发现，那些法规与标准基本重合或相近的国家，从标准法规的起源来看，由于游乐设施行业在自由经济的环境下的产生与不断发展，为规范业内行为呼唤民间自律，产生覆盖全范围全过程的标准，而后由于安全问题的不断产生，政府强制力的介入产生法规；从标准法规制定协调机制来看，标准制定人员中包含了大量法规制定与政府安全管理机构人员。在欧洲和联邦制国家，由于游乐设施的安全管理权限在各国(各州)，只有首先采用标准规范涉及游乐设施的全部过程和相关对象，然后通过法规引用标准或标准条款，才能逐步统一或拉近不同国家(州)的管理方式与要求，避免形成不同各国(州)之间的贸易壁垒，提高行政效率并减少行政资源浪费，切实保障安全；从法规标准的功能来看，法规一般在安全技术方面提出安全基本要求，而将如何实现这些基本要求的任务留给标准解决，但在后续环节(尤其使用方面)则根据本国(地区)特点有针对性地提出具体的安全管理要求与方法，同时对违反法规的处罚予以规定。技术法规与标准区别在于强制与非强制、点与线(面)、粗与细等方面。在欧盟成员国和美国一些州也有例外情况，如美国新泽西州法规采纳不同标准相关条款，并结合本地区的特定安全管理情况与要求，制定了比标准还要详尽的技术法规(但也引用了一些标准)。英国则只是在几个法规中有数条原则性的泛泛条款规定，而将技术法规应当规定的内容留给行业组织与政府部门共同组建的半民间机构(HSE)，由这个机构制定非法规、非标准性质，但由这个机构强制实施的行业自律性质的规范性文件(指南)。

经过对所研究的法规标准体系与主要法规标准与我国情况进行比较研究，我们发现我国法规标准体系虽然基本健全，但也有很大的发展空间，标准与法规之间关系需要进一步明确，突显各自的功能。另外，我国专项成文法规较多，覆盖了游乐设施从设计到报废的主要环节和相关单位人员，但仍有一定欠缺，如对移动式游乐设施、充气游乐设施、非金属(包括木制)结构游乐设施、游乐设施型式试验(包括安全零部件)、游乐设施制造监督检验、在用游乐设施安全评定与寿命评估、大型(特大型)游乐设施紧急救援与事故救护等方面还缺少技术法规予以规范管理，游乐设施设计管理、安装改造修理监督检验、定期检验、使用安全管理、大型游乐园安全管理等方面的法规或法规条款规定也需要适当充实和调整。

在标准体系方面，我国游乐设施标准及其引用的标准中，在设计载荷、主体钢结构、其他结构和基础方面、主要部件与安全零部件方面的标准，我国标准体系存在很大欠缺。

在游乐设施钢结构方面，欧盟、德国、澳大利亚及美国均在其标准中规定或引用了钢结构标准，德国DIN 4112引用了DIN 18800 PART1《钢结构设计与建造 PART7 钢结构制造：焊接适用性评定》。澳大利亚引用了AS4100《钢结构》(Steel structures)。美国F2291引用了AISC(美国钢结构研究所)的《AISC316钢结构手册 许用应力设计法(ASD)》和AISC M015《钢结构手册 载荷和抗力因子设计法(LRFD)》,这些标准的引入完善了游乐设施钢结构的设计。而中国标准GB 8408对钢结构方面没有作任何的规定,也没有引用我国有关钢结构的标准。从游乐设施的构成上看,钢结构件占有相当大的比重,有些游乐设施如观览车钢结构件占到总价值的80%以上,一般的游乐设施也占到50%以上,因此钢结构的设计与质量控制显得尤其重要。

在焊接方面,我国游乐设施标准中,没有采纳引用有关焊接工艺评定、施焊、焊接检验等方面标准,只在标准中简单提到"焊缝不应有漏焊、烧穿、裂缝、气孔、夹渣、未焊透和严重咬边等缺陷"。

电气方面,与游乐设施系统相关的电气/电子/可编程电子的功能安全的标准也不完善。

在上述列举的标准中,有的是我国缺少的标准(如风险管理、木结构设施),有的虽然有标准或标准条款(如载荷设计、钢结构、焊接等)但是在游乐设施标准中没有加以采纳引用。

在具体标准方面,我们发现研究所选择比较的国外标准普遍具有覆盖范围广(所管辖的设施种类、环节与单位人员),具体规定比较全和细,定义准确,规范内容描述准确,指向性与可操作性都比较强的特点。而我国标准则覆盖范围小,重点不突出,条款规定相对粗放,缺乏确切定义,很多条款描述模糊,有些规定可操作性不强。

二、有关建议

1. 关于法规与标准体系方面的建议

为有利于游乐设施法规标准体系建设,第一,应明确游乐设施法规与标准的各自侧重点,准确定位法规与标准的分工。第二,应结合我国现实状况发展我国游乐设施法规标准体系。我国特种设备领域目前比较适合的是仍在产品领域以制定标准为主,法规引用标准,在其他环节如使用、事故、救援等环节,以及相关的单位人员管理等,以制定法规为主。政府在目前发展阶段,在安全管理方面还要继续发挥主导作用,而不是像联邦制国家那样通过标准来统一管理方式,或由于政府功能弱化,转由社会自律管理(我国产业界还没有达到成熟程度)。第三,根据我国目前游乐设施工作的轻重缓急,制定游乐设施法规标准体系的发展计划,这也有利于推动我国游乐设施法规标准体系协调发展。第四,由于现实情况千变万化,即使法规标准制定的非常完美,也可能存在一定的漏洞或随着科学技术和生产力的发展而出现一定的不适用性。因此,应使法规标准的修订机制灵活,如可能,最好能够通过制度化的法规标准解释和采取案例方式解决特定问题。

2. 关于法规方面的建议

(1) 尽快建立或完善下列安全技术法规:

1) 移动式游乐设施安全技术法规;

2) 有关充气游乐设施、非金属(包括木制)结构游乐设施方面的安全技术法规;

3) 游乐设施整机型式试验规则;

4) 游乐设施关键零部件型式试验规则;

5) 游乐设施制造监督检验规则;

6) 游乐设施安装改造修理监督检验规则;

7) 游乐设施定期检验规则;

8) 有关在用游乐设施安全评定、安全登记划分与寿命评估方面的安全技术规范;

9) 有关大型(特大型)游乐设施紧急救援与事故救护方面安全技术规范;

10) 有关大型游乐园和游乐设施使用管理,以及游乐设施事故伤病等级划分方面的安全技术规范。

(2) 修改现有游乐设施法规或增加下列有关条款:

1) 修订现有的游乐设施分级办法。

目前我国的A级设备参数过宽,将相当数量的危险性相对小的产品划到A级游乐设施中,如高差仅有几米的滑索和蹦极均归为A级产品,而载客量多,危险程度较高的大型设备并没有纳入A级管理范围。因此,应对现行A级游乐设施分级标准进行调整,重点加强对较大型的,技术难度大的,危险程度高,发生事故易产生群死群伤的重点设备进行监督检验,确保游乐设施安全。

2）管理方面增加游乐设施拆卸、销售与进出口等方面内容。

3）设计方面,增加游乐设备设计人员的资格能力与职责;明确规定设计人员在设计时必须在图纸上标出需要进行无损检测的部件和零件,并将这些图纸都应标示在操作手册和其他相关文件中;设计人员必须经过疲劳计算后,给出有疲劳趋向的零件或部件的使用寿命。

4）在设计审查时,如果设计是利用计算机程序进行计算,设计审查机构应对采用计算机计算的部分使用独立的软件进行特殊审查。设计单位要提交有关软件、公式、单位等,并完整的打印出对设计重要的输入输出数据。

5）强化使用环节的管理,增加使用环节的安全管理要求,尤其是游乐设施使用过程中用户或其委托的维修保养单位的自检自查,以及周期性检验。明确游乐设施定期检验的性质与定义,落实企业的主体责任。规定国家核准检验机构所进行的定期检验属于抽样性质的监督检验,其前提是在用户或用户委托的维保单位自检合格的基础上开展的。

6）实现在用设备定期检验周期的弹性化。由于制造安装等因素,以及使用条件、环境、频率和使用年限不同,我国目前只能1年检验1次的规定应予以改进,建议按照多数工业发达国家的作法,改为"1年内至少检验1次",同时规定使用单位应缩短自检周期,扩大自检项目,加强自检工作。

7）将有关游乐设施事故紧急救援预案列入游乐园自我审核检查工作范围,并列入监察机构现场监察工作范畴,推动救援能力的提高,持续满足救援能力,提高救援方法的实用性与可靠性。

8）增加强化乘客责任,明确禁止游客危险行为。

9）提高游乐设施生产准入门槛,增加游乐园安全管理要求(可采取类似美国一些州和欧洲国家实施许可的方式),在法规中明确游乐设施生产企业退出机制和具体的退出条件。

10）为保障游乐设施乘客安全与合法权益,最大限度减轻事故灾害后果,建议设置游乐设施产品责任险和乘客责任险。

11）在法规中增加基于风险的游乐设施检验要求,同时增加游乐设施检验检测方法和非常规检验仪器的应用条款。

3. 关于标准方面的建议

在我国标准体系中增加下列标准,或采纳引用以下方面的标准,或在现有标准中增加相应规定:

(1) 载荷设计(包括引入载荷组合概念);

(2) 钢结构(包括可动钢结构)、木结构或其他结构,以及基础设计建造;

(3) 充气游乐设施与木制游乐设施;

(4) 焊接(工艺评定、施焊、焊接质量与检验、焊工、非铁基材料焊接等);

(5) 有关机械机构(如机械传动或提升装置、液压与气动装置)、材料(如铝材料)、主要部件与安全附件;

(6) 有关电气方面(关于游乐设施电气的特殊规定,以及与系统相关的电气/电子/可编程电子的功能安全、系统安全程序等);

(7) 游乐设施危险评估、危险登记划分、风险管理等。

在现有具体游乐设施标准修订方面,建议:

(1) 增加游乐设施术语和定义,对标准中的重要的名称、术语和符号,以及容易引起歧义的名称与术语进行严格的界定。

(2) 在现有游乐设施采用的设计理论的基础上,增加疲劳设计的选择,并增加稳定性和刚度分析方面的要求。

(3) 在参数控制方面,增加加速度,取消速度和角度限制。

(4) 钢结构方面,建议在修订GB 8408标准时应考虑参考我国钢结构标准GB 50017—2003《钢结构设计规范》,但不能直接引用。原因在于GB 50017—2003《钢结构设计规范》的设计原则与GB 8408根本不同,GB 50017—2003《钢结构设计规范》中除疲劳计算外,采用以概率理论为基础的极限状态设计方法,用分项系数设计表达式进行计算。这是一种先进的设计方法，而 GB 8408 还是采用传统的材料力学的破断强度安全系数法。这两种标准不能接口，因此只能在吃透 GB 50017《钢结构设计规范》的基础上，将其条款适当修改后引入新修订的 GB 8408 标准中。

(5) 在设计、制造与使用中增加适合残疾人的乘客室及安全保险装置要求。

(6) 明确规定设计资料要求，对设计资料、图纸、设计和使用说明书作出明确细致的规定。明确哪些装配件、组件和零部件应提供设计和制造图纸。提供什么样的图纸、图纸尺寸特征、内容，以及检验检测要求等，都应作出详尽具体的规定。并明确规定焊接位置、型式、尺寸、有效焊接长度和所有焊接的范围应清晰地在图纸上表示。图纸和文件用焊接符号或绘出细节应清晰显示坡口焊接接头和材料准备。特定情况应另加注意事项和细节来充分解释。

(7) 在设计中考虑便于使用维护与检验检测的要求。在结构设计中增加相应的人孔、手孔，能够方便地检查重要的轴、销轴、焊缝等。在无损检测方面，明确规定应详细列出推荐检测的游乐设施部件、探伤方法、合格标准，并在游乐设施手册中应指明需要进行无损探伤的部位、区域和时间间隔等。

(8) 参照美国标准规定，增加或细化连接件方面的要求。如在设计时应避免螺纹紧固件受到剪切。连接紧固件的预紧力信息应包括在设计者的图纸中(如螺母的扭矩或扭力)。设计者制定的维护和检验指导书中应包括连接紧固件的所有信息。这个标准同时也对垫圈、锁紧系统、开孔及表面等设计作出详细明确规定等。

(9) 详细规定制造过程中的检验项目与方法，检验项目应增加游乐设施部件重量、材料耐磨度与耐火性能、电气控制软件等方面的检验要求。

(10) 对液压或气动系统试验，尤其是压力试验(方法、合格要求与试验间隔时间等)作出规定。

(11) 增加先进的安全理论在标准中的应用。安全评价是利用系统工程方法对拟建或已有工程、系统可能存在的危险性及其可能产生的后果进行综合评价和预测，并根据可能导致的事故风险的大小，提出相应的安全对策措施，以达到工程、系统安全的过程。游乐设施不断求新求异的发展，新的游艺机不断出现，导致标准无法实时跟踪行业变化。而这些安全理论可以解决新奇设备无标准可依的问题，可以考虑将先进的安全理论，如危险识别、风险评估引入到我国标准中去。

(12) 随着行业水平的提高，大量的计算机仿真设计应用到游乐设施中。根据现有的标准要求鉴定仿真结果时，则安全系数过于偏高，如何处理这些新问题也是设计文件鉴定中迫切需要解决的问题。

本篇由林伟明、刘培广、米学津、邓金镛、林泽钊、邢友新、付恒生、张勇、郑志涛等编写。

附录　游乐设施主要标准法规目录

一、中国游乐设施法规目录

1. 特种设备安全监察条例

2. 特种设备质量监督与安全监察规定

3. 特种设备注册登记与管理规则

4. 特种设备作业人员培训考核管理规则

5. 游乐园管理规定

6. 游乐设施安全技术监察规程(试行)

7. 机电类特种设备制造许可规则(试行)

8. 机电类特种设备安装改造维修许可规则(试行)

9. 大型游乐设施设计文件鉴定规则(试行)

10. 游乐设施监督检验规程(试行)

11. 蹦极安全技术要求

12. 滑索安全技术要求

二、中国游乐设施主要标准目录

1. GB 8408—2000　游艺机和游乐设施安全
2. GB 18158—2000　转马类游艺机通用技术条件
3. GB 18159—2000　滑行类游艺机通用技术条件
4. GB 18160—2000　陀螺类游艺机通用技术条件
5. GB 18161—2000　飞行塔类游艺机通用技术条件
6. GB 18162—2000　赛车类游通用技术条件
7. GB 18163—2000　自控飞机类游艺机通用技术条件
8. GB 18164—2000　观览车类游艺机通用技术条件
9. GB 18165—2000　小火车类游艺机通用技术条件
10. GB 18166—2000　架空游览车类游艺机通用技术条件
11. GB 18167—2000　光电打靶类游艺机通用技术条件
12. GB /T 18168—2000　水上游乐设施通用技术条件
13. GB 18169—2000　碰碰车类游艺机通用技术条件
14. GB 18170—2000　电池车类游艺机通用技术条件
15. GB/T 16767—1997　游乐园(场)安全和服务质量
16. GB/T 18878—2002　滑道设计规范
17. GB/T 18879—2002　滑道安全规范
18. GB/T 120049—2006　游乐设施代号
19. GB/T 20050—2006　游乐设施检验验收
20. GB/T 20051—2006　无动力类游乐设施技术条件
21. GB/T 528—1998　硫化橡胶或热塑性橡胶拉伸应力应变性能的测定(eqv ISO 37:1994)
22. GB/T 531—1999　橡胶袖珍硬度计压入硬度试验方法
23. GB/T 699—1999　优质碳素结构钢(neq ISO 683/1:1997)
24. GB/T 983—1995　不锈钢焊条
25. GB/T 985—1988　手工电弧焊及气体保护焊焊缝坡口的基本形式与尺寸
26. GB/T 986—1988　埋弧焊焊缝坡口的基本型式和尺寸
27. GB/T 998—1982　低压电器基本试验方法
28. GB/T 1032—1985　三线异步电动机试验方法
29. GB/T 1040—1992　塑料拉伸性能试验方法
30. GB/T 1243—1997　短节距传动用精密滚子链和链轮
31. GB/T 1048—1990　管道元件公称压力
32. GB/T 1447—1982　玻璃纤维增强塑料拉伸性能试验方法
33. GB/T 1449—1983　玻璃纤维增强塑料弯曲性能试验方法
34. GB/T 1451—1983　玻璃纤维增强塑料简支梁冲击韧性试验方法
35. GB/T 1462—1988　纤维增强塑料吸水性试验方法(neq ISO 62:1980)
36. GB/T 1689—1998　硫化橡胶耐磨性能测定
37. GB/T 2411—1980　塑料邵氏硬度试验方法(eqv ISO 868:1978)
38. GB/T 2681—1981　电工成套装置中的导线颜色
39. GB/T 2682—1981　电工成套装置中的指示灯和按钮颜色
40. GB/T 2828—1987　逐批检查计数抽样程序及抽样表(适用于连续批的检查)
41. GB/T 3077—1999　合金结构钢
42. GB 3096—1993　城市区域环境噪声示准
43. GB/T 3766—1983　液压系统通用技术条件

44. GB/T 4162—1991　锻轧钢棒超声波检验方法
45. GB 4706．1—1998　家用和类似用途电器的安全通用要求
46. GB/T 5117—1995　碳钢焊条
47. GB/T 5118—1995　低合金钢焊条
48. GB 5171—1991　小功率电动机通用技术条件(neq IEC 34—1:1983)
49. GB/T 7403．1—1996　牵引用铅酸蓄电池(neq IEC 254—1:1983)
50. GB/T 8918—1996　钢丝绳
51. GB/T 9341—1988　塑料弯曲性能试验方法
52. GB/T 11211—1989　硫化橡胶与金属粘合强度的测定　拉伸法
53. GB/T 16767—1997　游乐园(场)安全和服务质量
54. GB 50169—1992　电气装置安装工程接地装置施工及验收规范
55. GB 50231—1998　机械设备安装工程施工及验收通用规范
56. GBJ 65—1983　工业与民用电力装置的接地设计规范
57. JB 4730—1994　压力容器无损检测
58. JB/T 5000．12—1998　重型机械通用技术条件　涂装

三、美国游乐设施主要法规目录

1. 美国消费产品安全法

阿拉巴马州：

2. 游乐园运营规范(State Regulation of the Operation of Amusement Parks)
3. 展会和嘉年华运营规范(State Regulation of the Operation of Fairs and Carnivals)

加利福尼亚州：

4. 游乐设施安全法(Amusement Rides Safety Law)
5. 固定式游乐设施安全检验项目(Permanent Amusement Ride Safety Inspection Program)
6. 固定式游乐设施管理规程(Permanent Amusement Rides Administrative Regulations)
7. 固定式游乐设施安全规则(Permanent Amusement Ride Safety Orders)
8. 移动式游乐设施(Amusement Rides (Portable Amusement Rides)

乔治亚州：

9. 游乐设施法(Amusement Ride Laws)
10. 嘉年华设施法(Carnival Ride Laws)
11. 游乐设施规则(Amusement Ride Rules)
12. 嘉年华设施规则(Carnival Ride Rules)

伊利诺斯州：

13. 嘉年华和游乐设施安全法(Carnival and Amusement Rides Safety Act)
14. 游乐设施安全委员会(Carnival-Amusement Safety Board)
15. 嘉年华与游乐设施检验法(Carnival and Amusement Rides Inspection Law)

印地安那州：

16. 游乐设施安全委员会(Regulated amusement Device Safety Board)
17. 游乐场地 (Regulated Places of Amusement or Entertainment)
18. 游乐设施(Regulated Amusement Devices)
19. 法规：游乐设施安全委员会(Regulated Amusement Device Safety Board)

爱荷华州：

20. 游乐设施安全检验(Safety inspection of amusement"rides")
21. 游乐园与游乐设施(Amusement Parks and Rides)
22. 游乐园与游乐设施管理(Administration-Amusement Parks and Rides Division)
23. 游乐园与游乐设施安全规则(Safety rules for Amusemeut Parks and Rides)

密歇根州：

24. 嘉年华游乐设施法(Carnival-Amusement Safety Act of 1966)

25. 嘉年华及游乐设施(Carnival and Amusement Rides)

内布拉斯加州：

26. 游乐设施法(Amusement Ride Act)

27. 游乐园(Amusement Parks)

新泽西州：

28. 游乐设施安全—罚则(Carnival Amusement Ride Safety Violation-Fine)

29. 游乐园安全(Playground Safety)

30. 嘉年华安全规则(Carnival Safety Regulation)

纽约州：

31. 法律:嘉年华、展会、游乐园安全(Carnival, Fair and Amusement Park Safety)

32. 法规:嘉年华、展会和游乐园的游乐设施、观景台、帐篷(Amusement Devices, Viewing Stands and Tents at Carnivals, Fairs and Amusement Parks)

俄克拉荷马州：

33. 游乐及运动(Amusements and Sports)

34. 游乐设施安全规则(Amusement Ride Safety Rules)

宾西法尼亚州：

35. 游乐设施检验法(Amusement Inspection Act)

36. 嘉年华、展会、游乐园悠久安装或临时安装的游乐设备(Amusement Rides and Attractions Erected Permanently or Temporarily at Carnivals, Fairs and Amusement Parks)

37. 蹦极安全标准(Safety Standards for Bungee Jumping)

德克萨斯州：

38. 运动及游乐(Sports, Amusements, and Entertainment)

39. 游乐设施规范(Regulation of Amusement Rides)

40. 马戏团、嘉年华及动物园规范(Regulation of Circuses, Carnivals, and Zoos)

华盛顿州：

41. 游乐设施(Rcw Amusement Rides)

42. 游乐设施(Wac Amusement Ride or Structures)

西弗吉尼亚州：

43. 游乐设施安全法(Amusement Rides and Amusement Attractions Safety Act)

44. 游乐设施安全法(Amusement Rides and Amusement Attractions Safety Act 321)

45. 蹦极安全法(Series 23. Commercial Bungee Jumping Safety Act 323)

四、美国游乐设施主要标准

1. ASTM F698　为游艺机和游乐设施提供的物理信息

2. ASTM F747　有关游乐设施的术语定义

3. ASTM F770　游艺机和游乐设施操作程序

4. ASTM F846　游艺机和游乐设施测试特性指南

5. ASTM F853　游艺机和游乐设施维护程序惯例

6. ASTM F893　游艺机和游乐设施检验指南

7. ASTM F1148　家用游乐场器材消费者安全性能标准规范

8. ASTM F1159　乘客操纵、人造攀墙、干滑道、投币运行和有目的的与水沉浸有关的游艺机和游乐设施以及空气支撑结构的设计制造标准惯例

9. ASTM F1193　游乐设施制造质量标准惯例

10. ASTM F1193—03/04a　游乐设施制造质量保证项目和制造要求标准惯例

11. ASTM F1292　游乐场器材下面和周围表面系统的减震性

12. ASTM F1305　有关游乐设施伤病等级划分指导标准

13. ASTM F1950　在用游乐设施过户自然状况信息标准说明
14. ASTM F2007　卡丁车及其设施分类、设计、制造、使用标准惯例
15. ASTM F2011　游乐车安全和性能的标准规范
16. ASTM F2012　固定活动中心的消费者安全标准性能规范
17. ASTM F2075　置于运动场设备下面和周围的用作运动场安全表面的工程木纤维的标准规范
18. ASTM F2137　游艺机和游乐设施动力特性测量惯例
19. ASTM F2291　游艺机和游乐设施设计
20. ASTM WK1041　水滑道游乐设施的划分、设计、制造、安装与使用标准指导标准
21. ASTM WK527　游乐设施设计惯例
22. ASTM WK529　水滑道游乐设施的划分、设计、制造、安装与使用指导
23. MIL882C　系统安全程序要求
24. ANSI B93.114M　工业机械气动系统标准
25. ANSI B11.TR3　危险评估和危险减低　一个联系机械工具的预测、评估、减低危险的指南
26. ANSI B77.1　乘客架空索道　架空索道、架空提升、平面提升、曳引和输送机　安全要求
27. ASCE 7　建筑物和其他结构的最小设计载荷
28. ASCE 16　工程木结构的载荷和承载系数设计标准
29. ASME B15.1　机械传动装置安全标准
30. ANSI/AWS D1.1/D1.1M　钢结构焊接规范
31. ANSI/AWS D14.4　机械设备焊接技术要求
32. NEMA 250　电气设备外壳(NEMA 美国家电气制造商协会)
33. NFPA-79　工业机械电气标准(NFPA 美国消防机构)
34. NFPA-70　国家电气规程
35. NFPA-101　生命安全规程
36. NFPA/JIC T2.25.1M　工业机械的气动系统标准
37. SAE J-211　碰撞测试的仪器　电子测量仪器
38. SAE J-833　人类身体尺寸
39. SAE HS 4000　安全带标准
40. UL 508　工业控制设备(UL 美国保险商实验室)
41. UL 508A　工业控制仪表板
42. BS 5400-10　钢、混凝土和复合桥梁　疲劳实施规程
43. BS 7608　钢结构疲劳设计和评估实施规范
44. DIN 15018-1　起重机;钢结构;检验和分析数据
45. EN 280　移动式升降工作平台　设计计算
46. EN 954-1　机械安全　控制系统相关部分安全　设计基本原则
47. EN 1050　机械安全　危险评估原则
48. EN 1993-1-9 Eurcode 3　钢结构设计,第 1.9 部分钢结构疲劳强度
49. IEC　电缆装配接口设备
50. IEC-60204-1　机械安全　机械的电气装置　第 1 部分:总体要求
51. IEC-61496-1　机械安全　电敏保护装置　总体要求及其测试
52. IEC-61508-1　电气/电子/可编程电子安全相关系统的功能要求　总体要求
53. IEC-61511　功能安全:流程工业区的安全仪表系统
54. IEC-62061　机械安全　功能安全　电气,电子,可编程电控系统 62
55. ISO 4414　对于气动的一般规则
56. ACI 301-99　混凝土建筑物结构规范
57. ACI 318-95　钢筋混凝土建筑物要求规范
58. ANSI B11.TR3　风险评估和规避技术报告
59. ANSI B77.1-1999　索道、缆车、塔车、电梯、运输装置美国国家标准安全要求

60. ANSI/ASME B15.1　机械动力传动装置的安全标准

61. ASCE 7-98　建筑物及其他结构最低设计载荷

62. ASTM E 84　建筑材料表面燃烧特性的标准试验方法

63. IBC-2000　建筑官员及标准管理者公司"国际建筑规范"

64. NFPA 10 1998　便携式灭火器

65. NFPA 70 2002　国家电气规程

66. NFPA 79 1997　工业机械的电气标准

67. NFPA 261 1998　已装潢家具材料组件模型对香烟烟火的阻燃性

68. NFPA 701 1996　纺织品及薄膜的燃烧性能测试

69. NFPA 705 1997　耐火织物和薄膜的火柴火焰试验操作规程

70. NFPA/T2.24.1R1-2000　液力传动　固定工业机械的系统标准

71. NFPA/JIC T2.25.1M-1986　气动系统通用技术条件

五、欧盟游乐设施主要法规

1. Directive 89/391/EEC 工作场所职业健康与安全　框架

2. Directive 2001/95/EC 产品安全指令

比利时：

3. 2001 年 6 月 10 日皇家法令(Royal Decree of 10 June 2001)(规定游乐园运营)

4. 2003 年 6 月 18 日皇家法令(Royal Decree of 18 June 2003)

芬兰：

5. 产品安全法(Product Safety Act)和公共娱乐法(Public Entertainments Act)

德国：

6. 建筑法(Building Act)

7. 游乐设施运营和使用指令(Directive for the Operation and Use of Amusement Rides)

希腊：

8. 警察法令 22/18/.11.71(Police Decree 22/18.11.71 Safety Measures Governing Amusement Parks)(主要规定管辖游乐园的具体措施)

冰岛：

9. 计划和发展法(Planning and Development Act,2000)

意大利：

10. 1996 年 8 月 19 日部长令,档案与检验技术(Ministerial Decree 19 August 1996 Document and Verification Tecniques)(规定固定式游乐设施和移动式游乐设备要求)

荷兰：

11. 游乐园安全令(Decree on the Safety of Fairground Equipment 1996)

葡萄牙：

12. 309/2002 号法令"关于公共观赏和游乐区域安装与运营"(Decree 309/2002 regulating the installation and operation of public spectacles and amusement spaces)

13. 16/2003 号法令"技术规范的建立与应用"(Decree 16/2003 establishes technical specifications to be employed)

西班牙：

14. 皇家法令 2816/82 号"公共休闲活动警察规则"(Royal Decree 2816/82 Police Regulation of Public Spectacles and Leisure activities)

瑞典：

15. 公共秩序法(Public Order Act)

16. 游乐设施检验法令(the Ordinance on Inspection of Fairground and Amusement Park Devices)

17. 瑞士国家警察局规则和指南(the Swedish National Police Board Regulations)

英国：

18. 工作场所职业健康与安全法(Health and Safety at Work Act,1974)

19. 消费者保护法(Consumer Protection Act 1987)

20. 工作场所职业健康与安全管理规则(Management of Health and Safety at Work Regulations 1999)

21. 游乐场所安全指南(Guide to Safety at Fairs in 1976)

22. 健康与安全实施规范(Health and Safety Executive Code)

23. 游乐场所安全技术惯例(Code of Safety Practice at Fairs: Technical Annex)

24. 游乐园安全惯例指南(Fairgrounds and Amusement Parks Guidance on Safety Practice,HSG175)

六、欧盟游乐设施主要标准

1. PrEN 13814　游乐园设备和结构安全

2. PrEN 13782　临时结构　帐篷安全

3. BSEN1069-1:2000　2米高或更高的水滑道　第1部分:安全要求和试验方法

4. BSEN1069-2:2000　高度在2米以上的滑水道　说明书

5. BSEN1176-1:2003　游乐场地设备　第1部分:一般安全要求和试验方法(包括修改A1:2002和A2:2003)

6. BSEN1176-2:2003　游乐场地设备　第2部分:秋千的附加特殊安全要求和试验方法(包括修改A1:2003)

7. BSEN1176-3:2003　游乐场地设备　第3部分:滑梯的附加特殊安全要求和试验方法(包括修改A1:2003)

8. BSEN1176-4:2003　游乐场地设备　第4部分:缆车索道的附加特殊安全要求和试验方法(包括修改A1:2003)

9. BSEN1176-5:2003　游乐场地设备　第5部分:旋转木马的附加特殊安全要求和试验方法(包括修改A1:2002和A2:2003)

10. BSEN1176-60:2003　游乐场地设备　第6部分:跷跷板的附加特殊安全要求和试验方法(包括修改A1:2002)

11. BSEN1176-7:1997　游戏场地设备　第7部分:安装、检验、维护和操作的指南

12. EN 287　焊工考试　熔化焊

13. EN 288　金属材料的焊接过程的说明和规定

14. EN 292-1　设备安全　基本概念　设计的一般准则　第1部分:基本术语、方法

15. EN 292-2　设备安全　基本概念　设计的一般准则　第2部分:技术原理和说明

16. EN 294　设备安全　防止人体上肢可触及位置的安全距离

17. EN 418　设备安全　紧急停机装置,功能说明　设计原理

18. EN 719　焊接检查　任务和责任

19. EN 729-2　焊接质量要求　金属材料的熔焊　第2部分:综合质量要求

20. EN 729-3　焊接质量要求　金属材料的熔焊　第3部分:标准质量要求

21. EN 818　提升用短链条　安全

22. EN 954-1　设备安全　控制系统相关零件

23. EN 982　机械安全　流体动力系统及其零部件的安全规范　液压

24. EN 983　机械安全　流体动力系统及其零部件的安全规范　气压

25. EN ISO 12944　油漆　通过涂保护层防止钢结构出现腐蚀

26. EN 1050　设备安全　危险评估准则

27. EN 1176　运动场设施

28. EN 1418　焊工　熔焊焊接操作和金属材料全自动电阻焊接工的考核要求

29. EN 1677　吊环组成　安全

30. EN 10160　厚度大于等于6mm的扁钢超声波探伤(反射工艺)

31. EN 10204　金属制品　检测文件的类型

32. EN 12385　钢丝绳　安全

33. EN 13411　钢丝绳端点　安全(包括绳索夹紧装置)

34. PrEN 13889　提升通用铸钢钩　D型钩和弓形钩　六级　安全

35. EN 25817　钢件电弧焊　不规则等级鉴定规程(ISO 5817)

36. EN 30042　铝和铝合金制品电弧焊　不规则等级鉴定规程(ISO 10042)

37. EN 45004　不同检测机构进行检测时的一般标准

38. EN 60204-1　设备安全　设备电气装置　第1部分:一般要求(IEC 60204-1)

39. EN 60204-32　设备安全　设备电气装置　第32部分:对提升机的要求

40. EN 61496-1　设备安全　电敏感保护装置　第1部分:一般要求和检查(IEC 61496-1)

41. PrEN 61496-2　设备安全　电敏感保护装置　第2部分:对采用光电保护装置的设备的特殊要求(IEC 61496-2)

42. EN 61558-1　变压器、电源及类似结构安全准则　第1部分:一般要求和检查(IEC 61558)

43. ENV 1991-2-3 Eurocode 1　设计基础和结构受载　第2-3部分:结构受载　雪载

44. ENV 1992-2-4 Eurocode 1　设计基础和结构受载　第2-4部分:结构受载　风载

45. ENV 1992(所有部分)Eurocode 2　混凝土结构设计

46. ENV 1993(所有部分)Eurocode 3　钢结构设计

47. ENV 1995-1-1 Eurocode 5　木材结构设计　第1-1部分:一般规范和建筑规范

48. ENV 1997-1 Eurocode 7　土建　第1部分:一般准则

49. HD 60364-7-740　建筑物的电气安装　第7-740部分:专门安装或位置　结构的温度电气安装,在露天市场、娱乐公园和马戏场用的娱乐设施和售货亭建筑物的临时电气安装

50. IEC 60364-4-41　建筑电气安装　第4-41部分:安全保护　触电保护

51. IEC 60364-5-54　建筑电气安装　第5-54部分:电气设备的选许与安装　54章:接地布置和保护导体

52. IEC 61508　与系统相关的电气/电子/可编程电子的功能安全

53. DIN 1055-3:2002　建筑物承载设计

54. DIN EN1176Bb11:2003-06　游乐场器材　安全要求和试验方法 说明

55. DIN 4112:1983　结构设计与制造操作规范(临时)

56. DIN 15018 Cranes 15018/1:1984　起重机 钢结构准则 应力分析

57. DIN 18034:1999　游乐园和露天游乐场　项目计划和运作的要求和说明

58. DIN 18036:1992　冰上运动设备　人工冰场冰上运动用设备　设计和建造基础

59. DIN 18800-1:1990　钢结构规范　1　设计与制造

60. DIN 18800-2:1990　钢结构规范　2　线性组件及框架弯曲防护分析

61. DIN 18800-3:1990　钢结构规范　3　钢板翘曲安全防护分析

62. DIN 18800-4:1990　钢结构规范　4　骨架翘曲安全防护分析

63. DIN 18800-7:2002　钢结构规范　7　操作及操作人员资格

64. DIN IEC 64/1021/CD　建筑电气安装　特殊安装位置要求　用于游乐场所的结构、游乐设备和亭子

65. PAS018-1997　儿童游乐场设备规范

七、澳大利亚游乐设施主要法规

1. 国家职业卫生安全法(National Occupational Health and Safety Act 1991)

2. 机器规则(Machinery regulations)

3. 国家设备标准(National Standard for Plant [NOHSC:1010(1994)])

4. 职业健康与安全规则 1994(Occupational Health and Safety(Commonwealth Employment)(National Standards) Regulations 1994)

维多利亚州:

5. 职业卫生安全法(Occupational Health and Safety Act 1985)

6. 设备(公共安全)法(Equipment(Public Safety)Act 1994)

7. 设备法(Equipment (Public Safety)Act 1994)

8. 设备规则(公共安全)(一般规则)(Equipment (Public Safety) (General) Regulations 1995)

9. 设备规则(公共安全)(事故报告)(Equipment (Public Safety) (Incident Notification)Regulations 1997)

10. 职业卫生安全规则(设备)(Occupational Health and Safety (Plant) Regulations 1995)

11. 职业卫生安全规则(Occupational Health and Safety (cert. of plant users and oper.)Reg. 1994)

八、澳大利亚游乐设施主要标准

1. AS 3533. 1—1997 娱乐乘骑和装置:第 1 部分:设计和制造(Amusement Rides and Devices: Part1: Design and Construction)

2. AS 3533. 2—1997 娱乐乘骑和装置:第 2 部分:操作与维修(Amusement Rides and Devices: Part2: Operation and Maintenance)

3. AS-NZS 5848—1992 蹦极操作规范(Code of Practice for Bungy Jumping)

4. AS 1170 最小设计结构负荷

5. AS 1418 起重机

6. AS 1554 钢结构焊接

7. AS 1926 游泳池安全

8. AS 2759 钢丝绳

9. AS 4024 机器的防护装置

10. AS/NZS 3100 批准和试验规范 电气设备的总要求

11. AS/NZS ISO 9000 质量管理和质量保证标准

12. CAN/CSA-Z98-M96 游客索道

13. AS 1319 职业环境下的安全标记

14. AS 1394 钢索用圆钢丝

15. AS 1403 旋转式钢轴的设计

16. AS 1530 建筑材料,元器件和机构的防火试验的方法

17. AS 1538 冷成形钢结构件标准

18. AS 1554 钢结构焊接

19. AS 1657 固定平台,人行道,阶梯,和梯子 设计,结构和安装

20. AS 1664 结构件上铝的使用细则

21. AS 1720 木质结构件

22. AS 1725 镀锌无轨链条钢丝安全栅栏和门

23. AS 1939 电气装置外壳的防护等级(IP 代码)

24. AS 2321 升降用短节链

25. AS 2759 钢索 使用指南

26. AS 2788 液压 气动系统和元器件

27. AS 3000 电气安装 建筑物,结构和放置位置

28. AS 3002 电气安装 展览会和狂欢节环境

29. AS 3190 验收和试验规范 剩余电流装置(电流操动对地漏电装置)

30. AS 3569 钢索

31. AS 791 液压软管

32. AS 3990 机械设备 钢制件

33. AS 4024 机器的安全防护装置

34. AS 4100 钢结构

35. AS/NZS 1554 钢结构焊接

36. AS/NZS 1554. 1 第 1 部分:钢结构焊接

37. AS/NZS 1554. 4 第 4 部分:高强度淬火钢和回火钢的焊接

38. AS/NZS 1554. 5 第 5 部分:承受高水平疲劳载荷的钢结构的焊接

39. AS/NZS 1554. 6 第 6 部分:钢结构件用不锈钢的焊接

40. AS/NZS 1768 防雷保护

41. AS/NZS 1891.1　工业用故障探测系统和设备　第1部分:安全带和护具
42. AS/NZS 2293.1　建筑物内紧急逃生用照明系统-系统设计、安装和运行
43. AS/NZS 3100　验收和试验规范　电气设备的总要求
44. AS/NZS 3998　非破坏性试验　人员资格和认证　一般操作
45. AS/NZS 4360　风险管理
46. AS/NZS 5848　蹦极跳实施细则

参考文献

[1] 各国游乐设施法规标准(见本篇附录).
[2] 国际标准组织 ISO http://www.iso.ch.
[3] Consumer Product Safety Commission http://www.cpsc.gov/.
[4] International Association of Amusement Parks & Attractions(JAAPA) http://www.iaapa.org/.
[5] American Amusement Machine Association http://www.coin-op.org/.
[6] OUTDOOR AMUSEMENT BUSINESS ASSOCIATION http://www.oaba.org/.
[7] 欧盟职业健康与消费者保护总司 http://ec.europa.eu/consumers/index_en.htm.
[8] 欧盟标准委员会, http://www.cenorm.be/cenorm/index.htm.
[9] http://www.hse.gov.uk/entertainment/.
[10] British Amusement Catering Trade Association(BACTA) http://www.bacta.org.uk/bacta/.
[11] 德国技术监督协会(莱茵) http://www.de.tuv.com/.
[12] 德国莱茵 TÜV 中国集团 http://www.chn.tuv.com.
[13] 澳大利亚联邦立法机构 http://www.aph.gov.au/.
[14] 澳大利亚联邦职业和工作场所关系部 www.dewrsb.gov.au/.
[15] 澳大利亚标准协会 www.standars.com.au.
[16] 孙黎,汤晓英.欧盟特种设备安全管理.北京:中国计量出版社,2005年10月.
[17] 梁广炽,李家骥,胡军.美国特种设备安全管理.北京:中国计量出版社,2005年10月.
[18] 杨树彬,谢长欢.澳大利亚与新西兰特种设备安全管理.北京:中国计量出版社,2005年10月.
[19] 沈勇,刘志学,张宏伟.游乐设施作业与管理.学苑出版社,2003年11月.
[20] 陈守维.游乐设施安全管理.中国锅炉压力容器安全杂志社.
[21] 卢岚.安全工程.天津大学出版社,2003年4月.
[22] 吴宗之,刘茂.重大事故应急救援系统及预案导论.冶金工业出版社,2003年4月.
[23] 金龙哲,宋存义.安全科学原理.化学工业出版社,2004年4月.
[24] Review of Fairground Safety. Paul Roberts, HM Pricipal Inspector of Health and Safety, Policy Division of HSE(UK)2001.
[25] Assessment of Best Pratices in Fairgrounds and Amusement Parks in Relation to Safety of Consumers(Prepared for Europen Communication Health and Consumer Protection Directorate-General by Carolyn George 2005).
[26] Review of UK Fairgrounds Working at Heights by NEL 2005.
[27] Safety Integrity Levels of Fairground Ride Control Systems by Nicola Worsell.

第十二篇

客运索道

第五十六章　客运索道标准法规制修订管理模式

第一节　中国客运索道标准法规管理模式

一、法规标准的政府管理部门和职能及运作模式

中国客运索道法规标准体系包括:法律—行政法规—部门规章—安全技术规范—技术标准5个层次结构。

法律是由全国人民代表大会或全国人民代表大会常务委员会制定,由国家主席签署主席令予以发布。

行政法规由国务院组织起草。国务院年度立法工作计划确定行政法规由国务院的一个部门或者几个部门具体负责起草工作,也可以确定由国务院法制机构起草或组织起草,由国务院常务委员会审议,或者由国务院审批,报请国务院总理签署国务院令公布施行。

地方性法规由地方(指各省、自治区、直辖市和较大的市)人民代表大会或其常委会批准发布实施。

部门规章由国务院部门组织起草,地方政府规章由省、自治区、直辖市和较大的市的人民政府组织起草。部门规章经部务会议或者委员会会议决定,报请本部门首长签署命令予以公布。地方政府规章经政府常务会议或者全体会议决定,报请省长、自治区主席、市长签署命令予以公布。

特种设备安全技术规范是依据《特种设备安全监察条例》国务院第373号令的授权,由国务院特种设备安全监督管理部门制是并发布。特种设备安全技术规范是特种设备法律法规的重要组成部分,其作用是把法律、法规和行政规章原则具体化。安全技术规范是规定特种设备的安全性能和相应的设计、制造、安装、修理、改造、使用管理和检验检测方法,以及许可、考核条件、程序的一系列具有行政强制力的文件。

《特种设备安全监察条例》国务院第373号令定义,客运索道是指动力驱动,利用柔性绳索牵引箱体等运载工具运送人员的机电设备,包括客运架空索道、客运缆车、客运拖牵索道等。

客运索道设计文件鉴定由国家质量监督检验检疫总局核准的检验检测机构鉴定,客运索道的制造、安装、改造单位资格和检验检测机构人员资格行政许可国家质检总局负责。国家质检总局特种设备安全监察局不断健全规章和制度,不断加强安全监察的体制和机制建设,对客运索道从设计到运行实行全过程安全监察。各省(区、市)质检局特种设备处具体负责本辖区客运索道的安全监察工作。国家客运索道安全监督检验中心受特种设备局认可具体负责客运索道设计的安全审查、制造和安装部门的资格认可审查、新设计的索道设备的型式试验、新安装索道的安装监检和验收检验、在运索道的全面检验和部分索道的年检等工作。目前,对于客运索道实行一年两次的安全检查制度,其中一次是对管理的检查,一次是对索道设备的检查。国家对客运索道严格实行安全许可证制度,发给合格证后才能运营。经特设局批准的部分省级检测机构可以对本省辖区的固定抱索器的索道进行年度检验。

二、法规标准制修订机构的设置及职能

20世纪80年代前我国还没有客运索道,仅有200余条货运索道。索道作为一种连续输送设备由原机械工业部北京起重运输机械研究所归口管理,因此有关索道的标准也由北京起重所提出并制定,经机械工业部报国家标准局批准。1988年劳动部和机械工业部联合成立了国家客运架空索道安全监督检验中心,负责对新建索道的设计审查和在运索道的安全检查。中心成立后的第一件事就是编制客运索道的

规范和标准。从劳动部得到编制《客运架空索道安全规范》的任务，从机械部得到编写《索道用钢丝绳检验和报废规范》、《单线循环固定抱索器客运索道设计规范》、《单线循环脱挂抱索器客运索道设计规范》和《双线往复式客运索道设计规范》的任务 1990 年这些标准相继出台，对我国今后几年的客运索道的发展起了很好的作用。

2000 年 7 月 7 日，经国家质量技术监督局批准“全国索道、游艺机及游乐设施标准化技术委员会”(TC 250)(以下简称标委会)正式成立。该委员会是从事全国索道、游艺机及游乐设施行业标准化的组织，负责管理全国索道、游艺机及游乐设施行业标准技术归口工作。

该委员会是国家标准化管理委员会直属的标准化技术委员会，业务工作受国家质量监督检验检疫总局特种设备安全监察局领导，挂靠在中国特种设备检测研究中心。

标准化技术委员会共有委员 31 名，分别来自索道及游乐设施方面的科研、设计、制造、安装、运营、检验和监察部门，对索道或游乐设施行业熟悉，具有较高的理论水平和丰富实践经验的科技人员。标准化技术委员会的主要工作是：

(1) 按照国家有关的方针政策，向国家质检总局特种设备安全监察局提出索道、游艺机及游乐设施标准化工作的方针、政策和技术措施的建议。积极采用国际标准和国外先进标准，努力提高我国索道、游艺机及游乐设施标准水平。

(2) 负责组织、修订《索道、游乐设施专业标准体系表》，提出索道、游乐设施专业国家标准的制修订规划和年度计划。

(3) 组织索道、游乐设施国家标准的制定、修订和复审工作。

(4) 组织索道、游乐设施国家标准送审稿的审查工作，对标准中的技术问题提出审查结论意见，提出强制性标准或推荐性标准的建议。

(5) 负责索道、游乐设施国家标准的宣贯工作，检查已颁布标准的实施情况并向国家标准委及有关部门提出索道、游乐设施标准化成果奖励项目的建议。

(6) 承担国际标准化组织(ISO)和国际电工委员会(IEC)等相应技术委员会对口的标准化技术专业工作，组织中国索道、游乐设施标准化技术工作者参加国际标准化组织的会议和活动。

(7) 开展索道、游艺机及游乐设施标准化技术咨询服务，可接受省、市和企业的委托，承担本专业的行业标准、地方标准、企业标准的制修订、审查和咨询等技术服务工作。受有关部门委托，开展索道、游艺机及游乐设施标准化信息服务工作，在产品质量监督检验、质量认证等工作中，承担索道、游乐设施标准水平的评价工作。

(8) 承担国家质量监督检验检疫总局特种设备安全监察局委托的有关索道、游艺机及游乐设施方面的工作。

第二节　欧盟客运索道标准法规管理模式

欧盟成员国为了贸易和安全的需要，制定了共同的安全法规(欧盟索道指令 2000/9/EC)，要求成员国都必须执行，要求所有索道的安全部件和子系统都要通过欧盟认定的评定检验机构的试验和评审，声明符合欧盟指令的安全要求并粘贴 CE 标志。执行的方法和管理机构可以由各成员国自定。

受欧盟委员会和欧洲议会的委托，欧洲标准化委员会下属的客运索道专家技术委员会(CEN/TC 242)以指令中的“基本要求”为依据，组织制定了由 23 个标准组成的涉及 13 个方面的客运索道安全规范，该技术委员会由 28 个成员国中具有代表性的专家组成，秘书处设在法国标准化委员会(AFNOR)。

欧盟标准为协调性标准，自愿执行。欧盟成员国可以制定自己的索道标准，但其必须符合 2000/9/EC 有关安全方面的要求，并在欧洲委员会官方刊物中发布。尽管如此，成员国为了贸易的需要都自觉遵守欧盟标准。由于这些标准的制定是以“索道指令”(基本要求)为依据，因而制造商选用相关的欧洲标准，权威部门将自动认定其采用了合法且强制遵守的“索道指令”(基本要求)。

第五十七章　客运索道法规标准体系介绍

第一节　中国客运索道法规标准体系

一、概述

客运索道是一个特殊的行业，直接关系人民群众的生命安全，索道行业的发展，必须以科学的发展观为统领，以人为本，把安全放在索道工作的首位。客运索道安全法规标准体系的建设是客运索道安全监督与管理法制化、规范化的基本前提，是客运索道安全的基本保障。

国家一向重视客运索道安全法制建设。从客运索道在中国出现以来，国家制定了一系列的法规标准对客运索道的建设和运营进行管理，这些法规标准的制定使客运索道事业得以顺利发展。对客运索道的设计、制造、安装、检验、使用、监察管理等单位和部门的权利、责任及义务都作了明确规定，使客运索道安全工作做到了有法可依。

随着经济社会的改革、发展，索道安全出现了许多新情况、新问题。原有的法规已不能完全适应新时期索道安全监察管理的需要。如一些法规的层次和科技含量不够高，针对性不强，因而影响安全监察管理力度。一个国家的行业标准化状况，在一定程度上代表了该行业的技术水平和管理水平，因此要根据我国法制建设现状和需要，力争用5年左右的时间，构建以法律法规为依据、以安全技术规范为主要内容、以标准为基础的客运索道安全监察法规标准体系，逐步完善与我国社会主义市场经济相适应的客运索道法规标准体系的制修订机制，在更大程度上实现客运索道安全监察工作有法可依、有章可循。

二、法规体系

我国客运索道的安全原来由劳动部负责管理，机械工业部负责行业管理。两部委联合成立了国家客运架空索道安全监督检验中心和各省劳动厅局一起对客运索道的建设和运行直接进行管理，曾制定和颁布了专门的法规，它们是：

1991年《客运架空索道安全运营与监察规定》；1992年《关于发放客运索道“安全使用许可证”的通知》；1995年《关于“客运架空索道安全管理资格证书”复审换证工作的通知》；1996年《关于进一步加强客运架空索道安全管理的通知》。

1998年国家机构改革，客运索道的安全管理划归国家质量监督检验检疫总局特种设备安全监察局管理，特种设备局总结了以前的管理经验，提出了新的管理思路，发布了一系列的新法规详见本篇附录。

2002年国家《安全生产法》的颁布和2004年国务院《特种设备安全监察条例》的颁布，使客运索道这种特种设备从设计、制造、安装、使用、维护和检验都置于国家监察之下，初步实现了全过程管理，基本上保证了客运索道的安全。

三、标准体系

中国的客运索道标准多为20世纪80年代制定。当时客运索道在中国刚刚出现，只有货运索道的建设和使用经验，没有客运索道的建设、管理及使用经验，我们主要引进了现代索道的发源地瑞士、奥地利、国际索道协会(OITAF)的相关标准,与中国的具体情况结合,制定了我国的标准体系(见本篇附录)。

全国索道、游艺机及游乐设施标准化技术委员会成立后,负责索道行业技术标准的制定、修改和管理。对"索道标准体系(修正案)"进行了认真讨论,结合我国的具体情况,体系的修正分两步走,以表 57-1、表 57-2 列出。

表 57-1 近期客运索道标准体系

1 基础标准	客运索道名词术语与分类标准(已报立项,修订 GB/T 12738—1991)
2 通用标准	客运索道安全规范(已报立项,修订 GB 12352—1990)、客运缆车技术规范(已批准)、客运拖牵索道技术规范(已批准)、非公用客运索道技术规范(制定)、往复式客运架空索道设计规范(修订 GB/T 13676—1992)、固定抱索器客运架空索道设计规范(修订 GB/T 13677—1992)、脱挂抱索器客运架空索道设计规范(修订 GB/T 13678—1992)、客运索道土建施工与安装技术规范(修订 GBJ 127—1989)、客运索道用钢丝绳无损检测和报废规范(修订 GB 9075—1988)
3 产品标准	驱动迂回设备技术条件(制定)、电气设备技术条件(制定)、运载工具技术条件(制定)、抱索器技术条件(制定)、托压索轮技术条件(制定)
4 管理标准	客运架空索道运营管理规范(制定)、客运缆车运营管理规范(制定)、客运拖牵索道运营管理规范(制定)

表 57-2 远期客运索道标准体系

1 基础标准	客运索道名词术语与分类标准(已报立项,修订 GB/T 12738—1991)
2 通用标准	客运索道安全规范 第 1 部分:一般规定、客运索道安全规范 第 2 部分:计算、客运索道安全规范 第 3 部分:张紧装置、客运索道安全规范 第 4 部分:驱动系统和其他机械设备、客运索道安全规范 第 5 部分:电气设备、客运索道安全规范 第 6 部分:土建工程、客运索道安全规范 第 7 部分:检验维护检查、客运索道安全规范 第 8 部分:救护和疏散、客运索道安全规范 第 9 部分:运营、客运索道安全规范 第 10 部分:质量保证、客运索道安全规范 第 11 部分:钢丝绳及末端固定、客运索道安全规范 第 12 部分:运载工具
3 产品标准	驱动迂回设备技术条件(待制定)、电气设备技术条件(待制定)、抱索器技术条件(待制定)、托(压)索轮组技术条件(待制定)
4 管理标准	

四、中国客运索道法规与标准之间的关系

标准是法规体系五个层次的最底层,主要是技术方面的要求,是对设计、制造、安装、使用、检验等工作在技术方面的指导、建议和约束。其中两个有关安全的标准是强制性的,其余是推荐性的,对使用者仅起指导和建议的作用,只有法规指定那些条款需要强制执行时,该部分条款则变成强制性的,因此标准是法规制定的基础,有了好的标准才能制定出好的、切合实际的法规。

五、安全监察、检验及有关组织机构

中国政府一贯高度重视安全生产工作,始终坚持"安全第一、预防为主、综合治理"的方针,不断加强安全生产监督管理。国家质量监督检验检疫总局特种设备安全监察局是客运索道安全的主管部门,国家先后颁布了《安全生产法》和《特种设备安全监察条例》等法律法规,有关部门制定了相关的规章和标准。按照相关法规,国家质检总局特种设备安全监察局不断健全规章和制度,不断加强安全监察的体制和机制建设,对客运索道从设计到运行实行全过程安全监察。各省(区、市)质检局特种设备处具体负责本辖区客运索道的安全监察工作。国家客运索道安全监督检验中心受特种设备局认可具体负责客运索道设计的安全审查,制造和安装部门的资格认可,新设计的索道设备的型式试验,新安装索道的安装监检、验收检验,在运索道的全面检验和部分索道的年检等工作。目前,对于客运索道实行一年两次的安全检查制度,其中一次是对管理的检查,一次是对索道设备的检查。国家对客运索道严格实行安全许可证制度,发给合格证后才能运营。经特设局批准的部分省级检测机构可以对本省辖区的固定抱索器的索道进行年度检验。

第二节 欧盟客运索道法规标准体系

一、欧洲客运索道法规体系

欧洲的客运索道使用历史最长，管理最为严格，欧盟2000年又公布了新的索道管理指令，因此这次只与欧盟比较。

欧盟2000年3月20日发布的2000/9/EC指令是欧盟欧洲议会与委员会遵照欧洲共同市场条约，特别针对47(2)、55项与其中95条；遵照OJ C 70,83.1994.p.8与OJ C 22,26.1.1996.p.12的提议；遵照经济与社会委员会OJ C 388,31.12.1994,p.26的意见；依照条约第251项要求进行的。

指令中对指令的法律地位、适用范围、对索道的管理方法给予了描述和确认，把索道设施分解为安全部件和子系统，同时，对于安全部件和子系统要进行CE认证，认证的方法、认证单位应具备的条件和确定方法都进行了规定和描述。

二、欧盟客运索道标准体系

由欧盟成员(奥地利、比利时、塞浦路斯、捷克、丹麦、爱沙尼亚、芬兰、法国、德国、希腊、匈牙利、爱尔兰、意大利、拉脱维亚、立陶宛、卢森堡、马其他、荷兰、挪威、波兰、葡萄牙、斯洛伐克、斯洛文尼亚、西班牙、瑞典、瑞士、英国)组成的CEN/TC 242技术委员会制定的《客运索道安全要求》包括以下13个部分：名词术语；一般规定；计算；钢丝绳；张紧装置；机械系统；运载工具；电气装置；土建工程；试验、维护、运行检验；疏散和救护；运行；质量控制。

这构成了客运索道设计、制造、安装、维护和运行的全部内容。由23个标准组成，详见本篇附录。

三、欧盟客运索道法规与标准之间的关系

欧盟客运索道法规与标准之间的关系就是欧盟指令和欧洲标准之间的关系。欧盟指令是强制性的，所有欧盟国家必须执行，而标准则为协调性标准，自愿执行。但由于这些标准的制定是以“索道指令”(基本要求)为依据，因而制造商选用相关的欧洲标准，权威部门将自动认定其采用了合法且强制遵守的“索道指令”(基本要求)。

四、安全监察、检验及有关组织机构

欧盟国家的索道管理分别由各个国家具体负责，但都必须遵守索道指令的基本要求，在满足以上要求的条件下，各国可以分别制定自己的规范和标准。

检验和认证机构由欧盟委员会授权，被授权单位及检验人员不得直接参与安全部件或子系统的设计、制造、建造、经销、维修或运营。指定机构及其检查人员必须以其最高的职业道德和技术水平执行检查工作，并且不受压力和利益的影响，尤其是来自与检查结果有关的个人或集体的可能影响指定机构判断或检查结论的经济诱惑。为完成适当的与检查工作有关的管理和技术任务，指定机构必须拥有必要的具有实施检验所必须的知识和经验的人员和必要的设备，也必须拥有特殊检查需要的设备。指定机构的员工必须对工作需要的所有信息保密。指定机构必须购买民事责任保险。

第五十八章　中国与欧盟客运索道法规标准比较

第一节　中国与欧盟客运索道法规比较

欧盟对索道的管理与我国基本相同，只是更加详细和严格，而且加进了一些市场准入方面的要求。在型式试验和安全分析方面与我国的规定差别比较大，简述如下：

在欧盟指令中，也对型式试验相应的内容给出了规定和要求，与我国的 TSG S7003—2005《客运索道型式试验细则》、TSG S7004—2005《客运拖牵索道型式试验细则》和 TSG S7005—2005《客运索道部件型式试验细则》相比，主要在：需要检查的部件范围及根据部件性质的划分、工作内容和相应的检查结果形式等方面有较大的不同。

其内容覆盖设备的范围中，已全部包括了我国型式试验目录所要求的设备，而且其中的 1. 钢丝绳与钢丝绳连接、5. 电器装置(5.1 监视、控制和安全装置、5.2 通讯和通信设备、5.3 雷击保护装置)、6. 营救装置(6.1 固定式营救装置、6.2 移动式营救装置)是在我国型式试验要求范围之外。

2000/9/EC 中的安全部件是指：为保证安全功能、满足安全分析的设备和其他组成部分。包括：所有基本部件、预先完成的部件、组件或装配好的组件。一旦这些安全部件出现故障，将会危及到乘客、使用者及第三方的安全或健康。我国在此方面尚未进行专门针对类似设备的检验和试验要求。

对产品制造商是否通过质量体系认可我国没有强制性的要求，欧盟指令有严格的要求，制造商必须通过质量体系认证。

检验机构职责中对制造商的监督要求也比我国严格。

此外，欧盟 2000/9/EC 指令工作程序中，除设计文件检查和试验两方面与我国相近外，还提出了对子系统和安全部件进行安全分析的要求：本指令项目 1(5)中提及的所有索道设施都应进行安全分析，安全分析必须考虑到可预见的每一种运营状态。安全分析必须依据已认可的或已发布的方法，并应考虑到当前技术水平和存在问题的索道的复杂性。其目的也是为了确保索道的设计和规划应该在考虑到当地环境和最不利条件的基础上达到满意的安全状况。

检查结果及形式方面，欧盟 2000/9/EC 指令对通过检查的设备采取贴附 CE 标志、EC 检查证书和制造商发布 EC 符合性声明的方式来确定其合法性。而我国没有这方面的规定。

一、我国客运索道型式试验要求

为确保客运索道安全运营，加强客运索道制造环节的监督管理，规范客运索道制造及使用，我国对相关设备进行了型式试验的要求：

(1)凡符合以下情况之一的设备，应当按照本规则的要求进行型式试验：

1) 首台(套)制造或者改造(指制造或者改造单位首次制造或者改造)的；

2) 主要结构、材料、关键工艺、重要机构、安全保护装置发生改变，影响安全性能的。

(2) 客运索道型式试验目录(见表 58-1)。

(3) 型式试验之前，申请进行型式试验设备的设计文件必须经国家质检总局核准的检验检测机构鉴定合格，主要部件必须本单位制造，并且必须声明用于型式试验的样机(品)与设计文件一致。

(4) 对上述目录所列设备进行型式试验时，申请单位应当持以下材料，向型式试验机构提出申请：

表 58-1 客运索道型式试验目录

<table>
<tr><th>设备类型</th><th colspan="2">设备型式(品种)</th><th>基本设备代码</th><th>覆盖原则</th></tr>
<tr><td rowspan="8">客运索道部件</td><td rowspan="2">客运索道驱动迂回装置</td><td>驱动装置</td><td>B911</td><td>驱动轮直径、扭矩、最大张力和向下覆盖</td></tr>
<tr><td>迂回装置</td><td>B912</td><td>迂回轮直径和最大张力和向下覆盖</td></tr>
<tr><td rowspan="2">客运索道抱索器</td><td>固定抱索器</td><td>B921</td><td rowspan="2">承载人数向下覆盖</td></tr>
<tr><td>脱挂抱索器</td><td>B022</td></tr>
<tr><td rowspan="3">客运索道运载工具</td><td>吊椅</td><td>B931</td><td rowspan="3">承载人数向下覆盖</td></tr>
<tr><td>吊厢、吊篮(单线架空索道)</td><td>B932</td></tr>
<tr><td>客车(双线架空索道及客运缆车)</td><td>B933</td></tr>
<tr><td colspan="2">客运索道托压索轮组</td><td>B940</td><td>托压索轮组轮数、直径向下覆盖</td></tr>
<tr><td rowspan="2">客运拖牵索道</td><td colspan="2">低位客运拖牵索道</td><td>9310</td><td rowspan="2">长度、功率、速度、拖牵器承载人数向下覆盖</td></tr>
<tr><td colspan="2">高位客运拖牵索道</td><td>9320</td></tr>
</table>

1) 申请单位和制造单位的营业执照(复印件);

2)《特种设备制造许可申请书》(已经签署受理意见);

3) 制造单位设备检验合格的证明文件与自检记录;

4) 设计文件鉴定合格的见证材料;

5) 型式试验细则中要求审阅的技术文件,如:设计说明书、设计计算书、有关图纸、无损探伤报告、材质证明、产品合格证等。

已经取得制造许可仅需要增加许可范围的,申请型式试验时,不需要提供《特种设备制造许可证书》。

(5) 型式试验原始记录及其报告应当长期保存。

(6) 型式试验机构应当每季度填写《型式试验合格情况汇总表》报国家质检总局备案。

二、欧盟指令相应要求

在欧盟 2000 年 3 月 20 日发布的 2000/9/EC 指令中,也对相应的内容给出了规定和要求,与我国的 TSG S7003—2005《客运索道型式试验细则》、TSG S7004—2005《客运拖牵索道型式试验细则》和 TSG S7005—2005《客运索道部件型式试验细则》相比,主要在:需要检查的部件范围及根据部件性质的划分、工作内容和相应的检查结果形式等方面有较大的不同。

1. 需要检查的部件范围和部件性质的划分

欧盟将类似工作涉及的设备分为子系统和安全部件以下两种型式。

(1) 子系统包含的部件范围与我国型式试验目录要求内容相近,由表 58-2 列出。

其内容覆盖设备的范围中,已全部包括了我国型式试验目录所要求的设备,而且其中:1. 钢丝绳与钢丝绳连接、5. 电气装置(5.1 监视、控制和安全装置、5.2 通信和通信设备、5.3 累计保护装置)、6. 营救装置(6.1 固定式营救装置、6.2 移动式营救装置)是在我国型式试验要求范围之外。

(2) 2000/9/EC 中的安全部件是指:为保证安全功能、满足安全分析的设备和其他组成部分。包括:所有基本部件、预先完成的部件、组件或装配好的组件。一旦这些安全部件出现故障,将会危及到乘客、使用者及第三方的安全或健康。

我国在此方面尚未进行专门针对类似设备的检验和试验要求。

2. 工作内容方面

(1) 质量体系要求

我国对产品制造商要求执行质量管理体系,但对是否通过质量体系认可没有强制性的要求。

在欧盟 2000/9/EC 指令中,要求了制造商必须通过质量管理体系,二者比对如表 58-3。

表 58-2 我国客运索道型式试验目录与欧盟子系统设备目录对比

<table>
<tr><th colspan="2">我国《客运索道型式试验规则》</th><th>欧盟指令中子系统设备目录</th></tr>
<tr><td colspan="2"></td><td>1. 钢丝绳与钢丝绳连接</td></tr>
<tr><td colspan="2">客运索道驱动迂回装置</td><td>2. 驱动与制动</td></tr>
<tr><td colspan="2"></td><td>3. 机械设备 （钢丝绳提升装置、站房机械设备、线路工程设备）</td></tr>
<tr><td>客运索道抱索器</td><td>固定抱索器、脱挂抱索器</td><td rowspan="3">4. 吊厢(吊厢、吊椅或拖牵设备、悬挂装置、传动装置、与钢丝绳连接的装置)</td></tr>
<tr><td rowspan="2">客运索道运载工具</td><td>吊椅、吊厢、吊篮(单线架空索道)</td></tr>
<tr><td>客车(双线架空索道及客运缆车)</td></tr>
<tr><td colspan="2">客运索道托压索轮组</td><td></td></tr>
<tr><td colspan="2">低位客运拖牵索道</td><td>5. 电气装置(监视、控制和安全装置、通信和信息设备、雷击保护装置)</td></tr>
<tr><td colspan="2"></td><td>6. 营救装置(固定式、移动式)</td></tr>
</table>

表 58-3 我国与欧盟指令关于质量体系要求对比

中国规定	欧盟指令
《制造条件鉴定评审细则》中： 1. 质量管理体系总要求 企业应建立质量管理体系，形成文件，加以实施和保存。 2. 管理职责 职责、权限管理者代表管理评审。 3. 文件 质量管理体系所要求的文件应予以控制。 4. 对合同产品要求的确定和评审。 企业应确定并评审合同中对产品的要求。 5. 设计和开发 设计输入； 设计输出； 设计评审； 设计确认。 6. 采购 企业应确保采购的产品符合规定的采购要求。 7. 生产制造过程控制 7.1 企业应策划并在受控条件下进行生产制造。 7.2 企业应对特殊过程实施确认。 7.3 企业应在产品实现的全过程中使用适宜的方法识别产品。 7.4 企业应针对监视和测量要求识别产品的状态。 7.5 在有可追溯性要求的场合，企业应控制并记录产品的唯一性标识。 7.6 在内部处理和交付到预定的地点期间，企业应针对产品的符合性提供防护。 8. 监视装置和检测设备的控制 企业应根据工艺要求和检验要求确定所需的监视装置和检测设备，确保监视和检验的结果有效。	附件Ⅴ 模块D中： 2. 制造商必须为其产品执行：得到认可的质量体系、最终产品检查与试验(见第3条)、接受监控(见第4条)。 3. 质量体系 3.1 制造商必须为其相关部件向检验机构或其选定机构提交质量体系评估申请。 申请应包括： ——部件范畴的所有相关信息； ——质量体系文件； ——如果必要，可包括获批类型的技术文件和EC类型检查证明的复印件。 3.2 质量体系必须确保符合EC类型检查证明中描述的类型，确保符合本指令的要求。 制造商使用的所有原理、要求和规定必须以系统、整洁的样式起草文件，形式包括方针、程序和说明。质量体系文件必须对质量程序、计划、手册和记录有一致的解释。 质量体系还必须特别对下述项目进行适当的描述： ——关于部件质量的质量目标、组织结构、职责及管理权限； ——将被使用的制造、质量控制、质量保证技术、过程和体系活动； ——制造前、制造过程中、制造以后将被执行的检查和试验，以及执行的频率； ——质量记录，如：检查报告和实验数据、校准数据、相关人员的资格报告等； ——对所要求部件质量完成情况和质量体系有效运作情况的监控方法。 3.3 检验机构必须对质量体系是否符合3.2条中相关要求进行评估。认定质量体系的要求是否执行那些相关的综合标准。 评审组必须有至少一名对相关部件技术具备经验的成员。评审程序必须包括一次对制造商的检查。 检查结果必须告知制造商。告知书必须包括检查结论和理由充分的评估结论。 3.4 制造商应承诺为已获批准的质量体系履行职责，并以适当、有效的方式使之保持在适当的、有效的水平上运行。 制造商及其指定代表必须就其已获批准的质量体系的任何更改及时告知检验机构。 检验机构必须对报送的更改进行评价，以判断更改后的质量体系仍然符合3.2中的相关要求或是需要重新评估。

续表 58-3

中国规定	欧盟指令
9. 产品检验 企业应对产品的特性进行检验，这种检验应在产品实现过程的适当阶段进行。 10. 不合格品控制 有关职责和权限应在形成文件的程序中作出规定。 11. 服务 企业应对服务进行控制，确保满足用户要求。 12. 记录 企业应对记录进行控制。 13. 内部审核 企业应按规定的时间间隔进行内部审核。 14. 纠正和预防措施 企业应采取措施，以消除不合格和潜在不合格的原因，防止不合格的发生和再发生。 15. 安全监察 企业应执行国家特种设备安全监察法律法规的规定	检验机构必须将其结论告知制造商。告知书必须包括检查结论和理由充分的评估结论。 4. 检验机构职责中的监督 4.1 监督的目的在于确认制造商已实施的对其已获批准的质量体系履行职责。 4.2 制造商必须允许检验机构出于检查目的而进入制造、检查、试验和储存场地，并应提供所有必要的信息，尤其是： ——质量体系文件； ——质量记录，如：检查报告、实验数据、校准数据、相关人员的资格报告等。 4.3　检验机构应定期对制造商进行核查，以确认其在维持和执行质量体系，并应向其提供核查报告。 4.4　此外，检验机构可以对制造商采取不预先通知的访问。如果必要的话，检验机构可以实施或计划实施一些试验来核实制造商质量体系是否正确运转。检验机构应向制造商提供访问报告，如果实施了试验，还应提供试验报告。 5. 在最新部件被制造出来的至少 30 年期间，制造商必须接受国家主管部门的管理： ——3.1 中第 2 部分提及的文件； ——3.4 第二段提及的更改； ——3.4、4.3、4.4 中提及的来自指定机构的结论和报告

(2) 样机(品)检查和试验

我国对型式试验样品抽取方式未作具体要求，欧盟 2000/9/EC 指令中对样品选取方式进行要求如表 58-4。

(3) 安全分析

欧盟 2000/9/EC 指令工作程序中，除设计文件检查和试验两方面与我国相近外，还提出了对子系统和安全部件进行安全分析的要求，见表 58-5。

3. 检查结果及形式方面

根据《机电类特种设备制造许可规则》、《客运索道型式试验规则》，我国根据制造条件评审和型式试验的结果将以《评审报告》、《特种设备型式试验报告》的形式告知制造单位，并对通过制造条件评审的单位发放《制造许可证》，对通过设备型式试验的单位出具《特种设备型式试验合格证》。欧盟 2000/9/EC 指令对通过检查的设备采取贴附 CE 标志、EC 检查证书和制造商发布 EC 符合性声明的方式来确定其合法性。二者对比如表 58-6 所示。

表 58-4

附件Ⅴ　模块 F：
3　为确保检验部件符合本指令的要求，指定机构必须实施适当的检查和试验，根据制造商的选择，检查和试验可以依照第 4 条选取全部部件，也可以依照第 5 条，根据统计选取部分部件。 制造商或其共同体内指定代表必须在最新产品被制造后的至少 30 年内保存符合性声明的复印件。 4　通过检查和试验所有部件的确认 4.1　所有部件必须依据项目 2 提及的相关欧洲规范分别进行检查和做适当试验或是进行等价试验，来验证部件符合 EC 类型检查证明的描述和本指令的要求。 4.2　检验机构应将其鉴定标志贴附于每个获批的部件，并且对实施过的试验起草书面的符合性证明。 4.3　制造商或其指定代表必须确保其能够满足指定机构符合性证明的要求。 5　统计方式确认 5.1　制造商应以均匀的抽取批次提供其部件，并应采取一切必要的措施来确保其制造过程中每一批次产品的质量相同。 5.2　均匀抽取批次中的所有部件必须都可用于验证。随机样本必须从每一批次中抽取。每个随机样本中的部件必须依据本指令项目 2(2)提及的欧洲规范单独进行检查和适当的试验，或是进行等价实验来确认其符合本指令要求并判断这一批次是否获得批准。 5.3　统计程序应使用下列内容：统计方法；根据使用参数决定的抽样检验方法

表 58-5

附件Ⅲ　安全分析
本指令项目1(5)中提及的所有索道设施都应进行安全分析,安全分析必须考虑到可预见的每一种运营状态。安全分析必须依据已认可的或已发布的方法,并应考虑到当前技术水平和存在问题的索道的复杂性。其目的也是为了确保索道的设计和规划应该在考虑到当地环境和最不利条件的基础上达到满意的安全状况。 安全分析还应当包含安全部件及其对索道设施的影响,以及下列参与工作的子系统: ——能够对检测到的最初失效或故障作出反应,以保持系统达到标准的安全状态或较低的运营状态,又或是一个自动防止故障状态; ——被监控的; ——其失效的概率能够被估算,并且其具有达到此目标的、符合前两条标准的安全部件作为标准等价物。 安全分析必须依据项目的所有安全要求及其在设计、制造、使用和根据以往经验可能发生问题的相关部分列出危险和危险情况的清单,并列出有关安全部件和子系统的清单。安全分析的总结应采用安全报告的形式。 注: 项目1(5): ——"设施"指整体固定系统基本设施和附件Ⅰ中列出的子系统,(附件Ⅰ中举出了为每个设施专门设计的基本设施,场地上的建设包括总体规划、系统数据、站房结构和沿线为建设和运营所需的包括基础在内的建筑。 ——"安全设备"指为保证安全功能、满足安全分析的设备和其他组成部分,包括:所有基本部件、预先完成的部件、组件或装配好的组件。一旦安全设备出现故障,将会危及乘客、使用者及第三方的安全或健康

表 58-6　我国与欧盟指令关于检查结果及形式的对比

中　国　规　定	欧　盟　指　令
《机电类特种设备制造许可规则》 第十六条　备案或审查发证 受理机构接到产品质量或制造条件的鉴定评审材料后,应根据本规则规定进行审查,并在5个工作日内作出是否备案或在30个工作日内作出是否颁发《制造许可证》的决定。审查合格的,应办理产品型式试验备案或核发《制造许可证》;审查不合格的,应分别按照以下规定处理: (一)评审机构或型式试验机构工作程序不符合规定,或者由于上述两机构原因导致提供材料不全的,责成相应评审机构或型式试验机构在规定期限内整合程序或补齐材料后重新审查。出现此类情况,应当同时书面通知申请单位。 (二)评审机构、型式试验机构工作程序符合规定,申请材料不属实或不能达到本规则规定条件的,作出不予许可的决定,并书面向申请单位说明理由。 第十七条《制造许可证》由国家质量监督检验检疫总局发放。委托省级质量技术监督行政部门受理、审查、办理《制造许可证》的,其证书也须由总局特种设备安全监察机构统一制作,统一编号并统一加盖总局印章。省级质量技术监督行政部门应在每个季度的第1周内,将本部门在本次报告前1个季度内发出证书的复印件,上报总局特种设备安全监察机构。 受理机构应建立发证单位档案管理系统,保存《申请书》和必要的见证材料。评审机构应当保存制造条件评审的全部相关资料。 第十八条 取得制造许可的单位、产品及其许可范围,由国家质量监督检验检疫总局统一向社会公告。 《客运索道型式试验规则》 第十四条　型式试验工作完成后,型式试验机构应当在10个工作日内,根据原始记录中的数据和结果,向申请单位出具《特种设备型式试验报告》。型式试验合格的,应当出具《特种设备型式试验合格证》。型式试验不合格的,申请单位整改后,可以申请复试。复试不合格的,应当重新申请型式试验。 《特种设备型式试验报告》的结论页必须由试验、审核、批准人员签字,并加盖型式试验机构检验专用章或者公章。型式试验原始记录及其报告应当长期保存	项目7 各成员国应确保项目安全分析中涉及的、带有CE标志(附件Ⅸ)和EC标志(附件Ⅳ)的安全部件符合本指令中所有的相关规定。 在一个安全部件进入市场之前,制造商或其共同体内的指定代表必须: 依附件Ⅴ要求将安全部件按确认评估程序上报,并且在安全部件上贴附CE认可标志,并在决议93/456/EEC内容的基础上,拟定EC符合性声明来满足附件Ⅳ的需要。 项目10 各成员国应保证附有EC符合性声明的子系统(基于附件Ⅵ提供的模式和下文第3条中的技术文件)符合相关基本要求。 在制造商或其共同体内指定代表或其他在市场中引入子系统遇到问题的自然人或法人需要时,检验子系统的EC程序应由检验机构来实施。EC符合性声明应由制造商或其指定代表或上述的其他人依据附件Ⅶ中的EC检查内容来拟定。 检验机构应依据附件Ⅶ及相关技术文件来拟定EC检验证明。技术文件应包括所有的有关系统文件,必要时还包括所有的安全部件的符合认可。它还必须包括条件、限制因素、使用的相关数据和维修的说明

第二节　中国与欧盟客运索道标准比较

我国客运索道的标准体系与欧盟标准体系相比主要区别如下。

1. 标准体系不同

欧洲客运索道标准体系以基础、安全管理、零部件标准为主，没有产品标准。而我国标准体系，基本上以产品标准为主，但客运索道产品标准尚不完善，标准体系还不健全。

2. 标准的属性不同

欧洲标准是协调性标准，不是强制性标准，它们是自愿遵守的，制造商也可以选择其他方法，只要符合索道指令的基本安全要求即可。标准自愿性从发展技术角度来说至关重要。标准编写的依据是过去的技术，或至多是编写时最新的技术。而我国的标准分为推荐性和强制性标准，推荐性标准企业自愿采用，强制性标准必须执行，不符合强制性标准的产品禁止生产、销售和进口。

3. 标准内容不同

欧洲标准属于贸易性标准，标准中主要规定有安全、使用性能等要求，对材料的牌号、规格等一般不作规定，能够满足贸易需要。

欧洲《客运索道安全技术要求》包括23个标准，而这23个标准中都包含架空索道、地面缆车和拖牵索道。我国客运索道标准大都以产品分类编写，因而分架空索道、地面缆车、拖牵索道；架空索道中又分往复式索道、单线循环式固定抱索器索道、单线循环式脱挂抱索器索道等。

4. 标准管理体制不同

欧洲多个国家可以制订统一的客运索道标准。虽然欧洲 CEN/TC 242“客运索道安全要求”为协调性标准（即推荐性标准），而欧盟成员国都赋予国家标准的地位，统一遵守。

客运索道在我国虽然是一个很小的行业，然而除“全国索道、游艺机及游乐设施标准化技术委员会”归口制修订索道标准外，建设部、交通部也投入大量资金组织制定索道、缆车方面的标准，形成同类设施不同标准，不利于安全管理。

一、客运拖牵索道

GB/T 19401—2003《客运拖牵索道技术规范》2004年6月1日开始实施。该标准参照了国际缆索运输协会（O. I. T. A. F）拖牵索道建设技术建议及欧洲“客运索道安全要求”征求意见稿的内容，为适应国情又参照了我国现行客运索道安全规范和设计规范，并根据目前国内拖牵索道的使用情况进行编制的，因此本标准与欧洲标准相比主要内容基本相同。不同之处有：

1. 运行速度

欧洲标准规定：低位拖牵索道为2m/s；高位拖牵索道为4m/s。

由于速度和驱动设备、托索轮组、拖牵器等都有一定的配合关系，我国目前还不完善，以及乘客对高速拖牵索道的不适应性，因此本标准把最大速度限定为：低位拖牵索道1.5m/s；高位拖牵索道3.5m/s。

2. 运载索安全系数

欧洲标准运载索抗拉安全系数为4。

由于考虑我国现行的《客运架空索道安全规范》的规定运载索抗拉安全系数为5，因此也取5。当《客运架空索道安全规范》修订后，拖牵索道运载索的安全系数也应相应调整。

3. 抱索器及拖牵杆的计算

欧洲标准对抱索器及拖牵杆的计算规定根据不同的载荷情况分别取屈服限安全系数为1.2～3。

我国标准规定：在自重和载重作用下，所有部件安全系数为6（指破断强度安全系数）；屈服极限安全系数为3。

4. 对绳式拖牵器的要求

欧洲标准规定拖牵器伸缩装置的拉绳当悬挂30kg质量时必须能将全部长度拉出；伸缩装置的拉绳

的破断力至少必须为4000N/人。

我国标准对此未作规定。

5. 驱动轮的防滑安全性(见表58-7)

表58-7

<table>
<tr><td>欧洲标准:PrEN 12930</td></tr>
<tr><td>驱动轮上力的传递
8.1(防滑安全性)圆周力传递的安全性
应验证驱动轮防滑的安全性。应验算在每种载荷情况下允许的摩擦系数 μ_{zul},必需的摩擦系数按下式求得:
$$\mu_{zul} \geqslant u_{erf} = \frac{1}{\alpha} \times \ln \frac{T_{max}}{T_{min}}$$
式中:α 为在驱动轮上的包角,(弧度);T_{max} 或 T_{nin} 为在驱动轮上同一载荷情况下出现的最大或最小张力;μ_{erf} 为驱动轮要求的摩擦系数。
8.2 驱动轮允许的摩擦系数
8.2.2 橡胶轮衬的驱动轮允许的摩擦系数 μ_{zul} 取值:
没有调节螺旋的拖牵索抱索器(固定夹紧)μ_{zul} 取0.22。拖牵索直径不大于18mm和没有调节螺旋装置的抱索器 μ_{zul} 取0.25。带调节螺旋装置(夹紧顶衬)的抱索器 μ_{zul} 取0.30。
当通过试验验证,这些值可以超过至40%。</td></tr>
<tr><td>我国标准对此项未作规定</td></tr>
</table>

6. 驱动功率计算(见表58-8)

表58-8

<table>
<tr><td>欧洲标准:PrEN 12930</td></tr>
<tr><td>驱动功率计算
9.1 一般规定
驱动装置的功率应考虑索道或拖牵索道全部系统和运行重要的特点之下求得。
应表明驱动轮圆周上(低速轴上)计算力的大小和速度,获得当额定运行速度时驱动电机轴上的功率。
9.3 运行速度和圆周力不变时的持续功率
9.3.1 对于架空索道和拖牵索道
——驱动连续的运行;
——除偶然的速度变化,(例如,运行速度一时的降低,从运行状态到静止状态或遇到一种危险)驱动速度保持不变;
——符合按7.1.4张力要求。
假定不仅圆周力不变,而且运动速度大小也不变来计算持续功率。
9.3.2 除了按9.3.1计算持续功率外还应按9.4附加考虑启动功率。
说明:这种计算方法特别适用于连续运行的循环式索道和拖牵索道。
9.4 启动功率
允许假定得到加速度或减速度,将索道全部的质量和转矩质量通过驱动以匀加速(或减速)传递。
在加速或减速过程产生的加速力假定不变。</td></tr>
<tr><td>我国标准对此项未作规定</td></tr>
</table>

二、客运地面缆车

GB/T 19402—2003《客运地面缆车技术规范》是我国首次制定的国家推荐性标准,与瑞士《地面缆车安全规范》(1991年6月)的一致性程度为非等效。本标准是对地面缆车设计审查和验收的主要依据,大部分内容被TSG S7002—2005《客运缆车安装监督检验与定期检验规则》所引用,因而实际上该标准变成了一个强制性标准。与欧洲标准相比,除编写方式不同外,在安全要求及技术性能方面基本相同。不同之处对比如表58-9、表58-10所示。

表 58-9　线路

我国标准 GB/T 19402—2003	欧洲标准:PrEN 12929-1
4.1　线路 4.1.1　在选择线路时,应做到不危及缆车的建设和安全运行。缆车线路尽可能为直线,且坡度均匀。线路坡度差不宜超过平均坡度的±18%(±10°20′)。 4.1.2　最大线路坡度一般应不大于100%(45°)。若大于此值时,应特别注意检验轨道制动器的可靠性。 4.1.3　线路走向的选择应尽量使钢丝绳的走向通顺。从站内应至少能观察到线路上车辆开始减速的位置。 4.1.4　缆车线路的纵断面通常应与平均坡度相适应。对于凹陷线路,钢丝绳必须可靠地支承在托索轮上。在运转时以最大减速度进行制动时,钢丝绳不应从托索轮上浮起。 4.1.5　缆车线路的曲率半径应符合下列规定: ——运行速度小于等于1.5m/s时,不得小于车厢最大轴距的7倍; ——运行速度大于1.5m/s小于等于5m/s时,不得小于车厢最大轴距的10倍; ——运行速度大于5m/s时,应大于 $2V^2$,且不得少于100m。 4.1.6　会车段 4.1.6.1　会车段的长度必须考虑下列因素: ——车辆长度; ——牵引索长度及位置的变化; ——轨道制动器在不利的位置制动时所需要的制动距离。 4.1.6.2　当两辆客车会车时应保证两辆客车之间的净空大于0.4m。 4.1.6.3　在会车段内侧不允许乘客通过,外侧应设有维修及乘客疏散道路。 4.1.7　界限尺寸 4.1.7.1　车厢最外侧与其周围的固定设施的横向净空应大于0.5m; 4.1.7.2　缆车的沿线至少有一边有维修及旅客通行的道路,道路宽度不少于0.6 m;在坡度较大处应设置安全栏杆。 4.1.7.3　在隧道线路内,当车窗不能打开时,其安全距离可减少到自由通过技术上所需要的尺寸。非通道侧及上方至少留出0.1 m的净空。 4.1.8　与公路、电力线、索道等设施的平行与交叉: 4.1.8.1　缆车的线路与公路、道路以及滑雪斜坡不得在同一高度上交叉。 4.1.8.2　当缆车线路与公路平行时,缆车线路的边缘与公路边缘之间应留不小于1.5m的距离。如果公路上的车辆有驶入缆车道的可能性时,应设保护装置。 4.1.8.3　缆车的线路与电力线平行和交叉时,应确保电力线不会对缆车电气设备产生干扰。 4.1.8.4　当缆车线路与索道平行时,在下列情况下,缆车上任何设施的外侧与索道设施边缘之间至少有1.5m的距离: ——架空索道:钢丝绳和吊具在最大静挠度的情况下横向偏摆20%; ——拖牵索道:必须考虑在没有保护装置的情况下,拖牵索道拖牵器的外缘距其牵引索两边至少10m。 4.1.8.5　缆车线路与架空索道交叉时必须保证索道线路在最大静挠度增大10%的情况下索道运载工具至缆车车辆、缆车构筑物或缆车架空线之间的垂直净空不小于1.5m。 4.1.8.6　当缆车线路与其他建筑物(例如水域、煤气管线、自来水管和类似的建筑物)平行或交叉时必须满足有关的规定和规范。 4.1.8.7　在轨道侧有树的时候要装设防倒树的检测装置,一旦树倒立即停车	缆车线路 选择缆车线路应考虑: ——运行加速度对人员的影响; ——钢丝绳在托索轮上支承的安全性; ——运行小车在轨道上导向的安全性,还应考虑任何可能造成在绳轮上载荷的减少; ——需要的制动力和轨道制动器作用的安全性。 说明:使用应说明按通用的标准所确定的运载工具面积(车厢、架空索道吊架、拖牵索道、缆车、轨道制动器)。 运行加速度应不超过 $0.65m/s^2$。 为限制加速度,允许提高沿线外部轨道。 线路的布置和曲率半径的选择应对车辆的导向和轨道制动器的有效性没有不利的影响。 5.2.2　为了运行期间的安全和舒适,轨道的坡度的选择应使车辆地面纵向倾角的变化最大对水平面为±0.20弧度。 5.2.3　计算通过会车道长度时必须考虑以下几点: ——钢丝绳张力减少触发轨道制动器之后车辆下坡时的停车距离。 ——钢丝绳张力减少,转动检测器(如果可采用)和/或超速检测器触发轨道制动器之后车辆上坡时的停车距离。 6.1　缆车界限范围 缆车的界限范围取决于车辆本身的侧型和车辆几何尺寸的要求,如果需要还包括手的空间。 应考虑如下几点: ——当车辆在轨道上运行至弯道,车辆在水平方向和垂直方向的移动; ——车辆横向的浮动; ——在所有方向上车辆的悬挂装置可能的移动; ——轴相对于钢轨(以正常的轨距)可能的横向移动; ——可能的尺寸偏移(例如车辆钢轨的位置); ——除非设备状况经过比较精确调查可按其几何尺寸的要求,一般轨道两边最小的几何尺寸范围为0.05m。 7.2　缆车的安全距离 7.2.1　缆车车厢每侧在跨距范围之间(根据6.1进行计算),缆车车厢上部和每一辆车厢跨距范围内与任何固定的构件(轨道和站台组成部分除外)应至少具有0.1m的安全距离。 7.2.2　沿线路人员通过部分应位于跨距范围的外侧。其宽度至少0.6m宽,其最小的净高为2.0m,这也是为人员营救用。13.3节和PrEN1909标准提出的规定适用。 7.2.3　在特殊的情况下(例如在隧道和在桥梁上)为了车厢外部检修工作人员通行部分当在跨距范围内侧或外侧时,应规定设备不能运行。其最小宽度可以减少到每侧0.3m

表 58-10 索道运行速度

我国标准 GB/T 19402—2003	欧洲标准:PrEN 12929-1
4.2 运行速度 4.2.1 缆车的最高运行速度不宜超过10m/s,还应考虑如下因素的影响: ——车辆运行的安全与平稳; ——驱动机制动器和轨道制动器及缓冲器的构成及效率; ——线路的状况; ——曲率半径。 4.2.2 车厢内无乘务员时,运行速度不允许超过 5m/s。 4.2.3 车辆无轨道制动器时,运行速度不允许超过 1.5 m/s。 4.2.4 辅助驱动装置或紧急驱动装置的最高运行速度不宜超过 2 m/s。 4.2.5 运行速度必须可以平稳调节	9.1 缆车和架空索道运行速度的一般规定 9.1.1 缆车和架空索道最大允许的运行速度取决于索道系统和其使用状况,系统的所有方面特别要考虑如下情况: ——运动索在支承上的导向和脱索情况,钢丝绳捕捉器的有效性; ——钢丝绳、旋转元件(例如绳轮、托索轮)和车辆的动态性能; ——抱索器的挂接和脱开; ——正常运行期间的减速或例外的制动(例如轨道制动器动作,联接区车辆卡住)的后果; ——车辆摆动的后果(例如当进站时对横向导向的冲击); ——人员上车和下车设置的机构; ——脱索和/或在支架上运载工具被轨道夹住; ——考虑人员通过线路支承结构的舒适性,以及运载工具的型式等。 9.2 缆车和架空索道最大的运行速度 符合 9.1 的要求运行速度采用以下值是允许的。 9.2.1 缆车:12m/s

三、客运架空索道

欧洲《客运索道安全要求》的 23 个标准都包含客运架空索道、客运地面缆车及客运拖牵索道。我国现行的客运架空索道标准以 GB 12352—1990《客运架空索道安全规范》使用最广。该标准是强制性标准,是客运架空索道设计审查及检查验收的主要依据。但该标准是 1990 年颁布实施的,至今已有 10 多年了,个别内容陈旧,已不能适应现代技术的发展,因此,按国家标准化管理委员会的计划(20030690-Q-469),参照欧洲标准,对该标准作了修订,已完成报批稿。新标准将替代 GB 12352—1990《客运架空索道安全规范》、GB/T 13676—1992《双线往复式客运架空索道设计规范》、GB/T 13677—1992《单线固定抱索器客运架空索道设计规范》和 GB/T 13678—1992《单线脱挂抱索器客运架空索道设计规范》。

下面将现行 GB 12352—1990《客运架空索道安全规范》、修订后的《客运架空索道安全规范》与欧洲标准进行对比。

1. 跨距长度(表 58-11)

表 58-11

GB 12352—1990	欧洲标准	GB 12352 修订后报批稿
4.2.2b 在一个跨距中有多个客车,则空载绳和满载客车在跨距端部时的载荷曲线之间的切线倾角变化不能大于 15%。	PrEN 12930 7.1 对于单线和双线循环式索道应避免钢丝绳跨距太大;对于往复式和脉动循环式索道应避免集中载荷太大。为此规定跨距中空载索[1)]或空索[2)](根据设备类型而定)与满载索[3)]在此跨距端部切线倾角的变化不允许大于 0.15rad(15%),同时在其他跨距内载荷情况保持不变。 PrEN 12929-1 5.4 对于双线往复式索道每侧线路上仅有一辆车时上述规定不适用。 单线循环式脱挂抱索器索道邻近站房这一跨为俯角出站时,俯角(弦倾角)不得大于 0.01rad(1%),跨距的长度不应小于最大制动行程的 1.2 倍; 对双线循环式脱挂抱索器架空索道,邻近站房这一跨的承载索应仰角出站。 对于单线双环路索道不受上述限制	3.1.3.1 对于单线和双线循环式索道应避免钢丝绳跨距太大;对于往复式和脉动循环式索道应避免集中载荷太大。为此规定跨距中空载索或空索(根据设备类型而定)与满载索在此跨距端部切线倾角的变化不宜大于 0.15rad(15%),同时在其他跨距内载荷情况保持不变。 对于双线往复式索道每侧线路上仅有一辆车时上述规定不适用。 3.1.3.2 单线循环式脱挂抱索器索道邻近站房这一跨为俯角出站时,俯角(弦倾角)不得大于 0.01rad(1%),跨距的长度不应小于最大制动行程的 1.2 倍; 对双线循环式脱挂抱索器架空索道,邻近站房这一跨的承载索应仰角出站,仰角(弦倾角)宜为 0.05~0.1rad。 对于单线双环路索道不受 3.1.3.1 及 3.1.3.2 的限制

2. 索距允许偏差(表 58-12)

3. 最大离地高度(表 58-13)

4. 运载工具在线路上的最大运行速度(表 58-14)

表 58-12

GB 12352—1990	欧洲标准 PrEN 12929-1	GB 12352 修订后报批稿
3.1.5　在一般情况下一条索道上的索距应保持不变,在线路上如有特殊要求时索距也可以改变。但是在每个线路支架上钢丝绳的偏斜角在水平面上的投影不应超过0.5%。当采用安全措施保证车辆安全通过支架时则可以增大到0.9%。	5.3 通常索道的索距应保持不变,当需要改变时,应计算钢丝绳在水平面上所形成的偏斜,在没有考虑风力和动载荷影响之下,允许偏差如下: ——在任何载荷情况下钢丝绳在水平面上的张力由于偏斜而引起的水平力不应超过钢丝绳垂直力的10%; ——对双线架空索道,承载索在鞍座上形成的水平角不应超过0.005rad(0.5%); ——对单线架空索道,运载索在托(压)索轮组上形成的水平角不应超过0.005rad(0.5%); ——对于不符合上述要求的较大偏斜,应采取安全措施保证运载工具安全通过支架	3.1.5.3　通常索道的索距应保持不变,当需要改变时,应计算钢丝绳在水平面上所形成的偏斜,在没有考虑风力和动载荷影响之下,允许偏差如下: ——在任何载荷情况下钢丝绳在水平面上的张力由于偏斜而引起的水平力不应超过钢丝绳垂直力的10%; ——对双线架空索道,承载索在鞍座上形成的水平角不应超过0.005rad(0.5%); ——对单线架空索道,运载索在托(压)索轮组上形成的水平角不应超过0.005rad(0.5%); ——对于不符合上述要求的较大偏斜,应采取安全措施保证运载工具安全通过支架

表 58-13

欧洲标准 PrEN 12929-1	GB 12352 修订后报批稿
封闭式运载工具的架空索道允许的线路最大离地高度不应大于30m。对于循环式脱挂抱索器吊厢索道及脉动循环式固定抱索器吊厢索道,当局部地段每侧每跨不超过5辆吊厢时,该段的最大离地高度允许达60m 敞开式运载工具的架空索道 对于敞开式运载工具索道允许的线路最大离地高度不应大于15m。当索道线路每侧局部地段总长不大于200m时,该段最大离地高度允许达20m;当索道线路每侧局部地段总长在50m内时,该段最大离地高度允许达25m。	3.1.7.1　封闭式运载工具的架空索道 允许的线路最大离地高度不应大于45m。对于循环式脱挂抱索器吊厢索道及脉动循环式固定抱索器吊厢索道,当局部地段每侧每跨不超过5辆吊厢时,该段的最大离地高度允许达60m,若超过60m,必须具备沿钢丝绳进行营救的设施。当每侧的吊厢数小于5辆时(例如双线往复式索道)最大离地高度允许超过60m。当超过100m时必须具备沿钢丝绳进行营救的设施。 3.1.7.2　敞开式运载工具的架空索道 对于吊椅索道允许的线路最大离地高度不应大于15m。当索道线路每侧局部地段总长不大于200m时,该段最大离地高度允许达20m;当索道线路每侧局部地段总长在50m内时,该段最大离地高度允许达25m。 对于吊篮索道允许的线路最大离地高度不应大于25m。当索道线路每侧局部地段总长不大于200m时,该段最大离地高度允许达30m;当索道线路每侧局部地段总长在50m内时,该段最大离地高度允许达35m

表 58-14

<table>
<tr><th rowspan="2">索道型式</th><th rowspan="2" colspan="3">使用条件</th><th colspan="3">最大运行速度(m/s)</th></tr>
<tr><th>GB 12352—1990</th><th>PrEN 12929-1</th><th>GB 12352 修订后报批稿</th></tr>
<tr><td rowspan="5">双(多)线往复式索道</td><td rowspan="2">车厢内有乘务员</td><td colspan="2">在跨间时</td><td>10.0</td><td>12.0</td><td>12.0</td></tr>
<tr><td colspan="2">过支架及在硬轨上运行时</td><td>7.0</td><td>10.0</td><td>10.0</td></tr>
<tr><td rowspan="3">车厢内无乘务员</td><td colspan="2">在跨间时</td><td>6.0</td><td>7.0</td><td>7.0</td></tr>
<tr><td rowspan="2">通过支架时</td><td>单承载索</td><td>6.0</td><td>6.0</td><td>6.0</td></tr>
<tr><td>双承载索</td><td>—</td><td>7.0</td><td>7.0</td></tr>
<tr><td rowspan="2">单线往复式索道</td><td colspan="3">在跨间时</td><td>6.0</td><td>6.0</td><td>6.0</td></tr>
<tr><td colspan="3">通过支架时和车内无乘务员时</td><td>降低速度</td><td>5.0</td><td>5.0</td></tr>
<tr><td rowspan="2">双线间歇循环式索道</td><td colspan="3">车厢内无乘务员时</td><td>5.0</td><td>5.0</td><td>5.0</td></tr>
<tr><td colspan="3">车厢内有乘务员时</td><td>7.0</td><td>7.0</td><td>7.0</td></tr>
<tr><td colspan="4">双线连续循环式脱挂抱索器索道</td><td>3.5</td><td>6.0</td><td>6.0</td></tr>
<tr><td rowspan="2">单线连续循环式脱挂抱索器索道</td><td colspan="3">一根运载索</td><td>5.0</td><td>6.0</td><td>6.0</td></tr>
<tr><td colspan="3">二根运载索(单线双环路)</td><td>—</td><td>7.0</td><td>7.0</td></tr>
<tr><td colspan="4">单线脉动(间歇)循环式固定抱索器索道</td><td>4.0</td><td>5.0</td><td>5.0</td></tr>
<tr><td rowspan="3">单线连续循环式固定抱索器索道</td><td rowspan="2">敞开式吊椅式</td><td colspan="2">运送滑雪者</td><td>2.5</td><td>2.5</td><td>2.5</td></tr>
<tr><td colspan="2">运送乘客</td><td>2.0</td><td>1.5</td><td>1.5</td></tr>
<tr><td colspan="3">吊厢、吊篮式</td><td>2.0</td><td>1.1</td><td>1.1</td></tr>
</table>

5. 运载工具在站内(上下车位置)的最大运行速度

现行标准 GB 12352—1990 没有规定,欧洲标准 PrEN 12930 规定如表 58-15。对于运送滑雪者的索道,如果在乘客上下车时具备可以将速度相对降低的装置,允许更高的运行速度。对于单人座或双人座吊椅索道运行速度不应超过 2.8m/s。

修订后的标准采纳了欧洲的规定。

表 58-15

索道型式	使用条件		最大运行速度(m/s)
循环式脱挂抱索器索道	封闭式运载工具		0.5
	敞开式运载工具上车和下车时	滑雪者	1.3
		人从前面上下	1.0
		人从侧面上下	0.5
循环式固定抱索器索道	运送滑雪者	单人座或双人座吊椅	2.5
		3 人座或 4 人座吊椅	2.3
		6 人座吊椅	2.0
	运送乘客	单人座或两人座吊椅	1.5
		大于两人座吊椅	1.2
		双人座吊篮(吊厢)	1.1
		大于双人座吊篮(吊厢)	1.0
脉动循环式索道	封闭式运载工具		0.5

6. 车厢有效面积和允许载客人数(表 58-16)

7. 钢丝绳在支架鞍座上托、压索轮上的安全性(表 58-17)

表 58-16

GB 12352—1990	欧洲标准 PrEN 12930	GB 12352 修订后报批稿
少于 6 人的车厢的站立面积,每人 $0.3m^2$;6 人及 6 人以上的车厢,站立面积不得小于$(0.16\times n+0.6)m^2$,n 为车厢定员。循环式索道允许载客人数: 采用单固定式抱索器最多 3 人; 采用单脱挂式抱索器最多 4 人	少于 6 人的车厢的站立面积,每人 $0.3m^2$;6 人及 6 人以上的车厢,站立面积不得小于$(0.18\times n+0.6)m^2$,n 为车厢定员。 循环式索道允许载客人数: 采用单固定式抱索器最多 6 人; 采用单脱挂式抱索器最多 8 人	少于 6 人的车厢的站立面积,每人 $0.3m^2$;6 人及 6 人以上的车厢,站立面积不得小于$(0.18\times n+0.4)m^2$,n 为车厢定员。 循环式索道允许载客人数: 采用单固定式抱索器最多 6 人; 采用单脱挂式抱索器最多 8 人

表 58-17

GB 12352—1990
双线索道的最小支架载荷 钢丝绳在支架鞍座上的最小载荷在下列不利情况同时出现时不允许为负值(浮起): 钢丝绳最大拉力增加了 40%时; 风力强度为 500Pa,作用在较大跨距内弦长时(跨距长度见 3.5.3 条)。 最小支架载荷和受停止运行时水平风力的合力应当作用在绳槽以内。 正常运转时的单线索道的最小支架载荷和最小轮压 最小支架载荷应等于邻近跨距内钢丝绳的重量(跨距内钢丝绳的长度以弦长来计算),其绝对值不得小于 2000N; 承载牵引索作用在每个托索轮上的压力不得小于 500N; 在凹陷地段的支架托索轮祖,当承载牵引索拉力增大 40%时,托索轮上不得出现负压力; 压索轮要能够保证钢丝绳在客车带有双倍有效载荷过支架时,钢丝绳也不能离开压索轮。

续表 58-17

欧洲标准 PrEN 12930
7.4.4 最小支承力 承载索不允许在支架上浮起，当托索支架没有考虑风和冰的作用力钢丝绳最大张力增加 40%时；压索支架(例如在站房)最小张力降低 40%时。 空承载索在垂直平面上的折角必须最小为 0.02 弧度。 承载索在鞍座上的支承力应根据气候条件的规定验算每侧承载索鞍座，其中：运行时载荷情况：$q_{krit}\geqslant250N/m^2$；停运时载荷情况：$q_{krit}\geqslant1000N/m^2$； 必须符合 PrEN13223 标准有关规定。 计算临界风压按下式： $$q_{krit}=\sqrt{\frac{d}{R}}\sqrt{(1-\sin\alpha)}\times\frac{\sum T}{\sum(C_nF)} \quad (N/m^2)$$ 式中：d 为承载索公称直径，m；R 为承载索鞍座曲率半径，m；α 为 90°减一半承载索鞍座包角；$\sum T$ 为由承载索最小张力和牵引索最小张力附加压力之和，N；C_n 为当时钢丝绳和运载工具的形状系数；F 为迎风面积，m^2。 在表达式$\sum T$ 中应考虑牵引索平衡索和运载工具由于牵引索张力作用在承载索上的附加压力(例如：经过中间悬挂装置或车辆)，运行时假定一辆车直接在支架上，停运时按空索考虑。 表达式$\sum(C_nF)$应考虑钢丝绳和车辆运动时产生的影响类似前面文中的规定。 作为钢丝绳长度应考虑为张紧钢丝绳跨距斜长的一半，需要的话根据 PrEN 12929-1 考虑为位于支架上钢丝绳的跨距的假设跨距斜长的一半。上式中 $90°\geqslant\alpha>0$。对于 $\alpha=0°$应验证：作用在承载索的最小支承力以及承载索承受 $0.5kN/m^2$ 风压的向上风力造成的结果。承载索承受最大的侧向风力，承载索在绳槽内的情况。 支架上的最小支承力不得小于相邻跨距斜长的一半，必要时按 PrEN 12929-1 相邻跨距换算斜长的一半计算承载索承受 $0.5kN/m^2$ 风压的向上风力。 最小支承力计算时不允许考虑夹持作用力。 7.5.4 支架的安全性 除运载工具从支架上经过时外，运动的钢丝绳不允许从支架上抬起。 地面缆车应校核运行时钢丝绳经过凹处托索轮时不允许抬起，计算时钢丝绳动态张力按 7.2.2(a)和(b)考虑。此外：见 PrEN 12929-1。 架空索道，当匀速运动以最大的张力增加 40%时钢丝绳不允许从支架上抬起。 7.6.4 最小支承力 托索支架上的最小支承力必须： 匀速运动运行时，最小支承力必须为以风压为 $0.25kN/m^2$ 在相邻最大跨距长度上空载索或空索上的风力的 1.5 倍。 停运时，最小支承力必须为以风压为 $0.80kN/m^2$ 在相邻跨距弦长之和的一半上空索或空载索(停运时运载工具停留在线路上)上作用的风力。 匀速运动时压索支架最小支承力必须满足为按 a)所求得的风力的 1.5 倍，其中每侧为满载索； 在托索支架上，当钢丝绳最大张力按 7.1.2 增加 40%时检验运载索在跨距临近支架托索轮上不得抬起。 在压索轮支架上当按 7.1.2 最小张力降低 20%，同时有效载荷增加 25%，校核在邻近跨距支架压索轮上运载索不得离开。 匀速运动的运载索最小轮压至少取 500N 并满足下式： $$A\geqslant500+50[d-(D_1-D_2)]$$ 式中：A 为最小轮压，N；d 为钢丝绳直径，mm；D_1 为轮体外径，mm；D_2 为新轮衬装入轮槽直径，mm。 对于没有运送人员的载荷情况(例外载荷情况：例如空索运行等)上述要求可以减少一半。 关于托(压)索轮结构型式在 PrEN 13223 上有规定。 交变载荷组合式托(压)索轮组应可以调整，运载索位于临界的位置(钢丝绳支架力=0)所有轮子的最小轮压按 e)条要求选取，在所有其他载荷情况下带最小轮压的轮子钢丝绳不允许与其离开。 3.5 钢丝绳在支架鞍座上、托(压)索轮上的安全性 3.5.1 双线索道 3.5.1.1 承载索在支架鞍座上的最小载荷在下列不利情况出现时不得为负值(浮起)： 承载索最大拉力增加了 40%时；在偏斜鞍座上(仅在站房)承载索最小拉力下降 40%。 3.5.1.2 空承载索在支架鞍座上的折角不应小于 0.02rad。 3.5.1.3 支架上的承载索最小支承力不应小于相邻跨距斜长之和的一半(跨距长度见 3.6.4.4 条)承载索承受 $0.5kN/m^2$ 风压的向上风力。 3.5.1.4 停止运行时最小支架载荷和水平风力的合力应当作用在绳槽内。 3.5.1.5 当以匀速运动，牵引索最大张力增加 40%时，钢丝绳不得从支架上抬起。

续表 58-17

欧洲标准 PrEN 12930
3.5.1.6　当索道停运时，牵引索在支架托索轮组上的最小压力不得小于 0.8 kN/m² 风压的向上风力。 3.5.2　单线索道 3.5.2.1　托(压)索轮支架上的最小支承力： 匀速运行时，应按风压 0.25kN/m² 作用在邻近两跨较长跨全长空载索或空索上所受的风力的 1.5 倍计算最小支架载荷；停运时，应按风压 0.8kN/m² 作用在邻近跨弦长之和一半的空载索或空索上所产生的向上风力计算支架最小载荷。 3.5.2.2　匀速运动时，压索支架应按风压 0.25kN/m² 作用在邻近两跨较长跨全长满载索上所受的风力的 1.5 倍计算最小支架载荷； 3.5.2.3　在凹陷地段的托索支架上，当运载索最大张力增加 40%时，运载索在托索轮组上不得出现负压力； 3.5.2.4　在压索支架上当最小张力降低 20%，同时有效载荷增加 25%时，运载索不得离开压索轮； 3.5.2.5　匀速运动的运载索最小轮压不得小于 500N 并满足下式： $A \geqslant 500+50[d-(D_1-D_2)]$ 式中：A 为最小轮压，(N)；d 为钢丝绳直径，(mm)；D_1 为整轮外径，(mm)；D_2 为新轮衬槽底直径，(mm)。 空索时上式的值允许减少 50%。 3.5.2.6 组合式托(压)索轮组中的托(压)索轮相对运载索的最小轮压仍应根据 3.5.2.5 确定

8. 有效载荷(表 58-18)

表 58-18

GB 12352—1990	欧洲标准 PrEN 12930	GB 12352 修订后报批稿
3.3.1c 定员 15 人以下时平均每人重力按 690N 计算；定员 16 人以上时，平均每人重力按 640N 计算；对于运送滑雪者的索道还应每人加上 100N 装备的重力	7.2.1　自重和有效载荷 b)对于索道除了供冬天运动使用的索道外，如拖牵索道，一个人的质量平均假定为 80kg。对于索道供徒步者使用，一个人的质量可以假定为 75kg。根据现场需求各种设备可能与最后所述的有偏差，而运行和生产者之间应相一致	3.6.1.2　有效载荷 定员 15 人以下时平均每人重力按 740N 计算；定员 16 人以上时，平均每人重力按 690N 计算；对于运送滑雪者的索道还应每人加上 50N 装备的重力

9. 动态作用力

现行标准 GB 12352—1990 未作规定，参照欧洲标准，GB 12352 修订后规定如表 58-19 所示。

表 58-19

3.6.2　动态作用力(惯性力) 3.6.2.1　启动加速度最小为 0.15m/s² 时的惯性力； 3.6.2.2　减速度为下列值时的惯性力：工作制动减速度最小为 0.4m/s²；紧急制动减速度最大为 1.5m/s²。 3.6.2.3　特殊情况应验证下列动态作用力：当设备有两根或多根牵引索时，由于一根牵引索破断引起的动态作用力；设备有客车制动器，当客车制动器制动之后在整个牵引索环线的动态作用力

10. 摩擦系数

现行标准 GB 12352—1990 未作规定，参照欧洲标准，GB 12352 修订后规定如表 58-20 所示。

表 58-20

3.6.3　摩擦系数 μ_{zul}

3.6.3.1　为了计算驱动轮传递的力(见 5.1.5)，应采用下表中的许用摩擦系数 μ_{zul}。

衬　垫　材　料	匀速运动时的摩擦系数	启动及制动时的摩擦系数
钢绳槽或铸铁绳槽	0.07	0.07
橡胶、塑料衬垫等	0.2	0.22
软铝衬垫(布氏硬度≤500N/mm²)	0.2	0.2

3.6.3.2　线路计算时，应采用下表的阻力系数。

设　备　名　称	阻力系数	设　备　名　称	阻力系数
橡胶衬托(压)索轮	0.030	张紧小车	0.010
塑料衬托(压)索轮	0.020	承载索鞍座	0.10
运行小车车轮	0.020	带滚动轴承的承载索滚子链	0.005
采用滚动轴承的导向轮	0.003	带滑动轴承的承载索滚子链	0.010
采用滑动轴承的导向轮	0.010		

11. 救援(表 58-21)

表 58-21

欧洲标准 PrEN 1909
6　恢复和救援的一般要求 在发生设备停车的事故时，操作负责人首先应通知并安抚乘客。 在停车后半小时内，负责人应该：或者恢复吊具运行；或者开始乘客救护。 然而，操作负责人可以： 若他确信在目前的环境下能够恢复吊具的运行，则延迟乘客救护；在救护乘客的过程中，继续恢复吊具运行的准备工作，当吊具能够恢复运行时，则停止救护工作。 在救援计划中的所有的操作的估计用时应不超过 3h30min。若环境或设备型式需要，则应该设定更短的时间。 若救护操作人员不足，不能够在计划的救援时间内完成救护工作，则负责人应该马上联系其他人员或组织，譬如消防人员或高山救援队。 救援时间应从索道设备停车开始计算到最后一名乘客被救护到安全地结束。若需要，负责人应该向乘客提供帮助直到乘客能够自行前进。若需要，则救援计划应包括这方面的信息。 7　通知乘客的要求 7.1　乘客信息包括：尽可能快地与乘客建立联系从而安抚乘客；通知乘客所采取的救援行动的进展情况。 告诉乘客需要他们做什么。 乘客可能关心预计的停车时间，这取决于负责人对环境的评估。 应及时地根据需要向乘客通知相关的信息。 7.2　应该特别地以下述方式通知相关的信息： 由负责此项工作的人员从地面通知，若需要，则配备扩音器；通过线路支架上的喇叭；通过吊具上的声音系统；通过吊具上的服务人员。 所采取的措施步骤应保证信息的沟通清晰、易于理解，而不论吊具在线路上的位置亦或在恶劣的气候条件下。 固定的设备必须经过特别设计和安装以能够承受恶劣的气候条件。并且能够或控制点或监控站进行通讯。适用文件 HD483.5S1/A1。 对于有乘务员的吊具，在吊具和控制点之间应该具有收发两用的声音联系。 对于没有人工控制的设备，必须与一个监控站建立起此种联系。 7.3　必须定期对上述设备的工作状况进行测试。 8　吊具恢复运行的要求 8.1　应尽可能快地恢复吊具的运行，从而避免对乘客进行救护，只有在特殊的情况下才对乘客进行救护。在设计，建设和操作的过程中所采用的方法应适应设备的特征及其位置。应能够保证从设备停车开始的 1.5h 内使所有的吊具能够恢复运行。 特别地，对于采用脱挂抱索器的架空索道，吊具牵引设备的故障不应阻止吊具恢复运行，在这种情况下，应能够通过简单可行的方法来克服这种故障的影响。 8.2　根据所采取的措施和条件，应使用主驱动，辅助驱动或恢复运行驱动系统来恢复吊具的运行，或使用重力作用或任何其他的辅助设备。 施行的程序中应该明确给出具体的操作程序和允许的速度。 8.3　当吊具恢复运行时，安全监测设备应能够正常工作。然而，若这些安全设备不能正常工作，则应该仍能够进行恢复吊具的运行。在这种情况下，应该根据草案标准 PrEN 12397 关于特殊情况下的操作程序的要求，采取必要的措施来补偿部分或全部的不能正常工作的安全监测设备。 8.4　只有在确认了不会危及工作人员和乘客安全的情况下才可以进行恢复吊具运行的操作。 对于地面缆车，应该对线路沿线的救援线路进行彻底的检查。 9　对乘客进行救护的要求 9.1　各种救护方法的通用规则 9.1.1　线路设备和吊具的装备应能够使救护工作(人员接近线路支架和钢丝绳，救护吊具的通过性，准备好的救护线路等)安全容易地开展。 对于封闭式吊具，对乘客进行救护的开口应该： 具有合适的尺寸，使用人员能够通过；与所使用的救护设备配套；装配有某种形式的保护设施，从而不会危及等待救护的乘客的安全。 9.1.2　在对乘客进行救护期间，应确保设备处于静止状态。 工作人员应该协助乘客进入或离开救护装置。 对一名乘客的救护不应该危及其他等待救护的乘客的安全。 9.1.3　在操作的各个阶段，所采用的方法应时刻考虑到可能工作人员失控的危险，特别是坠落的危险。应该特别注意，要保证在工作人员松开设备或绳索的情况下不会危及工作人员或乘客的安全。 在需要的地方，救援人员应能够按照登山的安全规则进行自救。

续表 58-21

欧洲标准 PrEN 1909
9.1.4　救援方法和设备应如下设计：即救援方法和设备的使用不需要乘客的积极参与。 在不会危及乘客的安全并不影响救护计划执行的情况下，可允许其参与。若设备能够运输残疾人员或受伤人员，则应制定相应的对其进行救援的规定。 9.1.5　为了保证救援工作能够在黑暗的条件下顺利地实施，应能够迅速地启动必要的照明设施。 9.2　救护到地面 9.2.1　在满足下述的条件的情况下，允许将乘客救护到地面： 救护高度不超过 100m；地形条件适合于此种救护或进行了相应的准备工作。 9.2.2　救护应由一个或多个小组组成，每个小组负责线路的一段或几段。 每段应该根据吊具的数量和可能的最大的乘客数量来确定，并且要考虑所需要的设备，救援人员到达的难易程度和地形的复杂性。 9.2.3　若吊具内配备有服务人员，则在正常情况下，服务人员负责从吊具内对乘客进行救护。 9.2.4　在没有服务人员的情况下，则救护人员应能够从地面或沿钢丝绳到达吊具。 在沿钢丝绳移动的过程中，与钢丝绳的连接应为双重连接。除了进行自我救护外，工作人员应始终将自己连接到支架，或钢丝绳，或者吊具上。然而，对于使用梯子进行救护的情况，应允许专门的安排。 9.2.5　吊具内的救援人员应能够与地面的小组进行通信联系，可能需要无线电进行联系。 9.3　沿钢丝绳进行救护 9.3.1　若索道线路的全部或部分不能够将乘客直接救护到地面，则至少应提供对此部分进行沿钢丝绳救护所需要的设备。 9.3.2　此种救护设备应能够保证在救援计划中规定的时间内完成救护工作。 若不能满足对设备的这种特殊要求，则客运索道应满足适当的设备安全要求。 9.3.3　这种救护设备应该使用简单并能够在限定的时间内投入使用，因此相应的机械设备应永久地装配到位。在救援计划中应清晰地注明合理的操作人员数量和所需要的最长时间。 9.3.4　救援设备应该具有一个独立于主驱动的单独供电的驱动系统，或者具有一个可自行提供动力的吊具，其应具有足够的空间，并应该安装有无级变速控制装置，若需要，以及一个位置指示器。 9.3.5　救护吊具应该配备有工作人员，并应该能够与救护中心进行直接的无线电通讯联系，此联系在通讯网络中应该具有优先权。 9.3.6　为了便于站台上的操作，应该提供合适的照明设施。 9.3.7　线路吊具和救护吊具的设计应该使他们之间的连接及乘客的转移和下车能够安全而容易地进行。 9.3.8　救护吊具应该在其移动、通过其他吊具和乘客进行转移的过程中保持稳定状态。 9.4　其他救护方法 满足下述条件的情况下，索道设备以外的设备可用来对乘客进行救护： 通常情况下，这些设备用于输送人员，并符合关于此种设备的标准和规定(譬如：移动式液压平台)；　这些设备的使用已经部分或全部经过了测试，并且规定了相应的使用程序和限制，若需要，可通过协议进行；　在救护计划中已经考虑上述的各项条件及其可用性。 若索道设备以外的这些设备的使用取决于合适的地形条件或其他不可预见的救护因素，则救护计划不能够基于此种设备，特别是对直升机的使用，应该在救援计划中有专门的部分来进行说明。 9.5　救护到地面的设备 9.5.1　一般要求 9.5.1.1　设备在正确使用条件下应该抗磨，抗腐蚀和老化，发热也应该给予考虑。 9.5.1.2　设备设计应该按照人类工程学来进行设计，从而对此设备的使用不会构成危险，将此种设备的使用对人员的身体条件的要求降到最低。 9.5.1.3　若在救护的过程中存在从高空坠落的危险，则救护人员应该使用合适的人员保护设备。 9.5.1.4　救护乘客所使用的设备应该能够快速安全地使用。 特别是用于支撑被救护人员的安全挽具应该正确设计，从而保证即使人在非协调一致地移动时也不会发生失控坠落。人员的固定和脱开应该简单可行，固定设备应该具有保护装置从而防止意外的打开(见 9.1.4)。 9.5.1.5　应在设备可能出现故障的现场条件下对救护所需要的必要设备，包括锚固点在内进行适用性的测试。设备应该根据标准，制造商的推荐说明和救援计划进行使用、保存、维护、检查、测试和报废。应定期进行现场条件测试。 应对所有替换部件或备件的可互换性进行确认。 9.5.1.6　应能够清晰地，无任何疑问地确认设备；设备应该具有完整、清晰而且长期可读的使用说明。 9.5.2　对从地面接近吊具的设备的特别要求 9.5.2.1　杆件和梯子应钩在钢丝绳或吊具上，应该有正确而牢固的支撑从而保证在使用期间的稳定性。 此种设备应该应用于高度较低处的操作。 9.5.2.2　应保证液压移动平台的稳定性，平台应能够保证乘客安全而容易地从吊具转移到平台上。 9.5.3　从线路支架通过绳索接近吊具的设备的特别要求 9.5.3.1　设备的使用应该简单而快速。应尽可能地帮助通过线路结构，单人应该能够移动设备并通过吊具。 应对吊具的轨道进行保护以防止脱索或意外的脱开。应将人员可能发生缠绕的危险降到最低。

续表 58-21

欧洲标准 PrEN 1909
移动速度应均匀，并能够停止在任何一点。 沿钢丝绳移动的设备应配备有挽具固定点。 9.5.3.2 当沿钢丝绳移动的设备发生故障时应能够保护工作人员不会发生坠落或倒溜的危险。可通过一根锁定绳或绞车或设备上的保护闸来防止倒溜的危险。在工作人员从通过线路支架到钢丝绳上或从钢丝绳到吊具的操作过程中，应给予操作人员的安全以特别的注意。 应对接近吊具的工作人员提供进行自救的设备。 9.5.4 从吊具进行缓降的设备的特别要求 9.5.4.1 在乘客通过梯子进行缓降时应对乘客进行保护以避免坠落的危险。 9.5.4.2 所使用的缓降设备应与设备相适应，并符合所采用的救援计划的规定。 9.5.4.3 若缓降设备存储在吊具内，则应维持并使其处于良好状态。 9.6 救援计划 9.6.1 救援方式的选择 在选用救援方式时应考虑下述因素： 设备的型式、特征及其操作；环境(离地高度，雪崩的危险性，气候条件)；在允许的时间内所能动员的人力资源；救援设备的技术可行性。 救援操作的组织的最后确定应该由救援计划的负责人起草(作为操作规则的附件)，救援计划的使用由运作负责人负责。 救援计划的各项执行条件主要取决于操作方式的改变、设备的改进和团队的组织情况；运作负责人负责对计划的更新。 9.6.2 救援计划的内容 此文件应包括下述条目： 9.6.2.1 估计的救援操作时间和最大响应时间。 9.6.2.2 制定出救援计划的目标，明确给出运作中心的位置，乘客撤出的安全地带及相应的路线，线路的特点，线路上吊具的最大数量及乘客的数量，离地高度等。 9.6.2.3 在一个线路纵向断面上给出设备的不同部分所使用的各种方法。 对于无乘务人员的吊具(吊厢索道，吊椅索道等)，必须给出接近吊具的可能性。 9.6.2.4 向救援人员发出报警的方法，运作中心的建立，以及必需的通讯方法，通知乘客的条件。 9.6.2.5 救援小组的组成，指定小组负责的线路段落，每个小组配备的设备详情及其储藏点，运输到救援现场的方法。 9.6.2.6 每个任务小组在最不利的条件下所需时间(组成、任务和设备的分配、运输到救援现场、接近吊具、缓降到地面、负责将乘客运送到已经建立的安全地带，救援小组返回)。 9.6.2.7 可用的人员和设备的清单。 9.6.2.8 使用后设备的检查和储存的规定。 9.6.2.9 任务执行报告。 9.6.3 直升机的使用 9.6.3.1 若制定出了使用直升机的规定，则应向直升机运营公司提供一分救援计划。飞行员是根据当前条件(譬如气候)评估是否可以使用直升机的唯一权威。 9.6.3.2 救援计划应包含一分设备周围区域的地形图，在此图上应标出所有的飞行障碍：特别是索道，电线等，可能的着落区亦应标出。 9.6.3.3 为了缩短救援操作过程并确保安全，直升机小组和负责与其一起工作的人员应已经就工作内容和各种条件下的工作程序接受过指导和培训。 9.6.3.4 在操作过程中，为了保证必要的协调性，应在运作指挥中心和直升机之间建立无线电通讯联系。 10 救援人员的指导和培训 参与救援工作的人员应该能够胜任分配给他们的相应任务，从而保证救援人员和被救援人员的安全。救援工作负责人应该从身体条件和专业能力两方面来对所需要的能力进行评估。 专业能力基于：顺利完成了由操作人员或专家组织的此种工作的培训；对整个救援计划和所要负责任务的准确说明，包括进行此种救护的专门设备的使用；在救援小组内就此任务定期进行训练。这种训练的目的是使相关人员准备好随时从事此项工作，应至少每年进行一次。从而能够对所使用的资源、设备和程序进行测试，并改进以满足各种可能碰到的问题。 对于可能有救援人员从高空坠落的危险的任务(沿线路救护、通过直升机…)，培训和实践中应考虑他们的最初的能力水平及所要执行的任务

12. 风载荷(表 58-22)

表 58-22

GB 12352—1990	欧洲标准 PrEN 12930	GB 12352 修订后报批稿
3.5 风载荷 3.5.1 进行计算时,按下述风载荷乘以体型系数: ——运行时:200Pa; ——停止运行时:1200Pa。 3.5.2 体型系数 ——密封式钢丝绳:1.1～1.2; ——多股钢丝绳:1.3; ——行走机构及吊架:1.6。 客车和线路建筑其体型系数可按相应的结构而给定。 3.5.3 400m 以上的跨度在计算风力时,允许采用换算长度: $L_H=240+0.4L$ 式中:L_H 为换算长度(m);L 为实际弦长(m)。	风载荷 进行计算时,按下述风载荷乘以体型系数: ——运行时:0.25kN/m^2; ——停止运行时:1.2kN/m^2。 体型系数 ——密封式钢丝绳:1.1～1.2; ——多股钢丝绳:1.3; ——行走机构及吊架:1.6; ——矩形车厢:1.3; ——带圆角的矩形车厢:$1.3-2r/L$(r=车厢倒角半径;L=车厢长度); ——托索轮:1.6; ——圆管形支架:1.2 ; ——方管及轧制型材支架:2。 对于没有外罩的空吊椅,体型系数与迎风面积的乘积为 $0.2+0.1n$(m^2);满载吊椅为 $0.4+0.2n$(m^2)。其中 n 为每个吊椅的人数,风力的方向与吊椅运行的方向垂直。 400m 以上的跨度在计算风力时,允许采用换算长度: $L_H=240+0.4L$ 式中:L_H 为换算长度(m);L 为实际弦长(m)	3.6.4 风载荷 3.6.4.1 进行计算时,按下述风载荷乘以体型系数: ——运行时:0.25kN/m^2; ——停止运行时:0.8kN/m^2,风速大于 36m/s 的地区,应按当地的风压值。 3.6.4.2 体型系数 ——密封式钢丝绳:1.1～1.2; ——多股钢丝绳:1.3; ——行走机构及吊架:1.6; ——矩形车厢:1.3; ——带圆角的矩形车厢:$1.3-2r/L$(r=车厢倒角半径;L=车厢长度); ——托索轮:1.6; ——圆管形支架:1.2; ——方管及轧制型材支架:2。 3.6.4.3 对于没有外罩的空吊椅,体型系数与迎风面积的乘积为 $0.2+0.1n$(m^2);满载吊椅为 $0.4+0.2n$(m^2)。其中 n 为每个吊椅的人数,风力的方向与吊椅运行的方向垂直。 3.6.4.4 400m 以上的跨度在计算风力时,允许采用换算长度: $L_H=240+0.4L$ 式中:L_H 为换算长度(m);L 为实际弦长(m)

13. 雪载荷、冰载荷

现行标准 GB 12352—1990 未作具体规定,参照欧洲标准,GB 12352 修订后规定如表 58-23。

表 58-23

3.6.5 雪载荷及冰载荷
3.6.5.1 如果高度在海拔 2000m 以下,应按照下式计算覆盖面上每平方米的雪载荷: $S=[1+(h_0/350)^2]\times 0.4\text{kN/m}^2$ 且不应小于 0.9kN/m^2 式中:S 为每平方米的雪载荷,kN/m^2;h_0 为地勘部门所提供的海拔高度,m。 3.6.5.2 当该地海拔在 2000m 以上,或该地区降雪量丰富时,应根据当地气象部门提供的数据确定雪载荷。 3.6.5.3 结冰的地区应考虑钢丝绳或支架上的冰载荷。冰层厚度按 25mm,容积质量按 600kg/m^3 计算。 3.6.5.4 线路计算应考虑风载和冰载同时作用: ——运行时风载荷按 0.25kN/m^2,冰载荷取 3.6.5.3 计算值的 0.4 倍; ——停运时风载荷按 0.8kN/m^2,冰载荷取 3.6.5.3 计算值的 0.4 倍

14. 设备质量保证

现行标准 GB 12352—1990 未作具体规定,参照欧洲标准,GB 12352 修订后规定如表 58-24。

15. 站内机械设备

现行标准 GB 12352—1990 未作具体规定,参照欧洲标准,GB 12352 修订后规定如表 58-25。

表 58-24

3.8　质量保证 3.8.1　索道重要受力部件的材料应有材质证明。 3.8.2　对于那些若失效或产生故障将会对安全造成危害的部件，制造应满足下列要求： 3.8.2.1　应保证生产和招回的可追溯性。能够确认所使用材料的来源、各个生产阶段的相应人员，以及生产工艺文件。 3.8.2.2　所有部件的可追溯性相关技术资料应认真保存。 3.8.2.3　至少下列部件应进行无损探伤，并符合 JB 4730 标准中的Ⅱ级要求： 抱索器内、外抱卡；驱动轮、迂回轮、导向轮的轴；托(压)索轮组的主轴；绳头套筒；钢丝绳末端固定轴；托(压)索轮组人绳端铸造侧板及轮体；运载工具的轴及吊杆或吊架。 3.8.2.4　索道设备出厂时应按有关标准进行严格检验，并出具合格证书，不符合设计要求的设备，严禁出厂。涉及人身安全的新设备，必须经过型式试验及鉴定合格后，才能在工程中采用

表 58-25

驱动装置 为了确保安全运行，驱动装置除设主驱动系统外，还应设辅助或紧急驱动系统，当主电源、主电机或主电控系统不能投入工作时，辅助或紧急驱动系统应能及时投入运行。驱动装置应有 0.3m/s～0.5m/s 的检修速度。 双牵引索道的驱动装置，应设机械差动或电气同步装置。运行速度小于等于 3m/s 的小型双牵引索道，可不设机械差动或电气同步装置。 主驱动装置 主驱动装置应能在不利的载荷情况下，以最小为 0.15m/s^2 的平均加速度启动，而且在两个方向都可以运行。 主驱动装置在运行时，出现下列任何一种情况时，应能自动停车： 无电压或电压降低到特定最小值以下时；功率消耗上升到特定最大值以上时；最高运行速度超过额定值 10%；其他安全保护设施起作用。 辅助驱动装置 运行速度宜为主驱动装置运行速度的一半，应安全可靠，在不利的载荷情况下，应至少能以 0.10m/s^2 的平均加速度启动。使用辅助驱动装置时，对安全运行的要求与主驱动装置相同。 紧急驱动装置 紧急驱动装置仅仅是为了把停留在线路上的人员运回到站内。运行速度为 0.3m/s～1.0m/s。应配备必须的安全装置，保证将线路上的人员在相应的运行速度下安全地运回到站内。 电气设备应与主驱动装置彼此分离，不同的驱动装置之间应进行连锁。 应能在主驱动装置发生故障或遥控失灵的某些情况下，15min 之内投入运行。 驱动轮上力的传递 应验证最不利的位置上，下列载荷情况下钢丝绳的最大张力、最小张力及最大圆周力。 在匀速运动中两侧都是空车及两侧都是重车；满载上行，空车下行，起动加速度为 0.3m/s^2；满载下行，空车上行，制动减速度为 0.6m/s^2；非匀速运动时下列质量的惯性力：牵引索(或运载索)质量；运载工具质量；人员或载荷质量；由钢丝绳带动的转动部分质量。 应根据驱动装置安装的海拔高度及环境温度，验证其允许的极限值(例如：尖峰扭矩、尖峰功率、最大电流)。 动力传递部件 不允许采用平皮带传递动力。采用链条传递动力时外壳应封闭并有固定的润滑装置。动力传递装置中的联轴器、万向节等应按照设定的载荷进行计算。液压动力传递装置应保证在两个方向都可以平稳启动。 制动器 所有的驱动装置(主驱动、辅助驱动)应配备两套彼此独立的能自动动作的制动器，即工作制动器和安全制动器。如果索道在任何负荷情况下运行都不产生负力，断电后能自然停车，并且停车后不会倒转，允许只配备一套制动器。各种驱动装置可以有共同的制动器。 每一套制动器应能使索道在最不利载荷情况下停车，每一套制动器应根据下列最小平均减速度计算相应的停车行程：对于固定抱索器单线循环式索道最小平均减速度取 0.3m/s^2；对于其他索道最小取 0.5m/s^2。 当制动器的制动力减少 15%时，还应能使设备停车。

续表 58-25

对循环式索道，制动系统制动减速度不得大于 $1.25m/s^2$；对于往复式、脉动式索道，制动系统制动减速度不得大于 $2.0m/s^2$。

工作制动器和安全制动器不应同时动作(会直接造成重大事故时除外)。

应采取措施防止制动块及刹车面沾上液压油、润滑油脂和水。制动器的所有部件的屈服限安全系数不得小于3.5。

制动器应符合下列要求:正向和反向制动动作应相同;制动力应均匀地分布在制动块上;应能补偿制动片的磨损;制动行程应留有余量;在选择制动弹簧时，弹簧的工作行程不得超过其有效行程的80%;在选择制动弹簧特性时，应做到在无自动调整的情况下，制动片磨损1mm时制动时间的延长不得超过给定值的10%;闸瓦间隙的分布应均匀并在允许的范围之内;制动块的压紧力应由重力或压力弹簧产生，其力的传递应为机械式的;对气动、液压制动器还应检查其开启、闭合位置和相应的压力。

安全制动器应直接作用在驱动轮上，或作用在具有足够缠绕圈数的卷筒上或作用在一个与驱动轮或卷筒连接的制动盘上。安全制动器应能在控制台上或其他控制位上手动控制。

绳轮

绳轮应按不利载荷同时出现时力的组合作用在绳轮上进行计算，绳轮的屈服限安全系数应不小于3。

采用焊接绳轮时应消除内应力。绳轮应镶有橡胶或其他合适的工程材料，其衬垫槽型应与运行的钢丝绳相适应。

绳轮轮缘的形状及深度应防止钢丝绳脱槽;绳槽的深度不得小于1/3的钢丝绳直径，绳槽的半径不得小于钢丝绳半径;绳轮轮缘的高度(绳轮外圆半径与轮衬槽底半径之差)不得小于一倍钢丝绳直径。

当支撑绳轮的心轴或转轴断裂时，应具备防脱索及接住绳轮的装置。

传动轴、转轴及心轴

在低温下使用时，应选用在低温中具有足够韧性及延伸率的材料。驱动轮的轴，其最小的疲劳安全系数不得小于右表中的值。

载荷情况	疲劳安全系数
匀速运动时，空车上行空车下行	2
匀速运动时，重车上行空车下行	1.33

此外应考虑载荷波动系数1.1和寿命系数1.5。还应考虑表面状况、结构部分的表面粗糙度及其形状。

当匀速运动时并在最大的钢绳张力和时，心轴的屈服限安全系数应不小于3.5。

张紧装置

承载索采用两端锚固时，应可以测量(通过测量角度或油压压力)和调整钢丝绳张力。

张紧装置的行程至少为以下各项之和:温差60℃而引起的长度变化;承载索0.5‰的永久伸长;运载索和牵引索1.5‰的永久伸长;各种运行载荷情况下钢丝绳垂度不同而产生的长度变化;各种运行载荷情况下钢丝绳的弹性伸长，对于运载索和牵引索的弹性模数可取 $80kN/mm^2$(新绳)和 $120kN/mm^2$(旧绳)进行计算。

当张紧重锤的位置或液压张紧装置的位置可以调节时，可按30℃的温度差计算张紧行程，不考虑钢丝绳的永久伸长。调节装置应满足各种运行情况下钢丝绳垂度不同而产生的长度变化。

重锤张紧装置应符合下列要求:应保证在气候条件不好的情况下也能正常运动。应采用机械限位的方式限制行程，在正常运行的情况下，不应达到终端位置。张紧装置运动部分的末端应装设行程限位开关并对其进行监控。

应在张紧小车上设有指针，在相应固定机架上画上刻度表，刻度表上的零点应为张紧小车在站口侧的极限停车位置。

张紧重锤和张紧小车的导向装置应保证张紧重锤和张紧小车即使在钢丝绳振动或撞击到缓冲器上时也不会发生脱轨、卡住、倾斜或翻倒现象。驱动装置和张紧装置设在同一站时，张紧小车和张紧重锤的运动应不受扭矩影响。

张紧绳轮应镶有衬垫，其弹性模数应小于 $10kN/mm^2$，绳槽的深度不得小于1/3的钢丝绳直径，绳槽的半径不得小于钢丝绳半径;绳轮的轮缘高度(绳轮外圆半径与轮衬槽底半径之差)不得小于一倍钢丝绳直径。

重锤张紧装置应具备起吊装置以便于进行维修工作。张紧重锤的支撑结构、钢绳的附件和端点连接处应便于检查、检修和更换。张紧重锤和锚固点的连接处应防止锈蚀。

液压张紧装置应符合下列要求:应设置安全阀，安全阀应有单独的卸压回路;液压管路和连接元件的破裂安全系数不应小于3;油压系统应设手动泵，在使用紧急或辅助驱动时，液压张紧系统应能够运行。

应设油压显示装置。在低温地区工作的液压张紧装置应有防冻措施。油缸的固定点应采用球铰。

脱开器、挂结器

应在规定的速度脱开和挂结，并应能降低运行速度反向运行。应保证在脱开、挂结区段仅有一辆车。应将有效载荷提高50%进行设计。应防止雨雪侵蚀妨碍脱挂过程。应考虑运行时检查和维修的方便。应能调整抱索器和钢丝绳的相对位置。

续表 58-25

加速装置和减速装置 运行的平均加速度和减速度不应超过 1.5m/s²。当抱索器挂结到钢丝绳上时抱索器的运行速度与钢丝绳的速度之差不应大于 0.3m/s。运行速度和运行方向应自动地与钢丝绳运动相适应。 应通过摩擦传动实现加速以及减速,摩擦传动应在干燥的环境情况下以平均的加速度以及平均的减速度进行实验,防滑系数应大于 2。在倾斜的主运行轨道仍然应使用摩擦传动进行加速和减速。 索道在停车状态时应防止运载车辆在倾斜的主运行轨道上运动。在紧急驱动时应能使用。当索道车辆反向运行时应能正常工作。雨雪天气应能正常工作。还应考虑运行检查和维修的方便。 控制车辆间距的阻车器 脱挂式索道的站内应装设阻车器保证在区段上车辆间距不小于最小允许的距离。 车辆间距应与索道运行速度及车辆载荷无关。若仅在一个站装设了限制车辆间距的阻车器,则在另一个站不得改变发车间距。 车辆的开门和关门装置 脱挂索道车厢的关门装置应装设在上车区域的末端和开始加速的位置。开门装置应装设在离开减速装置,到达下车区域,速度降低到该区域规定的运行速度的位置。带篷盖的敞开式运载工具,篷盖应关牢,在线路上不允许打开。 位置指示器 往复式客运索道应设置位置指示器。应按线路斜长和运行程序进行显示。显示的线路图像应以钢丝绳运行轨迹为基础;当车辆到达终端位置时,应能自动校正偏差(零位检查)。应能自行识别运行方向。电网停电时,应保留位置指示器的功能。应具备行程指示和安全信号传递的功能:固定点检查;同步监控;零位检查。 应符合规定的精确度,至少在进站范围内,其显示精度不得大于 1m 钢丝绳的长度。 车辆导向装置 应能限制车辆的横向偏摆和纵向偏摆,并应考虑车辆在高度方向的变化。应保证车辆在横向偏摆及纵向偏摆时不得停留在装置上。 应按最大冲击力和最大导向力进行计算。必要时还应在装置上敷设橡胶等软质材料以吸收能量。 缓冲器 双线往复式索道运行轨道的末端应装设缓冲器。应计算缓冲器允许的压缩行程。缓冲器的结构应保证车辆的运行机构不从缓冲器上碾过。 支索器 当跨度大而使牵引索行程过大或牵引索的垂直净空尺寸不符合要求时,应在双承载索的跨间设置支索器。 应适应两根承载索水平移动不一致和相对横向摆动的工作状况。不得影响客车顺利通过,并与车轮有足够间隙。移位时间间隔不得大于半年

16. 站房

现行标准 GB 12352—1990 对人行通道、往复索道的站台、脱挂式索道的站台等,都未作具体规定。欧洲标准都有具体要求,GB 12352 修订后的报批稿增加了这部分内容,见表 58-26。

表 58-26

6.1.11 乘客人行通道的宽度不应小于 1.25m;工作人员通道不应小于 0.6m。 6.1.12 乘客通道和乘客活动范围边缘与邻近地面的高差大于 1.0m 或邻近地面的坡度大于 60%时应装设刚性栏杆,栏杆的间隔和高度应符合有关规定。 6.1.13 站口离地高度超过 1.0m 应装设防护网。 6.1.14 对于车厢或吊篮式索道,站内应设防止客车横向摆动的导轨。 6.2 站台 6.2.1 往复式索道的站台 6.2.1.1 站台地平宜水平并与客车地板齐平,车槽长度应不小于车厢长度的 1.5 倍,再加上当缓冲装置被压实后,允许客车纵向摆动 15%时的距离。 6.2.1.2 客车出入口处应设导向装置,站台内车槽上的导向装置与客车的间隙不得大于 50mm。站台端部边缘应设护栏,高度不小于 1.1m,能承受 1kN/m 的横向载荷。 6.2.1.3 客车离站后,站台上下车处的护栏应封闭。 6.2.1.4 未设隔离设施的车槽两侧的站台不得作为候车区。 6.2.1.5 车厢地板距站台地平的高差不得大于±150mm。

续表 58-26

6.2.2　固定抱索器索道的站台 6.2.2.1　单人吊椅式索道的站台长度不得小于吊椅每秒钟运行距离的 4 倍；双人吊椅式索道的站台长度不得小于吊椅每秒钟运行距离的 5 倍；当两人不能同时上下车时以及两人吊厢式、吊篮式索道其站台长度不得小于运载工具每秒钟运行距离的 7 倍。大于 2 人的运载工具索道其站台长度应不小于运载工具在站内每秒钟运行距离的 9 倍；滑雪索道的站台长度不得小于吊椅每秒钟运行距离的 3 倍，在任何情况下应不小于 2.4m。 6.2.2.2　上下车位置处吊椅座位面距地面高度在静载荷下应在 400mm～600mm 之间（从座椅前边缘中间位置测量）。 6.2.2.3　对于车厢或吊篮式索道，上、下车站台宜与客车地板齐平。 6.2.2.4　站台地面的纵向和横向坡度不得超过 8%。 6.2.2.5　滑雪专用索道下车后的滑行坡道宜为 20%，最大不得超过 40%。 6.2.2.6　对于固定抱索器吊椅索道的上车区装设的上车皮带应符合下列要求： ——上车皮带与运载索的相对速度不应超过 1m/s； ——上车带的长度应保证最先的上车位置、最后的上车位置与上车带末端之间的距离不得小于 1m； ——滑雪者的通道调节装置应在上车带方向，并能够根据车辆位置自动监控调节。当自动通道调节装置失效时，上车带不得运行。 6.2.2.7　对于运送滑雪者的固定抱索器吊椅索道下车区应是直线，下车区的水平长度不得小于吊椅 1.5s 运行的距离。 6.2.3　脱挂式索道的站台 6.2.3.1　在上下车范围内，吊厢车门打开后与周围固定构筑物间的净空不得小于 1.2m，在其他位置上不得小于 0.5m； 6.2.3.2　站内应设有停放车辆的备用轨道，载有乘客的车辆不得通过道岔进入备用轨道，若在中间站须经过道岔时，则该道岔应装设机械或电气的闭锁装置； 6.2.3.3 对于运送滑雪者的脱挂式吊椅索道下车区应是直线，下车区的水平长度不得小于 2m

17. 线路设施

（1）支架顶部允许变形（表 58-27）

表 58-27

欧洲标准 PrEN 13107	GB 12352 修订后报批稿
9.4.4.2　规定： 支架在各种工作状态下，特别是受侧面风力时，其弹性变形不应影响导向装置的安全和钢丝绳的稳定性，也不应使钢丝绳在鞍座处有很大的磨损。运行时支架顶部的允许变形应小于下列比例极限值： ——托索支架：沿索道中心线为 $H/300$； ——压索和托压索支架：沿索道中心线为 $H/500$	比欧洲标准增加了关于垂直于索道中心线的允许偏差，见 7.1.5： 7.1.5　支架在各种工作状态下，特别是受侧面风力时，其弹性变形不应影响导向装置的安全和钢丝绳的稳定性，也不应使钢丝绳在鞍座处有很大的磨损。支架顶部的允许变形应小于下列比例极限值： a)运行时： ——托索支架：沿索道中心线为 $H/300$；垂直索道中心线为 $H/500$； ——压索和托压索支架：沿索道中心线为 $H/500$；垂直索道中心线为 $H/800$。 b)非运行时： 沿索道中心线为 $H/100$；垂直索道中心线为 $H/200$。 H 为支架高度

（2）支架及基础设计工作寿命

现行标准 GB 12352—1990 未作具体规定，参照欧洲标准，GB 12352 修订后规定支架及基础宜采用如下设计工作寿命：单线架空索道为 30 年；双线架空索道为 50 年。

（3）检修平台机构及设计计算

现行标准 GB 12352—1990 未作具体规定，参照欧洲标准，修订后规定见表 58-28。

表 58-28

7.2.6　检修平台 7.2.6.1　为了沿钢丝绳进行救护和维修轮组的工作，在支架上应安装有检修平台。检修平台不应与轮组相连。 7.2.6.2　进行检修平台的结构设计和计算时应考虑：平台的坡度应对应于钢绳的平均倾角；在不利的位置单个载荷为 2kN；均布载荷按 2.0kN/m²；作用在栏杆上的横向载荷按 0.5kN/m；平台不应限制车辆的纵向和横向偏摆；平台应防滑（油脂、冰）和防坠落；支架的扭转振动

(4) 对于支架上的承载索鞍座、托压索轮组的安全要求

现行标准 GB 12352—1990 规定较粗，参照欧洲标准，修订后规定如表 58-29。

表 58-29

7.2　支架上的设备

7.2.1　承载索鞍座

7.2.1.1　支架上承载索鞍座应采用固定式鞍座。

7.2.1.2　有客车通过的鞍座应符合 4.2.3 条的规定，还应满足下列要求：

$$R \geqslant 0.5v^2$$

式中：R 为固定式鞍座曲率半径，m；v 为客车通过鞍座时的运行速度，m/s。

7.2.1.3　鞍座应有足够的长度，以保证即使承载索在不利的张力和有效载荷增加 10% 的情况下，两端均留有 0.03rad 的余量。鞍座端部应为圆弧，圆弧的半径不得小于 5 倍承载索的直径，长度不得小于承载索直径的 3 倍。

7.2.1.4　承载索鞍座在钢丝绳移动的部分应装设对钢丝绳无损害的材料制成的衬垫并装有必要的润滑装置。

7.2.1.5　鞍座的形状应保证客车制动器能从鞍座上通过并尽量避免制动块与鞍座相碰。

7.2.1.6　承载索鞍座不应限制车辆的纵向和横向摆动的自由度。承载索鞍座的下部结构应不影响车辆纵向摆动。

7.2.1.7　对于跨度大和风大地段的支架鞍座，应设置防脱索装置，但不得妨碍承载索的滑动和客车的顺利通过。

7.2.2　牵引索导向装置

7.2.2.1　牵引索的托索轮组上应装设钢丝绳的内导向和外导向装置。

7.2.2.2　应防止脱索的牵引索挂在支架上或钢丝绳导向装置上。应设置牵引索脱索后的自动复位装置。

7.2.3　托(压)索轮组

7.2.3.1　应使单线索道支架上托(压)索轮组的各个托(压)索轮受力均匀。

7.2.3.2　应在托(压)索轮外侧安装捕捉器，内侧安装挡绳板，不得妨碍抱索器通过托索轮。

7.2.3.3　捕捉器应符合下列要求：捕捉器的位置应不影响抱索器的通过并在有利的位置捕捉钢丝绳；也不影响托索轮的灵活性；槽深不得小于钢丝绳直径的一半；在不利载荷下捕捉器的屈服限安全系数应大于 1.5；脱索时作用在捕捉器上的力应按线路计算时该支架最大支承力的 1.3 倍计算，钢丝绳与捕捉器之间的摩擦系数取 0.30。

7.2.3.4　运载索托(压)索轮组应装设保护开关，当钢丝绳一旦脱索，保护开关应动作使索道停车。保护开关在脱索后不得自动复位。

7.2.3.5　脱索保护开关应装设在正常运行方向的入绳端，六轮以上的托(压)索轮组在出绳侧也应装设保护开关。

7.2.3.6　托(压)索轮应加衬(模数 E 不大于 5000N/mm^2)，且衬槽深应大于钢丝绳直径的 1/10。

7.2.3.7　运载索托(压)索轮槽深$(D_1-D_2)/2$(D_1、D_2 的定义见 3.5.2.5)不得小于钢丝绳直径的 1/3 且不小于 10mm。轮子边缘超过托索轮衬圈的高度不得小于钢丝绳直径的 1/6 且不得小于 5mm。

7.2.3.8　牵引索托(压)索轮的槽深不得小于钢丝绳直径的 1.5 倍，且不得小于 50mm，站内牵引索托索轮允许例外。

7.2.3.9　托(压)索轮组上最小压力应符合 3.5.2 条的规定，并均匀分布，在线路支架上不允许使用单个托索轮。

7.2.3.10　在匀速运动时，钢丝绳最大力作用在支架上时托(压)索轮组的均衡梁、轴和固定件的屈服限安全系数应大于 3.5。

7.2.3.11　托(压)索轮的滚动轴承应按轴承生产厂的说明和规范进行计算，滚动轴承的计算寿命不得小于 25000h，计算时可以不考虑风载荷。

7.2.3.12　应防止托(压)索轮组整体翻转。

7.2.4　在压索支架或又托又压支架的横梁上应装设二次保护装置。

7.2.4　起吊架

7.2.4.1　在支架上应装有固定的起吊架。

7.2.4.2　对于压索支架或又托又压的支架，在垂直于钢丝绳的基础上或基座上应锚固一个提升钢丝绳的设施。

7.2.4.3　设计起吊架时应考虑：最大钢丝绳力；小型起重装置的布置；钢丝绳抬起时所产生的偏斜拉力

18. 运载工具

(1) 运载工具的计算。

现行标准 GB 12352—1990 未作规定，参照欧洲标准 Pr 13796-1，GB 12352 修订后报批稿规定见表 58-30。

表 58-30

8.2.1　对于运载工具应计算下列诸力和力矩： 所有部件的自重(G)；有效载荷(Q)：单座位乘客按 880N 计算，双座位乘客按 1670N 计算，其他型式的每人按 740N 计算；对于运送滑雪者的索道，每人增加 50N 装备的重力；风力 F_w：运行时风压为 0.25kN/m^2； 停运时风压为 0.8kN/m^2。 阻尼力矩(M_Y)：由纵向摆动阻尼产生的力矩，在双线索道取如下值：在吊架上带有减振器的为每人±100N·m；在吊架上不带有减振器的为每人±25N·m。 旋转力矩(M_Z) 由水平力产生的力矩，在双线索道取以下值：M_Z＝±50N·m/每人 运行中每人的撞击力：对于往复式索道，每人的撞击力 H_{YZ}＝200N，作用在车厢一半的高度，即可能是最不利的冲击位置上；储能弹簧力 F_f：脱挂抱索器或固定抱索器由储能弹簧产生的力；打开抱索器和关闭抱索器的力(O)；迂回力：固定抱索器循环式索道通过迂回轮时作用在运载工具上的动态力；客车制动器动作时的力(Q_F)。 8.2.2　应验证静力破断强度及结构在疲劳负荷下的疲劳强度。验证时应考虑结构部分的材料以及表面厚度和形状。运载工具的承载构件、牵引索的连接装置、客车制动器的制动元件等其破断强度安全系数应不小于 5。结构的疲劳强度安全系数应不小于 1.35

(2) 无客车制动器的往复式索道

现行标准 GB 12352—1990 规定往复式客运索道超过 6 人的客车都必须装设客车制动器，随着技术的发展，欧洲在 20 世纪 80 年代末，往复式客运索道采取一定的安全技术措施后，允许不装设客车制动器。欧洲标准 Pr 12929-2 无客车制动器往复式索道的补充要求，详细作出了规定。参照欧洲标准，修订后规定见表 58-31。

(3) 吊厢、车厢门、吊架及吊椅结构上的安全要求

现行标准 GB 12352—1990 未作具体规定，参照欧洲标准，修订后规定见表 58-32。

表 58-31

对于双线往复式客运索道，客车容量超过 6 人的单牵引索道应装设作用在承载索上的客车制动器。经论证允许满足下述几项要求不装设客车制动器：所使用的牵引索应编成一根连续的环线；牵引索抗拉安全系数应不小于 5.4；对牵引索全部长度范围内能用磁感应探伤仪进行定期的检查；车辆固定到牵引索上应至少用两个同时起作用的独立元件（夹索器），其防滑力之和至少应为车辆最大下滑力的 4 倍。 12.3.5　无客车制动器的往复式索道特殊的维护要求 12.3.5.1　客车的夹索器应在 200 个工作小时或 90 个工作日之内进行移位。同时，应用肉眼检查钢丝绳的夹紧部位和编接部位。 12.3.5.2　投入使用的第 1 年，应在 200 个工作小时或 4 个工作周之内用探伤仪对牵引索进行全面检查。 12.3.5.3　投入使用的第 2 年至第 10 年，应在 1000 个工作小时或 1 年之内用探伤仪对牵引索进行全面检查。 12.3.5.4　投入使用的第 10 年以后，应在 200 个工作小时或 90 个工作日之内用探伤仪对牵引索进行全面检查。 12.3.5.5　停止运行 3 个月或更长的时间后，在重新投入运行前用探伤仪进行检查。 12.3.5.6　对牵引索的夹持段进行探伤检查时，如发现牵引索的损伤达到规定指标的一半时，对夹索器的移位和探伤检查的间隔时间还应缩短。 12.3.5.7　夹索器应沿固定方向进行移位，移位的距离不得小于夹索器长度、夹索器两端附加装置的长度和牵引索 2 倍捻距三者的总和。 12.3.5.8　不得在牵引索编接范围内固定客车。夹索器与编接部位之间的距离不得小于编接长度的两倍

表 58-32

8.6　吊厢 8.6.1　吊厢的外面应装备长条板或缓冲件。 8.6.2　吊厢内应张贴乘客须知。 8.6.3　运送站立乘客车厢的护板（护栏）距地板的高度应大于 1.1m；运送坐着乘客车厢的护板（或护栏）距座椅面的高度应大于 0.35m。 8.6.4　车窗应由不易裂碎的材料制成。窗子的开启程度一定要保证在支架和站房范围内不会对乘客造成任何危险。 8.6.5　吊厢应考虑必要的通风设施。

续表 58-32

8.6.6 吊厢的地板应防滑并装有排水口。
8.7 往复式索道车厢
8.7.1 车厢内应留有一个操作位置,乘务员位置的面积应不小于 0.40m²。
8.7.2 带有客车制动器的车厢内应预留手动操作客车制动器的位置。
8.7.3 运送站立乘客的车厢,车厢内净空高度不得小于 2.0m,并应设拉杆和扶手。
8.7.4 车厢宜设前灯和内部照明。
8.7.5 车厢的顶部和底部应设有人孔及可通到车厢顶部的梯子。人孔的大小应能通过直径为 0.60m 的球体。当使用底部人孔时,人孔周围 2/3 以上的区域应有保护装置。
8.7.6 在车厢底部的人孔处应有放绳设备的固定位置,此固定位置应能容易并安全地进行放绳的操作。
8.7.7 车厢内应贴有准乘人数的说明,其有效载荷以 kg 计,在没有乘务员的车厢内还应贴有在线路上如何处理临时停车事故及严禁吸烟的公告。
8.7.8 其余要求参照 8.6 中的相应条款。
8.7.9 配备有救援车的索道,车厢端部应设门或活动窗。
8.8 车厢门
8.8.1 车厢应装有不易误开的门。门应能闭锁,闭锁的位置应可以检查。
8.8.2 自动操作门的要求如下:门的锁紧力不得大于 150N;门的边框上应装有软边;当自动操作机构失灵时,门应能手动开启。
8.8.3 在无乘务员的车厢内,车厢门不允许乘客自行打开。
8.8.4 车厢门不得由于撞击或大风的影响而自动开启。
8.9 吊架
8.9.1 封闭式吊架或钢管吊架,其壁厚不得小于 2.5mm。内外壁应防锈蚀,且在适当的位置上设有排水孔。
8.9.2 吊架头部和受力较大的部位不得有横向焊缝。
8.9.3 吊架与车厢或椅座连接处应设减震装置。
8.9.4 对于运行速度大于 3m/s、容量大于 16 人的往复式索道的客车应设置防摆装置。吊架上部应设带护栏的检修平台。
8.9.5 吊架的长度应保证车厢或吊椅在最大坡度处纵向和横向摆动 0.35rad(35%)时不触及索道线路上的任何部位。
8.9.6 弧形和管形吊架的内曲率半径应不小于型材高度的 3 倍或管子外径的 3 倍。
8.9.7 对于将承载索封闭的 A 形吊架,重心的偏斜值不应大于±50mm。
8.10 吊椅
8.10.1 吊椅应带有靠背、扶手和一个向上翻起的封闭护栏。护栏应可由乘客操作而不受到伤害(挤压和剪伤);操作护栏的力不应超过 100N;护栏应与脚蹬相连。
8.10.2 吊椅下部前边缘不得有凸出、锋利的棱角。
8.10.3 座椅面应全部承载,并向后倾斜 25%~35%,其深度应在 0.45 和 0.50m 之间。
8.10.4 有座位时每人的座位宽度应为:一排乘坐两人以下时取 0.5m;一排多于两人时取 0.45m。
8.10.5 每一个吊椅应装备靠背,靠背高不得小于 0.35m,靠背下缘与座椅面的间隔不得大于 0.15m。
8.10.6 外罩
8.10.6.1 吊椅外罩应能与护圈分别动作。打开护栏应打开外罩。此外,当空吊椅时外罩应能强制地关闭并锁上。
8.10.6.2 外罩应可由乘客操作而不受到伤害(挤压和剪伤);操作外罩的力不应超过 100N。
8.10.6.3 外罩应由不易破碎的材料制成

19. 电气设备

现行标准 GB 12352—1990 中电气设备要求都十分简单,参照欧洲标准,修订后增加的内容较多,见表 58-33。

表 58-33

9 电气设备
9.1 一般规定
9.1.1 索道应有两套独立的电源供电。可采用双回路电源或柴油发电机作为备用电源,也可用内燃机作备用动力。在没有备用电源的情况下不得运营。
安全电路正常工作时应是闭合回路,而且应通过中断电路的方式来完成其功能。

续表 58-33

索道交流供电电源稳态电压值应为 0.9～1.1 倍额定电压，稳态频率值应为 0.98～1.02 倍额定频率，在电源周期的任意时间，电源中断或零电压的持续时间应小于 3ms，相继中断间隔时间应大于 1s；直流供电电源中断或零电压的持续时间应小于 20ms，相继中断间隔时间应大于 1s。 所有信号应在其所需的全部条件具备后才可传递。一旦某一保证安全的条件没有具备，则应取消该信号的传递。 索道运行时，准备就绪或要求运行的指令信号应自动撤销。 采用遥控或自动化控制的索道，应也能采用手动控制的方式作业。 从一种控制方式切换成另一种方式，应在停车的情况下进行。 以下地方应安装维修开关(安全开关)：机房内；各站和各中间停车点机械设备的维护区域和工作平台上；运载工具的控制点；控制台上。 在以下地方应安装紧急停车按钮：控制台；每个工作平台；每个中间停车点；每个站房；运载工具的控制点；如有必要，安装在往复式架空索道的客车里。 紧急停车按钮应独立于 PLC。 安全功能的屏蔽应通过钥匙开关或类似的元件进行；屏蔽安全功能，控制操作应通过控制台进行；应使操作人员能清楚地看到安全功能屏蔽指示。安全功能结束屏蔽应容易辨识。 辅助驱动装置、紧急驱动装置及救护驱动装置的电气装备应与主驱动装置的电气设备彼此分离，不同的驱动之间应进行连锁。 9.2　电气拖动装置 9.2.1　电气拖动装置应能在规定载荷范围内不仅可以立即平稳起动，且能双向运转。它的容量应按在不利的载荷情况下以最大允许的运行速度连续运转进行计算。 9.2.2　主拖动装置应能在不利的载荷情况下，以最小 $0.15m/s^2$ 的平均加速度启动。允许的平均加速度为 $0.5m/s^2$ 和瞬时加速度(在 0.5s 内的平均加速度)不超过 $1.5m/s^2$。 9.2.3　为了保持给定的运行速度，电气拖动装置应能在制动和电动状态之间平稳转换。在这种情况下： 如果没有充分的理由应是 4 象限的拖动；应保证拖动装置的扭矩随载荷变化。 运行速度应不受载荷变化影响，正常情况下运行速度的变化不得大于±5%。在各种作业工况下所有的调速回路都应保持稳定状态，并留有足够的安全裕量。当工作制动器或安全制动器引起紧急停车时，主电机电源应立即自动切断；其他停车情况下主电机电源最迟在车停时切断。如采用双驱动结构，则所有电机在每种作业工况都应工作。 控制 运行指令应在所有涉及安全起动的条件都具备时才能生效。改变运行方向指令应在索道完全停车后才能生效；发出反向运行的指令后，索道不得溜车。屏蔽了一个或多个安全设备时，发出运行指令后不得出现溜车。确定运行速度给定值时，应保证低速优先。运行过程中，在控制台应能在任何时候对运行速度进行控制。在其他控制位置应能进行减速和停车控制。停车指令应优先于其他控制指令。往复式索道和脉动循环式索道在站内及线路上速度的控制：当最大运行速度超过通过支架允许的运行速度时，应控制车辆在过支架时减速。在车辆进站时应配备两套以上的减速设施控制车辆减速。往复式索道的控制台上应显示车辆在线路上运行时所处的位置，而且：应能改变车辆在线路上的行驶方向；应能自动修正车辆在站内的正常停车点位，使其各自都处于相应的起始位置；应以米为单位显示车辆距站房的位置；应标明支架位置及车辆进入减速区的开始点及线路上其他的重要位置；当采用其他驱动装置时，车辆位置的显示功能也应完好；即使位置行程指示器损坏，也应具备车辆位置的控制功能。 9.4　安全电路 9.4.1　索道的全部安全装置应组成安全保护电路，当线路断电或某一安全装置发生故障时，应能自动停车。未查清故障之前不得重新启动。 出现下列情况之一时，索道应自动停车，并能在控制室内显示故障部位：运载索脱索；减速度或减速位置不符合设定要求；运行速度超过设定速度 10%；客车超过停车位置；往复式和双线循环式索道的牵引索产生了缠绕承载索；客车制动器制动；张紧装置到达上下限位置；电气装置的常规保护发出故障信号；往复式索道牵引索断绳。 线路安全回路的电源电压应小于交流有效值 25V 或直流 60V。延迟触发紧急停车不应超过 500ms。 不得将阻值在故障时会减小的电阻、电容或二极管并联在作为安全关键件的断路器触点或元件上。 线路阻抗的改变或发射器和接收器间的相互干扰不得降低线路安全回路的保护功能和可操作性。 脱挂抱索器索道的安全监控应包括：抱索器挂结前的适当位置上装设挂结前状态检测装置；抱索器挂结后的适当位置上装设挂结后状态检测装置；抱索器脱开前的适当位置上装设脱开前状态检测装置；抱索器脱开后的适当位置上装设抱索器未脱开状态检测装置；在进出站脱开挂结段的适当位置应设有钢丝绳垂直和水平位置检测装置；以上检测开关动作

续表 58-33

时,索道应能自动停车;抱索器在站内适当位置上应设有抱索力检测装置并能显示,抱索力低于设定值时,索道自动停车;应具备自动调车装置,运载工具按设计间距发车,并能通过信号显示,发车间距不得小于设计值;自动开关门吊厢索道应设有车门开关位置检测装置,车门发生故障时,索道能自动停车;应有道岔位置检测装置,道岔未进入正确位置时,索道不能运行;应按适当的距离分区,且站内应有区间保护系统;加减速及推车装置应有速度监控装置。 信号装置 应装设必要的显示设备以便于操作人员了解设备操作和运行情况,以及可能发生的故障及其原因的信息。 故障的显示应保持到下一次起动或手动复位。 对于操作和显示设备,宜选用下面的颜色: 红色:紧急状态,危险情况,紧急停车;黄色:异常状态,报警,显示异常情况;绿色:安全状态,正常情况,正常停车;蓝色:待令状态,要求动作; 白色/灰色/黑色:中间状态,没有特殊含义,边界线。 重要的电压值和电流值以及重要的监测信号,应通过检测设备或与之等效的设备加以显示。 应配备运行计时器。应在受风最大的位置装设风力报警装置,在有人的站房设置风速显示装置及报警装置。 测试 以下安全保护功能应能够方便地进行人工测试: ——超速停车; ——往复式索道或脉动式索道中每个运载工具进站的监测系统; ——循环式脱挂索道,站内各吊厢出站、进站、运行的安全保护功能; ——工作制动器单独动作; ——安全制动器单独动作; ——减速监测系统。 测试设备及其动作不应对正常操作构成损害。 测试过程应不影响和改变被测试元器件的功能。 测试单个制动器时,不得影响其他制动器使用。 通信 站房之间应有自己独立的专用电话,并有一套备用通讯系统。 对于客车容量在 16 人以上的自动控制索道上,车厢和驱动站之间应有通话联系。 如不要求客车和驱动站之间进行通话联系,则在出故障时应有其他通信方式将情况及时通知乘客(如在支架上装设扬声器)。 应至少有一个站房或在站房附近装设外线电话。 应配备线路上进行钢丝绳检测、设备维修以及救护时所用的无线电对讲机。 当安全功能已经部分或全部被屏蔽,工作电话系统应保持始终畅通。 在停电情况下广播系统应仍然保持有效。 防雷和接地 索道站房、线路支架、未绝缘的钢丝绳、机械设备及所有金属构件应直接接地。在线路上接地联线相隔不得大于 500m。应定期检查接地电阻数值,其冲击接地电阻数值要求如下: ——索道站房≤5Ω; ——机械设备、钢丝绳和站内金属构件≤5Ω; ——线路支架小于 30Ω。 建在雷击频繁地区的索道,宜在承载索或运载索的上方设置单避雷线或双避雷线。 应采取技术措施防止雷电波形成的高电压从电源入户侧侵入。 在电源引入的总配电箱处,宜设过电压保护器

20. 试车

现行标准 GB 12352—1990 跟欧洲标准规定基本相同,修订后规定更为详细,见表 58-34。

表 58-34

11　试车 11.1　一般规定 索道试车应在土建、设备安装工程完成后,经全面检查已具备试车条件时进行。 11.2　无负荷试车 11.2.1　单机调试

续表 58-34

11.2.1.1　应从部件至组件，组件至单机逐级调试，且上一步骤未合格，不得进行下一步骤的试车。 驱动机等主要设备的连续运转时间不应小于 4h，其中额定速度下的运转时间不应小于 2.5h。 驱动机等主要设备的液压控制和润滑系统应畅通，油压、油位和油温应在规定的范围内。 机组联动试车 在单机调试的基础上，应进行机组联动试车。各设备应配合良好、动作协调，累计试车时间不得小于 4h。 牵引索或运载索试车 牵引索或运载索安装合格后，应由慢速至额定速度进行试车，累计试车时间不得小于 4h。 牵引索或运载索在托、压索轮组上应稳定，不得有跳索现象； 线路监控装置应灵敏可靠； 驱动机启动、制动应平稳、可靠，安全保护设施动作应准确，试车应无异常现象。 11.3　负荷试车 11.3.1　空车试车 11.3.1.1　分别由端站和中间站各发一辆空车，以慢速、额定速度进行通过性能检查，不应有任何阻碍； 循环式索道应以额定运行速度，按 8 倍设计车距将空车布满全线进行试车，再按 4 倍、2 倍直至设计车距布满全线进行试车。上一步骤未合格前，不得进行下一步骤的试车；全过程累计试车的时间不得小于 40h。 11.3.2　往复式客运索道重载试车 11.3.2.1　采用与乘客质量等同的重物进行； 11.3.2.2　应按设计载荷的半载、偏载(重上空下、空上重下工况)、满载分别进行试车； 11.3.2.3　控制系统应进行多次检测，并应检查超速、减速、越位、速度同步等监控装置的连锁性能； 客车制动器应按设计要求进行检测； 全过程累计试车的时间不得小于 40h，其中在额定速度且满载条件下运行的时间不得少于 5h。 循环式客运索道重载试车 采用与乘客质量等同的重物进行； 应按设计载荷的半载、偏载(重上空下、空上重下工况)、满载分别进行试车； 控制系统应进行多次检测，并应检查索道在偏载、满载情况下的启动和制动性能，并应检查站内和线路监控装置的连锁性能； 全过程累计试车的时间不得小于 40h，其中在额定速度且满载条件下运行的时间不得少于 5h。 11.4　紧急驱动(或救援驱动、辅助驱动)的试车 11.4.1　应符合 5.1.3、5.1.4 的有关规定； 11.4.2　营救设施应可靠

21. 营运

现行标准与欧洲标准基本相同，但每日检查、每月检查、每年检查的内容未作具体规定，参照欧洲标准，修订后规定见表 58-35。

表 58-35

12.2.3　每日检查应包括下述内容： ——直接触发紧急停车的安全电路、主电路和线路安全电路的工作状态，以及运载工具进站和出站的检测设备； ——在接地、短路或连接断开的情况下，监控电路的动作； ——检查并确认所有显示的值全部在许用范围之内； ——在最大运行速度下的电气停车的操作； ——改变运行速度的操作； ——驱动系统机械制动系统的操作； ——设备内部的通信系统； ——钢丝绳在索轮、轮子、鞍座上的位置； ——张紧重锤或行走小车的位置和行程余量； ——液压或气动系统、减速器的密封性和工作压力； ——进站区域、出站区域的支撑和轨道上冰雪积聚状况； ——脱挂抱索器进出站口的监控系统的操作运行； ——上车和下车区域的状况以及乘客进出通道的状况； ——运载工具的状况。 12.3.1　每个索道站应根据本索道制造商提供的维护使用说明书制定维护计划和定期检查计划。每月检查应特别着重如下各点：

续表 58-35

——运载索、牵引索以及救护索发生断丝或其他外部损伤的区域；
——承载索、张紧索的偏移或转向区域或其他任何发生断丝或其他外部损伤的区域；
——钢丝绳连接处(如编接处)和端部固定；
——钢丝绳和轨道在脱开和挂结区域的相互位置；
——索轮、和承载索鞍座的位置和紧固情况；
——进站、站内运行和出站的监控设备及运载工具的运行情况；
——制动器及其衬块；
——空载状态下制动系统的停车距离的测量；
——各种驱动系统的运行；
——运载工具上制动器的手动触发；
——超速保护装置的工作情况；
——运载工具:门的紧固件和锁,开关门设备；
——蓄电池；
——备品备件的储存；
——电气安全设备(例如:抱索器测试设备,减速监控和制动器的释放)。

12.3.2　每年的检查

应每年对设备至少进行一次全面的检查,包括对工作人员的保护设备的检查。在月检的基础上,应进行下述的检查和运行试验：

——对站内和线路结构上的所有基础和钢结构及其他结构如梯子、通道、防坠落保护设施和维修平台进行目检；
——对各种驱动装置(主驱动、辅助驱动和紧急驱动)进行目检和运行测试；
——对每个制动器在各种载荷条件下进行目检和工作测试,并记录测试的结果；
——对配备有客车制动器的索道,检查钢丝绳松弛时客车制动器的动作；
——对托(压)索轮组(在不拆卸的状态下,但将运载索吊起)、承载索鞍座和托索轮进行目检；
——对所有站内机械设备和张紧设备进行目检；
——对救援设备进行目检和运行测试,并进行救援演习；
——对工作人员保护设备进行目检和操作测试；
——对钢丝绳进行目检和/或电磁检测；
——对钢丝绳端部固定件进行检查；
——对安全、监控和信号设备的检查和运行测试；
——对每个运载工具包括吊杆、吊架和吊架轴进行目检。至少要对20%的抱索器进行拆卸后的目检,并要保证任何一个抱索器的连续两次检测的间隔不超过5年；
——对抱索器监控设备进行测试；
——对门的关闭和锁定设备进行测试；
——对客车制动器进行制动并测量制动行程和滑动阻力

第五十九章　启示与建议

通过与欧盟法规标准的比较，找到了其中的差异，对于国内客运索道法规标准的建设特作如下建议：

1. 完善客运索道的法规体系

我国法规体系要求客运索道的审批、设计、制造、安装、维护、使用、报废的全过程处于监控之下，但由于现有法规强制性力度不足，违法成本不高，社会守法观念不够强，因此不时有不符合安全要求、环保要求的违法客运索道出现，造成后续监管困难。希望能尽快对索道的建设立法，建立完善的法规体系，使客运索道从审批到报废的全过程都能得到控制，有利于客运索道的健康发展。

2. 完善客运索道的标准体系

我国客运索道的技术标准体系尚不完善，技术标准滞后，尚未形成完整的产品标准。建议组建标准化工作组完善客运索道产品的标准。在制定标准体系时可参考欧盟标准的制定方法，分部件制定而不是按索道型式制定。

3. 加强标准的基础技术研究

由于我国客运索道起步较晚，客运索道技术水平与欧洲相比差距较大，在技术标准方面也是跟在人家后面，人家规定多少，我们参照规定，缺乏实践研究，我们应加强这方面的研究，研究标准技术依据的科学性，关键技术指标的可靠性和合理性。通过实验验证和运行考核确定技术指标。

技术指标的总的发展趋势是降低安全系数，实现产品安全性和经济性的和谐统一。因此应研究标准的安全性和经济性，确定合理的技术指标，在保证同等安全的条件下，提高经济性。

4. 实现安全法规和技术标准之间的相互协调

我国客运索道除现行标准外，去年还出台了四个安全法规，即：TSG S7002—2005《客运缆车安装监督检验与定期检验规则》、TSG S7003—2005《客运索道型式试验规则》、TSG S7004—2005《客运拖牵索道型式试验规则》、TSG S7005—2005《客运索道部件型式试验细则》。国家的安全法规是国家行政法规的一部分，这几个法规制订时依据的是现行标准，由于现行标准部分内容陈旧，存在技术水平落后，不适应当前技术发展的需要等弊端，加上客运索道的产品标准尚未制订，因而上述四个安全法规实施中应作相应的调整。研究调整安全法规与技术标准之间的协调关系，明确安全法规与技术标准的界定范围，应引起有关机构的重视。

5. 发挥索道标准化技术委员会和索道协会的作用，加大对标准的投入

我国于2000年7月正式成立了全国索道、游艺机及游乐设施标准化技术委员会(TC 250)，该委员会是国家标准化管理委员会直属的标准化技术委员会，业务工作由国家质检总局特种设备局领导，秘书处设在中国特种设备检测研究中心。

我国已成立了中国索道协会，客运索道基础的技术研究、标准的制修订还应发挥行业协会的作用。

本篇由刘京本、张海乔、张强等编写。

附录　客运索道主要标准法规目录

一、中国主要法规

1. 特种设备质量监督与安全监察规定，国家质监局令第13号(2000.10.01实施)

2. 特种设备注册登记与使用管理规定，质监局锅发[2001]57号(2001.04.09实施)

3. 锅炉压力容器压力管道特种设备安全监察行政处罚规定，国家质检总局令第14号(2002.03.01实施)

4. 客运架空索道监督检验规程(试行),国质检锅[2002]326 号(2003.01.01 实施)
5. 特种设备安全监察条例,国务院令第 373 号(2003.06.01 实施)
6. 机电类特种设备制造许可规则(试行),国质检锅[2003]174 号(2003.06.17 实施)
7. 机电类特种设备安装改造维修许可规则(试行),国质检锅[2003]251 号(2003.08.08 实施)
8. TSG Z0001—Z0004 特种设备安全技术规则制定程序导则(2004.03.24 实施)
9. TSG S7001—Z0004 客运拖牵索道安装监督检验与定期检验规则(2004.09.23 实施)
10. TSG Z6001—2005 特种设备作业人员考核规则(2005.09.16 实施)
11. TSG Z0003—2005 特种设备鉴定评审人员考核大纲(2005.10.01 实施)
12. TSG S7003—2005 客运索道型式试验细则(2005.10.01 实施)
13. TSG Z7004—2005 客运拖牵索道型式试验细则(2005.10.01 实施)
14. TSG S7002—2005 客运缆车安装监督检验与定期检验规则(2005.10.01 实施)
15. TSG S7005—2005 客运索道部件型式试验细则(2006.01.01 实施)

二、中国主要标准

1. GB 12352—1990　客运架空索道安全规范
2. GB/T 13676—1992　双线往复式客运架空索道设计规范
3. GB/T 13677—1992　单线固定抱索器客运架空索道设计规范
4. GB/T 13678—1992　单线脱挂抱索器客运架空索道设计规范
5. GB/T 12738—1991　连续搬运设备—架空索道术语
6. GB 9075—1988　架空索道用钢丝绳检验和报废标准
7. GB 8919—1996　优质钢丝绳
8. GB 352—1988　密封钢丝绳
9. GBJ 127—1989　架空索道工程技术规范
10. GB/T 19401—2003　客运拖牵索道技术规范
11. GB/T 19402—2003　客运地面缆车技术规范
12. GB 5306—1985　特种作业人员安全技术考核管理规则

三、欧盟主要法规

2000/9/EC 关于客运索道设计的指令(2000 年 3 月 20 日发布)

四、欧盟主要标准

1. EN 12929-1　一般规定　第 1 部分:对所有索道的要求
2. EN 12929-2　一般规定　第 2 部分:无承载索制动器的往复式索道的补充规定
3. EN 12930　计算
4. EN 1908　张紧装置
5. EN 13223　机械装置
6. EN 13243　电气设备
7. EN 13107　土建工程
8. EN 1709　试验、维护、运行检查
9. EN 1909　疏散和救护
10. EN 12397　运行
11. EN 12408　质量保证
12. EN 12927-1　钢丝绳　第 1 部分:钢丝绳和钢丝绳固定装置选择的规则
13. EN 12927-2　钢丝绳　第 2 部分:安全系数
14. EN 12927-3　钢丝绳　第 3 部分:6 股牵引索、运载索、拖牵索编接长度
15. EN 12927-4　钢丝绳　第 4 部分:末端固定
16. EN 12927-5　钢丝绳　第 5 部分:储存、运输、安装和张紧
17. EN 12927-6　钢丝绳　第 6 部分:报废标准

18. EN 12927-7　钢丝绳　第7部分:检查、修补和保养

19. EN 12927-8　钢丝绳　第8部分:非破坏性试验

20. EN 13796-1　运载工具　第1部分:一般规定

21. EN 13796-2　运载工具　第2部分:运行小车、架空索道吊架、拖牵杆、车厢和轨道制动器

22. EN 13796-3　运载工具　第3部分:疲劳性试验

23. EN 1907　术语

参考文献

[1] 中华人民共和国安全生产法.

[2] 特种设备安全监察条例.

[3] GB 12352 客运架空索道安全规范.

[4] Directive 2000/9/EC of the European Parliament and the Council.